吉林精品年鉴
JILIN JINGPIN NIANJIAN

白城年鉴
BAICHENG YEARBOOK
2022

白城市地方志编纂委员会 编

方志出版社
Publishing House of Local Records

图书在版编目（CIP）数据

白城年鉴. 2022 / 白城市地方志编纂委员会编. —北京 ：方志出版社，2022.12
ISBN 978-7-5144-5518-2

Ⅰ. ①白… Ⅱ. ①白… Ⅲ. ①白城－2022－年鉴
Ⅳ. ①Z523.43

中国版本图书馆CIP数据核字(2022)第252670号

责任编辑：顾　洁
责任校对：刘玉霞
责任印制：梅中英
出 版 者：方志出版社
地　　址：北京市朝阳区潘家园东里 9 号（国家方志馆4层）
邮　　编：100021
网　　址：http://www.zgfzcb.cn
发　　行：方志出版社图书营销中心（010-67110500）
印　　刷：长春庄亿印刷有限公司
开　　本：889毫米×1194毫米　1/16
印　　张：31.5
字　　数：1109千字
版　　次：2022年12月第1版
印　　次：2022年12月第1次印刷
定　　价：198.00元

白城市地图

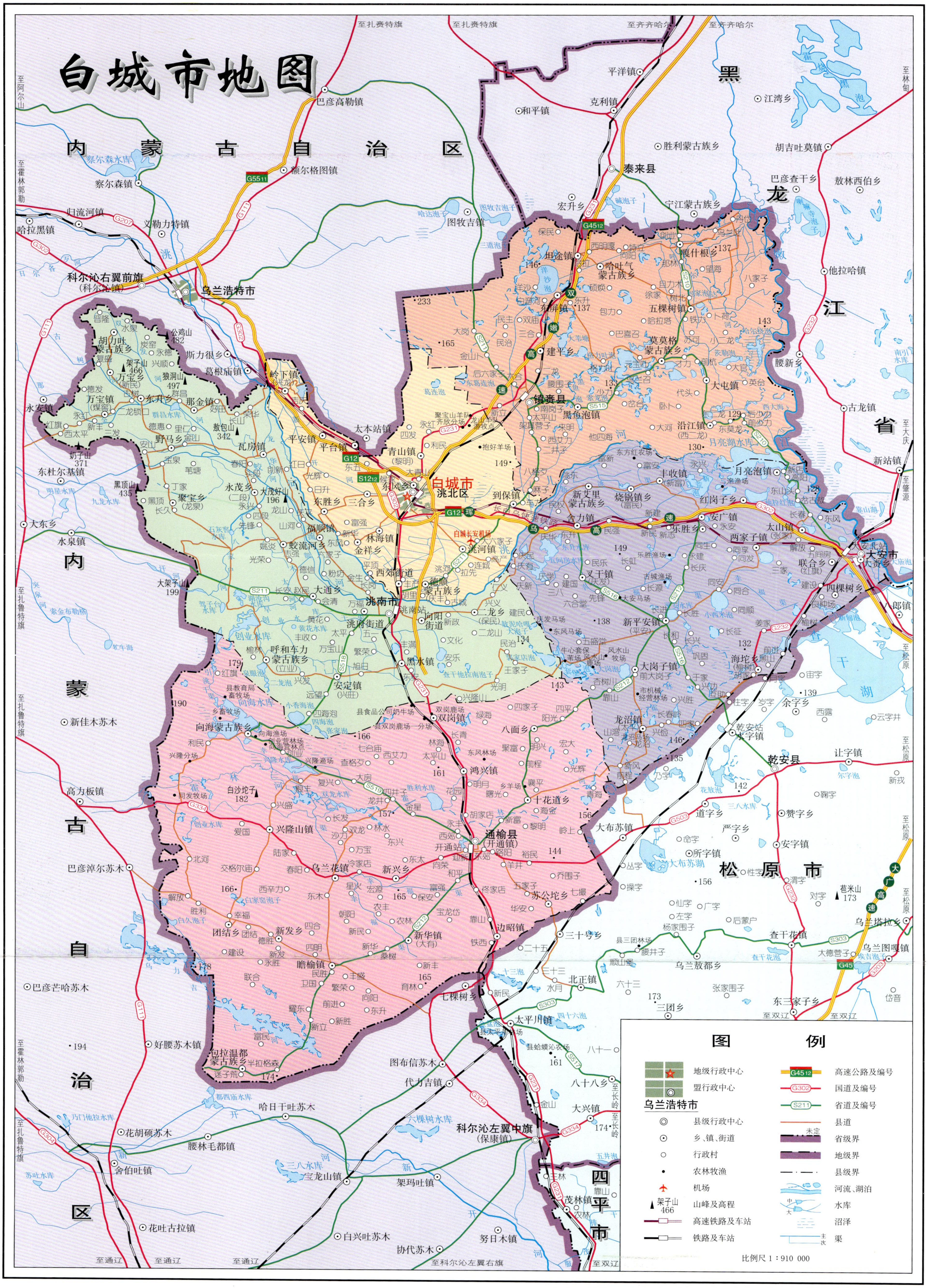

审图号：吉S（2022）851号

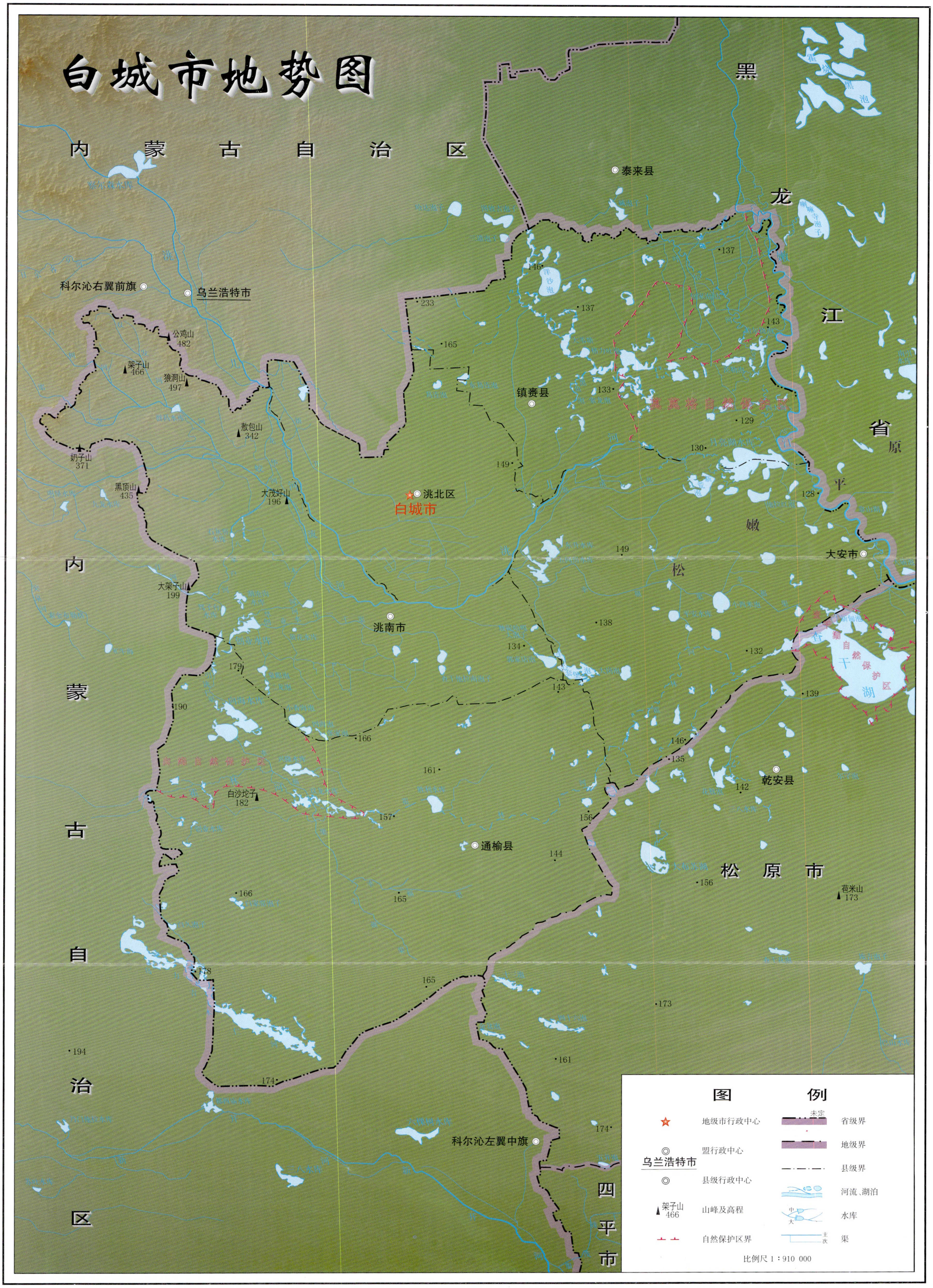

审图号：吉S（2022）852号

白城市地方志编纂委员会

主　　任：杨大勇

副 主 任：刘天娇

委　　员：孙伟光　林树岩　吕国祥　闫　煜　王芳原

王春雨　闫秀丽　滕　坤

《白城年鉴》编纂委员会

主　　任：刘天娇

副 主 任：孙伟光

委员单位：

白城市发展和改革委员会
白城市财政局
白城市人力资源和社会保障局
白城市文化广播电视和旅游局
白城市民族事务委员会
白城市机构编制委员会办公室
白城市统计局
中共白城市委保密委员会办公室
白城市档案馆
洮北区人民政府
镇赉县人民政府
洮南市人民政府
通榆县人民政府
大安市人民政府
查干浩特旅游经济开发区
白城工业园区
白城市地方志办公室

《白城年鉴（2022）》编辑办公室

执 行 主 编：滕　坤

执行副主编：王玉梅

编　　　辑：李明月　孙　莹　慕林林

图 文 设 计：于　蕊

白城名片

数字白城

白城百年

- 探索新道路
- 迈向新征程
- 奋进新时代
- 擘绘新蓝图

白城名片

◎ 全国营商环境“十佳城市”

◎ 全国首批创建国家新能源示范城市

◎ 国家首批千万千瓦级风电基地

◎ 全国唯一风电本地消纳综合示范区

◎ 国家光伏发电应用领跑基地

◎ 中国楹联文化城市

◎ 全国海绵城市建设“样板城市”

◎ 国家生态建设示范区

◎ 全国水生态文明城市

◎ 全国绿化模范城市

◎ 国家卫生城市

◎ 国家级大型商品粮基地市

◎ 全国禁毒示范城市

◎ 全国双拥模范城

◎ 中国弱碱地稻米之乡

◎ 全国率先基本实现主要农作物生产全程机械化示范市

数字白城

◎ 总面积 25758.80 平方千米
◎ 耕地面积 142 万公顷
◎ 全市户籍总人口 184.54 万人
◎ 地区生产总值 548.83 亿元
◎ 一般预算全口径财政收入 63.95 亿元
◎ 一般公共预算财政支出 223.74 亿元
◎ 粮食种植面积 92.56 万公顷
◎ 粮食总产量 556.9 万吨
◎ 社会消费品零售总额 156.37 亿元
◎ 城镇常住居民人均可支配收入 28428 元
◎ 农村常住居民人均可支配收入 13510 元
◎ 城镇企业职工养老保险参保人数 18.52 万人
◎ 城乡居民基本养老保险参保人数 77.44 万人
◎ 基本医疗保险参保人数 151.67 万人
◎ 医疗机构 1980 个
◎ 卫生机构床位 9312 张
◎ 高中 18 所
◎ 初中 103 所
◎ 小学 97 所
◎ 市区空气优良天数 349 天

奋斗百年路

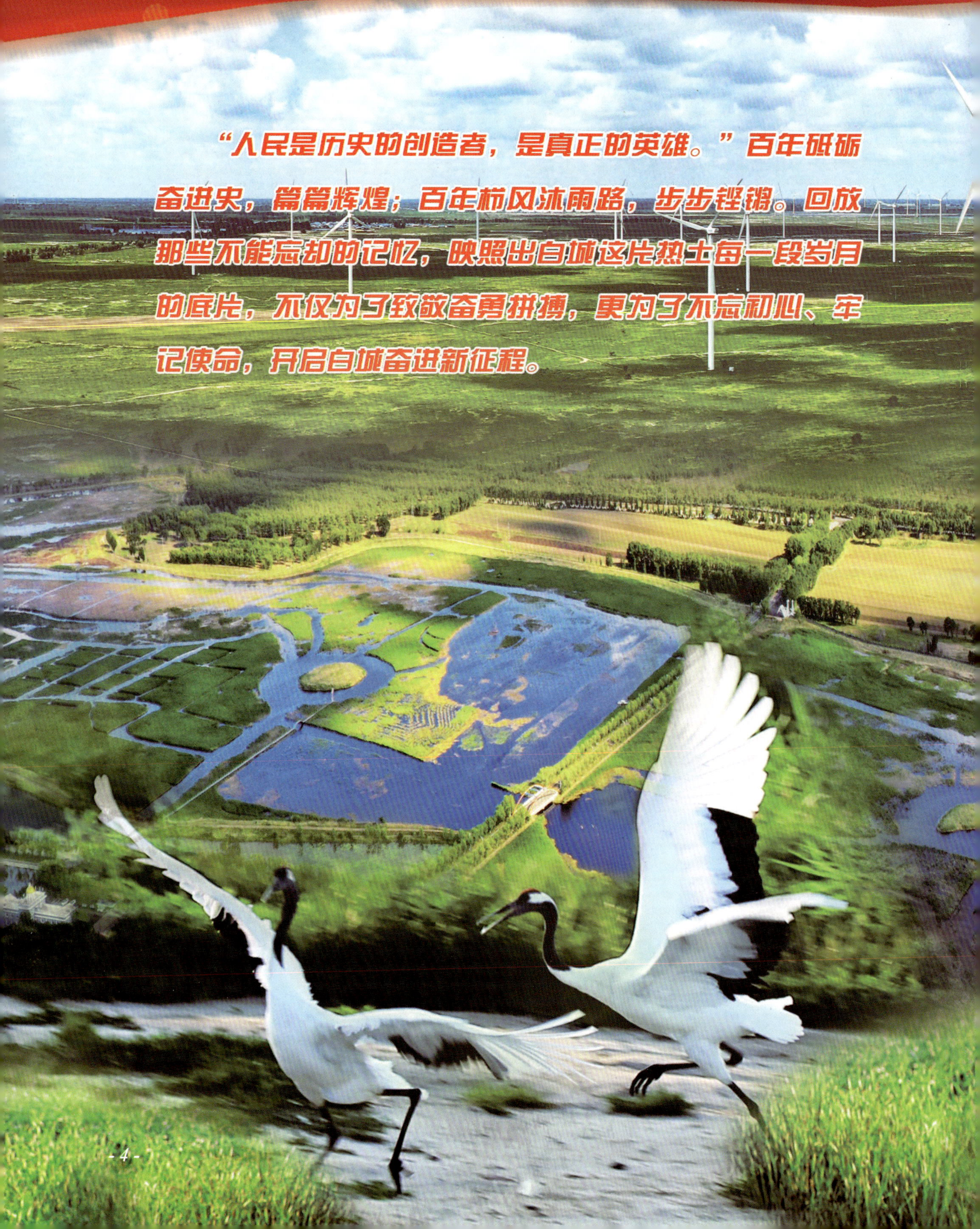

“人民是历史的创造者，是真正的英雄。”百年砥砺奋进史，篇篇辉煌；百年栉风沐雨路，步步铿锵。回放那些不能忘却的记忆，映照出白城这片热土每一段岁月的底片，不仅为了致敬奋勇拼搏，更为了不忘初心、牢记使命，开启白城奋进新征程。

启航新征程

探索新道路

1921 年，黑暗中醒来的白城追光而行，从建党初期的星星之火，到最早的党组织建立，从建立巩固的根据地，到支援全国解放，在各级党委领导下，各项事业都有很大进展，在新的道路上迎接中华人民共和国的诞生。

最早在白城开展活动的中共党员——马骏

在白城地区组建第一个党支部——夏尚志

1946 年 6 月，中央东北局和西满分局决定，将中共辽西省委改为辽吉省委、辽吉行署，1947 年 2 月改为辽北省政府。图为辽北省第四行政督察专员公署县长联席会欢迎阎宝航主席留影

1946年6月，中共辽吉省委在洮南市成立，9月迁至白城。图为中共辽吉省委旧址

1947年7月，白城地区的土地改革运动进入“砍挖”分浮阶段。图为洮安县三合区贫雇农举行大联合斗争大会

1948年1月，在洮安县召开辽吉第一届全省模范干部代表大会

（本版图片由市委宣传部 提供）

迈向新征程

新中国成立，白城人民以主人翁的姿态，大力发展生产、建设家园。特别是撤地设市后，以建设新白城为目标，深化改革开放，优化经济结构，建立开发型农业，发展增值型工业，国民经济和社会事业得到快速飞跃发展。

1949 年 10 月 2 日，群众自发组成秧歌队，庆祝中华人民共和国成立

1958 年 8 月 23 日，庆祝开通县洪兴乡红星人民公社成立大会

1971 年以后，根据北方农业会议精神，在“农业学大寨”运动中，白城市大搞农田基本建设。图为农田水利建设大会战

1983 年 11 月，洮南县恢复乡、村建制，实行全部包干到户生产责任制

20 世纪 90 年代初，国营商店售货员向顾客介绍产品

20 世纪 90 年代邮递员

20 世纪 90 年代中期，自行车是市民出行的主要交通工具

1993 年 8 月 23 日，中共吉林省委、吉林省人民政府在白城召开撤地设市大会

（本版图片由市委宣传部 提供）

①②图为 20 世纪 90 年代瑞光街露天市场和 2019 年的瑞光农贸市场

始建于 2001 年的海明路步行街是白城市最繁华的商业街，全长 800 米，2017 年列入海绵城市建设（老城区提升改造）工期整体规划。③④图为 2002 年和 2021 年海明路步行商业街

白城市棉纺织厂始建于 1967 年 6 月，是全民所有制大型二档企业，2010 年 7 月改制重组为吉林四季盛宝纺织有限公司。⑤⑥图为 20 世纪 90 年代和 2016 年生产车间

2007年夏，农机补贴政策让农民用上大型新农机

2008年8月8日上午8点零8分，16对新人在镇赉县文化广场举行集体婚礼。新人们将一生最具意义的婚礼庆典与祝福北京奥运完美结合

2011年秋，白城市建成第一批廉租房

2012年11月，镇赉县坦途镇西明嘎村村民刘发华一家在改造后的新房前留影

（本版图片由李晓明 提供）

奋进新时代

党的十八大以来，白城市委、市政府团结带领全市各族人民团结拼搏、砥砺奋进，推动白城跨越追赶、蝶变跃升。引进梅花集团百亿元投资项目，建成总规模100万千瓦的光伏领跑者基地。粮食稳定迈上百亿斤台阶。立体化互联互通交通网络构建成型。全市14.3万名贫困人口全部脱贫。实施“海绵城市+老城改造”模式，城乡面貌发生历史性改观。

2013年，白城市获得国家能源局批准，建设全国唯一风电本地消纳综合示范区。图为白城市洮北区青山草场的华能风电

（李晓明 2020年6月18日 摄）

文化养老，助力老有所乐。图为2014年3月5日，吉林省白城市洮北区老年艺术团舞蹈队在排练厅训练。该舞蹈队中年龄最大的舞者78岁，最小的舞者56岁

（王野村 摄）

2016年6月，白城市第一次出现红歌快闪 （李晓明 摄）

2021 年，白城市坚持农业产业龙头带动作用，加快企业提速扩能。图为镇赉飞鹤乳业

（戈驰川 7月6日 摄）

2021 年，白城市承接吉林“陆上风光三峡工程”，新能源开发与装备制造形成全产业链条。图为三一重能风电智能制造通榆产业园

（戈驰川 7月 摄）

12月29日，镇赉县“2021中国北方渔岛哈尔淖冰雪捕鱼季”盛大启幕。图为祭湖醒网仪式 （王野村 摄）

2021年，白城市以千村示范为引领，让乡村更加充满活力，更加美丽宜居。图为大安市安广镇永强村 （戈驰川 8月 摄）

2021年，白城市做优生态旅游板块，加快景区景点提质升级，创建嫩江湾国家AAAAA景区。图为大安市嫩江湾旅游区水车码头
（李晓明 11月3日 摄）

2021年，白城市实施“黑土粮仓”科技会战，扛稳国家粮食安全重任。图为大安盐碱地水田万亩核心示范区收割测产现场
（中国科学院东北地理与农业生态研究所供图 10月12日 摄）

2021年，白城市在全省试点建设“新能源乡村振兴工程”。图为洮北区平台镇民乐村光伏发电　（戈驰川　7月18日　摄）

2021年，白城市创新实施生态牧业，落实“秸秆变肉”暨千万头肉牛工程。图为镇赉县吉天然牧业肉牛养殖基地
（段卫军　8月18日　摄）

021 年，大安市月亮泡镇大力发展棚膜经济，为乡村振兴注入新动能

（戈驰川 9月11日 摄）

国家地理标志保护产品黑水西瓜在洮南市多个乡镇得到种植推广。图为大通乡黄花村村民收获西瓜吸引了大批外地客商前来抢购

（李晓明 2021 年7月22日 摄）

2021 年，洮南市依托优越地理位置，大力发展特色经济。图为洮南市辣椒丰收

（戈驰川 10月 摄）

2021 年，白城市持续开展村屯环境整治行动，农村面貌实现由“脏乱差”到“绿净美”的根本性改观。图为“美丽村屯”镇赉县嘎什根乡创业村

（李晓明 8月25日 摄）

2021 年 9 月 25 日，吉林·白城 2021 年中国农民丰收节在大安市嫩江湾旅游区游客中心广场开幕 （李晓明 摄

2021 年，镇赉县镇赉镇西乃力村农户家庭院的谷子喜获丰收 （李晓明 9 月 6 日 摄）

2021 年，大安市发展庭院经济富农增收，让农家庭院“方寸之地”建成“致富增收园”（戈驰川 9月 摄）

2021 年，白城市落实“藏粮于地、藏粮于技”战略，粮食产量实现“十连增”。图为水稻收割现场 （戈驰川 10月 摄）

大安嫩江湾湿地面积1573公顷，占嫩江湾国家湿地公园总面积的64.4%。涵盖永久性河流、永久性淡水湖、草本沼泽、灌丛沼泽、森林沼泽、库塘、稻田共7个湿地类型。图为大安嫩江湾湿地　（李晓明 2021年11月4日 摄）

白城市实施城市精细管理，创建全国文明城市。图为白城经济开发区环岛　（戈驰川 2021年7月 摄）

生态新区鹤鸣湖是白城市海绵城市范例工程，充分利用河湖连通工程，引境内洮儿河水进入，展现水与城市和谐共生　（戈驰川 2021年6月 摄）

2021年，白城市实施湿地保护工程，已逐步形成林网成格、草地成片、湿地相嵌、交错互连的林草湿生态连通格局。图为大安市牛心套保国家湿地公园　（戈驰川 6月20日 摄）

2021年，白城市河湖连通达标工程全面完成，流经白城境内的洮儿河常态化补水效应彰显　（李晓明 10月19日 摄）

吉林向海国家级自然保护区蒙古黄榆是亚洲最大的蒙古黄榆林　（戈驰川　2021 年 7 月　摄）

通榆县兴隆山水库通过补水工程，原始生态风貌得到有效恢复　（戈驰川　2021 年 10 月 26 日　摄）

向海国家级自然保护区，位于通榆县境内，1992年被列入“世界重要湿地名录”，是保护丹顶鹤等珍稀水禽的内陆湿地与水域生态系统类型的自然保护区 （李晓明 2018年7月 摄）

白城市自然生态环境得到有效修复，2021年通榆向海国家级自然保护区内迎来大批南迁“贵宾”白天鹅 （李晓明 10月21日 摄）

向海国家级自然保护
内鸬鹚捕鱼
（李晓明 7月15日 摄）

吉林莫莫格国家级自然保护区，位于镇赉县境内，是白鹤迁徙途中重要的停歇地。图为白鹤在此停歇
（潘晟昱 2021年5月 摄）

莫莫格保护区湿地水草丰盛迁徙候鸟种群日渐增多
（戈驰川 2021年8月 摄）

镇赉县莫莫格湿地面积14.4万公顷，是吉林省西部面积最大、最为典型的湿地类型保护区 （李晓明 2021年6月16日 摄）

编辑说明

一、《白城年鉴》是由白城市人民政府主办、白城市地方志编纂委员会编纂的综合性年度资料，首卷为《白城年鉴（2002）》，本卷为第19卷（其中2003与2004，2005与2006为合卷），是为各级领导、各部门了解市情、实施科学决策，为广大读者查询资料、获取信息，为海内外各界人士认知白城、推介白城提供服务的大型资料性工具书。

二、《白城年鉴（2022）》坚持以马克思列宁主义、毛泽东思想、邓小平理论、“三个代表”重要思想、科学发展观、习近平新时代中国特色社会主义思想为指导，坚持辩证唯物主义和历史唯物主义的立场、观点和方法，收录2021年白城市的全面情况，翔实记述全市经济社会发展的新举措、新进展、新成就。设计突出生态强市理念，以绿色为主色调，融入鹤乡、草原等白城元素。在保持内容全面的基础上，细化、优化框架设计。卷前彩页设白城名片、数字白城、白城百年3个专题，内文增设新能源产业、建筑业、房地产业、经贸合作、开发园区建设、水利、民营经济、乡村振兴、体育、应急管理等类目。

三、《白城年鉴（2022）》依据白城市经济社会发展特点，参照有关行业分类标准，主体部分采用分类编辑法，分类目、分目、条目三个层次。全书设特载、专文、大事记、市情概览、中国共产党白城市委员会、白城市人民代表大会、白城市人民政府、中国人民政治协商会议吉林省白城市委员会、中国共产党白城市纪律检查委员会 白城市监察委员会、民主党派·工商联、群众团体、法治、军事、经济管理、农业、新能源产业、工业、建筑业、商贸服务业、旅游业、金融业、房地产业、经贸合作、开发园区建设、交通运输、水利、邮政·通信、民营经济、城市建设、乡村振兴、生态环境、科学技术、教育、文化、卫生健康、体育、社会生活、应急管理、县（市、区）概览、人物·荣誉、附录等41个类目，设分目291个，条目1833个。彩页3个专题，收录图片89幅；正文有随文图片231幅，使用表格102个。文中缩略语均在首次出现时进行随文注释。为方便查阅，备有中文目录，卷末附主题分析索引，按主题词首字汉语拼音字母顺序排列。

四、《白城年鉴（2022）》所载资料由白城市各委、办、局，县（市、区）开发区、企事业单位及中央、省驻白单位提供，并适当增加自主采编内容。所用数据涉及全市经济与社会发展全局的，均为白城市统计局提供。凡市统计局未统计和提供的，则采用各供稿单位提供的数据。书中所有数据、资料，均经各供稿单位审核。因供稿单位统计口径不同，有的数据在不同条目中不尽一致，使用时请注意出处。

五、《白城年鉴（2022）》的数字用法、标点符号用法分别采用国家标准《出版物上数字用法》（GB/T15835—2011）《标点符号用法》（GB/T15834—2011）；计量单位采用国家技术监督局1993年12月发布的《量和单位》系列国家标准。

嫩丹、图乌两条高速公路贯穿白城市

（李晓明 2016年8月26日 摄）

2017年8月9日，连接新老城区的长庆公铁立交桥正式通车

（李晓明 摄）

2017年3月31日，白城长安机场正式通航。天津至白城的首架华夏航空公司空客CRJ-900客机降落在白城长安机场

（李晓明 摄）

新建成的长安机场外貌

（李晓明 2015年11月 摄）

白城市聚焦精准脱贫，加快推进村级公路提速发展，不断提升农民群众的获得感、幸福感。图为新修建的村镇公路
（2016 年 7 月 摄）

白城市在教育扶贫济困上精准发力，确保上学路上“一个都不少”。图为课间孩子们露出幸福的笑脸　　　　（2017年11月 摄）

白城市推进城乡医疗保险一体化有效衔接，为百姓解决后顾之忧。图为市民在医保结算窗口报销医药费　　（2017年11月 摄）

镇赉县博艺柳编公司已经成为助推当地经济发展的重要产业，产品远销美国、德国、荷兰、法国等国家和地区。图为“巧姐们”在编织产品
（2018年8月 摄）

（本版图片由李晓明 提供）

2016年12月，通榆县乌兰花镇陆家村易地扶贫搬迁小区，占地面积11.2万平方米，209户村民全部喜迁新居。图为陆家村新貌　（李晓明 2018年7月 摄）

2019年1月11日，白城市18位驻村第一书记参加吉林省“党建引领脱贫攻坚第一书记代言展示会”，并为农产品代言　（市委宣传部 供图）

2018年8月13日，市农科院与俄罗斯联邦东北区域罗德尼茨农业科学中心联合建立农作物育种、栽培与加工技术国际合作实验室并举行揭牌仪式　（于　勇 摄）

2019年9月19日，白城市庆祝中华人民共和国成立70周年“我和我的祖国”大型演唱会在市民广场举行

（李晓明 摄）

2019年9月8日，快乐运动·幸福鹤乡——“中广核新能源”2019年中国·白城半程马拉松赛在市民广场开赛

（市委宣传部 供图）

2020年4月11日，白城市举行迎接援鄂医疗队凯旋仪式 （市委宣传部 供图）

2019年7月9日，由中共白城市委、白城市人民政府主办，以“推动能源革命、打造北方氢谷”为主题的首届中国北方氢谷产业发展高端交流会在长春市召开（李晓明 摄）

2020 年 10 月 21 日，白城市举行全省首批氢燃料电池公交车交接及投运仪式，标志着白城成为东北地区首个实现氢燃料电池公交线路投运的城市 （李晓明 摄）

白城市劳动公园建于 1958 年，是市区最大的以劳动为主题的主题公园。2017 年，被列入老城区提升改造范围，总改造面积为 10.7 万平方米。图为改造后的市劳动公园全貌 （李晓明 2020 年 8 月 摄）

2021年5月28日，通榆县向海蒙古族乡复兴村“孝老餐厅”正式营业，该餐厅是吉林省首家面向本村70周岁以上老年人免费提供午餐的新时代文明实践志愿服务试点项目 （李晓明 摄）

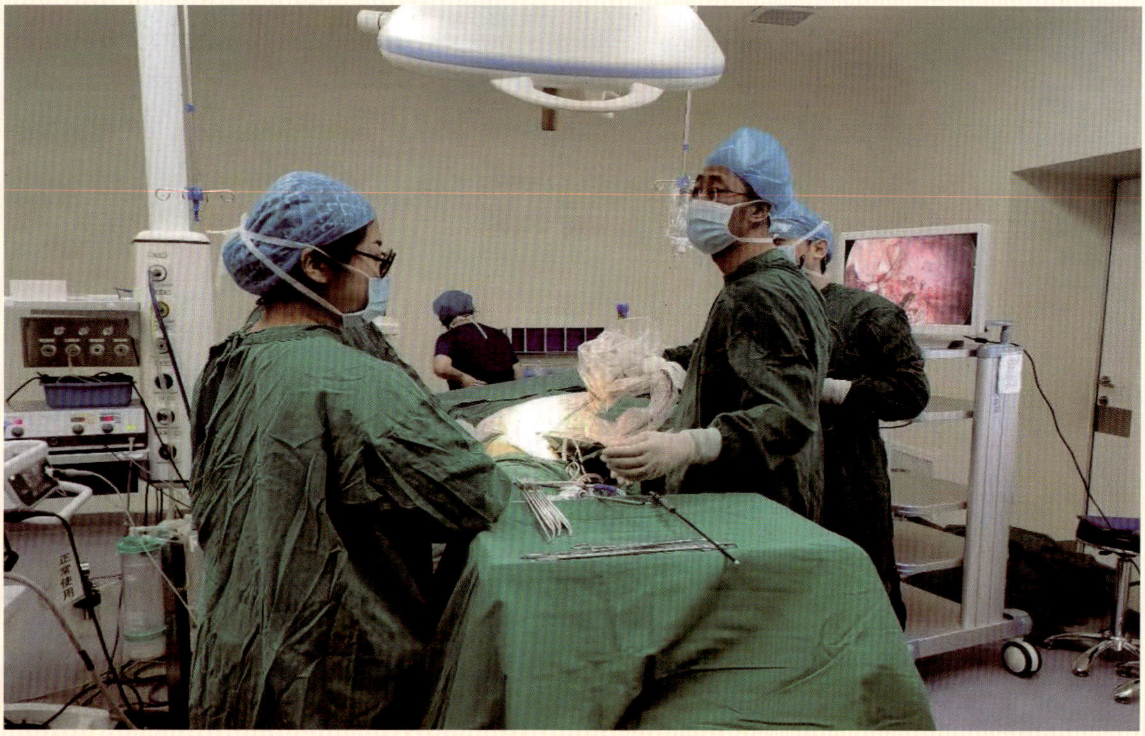

2021年4月27日，白城中心医院胸外科独立完成白城市首例单孔胸腔镜肺癌根治术 （市卫健委 供图）

2021 年 9 月 24 日，洮南市蛟流河乡先锋村村民王春雨王贺夫妇以“牙哥农村生活”网名在快手拍段子、进行网络直播带货，10 个多月吸引近 16 万个粉丝关注，网上带货达到 1.2 万单。图为夫妇俩在田间地头直播销售　　　　（邱会宁　范海辉　摄）

擘绘新蓝图

2021年，白城市委、市政府贯彻落实全面建设生态强省、实施“一主六双”高质量发展战略的部署，致力破解“水”“电”“地”三大制约瓶颈，审时度势作出实施“生态强市”战略、建设区域中心城、生态经济先导区、乡村振兴创新区、生态文明示范区“一城三区”的重大战略决策，擘绘出向美而行的新画卷。启动乡村振兴创新区建设，践行“两山”理论，林草覆盖率达到26.6%，空气质量优良天数比例达到96%以上。融入吉林西部河湖草原湿地旅游大环线，使白城既有“绿水青山”的颜值，更有“金山银山”的价值。全市地区生产总值548.8亿元，增速居全省第2位。

2021年3月24日，白城市党史学习教育部署会召开 （市委宣传部 供图）

2021年7月1日，举办“光荣与梦想 铭刻初心——《习近平用典》主题书刻展”。图为作者之一张小民在介绍作品

（王野村 摄）

2021 年，白城市农科院燕麦基地利用燕麦、红花荞麦等植物拼种成一面党旗和“共产党万岁”五个大字，向中国共产党百年华诞献礼，图为 6 月 28 日洮河燕麦荞麦试验示范基地（李晓明 摄）

2021年6月30日，“初心如磐——白城市庆祝中国共产党成立100周年主题展览”在白城市博物馆举办。图为市领导参观主题展览，党员领导干部重温入党誓词，新党员代表集体宣誓 （马　彬 摄）

2021年6月30日，白城市召开庆祝中国共产党成立100周年白城市“两优一先”表彰大会。会议表彰全市优秀共产党员、优秀党务工作者和先进基层党组织 （段卫军 摄）

2021年6月30日，白城市举行“信仰的力量——白城市庆祝中国共产党成立100周年”专场文艺演出 （段卫军 摄）

2021年12月17日，中国共产党白城市第七次代表大会在白城宾馆开幕。大会的主题是：高举习近平新时代中国特色社会主义思想伟大旗帜，深入贯彻落实党中央、省委决策部署，聚焦高质量发展主题，突出生态价值转换理念，坚持生态强市，建设“一城三区”，全面开启白城高质量跨越式发展新征程 （白城日报社 供图）

2021年，白城市统筹老城新区一体建设，构建老城与新区一体联动的现代城市空间布局 （戈驰川 5月29日 摄）

白城市科文中心　　（戈驰川　2021 年 8 月 24 日　摄）

白城医教大学城建设项目开工现场（冯颂　2021 年 4 月 18 日　摄）

白城市生态新区鹤鸣湖夜景　　（戈驰川　2021 年 4 月 29 日　摄）

白城市抢抓机遇，全力推进国家级清洁能源基地建设，2021 年全市新能源在建及并网装机总量接近 1000 万千瓦。图为通榆县光伏项目
（李晓明 12 月 13 日 摄）

2017 年 8 月 10 日，吉林梅花氨基酸有限责任公司 300 万吨玉米深加工项目签约落户白城工业园区，创造白城单体工业项目投资规模最大的历史记录；2021 年 3 月 18 日，梅花公司三期 30 万吨赖氨酸及产业链配套项目建成投产。图为梅花公司生产车间外景
（戈驰川 10月 摄）

目 录

特 载

专 文

大事记

市情概览

中国共产党白城市委员会

白城市人民代表大会

白城市人民政府

中国人民政治协商会议
吉林省白城市委员会

中国共产党白城市纪律检查委员会
白城市监察委员会

民主党派·工商联

群众团体

法 治

军　事

经济管理

农　业

新能源产业

工　业

建筑业

商贸服务业

旅游业

金融业

房地产业

经贸合作

开发园区建设

交通运输

水　利

邮政·通信

民营经济

城市建设

乡村振兴

生态环境

科学技术

教 育

文 化

卫生健康

体　育

社会生活

应急管理

县（市、区）概览

人物·荣誉

附 录

索 引

坚持生态强市 建设“一城三区”
全面开启白城高质量跨越式发展新征程

——在中国共产党白城市第七次代表大会上的报告

（2021年12月17日）

中共白城市委书记 李明伟

中国共产党白城市第七次代表大会，是在“两个一百年”历史交汇的重要节点、推进“十四五”高质量发展的关键阶段，召开的一次十分重要会议。大会的主题是：高举习近平新时代中国特色社会主义思想伟大旗帜，深入贯彻落实党中央、省委决策部署，聚焦高质量发展主题，突出生态价值转换理念，坚持生态强市，建设“一城三区”，全面开启白城高质量跨越式发展新征程。现在，我代表中国共产党白城市第六届委员会向大会作报告，请予审议。

一、过去五年工作回顾

过去五年，是白城砥砺奋进、蓄势发展的五年，也是生态环境改善最优、综合实力提升最快、城乡面貌变化最大、广大群众受益最多的五年。这五年，面对错综复杂形势、艰巨繁重任务，在党中央、省委的坚强领导下，我们团结带领全市上下，沉着应对大战大考、果断决策大事要事、全力攻克难题难关，交出了一份人民满意的答卷。

——生态环境实现系统改善。深入践行习近平生态文明思想，构建全方位、立体式大生态格局。围绕筑牢生态安全屏障，统筹水林草湿系统治理，在全省率先启动河湖连通工程，规划的124个水库泡塘全部连通，总蓄水能力达到34亿立方米，植树造林133.3万亩，修复草原湿地418万亩，林草覆盖率达到26.6%。围绕塑造生态环境品牌，深入开展生态文明示范创建活动，镇赉南湖被评为省级美丽河湖，洮南四海湖晋升国家湿地公园，大安牛心套保入选全国林草科普基地，我市荣获“全国水生态文明城市”“全国绿化模范城市”和“十年绿化美化吉林大地先进市”。围绕打好污染防治攻坚战，狠抓环保督察整改，全面推行河（湖）长制，率先开展林（草）长制试点，蓝天、碧水、净土“三大行动”取得明显成效，空气质量优良天数始终排在全省前列，平均降水量较历年增加94.3毫米，地下水储量增加2.1亿立方米，环境质量恢复到近十年最好水平，中央电视台《新闻联播》和《人民日报》专题报道。五年的拼搏奋斗，重现河湖互济、草茂粮丰、渔兴牧旺、人水和谐的生态美景，白城实现了从“风沙之城”到“鱼米之乡”的巨变。

——产业发展迈出坚实步伐。坚持以生态理念谋划三次产业发展，成功探索生态与经济融合发展新路径。突出转型升级抓工业，聚焦打造国家级清洁能源基地，“陆上风光三峡”工程在我市启动，成功争取到全国十个之一、东北地区唯一的光伏领跑者基地，并成为国家三个奖励激励基地之一，具有标志性的鲁固直流140万千瓦光热示范项目开工建设，清洁能源装机达到780万千瓦，规模全省第一、东北前三。坚持系统谋划、集群发展，强力推进三一重工、东方电气、远景风机等制造项目，实现新能源装备全配套本地化。采取“源网荷储”一体化模式，创建绿电产业示范园区，以电价成本“洼地”撬动项目集聚“高地”，大型央企、知名民企纷至沓来。谋划推动氢能产业发展，我市成为全省唯一出台氢能发展规划的城市、东北第一个氢燃料电池公交线路示范运营的城市、全国第一个成立氢能产业联盟的城市、全国第一个开展新能源制氢加氢一体化示范的城市。突出龙头带动抓农业，做好“粮头食尾”“农头工尾”文章，构建梅花玉米、牧原生猪、吉运肉牛、飞鹤乳品特色农业全产业链，我市成为全省现代农业产业集群重要承载地。特别是吉林梅花四年迈出三大步，总投资达到100亿元，改写了白城没有“顶天立地”大项目的历史；益海嘉里完成扩能改造、转型升级，拓展了原粮转化新领域。落实“藏粮于地、藏粮于技”战略，成为全省水田第一大市，粮食产量实现“十连增”。突出深挖潜力抓服务业，着力建设吉林西部物流中心，全国唯一的国家级杂粮及制品质量监督检验中心竣工落成。稳步推进电商发展，县域电商“通榆模式”全国推广。积极融入吉林西部旅游大环线，创作大型吉剧《春捺钵》，A级旅游景区达到17家，城四家子古城列入国家“十四五”保护利用规划，嫩江湾入选5A级景区创建名单，“湿地鹤乡·生态白城”的美誉度全面提升。五年的拼搏奋斗，形成绿色引领、特色鲜明、三产融合的产业体系，白城呈现了大项目支撑大产业、大企业引领大发展的强劲势头。

——*脱贫攻坚夺取全面胜利*。坚持精准扶贫、精准脱贫方略，举全市之力高标准打赢脱贫攻坚战。强化政策叠加，聚焦“两不愁三保障”，贫困人口参保、贫困学生救助实现全覆盖，危房改造、安全饮水、村卫生室全部达标，“三下沉两提高一兜底”经验全省推广。强化产业扶贫，创新“双带四增”模式，落实项目2178个，实现产业、创业、就业“三业联动”。尤其是庭院经济发展到21.9万亩、带动23.2万户；建成总规模18.5万千瓦的村级光伏电站，覆盖所有贫困村，收益可持续20年，形成具有白城特色的产业扶贫路径。强化包保帮扶，持续开展“三帮扶一推动”活动，1663名驻村干部扎根基层，10万名党员干部倾情付出，社会各界鼎力支持，锻造了“扎实细致、攻坚克难、甘于奉献、众志成城”的优秀品格，谱写了感人肺腑、可歌可泣的白城故事。强化巩固提升，坚持“四个不摘”“三个不撤”，深入实施“九大工程”，推动脱贫攻坚与乡村振兴有效衔接，通榆入选国家乡村振兴工作典型案例名单。五年的拼搏奋斗，5个县（市、区）全部摘帽、384个贫困村全部退出、14.3万名贫困人口全部脱贫，历史性消除绝对贫困，在白城发展史上留下浓墨重彩的一笔，兑现了建成全面小康、促进共同富裕的庄严承诺。

——*城乡面貌发生根本改观*。坚持城乡一体化发展，建设生态宜居幸福城，打造最美乡村升级版。开展城市整体改造，抢抓海绵城市试点机遇，对38平方千米城区进行全方位、立体式改造，投资68亿元实施469项改造工程，拆除违建18万平方米，实现“老城变新城、小区变花园”，开创“海绵城市+老城改造”的“白城模式”，成为北方寒冷缺水地区海绵城市建设典范，荣获全国海绵城市建设优秀城市、样板城市。开展城市管理提升，创新推行“网格化”精细管理，完善市政运维“三长”机制，开展“六大工程”，成功创建“省级园林城市”“国家卫生城市”，获得“全国文明城市”提名资格，全省城管执法队伍规范化建设现场会在我市召开。开展美丽乡村建设，在全省率先实施环境卫生“六清”整治，改厕进度全省第一，建设垃圾转运站30个、乡镇污水处理厂1个，形成卫生保洁长效机制，打造了整洁舒适的人居环境。五年的拼搏奋斗，城乡建设力度前所未有，城乡管理效能空前提升，城乡面貌发生翻天覆地变化，白城实现了环境优美、生态宜居、幸福和谐的美好愿景。

——*改革开放取得突破成果*。坚定不移深化改革、扩大开放，增创白城发展新优势。坚持向改革创新要动力，落实407项重点改革任务，顺利完成国有企业厂办大集体改革，农村承包地确权登记颁证、危房改造、“智慧医保”等经验做法受到国务院通报表扬。树立“企业出题、政府答卷”理念，深化“放管服”“最多跑一次”改革，创新“零跑团”“代办制”服务模式，企业开办时间缩短60%以上，重大项目实现“一次也不跑”。坚持向对外开放要活力，谋划推动“白齐兴”跨省生态经济合作区上升为国家战略，争得了国家“量身定制”的振兴发展政策。加强同长春、嘉兴对口合作，与44个国家开展贸易往来，实现长白快铁通车、长安机场通航、县县通达高速，共创共享、互连互通成为白城的时代标识。坚持向营商环境要潜力，高规格召开营商环境誓师大会，实行纪检监察机关和公检法公开承诺、清单落实，市级领导包联项目、专班推进，主要做法在全省推广，我市连续三年获评全省软环境建设“标兵单位”，入选“中国企业营商环境十佳城市”“中国最具投资价值城市”，综合信用指数跃升到全国第24位。五年的拼搏奋斗，白城处处焕发生机与活力，构建了全面开放新格局，点亮了营商环境“金招牌”，赢得了创新发展主动权。

——*人民群众收获更多福祉*。坚持以人民为中心的发展思想，千方百计提高群众生活品质，城乡居民收入增速位居全省前列。全力办好民生实事，拿出2000个编制公开招聘，统筹解决大学生就业难、征兵难、基层用人难问题，零就业家庭动态清零，40余万群众告别棚户区和农村危房，工伤、养老保险、基本卫生、公共法律服务实现全覆盖，“一个电话解难题”成为百度民情、解决民困的重要平台，群众满意度显著提升。全力繁荣社会事业，统筹推进教育科技、医疗卫生、文化体育发展进步，袁隆平院士工作站、国家博士后科研工作站先后落户，“歌舞鹤乡·放飞梦想”等活动蓬勃开展，群众体育工作获评全国先进。全力抗击新冠疫情，全市上下万众一心、守望相助，筑牢坚固的疫情防线与“免疫屏障”，守护了群众生命健康安全。特别是广大医务工作者坚守抗疫第一线、驰援疫情主战场，展现了大爱无疆、医者仁心的崇高品格。全力加强安全建设，创新开展“交巡合一”“三位一体”基层治理，在全省率先推行安全生产“四化融合”模式，成功战胜1998年以来最大洪水，信访维稳排名全省前列，扫黑除恶专案攻坚经验全省推广，我市跻身全国禁毒示范先进城市，社会大局保持和谐稳定。五年的拼搏奋斗，广大群众收获更多看得见的变化、摸得着的实惠，热爱家乡的归属感、建设家园的责任感、幸福生活的获得感油然而生、持续增强。

——民主法治持续巩固提升。坚持总揽全局、协调各方，不断提高党委科学执政、民主执政、依法执政水平。全面加强党的领导，支持人大政协围绕中心、服务大局、高效工作，人大代表、政协委员开展脱贫攻坚驻村专题调研、营商环境专项监督，充分发挥法律监督、政治协商作用。市人大建立专题询问、执法监督“两项机制”，出台地方性法规8部。民主党派、工商联、群团组织等创造性开展工作，民族宗教、广播电视、史志档案等各项事业全面进步，荣获全国双拥模范城“五连冠”。全面弘扬爱国奉献精神，开展改革开放40周年、新中国成立70周年、建党100周年系列庆祝活动，加强爱国主义和公民道德建设，“全民志愿·公益白城”获评全国优秀志愿服务项目称号。全面深化依法治市，深入践行习近平法治思想，圆满完成“七五”普法，政法队伍教育整顿成效明显，法治白城、法治政府、法治社会一体建设。五年的拼搏奋斗，党群关系、干群关系、军民关系水乳交融，白城形成同心同德、同步同向的生动局面，汇聚了振兴发展的强大合力。

——党的建设得到切实加强。严格落实新时代党的建设总要求，全面提升党建科学化水平。聚焦加强政治建设，深入学习贯彻习近平新时代中国特色社会主义思想和习近平总书记视察吉林重要讲话重要指示精神，严格执行“第一议题”制度，坚决肃清流毒影响，进一步增强“四个意识”、坚定“四个自信”、做到“两个维护”。聚焦加强思想建设，接续开展“不忘初心、牢记使命”主题教育、党史学习教育，深入推进解放思想活动，“我为群众办实事”赢得真心点赞。严格落实意识形态工作责任制，全方位、多角度展示新时代白城的生动实践，守住主阵地、唱响主旋律。聚焦加强组织建设，树立正确选人用人导向，突出在一线考察识别干部，圆满完成县乡村换届任务，领导班子结构和干部队伍素质整体跃升。实施基层党建“三大工程”、人才引进工程，“书记一号工程”等党建品牌全省推广。聚焦加强作风建设，严格落实中央八项规定精神，深入整治形式主义、官僚主义，隐形变异“四风”得到有效遏制。聚焦加强纪律建设，开展“制度建设年”“警示教育年”活动，严肃查办一批违纪违法案件，高质量完成一届任期巡察全覆盖。五年的拼搏奋斗，党员干部的先进性、纯洁性持续提升，党组织的战斗力、凝聚力明显增强，巩固发展了风清气正的政治生态，为续写高质量发展新篇章注入磅礴力量。

回顾过去五年历程，成绩来之不易，镌刻着白城的发展足迹，铭记着白城的跨越历史，标注着白城的时代刻度。这是以习近平同志为核心的党中央正确指引、掌舵领航的结果，是省委、省政府坚强领导、倾力支持的结果，是市级班子齐心协力、接续奋斗的结果，是全市党员干部群众风雨同舟、顽强拼搏的结果！

总结过去五年工作，事业玉汝于成，经验弥足珍贵。一是必须做到绝对忠诚。我们坚持旗帜鲜明讲政治，做到对标对表、紧跟紧随、坚定坚决，推动中央决策部署在白城落地生根。实践证明，只有始终同以习近平同志为核心的党中央保持高度一致，坚决拥护“两个确立”、坚决做到“两个维护”，才能站稳政治立场、洞悉发展大势、把准前进方向。二是必须保持战略定力。我们坚定践行“两山”理论，以生态理念谋划三次产业发展，不动摇、不懈怠、不折腾，走出了一条具有白城特色的发展之路。实践证明，只有完整准确全面贯彻新发展理念，咬定目标、一抓到底、久久为功，才能把美好蓝图变成生动现实。三是必须坚持敢为人先。我们主动跳出白城看白城，以前瞻性思维谋篇布局，率先提出“白齐兴”区域合作战略，率先形成绿电能源转化创新方案，干成了一系列开创性工作，取得了一系列标志性成果。实践证明，只有紧密结合实际，大胆闯、大胆试、大胆干，才能在激烈竞争中赢得先机、争得主动。四是必须树牢为民情怀。我们坚持人民至上的执政理念，排除万难实施老城改造，用心用情开展脱贫攻坚，慎终如始抓好疫情防控，竭尽全力办好为民实事，用干部辛苦指数换来群众幸福指数。实践证明，只有把人民利益高高举过头顶，时刻把百姓安危冷暖挂在心上，才能得到群众的拥护和支持。五是必须强化团结干事。我们面对超常压力挑战、诸多矛盾困难，坚持市县领导战区指挥、率先垂范，党员干部分兵把口、密切配合，打赢了创城拆违、环保督察整改等一场场硬仗。实践证明，团结出凝聚力、团结出战斗力，只有心往一处想、智往一处谋、劲往一处使，才能谋大事、解难事、干成事。这些经验启示，是全市人民的精神财富，也是推动发展的动力源泉，需要倍加珍惜、大力弘扬。

在肯定成绩的同时，我们也要正视存在的问题和不足：对照高质量发展要求，经济总量不大、结构不优，税源型企业、支撑性项目还不多，加快发展的深层次矛盾亟待破解；对比群众美好生活向往，公共服务供给、基层治理水平、社会文明程度还有差距，特别是教育、卫生等方面还存在薄弱环节，城市特困群体生活仍需更好保障；对标全面从严治党责任，有的党员干部主动谋事的劲头不足、干事创业的激情不够，个别党组织管党治党力度不大，作风问题和腐败现象还时有发生，等等。对此，必须高度重视，切实加以解决。

二、未来五年工作思路

经过近年来的积累和孕育，白城已经迈入由量变到质变的关键阶段，处在厚积薄发、破茧成蝶的临界点上。未来五年，是白城的历史上升期、发展提速期、崛起窗口期，这是新的历史方位和时代坐标。从外部看，我们正在面临“三大机遇”。一是国家“双碳”和省“一主六双”的战略机遇，为我们创造了资源转化的有利条件；二是东北地区西部生态经济带、吉林西部生态经济区的政策机遇，为我们开辟了转型升级的广阔空间；三是国家将新增可再生能源和原料用能不纳入能源消费总量控制、省里支持创建绿电产业示范园区的市场机遇，为我们带来了项目招商的难得契机。从自身看，我们已经做好“三个准备”。一是思想准备，市委擘画实施生态强市、建设“一城三区”的发展蓝图，赢得全市上下高度认可和广泛共识；二是实践准备，随着清洁能源、农牧产品深度开发，生态资源、未利用地优势日益彰显，白城崛起振兴的基础已经夯实；三是组织准备，这次换届，一大批经过脱贫攻坚、老城改造、疫情防控锤炼的优秀干部被选拔上来，各级班子综合能力显著提升、发展愿望日益强烈。只要我们坚定信心、乘势而上、加压奋进，就一定能创造无愧于时代和历史的辉煌业绩，就一定能书写无愧于党和人民的壮丽篇章！

今后五年，全市工作总的思路是：坚持以习近平新时代中国特色社会主义思想为指导，深入贯彻党的十九大和十九届历次全会精神，统筹推进“五位一体”总体布局，协调推进“四个全面”战略布局，全面落实“一主六双”高质量发展战略，坚持稳中求进工作总基调，统筹发展和安全，用生态价值转换理念统领经济社会发展，坚持生态强市，建设“一城三区”，持续深化改革开放，全力保障改善民生，坚定不移全面从严治党，努力建设新时代生态白城、实力白城、美丽白城、幸福白城。奋斗目标是：主要经济指标增速高于全省平均水平，城乡居民收入与经济增长同步，力争到2026年综合实力跻身全省中游，成为吉林西部重要增长极和关键支撑点。

实现上述目标，我们必须树牢“一个理念”，明确“四个定位”，破解“三个瓶颈”，强化“三个支撑”。

树牢“一个理念”：就是牢固树立生态价值转换理念，全力推动生态价值转换为经济价值、社会价值，走出一条质量更高、效益更好、结构更优、优势充分释放的发展新路。要坚持生态保护优先。以保护生态资源、筑牢生态屏障、守住生态底线为前提，全面提升生态环境品质和生态产品价值。依托水林草湿、特色农业、后备耕地、风光资源等优势，一体推进生态高水平保护和经济高质量发展，实现发展和保护相辅相成、相得益彰。要突出生态价值引领。用“生态+”牵动低碳发展、智慧赋能、绿色筑基，强化绿色技术创新、生态项目生成，打造“两山”理论实践高地。全链条推行绿色生产、绿色流通、绿色生活、绿色消费，让群众享受更多“绿色福祉”。要强化生态资源运营。突出资源换项目、资产变资金、产品创品牌，健全生态补偿、有偿使用制度体系，探索生态产品价格形成机制，开展生态资源指标交易，实现生态价值高效转换。全力打造生态价值转换示范区，发挥未利用地集中连片、风光热优质富集的独有资源优势，利用东北地区西部生态经济带、国家粮食安全产业带、国家级清洁能源基地的特有政策优势，坚持整体谋划、多规合一，强化政策集合、项目集成，构建水林草湿生态耦合系统，打造水地空立体生态产业模式，综合呈现经济效益、社会效益、生态效益，让白城既有“绿水青山”的颜值，更有“金山银山”的价值。

明确“四个定位”：一是建设区域中心城。对标中等城市标准，打造东北地区西部生态经济带重要中心城市。以建设“六个中心”为重点，创建国家园林城、全国文明城，有效提升市区“首位度”、产业“集聚度”和人居环境“舒适度”，构建城市发展的“白城样板”。二是建设生态经济先导区。坚持“大生态”理念，争创全国“两山”实践创新基地。以完善生态经济体系为导向，统筹低碳工业、绿色农业、生态旅游一体发展，绿色产业占据“半壁江山”，构建生态经济的“白城模式”。三是建设乡村振兴创新区。紧扣生态农业，争创国家现代农业产业园、农业现代化示范区。以完善现代农业“三大体系”为关键，扛稳国家粮食安全重任，建立符合实际的产业联结、组织联建、治理联动机制，建成一批农业产业强镇、美丽休闲乡村，构建乡村振兴的“白城路径”。四是建设生态文明示范区。突出全区域全要素系统治理，争创国家生态文明建设示范市（县）。以完善“六位一体”示范体系为抓手，实施“四大生态工程”，打好“五大保卫战”，生态系统整体修复，环境质量持续改善，绿色发展蔚然成风，构建生态建设的“白城经验”。

破解“三个瓶颈”：一是破解“水”瓶颈。关键要解决好“引水”和“留水”的问题。充分利用洮儿河常态补水机制，推进引水入城项目；合理开发嫩江水资源，实施引嫩济洮工程，形成河湖连通、江河互济的区域水系，保障生产生活生态用水需要，用循环水生态改善区域“小气候”。二是破解“地”瓶颈。重点要解决好“增地”和“改地”的问题。依托

491万亩耕地后备资源，系统实施盐碱地治理及高效利用示范区建设项目，推进保护性耕作，实行良种良法，打造全省增粮主战场。抓好土地增减挂钩、耕地占补平衡指标跨省交易，让荒废盐碱地变成“摇钱树”。三是破解“电”瓶颈。核心要解决好“用电”和“送电”的问题。坚持消纳与外送“两条腿”走路，探索余电制氢、电企直供，推广清洁能源供暖，以“共建共享”理念做优绿电产业示范园区；推进“吉电南送”工程、清洁能源上网，全方位提升电力输出能力，以绿色优质电打造项目“集聚地”。通过破解“水、地、电”瓶颈，打通生态价值转换通道，化劣势为优势，变潜力为动力，让白城风生水起、风光无限。

强化“三个支撑”：一是强化规划支撑。坚持规划引领，绘好跨越发展“施工图”。树立规划意识，立足资源禀赋、产业基础，科学谋划发展定位、主攻方向、实践路径，做到当前与长远相结合、预期与结果相一致。突出规划编制，秉承系统思维、整体观念，依托国土空间总体规划，科学编制重点领域市级总体规划、各地区域规划、部门分线规划，建立完备的“1+N”规划体系。严格规划执行，注重规划即法、有法必依，一张蓝图绘到底，以高水平规划引领高质量发展。二是强化项目支撑。坚持项目为王，做好投资拉动“大文章”。抓实项目谋划，突出工业主导，树立“产业树”理念，聚焦新能源、氢能、农产品加工等重点产业，深度谋划储备一批全产业链项目。加强项目引进，准确把握国家重大战略、产业空间布局和新产业新业态，统筹开展“上争”“外引”，打造专业招商队伍，必保实现“5+3”目标。推动项目落地，深入开展项目建设攻坚行动，把所有资源、力量、政策向服务企业倾斜，一切围绕项目转、一切扭住项目干，跑出项目建设“加速度”。三是强化要素支撑。坚持需求导向，打好要素保障“组合拳”。聚合政策要素，围绕推动“两带一基地”建设，向上争取政策支持，研究出台配套办法，最大限度发挥政策叠加效应。激活资金要素，秉承“开源”“节流”“统筹”理念，用好用足专项债，以政府小投入撬动社会大资本，努力实现资金活水充盈。提升科技要素，搭建企业、高校、科研单位合作平台，推进技术转移和产业化服务，持续注入新动能、增添新活力，让白城发展基础牢固、步伐坚实。

三、未来五年发展重点任务

白城优势在生态、潜力在生态、希望也在生态，要深入践行生态价值转换理念，聚焦工作总体思路，按照“1433”发展要求，重点落实七项任务。

（一）突出系统治理，推动生态环境整体跃升。聚焦建设生态文明示范区，抢抓“双碳”机遇，推进“三生”融合，切实增强生态系统碳汇能力。一是实施生态提升工程。深入开展“十年绿美白城”行动，实施“四大生态工程”，构建“三屏、三廊道、一网”的生态空间布局，持续夯实生态本底。重点建设百里生态绿色长廊，打造国家级水利风景区，成为城市“后花园”、假日休闲地；实施林草湿连通工程，创建一批国家草原自然公园、省级湿地公园和湿地保护小区，形成林网成格、草原成片、湿地镶嵌、交错互连的生态格局。二是开展生态常态保护。全力攻克环境突出问题，打好污染防治攻坚战，全面提升生态质量。落实河（湖）长制、林（草）长制，推行垃圾发电、秸秆“五化”利用，巩固拓展环保督察反馈问题整改成效，争取在生态源头保护、生态产业发展、体制机制创新等方面，形成可复制、可推广经验。严把项目环评准入关口，加强燃煤小锅炉、“散乱污”企业综合整治，控制新增污染物排放，守住天蓝、地绿、水清的生态财富。三是构建生态文明机制。严格落实国家生态文明建设制度要求，健全系统规范的工作运行机制，培育体现特色的生态文化。认真执行“三线一单”，抓好生态环境信用管理与动态评估，形成源头预防、过程控制、损害赔偿、责任追究的生态保护机制。倡导简约适度、绿色出行生活方式，推行氢能交通、建筑节能，形成绿色生活、低碳生产的联动机制。筹建吉林西部生态研究院，打造碳汇交易中心试点，争创国家碳中和试点（示范）城市。

（二）突出集群发展，推动生态产业优化升级。聚焦建设生态经济先导区，坚持生态产业化、产业生态化，构建绿色、低碳、循环的生态经济体系。一是发展以清洁能源为主导的低碳工业。围绕建设新能源基地、高载能基地、百万吨级“氢田”，加快推进风电、光伏两个千万千瓦基地和“吉电南送”项目建设，清洁能源装机达到3000万千瓦；以绿电产业示范园区为突破口，引进绿色新材料、装备制造、食品医药等高附加值项目，打响“绿电”特色品牌；探索“产业联盟+市场化运作”模式，抓好制氢一体化、碳纤维储氢装备生产等项目，完善氢能“制、储、运、用”全产业链，创建全国氢能示范城市，打造“三个千亿级”产业集群。同时，推动医药健康、冶金建材等传统产业转型升级，实施东方电气风机制造、上海电气风电产业园等重点项目，打造新能源装备制造基地；加快建设“一中心、两基地”，打造“北方云谷”。二是发展以农产品加工为动力的绿色农业。坚持用工业化思维谋划农业发展，突出壮龙头、强主体、建基地、打品牌，注重种养加一体化、产加销全链条，重点实施梅花四期工程及配套项目，依托德信、吉运、和合牧业开展“肉牛工程”，推进以牧原为龙头的生猪产业集群发展，支持飞鹤全域布局扩能，打造“四个百亿级”产业矩阵。大力推动杂粮杂豆、肉羊、水产等就地转化增值，提升“白城弱碱”品牌价值，农产品加工业总产值突破500亿元，“两品一标”比重达到35%以上。三是发展以生态旅游为重点的现代服务业。聚焦构建全域旅游大环线，加强与周边地区旅游资源对接，深化文旅、军旅、农旅、商旅“四业融合”，重点实施向海、莫莫格、敖牛山、机车小镇、红色文化产业园等旅游项目，推进嫩江湾、月亮泡镇、月亮泡水库等综合开发，促进“一线多点”整体升级，进一步打响“湿地生态游、军事体验游、民俗风情游”三大品牌。繁荣商贸经济，培育壮大限上商贸企业，构建“123”夜间消费区，促进消费扩容增效。抓实现代物流，建设“三区一中心”，打造吉林西部物流枢纽。大力发展线上线下一体的消费新模式，培育康养、金融、信息等服务新业态，助力经济发展取得更大突破。

（三）突出统筹兼顾，推动乡村振兴全面发展。聚焦建设乡村振兴创新区，把绿色作为“三农”底色，以实施“五大行动”为突破口，加快实现农业高质高效、乡村宜居宜业、农民富裕富足。一是实施巩固提升行动。严格落实“四个不摘”，健全行业部门常态化排查比对机制，设立“防返贫监测专岗”，打造“三帮扶一推动”2.0版，坚决守住不发生规模性返贫底线。用好五年过渡期政策，创新实施后评估预审核模式，确保脱贫成效经得起检验。二是实施产业振兴行动。开展“三大增粮”工程，打好“黑土粮仓”科技会战，粮食生产能力保持在120亿斤以上。统筹发展光伏、肉牛、棚膜、庭院经济，做大休闲农业、乡村旅游、农村电商产业，争创全国农村一二三产业融合发展先导区。组建现代产业联合体，完善“龙头企业+合作社+农户”利益联结机制，带动农民增收致富。三是实施乡村建设行动。以开展“百村示范千村提升”为引领，实施人居环境提升工程，深化厕所革命，推进“六清”整治，争创国家农村人居环境整治先进县。突出抓好特色保护类、搬迁撤并类村庄建设，补齐公共基础设施短板，使农村成为留得住乡情、记得住乡愁的美丽家园。四是实施文化兴村行动。深入挖掘、继承、创新优秀传统乡土文化，把文化元素、文化符号嵌入产业发展、村屯建设，赋予乡村振兴文化内涵。开展“移风易俗树新风”活动，抓好“三类家庭”“四道模范”“五种好人”常态化评比，引导农民养成健康生活方式，争创全国文明村镇，培育文明乡风、良好家风、淳朴民风。五是实施党建引领行动。开展村党支部领办合作社、创办企业，探索推行股份合作、项目联营等经营模式，壮大村集体经济规模。压实“四级书记”责任，实行市县领导挂村、乡镇干部包村、第一书记驻村、市县单位联村，汇聚推进乡村振兴的强大力量。

（四）突出辐射集聚，推动生态城市功能提升。聚焦建设区域中心城，坚持生态型城市发展理念，全面增强城市竞争力、承载力和吸引力，提升中心城区“首位度”。一是坚持“产城融合”抓好城市规划。按照东延、西拓、南融“三路并进”思路，细化中心城区土地使用，构建“一核五区”城市空间布局。突出老城区、生态新区、西部收储区一体发展，打造一刻钟便民“生活圈”。强化“双洮”经济带建设，拉大城市框架、拓展城市外延，努力形成双向辐射、紧密衔接、抱团发展的市域经济新格局。二是打造“六个中心”完善城市功能。实施城市更新行动，加快建设区域教育、文体、医养、特色旅游、科研、枢纽中心。谋划职业教育园区、医教大学城，抓好中医院异地新建、中心医院争创三甲，推进“三馆一场”建设、“五馆联建”升级，引入大型商贸综合体、五星级宾馆，持续提升城市魅力。加强辽金文化保护利用，建设文化地标，打造街角公园、微景观，以文化塑造城市灵魂。发挥科研院所作用，强化“政产学研用”协同创新，插上科技腾飞的翅膀。实施洮儿河福顺大桥等交通基础设施工程，织密“一环八射”向心公路网，增设长安机场航线，推进长白快铁提速，进一步放大城市区位优势。三是开展“五城联建”升级城市品质。加快建设园林城市、滨水城市、美丽城市、智慧城市、文明城市，实施“见缝插绿”工程，栽大树、植绿篱，推动引水入城，把运河水引入西部收储区，连通“一带一园三湖”，实现绿满家园、水润白城的夙愿。开展市区畅通行动，构建交通绿廊。抓好市容市貌常态化整治，解决垃圾、污水、东湖治理等问题，让城市每天都整洁如新。探索城市社区、医疗、商务等全场景智慧应用，打造运行高效、便捷舒适的城市服务体系。开展新时代“五大创建”活动、“九大提升工程”，强化中心城区引领作用，让白城成为人流、物流、资金流、信息流竞相涌入的“洼地”。

（五）突出机制创新，推动改革开放实现突破。系统加强制度创新、流程再造、对外拓展，以改革开放新成效放大振兴发展新优势。一是深化重点领域改革。瞄准企业和群众所需，持续开展“放管服”“最多跑一次”改革，推进审批权下放，最大化实现审批事项“一网通办、全城可办”。突出抓好开发区体制改革，聚焦主责主业回归，构建“企业化管理、市场化运作、项目化实施、专业化服务”的运行机制，打造加快发展的主引擎。统筹推进医疗、教育、农村、金融等各项改革，充分释放乘数效应，让白城增添活力、让群众享受红利。二是提升对外开放能力。深度融入国内国际“双循环”，着力打造吉林西部开放的重要门户。推进通齐高铁、物流港升级等重点项目，进一步完善对外开放的交通网络。深化与长春、嘉兴的战略对接，密切与吉大、东电的产学联动，加快与兴安盟、齐齐哈尔周边城市的融合发展，努力在“飞地经济”合作、科技成果转化等方面取得丰硕成果。三是打造营商环境高地。坚持以软环境打造硬实力，发挥“数字政府”平台作用，构建政务外网支撑体系，推动政务服务向基层延伸。开展市场主体成长工程，建立政银企对接、产业链供应链衔接、企业家培养“三项机制”，实施“一企一策”，加快生成一批“专精特新”的中小企业。抓好诚信白城建设，争创全国信用示范城市。依法平等保护企业家合法权益，整治破坏营商环境行为，构建“亲”“清”新型政商关系，让白城成为创新、创业、创造的沃土。

（六）突出需求导向，推动民生事业加快发展。践行人民至上的执政理念，坚持从群众诉求出发，办好惠民实事，满足群众对美好生活的向往。一是完善公共服务体系。推进教育资源合理布局，加快建设九年制学校，竭力办好人民满意教育。建立医联体与县域医共体，创新“互联网+医疗健康”服务，打造健康白城。整合存量资源，推广“公建民营”“民办公助”养老服务模式，提高婴幼儿托育服务质量，增强“一老一小”照护能力。擦亮“歌舞鹤乡·放飞梦想”“快乐运动·幸福鹤乡”品牌，广泛开展全民文化健身活动，提供更多优质公共文体服务。二是健全社会保障机制。落实就业优先政策，抓好援企稳岗、就业援助，保障城乡居民就业增收。实施全民参保计划，推动社保扩面提标，构建可持续的社会保障体系。稳步推进保障性安居工程、老旧小区改造，改善群众居住条件。扎实开展“扶老助残救孤济困”行动，让社会更有温度、幸福更有质感。三是维护社会大局稳定。深入推进市域社会治理现代化试点，发挥“一个电话解难题”载体作用，推行“最多访一次”，高效解决群众“急难愁盼”问题。坚持和发展新时代“枫桥经验”，紧盯安全生产、道路交通、食品药品、社会治安等重点领域开展专项整治，常态化推进扫黑除恶，以精准理念抓好疫情防控，建设更高水平的平安白城。

（七）突出汇聚合力，推动民主法治稳步加强。坚持党的领导、人民当家作主、依法治国有机统一，坚定不移走中国特色社会主义政治发展道路。一是加强民主政治建设。践行全过程人民民主理念，坚持人民代表大会制度，支持人大及其常委会依法履职，更好体现人民意志。坚持党领导的多党合作和政治协商制度，深化专题协商、对口协商、界别协商、提案办理协商，广泛凝聚各界共识。二是提升依法治市水平。坚持科学立法、严格执法、公正司法、全民守法，建设新时代“法治白城”。加快城乡建设与管理、环境保护、历史文化保护等领域立法，充分发挥崇法善治作用。推进司法体制改革，规范行政执法程序，深化府院联动，争创法治政府建设示范市。实施“八五”普法规划，筑牢法治文化阵地，持续增强公民法治素养。三是凝聚团结奋进合力。加强与民主党派、工商联、无党派人士联系合作，发挥群团组织桥梁纽带作用，做好民族宗教、外事侨务、老干部和新社会阶层人士工作，争创双拥模范城“六连冠”，调动一切积极因素、团结一切有效力量，踊跃投身建设社会主义现代化新白城的生动实践。

四、全面加强党的建设

新时代呼唤新担当，新使命需要新作为。全市各级党组织要自觉扛起历史赋予的责任，弘扬伟大建党精神，深化全面从严治党，为白城高质量跨越式发展提供坚强保障。

（一）坚持思想政治引领，增强奋发进取的精神动力。

始终把党的政治建设摆在首位，准确把握“十个坚持”历史经验，坚决拥护“两个确立”、坚决做到“两个维护”。加强理论武装，认真执行“第一议题”制度，用好鹤乡大讲堂等平台载体，深入学习贯彻习近平新时代中国特色社会主义思想，增强政治判断力、政治领悟力、政治执行力，自觉同以习近平同志为核心的党中央保持高度一致。强化意识形态，严格落实意识形态工作责任制，加强网络安全保障体系与能力建设，积极推进阵地管控，有效应对社会舆情，持续增强话语权和主导权。塑造精神文明，践行社会主义核心价值观，发挥新时代文明实践中心作用，开展“四德”工程建设，提升志愿服务水平，共筑美好精神家园。推动思想解放，树立开放思维，大胆走出去、主动融进去，学习观念理念、借力借势发展。强化争先意识，有胆气、有志气、有豪气，勇于攻关攻坚、敢于争先争优，让观念适应发展需要，让行动跟上时代步伐。

（二）加强干部队伍淬炼，打造担当有为的中坚力量。

坚持党管干部原则和新时期好干部标准，精准落实“三个源源不断”要求。树立鲜明导向，打破条线选拔和平衡照顾，突出在“一城三区”主战场考察识别干部，大胆提拔重用豁得出、冲得上、打得赢的干部，对“躺平”干部、“佛系”干部坚决挪位子、摘帽子。锻造过硬班子，强化换届后各级班子建设，聚焦“五个维度”，提升“六种能力”，打造主动谋事、担当干事、干净干事、团结成事的“四型”班子。开展“314151”选育工程，实施“百人强基”计划，让年轻干部经风雨、壮筋骨、长才干，确保事业后继有人。激励担当作为，坚持“三个区分开来”，旗帜鲜明为担当者担当，为负责者负责，造就更多政治坚定、思路开阔、作风务实、勇挑重担的“领头雁”“铁肩膀”。强化人才支撑，实施“鹤乡学子”回引工程，优化人才发展环境，精心引才、悉心育才、真心爱才，让各类人才各得其所、各尽其用。

（三）夯实基层组织阵地，筑牢坚强有力的战斗堡垒。

建设上下贯通、执行有力的组织体系，把党的组织优势转化为发展势能。强化党建载体引领，实施“五星级”乡村党组织创建，促进农村党建与乡村振兴有机融合；深化“书记一号工程”，构建城市大党建格局；开展“红色孵化器”助企纾困活动，助力民营企业孵化生成、转型升级。创新基层治理模式，构建“四位一体”治理网络，完善“五长”联动机制，做优社区服务品牌，激发城市治理效能；完善“村级党组织+”治理机制，推动“五治”融合，促进基层治理体系、治理能力现代化。加强支部规范建设，抓好新时代吉林党支部标准体系（BTX）建设，实行固本强基、提质增效、品牌创建、典型领航、能力提升工程，确保党支部全面规范、坚强有力、健全过硬。

（四）增强优良作风保障，树立务实为民的鲜明导向。

坚持纠“四风”与树新风并举，锲而不舍落实中央八项规定精神，打好作风建设持久战。大兴落实之风，按照“五化”工作机制，把大的工作分解成小清单、小项目，形成工作闭环。坚持一线工作法，“一把手”带头一线攻坚、现场解决，确保定一件干一件、抓一件成一件。大兴高效之风，保持开局就是决战、起步就是冲刺的精神状态，以高效率赢得高质量、快节奏换来快发展。大力精简会议文件，严格规范督查检查，力戒形式主义、官僚主义，持续为基层减负松绑。大兴为民之风，把群众满意作为工作的最高标准，主动倾听群众呼声，聚焦群众需求办大事、做实事、解难事。坚持工作成效让群众评判，用实际行动回答好“为了谁、依靠谁、我是谁”的根本问题。

（五）强化纪律规矩约束，涵养风清气正的政治生态。精准运用“四种形态”，一体推进“三不”，把党风廉政建设和反腐败斗争引向深入。保持反腐高压态势，紧盯“关键少数”和不收敛不收手行为，聚焦政策支持力度大、投资密集、资源集中的领域和环节，持续加大查处力度，突出整治群众身边腐败和不正之风，坚决斩断权力寻租链条。完善制度监督体系，强化对“一把手”和领导班子监督，做实专责监督、贯通各类监督，精准落实政治巡察要求，充分发挥引领保障作用，实现政治效果、纪法效果、社会效果有机统一。推进清廉文化建设，深化以案促改、以案促建、以案促治，倡导廉洁守法理念，加强家风建设，让怀德自重、清廉自守的良好风尚充盈鹤乡、浸润白城。

再出发，更壮阔的征程已经开启；向前进，更伟大的胜利就在前方。让我们更加紧密地团结在以习近平同志为核心的党中央周围，在省委的坚强领导下，坚决扛起时代重任，只争朝夕、不负韶华，埋头苦干、勇毅前行，为实现白城高质量跨越式发展不懈奋斗！

（市委办公室提供）

白城市国民经济和社会发展第十四个五年规划纲要

（节选）

发展目标

根据国家、省战略部署，围绕加快建设吉林西部生态经济区，深度融入东北地区西部生态经济带，立足发展实际，秉承“全面发展、争创一流”的工作理念，“十四五”时期，各项事业要做到稳中快进、进中提质，重点打造区域中心城、生态经济先导区、乡村振兴创新区和生态文明示范区“一城三区”，全市整体经济实力跨入全省第二梯队，加快实现白城高质量发展、全面振兴全方位振兴。

高质量发展呈现新局面。围绕建设吉林西部生态经济区，加快推动经济转型，做大做强主导产业，巩固提升优势产业，培育壮大新兴产业，统筹量的合理增长与质的稳步提升，打造白城高质量发展升级版，综合实力达到全省中游水平。初步构建现代生态经济体系，经济发展水平明显提升，区域发展能力显著增强。产业结构持续优化，“五大安全”保障体系不断健全。地区生产总值、固定资产投资、规上工业增加值等主要经济指标增幅达到或高于全省平均水平。

城乡面貌发生新变化。“海绵城市”建设成果进一步巩固，城市功能更加完善。新型城镇化建设和乡村振兴战略稳步推进，城乡人居环境持续改善，基础设施短板加快补齐，脱贫攻坚成果转化升级，乡村文化更加繁荣兴盛，发展成东北地区西部生态经济带区域中心城市，建设成农村美、农业强、农民富的乡村振兴创新区。

改革开放迈出新步伐。以打造吉林西部开放门户为重点，供给侧结构性改革持续深化，“数字政府”建设全面加强，营商环境显著改善，民营经济发展活力进一步释放，“放管服”、农业农村等重点领域改革取得明显成效。区域合作的深度和广度不断拓展，开放平台建设扎实推进，项目建设成果丰硕，形成内外互动、协调发展、协同开放的吉林西部开放合作新格局。

生态文明取得新成效。统筹“水草林湿”治理，全力维护生态环境安全底线，打造吉林西部生态安全屏障，加快建设“美丽白城”。生态建设预期性指标高于省和国家标准，生态建设约束性指标完成省和国家任务，生态功能明显提升，环境质量明显改善，治理效能明显增强，退化区域明显缩小，主要污染物排放量得到有效控制。

人民幸福感得到新提升。坚持以人民为中心理念，加快治理方式转变，社会治理体系和治理能力现代化水平显著提升，重大风险得到有效防范和化解，社会大局保持和谐稳定。就业比较充分，住房保障有力，居民收入明显增加，公共服务体系更加健全，各项社会事业全面进步，人民生活水平显著提高。

生态工程

坚持充分利用地表水、合理开发天上水、科学使用地下水，加强水资源统一管理、联合调度和科学调配，保证水资源供求平衡和可持续开发利用。实施“区域水循环利用”、河湖连通达标、引嫩入白扩建等重大水利工程。优化全市水资源配置格局，完善“引嫩入白”“引察济向”“引洮入向”“引霍入向”、龙海灌区等一批重大水利基础设施工程项目。开展大江大河、重要支流、中小河流防洪治理，加强堤防建设、河道清障与蓄滞洪区管理，嫩江、洮儿河等干流堤防达到设计标准。推进城镇居民生活用水向使用地表水转变，推进农村供水工程提档升级。加强城市防洪排涝设施建设。完善水利信息基础设施，推进“智慧水利”建设。贯彻落实《草原法》。推进退牧还草、草原防灾减灾、鼠虫草害防治、严重碱化退化沙化草原治理、农牧交错带已垦草原治理等重大工程，加强人工草地建设，推进河湖泡沼生态补水，落实草原禁牧和草畜平衡制度，落实草原生态保护补助奖励政策。对现有退化草原采取围栏封育、深松补播、草场改良、禁牧等措施，加快退化草场治理。启动盐碱地修复治理项目，采取生物措施和工程措施进行综合治理。对因过度开垦草原形成的不稳定耕地，实施退耕还草。培育引进优质牧草品种，建设羊草和苜蓿规模基地，建立高效优质人工草场示范园区，做强草原产业。到2025年，草原面积稳定在500万亩，草原综合植被覆盖度达65%以上。加大“三北”防护林建设力度，重点推进农田防护林、防风固沙林和水土保持林建设。实施吉林西部绿色生态屏障建设工程，规划造林62万亩。做大林果产业，重点建设文冠果、红松果、大果沙棘等产业基地。做优林下产业，重点建设中草药种植基地。到2025年，林地面积稳定在670万亩左右，森林面积达到500万亩左右，森林覆盖率达到13%左右。实施退耕还湿、芦苇修湿等湿地恢复工程，扩大湿地有效保护面积。加强乡村小微湿地保护，创建省级湿地公园和保护小区。加强野生动植物保护管理，维护生物多样性，提升湿地生态功能。到2025年，自然湿地面积稳定在500万亩左右，湿地保有量800万亩左右。

打造生态经济先导区

加快绿色农业生产基地建设，推进农业一二三产业融合发展，打造健康食品城。实施主粮加工和现代食品产业跃升行动，推进初加工、精深加工、综合利用加工和主食加工协调发展。到2025年，全市规上农产品加工业产值达到260亿元，销售收入达到400亿元以上。统筹可再生能源电力开发建设与市场消纳，打造吉林西部国家级新能源保障基地。推进风、光两个千万千瓦基地建设，重点抓好华能、大唐、鲁固直流等重点项目。推进生物质能源利用。推进“吉电南送”工程，畅通白城—扎鲁特—青州特高压输电通道依托国家级高载能高技术基地，探索实施清洁能源上网、余电制氢、电企直供新模式，推广清洁能源供暖，建设“零碳”产业园区。加快建设吉林白城新能源产业示范基地，打造清洁能源城。到2025年，新增清洁能源装机1500万千瓦，新能源产值达到260亿元。推进清洁能源电解水制氢，开展氢能示范应用，运用能源转化成果，建设中国北方“氢谷”。探索“产业联盟+市场化运作”模式，发展氢能“制、储、运、用”全产业链延伸，打造氢能全产业链条，建成百万吨级“氢田”。探索氢能发展“飞地经济”新模式，谋划在长春建设氢能产业园区。实施风能制氢余电上网工程，加快推进清洁能源制氢、加氢、用氢一体化项目建设，建立白城工业园区氢能产业园区。围绕建设国家储能试点，引入低压固态储氢技术，开拓长春、白城两地氢燃料电池汽车应用领域，深化与一汽集团战略合作，建设“长白氢能走廊”，实施“氢能+”战略，推进己二腈、天然气掺氢等项目，实现氢能在农业、工业、商业、交通、民生等领域广泛应用，打造全国氢能示范城市。建设氢燃料物流运输通道，探索氢能对外出口渠道。谋划建设碳排放交易中心，创建“碳中和”示范城市。启动实施氢能产业“十百千”计划，到2025年，年制氢达到12万吨，氢能产业产值达到120亿元，逐步打造成为国内领先的千亿级氢能产业集群。

生态旅游

聚焦建设吉林西部河湖草原湿地旅游大环线，推进与吉林东部避暑冰雪生态旅游大环线融通，形成横贯东西、纵贯南北的省内和省际旅游主干线。立足地域文化和旅游资源，发挥向海、莫莫格、嫩江湾等“国字号”品牌优势。突出绿色生态、红色旅游、白色冰雪特色，持续开发湿地生态、草原风光、民俗风情、军事体验、历史文化、乡村休闲等特色文化旅游产品。发展生态旅游、避暑休闲、冰雪旅游、乡村旅游、自驾自助游等多品类旅游业态。推进“一线十五点”重点景区景点提质升级。依托河湖连通工程，打造环湖生态游、百里水生态长廊游、乡村游新景区，丰富中短期旅游线路。到2025年，创建嫩江湾国家5A级景区，全市旅游收入达到200亿元左右。

发展基础产业

鼓励支持装备制造企业建设创新中心，强化核心基础零部件、先进基础工艺等工业基础能力建设，提升重大装备产品技术工艺水平。到2025年，全市规上装备制造业产值达到110亿元。支持道地中药材全产业链融合发展，开展道地关药品种选育、野生护育、仿生栽培、病害防治、种质资源保护、追溯体系建设等关键技术研究及种植示范基地建设。鼓励医药企业开展国外专利到期或非专利药物仿制及安全一致性评价研究。支持开展抗肿瘤、降糖、抗病毒、精神类、配方颗粒、经典名方等研究开发，开发保健食品、化妆品等健康产品。协调推进建设国药集团百琦药业中医药产业园区。到2025年，全市规上医药产业产值达到30亿元。立足区位交通和农业资源等优势，优化整合现有物流基础设施，构建便捷高效智能的现代物流服务体系，推动现代服务业集聚区转型升级，建设吉林西部物流产业园。加快完善粮食现代物流体系，构建安全高效、一体化运作的现代粮食物流网络。充分发挥白城海关和内陆港作用，辐射周边扩大商品集散，打造区域集散中心。改造建设配送投递、冷链物流和农贸市场等商贸流通设施。推进物流业与农业、制造、商贸产业融合发展。坚持冶金建材绿色发展道路，严格执行产能等量或减量置换。培育绿色铸锻产业，适时引进特种钢冶炼项目，加快铁合金产业发展。提高建材企业生产负荷，推动建材产业绿色发展，开发水泥部件化系列产品，提升新型绿色建材和装配式建筑部品部件应用比例。到2025年，全市规上冶金建材产业产值达到30亿元。围绕“数字白城”建设，构建以联通北方云计算中心为主体，白城工业园区国家级数据灾备基地、白城经开区数据产业基地为两翼的“一体两翼”大数据产业格局，推动大数据企业和灾备企业集聚发展，打造立足吉林、辐射东北、服务全国、面向东北亚，提供全方位数据处理、存储和灾备服务的中国北方“云谷”。 开展基础测绘，打造地理信息公共服务平台。

粮食安全

落实国家粮食和食品安全战略，稳定粮食播种面积和粮食生产能力，聚焦要素挖潜，扩产提质增效，提高粮食单产能力，牢牢稳住粮食安全“压舱石”，打造吉林省粮食增产的主战场。深入实施“藏粮于地”“藏粮于技”战略。全面落实永久基本农田特殊保护制度，严守耕地红线。加大涉农项目资金整合力度，改造中低产田和盐碱地，扩大集中连片高标准农田。探索适合白城的黑土地保护新模式。到2025年，新建集中连片高标准农田200万亩，新建5个10万亩高标准农田示范片区。构建农业科技创新与推广转化体系。加大特色农作物种质创新与新品种选育、良种繁育、加工产品开发、生态模式示范等技术攻关。依托白城农科院，深入实施现代种业提升工程，提高科技含量，保证种质安全，建设杂粮杂豆良种繁育基地，推广燕麦等优质品种转化应用。集成推广土壤改良、培肥地力等增产增效技术，提高耕地质量和综合生产能力。整乡推进玉米保护性耕作，严密防控重大病虫害。实施新型职业农民培育工程。创建全国全程机械化示范市。到2025年，全市保护性耕作面积达到600万亩，农业机械化率达到92%以上。实施灌区末系改造，打通入田到户“最后一公里”。推广高效节水灌溉技术，努力打造全省旱作节水农业先行区。推进抗旱水源井“柴改电”工程，提高旱田有效灌溉能力。到2025年，全市粮食综合生产能力达到110亿斤。

现代农业

构建现代农业产业体系。实施生态农业转型升级“三大工程”，提升现代农业整体发展质量和水平。实施生态农业“一园一中心”工程。建设白城现代健康食品产业园。加快“杂粮杂豆之都”和“东方燕麦之都”建设。谋划建设白城杂粮杂豆及制品国际交易中心，到2025年，建设杂粮杂豆种植专业乡镇10个、专业村100个。实施生态牧业“十百千”工程。加快生态牧业基地建设，打造5万头奶牛、50万头肉牛、500万头生猪、500万只肉羊、1000万只白鹅等全产业链项目。探索实施“粮改饲”有效途径，推动粮牧加一体化发展。支持龙头企业、专业合作社、家庭农场等自建联建养殖基地，构建生态畜牧业发展引领区。到2025年，全市畜禽养殖量达到4460万头（只），规模化养殖比重达到70%以上，畜牧业产值达到260亿元。实施生态水产品基地建设工程。依托大中型水库，推进“名特优”鱼苗繁育及生产基地示范项目，加快生态水产基地建设。支持申报水利风景区，加快渔业生产与生态旅游有机结合。到2025年，全市水产品产量达到5.5万吨，渔业产值达到10亿元。推进全程标准化生产。建立健全特色农作物生产标准规范，创建省级以上农业标准化示范区。实行绿色食品、有机农产品、地理标志农产品可追溯监管制度。启动实施数字农业创新工程，发展数字农业。到2025年，主要农产品例行监测合格率稳定在97%以上。培育绿色知名品牌。到2025年，全市农产品区域公用品牌达到5个，地标产品达到30件，“两品一标”农产品比重达到35%，绿色有机农产品数量达到320个。促进农村一二三产业融合发展，到2025年，创建乡村旅游特色村20个以上，休闲农业和乡村旅游收入达到4亿元。打造产业融合载体。推进现代农业产业园区、特色产业集群建设，重点打造辣椒、绿豆、水稻、肉牛等现代农业产业园和国家级杂粮杂豆特色产业集群。到2025年，创建现代农业产业园20个，力争创建国家现代农业产业示范园。构建现代农业经营体系。培育新型经营主体。以农业企业、专业合作社、家庭农场等为重点，打造一批优秀示范点，争创国家农民合作示范社。到2025年，全市规范性农民合作社发展到9000个、家庭农场发展到7000个。推动土地规模化经营。到2025年，全市土地适度规模经营比重达到50%以上，培育市级土地规模经营示范点150个。

建设美丽乡村

全面实施乡村建设行动，坚持农业现代化和农村现代化一体设计、一体推进，改善农村人居环境，加快城乡融合发展，建设美丽休闲乡村。推进农村人居环境整治。开展“六清”整治活动，加强乡村生活垃圾治理。实施农村污水治理行动，争创农村生活污水综合治理示范区。推进农村无害化厕所改造。以公路、铁路、江河堤防和库区绿化美化为主线，实施绿色廊道工程。统筹规划推进村庄建设，争取省级新型农村社区建设试点。到2025年，打造国家级美丽乡村4个，60%以上村屯绿化覆盖率达到30%以上。推进乡风文明建设。依托新时代文明实践中心（所、站），广泛开展新时代文明实践活动，加强社会主义精神文明建设，加强农村思想道德建设。将社会主义核心价值观等主流价值理念融入村规民约，不断加强农民群众思想道德建设。推进移风易俗，深入开展文明乡镇、文明村屯、文明家庭等创建活动，培育文明乡风、良好家风、淳朴民风，助力乡村振兴，推动美丽乡村建设。推进城乡融合发展。坚持乡村振兴和新型城镇化两大战略协调发展。推进城乡要素合理配置，畅通农业转移人口市民化制度通道，完善城市人才到乡村创业激励机制，引导社会资本进入农业领域。推进城乡基本公共服务普惠共享，优先发展农村教育事业，健全乡村医疗卫生和公共文化服务体系，完善城乡统一的社会保险制度，统筹城乡社会救助体系，建立健全乡村治理体系。统筹规划城乡社区综合服务等基础设施一体化发展。推进乡村经济多元化发展，推动“双创”向农业农村延伸，完善永久基本农田特殊保护、农业补贴等农业支持保护制度，健全覆盖城乡的公共就业创业服务体系，推进农民收入持续增长。

优化城市布局

依托现有城市发展基础和产业发展现状，着力提升市域集聚辐射和带动能力，构建“一核五区”城市发展格局，实现区域发展差异化、资源利用最优化、整体功能最大化。构建以老城区为主体，打造餐饮住宿、娱乐购物、生活服务优化配置的生活配套服务核心功能区；构建以工业园区、洮北经开区为主体，打造清洁能源、农副产品加工、装备制造集群发展的东部低碳工业创新发展集中区；构建以经开区、生态新区局部为主体，打造金融保险、文化创意、商务会展引领发展的西南现代服务业集聚区；构建以生态新区为主体，打造高端住宅、舒适休闲的南部宜居宜游引领区；构建以医教大学城、中心医院为主体，打造高校文化圈、医养结合体，多业态融合发展的西部文化康养示范区；构建以物流园区、内陆港为主体，打造通畅快捷、智能高效的北部现代物流集散区。形成功能配置齐全、布局结构合理、发展层次鲜明的城市功能区。完善城市功能。实行城市更新行动，坚持建管并重，实施“十大工程”，继续实施老旧小区改造，推进供水、供热、排水、污水、燃气、电力管网改造，完善城市公厕、垃圾处理等设施。推动信息网络、数据中心、5G网络和城市管理智能化建设，打造智慧城市。加强城市绿道、健身步道、社区健身广场和邮政快递末端综合服务站等便民服务设施建设。提升城市治理水平，推动政府向服务型转变、治理方式向精细化转型。建立完善源头治理、风险防控、监督管理、保障能力、应急救援等发展体系和长效机制，提升城市应对突发事件的能力。提升城市品位。加强城市景观生态建设，打造城市水系，构建城市景观新格局。提高能源利用效率，推广节约能源设施，发展节能绿色建筑。抓好城市绿化条例贯彻落实，统筹推进美化、绿化、亮化，加强城市绿地建设，增加常绿树种，实现四季开门见绿。加强园林式单位、小区、道路建设，保持国家卫生城市荣誉，努力创建国家生态园林城。到2025年，污水处理率达到96%，生活垃圾无害化处理率达到100%。构建现代交通体系。加快铁路建设，实施长白铁路提速工程，推进齐齐哈尔—白城—通辽铁路建设，打通吉林西部进京高速客运通道。加快升级改造城市路网，完善市域公路网，打通省际“断头路”，提高县域、区域交通设施相连相通水平。推进交通枢纽建设。推进“农村公路路长制”。发展城市绿色交通，推广应用氢能公交。适时启动白城长安机场扩建改造。到2025年，新建改建普通国省干线公路411公里，全市公路网通车总里程达1.3万公里。

改造提升特色城镇

加快发展县域经济。启动实施县域经济转型升级示范工程。依托县域资源禀赋，实行错位差异化发展，培育发展主导产业，提升整体经济实力，推动产城人文融合发展，提高县城服务乡村振兴和吸纳农民进城能力。市本级重点发展梅花、益海嘉里为主体的农产品加工业，稳定发展风电装备、汽车配件等装备制造业，适度拓展冶金行业发展空间，发展云计算、大数据、氢能等战略新兴产业，提升市本级经济辐射带动能力；大安市加大油气资源开发，依托两家子清洁能源化工园区发展能源化工产业；洮南市强化工业基础，进一步做大做强新能源、医药、农产品加工业；通榆县加快风电、光伏等新能源开发，并形成资源带动装备加工的特色产业布局；镇赉县加快食品产业园建设，壮大大米、乳品等健康食品产业。到2025年，五个县（市、区）综合实力在全省位次大幅前移。

完善城镇基础设施。加快城镇基础设施补短板，加强城镇公共服务能力提升，推动公共资源配置向县、乡镇倾斜。着力建设内通外畅的公共交通、社区生活和公共服务设施体系，提高城镇承载能力，引导产业和人口聚集。鼓励有条件的小城镇实施集中供热。重点发展洮北岭下、镇赉坦途、洮南黑水、通榆瞻榆、大安安广等5个产业强镇，打造成为乡村振兴样板镇。到2025年，县城建成区绿化覆盖率达到35%，城镇公共供水普及率达到85%，水质综合合格率达到100%，力争所有建制镇生活污水得到全面治理，力争创建1～2个国家农业产业强镇示范镇。

深化改革

“放管服”改革。全面推行权力清单、责任清单和负面清单制度，扎实开展“减证便民”行动。推进“证照分离”改革全覆盖。简化企业开办、注销程序。提高投资审批服务效率，完成投资项目承诺制和工程建设项目审批制度改革任务。持续优化企业纳税服务。支持企业信贷融资，完善国际贸易“单一窗口”，主要申报业务应用率达100%。加快“数字政府”建设。推广“一个电话解难题”和“零跑团”模式。加强信用体系建设，力争在全国城市信用排名保持在前40名之内，持续擦亮白城软环境的“金字招牌”。农业农村改革。深化土地改革，深化农村承包地“三权”分置，探索宅基地“三权”分置。推进农村集体产权制度改革。推进农村集体经营性建设用地与国有建设用地同等入市、同权同价。改革传统土地要素分配方式，改进新增建设用地指标使用方式。稳慎推进农村土地、农村宅基地改革，完善农村承包地制度。深化农村公共基础设施管护体制改革。金融改革。聚焦服务实体经济，加大财政支持力度，全力破解融资难融资贵问题。推广“两权”抵押、农村集体资产股权质押、创新企业主家庭担保模式等，妥善解决三农、小微贷款难问题。落实应急转贷、无还本续贷等政策措施，有效降低企业融资成本。稳妥推进农村金融改革，强化农村金融服务网点和基础设施建设，创新建设农村金融要素市场、农村金融产品，完善农村金融服务体系。统筹做好新增耕地占补平衡、城乡建设用地增减挂钩结余指标交易。电力体制改革。全面落实国家阶段性电价减免政策，确保降价红利及时足额传导到终端用户。推进办电服务便利化，推进电力企业混合所有制改革，支持鼓励民营资本进入发电、配电、售电领域。依托科技创新和体制机制创新，探索建立新能源局域网，通过电力市场化改革和政策性降本等措施，充分利用我市可再生能源比较竞争优势，实施“电源、电网、负荷、储能”一体化建设，进一步降低终端电价水平，减少企业用电成本，推进电力本地消纳，打造清洁能源“高地”、用电成本“洼地”。

创新驱动

面向省内外科技前沿问题，围绕高载能高技术、现代农业、中医药健康产业等领域，有针对性地培育一批科技创新主体，提升区域创新能力。培育科技创新主体。围绕重点产业、依托龙头企业，联合高校院所，培育一批创新主体。加强科技型中小微企业培育。发挥双创中心作用和辐射功能，分行业、分领域培育一批成长性强，代表未来新技术、新产业、新业态和新模式发展方向的科技型中小领军企业。支持建设科技型中小微企业创新创业公共服务平台，完善创新服务体系，推动“专精特新”发展。统筹推进“创变个、个转企、企升规、规改股、股上市”工作，不断壮大规上企业规模。支持有条件的高成长性科技企业上市，力争域内企业主板上市取得突破性进展。提升企业自主创新能力。建立健全政府引导、企业主导的创新体制机制，促进政策、人才、资金、技术、管理、公共服务等创新要素向企业集聚。鼓励科技型企业加强研发能力和品牌建设，支持企业联合科研院所和高校共建重点实验室、工程实验室、工程（技术）研究中心等创新平台，加快研发具有自主知识产权的产业链核心技术和新产品。围绕促进转方式调结构，推动科技成果转移转化，加快打造白城特色产业新体系。深化以企业为主体的产学研结合。支持企业主动吸纳国内外高校、科研院所重大科技创新成果在白城优先转化；依托科技大市场，鼓励企业与科研单位联合兴办科技企业孵化器和生产力促进中心。推动“大众创业、万众创新”。建设高端创新创业孵化平台，促进科技人员、科技成果服务创新创业，提升成果转化融合度。发展优化科技创新服务平台。整合政府部门、科研机构信息资源，建立区域性公共信息网络，进一步开放科技成果、行业专家信息，建设以创新产品市场信息服务为主体的科技创新服务平台，提高服务创业人员专业化水平。加强技术对接，到2025年，技术合同登记成交额比2020年翻一番。到2025年，全市民营企业户数达到2.6万户，年均新增800户左右，民营经济增加值占全市地区生产总值比重达到43%以上。

就业创业

强化产业发展。加快培育新产业新业态，发展新就业形态下的外卖、闪购、民宿、网约车等平台经济的灵活就业，进一步夯实稳就业基础。优化业态治理方式，鼓励微经济、数字经济发展，进一步激发市场创新能力。强化援企稳岗。坚持包容审慎，扩大公益性岗位安置，帮扶残疾人、零就业家庭成员就业。完善灵活就业服务和保障制度，进一步激活新型就业潜力。实施就业形势动态监测预警，强化就业政策落实、服务落地协同性，稳定增加城乡居民收入。强化精准对接。完善高校毕业生、农牧民、退役军人和就业困难人员等重点群体就业支持体系，有效开展高校毕业生返白工程，全面实施高校毕业生就业创业促进和基层成长、青年见习、就业启航计划，深入实施“三支一扶”计划，组织实施“大学生岗位开发计划”，继续实施农民工向农技工转型服务计划。强化困难群体就业援助。强化创业提质。鼓励有条件的县（市、区）建设返乡创业特色产业园区和实训基地。培训贫困村致富带头人，推进农民工返乡创业提质升级。支持电子商务和网络创业。深入开展综合素质和职业技能培训，强化线上线下培训衔接。

社会保障

推进全民参保计划，构建覆盖全市、统筹城乡、保障有力的多层次社会保障体系，减少人民群众后顾之忧，提高城乡居民幸福指数。健全社会保险体系。持续推进社保扩面征缴，实现应保尽保。推进医保异地就医直接结算和医保支付方式改革。深化医疗保障领域改革，提高医疗保障能力。全面做实医疗保障市级统筹，加快建立以基本医疗保险为主体，医疗救助为托底，补充医疗保险、长期护理保险共同发展的多层次医疗保障制度体系。健全完善社会保险基金管理风险防控、基金投资运营机制，强化基金监督管理，打击欺诈骗保行为，保证医保基金安全。健全社会救助体系。完善综合性社会救助体系，扩大社会救助覆盖面。创新社会救助体制，提高社会救助服务水平，稳步提高城乡社会救助标准。提升社会救助信息化水平，探索开发社会救助线上救助比对系统。健全社会福利体系。持续推进老旧小区、棚户区和危旧楼改造，有效改善居民住房条件。完善养老服务体系建设，深化养老市场化改革，推进居家养老、社区养老、机构养老有机融合，打造高品质养老机构，不断提升医养康养文养水平。完善社区托育服务网络，着力增加3岁以下婴幼儿普惠性托育服务有效供给。持续推动鼓励生育政策的落地和执行。加快残疾人康复、托养服务、无障碍设施建设，完善帮扶残疾人、孤儿等社会福利制度。

中国共产党成立100周年庆祝活动综述

围绕庆祝中国共产党成立100周年重要时间节点，将培育和践行社会主义核心价值观与庆祝建党100周年活动有机结合，以全市各级各类爱国主义教育基地为载体，广泛开展群众性主题宣传教育、展览展映、专场演出等丰富多彩的活动，推动社会主义核心价值观和党史学习教育深入群众、深入基层、深入人心。

利用两类载体，拓展宣传广度。一是用好电视、网络等线上载体。开设《奋进十四五　开启新征程》《榜样的力量》《永远的丰碑》《理论天天学》《学党史　悟思想　办实事开新局》等专题专栏，开展“奋斗百年路　启航新征程”重大主题宣传，累计刊播相关报道500余篇。二是用好条幅、宣传单等线下载体。开展庆祝中国共产党成立100周年集中氛围营造工作，按照省委宣传部通知精神，在城区范围内集中打造12条国旗主题街路、5个主题公园广场和3个文体场所，同时重点部署了市委机关大院的氛围营造工作，整体氛围营造工作于6月20日完成。

打造三大阵地，强化教育力度。一是用好全市23个市级、省级、国家级爱国主义教育基地。结合“主题党日”、红色教育“五走进”组织干部群众实地参观、瞻仰纪念1200余场（次）。二是发挥党校（行政学院）主阵地作用。制定党员培训课程和“四史”教育课程，开展“万名党员进党校”活动，培训党员2.8万名。开展“童心向党　放飞梦想”“党课开讲啦”“周末课堂”“圆梦微心愿”“衣旧温暖”等各类主题宣传教育活动130余场（次）。三是用好学校教育阵地。围绕白城市广大青少年开展“青年大学习”行动，全市青年参与网上团课学习人数达8万余人次。开展“青少年法制大讲堂”“周末课堂”“家长课堂”等特色活动30场。“五四青年节”期间开展“青春向党·奋斗强国”“争做新时代好队员”主题团队日活动，践行社会主义核心价值观。全市累计开展爱国主义教育活动400余场（次）。开设专栏《奋斗百年路启航新征程》《理论天天学》播发系列报道《永远的丰碑》，展现白城市广大党员干部拼搏进取的精神风貌，再现革命先烈光辉形象、传承红色基因。

办好四种活动，提升宣传热度。一是举办展览展映活动。6月22日举办“初心如磐——白城市庆祝中国共产党成立100周年主题展览”，20—30日全市130余个部门单位，5000余名党员干部参观了展览。展览由“开天辟地的救国之路”（1921.7—1949.10）、“改天换地的建国之路”（1949.10—1978.12）、“翻天覆地的改革之路”（1978.12—2012.10）和“惊天动地的复兴之路”（2012.11—2021.7）4个部分组成，以260余幅珍贵的照片和70余幅文字版面、40余件珍贵的革命文物为载体，生动展现中国共产党在白城地区百年的风雨历程。组织开展庆祝中国共产党成立100周年“习近平治国理政经典用语”书法展览，完成140幅字画的创作、装裱工作，于6月18日在白城市博物馆展出。二是开展征文活动。“党旗下的新白城”“中国梦·劳动美——永远跟党走、奋进新征程”等主题征文活动相继开展，征集征文606篇，评选出一等奖10名、二等奖12名、三等奖31名、优秀奖64名，并进行了现场颁奖。三是举办“信仰的力量——白城市庆祝中国共产党成立100周年”专场文艺演出。演出共有序、第一篇章《人民的心声》、第二篇章《流金岁月》（1921年建党——新中国成立）、第三篇章《扬帆启航》（社会主义建设——改革开放）、第四篇章《走向复兴》（新的发展之路）、尾声等6部分18个节目，节目主要以歌伴舞、组歌舞、童声合唱、表演唱、配乐诗朗诵等为主，5月20日开始从白城一中、白城十四中、社会文艺工作者中抽调近100人参与排演，演出于6月30日下午在大众剧场举行。四是开展全市庆祝中国共产党成立100周年理论研讨活动。3月11日，市委宣传部印发《关于白城市庆祝中国共产党成立100周年理论研讨会论文征集的通知》，征集论文84篇。制定《庆祝中国共产党成立100周年理论征文评审工作方案》，成立专家评审组，获奖论文入选论文集和《白城社会科学》期刊，部分论文在市内主要媒体进行推荐和展示。

6月30日，白城市在大众剧场举办"信仰的力量——白城市庆祝中国共产党成立100周年"专场文艺演出
（段卫军　供图）

创作八部作品，压实文化厚度。完成《我愿党旗永鲜红》歌曲及大型吉剧《热血军魂》剧本创作工作；长篇小说《敖包滩》完稿；拍摄制作纪录片《祖孙三代"党报人"》《"高山打井"老党员纪英林》《优秀党员潘晟昱》《百岁老人见证白城运河建设历史》；整理《白城英雄谱（100人）》。

（邢　璐）

2021年白城市建设"一城三区"综述

白城市委、市政府站在"两个百年目标"历史交汇、"两个五年规划"承前启后的重要节点，致力破解"水""电""地"三大瓶颈，审时度势作出建设区域中心城、生态经济先导区、乡村振兴创新区、生态文明示范区"一城三区"的重大战略决策，走出一条具有白城特色的高质量跨越式发展新路。

打造区域中心城，加快提升城市能级品质

着眼提升中心城区"能量级"和"首位度"，按照组团式、生态型发展思路，统筹老城新区一体建设，全力打造"六个中心"、加快推进"三城争创"，发挥区域节点城市的辐射带动功能。

全力打造"六个中心"。教育中心，实施投资15亿元的医高专升本扩建、投资12亿元的职业教育园区建设等重点项目，谋划推进白城师范学院新校区建设，打造"校城一体"的大学城，让城因校而名、校因城而盛，建设吉林西部教育高地。文体中心，建设红色主题教育基地、标准综合场馆和体育馆、游泳馆、羽排中心项目，打造"书香白城""音乐白城""文化白城"，提高文化软实力。医养中心，推进白城中心医院争创三甲、中医院异地新建等项目，促进医疗、康养等多业态融合，打造"现代医疗+生态养老+健康养生"医养康品牌。文旅中心，聚焦吉林西部河湖草原湿地旅游大环线，突出绿色生态、红色旅游、历史人文、冰雪特色，实现以文塑旅、以旅彰文，融合发展。科研中心，发挥科研院所众多的优势，培育科技创新主体，提升企业自主创新能力，为白城插上科技腾飞的翅膀。枢纽中心，发挥独特区位优势，建设"一环八射"向心公路网项目，完善市域路网，提速城际交通，增强辐射带动功能。

加快推进"三城争创"。争创国家园林城市。坚持"水绕城、城枕水"的蓝绿路径，实施"引水入城"工程，建设百里生态绿色长廊，构建"水润白城·鹤街如意"城市内部水系布局，打造水韵灵动的魅力白城。争创全国文明城市。以"崇德向善、文化厚重、和谐宜居"为目标，实施公民道德、政务环境、法治环境、人文环境、市场环境、生活环境、社会文化、社会环境、生态环境"九大提升工程"，争取早日跨入全国文明城市行列。争创全国碳汇城市。按照国家碳达峰碳中和"3060"目标，构建以绿色低碳、高质量发展为特征的经济体系、能源体系、建筑体系、交通体系，提升生态系统碳汇能力。力争到2040年，率先实现碳中和目标，争创国家碳中和试点（示范）城市。

经过五年奋斗，中心城区达到中等城市规模，构建工业区、经开区两翼支撑，老城与新区一体联动的现代城市空间布局，圆满完成"三城争创"任务，建成东北地区西部生态经济带上具有较强引领、辐射、集散功能的区域中心城市。

打造生态经济先导区，综合实力跻身全省中游水平

大力实施"生态强市"战略，坚持生态产业化、产业生态化，做大做强低碳工业、绿色农业、生态旅游业"三大板块”，推动白城跨越追赶、蝶变跃升。

突出“新能源”，做大低碳工业板块。承接全省“陆上风光三峡”工程，坚持“系统谋划、集成布局、整体推进、头部引领、形成闭环”，推进总投资1100亿元的风电、光伏两个千万千瓦基地建设，促进新能源开发与装备制造协同跟进、协调发展，形成全产业链条；坚持以绿电产业示范园区为突破口，大幅度降低工业电价，形成电价“洼地”效应，加快推进投资11亿元的年产1万吨碳纤维、投资120亿元的年产300万吨铁合金等项目落地入园，引领发展绿色化工、绿色铸造、绿色冶金等特色产业，打造年消纳电量100亿千瓦时以上的国家级高载能高技术基地；坚持“绿氢”技术路线，促进制、储、加、用全链条发展，推动投资170亿元的长白氢能走廊、百万吨“氢田”建设，投资6亿元的分布式发电制氢加氢一体化等项目，打造“北方氢谷”，创建全国氢能示范城市。

到“十四五”期末，新增清洁能源装机1500万千瓦，年制氢12万吨，形成千亿规模新能源产业集群，打造国家级消纳基地、外送基地、制氢基地。

聚焦“全链条”，做强绿色农业板块。坚持以农业供给侧结构改革为主线，加快建设“十大产业集群”，争创全国农村一二三产业融合发展先导区。实施主粮加工和现代食品产业跃升行动，坚持以梅花为链主企业，推动玉米深加工向化工领域迈进，在完成100亿元投资基础上，再投资120亿元，实施四期工程，同步推进柠檬酸、甜味剂等加工项目，形成行业单体最大规模，力争产值突破100亿元；依托牧原集团，推进投资10.5亿元的肉食品加工项目，加快生猪产业集群化发展，力争养殖规模突破1000万头，实现产值400亿元；加快镇赉飞鹤提速扩能，推进投资40亿元的洮北5万头牧场和6万吨乳品加工项目，全力支持飞鹤在白城全域布局扩能；依托吉运等龙头企业，发挥秸秆资源丰富优势，支持做大投资65亿元的吉运肉牛、投资3.5亿元的和合牧业等全链条项目，加快基地化、规模化、产业化步伐，力争用五年时间，肉牛养殖规模达到150万头，促进过腹转化、就地增值。

到“十四五”期末，全市农产品加工业产值力争达到500亿元，农产品加工转化率达到70%以上。

融入“大环线”，做优生态旅游板块。围绕构建吉林西部河湖草原湿地旅游大环线，充分发挥向海、莫莫格、嫩江湾、查干浩特等“国字号”品牌优势，持续开发湿地生态、草原风光、民俗风情、军事体验、历史文化、乡村休闲等特色旅游产品，加快“一线多点”景区景点提质升级。打响关东渔猎文化、辽金捺钵文化、民俗历史三大文化品牌，促进文旅融合；建设军事文化主题公园、辽吉省委革命旧址公园，促进军旅融合；加快向海综合开发，嫩江湾创建国家AAAAA级旅游景区，促进农旅融合；建设投资20亿元的现代商贸综合服务园区（规划在经开区建设），投资5亿元的杂粮杂豆交易中心（规划依托中农批发市场建设），促进商旅融合。到“十四五”期末，全市旅游收入达到200亿元，打响“湿地鹤乡·生态白城”特色品牌。经过五年奋斗，全市经济总量、固定资产投资均实现“翻一番”、分别突破千亿大关，走出一条独具特色的“两山”转化路径，成为吉林振兴的重要增长极和关键支撑点。

打造乡村振兴创新区，争当现代农业建设排头兵

按照习近平总书记促进共同富裕要求，突出“三个创新”同步发力，推动巩固和拓展脱贫攻坚成果与乡村振兴有效衔接，努力打造乡村振兴的“白城样板”。

创新衔接举措，巩固脱贫成果。严格落实“四个不摘”要求，大力实施脱贫成果巩固、产业就业衔接、基础设施建设衔接、公共服务衔接、社会保障衔接和帮扶政策衔接6大工程，坚决防止规模性返贫，有效发挥创新示范带动作用，实现脱贫人口生活条件和农村整体面貌的根本改善。

创新发展载体，振兴现代农业。坚决扛稳维护国家粮食安全政治责任，创新开展整地增粮、科技兴粮、以水保粮，加快打造东北“国家粮食安全产业带”，为全省粮食增产、国家粮食安全贡献白城力量。创新实施生态农业“粮食提升”工程、生态牧业“秸秆变肉”和千万头肉牛工程、生态渔业“绿色养殖”工程，构建现代农业产业体系；加强农田水利建设，实施“黑土粮仓”科技会战、高标准农田建设、保护性耕作等重点项目，做优绿色知名品牌，构建现代农业生产体系；培育新型农业经营主体，推动土地规模化经营，完善社会化服务体系，构建现代农业经营体系。

到“十四五”期末，全市粮食综合生产能力达到55亿千克，畜禽养殖量达到5800万头（只），绿色有机地理标志农产品比重达到35%以上，创建一批国家农业产业强镇、国家农民合作社示范社，建成国家农业现代化示范区。

创新城乡融合，推进乡村建设。实施乡村公益事业建设、村屯环境整治、“四好农村路”建设等13项专项行动，提升乡村基础设施建设水平。积极开展全国文明村镇、中国美

2月17日，白城市春节期间城市夜景。图为亮化后的幸福大街 （李晓明 供图）

丽休闲乡村争创活动，促进城乡融合发展，创新基层社会治理。到“十四五”期末，所有行政村全部打造成A级以上标准示范村。

经过五年奋斗，全市创建现代农业产业园20个，土地适度规模经营比重达到50%以上；农村居民人均可支配收入与经济发展保持同步，农村面貌实现由“脏乱差”到“绿净美”的根本性改观，让更多产业兴旺、幸福和谐的“美丽乡村”在白城遍地开花。

打造生态文明示范区，筑牢东北西部生态安全屏障

统筹山水林田湖草沙系统治理，深入实施“三五四”生态战略，积极创建国家生态文明建设示范市（县）。

实施三大生态工程。水系循环工程，抓住全省“大水网”建设契机，推进河湖连通达标、引嫩济洮等重点水利工程，构建区域大循环水系，破解“水瓶颈”问题。林草连通工程，加快草原生态恢复与治理，实施“三北”防护林、农田防护林网修复、绿色廊道等工程建设，实现林网成格、草地连片，以树挡风、以草护沙，森林达到500万亩，基本草原达到364万亩左右。湿地保护工程，扩大向海、莫莫格等重要湿地有效保护面积，保护生物多样性，提升湿地生态功能，湿地保有量754万亩左右。

打好五大保卫战。蓝天保卫战，抓好重点区域、重点领域大气污染治理，确保空气质量优良天数比例稳定在90%以上；碧水保卫战，加快嫩江、洮儿河等流域治理，实施水质提升工程，加强水源地保护和建设；净土保卫战，加强黑土地保护利用，实施盐碱地综合治理，持续开展“清废行动”，确保土壤质量稳定向好；湿地保卫战，探索湿地资源保护与合理利用新模式，建设湿地生态秀美示范区；草原保卫战，实施基本草原保护、退化草原生态修复工程，建设10个万亩以上、草原植被覆盖度65%以上、集中连片的优质草场。

完善四大制度体系。生态环境制度体系，落实“河（湖）长”“林（草）长”制，强化国土空间用途管制，加快生态保护立法，用制度和法治保护生态环境；生态治理制度体系，严格落实生态保护红线、永久基本农田制度，坚决实行“谁污染谁治理、谁破坏谁修复”，严肃查处破坏生态行为；生态责任制度体系，落实党政同责、一岗双责，完善生态环境监测体系和规章制度，让最美白城得到最严保护；生态政策制度体系。探索建立生态产品价值实现机制，筹建吉林西部生态研究院，争创“两山”实践创新基地，让白城的绿水青山既有“颜值”更有“价值”。

经过五年奋斗，全市森林覆盖率达到13%以上，生态系统碳汇能力达到3000万吨左右，让水成为最具活力的生态根基、林成为最有效力的生态屏障、草原成为最亮丽的生态名片、湿地成为最富底蕴的生态源泉。

（市委办公室提供）

巩固拓展脱贫攻坚成果促进乡村振兴

伴随着“决战决胜全面建成小康社会”的嘹亮号角，白城举全市之力、集全市之智，积极构建稳定脱贫长效机制，强力推进脱贫攻坚各项政策措施落实落地，白城市脱贫攻坚取得了全面胜利。全市5个县（市、区）全部摘帽、384个贫困村全部退出、14.3万名农村贫困人口全部清零，县（市、区）摘帽验收满意度均超过98%。2021年，白城市在巩固拓展脱贫攻坚成果的基础上乘势而上，做好乡村振兴这篇大文章，持续推动乡村高质量发展和人民群众生活改善。

决战贫困 上下同心强力攻坚

在脱贫攻坚战场上，每一次胜利的背后，都饱含一段栉风沐雨的奋斗历程。五年来，白城市始终把习近平总书记关于脱贫攻坚系列重要讲话精神与白城实际紧密结合，把脱贫攻坚作为头等大事和第一民生工程，锲而不舍向贫困宣战，努力走好精准、特色、可持续的发展之路。

坚持以脱贫攻坚统领经济社会发展，创新“双带四增”产业扶贫模式，落实项目2178个，培育带户企业252家，带户合作社451个；庭院经济五年累计发放补贴5.5亿元，发展到23.2万户21.9万亩，光伏扶贫累计分红4.1亿元，扶贫车间、驿站发展到34个，电商扶贫农产品网络零售额累计达19.31亿元。聚焦“两不愁三保障”，改造农村危房7万多户，易地扶贫搬迁31个村，11.5万名义务教育阶段学生没有因贫辍学现象，建设2754处集中供水工程，近6万脱贫人口享受慢病待遇，871处村卫生室实现医保联网，农村安全住房、农村安全饮水、村卫生室达标、贫困人口参保、贫困学生救助实现全覆盖。结合疫情开发公益岗3000余个，农村公益岗达到2.3万个，脱贫人口稳定就业达到3.8万人。连续五年开展“三帮扶一推动”活动，659个部门单位、10万名党员干部包村包户，1000多名第一书记和驻村干部常年奋战在扶贫一线。同步抓好巩固拓展脱贫攻坚成果同乡村振兴有效衔接，保持政策不松、人员不撤、干劲不减，持续聚焦“一收入两不愁三保障”工作重点，落实“四个不摘”要求，启动实施“六大衔接工程”，巩固拓展脱贫攻坚成果。重新选派1185名驻

村干部（其中，第一书记400名、驻村工作队员785名），帮扶400个包保村。建立部门排查比对、第一书记和驻村工作队员入户了解、群众申报3项机制，逐月开展常态入户排查和部门比对。谋划实施了“一村一员”计划，在全市919个行政村全面设立“防返贫监测专岗”，已经落实610名，新纳入监测人口298户606人。截至2021年末，全市防返贫监测人口7259人，消除风险6646人，有效防范了规模性致返贫问题。开展乡村建设行动，全市投入6.07亿元专项用于乡村建设。开展千村示范创建工作，计划打造95个宜居宜业美丽乡村示范村。

巩固成果 携手迈进幸福小康

一座座新居亮丽多彩，一条条道路四通八达，一项项产业生机盎然……乡村振兴新画卷正在鹤乡大地上徐徐展开。

白城市不断健全常态化帮扶机制，严格按照“四个不摘”要求，持续压实责任、强化举措、狠抓落实，坚决把来之不易的脱贫攻坚成果巩固好、拓展好。建立防返贫动态监测帮扶工作机制，明确教育、住建、水利、医疗等9个职能部门的防返贫排查比对任务，进一步强化行业数据信息共享共用，共同开展部门筛查和监测帮扶，有效防范和消除农村低收入人口返贫致贫风险。在全市919个行政村全面设立“防返贫监测专岗”，建立专门队伍，做好防返贫监测工作，织密织牢防返贫监测网格。开展“两不愁三保障”提升行动，持续做好控辍保学核查、比对、跟踪帮扶等工作，确保不出现因贫、因残辍学现象。落实分类资助参保政策，做好慢病管理和健康服务工作，有效防范因病返贫致贫风险。建立农村低收入人口住房安全动态监测机制，保障低收入人口基本住房安全。推动农村集中供水工程运行管理规范化，不断提升农村供水保障水平。开展“双带四增”产业增收行动，继续落实龙头企业带户和合作社带户培育计划，每年选取50个带户龙头企业、100个带户合作社，从政策、资金、产品销售、规范经营等方面，集中进行扶持。利用村级光伏电站收益，对脱贫村发展小型公益事业，按照每村每年50万元标准进行专项扶持，推动384个脱贫村公益事业水平稳步提升。继续落实庭院经济补贴政策，依托国家级电子商务进农村综合示范县（市）项目，重点支持贫困村村级电子商务服务站创建和升级，鼓励具备条件的扶贫车间和就业扶贫驿站将订单向贫困户分散，将“农房变厂房”，拓宽贫困劳动力就业扶贫渠道。建立扶贫资产管理工作机制，进一步完善管理体系，以县为单位，成立国企性质的扶贫资产管理公司，对域内经营类扶贫资产集中管理。持续开展“三帮扶一推动”活动，每年“五一”后的第一周，通过“两天一宿”的形式驻村集中开展帮扶活动。帮助发展壮大扶贫产业项目，帮助提升乡村基础设施，帮助开展村屯环境整治，推动“三保障”和安全饮水等主要政策落实。开展乡村建设行动，加快“四好农村路”建设，实施农村电网改造升级，加快农村地区宽带网络和5G移动通信网络覆盖步伐，加大农村饮用水源保护力度，提升农村供水保障能力。进一步提升乡村义务教育质量，提高县域卫生医疗机构服务能力和村级综合服务设施水平。开展千村示范创建活动，争取辖区50%以上行政村达到创建标准。

（《白城日报》2021年12月16日第一版。作者张赫）

“秸秆变肉”暨千万头肉牛工程综述

白城市丰富的农业资源、广袤的平原地域，为畜牧养殖提供了坚实的养殖基础。白城市深入贯彻落实全省“秸秆变肉”“千万头肉牛”发展决策，成立“书记+市长”任双组长的工作专班，召开推进大会、组织现场观摩、强化典型示范等，以工业化思维、项目化措施抓热肉牛产业发展，力争“十四五”发展肉牛150万头。截至2021年末，全市肉牛饲养量发展到50.36万头，比2020年增长57%，其中存栏37.3万头，比2020年增长66%；出栏6.6万头，比2020年增长12%，初步形成了头部企业引领、“小规模大群体”支撑、全产业链一体化发展。

“四个蹄子”也走上经济快车道

“良种化”繁育。白城市为加快建设肉牛良种繁育基地，特采取“一事一议”“现场办公”等方式。支持域内国家级种公牛站、核心育种场德信公司扩建、扩繁、育种，在用地、电、路、水、网等方面给予全方位政策倾斜，为公司发展营造良好环境，打造全省乃至全国重要的肉牛种源供应基地。2021年，公司投入研发资金200万元，开展性能测定、良种选育；完成新建和改建标准化牛舍4000平方米，并规划和申请了国家种业提升项目，待批复建成后规模将再扩大30%。截至2021年末，公司存栏西门塔尔、夏洛来、荷斯坦、利木赞、安格斯等种公牛194头、种母牛207头，比年初分别多32头、45头，分别增长19.7%、21.7%。年产冻精300万剂，占全省近40%、全国近10%，销售27个省份。同时针对草原红牛种群退化问题，争取国家和省级扶持资金，采取政、研、企结合方式，加强草原红牛品种的提纯复壮，建立资源谱系档案，扩大核心种群规模。同步推进和合牧业高档牛基因育种工程，通过胚胎移植成功育出纯血和牛300头，推进吉运公司国内顶级的安格斯牛纯繁基地建设。多元化、多层次提高肉牛良种品质和供给能力，筑牢肉牛产业发展的先决条件。

以政策为支撑，建立良种繁育财政补贴机制，按照“让利与民、受益于民”的原则，为降低养殖风险，对使用每剂30元以上优质冻精的，补贴50%，最高不超过50元；对使用性控冻精的，每剂最高补贴100元。在1.5万元政策险的基础上加保商业险，给养殖户吃上“定心丸”。

创办“母牛超市”。通过引入经济人和由企业创办两种方式，构建肉牛交易平台，形成农户与经济人直接交易，金融机构、保险公司、动物检疫一站式现场办公的购牛模式。2021年末发放肉牛活体抵押贷款2亿余元，购入肉牛1万余头。注重补齐育肥短板，将省级扶持资金优先用于肉牛产业发展。将整合资金优先用于支持村干部带头养牛，带动全村发展，推进“出村入园”，实现“小规模、大群体”组织化规模化发展，争创肉牛强镇和示范村。

做好秸秆变肉“新文章”

秸秆饲料化利用。发展草食畜牧业，把秸秆转化为肉和奶，使更多的秸秆资源过腹再还田，无论是从解决秸秆焚烧污染环境、助力黑土地保护，还是从发展产业经济、加快富民强省进程上看，都是一件大好事。全面推进“秸秆变肉”工程实施，加快秸秆饲料化利用进程，采取先建（贮）后补方式，对新建（改扩建）黄（青）贮窖，收贮秸秆黄（青）贮发酵饲料、秸秆干饲料等进行补助。鼓励养殖场（户）加大秸秆设施设备投入，推广秸秆使用技术，提高秸秆综合利用水平。

制定“粮改饲”实施方案。大力推进种植业结构调整，持续扩大全株青贮玉米和优质饲草料作物种植面积，发展种养结合模式，助力农牧民增产增收。积极宣传和引导，及时总结和推广种养结合的典型做法和成功经验，充分发挥示范引领作用。截至2021年末，全市累计完成收贮秸秆100万吨，约占全市可收集秸秆总量20%，其中青贮40万吨、黄贮29万吨、干草30万吨。

白城市推进秸秆变肉工程，加快秸秆饲料化利用进程。图为田间机械秸秆打包，摄于1月8日　（李晓明　供图）

龙头企业带龙头

“品牌化”打造。坚持养殖和加工同步同举，实施全链条、全利用的产品开发战略，以肉牛养殖集中区、龙头企业聚集区为重点，用好通榆草原红牛、通榆草原红牛肉、敖牛山黄牛、万宝敖牛山黄牛肉4个肉牛国家地理标志证明商标，做强吉运公司自主商标“大卓”品牌。引导并支持企业培育、创建、整合企业品牌和产品品牌，采取区域公用品牌、企业品牌、产品品牌“三位一体”的发展模式，努力打造具有白城特色的肉牛品牌。

“规模化”养殖。一是突出龙头打造。抢抓省级政策，优化资源配置，全力破解“水”“电”“地”“资金”四大瓶颈，支持吉运、和合、吉天然等现有龙头企业做大做强，推动“种、养、加、销”一体化全产业链发展，打造肉牛产业标志性示范。依托企业化管理的技术、市场和全产业链资源优势，拉动农户参与，形成集中连片的养殖基地。到2021年末，通榆吉运拥有安格斯基础母牛1.7万头，存栏量居全省前3，和合、吉天然等向万头规模迈进，其中和合牧业在2021年3月办理全省首笔2386头牛2100万活体抵押担保贷款，加上公司投入累计引进澳洲、南美洲优质基础母牛6000余头，现存栏8000头。坚持政、企、合作社、户四方联营，以省级政策为杠杆，以整合乡村振兴涉农资金等投入为抓手，拉动多元投资，着力发挥秸秆、空间和产业基础三大资源优势，打造“政府+企业+合作社+农户”等养殖风险共担、利益联结紧密的肉牛养殖模式。推广通榆“政府搭台、企业引领、金融助力、保险兜底、农户参与”“五位一体”园区化养殖模式，形成担保贷款、托养分红、订单生产等多种利益联结形式，采取“放母还犊”“入股分红”等方式，辐射带动更多的合作社和农户参与养牛、分享收益。到2021年末，吉运牧业带动养殖户406户、饲养母牛6000余头，和合牧业仅“基地+养殖大户”模式就带动51个大户，发放母牛2000头，争创国家田园综合体和现代农业综合体示范区。

好肉卖好价。坚持政府引导、企业主体，积极参与“吉林肉牛”品牌推介联盟，充分用好新电商、自媒体等方式，开展形式多样、富有实效的品牌宣传推介。借助白城与长春、嘉兴等合作契机，支持企业在域外建设品牌专营店、展销专区，有效提升品牌的影响力，加快由卖牛向卖肉、卖食品转变，提高肉牛产业附加值，厚植肉牛产业发展动能。坚持“产业树”理念，突出产业链招商，实施延链补链强链，打造全产业链条。通过营造投资环境，招引肉牛头部企业、实力企业，开发熟食制品、休闲食品、保健食品、皮革加工、骨制品、生物制品等系列产品，“吃干榨净”肉牛资源，多层次、多环节提高肉牛产业转化率和贡献率。

（孙　鹤）

1月

1日 白城市“政采云”平台正式上线运行，市级各预算单位实施线上平台采购。

5日 白城经开区西部棚改回迁安置用房入户手续开始分批次办理。该项目用地东起三环路、西至纺织小区、南起棉纺路、北至中兴路，占地5.8万平方米，建筑面积13.09万平方米，建设12栋18层安置用房，4栋2层管理用房。

6日 《全国爱卫会关于命名2018—2020周期国家卫生城（区）的决定》发布，白城市被正式命名为“国家卫生城市”。

6—7日 吉林省副省长王庭凯到白城市调研食品药品监管、大项目建设等工作情况。

8日 市委书记庞庆波到洮北区、白城经开区等地，实地检查指导疫情防控工作。

11—13日 中国人民政治协商会议吉林省白城市第六届委员会第五次会议召开。

12—13日 白城市第六届人民代表大会第五次会议在白城宾馆召开。

16日 省委副书记、代省长韩俊在通榆县会见三一集团总裁唐修国一行，双方就新能源开发、装备制造等领域进行交流。

▲ 副省长李伟到白城市督导疫情防控工作。

17日 中国红十字会总会下发文件，白城市红十字爱心家园被中国红十字会总会授予“全国红十字模范单位”称号。

25日 全市村（社区）“两委”换届工作动员部署会议召开。会议以“云视讯”视频会议形式开至各县（市、区）、开发区（园区）、乡镇（街道）。

2月

2日 白城军分区党委九届十四次全体（扩大）会议召开。省人大常委会副主任、市委书记、军分区党委第一书记庞庆波出席会议并讲话。

3日 白城市第六届人民代表大会常务委员会第三十三次会议召开，会议任命陈锋为白城市人民政府副市长、公安局局长。

4日 中共白城市第六届纪律检查委员会第六次全体会议在白城召开。出席会议市纪委委员31人，列席人员151人。省人大常委会副主任、市委书记庞庆波出席全会并讲话。审议通过陈岩代表市纪委常委会所作《服务保障大局，提升监督质效，推进新时代纪检监察工作高质量发展》工作报告。

5日 镇赉县人武部政委孙延来、县退役军人事务局局长周锋到建平乡大岗村，将立功喜报、慰问金送到在新疆军区立二等功的镇赉籍战士于洋家属手中。

19日 即日起，白城市开启2021年第1批消费券第1期促销活动。消费券促销活动面向白城市消费者，在1个月时间内分4期开展，参与活动商贸企业21家。活动期间，消费券通过“云闪付”平台于每周五早8时投放1次。

22日 白城市援助通化检验和救护队员返岗暨表彰仪式举行。白城市检验医疗队于1月24日至2月3日到通化市开展核酸标本检测；白城市救护车队于1月19日至2月8日到通化市开展转运救护。全体队员“零感染”。

是月 洮南经济开发区和洮北经济开发区晋升省级开发区。

是月 中国野生动物保护协会吉林镇赉护飞队到镇赉县洮儿河滩地开展护飞行动，确保该区域大鸨、百灵、铁爪鹀、环颈稚鸡等珍稀候鸟安全越冬。

3月

2日 吉林莫莫格国家级自然保护区发现珍稀野生大鸨越冬种群，种群数量达53只，专家称这一现象较为罕见。

8日 长春市委副书记、市长张志军一行到白城市开展对接合作，实地考察吉林梅花氨基酸有限公司、华润燃气白城市加氢站、白城市公交公司和白城市新能源与氢能产业展馆。

▲ 全市政法队伍教育整顿部署会议召开。教育整顿从2月底开始，时间为4个月，到6月底基本结束。教育整顿分为学习教育、查纠整改、总结提升3个环节，参加人员包括市县两级党委政法委、法院、检察院、公安机关、国家安全机关、司法行政机关全体在编在职政法干警。

15日 即日起，受蒙古气旋影响，白城市经历一次雨雪、大风及降温天气过程，部分区域出现能见度小于5000米沙尘天气。是2021年以来吉林省中西部首次出现沙尘天气，是近10年来中国遭遇最强的一次沙尘天气，沙尘暴范围为近10年最广。

▲ 市新冠肺炎疫情防控工作领导小组下发通知，自即日起，全市开展新冠疫苗预约接种工作。18～59周岁白城市居民可自愿选择预约接种单位预约接种时间。

18日 白城市人民政府、白城工业园区、梅花生物科技集团三期30万吨赖氨酸及产业链配套项目签约仪式举行，梅花三期扩建项目落地建设。

22日 国家版权局公布2020年全国版权示范单位创建结果，白城市顺阳民族工艺品草编专业合作社被授予“2020年度全国版权示范单位”称号。

23日 白城市第六届人民代表大会第六次会议在白城宾馆召开。会议选举李洪慈为白城市人民政府市长、鲍贵臣为白城市中级人民法院院长。

24日 全市党史学习教育部署会在白城宾馆召开。市委书记李明伟出席会议并讲话。

28日 白城农业银行创新研发的“吉牧E贷”为“和合牧业”发放贷款2100万元，是吉林省支牧联盟成立以来发放的首笔活牛抵押贷款，“吉牧E贷”活牛抵押贷款业务为全省首创。

30日 副省长蔡东一行到白城市，调研推动企业上市、防范化解金融风险等工作。

是月 经人社部和全国博士后管委会审核评议，白城市农业科学院获批2020年全国博士后科研工作站，成为白城首家可以招收和培养博士后研究人员的机构。

4月

7日 吉林大学党委书记姜治莹带领吉林大学考察团一行到白城市就校地合作对接交流。考察团一行先后对吉林梅花氨基酸有限责任公司、氢能产业展馆、市农科院等地实地踏查。

9日 党史学习教育省委宣讲团宣讲报告会暨市委理论学习中心组党史学习教育读书班开班式在白城市举行。市委书记李明伟主持会议并讲话。省委宣讲团成员王宜田作宣讲报告。会议以视频形式召开。

▲ 白城朗诵艺术协会成立暨第一次会员大会召开，付筱闳当选为白城朗诵艺术协会主席。

12日 全市优化营商环境暨项目建设攻坚誓师大会在白城宾馆召开。市委书记李明伟出席会议并讲话。5个县（市、区）、开发区（园区、新区），市直（中省直）各部门（单位）主要负责同志，全市重点企业、在谈在建项目企业负责人，市纪委监委、公安局、法院、检察院、发改委、工信局、商务局、软环境办班子成员参加会议。

14日 市长李洪慈带队拜访国家能源局相关司领导，就加快推进白城市新能源产业发展进行工作交流。

15日 市长李洪慈与省能源局局长王相民带队到湖北省襄阳市湖北中钒储能科技有限公司考察调研，洽谈合作建设储能项目。

▲ 全民国家安全教育日图片展览活动在市民广场举行。有70家单位、1200余人参加，展出展板50个，发放宣传材料1000余份，展览时间为一个星期。

16日 长庆街、丽江路铁路下穿防护涵工程，穿越铁路长白线（丽江路段）进场施工。该项目工程合同金额2595万元，完工后将彻底解决困扰白城市生态新区5万余群众长达8年供水和污水排放问题。

▲ 白城市与飞鹤集团生态乳业产业集群建设项目对接会暨签约仪式在镇赉县举行。市委书记李明伟、飞鹤乳业集团董事长冷友斌出席对接会和签约仪式。副市长张天华，飞鹤乳业集团副总裁、原生态牧业总经理付文国代表双方签订合作框架协议。双方将以生态乳业产业集群建设项目为依托，强化飞鹤龙头引领作用，推动白城市农牧业增产增效。

18日 8时，白城医教大学城建设项目正式启动，白城医教大学城占地面积44.65万平方米，列入白城市“十四五”规划和2021年重点建设项目，项目总投资约15亿元，建设周期5年，一期工程计划建设综合体育馆、学生公寓、食堂及配套设施，总投资约4亿元。

19日 副省长韩福春到白城市调研农村危房改造、国控断面水质提升、土地开发整理、自然保护地管理、城市更新改造、海绵城市建设等工作。

▲ 全市保护性耕作推进现场会在大安市召开。会议贯彻习近平总书记考察吉林关于黑土地保护的重要讲话重要指示精神，强调推进保护性耕作是发展旱作农业、建设生态农业、维护国家粮食安全、巩固拓展脱贫攻坚成果与实施乡村振兴战略有效衔接的需要。省农业农村厅农机局负责同志，各县（市、区）政府分管领导，市及各县（市、区）农业农村局负责同志，保护性耕作重点乡镇、村负责人，相关农机合作社负责人、农机大户、种植大户参加会议。

20日 副省长阿东到白城市调研文旅产业、民政养老业等工作。

21日 政产学研与金融协同助力白城燕麦产业发展推进会在长春南湖宾馆召开。会上，白城市人民政府和中国银联吉林分公司签署合作框架协议。

22日 白城银保监分局、白城人民银行、市金融办联合举办全市服务企业周金融专场活动暨金融服务企业（项目）对接会议。会上，各银行与企业签订融资服务意向协议。

▲ 全市县乡领导班子换届工作会议暨严肃换届纪律部署谈话会议召开。市委书记李明伟出席会议并讲话。会议以视频形式召开。

25日 市委书记李明伟会见北京现代艺术传媒教育集团董事长李罡一行。会见会上，北京现代艺术传媒教育集团与白城市文广旅局签署大型多媒体动漫音乐剧《大辽·神话》框架协议。

27日 副省长李伟到白城市，实地踏查春季项目建设情况。

▲ 白城中心医院胸外科独立完成白城市首例单孔胸腔镜肺癌根治术。

是月 由白城中一精锻股份有限公司负责牵头制定的中国锻压协会团体标准《发动机胀断连杆毛坯技术条件第1部分：乘用车发动机胀断连杆》专家评审会在长春召开，经中国锻压协会专家讨论、审议，该标准通过评审。该标准填补国内发动机胀断连杆毛坯生产领域空白，技术指标达到国内领先、国际先进水平。

5月

1日 即日起，市农业农村局、市公安局交警支队、市人保财险白城分公司联合开展春耕生产期间农用车辆专项整治行动，至6月末结束。

7日 中共白城市委全面深化改革委员会2021年第一次会议召开。会议讨论通过《中共白城市委全面深化改革委员会2021年工作要点》《2021年度省委改革办考核白城市全面深化改革工作绩效计划指标》《白城市能源投资集团组建方案》《白城绿电产业示范园区供电方案》。

▲ 市长李洪慈会见天津仁爱集团董事长马如仁一行，双方就加强新能源及氢能合作进行交流。

11日 白城市乡村振兴局（原白城市扶贫开发办公室）挂牌成立，为正处级单位。设综合科、规划指导科、督查考核科、行业扶贫科、机关党总支。核定行政编制15名，在编人员13名。辖直属事业单位白城市扶贫开发服务中心。

12—13日 省委书记景俊海到乡村振兴联系点通榆县向海乡复兴村实地调研，到白城市调研产业转型升级、重大项目建设、生态环境保护等工作。

12—16日 由白城市商务局联合吉林省产业损害与公平贸易调查服务中心共同主办的白城市首届国际商品展洽会在白城欧亚购物中心举办。设置商品展位68个，20余个国家和地区上千种名优特商品参展。白城欧亚购物中心吸引客流量6.1万人次，实现销售额178万元。

15日 由省委宣传部联合省广播电视台摄制的白城市河湖连通工程建设纪录片《一水激活万水流》在吉林卫视播出。

17日 国家能源局科技司副司长刘亚芳、吉林省能源局总经济师叶雪松一行到白城市调研。刘亚芳一行先后到白城市新能源与氢能产业展馆、华润燃气白城市加氢站现场调研。

19日 副省长蔡东到镇赉县调研畜禽活体抵押贷款业务并召开现场会，举行吉林省金融支持千万头肉牛工程暨畜禽活体抵押贷款县域推进工作签约仪式。

20日 内蒙古自治区兴安盟盟委书记张晓兵，盟委副书记、盟长苏和带领党政考察团到白城市学习考察河湖连通、海绵城市建设、老旧小区改造、市容市貌治理等工作。

21日 "创业有你'就'在吉林"白城市走进东北电力大学集中宣传推介会举办，为白城市、东北电力大学新能源与氢能产业发展中心揭牌。

28日 三一重能通榆制造基地首台风电机组在吉林通榆下线。这是国家"双碳"目标提出以来吉林省下线的首台风电机组。标志三一重能风电智能制造产业园二期项目全面建成投产，三一重能成为国内唯一一家"整机+风电叶片"全部落地吉林整机厂家。

▲ 向海蒙古族乡复兴村"孝老餐厅"正式启用。此为全省首家面向该村70周岁及以上老人免费提供午餐的新时代文明实践志愿服务试点项目。

▲ 水利部印发《关于表彰全面推行河长制湖长制先进集体和先进个人的决定》，白城市水利局被授予"全面推行河长制湖长制工作先进集体"称号。

6月

1日 白城市人民政府与北京中健锦绣大地企业管理集团签署战略合作框架协议仪式在白城宾馆举行。

3日 全省首个"产加销"一体化沙棘产业基地——吉林吉隆东北沙棘产业5万吨沙棘加工项目奠基仪式在大安市举行。

3—4日 央企助力吉林振兴发展座谈会在长春召开。市委书记李明伟，市长李洪慈在长春南湖宾馆会见中国东方电气集团有限公司党组书记、董事长俞培根，中国大唐集团有限公司党组书记、董事长邹磊，中国华能集团有限公司党组副书记、总经理邓建玲，国家电力投资集团有限公司党组副书记、总经理江毅等部分央企知名企业家代表，加强央地友好合作洽谈交流。4日，白城市与部分央企在长春南湖宾馆签约项目6个，引资额108.8亿元。主要涉及风电、氢能等新能源项目。

8日 "光荣在党50年"纪念章首批颁发仪式在白城市军队离休退休干部休养所、洮北区瑞光街道军民社区、大安市直机关党工委、镇赉县黑鱼泡镇、洮南市永康街道永电社区和通榆县卫生健康局同步举行。7月1日前，白城市4200余名党员获颁纪念章。

▲ 由白城市委宣传部、市文联，长春市朝阳区委宣传部、朝阳区文联共同举办的“艺苑向党，礼赞百年”庆祝中国共产党成立100周年美术展览在白城市举办。展出作品以红色文化为主题，集中展示美术作品100幅。

21日 白城市国家医疗保障信息平台试点上线启动仪式在市医疗保障局举行。白城市是吉林省首批试点上线的地级市，标志白城市医保国家信息平台建设正式进入实施阶段。

24日 市市监局与白城师范学院在白城市国家杂粮及制品质量监督检验中心举行合作框架协议签约仪式，围绕人才共育共培、知识产权合作和标准化技术合作3个方面开展政校合作。

▲ 省政协副主席兰宏良带领调研组到白城市调研生态旅游业发展情况。

25日 白城市人民政府办公室《关于印发推动制造业竞争优势重构打造“产业名城”工作方案的通知》，在“大数据产业”中提出：围绕“数字白城”建设，构建以联通北方云计算中心为主体，白城工业园区国家级数据灾备基地、白城经开区数据产业基地为两翼的“一体两翼”大数据产业格局，推动大数据企业和灾备企业集聚发展，打造立足吉林、辐射东北、服务全国、面向东北亚，提供全方位数据处理、存储和灾备服务的中国北方“云谷”。

27日 白城市政法队伍教育整顿总结大会在白城宾馆召开。会议宣读《关于表彰全市“十佳政法干警”的决定》。省第八指导组组长孙谦，市委书记、市政法队伍教育整顿领导小组组长李明伟出席会议。

▲ 白城市2016年保障性安居工程配套基础设施建设项目（明仁北街）道路改造工程全线通车。该项目北起曙光路，南至民主路，道路总长775米，宽度14米，改造内容包括电力线缆排管、通信线缆排管、污水管网、雨水管网、供水管网、人行道铺装等工程。

30日 由白城市农业科学院国家燕麦荞麦产业技术体系首席科学家任长忠领衔的燕麦研究团队，首次发布六倍体栽培裸燕麦高质量参考基因组序列，标志我国大粒裸燕麦研究开启全基因组新时代。

▲ 市委书记李明伟、市人大常委会主任葛树立等市四个班子领导及市中级人民法院院长、市人民检察院检察长到市博物馆，集体参观“初心如磐——白城市庆祝中国共产党成立100周年主题展览”和“光荣与梦想 铭刻初心——《习近平用典》主题书刻展”，并重温入党誓词。

▲ 庆祝中国共产党成立100周年白城市“两优一先”表彰大会召开。市委书记李明伟出席会议，市委常委、组织部部长徐辉主持会议并宣读《中共白城市委关于表彰全市优秀共产党员、优秀党务工作者和先进基层党组织的决定》。会后，与会领导共同观看“信仰的力量——白城市庆祝中国共产党成立100周年”专场文艺演出。

▲ 白城市人民政府发布《关于实施“三线一单”生态环境分区管控的意见》，划定环境管控单元93个。

7月

1日 即日起，白城市“证照分离”改革全面推开，涉及落实涉企经营许可事项528项。其中，中央层面523项、省级层面5项。

6日 省委副书记、省长韩俊到白城市调研现代农业建设、新能源产业发展、防汛等工作。

8日 国家能源局总工程师向海平调研白城市新能源产业发展情况。向海平一行先后到白城生态新区新能源与氢能展馆、白城绿电产业示范园区、镇赉光伏领跑基地，实地了解白城市新能源开发建设、新能源与氢能协调发展和绿电产业示范等情况。在随后召开的座谈会上，全国人大代表、白城市委书记李明伟介绍在十三届全国人大四次会议期间，吉林省代表团以全团名义提交《关于建设吉林“陆上风光三峡”工程 打造国家新能源产业基地的建议》和白城市新能源产业发展等情况。

9日 白城市2021年抗洪抢险应急演练在大安市举办，市长李洪慈出席活动并讲话。

10日 白城市第六届汽车博览会在市区阳光广场与长春汽博会同步举行，展会为期5天，占地面积约1万平方米，设置汽车展位210个，参展企业24家、汽车款式50余种。

14日 中科院东北地理所与白城市政府在白城宾馆签署共同实施“黑土粮仓”科技会战框架协议。市委书记李明伟，中科院东北地理所党委书记、研究员苏阳出席签约仪式并致辞。

19日 《人民日报》头版刊发以《吉林 绿能涌动助振兴》为题新闻通讯，报道白城市和吉林省绿色低碳发展、能源振兴等方面取得成效。

20日 华润集团吉林区域工委成立大会暨党史学习教育主题党日活动在白城市举行。市委书记李明伟、华润集团吉林区域工委书记左俊杰共同为华润集团吉林区域工委揭牌。

▲ 白城市在首个“吉林省黑土地保护日”开展系列黑土地保护宣传活动。

22日 副省长安立佳一行到白城市调研高校改革发展和疫情防控工作。

24日 第八届吉林省市民文化节——“礼赞百年、诗颂伟业”白城市庆祝建党100周年诗歌吟诵会在白城市大众剧场举办。白城市的诗歌朗诵爱好者、社会各团体及驻白部队官兵等300余人参加。

26日 副省长韩福春一行到白城市调研检查嫩江流域防汛有关工作。

▲ 新三合路早市正式营业。市场面积20975平方米。其中，一期13780平方米区域内分类分区施划固定摊位560

个，包括肉、食品类经营A区；蔬菜、水果类经营B区；小百货、鱼、早餐、干鲜类经营C区。二期7195平方米区域暂定为便民疏导点及自产菜贩卖区。

8月

1日 民政部党组书记、部长李纪恒到白城市调研社会救助、养老、慈善社工等工作。省政府副省长阿东，市委书记李明伟参加调研。

4日 副省长安立佳到白城市检查调研新冠疫苗接种和常态化疫情防控工作。

▲ 市委书记李明伟一行到国电投集团总部考察调研，对接项目，并就联合举办第二届“中国北方氢谷”产业发展高端交流会，届时举行项目签约启动仪式达成一致意见。

9日 省委常委、组织部部长张恩惠到白城市，就市县乡换届、党建引领基层治理、基层党组织和党员在疫情防控中发挥作用、“我为群众办实事”、抓党建促乡村振兴、村级集体经济发展等情况开展调研。

12日 市委书记李明伟到大安市检查指导防汛工作。在月亮泡6号坝堤防询问防汛措施、应急预案、物资储备等情况。现场听取省水旱灾害防御专家、省水利厅水旱灾害防御中心主任吴博对白城市当前防汛工作点评及指导意见。

▲ 白城市市长、总河长李洪慈到东湖实地调研东湖水承载能力和水质等情况。了解东湖湖泊区域情况、工程情况及入湖水质等情况，听取有关专家关于东湖泄水及提升水质相关意见和建议。

15日 市委书记李明伟，市长李洪慈到大安市，实地督战月亮泡水库2号坝背水侧出现渗水险情防汛工作。

16日 市委书记李明伟调研白城市疫情防控工作。到洮北区天香小筑宾馆、白城市医院、白城中心医院调研新冠疫情隔离工作，院感防控、新冠疫苗接种、全员核酸基地建设等情况。

18日 白城市市县两级畜牧业发展服务中心（畜牧局）同步挂牌。

▲ 白城市县乡（镇）巩固拓展脱贫攻坚成果同乡村振兴有效衔接视频部署会召开。

19日 市委书记、市委全面深化改革委员会主任李明伟，主持召开市委全面深化改革委员会2021年第二次会议。会议传达学习中央全面深化改革委员会第二十次会议精神；讨论通过《白城市市直党政机关和事业单位经营性国有资产集中统一监管工作实施方案》《白城市国企改革三年行动方案（2020—2022年）》。

23日 中共白城市委六届十次全体会议在白城宾馆召开。出席会议市委委员34名，候补委员6名。全会听取和讨论市委书记李明伟受市委常委会委托所作工作报告，审议通过《中共白城市委关于实施生态强市战略加快推进“一城三区”建设的意见》《关于召开中国共产党白城市第七次代表大会的决议》《中共白城市委六届十次全体会议的决议》。

▲ 白城市保留“吉林省园林城市”称号。以2021年度省级园林城市复查市级综合评分第1名成绩，通过省级园林城市复查评审工作。

25日 “白城绿豆国家地理标志产品保护示范区”项目入选《2021年国家地理标志产品保护示范区筹建名单》，填补白城市没有“国家地理标志产品保护示范区”的空白。

30日 全市“我为群众办实事”实践活动部分实事项目新闻发布会召开。公开发布实事项目24个，涉及组织、宣传、政法、工信、人社、住建、民政、卫健、公安、城管、政数、法院、检察院等16个市直部门（单位）。

▲ 省政协副主席赵晓君带领调研组到白城市，就推动能源产业成为吉林省战略性支柱产业情况调研。调研组一行到白城生态新区新能源与氢能展馆、洮北经开区绿电产业园区、洮南大唐向阳风电场和通榆鸿兴20万千瓦光伏领跑基地调研。

9月

2日 白城市市管领导干部学习贯彻习近平总书记在庆祝中国共产党成立100周年大会上重要讲话精神专题研讨班在白城宾馆开班。市委书记李明伟出席开班式并作专题辅导。

6日 市六届人大常委会第三十九次会议审议通过关于设立“白城清洁能源日”的议案，决定将9月22日设立为“白城清洁能源日”。

8日 全市第一次扫黑除恶常态化暨四大行业领域整治推进会召开。安排部署白城市信息网络、自然资源、交通运输、工程建设四大行业领域整治工作。会议要求以打击为先、以防控为基、以监管为重、以立制为本，深化制度落实，坚持打防管建并举。市委常委、政法委书记孙志刚出席会议并讲话。会议以视频形式开至各县（市、区）。

▲ 吉林省第一届乡村振兴职业技能大赛暨全国乡村振兴职业技能大赛吉林省选拔赛在长春市农安县合隆镇陈家店村举行。白城市选派11名选手，参加8个比赛项目，获冠军2项，并代表吉林省参加全国乡村振兴职业技能大赛。

13日 中央第一生态环境保护督察组组长刘伟平一行到白城市开展督察调研。先后到吉林梅花氨基酸有限责任公司了解企业生态环保和能耗减量替代落实情况，到白城市垃圾焚烧发电厂督促加快项目建设进度，到莫莫格国家级自然保护区实地察看督察反馈意见整改和国控考核断面水质治理情况，到镇赉县天利水泥厂核实群众信访举报问题整改进展。

14日 省人大常委会党组成员、副主任贺东平带领调研组到白城市调研乡村振兴战略实施情况。

16日 全省司法行政戒毒医疗工作推进会在白城市召开。省司法厅副厅长梁向东，市政府副市长、市公安局局长陈锋，市政协副主席、市司法局局长付秀杰出席会议。陈锋代表市政府致辞；白城市强戒所、省九台强戒所、省女子强戒所、通化市强戒所分别进行交流发言；省卫健委医政医管处主要领导发言。

17日 省委常委、政法委书记范锐平到大安市开展巡河调研工作。范锐平一行先后到大安嫩江湾和月亮湖水库实地巡河，了解河长制落实情况。白城市相关领导和有关部门负责人参加巡河调研活动。

18日 白城车务段在中秋小长假期间增开乌兰浩特至松江河镇旅游专列。在乌兰浩特始发，途经白城、洮南、通榆、太平川，终到松江河镇。该次专列为2021年首趟省内旅游专列。

22—25日 嘉兴市文化广电旅游局考察团到白城调研考察，签署《“吉林白城——浙江嘉兴”旅游合作框架协议》。

22—26日 白城市举办首届“吉林生态日”宣传活动，接受群众咨询及现场答疑2.37万余人次。

23日 白城市委书记李明伟代表白城市参加第十三届中国—东北亚博览会开幕式暨第十一届东北亚合作高层论坛。博览会期间，白城邀请参会客商551人，推荐6个项目举办集中签约仪式，展出31家企业103种商品。

25日 吉林·白城2021年中国农民丰收节在大安市嫩江湾旅游区游客中心广场开幕。市委书记李明伟，市人大常委会主任葛树立出席开幕式，仪式上宣读《关于表彰白城市乡村振兴优秀农业科技人才的通报》。

29日 白城市举办首届“蒙帝杯”马头琴演奏大赛。

30日 白城市暨洮北区烈士纪念日公祭革命先烈活动在吉鹤灵苑举行。

是月 《2021中国县域发展潜力报告》发布，洮南市首次入选“中国2021县域发展潜力百强”榜单，位列第95位。

是月 白城市第一中学新校区“爱心公交专线”开通。开通“爱心公交专线”3条，均是早6点和晚10点各一班次，日平均接送学生600余人次。

10月

8—11日 吉林广播影视奖暨第33届吉林省广播电视文艺“丹顶鹤”奖评奖活动在镇赉县举行。白城广播电视台车光宇获第十一届“吉林省德艺双馨广播电视艺术工作者”称号，由白城广播电视台选送的纪录片《“鸟叔”的牵挂》、文艺节目《一滴水的旅程》获精品奖，张宇获最佳节目主持人单项荣誉奖。白城广播电视台选送的电视广告《大鸨回家》、音乐电视《我想对你说》、微视频《永远跟党走》、广播文艺节目《草原上的说唱——乌力格尔》、镇赉县融媒体中心选送的微视频《流光溢彩迎新春》等作品获吉林省广播电视文艺“丹顶鹤”奖一等奖。

9日 白城市首批乡镇文联成立揭牌仪式在通榆县兴隆山镇举行，通榆县兴隆山镇、向海乡、边昭镇成为白城市首批正式成立乡镇文联的乡镇。

10日 由华中农业大学、中国工程科技发展战略吉林研究院主办，白城市农业科学院、长春新牧科技公司承办的“农牧结合、修复盐碱地、培肥土壤现场观摩研讨会”在白城市召开，与会领导为“盐碱地生物修复治理合作研究中心”揭牌；与会人员考察燕麦下茬复种油菜燕麦间作、混种，青储收获、打包加工、秸秆还田等现场；与会专家分别就示范展示的各种技术模式和成果进行研讨并建言献策，近80人参加研讨会。

10日 下午5时，白城市城市发展（亚行）项目向阳街主干道全线贯通。向阳街作为亚行项目9条道路之一，全长4.94千米、路宽55米（中兴西路以北45米），南起规划新一路、北至三环路，依次与纯阳路、胜利路、新华西路、棉纺路、中兴西路、三合路相交，是贯穿白城西部南北方向重要道路干线。

11—17日 2021年白城市网络安全宣传周启动仪式在白城医学高等专科学校举行。在宣传周期间发放公益手袋3000个、文明上网倡议书5000张、网络安全手册3000册。

14日 白城医学高等专科学校第一附属医院揭牌仪式在白城中心医院举行。

▲ 白城市召开秸秆全域禁烧工作会议。市委副书记、市长李洪慈，副市长纪纲出席会议并分别提出具体意见。会议强调2021年是实行秸秆全域禁烧第一年，要将全域禁烧工作纳入绩效考评，推进秸秆全量化处置，加大秸秆禁烧管控力度。会议宣读《白城市秸秆全域禁烧行动实施方案》，各县（市、区）、开发区（园区）向市政府递交目标责任书。

14—16日 市委书记李明伟带领白城市考察团到成都市，就巩固脱贫攻坚成果与乡村振兴有效衔接、城市建设管理、招商引资等进行实地考察学习。考察团一行先后到新希望集团、通威集团、域上和美集团，并就能源产业发展、生态旅游开发等方面合作进行交流洽谈。

15日 零时，白城市具备开栓条件的供热区域全部开栓供热，比往年提前10天。

16日 白城市在第三届全国创业就业服务展示交流活动中获“城市创业精品展示项目”荣誉。展会期间，白城市展区由“白城市市情介绍、一村一品一网红、大学生创业成果产品展示、白城市返乡农民创业产品展示”4个版块构成，突出“创新激扬青春梦想，创业点亮精彩人生”参展主题。

23—24日 2021年吉林省学生武术比赛在白城市举办。来自全省38个代表队200余人参赛。

25日 中国民主建国会白城市第六次代表大会召开。

25—26日 市长李洪慈带队到浙江省杭州市、湖州市，就新能源产业发展招商洽谈。

27日 中国国民党革命委员会白城市第二次代表大会召开。

28日 吉林省“陆上风光三峡”工程全面建设启动仪式在白城通榆吉西基地鲁固直流140万千瓦外送项目现场举行。省委书记景俊海宣布启动。省长韩俊讲话。

29日 农工民主党白城市第四届第五次代表大会在白城宾馆召开。

31日 白城市支援哈尔滨核酸检测机动队集结完毕，14名队员来自市县两级12家医疗机构。

11月

4日 在市委2021年第三十一次常委会议上，审议通过《关于全面加强黑土地保护的实施方案》。

5日 18时20分，一架来自山东青岛的波音B737-800飞机在白城长安机场平稳着陆，该航班是山东航空最新开通的“白城—大连—青岛”往返航线的首航。

▲ 白城市下发《关于做好极端天气防范和应对工作的紧急通知》《关于做好雨雪、寒潮及大风天气防范应对工作的提示函》。

5—10日 第四届中国国际进口博览会在上海举行。白城市交易分团189人注册参会。白城市有2个项目签约。

7日 14时，市气象局发布暴雪蓝色预警信号。

8日 全市应对寒潮极端天气工作调度视频会议召开，会议决定全市中小学继续停课，机关事业单位实行弹性工作制。

9日 市委书记李明伟，市长李洪慈调研极端天气下市电网、供热运行和市区清雪等情况。

▲ 全市各部门单位党员干部职工响应市委、市政府号召到包保小区开展义务清雪活动。

11日 白城市总工会与市城管局在白城东润大酒店、洮北区众帮环卫工人爱心驿站开展“暖心饺子”慰问城市道路清雪一线环卫工人活动。30余名志愿者从连续10余个小时，包出蒸饺、水饺1万余个，慰问清雪一线环卫工人500余人次。

17日 在第七届全省“人民满意的公务员”和“人民满意的公务员集体”白城市表彰会议上，白城市韩艳秋、倪晓玲、徐方楼、姜普庆获“人民满意的公务员”称号；洮南市永康街道办事处、白城市公安局交通巡逻警察支队四大队八中队（阳光广场警务室）获“人民满意的公务员集体”称号。

24日 白城市水库移民服务中心正式挂牌成立。白城市有水库移民2115人。

是月 在中宣部和农业农村部联合举办的“2021新时代乡村阅读季”活动中，大安市获全国百强前26名、全省第4名成绩。

是月 吉林省不动产统一登记管理平台在白城市和大安市两个试点城市上线运行。

12月

5—6日 党史学习教育中央第二指导组组长朱虹带领指导组到白城市调研指导党史学习教育开展情况。

9日 “金融助振兴——吉林行动”白城专场活动在长春市举办。白城市有8家企业（项目）与银行现场签约。

14日 白城市作家翟妍到北京出席中国作家协会第十次全国代表大会。翟妍是白城市有史以来首位当选代表。

▲ 陶行知教育基金会“科教强国•乡村振兴”助力城乡教育公平化发展公益活动白城市捐赠仪式在洮北区洮河镇中学举行。

17—19日 中国共产党白城市第七次代表大会召开。大会批准李明伟代表六届市委所作《坚持生态强市、建设“一城三区”，全面开启白城高质量跨越式发展新征程》报告。选举中国共产党白城市第七届委员会委员60名、候补委员11名，选举中国共产党白城市纪律检查委员会委员33名。会议选举李明伟、李洪慈、张旗威、李立春、孙志刚、李建厂、薛智金、李德明、赵楠、纪纲、高航为中国共产党白城市第七届委员会常务委员会委员；选举李明伟为市委书记，李洪慈、张旗威当选为市委副书记。

▲ 中国共产党白城市第七届纪律检查委员会第一次全体会议在白城宾馆召开。选举中国共产党白城市第七届纪律检查委员会常务委员会委员9名，选举李立春为中国共产党白城市第七届纪律检查委员会书记，于涛、刘广宇、李长虹为中国共产党白城市第七届纪律检查委员会副书记。

24日 白城医学高等专科学校第二附属医院揭牌仪式在白城市医院举行。

27日 市人民检察院与市退役军人事务局将5万元救助金送至因在车祸中失去独子退役军人贾某手中，为全省首例退役军人司法救助。

28日 以“燃情冰雪 共迎冬奥”为主题的白城市暨洮北区文化体育旅游节大众冰雪季在查干浩特旅游经济开发区启动。该次冰雪季活动分为启动仪式、文化演出活动、体育健身活动及趣味冰雪比赛4个部分。

29日 “2021中国北方渔岛•哈尔淖捕鱼季”在镇赉县哈尔淖渔场启幕。

是月 白城绿豆成功入选“吉林十大地理标志”。

是月 市委宣传部、市卫生健康委、市乡村振兴局、市中医药管理局联合开展白城市“最美乡村（社区）医生”评选活动。孙德新等30名乡村（社区）医生被授予白城市首届“最美乡村（社区）医生”称号。

（市地方志办公室）

市情概览

自然地理

【位置面积】 白城市位于吉林省西北部，嫩江平原西部，科尔沁草原东部。东经121° 38′ 06″～124° 21′ 56″，北纬44° 13′ 57″～46° 18′ 15.8″，东南部与吉林省松原市毗邻，东北部与黑龙江省泰来县相连，与肇源县、杜尔伯特蒙古族自治县隔江相望，西南部与内蒙古自治区科尔沁左翼中旗接壤，西北部与内蒙古自治区科尔沁右翼前旗、扎赉特旗、突泉县相接。白城市东西宽211千米，南北长230千米，总面积25758.80平方千米，居吉林省市、州第3位。

（贾　卓）

【地势】 全市地势由西北向东南依次为低山、丘陵、平原，西南略有抬升。西北部为大兴安岭东麓褶皱地带，分布着丘陵和低山，海拔300米至662.6米；东北、东南部为平原，海拔130米至140米；西南部广泛分布西北至东南走向的大小沙丘、沙垄，海拔150米至180米，是潜化沙漠区。最高山峰敖牛山，海拔662.6米；最低地区为镇赉县和大安市境内的月亮湖地区，海拔一般为130米至140米。

【地质】 白城市位于松辽盆地西北部，因长期沉积凹陷，基岩埋藏很深。地面未见古生代地层出露。地层有前石炭系、石炭二叠系地层，主要以石英片岩、花岗片麻岩和黑色泥析岩为主。中、新生代地层发育较全。境内西部地表见到的最古老的岩石是千枚岩，同位素年龄3.50亿至4.00亿年。

【地貌】 白城市地貌分剥蚀低山丘陵、剥蚀堆积高平原、风积堆积低平原3种。

剥蚀低山丘陵　缓坡状低山，分布在境内西北部，海拔400米至500米；山脊走向沿北西向和北东向展布；山坡缓；基岩裸露，沟谷发育；主要由二叠系和侏罗系火山岩组成。椭圆形丘陵，分布在洮南市、洮北区西北部，海拔240米至340米；丘顶浑圆，坡度和缓，沟谷宽敞，覆盖层发育与低山相区别；洮儿河北部，宽谷沿北东向发育，南部沿北西向和近东西向延伸；主要由花岗岩和火山岩组成。

剥蚀堆积高平原　微倾斜台地，主要分布在洮南市西部、洮北区西北部、镇赉县北大岗一带；在岭下乡、平安镇、平台镇、内蒙古自治区兴安盟太本站形成比高20米的陡坎与扇形地分界；由太本站向北东延伸，呈缓坡与低平原相接；分布宽度25千米；台面海拔由后缘至前缘240米至160米，台面宽广平坦，从后缘微向前缘；主要组成物为下更新统冰川堆积砾卵石层。

风积堆积低平原　冰积低平原，分布在白城市西部，镇西为顶点，顺洮儿河向东南方向呈扇状散开至洮北区太平山一线形成弧形前缘构成扇形地；纵长55千米，前缘宽50千米，坡降0.00125，海拔由顶部至前缘210米至150米；主要由上更新统镇西冰期冰水堆积物组成。冲积湖积低平原，境内分布广泛；形态分为微波状岗地、风沙稠盖微波状岗地、微倾斜平地湖沼洼地、沙坨地；主要分布在通榆县东、西、北部地区；地形起伏大，海拔138米至175.3米；岩性主要为黄土状亚沙土；镇赉县英华乡至大安市新平安镇一带海拔135米至170.7米，表面呈微波状起伏；由上更新统地层组成地表岩性；洮南市西、西南部海拔145米至168米，主要分布为微波状岗地和风沙覆盖岗地。风积冲积低平原，主要分布在通榆县西、西北和西南部，形态主要为沙垄、垄间低地和微起伏平地；海拔140米至175米；岩性主要为风成沙；地表堆积物主要为灰、灰黑色亚沙土。冲积平原，主要沿嫩江、洮儿河、霍林河、呼尔达河、蛟流河、那金河两岸呈条带分布；形态分为高漫滩、低漫滩、阶地；通榆县和大安市境内霍林河谷盲尾散流带发育有高漫滩、低漫滩；高漫滩海拔132米至145米，低漫滩海拔131.2米至144米；岩性为全新统亚沙土、亚黏土，局部为粉细沙；境内阶地分布在通榆县西南部新开河两岸。在通榆县西南部瞻榆镇一带，风沙活动强烈，风沙侵蚀平原表面，形成风蚀洼地、风蚀陡坎、风蚀柱、沙丘、沙盖、沼泽地、盐碱地。

【土地资源】 白城市辖区土地总面积2575880.37公顷。其中，耕地1420250.44公顷，园地2960.19公顷，林地298806.27公顷，草地356144.02公顷，湿地107159.13公顷，城镇村及工矿用地92134.85公顷，交通运输用地46773.44公顷，水域及水利设施用地134655.01公顷，其他土地116997.02公顷。

【矿产资源】 白城市查明资源储量优势的矿产有石油、天然气、油砂，资源较少的矿产有铜、金、银等，资源丰富的矿产有建筑用砂、水泥用灰岩。

（孙辉立）

【林木资源】 第三次全国国土调查结果为林地，森林资源管理“-张图”中同为林地的部分按地类划分：有林地面积231742.15公顷、疏林地面积23821.06公顷、灌木林地面积12450.35公顷（其中，国家灌木林地面积12420.08公顷，其他灌木林地面积30.27公顷）、未成林造林地面积11064.32公顷、苗圃地面积516.99公顷、无立木林地面积6020.49公顷、宜林地面积1756.19公顷、林业其他用地面积277.17公顷。白城市林地保有量287648.72公顷、森林保有量244162.23公顷、森林覆盖率9.48%。全市活立木总蓄积量12488616立方米。其中，有林地蓄积量12303113立方米、疏林地蓄积量183958立方米、散生木蓄积量1545立方米。

【森林景观资源】 白城蒙古黄榆：蒙古黄榆是国家重点保护珍稀树种，濒临灭绝。吉林向海国家级自然保护区、通榆县兴隆山林场一带天然次生蒙古黄榆8000公顷，为欧亚大陆仅有。包拉温都杏花海：位于通榆县包拉温都蒙古族乡，沙丘东西长40余千米，连绵起伏，有天然次生山杏树万亩百余万株。白城市东北杨树基因库：位于洮白公路立交桥西南5千米处。面积大、收集无性系数量多、保存完整，居“三北”（东北、西北、华北）地区首位。建于1982年春，面积18公顷。收集国内外杨树无性系330个，有国际上独有小叶杨、世界公认杨树优良无性系，保存无性系约300个。白林3号杨选育达国际先进水平，白城5号杨选育、晚花杨引种达国内领先水平。东北樟子松种子园：位于洮北区境内白城市林木良种繁育场。1977年，由林业部、吉林省林业厅联合投资建成，是国家樟子松品种科学研究项目、吉林省林业种苗基础建设项目。面积82.33公顷，东北樟子松1.6万株，种源13个，无性系334个，均结实。

表1　2021年白城市矿产资源情况一览表

矿产类别	矿产名称	矿区个数	资源储量单位	查明资源储量
能源矿产	煤炭	7	千吨	116591
	油砂	1	千吨	234671
金属矿产	铜	3	铜　吨	58127
	金（伴生）	1	金　千克	622
	银（伴生）	3	银　吨	151
非金属矿产	水泥用灰岩	1	矿石　千吨	2290
	建筑用砂	1	矿石　千立方米	4180

（资料来源：市自然资源局）

表2　2021年白城市土地资源情况一览表

（单位：公顷）

行政区域	国土调查总面积	湿地	耕地	种植园用地	林地	草地	城镇村及工矿用地	交通运输用地	水域及水利设施用地	其他土地
大安市	487860.09	26266.05	222418.37	180.37	36261.41	77938.14	15354.47	8292.05	36455.74	64693.49
通榆县	847638.69	32381.95	438376.88	355.66	147797.11	151402.23	22284.80	13385.72	20347.12	21307.22
洮南市	510676.49	2080.97	348079.91	1033.44	56384.55	53690.96	21046.45	10425.49	12573.03	5361.69
镇赉县	471870.86	45738.34	226451.50	100.79	36344.00	58313.23	13764.78	8476.31	58761.75	23920.16
洮北区	257834.24	691.82	184923.78	1289.93	22019.20	14799.46	19684.35	6193.87	6517.37	1714.46
全　市	2575880.37	107159.13	1420250.44	2960.19	298806.27	356144.02	92134.85	46773.44	134655.01	116997.02

（资料来源：市自然资源局）

【草原资源】 全市草地总面积35.81万公顷。其中，天然牧草地6.20万公顷、人工牧草地0.40万公顷、其他草地29.21万公顷。年收贮干草45万吨以上。草原类型主要有草甸草原、沿江河低湿地草甸、沙丘坨间疏林灌丛、低山丘陵草甸草原、大岗台地草原等5类。草原植物种类广泛，饲用植物较多，有羊草、糙隐子草、贝加尔针茅、小叶樟、胡枝子等，尤以盛产羊草驰名中外，羊草草原占草甸草原类的80%以上。全市集中连片草场为洮北区镇南草原、到保草原、青山草原，镇赉县万宝山草原、黑鱼泡草原、莫莫格乡草原，通榆县三家子草原、包拉温都草原，大安姜家甸草原、三家甸草原。

【芦苇资源】 芦苇是白城市特色自然资源，现有已界定资源面积14.27万公顷，实际长苇面积8.67万公顷，年产量平年8万～10万吨，丰年可达20万吨。主要集中在大安姜家甸子草场、三家甸子草场，镇赉万宝山草场、镇南草场，洮南向阳、二龙草场、龙山草场，通榆什花道草场、兴隆山草场、三家子草场，洮北青山草场、大岗草场等。

（李曙光）

【风资源】 白城市属大陆季风性气候，属于东北地区风能资源最具开发潜力地区，是吉林千万千瓦级风电基地重要组成部分。据专家测算，白城市可开发风电面积5060平方千米，可开发装机容量3000万千瓦。白城辖区内风能资源是吉林省风能储量最有开发潜力地区。据1951年以来气象资料记载，年大于8级大风平均24天，8级以下风天，年平均47天，春风约占年风天60%以上，年平均风速3.7米/秒。据气象专家测算，在白城5个县（市、区）大气中，总风力每年可发电2076亿千瓦时，有效风能密度每平方米350瓦至500瓦，6米以下风速，年平均风速4.5米/秒；20米高风速，6米/秒以上。风力年有效发电时间7000小时，利用大功率风机发电，年等效利用小时数3000小时以上。

【太阳能资源】 白城市位于吉林省西北部，嫩江平原西部，科尔沁草原东部。属温带大陆性季风气候，春季干燥风大、夏季高温多雨，秋季天高气爽，冬季寒冷漫长。年均日照时数2919.4小时，年均气温4.9℃，无霜期157天，年均降水量407.9毫米，全市太阳能辐射量均在5000兆焦/平方米以上，光热条件优于全省其他地区。根据白城市资源分布概况和各区域可利用土地面积估算，光电可开发面积3000平方千米，可开发装机容量2000万千瓦，光照年有效发电小时数1500小时以上。

【生物质能资源】 白城是国家大型商品粮基地，每年农作物播种面积稳定在100万公顷以上，2021年达到107万公顷。年可获得秸秆资源量620万吨左右。其中，洮北区约95万吨、镇赉县约232万吨、通榆县约146万吨、洮南市约98万吨、大安市约49万吨。

（王振龙）

【湿地资源】 白城市湿地主要有吉林莫莫格国家级自然保护区湿地、吉林向海国家级自然保护区核心湿地、月亮湖水库、洮儿河灌区湿地。吉林莫莫格、向海国家级自然保护区湿地是东北地区中部水禽迁徙线，是丹顶鹤、白鹤、白鹳世界濒危鸟类栖息繁殖地。1992年，吉林向海国家级自然保护区核心湿地被列入《国际重要湿地名录》，加入世界湿地公约组织。月亮湖水库湿地是国家大型Ⅰ级水库、嫩江平原水域心脏。

【野生动物资源】 白城市鸟类17目、55科、296种，占全国鸟类种类20.2%，占吉林省鸟类种类89.43%。其中，有《中华人民共和国和日本国政府保护候鸟及其栖息环境协定》所列种类173种，占协定鸟类种类76.21%，占白城市鸟类种类58.45%。非雀形目197种，雀形目99种，分别占白城市鸟类种类66.55%、33.45%。非雀形目鸟类水禽类97种，占白城市鸟类种类32.77%。其中国家重点保护鸟类主要有丹顶鹤、白枕鹤、白鹤、白头鹤、白鹳、白鹮、大鸨、普通秋沙鸭、白琵鹭、大天鹅、小天鹅、蓑羽鹤。鹤类6种：丹顶鹤、白枕鹤、蓑羽鹤、白鹤、白头鹤、灰鹤，占全国鹤类种类66.7%，占世界鹤类种类40%。其中，丹顶鹤、白枕鹤、蓑羽鹤在白城市境内繁殖，白头鹤、白鹤、灰鹤在迁徙季节路过或停留白城市境内。雁鸭类27种，占全国雁鸭类种类58.70%。种类数量较多鸟类有鸡形目雉鸡、斑翅山鹑、鹌鹑；鸽形目毛腿沙鸡、山斑鸠；雀形目铁爪鹀。鸟类优势种11种，普通种61种；常见种62种，稀

白城市国家重点保护鸟类鹤类资源丰富。图为迁徙途经镇赉县莫莫格湿地停留的白鹤，摄于4月15日 （潘晟昱 供图）

有种188种，罕见种46种。留鸟22种，候鸟251种；夏候鸟78种，冬候鸟21种，旅鸟152种。候鸟种类居吉林省9个市、州首位。

白城市野生兽类50余种。其中，哺乳类有紫貂、猞猁、黄羊、斑羚、普通刺猬、大耳猬、蒙兔、东北兔、旱獭、赤狐、草狐、貉、黄鼬、艾鼬、狗獾、豹猫、狍子、狼、伶鼬、普通蝙蝠、萨氏蝙蝠、纳氏耳蝠、花鼠、达乌尔黄鼠、巢鼠、黑线姬鼠、褐家鼠、小家鼠、大仓鼠、东方田鼠、五趾跳鼠、草原酚鼠、林姬鼠、社鼠、黑仓鼠、纳氏耳鼠、银鼠、红背鼠、香鼠。两栖爬行类有大蟾蜍、花背蟾蜍、无斑雨蛙、东北雨蛙、花狭口蛙、蜥蜴、游蛇、蝮蛇、红点锦蛇。人工饲养野生动物主要有梅花鹿、马鹿、紫貂。

（李曙光）

【渔业资源】 白城市渔业养殖面积21134公顷。其中，池塘面积249公顷、湖泊面积499公顷、水库面积20386公顷。

水生动物 白城市鱼类15科74种。其中，鲤科35种、鳅科3种、鲶科2种，其他鱼类9科34种。主要经济鱼类有草、鲫、鲤、鳙、鲢、鲂、鲇、黄鳑、乌鳢。虾类、贝类3种。特殊品种有河蟹、池沼公鱼。

水生植物 境内江河、湖泊、水库及沼泽地带生长水生植物31种，主要有芦苇、蒲草、菱角、芡实等。

水生浮游生物 境内江河、湖泊、水库及沼泽地带生长水生浮游动、植物，种类繁多。浮游动物有原生动物、枝角类、桡足类90属，浮游植物有藻类76属。

（蔡广仲）

【野生植物资源】 白城市野生经济植物85科、579种。列为主要计产种类25科、56种。平原草甸类草原植物建群种主要有羊草、糙隐子、贝加尔针茅；伴生种主要有碱蒿、星星草、萎陵菜。常见植物主要有野古草、糙隐子、虎尾草、拂子茅、鸡儿肠、地杆、米口袋、兴安胡枝子、草地早熟禾、防风、白城甘草、野豌豆、万年松、百里香。沿江低地湿地草甸类草原植物建群种主要有小叶樟、三棱草、踏头苔草、芦苇、蒲；伴生种主要有牛鞭草、水稗草。常见植物主要有西伯利亚蓼、蔓萎陵、苔草、灯芯草、碱蓬、紫菀、狼尾巴草、柳丛马蔺。沙丘坨间疏林灌丛草甸类草原植物建群种主要有大籽蒿、蒙古蒿、蒙古黄榆、拉条榆、叶底珠、展枝唐松草。常见植物主要有野线麻、蒙古黄榆、黄花草木樨、兴安胡枝子、沙地委、萎陵菜、山楂、糙隐子、细叶黄蒿、大针茅。低山丘陵草甸类草原植物主要有贝加尔针茅、糙隐子、拉条榆、山杏。大岗台地类草原植物主要有贝加尔针茅、大针茅、兔尾蒿、糙隐子、羊草、狼针草、山杏、兴安胡枝子、麻花头。白城市树种33科、66属、157种（不含试验品种和类型），主要树种19科、92种。代表性树种：松科樟子松、长白美人松、云杉；柏科侧柏、圆柏、杜松；杨柳科杨属小黑杨、小青黑杨、白城杨、银白杨、晚花杨，柳属垂柳、龙须柳、小黄柳、小红柳、旱快柳、青皮柳、朝鲜柳、杞柳、旱柳、沼柳、松江柳、伪蒿柳；榆科家榆、蒙古黄榆、河南白榆、垂榆、拉条榆；桑科蒙古桑、山桑、秋雨桑；胡桃科胡桃楸；壳斗科蒙古柞；蔷薇科蔷薇、月季、山杏、海棠、毛樱桃、李子、山里红、山丁子、柳叶绣绒菊；豆科紫穗槐、小叶锦鸡儿、胡枝子、刺槐、树锦鸡、细叶锦鸡儿、兴安胡枝子；芸香科黄菠萝；槭科糖槭、元宝槭、茶条槭；鼠李科鼠李；葡萄科葡萄、山葡萄；无患子科文冠果；柽柳科柽柳；胡颓子科沙棘；木樨科花曲柳、水曲柳、丁香；茄科枸杞；忍冬科接骨木。

（李曙光）

【气候评价】 2021年年平均气温6.4℃，比历年（1991—2020年）5.9℃高0.5℃；≥10℃积温3162.9℃，比历年（1991—2020年）3179.9℃少17.0℃；全年日照时数2586.6小时，比历年（1991—2020年）平均日照时数2828.6小时少242.0小时；终霜日期3月27日，初霜日期10月6日，无霜期193天，比历年（1991—2020年）平均无霜期164天多29天；全年降水量571.6毫米，比历年（1991—2020年）平均降水量391.8毫米多179.8毫米。

【汛期雨情】 2021年汛期白城市天气趋势是降水偏多，气温略低，降水时空分布不均，强降雨时段集中，且局地降水强度大、突发性强，主要降水相对集中段在7月下旬到8月，初夏多冷涡天气。有局地强对流和暴雨等天气。6—8月降水偏多，全市降水量383.3毫米，比历年同期（266.5毫米）多116.8毫米，其中6月78.8毫米，比历年（81.4毫米）少2.6毫米；7月171.1毫米，比历年（108.1毫米）多63.0毫米；8月133.4毫米，比历年（77.0毫米）多56.4毫米。

（纪美思）

【水资源】 2021年，全市总用水量21.68亿立方米。其中，地下水资源开发利用量10.89亿立方米，占总用水量50.2%；地表水用水量10.79亿立方米，占总用水量49.8%。

全市地表水利用量10.79亿立方米，均为江河客水。其中，农田灌溉用水量6.84亿立方米、林牧渔畜用水量0.04亿立方米、工业用水量0.14亿立方米、生态环境用水量3.77亿立方米。

全市地下水实际开采量10.89亿立方米，比上年少0.98亿立方米。其中，农田灌溉用水量9.71亿立方米，占总开采量89.17%；林牧渔畜用水量0.35亿立方米，占总开采量3.21%；工业用水量0.14亿立方米，占总开采量1.29%；城镇公共用水量0.13亿立方米，占总开采量1.19%；居民生活用水量0.51亿立方米，占总开采量4.68%；生态环境用水量0.05亿立方米，占总开采量0.46%。

（马明印）

【江河】 白城市河流长50千米以上江河有嫩江、洮儿河、霍林河、蛟流河、那金河、二龙涛河、呼尔达河、额木太河、文牛格尺河，其中主要江流4条：嫩江、洮儿河、霍林河、蛟流河。

嫩江 流经境内唯一大江，由镇赉县丹岱乡十家子屯入境，在大安市四棵树屯东流出。境内河道长184千米。属嫩江下游区，江道比降1/20000左右，地势平缓，水流平稳，河床稳定，江岔众多，河道弯曲，湿地沼泽遍布，泡沼相连，河道深宽，河道土质由黄沙土和细沙土组成。2021年，大赉水文站水面最宽1750米，径流量574亿立方米，最大流量7160立方米/秒，最小流量115立方米/秒，分别比上年减少320米，增加238.3亿立方米，增加1410立方米/秒，减少13.0立方米/秒。江水最深21.7米，最大流速1.59米/秒。3月29日开江，11月8日开始结冰，11月26日封江。

洮儿河 嫩江支流，由洮北区岭下镇半拉山入境，经洮北区、洮南市、镇赉县、大安市，由月亮湖注入嫩江。境内流长285.83千米。岭下镇以上为半山区，河道比降1.7‰，水流急。流入境内平原区后，岭下至洮南水文站之间河道比降6.3‰左右；洮南至黑帝庙河道比降0.7‰。镇西水文站径流量30.16亿立方米，最大流量491立方米/秒，最小流量8.88立方米/秒，分别比上年增加13.02亿立方米，增加288立方米/秒，增加4.98立方米/秒。洮南水文站径流量30.24亿立方米，最大流量427立方米/秒，最小流量0.500立方米/秒，分别比上年增加16.78亿立方米，增加143立方米/秒，增加0.310立方米/秒。黑帝庙水文站径流量34.20亿立方米，最大流量479立方米/秒，最小流量0.0立方米/秒。

霍林河 嫩江支流，从通榆县街基入境，经通榆县、大安市、乾安县，由松原市前郭县查干湖汇入嫩江。境内流域10841千米，无固定河道，属季节性河流，遇大水年易发生水灾。3月12日—10月19日同发水文站断面间断过水，其径流量5.023亿立方米。霍林河中游双岗水文站5月9日—12月26日过水径流量2.508亿立方米，最大流量40.1立方米/秒，最小流量0.0立方米/秒。胡家店水文站8月19日—12月16日过水径流量1.365亿立方米，最大流量21.2立方米/秒，最小流量0.0立方米/秒。霍林河下游龙沼水文站8月22日—12月15日过水径流量1.613亿立方米，最大流量45.0立方米/秒，最小流量0.0立方米/秒。四家子水文站河流干涸。

蛟流河 洮儿河支流，由内蒙古自治区入境城市，宝泉水文站1月25日—3月25日底冻其余时间全部过水，径流量4.635亿立方米。比上年增加2.562亿立方米。务本水文站1月28日—3月28日连底冻其余时间全部过水，径流量5.389亿立方米，比上年增加1.74亿立方米。

【天然泉】 洮南市西北部半山区小河源头均有天然泉。洮儿河冲积扇下游，丰水年有涌泉现象。

（闫法森）

历史人文

【建置沿革】 白城从辽金开始被历代中央政权划入行政区域管辖之下。辽时，设长春州，治所在今洮北区德顺蒙古族乡城四家子古城。金、元、明、清各代均设立州、县、卫所、旗。

光绪三十年（1904）设洮南府，属盛京将军。同年设开通县、靖安县（现洮北区），隶属洮南府。光绪三十年十二月（1904），设大赉厅，隶属黑龙江将军。光绪三十一年（1905），设安广县，隶属洮南府。光绪三十三年（1907），撤将军，设奉天、吉林、黑龙江三省。洮南府、开通县、靖安县（1914年改称洮安县）、安广县隶属奉天省，大赉厅隶属黑龙江省。宣统二年（1910），设镇东县，隶属奉天省。民国二年（1913），废府、州、厅，存道、县，境内各县隶属奉天省洮昌道和黑龙江省龙江道。民国四年（1915），设瞻榆县，隶属奉天省洮昌道。

1938年，洮安县改称白城县，这是“白城”作为行政区划地名第一次被《白城地区志》记载。1945年8月15日，境内各县隶属嫩江省。1946年，先后隶属吉江行政主任公署、嫩江省、辽吉区行政公署。1947年，隶属辽北省。1949年，隶属黑龙江省。1954年，划归吉林省。

1954年8月，吉林省白城子区专员公署成立，辖洮南、白城、镇赉、安广、大赉、开通、瞻榆、乾安县。1956年，长岭、双辽县和前郭尔罗斯蒙古族自治县划归白城专署。1958年10月，白城镇与部分郊区合并，设白城市（县级）；白城与洮南两县合并为洮安县；大赉、安广县合并为大安县；开通、瞻榆县合并为通榆县。同年11月，扶余县划归为白城专署，双辽县划归四平专署。1969年7月，内蒙古自治区的突泉县、科尔沁右翼前旗划归白城专区（1979年7月，复归内蒙古自治区）。1987年7月、1988年11月，洮安县、大安县先后改设洮南市（县级）、大安市（县级）。1991年3月，前扶经济开发管理区成立，扶余市和前郭县划归前扶经济开发管理区。1992年6月，设立松原市（地级），长岭、乾安县划归松原市。

1993年8月，撤销白城地区行政公署，设立白城市（地级）。撤销白城市（县级），设立洮北区。白城市辖洮北区、镇赉县、通榆县、代管洮南市、大安市，市政府驻地洮北区文化东路1号。至此，白城市行政区划延续至今。

（贾　卓）

【行政区划】 白城市人民政府驻白城市文化东路1号。白城市辖洮北区、镇赉县、通榆县，代管洮南市、大安市；城市街道办事处31个、镇38个、乡35个（少数民族乡8个）、村919个、社区居委会116个、自然屯2923个。2021年，镇赉县增加鹤城、镇东、赉北3个街道办事处；洮北区新增官银号街道，新增3个社区（学府社区、家园社区、鹤鸣湖社区）；洮北区幸福街道的灯塔社区、军民社区划至瑞光街道，瑞光街道瑞普社区、二三七处社区划至幸福街道，新增瑞明社区。

（刘 君）

【人口民族】 年末全市户籍总人口184.54万人。其中，城镇人口80.07万人、乡村人口104.47万人。全年出生人口6804人，出生率3.7‰；死亡人口11657人，死亡率6.3‰；自然增长率-2.6‰。白城市属于散杂居少数民族地区，有蒙古族、满族、回族、朝鲜族等少数民族43个，总人口9.86万人，占全市总人口的5.3%。

（赵中祥 夏 然）

【方言】 白城市语言属于北方方言的语音系统。境内方言主要有两类，一类接近普通话。同普通话相比，虽较接近，但声母、韵母、声调均有些差异。声母在使用上却有所不同，主要是平翘舌不分、送气音和不送气不分、把团音读成尖音。韵母在使用上与普通话有一定的区别。声调和普通话语音声调一样，但其各类调值有差异。另一类是蒙古语。在民族乡政府、企事业单位、学校及商业用牌匾、印章印签等均用蒙汉两种文字。白城市有蒙古族人口约5.4万人，日常使用蒙古族语言交流的约5400人。在蒙古族聚居村屯，多数村民特别是年纪较大一些的人，在日常交流沟通中仍保持用本民族语言习惯。在蒙古族散居村屯，60岁以上老年人能讲蒙古语，60岁以下有的能说蒙古语，有的能听懂但不会说，还有一些人特别是年轻人既不会说也听不懂蒙古语。白城民族学校，均实行“双语”（蒙语加授汉语、汉语加授蒙语）教学。合理设置蒙语文课时，小学每周蒙语文课时4～5节，初中每周蒙语文课时2～3节，高中3～5节。

（夏 然 赵俊玲）

【风俗】 白城人把过春节叫过大年或阴历年，千百年来，形成了东北特有的过年风俗。春节，汉族俗称“过年”，除夕，人们着新装，鸣放鞭炮，贴对联年画，张灯结彩，烧香上供，敬神祭祖。境内蒙古族称春节“希恩吉乐”，是最隆重的节日。除夕，家家在佛案上摆祭品，有煮熟的大块牛羊肉、乳制品、糕点等，全家梳洗干净，着新装，举行迎年仪式。白城辖区内有蒙古族乡8个，蒙汉民俗交融。查干浩特旅游度假区蒙古大营，是吉林省最大的蒙古包群。全市有省级少数民族特色村洮北乌兰图嘎村等8家，这里99%以上居民都是蒙古族，美食有非物质文化遗产蒙古族馅饼。

【宗教】 2021年，白城市有佛教、道教、伊斯兰教、天主教、基督教五大宗教。依法登记宗教活动场所120处。其中，佛教19处、伊斯兰教4处、天主教2处、基督教95处，另有1处道教场所获批筹建。全市有宗教教职人员86人。其中，佛教35人、道教1人、伊斯兰教7人、天主教1人、基督教42人。有宗教团体4个，分别是白城市佛教协会、白城市基督教“两会”、通榆县佛教协会和大安市佛教协会。

（纪 旋）

表3 2021年白城市行政区划统计表

单位：个

县（市、区）	城市街道办事处、镇、乡名称	社区居民委员会、村民委员会名称	城市街道办事处	社区居民委员会	镇	乡	村
白城市	—		31	116	38	35	919
洮北区	洮北区		12	57	7	5	162
	新华街道办事处	工人街社区 建设社区 民主社区 长青社区 胜利社区 新兴社区 和平社区	1	7	—	—	—
	明仁街道办事处	明仁社区 文化社区 明盛社区 通业社区 兴业社区 红叶社区 日升社区	1	7	—	—	—
	新立街道办事处	长富社区 铁西社区 长利社区 新安社区	1	4	—	—	—
	长庆街道办事处	白鹤社区 安居社区 百福社区 馨华园社区 丰华园社区 跃辉社区 新居社区	1	7	—	—	—
	海明街道办事处	民生社区 民福社区 海翔社区 丹顶鹤社区 解放社区 海兴社区	1	6	—	—	—
	幸福街道办事处	花园社区 光明社区 吉鹤苑社区 二三七处社区 瑞普社区	1	5	—	—	—
	城南街道办事处	东兴社区 草原社区 兴盛社区 顺达社区	1	4	—	—	—
	瑞光街道办事处	瑞庆社区 新村社区 军民社区 灯塔社区 瑞明社区 果树场社区	1	6	—	—	—

续表3

县（市、区）	城市街道办事处、镇、乡名称	社区居民委员会、村民委员会名称	城市街道办事处	社区居民委员会	镇	乡	村
洮北区	铁东街道办事处	明珠社区 曙光社区 通途社区 爱民社区	1	4	—	—	—
	保平街道办事处	经纬社区 阳光社区 果园社区 保平社区	1	4	—	—	—
	官银号街道办事处	学府社区 家园社区 鹤鸣湖社区	1	3	—	—	—
	西郊街道办事处	二龙村 于家村 代家村 朝阳村 纯阳村 保平村 东兴村 铁岭村 交通村 朱家村 河北村 丰产村 向阳村 保胜村	1	—	—	—	14
	岭下镇	兴隆村 岭河村 新平村 四家子村 石头井子村 建新村 建政村 吉庆村 红石岭村 胜利村 岭西村	—	—	1	—	11
	平安镇	辉煌村 中兴村 红光村 安全村 永平村 新合村 新胜村 一心村 三甲村 平安村	—	—	1	—	10
	青山镇	四发村 八家子村 生产村 新兴村 勤劳村 黎明村 光荣村 富裕村 利民村 得胜村 复兴村 永胜村 黄家村 陆家村	—	—	1	—	14
	林海镇	四合村 孟家村 龙湾村 大兴村 敖包村 甜水村	—	—	1	—	6
	平台镇	前进村 光明村 西五家户村 东五家户村 侯家村 民乐村 永丰村 永乐村 民生村 发家村 勤俭村 北大岭村 红旗村 红塔村	—	—	1	—	14
	洮河镇	关帝庙村 榆树村 连城村 楚伦布和村 两家子村 高产村 阿尼哈村 新发村 大庆生村 大六家子村 拉先村	—	—	1	—	11
	到保镇	到保村 高平村 车力村 双龙村 复兴村 太平村 一棵树村	—	—	1	—	7
	东风乡	长发村 长利村 大青山村 友谊村 工农村 青山村 致富村 绿水村 金宝村 长青村 乘风村 三跃村	—	—	—	1	12
	三合乡	西宝山村 凤城村 方家村 宝山村 八青村 夏家村 三合村 金家村 大房村	—	—	—	1	9
	金祥乡	保安村 富强村 晓华村 新华村 青龙村 跃进村 新建村 东风村 新立村 金祥达村 乌兰村 平顶村 林场村 苇房子村	—	—	—	1	14
	东胜乡	庆升村 和平村 晓光村 心合村 奋战村 永合村 三好村 杨树村 有利村 六合村 红升村 仁和村 东方红村 河东村 红日村 长胜村 日升村 三胜村 利民村 光辉村 春光村	—	—	—	1	21
	德顺蒙古族乡	全保村 兴建村 德顺昭村 西十家子村 白吉村 庆丰村 胡里村 明山村 保民太村 城四家子村 洮河村 双塔子村 古城村 先进村 曙光村 木头村 乌兰图嘎村 敖包营子村 哈日呼楚村	—	—	—	1	19
镇赉县	镇赉县	—	3	10	7	4	141
	鹤城街道办事处	庆生社区 庆余社区 民康社区 长安村	1	3	—	—	1
	镇东街道办事处	新兴社区 华城社区	1	2	—	—	—
	赉北街道办事处	广通社区 铁北社区 正阳社区 庆安社区 团结社区 街北村	1	5	—	—	1
	镇赉镇	南岗子村 哈拉本召村 太平山村 架其营子村 西乃力村 满汉营子村 郭家村 八格歹村 乌拉村 麻子村 二井子村 六合村 洋营子村 新立村 二龙村	—	—	1	—	15
	坦途镇	坦途村 特力村 双宝岱村 双山子村 哈拉甘吐村 红岗村 新风村 向海村 西明嘎村 保民村 大呼拉村 永庆村 四家子村 大龙波村	—	—	1	—	14
	东屏镇	公和勒村 致祥村 洋沙村 查干村 白音河村 前进村 蒙古索口村 格力吐村 大龙村 乌木村 东升村 西力吐村	—	—	1	—	12
	大屯镇	东报马台村 西报马台村 大屯村 小二龙村 五家子村 大茨勒营子村 西五家子村 大官营子村 代头村 腰杭乃村 前杭乃村 英台村 榆树岗子村 谢台岗子村 杭乃村	—	—	1	—	15

续表3

县（市、区）	城市街道办事处、镇、乡名称	社区居民委员会、村民委员会名称	城市街道办事处	社区居民委员会	镇	乡	村
镇赉县	沿江镇	东二龙村 西二龙村 东莫村 南莫村 前少力村 后少力村 苇海村	—	—	1	—	7
	五棵树镇	五棵树村 树北村 前英台村 后英台村 且力木村 徐家村 铁力村 七克吐村 卜荷村 八家子村 张家园子村 三门召村 苏可七克吐村	—	—	1	—	13
	黑鱼泡镇	黑鱼泡村 腰围子村 大围子村 岔台村 哈拉火烧村 索龙村 前嘎海村 胡立台村 包金台村 棉西村 大河村 三家子村 他四海村 报马吐村 来明村 二龙梭口村	—	—	1	—	16
	哈吐气蒙古族乡	哈吐气村 宝山村 张海村 硕焕昭村 呼兰昭村	—	—	—	1	5
	莫莫格蒙古族乡	莫莫格村 哈拉塔村 巴喜昭村 代珠村 才力村 双青山村 包力村 元宝吐村 乌兰昭村 苏克马村 米太村 少力村 卧卜特海村	—	—	—	1	13
	建平乡	后长发村 莲泡村 平保村 金山堡村 后六家子村 英华村 平安村 民生村 双庙村 民治村 民主村 大岗村 三合村 小康村	—	—	—	1	14
	嘎什根乡	嘎什根村 那林村 望海村 长发村 创业村 二力把村 于家围子村 后围子村 丹岱村 立新村 大乌兰吐村 十家子村 新荒户村 乌鸦山村 团结村	—	—	—	1	15
通榆县	通榆县	—	3	15	8	8	172
	树满街道办事处	树满社区 育才社区 鹤祥社区 幸福社区	1	4	—	—	—
	八区街道办事处	开通社区 团结社区 兴华社区	1	3	—	—	—
	迎新街道办事处	富强社区 繁荣社区 文明社区	1	3	—	—	—
	开通镇	铁西南社区 东盛社区 铁西北社区 永青村 东郊村 迎新村 西郊村 永和村 红旗村 和平村 富强村 向荣村 光明村 永丰村 五兴村 胡家店村 跃进村 黎明村 羊井村 榆林村 五一村 晓光村 路杨村 裕民村	—	3	1	—	21
	瞻榆镇	东关村 西关村 东胜村 民胜村 蔬菜村 卫国村 兴隆村 大宁村 四明村 四合村 丰盛村 昌盛村 向阳村 东升村 繁荣村 前进村 新胜村 新立村 耀东村 前锋村 耀东社区 瞻榆社区	—	2	1	—	20
	双岗镇	太平山村 林海村 双岗村 绿海村 长青村	—	—	1	—	5
	兴隆山镇	东风河村 长胜村 兴盛村 粮丰村 长发村 三宝村 林茂村 爱国村 交格庙村 莲花泡村	—	—	1	—	10
	鸿兴镇	鸿兴村 东风村 乌努各尺村 前程村 聚富村 明月村 兴东村 绿化村 花园村 大青山村	—	—	1	—	10
	边昭镇	宝龙岱村 五井子村 边昭村 靠山村 西战村 铁西村 哈拉道堡村 腰围子村 佟家店村 天宝村	—	—	1	—	10
	新华镇	大有村 保安村 强胜村 新农村 新丰村 育林村 新林村 桑树村 新华村 新民村 朝阳村 农丰村 农林村 金山村	—	—	1	—	14
	乌兰花镇	东木四台村 乌兰花村 沙力村 双龙村 林水村 冷家店村 星火村 西木四台村 西新立村 春杨村 太平村 万宝村 迷仁甸子村 陆家窝堡村	—	—	1	—	14
	新发乡	六合村 乌兰图嘎村 新发村 联合村 永胜村 德胜村	—	—	—	1	6
	新兴乡	新兴村 东太村 新茂村 宏源村 西太村 东兴隆村	—	—	—	1	6
	向海蒙古族乡	向海村 创业村 利民村 乌兰塔拉村 金星村 四井子村 哈拉毛头村 大房村 富国村 龙井村 复兴村 西艾力村 梧赫村 查嘎歹村 七台庙村 回民村	—	—	—	1	16
	包拉温都蒙古族乡	糜子荒村 半拉格森村 五道营子村 富民村	—	—	—	1	4
	团结乡	幸福村 团结村 建设村 民主村 新春村 胜利村 解放村 前屈村 北河村	—	—	—	1	9

续表3

县（市、区）	城市街道办事处、镇、乡名称	社区居民委员会、村民委员会名称	城市街道办事处	社区居民委员会	镇	乡	村
通榆县	十花道乡	襄平村 光辉村 金宝村 青海村 四海村 岭上村 海金村 新富村 曙光村 春峰村	—	—	—	1	10
	八面乡	八面村 四家子村 新建村 前坐坦昭村 阳光村 宏大村 明兴村 荣华村	—	—	—	1	8
	苏公坨乡	苏公坨村 华安村 两家子村 五家子村 农牧村 乔家围子村 聚宝山村 七撮村 天利泰村	—	—	—	1	9
洮南市	洮南市	—	8	21	6	10	221
	光明街道办事处	光大社区 光华社区 光照社区	1	3	—	—	—
	团结街道办事处	安静社区 安泰社区 安逸社区 安抚社区	1	4	—	—	—
	富文街道办事处	富强社区 富兴社区	1	2	—	—	—
	兴隆街道办事处	隆新社区 隆德社区	1	2	—	—	—
	永康街道办事处	永军社区 永财社区 永电社区	1	3	—	—	—
	通达街道办事处	通庆社区 通途社区 通畅社区 通富社区	1	4	—	—	—
	洮府街道办事处	北郊村 南郊村 西郊村 东郊村 桥南村 万福村 永胜村 福胜村 长龙村 增胜村	1	0	—	—	10
	向阳街道办事处	朝阳村 凤凰山村 玉成村 联合村 金光村 建业村 青松树 文化村 新村村 兴隆山村 安乐村	1	0	—	—	11
	瓦房镇	瓦房村 荣华村 长山村 白塔村 福顺村 共和村 靠山村 兴盛村 振林村 三友村 崇德村 怀德村 互助村 悦来村 春阳村 林海村 道岭村	—	—	1	—	17
	黑水镇	黑水村 五一村 繁荣村 丰满村 东安村 旭日村 新生村 友好村	—	—	1	—	8
	那金镇	那金村 兴顺村 互利村 宝合村 新立村 富文村 群昌村 富泉村 好田村 巴海村 益泉村 新农村 林茂村 太安村 郝关村 里仁村 向阳山村	—	—	1	—	17
	安定镇	万宝山村 太平村 兴旺村 新兴村 友谊村 新光村 明星村 远望村 四海泡村	—	—	1	—	9
	万宝镇	永红村 煤窑村 二龙锁口村 新丰村 德发村 共同村 光华村 宏山村 碱土村 永久村 北太平村 红旗村 河南村 三发村 兴仁村 前进村 西太平村 青年社区 万宝社区 红旗社区	—	3	1	—	17
	福顺镇	庆茂村 庆平村 庆太村 富裕村 翻身村 振兴村 东胜村 建国村 红星村 中心村 德胜村 大榆树村 袁家村 五家子村 翟家村 富源村 如意村 创新村 春华村 六家子村 幸福村 草房村 福安村 粉坊村 金生村 温保村 新德村 吉安村 长岗村	—	—	1	—	29
	胡力吐蒙古族乡	育林村 晋隆村 长青村 水泉村 新起村 双庙村 炭窑村 双发村 胡力吐村 满兴村	—	—	—	1	10
	呼和车力蒙古族乡	立业村 车力村 创业村 宏图村 榆林村 兴发村 马占村	—	—	—	1	7
	万宝乡	新民村 团结村 马鞍村 复盛村 复茂村 民主村 三义村 东立村 三立村 四立村	—	—	—	1	10
	聚宝乡	龙泉村 宝泉村 长兴村 丁家村 四平村 黑顶村 金蟾村 长久村	—	—	—	1	8
	东升乡	东升村 永德村 福民村 桂林村 富强村 兴泉村 东平村 国光村 古树村 兴安村 进步村	—	—	—	1	11
	野马乡	双合村 德惠村 新明村 平原村 新安村 金山村 东山村 永安村 野马图村 安山村 苇塘村	—	—	—	1	11

续表3

县（市、区）	城市街道办事处、镇、乡名称	社区居民委员会、村民委员会名称	城市街道办事处	社区居民委员会	镇	乡	村
洮南市	永茂乡	二段村 引蛟村 头段村 九家子村 永丰村 茂好村 三段村 永兴村 四段村 兴德村 新胜村 五棵树村	—	—	—	1	12
	蛟流河乡	昌盛村 龙山村 先锋村 山河村 蛟河村 双兴村 光荣村 志强村 五烈士村 姚炎村	—	—	—	1	10
	大通乡	惠清村 爱国村 德信村 林发村 双余村 申家村 长安村 赵民村 富乐村 湖沧村 三富村 黄花村 丰收村 四海村	—	—	—	1	14
	二龙乡	保民村 二龙山村 仁义村 兴义村 建民村 新政村 立志村 民治村 光明村 王家店村	—	—	—	1	10
大安市	大安市	—	5	13	10	8	223
	慧阳街道办事处	新明社区 南湖社区 城南社区 （减少站前社区、祥和社区、嫩江社区）	1	3	—	—	—
	临江街道办事处	永兴社区 人和社区 育才社区	1	3	—	—	—
	长虹街道办事处	民主社区 长虹社区 铁西社区	1	3	—	—	—
	锦华街道办事处	祥安社区 康宁社区	1	2	—	—	—
	安北街道办事处	安铁社区 老坎子社区	1	2	—	—	—
	安广镇	爱国村 胜利村 向前村 新荒村 永丰村 永庆村 永兴村 永强村 永富村	—	—	1	—	9
	月亮泡镇	汉书村 岔古敖村 新店村 殿元村 先进村 高阳窝棚村 王家泡子村 志发村 东山头村 焕新村	—	—	1	—	10
	新平安镇	平安村 长进村 长胜村 长建村 长兴村 东南岗子村 于家洼子村 长明村 长富村 长和村 长征村	—	—	1	—	11
	两家子镇	同兴村 同庆村 同乐村 同发村 同享村 同胜村 同权村 两家子村 同安村 同合村 同富村 殿生村 同丰村 同建村 同强村 三家子村 来福村 同德村 同顺村 同心村	—	—	1	—	20
	舍力镇	新华村 民强村 民富村 民和村 民众村 东升村 洮东村 庆功村 庆华村 庆丰村 庆新村 庆生村 庆有村 民新村 庆和村 庆民村 民主村 民权村 民发村 民有村	—	—	1	—	20
	大岗子镇	大岗子村 前大岗子村 靠山村 双岗子村 杏树川村 欧力村 五盛堂村	—	—	1	—	7
	叉干镇	庆发村 光明村 先锋村 庆安村 庆平村 庆学村 六合堂村 民乐村 长城村 建国村 三八村	—	—	1	—	11
	龙沼镇	太平岭村 前程村 西山湾村 龙沼村 兴胜村 红光村 长春岭村 兴学村 后榆树村 兴俭村 新风村 八方村	—	—	1	—	12
	太山镇	解放村 山湾村 张家店村 东风村 跃进村 聚宝村 幸福村 宝石村 地窝棚村 双全村 进步村 静山村 长青村 万山村 太平山村 高家窝棚村	—	—	1	—	16
	丰收镇	新富村 新立堡村 新乐村 新田村 富有村 富胜村 洮儿河村 富安村 丰收村	—	—	1	—	9
	四棵树乡	四棵树村 城南村 南山湾村 头段村 铁西村 德昌村 青山村 来宝村 西大洼村 双榆树村 新立村 榆树村 三合村 建设村 董家店村 腰围子村 大围子村	—	—	—	1	17
	联合乡	五间房村 红旗村 四平山村 长发村 红权村 曙光村 北安村 万福村 小窝棚村 兴业村 二龙山村 长虹村	—	—	—	1	12

续表3

县（市、区）	城市街道办事处、镇、乡名称	社区居民委员会、村民委员会名称	城市街道办事处	社区居民委员会	镇	乡	村
大安市	乐胜乡	乐胜村 永茂村 日新村 永建村 永乐村 永志村 同立村 同生村 永安村 永平村 太平村 古城村 长志村 长庆村 民建村 长新村 长安村 长源村	—	—	—	1	18
	大赉乡	长白村 城南村 兴华村 永昌村 林业村 嫩江村 铁北村 渔业村	—	—	—	1	8
	红岗子乡	红岗子村 永合村 新合村 万发村 八家子村 马营子村 一心村 南岗子村	—	—	—	1	8
	烧锅镇乡	富民村 四一村 富强村 富国村 富志村 富合村 富裕村 富新村 新平村 新兴村 富田村 新发村 新民村 富乐村 新志村 新建村 来福村	—	—	—	1	17
	海坨乡	榆树村 三业村 胡家窝棚村 前进村 团结村 姜家村 黑山村 兴功村 渔亮子村 巩固村 四家子村 政权村 互助村	—	—	—	1	13
	新艾里蒙古族乡	富兴村 富发村 民兴村 民生村 新艾里村	—	—	—	1	5

（资料来源：市民政局）

白城特产

【白城燕麦】 适宜的地理条件、独特的气候条件、优良的生态条件，孕育出高品质“白城燕麦”：蛋白质含量15%以上；可溶性膳食纤维（β-葡聚糖）含量5%以上；着壳率低，籽粒大、种皮薄、腹沟浅、表面光洁，易于蒸煮。“白城燕麦”内在品质和外观特性，均明显优于国内其他种植区，是中国第一个得到地理标志保护的燕麦产品。白城市适于燕麦种植土地20万公顷以上。白城市从1999年开始育种研究以来，截至2021年末，育白燕系列新品种23个，推广到全国17个省区。白城市农科院是国家燕麦改良中心、国家燕麦荞麦产业技术研发中心、吉林省燕麦工程技术研究中心、吉林省燕麦育种重点实验室等。院长任长忠是国家燕麦荞麦产业技术体系首席科学家、农业部948燕麦重大项目首席专家、国家公益性行业科研燕麦专项首席专家，是国际燕麦委员会委员、俄罗斯农业科学院外籍院士。白城市农科院通过科企联合方式进行燕麦产品开发和市场拓展，在白城组建“吉林麦燕传奇科技发展有限公司”，联合开发白城燕麦大米、全燕麦面条、燕麦即食粥等燕麦大众主食产品，解决燕麦米与大米同煮同熟技术颈约束；与吉林洁洁宝生物科技有限公司合作开发燕麦面膜、燕麦香皂、燕麦精华液等白城燕麦系列化妆品和白城燕麦高膳食纤维代餐粉等产品；高高特色煎饼有限公司开发燕麦煎饼新产品，投产并打开市场；与通榆黄栀花药业合作，利用燕麦幼苗开发“燕麦苗粉”“燕麦面膜”新产品并投放市场。

（王一毛）

白城燕麦

【白城小冰麦】 白城小冰麦是小麦中的优良品种，具有质优、高产、早熟、多抗，蛋白质和湿面筋含量高等品质。其蛋白质含量达17.99%，湿面筋含量达40.7%，是全球已知小麦品种中顶尖的科研成果。白城小冰麦是已故中国科学院院士、东北师范大学教授郝水从

机械收割白城小冰麦

1978 年开始应用染色体工程技术，将野生天蓝冰草中有重要经济性状的基因转移给小麦，于1992年培育出小麦新品种——小冰麦33。1995年，获中国第二届农业博览会银奖；1998年农业部定为加工优质面包小麦品种；1999年，获国家教委科技进步一等奖。吉林省地理标志产品保护协会为助推科研成果转化，在白城地区开展小冰麦推广种植工作。白城小冰麦种植主要集中在镇赉县、洮北区、洮南市、通榆县、大安市，2021年种植面积0.2万余公顷。吉林省地标产业发展有限公司注册的“白云泽”牌小冰麦面粉，适合制作面包、饺子、面条、馒头、饼等不同的面食食品。

（谷成友）

【白城弱碱地大米】 白城市复杂多样

的土壤类型中有大面积盐碱土，依托丰富的盐碱地资源，发展水稻产业生产弱碱地大米。2021年，水稻种植面积

白城弱碱地大米

23.26万公顷，比上年增加22133.33公顷，产量22.16亿千克，比上年增加2.01亿千克，占全省水稻种植面积25%，是全省水稻种植第一大市。其中镇赉县水稻种植面积稳定在9.67万公顷,是全省水稻种植第一大县。主要种植区域在镇赉县大屯镇、沿江镇、嘎什根乡、五棵树镇，大安联合乡、四棵树镇、月亮泡镇，洮北区金祥乡、洮河镇、林海镇，洮南福顺镇、蛟流河乡等乡镇。

2021年，白城市被中国粮食行业协会命名为“中国弱碱地稻米之乡”。全市有水稻加工企业100余家，占全市农产品加工企业总量17%，总资产20亿元以上，实际加工能力30亿千克，国家级龙头企业1家，吉林省级龙头企业15家，市级龙头企业25家。开发普通大米、高端有机米、米糠油等系列产品，产销率98%以上，实现销售收入60亿元。经加工包装后的大米通过线上线下主要销往北京、上海、海南、广州、杭州、新疆等26个省市区。白城弱碱地大米其香味天然、口感筋道、色泽油亮。打造的裕丰米业“好雨”牌、益海嘉里“金龙鱼”牌商标成为中国驰名商标，形成嫩江湾、洮儿河、关东雪、四方坨子等品牌，在国内市场有较高知名度。

（蔡广仲）

【杂粮杂豆】 白城市杂粮杂豆品种主要有绿豆、高粱、谷子、燕麦、藜麦、红小豆等10余种。全市杂粮杂豆播种面积常年稳定在26.67万公顷左右，产量在100万吨左右，分别占农作物总播种面积及产量26%、11.1%；占全省杂粮杂豆播种面积及产量43.18%、43.23%。白城市现有从事杂粮杂豆加工企业120家，加工能力50万吨，实际加工转化率约20%。有国家级龙头企业1家，省级以上农业产业化重点龙头企业25家。产品多以初加工为主，主要产品有米类制品、酒类制品、豆沙制品、油类制品等。重点开发杂粮配方米粉、烘焙营养米粉，绿豆粉丝、绿豆淀粉、绿豆饮品、小米、白酒等加工产品。“白城燕麦”“白城绿豆”被国家质检总局批准为地理标志保护产品。打造“御粟”小米、“向海”绿豆米、“鹤龙汇”燕麦片、“洮儿河”酒等产品品牌76个。重点打造“白城燕麦”“白城绿豆”2个区域公用品牌。

杂粮杂豆

【白城绿豆】 2007年，白城绿豆获得国家地理标志产品保护，2009年“白城绿豆”地理标志证明商标品牌通过原国家工商总局批准。2020年9月，《中欧地理标志协定》正式签署，白城绿豆被列入中国和欧盟首批100个《中欧地理标志协定》名录互认产品。2021年3月1日，该协定正式生效。2021年4月，向国家知识产权局申报“白城绿豆国家地理标志产品保护示范区”项目。该项目由吉林省德泰绿豆产业基地集团有限

人工分拣绿豆

公司（白城绿豆产业协会）作为龙头企业具体承建。8月，国家知识产权局对外公布《2021年国家地理标志产品保护示范区筹建名单》，白城绿豆地理标志产品成为白城市首个国家地理标志保护示范区，填补白城市没有“国家地理标志产品保护示范区”空白。2021年白城绿豆入选“吉林十大地理标志”。

截至2021年末，全市绿豆种植面积8万公顷，年产量约17万吨，出口量约10万吨。

（谷成友）

【黑水西瓜】 黑水西瓜，盛产于吉林省洮南市黑水镇。黑水镇地处嫩江平原西部，科尔沁草原东部，与新疆哈密基本处于同一纬度线，土质为适宜西瓜生长的沙土壤。黑水西瓜历史悠久，1939年黑水西瓜已颇有盛名，以个大、皮薄、甘甜爽口著称。新中国成立后，黑水西瓜种植面积不断扩大，栽培技术不断提高。1971年，黑水西瓜被吉林省果品会议评为特产果品。2000年黑水西瓜获北京国际食品博览会金奖，2001年获长春农业食品博览交易会金奖“神农杯”优良品种大赛金奖，同时获“吉林省名牌农产品”称号。2008年，注册地理标志证明商标，2013年，获地理标志保护产品。2021年，种植面积1000公顷，平均每公顷产量可达6万千克，产值达1亿元以上。黑水西瓜注册“关东黑水西瓜”商标，产品销往全国。

黑水西瓜

【白城甘草】 白城市是东北甘草产区之一，甘草储量非常大。1988年《白城地区经济植物资源调查报告》载，

白城甘草

洮北区储量80吨，通榆县储量40吨，洮南市储量7111吨。白城地区民间使用甘草习俗深厚。清朝光绪年间，伯都讷（白城市境内扶余县）荣盛和商号开业，经营中药，奉天司令部即有专门负责进贡优质白城甘草的职能。至民国15年（1926）境内有药铺143家，从业611人，白城甘草成为当时药铺的常用药材。白城甘草种植延续百年不断，至1995年，境内洮北区改良种植技术，被周边地区引种。白城市委、市政府加快开发白城甘草产业项目建设，引导扶持企业和农民，使得白城市发展成为集甘草种植、深加工、科研基地及物流集散地功能于一体的甘草之都。“十三五”期间，白城市完成“甘草综合利用深加工的工艺优化研究”“三参甘草益智胶囊”“甘草良种生产技术示范与产业化基地建设”“吉林省西部甘草中草药丰产栽培技术”“甘草及根茎类中药材收获机研制”等项目研究开发。其中“吉林省西部甘草中草药丰产栽培技术”获得吉林省科技进步二等奖，“甘草及根茎类中药材收获机研制”获白城市科技进步二等奖，“一种提高甘草种子产量和质量的方法”获国家专利（专利号Z L201310402726.3）。2014年10月，通过国家GAP专家组认证；2015年4月，吉林绿波中药药业有限公司种植基地获“2014年度中国优质道地中药材十佳规范化种植基地”称号。

在甘草产业配套措施上，吉林绿波中药药业有限公司先后建成1万平方米晾晒场地、仓库；建成两栋1000平方米温室大棚，用于甘草育苗；占地5万平方米甘草初加工、甘草饮片、甘草超微粉、甘草浸膏提取加工厂，并通过国家医GMP认证，成为吉林省唯一一家以甘草为主中药饮片加工企业；年产2万吨甘草棒草、2700吨甘草饮片（斜片）、6300吨甘草饮片（直片）、5400吨甘草浸膏、400吨甘草酸、2吨甘草黄酮、50吨甘草超微粉，其产品远销美国、韩国、日本和国内各地。白城甘草种植面积1000公顷，年产量近1.5万吨，年产值近1.2亿元。

【大房村黏豆包】 洮北区三合乡大房村黏豆包是白城市乃至整个东北地区特色食品，民俗文化厚重。最早是满族先人打仗狩猎时的干粮和供奉祖先用的祭品，数百年来，白城人冬季打场、送粪、砍柴、狩猎等户外活动多，吃豆包就粉条炖猪肉扛饿扛冻，因而黏豆包成为白城人冬季重要主食之一。民间流传“身穿黏米衣，黄白亮眯眯。豆沙腹中藏，喷香味甘饴。小孩手粘脸，老头粘胡须。以前干农活，吃它扛饿饥”的歌谣。

大房村黏豆包的主要原料是黏黄米，用黄米面制成面皮，把用红小豆制成的豆馅包在里面，在蒸笼里蒸制成熟。豆包色泽金黄，口感香黏，营养价值高，可冻着吃（啃豆包），热着吃（蘸糖吃），是白城地区最早的方便食品。

白城市有制作黏豆包的优势，黑土地上盛产糜子和可供碾米磨面的大、小黄谷，东北冬季漫长且寒冷，适合于豆包储存。2000年，白城市将洮北区大房村黏豆包生产推向自动化流水

大房村黏豆包

生产线，在原料方面，加强对黏豆包生产配方研究和优化，打造精品名牌，大房村黏豆包产业实现统一组织、统一生产、统一标准、统一包装、统一销售。

（谷成友）

经济社会发展

【政治建设】 2021年，白城市深入学习贯彻习近平新时代中国特色社会主义思想和习近平总书记考察吉林重要讲话重要指示精神，执行“第一议题”制度，学习传达习近平总书记重要讲话重要指示批示精神35个。开展党史学习教育，开展“奋斗百年路、起航新征程”“永远跟党走、奋进新征程”等建党百年宣传教育活动，落实“我为群众办实事”项目2007件，实施干部教育培训铸魂赋能“三项工程”，引导党员干部增强“四个意识”、坚定“四个自信”、做到“两个维护”。公布、修改、实施城市管理条例、草原生态保护条例、城四家子城址保护条例等地方法规5部。围绕经济发展、民生改善、生态建设等重点领域实施精准监督，推动养老服务体系建设、营商环境优化、城市绿化条例贯彻实施。建立政府班子成员AB角工作补位、市长碰头会议、经济运行调度、重点事项督办、重要事项报告“五项制度”，出台稳增长措施15项，新签约落地重点项目57个，争取到全国首批总投资110亿元“光热+风电光伏”示范项目。办理促进乡村振兴发展、居家养老服务体系建设、物业小区整治等议案提案227件。发挥政协优势，助推新能源产业、提升黑土地耕地质量等工作落实，搭建履职平台，巩固民主党派和社会各界人士共同思想政治基础、提高团结合作共事能力。

【经济建设】 2021年，白城市实现地区生产总值545.8亿元，按可比价格计算，比上年增长7.7%。其中，第一产业

增加值148.81亿元，比上年增长7.1%；第二产业增加值97.82亿元，比上年增长9.7%；第三产业增加值302.21亿元，比上年增长7.3%。三次产业结构为27.3∶18.2∶54.5。

农业　全年全市实现农林牧渔业增加值154.01亿元，按可比价比上年增长6.9%。全年全市实现农林牧渔业总产值281.15亿元，按可比价比上年增长8.2%。全年粮食种植面积92.56万公顷，比上年增加1.48万公顷。粮食总产量55.69亿千克，比上年增产10.0%。全市猪、牛、羊、禽肉类总产量16.29万吨，比上年增长52.2%。禽蛋产量6.62万吨，下降33.7%。生牛奶产量18.1万吨，下降24.6%。全年全市农业机械总动力658.31万千瓦，比上年增长4.7%；有大中型拖拉机61612台，排灌机械（排灌动力机械、水泵、节灌溉类机械）22.49万台（套）。

工业　全年全市规模以上工业增加值增长22.5%。其中，轻工业增长44.3%，重工业增长18.0%。分经济类型看，国有企业下降1.2%，股份制企业增长37.0%，外商及港澳台企业增长3.7%。分门类看，采矿业下降7.6%，制造业增长40.4%，电力、热力、燃气及水的生产和供应业下降2.5%。全年全市规模以上工业企业累计实现营业收入比上年增长31.5%；实现利润总额比上年增长35.8%。

国内贸易　全年社会消费品零售额比上年增长8.8%。按销售单位所在地分，城镇消费品零售额比上年增长8.7%，乡村消费品零售额比上年增长9.6%。按消费形态分，商品零售额比上年增长8.2%；餐饮收入额比上年增长11.8%。

对外经济　全年全市外贸进出口总额19.51亿元，比上年增长26.1%。2021年，全市完成外资项目1个，实际利用外资3500万美元，比上年增长23.3%。

【文化建设】　2021年，白城市有群众艺术馆1个，文化馆5个，博物馆6个，公共图书馆6个。全市有广播节目7套自办频率，综合人口覆盖率为100%；电视节目6套自办频道，综合人口覆盖率100%。全年扩建农村文化小广场919个，新建贫困村综合性文化服务中心919个、农村健身路径916套，送戏下乡265场，全市15家社区图书流通站配发图书1.5万册。全市谋划文旅项目12个，总投资20.61亿元，完成投资额3.45亿元。全市全年接待国内外游客321.63万人次，实现旅游收入48.61亿元，比上年增长109.3%和81.9%。年末全市拥有国家A级旅游景区13个。主要旅游景点150余处，A级乡村旅游经营单位38个。加强报、台、刊、网4个理论宣传平台建设，在《白城日报》开设《思想纵横》理论专栏，刊发专版23期，理论文章77篇。在白城广播电视台开设《理论天天学》专题，播出理论宣传节目37条。出版《白城社会科学》4期，出版《干部理论学习专刊》12期。打造《新时代文明实践中心云平台》理论宣讲专栏，上传理论宣讲视频22个，刊发理论宣传稿件50余篇。

【社会建设】　2021年，白城市城镇常住居民人均可支配收入28428元，比上年增长6.6%；全市农村常住居民人均可支配收入13510元，比上年增长10.7%。全年全市城镇新增就业14524人，其中城镇失业人员再就业5809人，就业困难人员实现就业4395人，登记失业人员期末实有人数10876人，城镇登记失业率控制在3.4%以内。城镇企业职工养老保险参保人数18.52万人，比上年减少0.02万人。全市城乡居民基本养老保险参保人数77.44万人，比上年减少1.71万人，比上年下降2.2%。全市失业保险参保人数10.87万人，比上年下降12.4%。基本医疗保险参保人数151.67万人，其中城镇职工参保19.65万人（生育保险参保13.59万人），城乡居民参保132.02万人。有各类养老机构154家。农村养老大院259家。白城市本级社会福利院1家，床位292张。全市有城乡低保对象13.44万人。发放城乡低保资金5.11亿元。市辖区城镇低保保障标准月人均550元，农村低保保障标准为月人均405元。有医疗机构1980个，其中医院48个，妇幼保健院（所、站）6个，专科疾病防治院（所、站）5个，疾病预防控制中心（防疫站）6个，社区服务中心11个，乡镇卫生院93个，诊所、卫生所、医务室、护理站863个。年末卫生机构拥有床位9312张，比上年减少204张。其中医院、卫生院床位8323张，比上年减少342张；拥有卫生技术人员13493人，其中执业（助理）医师5653人，执业医师4541人，注册护士5870人。加强基层自治组织建设，完成街道、社区、网格三级党群服务中心（站）体系建设，建立街道、社区、网格（小区）、楼宇（党小组）、党员中心户五级基层组织工作链条。结合社区“两委”换届，选举产生768名社区“两委”成员。推行“社工岗”政策，累计招录转入“社工岗”820人，提升社区工作者待遇水平。完成村级换届选举，实现“五个100%”换届目标。推行“村党支部—网格党小组—党员联系户”的村党组织体系，对农村党员、群众实现联系服务全覆盖。

【生态文明建设】　2021年，白城市市区空气实行24小时自动监测，市区空气优良天数350天，占全年比重95.9%。辖区内嫩江、洮儿河和月亮湖的水质均达到考核要求。6个集中式饮用水水源地水质均达到地下水三类标准，合格率100%。全市区域环境噪声和交通干线噪声严格控制在《城市区域环境噪声标准》之内。全年全社会综合能源消费量399.07万吨标准煤，单位生产总值能耗降低率-0.32%，其中规模工业综合能源消费量165.27万吨标准煤，单位工业增加值能耗降低率-14.8%。全社会用电量54.53亿千瓦时，增长3.6%。其中工业用电量28.04亿千瓦时，比上年增长5.0%。

（王玉梅）

中国共产党白城市委员会

综 述

【党史学习教育】 2021年，白城市贯彻落实习近平总书记在党史学习教育动员大会上重要讲话精神，坚持把党史学习教育作为贯穿全年重大政治任务，制定《全市党史学习教育实施工作方案》，成立全市党史学习教育领导小组，安排部署17项重点工作任务，细化46个具体项目和111个推进步骤，教育引导全市党员干部学史明理、学史增信、学史崇德、学史力行。组建12个市委党史学习教育巡回指导组，完成对全市5个县（市、区）、4个经济开发区（园区、新区）、84家市直（中省直）单位3轮集中巡回指导，通过现场检查、巡听旁听、随机抽查、考核评价等方式，推动党史学习教育在全市各级党组织中落细落实。出台《白城市学习贯彻习近平总书记在庆祝中国共产党成立100周年大会上讲话精神的工作方案》《关于学习宣传中共十九届六中全会精神的实施方案》等文件，部署开展专题读书班、专题党课、基层宣讲、专题培训班、主题党日活动、文艺展演、专题组织生活会和专题民主生活会等系列活动。印发《在全市基层党组织和广大党员干部中深入开展“我为群众办实事”实践活动方案》，围绕就业、教育、医疗、养老、住房和“一老一小”等问题，落实市级项目清单807个，办结群众操心事、烦心事、揪心事1万余件，兑现“微心愿”2万余个。

【脱贫攻坚与乡村振兴衔接】 2021年，白城市严格落实“四个不摘”（摘帽不摘责任、摘帽不摘政策、摘帽不摘帮扶和摘帽不摘监管），实施“六大衔接工程”（脱贫成果巩固工程、产业就业衔接工程、基础设施建设衔接工程、公共服务衔接工程、社会保障衔接工程、帮扶政策衔接工程），建立行业防返贫排查比对机制，设立防返贫监测“一村一员”专岗，及时消除致贫返贫风险。强化“双带四增”（带户龙头企业、带户合作社，巩固光伏扶贫增收、巩固电商扶贫增收、巩固庭院经济增收，巩固庭院经济增收）产业扶贫模式，庭院经济发展到1.46万公顷、带动23.2万户，大安所有行政村200千瓦光伏项目并网发电，农村公益岗总量和增幅、脱贫人口稳定就业人数均居全省第1。实施“一村一名大学生村医”计划，“智医助理”平台实现乡镇卫生院和社区卫生服务中心全覆盖。启动乡村振兴版“三帮扶一推动”（帮助解决扶贫产业项目发展中的困难和问题、帮助贫困户发展庭院经济、帮助推动“两不愁三保障”政策持续落实，推动农村人居环境整治工作）成为全省“深入基层、服务基层、加强基层”特色品牌。开展乡村公益事业建设、村屯环境整治等13项专项行动，完成95个示范村创建任务，“四好农村路”市域示范创建受到全国通报表扬。

【经济建设】 2021年，白城市进行“一城三区”（区域中心城、生态经济先导区、乡村振兴创新区、生态文明示范区）建设。全年实施5000万元以上项目169个，超年初计划33个；全市地区生产总值增长7.8%，位列全省第2；规模以上工业总产值增长27.2%，位列全省第3；规模以上工业增加值增长22.5%、固定资产投资增长22.4%，均位列全省第1。坚持做大低碳工业、做强绿色农业、做优生态服务业，承接“陆上风光三峡”工程，新能源在建及并网装机总量接近1000万千瓦，位列全省第1、东北前3。推进氢能产业发展，加快长白氢能走廊建设，成为全国第一个开展新能源制氢加氢一体化示范城市。开展改地增粮、以水保粮、科技兴粮“三大工程”，粮食产量56亿千克，实现“十连增”。融入吉林西部旅游大环线，嫩江湾入选AAAAA级景区创建名单，举办中国农民丰收节、“冰舞鹤乡”文化体育旅游节，城四家子古城列入国家“十四五”保护利用规划，“湿地鹤乡•生态白城”美誉度全面提升。

【改革开放】 2021年，白城市深化“放管服”“最多跑一次”改革，1431项政务服务实现“一门一窗一站”办理，企业开办时间缩短60%以上，重大项目实现“一次也不跑”。持续扩大开放，加强同长春、嘉兴对口合作，与44个国家开展贸易往来，大开放、大合作成为白城鲜明标识。新签约落地重点项目57个，招商引资到位资金增长31%。争取到总规模140万千瓦吉西基地鲁固直流外送示范项目，成为“十四五”开局之年落地第一个投资超百亿元项目。

【党的建设】 2021年，白城市制定《市委工作规则》和常委会“第一议题”等制度，发挥市委引领示范作用。开展党史学习教育，举办读书培训班2700余场（次），组织基层宣讲2500余场（次），落实“我为群众办实事”项目2007件。建立“1+5+X”换届风气监督指导体系，完成县、乡换届任务。建强基层组织体系，解决基层治理难点问题1600余个，基层组织战斗堡垒作用持续增强。开展作风建设年等活动，查处违反中央八项规定精神问题115起、处理170人。保持反腐高压态势，查处案件40件，挽回经济损失660余万元。

【思想文化建设】 2021年，白城市组织召开市委常委会学习32次、理论中心组学习16次。依托市委党校主阵地，把学习新思想作为干部教育培训必修课，增强了政治认同、理论认同、情感认同。注重守正创新，开展“奋斗百年路、起航新征程”“永远跟党走、奋进新征程”等中国共产党成立100周年宣传教育活动，创编大型吉剧《热血军魂》等50余部文艺作品。

【改善民生】 2021年，白城市提高企事业退休人员养老金缴存比例，医养结合养老机构发展到59家，工伤、基本卫生、公共法律服务实现全覆盖。常态化开展疫情防控，疫苗全程接种率97.5%，维护群众生命健康安全。成功应对“百年一遇”特大洪水和寒潮极端天气，保障群众安全度汛、温暖过冬。开展安全生产、治安防控等工作，道路交通隐患排查治理经验全省推广。2021年，白城市获首批“全国禁毒示范城市”称号。

【城市建设】 2021年，白城市坚持生态型城市发展思路，加快建设“六个中心”（教育中心、文体中心、医养中心、文旅中心、科研中心、枢纽中心），统筹实施大学城、城市发展亚行项目，西部城区骨架路网基本形成。启动城市更新行动，完成老旧小区基础设施改造33个。通过2021年度全国文明城市实地测评、省级园林城市复查。应对历史罕见极端暴雪天气，城区街路干道实现“雪停路净”，连续5次得到央视媒体正面报道。开展“城市管理进社区”服务行动，全省城管执法队伍规范化建设现场会在白城市召开。

【生态建设】 2021年，白城市统筹水林草湿系统治理，完成河湖连通达标建设，引嫩济洮项目列入国家“十四五”水安全保障规划，造林绿化1.13万公顷、治理草原1.33万公顷、修复湿地3.33万公顷，林草覆盖率26.6%。围绕打好污染防治攻坚战，狠抓环保督察整改，蓝天、碧水、净土“三大行动”取得明显成效，环境质量恢复到近10年最好水平，空气质量优良天数排在全省前列。林草长制试点经验全省推广，河湖长制工作获评全国先进。

（田韫慧）

重要会议

【中国共产党白城市第七次代表大会】 12月16—19日，中国共产党白城市第七次代表大会在白城宾馆召开，历时4天。大会主题是“高举习近平新时代中国特色社会主义思想伟大旗帜，深入贯彻落实党中央、省委决策部署，聚焦高质量发展主题，突出生态价值转换理念，坚持生态强市，建设‘一城三区’，全面开启白城高质量跨越式发展新征程”。白城市全体党员代表参加会议。市委书记李明伟向大会作题为《坚持生态强市、建设“一城三区”，全面开启白城高质量跨越式发展新征程》报告，报告分4部分：过去五年工作回顾、未来五年工作思路、未来五年发展重点任务、全面加强党的建设。大会选举产生七届市委委员、候补委员和市纪委委员，审议通过《关于中国共产党白城市第六届委员会报告的决议（草案）》《关于中国共产党白城市第六届纪律检查委员会工作报告的决议（草案）》。

【市委六届八次全体会议】 1月10日，中共白城市委第六届八次全体会议在白城宾馆召开，市委委员44人，候补委员6人出席会议。市委书记庞庆波代表市委常委会向全会作工作报告。全会回顾“十三五”以来全面工作，确定“十四五”发展思路目标和重点任务，安排部署2021年重点工作。审议通过《中共白城市委关于坚持以习近平总书记视察吉林重要讲话重要指示精神为统领在全面建设社会主义现代化国家新征程中加快实现白城全面振兴全方位振兴的决定》《中共白城市委关于制定白城市国民经济和社会发展第十四个五年规划和二〇三五年远景目标的建议》《中共白城市委六届八次全体会议的决议》和其他事项。

【市委六届十次全体会议】 8月23日，中共白城市委六届十次全体会议在白城宾馆召开。出席会议市委委员34名，候补委员6名。全会听取和讨论市委书记李明伟受市委常委会委托所作工作报告，审议通过《中共白城市委关于实施生态强市战略 加快推进“一城三区”建设的意见》《关于召开中国共产党白城市第七次代表大会的决议》《中共白城市委六届十次全体会议的决议》。市委副书记、市长李洪慈就《中共白城市委关于实施生态强市战略 加快推进“一城三区”建设的意见（讨论稿）》，市委常委、组织部部长徐辉就《关于召开中国共产党白城市第七次代表大会的决议（草案）》作说明。

表4　2021年中共白城市委常委会部分会议一览表

时间	会　议　议　题
1月7日	传达学习习近平总书记在中央农村工作会议上的重要讲话精神；研究市委全会相关工作；研究全市两会相关工作
1月10日	听取市委六届八次全体会议分组讨论情况汇报
1月19日	传达学习习近平总书记在省部级主要领导干部学习贯彻党的十九届五中全会精神专题研讨班开班式上重要讲话精神、在中央政治局民主生活会上的重要讲话精神；传达省委副书记、代省长韩俊到白调研讲话精神，研究贯彻落实意见；传达2020年度市州党委书记抓基层党建述职评议会议精神，研究贯彻落实意见；传达省疫情防控有关会议精神，研究贯彻落实意见；听取关于上级下拨党费和市委配套党费用于“两节”期间走访慰问生活困难党员、老党员、老干部情况的汇报
2月2日	传达学习习近平总书记在十九届中央纪委五次全会上的重要讲话精神；传达省纪委十一届六次全会精神，研究贯彻落实意见；审议《市纪委六届六次全会工作报告》；传达省两会精神，研究贯彻落实意见；传达全国安全生产电视电话会议和省安委会2021年第一次全体会议精神，研究贯彻落实意见；讨论《市委常委班子年度民主生活会对照检查材料》
2月5日	传达学习习近平总书记在中央政治局第二十七次集体学习时的重要讲话精神；讨论《2021年全市重点工作任务责任清单》
2月24日	传达学习习近平总书记在全国党史学习教育动员大会上的重要讲话精神
3月18日	听取市人大常委会党组关于召开白城市第六届人民代表大会第六次会议有关事宜的汇报
3月24日	传达学习贯彻全国两会精神，高质量、高标准、高效率推进重点工作开展;传达学习省委书记景俊海来白调研时的讲话精神，研究贯彻落实意见；讨论《白城市“一城三区”集中攻坚方案》；讨论《中共白城市委常委会2021年度工作要点》
4月28日	传达学习习近平总书记在中央政治局第二十八次集体学习时的重要讲话精神；传达李伟副省长来白调研时的讲话精神；传达全省“两确保一率先”会议精神，研究贯彻落实意见；听取全市一季度经济运行情况汇报；讨论《白城市项目建设三年攻坚行动实施方案》；讨论《关于贯彻落实中央、省委经济工作会议精神的实施方案》；讨论《关于实现巩固拓展脱贫攻坚成果同乡村振兴有效衔接实施方案》；讨论《关于全面推进乡村振兴加快农业农村现代化的实施意见》；传达省委政法委《〈中国共产党政法工作条例〉贯彻落实情况督查工作方案》精神，研究贯彻落实意见
5月14日	传达学习习近平总书记在中央财经委员会第九次会议上的重要讲话精神；传达省委书记景俊海来白调研时的讲话精神，研究贯彻落实意见
5月25日	传达全省非公有制企业和社会组织党建工作重点任务推进会议精神，研究贯彻落实意见；讨论《白城市关于贯彻落实“五个聚焦”“两个更高”要求实施方案》
6月17日	达学习习近平总书记在推进南水北调后续工程高质量发展座谈会上的重要讲话精神，研究贯彻落实意见
6月23日	传达学习习近平总书记在参观“‘不忘初心、牢记使命’中国共产党历史展览”时的重要讲话精神，研究贯彻落实意见；听取全市信访工作有关情况的汇报，研究部署下一步工作；讨论《关于扛稳维护国家粮食安全责任 加强粮食生产的若干措施》；听取关于审查各县（市、区）召开党代会的请示及市第七次党代会筹备情况的汇报；讨论《关于规范白城市开发区管理机构设置方案的意见》
7月5日	传达学习习近平总书记在“七一勋章”颁授仪式上的重要讲话精神
7月23日	传达韩俊省长来白调研讲话精神，研究贯彻落实意见；讨论《白城市创建全国文明城市工作方案（2021—2023年）》；讨论《2021年白城市加强未成年人思想道德建设工作实施方案》；听取全市巩固拓展脱贫攻坚成果工作进展情况汇报，研究部署下一步工作；传达全省党史工作会议精神，研究贯彻落实意见

续表4

时间	会　议　议　题
8月2日	传达学习习近平总书记关于防汛救灾工作重要指示精神，研究贯彻落实意见；传达中共吉林省委十一届九次全会精神，研究贯彻落实意见
8月12日	传达学习习近平总书记在中央政治局第32次集体学习时的重要讲话精神，研究贯彻落实意见；听取关于筹备召开中国共产党白城市第七次代表大会有关情况的汇报；听取关于筹备市委六届十次全会有关情况的汇报；讨论《市委六届十次全会报告（讨论稿）》《市委六届十次全会决议（讨论稿）》《关于实施生态强市战略，加快推进“一城三区”建设的意见（讨论稿）》
8月19日	传达学习习近平总书记关于深入推进农村厕所革命的重要指示精神；传达全省实施乡村振兴战略现场推进会议精神，研究贯彻落实意见
8月27日	传达学习习近平总书记关于教育改革问题的重要论述，研究部署白城市贯彻落实举措；学习习近平法治思想和习近平总书记关于法治政府建设工作的重要论述，研究部署白城市贯彻落实举措
9月6日	传达学习习近平总书记在河北承德考察时的重要讲话；在2021年秋季学期中央党校（国家行政学院）中青年干部培训班开班式上的重要讲话，研究部署白城市贯彻落实举措；传达学习《省委督查室〈关于习近平总书记视察吉林重要讲话重要指示精神贯彻落实情况的报告〉》，研究贯彻落实意见
9月16日	传达学习习近平总书记在中央民族工作会议上的重要讲话精神，研究部署白城市贯彻落实举措；学习习近平总书记在全国脱贫攻坚总结表彰大会上的重要讲话精神
10月21日	传达学习习近平总书记在陕西榆林考察时的重要讲话精神、在中央人才工作会议上的重要讲话精神、在纪念辛亥革命110周年大会上的重要讲话精神、对档案工作作出的重要批示精神，研究部署白城市贯彻落实举措；传达省委常委、省纪委书记张忠来白踏查调研时交流发言精神，研究贯彻落实意见；传达全省抓党建促乡村振兴电视电话会议精神，研究贯彻落实意见；审议《白城市关于贯彻落实〈中共中央关于全面加强新时代少先队工作的意见〉的具体举措》
11月4日	传达学习习近平总书记在中央财经委员会第十次会议上的重要讲话精神、在《生物多样性公约》第十五次缔约方大会领导人峰会上的主旨讲话精神、在中央人大工作会议上的重要讲话精神、在中共中央政治局第三十四次集体学习时的重要讲话精神，研究部署白城市贯彻落实举措；听取前三季度全市经济运行情况汇报，研究部署下一步工作；传达全省信访联席工作会议精神，听取全市信访工作总体情况汇报，研究部署下一步工作；听取法治政府建设情况汇报，研究部署下一步工作；审议《关于全面加强黑土地保护的实施方案》
11月9日	传达学习习近平总书记在深入推动黄河流域生态保护和高质量发展座谈会上的重要讲话精神、在中华人民共和国恢复联合国合法席位50周年纪念会议上的重要讲话精神、在二十国集团领导人第十六次峰会上的重要讲话精神、向《联合国气候变化框架公约》第二十六次缔约方大会世界领导人峰会发表的书面致辞精神，研究部署白城市贯彻落实举措；听取全市营商环境建设工作情况汇报
11月11日	传达学习习近平总书记在亚太经合组织工商领导人峰会上的主旨演讲、在第四届中国国际进口博览会开幕式上发表的主旨演讲精神，研究部署白城市贯彻落实举措；传达全省“我为群众办实事”实践活动调度推进会议精神，研究贯彻落实意见
11月20日	传达学习习近平总书记在党外人士座谈会上的重要讲话精神，研究部署白城市贯彻落实举措；研究《市级领导联系服务工业企业工作方案》和《白城市四季度工业稳增长攻坚行动方案》；传达全省干部人才培养选拔暨“314151”工程动员部署会议精神，研究贯彻落实意见
12月2日	传达学习习近平总书记在第三次“一带一路”建设座谈会上的重要讲话精神，研究部署白城市贯彻落实举措；传达省委十一届十次全会精神，研究贯彻落实意见；传达新时代吉林党支部标准体系（BTX）建设工作会议精神，研究贯彻落实意见；听取申请划拨省管党费和市管党费用于支持网格党群服务站建设的汇报
12月9日	传达学习习近平总书记在全国宗教工作会议上的重要讲话精神，研究部署白城市贯彻落实举措；研究讨论《市第七次党代会报告（讨论稿）》；听取关于全市生态环境保护重点工作情况的汇报；研究讨论《关于开展法制宣传教育的第八个五年规划（2021—2025）》；听取群团工作情况汇报；听取关于使用市管党费用于党员学习教育和开展培训工作情况汇报；听取关于落实市第七次党代会筹备工作有关任务情况汇报；研究讨论市纪委工作报告和报告决议（草案）

续表4

时间	会　议　议　题
12月14日	传达学习习近平总书记在中央政治局第三十五次集体学习时的讲话精神，研究部署白城市贯彻落实举措；传达党史学习教育中央第二指导组组长朱虹在白城调研期间讲话精神；听取计划生育工作情况汇报；听取关于筹备政协白城市第七届委员会第一次会议有关情况的汇报；听取市人大、市政府、市政协、市法院、市检察院党组工作情况汇报；听取1-10月全市投资运行和重点项目建设情况报告；听取全市党风廉政建设和反腐败工作情况汇报
12月22日	传达学习习近平总书记在中国文联第十一次全国代表大会中国作协第十次全国代表大会开幕式上的重要讲话精神，研究部署白城市贯彻落实举措；传达中央和省委经济工作会议精神，研究部署白城市贯彻落实举措；听取全市政法工作情况汇报；研究讨论白城市第七届人民代表大会专门委员会人选
12月30日	传达学习习近平总书记在中央全面深化改革委员会第二十三次会议上的重要讲话精神，研究部署白城市贯彻落实举措；研究市委七届委员会常务委员会成员分工；研究讨论《政府工作报告》

（资料来源：市委办公室）

【市委七届一次全体会议】 12月19日，中国共产党白城市第七届委员会第一次全体会议在白城宾馆举行。市委委员、候补委员出席会议。市纪委委员列席会议。大会选举产生中国共产党白城市第七届委员会常务委员会委员和书记、副书记。李明伟、李洪慈、张旗威、李立春、孙志刚、李建厂、薛智金、李德明、赵楠、纪纲、高航当选为中国共产党白城市第七届委员会常务委员会委员；李明伟当选为市委书记，李洪慈、张旗威当选为市委副书记。市委书记李明伟在会上讲话。

【市委常委会】 全年召开市委常委会39次。会议传达中央、省重要会议精神，讨论决策白城市重大决策和重要事项，听取重要工作汇报并做出安排部署，研究人事等相关事项等。

【党史教育部署会】 3月24日，全市党史学习教育部署会在白城宾馆召开。市人大常委会、市政府、市政协秘书长，市委、市人大常委会、市政府、市政协副秘书长，市直（中省直）各单位主要负责同志，各县（市、区）党委、政府、宣传部、组织部主要负责同志，各开发区（园区、新区）党工委（党委）主要负责同志、组宣工作负责同志参加会议。市委常委、宣传部部长徐辉主持会议。市委书记李明伟作动员讲话。会议要求要深入学习贯彻习近平总书记在党史学习教育动员大会上的重要讲话精神，认真落实党中央、省委部署要求，动员全市各级党组织和广大党员干部迅速行动起来，切实把党的历史学习好、总结好、传承好、发扬好，加快开启白城高质量发展、全方位振兴的新征程，以优异成绩迎庆中国共产党成立100周年。

【中国共产党成立一百周年白城市“两优一先”表彰大会】 6月30日，中国共产党成立一百周年白城市“两优一先”（优秀共产党员、优秀党务工作者，先进基层党组织）表彰大会在白城大众剧场举行，市级四个班子领导，市人民法院院长、市人民检察院代检察长；市政府秘书长，市委、市人大常委会、市政府、市政协副秘书长；各县（市、区）党政主要领导及常委组织部部长，各开发区（园区、新区）党工委（党委）书记、分管领导；市直（中省直）各部门单位主要负责同志，全市“两优一先”受表彰对象；新发展党员代表参加会议。市委常委、组织部部长、宣传部部长徐辉宣读《中共白城市委关于表彰全市优秀共产党员、优秀党务工作者和先进基层党组织的决定》。市领导为全市“两优一先”表彰对象代表颁奖。市委书记李明伟代表市委向受到表彰的优秀个人和先进集体表示祝贺。

6月30日，白城市委召开中国共产党成立一百周年白城市“两优一先”表彰大会。图为市领导为获奖单位颁发奖状　　（段卫军　供图）

【全国文明城市创建工作部署会议】 8月4日，2021年全国文明城市创建工作部署会议在白城市委四楼会议室召开。洮北区、经开区、工业园区、生态新区、查干浩特旅游经济开发区分管负责同志，部分市直（中省直）创城相关部门主要负责同志，市创城督查组组长、副组长，市创城办全体工作人员参加。市委常委、组织部部长、宣传部部长徐辉围绕创城工作提出意见。会议强调，要把社会主义核心价值观细化为文明城市测评的具体指标，用“绣花”功夫来建设管理，以实实在在创建成效争取群众信任和支持。市委宣传部副部长高金奎就创城工作注意事项作说明。

【白城市县乡（镇）巩固拓展脱贫攻坚成果同乡村振兴有效衔接视频部署会】 8月18日，白城市县乡（镇）巩固拓展脱贫攻坚成果同乡村振兴有效衔接视频部署会在白城市总工会一楼会议室召开。市级分管领导，各县（市、区）、白城经开区、查干浩特分管负责同志，市直相关部门在主会场参加会议。县分会场参加人员通过“云视讯”参加会议。会议由市政府副市长孙志刚主持。市委书记李明伟就做好巩固脱贫成效各项工作作部署。

（田韫慧）

全面深化改革

【改革部署】 2021年，白城市制定《中共白城市委全面深化改革委员会2021年工作要点》，覆盖9个领域49项改革任务，通过台账制管理，确保完成一个销号一个。填报《2021年度省委改革办考核白城市全面深化改革工作绩效计划指标》，明确赋分标准及责任部门，确保如期完成省定任务。召开市委全面深化改革委员会年度工作会议3次，审议通过《中共白城市委全面深化改革委员会2021年工作要点》《白城市能源投资集团组建方案》《白城绿电产业示范园区供电方案》《白城市市直党政机关和事业单位经营性国有资产集中统一监管工作实施方案》《白城市国企改革三年行动方案（2020—2022年）》《关于深化白城市月亮泡水库管理局管理机制改革的请示》等6个事关白城发展重大事项的改革性质文件。

【改革经验宣传推广】 2021年，编发《白城改革工作》17期。《白城市构建六个体系推动社会诚信建设实现“大跨越”》《白城市探索盐碱地治理新路径》被《吉林改革工作》刊发。白城市盐碱地创新治理经验入选中央政策研究室主办期刊《学习与研究》（2021年第7期）和《吉林省庆祝建党100周年优秀改革案例》，《白城着力打造国家级清洁能源生产基地》入选中国经济体制改革杂志社《中国改革2021年度地方全面深化改革典型案例》。

【“证照分离”改革】 2021年，白城市承接中央和省528项涉企经营许可事项，通过强化事中事后监管，有效破解企业“准入不准营”问题。优化企业开办服务，企业名称查询、名称申请、名称审核实现全流程网上办理，企业开办时间压缩至1个工作日，全市通过“E窗通”登记设立市场主体84843家。

【林（草）长制试点】 2021年，白城市创新探索“两山”（绿水青山就是金山银山）转化制度实践和行动实践，出台《白城市创建“绿水青山就是金山银山”实践创新基地工作方案》和《白城市创建国家生态文明建设示范市县工作方案》。白城作为全省唯一地级市林（草）长制试点，通过省级验收，在全省视频会交流改革经验。镇赉县万宝山牧场被列入全国首批吉林省唯一一处国家草原自然公园试点。

【农业供给侧改革】 2021年，白城水稻和玉米基本实现全程机械化，被农业农村部评为全国第6批率先基本实现主要农作物生产全程机械化示范市。打造白城弱碱地大米、白城燕麦、白城绿豆3个区域公用品牌，白城绿豆成为省内唯一中欧地理标志保护产品，洮南绿豆被评为国家级特色农产品优势区，大安黄菇茑产区被评为省级特色农产品优势区。

【改革督查】 2021年，白城市开展全市农村领域改革专项督查，摸清各地农村集体经营性资产股份合作制改革、农村“三变”（资源变股权、资金变股金、农民变股民）改革、农村宅基地改革、争创国家级示范社情况，推动相关改革加快落实。迎接省委改革办组织的“职业教育服务全面振兴全方位振兴”、文化市场综合行政执法改革、推动民营企业创新发展3次专项督察。迎接落实《吉林省人民政府关于推动创新创业高质量发展打造“双创”升级版的实施意见》第三方评估工作，白城市位列市（州）第5。

（周煜人）

组织工作

【概况】 2021年，白城市坚持把习近平新时代中国特色社会主义思想的理论武装作为首要任务，培训各级党员干部1614人次。实施城市基层党建“书记一号工程”，组织实施“书记项目”1603个，开展“我为群众办实事”实践活动，解决群众各类问题1万余件，“零跑团”等3个案例被评为全省优秀案例，招录转入“社工岗”820人。完成73个乡镇、919个村换届选举工作，选派驻村干部1184名。开展“红色宣讲”进企业、“红色专员”进企业、“红色招聘”进企业等活动。开展“人才引培服务专项行动”“优秀人才讲坛”“专家人才组团式帮扶”“优秀乡土人才”评选等活动，发挥人才引领发展作用。实施优秀年轻干部“鹤鸣计划”，专班推进开展作风建设，《吉林日报》推介宣传2次。

【党员和基层党组织】 截至2021年末，全市有基层党组织4639个（党委351个、党总支195个、党支部4093个），党员103983名（女党员27254名，占26.21%；少数民族党员6337，占6.09%），入党积极分子8156人（女2561人，占31.4%；少数民族528名，占6.47%；35岁以下4511人，占55.31%）。2021年，全市发展党员5008名，其中农牧渔民党员1265人，占25.26%。

【干部教育培训】 2021年，白城市制定《全市党员干部教育培训铸魂赋能“三项工程”实施意见》，实施思想铸魂、能力提升、强基培训3大方面15个培训项目，举办各类培训班次14期，培训各级党员干部1614人次。制发《开展主题党日活动实施方案》，抓好专题学习、专题党课、专题培训，组织党员干部学习党史。组织各级党组织书记及班子成员建立基层联系点766个。抓好全市“基层党员进党校”专题培训活动，精选各类党课200余项，组织基层党员研讨活动150余次，培训基层党员3.65万人次。

【基层党组织建设】 农村基层党组织建设 完成全市919个村“两委”换届工作，实现“五个100%”换届目标，完成全市73个乡镇党委换届选举工作。全市400个乡村振兴包保帮扶村，确定包保部门359个，选派驻村干部1184名，新一批驻村干部平均年龄41岁，大专以上学历占84%，科级以上干部占64%，熟悉农村工作的占92%。实施抓党建促乡村振兴“五大工程”、20项行动，构建完善“1+N”政策支撑体系。在全市确定34个村党支部领办合作社示范村开展试点工作，带动村集体增收318万元，带动群众入社4402人，累计为社员分红1072万元。推行“村党支部—网格党小组—党员联系户”村党组织体系，对农村党员、群众实现联系服务全覆盖。

城市基层党组织建设 2021年，制定《白城市新时代吉林党支部标准体系（BTX）建设实施方案》，确定镇赉县、市商务局为白城市BTX建设试点单位。完成“街道、社区、网格”三级党群服务中心（站）体系建设，建立街道、社区、网格（小区）、楼宇（党小组）、党员中心户五级基层组织。结合社区“两委”换届，选举产生768名社区“两委”成员。推行“社工岗”政策，累计招录转入“社工岗”820人，提升社区工作者待遇水平。

非公企业和社会组织党组织建设 开展“红色宣讲”进企业，开展专题宣讲8场，“学党史”主题党课123次，深入77家企业，累计参训1100余人。选派“红色专员”进企业，开展“百名干部联百企”活动，329名专业干部包保企业300家，开展指导、宣讲200余次，帮助解决问题132个。举办“红色招聘”进企业，召开职工专场招聘会16场，发布企业用工岗位4060个，达成就业意向591人。推广名优产品帮企业，举办企业产品大集等活动15场，推广127家企业近千种产品，帮助销售名优新特产品225.5万元。组织7家企业参加长春国际农博会“红色孵化器”企业名优产品展销推介，线上线下销售1100余万元。在社会组织动员开展“党建领航”活动，组织开展法律服务公益行、法律服务周、送法进乡村，提供法律咨询240余人次；开展“党建领航 公益慈善”主题活动，市慈善总会接收善款468.66万元，发放慈善救助资金580.22万元；开展“党建领航 改革发展”主题活动，开展“青春扶贫福利专场”直播带货，重点推介小米、紫薯、豆包等10余种农特产品。开展“党建领航 群团共建”主题活动。举办青年人才大型直播带岗活动3场，提供就业岗位100余个，有3000余名青年参与，300余人达成招聘意向。

6月29日，市委组织部在白城宾馆召开全市党支部标准体系（BTX）建设“云”观摩指导暨调度推进会 （王家梁 供图）

【干部队伍建设】 2021年，白城市落实《2020—2023年白城市党政领导班子和干部队伍建设规划》（简称《规划》），完成对《规划》落实情况中期评估工作。加强市管领导班子综合分析研判，有计划、分批次进行干部调整选配，优化干部队伍年龄结构、学历结构、专业结构和经历结构。抓实公务员日常考核，推进职务与职级并行，开展公务员“双满意”（人民满意的公务员、人民满意的公务员集体）表彰活动。实施作风建设“责任再压实、工作再凿实、成效再夯实”专项行动，制发推动落实深化作风建设实施方案，聚焦项目建设、营商环境、能源产业、乡村振兴等重点工作抓作风，围绕打造“一城三区”、项目建设三年攻坚、四级书记抓营商环境等制定实施方案，推动作风建设向基层延伸。《吉林日报》先后2次推介宣传白城市作风建设做法。

【机关干部参与城市基层治理】 2021年，白城市实施城市基层党建“书记一号工程”，压实各级书记责任，把“书记项目”作为重点来抓，组织各级党组织书记每年至少认领、抓实1个“书记项目”。围绕党群服务中心（站）建设、落实“三长”（网格长、楼栋长、单元长）待遇、物业服务企业引进等，全市组织实施“书记项目”1603个，推动资源力量向基层一线下沉。组织开展“千名干部入小区”、机关干部“社区工作日”、机关与社区党组织“共驻共建”等活动，帮助基层解决各类难点问题。

【公务员录用与管理】 2021年，白城市推进公务员考录和调转任工作，录用公务员261人，为104人办理调转任手续，为符合登记条件311人办理登记手续。抓好公务员平时考核，制定《操作指南》，严密考核程序，规范组织实施。组织开展“双满意”和“最美公务员”推选，对敢于担当、冲锋在前、业绩突出的进行奖励。

（蒋中华）

【“小个专”党建】 2021年，白城市推进小微企业、个体工商户和专业市场（简称“小个专”）党建工作。以基层辖区分局（所）为单位，设立46个“小个专”党建工作指导站，开展“小个专”市场主体党建指导工作，推动“小个专”党的组织和党的工作“两个覆盖”。

（富 饶）

【人才引进】 2021年，白城市实施“人才强市”战略，制定人才引进计划，出台更具吸引力优惠政策，统筹抓好人才引进培养使用。聚焦事业振兴、产业振兴、乡村振兴发展所需，抓好“博士服务团”选派、“西部之光学者”培养、“科技特派员”选派、农科生“订单式”培养、基层人才学历提升计划等重点人才项目落实，通过“一事一议”方式为市农科院引进全日制博士1人，开发设置农科生“订单式”培养岗位51个。开展“人才引培服务专项行动”“优秀人才讲坛”“专家人才组团式帮扶”“优秀乡土人才”评选等活动。优化人才发展环境，研究制定人才绿卡制度，设立市级创业扶持资金、科研成果转化资金，为各类优秀人才创新创业提供保障。召开吉林省校友人才促进吉林振兴发展大会，实现现场签约项目6个，总签约额272亿元，居全省首位。

（蒋中华）

【人才发展与管理】 2021年，白城市开展“最美基层高校毕业生”推荐工作，向省人社厅推荐3名同志进行评选。组织参加省人社厅为庆祝中国共产党成立100周年组织“三支一扶”（支农、支教、支医和扶贫）大学生开展“以青春之名”为主题系列活动，向省人社厅推荐37个音频、微视频、征文、书法作品。全市面向基层“三支一扶”征集岗位35个，网上报名审核通过1466人，招募“三支一扶”人员34人，签订服务协议并上岗。为2019年招募35人服务期满考核合格“三支一扶”人员落实编制。白城市推荐6名“长白山基层专业技术领军人才”。组织参加“吉林省第十七批创新创业人才资助项目”“2021年度吉林省首席技师工作室评选”等评选活动，向省人社厅推荐人选5名。其中，洮南市农业技术推广中心王庆革被评为“长白山基层专业技术领军人才”，吉林敖东洮南药业股份有限公司被评为吉林省“第十七批创新创业人才”资助项目单位，资助30万元。通过“全国技工院校信息管理系统”对全市技工院校新生注册、退学异动、资助审核、毕业进行管理，对县镇以下及城市家庭困难学生给予免学费每年2000元，对国家连片地区和贫困学生给予助学金资助每年2000元。全市3所技工院校，有在校生236人，2021年招生26人，毕业36人，享受国家资助224人次。洮南市人才交流中心选手张赫一作为省代表队参加全国人力资源服务业大赛。

（田志昌）

表5　2021年白城市获评第七届吉林省“人民满意的公务员”“人民满意的公务员集体”一览表

类别	个人或集体名称	单位及职务
人民满意的公务员	韩艳秋（女，满族）	白城市洮北区教育局党组书记、局长
人民满意的公务员	倪晓玲（女）	大安市老龄工作委员会办公室主任
人民满意的公务员	徐方楼	通榆县苏公坨乡三级主任科员
人民满意的公务员	姜普庆（蒙古族）	镇赉县沿江镇党委书记
人民满意的公务员集体	洮南市永康街道办事处	—
人民满意的公务员集体	白城市公安局交通巡逻警察支队四大队八中队（阳光广场警务室）	—

（资料来源：市委组织部）

4月24日，市人社局在白城师范学院召开“留省就业·吉人生根”2021届毕业生春季校园双选会　（李　程　供图）

【人才招聘】　2021年，白城市开展“迎春送温暖，稳岗留工”专项招聘活动、“白城市2021年新春青年人才线上招聘会”、白城市“春风行动”吉林梅花专场招聘、吉林省大中城市联合招聘白城市高校毕业生春季专场招聘、2021年白城市“民营企业招聘月”活动、2021年白城市“服务企业周”活动、“百日千万网络招聘”专项行动、白城市2021年夏季人才招聘会、大中城市联合招聘白城市高校毕业生秋季专场直播招聘活动、金秋招聘月、白城市就业服务周活动、白城市规模以上工业企业用工服务专项行动、“创业有你　‘就’在吉林”吉林省高校毕业生线上招聘活动、“吉聚人才”云招聘活动。招聘会通过用人单位根据网上公告填报招聘需求信息，市人才服务中心集中发布方式，通过开通抖音直播平台邀请企业负责人到直播间现场直播讲解招聘方式，通过开展现场招聘会，打通信息开放平台，促进供需双方对接。2021年，白城市人才交流中心开展线上及线下招聘80场。其中，线上40场、线下40场；通过多种渠道接收简历8179份，其中高校毕业生4562份，退役军人239份，农民工901份；统计发布用人单位464家，其中招聘高校毕业生用人单位390家；统计招聘岗位19963个，其中针对高校毕业生岗位数17595个，针对退役军人岗位数255个，针对农民工岗位数950个；招聘成功2037人，其中高校毕业生1192人，退役军人47人，农民工470人。印制并发放人才政策宣传册和毕业生就业政策宣传资料4000余册。

（田志昌）

【乡村人才建设】　2021年，白城市统筹实施“鹤乡优秀乡土人才评选”等人才培养工程，推动实施农科生“订单式”培养计划、“基层人才学历提升计划”，落实乡村教师生活补助和乡镇在职医护人员补助。开设优秀人才讲坛，组织专家学者、业务骨干、技术尖兵开展各类培训300余场次，重点培育以家庭农场主、种养大户、农民合作社骨干为主新型职业农民1000人以上，培训农民1.6万余人次，提升创业带富能力。依托专家智力资源，开展科技推广、人才服务、技术咨询、法律援助、健康义诊等内容专家基层行活动，受益农民16万余人次。

（薛　晶）

【人才政策宣传】　2021年，白城市宣传高校毕业生就业创业相关政策。白城市暨洮北区人才交流中心通过人力资源大厅屏幕、室内室外LED广告屏幕、人才综合服务窗口、白城市公共人才创业就业服务平台、白城人才交流中心微信公众号、官方抖音平台、报纸、中国移动短信通知以及开展现场招聘活动、政校企联合进校宣传、实地企业走访等方式进行宣传。印制并发放人才政策宣传册和毕业生就业政策宣传资料4000余册。

【人才综合服务窗口开设】　5月13日，白城市暨洮北区人才交流中心设立白城市人才综合服务窗口。完成吉林省人才政策2.0版首批人才分类认定工作、白城市首批乡村人才高级职称评审和乡村振兴优秀人才选拔工作、2021年度吉林省青年人才创新创业团队扶持申报工作材料搜集、整理、向省人才综合窗口报送等工作。

（田志昌）

【“我为群众办实事”实践活动】　2021年，白城市开展“我为群众办实事”实践活动，启动“党心暖民心”专项行动，实施振兴发展提速、基层组织领航、基层治理驱动、党员先锋示范、关键少数引领“五项工程”，围绕保障民生解决一批难题，完成实事项目清单3602个；围绕岗位实际，建立党员先锋岗、责任区1897个，解决群众操心事、烦心事、揪心事1万余件，党员干部认领并兑现群众“微心愿”2万余个，“书记一号工程”“开门第一事”“零跑团”3个案例被评为全省优秀案例。

【“光荣在党50年”纪念章颁发】　2021年，白城市对党组织关系在白城市、截至2021年7月1日党龄达到50周年、一贯表现良好的健在党员发放纪念章。6月8日，白城市“光荣在党50年”纪念章首批颁发仪式在白城市军队离休退休干部休养所、洮北区瑞光街道军民社区、大安市直机关党工委、镇赉县黑鱼泡镇、洮南市永康街道永电社区和通榆县卫生健康局同步举行。确定纪念章颁发对象4740人并全部发放到人。

【“七一勋章”提名和全国“两优一先”推荐】 2021年，白城市组织5个县（市、区）、4个开发区（园区、新区）、市直机关党工委、市委教育工委开展提名和推荐工作。确定拟推荐全国优秀共产党员3人、全国优秀党务工作者3人、全国先进基层党组织3个，并在白城市电视台、《白城日报》等媒体上进行为期5天公示公告。省委组织部通过实地考察和分析评估，确定“两优一先”各1个推荐对象，以省委名义向中组部报送推荐有关情况，产生全国优秀党务工作者1名、全国先进基层党组织1个。

【优秀年轻干部“鹤鸣计划”】 2021年，市委组织部实施优秀年轻干部“鹤鸣计划”，高标准高质量举办2021年全市优秀年轻干部培训班，加强年轻干部教育培训。选派市直优秀年轻干部到县（市、区）任职，抽调优秀年轻干部参与市委巡察工作，加强年轻干部实践锻炼。

宣传工作

【概况】 2021年，白城市紧扣中国共产党成立100周年主题，围绕中心工作，组织系列庆祝活动；深化理论武装，各级党委（党组）理论学习中心组年均完成集中学习12次以上，巩固壮大主流舆论，加速文化旅游品牌建设，推进全国文明城市创建，落实意识形态工作责任制。《白城市“五变五破”推动基层理论宣讲落地落实》研究论文入选中国政研会三类优秀研究成果，《理论宣讲“热气腾腾”进基层》入选2021年度《吉林省宣传思想文化工作优秀创新案例》，市委宣传部获2021年度《吉宣要情》优秀供稿单位、2021年度舆情信息工作先进单位、2021年度全省“扫黄打非”先进集体，吉林省“服务农民 服务基层”先进单位称号。

【理论武装】 2021年，白城市制定出台《中共白城市委常委会“第一议题”学习制度》，创新“第一议题”学习方式，学习传达习近平总书记重要讲话重要指示批示精神35个，研究贯彻落实举措，确保总书记重要讲话重要指示精神在白城落地见效。制定印发《市委理论学习中心组学习计划》和《全市干部理论学习安排意见》，采取集中研讨、专题辅导、专题读书班等多种形式开展学习活动，组织市委理论学习中心组集中学习15次。全市各级党委（党组）理论学习中心组平均完成集中学习12次以上。

【主流舆论宣传】 2021年，白城市围绕实施生态强市战略、加快推进“一城三区”建设开展宣传报道。开设《实施“生态强市”打造“一城三区”》专题专栏，刊播宣传报道150余条（篇）。围绕经济社会发展亮点、优化营商环境、“十四五规划”开展宣传报道，推出相关报道420余条（篇）。围绕创建全国文明城市、国家级卫生城市、“平安白城”“法治白城”开展宣传，刊播相关报道530余条（篇）。围绕常态化扫黑除恶斗争、政法队伍教育整顿、医疗卫生行业综合监管、艾滋病防治、防范非法集资、打击整治非法社会组织专项行动、中央生态环境保护督察、抗击新冠肺炎疫情等20余个专项工作开展宣传报道。

【对外宣传】 2021年，市委宣传部密切同中省直媒体联系，推介白城市在生态建设、“一城三区”、新能源产业、营商环境、乡村振兴方面特色亮点，邀请中省直媒体记者到白采访30余次，配合省委宣传部开展“人民日报海外版吉林行”“沿着高速看吉林”“建党百年庆华诞”主题采访活动，在中省直媒体及所属新媒体平台发稿2100余条（篇）。其中，中央电视台各频道及所属新媒体平台播发白城市报道80余条，连续10年在镇赉县直播白鹤迁徙，11月白城市出现历史罕见暴风雪期间，派出专门团队到白城市开展直播5场次；《人民日报》及其客户端、人民网刊发涉白城市报道50余篇，新华社所属各平台刊播涉白城市报道320余条。

【媒体融合】 2021年，白城广播电视台推出“优视白城”客户端，市直媒体抖音号、头条号、微信视频号受关注度持续攀升，11月白城市应对暴风雪期间，白城日报社在抖音推出作品50余条，观看量1500万。市委宣传部制定下发《白城市县级融媒体中心建设攻坚行动实施方案》，从推进“新闻+政务+服务”、整合本地媒体资源、强化本地权威发布、提升融媒App影响力、全面提升融媒产品质量、推行“两中心相融合”工作模式、提升融媒队伍能力素质7个方面固化12项攻坚任务，明确7项主要攻坚指标，开展现场督察1次，二季度对各县级融媒体中心相关指标进行通报，三季度专题听取各县级融媒体中心攻坚进展情况汇报，四季度组织各县市党委宣传部主要领导、分管领导和融媒体中心主任参加全省县级融媒体中心建设推进现场会，加强督导调度，发现弱项短板并给予指导帮助。各中心通过开展直播、投票等活动，促进融媒App下载量、日活量提升。

【基层宣讲工作】 2021年，白城市依托鹤乡大讲堂基层理论宣讲品牌和新时代文明实践中心（所、站），建立市、县、乡、村四级宣讲体系，采取“直通车”“大篷车”“巡讲队”等流动宣讲方式，打通基层宣讲“最后一公里”。加强宣讲队伍建设，组织成立23支宣讲小分队，常年到基层一线宣讲。举办2021年全市宣传理论骨干（党教）培训班，专题培训全市基层理论宣讲员，提高宣讲队伍能力水平。设立“领导干部讲堂”“志愿服务讲堂”“基层干部讲堂”“助企服务讲堂”“思政教育讲堂”“红色故事讲堂”“网络指尖讲堂”7个讲堂，组织面向基层党员、干部、群众宣传宣讲活动，开展中共十九届五中全会、六中全会、党史学习教育等重大主题宣讲活动8000余场次，受众30余万人次。

【精神文明建设】 2021年，白城市加强社会公德、职业道德、家庭美德、个人品德教育。深化文明村镇创建，全年推选71家省级文明村镇；深化文明单位创建，推选78家省级文明单位，完成18家国家级文明单位复查；深化文明家庭创建，联合市妇联开展2021年度“文明家庭之最美家庭”评选工作，评选10户“文明家庭之最美家庭”，推荐3户家庭入选省级“文明家庭”；深化文明校园创建，白城医学高等专科学校、白城职业技术学院、白城市洮北区明仁小学、大安市大岗子镇学校、通榆县第四中学5所学校被评为“吉林省文明校园”，白城市洮北区文化小学、大安市实验小学校、镇赉县大屯小学等9所学校通过省级文明校园复查，继续保留称号。

【志愿服务】 2021年，白城市开展第二届青年志愿者服务大赛；开展宣传推选“永远跟党走，奉献践初心”学雷锋志愿服务先进典型活动，入选“四个100”最美志愿服务社区1个，推选省级最美志愿者1人，省级最佳志愿服务组织、最佳志愿服务项目、最美志愿服务社区、最佳新时代文明实践所（站）各1个；开展“疫情防控”“春运暖城”“学雷锋志愿服务月”“绿水青山”志愿服务活动近万次。拓展新时代文明实践中心（所、站）建设，开展理论政策宣讲、文化文艺服务、助学支教、医疗健身、科学普及、法律服务、卫生环保、扶贫帮困等10类系列新时代文明实践志愿服务活动3000余场次、参与志愿者人数18200人次。助力白城市全国文明城市创建工作，开展“文明引导”系列志愿服务活动52场次，参与志愿服务队伍60余支、志愿者人数2100余人次，开展系列志愿活动378场次，参与志愿服务队伍300余支、志愿者人数16700余人次。开展“日行一善·好人365”爱心公益活动，募集捐款7712.24元用于扶贫助困、捐资助学。

【中共十九届六中全会精神宣讲】 12月6日，学习贯彻中共十九届六中全会精神省委宣讲团报告会在白城宾馆召开。报告会上，史守林对习近平总书记重要讲话精神和全会通过的《中共中央关于党的百年奋斗重大成就和历史经验的决议》（简称《决议》）进行解读。市级现职领导同志；原市级老同志；市委、市人大常委会、市政府、市政协秘书长和副秘书长；市纪委常委、市监委委员；各开发区（园区、新区）党工委（党委）书记；市直（中省直）各部门、各单位主要负责同志，副处级以上领导干部；高校师生代表参加报告会。报告会后，史守林到洮北区瑞光街道军民社区，宣讲中共十九届六中全会精神。

12月14日，市委宣讲团到白城市各界宣讲中共十九届六中全会精神。市委宣讲团副团长、市委常委、宣传部部长薛智金向全市宣传思想文化系统党员干部宣讲中共十九届六中全会精神。同日，市委宣讲团其他成员分别到益海嘉里（白城）粮油食品工业有限公司、白城经济开发区和幸福街道办事处花园社区、白城华润燃气有限公司宣讲中共十九届六中全会精神。12月16日，市委宣讲团成员到洮北区、白城生态新区、高校宣讲中共十九届六中全会精神。

【脱贫攻坚和全面小康宣传】 2021年，白城市内各级主流媒体开设《走向我们的小康生活》等专栏，结合主题宣传报道任务和春节、春耕、秋收等重要节点，选派骨干记者编辑到农村、脱贫一线开展“脱贫奔小康 跨年话幸福”主题采访等蹲点采访活动，采写《讲脱贫故事 晒幸福账单》《小村唱响致富曲》等报道400余条（篇），反映白城市各地各部门保持主要帮扶政策总体稳定，落实“四个不摘”要求，确保工作不留空档、政策不留空白等具体举措，展现全面建成小康社会丰硕成果。

【全国文明城市创建】 2021年，印发《白城市创建全国文明城市工作方案（2021—2023年）》，制定《白城市2021年度创建全国文明城市责任分工总表》和各单位《创建全国文明城市责任分解表》，召开全国文明城市创建工

白城市引导干部群众参与全国文明城市创建。图为9月2日，文明交通志愿者在街上协助维持交通秩序 （邢 璐 供图）

作部署会议3次，实施“九大提升工程”（公民道德提升工程、政务环境提升工程、法治环境提升工程、市场环境提升工程、人文环境提升工程、生活环境提升工程、社会文化提升工程、社会环境提升工程、生态环境提升工程），助力全市“一城三区”建设；建立全国文明城市网格化创建工作机制，市区两级领导对全市300余个社区（街道）进行网格化包保，建立督导工作机制，解决创建工作中存在重点、难点问题和薄弱环节，将环境卫生、文明秩序、背街小巷等“顽疾”彻底解决；开展“我们的节日”“文明礼仪规范”“倡导文明健康绿色环保生活方式”“文明单位参与文明城市创建”等20余项1800余场次创城专题活动，引导干部群众参与全国文明城市创建。

【典型选树】 2021年，市委宣传部组织各级人大代表、政协委员、道德模范担任公众代表，对第八届道德模范进行投票，经国家评选确定白城市于砚华获第八届敬业奉献道德模范提名奖；做好“中国好人”推荐工作，王凤波获评“中国好人”称号；开展“白城好人”评选工作，经逐级推荐、材料审核、评审公示等程序，2021年评选包括诚实守信、敬业奉献、孝老爱亲、助人为乐等4类“白城好人”168人，林洪英获“吉林好人”标兵称号，推荐“吉林好人”22人。开展“道德模范　身边好人”基层宣讲活动，分别进机关、进企业、进社区、进村镇、进校园宣讲30余场。依托电视、报纸、“两微一端”（微信、微博、客户端）等新闻媒体开设专题专栏，宣传道德模范、身边好人、最美人物先进事迹。

【未成年思想道德建设】 印发《2021年白城市加强未成年人思想道德建设工作实施方案》，以文明校园创建为统领，开展“童心向党　立德树人”“扣好人生第一粒扣子”“传承红色基因争做时代新人”“中华优秀传统文化进校园”等主题教育实践活动100余次；选树市级“新时代白城好少年标兵”14人，市级“新时代白城好少年”66人，推荐“新时代吉林好少年标兵”1人，“新时代吉林好少年”40人，通过电视、报纸、网站、“两微一端”等媒体平台宣传先进典型人物事迹。

【白城市庆祝中国共产党成立100周年主题展览】 6—9月，在白城市博物馆一楼展厅举办“初心如磐——白城市庆祝中国共产党成立100周年主题展览”。展览分为“开天辟地的救国之路、改天换地的建设之路、翻天覆地的改革之路、惊天动地的复兴之路”等4大板块，运用2.8万字讲述、257张图片、85件实物进行展示。展览历时半年，99个部门参观展览，参观人数超过1万人次。6月30日，市委书记李明伟、市人大常委会主任葛树立等市四个班子领导及市中级人民法院院长、市人民检察院检察长到市博物馆，集体参观并重温入党誓词。

【书香白城系列活动】 4月21日，市委宣传部联合市总工会、市教育局等7家市直单位，在白城市第一中学举行“书香白城　全民阅读”暨“绿书签行动”系列活动启动仪式。市委宣传部、市文广旅局、市图书馆向白城一中捐赠图书及教辅材料近2000册。4月22日—7月22日为集中活动时间。活动围绕庆祝中国共产党成立100周年、全面建成小康社会和开启全面建设社会主义现代化国家新征程开展，全市开展阅读活动100项。

（邢　璐）

统战工作

【概况】 2021年，中共白城市委统一战线工作部（简称“市委统战部”）坚持把增强“四个意识”、坚定“四个自信”、做到“两个维护”融入到统战事业全过程，贯穿于统战工作各环节。把握做好全年统战工作总要求，坚持守正创新，抓思想引领、抓服务大局、抓风险防范、抓能力提升，推动民族团结进步事业发展、宗教事务管理、参政党建设、民营经济统战等工作上台阶。加强新的社会阶层人士、无党派人士和党外知识分子、港澳台和海外统战工作，以“加强基层基础建设，破解宗教工作难题”为重点宗教工作获省委统战部颁发“实践创新成果奖”。

【政治建设】 2021年，市委统战部结合庆祝中国共产党成立100周年，支持各民主党派和无党派代表人士开展中共党史学习教育，举办“学党史、跟党走”系列主题教育活动，增强统一战线与党同心奋斗政治自觉。结合宣传贯彻中共十九届六中全会精神，班子成员面向统一战线成员分层次、分领域进行宣讲解读，引导统战干部和统战成员把学习贯彻全会精神与学习贯彻习近平总书记考察吉林重要讲话重要指示精神和习近平总书记关于加强和改进统一战线工作重要思想结合起来，树牢“四个意识”，坚定“四个自信”，坚决拥护“两个确立”，坚决做到“两个维护”。

【民营经济统战】 2021年，市委统战部推进《关于加强新时代民营经济统战工作意见》重点工作任务实施方案落实，调度各责任单位落实情况。制定《关于加强新时代民营经济统战工作开展同民营经济代表人士谈心活动方案》，建立谈心谈话制度，同15名民营经济代表人士进行谈心，宣传中央、省委、市委关于促进民营经济发展各项政策措施。向省光彩事业促进会推荐会员企业家理事人选，按要求和流程完成优秀企业家人选综合评价、考察等工作，推荐会员10名。依托市工商联组织开展民营企业评议政府服务问卷调查活动，完成问卷387份。牵头完成民营经济代表人士综合评价工作，全

12月15日，市委统战部到企业宣讲党的十九届六中全会精神

（于 静 供图）

年评价超百人次，为人大、政协、工商联换届人选提名提供保障。制定《关于为建强“红色孵化器”深化助企纾困活动提供法律服务实施方案》，通过发放普法宣传册、公众号内普法宣传、实地走访调研、召开座谈会等方式落实法律助企纾困服务。

【新的社会阶层人士统战】 2021年，白城市印发《关于加强新的社会阶层人士统战工作的实施意见》《新的社会阶层人士统战工作联席会议制度》等文件，市委常委会专题听取工作汇报。建强统战团体，贯彻落实习近平总书记关于“组织起来”指示要求，在白城市成立新的社会阶层人士联合会，在各县（市、区）成立分会并健全完善内部组织架构和管理制度机制，有会员560人。在全市新的社会阶层人士中开展“凝聚新力量、筑梦新时代”主题实践活动和党史学习教育活动，市县两级举办培训班6期、召开座谈研讨会5次、参与人员400余人次。组建“助力乡村振兴服务团”“新阶层•心公益”同心服务团队，开展法律服务、健康义诊、捐资助学等志愿服务活动30余次，4名代表人士获“全省最美新的社会阶层人士”称号。

【党外代表人士队伍建设】 2021年，白城市委把党外代表人士队伍建设纳入干部和人才队伍建设总体规划。《中国共产党统一战线工作条例》和省委《关于贯彻落实〈中国共产党统一战线工作条例〉的实施意见》印发后，市委结合实际进行细化分解，出台《重点任务分工方案》，对党外代表人士队伍建设提出具体要求。结合换届工作，加大党外代表人士选用力度，市人大、政协和政府领导班子基本实现应配尽配。推荐优秀党外代表人士担任市政协委员和市人大代表，其中党外人大代表97名，占30.4%，党外政协委员194名，占60.8%。组织召开党外代表人士座谈会、中共党史学习教育专题研讨班、十九届六中全会精神宣讲会、学习贯彻《中国共产党统一战线工作条例》培训班等5次，培训党外代表人士300余人次。统战部门与组织部门建立党外代表人士联合培养、联合推荐、联合考核、联合管理“四联”机制，将党外代表人士队伍建设纳入规范化、制度化轨道。组织部门在动议和讨论决定党外干部任免、调动、交流前，征求统战部门意见。

【民族团结进步宣传月活动】 9月，市委统战部开展全市民族团结进步宣传月活动，联合市民委利用微信群、电子屏、悬挂宣传条幅、展示板、宣传手册等开展民族团结进步宣传活动，悬挂宣传条幅40余条，展示板30余块，宣传单2000余份。组织各民族学校开展“中华民族一家亲、同心共筑中国梦”主题班会、“小手牵大手，说好普通话”等系列活动。3月，大安市新艾里蒙古族乡和镇赉县蒙古族中学被省民委命名为第六批全省民族团结进步示范单位。9月29日，组织开展白城市首届“蒙帝杯”马头琴演奏大赛。

（于 静）

政策研究

【“走基层、解难题、促发展”调研活动】 5月，市委政策研究室根据市委党史学习教育领导小组办公室《关于统筹开展“走基层、解难题、促发展”与新时代“两个怎么办”专题调研活动方案》和市委办《落实中央第八巡视组反馈意见新时代“两个怎么办”专题调研活动方案》要求，牵头组织开展“‘白城两个怎么办’专题调研活动”，面向县（市、区）、开发区（园区）和市直部门100余个党委（党组）印发《关于征集专题调研题目的函》，征集调研成果，落实破解“白城两个怎么办”问题。

【打造“北方氢谷”调研】 2月，市委政策研究室系统分析国际氢能发展现状和未来趋势，结合白城自身资源优势，撰写《关于白城市发展氢能产业的调研报告》，为市委决策提供参考，报告在省级期刊《调研与决策》2021年第2期刊发。

【市区低保家庭状况的调查】 3月，中共市委政策研究室（简称“市委政策研究室”）开展市区低保家庭调研工作，撰写《关于白城市区低保家庭状况的调查报告》，为市委提供决策依据。7

5月12日，省委政研室调研组在镇赉光伏领跑者基地实地调研

（赵轶群 供图）

月，市委常委会讨论通过《关于开展市区低保家庭和困难群众“三帮扶一推进”活动的工作方案》。

【开发区体制机制改革调研】 4月，市委政策研究室按照市委、市政府工作部署和白城市未来经济社会发展思路，围绕白城经开区、白城工业园区、洮北区创新发展开展专题调研，意在找准新形势下市区经济三大板块如何实现布局合理、功能协调、体制顺畅的方法路径，形成《关于优化白城市城区功能布局 推动一体化协调发展的调研报告》，为市委提供决策参考。

【省重大课题调研】 5月，市委政策研究室配合省委政研室开展吉林省“陆上风光三峡”建设情况调研，协调相关部门形成白城市清洁能源基本情况汇报，召开座谈会，安排实地参观，为省委决策提供有效参考。11月，围绕省委政研室和省住建厅开展的城市更新调研活动要求，协调相关部门和县（市、区），开展白城市城市更新发展调研工作，推动全市城区基础设施建设更加完善。

【财经领域调研和文件起草工作】 2月，市委政策研究室配合省财办开展加快推动网红经济发展调研活动，破解网络经济发展问题，推动白城线上经济加快发展。3月，起草《关于贯彻落实中央、省委经济工作会议精神的实施方案》，于4月28日经市委常委会第12次会议审议通过。12月，召开中共白城市委财经委员会第3次会议，会议审议通过《关于落实中央和省委财经委员会会议有关任务部署的实施方案》。

（周煜人）

机构编制

【概况】 2021年，白城市执行机构限额、领导职数、编制种类和总量等规定，守住总量底线，实现“零增长”，未突破2012年年底机构数额和编制总数。加强机构编制统筹调配和动态调整，按照保中心工作、重点任务、重点领域所需编制原则，全年新设事业单位5个，收回事业编制14名，使用机动事业编制64名。

【“编制人事财政综合信息管理系统”维护】 2021年，中共白城市委机构编制委员会办公室（简称“市委编办”）维护机构类信息179条。维护人员变动信息12826人。完成编外人员统计和中文域名续费，全年中文域名续费完成率100%、自建网站挂标率100%。

【机构编制法治化建设】 2021年，白城市开展《中国共产党机构编制工作条例》及配套法规制度落实情况专项督查，制定实施方案。根据事项清单和自查报告，形成白城市市直贯彻落实《中国共产党机构编制工作条例》及配套法规制度情况自查报告。发挥“12310”举报电话作用做好群众来信来访工作。

【机构职能体系优化】 2021年，白城市统筹正处级事业机构设置，设立市畜牧业发展服务中心。将白城市扶贫开发办公室重组为白城市乡村振兴局。明确国资监管责任主体，在白城市财政局加挂白城市人民政府国有资产监督管理委员会牌子。参照省级做法，将市政务服务和数字化建设管理局加挂的软环境建设办公室更名为营商环境建设办公室；将市应急管理局加挂的市煤矿安全生产监督管理局更名为市矿山安全生产监督管理局。完善教育督导、黑土地保护和校外培训监管机构等设置。参照省级和其他市州做法，理顺政府信息公开职责主管部门，将市政数局负责的“组织协调和指导监督全市政府信息公开工作，统筹推进政府信息公开规范运行”职责划转到市政府办。

【机构编制信息核准】 2021年，白城市按照《关于印发〈全省机构编制系统“信息核准”专项行动方案〉的通知》要求，制定下发工作方案，组建白城市市直机构编制“信息核准”专项行动工作领导小组。根据“信息核准”专项行动范围、内容和方法步骤修改完善信息10697条。核准“吉林省编制人事财政信息综合管理系统”机构、编制、领导职数及人员信息数据，确保机构编制基础信息及时准确、完整规范。实现机构编制批准文件、沿革台账、实际设置和配备、"吉林省编制人事财政信息综合管理系统"数据"四个一致"。

【乡镇（街道）管理体制改革】 2021年，白城市拟定《街道（乡镇）管理体制改革专项工作组三年工作计划》，成立白城市委组织部、白城市委政法委、白城市委编办、白城市民政局、白城市司法局、白城市政数局等工作专班6个，制定《街道（乡镇）管理体制改革专项工作组工作规则》。联合专项组各专班督导调研街道乡镇机构改革完成情况和"四个平台一张网"（党群服务平台、便民服务平台、综合行政执法平台、综合治理平台）组建情况；到经开区、工业园区和4个县（市、区），踏查街道16个、社区16个、乡镇9个、村11个，初步摸清街道（乡镇）管理体制改革进展情况和存在问题。

【党群服务平台建设】 2021年，街道服务中心25个、社区服务中心105个，街道（乡镇）党群服务中心建设全部完成；组建102个党建联盟，506个盟员单位在社区认领服务项目1000余个，办实事好事1300余个；推行"全科社工"，优化"三长"（网格长、楼栋长、单元长）队伍，推动"五长制"（街长、路巷长、网格长、楼栋长、单元长）建设。

【综合执法平台建设】 2021年，白城市各乡镇组建执法队伍，并制定《乡镇综合行政执法事项职责清单（初稿）》。各县（市、区）均制定"街道吹哨、部门报到"工作机制，并制作《"街道吹哨、部门报到"事项职责清单（初稿）》、流程图和工作说明。开展全市乡镇执法队伍业务培训。

【便民服务平台建设】 2021年，白城市组织36个市直部门梳理权责清单2500项，指导县（市、区）和街道（乡镇）梳理权责清单，并在政府网站公布。规范管理全市政务服务事项库，指导县（市、区）梳理建立街道（乡镇）政务服务事项清单和社区（村）领办代办事项清单。设立"零跑团"，为企业和办事群众提供帮办、领办、代办。全市村（社区）实现便民服务大厅全覆盖，达到"一站式服务""一门式办理"。

【综合治理平台建设】 2021年，全市5个县（市、区）及所辖104个乡镇（街道）、919个村（社区）均建立综治中心，场所得到完善。公安、司法、民政、人社等部门采取常驻、轮驻或随叫随驻等方式进驻综治中心，全市各乡镇（街道）均建立统筹协调机制，保证沟通顺畅。

【开发区管理机构设置规范】 2021年，白城市规范省级开发区管理机构设置，市委、市政府直接管理的开发区管理机构由原来4个精简为2个，继续保留白城经济开发区党工委（管委会）；将吉林白城工业园区党工委（管委会）和白城市生态新区建设领导小组办公室进行整合，组建新的吉林白城工业园区党工委（管委会），不再保留白城市生态新区建设领导小组办公室牌子。调整5个县（市、区）开发区管理机构隶属关系、人员编制、内设机构等。规范后，市本级开发区管理机构精简比例50%；统筹调整开发区原有编制，解决人员力量不足问题；合理设置内设机构，解决开发区管理机构主责主业不够突出问题。

【应急管理行政执法改革】 2021年，白城市根据《中共吉林省委办公厅吉林省人民政府办公厅印发〈关于深化应急管理综合行政执法改革的若干措施〉的通知》和省委机构编制委员会办公室《关于上报整合组建应急管理综合行政执法机构事宜的通知》要求，白城市、区两级编制、应急管理部门建立改革工作研商机制。11月25日，召开专题会议对涉改单位职责进行认定和剥离，对重点、难点问题进行研究和充分论证，在广泛征求意见基础上，形成整合组建应急管理综合行政执法机构具体意见，明确机构组建方式、隶属关系、机构规格、职责任务、人员编制以及领导职数等具体事项。经市委编办主任办公会议审核，市委编委会议审议，12月1日省委编办批准，在白城市安全生产监察支队（白城市安全生产培训中心）基础上，组建白城市应急管理综合行政执法支队，为白城市应急管理局所属综合行政执法机构，机构规格为正科级，配备全额拨款事业编制18名，核定单位领导职数3名（1正2副）。主要承担法律法规直接赋予本级的执法职责，组织查处辖区内跨区域和具有重大影响的复杂案件，监督指导辖区内执法体系建设和执法工作。

【森林公安管理体制调整】 2021年，实施白城市及洮北区森林公安机关管理体制调整工作。森林公安机关由林草部门划转到公安部门统一领导管理，职能保持不变，业务上接受林草部门指导。完成机构调整、人员转隶等相关工作。

【事业单位登记管理】 2021年，白城市完成事业单位法人设立登记10家，变更登记133家，注销登记3家，证书补领1家。机关群团赋码初领3家，变更20家。完成法人年度报告公示工作260家，在"白城市事业单位在线"向社会公示259家，按规定涉密事业单位不予公示1家。制定本部门市直事业单位法人"一单两库一细则"（一个清单、检查人员库和被抽查单位库、检查细则）并录入到全省统一"双随机、一公开"（在监管过程中随机抽取检查对象，随机选派执法检查人员，抽查情况及查处结果及时向社会公开）综合监管平台，制定随机抽查任务，从事业单位法人名录库中按照3%比例随机抽查法人事业单位8家，在12月15日前完成抽查检查工作，并将抽查结果录入"双随机、一公开"平台。开展"双重法人"

（一个社会组织享有两个民事主体资格）摸底工作，在7月末前完成全市摸底工作，并将摸底结果上报省事业单位登记管理局，同时积极解决统一社会信用代码重错问题。

（高　坤）

信访工作

【概况】　2021年，白城市以解决群众合理诉求为核心，加强信访形势趋势性预判性分析，完善矛盾纠纷多元预防调处化解机制，解决信访突出问题，加强源头预防，夯实基层基础。全年信访总量比上年下降32.58%；到省访比上年下降71.76%；到市访比上年下降68.78%。

【信访联席会议制度建设】　2021年，白城市发挥信访联席会议作用，压实“四级书记抓信访”责任体系，制定《进一步做好信访工作实施意见》，把信访减存控增成效作为衡量各级领导班子和领导干部工作实绩重要内容。推进完善市包县、县包乡、乡包村党政领导包保责任机制，落实党政同责，推动领导包保与解决民生问题相结合，与企业纾忧解困相结合，与分管领域信访矛盾治理相结合。坚持“五化”工作标准，挂图推进、一案一策、量化指标、倒排工期，把信访事项化解情况纳入党史学习教育和政绩考核中，检验整改成效，作为“我为群众办实事”实践内容。

【信访渠道畅通】　2021年，白城市实行党政领导信访接访约访下访制度，定期接待来访群众，妥善解决来访人反映问题。白城市推动传统“走访”向“网上信访”转变，为群众提供网络约访、视频接访等多元化表达诉求“渠道”，群众足不出户便可在网上反映诉求，查看办理进度，查询办理结果。建立“信访吹哨、部门集合”联合接访新模式，定期组织信访问题突出职能部门入驻信访接待大厅联合接访、联合调处，实现信访群众与涉事部门无缝衔接。

【信访事项化解】　2021年，白城市针对重点问题，实施清单化管理，落实包调查、包处理、包疏导教育、包结案，定责任单位、定办案人员、定解决方案、定结案时间“四包四定”工作措施。推行“志愿服务+信访”工作模式，引入公开听证、民主评议和庭院协商，为群众提供免费政策讲解、法律咨询、心理疏导和帮扶救助，促使信访事项在源头化解。综合运用信访信息系统普查、随机抽查、电话调查、实地督查、上门回访等形式，对信访事项办理进行双向跟踪督办，推动督查督办工作常态化，做到“问题不查清不放过，矛盾不化解不放过”。

（刘　林）

市直机关党建

【概况】　2021年，中共白城市直属机关工作委员会（简称“市直机关党工委”）辖市直机关党委35个，机关党总支22个，机关党支部20个，党员8418名。2021年，市直机关党工委加强政治思想建设，为基层党组织印发“四史”学习资料，录制下发“精品党课”；加强组织建设，打造特色党建品牌40余个；加强作风建设，开展廉政警示教育，组织观看警示教育片；开展“双评双创”（评选十佳党建标兵单位，十佳党务工作者，争创“十三五”突出业绩和六好红旗党支部）活动，评选出一批先进基层党组织和先进个人；加强党员管理，发展新党员324名。

【政治思想建设】　2021年，市直机关党工委强化理论武装，班子成员带头参加学习、带头讲党课、带头撰写理论文章。开展定期议党和专题议党12次。为基层党组织购买《习近平论中国共产党历史》等“四本书”，利用《机关党建》平台宣传机关党建好经验，全年刊发20期，创新开辟《深入开展党史学习教育》专栏。开展“推送精品党课，深化理论学习”活动，将《中国共产党的百年光辉历程》《优先发展农业农村全面推进乡村振兴》等“精品党课”录制刻碟下发到500余个基层党支部，推动机关党史学习开展。

【组织建设】　白城市组织召开2021年度市直机关党建工作会议暨基层党组织书记述职评议会，总结2020年度机关党建工作，部署2021年度工作。采取一对一点评方式，完成基层党组织书记年度述职述责评议，机关部门（单位）党组织书记抓党建述职述责评议工作达到全覆盖。落实市直机关党工委领导联系基层党组织制度，先后6次到基层调研指导，帮助研究解决实际问题16个。推行“质量提升、队伍建设、基础保障、功能作用标准+”模式，落实“三会一课”等党内组织生活制度，提升机关党建标准化规范化建设水平。实施“党建质量提升工程三年行动计划”，开展“星级党支部达标创建”。推动形成“一部门一品牌、一单位一特色”党建工作格局，市直机关打造特色党建品牌40余个。推进新时代吉林党支部标准化体系（BTX）建设。5月，在市商务局开展试点工作；10月，举办BTX建设专题培训班，600余名新时代“e支部”管理员参加，党支部标准化体系（BTX）建设工作在市直机关党支部推开。

【作风建设】　2021年，市直机关各部门（单位）党组织贯彻落实中央八项规定精神，履行党风廉政建设第一责任和“一岗双责”，带头遵章守纪、带头廉洁从政、带头接受监督；加强廉政警示教育，组织党员干部观看《镜鉴Ⅰ》《镜鉴Ⅱ》等警示教育片。紧盯巡视巡察、作风整顿、主题教育中发现突出问题，定期组织开展“回头看”，严防反弹回潮。加大“四风”(形式主义、官僚主义、享乐主义和奢靡之风)整治力度,加强监督检查。加大廉洁教育力度,发挥反面典型警示警戒作用,做到警钟长鸣。督促机关各部门(单位)党组织开展机关作风建设,弘扬学习调研、严新细实、革故鼎新、担当实干、为民务实等“五种风气”,优化机关作风。

【“双评双创”活动】 2021年,市直各部门(单位)党组织围绕推动全市重点工作,开展“双评双创”活动。市委办公室等10个部门(单位)获党建工作“十佳”标兵单位称号;韩博奇等10名同志获“十佳”党务工作者称号;白城市人大常委会机关等54个部门(单位)获“建功白城十三五、服务发展当先锋”突出业绩单位称号;白城市人大常委会机关党委等58个基层党组织获先进基层党组织称号;白城市委办公室第一党支部等70个基层党支部获“六好”(组织队伍好、制度机制好、学用结合好、改革创新好、服务效能好、示范带动好)红旗党支部称号。

【党员管理】 2021年,市直机关发展新党员324名,预备党员转正22名。将政治标准放在首位,严格政治审查,听取群众意见,考察发展对象政治主张、价值观念、道德品行。严格发展党员程序,对市直各部门(单位)入党积极分子进行超前考察,重点审查入党材料是否完备,同时与党支部书记、入党介绍人、普通党员及群众、入党积极分子本人进行组织谈话。举办2期培训班,培训党员发展对象324名,下发入党培训教材,进行结业考试。严把监督管理关,对发展对象每一个环节进行监督管理。在确定发展对象、接收预备党员、预备党员转正3个关键环节进行公示。

【“党建+”活动】 2021年,市直机关党工委围绕“我为群众办实事”,开展“共驻共建”活动,指导市直机关基层党组织完成对接联系点102个,帮助基层群众解难事、办实事9000余件。围绕助推乡村振兴,开展“党建+乡村振兴”活动,以“打造电商平台,助力乡村振兴”为切入点,帮助脱贫村解决“电商平台”建设资金3万元;围绕“组团下社区,服务当先锋”载体,开展“党建+社区工作日”“党建+志愿服务”活动,组织市直机关党工委全体人员每周到社区进行小区环境卫生清洁,为社区购买15个垃圾箱;走访慰问社区5名困难党员群众。

【中国共产党成立100周年系列活动】 2021年,市直机关党工委围绕庆祝中国共产党成立100周年组织开展“七个一”(征文活动、专题答题活动、手机摄影大赛、专题展览、文艺会演、健步行、排球赛)活动,制定下发《关于在市直机关开展“奋斗百年路启航新征程”——庆祝中国共产党成立100周年系列活动的通知》,指导市直机关各级党组织开展庆祝中国共产党成立100周年系列活动。开展“奋斗百年路,启航新征程”演讲比赛、“回望光辉历程,助推白城振兴”征文等活动、“四史”知识答题、“学党史感党恩·听党话跟党走”主题党日活动、“惠民银行杯”市直机关第六届干部职工排球赛。组织开展“重温红色经典,弘扬优良传统”专题教育培训活动2次,组织“六好”红旗党支部书记和专职党务干部130余人次到白山开展理想信念、宗旨观念、革命传统教育。中国共产党成立100周年前夕,组织市直机关430余名新党员在革命烈士陵园举行宣誓活动。

【庆祝中国共产党成立100周年演讲比赛】 6月22日,市直机关党工委会同市委宣传部、市委组织部及白城广播电视台、市文联、白城日报社、市文广旅局、市总工会、市妇联、共青团白城市委等部门联合举办“奋斗百年路,启航新征程”——市直机关庆祝中国共产党成立100周年演讲比赛。白城广播电视台杨洋和市卫健委程爽获一等奖,市烟草专卖局(公司)曲天航、市教育局王曦娇、市民政局孙悦、市财政局范蕾获二等奖,市教育局王彤、市统计局林蒙蒙、市发改委戴佳媛、市住建局钱丽君、市烟草专卖局(公司)张致楠、市政数局刘岩获三等奖。

【革命传统教育培训】 2021年,市直机关党工委组织58名“六好”红旗党支部书记到长白山干部学院参加革命传统教育培训活动。利用白山市及周边地区革命历史资源,采取现场教学、课堂教学、体验教学等方式进行。听取《不朽的时代光辉 东北抗联精神》和《“四保临江”精神及其当代价值》等

9月21日,市直机关党工委举办“惠民银行杯”市直机关第六届干部职工排球赛。图为开幕式现场 (赵 银 供图)

专题讲座，实地参观杨靖宇将军殉国地、杨靖宇将军纪念馆、七道江会议纪念馆、四保临江纪念馆等多处革命遗址和红色教育展馆，在杨靖宇将军殉国地纪念碑前重温入党誓词，在八里沟重走陆上抗联路，在仁义湖重走水上抗联路。

【主题征文】 2021年，市直机关党工委、市文联、白城日报社联合开展“回望光辉历程，助推白城振兴”——市直机关庆祝中国共产党成立100周年主题征文活动，收到参赛作品258篇，53篇作品分获一、二、三等奖及优秀奖。

（刘　贺）

党史研究

【概况】 8月31日，白城市委编办同意中共白城市委研究室（简称“市委党史研究室”）核增编制9名，调整后，执行编制16名。12月9日，核增内设机构1个，增设信息资料管理科。

2021年，编印《白城党史人物》《白城红色遗址·红色地名概览》；完成《东北抗日义勇军史》白城、松原地区编写内容；编写完成《中国共产党白城历史（第一卷）》《中国共产党在白城100年》；启动《辽吉省委》编写工作；审定《中国共产党大安历史（第二卷）》；开展党史宣传教育、党史学术研究、党史旧址遗迹建设工作；“白城党史”微信公众号开通。5月17日，市委党史研究室编研科苑小松被中共吉林省委、吉林省政府评为“脱贫攻坚先进个人”。

【史料征集】 2021年，市委党史研究室编写《白城党史人物》，收录民主革命时期在白城活动的党史人物、英烈30人，成书12万字，内部发行。完成《中国共产党吉林执政实录》2020卷白城部分编写工作，下发征编通知，指导各县（市、区）编写，上报书稿13篇，3.3万字。完成前三批省级党史教育基地资料上报工作，征集白城吉鹤灵苑（白城烈士陵园）、洮南天恩地局、辽吉省委资料，编写4600余字，图片20幅。完成《白城红色遗址·红色地名概览》一书资料征集、整理和印刷工作，下发征编通知，形成书稿2.7万字，图片50余幅。完成《东北抗日义勇军史》白城、松原地区编写内容，上报文稿4.2万字。

【党史编研】 2021年，市委党史研究室完成《中国共产党白城历史（第一卷）》书稿补充、修改工作，设3编15章，成书近30万字，省出版社完成审核校对，省党史研究室出具审读意见。完成《中国共产党在白城100年》撰写工作，设8章47节，记述党领导白城人民百年奋进历程，搜集图片500余张，审定156张，形成书稿26万余字。启动《辽吉省委》编写工作，形成《辽吉省委大事记》4万余字，专项申请获中央党史和文献研究院批准。完成《中国共产党大安历史（第二卷）》审定工作，对49.5万字书稿进行审读，对史实进行把关，对编章设置进行指导，5月24日，下发准予印制发行文件。

【党史宣教】 2021年，市委党史研究室完成“初心如磐——白城市庆祝中国共产党成立100周年主题展览”文字、图片等基础性工作，撰写展览大纲及解说词5万余字，提供图片260余幅，并完成布展工作，6月下旬开展，参观展览2000余人。在《白城日报》推出“庆祝建党100周年——党旗照耀白城百年”系列专版，发表19期，图片80张，文字10余万字。利用新媒体平台开展地方党史学习教育，在“指尖白城”微信公众号《党旗照耀白城百年》专栏推送党史人物及党的活动19期，图片80张，文字10余万字。在指尖白城发表的《从白城子地委书记到中纪委副书记——张策》一文被《东亚经贸新闻》采纳并转发至“今日头条”上。在《白城社会科学》开设《白城红色故事》专栏，推出白城红色故事1期。3月，为白城市及县（市、区）政法干警讲解民主革命时期白城地方党史。4月，为市党史学习教育领导小组编写的学习手册提供地方党史知识应知应会知识53条。为少先队主题实践活动“白城党史代表人物”展出提供地方党史人物资料11人。6月1日，党史专家在市委理论学习中心组党史学习教育读书班，为市委常委以《中国共产党在白城100年》为题进行专题辅导。6月30日，在城四家子村主题党日活动中，为30余名村党员宣讲白城民主革命时期党史。开展“党史进校园”活动，向白城医学高等专科学校和白城师范学院捐赠3000余册地方党史书籍。

【党史学术研究】 2021年，市委党史研究室落实习近平总书记参观四平战役纪念馆讲话精神，撰写论文《四战四平赢得了辽吉根据地》，3月，入选《吉林省落实习近平总书记视察四平战役纪念馆重要讲话精神学术研讨会文集》。7月29日，在全市纪念中国共产党成立100周年理论研讨会上做主旨发言。9月2日，在庆祝中国共产党成立100周年专题研讨班上，以白城地方党史为主要内容参加交流研讨，全市市管干部以视频形式收看。

【党史旧址遗迹建设】 2021年，市委党史研究室推进辽吉省委旧址恢复保护工作，开展遗址恢复需要的相关资料、实物征集，落实布展大纲编写人员。完成革命遗址普查工作，8月和9月，对全市5个县（市、区）17处遗址、11处红色地名进行普查调研，并征集遗址遗迹概况。参与红色旅游开发工作，联合市文广旅局研究制定推出红色记忆之旅——2021红色旅游精品路线，包含中共辽吉省委旧址、辽北省政府旧址、纪英林模范展览馆等10余处红色遗址，推动红色资源向红色景点转化。

【“白城党史”微信公众号开通】 8月

23日，“白城党史”公众号开通。普及党史知识、弘扬党史文化、交流党史工作经验等，推送各类党史信息46条。

（易冬梅）

党校（行政学院）工作

【概况】 2021年，中共白城市委党校（简称“市委党校”）全年举办培训班17期，培训学员1982人次，培训时长143.5天。依托“流动党校”机动模式，全年派出教师30人次到基层党校、机关企事业单位、社区等宣讲十九届五中、六中全会精神、习近平总书记“七一”重要讲话精神和“四史”等课程，培训学员4300人次。

4月12日，市委党校（行政学院）举办全市新录用公务员初任培训班。图为学员举行宣誓仪式 （李淑华 供图）

【教育培训】 2021年，市委党校定期开展“大讲台与小讲台”和“教师论坛”活动。通过“大讲台与小讲台”，组织5名年轻教师为全校教职工进行试讲，开展教师论坛16次。开发现场教学基地。挖掘本地特有红色资源，研发“辽吉省委在白城”党性教育教学项目。参与制作《辽吉省委在白城》纪录片，形成《历史的回声——陶铸在白城》《艰难的探索 奋进的历程——中国共产党在白城早期革命活动历史回顾》专题课。开展“推送精品党课，深化理论学习”活动。向市直机关党工委“党课开讲啦”活动推荐两节精品党课，由组织部录制成视频刻录光盘下发市直各部门。创新教学管理方式。每周三上午教师论坛以及优秀年轻干部培训班教师测评打分均采用网上签到、网上打分办法。探索培训新方式。公务员初任培训班组织唱红歌、演讲比赛宣誓仪式等活动。

【科研成果】 2021年，在吉林省委党校庆祝中国共产党成立100周年的征文

表6 2021年市委党校（行政学院）举办培训班一览表

培训时间	名称	培训对象	培训人数（人）
3月	市管领导干部学习贯彻党的十九届五中全会精神专题培训班	市管领导干部	468
4月	2021年度党员发展对象培训班	市委非公党工委党员发展对象	124
3月—5月	全市新录用公务员初任培训班	初任公务员	318
7月	全市村党组书记示范培训班	全市乡镇党委书记、村街道党工委书记	84
7月	全市领导干部保密工作培训班	市委及各县（市、区）保密委员会及市直（中省直）单位主要负责人	128
9月	全市基层妇联干部履职能力提升培训班	镇（街道）及村、社区妇联主席	49
10月	全市优秀年轻干部培训班	全市优秀年轻干部	46
10月	全市党校系统师资培训班	白城市委党校教师及各县（市区）党校教师	49
11月	“基层党员进党校”专题培训班	基层党员	296
11月	市管干部党史学习专题研讨示范班	市管干部	89
11月	新时代吉林党支部标准体系（BTX）建设工作培训班	全市党支部标准体系工作相关领导及工作人员	330

（资料来源：市委党校）

活动中，白城市党校系统收集征文40篇，获奖8篇，其中市委党校获奖3篇；在吉林省党校（行政学院）系统第十二届优秀科研成果评选活动中，市委党校获奖3篇。在《白城社会科学》上开辟的《学思践悟》栏目中发表文章6篇。全市党校系统提交吉林省委党校课题报告30篇，其中市委党校提交课题报告11篇，全部结项；《白城市建设国家级清洁能源基地的难点及对策研究》项目，被确定为省市县党校三级联合调研课题并上报省委党校。全年编辑出版2期《学苑论坛》，收集出版论文、调研报告136篇。

【教师人才建设】 2021年，市委党校组织全体教师全年完成63个新专题课集体备课、说课，并全部通过试讲；全年选派14名教师参加中央党校、省委党校、省社会主义学院等各类培训班次，教务处全年3次组织全体教师参加中央党校网络专题培训和中国干部网络学院网络直播课程；举办全市党校系统师资培训班，培训党校系统教师49人；举办白城市委党校2021年度精品课评选活动，有4名教师讲授的专题课获奖；在吉林省委党校组织的党史学习教育精品课比赛中，1名教师获第3名。

【白城市建设国家级清洁能源基地的难点及对策研究】 2021年，市委党校主持《白城市建设国家级清洁能源基地的难点及对策研究》项目，被确定为省市县党校三级联合调研课题，获市长李洪慈签批，并上报省委党校。8月23日，到洮南市大唐600兆瓦吉电南送工程项目地、30兆瓦生物质热电联产项目地进行调研，到新能源与氢能展馆参观，听取洮北经开区绿电园区相关情况介绍，走访企业2家，调研了解绿电园区有关情况，观看洮北区绿电产业宣传片并召开座谈会；8月24日，在市委党校召开调研座谈会，市发改委、工信局、财政局、供电公司、能源局、金融办等相关领导参加；到通榆县调研，在通榆县能源局观看能源基地沙盘展示，召开调研座谈会和研讨会；8月25日，到通榆三一重能风机制造厂、通榆鸿兴光伏领跑基地调研。该课题从白城市发展清洁能源产业历程回顾、白城市建设国家级清洁能源基地存在难点问题分析、推动白城市建设国家级清洁能源基地高质量发展对策建议3个方面阐述白城市建设吉林省西部清洁能源基地形成基本框架、存在难点问题及形成原因，据此提出相应对策建议。

（张　望）

老干部工作

【概况】 截至2021年末，白城市有离休干部303人，其中第二次国内革命战争时期1人，抗日战争时期9人，解放战争时期293人；享受正省（部）级单项待遇1人，副省（部）级单项待遇1人，副地（厅）级待遇6人，享受正县（处）级及以下待遇295人。全市离休干部平均年龄91.1岁。

【老干部作用发挥】 2021年，中共白城市委老干部局（简称“市委老干部局”）开展“我看建党百年新成就”调研活动。召开座谈会136场，征集体会文章219篇，诗词78首。举办诗书画展15次，文艺演出35场。白城老年大学参加“奋斗百年路·启航新征程”吉林省离退休干部庆祝中国共产党成立100周年文艺演出，获优秀组织奖。组织老干部参加省委老干部局“庆祝建党100周年老干部座谈会”。开展“助力十四五·启航新征程”主题系列活动，300余名老干部发挥自身优势特长在助力乡村振兴、加强基层治理、参与志愿服务等方面贡献智慧和力量。

【老干部党建】 2021年，全市组织老干部参加各类报告会10余次，参与重要会议、活动15次。落实阅读文件、参观考察等各项政治待遇制度。市、县两级党委年初均召开经济社会发展情况通报会，向离退休干部传达中央和省、市委重大决策部署，通报重要情况。完成为抗美援朝老干部颁发纪念章、为老党员颁发“光荣在党50年”纪念章工作。完成以“颂党恩、温暖行”为主题纪念抗战胜利75周年、纪念中国共产党成立100周年等重大纪念日和春节等重大节日离退休干部普遍走访慰问、离退休老干部健康体检等工作。学习习近平总书记在中国共产党成立100周年大会上重要讲话精神，领会习近平总书记考察吉林重要讲话重要指示精神，通过打造精品党课、举办读书班、到基层宣讲、线上交流等开展政治理论学习。全市讲党课110余次，到基层宣讲125次。强化“互联网+党建”模式，利用“离退休干部工作”“吉林老干部家

6月25日，白城老年大学参加全省离退休干部庆祝中国共产党成立100周年文艺演出（袁沈江　供图）

园”微信公众号、“夕阳家园”全省离退休干部综合服务平台、QQ群、微信群等网络平台推送学习资料、交流心得体会。组织离退休干部收听收看全国离退休干部网上专题报告会5场，参加网上党史国情知识竞赛。协调有关部门落实基层党支部工作经费、党费返还、支部书记补贴等各项政策，确保离退休干部党建工作顺利开展；落实在职党员干部担任离退休干部党支部党建联络员制度，全市有89名党建联络员协助支部开展党建工作；抓好培训工作，全市组织离退休干部党支部书记培训5次。

【老干部服务】 2021年，市委老干部局完善“三项机制”（离休干部离休费保障机制、医药费保障机制和财政支持机制），确保老干部养老金和生活补贴正常发放。协调相关部门及时为老干部医保卡充值，缩短异地老干部医药费报销时间。协调财政、医保等单位将11名抗战时期离休干部医药费统筹标准由1.8万元调整至5万元。6月底前全市完成离休干部增发生活补贴工作。通过在定点医院设立老干部门诊和老干部病房、开辟专用窗口、设立优先标志和引导员等方式，为离休干部提供方便、快捷、优质服务“绿色通道”。全市设立老干部定点医院16个，开通绿色通道16条。协调市中医院开通1部专用电梯供老干部使用。针对离休干部存在的年高体弱、行动不便等实际困难，协调各医院，由临床经验丰富医生组成专家团队，不定期上门为离休干部提供“家庭巡诊”等医疗保健服务，同时建立健康档案，做好巡诊记录。全年全市巡诊51次，服务老干部135人。妥善处理来信来访40余件(次)。

【“结对认亲”活动】 2021年，市委老干部局把离休干部划分成组，每名工作人员联系一个组，要求做到每季度到老干部家中或电话联系1次，了解老干部在思想、生活等方面存在问题和困难，帮助协调解决，并做好思想政治工作。对身患重病、家庭困难离休干部实行重点帮扶，进行“结对认亲”。制作“结对认亲活动手册”或“结对认亲联系卡”，不定期到家中走访，帮助解决实际困难和问题。

【服务平台建设】 2021年，市委老干部局加强精神平台建设。利用“说事点”“聊天室”“流动站”“热线”等精神平台，加强与老干部沟通交流，安抚情绪，帮助建立积极乐观阳光心态。全市建设精神关怀平台75个，惠及老干部335人。搭建“养老服务平台”。利用微信群、网站等载体和媒介搭建离退休干部“养老服务平台”，宣传推介有关情况，主动为有需求离休干部对接社会养老服务体系，推介优质养老机构6个，满足离退休干部多元化养老需要。

【活动阵地建设】 2021年，白城市争取并获省老干部局活动阵地建设奖补资金75万元。修缮改造老干部活动中心，更新设施设备，增加活动项目。白城老年大学探索与市医高专合作办学，提升师资力量和授课范围。白城老年大学与红叶社区、安居社区、日升社区、胜利社区和丰华园社区5个社区开展“双进”（老年大学教师和学员骨干进社区、社区文体骨干进老年大学）活动。

【白城老年大学】 2021年，白城老年大学被评为吉林省全民终身学习活动先进单位、白城市全民终身学习活动周工作先进单位。丁云英等10名老年大学学员被市教育局评为白城市“百姓学习之星”。完善教师聘用、学员管理、请销假等管理制度和校规校纪。实行听课制度，保证教师规范教学，使学员学有所获。与白城医高专联合开办3个专业。组织师生开展“红歌唱响校园”“我看建党百年新成就”主题座谈、“翰墨丹心”全省离退休干部庆祝中国共产党成立100周年书画摄影作品展、“奋斗百年路•启航新征程”全省离退休干部庆祝中国共产党成立100周年文艺演出等活动。

【省级服务离退休干部“新型社区”创建】 2021年，全市创建洮北区丹顶鹤社区和大安市永兴社区两个省级服务离退休干部“新型社区”，使老干部在家门口就能享受到“五就近”（就近组织党建活动、就近组织开展学习、就近组织开展活动、就近给予关心照顾、就近组织发挥作用）服务。

（陈丽杰）

档案管理

【概况】 白城市档案馆（简称“市档案馆”）是国家综合性档案馆。截至2021年末，白城市档案馆馆藏档案资料8万余卷（册）、112806件。

【档案馆库建设】 2021年，市档案馆新馆建设项目纳入《白城市国民经济和社会发展第十四个五年规划和2035年远景目标纲要》。争取到吉林省档案事业发展补助资金20万元，完成符合档案标准消防系统改造，拆除原有气溶胶灭火系统，安装惰性气体灭火系统和消防安全配套设施，并建立总控制室，将安全设施设备控制系统集中至一楼总控室，24小时值守。

【2020年档案接收】 2021年，市档案馆接收白城市直机关2020年文书档案进馆，73个全宗8720件，接收数字化副本。接收白城广播电视台2020年《白城新闻联播》视频数据。收集整理2021年《中国档案报》《人民日报》《吉林日报》《白城日报》。

【档案信息化建设】 2021年，市档案馆开展2007年至2014年馆藏文书档案数字化工作，完成37900条目录入，扫描全文192000页，并及时与档案数据库挂接，随时做好数字化工作日常管理和数据检验。

【档案资料征集】 2021年，市档案馆推进白城市脱贫攻坚工作和新冠肺炎疫情防控工作“两类档案”归档收集工作，接收白城市脱贫攻坚文书档案目录780条，数码照片341张，完成白城市新冠肺炎疫情防控指挥部及成员单位2020年档案接收进馆及数据库建设，其中文书档案2459件，视频85个，音频6个，照片及微信公众号截图937张。

【档案宣传】 6月9日，市档案馆与白城市档案局（简称“市档案局”）联合开展“6·9”国际档案日宣传活动，制作展板、条幅、宣传单，在白城市委门前宣传展示。市档案馆与市档案局工作人员就新修订《中华人民共和国档案法》、档案违法行为、国际档案日相关内容、公民在档案事务中享有的权利和义务、查询档案事宜进行宣传和解答。市档案馆注册微信公众号“白城档案”，于2021年11月30日开通上线，向社会各界传播档案文化，宣传档案知识，共享档案信息，提供档案服务，2021年发布内容2期，信息25条。

【档案服务利用】 2021年，市档案馆与市委组织部、市委宣传部、市委党史研究室、市文广旅局等部门联合举办“初心如磐——白城市庆祝中国共产党成立100周年主题展览”。加强服务窗口建设，增设一次性服务告知单，方便查档人员了解利用程序和审批手续。设立便民服务项目。开展电话查档，工作日延时查档和节假日预约查档服务，接待查档案人员486余人次，利用档案1657件次。

（张　健）

关工委工作

【概况】 2021年，白城市有基层关工委组织1626个，从事关心下一代工作“五老”人员20239人。白城市关心下一代工作委员会（简称“市关工委”）加强基层组织建设，调整组建关工委37个，培训“五老”人员4152人次；开展青少年党史教育，组织编印教育教材，印刷学习资料5901册；建设“四自”小组平台，农村“四自”小组学员16646人。

【基层组织建设】 2021年，白城市、县（市、区）均制发党建带关建文件，带动关工委班子和队伍建设。8月，市委常委鲍长山任市关工委主任。工业园区、经济开发区关工委班子重建，人员配齐。经征求意见、党组织推选、并报市委组织部批准，市关工委成功换届。2021年，全市调整改建关工委37个、关工小组142个，调整关工委正副主任79人、小组长143人。培训“五老”人员296班次、4152人次；编印“五老”培训教材5206份。开展创“五好”（领导班子建设好、“五老”队伍作用好、场地建设功能好、活动经常效果好、积极探索创新好）活动，全市关工委好的和比较好的1407个，占比91%；关工小组好的和比较好的2080个，占比88%。新一届委员会组成后，市关工委召开纪念关工委成立30周年工作会议，总结30年来工作成绩和经验，提出下步工作方向，表彰44个先进集体和123名先进个人。

【青少年党史教育】 2月，市关工委对加强青少年主题教育做出安排，下发《关于积极参加党史学习教育活动的通知》。6月，召开学党史促工作座谈会，部署主题教育活动。编写5万余字《新民主主义革命时期中国共产党在白城》学习资料，印发2000册发放给“五老”配合党史学习，作为教育青少年传承红色基因辅助教材。全市全年组建“五老”报告团239个，编写教育教材71篇，印制学习资料5901册。举办报告会、讲大课、组织参观1560场次，传承红色基因教育10万余人次，核心价值观教育和弘扬家教家风教育各8万余人次。

【“四自”小组平台建设】 2021年，市关工委以“四自”小组（自找对象、自选内容、自定时间、自择方法）为平台，扶持农村青年学理论、学政策、学科技，脱贫创业致富；动员鼓励创业有成的“四自”小组学员帮扶贫困户。白城农村“四自”小组1452个，学员16646人，依托“四自”小组建立农村合作经营组织220个，“学员”发展为专业大户960户，帮扶贫困农民5429户。

【青少年关爱行动】 2021年，市关工委利用“绿色家园”平台对“五失”（失学、失业、失亲、失足、失能）青少年进行帮教；协助校外活动站和家庭服务站对留守、困难儿童进行照顾和辅导；开展“情系春苗、爱洒校园”、救助贫困学子等活动，为贫困学生捐款捐物。白城各级关工委争取资金279.8万元，帮扶2577人，解困2127人，转化劣迹青少年234人。

【关工委宣传】 2021年，市关工委在电台、电视台、《白城日报》等新闻媒体开办《关爱在白城》专栏；将《关工信息》改版为《绿原》刊物，获省新闻出版局批准，《绿原》增添政治性、趣味性、知识性栏目，提高可读性和影响力。发挥“白城关工宣传群”、微信公众号、“白城市关心下一代工作委员会”网站作用，用以报道工作、传递信息、推介典型、沟通情况、传播教材。2021年，市、县两级编发简报、刊物45期，刊载文章、信息等625篇次，在市级以上报刊报道文章15篇。全市培训“五老”通讯员15班次，262人；加入省市关工委微信群的市、县关工委领导和“五老”46人。

（丁贵晨）

白城市人民代表大会

综　述

【概况】　2021年，白城市召开市第六届人民代表大会第五次、第六次会议；第六届人大常委会召开主任会议18次，常委会会议12次；聚焦“一城三区”建设，谋划立法、监督、代表等工作，推进疫情防控、“六稳”“六保”、乡村振兴等重点任务落实见效；依法作出“八五”普法决议，决定设立白城清洁能源日；颁布地方性法规3部，修改1部条例；开展执法检查4次，视察调查（研）19次，任免国家机关工人员75人次；编发《白城人大》5期、《白城人大信息》43期。

【执法检查】　2021年，白城市人民代表大会常务委员会（简称“市人大常委会”）组织代表围绕《中华人民共和国禁毒法》《吉林省优化营商环境条例》等法律法规贯彻实施情况开展执法检查4次。召开《吉林省优化营商环境条例》执法检查动员会。通报执法检查工作方案，听取市政府、市监委、市中级人民法院、市人民检察院及市公安局相关工作情况汇报。制定《关于优化营商环境密切与企业界人大代表联系办法》。确定在5个县（市、区）、白城工业园区、经开区建立企业人大代表联系点12个，由常委会领导牵头、市人大各专委会和办事机构负责包保联系，围绕白城市营商环境建设情况，定期开展联系活动，收集企业对营商环境建设意见建议，并形成代表建议和常委会意见，集中交办有关方面，跟踪督促办理。

【视察调查（研）】　2021年，市人大常委会组织代表围绕农作物秸秆露天禁烧和综合利用、乡村振兴立法、少数民族乡村特色产业发展、河湖连通工程管理和地下水资源保护立法、养老服务体系建设等开展视察调查（研）19次。其中，视察2次，调研16次，调查1次。

表7　2021年白城市人大常委会执法检查工作情况一览表

时间	执法检查内容	调研领导	调研地点
6月2—3日	《中华人民共和国禁毒法》贯彻实施情况	市人大常委会副主任何野平	镇赉县
7月26日	全市贯彻实施《吉林省优化营商环境条例》情况	市人大常委会副主任王郢	市　直
7月28日	全市贯彻实施《吉林省优化营商环境条例》情况	市人大常委会副主任叶静波	通榆县
7月29日	全市贯彻实施《吉林省优化营商环境条例》情况	市人大常委会副主任、秘书长刘福彪	镇赉县

（资料来源：市人大常委会办公室）

表8　2021年白城市人大常委会视察调查（研）工作一览表

时间	视察调查（研）内容	调研领导和部门	调研地点
4月14日	调研2020年全市环境状况和环境保护目标完成情况以及农作物秸秆露天禁烧和综合利用情况	市人大常委会副主任叶静波	—
5月10日	调研乡村振兴立法	市人大常委会副主任王郢	大安市、镇赉县
5月28日	调研全市少数民族乡村特色产业发展情况	市人大常委会副主任王郢	洮南市车力蒙古族乡、洮北区德顺蒙古族乡
6月	调研市中级人民法院人民法庭工作情况	市人大监察和司法委员会	—
6月8—9日	开展河湖连通工程管理和地下水资源保护立法调研	市人大常委会法制工作委员会	镇赉县、洮南市
7月15日	调研法院多元化解纠纷建设情况	市人大常委会副主任何野平	大安市、洮北区
7月19日	视察全市农业特色产业发展情况	市人大常委会副主任王郢	—
7月26日	调研全市养老服务体系建设情况	市人大常委会副主任王郢	—
7月28日	调研全市养老服务体系建设情况	市人大常委会副主任叶静波	通榆县
7月29日	调研全市养老服务体系建设情况	市人大常委会副主任、秘书长刘福彪	镇赉县
8月10日	对营商环境座谈会上企业提出的退休职工缴纳补充医疗保险费问题进行走访调查	教科文卫委员会	相关企业、市医保局
8月12日	调研全市贯彻实施《白城市城市绿化条例》情况	市人大常委会副主任叶静波	—
8月12日	开展金融服务中小微企业发展情况调研	市人大常委会副主任何野平	—
9月14日	调研义务教育阶段学生减负工作落实情况	教科文卫委	市本级毓才实验学校、洮北区海明小学、第二中学
9月17日	调研全市国企改革和全市企业国有资产管理情况	市人大常委会副主任王郢	—
9月30日	调研全市少数民族特色文化发展情况	市人大常委会副主任王郢	—
10月19日	视察全市重点项目建设情况	市人大常委会副主任何野平	—
10月11日	对白城市未利用地管理情况开展立法调研	城乡建设与环境保护委员会	—
10月19日	开展清洁能源立法调研	市人大常委会副主任何野平	—

（资料来源：市人大常委会办公室）

人大立法

参见“法治”。

重要会议

【白城市第六届人民代表大会第五次会议】 1月12—13日，白城市第六届人民代表大会第五次会议在白城宾馆召开，253名市六届人大代表出席会议。会议听取和审议白城市人民政府工作报告、白城市人民代表大会常务委员会工作报告、白城市中级人民法院工作报

1月12日，白城市第六届人民代表大会第五次会议在白城宾馆召开。图为大会开幕式

（陈静怡　供图）

告、白城市人民检察院工作报告，审查和批准白城市2020年国民经济和社会发展计划执行情况与2021年国民经济和社会发展计划（草案）的报告、白城市2020年预算执行情况和2021年预算（草案）的报告，批准2021年预算。会议进行选举事项。

【白城市第六届人民代表大会第六次会议】 3月22—23日，白城市第六届人民代表大会第六次会议在白城宾馆召开，263名市六届人大代表出席会议。会议选举产生白城市人民政府市长和白城市中级人民法院院长。

【白城市第六届人大常委会主任会议】 第六届人大常委会主任会议主要听取人事事项说明,研究确定市六届人大常委员会会议议程(草案)和日程安排。对市人大常委会2021年工作要点（草案）进行讨论；对市人大常委会2021年立法计划和立法项目库情况，关于表彰人大代表建议、批评和意见办理工作先进单位和先进人大代表，关于个别代表变动情况；关于2020年环保目标完成情况报告准备情况、关于农作物秸秆露天禁烧和综合利用的立法调研报告、关于学习考察域外养老服务体系建设情况等听取汇报。全年第六届人大常委会召开主任会议18次。

表9　2021年白城市六届人大常委会主任会议一览表

次数	会议时间	主持人	参加会议人员	主要内容
39次	1月7日	葛树立	市人大常委会副主任王郢、许广山、叶静波、何野平，秘书长刘福彪出席会议。市人大常委会副秘书长，市人大各委、办、室负责人列席会议	会议听取人事事项说明；讨论市人大常委会工作报告稿；听取市六届人大五次会议有关情况汇报；听取市人大常委会2021年立法计划和立法项目库情况汇报，关于表彰人大代表建议、批评和意见办理工作先进单位和先进人大代表汇报，关于个别代表变动情况汇报；研究确定市六届人大常委会第32次会议议程（草案）和日程安排
40次	2月3日	葛树立	市人大常委会副主任王郢、叶静波、何野平、刘福彪出席会议。市人大相关专委会负责人列席会议	会议听取人事事项说明；研究确定市六届人大常委会第33次会议议程（草案）和日程安排
41次	2月22日	葛树立	市人大常委会副主任王郢、叶静波、何野平、刘福彪出席会议。市人大常委会副秘书长，市人大各委、办、室负责人列席会议	会议听取人事事项说明；讨论市人大常委会2021年工作要点（草案）；研究确定市六届人大常委会第34次会议议程（草案）和日程安排
42次	3月18日	葛树立	市人大常委会副主任王郢、叶静波、何野平出席会议。市人大常委会副秘书长，市人大各委、办、室负责人列席会议	会议听取市六届人大六次会议有关情况汇报、关于个别代表变动情况和人事事项的说明；研究确定市六届人大常委会第35次会议议程（草案）和日程安排
43次	5月11日	葛树立	市人大常委会副主任王郢、叶静波、何野平、刘福彪出席会议。市人大常委会副秘书长，市人大各委、办、室负责人列席会议	会议听取人事事项说明、关于2020年环保目标完成情况报告准备情况汇报、关于农作物秸秆露天禁烧和综合利用的立法调研报告、关于学习考察域外养老服务体系建设情况汇报；研究确定市六届人大常委会第36次会议议程（草案）和日程安排
44次	6月21日	葛树立	市人大常委会副主任王郢、叶静波、何野平、刘福彪出席会议。市人大常委会副秘书长，市人大各委、办、室负责人列席会议	会议听取关于视察全市少数民族乡村特色产业发展情况、新型冠状病毒疫情常态化防控工作情况汇报，关于白城市乡村振兴立法调研和立法学习考察情况汇报，关于推迟审议《白城市草原生态保护条例（草案）》《白城市城市管理条例（草案）》议案、暂不听取和审议市政府落实“六稳”“六保”工作报告汇报，关于检查《中华人民共和国禁毒法》贯彻实施情况、调研全市残疾人基本民生保障情况汇报，关于个别代表代表资格情况和人事事项说明；研究确定市六届人大常委会第37次会议议程（草案）和日程安排
45次	6月28日	葛树立	市人大常委会副主任王郢、叶静波、何野平、刘福彪出席会议。市人大相关专委会负责人列席会议	会议听取有关人事事项和个别代表的代表资格报告

续表9

次数	会议时间	主持人	参加会议人员	主要内容
46次	7月23日	葛树立	市人大常委会副主任王郢、叶静波、何野平、刘福彪出席会议。市人大常委会副秘书长，市人大各委、办、室负责人列席会议	会议听取关于《白城市草原生态保护条例（草案）》《白城市城市管理条例（草案）》审议情况，关于河湖连通工程管理、地下水资源保护立法调研情况汇报；听取关于《市人大常委会关于优化营商环境密切与企业界人大代表联系办法（草案）》《市人大常委会关于养老服务体系建设情况专题询问工作方案（草案）》和有关人事事项说明；会议研究确定市六届人大常委会第38次会议议程（草案）和日程安排
47次	8月24日	葛树立	市人大常委会副主任王郢、叶静波、何野平、刘福彪出席会议。市人大常委会副秘书长，市人大各委、办、室负责人列席会议	会议听取关于人事事项说明；听取关于视察全市农业特色产业发展情况、关于检查《吉林省优化营商环境条例》贯彻实施情况、调研全市金融支持中小微企业情况汇报；听取关于《白城市城市绿化条例》贯彻实施情况报告、关于“六稳”“六保”工作情况报告、关于人大代表建议、批评和意见办理情况报告、关于全市法院多元化解纠纷机制建设情况报告、关于市级养老服务体系建设情况报告及专题询问准备情况汇报；听取关于2021年上半年国民经济和社会发展计划执行情况报告、关于2021年上半年财政预算执行情况报告、关于2020年市本级财政决算报告、关于2020年度市本级财政预算执行及其他财政收支审计工作报告初审情况汇报；听取《关于修改〈白城市城市绿化条例〉的决定（草案）》、关于《城四家子遗址遗迹保护条例（草案）》推进情况汇报；听取关于个别代表变动情况说明，关于学习考察梅河口、敦化两市营商环境情况汇报；研究确定市六届人大常委会第39次会议议程（草案）和日程安排
48次	9月1日	葛树立	市人大常委会副主任王郢、叶静波、何野平、刘福彪出席会议。市人大相关专委会负责人列席会议	会议听取关于设立“白城清洁能源日”有关情况的汇报、关于《城四家子城址保护条例（草案）》初审情况汇报、关于调整市六届人大常委会第39次会议召开时间汇报
49次	9月6日	葛树立	市人大常委会副主任王郢、叶静波、何野平、刘福彪出席会议。市人大相关专委会负责人列席会议	会议听取有关人事事项的汇报
50次	9月6日	葛树立	市人大常委会副主任王郢、叶静波、何野平、刘福彪出席会议。市人大相关专委会负责人列席会议	会议听取关于修改《白城市城市绿化条例》的决定（草案）审议情况汇报
51次	11月9日	葛树立	市人大常委会副主任王郢、叶静波、何野平、刘福彪出席会议。市人大常委会副秘书长，市人大各委、办、室负责人，市检察院相关负责人列席会议	会议听取有关人事事项说明；听取关于调研全市少数民族特色文化发展情况、义务教育阶段学生减负工作落实情况、关于视察全市招商引资项目签约落地情况汇报；听取关于2020年全市国有资产管理情况综合报告、企业国有资产管理情况专项报告准备情况，关于清洁能源、未利用地管理立法调研情况汇报，关于推迟开展《中华人民共和国环境保护法》和《吉林省生态环境保护条例》贯彻实施情况执法检查、关于《市七届人大代表名额分配和选举问题的决定（草案）》的说明，关于《白城市草原生态保护条例（草案）》《白城市城市管理条例（草案）》《白城市城四家子城址保护条例（草案）》审议结果汇报；听取关于传达学习习近平总书记在中央人大工作会议上的重要讲话和会议精神的汇报；研究确定市六届人大常委会第40次会议议程（草案）和日程安排
52次	11月10日	葛树立	市人大常委会副主任王郢、叶静波、何野平、刘福彪出席会议。市人大相关专委会负责人列席会议	会议听取有关人事事项汇报

续表9

次数	会议时间	主持人	参加会议人员	主要内容
53次	11月10日	葛树立	市人大常委会副主任王郢、叶静波、何野平、刘福彪出席会议。市人大相关专委会负责人列席会议	会议听取关于《白城市草原生态保护条例（草案修改稿）》《白城市城市管理条例（草案修改稿）》《白城市城四家子城址保护条例（草案修改稿）》修改情况汇报、关于人事事项汇报；研究确定市六届人大常委会第41次会议议程（草案）和日程安排
54次	12月1日	葛树立	市人大常委会副主任王郢、叶静波、何野平出席会议。市人大常委会党组成员、市七届人大常委会秘书长提名人选张宇，市人大相关专委会负责同志等列席会议	会议听取人事事项和关于市七届人大代表的代表资格情况汇报；研究确定市六届人大常委会第42次会议议程（草案）和日程安排
55次	12月24日	葛树立	市人大常委会副主任王郢、叶静波、何野平出席会议；市人大常委会副秘书长、各委、办、室负责人等列席会议	会议听取关于人事事项说明；讨论市人大常委会工作报告稿；听取关于市七届人大一次会议有关情况、制定和完善相关立法工作制度汇报；听取关于2021年市本级预算调整方案（草案）、推进第8个五年法治宣传教育决议（草案）的议案说明，关于反腐败国际追逃追赃工作情况报告、2020年度市本级预算执行和其他财政收支审计查出问题整改情况的报告准备情况汇报；研究确定市六届人大常委会第43次会议议程（草案）和日程安排
56次	12月31日	葛树立	市人大常委会副主任王郢、叶静波、何野平出席会议。市人大相关专委会负责人列席会议	会议听取有关人事事项汇报

（资料来源：市人大常委会办公室）

【白城市第六届人大常委会会议】 第六届人大常委会会议主要听取审议并表决通过人事事项。会议听取审议并表决通过市人大常委会工作报告稿、关于召开市六届人大五次会议的决定（草案）、市六届人大五次会议议程（草案）、日程（草案）、主席团和秘书长建议名单，决定提交市六届人大五次会议审议表决；审议通过市六届人大五次会议有关机关和团体列席名单（草案）、关于个别代表的代表资格审查报告。关于考察养老服务体系建设情况报告、全市2020年环境状况和环境保护目标完成情况报告等。第六届人大常委会召开常委会会议12次。

表10　2021年白城市六届人大常委会会议一览表

次数	会议时间	主持人	参会人员	主要内容
32次	1月8日	葛树立	市人大常委会副主任王郢、许广山、叶静波、何野平，秘书长刘福彪及委员30人出席会议	会议听取审议并表决通过市人大常委会工作报告稿、关于召开市六届人大五次会议的决定（草案）、市六届人大五次会议议程（草案）、日程（草案）、主席团和秘书长建议名单，决定提交市六届人大五次会议审议表决；审议通过市六届人大五次会议有关机关和团体列席名单（草案）、关于个别代表的代表资格审查报告及人事事项
33次	2月3日	刘福彪	市人大常委会主任葛树立，副主任王郢、叶静波、何野平及委员34人出席会议	会议听取审议并表决通过人事事项
34次	2月25日	葛树立	市人大常委会副主任王郢、叶静波、何野平、刘福彪及委员31人出席会议	会议听取审议并表决通过市人大常委会2021年工作要点及人事事项
35次	3月18日	王　郢	市人大常委会主任葛树立，副主任叶静波、何野平及委员31人出席会议	会议表决通过关于召开市六届人大六次会议的决定及大会议程草案、日程草案；表决通过关于个别代表的代表资格报告；表决通过人事事项
36次	5月12日	葛树立	市人大常委会副主任王郢、叶静波、何野平、刘福彪及委员34人出席会议	会议审议通过关于考察养老服务体系建设情况报告、全市2020年环境状况和环境保护目标完成情况报告；表决通过人事事项

续表10

次数	会议时间	主持人	参会人员	主要内容
37次	6月28日	叶静波	市人大常委会主任葛树立，副主任王郢、何野平、刘福彪及委员29人出席会议	会议听取审议并表决通过市人大常委会关于全市少数民族乡村特色产业发展情况的视察报告、关于《中华人民共和国禁毒法》贯彻实施情况执法检查报告、关于全市新型冠状病毒疫情常态化防控工作情况视察报告；表决通过关于个别代表的代表资格的审查报告及人事事项
38次	7月26日	何野平	市人大常委会主任葛树立，副主任王郢、叶静波、刘福彪及委员29人出席会议	会议听取审议《白城市草原生态保护条例（草案）》《白城市城市管理条例（草案）》；表决通过人事事项
39次	9月6日	叶静波	市人大常委会主任葛树立，副主任王郢、何野平、刘福彪及委员32人出席会议	会议听取审议并表决通过市人大常委会关于全市农业特色产业发展情况的视察报告、关于《吉林省优化营商环境条例》贯彻实施情况的执法检查报告；市政府关于市级养老服务体系建设情况报告、关于“六稳”“六保”工作情况报告、关于《白城市城市绿化条例》贯彻实施情况报告、关于人大代表建议、批评和意见办理情况报告、关于2021年上半年国民经济和社会发展计划执行情况报告、关于2021年上半年财政预算执行情况报告、关于2020年度市本级财政预算执行及其他财政收支审计工作报告、关于2020年市本级财政决算报告，批准2020年市本级决算；听取审议并表决通过关于全市法院多元化解纠纷机制建设情况报告；审议《城四家子城址保护条例（草案）》、关于设立“白城清洁能源日”议案，决定将9月22日设立为“白城清洁能源日”。会议作出关于《修改〈白城市城市绿化条例〉的决定》；表决通过关于个别代表的代表资格审查报告及人事事项
40次	11月10日	何野平	市人大常委会主任葛树立，副主任王郢、叶静波、刘福彪及委员31人出席会议	会议听取审议并表决通过市人大常委会关于全市少数民族特色文化发展情况调研报告、关于全市招商引资项目签约落地情况视察报告；市政府关于2020年全市国有资产管理情况综合报告、关于2020年全市企业国有资产管理情况专项报告；表决通过《白城市草原生态保护条例（草案）》《白城市城市管理条例（草案）》《白城市城四家子城址保护条例（草案）》，报请省人大常委会批准；审议通过《白城市第七届人民代表大会代表名额分配和选举问题的决定（草案）》；表决通过人事事项
41次	11月11日	刘福彪	市人大常委会主任葛树立，副主任王郢、叶静波、何野平及委员30人出席会议	会议听取审议并表决通过人事事项
42次	12月1日	王　郢	市人大常委会主任葛树立，副主任叶静波、何野平及委员27人出席会议	会议表决通过市七届人大代表的代表资格审查报告及人事事项
43次	12月31日	葛树立	市人大常委会副主任王郢、叶静波、何野平及委员28人出席会议，市人大常委会党组书记徐辉，党组成员张伟、刘振兴、马维民、张宇列席会议	会议听取审议并表决通过市监察委关于反腐败国际追逃追赃工作报告、关于2020年度市本级预算执行和其他财政收支审计查出问题整改情况报告；会议批准白城市2021年市本级预算调整方案并作出决议；会议作出关于推进第8个五年法治宣传教育的决议、关于召开市七届人大一次会议的决定；表决通过市七届人大一次会议建议议程、主席团和秘书长建议名单；表决通过人事事项

（资料来源：市人大常委会办公室）

监督工作

【概况】 2021年，市人大常委会实行正确监督、有效监督、依法监督。听取和审议"一府一委两院"工作报告13项，开展执法检查4次。适时听取审议计划、预决算、审计、环保目标、国有资产、审计整改、代表建议办理等情况报告，围绕疫情防控、"六稳""六保"、乡村振兴、禁毒、义务教育、招商引资、养老服务、《白城市城市绿化条例》贯彻实施、市监委国际追逃追赃、市法院矛盾纠纷多元化解机制等方面听取相关报告，开展视察检查，推动工作，促进高质量发展。

【养老服务体系建设监督】 2021年，市人大常委会听取审议市政府关于市级养老服务体系建设情况的报告并开展专题询问。市政府19个单位和部门到会应询，市民政局等7个单位和部门主要负责同志现场回答市人大常委会组成人员提问，部分市人大代表和民营养老服务机构负责人列席会议，副市长赵楠代表市政府作表态发言。询问会现场全程由白城广播电视台通过"爱看白城"进行现场网络直播，白城日报社通过新华社现场云进行图文直播。专题询问提出问题22个，涉及规划编制、养老机构、智慧平台、医疗保障、行业监管、养老设施等各个方面。应询部门对这些问题一一作答，提出具体措施和承诺。

【优化营商环境监督】 2021年，市人大常委会将优化营商环境列为年度重点监督内容，综合运用多种方式开展监督工作。先后听取"一府一委两院"优化营商环境专项报告；组成5个检查组分到市直和5个县（市、区）检查优化营商环境条例实施情况；派出考察组到梅河口、敦化两市考察营商环境建设情况；实地踏查38家企业和窗口单位，并专门召开企业、人大代表、相关部门参加的座谈会，征求意见和建议200余条；起草形成高质量执法检查报告，向市委报告，并转市政府研究办理。市政府专门制定反馈问题整改方案，落实整改单位29个，实行问题销号整改。涉及工作理念、市场环境、政务环境、法治环境、人文环境5个方面28个问题均按要求整改。

【审议专项报告】 5月12日，市六届人大常委会第36次会议，听取审议市政府关于2020年环境状况和环境保护目标完成情况报告。9月6日，市六届人大常委会第39次会议，听取审议市政府关于市级养老服务体系建设情况报告、关于"六稳""六保"工作情况报告、关于《白城市城市绿化条例》贯彻实施情况报告、关于人大代表建议、批评和意见办理情况报告、关于2021年上半年国民经济和社会发展计划执行情况报告、关于2021年上半年财政预算执行情况报告、关于2020年市本级财政决算报告、关于2020年度市本级财政预算执行及其他财政收支审计工作报告，听取审议市中级人民法院关于全市法院多元化解纠纷机制建设情况的报告。11月10日，市六届人大常委会第40次会议，听取审议市政府关于2020年全市企业国有资产管理情况专项报告。12月31日，市六届人大常委会第43次会议，听取审议市监委关于反腐败国际追逃追赃工作情况报告；听取审议市政府关于2020年度市本级预算执行和其他财政收支审计查出问题整改情况报告。

人事任免

【任免方式改进】 2021年，市人大常委会贯彻执行《白城市人大常委会人事任免工作条例》，坚持依法办事，严细任免程序。改进任免方式，采取无记名投票表决方式进行，当场颁发任命书。实行任前公示制度、任前作供职发言制度，提请任命人员在常委会审议前作供职发言；落实宪法宣誓制度办法，制定市人大常委会宪法宣誓规程，组织宪法宣誓仪式10次。

表11　2021年白城市六届人大常委会人事任免一览表

会次	会议时间	任命	免职	请辞
32次	1月8日	曹月林为大安市人民检察院检察长	—	—
33次	2月3日	陈锋为白城市人民政府副市长、公安局局长	林海峰的白城市人民政府副市长、市公安局局长职务	—
34次	2月25日	王财为白城市人大城乡建设与环境资源保护委员会委员	—	吴澍辞去白城市人大民族侨务外事委员会主任委员职务

续表11

会次	会议时间	任命	免职	请辞
35次	3月18日	—	—	李明伟辞去白城市人民政府市长职务
36次	5月12日	郑玉辉为白城市监察委员会副主任、代理主任 李志成为白城市人大预算委员会副主任委员（兼）	赵春学的白城市人大常委会副秘书长职务	陈岩辞去白城市监察委员会主任职务
37次	6月28日	焦成千为白城市人民检察院副检察长、代理检察长、检察委员会委员、检察员 张雨石为白城市乡村振兴局局长 薛琪为白城市中级人民法院审判员（挂职）	—	李军辞去白城市人民检察院检察长职务（报吉林省人民代表大会常务委员会批准） 王春元辞去白城市人大法制委员会主任委员职务
38次	7月26日	赵楠、纪纲为白城市人民政府副市长	杨国辉的白城市住房和城乡建设局局长职务	张洪军辞去白城市人民政府副市长职务
39次	9月6日	李清华为白城市人大经济委员会副主任委员、代理主任委员 王达为白城市人大法制委员会副主任委员 闫煜为白城市民族事务委员会主任 王海东为白城市住房和城乡建设局局长 张艳为白城市文化广播电视和旅游局局长 任克南为白城市金融工作办公室主任 苏波为白城市中级人民法院审判监督第一庭庭长 倪继迎为白城市中级人民法院民事审判第三庭副庭长 张化磊为白城市中级人民法院审判员 樊杰为白城市中级人民法院审判员 李卫为白城市中级人民法院审判员 冯伟为白城市中级人民法院审判员（挂职）	白铁良的白城市民族事务委员会主任职务 马加的白城市文化广播电视和旅游局局长职务 杨立成、彭大羽的白城市监察委员会副主任、委员职务 朱也晶、徐鹏的白城市监察委员会委员职务 苏波的白城市中级人民法院审判监督第一庭副庭长职务 倪继迎的白城市中级人民法院民事审判第二庭副庭长职务 郝万华的白城市中级人民法院刑事审判第二庭副庭长职务 常宗仁的白城市中级人民法院民事审判第一庭副庭长职务 刘辉的白城市中级人民法院立案第二庭副庭长职务 李卫的白城市中级人民法院审判员职务（挂职） 张化磊的白城市中级人民法院审判员职务（挂职） 于占明的白城市中级人民法院审判员职务（挂职）	张洪波辞去白城市人大农业与农村委员会主任委员职务
40次	11月10日	黄秀清、沈雪松为白城市人民政府副市长	—	—

续表11

会次	会议时间	任命	免职	请辞
41次	11月11日	李子罡、常预为白城市人民政府副市长	—	—
42次	12月1日	李立春为市监察委副主任、代理主任 窦来权为白城市人大常委会副秘书长 赵彦峰为市审计局局长 于涛为白城市监察委员会副主任 刘广宇为白城市监察委员会副主任 李长虹为白城市监察委员会副主任 周立新为白城市监察委员会委员 赵鹏程为白城市监察委员会委员	李子罡的白城市发展和改革委员会主任职务 张宇的白城市城市管理行政执法局局长职务 黄秀清的白城市农业农村局局长职务 沈雪松的白城市审计局局长职务 郑玉辉的白城市监察委员会副主任、代理主任职务 王燕来的白城市监察委员会副主任、委员职务	刘福彪辞去市人大常委会副主任职务； 孟昭彬辞去市人大社会建设委员会主任委员职务
43次	12月31日	丁浩勇为白城市监察委员会委员 苏波为白城市中级人民法院审判委员会委员 曹宝明为白城市中级人民法院民事审判第一庭庭长、审判委员会委员 王谦梅为白城市中级人民法院立案第一庭庭长、审判委员会委员 倪继迎为白城市中级人民法院民事审判第三庭庭长、审判委员会委员 张娟为白城市中级人民法院刑事审判第一庭副庭长 李金玉为白城市中级人民法院刑事审判第二庭副庭长 王倩为白城市中级人民法院审判监督第二庭副庭长 李瑞为白城市中级人民法院民事审判第一庭副庭长 陈云超为白城市中级人民法院民事审判第二庭副庭长 王庆雷为白城市人民检察院检察委员会委员 杨喆为白城市人民检察院检察委员会委员	张国君的白城市中级人民法院民事审判第三庭庭长、审判委员会委员职务 陈红的白城市中级人民法院立案第一庭庭长、审判委员会委员、审判员职务 李光宇的白城市中级人民法院民事审判一庭庭长、审判委员会委员、审判员职务 王谦梅的白城市中级人民法院刑事审判第一庭副庭长职务 曹宝明的白城市中级人民法院民事审判第二庭副庭长职务 倪继迎的白城市中级人民法院民事审判第三庭副庭长职务 李大文的白城市中级人民法院审判员职务	—

（资料来源：市人大常委会办公室）

【人事任免和接受请辞】 2021年，市人大常委会完成12次人事任免，任职发言45人，接受请辞人员9人。任免地方国家机关工作人员75人次，其中任命45人，免职30人。

代表工作

【人大代表构成】 2021年，白城市六届人民代表大会代表名额319名，实际选出315名。其中，干部76名，占24.1%；工人46名，占14.6%；农民49名，占15.6%；知识分子76名，占24.1%；企业负责人58名，占18.4%；解放军10名，占3.2%。其中，民主党派6名，占2%；中共党员212名，占66.9%；少数民族40名，占13%；妇女86名，占27.3%。

【人大代表培训】 2021年，市人大常委会组织市六届人大代表及机关干部120人次开展2期专题培训。举办市七届人大代表初任培训班，对当选的市七届人大代表进行培训，426名市人大代表及人大干部参加现场和视频培训。培训就“依法执行代表职务，充分发挥代表作用”进行解读，主要针对“掌握人大代表基本知识、代表大会会前的准备工作、依法行使会议期间权利、人大代表自觉接受监督”4个方面作专业讲解。

【代表宣传】 2021年，市人大常委会对各代表团选送代表先进事迹，由白城日报社、白城电视台进行集中采访并宣传报道。通过指尖白城、爱看白城、《白城人大》等途径扩大宣传范围。

【换届选举】 2021年，市人大常委会指导各县（市、区）开展名额分配、连任推荐、选民登记、组织投票等工作，分片联系督导换届纪律执行情况，依法选举产生市、县、乡三级人大代表5460名。按照适当提高基层代表特别是一线工人、农民、专业技术人员代表比例，妇女代表比例原则上要高于上一届，党政领导干部代表比例从严掌握，少数民族代表比例依照法律规定予以保证的比例要求，严把人选资格条件，优化代表结构。

【议案建议办理】 2021年，市人大常委会市六届人大五次会议期间，代表提出并转交政府及有关部门办理的建议44件。所有建议均在规定时限内办理回复，满意率和答复率达100%。健全激励机制，对市政府办公室等10个先进单位和《关于打造铁东新区的建议》《关于推进我市居家养老服务体系建设的建议》等7件优秀人大代表建议予以表彰。

（牛　淼）

表12　2021年白城市第六届人民代表大会代表建议交办情况一览表

建议编号	建议代表	内　容	主办单位	协办单位
1	张国华	关于打造铁东新区的建议	洮北区政府	市发改委 市自然资源局 市住建局 市工信局 市能源局
2	张国华	关于探索水权水价改革的建议	市水利局	市农业农村局 市发改委
3	孙　波	关于加快推进中华优秀传统文化道德教育进课堂、进校园的建议	市教育局	各县（市、区）政府
4	孙　波	关于解决楼房掉落瓦片问题的建议	市住建局	—
5	孙　波	关于马路人行道不方便群众的建议	市住建局	—
6	孙　波	关于老楼加装电梯的建议	市住建局	—
7	孙　波	关于停车位越来越少不方便群众的建议	市公安局 市城管局	—
8	梁静慧	关于加强义务教育的几点建议	市教育局 洮北区政府	—
9	白玉芳	关于德顺蒙古族乡境内省道扎突线道路维修的建议	市交通运输局	洮北区政府
10	高建华	关于对公共交通方面的建议	市交通运输局	—
11	林淑琴	关于推进我市居家养老服务体系建设的建议	市民政局	市卫健委 市政数局 市人社局 各县（市、区）政府

续表12

建议编号	建议代表	内　容	主办单位	协办单位
12	周淑凤	关于加大力度推进盐碱地改良工作的建议	市发改委	市农业农村局
13	孙海军	关于加强村屯绿化管护工作的建议	市林草局	各县（市、区）政府
14	徐玉玲	关于加强宠物饲养管理的建议	市城管局	市农业农村局 各县（市、区）政府
15	徐玉玲	关于禁止餐厨垃圾随意乱倒及无害化处理的建议	市城管局	各县（市、区）政府
16	徐玉玲	关于增加与规范管理0～3岁婴幼儿早期教育机构的建议	市卫健委	各县（市、区）政府
17	薛兆洲	关于加强村医队伍建设的建议	各县（市、区）政府	—
18	王明华	关于大力倡导光盘行动 杜绝舌尖上浪费的建议	市市场监管局 市商务局	—
19	王明华	关于优先发展我市城市公交事业的建议	市发改委	市交通运输局 市自然资源局 各县（市、区）政府
20	王明华	关于发展“地摊经济”的几点建议	市城管局	市市场监管局 市金融办
21	王明华	关于强化对外卖送餐人员闯红灯监管的建议	市公安局	各县（市、区）政府
22	孙　伟	关于进一步改善白城站广场交通状况的建议	市住建局	市公安局 市城管局 市交通运输局 洮北区政府
23	邱利鹏	关于优化城区交通信号配时的建议	市公安局 大安市政府 洮南市政府 通榆县政府 镇赉县政府	—
24	石云虹	关于巩固脱贫攻坚成果同乡村振兴有效衔接的几点建议	市扶贫办	市人社局 市农业农村局 市商务局
25	胡明权	关于全面支持发展老年护理服务的建议	洮南市政府	—
26	王　佳	关于加大社区基础设施投入及人才队伍建设的建议	各县（市、区）政府 工业园区管委会 经开区管委会	—
27	于晓明	关于进一步加强社会诚信体系建设的建议	洮南市政府	—

续表12

建议编号	建议代表	内　容	主办单位	协办单位
28	马　驰	关于加强学生体育教学，增强学生体质的建议	市教育局	—
29	孙　刚	关于加大农业社会化服务推广力度的建议	市农业农村局	市财政局
30	张　军	关于加强黑土地保护的建议	市农业农村局	—
31	于承志	关于加强扶持中小微服务行业的建议	洮南市政府	—
32	王艳春	关于改善杨、柳树飞絮的建议	洮南市政府	—
33	薛力民	关于加强医药行业诚信体系建设的建议	市卫健委	市政数局 市市场监管局 市医保局
34	路志江	关于推进玉米制种产业发展的建议	洮南市政府	—
35	王继图	关于加大白城市小区人行道维护力度巩固提升城市品牌形象的建议	市住建局	—
36	边立波	关于进一步加强农村卫生室建设的建议	市卫健委	人民银行白城中心支行 市金融办
37	刘记方	关于银政共建推进全市农村信用工程建设的建议	市政数局	人民银行白城中心支行 市金融办
38	史立峰	关于中国青少年近视全球首位必须引起高度重视的建议	市教育局	—
39	代建军	关于抗旱井抽不上来水不能及时浇地的建议	国网白城供电公司	—
40	荆丽平	关于做好垃圾分类提高环保意识共建绿色家园的建议	市城管局 各县（市、区）政府	—
41	刘英男	关于规范城市信号灯的建议	通榆县政府	—
42	王　诺	关于农村各乡镇只设一个畜牧产地检测申报点太少需要增加的建议	通榆县政府	—
43	冯　艳	关于整治广场舞音响扰民现象的建议	各县（市、区）政府 经开区管委会	—
44	邱利鹏	关于加强文明卫生城市管理的建议	市城管局	—

（资料来源：市人大常委会办公室）

白城市人民政府

综　述

【经济运行】　2021年，白城市围绕省委省政府“两确保一率先”目标，应对经济下行压力，出台稳增长措施15项，坚持逐月逐季调度分析，GDP增速在全省位次逐季前移，全年增长7.8%，居全省第2位。着力扩增量、控减量、抓重点、保运行，“一企一策”精准帮扶企业，产值超亿元工业企业50家，新升规企业16家，规模以上工业增加值增长22.5%，居全省第1位。统筹推进整地增粮、以水保粮、科技兴粮，粮食产量56亿千克，居全省第3位；增产4.76亿千克，居全省第2位；增幅9.35%，居全省第1位；洮南市进入全省十大产粮大县行列。开展服务业大调研、大培训、大排查，新入库入统企业61家。消费市场持续恢复向好，社会商品零售总额增长8.8%，进出口总额增长15%，全市经济运行稳中有进、稳中提质。获评推进老工业基地调整改造和产业转型升级工作成效明显城市，得到国家发改委通报表扬，是吉林省唯一获此荣誉城市。

【重点项目攻坚】　2021年，白城市实施项目建设三年攻坚行动。借助央企助力吉林振兴、全球吉商大会等活动，新签约落地重点项目57个，到位资金增长31%，实际利用外资增长23.3%。完善项目包保、调度、督查等机制，开工建设5000万元以上项目169个，比年初计划增加20%，新建项目、产业项目占比均超过50%，梅花三期、中材科技等31个工业项目竣工投产。全市固定资产投资额增长22.4%，居全省第1位。谋划实施氢制合成氨、甲醇项目，氢能产业发展迈出新步伐。争取到全国首批、东北唯一总投资110亿元、总规模140万千瓦“光热+风电光伏”示范项目，成为白城“十四五”开局之年落地第1个超百亿元大项目。

【国家级清洁能源基地建设】　2021年，白城市抢抓“双碳”机遇，承接吉林“陆上风光三峡”工程，推进国家级清洁能源基地建设，全市新能源在建及并网装机总量接近1000万千瓦，新争取指标461万千瓦、绿电产业园区单独获批130万千瓦。东方电气、水发集团、凡瑞锻件等一批新能源装备零部件企业集群式落户，三一、远景合计下线风电整机340台（套），产值超过30亿元，形成新能源装机和装备制造协同跟进、整体推进一体化发展格局。着眼破解电力消纳难题，整合以洮北区为中心100千米半径内2300万千瓦风光资源，按照“源网荷储一体化”模式，创新营造低成本用电优势，在全省率先探索建设绿电产业园区，成为新能源领域具有标志性意义重大改革。制定出台《绿电产业示范园区建设意见》，成立配售电公司，组建能投集团，明确项目入园标准，统筹推动电源端、网端、负荷端实体化运行。投资40亿元国家电投储能铅碳电池、投资14.7亿元聚能集团高性能锂电负极材料、投资11.7亿元中水投高功率负极材料等重点项目落户。深化与远景集团战略合作，谋划建设“零碳产业园区”，在全国率先研究零碳认证指标体系。

【农业全产业链推进】　2021年，白城市打造农业“十大产业集群”，谋划实施重点项目45个。发展主粮和杂粮杂豆深加工，梅花三期竣工投产，建成全球单体规模最大赖氨酸生产基地；益海嘉里完成扩能改造，年稻米加工能力45万吨，全省规模最大；好雨、裕丰等6家企业被纳入全省粳稻产业集群。落实“秸秆变肉”暨千万头肉牛工程，在全省率先成立市、县两级畜牧管理机构，出台“肉牛20条”政策措施，良种化繁育、规模化养殖、精深化加工、品牌化打造“四化”做法在全省推广，全市肉牛养殖量超50万头，增长57%。支持德信公司做大做强，优质肉牛冻精产量占全省40%、全国10%，居全国第2位，成为重要肉牛种源供应基地。通榆吉运肉牛饲养量3.15万头，镇赉和合1.1万头，在全省领先。开工建设和合、吉运等肉牛屠宰加工项目，填补产业链空白。推动牧原、大北农等龙头企业扩大规模，全市生猪239万头，实现翻一番。支持飞鹤全域布局扩能，4万吨奶粉、5万头奶牛养殖基地项目在洮北选址启动，2万吨奶粉、3万头奶牛养殖基地项目在镇赉竣工投产，全市奶牛突破4万头，居全省首位。

【乡村振兴】 2021年，白城市落实“四个不摘”要求，实施脱贫攻坚成果巩固、产业就业衔接等“六大衔接工程”。建立行业防返贫排查比对机制，设立防返贫监测“一村一员”专岗，及时消除致贫返贫风险。提升“双带四增”模式，庭院经济面积稳定在1.33万公顷以上，光伏扶贫累计分红超4亿元。农村公益岗总量和增幅、脱贫人口稳定就业人数均居全省第1位。投资1320万元，建设“智医助理”平台，覆盖所有乡镇卫生院，提升基层医疗精准化、规范化水平。开展乡村公益事业建设、村屯环境整治等“十三项专项行动”，完成95个示范村创建任务。在全省率先试点建设“新能源乡村振兴工程”，大安市每村200千瓦光伏项目并网发电，村集体年均收入7.6万元。贫困地区重大专项普查、“四好农村路”创建获全国先进。启动乡村振兴版“三帮扶一推动”活动，成为全省“深入基层、服务基层、加强基层”特色品牌。在3月开展的全省市（州）县（市、区）党政领导班子和领导干部推进乡村振兴战略实绩考核工作中，白城市委、市政府被评为优秀等次，居全省市（州）第3位。

【城市建管】 2021年，白城市结合编制国土空间规划，完成城市开发边界划定。启动城市更新行动，改造33个老旧小区基础设施。注重乔灌结合，完善道路、公园、广场绿篱绿廊12千米，通过省级园林城市复查。推动“引水入城”，谋划整体改造提升森林公园。医教大学城、城市发展亚行项目序时推进，西部城区骨架路网基本形成。扩建城市污水处理厂，日处理能力提高25%。加密老城新区公交班次，16条城乡客运线路实现公交化。修改城市绿化条例，制定城市管理条例。加强便民早市规范管理，新增摊位1000余个。有效应对1981年以来最强暴风雪，采取“机械+人工”和市场化办法，保畅通、保安全，中央电视台连续5次作专题报道。深化“城市管理进社区”活动，全省城管执法队伍规范化建设现场会在白城召开。

【生态治理保护】 2021年，白城市河湖连通达标工程全面完成，洮儿河常态化补水效应彰显，引嫩济洮项目被列入国家“十四五”水安全保障规划，新开河一期百里绿水生态长廊项目成为全省第一批试点，河（湖）长制工作获全国先进。启动实施第三个“十年绿美白城行动”，颁布《白城市草原生态保护条例》，全年造林1.13万公顷，治理草原1.33万公顷，修复湿地3.33万公顷，林（草）长制试点经验在全省推广。更新使用新能源公交车39辆，推广绿色建筑150万平方米。开展生态环境问题集中攻坚行动，督察反馈问题整改、信访案件办理和“绿盾2021”专项整治有序推进。实施秸秆全域禁烧，洮北区垃圾焚烧发电项目竣工运行，空气质量优良天数比例96%以上，环境质量达到近10年最好水平。

【营商环境优化】 2021年，白城市深化“放管服”“最多跑一次”改革，“零跑团”做法被列为吉林省深入开展“作风建设年”案例选编和“我为群众办实事”实践活动优秀案例。发放“多证合一”营业执照1.9万家，企业开办时间压缩至1个工作日内，新增减税降费2.1亿元。1431项政务服务事项实现“一窗受理、集成服务”。23项公安业务下沉到警务室，形成“10分钟便民服务圈”。在全省率先将信用工作纳入县（市、区）和相关市直部门年终绩效考核，白城被列为全国第三批社会信用体系建设示范区参评城市，城市信用指数在全国261个地级市排名始终处于第一梯队。进一步向市本级开发区（园区）赋权，调整市与经开区财政分成比例，洮南市、洮北区2个开发区晋升为省级开发区。深化月亮泡管理体制改革，统筹嫩江湾、月亮泡水库、月亮泡镇旅游一体开发。推进国有企业厂办大集体改革，开展通榆县国家级农村宅基地、镇赉县省级农村“三变改革”试点。加强“政银企保担”协同联动，企业和项目贷款分别新增70.2亿元和15.6亿元。

【民生实事】 2021年，白城市城镇和农村居民收入分别增长6.6%和10.7%。城镇就业、再就业超额完成年度任务。

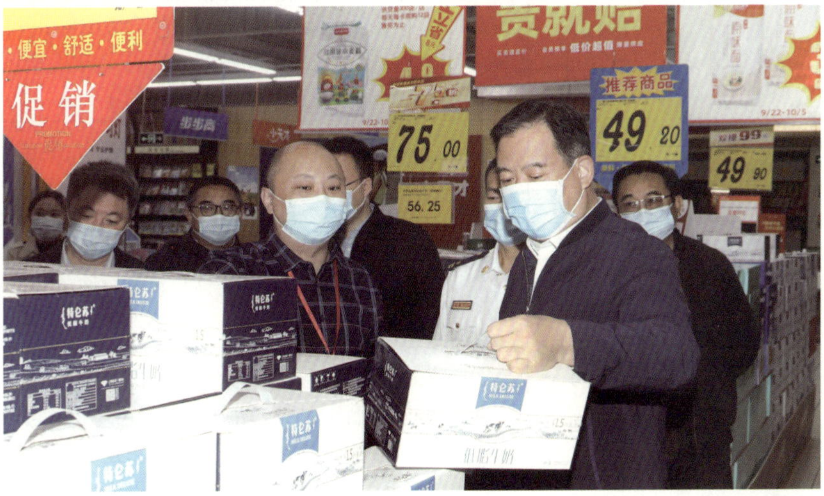

白城市重视改善民生。图为9月23日，市长李洪慈（前排右一）检查安全生产及节日市场供应情况 （邢　璐　供图）

企事业退休人员养老金、市直单位住房公积金缴存比例稳步提高。探索公建民营、民办公助、“物业服务+养老服务”等新型养老模式，医养结合养老机构发展到59家。落实义务教育“双减”（减轻学生作业负担和减轻学生校外培训负担）政策，小区配套幼儿园治理全面完成，高中教育教学成果丰硕，职业教育扎实推进。医高专升本进展顺利，为全省培养“一村一名大学生村医”2000人。结合庆祝建党100周年开展系列文化活动。推进中共辽吉省委、辽北省政府旧址修复，打造具有影响力的红色教育基地。烈士陵园、抗洪纪念塔、机车博览园等7家景区景点被纳入“吉林省百佳红色旅游地（旧址）”。制定城四家子城址保护条例，城址保护被列入国家《大遗址保护利用“十四五”专项规划》。加强常态化新冠疫情防控和应急响应，分类强化应急演练，推进疫苗接种，建成7个抗疫特别国债项目。落实新安全生产法，食品药品安全形势稳定向好。应对极端天气影响，保障热煤供应，首次提前10天开栓供热。完成建党百年安保维稳任务，获首批“全国禁毒示范城市”称号。应对嫩江1998年以来特大洪水，首创“教演结合”实战化演练模式，实现人员无伤亡、堤坝无决口、粮食生产无影响。

（张　赫）

重要会议

【市政府全体会议】 4月29日，市政府六届八次全体会议召开。会议贯彻党中央国务院、省委省政府部署要求，落实市委六届八次全会和市人大六届五次会议精神，安排近期市政府重点工作，动员全市保持定力，攻坚克难，奋勇争先，打好“一城三区”建设开局之战，以优异成绩迎接建党100周年。市委常委、常务副市长张洪军主持会议并就贯彻落实会议精神提出具体意见。副市长张天华、孙志刚、陈锋就分管领域工作进行安排部署。市政府秘书长高航以及其他政府组成人员出席会议。

8月24日，市政府六届九次全体会议召开。会议贯彻习近平新时代中国特色社会主义思想，落实省委十一届九次全会、省政府十三届八次全会和市委六届十次全会精神，研究分析上半年经济形势，明确下一步工作思路和重点任务。市长李洪慈主持会议并讲话，副市长吴东文、孙志刚、陈锋、赵楠、纪纲，秘书长高航出席会议。

【市政府常务会议】 全年召开市政府常务会议14次。会议学习习近平相关讲话精神，新修订法律法规，听取关于工作情况汇报，讨论通过重要方案、意见等。

表13　2021年白城市政府常务会议一览表

会　次	会议时间	会议内容
第1次	2月25日	会议听取全市安全生产工作情况汇报及下步工作安排、全市“十三五”生态环境保护重点工作完成情况汇报及“十四五”工作安排、全市新冠肺炎疫情防控工作情况汇报及下步工作安排
第2次	4月6日	会议听取全市政法系统教育整顿工作情况汇报、全市备春耕生产情况汇报，讨论通过《关于全面推进乡村振兴　加快农业农村现代化的实施意见》《关于推进2021年全市庭院经济发展若干措施》《关于白城市乡村建设行动工作方案》
第3次	4月25日	会议听取全市环保督察整改有关情况汇报，讨论通过《白城市产业链链长制工作制度》《白城市能源投资集团组建方案》《白城绿电产业示范园区供电方案》《白城市项目建设三年攻坚行动实施方案（2021—2023年）》
第4次	5月26日	会议听取全市保护性耕作情况汇报、全市信访工作情况汇报，讨论通过《关于扛稳维护国家粮食安全责任　加强粮食生产的若干措施》《关于大力推进全市渔业高质量发展的实施意见》
第5次	6月22日	讨论通过《白城市草原生态保护条例（草案）》《白城市政府承接省政府授权和委托用地审批事项实施方案（讨论稿）》《白城市坚决制止耕地“非农化”行为防止耕地“非粮化”稳定粮食生产工作方案（讨论稿）》
第6次	6月29日	会议讨论通过《白城市人民政府关于“三线一单”生态环境分区管控的实施意见》《白城市空气质量巩固提升行动方案》《白城市水环境质量巩固提升行动方案》《白城市土壤环境质量巩固提升行动方案》《白城市创建“绿水青山就是金山银山”实践创新基地工作方案》《白城市创建国家生态文明建设示范市县工作方案》《白城市城市管理条例（草案）》
第7次	8月5日	会议研究上半年全市经济运行情况，听取上半年全市食品安全工作情况汇报

续表13

会　次	会议时间	会议内容
第8次	8月8日	会议听取近期全市防汛和安全生产工作情况汇报及下步工作安排，审议通过《关于白城市本级2020年决算的报告》《关于白城市2021年上半年财政预算执行情况的报告》，讨论通过《关于调整完善市与经济开发区财政管理体制的实施意见》《白城市市直党政机关和事业单位经营性国有资产集中统一监管工作实施方案》《白城市城四家子城址保护条例（草案）》
第9次	9月1日	会议讨论通过《白城市国民经济和社会发展第十四个五年规划和2035年远景目标纲要任务清单》《关于加快建设白城绿电产业示范园区的意见》《关于深化教育督导体制机制改革的实施方案》，决定按程序上报或印发；听取全市中小学未成年人思想道德建设工作有关情况汇报
第10次	9月26日	会议讨论通过《关于全面加强黑土地保护的实施方案》《白城市“十四五”消防事业发展规划》等文件，决定按程序上报或印发；审议通过《白城市人民政府、国家能源集团吉林电力有限公司、中国电建集团吉林省电力勘测设计院有限公司、中国大唐集团新能源科学技术研究院有限公司白城绿色数据中心项目开发合作协议》《白城市人民政府、远景能源有限公司白城绿电产业示范园区项目战略合作协议》《白城市人民政府、中国大唐集团新能源科学技术研究院有限公司合作备忘录》
第11次	11月2日	会议套开前三季度经济运行调度会、招商引资及项目建设调度会，分别听取市直部门和各县（市、区）、开发区（园区）有关情况汇报，部署第四季度重点工作
第12次	11月19日	会议学习贯彻新修订的《中华人民共和国安全生产法》，学习传达习近平总书记关于知识产权工作重要讲话精神和《知识产权强国建设纲要（2021—2035年）》，并研究白城市贯彻落实意见；听取全市安全生产工作情况及下步工作建议、生态安全及生态环境保护工作情况及下步工作建议、药品疫苗安全监管工作情况汇报；讨论《市级领导联系服务工业企业工作方案》《白城市四季度工业稳增长攻坚行动方案》《白城市招商引资和项目建设百日攻坚行动实施方案》《白城市推动服务业转型升级高质量发展实施方案》
第13次	12月3日	会议听取关于提高住房公积金缴存比例情况、新冠疫情防控工作情况及下步工作措施；讨论通过《关于开展法治宣传教育的第八个五年规划（2021—2025年）》《白城市做大做强肉牛产业二十条政策措施》《白城市“十四五”时期肉牛产业高质量发展实施方案》《白城市“十四五”残疾人保障和发展规划》
第14次	12月30日	会议审议并原则通过《政府工作报告（讨论稿）》《关于白城市2021年预算执行情况和2022年预算草案的报告》《关于白城市2021年国民经济和社会发展计划执行情况与2022年计划（草案）的报告》；讨论通过《白城市全面推行田长制工作实施方案》《白城市“十四五”期间简化优化电网建设项目审批流程实施方案》

（资料来源：市政府办公室）

人事管理

【概况】 2021年，白城市人力资源和社会保障局（简称“市人社局”）行政编制由38名减少为37名。直属事业单位13个。其中新增直属事业单位1个（白城市绩效考核服务中心），减少直属事业单位1个（白城吉鹤锅炉公司）。

全市有公共和经营性人力资源服务机构57家，其中经营性机构46家。全市召开线上线下招聘会666场次，提供岗位77306个，成功入职16965人。

（齐　志）

【绩效管理】 2021年，白城市启动2020年度全市绩效管理考评工作，截至2021年3月8日，现场考评县（市、区）政府5个、开发区（园区、新区）管委会4个，党群部门28个、市政府部门40个和中省直单位5个。综合各地、各部门行政奖励加分、承担全市重点工作加分、处分减分等情况，形成2020年度绩效考评档次意见，并发布《关于2020年度全市绩效管理考评结果的通报》。在2021年第一季度分别发放2019年度全市绩效奖金及2020年度补发绩效奖金，完成全年目标任务。

（齐　志　王　昕）

表14　2021年白城市推荐吉林省首批乡村人才高级职称和乡村振兴优秀人才一览表

序号	姓名	单位	职务	荣誉名称
1	李　吉	吉林盛世花卉产业科技开发股份有限公司	总经理	乡村振兴优秀人才
2	王镛斯	白城市中兴热力有限公司	副部长	乡村人才高级职称
3	孙志鹏	白城市孙志鹏餐饮有限公司	总经理	乡村人才高级职称
4	李正权	白城市华美科技发展有限公司	总经理	乡村人才高级职称

（资料来源：市人社局）

【人才认定和职称评审】　2021年，在吉林省人才政策2.0版首批人才分类认定中，白城市首批通过认定74人；在吉林省第八批拔尖创新人才评选中，白城市推荐第一层次1名、第二层次2名、第三层次3名；2019年全市中小学校高级教师和中级教师职称评聘，全市申报1483人，通过评审1313人；2021年全市职称信息化评审申报3255人；评审通过吉林省民营高级经济师2人；推荐吉林省第八批正高级教师9人，评审通过7人；白城市通过专业技术二级岗位评审3人，通过专业技术三级岗位评审25人；为白城市享受国务院政府特殊津贴的21人，发放津贴15.12万元；为白城市享受吉林省高层次人才政府特殊津贴6人，发放津贴3.6万元；完成2010年至2021年职称数据整理和上报工作，全市录入系统13578人次。2021年，吉林省人社厅组织开展吉林省首批乡村人才高级职称评审和乡村振兴优秀人才选拔工作，白城市推荐并评选通过乡村振兴高级人才4人，其中1人被评选为乡村振兴优秀人才。

（李凤龙）

【参加职业技能大赛】　2021年，白城市组织各地企业事业单位等64人次报名参加职业技能大赛，涉及焊工等竞赛工种24个，上报省人社厅。9月7—9日，参加吉林省第一届乡村振兴职业技能大赛暨全国乡村振兴职业技能大赛吉林省选拔赛，市人社局选派选手11名，分别参加职工组和学生组汽车维修工、农机修理工、电工、美发师、育婴员、中式烹调师（羊肉烘烤）、餐厅服务员、电子商务师8个项目比赛，获学生组育婴员、中式烹调师（羊肉烘烤）两项第1名，其他9名选手获前10名，市人社局获“优秀组织奖”。9月28日，全国乡村振兴职业技能大赛在新疆维吾尔自治区乌鲁木齐市闭幕，市人社局选送的白城医学高等专科学校家政学院2020级家政服务与管理专业1班高鑫代表吉林省参与大赛育婴员学生组竞技，获育婴员学生组比赛全国铜奖。白城市明德技工学校学生王子获中式烹调师（羊肉烘烤）优胜奖。

（李兴明）

【机关事业单位退休人员退休金调整】　2021年，白城市为市直事业单位增加基本养老金，履行审批手续，平均增加额174.44元。完成企业职工养老保险制度范围内申请退休享受养老保险待遇2191人资格、条件审核工作；完成市直327人机关事业单位退休资格和视同缴费年限审核工作（包括为机关退休人员核定视同缴费年限120人）。全年为白城市事业单位工作人员办理退休1342人。其中，市直207人、县（市、区）1135人。

（张瑞婷）

数字政府建设

【大数据中心建设】　2021年，白城市完成投资约2000万元、面积575平方米白城互联网数据中心（IDC）机房建设。机房互联网出口带宽20G，通过安全等级保护三级认证，具备“双重网络保障”“双路超高压市电引入”“多层防御体系”等安全保障。

【电子政务外网和政务云建设】　2021年，市政务服务和数字化局（简称“市政数局”）完成等保三级2.0改造工作，白城市政务云平台达到安全等保三级，为全市各政务系统安全稳定运行提供保障。投资5010万元，建成包括统一互联网出口、安全管理平台、安全接入平台、生活风险评估（LRA）认证中心的高可靠、高安全市本级城域网，实现与省级电子政务外网广域网，与各县（市、区）电子政务外网城域网的互联互通，为政务服务“一网通办”“最多跑一次”改革提供网络支撑。白城市基于政务云和电子政务外网，建立各部门共享目录，实现各部门相互订阅。

【数据共享归集】　2021年，市政数局按照国务院关于推进政务信息系统整合共享、建设全国一体化在线政务服务平台、加快实现政务服务“一网通办”决策部署，贯彻落实《吉林省公共数据和一网通办管理办法（试行）》，深化“互联网+政务服务”，加快推进政务服务“一网、一门、一次”改革，梳理形成4批《白城市政务信息资源共享责任清单》，涉及部门（单位）52个，各部门将政务存量数据录入白城市政务信息共享网站，录入数据6.5亿条。

【互联网+政务服务】　2021年，市政

务服务中心推进“互联网+政务服务”，最大限度实现政务服务事项“一网通办”和“跨省通办”。设置“一网通办”服务专区，配备专门引导员提供服务，方便企业和办事群众，全年办理业务1670件，166项事项实现全省“一网通办”。推进政务服务“跨省通办”，下发《白城市加快推进政务服务“跨省通办”实施方案》，统筹全市工作开展，并组织相关部门开展业务培训。梳理涉及商事登记、社保、医保、公积金、公安等18个高频事项作为首批“跨省通办”事项，与嘉兴市合作开展“跨省通办”业务，与内蒙古自治区兴安盟市签订“跨省通办”合作协议。

（杜国庆）

政务服务

【概况】 2021年，市政务服务中心推进“一站式”办理“一窗式”服务，政务服务事项增至1689项，实现“一窗式”服务和“最多跑一次”要求；梳理公布政府权责清单，规范政务部门权责清单2549项，公共服务事项352项，实现权责清晰，统一高效；拓展“零跑团”服务能力，为企业和群众办理业务和解决问题近6万件，助推300余家企业和167个重点项目快速落地，为企业节省“过桥”费6353万元，节省中介服务费近8万元；统筹实施政务服务“好差评”制度，引导5万余家市场主体入驻“全国中小企业融资综合信用服务平台”，累计成功授信1002笔，授信金额73.89亿元，解决中小微企业融资难问题。“一门通办”做法被省委组织部作为全省“我为群众办实事”实践活动优秀案例推介，被《人民日报》《光明日报》《人民公安报》《吉林日报》等媒体和“学习强国”平台相继刊发；“零跑团”服务做法被市委“我为群众办实事”党史学习教育活动作为全市3个典型案例之一进行宣传，并被《人民日报》报道。

【营商环境建设】 2021年，制定印发《白城市贯彻落实吉林省优化营商环境条例实施细则责任分工明细表》，定期调度、报送工作进展情况。研究制定《白城市四级书记抓营商环境建设实施方案》。制定印发《白城市营商环境优化提升实施方案》，各相关部门按要求开展落实。印发《关于开展贯彻落实〈优化营商环境条例〉集中宣传活动工作方案》，组织相关部门和单位报送典型做法，面向社会讲好营商环境建设故事，形成系列宣传报道。截至2021年末，有10个重点部门典型案例进行集中报道，吉林电视台新闻联播栏目播发2期，白城市电视台播发3期。监督员申报和审核工作，研究制定《监督员须知》，组织监督员下载吉林软环境App，编制使用流程。开展“白城市软环境建设工作先进集体和先进个人评选表彰”活动，表彰先进集体15个，先进个人30名。

【“放管服”改革】 2021年，白城市深化“放管服”改革。承接省级放权10项，市本级向各县市放权2项；市本级梳理政务服务事项1690项；推广开展行政检查执法备案智能管理改革取得实效，全市注册App人数5087人、事项清单认领749项，利用系统开展检查次数6000余次，各项工作位于全省前列，白城市改革推进情况和创新工作亮点，得到省委书记景俊海、省政数局局长宋刚签批表扬。印发全市“放管服”工作简报22期，向省里报送信息100余条。

【工程建设项目审批服务事项容缺受理】 2021年，制定印发《白城市工程建设项目审批服务事项容缺受理实施办法》《白城市工程建设项目审批告知承诺制管理规定》等文件，规范可容缺受理原则、责任主体、办理流程，通过事项管理系统规范容缺标识工作；组织市住建、市自然资源等部门结合工作实际梳理“容缺事项”清单（第一批），容缺受理事项13项，可容缺材料39份，并在市级工程建设项目审批综合窗口全程公开，方便企业办理，全年为30余个工程项目实行容缺受理。截至2021年末，梳理涉及7大类审批流程14个审批服务部门，100余套填表说明（第一批）。

【政务公开】 2021年，白城市建立日常评查、专项检查、绩效考核相结合工作推进机制，制定政府信息公开网上专栏考核细则，对各部门网上公开情况坚持不定期巡查检查。优化政府门户网站、政府信息公开专栏等线上公开渠道，推进市档案馆、市图书馆、各级政务大厅等信息公开线下公开渠道建设。全年收到政府信息公开申请线上81件，线下31件，按时办结率100%。全年在政府信息专栏发布各类政府信息7644条、公开人大代表议案189条、公开政协委员提案273条。通过采取实时动态监管、常态巡查和清单式管理等方式，加大监管力度。将全市292个单位纳入政府信息公开专栏进行动态监管，193个各类政务新媒体账号纳入国办信息报送系统进行监管，确保及时发现问题督促整改。

【一个电话解难题】 2021年，白城市采取“接、分、办、督、访”全程跟踪工作流程，建立及时上报、跟踪督办、定期例会、联合查验工作机制，解决群众诉求。对32个非紧急类热线进行归并优化，将所有短号码纳入热线督办工作体系和跨部门协调机制。建立市、县、街道（乡镇）、社区（村）四级工作体系，“12345”热线负责热线平台规划建设和运行管理。全市53个单位部门，均可通过电子政务外网办理热线业务，企业建立移动客户端，助力网络资源共享并实现线上工单办理。开展即诉即办机制，通过急事急办、特事特办解决群众“急难愁盼”。2021年，召开协调会26次，现场会商22次，结果抽验1万余件，跟踪督办6000余件，牵头处置30件。通过热线、网民留言受理群众诉求

9月11日，“零跑团”到白城市恒维汽车零部件有限公司提供零跑服务

（李　静 供图）

5.4万件，办结5.2万件，办结率97%。

【“零跑团”服务】 2021年，白城市研究制定《白城市2021年“零跑团”工作要点》，通过“零跑团”服务，实现群众和企业办事“最多跑一次”甚至“零跑动”，指导推进“零跑团”在全市范围内开展。截至2021年末，为企业和群众帮代办各类业务5452件，其中为275家企业提供零跑服务，助推35个项目快速落地，节省中介服务费近7万元；引导5万余家市场主体入驻“全国中小企业融资综合信用服务平台”，助力企业获贷2425笔，获贷金额155.07亿元，解决中小微企业融资难问题。结合“服务企业周”活动，主动对接项目单位和企业，助推全市5000万以上开工项目167个，助力企业快速开工，快速达效。“零跑团”全年收到锦旗9面，感谢信18封。

（杜国庆）

政务督查

【重点工作督查】 2021年，市政府督查室建立《重点事项督办单》，对14项工作任务开展督查调度。制订《市政府主要领导工作部署督查台账》，紧盯各项工作任务落实，督办69期。按月开展春季集中开工项目、“一城三区”、15项经济措施实地督查，按季度督查调度《2021年全市重点工作责任清单》100项重点工作、省市民生实事进展情况。对国家、省政府工作报告涉及白城工作以及市政府六届九次全体会议重点工作任务推进情况开展督查调度。开展汽车消费、新冠疫情防控及疫苗接种、庭院经济、“一老一小”、国企改革、社保养老金冒领等领域进行专项督查。在督查中了解工作进展、发现问题瓶颈、提出督查建议，形成督查报告为市领导提供决策参考。

【省政府督查室交办任务】 2021年，省政府向白城市下达《总施工图》、成品油流通市场治理专项行动、全省冷链环节新冠疫情防控等督查工作，通过任务分解、建立《省政府督查室交办事项督查台账》、专项核查等，协调各地、各部门落实工作，上报进展情况。白城市承办省政府督查工作136项，完成各项督查任务。

【配合国家省开展专项督查】 2021年，市政府督查室完成全省新冠疫情防控暗访督查、农业农村重大政策措施落实情况督查发现问题反馈等工作，协调各有关部门及时落实整改工作。先后选派多名干部参与全省新冠疫情防控督查、项目踏查、政策落实情况督查等，完成省里督查任务。国务院第八次大督查第七督查组到吉林省督查期间，起草督查方案、组织督查调度会议、开展13项重点工作督查、调整、完善和上报经验材料。暗访督查组到白城市期间，组织协调市监局、交通局等部门对问题线索进行核查，督促部门自查，跟踪问题整改并向国务院督查室反馈问题整改情况。按照市委市政府召开的国务院大督查第七督查组指出问题整改专题会议要求，9月末，市政府督查室对11个部门自查整改情况开展专项督查，自查出问题10个，整改完成6个。11月末，对未整改问题开展“回头看”，4个未整改问题均整改完成。

【“互联网+督查”转办问题办理】 2021年，市政府督查室以为民办实事、解难题为出发点，核查办理省政府督查室转办各类“互联网+督查”问题，对查干浩特飞龙自来水公司收取安装水表费、四季华城消防设施不过关、四中拖欠供应商货款、房屋过户收中介费、玉米收获机没得到省级补贴、保护性耕作设备维护收费问题等开展现场核查办理。查干浩特飞龙自来水公司收取安装水表费用问题，协调洮北区市监部门开展行政执法，多次与当地政府沟通协调，督促其按有关规定快速推进问题解决，将违规收取73户水表费83950元全部退还。洮北区辉煌村高标准农田未通电问题，经核查情况属实，协调洮北区政府对该项工作进行专项部署，并于春耕前完成通电。2021年，接到省政府督查室转办国务院、省“互联网+督查”群众反映问题40件，均得到核查办理。

（李踊峰）

中国人民政治协商会议吉林省白城市委员会

综　述

【概况】 2021 年，中国人民政治协商会议吉林省白城市委员会（简称“市政协”），履行工作职能，召开政协白城市第六届委员会第五次会议，召开市政协六届常委会会议 7 次，政协主席会议 7 次，资政协商会议 2 次，开展调研视察 6 次、视察监督 4 次，收到提案 270 件，重点督办新能源产业发展，提升黑土地耕地质量提案，收集社情民意信息 40 篇，开展委员培训和联谊交流活动。

【市政协委员构成】 截至 2021 年末，白城市政协有委员 319 人。其中，男委员 219 人、占 68.7%，女委员 100 人，占 31.3%，少数民族委员 44 人，占 13.7%，中共党员委员 125 人、占 39.2%，非中共党员委员 194 人、占 60.8%。设有 25 个界别。其中，对外友好 4 人、妇联 6 人、工会 6 人、工商联 20 人、共青团 6 人、教育 19 人、经济 56 人、科技 19 人、科协 2 人、民革 9 人、民建 11 人、农业 16 人、农工党 11 人、侨联 8 人、青联 2 人、少数民族 6 人、社科 9 人、特邀 39 人、体育 2 人、文艺 9 人、无党派 10 人、新闻出版 3 人、医药卫生 20 人、中共 20 人、宗教 6 人。

【思想政治建设】 2021 年，市政协召开市政协党组会议、党组理论学习中心组会议、常委会会议、专题辅导等学习 16 次，学习习近平总书记关于加强和改进人民政协工作的重要思想，跟进学习习近平总书记系列重要讲话精神，撰写理论文章 10 余篇。坚持“两学一做”教育常态化、制度化，在全市政协系统开展党史学习教育，引导全市各级政协组织和广大政协委员提高政治判断力、政治领悟力、政治执行力，增进对中国共产党领导和中国特色社会主义的政治认同、思想认同、理论认同、情感认同。落实中央和省委、市委政协工作会议精神，制定完善《中共白城市政协委员会党组工作规则》等 20 余项规章制度。向市委请示汇报工作 10 余次，按照市委要求组织实施市政协工作要点和年度协商计划，邀请市委、市政府领导参加政协重要活动，加强对政协工作具体指导。落实中央、省委巡视整改，对涉及政协党组的 2 项工作及时整改到位推进党的建设贯彻落实中共中央《关于加强新时期人民政协党的建设工作的若干意见》，制定完善《白城市政协党组及党员委员联系非中共委员制度》等多项制度。发挥政协党组把方向、管大局、保落实作用，加强机关党总支和各支部建设，在调研视察组中配备党员委员。在政协全体会议期间成立临时党组织，实现党的组织对党员委员、党的工作对政协委员全覆盖。

【委员履职规范创新】 2021年，市政协落实《政协白城市委员会委员履职管理办法》，采取动态管理和委员履职量化考核相结合方式，对317名委员建立履职档案，要求委员实时填报参加会议座谈、调研视察、学习培训、撰写提交提案及反映社情民意信息等履职情况，对委员履职情况进行量化考核评分，并根据考评结果及工作岗位变动等情况提出调整意见。2021年，调整委员23名，增补委员25名。

【史料编辑出版】 2021年，市政协征编《白城政协》4期。1月，征编出版《白城政协》2020年第7期，96页、12万字；4月，征编出版《白城政协》2021年第1期，96页、12万字；7月，征编出版《白城政协》2021年第2期，即热烈庆祝中国共产党成立100周年专期，96页、12万字；10月，征编出版《白城政协》2021年第3期，96页、12万字。12月，《白城文史资料》（第二十四辑、第二十五辑）即专辑《古往今来白城人——改革开放时期以来（上、下）》编印发行，全书文稿82篇、32万字、96幅图片。

重要会议

【政协全体会议】 1月11日，政协白城市第六届委员会第五次会议开幕式在

1月11日，政协白城市第六届委员会第五次会议在白城宾馆举行。图为大会开幕式　（叶子琪　供图）

白城宾馆举行。政协白城市第六届委员会有委员317名，出席会议282名。市政协主席张馨代表政协白城市第六届委员会常务委员会作工作报告，市政协副主席符文代表政协白城市第六届委员会常务委员会作关于市政协六届四次会议以来提案工作情况的报告。开幕式后进行大会发言，表彰2020年度“优秀政协委员”“优秀提案”“反映社情民意先进个人”。1月13日，市政协主席张馨主持召开政协白城市第六届委员会第五次会议闭幕式并讲话。政协白城市第六届委员会有委员317人，出席276人，通过中国人民政治协商会议吉林省白城市第六届委员会第五次会议决议。

表 15　政协白城市委员会 2021 年度优秀提案一览表

案由	提案者	主办单位	协办单位
关于城市贫困残疾人脱贫解困的建议	于黎明	市委办 市残联	市医保局、市社保局、市民政局、市住建局、市教育局、市人社局、洮北区政府
关于促进产业发展助力乡村振兴的建议	王凤舞	市政府办 市农业农村局	市自然资源局、市人社局
关于加快推进我市氢能产业发展的建议	孙殿友	市政协办 市能源局	市交通运输局、各县（市、区）政府
关于以数字乡村建设助力乡村振兴的建议	邹宏宇	市农业农村局	市商务局、市乡村振兴局、市金融办、市供销社、市邮政管理局
关于解决我市中小企业融资难发展难问题的建议	夏　赫	市工信局	市财政局、市科技局、市金融办、市人社局
关于坚持高质量发展、加快吉林西部生态经济区建设的建议	李子罡	市文广旅局 市发改委	市水利局、市农业农村局、市林草局、市工信局、市能源局
关于实现脱贫攻坚与乡村振兴有机衔接的建议	民建白城市委员会	市委组织部 市乡村振兴局	市农业农村局、市财政局、市社保局、市医保局、市人社局、各县（市、区）政府
关于疫情常态化下民营企业防范化解资金风险的建议	白城市工商联	市工信局	市金融办、市司法局
关于加快构建清洁低碳、安全高效的能源体系的建议	贾维威	市能源局	国网白城供电公司
关于提升白城市黑土地耕地质量、保障农业可持续发展的建议	石　勇 陈翰禹	市农业农村局	市财政局
关于建设白城新能源展馆、打造白城“碳中和”先行示范城市品牌的建议	田秀华	市能源局	市发改委
关于促进燕麦经济发展的建议	民革白城市委员会	市农业农村局	市财政局、市税务局、市商务局、市农科院、市金融办、各县（市、区）政府

续表15

案由	提案者	主办单位	协办单位
关于促进白城市农产品冷链物流发展的建议	农工党白城市委员会	市农业农村局	市商务局、市能源局、市市场监管局、市交通运输局
关于进一步杜绝餐饮浪费行为的建议	梁学明	市精神文明办	—
关于做强牧业经济促进乡村振兴的建议	张东颖	市农业农村局	—
关于乡村振兴“三类村”建设的建议	白振宇	市农业农村局	市乡村振兴局、各县（市、区）政府
关于进一步提高供热质量的建议	李　傲	市住建局	—
关于以高质量发展为先导加快推进农业现代化的建议	王东秀	市农业农村局	市商务局、市农科院
关于提高中学生法律意识的建议	张云飞 纪　强	市教育局	市司法局
关于大力发展现代职业教育、提升全社会创新创业和就业的质量与水平的建议	张丽萍	市教育局	市人社局

（资料来源：市政协办公室）

【政协常委会会议】　1月8日，市政协六届二十次常委会会议召开。市政协主席张馨主持。会议定于2021年1月11—13日召开政协白城市第六届委员会第五次会议。会议审议通过政协白城市第六届委员会第五次会议有关事宜，增补六届市政协委员，作出表彰优秀政协委员、优秀提案、反映社情民意先进个人、优秀调研报告决定，审议通过市政协各专委会2020年工作报告。市政协副主席陈桂侠、翟喜林、符文、任长忠、杨晓峰、付秀杰，秘书长杨立忠出席。各县（市、区）政协主席，市政协各委（办、室）负责人列席。

1月12日，市政协六届二十一次常委会会议召开。市政协主席张馨主持。会议听取市委常委、组织部部长、统战部部长、市政协党组副书记王任刚受市委委托所作有关人事事项说明；审议通过补选六届市政协常委候选人建议名单，市政协六届五次会议选举办法，市政协六届五次会议总监票人、副总监票人、监票人建议名单，市政协六届五次会议决议（草案）。市政协副主席陈桂侠、翟喜林、符文、任长忠、杨晓峰、付秀杰，秘书长杨立忠出席。各县（市、区）政协主席，市政协各委（办、室）负责人列席。

3月26日，市政协六届二十二次常委会会议召开。市政协主席张馨主持并讲话。会议学习传达习近平总书记重要讲话及全国政协十三届四次会议精神，审议通过《政协白城市第六届委员会常务委员会2021年度工作要点》。市政协副主席陈桂侠、翟喜林、符文、杨晓峰、付秀杰出席。各县（市、区）政协主席，市政协副秘书长、各委（办、室）负责人列席。

8月31日，市政协六届二十三次常委会会议召开。市政协主席张馨主持。会议听取并协商讨论市政府副市长吴东文所作《关于全市上半年经济社会发展及下半年重点工作安排情况的通报》；市政协副主席符文传达中共白城市委六届十次全体会议精神和全省地方政协提案工作座谈会议精神；审议通过人事事项。市政协副主席陈桂侠、翟喜林、任长忠、杨晓峰、付秀杰出席。各县（市、区）政协主席，市政协副秘书长、各委（办、室）负责人列席。

11月3日，市政协六届二十四次常委会会议召开。市政协主席张馨主持。会议学习传达习近平总书记在中央人才工作会议上的重要讲话精神，审议通过《关于全市商贸经济发展情况的调研报告（草案）》《关于白城市实施现代化种业提升工程情况的调研报告（草案）》《关于加快推进全市少数民族乡乡村振兴的调研报告（草案）》《关于加强我市基层医疗卫生服务体系建设的调研报告（草案）》。市政协副主席陈桂侠、翟喜林、符文、杨晓峰、付秀杰出席。各县（市、区）政协主席，市政协副秘书长、各委（办、室）负责人列席。

12月22日，市政协六届二十五次常

委会会议召开。市政协主席张馨主持。会议传达学习市第七次党代会精神；审议通过人事事项，关于表彰优秀政协委员、优秀提案、反映社情民意先进个人、优秀调研报告的决定（草案）。市政协副主席陈桂侠、翟喜林、符文、杨晓峰、付秀杰出席。市政协党组书记顾伟，党组副书记刘福彪，党组成员赵彦峰、孙乃玉参加。各县（市、区）政协主席，市政协各委（办、室）负责人列席。

12月28日，市政协六届二十六次常委会会议召开。市政协主席张馨主持。会议决定，政协白城市第七届委员会第一次会议于2022年1月上旬召开。会议审议通过政协白城市第七届委员会第一次会议方案（草案）、政协白城市第六届委员会常务委员会工作报告（草案）、政协白城市第六届委员会常务委员会关于提案工作情况的报告（草案）、政协白城市第七届委员会委员人选建议名单、市政协各专委会工作报告。市政协副主席翟喜林、符文、杨晓峰、付秀杰出席。市政协党组书记顾伟，党组成员赵彦峰、孙乃玉参加。各县（市、区）政协主席，市政协各委（办、室）负责人列席。

【政协主席会议】 1月8日，市政协六届二十二次主席会会议召开。市政协主席张馨主持。会议听取审议政协白城市第六届委员会第五次会议方案等有关事宜和人事事项，关于表彰2020年度优秀政协委员、优秀提案、反映社情民意先进个人、优秀调研报告的决定和市政协各委（办、室）2020年工作报告；审议通过市政协六届二十次常委会议日程（草案）。市政协副主席陈桂侠、翟喜林、符文、任长忠、杨晓峰、付秀杰，秘书长杨立忠出席。市政协副秘书长，各委（办、室）负责人列席。

1月12日，市政协六届二十三次主席会会议召开。市政协主席张馨主持。会议听取审议市委常委、组织部部长、统战部部长、市政协党组副书记王任刚受市委委托所作的有关人事事项的说明；审议补选六届市政协常委候选人建议名单（草案），市政协六届五次会议选举办法（草案），市政协六届五次会议总监票人、副总监票人、监票人建议名单（草案），市政协六届五次会议决议（草案）；审议通过市政协六届五次会议大会发言使用意见（草案）、市政协六届二十一次常委会议日程（草案）。市政协副主席陈桂侠、翟喜林、符文、任长忠、杨晓峰、付秀杰，秘书长杨立忠出席。

3月26日，市政协六届二十四次主席会会议召开。市政协主席张馨主持。会议审议通过《政协白城市第六届委员会常务委员会2021年度工作要点》（草案），听取市政协六届五次会议以来提案审查情况汇报，审议通过政协白城市第六届委员会第二十二次常委会议日程（草案）。市政协副主席陈桂侠、翟喜林、符文、杨晓峰、付秀杰出席。市政协副秘书长、各委（办、室）负责人列席。

8月31日，市政协六届二十五次主席会会议召开。市政协主席张馨主持。会议审议通过人事事项、《中国人民政治协商会议白城市委员会提案办理协商办法》、政协白城市第六届委员会第二十三次常委会议日程（草案）。市政协副主席陈桂侠、翟喜林、符文、任长忠、杨晓峰、付秀杰出席，副秘书长、各委（办、室）负责人列席。

11月3日，市政协六届二十六次主席会会议召开。市政协主席张馨主持。会议审议并表决通过《关于全市商贸经济发展情况的调研报告（草案）》《关于白城市实施现代化种业提升工程情况的调研报告（草案）》《关于加快推进全市少数民族乡乡村振兴的调研报告（草案）》《关于加强我市基层医疗卫生服务体系建设的调研报告（草案）》，审议通过政协白城市第六届委员会第二十四次常委会议日程（草案）。市政协副主席陈桂侠、翟喜林、符文、任长忠、杨晓峰、付秀杰出席，市政协副秘书长、各委（办、室）负责人列席。

12月22日，市政协六届二十七次主席会会议召开。市政协主席张馨主持。会议审议通过人事事项，书面审议通过关于表彰优秀政协委员、优秀提案、反映社情民意先进个人、优秀调研报告的决定（草案），审议通过市政协六届二十五次常委会议日程（草案）。市政协副主席陈桂侠、翟喜林、符文、杨晓峰、付秀杰出席。市政协党组书记顾伟，党组副书记刘福彪，党组成员赵彦峰、孙乃玉；市政协副秘书长、各委（办、室）负责人列席。

12月28日，市政协六届二十八次主席会会议召开。市政协主席张馨主持。会议审议通过政协白城市第七届委员会第一次会议方案（草案）、政协白城市第六届委员会常务委员会工作报告（草案）、政协白城市第六届委员会常务委员会关于提案工作情况的报告（草案）、政协白城市第七届委员会委员人选建议名单、市政协各委（办、室）工作报告、市政协六届二十六次常委会议日程（草案）。市政协副主席翟喜林、符文、杨晓峰、付秀杰出席。市政协党组书记顾伟，党组成员赵彦峰、孙乃玉；市政协副秘书长、各委（办、室）负责人列席。

【全市政协系统党建和党风廉政建设会议】 8月12日，全市政协系统党建和党风廉政建设视频会会议召开。市政协党组书记、主席张馨，市委常委、市纪委书记、市监委代理主任郑玉辉出席并讲话。市政协党组副书记、副主席符文主持。会议以视频形式开至各县（市、区）政协。会议学习贯彻习近平总书记"七一"重要讲话精神、全省政协系统党建和党风廉政建设视频会议精神及市委对全市党建和党风廉政建设总体要求，研究部署全市政协系统党建和党风廉政建设工作。市政协党组成员任长忠出席会议。市政协副主席陈桂侠及全体机关干部参加。

协商议政

【专题调研】 4月29日，市政协副主席翟喜林带领由部分政协委员组成的调研组，开展全市基层医疗卫生服务能力建设工作调研。调研组先后到大安市太山镇卫生院、大安市太山镇跃进村卫生室、大安市第一人民医院和镇赉县黑鱼泡镇卫生院、镇赉县黑鱼泡镇岔台村卫生室、镇赉县人民医院，通过现场查看、听取介绍，了解基层医疗机构基础设施、服务能力、信息化建设、人才储备等方面情况及发展中存在困难和问题，并召开座谈会。

5月27日，市政协组织农业界别部分委员、农业专家，到洮南国家级10万亩玉米种子繁育基地、市农科院和白城市东源农业实地调研。在调研基础上，市政协农业和农村委到甘肃等地学习考察，实地走访张掖市、武威市，了解农作物种业发展现状。

6月8日，市政协组织部分委员到大安市、镇赉县开展商贸领域发展情况专题调研。调研组先后走访大安市华昱农村电子商务有限公司、满客隆超市、苏宁易购、辣妈火锅，镇赉县欧亚超市、神州买卖提电子商务公司、大唐购物、物尔美购物广场等企业，组织召开全市商贸领域发展情况座谈会，听取市商务局关于全市商贸经济发展情况汇报，委员们就推动白城市商贸经济健康发展提出具体意见和建议。

6月24日，省政协副主席兰宏良带领调研组到白城市围绕“生态旅游业发展情况”调研并座谈。市政协副主席翟喜林、符文参加座谈会。

7月2日，市政协副主席翟喜林带领社会和法制委员会调研组到镇赉县、洮北区等地，开展加快推进全市少数民族乡乡村振兴发展情况调研。部分市政协社法委委员参加活动。调研组到镇赉县莫莫格蒙古族乡少力村、乌兰昭村、洮北区德顺蒙古族乡双塔村、乌兰村、洮河村实地调研，了解产业发展、基础设施建设、人居环境改善、集体经济发展等情况。随后，与相关部门、乡村干部围绕民族乡村发展现状与特点，面临困难与问题，以及如何进一步促进民族地区和谐，推动民族乡村振兴进行座谈交流。

7月15日，市政协主席张馨率领调研组到大安市政协，围绕“进一步发挥政协委员主体作用 助力白城高质量发展”，开展专题调研并座谈。

6月16日，市政协领导带领调研组围绕“加快推进白城市中药材产业高质量发展”在通榆县调研 （叶子琪 供图）

【资政协商】 6月16日，市政协召开“加快推进白城市中药材产业高质量发展”协商座谈会。市政府副市长张天华出席。市政协副主席翟喜林主持会议并讲话。会前，与会人员到洮南市和通榆县调研。会上，与会人员围绕主题座谈交流。

9月7日，市政协围绕“推进我市‘交巡合一’警务工作向纵深发展”召开协商座谈会。市政府副市长陈锋参加。市政协副主席翟喜林主持并讲话。市财政、交通、住建、教育、城管等相关部门负责同志参加。陈锋针对委员提出问题逐一回应并提出要求，市公安局副局长齐军介绍白城市实行“交巡合一”警务工作总体开展情况，孙日光等5位市政协委员与相关部门负责人进行现场提问式互动交流。

民主监督

【重点提案督办】 8月30日，市政协主席会议督办白城市新能源产业发展重点提案办理落实情况，会上听取市能源局负责同志关于政协重点提案办理落实情况通报，参观新能源与氢能展馆，实地视察提案办理落实情况。视察中提案人和承办单位对提案进行协商交流，增强提案办理成效。

10月26日，市政协副主席符文带领部分政协委员就《关于提升白城市黑土地耕地质量，保障农业可持续发展的建议》重点提案办理落实情况进行督办视察。视察组到大安市实地视察提案办理落实情况，并召开提案办理协商督办会议，市政协副主席符文主持会议并讲话，提案人和承办单位对提案“面对面”进行协商，提案人就提案办理发表具体意见，提办双方在协商交流中，达成共识。

【视察监督】 9月14日，市政协副主席翟喜林带领部分政协委员视察白城市城市总体规划及城市基础设施建设情况。市政府副市长吴东文及相关部门负责人陪同。视察组一行实地参观中华城小区、鹤城一号院小区规划布局及建设情况；听取医教大学城规划建设及相关情况介绍，实地参观人体生物展览馆及中药用品陈列室；对科普公园海绵城市集中分离区进行了解。

9月23日，市政协副主席翟喜林带领视察组就白城市全民健身公共服务体系建设情况开展专题视察。视察组到白城市市民广场、白城市全民健身中心、白城市体育场和白城市滑冰馆，实地视察体育设施建设、开放管理、日常维护和部分项目建设等情况。

10月14日，市政协主席张馨带领视察组专题视察白城市承接落实吉林“陆上风光三峡”情况。市政府副市长吴东文、市政协副主席杨晓峰，洮南市、通榆县相关领导陪同视察。视察组一行到洮南大唐向阳二期风光项目现场和光伏领跑奖励激励基地二期通榆鸿兴升压站，现场听取情况介绍，视察项目建设和运行情况。

10月19日，市政协主席张馨带领由部分政协委员组成视察组，专题视察白城市民营经济发展情况。市政协副主席杨晓峰陪同。视察组一行实地视察白城市高高特色煎饼有限公司和吉林洁宝生物科技有限公司，听取企业生产经营和发展等方面情况介绍，了解企业发展存在实际困难和问题。

委员工作

【政协委员提案】 市政协六届五次会议以来，征集提案270件，提案数量创历史新高。其中，收到大会提案263件、平时提案7件；党派团体提案20件、委员提案250件。经审查，立案183件，立案率67.8%；其中，党派团体提案18件、委员提案165件。为保证交办精准，首次采取拟交办方式，在召开交办会前，按照所属权限，对立案提案进行拟分办，将拟分办件与市委办、市政府办沟通协商，确定提案交办件。3月，组织召开政协提案交办会，按照归口交办原则，由市委办公室转交承办37件，市政府办公室转交承办164件，其中市委办、市政府办提案18件。2021年，提案答复率、满意率100%。

【委员评价】 2021年，市政协完善《白城市政协提案办理考评和委员评价有关部门工作的暂行办法》，按照市委、市政府《关于白城市绩效管理工作的实施意见》等有关规定，设计制作《市政协组织委员评价表》，研究使用电子自动核分程序。在政协全会期间组织全体委员为43个部门工作质量、工作效果、工作效率、工作作风以及营商环境等内容进行评分，发挥政协委员关注民生、促进发展、服务大局作用。

【社情民意信息】 2021年，市政协收集社情民意信息40篇，围绕群众普遍关心关注民生实事、要事、难事，整理报送《关于开展新城区供热网上缴费的建议》等4期8篇社情民意，得到党政领导及相关部门重视和回应，推动一批事关民生难点、堵点、痛点问题化解和解决。

【委员培训】 6月25日，市政协港澳台侨委邀请市委统战部副部长王和余，为委员们作《中国共产党统一战线工作条例》专题培训辅导，并参观白城市洮北区统一战线同心展览馆。

12月13日，市政协召开市直新推荐提名市政协委员和参与换届工作人员专题培训会议。市政协党组成员孙乃玉主持会议并讲话。会议传达学习党的十九届六中全会精神；市政协委员工作委主任刘代春从“政协是什么、政协做什么、政协委员怎么做”3个方面作政协基础知识培训；与会人员观看警示教育片《警钟长鸣》。

【联谊交流】 9月9日，市政协副主席翟喜林带领部分政协委员，到镇赉县开展“感受新变化，聚力新时代”中秋视察联谊活动。市政府相关领导、镇赉县政府、政协领导陪同视察。视察组实地视察镇赉环城国家湿地公园亲水平台河湖连通工程建设情况和镇赉县飞鹤（吉林）乳品有限公司、成来电气科技有限公司、瑞信达原生态牧场建设发展情况。

（本类目撰稿人　叶子琪）

10月14日，市政协主席张馨（右三）带领视察组到洮南大唐向阳二期风光项目现场专题视察白城市承接落实吉林“陆上风光三峡”情况　（叶子琪　供图）

中国共产党白城市纪律检查委员会 白城市监察委员会

综　述

【概况】　中国共产党白城市纪律检查委员会、白城市监察委员会（简称“市纪委监委”）合署办公，实行一套工作机构、两个机关名称，履行纪检、监察两项职责。2021年，市纪委监委加强对习近平总书记重要指示批示精神落实情况监督检查，监督推动党中央重大决策部署和“十四五”规划落实，对30个村级党组织开展提级监督试点工作，开展换届督导和会风会纪监督检查156次；开展反腐败斗争，坚决查处领导干部严重违纪违法案件，开展以案促改和专项整治；加强作风建设，整治违反中央八项规定、“升学宴”等“四风”问题；完成对91个市直部门党组织巡察，实现一届任期巡察全覆盖。

2021年，市纪委监委被吉林省纪委监委评为2021年度全省纪检监察信息工作先进单位，被吉林省纪委监委授予吉林省2021年“全面从严治党知识答题”活动优秀组织奖，被吉林省纪委监委授予“廉洁吉林·清风同行”微视频征集活动优秀组织单位称号。市纪委监委办公室三级主任科员贾志强、党风政风监督室三级主任科员王钢被吉林省纪委监委评为全省纪检监察信息工作先进个人。

【纪检监察体制改革】　2021年，市纪委监委推动双重领导体制具体化程序化，编制《监督检查审查调查工作手册》，对重大事项、重要问题、重要案件等及时向吉林省纪委监委和白城市委请示报告，对县管干部问题线索办理情况提级审核把关。深化派驻机构改革，对派驻监督单位优化调整，加强派驻机构线索处置和案件办理情况管理，进一步完善领导体制和工作机制。统筹衔接纪律监督、监察监督、派驻监督、巡察监督，强化“室室”“室组”“室巡”“室组地”贯通联动，提升监督执纪执法工作协同性、整体性。

【纪检监察队伍建设】　2021年，市纪委被评为全省纪检监察信息工作先进单位。严格执行监督执纪工作规则、监督执法工作规定和吉林省纪检监察机关“六条禁令”（严禁跑风漏气、打探消息，泄露扩散工作秘密；严禁逼供诱供、侮辱体罚，违规开展审查调查；严禁说情抹案、干预司法，影响案件办理处理；严禁违规吃请、不当交往，越权接触领导干部；严禁插手工程、干涉人事，利用职权谋取私利；严禁口大气粗、颐指气使，损害纪委监委形象），指导县（市、区）纪委监委和派驻机构编制《工作手册》，推进纪检监察工作规范化、法治化、正规化建设。严格监督执纪执法权，对审查调查措施使用前置审核，加强办案安全检查，定期开展回访监督，自觉检视“灯下黑”问题。全市谈话函询纪检监察干部6人，给予党纪政务处分5人。市纪委常委会带头加强党的政治建设，学习领会习近平总书记关于全面从严治党重要论述精神、党的自我革命战略思想，增强工作自觉性、坚定性。加强机关党的建设，组织开展送温暖献爱心、演讲比赛、文艺演出、清明祭英烈、观看红色影片等主题党日活动。完成市县两级纪委班子换届工作，加大干部调整配备和交流力度。深化全员培训，组织干部学习中央纪委国家监委系列培训课程，对新录用公务员开展入职培训，采取上派锻炼、以考促学、督促撰写纪检监察信息等方式提升干部素质。全年组织培训干部1600余人次。

（贾志强）

党风廉政建设

【以案促改】　2021年，市纪委监委坚持以问题推动查补漏洞、以案件促进整改整治，采取向市级领导通报、约谈部门负责人、提出纪检监察建议等方式，健全以案促改常态化机制，推动有关部门深化改革、完善制度、深度治理。针对重点案件深入剖析，突出抓好教育、医疗、供热、粮食购销等领域以案促改工作，督促建立完善制度72个。开展案件质量评查工作，市纪委监委连续2年在全省案件质量评查中位列第1。

【廉政警示教育】 2021年，市纪委监委分级分类开展廉政警示教育。举办“党的纪律建设和全面从严治党历程”主题教育展，拍摄《用权警鉴》等警示教育片3部，分期分批组织全市党员领导干部及家属接受警示教育。选取典型案例编辑《农村基层干部保廉手册》，开展“清廉鹤乡”优秀廉洁文化作品展播活动，营造廉荣腐耻氛围。

12月23日，市纪委监委召开新任职领导干部勤政廉政集体谈话会议。市委常委、市纪委书记、市监委代主任李立春对2021年139名新提任和进一步使用的县处级领导干部进行勤政廉政集体谈话。新提拔领导干部代表宣读廉政承诺书，与会人员集体签订廉政承诺书，观看警示教育片《用权警鉴》。

【违反中央八项规定精神问题整治】 2021年，市纪委监委对照吉林省落实中央八项规定精神负面清单，开展明察暗访和专项监督检查。紧盯重要节点，综合运用税务管理系统、公安视频监控系统等开展抽查互检，严肃查处违规公款吃喝、公车私用等问题，深挖不吃公款吃老板、物流快递送礼等隐形变异问题。对4名党员领导干部风腐一体严重违纪违法问题通报曝光。全市纪检监察机关查处享乐主义、奢靡之风问题57个，批评教育帮助和处理69人，其中给予党纪政务处分49人。

【形式主义官僚主义问题整治】 2021年，市纪委监委落实省委“作风建设年”要求，针对基层减负、精文减会等方面存在问题，提出工作建议，督促各级党委（党组）自查整改。开展优化营商环境专项治理，收集意见建议1500余条，帮助企业协调解决问题13个，查处损害营商环境案件10件。全市纪检监察机关查处形式主义、官僚主义问题58个，批评教育帮助和处理101人，其中给予党纪政务处分29人。

执纪监督

【重大决策部署监督】 2021年，市纪委监委加强对习近平总书记重要指示批示精神落实情况监督检查。按照省纪委监委落实习近平总书记重要讲话和重要指示批示精神“监督清单”要求，对监督检查发现的27个具体问题，协助市委制定整改方案，推动责任部门抓好任务落实。开展供销、粮食购销等领域专项整治，立案29件，移送检察机关11人，反馈整改问题239个。统筹开展“大棚房”、违建别墅、农村乱占耕地建房、“合村并居”问题等专项监督工作，坚持办案、整改、治理同步推进，确保习近平总书记重要指示批示精神落到实处。

监督推动党中央重大决策部署和“十四五”规划落实。贯彻全省纪检监察机关加强政治监督实施意见，紧扣“三新一高”（立足新发展阶段、贯彻新发展理念、构建新发展格局，推动高质量发展）战略部署、巩固拓展新冠疫情防控和经济社会发展成果等加强监督检查，严肃追责问责，确保政令畅通。围绕保障“十四五”良好开局，研究制定监督保障白城市“十四五”规划落实落地指导意见和2021年实施方案，采取“一县抓一批重点项目、一室抓一个系统领域、一组抓一件民生实事”和“研、督、改、建、评”工作方式，对全市137个5000万元以上重大项目、17个民生事项进行跟踪监督、精准监督，服务保障发展大局，推动规划任务落实。

【同级监督】 2021年，市纪委监委协助市委制定加强同级监督工作方案，综合运用发函提醒、督查检查、参加民主生活会、执纪问责回访等措施，强化对“一把手”和领导班子日常监督，推动主体责任和监督责任同向发力、一体落实。

【日常监督】 2021年，市纪委监委运用“四种形态”批评教育帮助和处理3514人次，第一至第四种形态占比分别为72.7%、22.4%、1.8%和3.1%，做到惩治极少数、挽救大多数。

【基层监督】 2021年，市纪委监委制定加强农村集体“三资”（货币资金、资产和资源）监督管理实施意见，对30个村级党组织开展提级监督试点。落实吉林省激励干部担当作为容错纠错十条措施，严肃查处诬告陷害行为，旗帜鲜明保护和激励干部干事创业。

【严明换届纪律风气】 2021年，市纪委监委加强换届纪律教育，推动各级党委落实谈心谈话制度，市委主要领导对县级换届提名人选进行集体谈话。会同组织部门做好换届督导和会风会纪监督工作，开展监督检查156次，发现并纠正问题33个。严肃审慎回复党风廉政意见，市纪委监委回复意见1597人次。严肃查处违反换届纪律行为，办理涉及换届人选问题线索61件，处理19人。

（贾志强）

审查调查

【惩治腐败】 2021年，市纪委监委严肃查处政治问题和经济问题交织腐败案件。全市纪检监察机关立案947件，处分936人，其中县处级干部13人、乡科级干部105人，移送检察机关48人；有35人向纪检监察机关主动投案，46人主动交代问题。坚持受贿行贿一起查，出台《对行贿人员（单位）信息通报反馈暂行办法》，建立行贿人员信息库。市监委向市人大常委会专项报告追逃追赃工作，追回职务犯罪出逃人员14人、赃款1.5亿元。

表16　2021年白城市纪检监察机关处分人员情况统计表

单位：人

行：1=5+11-18 5=6+7+8+9+10 11=12+……+16+17 列：1=2+3+……+6+7 =8+9+……+19			处分人数	职级：省部级及以上	厅局级	县处级	乡科级	一般干部	其他人员	部门：党务机关	人大机关	政府机关	审判机关	检察机关	政协机关	人民团体	事业单位	企业单位	农村	社区	其他
			1	2	3	4	5	6	7	8	9	10	11	12	13	14	15	16	17	18	19
合计		1	936	—	—	13	105	368	450	9	2	207	27	9	—	—	259	25	380	14	4
其中	党员	2	880	—	—	12	105	319	444	9	2	195	23	8	—	—	220	25	380	14	4
	监察对象	3	744	—	—	13	105	367	259	9	2	206	27	8	—	—	244	16	228	4	—
	非党员非监察对象	4	1	—	—	—	—	—	1	—	—	—	—	—	—	—	1	—	—	—	—
党纪处分	小计	5	857	—	—	12	101	300	444	8	2	182	21	8	—	—	213	25	380	14	4
	警告	6	462	—	—	2	41	179	240	5	2	90	9	6	—	—	120	12	207	7	4
	严重警告	7	261	—	—	3	40	91	127	2	—	60	9	1	—	—	67	6	113	3	—
	撤销党内职务	8	7	—	—	—	3	4	—	—	—	6	—	—	—	—	1	—	—	—	—
	留党察看	9	34	—	—	1	3	9	21	1	—	7	—	—	—	—	4	3	16	3	—
	开除党籍	10	93	—	—	6	14	17	56	—	—	19	3	1	—	—	21	4	44	1	—
政务处分	小计	11	167	—	—	6	31	122	8	3	—	73	7	1	—	—	83	—	—	—	—
	警告	12	44	—	—	1	3	37	3	1	—	19	3	—	—	—	21	—	—	—	—
	记过	13	18	—	—	—	2	16	—	—	—	7	2	—	—	—	9	—	—	—	—
	记大过	14	27	—	—	—	8	19	—	1	—	9	2	—	—	—	15	—	—	—	—
	降级	15	27	—	—	—	2	21	4	1	—	9	—	—	—	—	17	—	—	—	—
	撤职	16	30	—	—	2	9	19	—	—	—	17	—	1	—	—	12	—	—	—	—
	开除	17	21	—	—	3	7	10	1	—	—	12	—	—	—	—	9	—	—	—	—
其中受双重处分人数		18	88	—	—	5	27	54	2	2	—	48	1	—	—	—	37	—	—	—	—
免予处分	党纪	19	3	—	—	—	2	—	1	1	—	1	—	—	—	—	—	—	1	—	—
	政务	20	—	—	—	—	—	—	—	—	—	—	—	—	—	—	—	—	—	—	—
组织措施		21	91	—	—	3	17	23	48	1	1	19	1	1	—	—	23	2	43	—	—
移送检察		22	48	—	—	6	12	12	18	—	—	18	4	—	—	—	8	15	2	1	—
刑事处理		23	129	—	—	4	21	23	81	1	1	22	1	1	—	—	27	14	56	4	2

（资料来源：市纪委监委办公室）

【专项整治】 2021年，市纪委监委围绕推进乡村振兴开展过渡期专项监督。聚焦省纪委监委制定的过渡期监督工作清单，采取走访调研、查阅资料、明察暗访等方式，到县直部门和乡镇、村屯开展监督检查，推动解决扶贫资产监管不力、帮扶政策不持续等问题。全市查处巩固拓展脱贫攻坚成果同乡村振兴有效衔接方面腐败和作风问题19个，批评教育帮助和处理25人，其中给予党纪政务处分19人。

深化民生领域腐败和作风问题专项治理。开展“我为群众办实事”实践活动，对反映基层腐败和作风问题信访举报“接诉即办”。开展供热领域专项治理，对特种设备作业人员考试工作管理混乱、转供电环节违规收费等问题集中整治。开展以死亡人员名义冒领养老金问题专项治理。全市查处民生领域腐败和作风问题217个，批评教育帮助和处理379人，其中给予党纪政务处分196人。

协同开展政法队伍教育整顿。把“打伞破网”和政法队伍教育整顿结合起来，建立问题线索统一登记、交办、报结和逐件销号制度，对“有黑无伞”、未查深查透案件及重要线索回溯倒查，分析研判政法系统政治生态，形成专题报告反馈政法部门。精准把握和运用“自查从宽、被查从严”政策，20人主动投案，立案审查调查政法干警113人，给予党纪政务处分101人、组织处理178人。

【违规操办“升学宴”问题整治】 2021年，坚持抓党风带政风促民风，突出整治违规操办“升学宴”问题，对1400余名有子女升学党员干部和公职人员提醒谈话，通报曝光典型案例3起，对顶风违纪行为既严查本人又追究部门领导责任，狠刹歪风陋习，倡导文明新风。

（贾志强）

巡察工作

【巡察全覆盖】 2021年，市纪委监委组织开展六届市委第十轮常规巡察，对21个市直部门党组织进行政治“体检”；对7个涉及民生领域市直部门开展专题巡察；按照省委巡视工作统一部署，同步开展供销、供热、粮食购销等领域专项巡察，发现问题857个，移交问题线索84件。六届市委完成对91个市直部门党组织巡察，实现一届任期巡察全覆盖。

【巡察监督机制完善】 2021年，市纪委监委落实巡察监督与其他监督贯融合工作机制，发挥巡察综合监督平台和“总枢纽”作用，加强与纪检监察、组织、财政、审计、信访等机关部门巡察前情况通报、巡察期间沟通协调、巡察后成果运用、巡察整改监督协作配合，在加强协调协作中实现力量联动、信息互通、成果共享，提高巡察工作质效。指导县级在乡镇（街道）、村（社区）设立巡察联系点，组建巡察监督信息员队伍，负责政策宣传、信息收集、协助巡察和整改监督，打通巡察监督“最后一公里”。

【反馈问题整改】 2021年，市纪委监委坚持以巡促改、以巡促建、以巡促治，推动党委（党组）落实抓整改主体责任，完善巡察整改监督机制，建立纪委监委、组织部门、巡察机构三方联审评估制度，合力推动反馈问题整改。严查快办移交问题线索，中央巡视和省委巡视移交454件问题线索办结452件，立案89件，处理109人。

（贾志强）

【常规巡察】 4月21日—7月31日，市委组织7个市委巡察组开展六届市委第十轮巡察，对市委政研室、市委党史研究室、市委保密办、市委网信办、市发改委、市人社局、市文广旅局、市交通运输局、市生态环境局、市乡村振兴局、市机关事务管理局、市退役军人事务局、市金融办、市农科院、市林科院、市农机院、白城日报社、白城广播电视台、白城中心医院、市传染病医院、洮南神经精神病医院21个部门单位开展常规巡察，发现问题524个，问题线索26个。

【专题专项巡察和专项检查】 4月21日—7月31日，市委对全市供销社系统开展专题巡察，发现问题28个，问

4月21日，市纪委监委召开六届市委第十轮巡察工作动员部署会议

（李华鹏 供图）

题线索3个；5月26日—6月30日，对市住建局党组开展供热领域突出问题专项巡察，发现问题12个，问题线索7个；10月9日—12月12日，对大安市、洮南市、镇赉县、通榆县、洮北区5个县（市、区）党委和市发改委党组开展涉粮问题专项巡察，对市民政局、市教育局、市卫健委、市城管局、市市场监管局、市医保局、市政数局7个部门开展民生专题巡察，对市公安局、市交通局、市应急局从业资格认定工作开展专项检查。发现问题293个，问题线索48个。

（刘春艳）

延伸阅读：

反腐败国际追逃追赃

2018年以来，全市追回职务犯罪出逃人员14人，追回赃款约1.5亿元，连续实现党员和国家工作人员“零外逃”。深入贯彻党中央决策部署，改革完善追逃追赃协调机制。制定《中共白城市委反腐败协调小组工作规则》，在市监委设立市委反腐败协调小组追逃追赃工作办公室，明确职责分工，形成集中统一、上下贯通、高效顺畅的工作体系。市追逃办多次召开全市追逃追赃成员单位工作会议，分析研究阶段性工作进展情况，协调解决遇到的困难和问题，各成员单位依法履职、密切协作。成立追逃追赃工作专班，定期学习培训和工作交流，取长补短、举一反三，提高工作专班的实践能力。同时，积极争取省监委的指导和支持，确保政策和法律法规运用精准适当。准确把握形势任务，始终保持追逃追赃高压态势。有针对性地建立“一案一专班、一案一策略、一案一方案”工作机制，确保追逃追赃工作有的放矢、有章可循。市监委建立重点案件挂牌督办和追逃追赃成果通报制度，对重点疑难案件积极协调有关部门，密切配合协作、力争一举突破。通过加强与有关部门合作，抓获外逃人员5人。依法调查外逃人员职务违法犯罪问题，依法收集和固定证据材料，确保证据要件和标准符合法律要求。针对不同个案，综合运用法律震慑、政策感召、亲情感化等手段着力追逃追赃，不断释放主动投案、积极退赃依法从宽处理，拒不投案“无处可逃”“无钱可花”“无人可靠”的明确信号。完善防逃机制制度建设，持续深化标本兼治。建立追逃追赃信息发布制度，及时公布追回在逃人员案件信息。开展职务犯罪“追逃防逃追赃”宣传月活动，加大舆论宣传力度，打消涉案人员外逃幻想，形成不敢逃的氛围。注重对重点人员和关键领域的监督管理，强化对掌握审批权力、资金拨付等重要岗位人员的防逃工作。市监委、市公安局在启动立案审查调查和侦查时提前部署防逃措施，启动防控工作预案。严格落实国家工作人员登记备案、证照集中保管、出国（境）审批等制度，深入开展违规办理和持有因私出国证件问题集中清理整治工作，推动完善公职人员监督制度。

（市纪委监委）

民主党派·工商联

综 述

【概况】 白城市有民主党派3个，分别是中国国民党革命委员会白城市委员会（简称“民革白城市委会”）、中国民主建国会白城市委员会（简称“民建白城市委会”）和中国农工民主党白城市委员会（简称“农工党白城市委会”）。民革白城市委会有基层组织8个，党员140人。其中，女性党员52人，占37.1%；男性党员88人，占62.9%。民建白城市委会有基层组织9个，会员394人。其中，女性会员117人，占29.7%；男性会员277人，占70.3%。农工党白城市委会有基层组织26个，党员447人。其中，女性党员212人，占47.4%；男性党员235人，占52.6%。

【民主党派思想建设】 2021年，市委统战部结合庆祝中国共产党成立100周年，支持各民主党派和无党派代表人士开展中共党史学习教育，举办“学党史、跟党走”系列主题教育活动。结合宣传贯彻中共十九届六中全会精神，班子成员面向民主党派成员进行宣讲解读，引导他们把学习贯彻全会精神与习近平总书记考察吉林重要讲话重要指示精神和习近平总书记关于加强和改进统一战线工作重要思想结合起来，巩固团结奋斗的共同思想政治基础。发挥统一战线人才荟萃、智力密集、联系广泛等方面优势，支持民主党派调研论证，建言献策，形成一批高质量参政议政成果，为市委科学决策提供重要参考。各民主党派成员开展调研活动36次，形成调研报告87篇，提交议案提案175件。

【民主党派组织建设】 2021年，市委统战部严把工作流程、狠抓换届风气，指导推动市级民主党派高标准按时限召开换届代表大会，3个市级民主党派领导班子成员均全票当选。协助各民主党派坚持原则、把握标准，严把入口关，各民主党派成员发展按年度规划规范合理实施。2021年，白城市3个民主党派发展成员45人，均在重点领域分工和发展范围框架内，没有违反规定现象发生。协助各民主党派将机关干部教育培训管理纳入全市干部教育培训体系，纳入全市绩效考评，重新制定民主党派机关干部选拔任用流程，强化激励约束机制。支持民主党派建立健全机关工作规章制度，规范机关办公程序，推动办公效率和质量提升。

（于 静）

表17 2021年白城市各民主党派组织成员一览表

党派名称	基层组织（个）	成员情况
中国国民党革命委员会白城市委员会	8	党员140人。其中，女性党员52人，占37.1%；男性党员88人，占62.9%
中国民主建国会白城市委员会	9	会员394人。其中，女性会员117人，占29.7%；男性会员277人，占70.3%
中国农工民主党白城市委员会	26	党员447人。其中，女性党员212人，占47.4%；男性党员235人，占52.6%

（资料来源：市委统战部）

民革白城市委会

【概况】 民革白城市委会设立洮北区委会1个，基层支部7个。设监督委员会、参政议政委员会、社会服务专委会、妇女工作专委会等4个专委会。10月27日，完成第二届委员会换届，委员11人。党员140人。其中，硕士4人、研究生学历8人、本科学历89人、大专学历39人。高级职称37人，中级职称30人。企业家党员9人。党员中省政协委员2人（省市交叉2人）；市政协委员18人，其中常委3人，人大代表5人；洮北区政协委员10人，其中区政协常委1人。2021年，办好《白城民革专刊》和微信公众号。编辑《白城民革专刊》1期，省级媒体采用2篇，微信公众号刊发图文消息56条，形成以专刊为载体、以公众号为媒介，以主流媒体为平台宣传阵地。

【思想建设】 2021年，民革白城市委员会开展中国共产党成立百年主题活动。按照习近平总书记在党史学习教育上的重要讲话和民革吉林省委关于开展中共党史学习教育活动通知精神，落实“学党史、悟思想、办实事、开新局”要求，制定学习中共党史活动方案，推进党史学习教育。开展党史教育现场教学暨第六期民革课堂活动，参观红色教育基地，开展讲党课、游红园、唱红歌等革命传统教育活动；民革吉林省委号召在全省开展“唱支山歌给党听”红歌传唱活动，市直四支部，联合民革各支部开展红歌传唱联谊活动，歌唱《没有共产党就没有新中国》，制作庆祝中国共产党成立100周年视频MV；召开全体委员会议，贯彻学习习近平总书记在庆祝中国共产党成立100周年大会上的重要讲话精神。坚持理论学习。民革白城市委会采取集中培训与自学、线上培训与线下交流相结合方式，利用民革微信公众号等媒体平台，引导党员学习全国“两会”精神，中共党史、习近平统一战线思想、民革党史、多党合作基础知识。3月19日，组织市委委员、各支部主委参加民革吉林省委传达学习全国“两会”精神视频报告会。会后，各支部分别召开支部会议传达贯彻会议精神。4月21日，组织党员中区级政协委员参加区政协举办为期3天党史学习教育培训班。同日，民革白城市委会组织市委委员、支部主委参加民革吉林省委中共党史学习教育动员大会暨理论中心组学习视频会议。

利用传统节日开展活动。3月6日，民革白城市委会举办以“女性常见疾病的预防”为主题健康知识讲座。会后参观白城市博物馆。4月28日，组织党员参加由中共洮北区委统战部组织的纪念“五一口号”发布73周年座谈会，参观中共洮北区委统战部同心展览馆。9月29日，通过微信公众号网络平台发布《致全市民革党员的一封信》，送上节日祝福。

【组织建设】 2021年，民革白城市委会开展领导班子述职和民主评议会，召开全委会议2次。10月27日，民革白城市委会召开白城市第二次代表大会，完成换届工作。规范“党员之家”建设。通过开展系列活动，使“党员之家”成为支部学习党的理论、党章、党史前沿阵地。2021年，发展党员7人，均为本科学历。加强对新党员教育引导，定期举办新党员培训班。

【参政议政】 2021年，民革白城市委员会参加中共白城市委、市政府和市政协组织的民主协商会、情况通报会和意见征询会，就多项重要问题提出工作建议。在市政协六届五次会议上，提交提案33件，立案28件，转书信答复5件。李子罡撰写《关于加快吉林西部生态经济区建设的建议》在市政协六届五次会议上作大会发言。民革白城市委会团体提案《关于加强白城市客运站站前秩序整治和管理的建议》作为大会书面交流材料。袁敏、石勇、周晓慧、赫玲河被市政协评为2020年度优秀政协委员。《关于建设吉林省生态金融实验区的建议》被市政协评为2020年度优秀提案。蔡卉琪撰写《关于发挥中医药作用尽早建立中医药治疗融入机制的建议》被市政协评为2020年度优秀社情民意。石勇撰写《关于提升白城市黑土地耕地质量，保障农业可持续发展的建议》作为市政协重点提案。在洮北区政协六届一次会议上，蔡卉琪撰写《群策群力合力整治提升农村道路交通管理水平》、秦国栋撰写《关于新媒体产业 赋能区域发展》作为大会口头发言，祖梦秋撰写《关于加强中小学生安全教育的建议》作为大会书

10月27日，中国国民党革命委员会白城市第二次代表大会召开

（高　飞　供图）

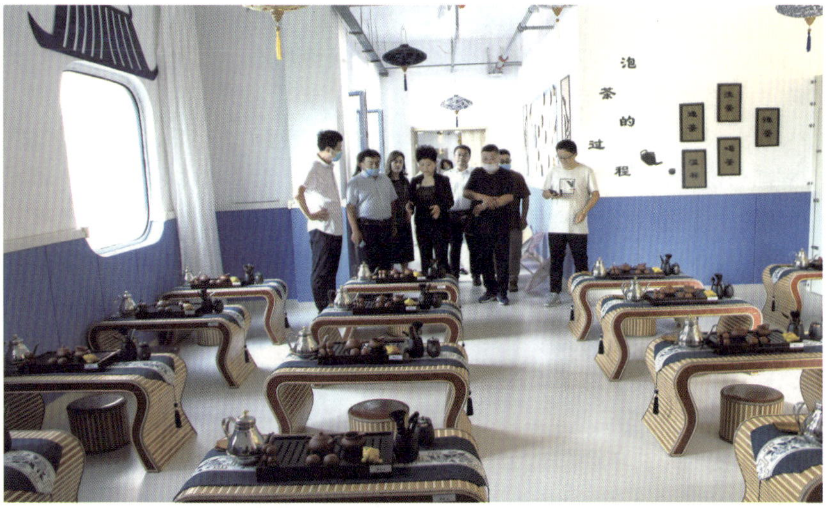

9月5日，民革白城市委会组织教师党员开展“三孩政策下助推学前教育发展”调研活动。图为调研组在洮北区第十幼儿园了解幼儿学习活动环境

（高　飞　供图）

面材料。全年收到“一人一议”及提案62件，其中报市政协大会发言和团体提案13件，调研报告1件。战山撰写《关于实施人才强市战略的建议》被选为大会口头发言，民革白城市委会《关于做大做强白城市能源投资集团，推动能源产业发展的建议》、石勇撰写《关于建设白城特色农产品展馆，举办农展会的建议》、殷丽撰写《关于加快推进数字化“一网通办”改革的建议》、白之飞撰写《关于发挥职业教育作用，助力乡村振兴的建议》作为大会书面交流材料。

【调查研究】　在第37个教师节，民革白城市委会组织教师党员组成调研组，开展“三孩政策下助推学前教育发展”调研活动。民革党员参加市政协组织的调研“黑土粮仓”科技会战大安示范区及吉林大安农田生态系统国家野外科学观测研究站活动。组织党员开展探索全市自驾游新路线镇赉行和大安行调研活动，到镇赉县慧缘寺、博物馆、白沙滩泵站（嫩江渠首）、莫莫格额头泡苍鹭林等景区调研、到大安市嫩江湾和牛心套保国家湿地公园调研，了解旅游项目建设及发展情况。洮北二支部组织党员到架其光伏生态养殖基地调研考察光伏发电与生态养殖项目；围绕洮北区政协重点工作，推进学前教育健康发展，洮北二支部开展洮北区幼教调研活动，通过调研党员们了解幼儿园发展和变化，学前教育改革情况；市直四支部制定调研周活动方案，成立工作专班，制定调研课题实地调研，撰写《关于与生态环保相协调大力发展白城规模化养殖畜牧业》调研报告。

【服务社会】　2021年，民革白城市委会开展法律服务进基层活动。白城民革中山法律援助工作站多次面向部队、洮北区中小学及社区进行法律义务宣讲。5月16日是第31个“全国助残日”，中山法律援助工作站与残疾人法律援助工作站到洮北区春城盲人医疗按摩所开展宣传活动，发放残疾人维权手册100余本，宣传单100余张，宣传手袋50个，便民卡50张。现场法律咨询3人次，拟受理残疾人法律援助案件1件；联合市残联及吉林金辉律师事务所到海明路步行街，围绕“巩固残疾人脱贫成果提高残疾人生活质量”“残疾人权益保障法律援助阳光行动”主题开展宣传活动；随同市政府主管领导及市、区两级残联到洮北区德顺蒙古族乡，开展宣传和残疾人入户走访活动；到白城市洮北区顺阳民族工艺草编专业合作社，为10余名残疾人发放宣传品。到白城市消防救援支队开展“法律援助进消防，双拥共建促发展”主题活动。通过法治讲座、现场答疑、法援宣传形式进行，讲解婚姻和交通事故法律知识；到白城特殊教育学校开展“青春心向党普法我先行”吉林省青少年普法宣讲活动暨白城市青少年法治大讲堂活动。宣讲新修订《中华人民共和国未成年人保护法》，围绕遇到校园欺凌应如何处理、青少年应如何遵纪守法等进行讲解。

公益事业。联合阳光爱心医院，组成科普服务志愿团队到保平街道办事处保平社区开展“送医送药送科技”进社区服务活动。讲解医疗知识，解答群众健康知识问题；成立义诊团队，到北市小区为社区百姓开展诊疗服务。免费为社区居民进行针灸治疗，在洮北区金祥乡新建村开展助力脱贫团购产品活动，团购滞销地瓜200余千克。

（高　飞）

民建白城市委会

【概况】　民建白城市委会辖洮南市委会、洮北区委会、市直一支部、市直二支部、市直三支部、市直四支部、市直五支部、大安支部、夕阳红支部。截至2021年末，新入会民建会员14名，去世4名，实有人数394名，（洮南市155名、白城市239名），平均年龄50.3岁，其中大专以上学历283名，高、中级专业技术职务167名，企业高级管理人员91名，分别占71.8%、42.3%和23%。省政协常委1名，人大常委会委员1名，市人大代表2名，市政协常委8名，委员16名；县（区）人大代表3名（洮南市2名、洮北区1名），县（区）政协委员38名（洮南市24名、洮北区11名、大安市3名），其中洮南政协副主席1名，洮北区政协副主席1名，县（区）常委11名（洮南市3名、洮北区5名、大安3名）。民建白城市委会被民建吉林省委评为

2019—2021年度参政议政先进单位，5名会员被评为民建吉林省委参政议政先进个人。

【参政议政】 2021年，民建白城市委会收到“一人一议”及提案34件，报市政协提案委大会发言及大会交流5篇，其中《关于推进我市林草联通工作的建议》被选为大会口头发言。全年上报民建吉林省委会社情民意15件，其中《关于加强小学生劳动教育的建议》和《关于实施基本农药集中配送保障粮食和农产品质量安全的建议》等5件提案被省政协采用，《关于加快“中国北方氢谷”建设 打造东北振兴新增长的建议》被民建吉林省委会采用并报全国“两会”。《关于加强农村医疗卫生机构人才队伍建设的建议》《关于推进冰雪运动进课堂的建议》被民建中央单篇采用。民建白城市委会推荐2名会员参加民建中央社情民意培训班和民建中央骨干会员培训，10名会员参加民建省委社情民意培训班，推荐3名会员担任市中级人民法院廉政监督员，组织9名骨干会员加入民建吉林省委社情民意信息员。

【思想建设】 2021年，民建白城市委会制定学习中共党史活动方案，通过多种形式开展党史学习教育。开展庆祝中国共产党成立100周年征文活动和网上党史、会史知识竞答等活动。民建洮南市委组织会员参加统战系统党史教育活动及“爱党爱家乡”主题参观活动；洮北区委组织骨干会员参观由洮北区美术馆举办的“我和我的家乡”——纪念中国共产党成立100周年手机摄影展，组织所属支部观看献礼影片《建党伟业》。大安支部诗朗诵以微分享形式在省网转发。6月21日，民建白城市委会在白城医学高等专科学校红色教育基地——红园参观学习，开展讲党课、游红园、唱红歌接受革命传统教育活动。坚持政治理论学习。组织9名会员参加民建吉林省委举办的骨干会员培训班，学习中共党史、习近平统一战线思想、民建会史、统战工作条例及非公经济专题。为纪念中共中央发布“五一口号”73周年，洮南市委会、洮北区委会、市直、大安各支部分别组织会员对“五一口号”内容、历史背景进行学习。5月19日，组织新会员学习会章、会史及统一战线、多党合作基础知识。召开理论学习中心组扩大会议，学习习近平总书记“七一”重要讲话精神和中共十九届六中全会精神。

【宣传引导】 2021年，民建白城市委会下发文件和学习材料，办好《民建简讯》《白城民建》会刊和微信公众号。编辑《白城民建》会刊2期，《民建简讯》61篇，微信平台刊发图文消息141条，其中民建中央媒体采用39篇，省级媒体采用52篇。2021年，获民建吉林省委新闻宣传工作三等奖，有8名会员被省民建吉林省委评为新闻宣传先进个人。

【组织建设】 2021年，民建白城市委会规范有序完成换届工作。筹备换届工作，开展领导班子述职和民主评议会，组织召开主委办公会议3次，全委会议2次。10月25日，完成换届工作。为加强会内监督，理顺工作程序，经六届一次全委会议通过，成立监督委员会。全年发展会员14人，其中经济界3人。平均年龄37岁，均为大专以上学历，其中本科7人，中级以上职称2人。年内建成两个“会员之家”。

【调研视察】 2021年，民建白城市委会组织会员参加市政协组织的“关于中药材产业高质量发展协商座谈”和“交巡合一”执法新模式专题视察。围绕民建中央、省委及白城市发展重点问题组织调研。市直一支部与黑龙江交通职业技术学院联合开展“助推产教融合，优化校企合作”调研；洮北区委主委谷晓飞带领区委班子成员到白城市公共汽车公司针对市内公共交通线路及市公共交通管理和发展运行情况进行专项调研，形成提案《加强扶持城市公交快速发展的建议》。

【社会服务】 2021年，开展“托起希望之星”引资助学活动。民建白城市妇委会争取杭州企业家救助项目，资助品学兼优贫困学生。分别到通榆一中、洮南一中开展圆梦大学活动，资助18名贫困学子考入大学。民建白城市委会分别到欧瑞特医材科技有限公司、白城市鸿博建设工程质量检测有限责任公司等5家会员企业实地走访，为企业未来发展出谋划策。民建洮北区委

7月25日，民建白城市妇委会到洮南一中开展“托起希望之星”引资助学活动。图为白城市民建主委翟喜林（左二）为贫困学子发放资助金 （田春宇 供图）

10月25日，中国民主建国会白城市第六次代表大会召开　（田春宇　供图）

组织走访曹记酒业公司、天地峰农资公司等3家会员企业，就市场环境了解新冠疫情期间企业现阶段经营状况以及企业需求。开展法律服务进基层活动。4月27日，市直二支部和洮北三支部到白城市第二中学联合开展法律进校园活动，二支部主委律师李敖以《从小做起，从我做起》为题作预防青少年犯罪专题讲座。开展“爱心日”活动。民建白城市委会组织骨干会员到镇赉县东屏镇公和勒村向低保家庭、独居老人开展爱心捐赠活动，送上米、面、油等慰问物品。洮北区组织骨干会员到乐福康敬老服务中心开展爱心捐献活动，走访慰问金祥乡金祥村五保户，送去米、面、油等生活物资。开展公益活动。在“防震减灾日”，洮北区二支部联合市地震局为学校及社区普及推广防灾减灾知识。洮南开展“社区工作日”活动，为辖区内“空巢”老人和留守儿童解决生活困难，送去过冬衣物等日常生活用品。12月4日，洮北民建联合市、区两级普法宣传部门共同开展“宪法日”宣传活动。

【中国民主建国会白城市第六次代表大会】　10月25日，中国民主建国会白城市第六次代表大会召开，完成换届工作。会议选举马伟东、王威、王明华、冯波、田春宇、刘春晖、李斌、谷晓飞、张宇飞、陈天星、陈旭升、郑宏峰、荣光、姚蓝、翟喜林等为民建白城市第六届委员会委员。选举产生新一届领导班子，翟喜林当选主任委员，李斌、王明华、姚蓝、荣光当选副主任委员，任命田春宇为秘书长。六届一次会议同时选举产生民建白城市委员会监督委员会，荣光当选主任，李傲、王丽媛当选为副主任，田春宇、张勇、郑宏峰、梁博当选为委员。

（田春宇）

农工党白城市委会

【概况】　农工党白城市委会有党员447名。设基层组织26个，其中，洮北区基层委员会1个、总支部委员会3个、支部委员会22个。党员中政协委员48人。其中白城市22人、洮北区17人、洮南市3人、镇赉县6人。人大代表9人。其中，白城市4人、洮北区3人、洮南市2人。

在农工党中央2021年脱贫攻坚工作表彰中，农工党白城市委会被评为先进集体。在农工党吉林省委会2021年度优秀市委会评选中被评为优秀市委会。农工党白城市文化支部、镇赉支部、经济开发区支部、教育二支部被农工党吉林省委会评为2021年度先进基层组织。在农工党中央2021年脱贫攻坚工作表彰中，刘晓雷、李生光被评为先进个人。在农工党中央表彰脱贫攻坚民主监督工作中，薛力民被评为先进个人。

【思想建设】　4月，农工党白城市委会召开学习全国“两会”精神、农工党十六届四次中全会会议精神、农工党吉林省委七届六次全会精神会议，开展中共党史知识竞赛活动。5月，洮北区基层委员会联合支部开办党史培训班。8月，在农工党白城市委会召开领导班子述职民主评议会上学习习近平在庆祝中国共产党成立100周年大会上的讲话。在农工党吉林省委开展“2021年理论征文活动”中，党员袁晓梅撰写《探析新时期视域下多党合作制度“最优效化”路径》、周美杉撰写《从百年党史中看党的力量源泉》、杜健撰写《光辉旗帜，伟大历程，携手前行》分别获一、二、三等奖。

12月26日，民建白城市委会开展“爱心日”活动。图为会员到镇赉县东屏镇公和勒村开展爱心捐赠活动　（田春宇　供图）

【庆祝中国共产党成立100周年】 4月，农工党白城市委会组织部分党员到井冈山精神教育培训学院参加培训学习。5月，在市文化中心剧场举办“勠力同心　肝胆相照”——庆祝中国共产党成立100周年文艺演出。洮北区基层委员会和市医院护理医技支部分别举办庆祝“中国共产党成立100周年、辛亥革命110周年”乒乓球友谊赛、庆祝中国共产党成立100周年暨庆祝“5·12”国际护士节演讲活动。6月，农工党镇赉支部到天伦敬老院开展“喜迎中共建党百年敬老爱老”活动，为老人送去水果、面、油及中共建党百年定制T恤等礼品，现场讲解中共党史，并为老人包爱心饺子。在省政协举办的庆祝建党100周年书画作品展活动中，党员张铭作品入选，并被省政协编辑进庆祝中共建党百年纪念册。

【组织建设】 2021年，农工党白城市委会召开会议，专题研究、科学部署，为市委会换届做好准备。5月，组织骨干党员和新党员到省社会主义学院参加学习培训。9月，举办新党员培训班，近2年加入农工党组织党员20余人参加培训。农工党白城市委会主要领导在开班式上为新党员颁发“入党批准通知书”并作开班讲话。农工党白城市委会秘书长吕金凤以《继承优良传统　讲好农工党故事，做一名合格的农工党党员》为题讲话。全年发展新党员11名。

【参政议政】 2021年，农工党白城市委会向农工党吉林省委会报送社情民意信息32件，其中被采用22件，孙海波撰写《关于增加新冠疫苗临时接种点的建议》《关于医药行业诚信体系建设的建议》《关于将非免疫规划疫苗纳入国家谈判集采的建议》，王希程、孙海波、于泓撰写《切实筑牢我省农村疫情防控底线》，王希程、孙海波撰写《关于改老年人突发病应急救治处理的建设》，赵欣撰写《关于进一步加强改善教育工作量的建议》，马万秋撰写《关于发展绿能源建设加氢站的建议》等7件社情民意被省政协用。在全省社情民意信息评比中，第一第二季度白城市均排名第1。在农工党吉林省委开展的参政议政招标课题工作中，梁宇鹏上报《关于建设绿色低碳智慧能源示范校园，助力省内综合智慧能源发展的调研》和孙海波上报《关于进一步提升社区卫生服务中心应对突发公共卫生事件能力的调研》两个课题中标。创优营商环境。农工党白城市委会主要领导和中共白城市委、白城软环境办沟通，召开座谈会，成立助力白城营商环境建设工作领导小组，制定重点工作计划，商讨怎样更好发挥农工党界别优势，创优白城营商环境。

【调查研究】 9月，农工党白城市委会主要领导带队，到洮北洮河镇新发村开展调研工作，助力乡村振兴。调研组实地了解新发村沿岸庄稼受灾、道路路面受损等情况，了解受灾群众生活状况，并协调联系相关部门，推动解决洮河镇新发村日常用水和村主干道维修问题。

【社会服务】 1月，农工党白城市委为政务大厅引进智能便民口罩机。党员于贺向市政务大厅无偿捐助医用口罩、消毒酒精等防疫物资。科教支部向驻守在政务大厅青年志愿者们送去矿泉水、方便面等生活物资。6月，农工党白城市委会组织党员前往洮北德顺蒙古族乡开展“2021环境与健康宣传周”活动，吉林省职业病防治医院内科专家王玲安为村民作题为《心脑血管病的治疗和预防》健康知识讲座。以文艺演出、现场义诊、宣传讲解等多种形式，到洮北德顺蒙古族乡开展“送医药、送文化、送科技、送法律”四下乡活动。为村民普及卫生、文化、科技、法律等知识，为前来就诊村民进行中医科、内科、妇科、牙科、皮肤科等多个科室检查和诊治，为村民们量血压、做心电检查100余人次，捐赠药品价值1.2万余元。科教总支到德顺乡福利院，用3000余元爱心捐款为福利院老人们送去新衣服、鞋和应季新鲜水果，并给老人们包饺子做午餐。中医院支部和经济开发区支部到洮北区青山镇开展义诊活动，党员李生光捐助价值近万元常规药品。农工党白城市委会和镇赉县政协会同同春和药业、步长药业，到大屯镇英台村和莫莫格蒙古族乡巴喜昭村开展义诊活动，为100余名村民提供免费医疗问诊、身体检查和送药服务。镇赉县中医院、步长药业、同春和医药免费发放药品5万余元。农工党吉林省委会联合白城市委会，在洮北区洮河镇新发村开展健康讲座、献爱心义诊及捐助活动。9月，农工党白城市委会和政数局携手步长药业，到大安市红岗子

10月29日，农工党吉林省委会联合白城市委会，在洮北区洮河镇新发村开展健康讲座、献爱心义诊及捐助活动 （孙丽男　供图）

10月29日，农工民主党白城市第五次代表大会召开。图为选举产生的农工党白城市第五届委员会全体委员　（王亚苏　供图）

镇一心村，开展“我为群众办实事”暨“助力乡村振兴、关爱群众健康”义诊活动，免费义诊百余人次，发放药品价值1万余元。洮南支部在下乡扶贫等活动中，捐赠药品等总价值约15万元。

4月，农工党白城市委会组织党员到洮北经济开发区开展植树造林活动，2021年是农工党白城市委会连续开展植树造林活动的第12年，累计植树上万棵。

【农工党白城市委第五次代表大会】10月29日，农工党白城市委召开第五次代表大会。会议选举王景伟为农工党白城市第五届委员会主任委员，薛力民、郑威风、狄光海为副主任委员，任命吕金凤为秘书长。选举产生王景伟等17名委员组成的农工党白城市第五届委员会；选举付飞等13名代表为出席农工党吉林省委第八次代表大会代表。

（孙丽男）

白城市工商业联合会（商会）

【概况】　白城市工商业联合会、白城市商会（简称“市工商联”）推进非公经济领域思想政治教育工作，挖掘3家企业优秀案例进行典型宣传；向市“两会”提交各类议案提案20余件；为企业提供关于促进民营经济发展政策措施30项，开展深化“红色孵化器”助企活动，为企业搭建合作交流平台；白城市“全国县级五好工商联”确认率超过80%。12月，王雨生被人力资源和社会保障部评为“全国人力资源和社会保障优质服务先进个人”。截至2021年末，市工商联会员4199个。其中，企业会员1975个、个人会员2165个、团体会员59个。

【思想建设】　2021年，市工商联推进非公经济领域思想政治教育工作。围绕建党100周年，依托微信公众号，开展“百年党史天天学”活动。年内组织民营企业家开展专题学习1次，宣讲座谈2次。组织白城市民营企业家代表参加“弘扬张謇精神，履行社会责任”理想信念教育培训班学习。举办“庆祝建党100周年乒乓球友谊赛”，推动会员企业开展“建党百年”系列教育活动，把非公经济人士思想统一到党的建设伟大工程。开展民营经济人士社会责任调研。挖掘嫩江湾电子商务、融信实业、大河生态农业等3家企业优秀案例进行典型宣传。引导源林物资重建吉鹤社区乒乓球馆，丰富社区居民业余生活。

【组织建设】　2021年，市工商联加强对县级工商联规范化标准化建设调研督导，白城市“全国县级五好工商联”确认率超过80%，位居全省前列。推动工商联所属商会改革发展，按照“四好”（班子建设好、团结教育好、服务发展好、自律规范好）商会建设标准，规范和提升白城市各级工商联、各级商会在政治引领、经济服务、诉求反映、权益维护、诚信自律、协同参与社会治理等方面水平。

【参政议政】　2021年，市工商联开展“走基层、解难题、促发展”调研实践活动。围绕民营企业生产经营情况开展线上调查和实地走访，完成调研问卷213份，提交市政协调研报告2篇。聚焦“落实‘双碳’目标”“企业绿色转型”，开展“民营企业绿色低碳发展基础和成效”调研，听取企业家心声，及时与政府相关部门沟通，帮助解决企业发展中“难痛堵”问题。加强非公经济代表人士推荐培养，推荐有代表性、参政议政意愿强、讲政治、顾大局非公有经济人士担任政协委员。发挥工商联界别政协委员和人大代表作用，就全市社会经济发展中一些亟须重视和解决的热点、难点问题，撰写各类提案和建议案，向市“两会”提交议案提案20余件。

【经济服务】　2021年，市工商联为企业提供关于促进民营经济发展政策措施30项。协助市税务局开展2021年助力小微企业发展“春雨润苗”专项行动，惠及会员企业230家。开展金融惠企政策解读，拓展会员企业与吉林银行、中国银行、建设银行等更多金融机构对接，通过开展线上线下多元化金融服务，拓宽融资渠道，年内帮助民营企业融资贷款2亿元。开展深化“红色孵化器”助企活动，组织企业参加“劳动法进民企”“企业法律风险防范”“民营企业境外合规经营风险防范”网上系列讲座10余次。发放《劳动关系领域法律法规政策汇编》500余册，为企业提供法律咨询和服务280余次。为企业搭建合作交流平台。5月12日，市工商联主

5月12日，市工商联到内蒙古兴安盟开展学习考察经贸洽谈活动

（王洪丽 供图）

席王金利、副主席金燕，洮南市工商联副主席李鹏飞，洮南康健饮品有限公司总经理张哲明到内蒙古兴安盟工商联学习考察经贸洽谈，促成康健饮品与阿尔山饮品（北京）有限公司合作、实现东北一品窖与吉林润泽能源利用有限公司有效衔接。协调成来电气第一时间送货上门，解决洮南康健饮品电力受损问题。

【市工商业联合会（商会）第六次会员代表大会】 12月31日，白城市工商业联合会（商会）第六次会员代表大会在白城宾馆召开。大会听取和审议《白城市工商业联合会（商会）第六次会员代表大会工作报告》，并选举产生白城市工商业联合会第六届主席、副主席、常委会委员和白城市商会会长、副会长。王金利当选新一届白城市工商联主席、白城市商会会长。

【“万企兴万村”白城行动工作会议】 10月19日，白城市工商联组织召开“万企兴万村”白城行动工作会议。会议传达省委副书记高广滨在“万企兴万村”吉林行动启动大会上讲话；征求《“万企兴万村”白城行动方案》意见。

【银企对接启动仪式】 6月16日，市工商联联合市总工会、吉林银行白城分行、工商银行白城分行，组织召开“助力复工复产，稳住经济增长”全市工会小额贴息贷款项目银企对接启动仪式。市工商联、市总工会、吉林银行白城分行、工商银行白城分行相关领导及市区40余家企业家代表参加对接仪式；各县（市、区）工商联、总工会、吉林银行、工商银行负责人及相关企业代表分别通过视频形式参加对接仪式。市总工会现场解读“职工双创扶持计划”小额贴息贷款项目；两家银行分别介绍“职工双创扶持计划”小额贴息贷款产品和流程；金融机构与2家企业签订贷款协议92万元。

（王洪丽）

延伸阅读：

关于大力扶持全市民营企业发展的建议

一是进一步在优化政策上扶持。各级政府部门要以“最多跑一次”改革为统领，努力实现由“干预型”向“协调型”、“管理型”向“服务型”的职能转变；继续实施《小微企业生成计划》，促进企业多生成，统筹推进“小升规”；强化党政领导帮扶重点企业工作机制；贯彻落实好支持民营企业改革发展的实施意见；提升政务服务水平，深入推进“互联网＋政务服务”，最大限度做到“数据多跑路，企业少跑腿”。深入开展万人助万企活动。不断优化营商环境，要在真正实现“审批更简、监管更强、服务更好、环境更优”上下功夫。三是进一步在打造服务体系上扶持。发挥中小企业公共服务平台作用，为企业提供融资、技术、培训等优质高效服务。重点培育中一精锻、敖东药业等一批成长性强的创新型企业成长为科技小巨人企业。积极帮助企业争取省级专项资金扶持。应制定高层次产业人才引进计划，加快引进具有核心技术的领军人才和研发团队。对企业急需适用人才，应确保各项奖励扶持政策落实到位。四是进一步在激发市场主体活力上扶持。大力营造依法保护企业家合法权益的法治环境。加强企业家培训力度，开展企业家大讲堂活动。鼓励和引导企业实施品牌战略，争做创新的主体。加强信息交流和科研资金及人力资源的投入力度，根据地域特色、行业特点，打造不同的区域品牌，提升企业的知名度，扩大市场占有率。

（本文为市工商联主席王金利提案摘要）

群众团体

白城市总工会

【概况】 2021年，白城市总工会（简称“市总工会”）培育推荐全省职业道德建设标兵单位2个、标兵个人2人；新建全国职工书屋1个、便利型职工阅读站点3个、劳模书架3个，12个已建国家级职工书屋申请补配图书4000余册。创建劳模和工匠人才创新工作室41个。推荐国家和省级“五一劳动奖状”9个、工人先锋号4个，吉林工匠人选11人，选树白城市“五一劳动奖状”21个，白城市“五一劳动奖章”105名。建成“工驿站”61个，洮北区总工会职工服务中心工驿站和通榆县电商工驿站被评为全国最美工驿站。开展“尊法守法·携手筑梦”法律服务和“法律体检”活动，开展法律服务20余次。截至2021年末，全市组建基层工会1708个，其中独立工会1578个，联合工会130个，涵盖法人单位3837个；工会会员17.9万人，其中农民工会员3.8万人。

【职工思想政治引领】 2021年，市总工会集中组织学习读书班、基层调研活动，在白城烈士陵园、白城医高专红园开展主题党日，跟踪观看《百炼成钢：中国共产党的100年》专题片。举办“中国梦·劳动美——永远跟党走、奋进新征程”主题活动，职工学党史“创意悦读”“传承红色基因、讲好白城故事”职工征文、“学党史、知党恩、悟思想”知识竞赛等活动。到基层宣讲习近平总书记“七一”讲话精神，吸纳各级劳模组建助企服务宣讲团进企业、进社区宣讲十九届五中、六中全会精神，协调省总宣讲团到白城开展典型事迹宣讲活动，挖掘保护全国劳模纪英林事迹、图片和实物。通过白城百名劳模图片展和省级劳模图片巡回展展出各级劳动模范事迹120余人，观展人数5000余人。推进“求学圆梦行动”，762名职工通过成人高考、高职扩招实现学历提升，争取省总工会学费补助66.4万元。

6月30日，由市总工会主办的“中国梦·劳动美——永远跟党走、奋进新征程”百名劳动模范图片展在白城医高专展出 （刘建军 供图）

【职工队伍建设】 2021年，市总工会召开产改推进会和调度会，各地各职能部门组织企业培训职工10233人，形成政府、市场、行业、企业、学校等多方共建实训基地。开展“建功十四五·奋进新征程”主题竞赛活动，举办供电系统装表接电专业劳动竞赛、快递员职业技能大赛；组织100余名班组长参加“红旗杯”第二届全国机械行业班组长管理技能大赛，参加吉林省第一届职工职业技能大赛职工580余名。培育精益工匠示范单位，投入资金60万元，打造镇赉成来电气有限公司、吉林敖东洮南药业股份有限公司样板单位，实施精益管理项目16个，新推荐储备实施精益管理企业2家。投入资金176万元组织民营企业开展职工职业技能培训、劳模创新工作室创建质量升级、劳动技能竞赛和“五小”（小发明、小创造、小革新、小设计、小建议）活动、安全生产监督检查项目66个。培树白城工匠、创业标兵、创新标兵23名，创新团队6个。成立推进小微企业工会经费返还工作专班，通过《白城日报》、各类新媒体宣传返还政策，向307家小微企业返还工会经费131.2万元。参与乡村振兴。发展暖棚合营，推进庭院经济，投入扶持资金3万元，改善村党群服务中心办公环境，建设“爱心超市”。把参与创城作为创建活动的载体，开展小区环境整治、冰雪清理、宣传引导等志愿服务活动500余人次，动员外卖员、送餐员等群体发放创城宣传单5万余份，引导职工群众参与创城，争做文明市民。

【关爱职工】 2021年，市总工会“春送岗位”联系招聘企业93家，提供岗位1207个；“夏送清凉”筹集28万余元送清凉物品，慰问52个单位13367名一线职工；“金秋助学”为131名困难职工家庭子女送去助学金56万元；“冬送温暖”救助困难职工116人，发放生活和医疗救助金62.9万元，走访企业79家，送去慰问金95.8万元。投入资金30余万元，建成“工驿站”61个。以“建党百年，工会进万家”活动为载体，为在档困难职工和新就业形态劳动者购买互助保障，投入资金32.5万元。提高互助保障待遇，职工住院医疗赔付标准提高至10400元，重大疾病保障项目增加到30种，增设女职工特殊疾病保障项目。互助保障纳入省级统筹，全市参保单位310家、职工34156人，赔付436人，赔付金119万元。

【关爱劳模】 2021年，市总工会为44名全国劳模发放春节慰问金13.2万元。“七一”建党纪念日前，慰问170名各级劳模，发放慰问金12.4万元，向全国劳模发放特殊困难帮扶金、生活补助金、退休荣誉津贴21万元，为27名全国劳模进行健康体检，向23名省级劳模发放特殊困难补助金47.3万元。

【职工权益维护】 2021年，市总工会开展“公开解难题、民主促发展”主题活动，做好职代会提案征集，白城供电公司在全国典型企业民主管理微视频大赛中获奖，白城热电厂、白城供电公司获全省优秀职工代表提案奖，白城市在全省首届集体协商竞赛获全省第3名。做好全省工会劳动关系监测点建设，全市建信息直报点16个。开展法律维权。推进“法院+工会”劳动争议诉调对接，全年调解案件15件。开展“尊法守法·携手筑梦”法律服务和“法律体检”活动，到保安、快递和出租车企业开展各类法律服务20余次。加强劳动领域政治安全，建立工作专班，健全会商研判、信息报送等制度，开展职工队伍稳定风险大排查，把各类矛盾隐患化解在萌芽状态。做好群众性安全生产监督和职业病防治工作，开展《中华人民共和国职业病防治法》宣传周活动，利用公众号和微信群转发职业病防治视频，联合市卫健委开展争做“职业健康达人”活动，开展“安康杯”竞赛活动，参与竞赛、答题职工2.5万余人。

【“工会进万家·新就业形态劳动者温暖行动”服务月启动】 11月26日，白城市“工会进万家·新就业形态劳动者温暖行动”服务月启动仪式在白城市邮政公司举行。市人大常委会副主任、市总工会主席叶静波，市政府副市长常预，中国邮政集团有限公司吉林省分公司党委委员、副总经理张维春；市总工会、市邮政管理局、市邮政公司相关负责人及新就业形态劳动者代表参加启动仪式。启动仪式上，市总工会向315名快递员、货车司机等新就业形态劳动者赠送价值2万余元礼包；向330名快递员、外卖配送员、货车司机等新就业形态劳动者赠送住院医疗和女职工特殊保障两项职工互助保障项目，价值3.45万元。市总工会重点聚焦快递员、外卖配送员、网约车司机、货车司机等群体，以送思想文化、送身心健康、送平安保障、送温暖关爱、送工作岗位、送技能提升等“六送”活动为重点内容，聚焦新就业形态劳动者最关心最直接最现实需求，帮助解决他们“急难愁盼”问题，引导全社会关心关爱新就业形态劳动者群体。

【装表接电劳动竞赛】 4月8日，市总工会联合国网白城供电公司联合举办为期3天2021年装表接电劳动竞赛结束。竞赛中，来自全市各供电中心和

11月26日，白城市“工会进万家·新就业形态劳动者温暖行动”服务月启动仪式在市邮政公司举行。图为市领导向劳动者赠送礼包　（刘建军　供图）

供电公司及供电计量中心11支队伍参赛；竞赛采取笔试和实际操作相结合形式，评出团体一等奖、二等奖和三等奖各1名；评出个人一等奖1名、二等奖2名、三等奖3名。

【“工会进万家”调研走访慰问活动】 6月10日，市总工会开展建党百年“工会进万家”调研走访慰问一线困难职工及劳模活动，走访慰问白城市39名困难职工、49名新冠疫情防控人员、18名全国劳模及23名省级劳模。到白城恒瑞物业有限公司、安费诺金事达电子系统（白城）有限公司、吉林省梅花氨基酸有限责任公司、国网白城供电公司、白城宾馆、吉林省地方病第一防治研究所及85岁省级劳模尹盛昌家中进行走访，为他们送去慰问金10万元。

【“讲工匠故事·展劳模风采”主题交流活动走进白城】 6月16日，吉林省总工会第三季“讲工匠故事•展劳模风采——党旗在基层一线高高飘扬”主题交流活动在白城联通大厦举行。主题交流会上，2名劳模讲述先进事迹，中间留有互动环节，围绕劳模工作环境、工作成就等面对面交流。来自洮北区、经开区、工业园区和市直相关企事业单位140余名职工、劳模和工会干部参加主题交流活动。

【职工网络直播技能培训班】 7月23日，由市总工会、洮北区人力资源和社会保障局、白城市洁洁宝技能培训学校共同举办的职工网络直播技能培训班开班。市总工会联合人社部门和技能培训学校，将网络新媒体知识、短视频创作和制作、网络直播带货技巧、网络直播文案写作等专业技能，作为职工技能提升培训课堂内容。培训7天时间、60课时，洮北区、经开区、市直及部分中省直单位60余名企业职工和市区工会干部参加培训，洮北区人力资源和社会保障局实训基地与白城市洁洁宝技能培训学校共同承担培训人员教学、出行和相关生活保障。

【送“暖心饺子”慰问环卫工人】 11月11日，市总工会连续2天开展“暖心饺子”慰问道路清雪一线环卫工人，30余名白城老三届知青志愿者参加活动，从10日早晨8时开始，连续工作10余个小时，包出蒸饺、水饺1万余个。白城市东润大酒店、洮北区众帮环卫工人爱心驿站免费为清雪一线环卫工人蒸煮饺子、提供就餐空间。从11月10日晚餐起到11日晚餐结束，市总工会在白城市城市管理行政执法局配合和组织下，以送出“暖心饺子”方式，在指定就餐点慰问城市道路清雪一线环卫工人，慰问环卫工人500余人次。

【“尊法守法·携手筑梦”职工法律知识竞赛】 12月7日，“尊法守法•携手筑梦”职工法律知识竞赛活动吉林分赛场在白城举行。竞赛活动由全国总工会、司法部、人力资源和社会保障部、全国普法办共同主办，采用线上答题方式进行，全国总工会设竞赛主会场，各省、自治区、直辖市总工会和新疆生产建设兵团总工会设竞赛分会场。设在白城的吉林分赛场，由省总工会选拔出3名选手代表吉林省参加竞赛活动。

【工会组织和干部队伍建设】 2021年，市总工会加强建会入会工作。重点加强乡镇（街道）工会、小微企业工会建设，突出吸纳快递员、货车司机、出租车司机等灵活就业群体入会，做好日常建会和集中建会工作，重点抓好基层工会干部配备，监督法人登记和建立工会账户，全年新建基层工会561家、发展会员6382人。强化工会干部队伍建设，各县（市、区）总工会主要负责人调整到位。注重发挥社会化工作者作用，新聘任工会社会化工作者16名。开展干部培训，举办工会青年干部、新任工会干部培训班，开展微视频制作、工资集体协商等专题培训，培训工会干部300余人。发挥党员先锋模范作用，在全市脱贫攻坚、卫生城创建和“两优一先”评选中，有1个基层党支部和3名党员受到嘉奖，开展党组织“共驻共建”活动，领取兑现群众“微心愿”，为社区群众解决“急难愁盼”问题。

（于国林）

共青团白城市委

【概况】 中国共产主义青年团白城市委员会（简称“共青团白城市委”）有直属团（工）委23个，包括5个县（市、区）团委以及市直团（工）委、开发区（园区）团委。基层团委252个，其中乡镇（街道）团（工）委86个，基层团支部（总支）3180个。全市有团干部5805人（含大中专院校），其中专职团干部52人（含大中专院校），共青团员53897人（含大中专院校），少先大队193个，大队辅导员193人，中队辅导员2859人。2021年，全市发展团员4180名，培训团干部2000余人。推动“青年大学习”网上团课活动，参与团员青年76万余人次，引领全市社会组织、青年志愿者开展志愿服务活动110余场。搭建青年创新创业平台，提供各类就业岗位3100余个，开展少先队主题实践活动1050余场。

【青少年思想政治引领】 2021年，开展全市团员青年党史知识竞赛、歌唱大赛、分享会、座谈会等活动3200余场，推动团员青年学习党史全覆盖、深入基层、直达青少年。发挥“白城青年说”品牌作用，宣传优秀青年典型。线上利用微信、微博等新媒体，报道开展活动信息，推送文章2100余篇，工作信息被《中国青年报》、人民网、新华网、“学习强国”等国家级、省级媒体平台转载报道30余次。

【组织建设】 2021年，共青团白城市委在全市推进“青年之家”阵地建设，指导直属5个县（市、区）及市直，在社区、乡村、非公企业等青年聚集阵地建设"青年之家"38个，开展各类活动531场，吸引覆盖青少年20615人。基层团组织每月开展活动不少于2场，覆盖青少年不少于30人，完成"青年之家"系统录入工作。发展"两新"（新经济组织和新社会组织）组织团建工作，新建社会领域团组织396家。

【团员管理】 2021年，共青团白城市委印发《白城市2021年团员发展指导计划》，科学分配团员发展编号，把牢团员发展"入口关"，2021年全市发展团员4180名，均完成审核录入工作，完成率100%。与市教育局组成督导检查组进行联合检查，规范入团仪式、团组织关系转接、团内统计等基础团务，实现学社衔接率、升学衔接率100%。控制全市团员青年比例，使初中高中（含中职）毕业班团学比例分别不高于20%和50%。落实"三会两制一课"（支部大会、支部委员会、团小组会、团员教育评议制度、团员年度团籍注册制度和团课）制度，开展主题团日活动，参与团员青年18万人次。聚焦团支部开展对标定级、团员教育评议、年度团籍注册工作，完成率均100%。

【团干部队伍建设】 2021年，共青团白城市委开展"白城青年讲师团"下基层活动，组织成员走进学校、社区、企业等地，宣讲中共十九届六中全会精神、党史等内容，覆盖青少年5000余人。推动"青年大学习"网上团课活动，组织全市团员青年参与"青年大学习"网上主题团课学习38期，参与团员青年76万余人次，全市参与学习成绩位居全省前3。

【"网上共青团"建设】 2021年，共青团白城市委做好微信公众号、新浪微博、抖音信息发布和日常管理，发布上级团组织方针政策、白城各级团组织工作动态、团属活动，重点发布中国共产党成立100周年、党史学习教育、中共十九届六中全会等内容，转发微博2100余次，发布微信推文2400余条。在省、市级媒体发布信息100余条。

【青年志愿者行动】 2021年，共青团白城市委引领全市社会组织、青年志愿者开展助学帮扶、尊老爱幼、环境保护、助残扶弱、应急救援、消杀防疫等志愿服务活动110余场。召开白城市青年志愿者协会三届二次理事会，部署和安排下一阶段工作任务。举办白城市志愿者骨干法律、应急救护培训班。2021年，全市通过线上招募3024名青年志愿者，协助各街道、社区进行扫码登记、测温、电话排查等志愿服务，上岗10841人次，服务时长35921.6小时。以"3•5"学雷锋日为切入点，开展"学雷锋•暖白城"为主题敬老爱老、助学帮扶、环境保护、新冠疫情防控、心理疏导、助力"三农"（农业、农村、农民）和无偿献血暨加入"中华骨髓库"造血干细胞血样采集活动。启动"青"暖人心暨志愿服务进社区示范活动，针对社区群众普遍需求同步开展"关爱助困"项目和"创美家园"项目，开展活动37场。开展"保护母亲河"行动，助力"一城三区"建设，组织青年志愿者开展"传播正能量，共建白城青年林"暨"万人万亩植树造林日"活动。组织开展净化民居环境、环保宣传、垃圾分类等活动10余场，参加活动青年志愿者200余名。

【青年发展】 2021年，共青团白城市委搭建青年创新创业平台，举办青年人才大型网络直播招聘会、"千校万岗"专场招聘会等招聘活动，提供各类就业岗位3100余个，4300余人参与招聘。举办第二届全市青年职业技能大赛。实施全市城乡青年培训行动，培训城乡青年1400余人，与吉林银行白城分行推出"新农菁英时贷"青年创业金融扶持项目，发放贷款320万元，帮扶农村青年创业发展。五四青年节前夕举办助力乡村振兴全市农村青年典型"新农菁英"发布会，选树发布农村青年典型10人。与吉林农业大学团委建立"校地对接"合作项目，建立乡村振兴青年实践基地5个，扶持带动农村青年创业发展。开展"助力乡村振兴•圆梦我的大学"爱心助学系列活动，筹集爱心助学资金32.1万元，帮助165名困难学生解决实际困难。开展关爱农村留守儿童圆梦微心愿活动，帮助270名困难青少年实现价值3万余元微心愿梦想。组织市青年企业

4月20日，共青团白城市委、白城市青年志愿者协会组织青年志愿者开展"传播青春正能量 共建白城青年林"暨"万人万亩植树造林日"活动 （王聃 供图）

12月20日，共青团白城市委举办第四届白城市青少年模拟法庭大赛。图为决赛现场　　（班正　供图）

协会会员企业为脱贫村捐赠价值3万余元太阳能路灯。推动“青春对白”青年婚恋交友系列活动。常态化开展青年婚恋交友活动，解决青年婚恋交友难题。

【青少年合法权益维护】　2021年，共青团白城市委联合教育、公安等部门开展“白城市青少年法治大讲堂”活动200余场，覆盖全市中小学校。举办第四届白城市青少年模拟法庭大赛，创新青少年法治宣传教育形式。常态化开展中高考减压、寒暑假自护、电台青春护航等活动34场次，服务青少年3700余人。加强市青少年心理健康辅导站建设，解决青少年心理个案、维权服务等个案5件。开展“青少年模拟政协提案”征集和“共青团与人大代表、政协委员面对面”等活动，畅通青少年诉求表达渠道。

【少先队主题实践活动】　2021年，共青团白城市委开展庆祝中国共产党成立100周年主题实践活动。举办“传承红色血脉喜迎建党百年”少先队主题实践活动，600名少先队员绘制“传承红色血脉喜迎建党百年”绘画拼图，12位红领巾讲解员分别讲解“白城党史代表人物”展板，缅怀革命先烈。开展“学雷锋见行动·争做新时代好队员”、争做“光盘行动”“环境整治”“预防疾病”好队员等主题实践活动1050余场，覆盖10万余人次。

【少先队辅导员训练营】　6月17—18日，举办2021年白城市少先队辅导员训练营，各县（市、区）少工委主任，团委、教育部门相关负责人，各中小学校少工委主任，全市少先队大队辅导员230余人参加培训。培训围绕《中共中央关于全面加强新时代少先队工作的意见》解读、少先队重点工作指引、“红领巾奖章”工作详解、少先队队务基础知识解析4个方面内容开展。

【“青春对白·宏鹤有约”白城市青年交友联谊活动】　11月11日，“青春对白·宏鹤有约”白城市青年交友联谊活动在白城市宏鹤酒店举行。全市各行政机关、企事业单位230余名优秀单身青年参加活动，活动由共青团白城市委主办、白城市芳华青年服务中心协办，联谊活动以青年喜好为出发点，通过前期线上发动和线下系列交友活动，吸引全市青年关注。活动现场设置相遇、相恋、相伴3个篇章。通过组队拉歌、“爱的主角”“情歌猜猜猜”“心有灵犀”、个人才艺展示和抽奖等环节加强青年之间交流。

（王　聃）

白城市妇女联合会

【概况】　2021年，白城市妇女联合会（简称“市妇联”）以引领、服务、联系妇女为宗旨，开展“巾帼大宣讲”活动，以“巾帼心向党　奋进新时代”为主题开展群众性宣传教育活动10场次。助力乡村振兴，实施“一企一村一网红”巾帼电商培育工程，建成第一批“巾帼爱心”便利店20个。关心关爱服务儿童，推进妇女儿童公共法律服务体系建设，实施适龄妇女“两癌”（宫颈癌、乳腺癌）筛查救助项目，为全市1110名贫困妇女提供免费筛查和救助。

【宣传教育】　2021年，全市各级妇联组织通过举办专题培训班、执委大讲堂等多种形式，学习宣传贯彻习近平新时代中国特色社会主义思想。深化“巾帼大宣讲”活动，发挥各地宣讲团(队)作用，组织中共十九大女代表、妇联执委、女性专家学者、巾帼建功标兵、“三八红旗手”和“最美家庭”代表等，到机关、企业、校园、农村、社区，面对面、点对点开展以建党百年和十九届六中全会为主题宣讲。开展“党史学习教育”，在“七一”建党纪念日前夕，组织社会各界妇女代表共同开展礼赞百年、为党而歌“红歌献给你”主题快闪活动。全年开展“巾帼心向党　奋进新时代”主题群众性宣传教育活动10场次。

【助力乡村振兴】　在“三八国际妇女节”前夕，市妇联举办“乡村振兴与妇女发展”主题论坛，邀请专家、学者、妇联干部、优秀女企业家、妇女代表围绕“巾帼欢聚话脱贫致富小康路，建党百年说乡村振兴新征程”、交流观点。结合省、市“千村示范”工程，在全市“千村示范”村中选取20个先行村建成第一批“巾帼爱心”便利店，出台管理办法，村民通过参与“美丽庭院　干

11月22日，市妇联在洮北区创业孵化基地举办“一企一村一网红”推介会 （周美汛 供图）

净人家”创建、“最美家庭”寻找、志愿服务、致富带富等活动获奖励积分、用积分兑换爱心便利店日常生活用品。

【服务妇女创新创业】 2021年，市妇联深化“创业创新巾帼行动”。加强女性创业创新服务平台建设，推动女性创业创新项目与社会资源有效衔接，扶持有活力、有潜力的女性创业。举办全市巾帼电商创业创新大赛和“巾帼电商”推介会，推进“巾帼农产品+互联网”融合发展模式。开展白城市暨洮北区2021年“春风行动”，并持续在“白城女性”公众号开辟《助力巾帼就业创业》招聘信息专栏，发布就业信息。

【妇女就业技能培训】 2021年，市妇联围绕乡村振兴主题，以订单培训方式对城乡妇女开展家政服务、手工编织、电子商务等特色实用技能培训，联合专业培训学校举办育婴师技能培训8期、“巧姐”培训8期、电子商务培训6期，为全市3000余名女性提供专业技能培训和就业指导。

【“一企一村一网红”巾帼电商培育工程】 2021年，市妇联实施“一企一村一网红”巾帼电商培育工程，鼓励带动全市各级妇联组织、巾帼创业企业和农村妇女聚焦电商发展新业态，探索“网红经济”新模式。11—12月，市妇联联合白城市洁洁宝职业技能培训学校先后举办2期“一企一村一网红”电子商务培训班。聘请省级电商领域专家围绕直播营销概念、直播常用话术、直播选品技巧、短视频拍摄与剪辑等内容进行讲解，设现场互动环节。白城市各乡（村）级电商服务站负责人、女企业家、合作社负责人、返乡创业女大学生、巾帼创业致富带头人等女性群体70余名学员参加培训。举办“巾帼电商”推介会2期，展出各种特色农产品、手工编织品，单场成交量70%，推进“巾帼农产品+互联网”融合发展模式；12月，举办巾帼电商创业创新大赛，在线观看直播人数2万余人，下单金额10万余元。

【妇女儿童权益保障】 2021年，市妇联推进妇女儿童公共法律服务体系建设，发挥基层妇女议事会在权益维护中作用，推动在城乡社区普遍建立妇女议事会制度。常态化开展“建设平安白城·巾帼在行动”活动，邀请律师进社区围绕家庭暴力、婚恋纠纷、赡养扶助等突出问题开展10场专题讲座，利用“三八”维权周、“11·25”国际消除对妇女暴力日等时间节点，开展法治宣传20余次，发放宣传资料5000余份。推进“互联网+法治宣传”，开启新媒体普法模式，在“白城女性”微信公众号开设《维权微课堂》和《典亮你生活》2个专栏，全年推送内容60余期。

【关心关爱妇女儿童】 2021年，市妇联开展“妇女儿童法律援助服务”项目，向域内5家律师事务所购买妇女儿童法律援助服务，为全市妇女儿童提供包括法律咨询、心理疏导、法律援助等一系列维权服务。开展庆

7月26日，市妇联在镇赉县乌林锡伯村组织开展手工编织技能培训班。图为学习成果展示 （周美汛 供图）

“六一”“惠民银行杯”亲子围棋联谊赛、“为爱童行，情润童心”阳光沙盘体验沙龙等特色活动。组织“两癌”知识宣讲进基层活动10场，播放“两癌”防治知识宣传片45场，发放宣传品500份，为全市1100名贫困妇女提供免费筛查和救助。

【家庭文明建设】 2021年，市妇联实施“家家幸福安康工程”，推进家庭家教家风建设，开展寻找“最美家庭”活动，授予10户家庭为白城市“最美家庭”称号。联合市纪委监委组织各县（市、区）150名科级以上干部家属到市纪委监委警示教育基地参观“党的纪律建设和全面从严治党历程”专题教育展，发挥家庭教育和家风建设在推动党风廉政建设中特殊作用。实施白城市家庭教育服务项目，探索实施线下家庭教育公益讲堂和线上网络直播微课堂相结合的“家庭教育服务计划”公益大讲堂项目，全年开展讲座30场。联合市文明办、市教育局举办“颂百年风华传红色基因”亲子阅读大赛。

（王莉莉）

白城市科学技术协会

【概况】 白城市有市级自然科学学会（协会、研究会）12个，市直企业科协9个，事业单位科协4个，国家级科普教育基地1个（吉林向海国家级自然保护区），省级科普教育基地5个（市气象局、市农科院、市林科院、吉林向海国家级自然保护区、吉林莫莫格国家级自然保护区），省级科普示范乡（镇）2个（通榆县双岗镇、大安市四棵树镇）。

2021年，白城市科学技术协会（简称“市科协”）开展科普进机关、进广场等科普宣传活动，为洮南市联系申报科普示范基地10家；到洮北区东胜乡等地开展科技下乡5次，“科普中国”App信息员注册量3.9万人，传播科普信息36.3万条。“科普E站”站点建设327个；引导基层学会开展学术交流3次。

【青少年科技活动】 2021年，市科协组织参加吉林省第35届青少年科技创新大赛，报送参加作品198件。组织参加吉林省第二十九届青少年科技艺术大赛，通过线上申报、线上评审等方式，征集作品737件，参加活动青少年及教师1600余人，白城市科协、白城市教育局等7个单位获优秀组织单位称号，10人获优秀组织工作者称号，26名教师获优秀辅导员称号，254名学生获特等、一、二、三等奖次。组织参加2021年吉林省高校科学营活动，选拔10名普通高中学生参加活动。

【科普宣传活动】 9月13日，市科协开展科普进机关活动。联合洮北区科协、市科技局、市地震局、市应急局、市妇联、市工商联在市政府门前悬挂横幅、摆放展板，发放《公民健康常识》《防震减灾手册》等书籍和宣传资料700余份。9月14日，开展科普进广场活动。联合洮北区科协、市地震局、市科技局、市妇联、市工商联、市应急管理局为群众进行科普知识宣传。悬挂宣传横幅，在活动场地设咨询台，摆放科普宣传展板，随时解答群众在生产生活中遇到的各类问题。发放《科普常识》《健康与保健》《减震防灾知识手册》《中华人民共和国防震减灾法》《吉林省防震减灾条例》《领导干部和公务员科学素质读本》等宣传单、宣传书籍1200余份。推进科普示范基地建设，全年为洮南市联系申报科普示范基地10家。

【科技培训】 从2020年11月至2021年4月，市科协结合脱贫攻坚工作，开展“科技之冬”系列活动。全市开展科技下乡5次，服务农民总人数4000余人，参加科技之冬专场活动总人数3500余人，开展实用技术培训班、培训讲座3场，发放科普图书5000册。开展科普信息化建设。推进“科普中国”“科普E站”品牌推广和应用，动员全市下载安装“科普中国”App，推进科普E站建设。

【学术学会工作】 2021年，市科协举荐优秀科技人才和科技代表。开展省级学会学术工作评选推荐和2021年“吉林最美科技工作者”评选推荐工作，白城市有3人被评为2020年度学会学术工作先进个人；开展2021年吉林省企业“创新达人”评选推荐活动，白城市有2人获吉林省企业“创新达人”称号，有5人获吉林省企业“创新达人”提名。做好吉林省科协第十次代表大会、委员候选人评选推荐活动，经过吉林

4月17日，市科协到洮北区东胜乡开展送科技下乡活动　（李　威 供图）

省科协第十次代表大会选举，白城市有14人被选举为吉林省科协第十次代表大会代表，其中4人被选为吉林省科协第十届委员会委员。引导基层学会开展学术交流。开展“白城市医学会眼科分会第二届专科委员会学术交流会”“白城市医学会检验学会分会第二届五次学术会”和“白城市医学会健康管理学分会第一届学术会”，提高白城市医疗服务水平和临床诊断能力。

（李　威）

白城市归国华侨联合会

【概况】　2021年，白城市归国华侨联合会（简称“市侨联”）强化政治引领、提升为侨服务成效、加强参政议政、服务经济社会发展、落实市委市政府中心工作，强化自身建设。召开基层侨联负责人和侨联干部工作经验交流会，“侨胞之家”带头人及先进典型就如何提升为侨服务能力进行经验交流。有2名侨联界政协委员向市政协提交提案2件。成立6家“涉侨法律服务工作站”。市侨联被中国侨联评为全国侨联系统脱贫攻坚先进集体。

【服务经济发展】　2021年，市侨联抓住推进吉林西部生态区建设机遇，围绕白城市“一城三区”战略，发挥侨联优势，服务经济发展。着眼“云推介”，推进联谊联络工作。与市商务局沟通，选定招商引资项目，借助省侨联“海外侨胞足不出户感知吉林——云推介”活动，将年产50万吨燕麦啤酒项目、农业绿色休闲观光旅游示范园建设项目、玉米胚芽乳粉、玉米胚芽乳饮料及玉米高纤维食品项目、汽车配件制造产业园项目、燕麦系列食品加工项目、风力发电机组基础环制造项目、50兆瓦光伏扶贫与牧业养殖相结合项目、农产品物联基地项目具体信息依托省侨联官网、海外微信群等线上渠道推介出去，让更多有实力海外客商认知白城，了解白城。借助“新媒体”，搭建宣传侨企平台。走进侨企调研，为有宣传需求的侨企与网络新媒体工作室建立对接，吉林省宝友丰田汽车销售有限公司借助新媒体，拓宽宣传新途径。

【参政议政】　侨界政协委员、人大代表围绕城市建设、教育、医疗等多个领域发声建言、参政议政。2021年侨联界2名政协委员围绕市经济社会发展中热点问题以及群众普遍关心问题，向市政协提交《新形势下如何做好常态化疫情防控的几点建议》《关于加强公共基础设施管护的建议》2件提案。

【暖心助侨】　2021年，市侨联在元旦春节期间走访困难归侨侨眷110户，发放帮扶款11万元；通过协调沟通，为市区10户困难归侨侨眷争取价值5000元米面油等帮扶物资；4月，调研生活在农村的困难归侨侨眷情况，开展春耕送暖活动，向省侨联为19户困难归侨侨眷争取帮扶款1.9万元；帮助4名困难归侨侨眷子女解决入学难题，向省侨联争取6000元帮扶款并发放到位；帮助2名因病导致特殊困难归侨侨眷争取6000元帮扶款。

【侨界群众庆祝建党百年】　2021年，市侨联成立庆祝中国共产党成立100周年专题活动领导小组，由市侨联主席为组长，各县区侨联负责人为组员，负责活动部署、协调承办、开展工作。利用“侨胞之家”等各类平台和阵地，调动广大归侨侨眷参与热情。按照省侨联《关于开展“侨心向党心，奋进新征程”——庆祝中国共产党建党100周年专题活动的通知》要求，4—6月，有6个侨胞之家开展6项活动。通榆县富强社区侨胞之家开展“情暖侨心”志愿服务活动；通榆县育才社区侨胞之家开展“追梦中华、侨心向党”——百年不止步，迈进新征程文体活动；镇赉县铁北社区侨胞之家开展“致敬老党员，侨界送温暖”拜访看望老党员活动；镇赉县团结社区侨胞之家开展“情暖侨心”志愿服务活动；镇赉县庆安社区侨胞之家、镇赉县庆生社区侨胞之家共同开展“党的百年光辉历程”——侨界坚决跟党走，侨心永远向党心专题座谈。

【白城市涉侨法律服务站成立】　2021年，市侨联依托“侨胞之家”，加强归侨侨眷权益保护法及其实施办法等涉侨法律法规学习宣传教育；建立全市涉侨法律服务工作组织架构，形成覆盖全市涉侨法律服务网络，与市司法局、相关律所签订协议，成立6家“涉侨法律服务工作站”，均完成挂牌揭牌。举办侨界人士法律知识专题讲座，发挥涉侨法律服务站专业优势，推动法律服务深入基层。入驻人民法院调解平台，指定专人负责加强与对应法院沟通，并负责协调和对接需要调解的业务。2021年建立联合工作机制，未有调解工作。

（周丽娜）

白城市文学艺术界联合会

【概况】　白城市文学艺术界联合会（简称“市文联”）有团体会员14个，其中文艺家协会9个：白城市作家协会、白城市书法家协会（下设硬笔书法协会）、白城市美术家协会、白城市摄影家协会、白城市诗词楹联家协会、白城市民间文艺家协会、白城市舞蹈家协会、白城市音乐家协会、白城市戏剧家协会（下设影视艺术协会、二人转协会）；辖洮北区文联、镇赉县文联、洮南市文联、通榆县文联、大安市文联。截至2021年末，有国家级会员121人、省级会员599人、市级会员2178人。组织各协会开展“庆祝中国共产党成立100周年”系列活动10余次，开展文艺志愿服务，为残障人士创作艺术作品40余幅，组织“小作家之门”公益讲堂4场。成立首批乡镇文联，成立白城市朗诵艺术协会。

【文艺活动】 2021年，市文联组织开展“深入生活、扎根人民”系列活动。年初受新冠疫情影响，组织书法、美术工作者在家里创作春联、福字、年画3000余幅，委派驻村第一书记、相关社区联络人和市直各机关联系人发放到人民群众手中。组织开展“庆祝中国共产党成立100周年”系列活动。市作家协会开展“党旗下的新白城”庆祝中国共产党成立100周年征文活动；市美术家协会开展“艺苑向党　礼赞百年”庆祝中国共产党成立100周年美术展览；市书法家协会举办庆祝中国共产党成立100周年“习近平治国理政经典用语”书法展览；市舞蹈家协会开展“永远跟党走”庆祝中国共产党成立100周年千人百姓健康舞展演活动；市诗词楹联家协会开展“学习情•颂党恩”庆祝中国共产党成立100周年全国大学生原创楹联大赛；市音乐家协会开展“鹤乡七月情•颂歌献给党”庆祝中国共产党成立100周年红歌演唱会等活动。邀请长春市朝阳区开展文艺交流活动，两地艺术家共同创作书法、美术作品30余幅。

表18　2021年白城市文学艺术家协会情况一览表

名称	主席	国家级会员（人）	省级会员（人）	市级会员（人）
白城市书法家协会	杜尚臣	9	47	223
白城市摄影家协会	李玉辉	16	46	163
白城市作家协会	杜　波（主持工作）	7	91	280
白城市美术家协会	王长富	2	63	193
白城市戏剧家协会	闫喜坤	18	69	249
白城市音乐家协会	张志坚	19	64	264
白城市民间文艺家协会	李　敏	17	68	285
白城市诗词楹联家协会	孙　英	21	87	253
白城市舞蹈家协会	樊如雪	12	64	268

（资料来源：市文联）

【文艺志愿服务】 2021年，市文联与市残疾人联合会共同举办“以艺助残”活动，组织书法、美术工作者到残疾人康复中心，为残障人士和工作人员创作艺术作品40余幅。组织开展“小作家之门”公益讲堂活动。组织白城市优秀作家14人到学校、校外培训机构等地开展4场公益讲堂。组织开展“迎双节、庆丰收”文艺会演。邀请白城市歌舞团、白城市吉剧团优秀表演艺术家到镇赉县东平镇白音河村开展文艺会演。

【首批乡镇文联成立】 10月，省文联、白城市文联、通榆县文联在通榆县兴隆山镇举行白城市首批乡镇文联成立揭牌仪式，通榆县兴隆山镇、向海乡、边昭镇成为白城市首批正式成立乡镇文联的乡镇。在揭牌仪式现场，主办方向新成立各乡镇文联授予“新时代文明实践通榆县文艺志愿服务队乡镇文化服务分队”队旗。揭牌仪式上进行专场文艺演出，仪式后，与会人员到通榆县年画艺术传承发展研究中心和通榆县墨宝园参观调研。

6月9日，市美术家协会举办“艺苑向党　礼赞百年”庆祝中国共产党成立100周年美术展览。图为联展启动现场　（姜浩然　供图）

【白城朗诵艺术协会成立】 4月9日，白城朗诵艺术协会成立暨第一次会员大会召开。大会通过《白城朗诵艺术协会会员管理办法》《白城市朗诵协会选理事会举办法》《白城市朗诵协会主席、副主席秘书长选举办法》《白城市朗诵协会章程（草案）》，大会选举产生第一届主席团成员，付筱闳当选白城市朗诵艺术协会主席，张德鹏为协会秘书长。协会组织开展全市朗诵、演讲、播音主持等相关语言艺术门类演出、研讨、交流活动。会员125人。

（姜浩然）

白城市残疾人联合会

【概况】 2021年，白城市残疾人口15万人，占全市总人口7.5%（2006年第二次全国残疾人抽样调查数据），持证残疾人80381人，占全市现有总人口4.25%。从残疾类型看，肢体残疾45553人，占持证残疾人56.67%；视力残疾9728人，占持证残疾人12.10%；精神残疾7502人，占持证残疾人9.33%；听力残疾7093人，占持证残疾人8.82%；智力残疾6317人，占持证残疾人7.86%；言语残疾1597人，占持证残疾人1.99%；多重残疾2591人，占持证残疾人3.22%。从残疾程度看，重度残疾38320人，占持证残疾人47.67%；轻度残疾42061人，占持证残疾人52.33%。从城乡分布看，农村残疾人55584人，占持证残疾人69.15%；城镇残疾人24797人，占持证残疾人30.85%。

2021年，白城市残疾人联合会（简称“市残联”）为2430名有需求残疾人开展职业技能培训和创业培训，完成任务数162%；为13201名有康复需求残疾人提供康复服务，完成任务数155%；对225个村级残疾人服务场所和405户困难残疾人家庭实施无障碍改造，分别完成任务数123%和154%；联合市县法律援助中心建立残疾人法律援助工作站6个。

【残疾人民生保障】 2021年，全市纳入最低生活保障残疾人61337名，实现应保尽保；纳入特困供养残疾人3078名；享受困难残疾人生活补贴38229名；享受重度残疾人护理补贴33481名；参加城乡居民基本养老保险残疾人51886名；参加城乡居民基本医疗保险残疾人69145名；得到托养照护服务残疾人435名；残疾儿童义务教育入学率97.35%。

【残疾人就业创业】 2021年，全市新增残疾人就业406名，完成任务目标102%。公益岗位安置残疾人就业稳定在1000人以上。梅花味精集中安置残疾人39名；白城福佳科技有限公司安置残疾人14名；实现网络自主创业残疾人40名。为1748人次有需求农村残疾人开展技能培训，完成全年任务213%；全市投入资金455万余元，为5287名农村残疾人提供产业扶持，完成任务377%。

6月18日，大安市残联对农村贫困残疾人开展实用技术培训（王春江 供图）

【残疾人就业服务】 2021年，市残疾人就业服务中心完成残疾人专场招聘会、残疾人按比例就业年审、残疾人职业培训及扶残助学资助活动。召开2次残疾人专场招聘会。7月14日招聘会，有白城瑞程汽车部件有限公司等6家企业提供7个工种、25个就业岗位，有近50名残疾人参加招聘，通过现场面对面洽谈，有16人达成就业意向，3人现场签订劳动就业合同；12月17日，白城市残联与吉林梅花氨基酸有限责任公司联合举办招聘会，企业提供板框工、包装工、保洁工、绿化工等适合残疾人岗位，有105名残疾人报名参加，有39名残疾人达成就业意向并与企业现场签订用工合同。残疾人按比例就业年审工作中，实行用人单位将在职残疾人材料网上申报、残疾人就业服务机构网上审核、审核确认书快递邮寄到用人单位方式，实现方便群众和新冠疫情防控相结合，做到用人单位“零跑动”。全市审核用人单位285个，审核安排残疾人907人，其中市本级审核用人单位108个，审核安排残疾人579人。在残疾人职业培训方面，组织开展网络创业、中医艾灸、网络创业提升3期培训班，培训残疾人159人。白城市选拔2名优秀选手参加首届吉林省残疾人网络创业创新大赛，大安市肢体残疾人陈淑文获“最佳人气奖”，市残联获“最佳组织奖”。举办网络创业提升培训，59名残疾人参加培训，经过评选，向40名有一定网络创业基础的优秀残疾人学员每人免费发放一套价值3000元网络创业扶持包，总价值12万元。完成2021年度扶残助学资助活动，投入扶残助学金88.6万元向227名残疾学生及残疾人家庭子女提供资助。其中，本科生120人，每人扶助5000元；专科生72人，每人扶助3000元；中专生35人，每人扶助2000元。

【残疾人康复服务】 2021年，白城市13201名有康复需求残疾儿童和持证残疾人得到康复服务，残疾人基本康复服务率97.07%。其中，农村低收入残疾人基本康复服务人数5851名，康复服务率98.72%；重度残疾人得到基本康复服务人数7020名，康复服务率96.32%。为163名残疾儿童实施康复救助，实现应救尽救。为3766名残疾人提供假肢、盲杖、轮椅、助听器等辅助器具，辅助器具适配率98.74%。

相关链接：

残疾人康复中心

2020年12月，白城市残疾人康复中心大楼投入使用，中心占地3500平方米，建筑面积8543平方米。划分6个康复区域，设有医务室、律动室、OT作业疗法室、步态训练室、耳膜制作室、ATV教室、多感官教室、蒙氏教室等41个功能用房；拥有视听统合训练系统、主题教育系统、多用户型早期语言评估与训练系统、少年儿童智力发展测评系统、个别化康复教育支持系统、认知视频动画辅助训练系统等专门用于脑性瘫痪、孤独症、精神发育迟滞的康复训练设施。为0～6岁残疾儿童康复救助定点服务机构，按照规定签署服务协议，完成残疾儿童的审核登记、评估和康复训练服务。2021年，服务残疾儿童11名，完成康复训练2376课时，服务满意度100%。

【残疾人文体活动】　4月，市残联举办庆祝中国共产党成立100周年白城市残疾人艺术人才职业技能竞赛，42名残疾人艺术人才参加声乐、器乐、舞蹈比赛，产生一等奖作品3个，二等奖作品6个，三等奖作品3个；5月，在“永远跟党走”第六届吉林省残疾人艺术汇演上，白城市推荐的优秀残疾文艺作品分获声乐类二等奖和乐器类优秀奖；10月，白城市残疾人运动员在全国第十一届残运会暨第八届特奥会上获金牌3块、银牌2块、铜牌1块；12月，白城市“第六届中国残疾人冰雪运动季”在白城市通榆县嘉禧冰雪乐园启动，100余名残疾人及其亲友和志愿者参加启动仪式。年内，1名残疾人在第二届全国残疾人诗歌大赛中获优秀奖；11名残疾人在全省“永远跟党走”——庆祝建党100周年征文活动中获诗歌类一等奖1名、三等奖3名、优秀奖2名，小说、散文类二等奖1名、三等奖1名、优秀奖3名。

【残疾人关爱行动】　2021年，白城市实现残疾人证跨省通办，残疾人证新办、换领、迁移、挂失补办、注销、残疾类别（等级）变更6项业务可通过任意地申请、户籍地审核审定及发放的方式办理。组织残疾评定上门服务，行动不便的重度残疾人可向所在地残联提出上门评定申请。开展残疾人走访探视专项行动，全市走访困难残疾人家庭6169户，发放慰问金和慰问品价值259.71万元。进行残疾人基本状况调查，全面了解全市残疾人自然信息、生存状况和服务需求。

【残疾人组织建设】　2021年，白城市建立健全县级残疾人综合保障中心、乡镇（街）残联残疾人综合保障中心、村（社区）残疾人协会综合服务站，形成纵向到底、横向到边的市、县（市、区）、乡镇（街）、村（社区）四级残疾人服务网络。在全市919个村和109个社区建立残疾人协会，配备专职残疾人委员，实现全市村（社区）残疾人协会全覆盖。

【残疾人事业宣传】　2021年，依托市残联“快手公众号”宣传惠残助残政策、先进助残典型和优秀残疾人事迹。快手政务号粉丝近1万人，全年发布短视频135条，单条视频最高播放量37.7万。利用新闻媒体广泛宣传残疾人事业成果，在各类报刊、媒体发表文章、信息25篇（条）。其中，《白城日报》《吉林日报》刊发白城残疾人事业内容3篇。

（乔新歌）

白城市红十字会

【概况】　2021年，白城市红十字会（简称“市红十字会”）开展多种形式救助工作，为白血病、先天性心脏病患儿申请救助基金30万元，比上年增长16万元。组织志愿者参与新冠疫情防控。采集造血干细胞血样确认合格入库84人份。全年接收社会捐款196万元。全年通过红十字会申请救助白城地区肿瘤患者，首次救助96人，本年救助肿瘤患者542人次。

【爱心救助】　2021年，市红十字会在元旦、春节期间开展“红十字博爱送万家”和“最美白城人——爱心年货”走访慰问贫困户活动，发放慰问箱100箱，价值3万元。募集爱心年货款物1.5万元，为贫困户购买面粉和食用油，受益家庭近200户。全年救助白血病患儿8名，申请小天使救助资金24万元，帮助2名先心病患儿申请“天使阳光基金”，完成救助先天性心脏病患儿2名，申请救助基金6万元。高考结束后，通过各大媒体向社会爱心企业、爱心人士发起“寻找榜样·圆梦助学”为困难家庭高考录取生募集助学款的活动倡议。8月，在白城广播电视台演播大厅举行助学款发放仪式，为21名学生颁发“励志榜样”荣誉证书和每人3500元助学金。

【参与新冠疫情防控】　2021年，市红十字会春节前夕组织志愿者参与白城市新冠疫情防控工作。白城市红十字赈济救援队组织队员参加社区、街道防控工作白城市红十字蓝天救援队在商场、居民区、企事业单位、大中小学院校开展消杀防疫工作。出动57次，出动车辆170辆，出动人数551人，为白城市112家企事业单位，25所中、小学校，

3所小区居民楼开展消杀。

【应急救护培训】 2021年，市红十字会开展“救护培训大讲堂”活动，推进应急救护培训“五进”（进机关、进学校、进社区、进企业、进农村）工作，举办应急救护普及培训班12期，培训6321人；救护员培训班14期，培训救护员303人。组织1支志愿者队伍代表白城地区，参加由吉林省红十字会举办的第四届全省红十字应急救护大赛，白城市参赛代表队获团体三等奖。

【造血干细胞采集】 6月14日世界献血日期间，市红十字会开展无偿献血暨加入中华骨髓库血样采集活动，组织红十字志愿者在海明路步行街发放无偿献血和造血干细胞宣传单，采集造血干细胞血样110人份，确认合格入库84人份。

【人体器官捐献】 2021年，市红十字会依法开展人体器官捐献宣传动员、捐献登记、缅怀纪念等活动。清明节期间，组织红十字爱心家园、红十字心理救援队、红十字蓝天救援队、红十字赈济救援队志愿者及社会各界爱心人士，到白城市遗体器官捐献者纪念碑前开展祭扫缅怀活动。全年白城市有1169人登记为人体器官捐献志愿者。

【人道筹资】 2021年，市红十字会接收社会捐款196万元。接收白城汇鑫医疗器械有限公司救助肿瘤患者捐款108万元，接收鲁南贝特制药有限公司为白城市医院购买电脑捐款30万元，接收为白城市瀚海爱心联盟用于日常助学捐款19.97万元，接收圆梦大学捐款7.87万元，接收白城福鑫石油有限公司为环卫工人早餐捐款7.5万元，接收红十字乐善公益捐款5.9万元，接收白城市中小企业融资担保有限公司为产业发展和贫困户危房改造捐款3万元，接收白城市复兴商贸有限公司为资助白城医高专贫困学生捐款3万元，接收爱心捐款2.08万元，接收为河南水灾捐款2.1万元，接收吉林省同春和医药连锁有限公司为新冠肺炎疫情捐酒精价值2万元，接收吉林白城地建建筑工程股份有限公司为本单位困难职工捐款2万元，接收爱心年货捐款1.05万元，接收“日行一善”捐款0.98万元，接收养老院捐款0.5万元，接收为山西水灾捐款0.2万元，接收新冠疫情捐款0.15万元。

4月2日，市红十字会组织开展白城市遗体器官捐献缅怀纪念活动

（杜　鹏　供图）

【红十字志愿服务】 2021年是红十字爱心家园开展“最美白城人”系列活动第8年。春节前为62户贫困户送去“爱心年货”。在开学际，红十字志愿者到镇赉县嘎什根乡、通榆县新发学校看望贫困学生，为贫困学生送去价值3万余元助学款及学习和生活物品。六一儿童节期间，组织20余名志愿者到镇赉嘎什根乡创业村小学，参加学校运动会与师生共度儿童节，并为学校送去价值2万余元营养品、图书、运动会奖品和礼物。9月，到镇赉县嘎什根乡看望长期资助12名困难学生，送去助学款13000元和每人1份慰问品。开展“阳光周末·志愿同行”公益项目，志愿者走访慰问农村社会福利院25次，为福利院送去价值2万余元慰问物品，帮助老人理发、打扫卫生、包饺子等。白城市红十字心理救援队在雷锋月期间开展“学雷锋·暖白城”心理健康服务活动，在《白城新闻联播》报道。组织白城红十字会心理救援队开展“心灵导航”心理援助公益项目走进白城市特殊教育学校，为在校学生开展心理辅导2次。

【“世界红十字日”系列活动】 为纪念第74个“世界红十字日”和第13个全国防灾减灾日，市红十字会在“5·8”世界红十字日博爱周期间，开展以“关爱生命、救在身边”为主题系列活动，走访慰问困难群众和贫困学生，发放救助款和助学款2.8万元。组织6支志愿服务队志愿者到平安镇社会福利中心开展关爱老人活动，送去慰问品价值1500余元。在白城师范学院、白城职业技术学院开展应急救护知识进校园活动。“5·12”防灾减灾日当天，组织红十字蓝天救援队队员在市民广场为群众讲解心肺复苏等急救知识。

【白城市红十字爱心家园获“全国红十字模范单位”称号】 2021年，中国红十字会总会决定授予368个单位、组织“全国红十字模范单位”称号。吉林省有3个红十字志愿服务组织获“全国红十字模范单位”称号，白城市红十字爱心家园位列其中。

（何云天）

延伸阅读：

白城市红十字爱心家园

白城市红十字爱心家园理事长吴大义。2013年成立，成员由社会各界爱心人士组成，现有注册志愿者300余人。开展无偿献血和造血干细胞血样采集工作。长期协助白城市中心血站宣传和组织无偿献血和血小板捐献，组织开展应急献血工作，动员社会无偿献血、血小板1500余人次，献血量60余万毫升。长期协助白城市红十字会开展造血干细胞血样采集工作。有714人加入中华骨髓库，3人成功捐献。开展人体器官捐献宣传、登记活动。2013年，协助白城市红十字会开展白城市第一次人体器官捐献登记活动。累计1261人填写人体器官捐献自愿书，成功实现器官捐献10人，遗体捐献者3例。开展大病救助活动。志愿者不断创新形式多样募捐活动，为冯某君等43名大病儿童及重病患者，组织社会救助300余万元。敬老、扶贫常态化，2017年推出“阳光周末·志愿同行”志愿服务项目，每年看望、慰问农村社会福利院等志愿服务活动不少于30次，参与志愿者超过2000人次，实现助老服务常态化；2018年“阳光周末·志愿同行”志愿服务项目被吉林省文明办、吉林省志愿服务联合会评为第七届“吉林省十佳优秀志愿服务项目标兵”。白城市红十字爱心家园获省级表彰8次，2017年被评为“吉林省优秀志愿服务组织标兵”。2021年，获“全国红十字模范单位”称号。

白城市社会科学学会联合会

【概况】 白城市社会科学学会联合会（简称“市社科联”）全年抓好刊物建设，《白城社会科学》编审稿件100余篇，30余万字，宣传党的创新理论；白城市社会科学普及周活动开展4大类50余项活动；科普基地全年开展科普讲座、展览等活动100余场（次）；申报省社科院项目规划课题3项。

【《白城社会科学》编辑】 2021年，市社科联在《白城社会科学》开辟《学思践悟》《白城党史》《理论研究》《建言献策》等专栏，刊登有创新意识、可操作性、有指导意义理论文章、工作研究、调研报告，为市委、市政府科学决策提供理论支持，为社科工作者提供展示平台。全年《白城社会科学》出刊4期，刊发各类文章70余篇，近40万字，图片60余幅。

【社科理论研究】 2021年，市社科联组织社科工作者开展课题研究申报，上报省社科院规划课题3项，《白城市实现碳中和的可再生能源开发战略与技术路线的研究报告》《民主党派参与优化地方营商环境的实践研究》《推进市域社会治理现代化研究》。以课题研究提升基层理论工作者参与社科研究积极性与主动性，结合实际研究成果为地方经济社会发展提供理论参考。

【社会科学普及宣传】 白城市省级科普基地3家，分别为白城师范学院、白城市图书馆、镇赉县莫莫格蒙古族乡代珠村。以科普基地为平台开展展览、讲座等活动。10月18—22日，市委宣传部、市社科联联合举办2021年白城市社会科学普及周活动，全市5个县（市、区）联动、各单位参与，开展4大类50余项活动，面向群众宣传社会科学知识、党的创新理论。10月29日，省社科联“科普六进”（社科普及知识进学校、机关、社区、农村、企业、军营）活动白城市专场暨鹤乡大讲堂乡村振兴专题讲座召开，吉林农业大学经济管理学院院长曹建民教授为全市市直部门（单位）领导、工作人员作专题辅导。

（王　月）

2021年1月1日，爱心家园志愿者到洮北区平安镇社会福利服务中心，看望慰问福利院老人

（吴大义　供图）

人大立法

【立法资源平台】 截至2021年末，白城市各类立法资源平台主要包括白城市地方立法研究基地（白城师范学院）、市人大常委会立法咨询委员会、基层立法联系点9个、代表立法专业小组9个和地方立法顾问团队。将部分省内外高校教授、白城市知名律师充实到顾问队伍中，调整后地方立法顾问达到53人。在市博物馆、城南街道办事处、洮北区青山镇政府、市城管局市民广场便民服务站增设基层立法联系点4个。建立并完善立法项目库管理办法、地方立法顾问制度、“双组长”工作制实施办法、基层立法联系点工作制度等立法规程，夯实立法基础。

【立法调研】 2021年，市人大常委会组织开展《白城市草原生态保护条例（草案）》《白城市城市管理条例（草案）》《白城市城四家子城址保护条例（草案）》等3部地方性法规立法调研。开展对河湖连通工程管理、地下水资源保护、清洁能源、未利用地管理、农作物秸秆露天禁烧和综合利用、乡村振兴促进等立法前期调研，科学研判立法时机，为合理安排立法进度提供重要参考。按照远近结合工作思路，科学编制《白城市人大常委会立法项目库》。从11月下旬开始，开展立法项目征集，启动五年立法规划编制。

【“1+N”立法制度体系构建】 2021年，市人大常委会构建“1+N”立法制度体系，为立法高效规范运行提供完备制度遵循。“1”即《中共白城市委关于加强和改进地方立法工作的意见》，“N”即《市人大常委会专家立法咨询经费管理办法》《白城市人大常委会立法项目库管理办法》《白城市人大常委会立法调研工作制度》《白城市人大常委会立法评估办法》《白城市人大常委会立法咨询委员会工作规则》《白城市人大常委会地方立法顾问制度》《白城市地方立法研究基地工作规程》《白城市人民代表大会常务委员会制定地方性法规工作规程》《白城市制定地方性法规“双组长”工作制实施办法》《白城市人大常委会基层立法联系点工作制度》《白城市人大常委会立法听证工作规程》等11项制度。

【《白城市草原生态保护条例》公布】 11月10日，白城市第六届人民代表大会常务委员会第四十次会议通过《白城市草原生态保护条例》，11月25日，经吉林省第十三届人民代表大会常务委员会第三十一次会议批准。11月30日公布，12月24日备案，2022年1月1日起施行。《白城市草原生态保护条例》是为保护和改善草原生态环境、防止草原生态退化，促进草原的可持续利用和经济、社会、生态协调发展，根据《中华人民共和国草原法》《吉林省草原管理条例》等有关法律、法规，结合白城市实际制定。条例适用于本市行政区域内的草原规划与建设、保护与利用、监督与管理等活动。分总则、规划与建设、保护与利用、法律责任、附则等5章36条。

【《白城市城市管理条例》公布】 11月10日，白城市第六届人民代表大会常务委员会第四十次会议通过《白城市城市管理条例》，11月25日，经吉林省第十三届人民代表大会常务委员会第三十一次会议批准。12月1日公布，12月24日备案，2022年3月1日起施行。《白城市城市管理条例》是为规范城市管理，优化城市环境，提高城市公共服务水平，根据有关法律、法规，结合白城市实际制定。适用于白城市人民政府所在地的城市建成区和其他实行城市化管理区域的城市管理活动。内容分总则、管理职责、标准和要求、组织和实施、执法和监督、法律责任、附则等7章42条。

【《白城市城四家子城址保护条例》公布】 11月10日，白城市第六届人民代表大会常务委员会第四十次会议通过《白城市城四家子城址保护条例》，11月25日，经吉林省第十三届人民代表大会常务委员会第三十一次会议批准。12月2日公布，12月24日备案，2022年3月1日起施行。《白城市城四家子城址保护条例》是为加强城四家子城址的保护、管理、利用，传承历史文化，根据《中华人民共和国文物保护法》《中华人民共和国文物保护法实施条例》《吉林省文物保护条例》等有关法律法规，结合白城市实际制定。适用于城四家子城址的保护、管理和利用等活动。分总则、保护、管理、利用、法律责任、附则等6章30条。

【《白城市城市绿化条例》修改】 9月6日，白城市第六届人民代表大会常务委员会第三十九次会议通过《白城市人民代表大会常务委员会关于修改〈白城市城市绿化条例〉的决定》（简称《决定》），11月25日，经吉林省第十三届人民代表大会常务委员会第三十一次会议批准。12月9日公布，即日起施行，12月24日备案。《决定》为完善白城市城市绿化管理方面法规，修改《白城市城市绿化条例》，将第二十条第一款修改为“为保证管线安全使用需要修剪树木的，应当兼顾管线安全使用、树木生长和绿化景观”。

【《白城市农村人居环境治理条例》施行】 5月1日，《白城市农村人居环境治理条例》（简称《条例》）正式施行。《条例》是为改善农村人居环境，推进美丽宜居乡村建设，促进经济、社会、生态协调发展，根据法律、法规的有关规定，结合本市实际制定的。适用于本市行政区域内的农村人居环境治理及其有关管理活动。《条例》分总则、规划建设与管理、村容村貌治理、厕所建设与改造、垃圾治理、生活污水治理、法律责任、附则8章45条。

【《白城市城市管理条例》立法工作协调会议】 3月18日，市人大常委会组织召开《白城市城市管理条例》立法工作协调会议。市人大常委会副主任叶静波，市政府副市长吴东文出席会议。市人大城环委、市人大法制委、市城管局、市司法局等部门相关负责人参加会议。会上，市人大法制委相关负责人宣读《白城市人大常委会2021年立法计划》和《〈白城市城市管理条例〉立法工作实施方案》；市城管局相关负责人汇报条例草案起草情况。会议要求相关部门主动认领任务，严把起草关、审查关和审议关。各有关部门做好意见征集、修改、论证等工作。

（牛　淼）

政法委及综治

【概况】 2021年，白城市围绕护航建党百年主线，综合运用排查化解、打击防范、应急处置等措施，维护社会大局稳定。全年白城市没有发生群体打砸抢烧、规模性聚集等影响白城市社会稳定案（事）件，没有发生影响白城市政治安全案（事）件，没有发生重特大交通事故和重特大公共安全事故。开展政法队伍教育整顿，推动教育整顿建章立制，整改深化；开展企业“法治体检”等开展法治服务；加强法治白城建设，开展法治宣传、法学研究、参与地方立法建设；加强乡村治理体系建设，科学划分城市、农村网格4300余个；推进综治中心建设，全市5个县（市、区）所辖99个乡镇（街道）、988个村（社区）均建立综治中心。

【法治服务】 2021年，白城市围绕实施生态强市、打造“一城三区”战略等，制定《关于充分发挥检察职能服务生态强市战略的意见》等制度机制。围绕打造市场化法治化国际化营商环境，依法严惩破坏市场竞争秩序、侵害市场主体合法权益犯罪，平等保护各类市场主体合法权益。全市政法机关走访企业558家（次），解决实际问题205个。开展企业“法治体检”184家，提出合理化建议461条，规避企业损失6290万元。开辟涉企业诉讼绿色通道，建立涉企案件专门办理团队，全年审、执结涉企案件10819件，结案标的额36.61亿元，对经济困难企业减、缓诉讼费172.8万元。推进落实《关于民营企业及经营者轻微犯罪依法免责免罚清单》（简称《清单》）。坚持“少捕慎诉慎押”，对企业家涉嫌犯罪的，依法能不捕的一律不捕，能不诉的一律不诉，能不判实刑的一律提出缓刑建议，依法免责免罚15人。邀请专家解读《清

10月20日，市委政法委机关干部到白城市多家企业开展法治服务。图为工作人员在吉林万东科技有限公司开展法治体检　（张　洋　供图）

单》及相关文件，政法各单位及企业代表40余人参加会议。

【服务地方立法】　2021年，中共白城市委政法委员会（简称“市委政法委”）组织专家开展立法理论研究与实践探索，服务地方立法。全年市人大常委会制定《白城市草原生态保护条例（草案）》《白城市城市管理条例（草案）》《白城市城四家子城址保护条例（草案）》等3部立法草案，向法学会征集修改意见和建议。市法学会组织各行业法律专家16人次，审核立法草案3个，提出修改意见21条。

【常态化扫黑除恶斗争】　12月7日，制发《白城市关于常态化开展扫黑除恶斗争的实施方案》。9月8日，召开全市第一次扫黑除恶常态化暨四大行业领域整治推进会，部署全市信息网络、自然资源、交通运输、工程建设行业领域突出问题及群众反映的行业乱象整治。实行月调度制度，调度工作情况3次，推动各项工作措施落实。开展全省扫黑除恶专项斗争先进集体、先进个人评选表彰推荐工作，白城市纪委等6个单位、程思文等16人被省委政法委、吉林省人社厅评为全省扫黑除恶专项斗争先进集体、先进个人。洮北区检察院等2个单位被吉林省扫黑除恶专项斗争领导小组通报表扬。

【矛盾纠纷化解体系建设】　2021年，白城市健全完善基层矛盾纠纷排查化解机制，推进“警调衔接”（把调解纳入警情处理流程）“民调入所”（民间矛盾纠纷调解纳入基层派出所和司法所工作范畴）“律师进所”（协调义务律师志愿者驻司法所化解矛盾纠纷）多调联动，搭建诉调对接平台，建立“法院+”工作模式（立足法院审判职能与各个行政部门主动联合化解相关领域矛盾纠纷），综合调解成功率80%以上。出台《关于开展矛盾纠纷和涉稳问题排查化解专项行动方案》，定期调度各地、各相关部门各类矛盾纠纷和风险隐患排查情况，协调化解矛盾纠纷。

【“雪亮工程”项目建设】　2021年，白城市加强社会治安防控体系建设，推动“雪亮工程”项目建设落实落地。年初，组织市发改委、市公安局和市财政局召开“雪亮工程”初步设计工作协调推进会议，专题研究“雪亮工程”初步设计招标程序，确保项目建设依法依规推进。向市财政局申请经费支持，用于初步设计和招标等相关事宜，并按照省发改委要求组件申请项目补助资金，10月22日，在政府采购云平台上对深化设计招标进行公示，11月22日完成公示，进入实质建设阶段。

【法治宣传】　2021年，市、县两级法学会集中开展“我为群众办实事”系列法治宣讲活动。组织志愿者122人次到学校、乡村、社区等基层单位集中组织宣讲活动68场次，现场解答群众法律问题150个，发放普法材料8200余份，受众4600人。与共青团白城市委、市司法局联合开展活动218次，发放普法材料9.46万份，受众3.8万人，其中开展青年普法进校园活动4次，制作青年普法微视频1期，举办校园模拟法庭大赛。在洮北区瑞光街道瑞明社区建设永久性宣传设施1座，流动法治宣传展板9个，上墙法治宣传展板1个；为通榆县双岗镇林海村援建法治文化长廊1座。全年开展宣讲会、报告会34场，受众1600人。将习近平法治思想列为宣讲重点，全年各级党委理论学习中心组4次，召开中共白城市委理论学习中心组第13次集体学习会暨双百报告会，邀请市委党校教授解读习近平法治思想，中心组成员及市级领导20余人参加学习。

【法学研究】　2021年，市法学会与辽宁大学法学院法学博士合作开展题为《论宪法性法律对保证宪法全面实施的功能》法学研究，并向省法学会申报二级课题。下发通知向县（市、区）法学会以及白城师范学院征集论文，选送《东北地区乡村振兴法治保障研究》《浅谈习近平法治思想对推动东北建设迈向现代化的意义》《东北地区优化营商环境中的法治保障研究》等9篇论文参加东北法治论坛。组织各研究会开展探讨交流。

【司法体制改革】　2021年，公安机关深化“一门通办”便民服务改革。发挥街面警务室阵地优势，实现25项公安便民业务集中办理，群众办事时长平均缩短40%，节省成本近千万元。检察机关构建具有白城特色考评模式，以业绩考评倒逼检察人员提升能力素质。法院推进“分调裁审”机制改革。建立民事速裁快审团队，开展要素式裁判和示范诉讼，构建案件流转、调裁对接、程序转换机制，细化“四类案件”（涉及群体性纠纷，可能影响社会稳定的案件；疑难、复杂且在社会上有重大影响的案件；与本院或者上级法院的判决可能发生冲突的案件；有关单位或者个人反映法官有违法审判行为的案件）监管程序，监管案件680件。

【政法队伍教育整顿】　2021年，市委政法委组织市、县两级党委政法委、政法单位新建制度机制78个，修订20个，合并、删减22个。出台《白城市政法干部轮岗交流办法（试行）》和《市纪委监委与白城市委政法委关于进一步加强协作配合工作的暂行办法》（简称《暂行办法》）等文件，健全正风肃纪、政法干部交流轮岗等机制。其中《暂行办法》被选入省教育整顿办省、市、县三级制度框架制度机制汇编。实行举一反三“清单化”整改，中央督导组、省级指导组反馈意见和“回头看”整改问题889个均整改到位。开展吉林省政法系统先进集体和先进工作者评选表彰推荐工作，镇赉县委政法委等4个单位、张国梁等12人被省人社厅、省委政法委评为吉林省政法系统先进集体、先进工作者。

（李葛希）

法治政府建设

【概况】 2021年，白城市贯彻落实《白城市关于认真学习宣传贯彻习近平法治思想深入推进全面依法治市的实施方案》《法治白城建设实施方案（2020—2025年）》《白城市法治社会建设实施方案（2020—2025年）》等文件要求，推进全市法治建设，做好第一周期法治政府建设示范创建活动。在全市征集2022年度市人民政府规章立法计划，征集期30天。召开府院联动工作会议，助力法治政府建设，推进社会治理创新。2021年，白城市本级、洮北区无案件，洮南市4件，镇赉县3件，通榆县3件，大安市2件。

【全面依法治市】 5月7日，白城市召开市委全面依法治市工作会议。镇赉县、市住建局、洮南市政务服务局分别围绕法治政府建设、规范行政执法行为、信用体系建设工作作典型发言。7月29日，市委依法治市办召开全体（扩大）会议，审议通过《关于深入推进综合行政执法工作的实施意见》《关于编制行政执法“四张流程图”工作的实施方案》《关于深入推行包容审慎监管执法“四张清单”工作的实施方案》，部署优化法治营商环境2021年3项重点工作。8月27日，召开依法治市委员会第三次会议，审议通过委员会2020年工作总结报告和2021年工作要点，审议通过《法治白城建设实施方案（2020—2025年）》《白城市法治社会建设实施方案（2020—2025年）》。4月，起草《白城市关于认真学习宣传贯彻习近平法治思想深入推进全面依法治市的实施方案》并征求22家部门意见，经市委相关领导审阅批准，6月8日，以市委办公室文件印发。9月，市委依法治市办联合市督查指挥中心对5个县（市、区）和市直各部门开展专项督察，重点督察习近平法治思想学习贯彻情况。起草《关于进一步落实党政主要负责人履行推进法治建设第一责任人职责工作的通知》，以依法治市委员会文件印发，明确14项工作任务。制发委员会2020年工作总结和2021年工作要点，落实法治政府建设工作年度报告制度，梳理细化48项目标任务。征求57家部门单位意见，经委员会会议审议通过，8月30日，以依法治市委员会文件印发。起草《中共白城市委白城市人民政府2020年度法治政府建设工作报告（代拟稿）》，以市委、市政府文件印发，向省委省政府报告，并通过政府网站向社会公布。起草《法治白城建设实施方案（2020—2025年）》《白城市法治社会建设实施方案（2020—2025年）》，分别包含114和85项工作任务，涉及70个相关部门。征求57家部门单位意见，经委员会会议审议通过，9月2日，以市委文件印发。1月，对市直相关部门开展依法行政绩效考评工作，考评成绩纳入全市绩效评估。7月，与市绩效办协调，将原依法行政绩效考核更名为依法治市绩效考核，分值增至5%，扩大考核范围，制定完善县（市、区）和各部门《依法治市绩效考核工作细则》。

【法治政府建设示范创建】 2021年，白城市完成第一周期法治政府建设示范创建活动。1月4日，省法治政府建设评估组到白城市开展第三方评估，召开自评报告会，并到5个县（市、区）开展评估。4月19日，省委依法治省第一核查组到白城市开展实地核查和依法治省绩效考评，主要对100项法治政府建设指标和18项依法治省考评指标进行考评，核查组到大安市开展核查。5月29日，省委依法治省办公示第一周期法治政府建设示范创建结果，白城市本级和5个县（市、区）均符合达标要求，大安市法治宣传项目入选全省法治政府建设示范创建项目。

【规范性文件备案审查】 2021年，白城市司法局（简称“市司法局”）按照《白城市人民政府规范性文件制定程序规定》和《白城市人民政府关于进一步做好行政规范性文件合法性审核工作的通知》要求，对行政规范性文件从制发主体、制定程序、上位法依据、是否违法设定行政许可、行政处罚、行政强制等事项等方面进行审查，保证市人民政府（办）发文质量。在起草部门制发行政规范性文件时，采取提前介入方式，提前指导与监督行政规范性文件制发，杜绝各部门乱发文、发文质量不高现象。9月1日，起草《关于2021年1—8月县（市、区）人民政府行政规范性文件备案审查情况的通报》，下发至各县

1月4日，吉林省法治政府建设评估组到白城市开展法治政府建设第三方评估。图为自评报告会现场 （汪 洋 供图）

（市、区）司法局，收到各县（市、区）人民政府报送备案的行政规范性文件2件。

【重大决策合法性审查】 2021年，中共白城市委全面依法治市办公室制发《白城市重大行政决策文件制发前合法性审查制度》，规范白城市人民政府重大行政决策合法性审核程序。审核市人民政府重大行政决策草案11件。审核过程中，按照国务院《重大行政决策程序暂行条例》《吉林省重大行政决策程序规定》开展审核，要求决策承办单位按照相关规定履行法定程序。

【行政立法审核修改】 2021年，市司法局完成《白城市草原生态保护条例》《白城市城市管理条例》《白城市城四家子城址保护条例》3部地方性法规草案的审核修改工作。其中，《白城市草原生态保护条例》草案修改5次，删除9条，增加8条，修改26条，修改后《条例》草案6章36条；《白城市城市管理条例》草案修改4次，删除2条，增加1条，修改46条，修改后《条例》草案8章75条；《白城市城四家子城址保护条例》草案修改5次，增加3条，修改18条，修改后《条例》草案6章29条。完成对《白城市人民政府拟定地方性法规草案和制定规章程序规定》（简称《程序规定》）立法后评估工作。4月30日，市司法局组织召开《程序规定》立法后评估论证会，邀请相关部门专业人员，提出相关意见和建议，最后通过问卷调查给出论证结论。

【政府法律服务】 2021年，市司法局参与政府重大事项决策研判。承担市政府法律服务事项40项，办结40项；审查白城市人民政府与企业投资及项目合作框架协议16份并出具法律服务意见书；参加主管市长政府联席会议解决房屋征收、项目建设用地调整、传染病房场所建设及新冠疫情防控应急设备采购、东湖治理等政府民生问题24件，并就重大事项形成政府会议纪要；参加市出租车深化改革领导小组联席会，跟进协调、协办出租车信访工作，提出推进工作情况意见建议。与市市监局建立行政执法培训工作业务联系，为涉法事务较多的市住建局、市自然资源局主动提供法律服务，为其解答行政许可、土地征收等方面法律咨询10余次，参与市住建局机关省高法疑难涉讼案件1件。

【行政执法监督】 2021年，市司法局组织全市统一换发新版执法证补充考试。4月19日，组织全市行政执法部门考试统计报名，全市报名参考人员2356人。其中，市直351人、洮北区207人、洮南市300人、镇赉县530人、通榆县367人、大安市601人。考试通过1786人。其中，市直256人、洮北区170人、洮南市221人、镇赉县382人、通榆县256人、大安市501人，通过率76%。在市、县两级行政执法部门推行包容审慎执法“四张清单”和编制执法“四张流程图”工作。截至2021年末，白城市编制四张清单2569项。其中，不予处罚865项、从轻处罚830项、减轻处罚801项、不予强制73项。四张流程图162张。其中，行政处罚40张、行政许可87张、行政检查22张、行政强制13张。

【行政争议化解】 2021年，行政复议案件35件，2020年结转案件5件，共计40件。其中，案件涉及行政征收24件、行政处罚7件、行政决定5件、工伤认定1件、行政不作为2件、信访事项1件。其中，维持33件、撤销2件、确认违法1件，驳回1件，撤回申请3件。2021年，应诉案件23件。其中，一审案件14件、二审案件7件、再审案件2件。其中，驳回17件、撤回5件、撤销1件。案件涉及房屋征收案件11件、政务信息公开2件、行政决定3件、行政登记1件、土地征收1件、土地确权2件、行政处罚1件、行政不作为2件。行政负责人出庭率100%。

【省委法治督察】 8月23—25日，省委依法治省办督察组对白城市开展实地督察，反馈7个方面问题。8月30日，市委依法治市办组织召开督察工作动员部署会议，传达市委书记李明伟和市长李洪慈指示批示精神，通报省委依法治省办反馈问题，下发《中央法治政府建设督察任务清单》《省委依法治省办督察任务整改清单》。9月2—10日，依法治市办联合市督查指挥中心对5个县（市、区）和部分市直部门进行实地督察。9月10日，依法治市办印发《关于报送中央法治政府建设督察任务清单落实情况的通知》，部署全市77家市直（中省直）部门开展集中自查。

（王　露）

公　安

【概况】 2021年，白城市公安局（简称“市公安局”）紧盯执法办案、反恐维稳、应急处突等实战所需，分门别类开展轮值轮训、实岗练兵、技能比武等活动225期次，培训1.5万人次。启动全警素质能力达标，构建“全员参与、互比互学、立足实战”大练兵格局。开展职级晋升工作，兑现两个序列改革待遇；新增优抚基金52万元，做好伤残民警、困难民警帮扶工作。严厉打击暴力袭警行为，维护60名民警和22名辅警合法权益。落实关于加强辅警管理各项工作意见。2021年，白城市获全国首批、全省唯一禁毒示范城市称号，市公安局获全国扫黑除恶专项斗争先进集体；103个集体、345名民警获市省级以上表彰奖励；治安支队政委杨殿东作为全国先进工作者，到京参加全国劳动模范和先进工作者表彰大会；大安市公安局锦华派出所教导员许晶宇作为全国优秀党务工作者，受邀参加在天安门广场举行的建党百年庆祝大会；法制支队政委韩明德作为全国公安系统二级英模，到京参加全国公安机关扫黑除恶专项斗争总结表彰

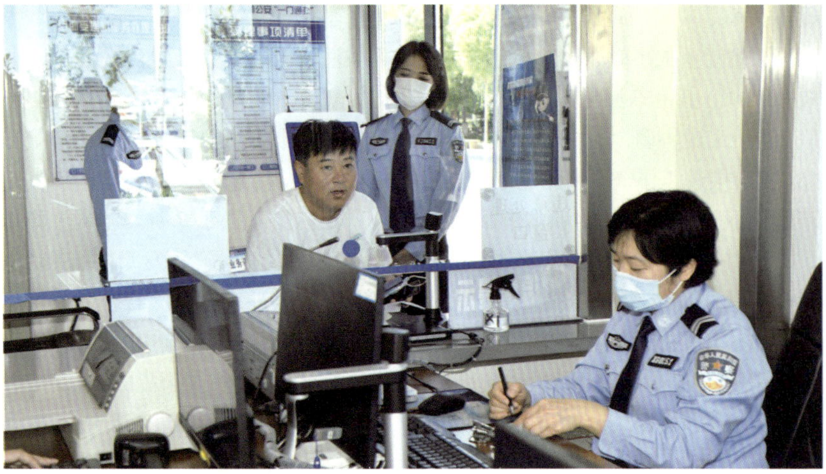

2021年，阳光警务室获“全国人民满意公务员集体”称号。图为9月15日，警务室民警为群众办理业务　　（李秀峰　供图）

大会并接受现场颁奖。阳光警务室被评为全国人民满意公务员集体。9月18日，新白城市公安局业务技术用房建设项目竣工并投入使用。位于白城市经济开发区新华西大路111号，总建筑面积3.7万平方米。主楼10层(两侧附楼3层)，地下1层。

【刑事犯罪案件侦查】　2021年，全市破获各类刑事案件3514起，破案率72.2%，比上年提升19.17%，抓获犯罪嫌疑人4674人，比上年提升5.63%。命案现案、八类严暴案件破案率100%，逃犯全部到案。发起小案攻坚，破获传统“盗抢骗”案件1044起，抓获1009人；推进“团圆行动”，找回历年被拐儿童45名；“打两类、保大庆、促发展、护民安”专项行动全省领先，工作经验在全省推广。抓好要案攻坚，破获“6•30”大案抓获嫌疑人55名，查扣现金4400余万元；破获“9•16”涉黑案件抓获嫌疑人127名，移送起诉94人；破获省公安厅指定管辖涉恶案件，抓获22人，查清罪名7项、案件17起；以“全民反诈，党员在行动”为统领，动员全市力量，开展反诈宣传工作，发案数、损失数比上年分别下降21.76%，27.59%。推进断卡1、2、3号专项行动，打掉电诈团伙61个，破获案件370余起，挽回群众损失2100余万元；借技术手段精准劝阻群众7.9万余人次，避免群众经济损失900余万元，电诈发案数连续8个月环比下降。

【经济犯罪侦查】　2021年，市公安局立案各类经济犯罪案件113起，破案87起，抓获135人。结合教育整顿、为民实践、十百千万、百日攻坚等各类行动，会同相关部门对白城市商业银行、金融机构、理财咨询公司等行业和涉众群体进行摸排。全市走访排查各类企业1368家，走访、接待群众1731人次。建设情报导侦联勤中心研判室，完成场地、设备等硬件建设并实现实体化运转。

【社会治安】　2021年，白城市统筹打好“五场硬仗”（政治安全保卫仗，依法维稳攻坚仗，严惩犯罪主动仗，治安风险防控仗，公共安全治理仗）；率先建立战时治安巡逻防控机制，执行高等级勤务，屯警街面、动态巡控；率先启动涉稳风险每日研判，做到情况日汇总，落实日反馈；率先开展风险隐患动态清零，消除不稳定因素，取得“5个零发生”（严重暴力犯罪、严重诈骗犯罪、特大交通事故、监管场所事故、危爆物品事故）成果。化解公安信访新案积案，全年化解新发案件42起、积案110起。

【重点领域安全检查】　2021年，市公安局开展重点行业、重点单位、重点部位排查整治专项行动，排查内部单位9200余家次，整改隐患753处。推进“护校安园”“平安医院”建设，编印《重点单位安全防范检查工作手册》，提升管理能力水平。统筹开展监所安全检查和清监行动，实现连续无事故目标。

【危爆物品管理】　2021年，市公安局开展整治枪爆违法犯罪工作，侦破刑事案件3起，抓获3人；收缴各类枪支2469支，子弹4624发，炸药2.3千克，雷管、炮弹1100枚；督促涉爆从业单位严格落实安全管理制度，开展危爆检查1000余次，整改安全隐患42处。

【禁毒工作】　2021年，白城市吸毒人员引发治安案件比上年下降40%、刑事案件比上年下降39%，未发生吸毒人员肇事肇祸案（事）件。

规范易制毒化学品生产经营、购买销售、运输存储和进出口服务管理流程，建立双向核查、流失追溯等制度，推动成立白城市易制毒化学品企业管理协会，对103家企业统一登记造册，逐一签订责任状，实现宣传、教育、管理、培训实时化、常态化。针对全市社戒社康人员，推动全市96个社区建立基础档案，做到实时高效精准管控。

实施“精心组织、精准预防、精确打击、精细管理”工作举措，完成国家禁毒委下达“五个不发生”（不发生制造毒品案件或者制造制毒物品案件、不发生大规模非法种植毒品原植物案件、不发生影响较为恶劣的吸毒人员肇事肇祸案事件、不发生脱管失控吸毒人员引起的重大违法犯罪案件、不发生在校中小学生吸毒案事件）和“四升四降”（群众禁毒知晓率上升、社区戒毒社区康复执行率上升、戒断三年以上未复吸人员增幅上升、群众对禁毒工作满意率上升，新滋生吸毒人员增幅下降、未成年人员占涉毒人员数量比例

6月26日，白城市禁毒委在市文化小学举办“传承红色精神 共创无毒家园”为主题的禁毒宣传活动 （李秀峰 供图）

下降、外地抓获本地籍贩毒人员下降、吸毒人员引发的刑事和治安案件下降）目标任务。2021年，全市成立创城领导小组1111个，建成禁毒教育基地7个，毒品检查站14个。在白城市区建成全省唯一一个大学生禁毒教育基地，在镇赉县建成全省面积最大、功能最全县级禁毒教育基地，在坦途镇建成全省唯一一个乡镇级教育基地。4月，白城市被国家禁毒委评为全国首批禁毒示范城市。

开展禁毒行动“快闪”宣传，“传承红色精神 共创无毒家园”主题宣传活动，在全市96个乡镇（街道）设置禁毒宣传廊，919个村屯悬挂禁毒宣传旗。利用广场、路面、公安警务室LED屏以及运用广播、电视、互联网等媒体多渠道开展宣传。群众知晓率上升至96.98%，满意率上升至98%。

【扫黑除恶】 2021年，市公安局强化与检法部门沟通协作，主动会同法院、检察院，完善联席会议等有关机制，统一行为定性、情节认定、证据标准和法律适用等方面执法共识，注重个案转化、行刑衔接。强化线索摸排核查力度，利用四大行业领域专项整治契机，建立与自然资源、交通运输、工程建设等部门会商机制，强化案件线索移交，设置有奖举报，鼓励群众揭发检举犯罪活动，拓宽线索来源。主动加强与纪检监察机关协作配合，完善“双专班”办案模式，摧毁黑恶势力“关系网”“保护伞”。2021年，破获黑社会性质组织3个、恶势力犯罪团伙2个。

【执法规范化建设】 2021年，市公安局推出“日巡查全覆盖、周研判抓重点、月通报盯问题、季总结看提升”四步监督机制。行政复议、刑事复核率均维持100%，诉讼类案件败诉率0，全市被检察机关决定不构成犯罪不批捕、不起诉人数0，实现“双零”工作目标。严抓不规范执法，成立“重点案件评查”“智能化数据排查”“法律监督”和顽瘴痼疾“有案不立、压案不查、降格处理、违规取保候审和逐利执法”专项整治4个专班工作组。开展教育整顿执法工作“回头看”及法制重点工作督导检查，检查案件400余件。加大对各地执法突出问题专项整治、交巡警案件办理情况、《白城市公安机关法制员管理规定》等制度贯彻落实情况等检查。执法全流程监督管理平台投入使用，多次召开专题培训会，讲解在警综平台中使用执法司法办案业务协同系统操作流程，主要包括刑事、行政案件办理程序、卷宗、文书制作、案例分析及系统功能等内容，减少或避免因证据出错而导致的错案。推进执法权力运行机制改革，健全执法标准体系和执法责任制度，推动执法流程制度化、精细化。在全市出台《白城市公安机关行政负责人出庭应诉工作规定》，制定《白城市公安机关法制员管理规定》《白城市公安机关受案立案工作实施细则》《白城市公安机关执法管理委员会工作规则》工作制度4项。

【案管中心管理】 2021年，市公安局在全省率先完成执法办案管理中心建设，全市网上巡查案件1026起，发现问题158件，整改158件；警情准确率抽查720件，发现问题80件；行政案件办结抽查1044件，发现问题127件，均整改完毕；开通公安内网《法制研判》专栏，全年编发法制研判报告463期，典型案例评析23件，全市百警起诉犯罪嫌疑人数126.8%，高于2019年及2020年同期平均值。

【监所管理】 2021年，全市公安监所管理部门坚守封闭管理、核酸检测、轨迹核查、过渡隔离“四条底线”。实行每日24小时值班，不定时开展视频巡查，落实各项监管制度。截至2021年末，开展视频巡查2000余次，到各县（市）监所检查督导35次。实现监管场所新冠疫情“零感染”、安全“零事故”、队伍“零减员”工作目标。全市监管场所围绕扫黑除恶等各专项行动，综合运用政策宣讲、教育感化、信息研判、心理疏导、有奖举报等手段，广泛获取犯罪线索。截至2021年末，获取涉案线索32条，收缴枪支3支，子弹180发，管制刀具1把。成立专班，制定方案，明确任务责任，制定《关于规范办理看守所留所执行刑罚罪犯暂予监外执行工作实施意见》，部署“减假暂”专项整治活动，全市看守所清理原始档案卷宗29240本，减刑454件，假释16件，暂予监外执行176件。

【出入境管理】 2021年，市公安局开展“拒绝跨境赌博”主题宣传活动，通过到社区、村屯、学校等人员密集场所发放宣传单、悬挂横幅、现场讲解等方式立体化宣传，发放宣传资料4500余份，受教群众2000余人，提高群众反赌意识。加大“外管通”App在火车站、客车站、交通卡点等重点部位推广应用，通过对铁路公安处、机场公安局、交巡警支队上门安装并指导使用，确保执勤民警通过“外管通”App快速办理业务，提升对重点部位到白外国人逐人开展身份核查。2021年，全市注册使用民警、辅警用户100人，使用率100%。推动“一门通办”出入境业务，围绕受理、审核、审批等证件办理关键环节，梳理纳入“综合窗口”事项范围，将94%出入境业务事项纳入“一门通办”服务事项。确立“综合窗口”出入境业务工作模式，改进受理流程，完善进驻模式，实现“前台受理并审核审批”办理模式。

【户政管理】 2021年，市公安局推行服务企业“代办专员”，制定下发《关于设立派出所“代办专员”的通知》，在派出所户籍窗口设立服务企业绿色通道，全市有102名社区民警、919个驻村辅警设为“代办专员”，推行政务服务预约、帮办、捎办、代办等各项业务，快速帮助企业解决各类户籍和身份证问题。全市派出所“代办专员”为企业家和高层次人才提供各类代办、捎办等服务1319次。打造“文明户籍窗口”。2021年，全市派出所完成出生落户6815笔，死亡注销11900笔，市外迁入3089人，迁出10320人，主项变更3227人，非主项变更133998人。截至2021年末，全市户籍人口1845431人，比上年减少16684人。

【见义勇为】 2021年，以纪桂凤、蔺长宏、姜立志为代表的英雄，被评为全省模范和先进个人。市公安局落实慰问抚恤政策，组织春节慰问，发放生活用品。建立定期电话慰问和经常性包片民警走访制度，及时了解掌握见义勇为人员生活等各方面情况。截至2021年末，向省政府推荐评选全省见义勇为模范1人，先进个人2人，走访特困人员5名。

【服务企业民生】 2021年，市公安局面向企业家做出“三个坚决做到（坚决做到有警必处，坚决做到有恶必除，坚决做到有难必帮）、三个精准把握（精准把握法律政策界限，精准把握包审慎原则，精准把握执法方式方法）、三个主动开展（主动开展风险大排查，主动开展治安大巡逻，主动开展企业大走访）”承诺；研究制定助力“一城三区”建设18条措施，推进6个专项行动，坚持5种执法理念，完善4项工作体系，开展3类问题整治，全年破获涉企案件24起、涉生态环境类案件123起，化解农村矛盾纠纷776起。投入250余万元改造升级服务窗口，6个部门59项便民业务打包进驻，83个城乡派出所、9个交巡警务室均推行“一门通办”，服务群众35万人次，办事时长平均缩短40%，为群众节省办事成本1000余万元，改革经验做法被省委组织部推荐至中组部。召开社会各界人士座谈会36次，征集群众关切意见建议1000余条，全警走访各类群众、家庭、企业6.5万次，解决群众“急难愁盼”问题3407个，化解矛盾纠纷2254个，收到锦旗196面，“背包警务”“送证下乡”等举措受到群众好评。

【基层基础建设】 2021年，市公安局建设网络安全、技术侦察、刑事技术、执法办案等实战职能中心，带动各项基础工作转型升级。以联指平台建设为重点，配齐30人情报研判队伍，新增情报建模、报警定位和融和通信3个应用系统，提升警务实战能力水平。开展“打造整洁环境，规范办公秩序，转变机关作风，争创一流业绩”主题活动。推动派出所警力占县级公安机关总警力46.76%，8个派出所实行“一室两队”（综合指挥室、社区警务队、案件办理队）警务模式，29名所长进乡镇（街道）班子担任行政副职，140名民警进村（社区）“两委”班子任职。改善基层派出所办公和执法环境，改造派出所办公用房17个，更新换代警车79辆。开展基层基础工作百日会战，维护各类标准信息70余万条。

【公安队伍教育整顿】 2021年，市公安局运用读书班、党史知识竞赛、党史知识测试、为民实践活动等载体，开展理论学习中心组学习、专题民主生活会、主题党日等活动，将“公安姓党”融入日常工作，推动党史学习教育走深走实。开展教育整顿，制定实施方案21

6月22日，白城市公安局召开教育整顿先进典型表彰推介会（李秀峰 供图）

个，查结接收督办转办线索213件，整改问题404个，修订完善制度35个，评估成绩名列市直政法各单位第1名，工作做法被省教育整顿办和公安厅简报刊发8次，查纠整改做法被全国公安教育整顿办《经验交流》专栏采用。6月22日，市公安局召开教育整顿先进典型表彰推介会。

【道路交通安全管理】　2021年，市公安局制定下发《重大突发案事件快速反应机制》，重新划定城区“1、3、5分钟”快速反应处置圈，研究制定敏感案事件风险评估、涉警负面舆情应对工作预案，实现“第一时间快速反应、第一时间到达现场、第一时间控制局面”警务实战工作目标。针对岁末年初关键节点，部署启动“防风险、保安全、护稳定，强化社会面整体防控”专项工作；聚焦重点时段、重点路段、重点车辆和重点违法行为。整治市区违法乱象和国省干线、农村道路隐患，集中整治春、秋两季农村道路交通违法行为，抓实“减量控大”（削减交通事故总量及控制特大交通事故发生）工作，实现交通事故亡人数比上年下降10%、重特大交通事故零发生目标。市各级交通管理部门利用“双微”（微信微博）平台、交通事故屏、客运站宣传等方式，加大“两公布一提示”（针对不同时期节点，对辖区道路通行状况、天气预警信息进行公布，同时进行安全驾驶提示）力度，滚动播放各类交通安全常识30条，发送交通安全提示信息47条，通过交管“12123”平台发送提示短信6条，受众人数15万余人。谋划“畅通白城”建设，优化市区24条道路、88个路口标线和信号灯，保障群众出行安全。

【春运期间道路交通安全】　春运期间，市公安局落实支队领导包大队、大队领导包中队、中队民警包保路段的包保责任制。提前组织各大队协同交通、应急、文旅部门到辖区各企业单位，对参加春运车辆和驾驶人进行安全隐患排查。加强对参加春运客运、旅游包车监管，到重点运输企业进行定线认路，检查GPS监控系统是否齐全有效，签订交通安全责任保证书。检查长途客车、旅游包车、面包车、“营转非”大客车、危化品运输车，查处“三超一疲劳”（超速、超员、超载和疲劳驾驶）、不按规定车道行驶、客车违规载货、非法运输危化品等违法行为。围绕重点路段、重点时段、重点区域，加强巡逻管控和交通疏导，提高见警率、管事率。启动19个公路执法服务站，设置临时执勤点26个，采取网上与网下结合、定点与机动配合方式，严查超员、超速、客货混装、酒醉驾等严重违法行为。出动警力1539人次、警车513辆次，查处各类违法行为1382起。

【智慧公安】　2021年，市公安局提升DNA常库、指纹信息采集质量，固网封控率100%，推动前端智能感知设备升级改造，建成经侦情报导侦联勤中心并投入使用。加强大数据深度应用，开发“大数据”模型4个，抓获逃犯11名。开展“智慧公安我先行”技术革新专项活动，2项创新成果被推荐到全国公安机关创新大赛参评。推进“雪亮工程”建设，率先完成省委、省政府和省公安厅部署的农村雪亮工程建设任务。

【法律宣传】　2021年，市公安局开展“6·26”国际禁毒日禁毒宣传、《中华人民共和国民法典》宣传、“乡村振兴”普法宣传、“宪法宣传周”等系列普法宣传活动，讲解宪法、民法典、禁毒法等方面法律法规知识。全年开展普法宣传活动30余次，发放传单、宣传手册万余份，赠送法律知识读本3000余册，宣讲5000余人次，解答法律咨询800余人次。

【从警三十年“吉林公安荣誉勋章”颁授仪式】　8月5日，市公安局举办从警三十年“吉林公安荣誉勋章”颁授仪式。市政府副市长、市公安局局长陈锋出席仪式。宣读《关于为从事吉林公安工作30年的人民警察授予吉林公安荣誉勋章的决定》；为27名民警颁发奖章，与会领导为勋章获得者颁发勋章；授勋民警代表发言。

（赵中祥）

检　察

【概况】　2021年，白城市人民检察院（简称“市检察院”）制定《服务生态强市战略的意见》和《服务“两确保一率先”的实施意见》。开展“5+10护企安商行动”，发挥检察职能服务“生态强市”“一城三区”建设。检察业务核心数据优秀数量名列全省前列，2件案件被最高人民检察院评为典型案例。创新开展强制隔离戒毒检察。“史淼专案组”被最高检评为“全国检察机关扫黑除恶专项斗争优秀集体”。创新开展全员业绩考评工作，最高人民检察院刊发白城检察官业绩考评经验。在2021年度全省综合绩效考评中，市检察院名列第3，首次进入全省优秀行列。市检察院机关有4个集体和7名干警获省级以上表彰奖励，8个条线工作在全省进入前3名，多项工作经验被省人民检察院、最高人民检察院转发。编写《案件分析研判》被省、市人民检察院领导批示、省人民检察院简报转发。推广律师阅卷“三分钟工作圈”机制，为律师提供优质便捷服务。邀请152名人民监督员参加案件听证会、座谈会58次。落实“三个规定”（《领导干部干预司法活动、插手具体案件处理的记录、通报和责任追究规定》《司法机关内部人员过问案件的记录和责任追究规定》《关于进一步规范司法人员与当事人、律师、特殊关系人、中介组织接触交往行为的若干规定》），记录报告过问或干预插手办案179件次，防范关系案、人情案、金钱案发生。落实管党治党主体责任，查处违纪检察人员。其中，洮南一起“挂案”30年案件，涉案8名检察人员受到党纪政纪处分。

【刑事检察】 2021年，市检察院依法批准和决定逮捕各类刑事犯罪嫌疑人746人，提起公诉2446人。贯彻宽严相济刑事政策，不批准逮捕365人，不起诉670人。认罪认罚适用率83.87%，量刑建议采纳率94.99%。监督侦查机关立案22件、撤案49件，追捕15人，追漏诉39人，对侦查活动发出纠正违法通知书137份，受理对刑事判决裁定提出抗诉14件，支持8件。办理省信托有限责任公司原董事长和吉林银行原董事长受贿案。主动适用认罪认罚从宽制度，适用率85.26%，量刑建议采纳率95.05%。监督侦查机关立、撤案64件，发出纠正违法通知书120件次。降低逮捕率和审前羁押率。贯彻落实“少捕慎诉慎押”理念，不捕率32.77%，开展羁押必要性审查，采纳率100%。涉民营企业案件，不起诉5件6人。全年刑检参与扫黑除恶、反洗钱、断卡行动等近20个专项工作；依托“我为群众办实事”“法治进校园”等工作常态化开展法治宣传和犯罪预防工作。

【民事控申检察】 2021年，市检察院受理民事监督案件368件，提请、提出抗诉25件，提出再审、执行活动监督、纠正审执人员违法等检察建议355件。办理虚假诉讼监督案件14件；办理支持起诉监督案件18件。市检察院检察长两次主持召开听证会，带头办理民事监督疑难复杂案件，倾听社会各界意见。孙娟被最高人民检察院评为全国检察机关民事检察人才库组成人员；王艺清被省检察院授予“第一届吉林省检察机关民事检察业务能手”称号。民事检察工作连续5年在省检察院评比中进入先进行列。化解社会矛盾纠纷，接待群众来信、来访、电话1130余件次，办结、化解信访案件219件；7日内程序性回复、3个月实体性答复均100%。司法救助案件全覆盖，办理救助案件30件，利用司法救助化解多年信访积案及重复信访案件，救助金额81.2万余元。设置律师来访“绿色通道”及专门接待室，通过购买法律服务，设置律师值班岗，实现多元化接访及参与公开听证工作。

【行政检察】 2021年，市检察院行政检察工作在全省绩效考评中排名第3。受理生效裁判结果监督案件8件，提出非诉执行、督促履职等检察建议303件，发出强制隔离戒毒检察建议56份，行政争议实质性化解52件。发挥府院联动机制，以实质性化解行政争议助力依法保护民营企业合法权益，市检察院指导洮南院办理的非诉执行检察监督案，被最高人民检察院评为典型案例。强制隔离戒毒检察工作经验在全国行政检察工作会议上交流。经验做法在《检察日报》头版刊发，并被中政委、高检院转发。办理的刘某强戒脱管案被高检院确定为典型案例。

【未成年人检察业务】 2021年，市检察院坚持“少捕慎诉慎押”理念，控制全市未成年人犯罪批捕率和捕后轻缓刑比例，未成年人不捕率、不诉率、附条件不起诉率均在全省前列。制定出台《未成年人检察业务集中统一办理实施方案》，推进未成年人刑事执行、民事、行政、公益诉讼检察业务集中统一办理。开展娱乐场所接纳未成年人专项治理活动，涉未公益诉讼案件立案数和检察建议数位居全省第2。开展“检爱同行 共护未来”专项行动。开展“未检+社工”工作模式，通过检察机关及社工组织帮教回归社会63人，12名被不起诉、附条件不起诉未成年人考上大学。在全省率先开展“督促监护令+家庭教育指导”活动。法治进校园巡讲活动常态化，举办法治夏令营等法治进校园活动92次。未成年人检察业务工作全省绩效考评排名第3。

【公益诉讼检察】 2021年，市检察院公益诉讼检察工作全省绩效考评排名第1。发出检察建议173份，提起公益诉讼67件。通过公益诉讼治理修复受损的草原、林地、耕地344公顷；督促收缴惩罚性赔偿金、生态修复资金13.49万元；督促消除消防安全隐患、食品安全隐患53处、整治烈士纪念设施22处、窨井盖4处、盲道1处。回应人民群众加强公益保护关切，依法开展食药品安全、生物多样性保护等10余个监督专项行动。排查全市97家养老院，针对存在问题，发出检察建议49份，全部整改。

【生态环境公益诉讼】 2021年，市检

7月22日，市检察院举办法治夏令营活动。图为检察官和学生们共同创作法治宣传画卷 （王柯权 供图）

察院制定《关于充分发挥检察职能服务生态强市战略的意见》；与市林业和草原局、生态环境局等10家单位，建立公益诉讼案件线索共享平台，对白城30666.67公顷草原进行卫星精准监测；构建"总田长+检察长"工作模式，开展草原生态资源保护专项行动，办理全省首例涉及自然保护区生态环境民事公益诉讼案件。办理白城市某兽药企业非法开垦草原案，恢复草原117.6公顷。

【"扫黑除恶"专项斗争常态化】 2021年，市检察院立足职能常态化推进扫黑除恶，办理全国扫黑办重点督办刘某等人涉嫌黑社会性质组织案。依法提起公诉涉黑涉恶案件6件124人。市检察院史淼办案组被评为全国扫黑除恶优秀集体，3名干警被评为全国、全省扫黑除恶先进个人。

【护企安商】 2021年，市检察院制定《关于充分发挥检察职能服务生态强市战略的意见》《白城市人民检察院充分发挥检察职能服务"两确保一率先"的实施意见》并下发执行，促进服务企业规范化。开展服务营商环境大讨论、大走访活动。走访企业100余个，召开座谈会7次，征求企业家意见和建议。护航企业及企业家人身财产安全，打击破坏社会主义市场经济秩序犯罪，批捕27人，起诉115人。落实民营企业及经营者轻微犯罪免责免罚清单。通榆县院主动与吉林华能新能源公司开展检企共建活动，派员提前介入该公司未经审批占用3.27公顷国有林地一案，用5个工作日做出相对不起诉决定，项目得以迅速复工，确保按期并网送电。

【民营企业合法权益保护】 2021年，市检察院在办理涉民营企业案件时，了解企业经营发展状况，评估办案对经济发展影响，做到打击犯罪，保护企业合法经营，保障劳动者合法权益。指导洮南市检察院办理的吉林省某药业公司非诉执行检察监督案，以实质性化解行政争议助力依法保护民营企业合法权益，被最高人民检察院评为"检察为民办实事"典型案例。

【刑事执行和司法人员职务犯罪侦查】 2021年，市检察院在全省开展跨区域交叉巡回检察工作，实现辖区看守所巡回检察全覆盖。纠正减、假、暂不当案件51件；加强监外执行和社区矫正监督，纠正脱管、漏管2人；清理纠正审前未羁押判处实刑未执行39人。完成教育整顿期间"减假暂"案件排查工作和刑事执行工作。刑事执行工作全省绩效考评排名第3。开展司法工作人员职务犯罪百日攻坚行动。立案3件5人，立案数全省第4。其中白城监狱龙某某徇私舞弊减刑、假释、暂予监外执行案填补全省检察机关监狱司法系统立案空白。司法人员职务犯罪侦查专班认真排查案件线索，严谨办案，提升法律监督；司法人员职务犯罪侦查工作全省绩效考评排名第3。

（周迎峰）

法　院

【概况】 2021年，全市法院结案55816件，结案率95.25%；审结刑事案件2489件，审结民事、行政案件26420件，执结案件26236件，执结率90.65%；优化营商法治环境，审执结涉企案件10819件，在全省法治化营商环境核心指标排序中，白城市中级人民法院（简称"市中院"）位居第1；健全完善基层矛盾纠纷排查化解机制，全市行政争议协调化解中心受理案件354件，成功化解226件，化解率63.84%；审结涉及教育、就业、医疗、社会保障等民生领域案件10396件。市中院被最高法院授予"人民法院基层党组织组织力提升工程优秀组织奖"，被全国妇联评为"全国维护妇女儿童权益先进集体"。市中院党建"1234"工作法被省人民法院评为"党建创新优秀案例"在全省推广。

【立案工作】 全市法院受理案件58599件，结案55816件，结案率95.25%，结收比96.97%。其中市中院受理案件3506件，结案3280件，结案率93.55%，结收比96.24%。全市法院结案率、结收比、一审案件服判息诉率等5项核心指标位居全省前3，旧存案件占比全省最低。

【刑事审判】 2021年，市中院审结刑事案件2489件，判处有期徒刑10年以上刑罚59人。参与平安白城建设，审结严重暴力犯罪和多发犯罪案件285件394人。推进惩治贪腐，审结吉林银行原党委书记、董事长张某祥受贿等职务犯罪33件39人。落实宽严相济刑事政策，加强人权司法保障，对1054名被告人依法判处非监禁刑，审结减刑、假释案件397件。

【民事和行政审判】 2021年，市中院审结民事、行政案件26420件。建立简案快审机制，简易程序适用率89.24%。提升审判质效，一审案件服判息诉率90.71%。深化家事审判方式改革，审理婚姻家庭、继承等案件2446件，和解解决比例41.52%。推进"道交一体化"改革，运用在线平台化解案件292件704.96万元。推进"分调裁审"机制改革，组建速裁快审团队65个，办理案件4219件，平均审理天数22.1天。支持行政机关依法履职，推进落实行政机关负责人出庭应诉制度，行政机关败诉率呈下降趋势。发布行政审判白皮书，反馈行政执法突出问题，助推法治政府建设。

【参与推进社会治理】 2021年，全市法院诉调中心均入驻或接入本地综治中心，推动市中院主导型解纷机制向纳入社会治理大格局转型。搭建诉调对接平台，全市法院成立诉前调解工作室15个，对接调解组织23个，聘请人民调

2021 年，市中院依法执结一起老赖欠款案件。图为 5 月 14 日，当事人为市中院执行局干警送来锦旗 （刘云龙 供图）

解员、法援律师等调解人员121人，运用人民调解平台导出案件12104件，案件导出率65.89%，其中调解结案10259件，调解成功率84.76%。坚持和发展新时代“枫桥经验”，将“万人成讼率”纳入平安建设考评体系，在全市普遍建立“百姓说事•法官说法”点，健全完善基层矛盾纠纷排查化解机制。深化府院联动，与市政府、市检察院联合召开联席会议，将府院联动扩展为“一府两院”新格局。全市行政争议协调化解中心受理案件354件，成功化解226件，化解率63.84%。建立“法院+工会”“法院+金融机构”等工作模式，解决劳动争议、金融消费等纠纷681件。

【案件执行】 2021年，市中院执结案件26236件，执结率90.65%，到位标的金额14.44亿元。推进执行指挥中心实体化运行，网络查询1.6万次，冻结银行存款7.8亿元。网络司法拍卖580件，成交金额6921.04万，溢价率24.7%。推进实施信用惩戒，纳入失信名单823人，发布限高令9304人。开展执行“秋冬会战”，出动警力415人次，执结案件755件，有171人慑于惩戒主动履行义务。

【助力民生保障】 2021年，市中院升级审判服务“好差评”系统，创新设置“办不成事”反映窗口，解决群众反映问题176个，市中院诉讼服务质效居全省前列。落实立案登记制，当日立案率98.08%。建成跨域立案平台，为群众跨域立案204件。开展诉前财产保全法律释明服务，办理申请保全案件3660件。注重运用司法扶危济困，审结涉及教育、就业、医疗、社会保障等民生领域案件10396件。开展涉诉信访攻坚行动，健全院长接访工作机制，院级领导召开听证会10次，包案化解中联办交办的信访积案59件，向32名符合条件信访人发放救助金68.5万元。

【法官进网格】 2021年，市中院建立“法官进网格”工作机制，形成“网格吹哨、法官报到”工作新模式，助力“无讼社区、无讼村屯”建设提档升级。全市28个人民法庭办结案件8786件，服判息诉率93.81%。创新发展“马锡五审判方式”，开展巡回审判670次，6455人次旁听庭审；以宣讲《中华人民共和国民法典》为重点，开展普法活动30场次，受众3.12万人次。

【扫黑除恶斗争】 2021年，市中院常态化开展扫黑除恶斗争，审结丁某勇等涉黑案，判处主犯有期徒刑25年；持续“打伞破网”，排查移送线索11条；助推4大行业领域专项整治，发出司法建议3条。

【审判机构改革】 2021年，市中院加强人员分类管理，全市法院补选文员24人，均归口编入审判执行团队。落实司法责任制，制定院长、庭长权责清单，细化“四类案件”监管程序，明确审判管理权、监督权事项34项，监管案件660件。推进院领导办案常态化，全市26名入额院领导办结案件2058件。狠抓审判质效提升，全市法院简易程序适用率、一审案件服判息诉率、调撤率均同比上升，生效案件被改判、发回重审率同比下降。推进实施业务工作“精品工程”，制定《关于对优秀调研成果等进行奖励的实施办法》，在全院营造创先争优之风、学习研究之风。

【智慧法院建设】 2021年，市中院建

6 月 25 日，市中院公开宣判丁某勇涉黑案。图为宣判现场 （刘云龙 供图）

成调解平台、律师服务平台等9大平台，推进电子卷宗随案同步生成和深度应用，实现审判执行、政务管理全流程网上办理。加大吉林移动微法院应用力度，网上立案15422件，网上证据交换1634件次。组建智审服务团队和智审送达团队，集中开展卷宗扫描、编目、归档等工作，运用"送达管家"完成电子送达41028次，提供排期开庭服务15524次。司法公开"四大平台"（中国裁判文书网、中国执行信息公开网、中国审判流程信息公开网、中国庭审公开网）常态化运行，公布案件流程信息22511条，发布裁判文书29543份，公开执行信息10127条，庭审直播录播9039件。

【法院队伍教育整顿】 2021年，市中院成立领导小组，制定方案64个，组建工作专班31个，召开党组会39次，推进会24次，政策宣讲会19次，到基层督导检查15次。突出政治教育，举办政治轮训58期，理论测试30场，干警参与率100%。抓实警示教育，开展《党章》《警示录》等学习42场，召开警示教育大会2次。强化英模教育，选树典型9人。开展谈话16轮1508人次，填报自查自纠登记表1134份，排查整改顽瘴痼疾问题545个，新建制度47项。

【服务"三大攻坚战"】 2021年，市中院围绕推进乡村振兴，为包保村村民讲授专题党课，组织干警开展爱心志愿者服务，与联合帮扶单位对接研究产业项目，建立常态化帮扶机制。围绕防范化解风险，加快完善与金融监管部门协调联动，联合打击非法集资等违法行为，强化金融领域风险监测预警。围绕服务生态建设，建立环境资源案件刑事、民事、行政"三合一"审判模式，探索在莫莫格自然保护区建立司法联动机制，审结环境公益诉讼、环保督察整改和环保处罚案件33件。

【涉企诉讼绿色通道】 2021年，市中院制定《关于发挥审判职能作用优化营商法治环境的实施意见》，建立服务企业诉讼窗口，开辟涉企诉讼绿色通道，对经济困难企业减、缓诉讼费172.8万元。在审判、执行环节分别成立专门团队办理涉企案件，缩短诉讼周期，审执结涉企案件10819件，结案标的额36.61亿元。推进法治化营商环境建设专项行动，在全省法治化营商环境核心指标排序中，市中院位居第1。走访企业196家，发放《致全市企业家朋友的一封信》和《推进法治化营商环境建设调查问卷》，帮助解决涉法问题136个。召开服务企业对接会暨首届法企共建座谈会，30位企业家参加会议。以"民法典视角下民营企业法律风险防范"为主题开展民商事纠纷风险培训，编写印发《民商事审判白皮书》，现场解答企业提出法律问题。

（黄 宇）

司法行政

【概况】 2021年，市司法局为全面推进依法治市，加快法治白城建设，建立完善的党委、政府法律顾问工作体系和白城市法律顾问队伍；为政府依法决策当参谋，参与涉法行政决策，参与涉法信访事项处理，参与企业依法经营活动，参与政府重大项目建设，参与政府民生工程建设。2021年，白城市法律援助中心被司法部评为"法援惠民生 扶贫奔小康"品牌活动表现突出单位，收到受援人锦旗3面。市司法局被评为全国普法工作先进单位。

【普法宣传】 2021年，白城市第八个五年普法规划出台，"八五"普法列入全市"十四五"规划重点任务、全市重点工作和法治白城、法治社会建设重点任务。将"八五"普法开展情况列入市管领导班子和领导干部年度考核内容，纳入全市绩效考评范畴。全年开展新冠疫情防控专项法治宣传活动530余次，编印、发放新冠疫情防控普法资料11万余份，提供免费法律咨询服务1700余人次。下发《关于在全市范围内开展优化营商环境法治宣传活动的通知》，开展活动800余场次，全市开通法律服务热线41条、服务企业绿色通道32个，为企业出具各类法律意见850余条。市、县两级媒体宣传习近平法治思想，推出综述、专访、新闻评论80余篇，刊播相关报道220余条。以宪法宣传周、民法典宣传月等主题宣传活动为载体，开展"法律七进"（进机关、进单位、进学校、进社区、进乡村、进企业、进军营）活动800余场次，发放法治宣传资料21万余份，推动全市学习宣传宪法、民法典。落实"谁执法谁普法"普法责任制，各地各部门在执法、管理和服务中开展实时普法和全程普法。在全市各类干部培训班中开设习近平法治思想、宪法、民法典等法治课程，全市534名市管干部、49名优秀年轻干部、305名新录用公务员接受专题法治培训。全市各级各类学校通过开展开学第一课、宪法晨读、青少年模拟法庭大赛等活动，引导青少年树立法律意识、增强法治观念。围绕宪法、民法典、电信诈骗等主题，组织各地各单位创作60余个法治文化作品，做到微普法、快普法、趣普法。以白城市电视台、《白城日报》等主流媒体为牵引，利用指尖白城、学习强国、新时代"e"支部、微信公众号等媒体和平台，开展分众化、差异化、互动化法治宣传教育。探索"智慧普法"，在公共场所配置"12348"公共法律服务智能终端机。

【行政执法"三项制度"落实】 2021年，省司法厅为白城市印发一批"三项制度"（行政执法公示制度、执法全过程记录制度、重大执法决定法制审核制度）汇编，市司法局补充印制200本，下发5个县（市、区）。出台《白城市全面推行行政执法公示制度执法全过程记录制度重大执法决定法制审核制度的实施方案》。制发《白城市行政执法公示制度》《白城市行政执法全过程记录制度》《白城市重大行政执法决定法制审核制度》等相关工作制度。6月，市司法局与镇赉县司法局联合到镇赉县生态环境局、城管局、市监局进行实地指导。8月，市司法局与市软环境办暗访市城管局、市监局，抽查县级人民政府2个。10月，对5个县（市、区）10个乡镇街道行政执法现状、执法队伍建设情况进行专题调研。强化执法3个重点环节。执法之前，对行政执法主体、权限、依据、程序、救济渠道和随机抽查事项清单等信息全面准确及时主动公开。执法之中，严格执行“亮证执法”制度，要求执法人员执法中必须出示执法证件，在送达执法文书时，必须主动告知当事人执法事由、依据、权利义务等内容。执法之后，及时在统一的行政执法监督平台、本部门网站上公布行政执法决定、“双随机”抽查结果等，并明确公开信息审核流程，建立完整纠错和监督制度。强化记录环节确保全程留痕。年初，白城市把自然资源局和生态环境局2个单位列为行政执法“三项制度”改革试点单位，指导这两个单位完成行政执法“三项制度”相关清单、指南、流程图编制工作。

【法律服务】 6月，市司法局为白城市社会信用体系建设领导小组办公室配备公益法律顾问，由吉林承载律师事务所担任法律顾问，双方于2021年底签订法律顾问协议。做好涉侨法律服务工作，为归侨侨眷和海外侨胞提供法律服务，依托律师事务所，在全市设立6家涉侨法律服务工作站。以政府“企业维权周”、重大时间节点等活动为载体，组织律师开展形式多样法律服务。“企业维权周”活动期间走访企业45家，出具《法律体检单》45份，为企业直接挽回经济损失4500余万元。制定《白城市“十四五”公共法律服务体系建设规划》，在“4·15”全民国家安全教育日组织公益法律服务团到市民广场开展“法律服务公益行”宣传活动。通过挂条幅、扬彩旗、立展板、发资料及现场咨询解答等方式宣传法律知识。发放宣传单，群众持宣传单扫码并关注白城市公共法律服务公众号后，到全市任意一家律师事务所免费咨询1次。“白城公共法律服务”微信公众号运行，市民关注后可享受免费法律服务并观看由白城市律师团队拍摄的专题普法短剧和普法短视频。在全市5个县（市、区）、100个乡镇（街道）建立公共法律服务中心7个、公共法律服务工作站100个，公共法律服务工作室1019个。采取“一名律师多挂、重点服务与巡回服务相结合”办法，通过选聘166名律师、法律服务工作者、法律明白人为全市1019个村（居）配备法律顾问，实现“村（居）法律顾问”全覆盖。依托国家、省、市三级公共法律服务平台，推进公共法律服务网络、热线、实体平台深度融合。全市各级司法行政机关购买公共法律服务智能终端机90台，安装到政务大厅、社区、乡镇服务大厅等地，提供智能公共法律服务。将公共法律服务板块嵌入电视机4K机顶盒，以电视机为载体，向观众提供涵盖法律援助、人民调解、司法鉴定、律师服务、公证服务以及安置帮教、社区矫正、法律执业资格考试等业务在线查询引导、热线咨询和视频咨询服务。

2021年，市司法局开展“法律服务公益行”活动。图为3月16日，法律服务团队为困难企业提供法治体检 （祁云峰 供图）

【星级司法所建设】 2021年，市司法局推进星级司法所建设。全年完成9个五星级司法所建设，1个司法所被司法部评定为全国模范司法所，2人被评定为全国司法所模范个人；6月，督导和检查全市司法所工作，重点督导检查人民调解排查化解纠纷、重点人员管控工作，抽查司法所58个。

【戒毒工作】 2021年，白城市强制隔离戒毒所执行出入戒毒管理区安全检查制度、指挥中心每日3次查勤制度、“四大现场”（对戒毒人员学习、生活、康复、劳动现场）直接管理制度、常态化新冠疫情防控制度、定期研判等各项规章制度。白城市强制隔离戒毒所连续10年实现“六无”（无毒品流入、无戒毒人员脱逃、无戒毒人员非正常死亡、无所内案件、无安全生产事故、无重大所内疫情）目标和新冠疫情零输入、人员零感染。建成“四区五中心”戒毒模式。在原有软硬件建设基础上，新建生理脱毒区、教育适应区、康复巩固区和回归指导区4个功能区，新设立戒毒医疗中心、教育矫正中心、心理矫治中心、康复训练中心和诊断评估中心5个专业机构，形成以分期分区为基础、以专业中心为支撑、以科学戒治为核心、以衔接帮扶为延伸戒毒工作新模式。自行编制政治、文化常识、历史、戒毒案例释义等辅助教材，统一各教育学科教案。采取政治教育、法律常识、戒毒常识、文化素质、心理疏导“五个模块”教育方式，将爱国、敬业、诚信、友善理念贯穿到戒毒人员日常教育中，将“学、练、考”融入日常管理中。建设3000余平方米，三层独立功能房的全省首家专业戒毒医院，设精神科、内科、医学检验科、影像科等专业医疗科室。与白城市中医院签订医疗联合体合作协议，实现数据共享互通、医疗资源保障协作模式。9月16日，吉林省司法厅戒毒局在白城市召开全省司法行政戒毒场所医疗工作推进会，组织全省各戒毒所到白城实地参观学习戒毒医疗工作经验。2021年，白城市强制隔离戒毒所被司法部评为“全国统一的司法行政戒毒工作基本模式建设示范所”、被省委政法委评为“吉林省政法系统省级文明窗口”、被省司法部评为安全管理“六无”强制隔离戒毒所；获得全省扫黑除恶先进个人表彰干警1名、参与吉林省禁毒先进事迹报告团在白城市举行的报告会，获全省禁毒先进个人干警1名、获白城市“十佳政法干警”称号干警1名。

【检察官工作室监督】　2021年，白城市强制隔离戒毒所发挥驻所检察官工作室优势，完善驻所检察9项职责、检察监督9项流程以及监督4种方式，确保开展戒毒工作有章有据。配合检察官工作室开展日常监督工作，设立检务公开栏、检察信箱、公布举报电话，定期开展戒毒人员离所前谈话工作，畅通戒毒人员举报和申诉渠道。定期与检察机关、公安机关沟通工作情况，共同研判会商疑难法律问题，形成多部门良性互动机制。7月31日，全国人大代表马福昌、粟琼、初建美，在最高人民检察院第七检察厅厅长张相军陪同下，到白城市强制隔离戒毒所视察白城市行政检察工作。

表 19　2021 年白城市法律援助机构一览表

序号	机构名称	机构地址	联系人
1	白城市法律援助中心	洮北区文化西路 58 号	周晓慧
2	洮北区法律援助中心	洮北区洮北区委院城	王晓君
3	大安市法律援助中心	大安市人民路东头道南　政务大厅西	朱佰成
4	镇赉县法律援助中心	镇赉县镇赉镇嫩江东路（新四中南）	王　平
5	通榆县法律援助中心	通榆县通榆县建设南街 2064 号	王　艳
6	洮南市法律援助中心	洮南市北部新城司法局一楼	田丽影

（资料来源：市司法局）

表 20　2021 年白城市司法鉴定机构一览表

序号	机构名称	机构地址	联系人
1	吉林鹤城司法鉴定所	白城市洮北区中兴西大路 9 号	王连义
2	吉林铭仁司法鉴定所	洮南市建设西路 63 号	苗润明
3	白城市洮南神经精神病医院	洮南市永康西路 1184 号	卜淑华

（资料来源：市司法局）

【社区矫正】　做好元旦、春节、“两会”和建党100周年期间安全稳定工作。2021年，市司法局下发通知，印发社区矫正领域专项行动方案，对各地维护安全稳定工作做具体要求。加强排查工作隐患和漏洞，坚持日报告制度，加强对社区矫正对象外出审批管理，调度和检查各地社区矫正监管工作，实现隐患排查无缝隙、问题整治无死角，未发生重大有影响社区矫正安全事件，督导暂予监外执行体检问题并反馈，对不符合条件的收监，向省司法厅上报。加强社区矫正领域新冠疫情防控工作，召开全市社区矫正科长会议，传达《省司法厅关于加强社区矫正领域疫情防控工作的通知》。2021年，市司法局召开4次社区矫正领域风险研判会议。通过队伍教育整顿，完善边控制度、完善档案管理制度、社区矫正工作人员工作交接等制度。全市社区矫正领域结合队伍教育整顿工作开展重点案件交叉评查和智能化大数据排查工作，发现社区矫正领域存在问题，各县（市、区）整改存在问题，并对问题责任人进行纪律处罚，各地结合实际健全完善工作制度。做好平安建设工作，到基层开展调研，参加省司法厅考评。社区矫正对象重新犯罪率维持在0.2%以下，无重大刑事犯罪和恶性犯罪。

【人民调解】　2021年，市司法局排查化解各类纠纷12088件，调解成功11932件。建设个人调解室13个。与市总工会联合设立白城市总工会劳动争议人民调解委员会、与人民银行白城分行和白城市知识产权局共同设立金融纠纷和知识产权纠纷人民调解委员会，推进多元化解工作。市司法局到镇赉县、大安市、洮南市集中培训人民调解员883名。

【国际禁毒日宣传】　2021年，白城市

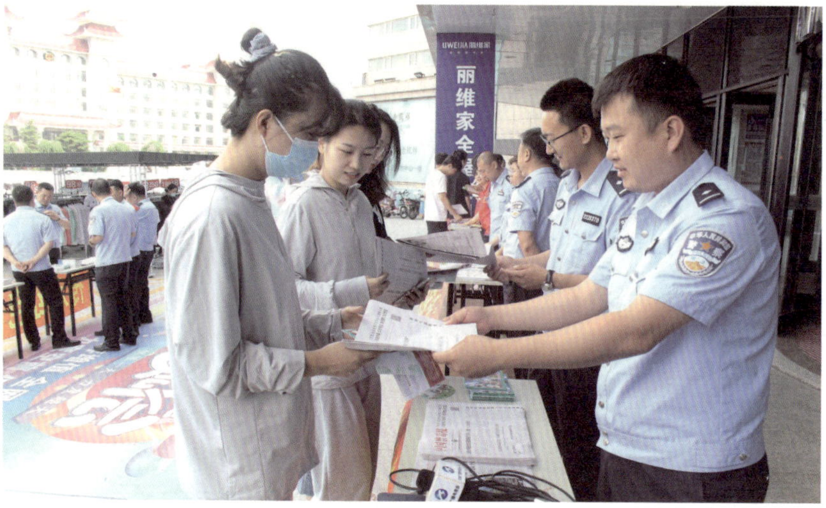

6月26日，白城市强制隔离戒毒所开展国际禁毒日宣传。图为民警向群众发放禁毒资料 （徐玉鹏 供图）

强制隔离戒毒所以“国际禁毒日”宣传活动为契机，采取进机关、进企业、进学校、进社区、进村屯等形式宣传。全年开展各类宣传活动20场次，发放宣传品5000余份。通过报社、网站对外发布宣传稿件22篇，通过“白城强戒”微信公众号发布信息百余篇。5月31日，吉林省司法厅戒毒局到白城市强制隔离戒毒所拍摄“6·26”国际禁毒日专题纪录片。6月26日，参与白城市禁毒委联合举办的以“传承红色精神，共创无毒家园”为主题大型禁毒宣传活动。

【残疾人权益保障阳光行动】 2021年，白城市法律援助中心（简称“市法援中心”）与市残疾人联合会对接，率先在全省开展“残疾人权益保障法律援助阳光行动”，在市残疾人联合会挂牌成立全市第1个残疾人法律援助工作站。加强便民服务窗口建设，设立残疾人法律援助绿色通道，使残疾人享受“一免五优先”（一免应该是免予经济困难审查，五优先是优先接待，审查，受理，指派，办理）服务，实现残疾人刑事法律援助全覆盖。全市设立残疾人法律援助工作站8家，均完成挂牌，办理残疾人法律援助案件29件，接待残疾人咨询87人次。开展系列为民实践活动。3月15日，走访慰问残疾人（退役军人）于宏智，征求对司法行政机关工作和队伍建设意见建议并解决实际问题。5月10日，到洮北区春城盲人医疗按摩所，开展现场法律宣讲阳光行动。5月16日，到洮北区德顺蒙古族乡开展现场宣传和残疾人入户走访活动。到海明路步行街，围绕“巩固残疾人脱贫成果 提高残疾人生活质量”“残疾人权益保障法律援助阳光行动”主题开展现场宣传活动。

【法律援助惠民工程】 2021年，全市受理法律援助案件650件。其中，刑事案件192件、民事案件391件、非诉讼案件66件、行政案件1件。涉及残疾人维权案件44件（刑事案件10件），农民工维权案件209件（涉及劳动报酬案件70件，工伤赔偿案件31件），老年人维权案件55件，未成年人维权案件119件，妇女维权案件112件，下岗失业人员案件17件，退役军人2件。接待来访法律咨询1144人次、来电咨询343人次，全市各类贫困受援人数1013人。加强刑事诉讼法律援助工作。畅通刑事法律援助申请渠道，履行侦查、审查起诉和审判阶段法律援助工作职责。全市受理刑事案件192件，白城市受理认罪认罚刑事案件985件。

【法律援助进消防】 9月10日，市法援中心联合吉林君朔律师事务所到白城市消防救援支队开展“法律援助进消防，双拥共建促发展”主题活动。通过法治讲座、现场答疑、法援宣传形式进行。为现场指战员发放《吉林省法律援助条例》《法律援助便民卡》等学习资料，发放各类宣传资料500本。

【“九九重阳节 法援暖人心”活动】 10月14日，市法援中心、洮北区民政局开展“九九重阳情，浓浓孝老心”为主题慰问活动。到东风乡社会福利中心和林海镇社会福利中心为老年人捐赠牛奶、防疫消毒用品、煎饼等慰问品，向老人们发放手拎袋200个和法律知识宣传手册500份。

5月16日，白城市法律援助中心与市残联到洮北区德顺蒙古族乡开展“残疾人权益保障法律援助阳光行动”。图为法律工作者接受法律咨询（王 赫 供图）

【"法援惠民生 关爱未成年"活动】 11月2日，市法援中心联合中山法律援助工作站到残疾人法律援助工作站白城特殊教育学校开展"青春心向党 普法我先行"吉林省青少年普法宣讲活动暨白城市青少年法治大讲堂活动。活动宣讲《中华人民共和国未成年人保护法》，将《法律援助便民卡》《法律援助宣传手册》《法律援助法》《吉林省法律援助条例》等宣传图册发给学生们。

【法律服务公益行】 2021年，市司法局制发《关于在全市律师行业开展"我为群众办实事"实践活动的实施方案》和《关于开展"我为群众办实事"法律服务公益行活动的通知》，通过"六进"和"两服务"（进社区、进企业、进学校、进广场、进商户、进村屯，专家法律服务日、电台维权服务日）工作方式，组织律师行业开展"我为群众办实事"法律服务公益行系列活动。全年全市组织法律服务机构41家、法律服务人员200余人，开展各类"我为群众办实事"法律服务公益行系列活动67次，发放宣传单1.2万份，宣传手袋1000个，法律宣传书册3000余册，免费咨询4900余人次，为56家企业提供法治体检、知识讲座法律服务，挽回经济损失8700万元。走访吉林省恒维汽车零部件有限公司和吉林省鼎丰米业有限责任公司，法律服务团队与企业签订《公共法律服务法律顾问合同书》《服务民营企业对接单》《民营企业法律体检单》等法律服务文书，协助企业完成《企业调查问卷》，开展"法治体检"，出具《企业法律风险报告》，帮助企业解难题、办难事、促发展。向恒维公司无偿配备价值2.5万余元"公共法律服务智能终端机"，方便企业和企业员工查询各类法律法规。该活动在《吉林日报》、平安吉林等多家新闻媒体刊载。

【律师行业突出问题专项治理】 2021年，市司法局召开各类律师行业突出问题专项治理部署推进会议7次；编印工作简报90期，被《吉林日报》、省司法厅公众号等媒体采纳信息8篇。全市律师事务所30家和社会律师158名通过远程视频方式组织参与党史等专题讲座7次，行规教育、警示教育等会议5次，参学人员2500余人次撰写学习心得630余份，组织测试880余人次，确保学习教育参与率100%。召开各行业阶段部署会议、工作推进会议、调度会议等各项会议5次，解读行业突出问题专项治理工作任务，开展"自查从宽、被查从严"政策宣讲。全市158名社会律师谈心谈话工作，实现谈心谈话全员覆盖。开门征询意见，组织召开人大、政协、纪检监察、公检法机关、工商管理部门、信访、白城银保监分局、保险行业协会、企业、当事人代表等征求意见座谈会，征询行业治理工作意见，收集建议11条，并逐项督促落实。

【律师行业党建】 2021年，全市有律师事务所30家，律师党支部6个，执业律师218名，其中中共党员律师102人，预备党员9人（含律师2人、辅助人员7人），入党积极分子15人，中共党员律师（含预备党员）占全市律师总人数47.8%，律师行业中共党员人数提高。与市人民检察院、市司法局联合下发《关于合力促进新时代检律良性协作互动的意见》，实现检察官与律师之间规范、公正、顺畅沟通交流。白城市律师行业党委在全市设立5家"异地律师服务驿站"，为外地律师到白城开展业务提供服务。2021年，白城市律师行业党委先后被吉林省律师行业党委、中共白城市委评为先进党组织；李金辉、柴庆被吉林省律师行业党委评为优秀党员律师；于雷被评委优秀党务工作者。经白城市委组织部非公党委、白城市司法局党组批准，白城市律师行业功能性党委于10月变更为实体性中共白城市律师行业党委，指导白城市律师行业党支部设立、党员发展等工作。

（王 露）

仲 裁

【民商事仲裁】 2021年，立案审理案件259件，案件标的4266万元，其中买卖合同纠纷占28%，物业服务纠纷占43%。筹备仲裁换届工作。按仲裁法要求，补聘仲裁员，扩大仲裁员队伍。运用多样化手段进行宣传，为助力民营中小企业新冠疫情过后生产经营，按统战部要求，与吉林省企业法律顾问协会签订战略合作协议，引入涉企案件70个。

（王 露）

【劳动人事争议调解仲裁】 2021年，白城市劳动人事争议仲裁院接待咨询1200人次，处理劳动人事争议案件461起，其中受理174起，出具不予受理通知书105份。受理174件劳动争议案件中，集体争议占6件，均稳妥处理，避免大规模群体性上访事件发生。截至2021年末，处理279件案件均结案并归档，结案率及归档率均为100%，为当事人挽回经济损失354.69万元。受理174起案件，调撤解决73件，终局裁决60件，劳动人事争议案件终结率76.44%。

（田志昌）

【土地承包经营纠纷调解仲裁】 2021年，白城市5个县（市、区）均成立农村土地承包经营纠纷调解仲裁委员会，聘任仲裁员123名。其中，大安市37名、洮南市22名、镇赉县21名、通榆县22名、洮北区21名。2021年，白城5个县（市、区）农村土地承包经营纠纷调解仲裁委员会受理纠纷15件。其中，调解6件、裁决9件。大安市受理纠纷数6件。其中，调解2件、裁决4件。洮南市受理纠纷数2件，调解2件。镇赉县受理纠纷数1件，调解1件。通榆县受理纠纷数2件，裁决2件。洮北区受理纠纷数4件。其中，调解1件、裁决3件。

（蔡广仲）

军 事

白城军分区

【概况】 中国人民解放军吉林省白城军分区（简称“白城军分区”）辖洮北区、洮南市、大安市、通榆县和镇赉县人民武装部。2021年，白城军分区坚持政治建军、改革强军、科技强军、人才强军、依法治军，开展党史学习教育，深化“不忘初心、牢记使命”和“传承红色基因，担当强军重任”主题教育。聚力练兵备战。完成暴（风）雪应急救援，重点地域抗洪抢险等任务，开展防汛救援等演练。征兵工作相关做法被《中国国防报》转发，在全省率先完成兵役登记工作。参与植树造林活动，植树5000余株。从严正风肃纪，狠抓安全稳定，推动融合发展。

【练兵备战】 2021年，白城军分区党委多次召开议战议训会议，专题研究练兵备战问题。规范战备秩序，修订完善各类战备方案和应急预案，组织作战值班业务培训，常态抽查各人武部值班情况，随机拉动点验值班分队，确保战备秩序正规、通联顺畅。抓实战化训练演练，组织冬季适应性训练和两级首长机关指挥素质集训，民兵教练员在省军区组织的比武考核中获室内、室外两个考核科目第1名。抓好基干民兵常态轮训备勤，完成暴（风）雪应急救援、重点地域抗洪抢险等任务，提升民兵遂行多样化任务能力。

【军事训练】 2021年，白城军分区强化实战实训，按纲施训，科学制定各级各类训练计划。首长机关主要围绕基础训练、业务训练和体能训练展开，参训率85%，成绩均为合格以上。1月上、中旬，利用14天组织军分区及各人武部9名文职人员进行集中封闭和强化训练。全区民兵分队参加基干民兵训练，主要围绕共同基础训练、专业训练和任务行动训练展开，完成冬季训练、教练员集训、冲锋舟操舟机手集训、首长机关带应急分队防汛抗洪演练。组织基干民兵防汛分队骨干与白城消防救援分队、白城蓝天救援队等单位，模拟岭下镇突发山洪自然灾害，围绕被困群众转移、溺水群众抢救、无人机与抛投器救生、潜水打捞、活饵救援、心肺复苏、编队行驶7个救援内容展开防汛救援演练。完成白城市16所高中9308名高一新生军训和专项训练演练保障工作，完成各项年度军事训练任务。

【思想政治建设】 2021年，白城军分区学习贯彻习近平新时代中国特色社会主义思想和习近平强军思想，学习贯彻中共十九届五中、六中全会精神，开展“大学习、大调研”活动，抓好每周四党委理论中心组理论学习，常态组织理论研讨交流。巩固深化“不忘初心、牢记使命”和“传承红色基因，担当强军重任”主题教育，抓实党史学习教育，开展庆祝建党百年“十个一”（开展一次党史百题学习活动，组织颁布一次“光荣在党50年”纪念章仪式，组织一次党史现地教学暨主题党日活动，邀请专家学者开展一次党史学习宣讲，领导干部带头上一次专题党课，开展一次《党章》学习交流活动，组织一次学习讨论活动，组织召开一次专题组织生活会，开展一次“两优一先”评比表彰，组织一次“民兵教育周”活动）系列活动和“我为基层办实事”主题实践活动，集中开办“军分区大讲堂”，邀请军内外专家和领导12人次为全体官兵上大课。贯彻军委主席负责制，纠治政治领域官僚主义。搞好形势政策教育和“四反”教育，抓好军队人员参加社团活动和网赌网贷的清理整治。加强新闻报道工作，全年在中央级媒体发稿223篇，全省排名第3位。

【主题教育活动】 2021年，白城军分区成立党史学习教育领导小组，专题召开学习教育动员部署大会，学习全会公告、决议，理论学习中心组集体学习20次，组织24名师团职干部授课，开展“网络大讲堂”活动。6月，邀请国防大学教授韩洪泉围绕《从石库门到天安门》开展党史教育授课；12月，开展

“红色传人鲜活讲，推进全会精神进军营”活动，邀请二级战斗英雄包海龙堂弟包海滨，讲述红色故事。“七一”建党纪念日前召开表彰大会，重温入党誓词，5个民兵连党支部、7名个人被评为“先进党组织”“优秀共产党员”。组织全体官兵观看电影《长津湖》，到白城市博物馆、洮北区党史学习教育基地参观见学。开展“我为群众办实事”，全年对10名特殊困难官兵进行救济；开展“解难帮困送温暖”活动，协调驻地党委政府，完成57名驻白军人子女入学择校和中考降分录取；协调9名随军家属就业安置。在征兵、国防教育日、新生军训期间，全分区为中小学生授课70余次，发放宣传单2万余份。在人员密集场所采取悬挂条幅、设立宣传展板、发放宣传资料、现场讲解等形式向市民宣传国防教育相关知识。

【后装保障】　2021年，白城军分区清理2017年以来生活待遇经费，规范生活待遇经费请领与发放。加强民兵装备仓库安防设施建设，改造围墙、监控等设施。开展资产清查和采购工作清查，确保资产管理正规有序。协调地方相关单位，解决历史遗留问题。抓好服务官兵工作，协调32183部队医院为全区人员健康体检和接种新冠疫苗。白城军分区保障处被军委国防动员部评为“后勤工作先进单位”。

【基层建设】　2021年，白城军分区成立工作专班，督导各级完成“四个秩序”（规范战备秩序、规范训练秩序、规范工作秩序、规范生活秩序）建设，白城军分区“四个秩序”量化排名居全省首位，白城军分区动员处被省军区评为“服务基层先进单位”，洮北区人武部被省军区评为“全面建设先进人武部”并在省军区全会上作经验介绍。推进试点建设成果向基层延伸，开展基层武装部建设星级达标活动。开展“学法规、用法规、促正规”和“百日安全活动”，组织政治考核、枪弹清查整治、安全隐患排查，跟进组织安全风险评估。

【安全管理】　2021年，白城军分区把安全教育纳入到党委机关理论学习和思想教育体系，集中组织观看安全警示教育录像片。在民兵组训方面，建立健全现役、专武和民兵干部三级联管联控责任机制，坚持教育先行、正规管理、科学组训和主动防范原则，促进民兵训练期间安全管理；在消防安全方面，邀请消防队骨干进行消防常识讲座和技能演练；在交通安全方面，邀请交警队骨干进行交通安全知识讲座。健全制度规定，修改完善人员、装备、经费等管理规定和办法，机关管理秩序日益正规；对勤务班战士实行连队化集中管理，建立全程可控监督管控机制。安全管理工作在省军区检查验收中综合排名第2。

【国防动员】　2021年，白城军分区筹划开展白城市国防动员能力检验评估工作，协同地方开展联合训练。抓好民兵结构布局调整优化，在各县（市、区）分别打造一支民兵应急队，组织全市国防动员潜力调查，为应急动员准备提供数据参考和决策支撑。

【民兵建设】　2021年，白城军分区组织民兵教练员集中训练，在省军区比武考核中取得好成绩；协调市委组织部出台《白城市基干民兵预建党组织实施细则》，使民兵党组织预建工作有法可依；全年保障民兵训练安全顺利；各人武部主官参与编兵、指导训练、靠前指挥。洮北区提升整体编建水平，洮南市多次组织对口保障民兵分队临战训练，大安市组织民兵防汛分队开展水上救援演练2次，通榆县对城区民兵分队进行整合集成，镇赉县组织2支分队150人开展野外驻训。白城市政府为民兵装备仓库修缮设施；为民兵购买应急行动装备；洮北区政府筹建洮北区民兵训练基地。白城军分区打造“融合型”基层武装部和民兵连（排）部，全市有30个乡镇街道被评为三星达标单位，11个乡镇街道被评为二星达标单位。

【征兵工作】　2021年，市委宣传部协调电视台、报社为征兵宣传开辟专栏。市公安、教育和卫健部门选派专人到市征兵办合署办公，推进征兵工作落实。白城军分区联合市人社局、市委编办和市退役军人事务局出台《2021年白城市面向上（下）半年应征入伍高校毕业生招聘事业单位人员实施方案》，拿出全额拨款事业编制岗位，用于全日制本科毕业生“带岗征集”专项招聘。针对首次实行“一年两征”实际，组织征兵宣传发动，制作“一年两征”工作

3月19日，白城军分区组织春季应征入伍青年起运工作　（田俊博　供图）

4月20日，洮北区民兵应急连参加白城市“万人万亩大造林”植树活动
（田俊博 供图）

流程图，相关做法被《中国国防报》转发。开展征兵宣传进院校、进广场、进社区、进超市等“七进”活动，在全市3所大型商超、4个公益广场等20余块电子大屏幕和1800余台出租车顶屏幕发布宣传标语。市县两级投入30余万元，印制征兵条幅、海报、春联、手提袋等宣传品。贯彻执行《白城市廉洁征兵监督执纪工作实施意见》，白城军分区纪委联合市纪检监察部门组成巡检督查组，对征兵体检、廉洁征兵等工作进行明察暗访。落实廉洁征兵公示和“零报告”制度，聘用各级各类监督员342人，确保征兵工作程序正规、公开透明。兵役登记工作在全省率先完成，应征青年报名数达到任务数7倍。健全完善大学毕业生“带编入伍”优待政策，组织征兵体检政考和役前训练，完成征兵任务。全市大学生征集比例突破80%，“五率”（报名率、上站率、合格率、择优率、退兵率）量化总评为优秀。

【拥政爱民】 2021年，白城军分区指导通榆县人武部开展脱贫攻坚工作，改造老旧房屋4所，改造村级公路1.1千米，建设乡村博物馆1个，养老大院1所，“苏公七坊”产业基地1处、乡村标识和景观27处，采摘园近6.67公顷，通榆县人武部乡村振兴做法被全县学习推广。全国文明城市创建中白城军分区出动民兵70余人次、雇佣地方保洁公司20余人，为包保老旧小区，添置垃圾桶、制作文明公约宣传板，为物业弃保小区进行环境整治。4月，白城军分区组织130余名现役官兵和民兵参加白城市组织的“万人万亩大造林”植树活动，植树5000余株。8月，全分区出动民兵教练员72人，为10所学校7570余名学生进行军训，开展队列训练、纪律教育、形势教育、国防教育，拓展避险逃生、自救互救等训练内容。

【抢险救援】 8月29日15时35分至19时45分，白城军分区组织洮北区到保镇民兵应急排，参与到保镇前五间房屯灌区堤坝加固工作，抢装沙袋600余个、加固险段4处120米，处置管涌险情1处。截至20时05分，堤坝险情解除，民兵分队除5名骨干配合地方政府巡堤查险外，其余人员均安全撤回。11月，在抗击暴风雪期间，白城军分区出动民兵320人组成的“民兵应急救援队突击队”23支，出动清雪车辆9台，投入到抢险救灾一线。全程出动兵力526人次，救援受困车辆21台，解救受困群众37名，清除封堵路面12千米。

（陈洪广）

武警白城支队

【概况】 中国人民武装警察部队白城支队（简称“武警白城支队”）贯彻习近平强军思想，围绕武警总队党委决策部署，突出政治引领、主责主业、强基固本、难题破解和品牌创建，升级改造基层库室场地、车辆值班室和机关基层基础设施，采购训练器材，预储救援物资。武警白城支队连续17年执勤安全无事故，被武警部队评为年度“六无”单位。

【战备训练】 2021年，武警白城支队

7月15日，武警白城支队组织2021年度“四会”教练员比武暨创破纪录竞赛活动。图为竞赛开幕式
（文渊 供图）

组织2021年度“四会”教练员比武暨创破纪录竞赛活动，2人被武警总队评为优秀教练员。接受各类检查，完善响应机制和处置行动程序，多次组织支队带机动大队实兵演练。针对2021年白城地区春季多风、夏季多雨实际，预储救援物资，做好抢险救援准备。

【党史学习教育】 2021年，武警白城支队党委常委结合蹲点帮建上专题党课16次，为基层配发党史书籍1600余册，开展“两优一先”表彰1次、举办党史知识竞赛2场、组织3批新老党员到“红园”重温入党誓词。官兵通过画墙画、做手工、写书法、拍视频等方式庆祝建党百年。制作“党史学习数字图书馆”，通过军职在线、“学习强国”App拓宽学习渠道、丰富学习内容。学习卫国戍边英雄群体和“反恐尖刀中队”先进事迹，开展“扎根鹤城、奉献鹤城、建功鹤城”教育实践活动。在武警总队“强军杯”乒乓球赛中取得个人和团体冠军。在中央级媒体发稿52篇，省级媒体发稿11篇，武警总队强军网和公众号发稿125篇。《党委机关为基层办实事清单》41条全部完成。看望慰问困难党员25名，为6名家庭受灾官兵发放补助金3.7万元。评选“五美”（最美机关干部、最美基层主官、最美基层干部、最美士官、最美义务兵）官兵，表彰十佳军嫂，1名优秀士兵提干，4人考入部队院校，组织15名官兵参加军地联谊会，解决2名官兵子女入学和1名家属随调就业，为241人办理夫妻分居补助、父母赡养费和配偶荣誉金。助力乡村振兴，帮销扶贫产品22.86万元，3名常委参加“百千万扶贫助学活动”，资助3名高中生完成学业。

【后勤保障】 2021年，武警白城支队落实措施，完善基础设施设备。升级改造武警白城支队机关、保障大队卫生间、淋浴间和基层中队接待室，整修机动大队体育活动室和晾晒场、教导队营房下水、供暖设备等。依据经费开支标准流程，合理编报年度经费预算，推进资产大清查，严格对账、找物、核价、定责，围绕“清计划、清合同、清资质、清经费、清建设”5个方面对历史遗留问题进行自查自纠。开展后勤专业兵实战化比武，严密组织司务长集训、驾驶员复训和五小工培训，培养后装保障人才。落实厨房值班、饮食卫生、经济民主制度，规范主、副食品烹饪操作流程、副食品验收和最新报销流程，实现伙食管理向“精细型”转变。

【基层建设】 2021年，武警白城支队发挥大队前沿指挥所作用，抓好基层党支部建设。优先提升使用2名先进中队主官，给多名基层干部记功嘉奖。将3名优秀年轻干部充实到党支部书记队伍中，党委及时开展帮建党支部、帮带书记、帮抓骨干活动，安排常委与他们结对帮扶。抓好基层风气建设。落实党委、纪委书记上党课制度，组织2次纪委书记巡回讲。全年发放风气调查问卷2000余份，制作配发监督监察联系卡800余张，在营区醒目位置设立举报信箱，公示监督电话，结合蹲点帮建、纲要验收等时机召开官兵恳谈会，倾听群众心声，根治发生在官兵身边微腐败问题。学习借鉴“河池经验”，开展“廉政三进”活动，建好廉政长廊和廉政文化墙，宣传正风反腐新动态，建立家庭、组织、群众“三位一体”监督教育管理机制，处理违纪官兵6人。

【安全管理】 2021年，武警白城支队统一正规化建设标准，清理随意上墙、随处码放、随意设置等问题，纠治形式主义、官僚主义，每季梳理大项工作、每月提示工作要点、每周归口下发文电。贯彻《军队安全管理条例》，学好安全风险预警提示，每天组织翻安全计时牌、喊安全口号，官兵安全防范意识提高。与驻地2家三甲医院签订应急保障协议，各县中队与当地“120”建立救治绿色通道。8次到基层进行检查和安全工作综合检查，督促整改问题150余处，投入7.2万元在机关、机动大队安装周界监控系统。开展酒驾醉驾专项整治、枪弹危爆品清查整治、涉网问题排查和暑期百日安全竞赛等专项活动，落实在外人员车辆管理措施，研究枪弹、手机、公勤人员、保密和车辆等重难点问题管控措施；加强对探亲休假、生病住院、集训培训等在外人员管理。围绕新冠疫情防控，投入21万元购买配发医疗防疫物资6类1.2万余件，官兵疫苗注射率100%，加强营区管控、紧盯在外管理、落实环境消毒，实现“不输入、零感染”。

（文 渊）

人民防空

【概况】 白城市人民防空办公室（简称“市人防办”）直属事业单位3个，分别是白城市人指挥信息保障中心、人防物资储备管理中心和人防工程管理站。2021年，完善人防机关战备库（室）建设，落实人防专业队整组训练、指挥部带通信实兵训练演练，推进全市重点项目落实，创新人防宣传教育内容、方式，筹划人防宣传教育体验馆、社区宣教室和画廊建设。

【人防组织指挥所建设】 2021年，市人防办推进白城市人民防空基本指挥所改造任务。完成项目建议书、可行性研究报告、项目报建，进行施工图设计、做好开工准备。推动县级人防部门地下指挥所机动指挥所建设。抓好战备综合整治，完善人防机关战备库（室）建设。落实年度人防训练计划，开展人防专业队整组训练、指挥部带通信实兵训练演练，提高应急指挥能力。

【人防工程建设管理】 2021年，市人防办贯彻执行防空地下室审批和配建规定，做好政务服务事项更新，实现“一网通办”，行政审批项目全部通过

9月18日，白城市人防办张威在白城广播电视台综合广播《希望的田野》直播间讲解人防相关知识 （王建军 供图）

工程建设改革审批平台受理。全年审批41项。聚焦全市“一城三区”建设，做好项目审批政策性解读及人防工程建设技术指导，营造优化营商环境，推进全市重点项目落实。

【人防通信警报建设】 2021年，市人防办推进现有人防指挥所信息系统改造升级，并配套建设人防卫星（便携式、固定）通信系统。洮南市人防办完成地面指挥信息系统建设，通过专家组验收。完善人防预警报知系统建设，新安装电声警报器。加强通信保障训练演练，开展人防机动指挥通信跨区拉动演练。

【人防宣传教育】 2021年，市人防办开展人防进机关、进学校、进企业、进社区、进网络“五进”活动，筹划人防宣传教育体验馆、社区宣教室和画廊建设，人防宣传教育体验馆主体建成，5个社区宣教室和画廊在建设中。开展“5·12”主题防灾减灾系列宣传活动，联合多部门开展“9·18”系列宣传教育活动，开展人防知识进校园、进社区宣传活动，安排专业人员到白城广播电台讲解人防宣传知识。

【人防工程维护管理】 2021年，市人防办落实人防工程维护管理责任，对全市人防工程进行普查登记，推进人防商场维修改造，完成人防商场维修改造审批立项等准备工作。推进安全生产专项整治三年行动集中攻坚，开展以“落实安全责任，推动安全发展”主题消防安全教育活动。邀请消防专家进行培训，开展消防逃生演练及灭火演练1次。

（孙自申）

退役军人事务

【概况】 2021年，白城市退役军人事务局（简称“市退役军人事务局”）开展“满怀敬重讲尊崇、全城百业齐拥军”活动，发展拥军企业（店铺）250余家。创新开展“鹤乡退役军人”主题宣传活动，发布信息30余期。开展清明、烈士纪念日公祭活动。选树10个“新时代枫桥式”退役军人服务站并授牌表彰。接收计划分配军转干部和符合政府安排工作退役士兵实现“阳光安置”。开展部分退役士兵基本养老保险补缴活动，缴费完成率96%以上。与白城市人民检察院联合出台《关于加强退役军人司法救助工作的实施意见》，并完成全省首例司法救助。

【拥军优属】 2021年，白城市下发《关于建立军地沟通协调机制意见的通知》。到驻白部队走访调研，制定双清单。开展“爱心献功臣”活动，全市84个单位、部队包保93户功臣户。在海明路步行街签约“拥军示范店”60余家，打造白城市首条“拥军街”。开展“满怀敬重讲尊崇、全城百业齐拥军”活动，发展拥军企业（店铺）250余家。春节、“八一”建军节期间，市县两级党政领导带队走访慰问驻白部队、优抚事业单位以及部分优抚对象和退役军人，送去慰问金（品）318万元。将符合条件随军家属安置到党政机关和全额拨款事业单位。为军人子女落实初升高考试成绩和小学初中择校政策。协调交通局、公交公司，协商审批直通63850部队公交线路。

【退役军人就业创业服务】 2021年，全市300余名自主就业退役士兵参加电商创业、汽车驾驶、电工焊工等实用技术短期技能培训班。参加个性化培训班自主择业军转干部16名。参加退役士兵适应性培训班225人。通过高职扩招身份审核750人。开展承训机构审批和备案工作，新增承训机构7家。举办“春风送岗位 就业暖人心”等线下招聘会16场，提供915个岗位。到规模以上企业进行调研，与39家大中型企业、3家劳务派遣公司签订就业合作协议书，促进人力资源供需双方精准对接。启动“助力退役军人就业在行动”，每人推荐至少3个工作岗位。开展以“强培训、稳就业、扶创业”为主题白城市退役军人就业创业“五个一”（开展一次就业创业服务月活动、摸清一项底数、选树一批就业创业典型、开展一次税收政策宣传活动、开展一次服务企业调研活动）系列活动。3家企业获第二届全省退役军人创业创新大赛优胜奖。

【退役军人权益维护】 2021年，市退役军人事务局与白城市人民检察院联合出台《关于加强退役军人司法救助工

9月30日，白城市举行烈士纪念日公祭革命先烈活动　　（费文杰　供图）

作的实施意见》，完成全省首例司法救助，为救助人发放5万元救助金。发挥退役军人法律服务站作用，为退役军人提供法律咨询、服务11人次，法律援助6人次。开展“情暖老兵　关爱帮扶”公益行动，为34名困难退役军人及家属发放帮扶援助资金9万元。开展帮扶援助资金募集工作，募集资金30万元。举行“白城好人　最美退役军人”评选专场发布会，评选出事迹突出退役军人18名。

【褒扬纪念】　2021年，白城市开展“情系最可爱的人·清明祭英烈”系列活动，开展祭扫活动90余批次，2万余人次开展纪念活动。9月30日，在全市范围内开展烈士纪念日公祭活动，各界代表400余人参加。制作烈士宣传短片5部，“追寻先烈足迹”系列短片2部，在网络上宣传英烈事迹。开展县级及以下烈士纪念设施核查。实地走访调研全市22处县级以下烈士纪念设施，列出问题清单，提出整改建议。

【“‘我为烈属办实事’活动”】　2021年，白城市开展“‘我为烈属办实事’活动”。开展“三个一”（整理一批烈士信息、查找一批烈士家属、组织一批家属异地祭扫）活动，整理烈士信息3600余条，编撰烈士名册5册，找到失联烈士家属4人。开展“两个行动”（服务提质行动、一次都不跑行动），整理烈士家属信息500余条，走访慰问烈士家属190余人，发放慰问金近40万元。

【宣传工作】　2021年，市退役军人事务局健全信息报送机制，鼓励县乡两级退役军人服务机构报送信息，按季度通报信息报送情况。组织100余人参加全国通讯员新闻业务在线培训班。做好系统内微信公众号、今日头条号、网站等官方宣传平台运营维护工作，发布信息400余期、600余条，总用户数超过5000人，文章阅读量、点赞率等数据持续提高。向国家、省、市各相关部门报送新闻信息300余条，在国家级宣传平台发表7篇、省级发表10余篇、市级发表100余篇。开展“鹤乡退役军人”主题宣传活动，在《白城日报》及“白城市退役军人事务局”公众号发布先进人物、政策解读等信息30余期。

【退役军人服务中心（站）建设】　2021年，市退役军人事务局全年组织开展全市32家乡镇（街道）和57家服务对象300人以上村（社区）退役军人服务站示范型创建工作，省级互检验收评分均90分以上，达标率100%。选出10家“服务不缺位、保障全覆盖、尊崇有氛围、引领建新功”的“新时代枫桥式”退役军人服务站，进行授牌表彰。

【移交安置】　2021年，市退役军人事务局通过设立微信群、档案审核登记与核算补助金同步进行等步骤，创新开设自主就业补助发放“只跑一次”服务，做好退役士兵接收。完成移交安置任务。接收计划分配军转干部和符合政府安排工作退役士兵，开展功绩赋分和量化评分，实现“阳光安置”。保障退役军人权益。开展2019、2020年度退役军人安置“回头看”，安置满意率100%。做好部分退役士兵基本养老保险补缴，缴费完成率96%以上。

【镇赉籍战士于洋立二等功】　获悉从新疆军区传来“镇赉籍战士于洋立

2月5日，镇赉县委、县政府、县人武部组成慰问团，为二等功获得者于洋家属送去奖励金和喜报　　（市退役军人事务局　供图）

二等功”喜报后，2月5日，镇赉县相关领导及县双拥工作领导小组、县退役军人事务局相关人员到建平乡大岗村，抬着“二等功臣之家”牌匾，将立功喜报、县委县政府慰问金1万元和县退役军人事务局奖励金2000元一同送到于洋家属手中。于洋入伍5年，长期在新疆艰苦边远地区服役，先后被评为“优秀义务兵”“优秀学员”，立个人三等功一次。2021年在参加新疆军区维稳骨干比武竞赛中获得新疆建设生产兵团军事部第1名，立二等功。县退役军人事务局了解到于洋奶奶因身体状况较差，需要常年服药后，为她带来常用药品。

（丁大千）

延伸阅读：

全省首例退役军人司法救助

2008年7月，在内蒙古自治区通辽市，退役军人贾某独生子在一场交通事故中不幸身亡，儿媳张某身受重伤。由于肇事者死亡，家中没有赔偿能力，低微的赔偿金仅够儿媳治疗伤病。2016年11月，贾某妻子因脑血管瘤入院，先后花费治疗费用20余万元，使本不富裕的家庭债台高筑。儿子的去世和妻子的重病卧床给退役军人贾某的精神和生活都造成了巨大打击。市退役军人事务局了解到贾某生活状况后，积极与市人民检察院沟通联系为其申请司法救助。经过两个部门的入户走访、认真核实和组织听证等程序，在市政府的支持和市人民检察院努力下，为其申请司法救助5万元。2021年12月27日，市人民检察院与市退役军人事务局将5万元救助金送至退役军人贾某手中，鼓励他面对困难，要充满信心，党和政府会对陷入困境的退役军人予以帮扶援助。此次退役军人司法救助为全省首例。

12月27日，市人民检察院、市退役军人事务局举行司法救助金发放仪式。图为两家单位领导为被救助人发放救助金　　（王柯权　供图）

（丁大千）

经济管理

经济宏观调控

【统筹疫情防控和经济发展】 2021年，全市统筹疫情防控和经济发展，贯彻全省“两确保一率先”（确保经济增速高于全国平均水平，确保主要经济指标在东北地区领先，率先实现“十四五”时期吉林振兴新突破）战略部署，落实“一主六双”（“一主”即《长春经济圈规划》，“六双”是双廊、双带、双线、双通道、双基地、双协同六个规划）高质量发展战略，以实施“生态强市”、建设“一城三区”（“一城”就是东北地区西部生态经济带的区域中心城市；“三区”，就是生态经济先导区、乡村振兴创新区、生态文明示范区）为战略抓手，推进“六稳”（稳就业、稳金融、稳外贸、稳外资、稳投资、稳预期）工作、落实“六保”（保居民就业、保基本民生、保市场主体、保粮食能源安全、保产业链供应链稳定、保基层运转）任务，全市整体经济呈现稳中向好、稳中提质发展态势，主要指标运行在合理区间。全市地区生产总值完成545.8亿元，增长7.7%，比全省平均水平高1.2个百分点，增速居全省第2位。其中，第一产业增长7.1%、第二产业增长9.7%、第三产业增长7.3%。全市三次产业结构比27.3∶18.2∶54.5，与2020年比，一产占比减少1.3个百分点，二产占比增加1.8个百分点，三产占比减少0.5个百分点。2021年，加强新冠疫情防控工作，实现零病例。派出16名检验人员援助通化哈尔滨均完成任务返回白城。

【经济运行监测】 2021年，白城市坚持月调度、月分析、月报告制度，每月定期召集各地各相关部门，研判当前经济运行现状，剖析困难问题，及时掌握新形势、新变化、新情况，全年起草并上报《全市经济运行情况》11期，上报市人大常委会、市委、市政府等有关领导参阅。2021年，全市规模以上工业增加值增长22.5%，连续4个月排名全省第1；固定资产投资增长22.4%，6—12月连续7个月排名全省第1。

【经济运行保障】 2021年，白城市制定《白城市国民经济和社会发展第十四个五年规划及2035年远景目标纲要任务清单》《关于做好下半年经济工作若干措施的通知》等文件，确保全市经济实现稳步增长。修订《全市经济运行高质量发展指标体系责任分工方案》，实行“清单制+责任制”，细化落实举措、夯实工作责任，及时做好各项指标跟踪调度工作，做到以旬保月、以月保季、以季保年，推动全市经济实现高质量发展。

【项目建设】 2021年，白城市坚持“项目为王”理念，开展项目建设“三年攻坚”活动，全市固定资产投资增长22.4%，连续7个月增速居全省首位。全年实施5000万元以上项目169个，超年初计划33个，新建项目、产业项目均超过50%。梅花三期、中材科技等31个工业项目竣工投产。着眼破解电力消纳难题，在全省率先探索建设绿电产业园区。推进国家级清洁能源基地建设，全市新能源在建及并网装机总量接近1000万千瓦。争取到全国首批、东北首个总投资110亿元、总规模140万千瓦“光热+新能源”示范项目，成为白城“十四五”开局之年落地的首个超百亿元大项目。树立“资源换项目”理念，围绕做大做强梅花、飞鹤、牧原等龙头企业，抓好玉米深加工、养殖加工一体化等产业项目；围绕“陆上风光三峡”，推进氢田、长白氢能走廊、华润电解水制氢等全产业链项目，全年谋划储备亿元以上项目120个。

【项目入规入统】 2021年，白城市入规入统单位149家。其中，工业企业入规入统16家、批零住餐业企业入规入统35家、重点服务业入规入统企业8家、建筑业企业入规入统35家、房地产开发经营业企业18家、5000万元及以上在建项目单位37家。2021年新入规入统投资项目159个。

3月26日，吉林省"推进'一主、六双'，加快项目建设"行动启动暨春季项目集中开工活动。图为白城分会场　　（段卫军　供图）

【参加全省春季项目集中开工活动】 3月25日，2021年吉林省"推进'一主、六双'，加快项目建设"行动启动暨春季项目集中开工活动在长春市举行。按照省委、省政府统一部署，白城市在白城工业园区吉林梅花三期年产30万吨赖氨酸及配套工程现场设立分会场，与全省同步连线，参加全省项目集中开工活动。市委书记李明伟，市长李洪慈等市级领导出席活动。李明伟向省委、省政府报告白城市项目集中开工情况。3月25日，集中开复工项目57个，总投资281亿元。

【产业布局规划】 2021年，白城市本级重点发展吉林梅花、益海嘉里为主体农产品加工业，稳定发展风电装备、汽车配件等装备制造业，适度拓展冶金行业发展空间，发展云计算、大数据、氢能等战略新兴产业，提升市本级经济辐射带动能力；大安市加大油气资源开发，依托两家子清洁能源化工园区发展能源化工产业；洮南市强化工业基础，做大做强新能源、医药、农产品加工业；通榆县加快风电、光伏等新能源开发，并形成资源带动装备加工特色产业布局；镇赉县加快食品产业园建设，壮大大米、乳品等健康食品产业。

【创业创新】 2021年，白城市坚持创新驱动，增强经济发展动能。开展"双创"活动周。编制活动实施方案，组织市直相关部门集中参加"双创"活动周启动仪式，开展形式多样"大众创业、万众创新"活动。落实"515"培育计划。推进农业农村双创工作，对认定的"乡里农创园"实行动态调整，开展评估工作，认定市级10个、县级25个。做好"双创"迎检工作，完成《白城市落实全省"双创"自评报告》，通过省第三方评估组检查。

【投资项目审批改革】 2021年，白城市推进投资项目审批改革，优化营商环境。开展"零跑团"工作，对接洮北发改窗口20余次，"一对一"全程指导企业申报工程建设项目信息15次；实行"线上审批+综窗受理"相结合，实现政务服务"一网通办"，受理并办结工程项目24件。其中，备案类项目4个、核准类项目2个、节能审查项目1个、审批类项目17个；全流程跟踪项目进展，全链条服务项目建设，帮助项目单位解决实际问题139个，录入5000万元以上重大信息平台项目169个。

（周　鑫）

自然资源管理

【国土空间规划编制】 2021年，白城市自然资源局（简称"市自然资源局"）于2020年5月委托中规院与北京舜土规划顾问有限公司等设计单位组建联合体进行编制的《白城市国土空间总体规划（2020—2035）》，在"双评估"和"双评价"基础上完成本级城镇开发边界划定试划成果初稿，初步形成市域空间结构方案和中心城区初步方案，阶段性成果上报省自然资源厅，推进城市体检评估编制工作。

【项目规划审查】 2021年，白城市通过各级规划审查例会33次，审议建设项目76项，总占地面积63.75公顷，建筑面积53.03万平方米，市政道路管网24.9千米。其中落实村庄项目规划审查，实行建设项目三级审查，审议项目50个，总占地55.14公顷，建筑面积37.55万平方米。严把规划行政许可发证关，核发各项规划行政许可86件，核准占地面积44.61公顷，建筑面积35.28万平方米。做好建设工程规划核实工作，规划核实项目40件，面积73.23万平方米。

【用地保障】 2021年，长白铁路、通让线电气化改造、通辽至四平电气化改造铁路、吉林西部供水工程等4个项目进入签订征地补偿协议阶段。白城市需办理征转手续省重点项目（含三旱、国债）32个，总用地1038公顷，其中11个项目取得批复。做好农用地转用和土地征收。全市上报国家和省级农用地转用和土地征收用地26个，总面积198.7公顷，其中耕地70.8公顷。建设项目占用耕地项目做到占优补优、占补平衡。保障建设项目土地供应。全市审批供地104宗地，面积222.28公顷。其中，划拨45宗，面积108.26公顷；挂牌59宗，面积114.02公顷，出让价款4.15亿元，纯收益2.18亿元。

【耕地资源管理】 2021年，白城市坚持最严格耕地保护政策，把耕地保护工作纳入市、县（区）两级政府工作目标责任制考核，层层签订耕地保护目标责任书，做到按“标”考核、对“标”交账，禁止耕地“非农化”行为，严守耕地红线和粮食安全底线，确保2021年末白城市内耕地保有量不少于91.4万公顷，永久基本农田保护面积不少于68.73万公顷，数量不减少，质量不降低。执行占补平衡制度。严格非农建设占用耕地，做到占优补优、占补平衡。2021年，新增耕地指标交易顺利，市本级指标交易收益0.78亿元。完善土地整理管理制度。起草《白城市引导和规范社会资本投资主体参与耕地后备资源开发利用管理暂行办法（初稿）》，引导和规范社会资本参与土地整理工作，实施土地整理项目。

【全民所有自然资源资产所有权委托代理机制试点】 9月26日，白城市政府常务会议专题研究《白城市全民所有自然资源资产所有权委托代理机制试点实施方案》，决定以白城市政府文件印发。10月15日，白城市人民政府办公室成立试点工作市级领导小组，并以密件形式印发。10月22日，分管副市长主持召开市政府专题会议，会议审议通过《吉林省白城市人民政府代理履行全民所有自然资源资产所有权职责自然资源清单》。

【审批制度改革】 2021年，白城市推进规划用地审批制度改革，实行“多审合一”“多证合一”，制定相关工程建设项目审批制度，在全省率先实施工改建设项目协同服务，优化营商环境。推行容缺办理制度，制定容缺承诺政务服务事项清单，支持项目落地。对纳入吉林省“三早”（早开工、早落地、早见效）项目库中急于开工的基础设施和工业项目“国债”项目用地审批，采取容缺受理，延后收件，并由洮北区政府、各开发区（园区）管委会承诺，先行办理用地审批手续，并在1个月内补齐相关要件。

【“多测合一”改革】 2021年，建立白城市“多测合一”名录库，收录21家测绘资质单位，录入吉林省中介超市中，为推进白城市“多测合一”改革工作奠定基础。市自然资源局联合市住建局和市人防办印发《白城市工程建设项目“多测合一”实施办法（试行）》。

【第三次国土调查】 12月，白城市各县（市、区）第三次国土调查成果均通过省第三次国土调查领导小组办公室验收，标志白城市第三次国土调查工作完成。做好白城市第三次国土调查成果汇总分析、成果制作、相关报告编写及调查成果数据公布准备工作。

【矿政管理】 2021年，白城市引入市场竞争方式，扩大矿业权竞争性出让，执行采矿权有偿出让制度，通过白城市公共资源交易中心招标拍卖挂牌方式公开竞争出让采矿权，有偿出让采矿权4宗，矿区面积11.34万立方米，储量119.12万立方米。组织人员加强对辖区内各矿山企业安全生产隐患检查排查，督促矿山企业消除隐患。修订《白城市2020年地质灾害防治方案》，排查全市147个地质灾害隐患点并建立台账，制定隐患点防灾减灾措施。

（孙辉立）

【不动产登记】 2021年，白城市发放不动产权证书34233本，不动产权证明6307份，实时上报国家级平台各类登记数据40540条。接待咨询电话2132个，办理各类档案查询27600余笔，上架档案30109卷；发布公告1459条，现场踏查790余次，落宗10121条，上门服务120次，延时服务190次。

【宅基地和集体建设用地使用权确权登记】 2021年，白城市不动产登记中心（简称“市不动产中心”）召开宅基地推进会议9次，组织宅基地业务培训14次。核发宅基地使用权证书46429本（其中新增发放不动产权证书26822本），登记发证率91%；集体建设用地发放39本（其中发放不动产权证书37本），发证率85%，按照省自然资源厅部署需完成80%登记工作要求，超额完成。市本级宅基地及集体建设用地使用权数据汇交工作整合完毕，11月初，市不动产中心向省自然资源厅完成汇交数据，成为全省第1个地级市汇交城市。

【省级不动产统一登记平台试点】 为拓展“互联网+不动产登记”工作，市不动产中心向省自然资源厅申请成为省级不动产统一登记平台试点城市，该系统于11月24日正式上线，系统运行平稳，经不动产中心与作业单位共同研讨，提出平台修改需求87项，解决62项。白城市“互联网+不动产登记”于2021年12月上线，实现网上不动产登记档案查询、预约、受理等功能。

【办结时限压缩】 2021年，市不动产中心通过第6次主动压缩办结时限，将抵押登记、预告登记压缩至1个工作日内办结；转移登记、首次登记、变更登记3个工作日内办结；查封、异议、注销、更正登记均实现即时办结。通过提升服务质量、压缩办结时限、落实减免政策、扩宽服务效率，落实营商领域“登记财产”指标中各项任务。市不动产中心主任王刚被市委、市政府授予“白城市软环境建设先进个人”称号。

【“无还本续贷”业务】 2021年，市不动产中心在全市企业面临倒贷难、融资难背景下开展“无还本续贷”业务。截至2021年末，登记中心受理企业“无还本续贷”抵押登记业务871笔，抵押贷款金额24.1221亿元，为企业节省“过桥”资金6353.8万元。

【惠民便民政策】 2021年，市不动产中心在惠民举措方面，首创远程视频服务、简化出让评估程序、改变原有公告方式、取消强制公证、证书免费邮递、市区存量房补测。在便民举措方

4月24日，市不动产中心为企业开辟绿色通道。图为工作人员在连城地下商业购物街实地确认踏查
（王　浩　供图）

面，解决历史遗留问题、委托授权下放权力、开展特殊群体服务、加强信息化建设、延伸登记服务范围、开展延时服务。截至2021年末，通过惠民便民工作，为企业及群众节省各项费用3450余万元。

【为医高专申办不动产权证书】 白城市医学高等专科学校，经过多次合并及扩建，一直未申办不动产权证书。由于该学校拟申报成为全日制应用型医学本科院校，急需将教学楼和其他附属设施申办不动产权证书。市不动产中心组织业务骨干，利用休息日加班为该校补充完善申办材料。该学校附属铁路医院划转地方时缺少相关手续，市不动产中心联系通辽铁路分局补办申报材料，用时1天，完成医高专不动产权申报工作。获医高专赠送锦旗1面。

【为企业开通绿色通道】 白城市连城地下商业购物街到银行申请办理抵押贷款，因企业所持有证照均为房屋产权证，不符合银行抵押条件，需要将原有530本房屋产权证统一换成房地一体的不动产权证书后再申请办理抵押。市不动产中心为企业开通绿色通道，成立帮办小组，业务骨干对530家商铺利用周六进行实地确认踏查，用时2天，为其办理房地一体的不动产权证书，帮助解决贷款抵押问题。

（王　浩）

国有资产监督管理

【市国资委成立】 8月1日，白城市人民政府国有资产监督管理委员会（简称“市国资委”）在白城市财政局（简称“市财政局”）挂牌成立。由市财政局局长兼任白城市国有资产监督管理委员会主任，同时设立国有企业综合管理科，增加正科级指数1个。主要职责是负责全市国有企业改革的协调和指导工作；负责对出资企业重大投资决策履行出资人职责；负责对出资企业进行业绩考核；指导出资企业收入分配制度改革，对其工资总额分配总体水平进行调控；研究制定出资企业负责人薪酬制度和激励方式并组织实施；负责研究提出国有经济布局和结构优化战略性调整的政策建议；负责国资监管平台信息化建设协调工作。

【国有资产监管机制】 2021年，市国资委出台《白城市市直党政机关和事业单位经营性国有资产集中统一监管实施方案》和《城市国企改革三年行动实施方案》等系列文件，推动白城市国资国企改革工作进程，强化白城市国有企业国有资产监管工作基础。

【国有资本布局】 2021年，市国资委按照《关于印发吉林省国有资本布局与结构战略性调整“十四五”规划编制工作方案的通知》要求，编制白城市国有资本布局与结构战略性调整“十四五”规划纲要，主要内容为指导思想、基本原则、发展目标和保障措施四方面。重点按照政企分开、政资分开、所有权与经营权分离的要求，理顺市直党政机关和事业单位与所办企业的关系，整合重组市级国有企业和行政事业单位经营性国有资产及国有股权，谋划组建白城市国资监管机构和打造相关产业集团。

8月1日，市财政局党组书记、局长兼市国资委主任林树岩（右一）、市财政局党组成员、副局长安春广（左二）、张凯（左一）为市国资委揭牌
（张浩亮　供图）

【行政事业单位国资管理】 2021年，市财政局对行政事业单位国有资产审批1324件，审批金额7.14亿元，拒绝不合理审批30件，划转部分行政事业单位资产15笔。全年国有资产收益总额2700万元，拨付1408万元，未拨付1292万元。为准确掌握国有资产收益情况，市财政局聘请中介机构审计清查财政监管的52家国有企业财务决算，并以审计后财务数据为基准核定上缴国有资产经营收益。经清查，白城市2020年国有资产收益净利润1587万元，按30%上缴国有资本经营收益为476万元，比2019年增长1.1倍。

【国资国企改革】 2021年，市财政局完成剥离国有企业办社会职能和解决历史遗留问题各项收尾工作。向下属两家国资企业派驻监事，加强国资企业监管。对全市全民所有制企业、市直各部门监管一级企业基本情况进行摸底和调研，起草3个工作方案制定具体实施措施，加快推进国企改革工作。

（张浩亮）

公共资源交易

【概况】 2021年，白城市公共资源交易中心（简称“市交易中心”）完成公共资源交易项目730项，交易总额37.02亿元，交易数量比上年增加近50%。其中，工程建设类项目完成158个，交易金额15.17亿元；政府采购类项目完成551项，中标金额20.82亿元，节约资金5815.64万元；土地使用权、矿权类出让18宗，交易金额1.03亿元。国有产权核收报废74家资产处置项目，公开拍卖资产残值金额9.17万元，完成公车拍卖业务3次（7辆），总起始价14.9万元，总成交价23.4万元，溢价率57%。

【交易平台建设】 2021年，市交易中心建有标准化开标室2个、评标室4个以及专家抽取室、询标室、监察室等功能区，配套设施有储物柜、休息等候区、饮水处，并配备彩色LED显示屏、查询机、解密机、电子门牌、电子监控、投影、语音服务器等设备，通过全方位视频、音频监控系统对开评标现场进行全程监控并录像存档。采用门禁系统将评标区、开标区相隔离，保证评标专家与招投标人无法接触。

6月25日，市交易中心举办白城市房屋建筑和市政基础设施工程项目招投标全程电子化培训会 （市交易中心 供图）

【规范化管理】 2021年，市交易中心打造“三重隔离墙”（交易场地“物理隔离”，防止违规操作“技术隔离”，交易环节“流程隔离”），打造“阳光透明、公平公正”交易环境。重新修订评标区管理制度，控制评标区进场人员数量，把好进场身份验证关，评标区内人员出入在监管部门陪同下并进行事由登记。重新梳理各项招投标业务流程，并将各项业务指南和办事流程在网上公示，方便各类交易主体查询办理有关事项。在交易场所增设自助服务区，安排专人为现场办理业务人员提供领办、现场指导等服务。分类梳理常见业务咨询问答，构建“线上线下”多渠道咨询服务体系，解答在线、电话咨询2000余次，市场主体满意率100%。开展延时服务。强化信息监管，对公示信息存在问题招标采购单位，采取约谈、通报以及停发信息等方式进行处理。

【全流程电子化建设】 2021年，市交易中心升级完善公共资源交易平台系统，实现线上预约场地、线上报名、线上获取标书、线上投递标书、线上竞价、异地远程评标等全流程电子化交易，初步建成全市一流电子化交易平台。6月25日，市交易中心举办白城市房屋建筑和市政基础设施工程项目招投标全程电子化培训会。在全省公共资源交易平台服务质量评议工作中，通过第三方评估考核。

（李英华）

财　政

【概况】 2021年，全市一般公共预算财政收入完成39.35亿元，比上年下降3.5%；市本级一般公共预算财政收入完成13.54亿元，为预算102.2%，比上年下降3.8%。全市一般公共预算财政支出完成223.74亿元，比上年下降20.2%。市本级一般公共预算财政支出完成60.49亿元，为预算98.1%，比上年下降13.3%。

【财政收支平衡】 2021年，白城市受国家持续减税降费等减收因素影响，财政收入形势十分严峻，市财政局周密部署确保财政平稳运行。按照全年收入计划，加强对各县（市、区）和征管部门收入调度，及时分析问题，研究措施。强化税收征管，发挥综合治税作用，强化对重点税源清查及对财税收入贡献较大企业监控，从源头堵塞征管漏洞，深化专题调研、细化应对措施，实现应缴尽缴、应收尽收；加强非税收收入管理，狠抓土地出让、土地整理指标出售以及国有资产处置等非税收收入；加大回收存量资金和清理占压资金工作力度，提高财政资金使用效益和库款保障能力，全年回收存量资金9856万元，清理占压资金16161万元；全年向上争取资金34亿元，比上年增长5%。

【重点项目建设支持】 2021年，白城市推进改善营商环境，落实各项减税降费政策，全年全市减税降费1.97亿元。研究国家、省、市出台政策，争取各类专项资金、转移支付资金和债券项目资金30.6亿元，建设一批急需重点项目。聚焦补齐“三农”（农业、农村、农民）短板，筹措拨付资金2.62亿元，重点支持黑土地保护、高标准农田建设、美丽乡村建设、农村公益发展和村集体经济发展，安排资金2.26亿元，实施玉米、大豆和稻谷生产者补贴，落实产粮大县奖励政策，支持白城市粮油生产和产业发展；拨付资金1900万元，支持林业生态保护恢复、大气污染防治等工作开展；安排资金2500万元，支持绿电产业示范园区建设，拨付资金4700万元，用于航线运营补贴，保障白城市航线正常运营。

【鼓励企业稳岗满产】 2021年，市财政局安排资金34万元用于鼓励企业稳岗满产。选出吉林梅花氨基酸有限公司和吉林恒维汽车零部件有限公司2家企业，对其在2021年春节期间保证连续生产给予奖励，并把吉林梅花、益海嘉里、东利再生等3家公司纳入省级项目库。

【民生保障】 2021年，白城市优先保障“三保（保基本民生、保工资、保运转支出）”支出资金需求。通过严控压减“三公”经费［政府部门人员因公出国（境）费用、公务接待费、公务用车购置和运行维护费］和一般性支出，实现全市职工工资按时足额发放、机构正常运转，国家民生政策落实到位。支持老旧小区改造、城市运维管理和智慧城市建设；加大教育资金投入，支持教育事业均衡发展，保障教育基础设施建设；支持医疗卫生和社会保障体系建设，保障基层医疗单位硬件和医疗人才队伍建设；支持公共卫生服务项目建设，落实好各项常态化疫情防控措施；支持文体事业繁荣发展，保障重点文体项目及基层文体设施建设，推进群众公共文化活动开展；落实好创业担保贷款贴息政策，扶持居民就业创业；支持公租房保障和棚户区改造建设，住房保障体系建设稳步推进；支持文明卫生城市创建工作，推进社会治理创新，加大安全生产、食品安全、社会治安等资金投入。

【财政监管】 2021年，白城市完成评审项目399个，提报值40亿元，审定值34.2亿元，审减值5.8亿元，审减率14.5%。开展涉农、涉企专项资金监督检查，督促相关单位管好、用好专项资金。开展全市行政事业单位内控编制工作培训，做好全市行政事业单位内部控制报告编制工作。拓展行政事业单位资产管理思路，资产管理信息化水平不断提升。资产管理制度体系日益完善，以制度建设促进资产管理规范有序，确保国有资产收益及时全额上缴国库，实行集中管理。

【预算管理一体化改革】 2021年，市财政局推进预算一体化改革，推进一体化系统上线运行。5月12日，完成支付系统上线工作；5月18日，完成单位设立以及项目库录入流程确认工作；5月26日，完成预算模块基础信息导入和项目库上线工作，会同相关预算单位，完成测试项目储备工作；9月29日，在全市范围召开视频培训会。2021年末完成基础信息录入以及项目库储备工作，并进行到预算执行阶段。

【预算绩效管理】 2021年，白城市完善预算绩效管理制度体系建设。成立市财政局全面实施预算绩效管理工作专班，并要求各区贯彻执行；安排部署各预算部门2020年度部门整体支出和项目支出绩效自评工作，并对自评表和自评报告予以审核，实现绩效自评全覆盖；统一部署2021年度各部门预算绩效目标编报工作，指导各预算部门编制本部门年度绩效目标，审核各部门上报绩效目标，有差错的逐一修改、完善并将绩效目标编报作为部门财政预算编制一项内容，做到绩效目标同年初预算编审同时通知、同步批复并公开。做好省重点项目绩效自评和运行监控，组织部署各相关预算部门对2019—2020年度省重点项目进行绩效自评。筛查白城市重点项目，符合省财政厅要求项目，安排部署主管部门填写《绩效运行监控表》，经审核通过后，上报省对口部门；在部门自评基础上，选择6个项目开展绩效再评价，选择2个项目开展事中监控评价，选择2个部门作为试点，开展部门整体支出绩效再评价；配合省财政厅对市县绩效管理考核工作，2021年，白城市绩效管理工作考核成绩在全省位列第1。

【地方政府债务】 2021年，白城市防范化解债务风险，筹措资金偿还债务。全年完成政府性债务回收任务16亿元。申请再融资债券额度9亿元，缓解偿债压力。做好新增政府债券申报发行工作，市本级新增政府债券额度4亿元。加强对政府隐性债务监控管理，遏制隐性债务增量，确保白城市隐性债务“只减不增”。

【政府采购改革】 2021年，白城市推进政府采购改革，科学建设政府采购电子平台并依托平台开展各项相关工作。白城市“政采云电子商城”平台正式上线运行，按照《吉林省政府集中采购目录》中规定36个品目，市级各预算单位均实现目录内品目线上采购。全年

“政采云电子商城”10707家供应商，其中省平台联动10020家，白城市本级供应商687家，完成交易7135笔，交易额4679.08万元。2021年，市直实现政府采购金额2.75亿元，节约资金1300万元，节支率4.9%。市财政局优化政府采购营商环境，做好意向公开工作。各预算单位于7月1日起，均开展意向公开工作。采购意向通过“政采云”平台发布，公告同步推送至吉林省政府采购网；响应省财政厅专家库建设工作要求，统一使用省财政厅“政采云”平台，委托公共资源交易中心，通过发布通知、给政府采购评审专家发送短信通知方式，完成政府采购评审专家线上注册工作；清理政府采购领域妨碍公平竞争规定和做法，各项清理措施落实到位，维护政府采购市场秩序。市财政局采购办获省财政厅授予“政府采购信息统计先进集体”、先进个人及白城市委、市政府授予“白城市软环境建设工作先进集体”称号。

【金融风险防控】 2021年，市财政局加强完善风险防控机制，明确风险管理重点，主动防范金融风险。对下属3家金融公司要求把好贷前审查关，建立贷款受理、审核、审查分工负责制，防范和控制贷前风险；把好项目审核关，坚持集体决策，确保每笔审核通过的项目做到“公平、公正、公开”；做好贷后管理，主动了解贷款对象经营情况和贷款使用情况，帮助他们落实相关优惠政策，做好贷后回访工作，及时化解可能发生的贷款风险。

（张浩亮）

税　务

【税收收入】 2021年，白城市组织一般预算全口径收入40.95亿元，比上年增长13.3%；全年征收社会保险费48.2亿元，比上年增长66.07%。减税降费助企发展，完善税费优惠政策直达快享机制，全年新增减税降费2.2亿元；落实缓税政策，市、县两级税务部门均建立专项工作协调机制办公室，明确职责分工，形成工作合力，确保延缓缴纳税费措施落实落细，为全市煤电企业缓税735万元，制造业中小微企业缓税3753万元。

【税费改革】 2021年，白城市推进《关于进一步深化税收征管改革的意见》（简称《意见》）落实。成立落实领导小组，建立“1+1+7”《意见》落实工作机制（成立1个领导小组，组建1个领导小组办公室，领导小组办公室分设7个工作组），运用“五化”工作法（工作事项“清单化”、工作措施“机制化”、工作进度“图表化”、工作痕迹“手册化”、工作资料“模板化”），举办专题培训班，印制宣传折页3000份，刊发《改革周报》29期，在省级媒体发表改革相关宣传报道88篇，细化改革措施清单，实行按月调度，确保任务按时完成。市委书记李明伟对《意见》落实情况作出“有章法，有创新，有亮点，有特色”批示。

【征收管理】 2021年，白城市完善税收征管质量5C监控评价体系建设，完成系统培训和指标验证工作，向税务总局反馈指标问题149个；开展加油站行业专项清理整顿，入库税款及滞纳金1924.93万元；深化增值税改革，增值税专用发票电子化核定率100%；引导核定征收纳税人向查账征收方式过渡，全市19262家企业所得税纳税人实现查账征收管理。推行增值税、消费税主附税费合并申报、财行税“十税合一”（城镇土地使用税、房产税、车船税、印花税、耕地占用税、资源税、土地增值税、契税、环境保护税、烟叶税），探索土地增值税“四化”（项目管理电子化、数据采集模板化、清算审核智慧化、风险分析智能化），征收土地增值税4026万元；发挥税种联动效应，加强施工扬尘环保税征收管理，并在全省进行工作经验交流；夯实社保非税征管服务基础，推进两项收入划转征收，制定10项非税收收入项目征管流程，规范非税收收入征收管理。

【纳税服务】 2021年，白城市开展“春雨润苗”专项行动，提供“滴灌式”“上门式”精准服务，助力小微企业健康发展；深化“银税互动”，全年帮助177家守信小微企业获信用贷款1.02亿元；依托云平台大数据推送税费优惠政策100批次，惠及纳税人缴费人9740家次。推行办税缴费事项二维码一次性告知、预约办理及201项涉税业务容缺办理，涉税服务事项即时办结率99.9%，限时办结事项平均办结时限压缩50%，出口退税平均办理时限缩

3月31日，市税务部门开展“上门式”精准服务。图为办税人员到粮贸公司解答涉税疑难

（宋丹丹　供图）

短为4个工作日；推进企业简易注销登记改革，便利市场主体退出。

【依法治税】 2021年，白城市落实“首违不罚”清单制度，推行行政执法“三项制度”，制定8类316项税务执法风险清单，实行税务执法风险“清单化”管理。对3个基层单位开展执法督察、层级审计及专项审计，税收执法过错责任追究99人次。加强规范案源管理、建立双打团队、税警联合办案、落实管查互动、扫黑除恶等措施手段，稽查立案72件，查补收入3254万元。全年清理积案22件。成立税收风险分析团队，查补收入1808万元。防范增值税发票管理系统性风险，成立防范虚开和出口骗税风险专班，完成快速反应任务96家，挽回税款1032万元。

【税收宣传月】 2021年，白城市税务局（简称“市税务局”）以“税收惠民办实事　深化改革开新局”为主题，开展全国第30个全国税收宣传月活动。运用白城税务微信公众号、官方网站等媒介，围绕贯彻落实《关于进一步深化税收征管改革的意见》，开展“深化改革　优化执法　改进服务”系列宣传；拍摄《便民春风云剧场》，与中国移动公司开通视频彩铃和云MAS短信平台，介绍税务部门推出的便民举措；与市政数局联合开展“办实事、解难题、优环境、助提升”纳税信用建设联合走访，走访调研白城市部分民营企业以“优化营商环境，服务发展振兴”为主题，开展“服务企业周”活动，走访重点企业65家。

【便民办税春风行动】 2021年，市税务局连续第8年开展“我为纳税人缴费人办实事暨便民办税春风行动”，推出10类30项100条便民办税措施；214项“非接触式”办税缴费事项落实落地，226项涉税业务“全程网上办”，全年平均网上申报率99.73%；开展“春雨润苗”专项行动。活动期间进行专题政策宣讲23场次，184名纳税人缴费人参加座谈会，走访2073名纳税人缴费人，印制各类纸媒6000余份，为纳税人缴费人办实事、解难题；成立“党员先锋队”7个、“党员示范岗”13个、“志愿服务团”8个；推选全省文明服务明星2人，文明服务窗口2个。

【办税“一窗全能”】 3月，在市税务局第二税务分局推出“一窗全能”业务办理方式，将原来两个车购税专门窗口转变为全能型业务窗口，其他综合业务窗口增加车购税办理功能，服务厅全部窗口实现“一窗全能”全面受理。所有窗口均可办理纳税人业务，避免纳税人等候、窗口空闲情况，实现单位时间内业务办理数量增加。

（蔺敬帅）

金融监管

【金融风险防控】 2021年，白城市金融办（简称“市金融办”）对辖区内小贷公司和典当行开展现场检查。对市辖区小贷公司开展分类监管评级工作，两家小额贷款公司均评为B级。两家典当行上报整改报告，其中一家整改达标换证，一家在整改中。制定《白城市开展涉嫌非法集资风险专项排查工作实施方案》，结合市市监局提供的相关企业信息，联合市公安局、市市监局和市白城银保监分局等成员单位，对辖内30余家涉金融类经营企业以及辖区内小贷公司、典当行进行风险排查，摸清白城市非法集资活动种类、非法集资风险情况及可能发生非法集资案件的动向和苗头。成立由市级领导任组长的财政金融风险处置工作领导小组，明确责任，完善风险防控工作机制。截至2021年末，高风险机构洮南联社清收不良贷款1.50亿元，高风险边缘机构大安农商行清收不良贷款3.10亿元。

【防范非法集资宣传月活动】 2021年，市金融办制定并下发《白城市防范非法集资宣传月活动工作方案》，组织各县（市、区）及相关成员单位开展防范非法集资宣传月活动。4月15日，在市民广场开展集中宣传活动。活动以“学法用法护小家•防非处非靠大家”为主题，结合《防范和处置非法集资条例》重点内容，通过悬挂条幅、摆放宣传展板、播放宣传片，发放宣传手册、宣传单和购物袋等方式，向群众宣传非法集资违法性、危害性及如何防范。宣传月期间发放宣传单2000张、宣传袋1000个、宣传手册1000个。

（宗思维）

【金融消费者权益保护】 2021年，中国银行保险监督管理委员会白城监管分局（简称”白城银保监分局“）完善由消费投诉、纠纷调解、问题查处、宣传教育构成的消费者利益保护体系。开展对投诉量较大机构的约谈，组织消费者保护法律法规测试，压实机构主体责任。全年，办理投诉737件。组织辖内40家银行保险机构开展“3•15”宣传周系列活动，组织开展非法集资宣传月活动。

【银行业风险处置】 2021年，白城银保监分局专题向地方党委政府汇报辖内银行保险机构风险状况，推动地方政府压实属地责任。配合召开白城市金融风险防范化解专题研讨会、高风险机构处置专题会议，就建立不良贷款联合清收机制、金融舆情风险处置工作机制达成共识。督导机构制定不良贷款年度处置计划，按周调度风险处置进展情况，及时跟进监管措施，强化信贷管理，严控新增不良，开展不良贷款清收专项行动。强化房地产贷款等重点领域风险监管。2021年，全辖银行机构处置不良贷款连续两年高于上年处置金额。房地产贷款集中度超比例机构稳步压降，法人机构流动性风险向好。各法人机构科学分配利润，用好专项债，增强资本抵御风险能力。

【保险业机构监管】 2021年，白城银保监分局加强车险市场监管。组织规范车险新规执行集体监管约谈3次，单独约谈7次，开展条款费率回溯监管，强化非现场监管数据运用，做好现场督导与联动监管，严查重处违规行为。整治人身险市场乱象。组织人身险公司开展市场乱象自查自纠及整改，增加现场检查临时立项，查处寿险公司违规问题。组织保险行业协会开展反保险欺诈工作调研，加强反保险欺诈案例宣传，与经侦部门建立联合排查机制。稳妥处置太平人寿相关风险。

【监管查处】 2021年，白城银保监分局保持强监管、严监管态势，对违法问题零容忍，加大行政处罚力度。2021年，开展行政处罚6项，对6家机构罚款113万元，对个人罚款11万元，给予9人警告。

（乔　越）

审　计

【概况】 2021年，白城市审计项目120个，查出主要问题金额4.44亿元，审计发现非金额计量问题36个；出具审计报告和专项审计调查报告46篇，被批示、采用5篇次。审计处理处罚金额1.14亿元；移送司法机关、纪检监察机关和有关部门处理事项9件，移送处理人员30人。审计促进整改落实有关问题资金3.20亿元；审计促进拨付资金到位878万元；审计后挽回（避免）损失20万元；移送处理落实事项2件。审计提出建议110条，被采纳52条；推动被审计单位制定整改措施2项；促进被审计单位建立、健全规章制度5项；被批示、采用信息24篇次。根据换届实际，确定新的市委审计委员会主任、副主任和组成人员，组织会签《2021年度统一组织审计项目计划》《2020年度市本级预算执行和其他财政收支的审计工作报告（代拟稿）》及整改报告（代拟稿）、《“十四五”白城市审计工作发展规划》等文件。召开市委审计委员会第三次全体会议，审议通过《2020年度市本级预算执行和其他财政收支审计查出问题整改情况报告》及2021年度审计项目调增、调减事项；签批印发《贯彻落实中央审计委员会关于加强地方党委审计委员会工作的指导意见任务清单》《贯彻落实中办国办关于建立健全审计查出问题整改长效机制意见的任务清单》等5个制度规定。

【重大政策落实跟踪审计】 2021年，白城市成立专项审计组，以资金、项目、政策和重大改革任务推进情况为抓手，跟踪国家重大政策措施贯彻落实情况，推动社会保险资金、科技创新资金、创业促就业、职业技能提升、疫情防控资金等政策措施落实，揭示问题推动整改，发现新情况推动完善体制机制。除专项审计组外，要求其他各审计组同时关注政策措施落实情况，注重与其他专项审计、全年审计与分阶段审计任务有效衔接，对重点环节、重点项目、重点内容等具体部署、执行进度、实际效果情况实施审计监督，反映影响经济发展重大问题。

【财政资金绩效审计】 2021年，白城市组织专门力量，利用大数据持续采集市本级一级预算单位财务数据，实现市级一级预算单位财务数据采集全覆盖。组织对5个单位预算执行、11个单位财务收支情况运用大数据实施审计，以绩效审计理念完成各项审计目标任务。审计中，开展数据对比、校验查错、分析上报，重点关注财政支出绩效和积极财政政策实施效果，揭示非税收收入未及时缴库、专项资金未及时拨付使用、少列支等资金拨付、管理、支出中存在突出问题，注重从体制机制层面分析问题、从完善制度规定方面提出整改建议，提出12条审计建议均被采纳。受市政府委托，向市人大常委会作《2020年度市本级预算执行和其他财政收支的审计工作报告》，并首次作整改情况报告。

【民生项目审计】 2021年，白城市开展城镇老旧小区改造审计、2个县2020年社会保险基金情况审计。在市本级老旧小区改造项目审计中，揭示资金拨付不及时、项目未按时竣工等问题。在社会保险基金情况审计中，关注基金筹集管理使用、基金收支平衡、欺诈骗取医保基金等情况，审计发现未配套财政补助资金878万元，机关事业单位少报缴费基数少缴医疗保险费144.65万元，某医院骗取医保基金201.27万元，2家单位23人未参加养老保险资金207.44万元，60人重复参加养老保险等问题，审计整改资金1303.06万元，移交案件线索2件。

【领导干部自然资源资产离任（任中）责任审计】 2021年，白城市组织专项审计组对一个市党政主要领导和一个部门主要领导实施自然资源资产任中审计，重点审计水、土地等自然资源管理和相关生态环境保护事项，重点抽查个别市自然资源局、生态环境局、水利局、住建局等部门和单位，对重要事项进行必要延伸和追溯。审计查出部分排水管网未实现雨污分流和生态环境安全风险隐患等问题，对领导干部履行自然资源资产管理和生态环境保护责任情况予以客观评价，并提出有针对性审计整改意见建议。

【领导干部经济责任任中（离任）审计】 2021年，白城市完成93名领导干部经济责任审计。在审计中，聚焦公共权力运行、公共资产运营，加大对重点领域、重点环节监督力度。揭示滞拨污水处理补助资金953万元、往来款未及时清理结算925.18万元、应计未计固定资产、未按规定提取和使用工会经费等问题，审计整改资金1594.5万元，移交案件线索3件。

表21　2021年白城市本级及所辖县（市、区）审计工作统计表

审计机关	完成审计项目（个）	审计查出主要问题金额（万元）	审计发现非金额计量问题（个）	审计期间整改金额（万元）	出具审计报告和审计调查报告（篇）	审计处理情况		审计促进整改落实有关问题资金（万元）	审计提出建议（条）	提交审计信息（篇）
						审计处理处罚金额（万元）	移送处理事项（件）			
白城市市本级	120	44381	36	11367	46	11367	9	31960	110	24
洮北区审计局	34	4017	16	2771	48	—	—	2771	15	—
洮南区审计局	29	164919	—	—	24	15684	11	—	50	—
大安市审计局	97	21186	—	266.14	142	14492	—	16858	123	—
通榆县审计局	58	151.63	3	2	152	86.94	—	86.94	5	11
镇赉县审计局	40	96041	5	—	39	—	—	84678	22	—

（资料来源：市审计局）

【乡村振兴审计】　2021年，白城市以促进脱贫攻坚与乡村振兴有效衔接为目标，组成专项审计组。采取“专题式”“上审下”方式，应用大数据及地理信息系统审计技术方法，对洮南市2018—2020年乡村振兴等相关政策措施落实和资金管理使用情况实施审计，审计延伸3个乡镇、5个村厕所改造项目情况，审计发现12个问题均完成整改，整改资金25528.62万元，促进洮南市政府制定《洮南市农田水利设施管护办法》，3293.49万元国家级玉米种子生产基地一期项目投入使用，该审计项目被省审计厅评为市（州）审计机关“优秀审计项目”；专项审计组对市本级（含开发区、查干浩特旅游经济开发区）、通榆县2019—2020年粮食安全相关政策和资金落实情况实施审计，抽查14个单位、企业、合作社或家庭农场和11个乡镇、34个村，审计发现9个问题全部整改，整改金额279.4万元。

【审计监督质量】　2021年，白城市审计局（简称“市审计局”）根据审计干部个人特点、特长实施整合配置审计组，在全市重大政策措施落实情况审计、市本级财政2020年度预算执行情况审计、2020年社会保险基金情况审计、乡村振兴相关政策和资金审计、粮食安全相关政策和资金审计中整合全市审计资源，降低因审计力量不足带来的审计风险。紧扣财政预算执行审计、财务收支审计、经济责任审计、领导干部自然资源产任中审计、专项审计和审计调查等核心工作，加强审计项目组织管理，实施以预算执行审计为依托“1+N”审计模式，强化审计项目资源整合。通过5个预算执行审计、22名领导干部经济责任审计、领导干部自然资源资产任中审计实施项目统筹，节约财政资金，实现“一审多项”“一审多果”和“一审多用”。在重大政策措施落实情况、市本级和各县（市、区）网络安全和信息化建设情况审计、领导干部自然资源资产任中审计中，采取市县两审计机关整体推进方式实施，统一调度人员、安排时间、制定方案。在完成省委、中央巡视和国务院大督查、中央环保督察反馈审计发现问题整改中，成立整改工作专班，制定整改工作台账，列出整改问题责任清单，与市督查指挥中心、市政府督查室组成常态化联合督查督导组，实行周调度、月汇总动态销号管控。协调市委召开常委扩大会议审议《中央巡视反馈意见整改落实工作方案》，强力推进问题整改。通过跟踪督改、审计查改，问题整改率84%。牵头做好上级审计机关对白城市审计查

5月，市审计局开展乡村振兴审计。图为到镇赉县黑鱼泡镇岔台村检查镇赉县生态养殖产业情况　（李鸿越　供图）

出问题的督促整改工作，向市政府报送反馈意见代拟稿17份，向市委、市政府报送整改情况报告10余次，分别得到书记、市长批示。

（蒋玉民　于祎淼）

统　计

【概况】　2021年，白城市统计局（简称“市统计局”）按月编印《白城统计月报》和月度主要经济数据指标表等各种统计产品。在政府常务会议上汇报全市经济运行情况2次，提出合理化建议。全年为市委、市政府提供统计分析专报67篇，其中获市委、市政府主要领导特别批示专报4篇。建立联席会商制度。印发《白城市服务业统计工作部门联席会议制度》，贯彻落实省、市政府和省统计局关于服务业统计改革发展的工作部署。开展“高质量发展协同联动”专项行动，召开座谈会研究解决服务业统计工作中重大问题。深化“创先争优”活动，开展“精准统计年”专项行动。2021年，市统计局举办培训班21期，涉及贸易服务业和入库入统集中排查及工业统计、能源统计等8方面内容，全市参加培训千余人次。强化基层统计力量，在各乡镇、街道设立15个基层统计站试点。

【第七次全国人口普查】　2021年，市统计局完成人口普查登记数据审核、验收、汇总与评估等作；完成人口普查公报，依法做好数据公开发布和解读；开展资料编印和课题研究；代表吉林省在人民大会堂参加全国总结表彰会议，市统计局获“全国第七次人口普查先进集体”称号。

【统计监测分析】　2021年，市统计局明确预测数据时间、统计范围和统计资料，对主要经济指标进行预报预审。推进统计服务“关口前移”，形成月度常态化预判分析、季度重点预判分析、重大问题提前预警的预判预警分析制度，为市委、市政府决策提供科学依据。全年完成吉林省统计局重点课题1篇，撰写经济信息、简明分析146篇，政务信息157条。

【服务业统计】　2021年，市统计局成立综合推进领导小组，下设4个专项工作组，从核查调研、开展培训、入库入统、数据检查4个方面统筹推进服务业统计工作。实行分区、分片包保工作责任制，成立3个包保组，分区域、分行业包保，确保无瞒报、漏报、虚报等情况发生。参加全市服务业大调研、大会诊行动，为各行业主管部门解读部门承担的服务业统计工作职责，提供数据支持。

【入库入统】　2021年，市统计局实施“一套表”申报入库工作。2021年通过国家审批单位252家。开展三类特殊单位排查，制定《白城市统计局三类特殊单位排查工作方案》，成立督导组到各县（市、区）、开发区（园区）实地进行排查督导，全市排查三类特殊单位331家。全年开展4次入库入统集中排查，做到应统尽统。

【统计法制建设】　2021年，市统计局健全依法行政工作机制，成立依法行政领导小组，定期研究依法行政工作。制定《“双随机”执法检查流程图》《行政处罚流程图》，完善制度建设。全年开展数据质量核查11次。11月开展“双随机”执法检查，随机抽取企业26家。其中，抽取规模以上工业企业14家、服务业企业1家、限额以上贸易企业4家、固定资产投资项目7个。发现检查数与上报数不一致企业5家。其中，免于处罚企业1家、给予口头责令改正处罚企业3家、给予书面责令改正处罚企业1家。市统计局配合省统计局对白城市开展统计违法案件“回头看”执法检查工作。开展法治宣传，承办全省统计法治宣传启动仪式，邀请省市领导参加，举行文艺会演。

（王佳星）

【居民消费价格调查】　2021年，国家统计局白城调查队（简称“白城调查队”）开展居民消费价格抽样调查工作，按月汇总居民消费价格指数，反映白城市物价走势。按照定时、定点、定人采价原则，使用手持电子数据采集设备，每5日采集一次主要商品价格。采价范围涉及食品烟酒、衣着、居住、生活用品及服务、医疗保健等8大类。2021年CPI（居民消费价格指数）运行平稳，全年总指数101.1。

【居民收支调查】　2021年，实施城乡居民收支调查数据采集、审核、汇总、上报；开展居民收支调查数据分析解读和专题调查研究；开展住户成员及劳动力从业情况、住房和耐用消费品拥有情况、家庭经营和生产投资情况、社区基本情况以及其他民生状况等调查。2021年，白城市城镇常住居民人均可支配收入28428元，比上年增长6.6%；白城市农村常住居民人均可支配收入13510元，比上年增长10.7%。

【县级粮食产量抽样调查】　2021年，白城调查队在白城市洮北区20个行政村组织开展农户种植意向调查、播种面积调查和农作物遥感对地调查，并对抽中的主粮作物（玉米、水稻）进行粮食产量实割实测调查。对洮南市、大安市、镇赉县和通榆县进行督导，并对种植意向调查、播种面积调查、农作物遥感对地调查和粮食产量实割实测调查4个环节调查数据进行汇总、审核、上报。反映白城市粮食播种面积及产量总体情况。2021年，白城市粮食总产量56亿千克，增长9.4%；粮食播种面积925672.95公顷，增长1.6%。

【分市县畜牧业全面统计调查】　2021年，白城调查队对洮北区16个乡镇畜牧业生产情况进行全面调查，同时对

9月25日，白城调查队在洮北区洮河镇洮河村开展粮食产量实割实测调查　　（崔　闯　供图）

洮南市、大安市、镇赉县和通榆县畜牧业分市县全面调查数据进行收集、汇总、审核和上报工作。2021年，白城市生猪饲养量210.19万头，其中存栏91.91万头；牛饲养量43.43万头，其中存栏32.25万头；羊饲养量469.26万只，其中存栏251.90万只。

【统计调查服务】　2021年，白城调查队加强重点指标监测预警，解读统计调查数据，客观反映经济社会发展趋势，发挥统计调查服务职能，聚焦政府和社会关注热点、焦点等问题开展调研分析，为推动地方经济高质量发展建言献策。2021年，参与吉林调查总队约稿调研121篇、参与市委、市政府约稿调研15篇；全年有11篇次调查报告得到市级领导批示。

（丛　晔）

价格监管

【市场价格监测预警和价格总水平调控】　2021年，白城市启动物价上涨挂钩联动机制，组织价格临时补贴发放工作。开展国家价格监测工作，做好成品粮、植物油、猪肉和蔬菜实时价格应急监测，落实国家发改委劳动力市场价格监测工作，组织全市监测单位做好国家价格监测新旧系统衔接。开展日常价格监测工作，监测26种粮油蔬菜副食品价格、平价商店价格、养殖行业价格。开展节假日价格监测工作，向市委、市政府、省发改委准确上报价格应急监测数据。

【价格认定】　2021年，市发改委受理并完成价格认证工作27件。其中刑事案件价格认证工作25件、纪检案件价格认定工作2件。认定金额85万元。

【成本监审】　2021年，市发改委全年分别对三达污水处理厂、桐坤停车场、5家供热公司及全市学科类校外培训机构进行成本监审。为白城市供热、教育等行业价格制定提供数据支持。

【农产品成本调查】　2021年，白城市完成国家定点调查品种畜牧业4个品种“小规模生猪、散养生猪、散养奶牛、中规模蛋鸡”调查；完成种植业4个品种“设施西红柿、设施黄瓜、露地大白菜、露地圆白菜”调查。

【价格监督检查】　2021年，市市监局对重点领域开展价格监督检查。制定《白城市市场监督管理局关于新冠肺炎防疫用品药品及基本民生商品市场价格提醒告诫书》，采用线上约谈经营者方式，加大提醒告诫力度，防止哄抬物价，囤积居奇等违法价格行为发生。发放提醒告诫书600余份，约谈商家380家。检查白城市保险行业协会、白城市律师协会、白城市快递行业协会3家行业协会收费情况。制定《白城市转供电环节收费专项检查实施方案》，检查市本级供电主体10家，下达责令整改通知书要求4家。下发《关于开展涉企收费自查工作切实减轻企业负担的通知》，收到自查报告30余份，检查单位39家。制定《2021年度全市清理规范供水供电供气供暖行业收费专项检查实施方案》，开展清理规范供水供电供气供暖行业收费专项检查，检查单位32家。制定《白城市市场监管局关于开展粮食购销领域专项整治工作的实施方案》，市本级完成自查粮食企业3家，走访调查粮库2家。制定《白城市市场监管部门2021年民生领域违规收费专项检查实施方案》，检查单位31家。对节日期间市粮、油、肉、蛋、奶等民生商品进监管。

（周　鑫）

工商管理

【概况】　2021年，白城市市场监督管理局（简称“市市监局”）推进“6+1”（优化营商环境、维护公平竞争、强化消费维权、严守安全底线、完善监管机制、推动质量提升、促进知识产权运用保护）业务体系建设，利用“e窗通”平台指导企业进行名称自主申报和现场注册，办理企业登记1.4万家；2020年度全省“个转企”绩效考核中，白城市位列全省第2。“12315”指挥中心受理全市范围内各类咨询、投诉、举报电话8795个，办结率94.8%。截至2021年末，白城市有各类市场主体19.9万家。其中，企业2.73万家、个体工商户16.12万家、农民专业合作社1.04万家。

【商事制度改革】　2021年，市市监局

推进全程电子化改革，利用“e窗通”平台指导企业进行名称自主申报和现场注册，企业开办时间压减至1个工作日。2021年，新开办企业刻制印章实现全免费，通过“e窗通”办理企业登记1.58万家。深化“证照分离”改革，发挥牵头部门作用，建立沟通协调机制。通过“证照分离”平台向相关行政审批部门推送市场主体登记信息8701条。推进“多证合一”改革，建成信息共享平台，归集56个行政审批部门业务信息，发放“多证合一”企业营业执照2.1万家。开展“简易注销”工作，对未开办企业和无债权债务企业实行简易注销登记程序，企业注销时间由原来45天缩短到20天，简易注销企业5328家。

2月1日，市市监局工作人员到美团外卖配送平台实地检查指导

（王乃洲　兰春文 供图）

【“12315”平台服务】 2021年，白城市全国“12315”平台接收各类投诉举报咨询1.19万件。其中，投诉0.13万件，占比10.73%；举报0.08万件，占比6.9%；咨询0.98万件，占比82.38%；市场监管部门为消费者挽回经济损失78.78万元。

【“放心消费在白城”创建】 2021年，市市监局联合白城银保监分局以保险行业引领带动放心消费示范行业创建，培育“放心工厂”。推荐大安市主城区开展放心消费示范城区创建。活动发放“放心消费在白城”倡议书、承诺书及《吉林省消费者权益保护条例》手册6243份，张贴活动标识贴465个。2021年，全市命名新增放心消费示范单位229家、放心工厂5个，放心消费示范街区（商圈）5个、示范行业5个。大安市被命名为省级放心消费示范试点城区。在创建放心消费示范店（企业）基础上，以白城欧亚为辐射中心创建放心消费示范商圈。4月，在白城欧亚购物中心举办“放心消费在吉林”暨“放心消费在白城”——2021“守护安全　畅通消费”主题活动。

【消费维权宣传】 2021年，市市监局以“3·15”消费维权系列专题片形式，重点宣传消费环境建设、食品安全、药品监管等9个领域维权情况及成果，集中在白城电视台及市市监局公众号展播。依托文明城创建、疫情防控等工作契机，到市区内大型企业、美团外卖配送平台、商超、放心消费示范单位，发放《吉林省消费者权益保护条例》手册及宣传单，开展疫情排查、普法宣传6次。

（富　饶）

4月17日，市市监局在白城欧亚购物中心举办“放心消费在吉林”暨“放心消费在白城”——2021“守护安全 畅通消费”主题活动　（富　饶 供图）

质量监督

【防疫用品及基本民生商品价格监管】 2021年，市市监局制定《白城市市场监督管理局关于新冠肺炎防疫用品药品及基本民生商品市场价格提醒告诫书》，采用线上约谈经营者方式，防止哄抬物价，囤积居奇等违法价格行为发生。2021年，发放提醒告诫书600余份，约谈商家380家。开展涉企收费和民生领域违规收费检查142家次。对10家转供电主体开展专项整治，下达《责令整改通知书》4份。

【互联网领域监管】 2021年，市市监局印发《关于集中开展“互联网+监管”平台日常监管及行政处罚数据录入工作的通知》，对全市系统“互联网+监管”数据汇聚工作作出部署。2021年，白城市相关成员单位录入行政检查行为5178次，行政处罚行为1399次，行政强制行为18次，重大案件471次，移交司法机关246次，全市“互联网+监管”系统检查实施清单完成率98.18%、监管行为覆盖率30.82%。

【广告领域监管】 2021年，市市监局指定专人利用现有广告监测设备，监测媒体发布广告，并做好监测记录，2021年，监测7000余条次。开展违法违规商业营销宣传集中整治行动，行政约谈7家，责令整改8家次。开展护苗助老系列整治行动，检查企业374家，广告监测254条次，立案2起。

【特种设备和工业产品质量安全监管】 2021年，市市监局开展电梯鼓式制动器安全隐患排查，拆解保养电磁铁279台，加装高度限位装置270台。2021年，系统内14名干部考取特种设备安全监察员证。抽检成品油样品229个，查处不合格样品38个。

【“双随机、一公开”监管】 2021年，白城市抓实“双随机、一公开”（随机抽取检查对象，随机选派执法检查人员，抽查情况及查处结果及时向社会公开）监管，制定联合抽查事项清单2021版。全市市场监管领域制定抽查事项清单2113项，录入检查人员名录库4815人，检查对象名录库242873家。全市“双随机”计划完成率、检查结果公示率均100%，跨部门联合抽查比例47.32%，超出上级规定指标27个百分点。

【检验检测机构管理】 2021年，市市监局做好全市检验检测机构资质认定证书统一赋码工作，组织市内检验检测机构登录市场监管总局网站完成2020年度检验检测相关数据上报工作，完成91家（白城38家、洮南14家、通榆12家、镇赉14家、大安13家）检验检测机构相关数据。做好机动车检验机构监督检查，全年检查机动车检验机构31家。

【强制检定“一网通办”业务】 2021年，白城市应用“强制检定工作计量器具业务管理系统”，提出强制管理的计量器具检定“让数据多跑路，让群众少跑腿”，推进精准监管、智慧监管模式。2021年，1.62万台计量器具实现“一网通办”。

【“质量日”实验室开放日活动】 9月26日，市市监局在国家杂粮及制品质量监督检验中心（简称“国检中心”）举办以“实施质量提升行动，推进质量强市建设”为主题的2021年“质量月”实验室开放日活动。活动邀请人大代表、政协委员、民主党派、企业代表等20余人实地参观。参观过程中，国检中心工作人员介绍国检中心主责主业、人才队伍建设、工作能力水平和仪器设备高精尖程度、样品承检能力等亮点特色内容。

（富　饶）

食品药品监管

【食品安全监管】 截至2021年末，食用农产品完成576批次全部的抽检、录入以及公示，合格率97.5%。普通食品完成271批次抽检、录入以及公示。开展“你点我检”食品安全专项监督抽检，检测大米、江米、豆油、西红柿等食品20余批次。严厉打击制售假冒伪劣食品行为，2021年，查处相关案件30件，收缴假冒伪劣食品1200千克，全市学校食堂明厨亮灶率100%。

【“两品一械”安全监管】 2021年，市市监局归集“一退两抗”（“一退”指退热镇痛、抗炎类药品；“两抗”指常用抗生素和抗病毒两类药品）购药信息18万条次，现场核查验收医疗器械企业190家，完成化妆品不良反应监测报告191份。查处“两品一械”（药品、化妆品和医疗器械）类案件370件。

【进口冷链食品监管】 2021年，白城市在全省范围内率先实现进口冷链食品装卸、搬运及消毒等重点人员闭环管理。进口冷链食品监管总仓有效运行，全年有732批次565吨进口冷链食品进入市区总仓。推广“吉冷链”监管系统。督导经营者按照“吉冷链”系统管理，实行专通道进货、专库专区存放、专区专人加工售卖；不得销售无出入境货物检验检疫证明、核酸检测阴性证明、消毒证明、“吉冷链”追溯码进口冷链食品。通过吉冷链系统注册进口冷链业户175家，备案进口食品1119个。与疾控部门配合，定期对进口冷链食品、从业人员和仓储环境进行核酸抽样。全市采集冷链经营各环节样本6.18万份，检测结果均为阴性。协调地方财政每月拨付5.5万元专项经费，对消杀、装卸等直接接触人员实行闭环管理。

【白城市位列全省食品安全评议考核第1】 2021年1月，在全省食品安全评议考核中，市市监局名列2020年全省食品安全评议考核A档第1。2020年以来，市场监管部门查处食品类违法案件144件，公安部门破获危害食品安全类案件65起，抓获犯罪嫌疑人73人，移送起诉36人，捣毁保健食品黑窝点1处。

（富　饶）

知识产权保护

【专利授权】 2021年，白城市专利授权数量581件。其中，发明专利授权数量32件、实用新型专利授权数量511

件、外观设计专利授权数量38件。2021年，白城市有效发明专利数128件。

【专利保护】 2021年，白城市印发《2021年白城市知识产权行政保护工作方案》《白城市关于北京2022年冬奥会和冬残奥会奥林匹克标志知识产权保护实施方案》，开展专项行动检查，以市内商场、超市、农贸市场、农机市场、批发市场、药店等为对象，查处专利侵权、假冒专利和专利标识标记不规范等各类专利违法行为。2021年，办理商标侵权案件13件，假冒专利2件。

【地理标志证明商标培育】 2021年，白城市在全市范围内开展"地标"资源摸底调查，聘请专家论证特色农产品土壤水系特点、产品独特作用，根据地域分布、产品类别、生产规模等建立培育储备库，库容22件。督促行业协会建立地理标志商标使用许可、管理发放、质量监督等制度42项。截至2021年末，全市有地理标志证明商标24件、地理标志保护产品7件（白城绿豆、白城燕麦、白城油葵、白城甘草、洮南香酒、黑水西瓜、通榆中国草原红牛肉），白城市中国驰名商标7件、吉林省驰名商标158件，"地标"拥有量居全省第1。

【国家地理标志产品保护示范区建设】 8月25日，国家知识产权局批准白城市筹建白城绿豆国家地理标志产品保护示范区，白城市实现域内"国家地理标志产品保护示范区"零的突破。筹建过程中，市市监局开展进驻式指导，以创建农业标准化示范园区为载体，指导行业龙头企业建立健全技术标准、工作标准和管理标准，从环境监测、农药残留检测、关键控制点管控、标准化种植等方面入手，实施全程标准化管理，促进域内"地标"产品品质提升。

【《中欧地理标志协定》生效】 2020年"白城绿豆"入选成为欧盟授权正式签署的中欧地理标志协定地理标志产品，中欧双方签署《中欧地理标志协定》，加入100种中国地标保护产品，白城绿豆是吉林省唯一上榜产品。2021年3月1日，协定正式生效，标志白城市地理标志正式迈向国际市场，参与国际竞争。

【与白城师范学院签署《合作框架协议》】 6月24日，市市监局与白城师范学院签署《合作框架协议》，开展"局校合作"。双方在人才共育共培、知识产权合作和标准化技术合作等3个领域，开展"建设教研和观摩实验基地""申报全省知识产权示范高校院所""唤醒'沉睡专利'""组织毕业生实习实训"和"共建白城市标准化专家库"等11项合作，实现科技服务、成果转化和人才培养互利共赢。

（富　饶）

【知识产权宣传与执法】 2021年，市文广旅局在"4·26"世界知识产权日和"知识产权周"宣传活动期间开展宣传活动，走访业户100余家次、广场悬挂条幅2条、监管场所张贴海报100余张，鼓励企业和公众通过"12318"文化市场举报热线电话和"12330"知识产权举报投诉热线电话举报投诉侵权假冒违法行为。开展为期一个月文广旅领域知识产权保护专项执法行动，分别开展"打击互联网上网服务营业场所运营盗版游戏专项行动""打击歌舞娱乐场所使用盗版歌曲专项行动""打击出版物发行单位发行盗版出版物专项行动""打击电影放映单

表22　2021年白城市中国驰名商标一览表

序号	认定时间	商标名称	核定使用商标或服务	商标注册人（单位）	认定程序/机关	行业分布
1	2009.4	洮儿河	酒	吉林省洮儿河酒业有限公司	商评委	支柱产业
2	2010.1	好雨 HAOYU 及图	米、谷类制品	吉林裕丰米业股份有限公司	商评委	农　业
3	2011.5	杨麻子及图	大饼	杨富贵	异　议	支柱产业
4	2012.4	洮南及图	酒	洮南市洮南香酒业有限公司	管　理	支柱产业
5	2013.1.4	吉塔 JITA 及图	调味品、辣椒粉、调味酱	吉林省金塔实业（集团）股份有限公司	管　理	支柱产业
6	2014.1.14	洮河绿野及图	谷（谷类）、豆（未加工的）	洮南市远望杂粮杂豆专业合作社	管　理	农　业
7	2015.6.5	吉鹤村及图	酒	通榆县吉鹤村酒业酿造有限公司	管　理	支柱产业

说明：驰名商标认定程序中商评委是通过商标评审委员会通过的，异议是商标本身涉及侵权纠纷案件，管理是认定程序的一个环节，近8年白城市没有驰名商标申请成功的案例

（资料来源：市市监局）

表 23　2021 年白城市地理标志证明商标一览表

序号	商　标	注　册　单　位	核定商品	注册时间（年月日）
1	洮南黑水西瓜	洮南市黑水镇西瓜产业协会	西瓜	2008.4.14
2	洮南万宝粉丝	洮南市万宝粉业协会	马铃薯粉丝（条）	2009.12.28
3	白城绿豆	白城市绿豆产业协会	绿豆	2010.3.28
4	通榆草原红牛	通榆县通榆草原红牛养殖专业协会	牛	2013.3.21
5	通榆草原红牛肉	通榆县通榆草原红牛养殖专业协会	牛肉	2013.3.21
6	洮南辣椒	洮南市金塔辣椒产业协会	辣椒（干蔬菜）	2014.5.7
7	洮南辣椒	洮南市金塔辣椒产业协会	辣椒（新鲜蔬菜）	2014.5.7
8	通榆草原红牛奶 Tong Yu Cao Yuan Hong niu nai	通榆县通榆草原红牛养殖专业协会	牛奶	2017.3.21
9	镇赉大米 Zhen Lai Da Mi	镇赉县莫莫格湿地有机稻米发展协会	米	2017.3.21
10	镇赉甜瓜 Zhen Lai Tian Gua	镇赉县建平乡甜瓜产业协会	甜瓜	2017.6.28
11	通榆八面小米 Tong Yu Ba Mian Xiao Mi	通榆县名优特农畜产品产销协会	小米	2017.12.21
12	大安芦苇湿地河蟹	大安市牛心套保芦苇湿地河蟹养殖协会	河蟹（活的）	2018.8.14
13	大安大米	大安市弱碱米协会	大米	2018.11.28
14	通榆向海大雁	通榆县向海大雁养殖协会	大雁（非活）	2018.10.28
15	洮南万宝敖牛山黄牛	洮南市万宝镇敖牛山农业产业协会	黄牛（活的）	2019.6.7
16	通榆葵花籽	通榆县名优特农畜产品产销协会	加工过的瓜子	2019.8.21
17	通榆打瓜	通榆县名优特农畜产品产销协会	新鲜打瓜	2019.12.28
18	通榆向海鸭蛋	通榆县名优特农畜产品产销协会	鸭蛋	2019.11.28
19	通榆绿豆	通榆县优质农产品综合服务协会	绿豆	2019.12.28
20	通榆红小豆	通榆县优质农产品综合服务协会	红小豆（未加工的）	2019.12.28
21	洮南万宝敖牛山牛肉	洮南市万宝镇敖牛山农业产业协会	牛肉	2019.12.28
22	通榆大黄米	通榆县名优特农畜产品产销协会	黄米	2020.3.21
23	洮南小冰麦面粉	洮南市洮府乡小冰麦产业协会	面粉	2021.4.7
24	洮南小冰麦	洮南市洮府乡小冰麦产业协会	小麦	2021.4.7

（资料来源：市市监局）

位放映盗版影片专项行动”，未发现文广旅领域侵犯知识产权违法违规行为。

（孙立尧）

白城海关

【概况】 2021年，白城海关统筹做好常态化疫情防控和促外贸稳增长工作，全年白城市进出口19.5亿元，比上年增长26.1%。

【海关新冠疫情防控】 2021年，白城海关根据长春海关统一部署和属地疫情防控形势，坚持“精准、动态、从严”调整完善机关内部防控措施；参与地方联防联控和疫情防控“物防组”工作，为防疫物资进出口开辟绿色通道。严落实进口货物查验个人防护要求，确保一线人群防护到位，在查验现场设立并发挥安全防护监督员职能，确保零感染。推进疫苗接种工作，一线人员和适宜人群接种率100%。

【企业进出口业务支持与培育】 2021年，白城海关围绕通榆牧原农牧有限公司生猪产业链、种猪和种牛引进等重点项目，在进口粮食加工企业备案、进境动物隔离场建设审批等方面给予政策支持。帮助绿豆、辣椒等具有地域优势的产品企业做大做强，培育鹤乡特色出口农产品品牌。扶持通榆县天意农产品经贸有限公司发展，针对该公司新增泡菜和酸菜出口业务，到企业开展调研，宣讲海关政策，提供进口国技术标准查询服务，应对国外技术性贸易壁垒，支持特色农产品出口。

【“一企一策”】 2021年，白城海关支持吉林梅花氨基酸有限公司二期味精出口和三期、四期项目建设，提供全领域政策宣传和业务指导，实现企业办理业务“最多跑一次”。解决出口产品品质项目检测周期长、通关慢等问题，通过开展风险评估和监控，减少送检频次，检测周期由过去5～7天缩短至1～2天。为企业出口提供节假日预约报关服务和实验室检测技术支撑，施行“5+2”“7×24小时”预约查验通关模式。

11月25日，白城海关联合白城市商务局到通榆天意农产品经贸有限责任公司开展调研 （乔新国 供图）

【助力企业降低运营成本】 2021年，白城海关通过报关大厅窗口解读、到企业送政策、线上答疑解惑等方式，指导关区企业正确使用区域优惠原产地证争取合理退税，落实疫情期间原产地证书信用签证惠企措施。帮助进口粮食企业白城市隆盛实业有限公司解决进口黄豆滞港问题，主动联系入境口岸海关，建立协作机制，落实总署“先放后检”“快速合格评定”等举措，在保证安全监管前提下，帮助企业办理提前提离，调运至属地，由属地海关监管，待口岸实验室检测结果合格后准许生产使用，为企业节省滞箱费10万余元。落实吉林省“秸秆变肉”工程，扶持关区3家具备稻草出口资质企业加快秸秆饲料化利用和出口，解决秸秆焚烧污染问题。创新建立“常规+特殊”协助核查工作模式，加大核查力度，增强后续监管协同性。

（乔新国）

8月19日，白城海关现场监管非冷链货物。图为白城海关关员到罗赛洛（大安）明胶有限公司查验进口牛骨粒 （乔新国 供图）

信用体系建设

【信用平台建设】 2021年，信用中国（吉林白城）网站启用省统建新版信用网站，确定专人负责日常运行、管理、维护，加大信息更新频次和板块升级力度。截至2021年末，新版网站点击量近50万人次，发布转载各类信息8100条。白城市应用全省统建的信用信息综合服务平台，涵盖联合奖惩、信用承诺、行政公示、异议申诉、信用修复、公共信息、合同履约7个系统，落实专人负责日常管理与信息上传。截至2021年末，梳理信用目录233条，累计归集信用信息1.74亿余条。

【信用监管】 2021年，白城市指导推动各地各部门建立健全贯穿市场主体全生命周期，衔接事前、事中、事后全监管环节信用监管机制。事前，建立健全信用承诺制度，市场主体签订各类信用承诺书23.5万余份，形成信用中国（吉林白城）网站查询信用报告制度；事中，在事业单位法人评定、法律援助监管、农业龙头企业认定等40个领域开展分级分类监管，白城市被国家认定分级分类监管案例81个；事后，组织批量信用修复，累计修复企业近1000家，保证企业正常生产经营。推动探索“信用合议厅”监管模式，把握“求证、合议、决议、执行和归档”5个步骤，采取四种不同级别的联合惩戒措施，将整个联合奖惩过程痕迹化管理、制度化归档，确保联合奖惩工作实现闭环。

【“信易贷”平台建设】 白城市推动全市企业在新启用的省统建“信易贷”平台注册和实名认证工作。截至2021年末，全市入驻企业51478家，成功授信2370笔，授信金额超154.2亿元。开展“信易贷”平台宣传推广活动，设立宣传展板100余块、发放宣传单1.2万余份。在各类门户网站、微信公众号等新媒体平台，开设专栏、发布专刊。利用QQ群、微信群、朋友圈发布转载“信易贷”宣传信息1000余条/次。发动干部职工、软环境监督员和社会志愿者进企入户，面对面帮助企业和个体工商户注册入驻。发挥各行业主管部门作用，建立工作协同推进机制，合力推动域内金融机构和企业做到应驻尽驻。

【守信激励失信惩戒】 2021年，白城市采取免检制、评级制、积分制标准，确定激励主体。把国家、省、市确定表彰人员、行业评价优秀企业作为享受“信易+”激励措施对象，由“信易+”实施方案制定单位根据管理对象，确定加减分项，量化细则，实施奖励措施。“信易+拥军”“信易+小区治理”“信易+招工”等33个领域应用场景被国家认定。动态调整市级“四张清单”，下发省级联合奖惩账号233个，通过国家联合奖惩平台报送案例15938条。

【白城市被列为全国社会信用体系建设示范区参评城市】 2021年，白城市被列为全国第三批社会信用体系建设示范区参评城市，在全国261个地级市信用综合指数监测排名中，白城市始终处于全省第一梯队，最高时排全国第24位、吉林省第1位、东北地区第2位，其中，地区生产总值规模1000亿元以下排全国第2位，东北地区第1位。“信易贷”经验被《国家城市信用监测月报》刊载交流，市委市政府主要领导对信用工作批示肯定，省政数局发函对白城市工作表示感谢。由市里选送的《公共资源交易事前信用承诺书（招标人）》，获“全国信用承诺书特色样本”，是全省唯一获奖案例。

【“诚信万里行”宣传活动】 2021年，白城市印发《关于开展“6·14”信用记录关爱日暨社会信用体系建设宣传月活动方案》，开展“诚信万里行”宣传活动，通过诚信典型案例发布、政策权威解读，组织开展“信用日”宣传等方式，进校园、进企业、进街道社区、进村镇等宣传诚信文化。与媒体建立合作机制，白城市“信易贷”做法、大安“信用承诺”做法在《城市监测月报》作经验推广。提升新版信用网站、微信公众号宣传能力，全年累计网站更新信息16735条，公众号发布19期，制发《信用简报》10期，新华社专刊报道1条，中国吉林网专刊报道2条，白城电视台专题报道1条。

（杜国庆）

农 业

综 述

【概况】 2021年，白城市第一产业增加值完成148.8亿元，增长7.1%，地区生产总值贡献率10.1%，拉动地区生产总值增长0.8个百分点。粮食作物播种面积92.56万公顷，位列全省第3。粮食产量55.69亿千克，实现“十连增”，洮南市跻身“吉林省粮食生产十佳县”。建设高标准农田2.84万公顷，落实保护性耕作面积34.87万公顷，谋划全域土地综合整治项目。白城市推动燕麦、绿豆等种质资源保护和利用，建好玉米、杂粮杂豆繁育基地。深化农村承包地、宅基地“三权分置”改革。白城市推广绿色生产模式，加强测土配方施肥、高效机械化作业等绿色生产技术应用，化肥农药保持零增长。启动地理标志农产品保护工程，筹建“白城燕麦”国家地标产业园。提高农业产业化水平，巩固壮大玉米、水稻和特产品深加工。实施“秸秆变肉”暨千万头肉牛建设工程，推进通榆吉牛、牧原等养殖项目，肉牛养殖量超50万头、增长64%。梅花建成全球单体规模最大的赖氨酸生产基地，全市规模以上农产品加工企业38家，其中12家企业被评为全省百强企业。新（扩）建标准化棚膜园区5个，庭院经济发展到23.2万户、1.46万公顷。

【农村集体资产管理】 2021年，白城市集体经济组织资产总额45.88亿元，固定资产29.61亿元，村级集体债权10.52亿元、债务13.05亿元。2021年，全市行政村均按时完成“两委”换届选举工作，基本实现“一肩挑”，村党组织书记兼任村集体经济组织法人代表，发展各种类型新型村级集体经济，特别是村党支部领办创办农民专业合作社118个，全面消除5万元以下集体经济薄弱村。

【助力农业企业发展】 2021年，市农业农村局（简称“市农业农村局”）组织开展万人助万企行动，到企业了解生产经营和项目建设中存在困难和问题，收集企业意见和建议，掌握企业工作动态，帮助企业复工复产。帮助梅花氨基酸有限公司与玉米经纪人对接，发布玉米收购信息，解决企业玉米原料收购难问题，答复企业来电或到单位当面咨询提供服务上百次。组织发动20家涉农企业入驻全国中小企业融资综合信用服务平台白城站，指导15家农业企业申报吉林省冷链物流补齐短板项目，协助吉林通榆牧原农牧有限公司等4家企业办理种畜禽生产经营许可证，带领通榆县新洋丰现代农业服务有限公司等代理商，到白城市隆盛实业科技有限公司等10家企业对接洽谈，将白城市生产大米、杂粮杂豆、大豆油等特色农产品打入长春市场。

（蔡广仲）

黑土地保护

【白城黑土地资源及分布】 依据公布的2019年耕地质量调查报告结果，白城市主要土壤类型有淡黑钙土、栗钙土、黑钙土、草甸土、风沙土、冲积土、碱土、沼泽土、山地石质土、盐土等土类10个，亚类29个，土种50个。主要耕地土壤是黑钙土、栗钙土、淡黑钙土、风沙土、草甸土。绝大多数为非典型黑土地资源，淡黑钙土为耕地中肥力土壤；栗钙土属低肥力土壤，也是需要培肥改良的土壤，主要分布在洮北区东北部、洮南市西北部、镇赉县西北部；黑钙土为白城市耕地中肥力土壤，也是旱田中的高肥力土壤。白城市高肥力土壤主要是草甸土和冲积土两个土壤类型。2019年白城市耕地质量等级调查评价面积1181.822万公顷。其中黑钙土、淡黑钙土、草甸土、栗钙土等质量较好非典型黑土地约占耕地面积55.9%。

【黑土地粮仓会战】 7月14日，中国科学院东北地理与农业生态研究所、白城市人民政府共同实施“黑土粮仓”

科技会战框架协议。甲、乙双方联合开展适用于白城市不同土地利用类型现代农业发展模式示范攻关，在保证粮食稳产、增产前提下实现地力提升、生态恢复，为国家提供黑土区盐碱地农业高效发展的系统解决方案。

白城市按照合作内容开展“黑土粮仓”示范区建设。在盐碱水田示范区，以磷石膏等高效改良剂为核心良田、良种、良法模式水稻长势良好，明显优于对照区长势，测产结果表明，采用pH4～5酸性磷石膏化学改良剂（施用量约2.7吨/亩）的重度盐碱地，改土当年水稻产量417.0千克/亩，比对照65.4千克/亩增产537.6%。推广以机插侧条施肥技术为核心的良田、良种、良法模式，应用插秧期同步实施根区侧条精准施肥+合理增密栽培技术地块，测产结果625.6千克/亩，比对照430千克/亩增产45.5%，其产量达到水稻高产田水平。开展水稻耐盐碱新品种东稻122示范，东稻122品种示范点田间表现突出，平均每亩632千克，比当地主推品种，宏科181增产10.6%，高产地块产量721千克/亩。开展153.33公顷稻田蟹苗培育推广，规模投入大眼幼体约575千克，解决西部地区成蟹养殖中优质蟹种需求，相较于以往由盘锦等地采购蟹种，当地化蟹种成活率提高30%以上，降低商品蟹养殖成本。在盐碱旱田示范区，开展轻度盐碱地喷淋洗盐——双季双优改良及其高效利用技术示范466.67公顷。第1季小冰麦平均亩产258.37千克，每亩比上年增产25.37～58千克，增产19%，达历史最高；第2季种植燕麦草，平均产量6878千克/公顷。小冰麦成熟视频被7月21日新闻联播以“丰收中国”主题进行报道，同时也被多家地方媒体进行报道。在盐碱草地示范区，建设盐碱地羊草人工草地面积33.33公顷，筛选的优质羊草突变体在pH10.0以上的重度盐碱地出苗率50%以上，突破传统羊草无法在中重度盐碱地种植的技术瓶颈，逐步实现盐碱草地生态保障功能、饲草生产能力、资源利用效率的全面提高。在盐碱湿地示范区，推广4000公顷芦苇沼泽河蟹养殖，完成产量估算，收获成蟹约18.5万千克，平均亩产3.08千克；完成秋季苇基食用菌栽培所需要5吨芦苇基质转化工作，向大安市太山镇现代农业示范园区推广苇基食用菌菌棒3万棒。构建白城示范区监测体系，完成示范区内700余个样点土壤本底调查，并在“黑土粮仓科技会战指挥控制平台”集中展示遥感制图，示范区无人机数据采集与处理、地面设备安装、云端数据智能处理和可视化系统进展顺利，实现不同数据格式数据入库和展示功能。

【黑土地保护日宣传】 7月22日是黑土地保护日，白城市在市直农业机关及市农业农村局直属事业单位门口悬挂保护黑土地条幅，并通过广播、电视、报纸、市农业农村局微信公众号，市农业农村局网站等新媒体宣传黑土地保护工作，指导各县（市、区）开展黑土地保护宣传活动。

【高标准农田建设】 2021年，白城市推进2020年度项目（建设周期两年）工程建设如期完成并验收。全市高标准农田建设项目建设完成面积2.84万公顷。按照项目管理相关规定和国家及省相关要求，采取适时督导各项目县（市、区）按照签订的建设合同，统筹安排施工、监理企业进场有序推进开工；优化项目建设计划，做细做实施工组织，排任务、排工程、排工期、排人员；同时督导各县（市、区）做好下一周期前期申报工作，推进项目初步设计申报、评审等一系列工作。

【保护性耕作】 2021年，白城市主推“宽窄行免耕播种保护性耕作技术模式”和“均匀行原垄免耕播种保护性耕作技术模式”。全市保护性耕作面积34.87万公顷，超额完成省下达34万公顷工作任务，全年组织12个保护性耕作专家组和宣讲队到村屯宣讲保护性耕作技术、补贴政策，举办线上线下培训班131期，培训1.2万人次。全市新增免耕播种机1914台，保有量4959台，满足全市保护性耕作作业需求。

【全市保护性耕作推进现场会召开】 4月19日，白城市政府人民在大安市大赉乡长白村召开全市保护性耕作推进现场会，参加会议180余人。会上，农机工作人员向参会人员讲解保护性耕作技术及相关优惠政策，并对保护性耕作全程机械化配套机具进行现场演示。会上，5个县（市、区）保护性耕作推进典型进行经验交流，市政府副

4月19日，白城市人民政府在大安市大赉乡长白村召开全市保护性耕作推进现场会。图为全程机械化配套机具现场演示　（金　涛　供图）

4.1%；产量 7.415 亿千克，减少 0.24 亿千克。

5 月 14 日，农民抢抓农时进行春耕播种。图为水稻插秧现场

（朱 枫 供图）

市长孙志刚就加快白城市推进保护性耕作讲话。强调推进保护性耕作对发展抗旱农业、建设生态农业、维护粮食安全和实施乡村振兴战略重要意义，总结白城市保护性耕作工作情况，查找存在问题，就下一步推进保护性耕作作出部署。

（蔡广仲）

种植业

【概况】 2021年，白城市农作物总播种面积109.87万公顷，比上年增加2.6万公顷，其中粮食作物播种面积92.56万公顷，比上年增加3.53万公顷。粮食产量56亿千克，增长10%，实现“十连增”。玉米种植面积54.31万公顷，比上年增长5%；水稻种植面积23.26万公顷，比上年增长10.5%；小麦种植面积2700公顷，比上年增长9.45%；大豆种植面积3.51万公顷，比上年下降9.8%。杂粮杂豆种植面积18.46万公顷，比上年下降4.1%；薯类种植面积4626.67公顷，比上年下降20%。

【玉米和大豆补贴】 2021 年，白城市落实国家玉米和大豆生产者补贴政策精神，市财政局、市发展和改革委员会、市农业农村局联合下发《关于印发〈白城市本级玉米和大豆生产者补贴实施方案〉的通知》。各地根据地域种植特点、玉米和大豆未来预期收益比较、区域产业发展等实际情况，合理确定玉米和大豆生产者补贴标准。

【水稻】 2021 年，依托引嫩入白、大安灌区、洮儿河灌区等水源条件，白城市水稻种植面积 23.26 万公顷，比上年增加 0.38 万公顷；产量 221.6 万吨，增长 10%，是全省水稻第一大市。

【杂粮杂豆】 2021 年，白城市杂粮杂豆种植面积 18.46 万公顷，比上年下降 4.1%；产量 7.415 亿千克，减少 0.24 亿千克。

【种植结构调整】 2021 年，白城市农作物总播种面积 109.87 万公顷，比上年增加 2.6 万公顷，其中粮食作物播种面积比上年增长 3.6%。经济作物种植面积 8.636 万公顷，比上年下降 9%。饲料作物种植面积 7766.67 公顷，比上年下降 8.8%。

【春耕生产】 2021 年，白城市引导农民就地就近售粮，筹措备春耕资金；畅通农资运输绿色通道，开展农资线上预订和销售，加快农资入户。全市备春耕计划需用资金 35.29 亿元筹措到位，计划使用种子 2.91 万吨、底化肥 59.67 万标吨、农膜 9600 吨全部到户。检修拖拉机和农机具 17.92 万台(套)，新增节水灌溉设备 1143 台（套），准备抗旱水桶 4.9 万个、抗旱小白龙 1.12 万吨，均高于 2020 年同期水平。2021 年是白城近年来土壤墒情最好的一年。全市水田整地面积 21.97 万公顷，泡田面积 19.31 万公顷，插秧 2866.67 公顷。完成旱田播种 56.2 万公顷，占计划播种面积 64.3%。其中，2466.67 公顷小麦全部播种完毕；玉米播种 49.39 万公顷，占计划播种面积 95%；瓜菜作物播

洮南市玉米获得大丰收。图为 12 月 6 日，鸟瞰洮南市东升乡三胜村粮食晾晒场院

（李晓明 供图）

种 2.53 万公顷，占计划播种面积 71%；薯类播种 2813.33 公顷，占计划播种面积 54%；其他作物播种 3.77 万公顷。均高于 2020 年同期水平。

（蔡广仲）

种 业

【农业新品种推广】 2021 年，白城市依托国内、省内高端科研院所和科技种业企业，发挥农业科研力量和作用，实施现代种业提升工程，建设杂粮杂豆、燕麦等良种繁育基地，培育应用玉米水稻，杂粮杂豆等最新、最优新品种。承担国家、省级联合体生产试验 6 个玉米品种联合区域试验及生产试验工作。2021 年白城市玉米主导品种有禾育 9、泽奥 718、先玉 1483、吉农玉 2988、优迪 919、天育 108、凤田 310、吉农玉 2300、必祥 809、利单 771，水稻主导品种有：宏科 181、宏科 57、九稻 325、吉粳 816、吉粳 305、吉农大 667、吉大 158、新育 40、通禾 868、长乐 520，绿豆主导品种有龙搏 9、龙搏 10，谷子主导品种有冀谷 35、公谷 88，高粱主导品种有凤杂 4、凤杂 12、吉品龙。上述品种田间表现稳定，产量较好。

【种子市场监管】 2021 年，白城市开展全市种子经营单位备案管理普查，对符合标准和要求的种子经营单位核发备案登记证，并签订守法经营保证书。全市备案种子经营单位 611 家。开展执法检查工作，全市农业综合行政执法部门出动执法人员 1515 人次，执法车辆 300 余台次，查处种子案件 30 件（镇赉县 1 件、洮南市 15 件、洮北区 3 件、通榆县 11 件），罚款金额 6.3 万元（镇赉县 0.2 万元、洮南市 1.2 万元、洮北区 2.4 万元、通榆县 2.5 万元），实现违规行为及时责令整改、违法行为及时立案处理。按照省农业农村厅下达的春季农作物种子市场专项检查部署的工作任务，完成玉米种子样品 8 个、水稻种子样品 4 个抽检工作。

（蔡广仲）

园艺业

【棚模产业】 2021年，全市建设棚室3588栋，170.73公顷。其中，日光温室406栋，20.33公顷；大棚952栋，70.4公顷；简易棚2230栋，80公顷。新增棚室面积位列全省第1。截至2021年末，白城市棚膜总面积1.23万公顷，2公顷以上棚膜园区190个。棚膜种植品种主要有蔬菜、瓜果、食用菌等。全市有6.1万户从事棚膜生产，棚膜经济实现产值20亿元，户均增收3.28万元。

【庭院经济】 2021年，全市发展庭院经济23.2万户、面积1.46万公顷，分别比上年增加0.8万户、333.33公顷。户均增收1500元以上。全市打造20个“一乡一业”庭院经济样板乡（镇），平均每个县（市、区）4个；打造152个“一村一品”庭院经济样板村，平均每个乡（镇）2个；推出30个庭院经济各类典型。各县（市、区）安排补贴资金1.01亿元，比上年增加1400万元。其中，大安市1900万元、洮南市2200万元、镇赉县800万元、通榆县3500万元、洮北区1500万元、白城经济开发区110万元、查干浩特开发区100万元。

【蔬菜生产】 2021年，全市蔬菜（不含红干椒）播种面积2.313万公顷，总产量102.6万吨，总产值30.14亿元。品种70个以上，其中，黄瓜、豆角、番茄、白菜、甘蓝、辣椒等10个品种蔬菜通过省绿色食品办公室无公害免检蔬菜认证，并获专用标识，“仙花牌”红干椒已注册，并获“吉菜畅销原料奖”。“保平春”牌、“民心”牌无公害蔬菜是白城市名牌蔬菜产品。白城市蔬菜销售到内蒙古自治区、黑龙江省、辽宁省等地，并有一部分远销到日本、韩国和俄罗斯等国家。

（蔡广仲）

【花卉苗木种植】 2021年，白城市栽种串红、孔雀草、美人蕉、四季海棠等18个花卉品种，300余万株。中兴路、青年街、文化路等改种小叶丁香、紫丁香、金叶榆、榆叶梅等5个绿篱品种，栽植面积2.5万余平方米。对小区缺苗断空位置补植乔木和宿根花卉，消除裸露地面1万余平方米。2021年，白城市亚行绿化工程项目完成新华西大路、幸福北街、纯阳路等九条道路绿化栽植任务，栽植绿化苗木11848株，绿化工

洮南市推动庭院经济规模化、品牌化发展，把“小庭院”打造成“大产业”。图为 9 月 15 日，农户采收辣椒 （李晓明 供图）

4月20日，白城市举办“万人万亩植树造林日”暨第3个十年绿化美化白城行动启动仪式。图为万人万亩植树造林现场　（段卫军　供图）

程总面积30余万平方米。完成明仁南街和明仁北街绿篱栽植及管理任务。完成中央财政林业科技推广示范资金项目“吉林西部防护林体系树种更新技术推广示范”造林补植工作及抚育管理，造林面积8.5公顷。完成“吉林西部甜仁用杏新技术研究示范与推广”示范地建设，栽植品种23号、5号、沙金红、优一、一窝蜂、龙园桃杏、龙王帽、红香杏、银白杏、珍珠油杏等品种10个。完成“白城地区彩叶树种选育”引种和管理工作，对彩叶树种紫叶挪威槭、紫叶榆叶梅、金叶卫矛、金叶糖槭、黄叶杨，进行抚育管理，新引进彩叶树种金叶丁香、花叶丁香、黄叶白蜡、花叶地锦等品种。

（周岩　王志远）

林业和草原

【概况】　白城市国土“三调”数据调查为林地面积296863.02公顷；其中，国土“三调”调查为林地，森林资源管理“一张图”也为林地的面积287648.72公顷；国土“三调”调查为林地，森林资源管理“一张图”为非林地的面积9214.30公顷（例如，城市绿化、军事管理区、房前屋后、四旁等树木林业部门不认为是林地）。国土“三调”调查为林地，森林资源管理“一张图”也为林地的部分按地类划分：有林地面积231742.15公顷、疏林地面积23821.06公顷、灌木林地面积12450.35公顷（其中国家灌木林地面积12420.08公顷，其他灌木林地面积30.27公顷）、未成林造林地面积11064.32公顷、苗圃地面积516.99公顷、无立木林地面积6020.49公顷、宜林地面积1756.19公顷、林业其他用地面积277.17公顷。白城市林地保有量287648.72公顷、森林保有量244162.23公顷、森林覆盖率9.48%。全市活立木总蓄积量12488616立方米。其中，有林地蓄积量12303113立方米、疏林地蓄积量183958立方米、散生木蓄积量1545立方米、四方树蓄积量7立方米。

截至2021年末，全市全年造林19386.66公顷，占省下达任务185.2%，开展“万人万亩植树造林日”活动；实施林草产业示范项目，大安沙棘产业5万吨精深加工厂建设项目启动，全市完成文冠果栽植1904公顷。

【万人万亩植树造林日】　为庆祝建党100周年、全民义务植树活动开展40周

表24　2021年白城市各类林木蓄积统计表

单位：立方米

统计区域	活立木总蓄积	有林地蓄积	疏林地蓄积	散生木蓄积
全市	12488616	12303113	183958	1545
大安市	3105250	3103951	1299	0
洮北区	1153523	1148658	4827	38
洮南市	2265783	2262384	1892	1507
通榆县	4425323	4256349	168974	0
镇赉县	1538737	1531771	6966	0

（资料来源：市林草局）

年，4月20日，举办“万人万亩植树造林日”暨第3个十年绿化美化白城行动启动仪式。各地均设置大型义务植树基地，75个乡（镇、场）、919个行政村设置994个一般义务植树基地，在同一时间开展义务植树活动，与兴办领导绿化点和开展“青年林”活动相结合，形成造林绿化社会氛围，当日参加义务植树3万余人，植树666.67公顷。

【“三年再造百万林”活动】 全市造林绿化突出以农田防护林修复完善工程、国有林场职工“工资田”还林、林地清收和采伐迹地更新还林工程，防沙造林、村屯绿化美化、绿色通道和城镇绿化美化为重点，推进造林绿化进程。全年白城市造林任务全部完成，全市新增城市绿化美化54万平方米，新增村屯绿化107个，绿色通道新增里程139千米。

【林业加工】 2021年，白城市原木产量15.54万立方米、锯材生产0.29万立方米、薪材1.2万立方米、胶合板0.77万立方米、细木工板0.98万立方米、其他人造板1.62万立方米、单板产量4.16万立方米。

【牧草生产】 2021年，白城市依托吉运农牧业股份有限公司等龙头企业，开展优质牧草基地建设。完成投资3亿元，在原有草原上种植苜蓿草0.3万公顷。扩大优质牧草比例发展养殖肉牛产业，企业采取“政府+企业+金融+保险+合作社（养殖户）”五位一体的“吉运”新模式，政府搭建政策平台、企业引领、金融助力、保险兜底、农户参与“五位一体”养殖模式，确保每头牛增收7000元以上。

【林药种植】 2021年，白城市利用林间空地、采伐休闲地等林下资源，开展林药种植活动，重点开发适宜当地种植的黄芪、防风、板蓝根、月见草、甘草、黄芩、苍术等10余个品种中草药材。引进内蒙古吉隆生态有限公司，在大安市成立吉隆东北沙棘产业有限公司，利用林场职工工资田林地开发沙棘、中草药种植及精深加工，发展沙棘、中草药产业。投资3000余万元，种植沙棘0.1万公顷、中草药0.1万公顷；吉林绿波中药药业有限公司形成甘草等道地中药材种植、加工、研发和销售一条龙体系。建成中药材生产车间1个，中药材恒温智能化物流车间1个，建成白城市中草药物流集散地。白城甘草成为国家地理标志保护产品。

【林果资源开发】 2021年，白城市以国有林场为带动，开展林果资源深度开发，重点建设樟子松嫁接红松、沙棘、文冠果等名特优新经济林，全年全市栽植文冠果1904公顷。其中，通榆县775公顷、大安市153公顷、洮南市886公顷、镇赉县90公顷。超额完成1.78%。

【森林病虫害预防】 全年各县（市、区）根据预测预报监测病虫发生情况，及时上报虫情并主动筹措药剂、器械，采取多种形式进行综合防治。在防治中倡导科学用药，适时用药，规范用药，推广应用天敌，生物制剂等无公害手段，高射程车载喷药等先进手段。

（李曙光）

【芦苇产业】 2021年，白城市实施芦苇湿地芡实种植工程，确定镇赉县沿江资源管理站一撮毛区为湿地芡实种植区。全年向芦苇湿地注水500万立方米，投入建设资金150万元。2021年，对种植区进行泵站检修、沟渠疏通及工程各项维护工作，二季度末完成湿地区域注水，湿地补水建设，配套引水工程设施，安排雇工进行芡实种植。截至6月末，完成芡实种植面积0.23万公顷，投入资金约80万元，累计向湿地种植区注水约300万立方米。截至2021年末，收获芡实原种10万千克，销售额约200万元。

发展芦苇湿地养殖经济。2021年，在沿江资源管理站一撮毛区域内1000公顷芦苇湿地，开展400万只芦苇湿地河蟹养殖工程。根据工程实施方案，上半年主要为项目建设规划设计期和河蟹养殖实施阶段，年初从辽宁盘锦引进优质蟹苗400万只（约3万千克）投放到芦苇湿地区域内养殖，二季度末累计投入资金150万元。其中，河蟹苗100万元、养殖设备费30万元、管护费20万元。维护引水沟渠1条，检修泵站1座，完成对芦苇湿地养殖区域四周岸边除草，投放优质河蟹苗，修补及加围防逃膜，湿地水域消毒，养殖区淤泥清淤等相关工作。因2021年雨季来临后降水量骤增，导致河蟹死亡较多，年末收获河蟹10万千克（较去年减少约20万千克），按50元/千克价格出售，销售额约为500万元。

（孙　莹）

畜牧业

【概况】 8月18日，白城市、县两级畜牧业发展服务中心（畜牧局）同步挂牌。截至2021年末，猪、肉牛、奶牛分别发展到259万头、50.36万头、4.24万头，分别比上年增长89%、57%、19%；羊、禽分别发展到666万只、2128万只，与2020年基本持平；肉产量23万吨，比上年增长33%；蛋、奶产量分别为6.97万吨、12.84万吨，与上年基本持平。

【肉羊养殖】 2021年，全市肉羊发展到433.2万只，比上年增长6%，存栏321.2万只，比上年增长4%。其中，大安市69万只、洮南市70.8万只、镇赉县27.1万只、通榆县126.8万只、洮北区27.5万只。出栏112.1万只，比上年增长11%。肉羊养殖主要以散户散养为主，家庭农场、合作社规模化育肥饲养并行，肉羊来源主要是自繁自育、收购羊羔育肥。肉羊主要集散地在大安市舍力镇、通榆县鸿兴镇。肉羊品种主要是小尾寒羊、黑头羊与当地羊的杂交羊、绵羊和山羊。全市有牛羊屠宰场（企业）19家。其中，大安市5家，洮南市4家，镇赉县3家，通榆县5家，洮北区2家。2021年屠宰肉羊28万只。

【奶牛养殖】 2021年，白城市奶牛存栏33600头，奶产量181055吨。规模以上奶牛养殖场存栏29811头，其中成母牛11909头。奶牛存栏50头以上规模养殖场（小区）数量19个，其中存栏50～299头养殖场8个，存栏量1281头；存栏300～499头养殖场4个，存栏量1799头；存栏500～999头养殖场4个，存栏量2917头；存栏1000头以上规模养殖场3个，存栏量23814头。占总存栏量比重分别为4.3%、6%、9.8%、79.9%。饲养品种主要为荷斯坦奶牛，养殖分布区域主要在洮北区、镇赉县。全部为机械挤奶，均应用全混合日粮（TMR）技术饲喂。在疫病防控方面。各县（市、区）畜牧兽医站工作人员对辖区内奶牛养殖场（小区）疫病防控情况实行包保责任制，开展奶牛重大动物疫病防控工作，2021年未发生大规模疫情。粪污处理方式主要采用干清粪方式，对固体粪便进行好氧堆肥发酵无害化处理，实施就地就近还田利用。

【生猪养殖】 2021年，白城市逐级制定生猪生产发展目标，落实生猪稳产保供包保制度，采取定期调度、现场指导、强化免疫、技术培训等综合保障措施，加快促进全市生猪产业发展，针对当前生猪价格下降形势，畜牧部门及时加强畜牧生产情况调度，科学分析研判市场形势，指导养殖场（户）抢抓市场机遇，确保应出尽出，应补尽补。争取国家和省级生猪调出大县等各项惠牧政策和地方银信部门支持，宣传落实惠牧利好政策，引导和鼓励多元主体投入，提高、养殖场（户）饲养生猪积极性，缓解当前生猪市场行情下行不利影响。推动全市生猪产业有增无减，保持高速增长势头。截至2021年末，全市生猪存栏91.91万头，出栏118.27万头。

【禽类养殖】 截至2021年末，全市禽存栏756.7万只，鸡存栏678.8万只，其中专用蛋鸡305.9万只，专用肉鸡124.1万只，兼用鸡248.8万只；鸭存栏39.5万只，鹅存栏41.4万只。全市禽出栏1368.8万只，其中肉鸡出栏791.2万只，蛋鸡出栏202.1万只，兼用鸡出栏174.2万只，鸭出栏38.5万只，鹅出栏162.8万只。规模养殖情况。家禽规模养殖场户165户，其中蛋鸡134户，存栏124.4万只；肉鸡11户，存栏117.5万只；鹅18户，存栏11.4万只；鸭2户，存栏0.2万只。养殖方式主要为散养，全市有1家肉鸡龙头企业为大安市安大牧业。现存栏53万只，截至8月末，出栏313万只。肉鸡品种主要为白羽肉鸡；蛋鸡品种有芦花鸡、罗曼褐鸡、伊莎褐鸡；鹅品种主要为吉林白鹅、卡落斯鹅、莱茵鹅、东北籽鹅、霍尔多巴吉鹅。白城市有镇赉县双丰鹅业和大安市龙沼镇太平村种鹅孵化基地2家种鹅场。

【“秸秆变肉”暨千万头肉牛工程】 2021年，白城市以德信公司、草原红牛品种为依托，建立财政补贴机制和繁育改良体系，创建疫病净化国家级示范场，打造“良种化”繁育；推广通榆“五位一体”（政府搭台+企业引领+金融助力+保险兜底+农户参与）园区化和镇赉“政府主建基地+”养殖模式，让市场主体和养殖户轻资产养牛，带动农户参与养牛、分享收益，打造“规模化”养殖；加快推进通榆吉牛食品20万头和镇赉县农牧业产业孵化园10万头肉牛屠宰加工项目建设，打造“精深化”加工；加强品牌创建、品牌保护、品牌营销，打造“品牌化”运营。截至2021年末，全市肉牛养殖主体1.4万个，其中存栏百头以上的280个、千头以上的4个、万头以上的1个；肉牛存栏50.36万头，比上年增长64%；出栏10.7万头，比上年增长37%。证照齐全，并列入国家直联直报系统的备案管理肉牛规模养殖场56家。其中，洮北区8家、镇赉县8家、通榆县9家、洮南市13家、大安市18家；德信公司种公牛存栏发展到209头，母牛发展到206头，冻精生产能力达到300万支/年。初步形成头部企业引领、“小规模大群体”支撑、全产业链一体化发展。

【动物疫情监测】 白城市禽流感免疫1547.18万只，免疫率100%；口蹄疫免疫猪193.4万头，免疫率100%，免疫牛75.16万头，免疫率100%，免疫羊753.93万只，免疫率100%；猪瘟免疫猪183.34万头，免疫率100%；高致病性猪蓝耳病免疫猪71.43万头；鸡新城疫免疫1422.77万只，免疫率100%；布病免疫牛38.023万头，免疫羊408.76万只。

【兽药监察】 2021年，全市出动监管车辆90余车(次)，监管人员425余人(次)，检查兽药经营企业253家(次)、饲料经营企业172家（次），畜禽规模养殖场（户）153家，发放宣传资料1700余份。兽药打假行动期间检查生产、经营企业52余家(次)，入户宣传79家，发放宣传单1600余份。开展打击非洲猪瘟假疫苗专项整治活动中组织监管人员检查全市所有取得兽用生物制品经营许可的企业，重点检查无标签疫苗及未经农业农村部批准的非洲猪瘟病毒诊断制品、出入库记录、资金往来等情况，发放《严厉打击非洲猪瘟假疫苗明白纸》100余份，检查经营企业62家。开展打击非法添加“瘦肉精”等违法犯罪行为专项行动中全市排查肉牛、肉羊养殖场（户）337户，肉牛、肉羊屠宰企业22家；重点检查位于两省交界的兽药经营企业25家。除开展各项专项行动外，注重抓好兽药饲料市场日常管理工作。检查兽药饲料生产企业、经营门市部144家(次)。抽检兽药样品86批次、饲料85批次。抽检动物产品（猪肉、牛肉、鸡肉、牛肝等）54批次，整顿和规范兽药饲料生产、经营、使用行为。

【规模养殖】 2021年，全市云平台备案养殖场发展到425个，规模养殖场（户）发展到4113个，规模养殖比重超过70%。白城市成为吉林省重要畜牧业生产基地、畜产品供应基地，奶牛、肉羊饲养量居全省首位。全市出栏50头以上的肉牛规模养殖场367家，肉羊规模养殖场3486家，年出栏500头以上生猪养殖场61家，奶牛存栏100头以上规模养殖场17家，蛋鸡年存栏2000只以上规模养殖场146家，肉鸡年出栏1万只以上规模养殖场36个。

【畜禽粪污处理】 2021年，白城市坚持保供给与保环境并重，坚持源头减量、过程控制、末端利用治理路径，以绿色生态为导向，推进畜禽养殖废弃物资源化利用，构建种养结合、农牧循环可持续发展新格局，依法依规严厉打击各类违法行为，规范养殖场生产经营秩序，畅通畜禽粪肥还田利用渠道，提升畜禽粪污收储运用体系建设水平，构建种养结合、农牧循环发展长效机制。截至2021年末，全市畜禽粪污资源化利用率91.5%，云平台备案规模养殖场畜禽粪污处理设施装备配套率100%，大型养殖场畜禽粪污处理设施装备配套率100%。

【畜禽良种化】 2021年，白城市坚持繁育与引进相结合原则，采取企业为主体、政府扶持、市场化运作方式，完善和建设一批现代化畜禽核心育种场和扩繁场，逐步实现良种畜禽基本自给，提高全市良种化水平。推进种畜禽生产企业和科研院所结合，加大草原红牛等地方优良畜禽保护和开发，培育适应区域饲养的肉羊主导品种，改变品种多、杂、乱的局面。引导社会力量参与建设畜禽良种育、繁、推体系，健全覆盖市、县、乡、村育繁推网络体系。白城市现有种畜禽场23个。其中，种猪场12个、种公猪场2个、种公牛场1个、种牛场4个、种羊场2个、种肉鸡场1个、种鹅场1个。

【畜禽养殖培训】 2021年，全市举办肉牛实用技术培训班8期，培训人员625人次，入户指导2000户。全市发放《肉牛养殖实用技术60问》1.4万册，其他肉牛养殖技术手册3000册，做到肉牛养殖场（户）全覆盖。为推进畜禽无抗养殖技术推广专门制作无抗养殖宣传片，通过电视、微信等各种形式宣传无抗养殖技术。举办无抗养殖技术培训班，培训人员60人。

（孙　鹤）

渔　业

【概况】 2021年，白城市总水面面积26267公顷。其中，江河3303公顷、水库22087公顷、湖泊628公顷、池塘249公顷。白城市渔业船舶98艘，541千瓦，151吨。其中，机动渔船78艘，541千瓦，151吨；非机动渔船20艘。

白城市完成水产品产量4138吨，鱼种产量完成263吨，渔业产值6896万元，名特优水产品产量2580吨。

【渔政管理】 2021年，白城市设置渔政渔港监督管理机构10个，渔船检验机构1个，渔业行政执法人员66名。发放捕捞许可证84本，征收渔业资源保护费9万元，年检验渔船92只，实施人工放流增殖工作，向自然江河和重点水域人工放流283万尾鱼种，发放渔业燃油补贴22.42万元。

【国有渔业】 2021年，白城市有月亮湖水库渔场1家国有渔业，在职职工246名。年产值4689万元。养鱼水面20386公顷，生产成鱼1899吨，生产鱼种180吨，生产鱼苗3600万尾。

【渔业品牌创建】 截至2021年末，白城市有2个单位14个品种获五洲恒通认证有限公司有机认证。其中，月亮泡水库（月亮湖水库有机系列野生鱼）鲢鱼、鳙鱼、青鱼、草鱼、鲤鱼、团头鲂、鲇鱼、黄颡鱼8个品种，镇赉县国营渔场（哈尔淖有机野生系列鱼）鲢鱼、鳙鱼、草鱼、鲤鱼、鲫鱼、鳜鱼6个品种。大安市信达农业有限责任公司（稻渔综合种养类）、通榆县太平沟渔业有限责任公司（大水面养殖）、地方国营镇赉县渔场（大水面养殖）被评为国家级水产健康养殖和生态养殖示范区。

【渔业产业结构调整】 2021年，白城市改善渔业品种结构，增加名特优品种养殖，发展河蟹和黄鳝等优质鱼类，名特优水产品产量2871吨，占总产量64%。

镇赉县创建哈尔淖有机野生系列鱼品牌。图为12月29日，镇赉县“2021中国北方渔岛·哈尔淖冰雪捕鱼季”启幕，当天捕鱼10万千克　（王野村　供图）

【水产品质量安全监管】 2021年，白城市加强对水产养殖业执法检查，督促养殖企业严格按照要求建立健全各项生产制度，完成各项记录，严禁使用禁用药物，对水产品生产源头加强管理，制定《白城市水产品质量安全专项整治行动实施方案》《白城市水产苗种专项整治实施方案》《白城市渔需物资打假专项治理行动实施方案》作为工作指南。配合国家和省抽检54个水产样品，全部合格，全年开展执法活动23次，出动执法人员97人次，机动车辆57台次，检查商户63家次、水产养殖场38家次、苗种场7家次。

【捕捞养殖】 白城市水产品产量4455吨，全部是养殖产量。育种生产。鱼种培育池195公顷，生产鱼种223吨，其中名特优鱼种161吨。从外省购入夏花400万尾。投放鱼种255吨。白城市池塘养殖面积249公顷，产量341吨；湖泊养殖面积499公顷，产14吨；水库养殖面积20386公顷，水产品产量1574吨。

【水产技术推广项目落实】 2021年，白城市稻渔综合种养技术，全市推广22406.67公顷，占全省40%以上。其中，洮北区10846.67公顷、镇赉县8333.33公顷、大安市1333.33公顷、洮南市1893.33公顷。

池塘标准化健康养殖技术，全市推广43.33公顷。其中，洮南市10公顷、镇赉县20公顷、市直13.33公顷。总产量9万千克。总产值108万元，完成总利润29万元，千克鱼成本8.76元，项目投入产出比1∶1.24。产品抽检合格率100%。

盐碱性湖泊生态养殖技术，全市推广2333.33公顷。其中，镇赉县1333.33公顷、大安市266.67公顷、通榆县133.33公顷、洮南市600公顷。实现总利润500万元以上，盐碱性湖泊是白城市特色渔业资源，项目开展有利于带动地方农渔民提高经济收入。

（蔡广仲）

农产品质量建设

【绿色食品】 2021年，白城市推进“两品一标”（绿色食品、有机农产品和农产品地理标志）认证工作，指导各县（市、区）开展绿色食品认证工作。2021年，白城市有13家企业、26个产品、面积15533.33公顷拟认证（绿色食品面积3666.67公顷，绿色食品原料基地面积11866.67公顷）。对白城市42家企业121个产品进行年检，全部合格。完成对白城市17家企业35个产品开展续展工作。

【农产品质量安全监管】 2021年，全市开展农产品质量安全定量检测1561批次，日常监测采样5646个。其中，蔬菜市场采样3348个、基地菜1484个；水果市场669个、水果基地145个，农产品质量安全总体合格率98.9%。食用农产品承诺达标合格证试行主体176个，发放农产合格证915张，附带合格证上市农产品1388.017吨。出动执法人员2247人次，出动执法车辆641台次，检查门店和企业数1535个次，查办案件总数7个，涉案金额1.27万元，罚款2.47万元，没收违法所得货值0.97万元。

【农产品品牌建设】 截至2021年末，全市区域公用品牌11个、企业品牌33个、产品品牌86个。其中“白城大米”“白城绿豆”“白城燕麦”3个区域公用品牌发挥效果显著。白城市突出地方特色，培育影响力大、辐射带动范围广、市场竞争力强“镇赉大米”“洮南绿豆”“白城燕麦”等国家地理标志产品，初步形成具有较高市场影响力和竞争力农产品品牌集群。

【农产品品牌推广】 2021年，白城市参加中国长春国际农业食品博览（交易）会。2021年第二十届中国长春国际农业食品博览（交易）会于9月6日在长春市开幕，白城市组织遴选8家企业参加。经过10天展览，大安黏玉米、镇赉大米、通榆杂粮杂豆、洮南小冰麦、洮北燕麦化妆品等产品成为该届农博会上最受消费者欢迎产品。该次展会白城展位吸引客流3万余人次，10天展销销售额5万余元，签订意向订单超过亿元。

2021年，白城市参加中国西部国际博览会。2021年第十八届中国西部国际博览会吉林省优质特色农产品（四川）宣传推介活动于9月16日在成都市开幕，白城市组织遴选5家企业参展，参展展品涉及大米、燕麦、杂粮杂豆、蔬菜深加工等4大类、130余个品种。该次宣传推介活动促进白城与成都乃至四川省涉农企业交流合作，提升白城优质特色农产品在四川主销区影响力和市场竞争力。

2021年，白城市参加中国国际农产品交易会。2021年第十九届中国国际农产品交易会产销对接暨脱贫地区农业品牌推介活动于12月24日在广州市开幕，白城市组织参加企业4家。展会期间，受广东省疫情影响，组委会为有效控制和降低疫情传播风险实行严控，导致客流量较小，为期4天展会企业现场销售额仅过万元，鉴于这种情况，主动与广州市当地几家规模较大农贸市场取得联系，在后期接洽中，与10余家销售商达成交易意向。

【吉林·白城 2021 中国农民丰收节】 9月25日，吉林•白城 2021 年中国农民丰收节在大安市嫩江湾旅游区游客中心广场举行。白城市委书记李明伟宣布吉林•白城 2021 年中国农民丰收节开幕，白城市委副书记张旗威在开幕式上致辞，白城市委常委、政法委书记孙志刚在仪式上宣读《关于表彰白城市乡村振兴优秀农业科技人才的通报》，大安市委书记杨国辉主持开幕式，相关领导为受表彰同志颁发证书。活动现场与会人员参观展销优质特色农产品50 个，参加在玉龙湖畔举行的增殖放流活动，投放花鲢、白鲢等 5 万余尾。

9月25日，吉林·白城2021中国农民丰收节在大安市举办。图为优质农产品展示区（李晓明 供图）

在丰收节第二会场——袁隆平院士大安实验基地举行碱地水稻丰收开镰仪式。水稻基地稻田中，20架无人机演示航化作业；6台智能水稻收割机收割稻谷；来自大安市18个乡镇18名农民代表开展手工收割水稻比赛。与会人员参观大安盐碱地治理成果图片展览，并品鉴碱地稻米产品。

（蔡广仲）

农业产业化

【概况】 2021年，全市农产品加工业发展到企业633家，个体工商户3325家，其中规模以上企业46家，初步形成粮油加工、畜禽加工、特产加工等生产体系。国家级龙头企业6家，省级重点龙头企业53家，市级重点龙头企业112家。加工产品20个系列800余个品种，加工能力250万吨，转化率55%。全市龙头企业总资产近100亿元，固定资产60亿元。2021年，全市农产品加工业销售收入110亿元，比上年增长7%。

【十大产业集群推进】 2021年，白城市起草《白城市农业十大产业集群推进工作方案》，设立十大产业集群长，形成11个产业集群工作推进方案，谋划项目56个。十大产业集群分别为玉米产业集群、水稻产业集群、杂粮杂豆产业集群、肉牛产业集群、肉羊产业集群、生猪产业集群、禽类产业集群、乳品产业集群、水产产业集群、果蔬产业集群。建设梅花、益海嘉里、吉运、和合、飞鹤、牧原、天意、安大牧业等一大批加工企业，玉米、水稻、肉牛、乳品、生猪、禽类实现全产业链发展。

【12家农产品加工企业被评为全省百强企业】 市农业农村局推介一批经营规模大、创新水平高、联农带农紧、市场竞争力强农产品加工业和食品产业企业参加“全省农产品加工企业100强推介活动”。3月19日，白城市12家企业获“全省农产品加工业和食品产业百强企业”称号。

（蔡广仲）

【农业标准化示范区建设】 2021年，白城市加强对在建1个国家水稻种植与加工标准化示范区和5个省级农业标准化示范区管理。指导项目单位建立以技术标准为核心，管理标准和工作标准相配套标准体系。全市承担建设农业标准化示范区42个。其中，国家级13个、省级29个（含美丽乡村标准化试点1个）。为标准化示范区项目争取补助经费68万元。

（富 饶）

表25 2021年白城市获“全省农产品加工业和食品产业百强企业”称号企业一览表

县（市、区）	企业名称
洮南市	吉林敖东洮南药业股份有限公司
镇赉县	飞鹤（镇赉）乳品有限公司
市 直	吉林裕丰米业股份有限公司
通榆县	通榆县天意农产品经贸有限责任公司
通榆县	吉林通榆牧原农牧有限公司
大安市	大安市安大牧业有限责任公司
市 直	益海嘉里（白城）粮油食品工业有限公司
市 直	吉林梅花氨基酸有限责任公司
镇赉县	吉林省益健粮食加工有限公司
通榆县	吉林省吉运农牧业股份有限公司
大安市	大安市先达食品有限公司
通榆县	通榆县新洋丰现代农业服务有限公司

（资料来源：市农业农村局）

表 26 2021 年白城市国家级农业标准化示范区一览表

序号	示范区	所在县（市、区）	批次
1	国家级洮南小尾寒羊农业标准化示范区	洮南市	第二批
2	国家级中国草原红牛农业标准化示范区	通榆县	第三批
3	国家级中国燕麦农业标准化示范区	洮北区	第四批
4	国家级大安市白鹅标准化示范区	大安市	第五批
5	国家级出口黏玉米农业标准化示范区	洮北区	第五批
6	国家级绿色水稻种植农业标准化示范区	镇赉县	第六批
7	国家级蓖麻高产栽培农业标准化示范区	通榆县	第六批
8	国家级辣椒种植及产业化生产农业标准化示范区	洮南市	第六批
9	国家级有机水产品农业标准化示范区（省农委）	大安市	第六批
10	吉林白城洮北区洮河农场有机水稻生态标准化示范区	洮北区	第七批
11	国家辣椒种植及加工标准化示范区	洮南市	第九批
12	国家大雁养殖标准化示范区	通榆县	第十批
13	国家水稻种植与加工标准化示范区	镇赉县	第九批

（资料来源：市市监局）

【白城工业园区被确定为省级农产品加工示范园区】 为做好“粮头食尾”“农头工尾”大文章，推动白城市农产品加工和食品产业集群集聚发展，吉林白城工业园区因主导产业突出、集群集聚明显、示范作用显著、联农带农作用明显，3月18日被评为“省级农产品加工示范园区”。

【吉林基隆东北沙棘产业五万吨沙棘加工项目在大安开工建设】 6月3日，全省首个“产加销”一体化沙棘产业基地——吉林吉隆东北沙棘产业5万吨沙棘加工项目奠基仪式在大安市举行。吉林基隆东北沙棘产业五万吨沙棘加工项目是白城市推进“三产融合”重点项目，是实现绿色发展标志性项目。项目总投资4.5亿元，建设占地40214.69平方米，将建成年处理5万吨沙棘原料加工厂，并配套建设沙棘产业科技研发中心、沙棘产业博览园等配套设施。项目通过“公司+基地+农户”的发展方式，可带动3000户农民增收，提供就业岗位1000余个，实现产值1.95亿元。

（蔡广仲）

休闲农业

【概况】 至2021年，全市培树省级休闲农业三星级以上企业29家。大安牛心套保旅游产业发展有限公司被评为全国休闲农业与乡村旅游四星级企业。2021年大安市被评定为全国休闲农业与乡村旅游示范县。省级以上美丽休闲乡村9个，其中大安市大岗子镇大岗子村、洮北区青山镇黎明村、大安市叉干镇民乐村被评为中国美丽休闲乡村。开展第四届“农民丰收节”，休闲农业和乡村旅游精品路线推介、增殖放流等一系列活动。

【休闲农业产业布局】 2021年，结合白城市区位交通环境、资源条件及乡村旅游发展趋势，重点打造城市及周边地区湿地生态游、草原民俗游、冬捕体验游、乡村休闲游和四大精品路线，构建起科学、合理的空间发展格局。大安市、镇赉县重点发展湿地生态游、冬捕体验游；洮南市重点发展四海渔场生态游；通榆县重点发展湿地生态游和草原民俗游；洮北区重点发展草原民俗游。

【省级休闲农业企业培育】 为实施休闲农业和乡村旅游精品工程，培育和推介一批休闲农业和乡村旅游功能齐全、布局合理、机制完善、带动力强的休闲农业精品企业（园区），不断开发现代农业多种功能，带动农民增收致富。截至2021年末，全市培树省级休闲农业三星级以上企业29家。其中，大安牛心套保旅游产业发展有限公司为全国休闲农业与乡村旅游四星级企业。

（蔡广仲）

表 27　2021 年白城市省级休闲农业企业一览表

序号	企业名称	地　址	经营项目	评定时间	企业星级
1	通榆向海乡休闲旅游农业园区	通榆县向海蒙古族乡	休闲旅游观光、餐饮、住宿	2015 年	五星级
2	大安牛心套保旅游产业发展有限公司	大安市慧阳街	芦苇画生产、加工、销售、餐饮、住宿	2017 年	五星级（2020 年评定国家四星级）
3	大安市嫩江湾湿地旅游有限责任公司	大安嫩江湾国家湿地公园	游船、儿童乐园、旅游观光	2015 年	五星级
4	镇赉县建平乡金丰旅游度假山庄	镇赉县建平乡民治村二合堂屯	垂钓、采摘	2017 年	五星级
5	吉林省大安市大发实业有限责任公司	大安市工业园区	餐饮、白酒酿造、销售	2018 年	五星级
6	通榆县向海环浪屿旅游有限公司	通榆县向海乡	餐饮、住宿、采摘、销售	2020 年	五星级
7	吉林好雨现代农业股份有限公司	镇赉县经济开发区众合路 2000 号	餐饮、住宿、采摘、大米加工销售	2020 年	五星级
8	通榆县向海屯绿色农家院	向海乡向海屯绿色农家院向海乡博物馆路北	餐饮、住宿、采摘及销售	2020 年	五星级
9	大安市裕丰粮贸有限公司	大安市大赉乡林业村苏家围子屯	田园观光、大米加工及销售	2017 年	四星级
10	洮北区绿野生态农庄	洮北区东风乡长发村北一千米	餐饮、住宿、采摘及销售	2015 年	四星级
11	吉林省通榆县嘉禧旅游开发有限公司	通榆县二龙庙西侧	水上游乐项目	2018 年	四星级
12	白城市印象东湖餐饮服务有限公司	洮北区工业园区高速路口东出口收费站路北 700 米	住宿、餐饮	2018 年	四星级
13	通榆县天意农产品经贸有限责任公司	通榆县经济开发区新发街广白路	采摘、加工、销售	2017 年	四星级
14	白城市升华农林有限公司	查干浩特旅游经济开发区旅游景区山门北侧	餐饮、采摘及销售	2017 年	四星级
15	大安辰雨农业科技有限公司	大安市经济开发区	数字农场娱乐及农事体验	2020 年	四星级
16	大安市信达农业发展有限公司	大安市人民路 24-2 号	稻田养鸭、养蟹、有机稻加工及销售	2020 年	四星级
17	白城市天意农业生态发展有限公司	洮北区青山镇黎明村一社	采摘及销售	2020 年	四星级
18	白城市小红养殖有限公司	白城市西郊街道交通村	采摘、住宿、餐饮	2020 年	四星级

续表27

序号	企业名称	地　址	经营项目	评定时间	企业星级
19	镇赉县鑫鎏水产品养殖专业合作社	镇赉县沿江镇东莫村	稻田养鱼、蔬菜水果采摘销售	2020 年	四星级
20	大安市徐氏众诚采摘园	大安市太山镇	大棚采摘及果蔬销售	2018 年	四星级
21	洮南市福顺现代农业产业园	洮南市福顺镇	大棚采摘及果蔬销售	2018 年	四星级
22	洮北区果树场	洮北区果树场路 7 号	大棚采摘及果蔬销售、餐饮	2015 年	四星级
23	通榆县延会家庭农场	通榆县乌兰花镇陆家村	大棚采摘及果蔬销售	2020 年	四星级
24	大安市农业科技示范场	大安市太山镇静山村	大棚采摘及果蔬销售	2017 年	四星级
25	大安市久华农业有限公司	大安市舍力镇富饶街 17 号	大棚采摘及果蔬销售	2017 年	三星级
26	洮南市会晶家庭农场	洮南市二龙乡保民村	大棚采摘及果蔬销售	2019 年	三星级
27	通榆县向海乡鹤乡大雁养殖厂	通榆县榆林村	人工驯化大雁	2020 年	三星级
28	镇赉县嘎什根瑞廷家庭农场	镇赉县嘎什根乡什家子村	稻田养鱼及销售	2020 年	三星级
29	洮南市北太平刘凤军养殖小区专业合作社	洮南市万宝镇北太平村季家沟屯	采摘、住宿、餐饮	2021 年	三星级

（资料来源：市农业农村局）

【省级美丽休闲乡村培育】 为发掘乡村生态涵养、休闲观光、文化、体验等多种功能，带动乡村生产生活生态价值提升，促进乡村产业振兴，截至2021年末，全市培育省级以上美丽休闲乡村9个。 （蔡广仲）

表 28　2021 年白城市省级以上美丽休闲乡村一览表

序号	乡村名称	主要特色	入选时间
1	大安市月亮泡镇先进村	先进村是榔头泡旅游景点所在地，是天然洗浴场所。以旅游为依托，开办农家乐饭店，建立棚膜采摘园。采摘的品种有果树 3700 多棵，葡萄 3100 多棵，为游客提供绿色、优质、无公害果菜，建立集观光旅游、采摘、产品销售为一体发展模式	2017 年
2	通榆县向海蒙古族乡向海村	向海村地处向海蒙古族乡境内，有少数民族 209 人。向海村依托丰富的水利资源，旅游景点资源，建设渔村、农家乐旅游饭店等。除休闲娱乐功能外，游客可以钓鱼、亲手采摘绿色瓜果、品尝农家风味饮食。有垂钓、河边炖鱼、葡萄采摘等众多农事体验活动。在农事节庆活动方面有庙会、冬捕等民俗活动	2017 年
3	洮北区青山镇黎明村	黎明村农业发展基础良好、棚膜经济特色突出。村容整洁，环境优美，村村通达到村屯全覆盖，白墙灰瓦院墙统一规划，设计文化墙，农户大门统一建设，道路两旁绿树成荫。黎明村重视文化大院发展，加强农家书屋建设。建成集文化、休闲、娱乐、运动于一体的文化广场	2018 年（认定为国家级）
4	大安市红岗子乡南岗子村	南岗子村地处红岗子乡与月亮泡镇交界处，北邻月亮湖，南连它拉红泡，地理位置优越，交通便利，资源丰富，主要生产水稻、烤烟、黄菇茑和西甜瓜，村内有温室大棚，主要种植黄桃、草莓等，供游人采摘	2018 年

续表28

序号	乡村名称	主要特色	入选时间
5	洮北区 德顺蒙古族乡 乌兰图嘎村	乌兰图嘎村汉译为“红色的旗帜”，位于白城市洮北区德顺蒙古族乡东南部，洮儿河北岸，交通便利。村现有人口中99%以上是蒙古族，是少数民族特色村寨，有丰厚的蒙古族游牧文化	2018年
6	大安市大岗子镇 大岗子村	大岗子村位于大安市西南90千米，2017年将大岗子镇7个行政村21个自然屯全部搬迁至大岗子村，建设大岗子新村。村内设党性教育中心1个，农耕文化民俗展室、草编工艺品陈列厅、木雕（蒙古黄榆）工艺品陈列厅3个，设图书室、文体活动室等	2020年 （认定为 国家级）
7	洮北区 德顺蒙古族乡 城四家子村	辽金古城遗址（泰州古城）在城四家子村境内，邻近清代双塔和莲花庙，以水稻、玉米种植为主，养殖与棚膜采摘园为辅，采摘园采用无土栽培技术。村内建立辽金文化博物馆	2020年
8	大安市叉干镇 民乐村	民乐村距离牛心套保国家湿地公园和全国仅有的三大片天然羊草草场之一的姜家甸草场12千米，交通便利。村内有草编（柳编）工艺品陈列厅、东北黏豆包制作厅和萌宠动物园，游客可以参加农耕、采摘等农事体验活动，开发“住农家屋、吃农家饭、干农家活、享农家乐”的休闲体验型乡村旅游品牌，打造“开江鱼”“小鸡炖蘑菇”“大鹅炖粉条”“全羊宴”“稻田蟹”和“杀猪菜”等特色东北菜肴	2021年 （认定为 国家级）
9	洮南市福顺镇 新德村	新德村依托域内福顺现代农业产业园，率先发展近郊乡村旅游产业。福顺现代农业产业园是白城地区规模最大的采摘基地，园区占地面积63公顷，建有日光温室大棚60栋、冷棚15栋和15000平方米连体冷棚两栋、恒温库及草莓加工车间1座、景观广场1处、农耕文化展览馆1座，产业园主要经营丹东99草莓、圣女果和软枣猕猴桃等特色果蔬供游人观光采摘	2021年

（资料来源：市农业农村局）

现代农业产业园

【概况】 2021年，白城市有省级现代农业产业园4个，市级现代农业产业园14个。新增市级现代农业产业园创建单位7个，分别是镇赉县白鹅现代农业产业园、镇赉县飞鹤乳业现代农业产业园、大安市鲜食玉米现代农业产业园、通榆县生猪现代农业产业园、通榆县杂粮杂豆现代农业产业园、洮北区畜牧现代农业产业园、洮北区林海镇水稻种植现代农业产业园，总产值27.43亿元，带动农户35335户。

【特色产业小镇创建】 2021年，市农业农村局组织参与全省第一、二批省级特色产业小镇考核评估和第三批特色产业小镇创建，洮北区林海镇弱碱稻米小镇作为培育类小镇首次列入全省第三批特色产业小镇创建名单；申报2021年特色产业小镇资金项目100万元，支持洮北区林海弱碱稻米小镇产业路项目。

【大安市白羽鸡现代农业产业园被认定为第五批省级现代农业产业园创建单位】 2021年2月，大安市白羽肉鸡现代农业产业园被认定为吉林省第五批省级现代农业产业园创建单位。该产业园2019年5月启动设立，同年7月5日被白城市农业农村局认定为白城市级现代农业产业园。位于大安市红岗子乡，实施主体是大安市安大牧业有限责任公司，产业园带领当地农民坚持走农村三产融合发展道路，不断融合农业多种功能，实现农业产业内部融合、农民增收，构建具有吉林省西北部特色现代农业产业体系，生产和经营规模不断扩大，经济实力不断增强，示范区域村民全面脱贫致富。产业园规划面积20平方千米，核心区位于大安市红岗子乡马营子村。东至来福屯，西至万发村，南至马营子村和两家子镇，北至王德金水稻田，规划2.78平方千米；发展区主要在核心区基础上向东南方向扩展，位于马营子村和来福屯等周边村屯，规划2.22平方千米；辐射区以核心区为中心，辐射周边5个乡镇，辐射面积15平方千米。

（蔡广仲）

表 29 2021 年白城市级以上现代农业产业园一览表

名 称	简 介
镇赉水稻现代农业产业园	建设范围包括镇赉县沿江镇、东屏镇、建平乡、哈吐气蒙古族乡、坦途镇、大屯镇、五棵树镇、嘎什根乡、四方坨子农场等 8 个乡镇及 1 个农场。产业园始建于 2018 年，规划总用地面积 13.33 万公顷，水田面积 7.33 万公顷，入园企业 1 家，参建新型经营主体 3 个。涵盖生产、加工、物流、研发、示范、服务等功能板块。带动就业 2327 人，人均可支配收入 1.3 万元
镇赉县肉牛现代农业产业园	建设范围包括镇赉县镇赉镇、东屏镇、建平乡、坦途镇、黑鱼泡镇等 5 个乡镇。入园企业 2 家，参建新型经营主体 5 个。形成“政府项目扶持、企业建设园区、金融机构放贷、业务部门服务、基地农户养殖”五位一体的新型养殖模式，推广肉牛规模化养殖。带动就业 13010 人，人居可支配收入 0.95 万元
镇赉县白鹅现代农业产业园	建设地点位于镇赉县镇赉镇、建平乡、黑鱼泡镇，园区规划面积 2 万公顷，园区从养殖、加工、物流、示范、服务全产业链发展在镇赉县镇赉镇、建平乡、黑鱼泡镇内布局建设完善白鹅养殖、加工设备升级、仓储物流设备建设。在镇赉镇及周边乡镇布局建设依托白鹅养殖、加工、饲料加工、餐饮等产销体系。总产值 1.5 亿元，带动就业 8000 户
镇赉县飞鹤乳业现代农业产业园	建设地点位于镇赉县，占地面积 129.6 公顷。园区立足镇赉县全球“奶牛养殖黄金带”地理优势，建立以奶牛产品加工为核心，以奶牛养殖生产和青贮玉米为主线，形成从饲草种植、饲料加工、奶牛饲养、成品生产、终端销售等乳品生产加工全产业链。辐射镇赉县周边地区农业结构调整和产业升级，提高种植养殖业的运行质量和效益。总产值 8.03 亿元，带动就业 1800 户
洮南市现代农业产业园	2017 年被认定为第一批省级现代农业产业园。坚持政府管理，以龙头企业带动，合作社和农户参与生产模式运营，坚持走“产业园 + 基地 + 休闲观光旅游”路子，建立完善“龙头企业带合作社带农户”利益联结机制，打造集研发、育种、种植、加工、仓储、物流、销售、服务全产业链于一体辣椒现代农业产业园。有 40 家龙头企业参与其中，其中省级以上龙头企业 9 家，农民合作社 159 家。园区总产值 85 亿元，入园农民 37655 人，园区带动周边农户 1.5 万余户
大安市绿色水稻现代农业产业园	大安市绿色水稻现代农业产业园是集农业生产、加工、仓储、物流、研发、服务为一体一二三产业融合发展水稻种植园区。该园区主要以优质水稻种植为主，以促进全产业链开发，创新农民利益共享机制，带动农民持续稳定增收，加快构建现代农业生产体系、经营体系、产业体系为建设目标，从而打造高起点、高标准现代农业发展先行区
大安市白羽鸡现代农业产业园	2021 年被认定为吉林省第五批现代农业产业园创建单位。产业园规划面积 2000 公顷。园区集特色种养、种禽繁育、饲料生产、基地放养、小区自养、禽类屠宰、加工销售于一体现代化农业产业园，园区内绿色发展势头特色鲜明，正在绿色有机认证面积达到千亩。在畜禽粪污资源化利用方面，优化畜禽养殖区域布局，引进生物有机肥技术，建立“生态种植→禽类、畜牧养殖→粪便 + 秸秆—有机肥生产—有机肥还田”的生态循环模式，使农业生产经济活动纳入农业生态系统良性循环中
大安市鲜食玉米现代农业产业园	建设地点位于大安市安广镇安平街 120 号，大安市先达食品有限公司院内，规划建设的产业园区占地面积 1333.33 公顷。项目建成后将根据合同中规定保底价格回收黏玉米，并可以根据黏玉米市场价格对收购价进行涨幅，使农户直接参与市场，减少中间流通环节，推进农业现代化，加快形成流通成本低、运行效率高农产品营销网络建设进程。达到以大型农产品流通企业为基础，与农民专业合作社相结合，建立新型农产品流通渠道，促进企业产业链延伸和农产品供应链整合。总产值 2 亿元，带动就业 6000 户
通榆县辣椒现代农业产业园	2019 年 7 月被认定为吉林省第三批省级现代农业产业园。产业园集聚通榆辣椒加工重点龙头企业、种植合作社及种植大户，实现产业高度集合，种植水平和加工生产技术达到国内先进水平。2021 年牵头企业通榆县天意农产品经贸有限责任公司投资 1000 万元，扩建干辣椒生产线加工项目，投资 600 万元新建辣白菜生产线。带动通榆县开通镇、瞻榆镇、新发乡、八面乡、乌兰花镇、鸿兴镇 6 个乡镇发展辣椒种植基地 1.33 万公顷，带动种植农户 2.1 万户，户均增收 6000 元

续表29

名　称	简　介
通榆吉运肉牛现代农业产业园	2018年被认定为吉林省第二批现代农业产业园区创建单位。由通榆县人民政府主导，2019年园区建设完成，核心养殖区位于通榆县什花道乡。园区2021年总投资2398万元，带动10个村集体参与肉牛养殖。园区以安格斯基础母牛养殖为主，在标准化、科学化、智能化种养基础上，创新体制机制，打造“优质高效、特色精品、绿色生态、产业融合”肉牛现代农业产业园
通榆县杂粮杂豆现代农业产业园	核心加工区位于通榆县开通镇，涉及开通镇、瞻榆镇、向海乡、鸿兴镇、乌兰花镇、新华镇、新兴村等8个乡镇28个行政村，种植基地规划面积1.33万公顷。发挥通榆县杂粮杂豆产业较好基础优势，在通榆县8个乡镇形成地区性特色种植产业带、杂粮杂豆精深加工、生产资料供应、电商平台、云数据平台、工业旅游、农业观光为一体三产融合信息产业园区。总产值2.1亿元，带动就业4752户
通榆县生猪现代农业产业园	建设范围包括通榆县经济开发区和边昭镇、新华村、瞻榆镇、团建乡、开通镇、兴隆山镇、鸿兴镇，建设面积318.93公顷，园区科学创新生猪生产新技术、建立养殖循环发展新模式。配套发展饲料加工与销售，生猪收购、屠宰，分割肉产品加工、定制肉产品加工，肉产品研发、销售。产品主要面向超市、连锁酒店、餐饮、肉食品加工厂和农贸市场等，产品供不应求。已构成产加销一体化，一二三产业融合发展现代农业产业园。总产值11亿元，带动就业3783户人
洮北区畜牧现代农业产业园	位于白城市洮北区青山镇境内，面积2000公顷。产业园发挥洮北区资源优势，打造区域牧业发展平台，在做大、做强畜牧产业同时，开展生态草原观光旅游业。总产值1.3亿元，带动就业1000户
洮北区林海镇水稻种植现代农业产业园	建设范围包括以林海镇一农村为主，辐射带动甜水村、敖包村、二农村，规划总用地面积2733.33公顷，总体呈现“一核心、三基地局”，涵盖水稻生产、加工、物流、示范等多项功能。总产值1.5亿元，带动就业1万户

（资料来源：市农业农村局）

新型农业经营主体

【概况】 2021年，白城市在市场监督部门登记注册农民专业合作社10451个、家庭农场11553个，农民合作社、家庭农场覆盖全市所有乡镇。至2021年，全市有国家级示范社11个、省级示范社144个、市级示范社735个，省级示范家庭农场83个、市级示范家庭农场293个，市级农业生产性社会化服务名录库506个。

【市级示范合作社培育】 2021年，全市遴选市级示范社235个，作为重点培育提升对象。通过制定培育方案、采取一对一指导服务、组织示范典型培训等措施，重点围绕完善章程制度、健全组织机构、强化规范财务管理、建立合理收益分配机制等方面，开展农民合作社规范化建设。

【市级示范家庭农场培育】 市级家庭农场完善财务账目和实施规模化、标准化、集约化生产经营。2021年，全市遴选市级示范家庭农场122个，推进市级示范家庭农场典型培育。

【市级示范社会化服务组织培育】 2021年，白城市加快培育多元化农业生产服务组织，促进“小农户”与“大市场”有机衔接，推动农业调结构、降成本、补短板，提高农业整体效益和市场竞争力。全市初步构建起多元化农业生产社会化服务体系，服务主体主要为农民合作社、家庭农场、农业企业等3类新型农业经营主体。全市纳入市级农业生产性社会化服务名录库服务组织506个，创建市级示范农业生产社会化服务组织典型30个，探索出“村党支部+合作社”“龙头企业+合作社+农户”“龙头企业+合作社+家庭农场”“农资经营单位+农户（家庭农场）”等多种市场化运行模式。

【国家农民合作社示范社创建】 2021年，市农民专业合作社领导小组办公室制定《关于开展争创国家农民合作社示范社的实施方案》，按照严格把握标准，注重评选质量，综合考虑规模、效益和带动能力等因素持续开展创建工作，2021年创成国家级示范社6个。分别为大安市民意农产品经营农民专业合作社、圣力种植农民专业合作社、月亮泡镇晨辉农民专业合作社、镇赉县庆江种植养殖农民专业合作社、双丰鹅业养殖专业合作社、一品鹤种植养殖农民专业合作社。

【中化MAP集团现场会召开】 9月23

9月23日，白城市在通榆县新兴乡召开中化集团MAP通榆园区农业生产社会化服务创新模式现场会。图为中化集团MAP人员实地参观特色作物种植田
（刘兆丰 供图）

日，在通榆县新兴乡召开中化集团MAP通榆园区农业生产社会化服务创新模式现场会。中化集团中化现代农业有限公司副总裁兼MAP特作事业部总经理汤可攀等参加会议130余人。与会人员现场观看中化集团MAP特作事业部通榆园区及通榆县农夫大田农作物种植专业合作社发展农业生产社会化服务情况专题片；中化集团MAP特作事业部介绍中化集团现代农业服务模式；通榆县农夫大田农作物种植专业合作社介绍合作社规模化、现代化经营模式。与会人员实地观摩藜麦特色作物种植田和水肥一体化玉米种植对比田。市、县两级政府与中化集团MAP特作事业部进行座谈交流。

【高素质农民培训】 市农业农村局联合市财政局制定《白城市本级2021年高素质农民培育项目实施方案》，2021年，市级完成高素质农民培育218人。其中，经营管理型高素质农民162人，专业技能型高素质农民56人。

（蔡广仲）

农业机械化

【概况】 2021年，全市农机总动力658.31万千瓦，拖拉机拥有量18.9万台，其中大中型拖拉机6.2万台，配套机具44.5万台（套）。全市主要农作物耕、种、收综合机械化水平92%，比上年增加1个百分点。水稻综合机械化水平100%，实现全程机械化；玉米综合机械化水平98.2%；大豆综合机械化水平94.0%。保护性耕作面积34.87万公顷，超额完成省里下达34万公顷计划任务。2021年，白城市被农业农村部评为“全国率先基本实现主要农作物生产全程机械化示范市”。

【农业机械化装备水平】 2021年，白城市农机装备重点向大功率、低耗能、高效环保的大中型动力机械及复合式多功能配套机具转变。全市拖拉机保有量18.9万台，其中大中型拖拉机比上年增加0.5万台；配套机具44.5万台（套）。耕整地机械34.8万台；播种机械9.7万台，其中重型免耕播种机4.9万台；水稻插秧机2.8万台；稻麦联合收割机15万台；玉米联合收割机0.6万台；植保无人喷药机0.09万台。

【农机安全生产监管】 2021年，全市在籍拖拉机118331台、联合收割机8634台；在籍拖拉机驾驶员106079人、联合收割机驾驶员1522人；检验拖拉机15654台、联合收割机1051台。全市发生一般农机事故1起，死亡1人，无重特大农机事故发生。排查无证无牌农用车辆13163台，粘贴反光标识车辆85699台，拖拉机挂保险编码牌11760台。出动执法车辆310余台次，执法人员830余人次，查处并纠正无证无牌驾驶、超员超载、酒后驾驶等违法违章行为410起。到各乡镇人员密集场所和农机作业现场，发放宣传资料6万余份，张贴安全标语73条，现场指导农机人员安全操作3665人次，张贴安全警示挂图1210张，村级广播905次。

【农用车辆专项整治】 汲取松原“4·15”“10·4”重大道路交通事故教训，市农业农村局、市公安局交警支队、市人保财险白城分公司联合印发《关于开展春耕生产期间农用车辆专项整治行动的通知》，各地农业农村部门牵头，通过乡镇包村干部、驻村第一书记及工作队、村组干部和“一村一辅警”等人员排查“四无”（无牌、无证、无保险、无检验合格标志）农用车辆。专项整治期间，全市排查无证无牌农用车辆13163台；在籍农用车辆127109台，其中新增注册登记车辆824台；在册驾驶员105143人，其中新增驾驶员4547人；粘贴反光标识2400条粘贴车辆950台。发放宣传资料3500余份，悬挂安全标语140余条，张贴安全警示挂图120余张，村级广播150余次。

（蔡广仲）

农业科技

【“土肥管家”软件推广】 “土肥管家”App是一款由吉林省土壤肥料总站研发的农业管理应用，农民通过互联网，根据自家种植品种、土壤养分含量及作物所需肥料免费获得施肥的科学配方。2021年，市农业农村局通过采取推送手机短信、发抖音视频等多种手段宣传“土肥管家”App软件，扩大推广应用范围，推动测土配方施肥技术推广。白城市地区农村用户数量1081676户。

【吉农码推广】 11月19日，白城市对各县（市、区）农业农村局分管领导和管理员、各乡镇（街道）分管领导和管理员、市直事业单位成员进行“吉农码”注册、审核流程、管理员账号发放等内容进行培训。全市“吉农码”注册总人数71864人。其中，管理人员注册总人数6781人经营主体注册总人数1142人、普通农户总人数63941人，以上注册人数均通过审核。

【农业新技术推广】 2021年，白城市遴选2021年白城市农业主推技术10项，包括农区鼠害生物防治技术、水稻病虫害飞防作业技术、玉米免耕隔沟裸带滴灌技术、稻田综合种养技术、花生覆膜高产栽培技术、花生病虫害绿色防控技术、绿豆高产高效栽培技术、高淀粉酿造高粱生产栽培技术、小麦复种白菜高产栽培、草地贪夜蛾防控技术。

【农业灾害防治】 2021年，白城市建立草地贪夜蛾阻隔带，在与内蒙古自治区接壤的洮南市、通榆县、洮北区设置高空杀虫灯42台，开展消杀阻截，减低迁入虫源基数。强化监测预警，加密设置虫情监测点。全市设置高空测报灯7台、太阳能自动虫情测报灯3台、太阳能智能昆虫性诱灯6台，草地贪夜蛾性诱捕器5588个，每个村6个，实现全市919个村全覆盖。2021年，全市开展绿色防控面积27933.33公顷。全市建立示范区13个，核心示范区面积12133.33公顷辐射带动47866.67公顷。全市无人机作业总面积216900公顷，三大粮食作物实施专业化统防统治面积367800公顷。

【送农业科技下乡活动】 2021年，市农业农村局开展送科技下乡活动，发放《草地贪夜蛾监测和防控技术手册》《农作物病虫害防治条例》《白城市2021年主推品种和主推技术》等宣传资料5000余份，组织专家向群众讲解农业法律法规、合作组织的一些优惠政策及粮食市场行情、种子化肥辨别、种植信息等内容，帮农民群众解决农业技术难题。

【科学安全用药培训】 2021年，市农业农村局举办“科学安全用药大讲堂”1期，培训人员99人。各县（市、区）线上线下培训185期，培训人员26917人次。

【乡村振兴优秀农业科技人才表彰】 2021年9月，在吉林·白城2021年中国农民丰收节期间，各地经逐级审核推荐、候选考察等环节，评选出李金海等10名在全市乡村振兴中有突出贡献的优秀农业科技人才。并以中共白城市委农村工作领导小组文件印发《关于表扬2021年度全市乡村振兴优秀农业科技人才的通报》。

（蔡广仲）

10月20日，在大安市海坨乡三业村中科佰澳格霖农业发展有限公司袁隆平院士工作站，智能水稻收割机在田间收割水稻

（李晓明 供图）

新能源产业

新能源产业发展

【概况】 截至2021年末，白城新能源装机802.4万千瓦，占全省69%；新能源发电占全市总发电量63%，新能源占比高，优于全国同类地区。其中，风电装机611.7万千瓦，占全省76%；光伏发电装机190.7万千瓦，占全省56%。华能、中广核、国家电投等10家电力央企落户白城开发新能源；通榆远景能源、三一风电、中材科技等装备制造企业在白城投资建设，基本形成从整机到零部件全程配套的产业链。

【配电网建设】 白城电网位于吉林电网西北部，截至2021年末，建成3座500千伏变电站和1座500千伏开关站，分别为甜水变、向阳变、瞻榆变（用户）和昌盛开关站，变电总容量6804兆伏安。甜水变电站通过甜松1号、2号线与松原500千伏变电站联络，通过兴甜1号、2号线与乌兰500千伏变电站联络，通过向甜甲乙线与向阳500千伏变电站联络。向阳变、昌盛开关站分别通过双回500千伏线路与扎鲁特直流站相连，是吉林省新能源送出重要通道。建成220千伏变电站8座（白城220千伏变电站、乔嘉220千伏变电站、镇赉220千伏变电站、大安220千伏变电站和洮南220千伏变电站、新志220千伏变电站、胡家220千伏变电站、双塔220千伏变电站）、杏花220千伏开关站1座，变电容量2040兆伏安。白城220千伏电网形成以500千伏甜水、向阳变电站为核心，以8座220千伏变电站（开关站）为支撑点两个单环网+两个双辐射供电网络，220千伏线路59条，总长2066.473千米。建成66千伏变电站95座，主变140台，容量2364.15兆伏安；用户变电站28座，主变48台，容量400.60兆伏安；66千伏变电站123座，总容量2764.75兆伏安，66千伏电网以8座220千伏变电站为中心形成8个单辐射型区域电网，66千伏线路90条，总长3233.8千米。建成10千伏配电变压器22979台，配变容量222.151万千伏安，用户配电变压器21916台，配电容量1515.179万千伏安，10千伏配电线路483条，线路长度20312.499千米。

【电源装机及发电用电】 截至2021年末，全市电源装机999.5万千瓦。其中，火电182.1万千瓦、生物质15万千瓦、风电611.7万千瓦、光伏190.7万千瓦。2021年，全年全口径发电量200.9亿千瓦时。其中，火电发电量74.33亿千瓦时、生物质发电量1.96亿千瓦时、风电发电量92.95亿千瓦时、太阳能发电量31.65亿千瓦时。全社会用电量54.52亿千瓦时。其中，第一产业用电量1.89亿千瓦时；第二产业用电量28.3亿千瓦时；第三产业用电量14.10亿千瓦时；城乡居民生活用电量10.23亿千瓦时。

【新能源乡村振兴工程】 截至2021年末，白城市建成村级光伏扶贫电站48万千瓦，覆盖全市384个建档立卡贫困村。2021年，按照宜光则光、宜风则风原则，以县（市、区）所辖每个行政村分配200千瓦指标确定总体建设规模，根据土地、接入条件等打捆建设若干个分布式风电场或光伏电站，可帮助每个村每年实现稳定集体收入7万元以上，并可持续20年，带动村级集体经济发展。大安市45兆瓦新能源乡村振兴工程启动开工建设。

【吉西基地鲁固直流白城140万千瓦外送项目】 2021年8月，白城市争取到吉西基地鲁固直流白城140万千瓦外送项目，该项目是国家第一批以沙漠、戈壁、荒漠地区为重点大型风电光伏基地项目，被列为国家发改委和国家能源局重点调度项目。项目总容量140万千瓦，分通榆县和大安市2个建设单位。其中风电80万千瓦、光伏40万千瓦、光热20万千瓦，投资110亿元。2022年开工建设，开发经营期为25年，其中风电部分20年（不含建设期）。

【吉林省“陆上风光三峡”工程在通榆启动】 10月28日，吉林省“陆上风

10月28日，吉林省"陆上风光三峡"工程启动仪式在通榆举行。图为启动仪式现场（付明哲 供图）

光三峡”工程全面建设启动仪式在白城通榆吉西基地鲁固直流140万千瓦外送项目现场举行。省委书记景俊海宣布启动。省委副书记、省长韩俊讲话。白城市全域承接吉林省“陆上风光三峡”工程。

相关链接：

吉林省“陆上风光三峡”工程

吉林省“陆上风光三峡”工程，是省委省政府确定的重大新能源工程项目。目的是发挥吉林省西部地区风光资源丰富、未利用土地多等优势，扩大自身消纳空间，打通“吉电南送”外送通道，发展风电、光伏发电项目建设。相较于长江三峡水电工程（总装机规模2250万千瓦）规模更大。吉林省“陆上风光三峡”工程主体区域包括白城、松原两市全部及四平双辽市，涵盖3个市、11个县（市、区），面积约5.1万平方千米，是国家松辽新能源保障基地核心区。工程总体目标是，到2025年，打造省内消纳、外送和制氢3个千万千瓦级新能源基地，新能源装机达到3000万千瓦，年发电量达到800亿千瓦时，装机容量和发电量均超过水上三峡，新增投资约1350亿元。

【能源投资集团组建】 5月11日，白城市能源投资集团有限公司成立，经营范围包括利用自有资金对能源、农业开发、水利设施、城市建设、道路交通等相关领域进行投资，风电、光伏等可再生能源开发利用，氢能源技术研发、技术推广、技术咨询、技术转让，能源供给、供电、配电运营及电力基础设施建设。白城市能源投资集团有限公司成为集资本运作与新能源产业融合发展为一体新型投融资平台。

【白城设立首个“清洁能源日”】 9月6日，白城市六届人大常委会第三十九次会议审议通过关于设立“白城清洁能源日”议案，将每年9月22日确定为“白城清洁能源日”。在第1个“白城清洁能源日”里，以“发展清洁能源，建设低碳白城”为主题，市能源部门联合市精神文明办、共青团白城市委及驻白能源企业等相关部门，在市民广场、阳光广场及洮北区海明路步行街开展宣传活动。通过悬挂宣传横幅，摆设宣传展板，发放宣传资料等多种方式，向市民宣传碳达峰、碳中和及清洁能源知识。市新能源及氢能产业展厅对市民全天开放，为市民解读白城市新能源及氢能发展现状和发展规划。

【安全生产】 2021年，白城市开展全市能源行业安全生产专项整治三年行动。开展“安全生产月”“白山松水安全行”和“防风险、除隐患、迎大庆、保安全”等专项行动，指导各行业管理部门和相关能源企业开展隐患排查整治工作。

（王振龙）

风电项目

【概况】 截至2021年末，白城市风电装机611.7万千瓦。其中，洮北区34.69万千瓦、镇赉县49.6万千瓦、洮南市124.33万千瓦、通榆县286.446万千瓦、大安市112.2万千瓦、查干浩特4.5万千瓦。全年发电量92.95亿千瓦时。2021年，主要推动鲁固直流配套200万千瓦风电项目、风电平价上网项目、吉林省2020年新增风电平价项目，全年开工风电项目340万千瓦。

（王振龙）

【大安中广核风力发电有限公司来福风电场】 大安中广核风力发电有限公司来福风电场总装机容量为197.5兆瓦，总投资18.79亿元，分四期工程开发建设。风电场安装115台风机。其中，金风1.5兆瓦机组66台；金风2.5兆瓦机组1台；歌美飒2兆瓦机组48台。2010年4月来福风电场四期工程同步开工建设，2013年9月28日通过吉林省发改委验收，正式投入商业运行。四期工程共用1座220千伏升压变电站，升压站安装有两台100兆伏安主变压器及相应的附属设备，115台风电机组发出电能经12条35千伏集电线路集中到两台主变升压至220千伏，经220千伏福新线送入新志变。

2021年，年平均风速6.03米/秒，大安中广核风力发电有限公司来福风电场发电量43077万千瓦时，等效利用小时数2181.1小时。

【天威安白高速舍力风电场】 天威安白高速舍力风电场位于大安市西部

舍力乡境内。南邻302国道，距大安市约70千米，距白城约40千米。该风电场总规划装机容量200兆瓦，分4期建设。总投资15.90亿元。场内新建1座220千伏升压变电站，升压变电站远景规划为2台220/35千伏，120兆伏安有载调压升压变压器。

2021年，舍力风电场发电量10983.3208万千瓦时，年风机可利用率98.26%，年发电小时数2235.36小时（其中二期为8月并网发电，三期尚未完成建设）。

【大安市乐胜风电场】 大安市乐胜风电场隶属于中航百安新能源电力有限公司，位于吉林省大安市乐胜乡境内，风电场范围是东经123°29′～123°43′，北纬45°23′～45°29′，平均海拔高度134～140米，地表以退化林地、草地和开荒地为主。该风电场项目规划容量99兆瓦，风场分两期开发。一期33台机组，单机容量1500千瓦金风风力发电机组，装机容量49.5兆瓦。配套安装33台35/0.69千伏，1600千伏安箱式变电站。配套的220千伏升压变电站一次建成，设1台220/35千伏100兆伏安有载调压升压变压器，设220千伏及35千伏两个电压等级，220千伏出线为1回线。35千伏进线为6回线。电压无功自动补偿装置建设2组，一期于2013年3月1日并网发电。二期25台机组，其中10台2000千瓦惠德风机，14台2000千瓦东汽风机和1台15000千瓦东汽风机，二期装机容量为49.5兆瓦，二期于2014年4月25日并网发电。

2021年，乐胜风电场发电量2.3274亿千瓦时，年上网电量2.2587亿千瓦时，发电2351小时数，缴税2140万元。

（万振东）

光伏项目

【概况】 截至2021年末，白城市光伏发电装机190.7万千瓦，其中，洮北区9.85万千瓦，镇赉县44.96万千瓦，洮南市37.45万千瓦，通榆县56万千瓦，大安市38.32万千瓦，分布式41.5万千瓦。全年发电量31.65亿千瓦时。2021年，主要建设吉林省2020年新增光伏发电指标，其中大唐洮南15万千瓦项目开工，年底实现并网；通榆法姆德3万千瓦项目本体工程施工基本完成，年底实现并网；大安天润二期1万千瓦项目于6月初实现并网。

【光伏领跑奖励激励基地建设】 白城光伏发电应用领跑奖励激励基地，是国家能源局第三期光伏发电“领跑者”计划奖补基地。规划装机50万千瓦。确定中广核太阳能开发有限公司、浙江正泰新能源开发有限公司、晶科电力科技股份有限公司、中国华能集团有限公司、中节能太阳能科技有限公司5家企业入选。2020年6月30日实现全容量并网发电。

【中节能太阳能科技（通榆）有限公司】 中节能太阳能科技（通榆）有限公司于2015年8月10日成立，位于通榆县，注册资本金1.58亿元。该公司建设的白城光伏发电领跑奖励激励基地（2019）5号项目属于平地项目，位于通榆县向海乡四井子梧赫村，场地总规划面积272.47公顷，农业可种植面积约160公顷。该项目利用土地资源集约化，发展“光伏农业”。2019年11月开工，2020年6月并网发电，并网容量100兆瓦。截至2021年末，项目累计向电网输送绿色电力3.25亿千瓦时，每年可节约标准煤约5.562万吨、二氧化硫排放量约0.00047万吨，二氧化碳排放量约15.1920万吨。

（李　杭）

【白城光伏领跑基地子午山220千伏升压站】 为白城光伏领跑基地大安片区光伏场区发电送出，建设白城光伏领跑基地子午山220千伏升压站。位于大安市乐胜乡子午山村南侧，总投资1.08亿元，建设期从2018年5—10月，历时5个月，建设单位及建成后的运维单位均为白城市能源投资开发有限公司。站内主要有220/36.75千伏升压变压器2台，容量均为100兆伏安、220千伏架空出线1回、35千伏电缆进线10回、35千伏动态无功补偿装置（SVG）2组，每组容量±20兆乏、站用变压器2台。其中，35千伏接地变压器兼站用变压器（DKSC-1800/36.75-630/0.4）1台、10千伏备用变压器1台。白城光伏发电应用领跑基地大安片区所发电量经子午山升压站1回220千伏线路接至220千伏新志变内，向国家电网输入电能质量、谐波、电压和闪变等方面均达到和超过国家相关标准的电能。

2021年，正泰长源光伏电站发电量18630万千瓦时，总辐照度6978.865兆焦/平方米，利用小时数1863小时；国电投长进光伏电站发电量19248万千瓦时，总辐照度6689.10兆焦/平方米，利用小时数1905小时。

（万振东）

生物质项目

【概况】 截至2021年末，白城市生物质发电并网15万千瓦，满负荷生产年可消耗秸秆60万吨。1月中旬，通榆善能3万千瓦热电联产项目实现并网发电；洮南新开3万千瓦热电联产项目本体施工基本完成，开展168小时试运行调试工作；查干浩特3万千瓦热电联产项目得到省发改委核准，开展相关前期工作。

【通榆县善能新能源有限公司】 通榆县善能新能源有限公司成立于2016年10月12日，由善能生态集团控股，主营业务生物质能发电，电力项目开发与建设、电力、热力生产及销售；生物质燃料运输以及灰渣综合利用经营产业；有机肥料制造、销售；节能设备的销售和技术咨询服务。公司位于白城市通榆县经济技术开发区，占地17.58公顷。项目总投资3.18亿元，2019年5月开工，2021年9月23日通过竣工验收。

2021年，公司职工120人。善能生物质热电联产项目累计发电量5937万千瓦时，累计上网电量为5315万千瓦时，产值1983万元，缴纳税款75万元，年度供热量5万吉焦。全年生物质利用量99877.54吨，包含玉米秸秆、水稻秸秆、芦苇秸秆、稻壳、花生壳、玉米芯、木材边料等。

（李　杭）

【洮南新开能源有限公司】 洮南新开能源有限公司建设规模1×30兆瓦抽汽凝汽式汽轮发电机组配1×130吨/小时高温高压水冷振动炉排生物质锅炉及附属生产设施。截至2021年末，机组完成72+24小时试运行。

（王振龙）

氢能示范项目

【长白氢能走廊项目启动】 2021年，白城市编制完成《新能源与氢能产业发展规划》，启动长白氢能走廊项目。项目建设地点在大安市两家子化工园区，规划装机80万千瓦，配套建设10%储能装置，年产绿氢3.2万吨，绿色合成氢18万吨。投资主体为吉电股份白城发电公司。项目总投资63.3亿元，年产氢气3.2万吨。

9月，白城启动分布式发电制氢加氢一体化示范项目。图为项目规划图

（王振龙　供图）

【分布式制氢加氢一体化项目建设】 白城分布式发电制氢加氢一体化示范项目总投资约1亿元，由新能源发电、制氢设备、加氢站3部分组成。项目由白城吉电氢能科技有限公司投资建设。项目项目规模10.6兆瓦，包括利用4.9万平方米屋顶建设4兆瓦分布式光伏，光伏装机4兆瓦；2台单机容量3.3兆瓦风电机组，风电装机6.6兆瓦；其中制氢容量5.6兆瓦，上网容量5兆瓦。制氢设备由水电解制氢装置、20兆帕氢气压缩和储存、45兆帕氢气压缩和储存等5个部分构成，具备每小时制氢1000标准立方米、年制氢约295吨能力。项目于2021年9月4日开工建设，计划2022年投产。

【吉林西部（大安）清洁能源化工产业园被认定为省级化工园区】 2021年，吉林西部（大安）清洁能源化工产业园通过认定，跻身省级化工园区。产业园位于大安市两家子镇西南，于2011年9月开始建设，规划面积8.08平方千米。完成建成区1平方千米基础设施建设，实现通信、电力、天然气、给水、排水、公路、铁路货运专线和场地平整“七通一平”；污水处理厂投入运行，日处理规模0.5万立方米，远期可扩容至1万立方米；建成2000平方米服务中心；有25人专业消防队伍。有春光玻璃、佳园再生科技、中为能源、嫩黄染料等5家企业入园，聚氧化乙烯、有机肥2个项目签约。园区功能定位是吉林省西部以氢能源生产及利用为特色清洁能源化工产业园，兼具生物化工、精细化工和环保及新材料化工等化工产业聚集区。2021年，围绕加强基础设施建设，实施应急响应中心、应急救援医疗中心、污水处理厂升级改造、特勤消防站、园区孵化器、铁路专用线等7个项目。进行土地平整，回填土方5000立方米。根据大安市“十四五”规划聘请相关机构编制氢能源产业发展规划和园区招商引资规划，围绕氢能产业发展，打造低电价园区。

【白城绿电产业园区建设】 吉林白城绿电产业示范园区（简称“园区”），是吉林省十三届人大四次会议《政府工作报告》中确定的全省两个新能源产业示范园区之一。园区以白城市洮北经开区和白城化工园区为核心，规划以100千米为半径，建设2300万千瓦装机清洁能源供应基地，作为园区增量配套电站；规划50平方千米，建设“绿电”产业基地，打造绿色新材料、绿色冶金、绿色装备制造、绿色氢能、绿色化工、绿色农产品加工、绿色智能管理七大板块。园区利用“源网荷储一体化”模式，通过新能源配套电厂、增量配电网，背靠大电网调峰，形成低用电成本“洼地”，吸引碳纤维、特种钢、大数据等高载能高技术项目落户。力争“十四五”期间，实现消纳电量超100亿千瓦时、拉动售电量超100亿千瓦时“双百亿目标”，园区内清洁能源消纳比例达到50%，当地消纳清洁能源装机超过500万千瓦、固定资产投资完成200亿元、产出规模达到200亿元。3月22日，吉林省能源局支持设立白城绿电产业示范园区，在全省率先开展示范；6月7日，国网吉林省电力有限公司支持白城绿电产业示范园区；6月10日，由市、区两级政府，吉电股份、远景能源组建的配售电公司作为园区供电主体，完成注册；7月5日，吉林省能源局同意白城绿电产业示范园区开展增量配电业务改革试点；9月2日，白城市政府为加快建设白城绿电产业示范园区提出若干条意见；12月13日，吉林省能源局下达白城市130万千瓦风电项目建设规模，专项用于支持白城绿电园区建设，满足绿电园区用能需求；12月27日，市政府同意园区四至范围、面积和洮北区域内45平方千米区域内由吉林洮北经济开发区管理。

（王振龙）

新能源配套产业

【重点能源装备制造企业】 2021年，三一风电、通榆远景能源、中材科技等装备制造企业在白城投资建设，基本形成从整机到零部件全程配套全产业链发展。其中，主机生产企业3家、产能7.5吉瓦，风机塔筒生产企业8家、产能49万吨，叶片生产企业3家、产能1340套，机舱罩、导流罩生产企业2家、产能2600台（套），变压器生产企业2家、产能4000千伏安，特种电缆、环段法兰生产企业各1家，产能分别为200万米、10万吨。

（王振龙）

【远景能源通榆有限公司】 远景能源通榆智能风机装备制造项目总投资约1亿元，项目总占地面积33311.67平方米，主要建设智能风机总装车间及原物料车间、云计算办公中心、仓储及配套建设堆场、园区景观、消防、环保等基础设施。2020年10月开工。

2021年7月1日，正式下线第一台智能风机。截至2021年末，生产3.3兆瓦以上风机159台（套），实现销售收入6.2亿元，利税4000万元，就业人数120人。

（张凯军）

表30 2021年白城市能源装备制造企业一览表

设备类型	企业名称	产能	所在县（市、区）
风机塔筒	瑞鹏机械制造	2 万吨	洮北区
	林城风电装备	5 万吨	洮北区
	吉林省新东起	6 万吨	洮南市
	松辽机械	2 万吨	洮南市
	天奇装备	3 万吨	工业园区
	通力实业	6 万吨	工业园区
	天能电力	5 万吨	大安市
	通榆天能	20 万吨	通榆县
风机主机	华仪风能	200 台	通榆县
	华锐科技	600 台	工业园区
	三一风电	820 台	通榆县
	远景能源	500 台	通榆县
	东方电气	300 台	通榆县
风机叶片	中材科技	240 套	工业园区
	重通成飞	500 套	大安市
	通榆三一	600 套	通榆县
机舱罩	成来电气	1600 台（套）	镇赉县
导流罩	双吉科技	1000 台（套）	通榆县
变压器	成来电气	1000 千伏安	镇赉县
	水发电力	1000 千伏安	通榆县
特种电缆	徽商电缆	200 万米	通榆县
环段法兰	凡瑞重工	10 万吨	通榆县

（资料来源：市能源局）

【东方电气通榆项目】 东方电气集团始建于1958年，是全球最大的发电设备制造和电站工程总承包企业集团之一，发电设备产量累计超过6亿千瓦，连续17年发电设备产量居世界前列。有“水电、火电、核电、电气、风电、太阳能”六电并举研制能力。东方电气先后打造全球最大1000兆瓦白鹤滩水电机组、亚太地区单机容量最大10兆瓦海上风电机组以及国内首台6兆瓦等级陆上风电机组等。

东方电气（通榆）新能源装备制造基地，是借助通榆地区优质风资源，打造的东北地区最大风电装备制造基地。项目占地11.33公顷，总投资15亿元。东方电气（通榆）新能源装备基地将新建1座智能风机装备制造厂，建成后具备年产风电整机1.5吉瓦以上的能力；新建1座发电机制造厂，建成后具备年产永磁直驱及双馈发电机1.5吉瓦以上能力；新建1座风机叶片制造厂，建成后具备年产大型风电叶片500套以上能力；新建1座风力发电机电控系统制造厂，建成后具备为1.5吉瓦风力发电机

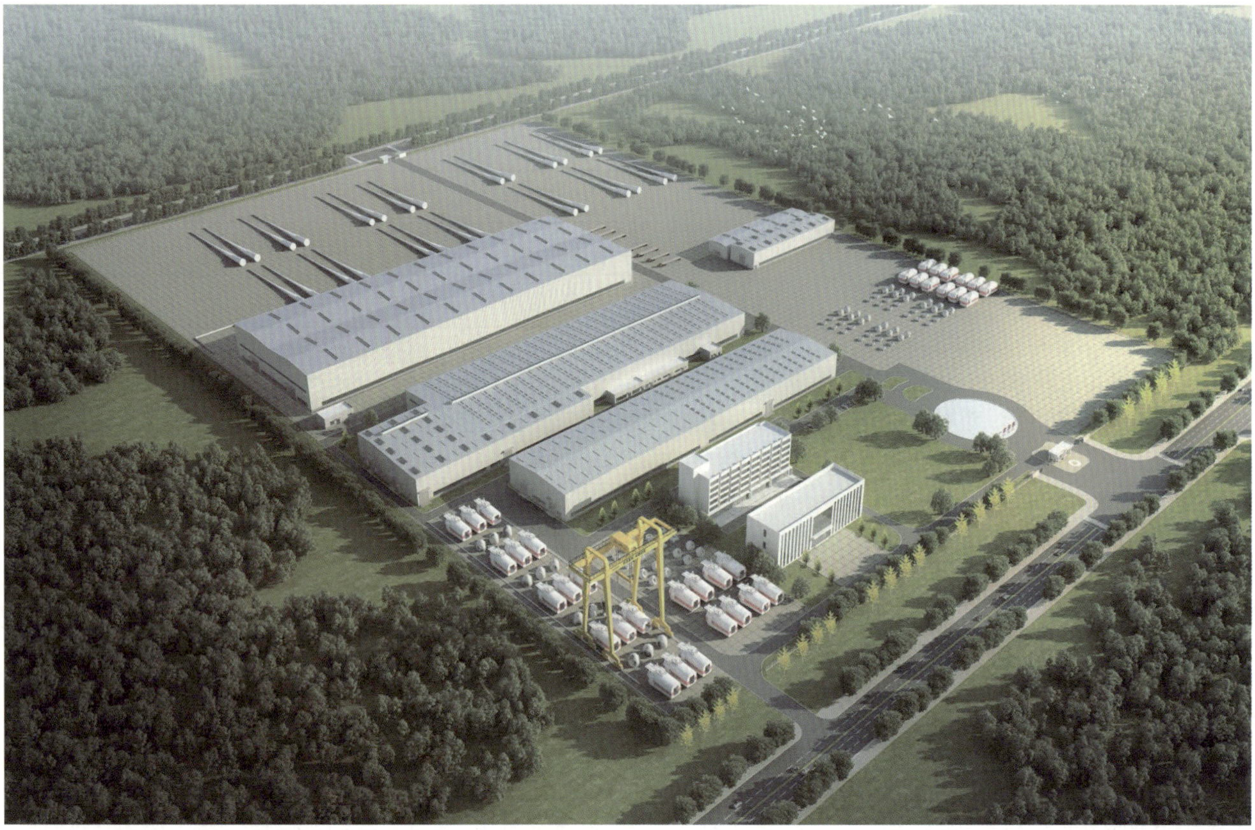

通榆三一产业园鸟瞰图。摄于1月20日　　（李　杭　供图）

提供配套电控系统能力。项目建成投产后年产值可达50亿元以上，年纳税约1.5亿元，用工约600人以上。

2021年7月，开展基地建设工作，先后进行围墙修建、厂房及办公楼基础、道路修建、厂房基础浇筑、主体厂房吊装等建设。10月底完成办公楼主体施工、12月底完成所有厂房钢结构安装。

（王振龙）

【通榆县三一风电装备技术有限责任公司】 通榆三一风电装备技术有限责任公司隶属于三一重能股份有限公司旗下的全资子公司，成立于2009年，公司注册资金8000万元，总投资2.2亿元，总占地面积33.2592万平方米，有员工500人；主要从事风电机组研发、制造与销售；具备2～6兆瓦主机及配套叶片生产能力。

2021年3月20日，通榆产业园整机车间建设、叶片车间升级、数字化工厂建设启动，全年完成各项技改投资约1亿元；5月28日，通榆产业园区首台大兆瓦陆上风机下线，标志三一重能风电智能制造产业园二期项目建成投产，同时三一重能也成为国内唯一一家“整机+风电叶片”全部落地吉林省的整机厂家；9月7日，取得三级安全生产标准化证书；12月1日，取得质量、环境、职业健康安全管理体系认证证书。2021年，生产叶片502支、主机177台套；完成吉林省、辽宁省、内蒙古自治区、天津市、山西省、新疆维吾尔自治区等19个风电场139台（套）供货任务；实现产值11.6亿元，纳税4257.13万元。

（张凯军）

工 业

综 述

【概况】 2021年，白城市第二产业增加值完成97.8亿元，增长9.7%，地区生产总值贡献率37.5%，拉动地区生产总值增长2.9个百分点。规模以上工业经济面临缺煤、缺电、缺芯等挑战，白城市采取稳存量、挖增量、控减量、调变量等措施，规模以上工业增加值连续4个月增速居全省首位。全市规模以上企业162家，全市工业总产值比上年增长27.2%，高于全省平均水平19.6个百分点，增速居全省第3位；工业增加值增速22.5%，高于全省平均水平17.9个百分点，居全省首位。工业利润总额比上年增长35.8%，增速居全省第3位。开展“万人助万企”“服务企业周”等活动以及工业稳增长攻坚行动，破解企业生产中存在问题难题，稳定工业经济运行，全年产值超亿元企业52家。落实各项惠企政策，为吉林梅花、恒维汽车争取连续生产专项资金。帮助企业争取5000万千瓦时风电直接交易指标，降低企业用电成本。发挥中小企业服务平台作用，为企业提供担保、财务、法律等服务400余户(次)。

【工业经济运行】 各县（市、区）增速差距拉大。从产值增速看，12月，通榆县和工业园区发挥引领作用，分别比上年增长72.8%和90.2%；洮北区比上年增长10.6%；开发区、镇赉县和大安市分别增长6.6%、7.4%和4.4%。从增加值增速看，通榆县成倍数增长，增长117.8%；工业园区和镇赉县实现两位数增长，分别增长72.2%和10.5%；开发区、洮北区较为平稳，分别增长6.9%和6.6%；大安市下降7.5%。产值比上年下降7.9%，增加值下降9.6%。

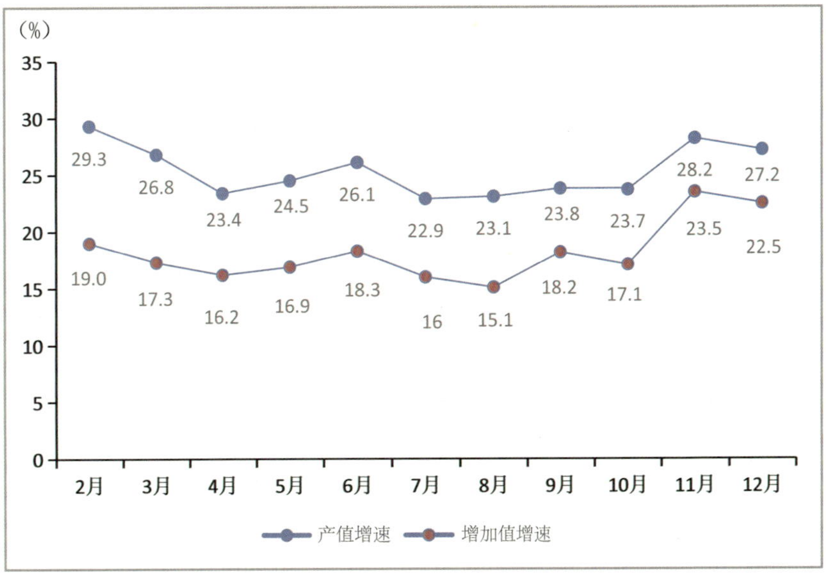

图1　2021年白城市各月份累计产值增速和增加值增速示意图

重点企业稳定全市基本盘。50家重点企业产值比上年增长30.4%，净增产值48亿元，拉动全市产值增速22个百分点。从企业总量看，吉林梅花、安波福电气、白城发电公司、戈壁能源和三一风电5家企业产值超10亿元；益海嘉里、安费诺金事达、富达棒材等34家企业产值超亿元。从增速看，鲁能新能源、三一风电等3家企业产值增长超100%，中材科技、吉林梅花、富达棒材等13家企业增幅超过10%，对全市工业经济稳增长贡献巨大。

【工业投资】 2021年，白城市工业投资全年保持两位数增长，累计增速最高172.5个百分点。1—12月保持高位增长态势，投资增速位列全省第2，高于全省平均增速54.8个百分点。

全市调度工业项目92个。其中，新建项目54个、续建项目38个。截至2021年末，开复工64个，开工率69.6%，比上

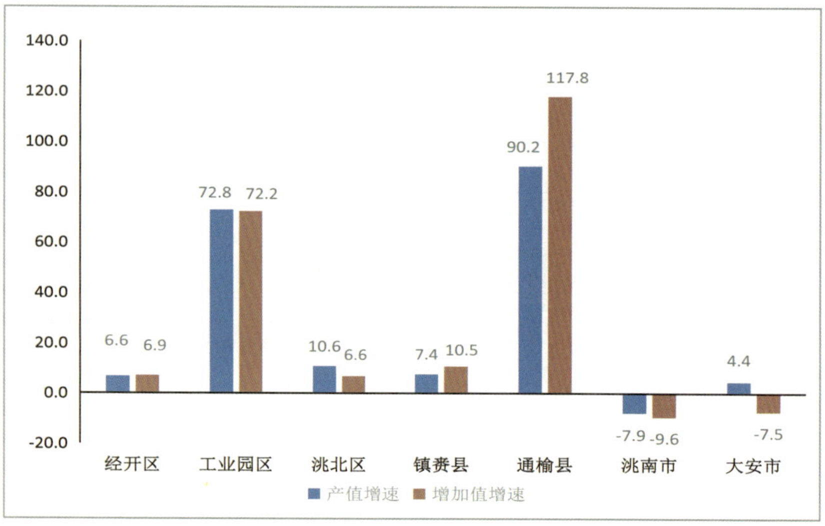

图 2　2021 年白城市各县（市、区）累计产值和增加值增速示意图

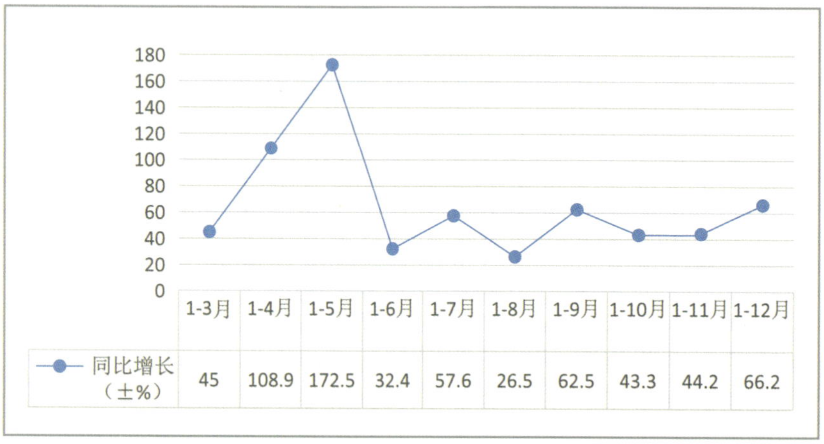

图 3　2021 年白城市工业投资增速情况示意图

年增长66.2%（统计反馈数据）；其中技术改造项目41个，有25个项目开工建设，开工率61.0%，比上年增长22.1%。全年建成工业项目31个，实现投产12个。

建成项目持续释放产能。吉林梅花三期项目，累计完成13亿元，全面投产，年底新增产值1.5亿元；洮北林成风电塔筒生产项目，全部建成投产，完成升规入统，年底新增产值2.6亿元；远景智能风机项目，全部建成投产，实现升规入统，年底新增产值6.5亿元；通榆天能重工风电塔筒项目，升规入统，年底新增产值4.4亿元；通榆三一风电技改项目，年底新增产值6亿元。

县（市、区）工业项目入统。1—12月，全市纳入统计项目库71项，比上年增长29.1%。其中，通榆县、大安市分别实现入统22项、17项，占全市入统项目54.9%；洮南市、工业园区、镇赉县、经开区、洮北区、生态新区分别入统9项、7项、5项、5项、5项、1项。

【工业用电】　工业用电　2021年白城市工业用电28.04亿千瓦时，比上年增长5.0%，增速位列全省第3，低于第2的白山市3.7个百分点，高于全省平均增速2.3个百分点。

工业企业用电　从行业看，能源工业累计用电20.30亿千瓦时，比上年增长0.6%；农产品资源加工业累计用电2.24亿千瓦时，比上年增长17.4%；冶金建材业累计用电2.56亿千瓦时，比上年增长45.1%；装备制造业累计用电0.87亿千瓦时，比上年增长2.5%；纺织服装业累计用电0.52亿千瓦时，比上年增长15.3%；医药产业累计用电0.14亿千瓦时，比上年增长9.2%。从重点企业看，全市25家重点用电企业当月用电0.44亿千瓦时，比上年增长51.6%；累计用电5.57亿千瓦时，比上年增长26.3%。重点用电企业用电量占全部工业用电量20.9%。金升镍业自10月起恢复生产，本月用电0.14亿千瓦时，累计用电0.37亿千瓦时。高载能企业中，富达棒材累计用电1.63亿千瓦时。比上年增长33.6%；吉林梅花累计用电0.97亿千瓦时，比上年增长32.8%；四季盛宝累计用电0.40亿千瓦时，比上年增长17.4%；戈壁能源累计用电0.97亿千瓦时，比上年增长6.9%。

【运行监测】　截至2021年末，白城市规模以上工业增加值连续6个月增速居全省首位，全市规模以上工业企业162家，全市工业总产值比上年增长27.2%，全省排名第3，工业增加值增速22.5%，居全省首位。发挥工业运行调度工作体系积极作用，强化周调度、旬报告、月分析工作机制，加强50家重点企业运行监测，以点带面监测和分析全市工业经济运行趋势，关注重点企业生产运行，及时发现问题，采取积极措施破解，稳定工业经济运行基础。制定并下发《白城市产业链链长制工作制度》，以围绕产业树上项目为抓手，促进白城市重点产业链条化发展，制定农产品加工、装备制造、医药等主要制造业产业链发展指南，明确重点产业发展方向。指导企业科学应对有序用电。下发《关于指导工业企业应对有序用电保证工业经济稳增长的通知》，鼓励企业开展节约用电工作，根据自身生产技术特点、工艺周期等合理安排生产，最大限度降低电力供应对企业生产影响。印发《白城市工业稳增长攻坚行动方案》，成立工业稳增长工作专

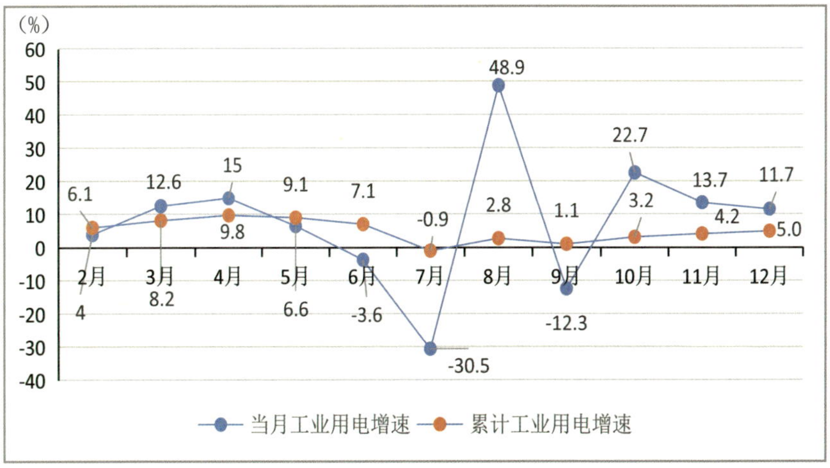

图 4　2021 年白城市各月份和累计工业用电增速示意图

班，分别对各县（市、区）开展联系服务工作，推动“四个一批”（推动一批重点增量企业增产扩能、一批重点困难企业盘活企稳、一批中小企业入规升级，一批重点项目投产达效）企业和工业项目加快实施。

【产业谋划】　2021年，白城市助力企业申报项目，推动产业发展，全市农产品加工业、能源产业、装备制造业、冶金建材业等六大产业占规模以上工业比重95%以上。根据白城市资源禀赋、产业基础和十四五规划目标，修订《重点产业跃升计划》，明确产业发展方向和路径。配套制定农产品加工、能源化工、装备制造、冶金建材、纺织、医药六大产业产业树图和“两支两优”产业链图。组织全市省级化工园区申报工作，吉林西部大安清洁能源化工园区通过认定。协调省工信厅帮助白城市汽配企业衔接一汽订单。两次组织白城市永固连杆、中一精锻到一汽传动中心进行对接。借助白城市与长春市对口合作机会，经市发改委向长春市推介白城市氨尾气回收项目，并组织企业参加双方座谈。组织白城市智能光伏试点示范工作，帮助企业明确申报重点，完善相关申报材料。经推荐市能投公司智能光伏示范项目通过省级初审，报工信部等六部委终审。组织梅花氨基酸、益海嘉里、天意辣椒等5家企业申报入选全省农产品加工业和食品产业百强企业名单。指导白城市富达棒材轧制有限公司对炼钢设备进行产能置换，企业产能置换方案完成省级公告，开展项目建设。

【重点产业优劣势分析】　*优势方面*　区位优势。白城地处吉林省、黑龙江省、内蒙古自治区三省区交界处，是黑龙江西南部（齐齐哈尔等市），内蒙古东北部（呼伦贝尔、兴安盟等市）入关的必经之地，东北地区重要交通枢纽，是历史形成的三省区接合部商品集散地和经济交流中心，辐射周围3小时左右经济圈内兴安盟、齐齐哈尔、通辽、松原等4个地级城市1000余万人口。农畜资源优势。白城市是吉林西部重要粮食生产基地和特色农产品加工基地，是国家大型商品粮基地，同时地处科尔沁草原腹地，畜牧养殖资源丰富。有玉米、水稻、高粱、燕麦、谷子、糜子、荞麦、薯类、绿豆、杂粮杂豆等粮食作物，有花生、葵花、辣椒、香瓜、蓖麻、打瓜、烤烟、叶菜类等经济作物，有猪、牛、羊、鸡、鸭、鹅、雁等禽畜产品及大量淡水鱼。良好生态资源及丰富土地资源，为高品质农畜产品生产奠定基础。全市打造“两都两基地”，即“杂粮之都”“燕麦之都”“生态牧业基地”“生态水产基地”。电力能源优势。白城地处东北电网中心位置，是东北四省区电力负荷中心，全市年发电能力200亿千瓦时。其中风电、光伏等新能源产业发展潜力巨大，白城市成为全国首批千万千瓦风电基地、唯一的风电本地消纳示范区、全国光伏发电应用领跑基地，全市打造北方氢谷，发展氢能产业。

劣势方面　产业规模小。全市规模以上工业企业162家，产值规模不足全省规模以上工业2%。在现有规模以上企业中，大中企业少、小企业多，缺少带动产业发展骨干企业，抗波动能力差。2021年超10亿元企业5家。结构不优。在产业结构上，能源产业比重偏大，规模以上企业数量和产值占比均超过40%，对带动人员就业和经济持续增长拉动作用不大。在单一产业上，上下游企业关联度差，缺乏相互促进带动作用，六大产业尚未形成完整产业链。特别是装备和纺织产业，装备产业以风电配套和汽车配套为主，纺织服装行业原料和市场两头在外；在产品结构上，低端产品多，中高端产品少，大路货多、知名品牌少，市场竞争能力不强。人才匮乏。白城市属于东北欠发达地区，高端管理人才和技术人才不愿选择白城市发展，本地人才也呈逐年外流趋势，造成部分企业管理人员和技术人员不足。本土企业家和企业经营管理者整体素质和能力水平不高。纺织服装、汽车配套等劳动密集型产业存在招工困难问题。

【项目建设】　1—12月，全市工业经济持续向好，工业投资大幅增长，项目建设稳步推进，重点项目加速推动，陆续建成投产。2021年计划完成投资251亿元，开复工64个，开工率69.6%，完成投资122.3亿元，比上年增长66.2%，工业投资增速位列全省第2，高于全省平均增速54.8个百分点。建成项目31个，投产12个，实现产值20亿元。开展项目秘书服务制，组织各县（市、区）选派业务水平高，服务意识和组织协调能力强中层及以上干部担任项目服务秘书，帮助项目单位早开工、快建设。支持企业技术改造。加强企业技术改造服务和指导，鼓励企业采用先进的、适用的新技术、新工艺、新设备、新材料等对现有设施、生产工艺条件进行改造。组织项目纳入省级工业产业链试点示范项目库。全市组织吉林梅花年产30万吨赖氨酸及配套工程项目、益海嘉里二期米厂及附属设施扩建工程、飞鹤（镇赉）乳品有限公司技术改造项目等7个项目纳入项目库。

【工业项目竣工投产百日攻坚活动】 2021年，白城市开展工业项目竣工投产百日攻坚活动，组织各地成立“工业项目竣工投产百日攻坚领导小组”。建立专班抓、专人跑工作机制，加快工业项目投产达效。主动靠前服务，针对部分企业面临订单不足问题，联系协调域内企业与之合作。吉林省磐岳环保科技有限公司属于固体废物处理企业，建成后存在“吃不饱”的情况，镇赉县工信局主动与域内企业了解固体废物情况，掌握银诺克药业的废药渣、飞鹤乳业废检验药品、成来电气废树脂尾料等属于危险废物，经沟通协调，帮助供需双方取得联系，达成合作意向。

【《“产业名城”工作方案》出台】 6月25日，市政府办公室印发《推动制造业竞争优势重构　打造“产业名城”工作方案》（简称《方案》）明确打造“产业名城”重要意义、总体要求、目标任务、保障措施4个方面重点内容。《方案》从农产品加工产业、清洁能源产业、装备制造产业、医药健康产业、现代物流产业、冶金建材产业、生态旅游产业、大数据产业、氢能产业等9个产业提出目标任务。

【服务企业发展】 2021年，白城市对符合专项资金支持项目，帮助企业准备资金申请报告，采用专人跟跑、全面陪同、全程指导方式，与项目建设单位共同确定申报方向、审核相关附件、解决总体备案文件与项目二期逻辑关系等问题，为吉林梅花二期在建项目争取国家专项资金近5000万元并全部到位，用于项目建设。大安市项目秘书帮助企业享受政策扶持，协调多部门联动推进项目建设。市工信局会同发改、财政、人民银行、金融办等部门共同组织企业申报国家疫情防控重点保障企业名录工作，助力相关企业享受政策性贷款2000万元。大安市开展“吉林西部清洁能源基地核心区”建设和“企业服务周”等，做大做强工业企业帮扶服务活动，落实一系列惠及企业政策，推动企业快速发展。

【推动困难企业企稳回升】 2021年，白城市下发《关于推动减产企业企稳回升工作的通知》，对产值降幅较大企业实施“一企一策”清单化管理，分类推动停产、半停产企业恢复生产。开发产品销售市场，制定并下发《关于支持企业抢抓市场机遇扩大生产的通知》，推动各地搭建重点工业品产需合作对接平台，帮助建材企业扩大市场份额。向各县（市、区）推送全省重点项目汇编，指导各地组织企业与项目单位主动对接，争取订单，扩大生产。

【惠企政策落实】 白城市落实2021年工信高质量发展专项资金，鼓励企业春节期间连续生产，春节期间为企业员工优先接种新冠疫苗，为吉林梅花、恒维汽车争取连续生产专项资金34.07万元。帮助企业降低用电成本，为3家工业企业争取到5000万千瓦时风电直接交易指标。为32家规模以上企业免费开展法制体检，帮助企业查找法律风险点。

（吴建民）

农产品加工产业

【概况】 2021年，全市农产品加工业形成玉米、水稻、杂粮杂豆、葵花、花生、辣椒、畜禽、乳品等特色资源加工体系。其中白城大米、杂粮杂豆、辣椒制品凭借原料品质优势，形成较好区域口碑。大米产品在北京市、上海市、云南省、贵州省、陕西省等多地市场占有一席之地。辣椒制品、杂粮杂豆畅销国内，远销日韩。安大肉鸡制品、洮儿河系列白酒、飞鹤奶粉均具有较强市场竞争能力。梅花氨基酸300万吨玉米深加工项目总投资100亿元，一、二期投产，三期于2021年11月6日试车。规模以上企业32家，2021年产值规模约83.8亿元。

【项目建设】 2021年，实施农产品加工项目25项，总投资79亿元。重点有吉林梅花氨基酸有限责任公司玉米深加工三期年产30万吨赖氨酸、10万吨有机肥及配套工程项目、益海嘉里（白城）粮油食品工业有限公司二期米厂扩建项目。

（吴建民）

【烟叶生产】 优化种植布局、推动土地流转，稳定优质烟区、稳定核心烟农，落实烤烟计划312.73公顷，削减种烟乡镇4个、种烟村10个、种烟户115个。打造以“种植专业户、家庭农场和种植合作社”为主体集约化生产组织形式，职业烟农种植面积90%以上。推进科学化种植、机械化生产、绿色防控等一系列先进技术应用。全年上等烟收购比例60%，比上年增幅9.72%，收购均价26.65元/千克，比上年提高0.69元/千克。促农增收实现销售收入339万元，烟农增收114万元。

（李新晖）

【30万吨赖氨酸及产业链配套项目签约仪式】 3月18日，白城市人民政府、白城工业园区、梅花生物科技集团三期30万吨赖氨酸及产业链配套项目签约仪式举行，梅花三期扩建项目正式落地建设。签订《白城市人民政府、白城工业园区管委会、梅花生物科技集

3月18日，白城市人民政府、白城工业园区管委会与梅花生物科技集团举办三期30万吨赖氨酸及产业链配套项目签约仪式。图为签约仪式现场

（赵天宇 供图）

团股份有限公司三期30万吨赖氨酸项目合同书》，白城工业园区管委会与部分企业签订项目5个，总投资8亿元。分别与益海嘉里（白城）粮油食品工业有限公司签订投资3亿元10万吨玉米胚芽油项目、与天津福瑞达木制品有限公司签订总投资5000万元年产2万套木制托盘生产项目、与国器能源（吉林）有限公司签订总投资3亿元年产12万吨盐酸和8万吨硫酸钾项目、与白城森昊物流园有限公司签订总投资1亿元物流园建设项目、与吉林省吾印良品纸塑包装有限公司签订总投资5000万元年产5亿件纸塑包装生产项目。市委书记李明伟、梅花集团董事长王爱军出席签约仪式。

【白城市与飞鹤集团生态乳业产业集群建设项目对接会暨签约仪式举行】 4月16日，白城市与飞鹤集团生态乳业产业集群建设项目对接会暨签约仪式在镇赉县举行。市委书记李明伟、飞鹤乳业集团董事长冷友斌出席对接会和签约仪式。副市长张天华，飞鹤乳业集团副总裁、生态牧业原总经理付文国代表双方签订合作框架协议。

（吴建民）

【吉林梅花氨基酸有限责任公司】 吉林梅花氨基酸有限责任公司（简称“吉林梅花”）是梅花生物科技集团股份有限公司（简称“梅花集团”）全资子公司，是国家高新技术企业、农业产业化省级重点龙头企业。成立于2017年，坐落在吉林省白城工业园区，占地面积150万平方米。2021年，有员工2490人。

吉林梅花按照梅花集团整体发展战略要求，投资100亿元建设年加工300万吨玉米精深加工产业化项目，项目分三期建设，一期2018年3—12月，建设年产40万吨赖氨酸项目，是全世界单体规模最大赖氨酸生产线；二期2019年9月—2020年6月，建设年产30万吨谷氨酸钠项目，是全世界最先进谷氨酸钠生产线；三期2021年3—11月，建设年产30万吨赖氨酸项目，项目建成后，吉林梅花赖氨酸产能达到70万吨/年，满产后，将占全世界赖氨酸产量1/4，是全世界最大赖氨酸生产基地。

吉林梅花主要产品（饲料添加剂）、谷氨酸钠（味精），赖氨酸产品主要用于出口，出口至欧洲、亚洲、南美洲、北美洲、大洋洲、非洲六大洲50个国家和地区。梅花99味精是国内知名品牌，主要与国内外知名品牌合作，如王守义、康师傅、今麦郎、海天、太太乐、雀巢、联合利华等。

2021年，吉林梅花加工玉米102.29万吨，赖氨酸产量41.6万吨，谷氨酸钠产量22.3万吨，实现产值51.67亿元，销售收入49亿元，产品出口累计销售收入12.83亿元。

（马长生）

4月16日，白城市与飞鹤集团生态乳业产业集群建设项目对接会暨签约仪式在镇赉县举行。图为签约仪式现场

（邢 璐 供图）

【益海嘉里（白城）粮油食品工业有限公司】 益海嘉里（白城）粮油食品工业有限公司（简称益海嘉里）是益海嘉里金龙鱼粮油食品股份有限公司全资子公司，2008年7月，经白城市工业园区管理委员会核准投资建设，是一家集粮食收购、粮食加工、仓储物流、贸易经营于一体的大型粮油食品加工企业。主要产品包含金龙鱼、香满园、金元宝、元宝、鲤鱼等品牌小包装米，产品经由益海嘉里集团完善的销售体系销往全国。公司注册资本2.08亿元，占地23.8万平方米，东临珲乌高速，西临

益海嘉里二期大米加工车间全自动生产线。摄于11月7日 （赵长明 供图）

302国道，交通条件便利，自有一条461米长铁路专用线与外部相接，是目前吉林省内规模最大农产品加工企业之一。

2021年，大米加工车间加工水稻18.54万吨，产出成品米12.78万吨、副产品5.76万吨，产值7.7亿元；油厂车间加工黄糠12.22万吨，产出米糠粕10.08万吨、米糠油1.94万吨，产值0.61亿元，实现营业收入9.55亿元。

（吕治中）

【飞鹤（吉林）乳品有限公司】 飞鹤（吉林）乳品有限公司（简称“飞鹤乳品”）是黑龙江飞鹤乳业有限公司全资子公司，是吉林省食品协会副会长单位，被评为全省模范职工之家、先进基层党组织，获吉林省“民企帮扶脱贫攻坚光彩行动”突出贡献奖、飞鹤牌婴幼儿配方乳粉质量优秀奖，被评为农产品加工和食品产业百强企业、放心消费示范企业、县模范集团。企业成立于2017年6月，注册资本2亿元，位于白城市镇赉县工业街西幸福路北，公司占地面积约8万平方米，建筑面积2.2万平方米，主营乳制品生产及销售，年加工能力2万吨。企业总资产9.07亿元，固定资产27366.63万元。

公司生产工艺分为湿法工艺和干湿法复合工艺。配方注册飞帆系列婴幼儿配方奶粉采用湿法加工工艺，经过生牛乳验收→净乳→杀菌→冷藏→标准化配料→均质→杀菌→浓缩→喷雾干燥→流化床二次干燥→金属检测→包装。

2021年，主营产品加工量1.11万吨，销售收入17.36亿元，比上年增加10.09亿元；净利润5.06亿元，比上年增加2.64亿元；上缴税金2.53亿元，比上年增加1.33亿元。2021年，企业无重大涉税违法行为和生产品质量安全事件。

（李广月）

装备制造业

【概况】 2021年，白城市装备制造业从产业构成看，主要有汽车配套行业和风电装备制造行业两大部分。主要产品有汽车连杆、线束、铰链等。派克电气是线束专业厂商，年可生产原线120万千米、线束150万套。中一精锻是东光集团旗下企业，连杆毛坯年生产能力2400万只，乘用车发动机连杆国内市场占有率超18%。安费诺金事达电气是一家集研发、设计、发动机电控线束、仪表线束、变速箱线束、电动车线束、混合动力汽车线束专业公司，年生产能力150万套。能源装备制造产品涵盖风机、叶片、塔筒及内饰件、变压器、光伏板，风电装备实现大部件全链条配套。三一风电、中材科技、远景、天能、东方电气等风电装备行业巨头先后布局，在“双碳”背景下，现有企业订单饱满，产销两旺。福佳科技与天奇装备在电工机械生产方面均有较强实力，福佳科技研发造纸机械，市场前景较好。规模以上企业22家，2021年，完成产值68.2亿元。

【项目建设】 2021年，实施装备制造项目18项，总投资43.7亿元，完成投资6.4亿元。重点有中材科技(白城)风电叶片有限公司年产500套大型风机叶片技术改造项目、东方电气风电（通榆）有限公司装备制造基地、吉林林成风电装备制造有限公司风电塔筒生产项目等。

【首部乘用车发动机胀断连杆毛坯标准通过专家评审】 4月，由白城中一精锻股份有限公司（简称“白城中一公司”）负责牵头制定的中国锻压协会团体标准《发动机胀断连杆毛坯技术条件 第1部分：乘用车发动机胀断连杆》专家评审会在长春市召开，经中国锻压协会专家讨论、审议，该标准通过评审。该标准于2019年4月立项，由白城中一公司相关人员负责牵头起草，邀请北京科技大学和行业内知名连杆厂、钢厂参加。在标准起草过程中，各参编单位、院校专家积极参与，厘清很多行业疑点，达成多项共识。评审过程中，各位专家认为该标准与现有行业标准JB/T 11795—2014（内燃机胀断连杆技术条件）相比具有明显先进性，现有行业标准只包含C70S6等三种材料连杆成品，金相组织和力学性能也未按不同材料分别要求且指标要求不全，不能满足用户需求。本标准增加70MnVS4材料连杆，对上述技术指标要求细化、加严，达到国外先进企业产品质量要求。

本标准为首部乘用车发动机胀断连杆毛坯标准，统一规范常用材料、锻件技术条件、检测标准，对实际生产具有指导性，意义重大，是行业急需标准。本标准填补国内发动机胀断连杆毛坯生产领域空白，技术指标达到国内领先、国际先进水平。该标准起草和发布，可助力连杆锻造行业发展，提高连杆锻造企业竞争力，获得更多行业话语权，巩固白城中一公司在国内胀断连杆行业龙头企业地位。

【三一重能通榆制造基地首台风电机组正式下线】 5月28日，三一重能通榆制造基地首台风电机组在吉林通榆正式下线。这是国家“双碳”目标提出以来吉林下线首台风电机组，标志三一重能风电智能制造通榆产业园二期项目建成投产，三一重能成为国内目前唯一一家“整机+风电叶片”全部落地吉林整机厂家。下线仪式主题为“零碳吉林 绿色振兴”。三一重能董事长周福贵、通榆县委书记李德明、吉林省政府副秘书长赵海峰出席仪式并致辞，吉林省市县各级政府领导、东北及蒙东地区开发商、供应商、行业专家等领导嘉宾参加。仪式由通榆县长刘振兴主持。在主题演讲环节，三一重能研究院副院长陈湘泉作《面向东北区域的风电解决方案》主题演讲；水电水利规划设计总院风电处副处长熊力作《低碳发展战略与转型背景下我国风电投资形势与政策趋势分析》主题演讲。三一重能通榆智能制造基地生产的风电机组产品可以满足东北及内蒙古自治区东部地区大型化定制化风电开发需求。该次下线的是三一重能3.X兆瓦平台风电机组，运往辽宁省铁岭市风电项目安装。

【白城中一精锻股份有限公司】 白城中一精锻股份有限公司（简称“白城中一公司”）是白城市汽车零部件及精密锻造行业龙头企业、国家级高新技术企业。生产汽车发动机连杆毛坯、平衡轴等汽车零部件及其他精密锻造产品。

2021年，获得大众市场2款EA888 EVO5连杆项目开发权并提供样件2批。该项目是大众公司2029年前开发的最后一款EA888主力机型，预计可实现销售收入3.84亿元。开发常州远东新客户，并获取一汽红旗3款连杆、云内动力1款连杆开发权。其中一汽红旗2款连杆提供样件并实现小批量供货。获得4款昆山正大连杆（奇瑞2款、云内1款、上柴1款）项目开发权并实现批量供货，其中AL529连杆实现收入1024万元，创造单个新品当年开发、当年实现超千万收入历史性突破。获得现代γ二代连杆、上海汽车GS62HEV混动连杆、南阳PSA-EP8连杆、东安三菱D25连杆等项目开发权。取得现代γ二代连杆产品配套份额，2021年实现9万件批量供货，收入120万元。上海汽车GS62HEV混动连杆获得开发权，保持在上海汽车市场独家供货地位。

2021年，斯堪尼亚商用车项目完成VDA6.3及物流审核；大众EA888 E5 LK2连杆项目完成技术研发并提交OTS样件；蒂森平衡轴全年实现批量供货8万套；完成EA211 1.5L连杆风冷改善、蒂森主、从动轴1模2件两项重大工艺创新项目；获得1项发明专利授权，由中国锻压协会发动机连杆委员会和中一公司共同起草团体标准《发动机胀断连杆毛坯技术条件》正式发布。加强过程质量控制，重新修订公司《质量奖惩条例》，每天对现场、每周对工艺执行进行监督检查。召开日例会，快速解决生产过程中各类质量问题。对内外部质量问题立项攻关，成立降低圆裂、折叠、充不满等9个QC小组，全年质量损失率控制在1.88%以内，降低质量损失50余万元。通过IATF 16949质量管理体系换证审核，环境、职业健康、安全管理体系换证审核认证工作。

2021年，公司销售连杆、平衡轴毛坯1435万件。销往北京市、上海市、成都市、长春市、沈阳市等地。年产值实现主营业务收入2亿元。

（吴建民）

【中材科技（白城）风电叶片有限公司】 中材科技（白城）风电叶片有限公司（简称“白城中材公司”）隶属于国务院国资委直接管理的央企中国建材集团，由中材科技股份有限公司投资设立，中材叶片连续11年在中国风电叶片市场占有率第1。白城中材公司2021年度获吉林省“专精特新”中小企业称号，获评省级绿色制造示范项目“绿色工厂”。2010年4月9日在白城市工业园区注册成立，项目总投资2.39亿元，占地14万平方米，主产品为风力发电风

白城中一公司精锻车间。图为5月4日，锤前班组员工生产场景

（方 亮 供图）

机叶片。

2021年，公司主要产品型号有YD80.5A、EN76.5A、SI76.5、GW73.2等，适用于高低温、高海拔、低风速、沿海等不同运行环境，全系列产品通过DNV-GL、TUV、DEWI-OCC等国际认证。在拥有先进生产设备和工艺基础上，采用高标准质量管理体系，向国内外客户提供优质产品和服务。截至2021年末，公司在职员工472人，其中硕士2人，本科73人，专科98人；拥有中级职称4人，初级职称4人。

2021年，白城中材公司投资建设70米级风电叶片配套技术升级项目，新增6条生产线，由小型号切换至大型号，2月，首支73.2A型号叶片下线，10月，首支80.5型号叶片下线，标志白城中材公司具备批量化生产80米级风电叶片能力。产品主要发往黑龙江省哈尔滨市、大庆市、佳木斯市，辽宁铁岭市、阜新市，浙江台州市、河北省邯郸市、内蒙古自治区呼伦贝尔市等地。

2021年，白城中材公司生产各型号叶片230套，工业总产值1.2亿元。

（江　南）

【吉林省恒维汽车零部件有限公司】吉林省恒维汽车零部件有限公司（简称“恒维公司”），为一汽大众汽车公司A级供应商、核心供货商；一汽解放汽车公司A级供应商，并取得年度特殊贡献奖。与一汽大众同步省级检测实验中心1个，获得免检资格。

恒维公司成立于2011年4月，位于白城经济开发区，占地面积6.4万平方米。公司现有机械加工、冲压、模具制造、锻造、表面处理等8条生产线。有1个化验室、2个中心试验室、3个检测中心，具有较强检测能力；有冲压机、焊接机器人、数控铣、专机、三维检测仪、材料强度拉伸机等加工、化学检验设备340台。公司具有较强技术研发和生产制造能力，年综合生产能力150万辆份。

恒维公司生产产品主要为汽车

5月29日，恒维公司装配生产车间。图为装配工人在工作（杜　婷　供图）

（轿车、卡车）门铰链、机盖铰链、后行李箱铰链以及中小冲压件，是一汽大众公司、上海大众公司、一汽解放公司、一汽轿车公司、一汽红旗公司定点配套企业。主要配套车型有：奥迪Q3、奥迪A4L、奥迪Q5、奥迪A6L、高尔夫A8、新宝来、迈腾、红旗H7、红旗H9等。在型材门铰链研发制造上处于国内同行业前三强的地位。

2021年，产值1.8亿元，为社会解决就业300余人。

（杜　婷）

冶金建材产业

【概况】　2021年，白城市冶金建材行业主要产品有铁合金、螺纹钢、水泥及制品、玻璃制品、涂料等。冶金企业2家，为白城金升镍业有限公司、白城市富达棒材轧制有限公司。白城金升镍业有限公司主要产品为铁合金，拥有铁路专用线、开关站等配套设施。2019年开始，企业进行矾系铁合金改造。白城市富达棒材轧制有限公司是短流程炼钢企业，产能80万吨。企业生产原料主要来源于黑龙江省、内蒙古自治区等地建筑工地等的废旧钢材。主要产品有螺纹钢、高速线材，应用于钢筋混凝土结构的受力钢筋，也可作为房屋建筑结构的预应力钢筋，生产形势较好。建材企业以水泥和商砼为主，主要满足本地市政、交通及建筑需求。其中规模以上水泥生产企业4家，产能360万吨。行业规模以上企业20家，2021年产值规模18.7亿元。

【项目建设】　2021年，白城市实施冶金项目2项，分别是白城金升镍业有限公司6万吨钒系铁合金项目和白城市利明精密铸造有限公司年产5万吨精密铸件技术改造项目。其中，白城市利明精密铸造有限公司年产5万吨精密铸件技术改造项目部分投产。2021年，建材项目3项，分别是白城市广隆外加剂有限公司商品混凝土外加剂生产项目、通榆加亿科技有限公司综合利用建筑垃圾年产10万立方米混凝土制品生产线建设项目和镇赉县华益水泥制品有限公司加工水泥制品项目，3个项目均建成投产。

（吴建民）

【白城市富达棒材轧制有限公司】白城市富达棒材轧制有限公司（简称“富达公司”）位于白城市工业园区珠江路1666号，公司注册并成立于2009年10月，注册资金1亿元。企业现有主体装备包括2座40吨电炉、2座40吨LF钢包精炼炉、1台连铸机、1条年产60万吨高速线材生产线和1条年产30万吨螺纹钢生产线及配套公辅设施等。

2021年，富达公司三期建设正式开启，开展冶炼装备升级技术改造项目。该项目计划于2022年12月建设完毕，拟投资2.7亿元。项目建设完成后，富达公司年产量将达到30万吨/年螺纹钢及60万吨/年高速线材，实现营业收入30亿元。

公司有职工300余名，各种专业技术人员110余人，其中总经理1人，副总经理2人，工程师1人，公司中高级职称工程技术和工程管理人员10余人，初级技术人员50余人。

公司主要产品有φ8、φ10、φ12、φ14和φ16建筑用防震螺纹钢。主要销售网络为长春市、哈尔滨市、齐齐哈尔市及乌兰浩特市等地。公司主产品为HRB400E（防震）盘螺钢材，吉林省全境只有两家，即通钢及白城。生产设备为上海兆力公司轧机设备，生产工艺为连轧，生产成本低于同行业75元/吨。

2021年，公司销售收入11.11亿元，比上年增加5.93亿元；实现税金1480万元，比上年增加850万元。

（苏 旭）

纺织服装产业

【概况】 2021年，白城纺织服装行业主要产品有棉纱、棉布、呢绒、毛绒、服装、婴儿背带等。全市有3家规模以上企业，分别为四季盛宝、恒盛毛纺、乐季工业。2021年产值规模3.1亿元。

【项目建设】 2021年，实施纺织项目1项。镇赉县昆仑顺通新材料科技有限公司年产1万吨微纤维玻璃棉项目，总投资1亿元，建设车间、库房、办公楼等，引进生产线6条，年产微纤维玻璃棉1万吨。

（吴建民）

2021年，吉林四季盛宝纺织有限公司开发国内市场，增加产品销量。图为12月10日，工人检查布面质量 （张殿文 供图）

【吉林四季盛宝纺织有限公司】 吉林四季盛宝纺织有限公司（简称“四季盛宝”）是纺织全能制造企业，生产规模、装备水平、产品质量、产品档次等方面成为吉林省同行业龙头企业。

公司有棉纺纱锭5万枚，日本产丰田全自动喷气织机286台及相关配套设备。年产棉型纱线9000吨，服装面料坯布3300万米，公司主要产品有人棉细布、涤/粘混纺服装面料、天丝、莫代尔面料。产品主要以出口为主，销往中亚、中东、非洲、欧洲、美洲等国家和地区。加大国内市场开发力度，完善内外市场销售比例，降低单一市场风险。在生产运营方面，追求降低能源消耗、提高自动化程度，降低劳动强度，减少用工成本。2021年引进离心空压机3台，自动理管机8台，全自动落砂机2台，实现产值2.2亿元。

（赵衍宏）

【洮南恒盛毛纺织有限公司】 洮南恒盛毛纺织有限公司（简称“恒盛毛纺”）连续12年获吉林省工商局“守合同、重信用”AAA级企业；生产的金珠牌精纺呢绒系列产品为“吉林省名牌产品”；公司曾获吉林省总工会“五一劳动奖状”；吉林省慈善总会“慈善捐赠先进单位”；白城市委、市政府和洮南市委、市政府“市模范集体”等称号。成立于2003年3月，前身为洮南市第二毛纺织厂，现是东三省唯一生产精纺呢绒的制造企业。

恒盛毛纺现有精纺纱锭1.6万枚，年产精纺呢绒200万米，员工400人。公司通过ISO 9001：2015质量管理体系、ISO 14001：2015环境管理体系和ISO 45001：2018职业健康安全管理体系认证。恒盛呢绒主导产品有全毛、丝毛绒混纺、机械自然弹、机可洗和多组份高支哔叽、花呢等3000余种。为报喜鸟、虎豹、柒牌、利郎、罗蒙、雅戈尔等国内知名品牌服装公司提供面料；通过招投标获得公安、检察院、法院、司法局、税务、铁路、银行、电力等团体客户职业着装面料；部分产品销往欧美和东南亚国际市场。

2021年，恒盛毛纺投入资金建设燃气锅炉相应配套设施；对生产车间进行技术改造，购入法国NSC、日本OKK针梳机、意大利SMIT剑杆织机等先进纺织设备，可生产高支、高密精纺呢绒新产品，拓宽国内外精纺市场。

2021年，恒盛毛纺完成产量202万米，实现产值1.13亿元，上缴税金1003万元。

（黄劲松）

医药健康产业

【概况】 2021年，白城市医药行业平稳发展，现有以敖东药业、国药百琦、银诺克药业等为代表骨干企业。主要产品有中药饮片、中成药、化药、生物药、保健品等。功能分类上拥有心脑血管用药、消化系统用药、呼吸系统用药、泌尿系统用药、妇科用药、抗肿瘤用药、清热解毒药品等多个功能药物产品。

吉林敖东洮南药业股份有限公司（简称“吉林敖东洮南药业”）新建利培酮微球生产线，实施抗肿瘤工程项目建设，总投资1.8亿元，部分试生产。规模以上企业9家，2021年产值规模6.3亿元。

【项目建设】 2021年，实施医药项目6项，总投资6.2亿元，重点有洮南敖东抗肿瘤产品工程项目和吉林敖东洮南药业股份有限公司二期扩建项目。

（吴建民）

【吉林敖东洮南药业股份有限公司】 吉林敖东洮南药业被认定为国家级“高新技术企业”、吉林省“专精特新”中小企业、吉林省“农业产业化省级重点龙头企业”、吉林省农产品加工和食品产业“百强企业”，获吉林省质量奖、吉林省优秀民营企业、吉林省模范集体、吉林省构建和谐劳动关系先进单位等荣誉。可生产抗肿瘤、抗病毒、提高免疫力、治疗心脑血管疾病、糖尿病、精神疾病以及中药经典名方等产品。年可生产小容量注射剂3.5亿支，冻干粉针剂4000万支，粉针剂6000万支，原料药、无菌原料药45吨，片剂30亿片，硬胶囊剂10亿粒，散剂5000万袋、颗粒剂3000万袋。在研化药仿制药8个品种，涵盖抗肿瘤、抗病毒、降糖、治疗精神疾病类药物，完成注册申报3个；在研中药“经典名方”13个。

2021年，建设冷藏库、防爆试剂库；建设研发实验室、质谱室；建设中药前处理及提取车间与自动化立体仓库的封闭转运连廊。引进中药生产设备：带式干燥机2台（套）、单效浓缩机组2台、双效浓缩机组1台、树脂柱4套；引进化学原料药生产线：无菌原料药生产线2条；引进检验仪器：岛津液相色谱仪4台、气质质谱仪1台、液质质谱仪1台；引进岛津网络版计算机化系统。

2021年，销售心脑舒通胶囊（片）216.8万盒；注射用赖氨匹林678万支；复方益肝灵片22万盒；复方二氯醋酸二异丙胺59万支；赖氨匹林原料药6.1吨；六味地黄胶囊45万盒。销往除台湾省的国内市场。销售额1.51亿元。

2021年，招录大专以上人员41名。截至2021年末，为社会创造367个就业岗位，其中退役军人23名，残疾人4名。

（孙思琪）

【吉林道君药业股份有限公司】 吉林道君药业股份有限公司（简称“道君药业”）先后被评为药品质量A级企业，省级农业产业化龙头企业，先进民营企业，白城市功臣单位。公司产品包括中药、西药。其中国家基本药物品种20余个，下设两个生产车间，8个职能部门。生产化学药品、中成药两大系列产品，有片剂、胶囊剂、颗粒剂、丸剂（水丸、水蜜丸）4大剂型、71个具有国药准字号品种。布洛芬缓释胶囊、奥美拉唑肠溶胶囊、罗红霉素片、六味地黄胶囊、胃康灵胶囊、蒲地蓝消炎片等品种投放市场以来畅销全国。

独家品种、具有止咳化痰平喘功效的野马追片，2009年被评为吉林省重点新产品，2010年被评为白城市科技成果一等奖，2013年被评为吉林省长白山科技成果转化奖。公司开展一致性评价的品种有布洛芬缓释胶囊、奥美拉唑肠溶胶囊、盐酸二甲双胍片、头孢呋辛酯片。

2021年，实现年产值8000万元，成为纳税上千万元企业。

（孙 冰）

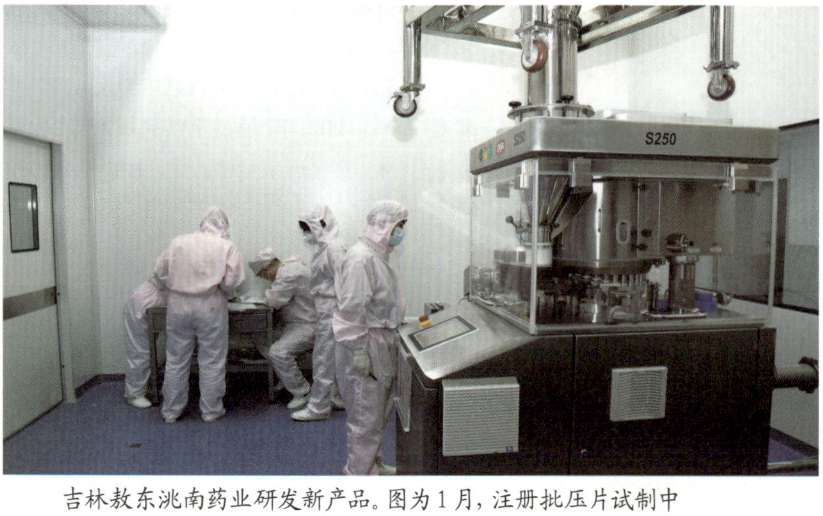

吉林敖东洮南药业研发新产品。图为1月，注册批压片试制中

（刘喜春 供图）

电力工业

【概况】 2021年，白城市能源产业形成以风电、火电、光伏、生物质能以及石油开采等为主的能源产业体系。发电企业总装机容量999.5万千瓦，满负荷年发电超200亿千瓦时。其中风电装机容量611.7万千瓦，占全省69%以上。

2021年，发电189亿千瓦时。火电装机容量182.1万千瓦，发电74.3亿千瓦时；风电发电92.95亿千瓦时；光伏装机容量190.7万千瓦，发电31.6亿千瓦时；生物质发电装机容量15万千瓦，发电1.9亿千瓦时。规模以上企业71家，2021年，产值规模约92.3亿元。

（王振龙）

【有序用电】 2021年7月以来受煤价大幅上涨、电煤供应严重不足、煤电价格倒挂、发电企业发电意愿不强等因素影响，电网供需紧张，严重影响到电网安全稳定运行。为保证吉省电网安全稳定运行和基本用电秩序，9月，省政府召开保煤保电视频会议。白城市及时启动《白城地区2021年有序用电方案》，市能源局与市工信局、市供电公司在全省率先联合成立工作专班，在市供电公司联合办公。工作专班每天对有序用电计划进行审批，对难点问题现场办公、精准施策，有序组织实施，对拒不执行用户前往现场告知15次。执行有序用电27次，累计1803户次，最大错避峰负荷累计132.58万千瓦。

（王震龙）

白城发电公司林海12兆瓦分布式光伏电站。摄于6月11日（潘艳男 供图）

【吉林电力股份有限公司白城发电公司】 2021年，吉林电力股份有限公司白城发电公司（简称“白城发电公司”）全口径完成发电量59.04亿千瓦时（火电发电量54.98亿千瓦时，光伏发电量4.06亿千瓦时），供热量320.29万吉焦，全口径利润6453万元。解决当地就业近400人，上缴税费7149万元。

2021年，白城发电公司与洮南热电公司完成交易大用户电量2760万千瓦时，代表新能源发电企业参与吉林省首次绿电交易，交易成交8000万千瓦时。在国家发改委下发电价改革通知后，白城发电公司作为吉电股份唯一代表参与电价改革后首次交易，电价上浮20%上限。白城发电公司与两家售电公司合作，月度交易完成1.23亿千瓦时，储备市场新用户20余家，总计电量约2.5亿千瓦时。

2021年，白城发电公司获得吉西基地鲁固直流白城140万千瓦外送项目1号标段200兆瓦风电、100兆瓦光伏和50兆瓦光热项目开发权；分布式发电制氢一体化示范项目制氢站在白城市发改委立项，项目上网指标申请得到省能源局批复，项目开工建设；配合重庆远达环保完成CCUS项目现场踏查、数据收集等工作。完成碳捕集项目、液态阳光制甲醇项目可研报告编制、经济测算。完成项目政府立项、能评等咨询工作；开展公司厂内、六合、林海光伏场站综合智慧能源项目建设，全部完成，其中厂内、林海场站项目正式投产。

根据煤炭市场形势，建立“机组最大发电能力上报研讨微信群”，依据发电边际利润、尖峰旋备分摊等数据，做好机组发电能力上报工作。开展值间发电收益竞赛，鼓励各班组在满足电网需求前提下降低机组负荷率，参与机组调峰，保证燃煤库存。制定《反季节储煤方案》，成为吉电股份唯一一家错峰存煤电厂。

2021年，白城发电公司取得实用新型专利授权3项；获科技创新奖项3项，其中行业级一等奖1项，其余分别为二、三等奖；获管理创新奖7项，其中国家级2项；2项专利申报通过在国家知识产权局评定；1项计算机软件著作权通过国家版权局评定；15篇论文获奖，其中10篇获行业级一等奖。

（卢 旺）

【国网吉林省电力有限公司白城供电公司】 2021年，明确“双碳”行动39项重点任务。承接“陆上风光三峡”工程建设，推进域内31个清洁能源项目前期工作。依托《白城市关于支持电网发展建设的实施意见》，13项新能源送出工程均依法开工。其中，按期投产工程6项，具备投产条件工程1项，剩余6项有序推进。2021年，国网白城供电公司售电量首次超40亿千瓦时，完成40.47亿千瓦时，比上年增长5.86个百分点；综合线损率完成7.2%，比上年下降0.03个百分点；连续实现第20个安全年。

（付海泽）

【国电吉林龙华白城热电厂】 2021年，电量、电价实现双增，通过增加计划外发电权4.5亿千瓦时获增利润3227万元，增发电量提高边际利润1560万元；电价比上年增长18.11元/兆瓦时。实现热价超基期调增，当期热价由32.12元/吉焦上调至34.12元/吉焦，增加年收入750万元；铁路房产段工业用汽价格上调3.3元/吉焦，烟气余热上调3元/吉焦。全年调峰收益比上年增加471万元。成立电力开发专班，签订电力用户70家，协议电量0.56亿千瓦时；3家大用户、55家中小用户签订电价上涨20%协议。

（陈 晨 鞠成志）

建筑业

综　述

【概况】　2021年，白城市有资质总承包、专业承包建筑企业172家。其中，没有特级资质企业，壹级资质7家，贰级资质36家，叁级和不分等级资质129家。建筑业入统企业112家，入统率62%，比上年增长10%。全年全市实现建筑业增加值比上年增长5.9%。全年资质等级以上的总承包建筑企业完成总产值39.1亿元，比上年增长24.9%，全市有资质的建筑企业112家。全年建筑企业签订合同额61.2亿元，比上年增长32.8%。建筑业企业房屋建筑施工面积94万平方米，比上年下降3.8%，全年新开工面积27.1万平方米，比上年下降33.1%。2021年竣工产值27.4亿元，比上年增长10.5%。

【建筑政策宣传】　12月12日，市住建局召开《质量安全手册管理平台与建设工程安全生产责任保险信息平台》政策宣讲会，以视频会议形式在线邀请平台业务培训专家孟繁莉进行培训讲解。会议内容包括建设工程安全生产责任保险信息平台介绍，工程质量安全手册管理平台功能及应用过程中常见问题分析，工程质量安全手册管理平台具体操作实例讲解，相关工作人员、建筑施工监理企业、项目有关人员120余人参加会议。

【信用综合评价】　2021年，对白城市244家建筑企业（包括劳务资质企业）进行企业信用综合评价。其中，信用评价优良20家，合格217家，不合格7家。

表31　2021年白城市建筑业企业信用评价优良公司一览表

序号	企业名称	评价等级
1	白城市宏昊建筑工程有限责任公司	优良
2	白城市红日路桥建设有限公司	优良
3	吉林宏泰工程建设有限公司	优良
4	白城佳兴建筑工程有限责任公司	优良
5	洮南市恒润建筑工程有限公司	优良
6	白城长营集团路桥有限公司	优良
7	吉林省金利源建筑工程有限公司	优良
8	吉林省瑞鑫水利建设工程有限公司	优良
9	大安市国建集团华建建筑工程有限公司	优良
10	吉林省百诺建筑工程有限公司	优良
11	白城城原电力工程有限责任公司	优良
12	大安市长城有限责任公司	优良
13	大安市建亚建筑有限责任公司	优良
14	大安市市政工程公司	优良
15	白城市众信水利水电建筑有限责任公司	优良
16	通榆县龙宇建筑工程有限公司	优良
17	通榆县建筑工程总公司	优良
18	通榆县万隆建筑有限公司	优良
19	白城市方宇百安建筑有限公司	优良
20	白城市汇锋建筑工程有限公司	优良

（资料来源：市住建局）

建筑勘测设计

【概况】 2021年，白城地区有勘察设计单位19家，其中白城市8家。按照资质等级划分，白城地区具有乙级资质的勘察设计单位7家，其余为丙级。

【施工图审查】 2021年，白城市落实施工图联合审查制度。依托吉林省施工图数字化联合审查系统，对全市房屋建筑、市政基础设施、消防专项审查工程实行施工图联合审查，相关主管部门在线并联审批（备案），缩短施工图审查时限，优化审批流程。2021年市住建局完成施工图审查备案86项。

【业绩补录】 2021年，加强房屋建筑和市政基础设施工程勘察设计业绩认定管理工作，完成房屋建筑和市政工程业绩补录信息1项，审核业绩补录信息完整性和真实性。

【信用评级】 2021年，对白城市20家建筑企业进行企业信用综合评价。其中，评价等级A级15家，B级5家。

【年报统计】 2021年，市住建局组织开展白城市勘察设计行业年报统计工作。白城市有19家勘察设计单位上报年报统计数据，统计数据包括企业基本信息、人员情况、业务情况、科技活动情况、财务状况。企业所有上报数据均由省级住建主管部门审核通过。

【建设工程消防设计审查验收备案抽查】 2021年，依法依规受理办结建设工程消防设计审查19项。开展辖区内特殊建设工程消防验收11项，其他建设工程消防备案43项，抽查8项。

表 32　2021 年白城市勘察设计企业信用等级评定一览表

序号	信用等级合格单位名单	等级标识
1	白城城原电力工程有限责任公司	A
2	白城市规划勘测设计院	A
3	白城市建筑设计研究院	A
4	白城市水利勘测设计院	A
5	白城信能电力设计有限公司	A
6	大安市建筑设计院有限责任公司	A
7	吉林诚仪工程咨询有限公司	A
8	吉林名门电力设计有限公司	A
9	吉林省宏源水利勘测设计有限公司	A
10	吉林省利为工程勘察设计有限公司	A
11	洮南市规划勘测设计有限责任公司	A
12	通榆县建筑设计院有限责任公司	A
13	中水科源工程咨询（大安）有限公司	A
14	镇赉县广厦建筑设计院有限公司	A
15	吉林省中润建设工程有限公司	A
16	白城市建筑工程地质勘测处	B
17	通榆县鹤翔水利勘测设计有限公司	B
18	镇赉众诚建筑设计院有限公司	B
19	吉林省铭泰水利勘测设计有限公司	B
20	镇赉县水利勘测设计队	B

（资料来源：市住建局）

建筑施工

【概况】 2021年，白城市建筑工程在建项目203个，其中续建项目63个，合同额61.66亿元，新建项目140个，合同额33.91亿元，总计合同额95.57亿元。

【优质工程评选】 2021年，白城市3个建筑工地获争创省级标准化管理示范工地奖牌。省住房和城乡建设厅从项目管理、文明施工、安全管理、质量管理、监理机构5个方面，考核验收申报项目。经企业申请、现场考核、综合评定等评选流程，白城有3家建筑工地符合省级示范工地标准的，被授予“省级标准化管理示范工地”称号，在省住建厅官方网站上予以公布。

【特种作业人员考试】 4月17日，市住建局在白城市匠心技能培训学校举办住建领域特种作业人员考试。考试为期1天，全市267名特种作业人员参加。考试工种包括建筑电工、建筑起重机械司机、建筑架子工和建筑起重信号司索工，分理论考试和实操考试两部分进行。理论考试成绩合格作业人员到现场进行实操考试，省住建厅专业考评员现场对实际操作进行打分。考试整体通过率79%。

【在建项目实名制宣贯会】 6月9日，市住建局召开白城市在建项目实名制宣贯会。会议邀请省住建厅建管处二

6月9日，市住建局召开白城市在建项目实名制宣贯会。图为省住建厅领导在会上培训指导 （毛中丰 供图）

级调研员夏万宏和省实名制平台开发公司工程师康晓鹏培训指导。会上，解读开展实名制工作有关政策文件，对全市在建工程项目启用管理平台进行培训，建筑企业（在建项目）实名制工作负责人及具体业务人员500余人参加会议。

工程质量监督

【概况】 2021年，监督房建73项，面积132.77万平方米，其中新建工程33项，面积34.73万平方米；老旧小区改造项目21个，改造面积约124.9万平方米。

【建筑起重机械设备管理】 2021年，白城市制定施工现场安全生产检查清单，检查建筑工地起重机械的各项指标。全年检查起重设备120台。

【工程质量检测机构和原材料监管】 2021年，白城市复查被省住建厅通报的3家检测机构整改情况，同时要求11家检测机构开展自查自纠。对11家检测机构开展信用初评工作。对全市在建工程主体阶段使用钢筋进行现场抽查，抽查10项工程，91组各品种规格钢筋原材及24组钢筋焊件。钢筋原材中合格84组，不合格7组，不合格钢筋原材均做退场处理，钢筋焊件24组全部合格。

【预拌混凝土专项治理】 2021年，白城市开展全区预拌混凝土生产企业及预拌混凝土施工现场使用情况监督检查工作，抽查预拌混凝土企业13家，发现不符合项203项；在建项目10个，下发建设工程质量整改通知单9份。

建筑市场管理

【建设项目跟踪监察】 2021年，对白城市建筑市场进行综合执法检查2次、质量安全生产专项检查3次，检查在建项目18个，综合执法检查中对在建工程项目主体行为逐项检查，现场反馈检查意见，对存在问题工程项目当场责令限期整改，下发限期整改通知书5份。

【建设项目监管】 2021年，市住建局建管科联合消防科、质量监督站、招标办、安全科、对全市106个在建项目主体责任、施工管理、实体防护、消防安全、监理履职、文明施工6个方面进行检查。

【施工现场标准化管理】 从检查情况看，大部分建筑施工企业能落实企业安全生产文明施工主体责任。开展安全生产隐患排查，及时消除各类安全生产隐患。2021年，下发停工通知书6份、隐患整改通知书5份。

【劳务用工人员管理】 2021年，白城市加强事前管理、规范项目部劳动用工，注重事中监督，定期考核劳动用工情况。全年劳务用工人员4780人。

【“两违”清查】 市政府召开全市“两违”（城市房屋建筑违法建设和违法违规审批）专项清查工作动员部署会。2021年，排查既有房屋总量9842栋，建筑面积1951.2万平方米。其中，楼房3941栋、平房5901栋。在建房屋251栋，建筑面积113.39万平方米。梳理出无土地、规划手续房屋3204栋、无消防验收手续1623栋、存在安全隐患3234栋。其中，楼房135栋、平房3099栋。排查过程中建立既有、在建房屋建筑信息台账。对排查中发现的违法建设和违法违规审批问题，逐项建立隐患问题台账，制定整改方案，逐项跟踪整改情况，实行销号管理。建立健全治理违法建设和违规审批长效机制。

【下放行政权力移交对接会】 3月16日，白城市召开下放行政权力移交对接会，将施工许可证发放权、招标活动监管、安全生产监管以及相应处罚权下放到洮北区、开发区（园区）、新区、查干浩特旅游经济开发区。会上，宣读《白城市人民政府推进政府职能转变和“放管服”改革协调小组关于市直部门向各区下放行政权力有关事项的通知》，部署权力下放工作。市住建局行政审批人员对各区行政审批人员进行业务培训，并解答各区提出问题。各区主管领导、住建局（建设局）局长，市、区两级负责施工许可审批、施工许可监管、招投标活动监管、安全生产监管工作人员参会。

（本类目撰稿人 周 岩）

商贸服务业

综　述

【概况】 2021年，白城市限额以上单位社会消费品零售总额企业有114家。其中，洮北区18家、经开区13家、镇赉县22家、通榆县19家、洮南市18家、大安市24家。全省前300家社会消费品零售总额企业白城市有8家（汇众、同泰、石油、大润发、欧亚、吉林大药房、康乐商贸和世纪繁华超市）。全市限额以上批发业16家、零售业73家，住宿业9家，餐饮业16家。2021年，全市社会消费品零售总额实现156.4亿元，比上年增长8.8%，全省排名第8。其中限额以上社会消费品零售总额实现35.01亿元，比上年增长15.8%，全省排名第6（高于四平市和辽源市，与长春市并列）。批、零、住、餐销售额（营业额）分别实现119.6亿元、94亿元、2.18亿元和14.2亿元，比上年增长13.5%、16.2%、24.2%和27.8%。

【消费券促销】 2021年，白城市发挥政府资金撬动作用，市区安排1000万元（市级财政配套660万元），全年开展消费券促销活动4批，实际使用资金995万元，拉动消费1.48亿元，杠杆率14.8。消费券投放期间，加大汽车、家电行业倾斜力度，其中，汽车类消费券投放资金307万元、家电类消费券投放资金326万元，分别占总资金30.8%和32.9%，拉动消费1.15亿元和1435.8万元，杠杆率37.5和5。

【汽车“家电下乡”促销】 2021年，白城市落实省商务厅关于“汽车、家电下乡”活动精神，在全省率先启动白城市2021“汽车家电进乡镇•温暖服务送万家”为主题促销活动。创新组合汽车、家电产品共同展销，降低百姓购车门槛。在4个村镇进行巡展，汽车销售企业收集意向客户700余位；冰箱、电视、冰柜等家电以旧换新销售额10万余元。

【专项资金扶持促销】 2021年，白城市利用省级服务业发展资金支持企业促销活动宣传，组织30余家限额以上和大型商贸企业在节日期间开展“新春购物节”和“五一享吉品购吉祥”促销月活动，开展大型活动20场、小型促销活动30余场，实现销售额6000万元。

【商贸服务业入统】 2021年，白城市成立批零住餐“四行业”服务工作专班，市商务局牵头制定《白城市批发零售住宿餐饮行业达限入统工作方案》，开展摸底调查，掌握企业现状，解决堵点难题，将符合条件企业转为限额以上。初步入统排查可纳入入统培育库（达规模未入库）企业58家。其中，批发类企业23家、零售类企业24家、住宿类企业1家、餐饮类企业10家。达到规模但不符合入库条件企业8家。

【一刻钟便民生活圈】 2021年，白城市以“便民一刻钟　幸福一座城”为目标，组织专业力量，调研社区居民消费需求和社区商业发展情况，编制《白城市一刻钟便民生活圈建设方案》，召开工作推进会议4次，明确长庆新居为项目推进试点单位，完成商家筛选、政企对接工作，新居社区商圈入驻商户50余家，建设7个200人便民服务微信群，覆盖所辖9个小区，建立线上信息交流平台和商家直播销售平台，打造智慧型、服务型社区商业。

【流通市场建设】 2021年，白城市打造城区东南西北“四早”（东郊早市、南长青早市、西三合路早市、北曙光路早市）经济业态，营造南北“两夜”（中农市场火车头夜市、生态新区新景地夜市）夜经济氛围，通过涮烤炸，地摊摆形式拉动商业流通经济。市商务局研究制定《关于加快推进白城市商贸流通夜间经济发展的实施方案》，打造保胜路、庆学路两个美食集聚区，鼓励企业开展美食节、美食街、美食夜市创建活动。提振市场集聚效应，驱动城区中心功能，初步形成市场流通新

白城市发展夜经济，打造中农市场火车头夜市。图为7月14日，中农首届美食节现场 （孙光宇 供图）

十街(海明路步行街、白平公路二手车一条街、二三七处旧货一条街、百货大楼手机一条街、中兴家具城装饰装修一条街、八女商店电器一条街、南环石材一条街、大润发婴儿用品一条街、青年街轻工商品一条街、市一中日杂一条街)。

【连锁经营】 2021年，白城市有大型连锁经营企业10家(白城市金文汇食品便利店、白城市京客超市、白城市草根超市、白城市中智超市、通榆县双杰超市、通榆县兔儿岭超市、白城市同泰大药房、吉林大药房白城市药业有限责任公司、通榆县益寿堂医药连锁有限公司和镇赉县同春和大药房)。其中，商超类6家，医药类4家(均为限额以上商贸企业)。鼓励连锁经营企业引进先进管理经营模式，统一门店标识、店内设计和员工服装，延长营业时间，提高服务质量。白城市金文汇食品便利店和吉林大药房白城市药业有限责任公司提供24小时便捷服务。

（孙光宇）

【规模以上服务业企业授牌增信】 2021年，白城市筛选出符合条件的规模以上服务业企业，对拟授牌辖区内企业信用、舆情、资产安全等方面进行审查。5月12日，完成对中国邮政集团有限公司白城市分公司、白城市蓝盾保安服务有限公司、中国联合网络通信有限公司白城市分公司、中国移动通信集团吉林有限公司白城分公司、中国电信股份有限公司白城分公司、吉林诚仪工程咨询有限公司、白城市国源测绘有限责任公司、镇赉县华光汽车出租服务有限公司、中央储备粮洮南直属库有限公司、中央储备粮大安直属库有限公司等10家优秀服务业企业授牌增信工作。

（周　鑫）

批发零售业

【概况】 2021年，白城全市限额以上批发业16家、零售业73家。批发业、零售业销售额分别实现119.6亿元、94亿元，比上年增长13.5%、16.2%。

【长青批发市场（蔬菜批发市场）】 长青批发市场（蔬菜批发市场），2000年开业运营，市场面积18800平方米。位于洮北区胜利路起点处，南邻棚户区回迁区，北邻铁路职工家属区，西邻城市南出口，人口密度占全城1/3。长青批发市场蔬菜批发市场属洮北区东风乡长青村村办企业，始建于1999年，摊床摊位均为小产权业主，经营商户210家。市场进货渠道主要是山东省、辽宁省、河北省、陕西省等地。市场为水果蔬菜批发零售市场，供应辐射到内蒙古自治区乌兰浩特市以及黑龙江省齐齐哈尔市，是吉林省西部最大水果批发集散地。2021年，市场交易额2亿元。市场经营业态比例为水果批发65%、蔬菜批发15%、禽类5%、干鲜调料3%、冷库2%、其他5%。有经营商户210家，从业人员300人。

【吉鹤农贸市场】 吉鹤农贸市场，位于公园东路17号楼B座，毗邻洮北区第三中学，处于通业小区、工人新村小区、城尚城小区地段，人口稠密。该市场为农副产品批发零售市场，经营区域分为蔬菜区、肉类区、水产品区、禽类区和干鲜调料区。该市场于2001年由吉林通达房地产开发公司白城分公司建成，2002年12月开业经营，市场面积2500平方米。吉鹤市场属白城市政府招商引资项目，市场一楼产权归属松原市开发商刘勇广，50%摊床均为小产权业主。进货渠道主要是开发区保胜农产品批发市场、洮北区长青水果蔬菜批发市场及市区周边农户。2021年，市场交易额200万元。市场经营蔬菜水果、鲜肉、水产品、米面油、禽蛋类、日杂、面类加工和腌制品等品种8大类。有经营商户17家，从业人员30人。

【保胜农产品批发市场】 保胜农产品批发市场，位于白城经济开发区吉鹤街273号，地处白城市区西部最大的蔬菜生产基地——保胜村，位于洮白公路102国道入城段，西临浑乌高速西出入口，东与沈铁货运站毗邻，公路、铁路运输便捷。该市场以蔬菜、水果、干调批发零售为主，供应辐射半径500千米，保障黑龙江省齐齐哈尔市、内蒙古自治区兴安盟等17个县（市、区）蔬菜供应。市场经营业态分布以叶菜、茎菜为主。该市场始建于2004年，2005年启动运营，市场经营面积2.1万平方米。保胜农产品批发市场隶属于保胜村集体企业，有蔬菜批发商150家，其中较大批发商40家。市场内设蔬菜配送中心，并配备保鲜式厢货车2辆。市场进货渠

1月27日，市区各大超市节日市场商品供应充足。图为市民在大润发超市购物
（李晓明 供图）

道主要是山东省、辽宁省、河北省、陕西省。2021年，市场交易额10亿元，市场经营业态分布以叶菜、茎菜为主。有经营商户150家，从业人员200人。

【瑞光农贸市场】 瑞光农贸市场，位于瑞光街与洮安路交会处，毗邻文化小学，处于市区中心地段。该市场为农副产品批发零售市场，满足市区内餐饮业以及居民日常生活需要。该市场作为瑞光商贸城一部分，于2004年4月，由白城市丰盛房地产开发置业有限公司建成。市场面积3738平方米，一楼为市场主要经营场所，面积1614平方米；二楼闲置，面积2124平方米。进货渠道主要是开发区保胜农产品批发市场、洮北区长青水果蔬菜批发市场及市区周边农户。2021年，市场交易额5亿元。该市场经营区域分为蔬菜区、肉类区、水产品区、禽类区和干鲜调料区，经营品类8大类，包括蔬菜水果、鲜肉、水产品、米面油、禽蛋类、日杂、面类加工和腌制品。有经营商户146家，从业人员300人。

（孙光宇）

粮食和物资储备

【粮食监管】 2021年，白城市检查粮食企业26家，货位298个，粮食112万余吨。发现问题11个，下达整改通知7份。加强定向销售粮食跟踪监管，对辖区内2家定向粮加工企业采取24小时专人监管，掌握粮食流向，对出库定向粮食提前告知接收地粮食行政管理部门；对入库定向粮食从入库、储存、加工等全过程监管，采取双向核对数量，确保定向粮食在白城市区域内出库环节不流入口粮市场。开展“亮剑2021”专项执法检查行动，对辖区内现有政策粮数量、质量、安全等方面进行执法检查，全市执法检查104次，检查企业476个次，出动检查人员1249人次。发现收购企业未备案、统计报表不一致等问题36个，均责令整改完成。制定《2021年全市粮食和物资储备系统安全生产督导检查计划》，采取“监管干部+专家”模式，开展督导检查3次，主要领导带队检查4次，紧盯粮食出入仓作业、设备设施维修和消防安全等重点环节，检查企业27家次。检查过程中发现问题隐患34项，均责令企业整改完毕。

【粮食收购】 2021年，白城市落实国家粮食收购政策，核查最低价稻谷收购库点，关注粮食市场和粮食价格变化，调度和指导粮食收购，协调解决收购中出现问题，克服新冠疫情不利影响。全市新粮收购444万吨。其中，玉米337万吨、稻谷100万吨、大豆及其他7万吨，比上年同期增加24万吨，粮食收购数量和价格都高于2020年。

【粮油市场监测】 2021年，白城市调整完善粮油价格监测点布局，在市区设立20个成品粮油监测点，把大润发、欧亚、明客多等大型超市纳入成品粮油监测体系中，实地走访粮油监测点和其他粮油供应店，调查和监测成品粮油供应市存量和供应情况以及群众粮油消费需求和心态变化情况，上报省粮食行政主管部门，为市政府和上级部门决策提供及时准确信息。新冠疫情防控期间，实行周监测上报制度，特别时期采用日报制度，落实防疫期间粮油稳价保供工作。

【白城大米宣传】 2021年，白城市通过参加2021吉林大米“7·16”主题日活动、第二届中国·吉林鲜食玉米产业大会、2021年吉林大米、鲜食玉米上海推介会等系列活动，宣传白城大米、鲜食玉米，并先后在吉林电视台、《白城日报》《浙江日报》《嘉兴日报》、新华频媒、吉网、中国通讯社西南分社等进行白城弱碱大米、白城鲜食玉米宣传推介；通过制作宣传片、印制《白城大米》刊物、彩页宣传等方式，展示白城弱碱大米文化和优异品质。

【粮油应急储备】 2021年，白城市建立小包装成品粮应急储备，动态储备成品粮油2200吨，保障市辖区城镇人口15天成品粮油应急保障供应。

【仓储与基建】 2021年，白城市粮库智能化升级改造项目建设完成。申报争取产粮（油）大县资金和商品粮大省资金项目1936万元。其中，申报产粮（油）大县资金项目2个，申请资金746万元；申报商品粮大省资金项目4个，申请资金1190万元。建立企业诚信系统，确认白城市玉米收购贷款信用保证金白名单，确定3家企业。开展粮食仓储安全风险隐患排查工作，全市国有、国有控股民营及政策性粮食收储企业进行自查，实地抽查正常经营粮油仓储企业67家。开展农户安全储粮、整治“地趴粮”工作。

（周　鑫）

供销合作

【春耕农资供应】 2021年，白城市供销系统农资销售量19864吨。其中，氮肥（尿素）销售量6904吨、磷肥（磷酸二铵）销售量1810吨、钾肥（氯化钾）销售量1490吨、复合肥销售量9660吨。

【土地托管和流转】 2021年，白城市供销系统发挥龙头企业、联合社、专业社产业发展优势，培育种植大户带动、建立农业特色产业基地带动以及培育农业龙头企业带动等多种方式发开展土地规模经营，加快推广土地托管、统防统治、代耕代种等服务模式，为小规模农户和各类新型农业经营主体提供系列化、专业化服务。全市供销系统完成托管、流转土地1.32万公顷。

【美菜网分拣中心建设】 2021年，白城市供销社指导市社直属企业嘉和公司与省供销社电商公司合作，引入“美菜网”联合建设“分拣中心”，为市区餐饮和中小超市配送果蔬、干调、酒水和一次性餐具等服务。分拣中心于11月在洮北区布局前置仓网格销售，提高美菜服务效率，缩短送货时间。分拣中心整合线下市场，为周边2千米内居民客户提供下单配送服务。

【“企业+农户”联营共建玉米高产示范田项目】 2021年，白城市供销社直属企业白城市嘉和云农场电子商务有限公司，加快推进农业关键核心技术攻关，推进“企业+农户”联营共建玉米高产示范田。在洮北区平台镇东五村、岭下镇建政村、石头井子村、岭和村、东风乡金宝村开展千亩玉米高产示范田建设。示范种植15公顷玉米获20余万千克产量，比上年增产近15%。

【为农服务平台构建】 2021年，白城市健全组织架构，完善规章制度，推动“农合联”开展各种形式社会化服务。推进“三位一体”（生产、供销、信用）综合合作试点工作。年初组织“三位一体”试点单位进行项目申报，白城市上报大安市供销社作为首批“三位一体”综合合作试点单位，获省供销社批准。

【惠农服务中心建设】 2021年，白城市抓好白城供销洮北惠农服务中心建设，将原白城市嘉和种业、测土配方施肥运营中心、嘉和云农场电子商务有限公司业务进行优化组合，建成集农资供应、测土配方施肥、庄稼医院、科技培训、农村电商、便民服务于一体的综合服务平台。白城市第一家惠农中心——白城市供销洮北惠农服务中心建成并投入使用。

（李　闫）

烟草专卖

【概况】 2021年，白城市全年完成卷烟销量68741箱，其中省产烟销量占30.41%；收购烟叶1.5万担（同期3万担），销售原烟2.321万担，其中库存烟叶0.821万担。“两烟”（卷烟和烟叶）税利3.79亿元。

【卷烟经营】 2021年，白城市重点品牌销量增幅1.4%；一、二类烟增幅15.41%，其中一类烟增幅39.02%，排名全省第1；含税单箱销售收入增幅9.06%，排名全省第1；零售客户综合毛利率12%以上；库存周转次数在全省位列前茅；现代终端A类以上客户占89.6%，超额完成计划29.6个百分点，全省排名第1；建立诚信互助小组474组，覆盖率88%，超额完成计划3个百分点；文明吸烟环境全年投建240个烟蒂收集器和1个室外吸烟亭；新增工商网配合作单位6家，业务覆盖15家工业企业。

【专卖监管】 2021年，白城市依法依程序组织实施听证、公开、报备，听取社会各界意见建议，维护商户权益，防止无序竞争；开展“我为群众快审批”主题实践活动，加快审批监管从“管理型”向“服务型”转变；在“守护成长”“守卫市场”两个专项行动期间，开出白城首张向未成年人销售卷烟罚单；发挥与公安、市监等部门联合执法协作机制开展打假破网工作，全年查处各类涉烟违法案件144起，查获违法卷烟248.16万支，总案值856.58万元，罚款24.03万元。其中查办5万元以上案件15起，走私烟案件1起，移送公安刑事案件4起，案值642.59万元。抓捕15人、判刑7人、诉讼4人、取保4人。狠抓真烟异常流动治理，启动闭环监管102项，下发《督察函》8份，《信息传递单》11份，《线索移交单》13份。作出经济处罚4人次，约谈教育2人次，实现外流真烟查获数量比上年降低33.74%、全年无大案要案。

（李新晖）

成品油销售

【概况】 2021年，白城市石油公司成品油销售总量22.98万吨；纯枪总量19.23万吨；安全环保责任事故为零；疫情防控零感染、零输入、零传播。

【经营销售】 1月初，启动0号销售，8月，启动秋收柴油促销，借助惠农卡，销售农用柴油近3万吨；在实业、东安、开通等沿线8座站开展点对点营销，8座站柴油比上年增销2万吨；争取惠民电子券2期，发放5200张，带动加油卡充值近700万元，拉动油汽油销售近3000吨；通过润滑油平台锁定车辆5万台，全年锁定汽油销量近1万吨，大安汽油增幅20%，通榆汽油增幅13%。

【石油行业安全管理】 2021年，白城市开展风险辨识、隐患排查、HSE体系建设和VOC环境治理等活动，开展视频扫站和日常巡查工作，推进安全生产记分与考核，确保各个层级各个环节安全责任落实；加强人员管控，落实请销假制度，强化防疫物资保障，加快疫苗接种，做好各级机关和营业场所现场消杀等防控措施，实现疫情防控零感染、零传播。

【库站管理】 2021年，白城油库作为全国受检的66座大型储备库，通过自评和深评，发现问题24项，整改18项，其余6项因天气原因延迟施工，在国家应急部组织的专项审核中，白城油库以高分通过，受到上级公司表彰；开展合规专项审查，加大对直批、资金、加油卡、促销、数质量等重点领域管控，四季度组织全区开展“反内盗”专项活动取得实效；业务、财务、非油、安全等部门成立联合检查小组，每季度开展1次加油站综合检查，分公司每季度检查覆盖率50%，经营处每季度100%覆盖；开展升油含量工资、单站考核。

【油站项目建设】 2021年，白城市争取技改资金672万元、隐患治理资金214万元，完成对白城油库隐患治理、20余座加油站罩棚、地面及站房维修，并新建通榆北郊快换站，改造东安汽车之家，白城光明竣工。

（张　希）

【成品油市场专项整治】 2021年，白城市召开各级政府联席会议29次，出动检查人员11121人次，设置路面检查站6个，检查运输车4229辆，查出问题车辆58台，移交相关部门处理；全市组织抽检268批次，样品采取石油公司初检、实验室检测确认，不合格63批次。对不合格加油站处罚62.4万元。截至2021年末，通过对136家加油站纳税评估，查补入库税款及滞纳金1429万元。推进监管平台建设，由市商务局牵头负责成品油流通市场信息监管平台建设，平台进入试运行。成品油流通市场涉税数据管理平台由税务部门牵头，招投标工作完成，推进工程施工。

（孙光宇）

盐　业

【商品盐库存】 截至2021年末，白城市商品盐库存总量1025吨。其中省政府储备盐360吨，占承储指标100%，符合省粮食和物资储备局要求承储标准。剔除省政府储备盐，可满足未来6个月需求。

【盐业市场秩序】 2021年，白城市开展盐业市场纠治行动。吉林省盐务公司白城分公司（简称“市盐务公司”）协调市市监局对市区大型商超，经营干鲜调料的瑞光商贸城、长青市场、仁兴市场、保胜市场进行2次清理，对清理过程中发现的经营外省食盐商家进行警告、责令改正、将盐产品下架处理；协调市监局洮北分局各农村所，对所辖区乡镇进行多次清理，对在清理中发现商家网购外省盐行为进行说服教育，并向当事人宣传食盐专营政策法规，对当事人下达责令改正通知书，要求其下架处理。发现骆驼岭超市往农村销售大包装食用碘盐，盐务公司立即采取行动，通过在三合乡等乡镇大量走访掌握证据链条后，移交市市监局处理。

【食盐检测】 2021年，市盐务公司设置经国家海湖盐检测中心培训并颁发证书的专职检测人员，和具备万分之一天平、碘量仪等专门设备专业检测室。全年开展盐品检测34批次，库存检测29批次，实际检测样品364个，检测合格率100%。确保不合格食盐绝不出库。

【盐业宣传】 5月13日，市盐务公司在市民广场开展防治碘缺乏病日宣传活动。现场悬挂条幅2条，设立展板1台，展台2个，发放宣传纸抽500余个，各类宣传资料3000余份。8月，协调发改委、市场监督管理局联合下发《关于食盐专营法规及规章的通告》，并印成软联和大张通告对所辖村镇进行张贴宣传。9月，在市区市场张贴和发放宣传单3000余张，讲解并正告商户依法依规合理经营食盐。

（周　鑫）

特种行业

【住宿业】 2021年，全市限额以上住宿业9家（白城市洮北区宾馆、白城鹤翔饮服有限责任公司、镇赉白鹤大酒店有限公司、吉林省飞翔大酒店有限公司、通榆县向海大酒店有限公司、洮南市福麟宾馆有限公司、大安市锦汇宾馆有限公司、大安宾馆、大安市宏阳宾馆），实现销售额0.51亿元，比上年增长5.2%。

（孙光宇）

【再生资源回收】 2021年，白城市加快推进再生资源回收体系建设，逐渐形成回收点、分拣中心、集散市场“三位一体”回收体系。推进项目立项及试点项目环境评估，协调发改、政务大厅等部门简化相关手续和流程，帮助白城市融鑫再生资源有限公司（简称“融鑫公司”）进行“白城市再生资源暨废旧家电回收体系建设试点项目”立项。在商务、城管和供销等部门合作下，促成融鑫公司和“绿巨能回收”平台对接合作，畅通再生资源回收利用产业链条。融鑫公司购买25辆制式回收电动车，招聘回收小哥；加快推进废旧家电回收项目建设，2000平方米分拣中心竣工投入使用，促进家电以旧换新、消费更新升级。截至2021年末，试点企业再生资源销售额实现1200万元，其中废塑料570万元，废纸460万元，废钢铁150万元。

7月13日，举办白城市供销系统再生资源岗前培训班，融鑫公司与白城市绿巨能环保科技有限公司30名工作人员参加培训。依托合作企业与白城市机关事务管理局协作，推进党政机关、企事业单位垃圾分类回收试点工作，试点方案完成。

（孙光宇　李　闫）

【二手车流通行业】 2021年，市商务局联合市公安局、市城市管理局、市市场监督管理局、市统计局、市税务局、白城银保监分局联合下发《白城市整顿二手车市场工作方案》，成立白城市整顿二手车市场工作专班，成员单位有市商务局、市公安局、市城管局、市市场监督管理局、市统计局、市税务局、白城银保监分局。专班办公室设在市商务局，负责传达贯彻落实市政府领导要求，调度、汇报日常工作，召集成员单位协调有关工作事项等。通过开展整顿工作，规范二手车行业发展。白城市有二手车市场117家，2021年交易量2万辆左右。

【拍卖业】 白城市有拍卖企业6家，分别为吉林省天盛拍卖有限公司、白城市盛达拍卖有限责任公司、白城市恒兴拍卖有限责任公司、吉林白城华联有限责任拍卖行、白城市永信拍卖有限责任公司、白城市中信拍卖有限责任公司。拍卖企业由省商务厅直管，企业经营情况报表通过系统直报省商务厅，企业设立、变更、年检等事项均由省商务厅负责。2021年，拍卖成交额5290.5554万元，成交场次127场。营业收入212.3349万元。

（孙光宇）

电子商务

【概况】 至2021年，白城市申报国家级电子商务进农村综合示范县4个、省级电子商务试点县（区）3个、“电商镇”5个、“电商村”56个，获项目支持资金9860万元。创建电子商务创新创业示范基地2个；培育省级电子商务示范企业8家、省级直播电商示范企业1家；组建市、县级电子商务运营中心、020体验馆、4个县域电商服务中心和527个村级电子商务服务站，活跃电商企业超3000家。2021年，白城市网络零售额18.20亿元，比上年增长30.7%，全省位列第6。

表33　2021年白城市重点电商企业一览表

序号	企业名称	入驻平台	销售类别
1	白城市宏顺电子商务有限公司	淘　宝	服　务
2	白城美天文化传播有限公司	淘　宝	服　务
3	白城市敬丞农业科技有限公司	淘　宝	农资产品
4	白城市杜公子科技有限公司	淘　宝	化妆、化妆品
5	白城市初师傅家政有限公司	美　团	家政服务
6	白城市春畅农民合作社	拼多多	杂粮杂豆
7	白城市映禹合作社	拼多多	大　米
8	白城市顺阳手工艺有限公司	淘　宝	手工艺品
9	洮北区金土地农民合作社	拼多多	大　米
10	吉信米业（镇赉县亿丰农业）	淘　宝	大　米
11	俊国米业	天　猫	大　米
12	梦香湾米业	淘　宝	大　米
13	程记米业	拼多多	大　米
14	好雨农业	天　猫	大米、小米
15	瓮福隆源勇良种养殖农民专业合作社	天　猫	小冰麦
16	宏瑞种养殖农民专业合作社	淘　宝	玉木耳

续表33

序号	企业名称	入驻平台	销售类别
17	澎湃食用油有限公司	苏宁易购	粮　油
18	吉光米业	苏宁易购	大　米

（资料来源：市商务局）

表34　2021年白城市与吉林省其他市（州）实物型和服务型网络零售对比情况一览表

市　州	实物型网络零售额（亿元）	占比（%）	市　州	服务型网络零售额（亿元）	占比（%）
长　春	276.32	45.00	长　春	42.42	24.38
吉林市	103.18	16.80	延　边	35.28	20.28
延　边	91.71	14.93	通　化	29.88	17.18
白　山	45.25	7.37	吉林市	24.27	13.95
通　化	37.83	6.16	白　城	12.30	7.07
松　原	12.79	2.08	白　山	9.37	5.39
梅河口市	11.61	1.89	四　平	4.10	2.36
四　平	9.60	1.56	松　原	3.44	1.98
辽　源	6.81	1.11	梅河口市	2.53	1.45
白　城	5.90	0.96	辽　源	1.74	1.00
归口吉林	13.08	2.13	归口吉林	8.62	4.96

说明：归口吉林指未分解到市州，直接归口到吉林　　　　（资料来源：市商务局）

7月25日，"镇赉好货真情助农"直播专场。图为直播人员在中国一汽扶贫馆镇赉馆直播带货　　（董　俊　供图）

【电商直播】　2021年，白城市推广"电商+直播"模式，为产品推广销售打开新窗口。全市各地开展"县长来了""直播电商节""电商直播月"等大型直播活动，打造特色杂粮杂豆、玉木耳、粉条等多款网红产品，直播推广销售成效显著。

【农村电商】　2021年，白城市出台《关于支持村企联动实现社会化力量参与结对帮扶推进电商扶贫工作的实施方案》和《进一步推进电商扶贫工作的实施方案》，引导贫困村产品品牌化，鼓励电商企业参与，与贫困村签署帮扶合作协议，通过电商运营等方式销售农副产品。至2021年，白城市有国家级电子商务进农村综合示范县4个、省级电子商务试点县（区）3个、“电商镇”5个、“电商村”56个，获得项目资金9860万元，组建市、县级电子商务运营中心、020体验馆、4个县域电商服务中心和村级电子商务服务站527个。

【跨境电商】 2021年，白城市推动中小微外贸企业同知名跨境电商平台合作。白城市环采休闲用品中心入驻阿里巴巴跨境电商平台开展线上交易，交易额80万元，实现白城跨境电商零的突破。吉林世迪博农业科技发展有限公司与中国制造网签订服务合同，开展跨境电商业务。

（孙光宇）

物流业

【概况】 2021年，全市物流企业184家、物流运输车辆2.1万余台，大型物流产业园区仓储面积约20万平方米。物流企业主要分为3类：一类是从事零担货物运输企业，占物流企业17%；第二类是个体运输企业，约占48%；第三类是运输服务业户，主要依托配送中心从事货运配载业务，约占35%，这类企业仓储面积较大，且货运总体规模大。2021年，全市公路货物运输量986.3万吨，公路货运周转量332118万吨千米。仓储能力基本能满足现阶段经济社会发展需要。推进物流园区项目。调研白城市物流园区发展情况和物流企业分布及需求，完成《白城市商贸物流发展前景报告》及《白城综合物流园区项目建设推进方案》。白城综合物流园被列入全市重点招商项目。

【物流园区建设】 白城市内陆港位于白平公路侯家段东侧，属于中国沈阳铁路局集团有限公司，占地面积35万平方米，年营业额2亿元，净利润500万元。建成5400平方米联检办公大楼，2.39万平方米集装箱堆场，站台2.04万平方米、1.8万平方米散货堆场，2.04万平方米站台，300万吨粮食烘干及收储配套设施，粮囤77个（仓储能力6万吨）、7个仓储库（仓储能力18万吨），年货物到发量约300万吨、集装箱吞吐量5万标箱，为白城市规模最大物流中心。

白城森昊物流园区位于白城工业园区内，长白公路旁，地处白城东、白城南高速口，302国道与S207省道中心位置，是进出白城市内必经之地，北接洮北区（老城区），西邻新城区，与经济开发区相邻。园区始建于2016年，总投资1.3亿元，占地面积60807平方米，建筑面积30807平方米，主要内容包括：办公楼面积6655平方米、物流业务用房面积5812平方米、仓储库房面积16000平方米、暖库1846平方米、地下冷库1000平方米、平台库4000平方米、附属用房面积262平方米，场区路面硬化30000平方米。年均营业额2亿元，净利润约2000万元。

白城宏达农机汽贸有限公司成立于2004年，下辖4个全资子公司，是集农机销售和服务于一体的国家一级农机营销企业。公司总占地12.49万平方米，总建筑面积10.5万平方米。年均全口径营业收入4亿元，营业利润600万元。项目综合楼，仓储展示厅1、2、3号馆，宿舍楼、再制造工厂、锅炉房、园区道路和地面硬化及门口拱门全部完工。年生产免耕机、深松机、烟草拔杆机、覆膜机、联合耕整机产值超1000万元。立足打造现代农机物流产业园，园内包含七个功能区。包括：农机再制造功能区、农机展示区、农机售后服务区、零部件销售区、农机技术培训区、住宿餐饮物流服务区、直补公示平台和网上交易区。

（孙光宇）

【农村物流】 2021年，全市乡镇运输服务站建设覆盖30%，村级物流服务点建设覆盖率30%。按要求使用全省统一农村物流节点标识。解决工业品下乡和农产品进城“最初一公里”和“最后一公里”问题。镇赉县客运站推动“客货邮”同站，与镇赉县农悦科技有限公司（电商平台）及镇赉邮政、班线公交客车合作，开展产品进城，日用品下乡，小件物流业务。

（王　丹）

会展业

【概况】 2021年，白城市组织域内展会5场，举办春季惠民、第六届、第七届汽车博览会等3次汽车展会，同时叠加消费券促销政策，提升大宗商品销售份额，销售额实现8202万元。落实全省消费活动安排，组织白城“98消费节”系列活动，打造省市统一会展品牌，拉动消费增长，实现3.03亿元销售额。创新举办白城首届国际商品展会，促进境内外消费融合，提升城市居民消费体验，实现销售额178万元。组织企业参加“进博会”等国内大型展会，帮助企业开拓市场、签约项目、引进外资，该届进博会签约意向性合作项目2个。

【惠民汽车展】 4月，市商务局联合白城汽车协会举办“2021年春季惠民车展”，在7月和9月举办“白城市第六届汽车博览会”和“白城市第七届汽车博览会”，客流量13万余人次，销售额实现8202万元。展会期间，叠加使用政府汽车消费券，群众购车享受到多重优惠。鼓励参展企业推出多种优惠，引导展会夜间延时开放，打造白城百姓夜间购物环境，展示汽车文化，拉动汽车家电等大宗商品消费。

【白城首届国际商品展洽会】 5月12—16日，在白城欧亚举办白城首届国际商品展洽会，吸引客流量6.1万人次，实现销售额178万元。68个商品展位集中展销20余个国家和地区上千种名优

5月13日，白城首届国际商品展洽会在白城欧亚举办。图为商户向顾客展示水果品质　（李晓明　供图）

特商品，以精品荟萃、质优价廉特点吸引大量市民逛展购物。其中韩国锅具、泰国乳胶枕、俄罗斯巧克力、中国台湾和印尼咖啡、非洲工艺品、德国精工刀具等商品深受消费者欢迎。开展首日即实现销售额16万元；展会后两日逢周末，销售额83万元。在面向市民集中展销同时，有30余家当地商超、电商及外贸企业进行现场采购与洽谈。

【白城首届“98消费节”】 白城市落实全省消费节活动安排，自9月8日起，开展为期40天“98消费节”活动，以“鹤舞金秋•惠聚白城”为主题，推出9大板块消费促销活动和1个汽车主题展会活动，包括全市110家零售企业、100余家餐饮企业，成为近年来最轰动、最广泛的大型促消费活动。“98消费节”期间，全市拉动销售额3.03亿元，比上年增长14%。

【参加第四届进博会】 2021年，市商务局牵头筹备参加第四届进博会，制定总体工作方案。在第四届进博会筹备过程中，全市在进口博览局官网注册报名188人，包括69家企业120名采购商，超额完成省团下达指标任务。推荐签约项目2个，分别是白城中一精锻股份有限公司与德国乔治马琳钢厂签订“钢材进口”意向协议，意向签约金额1亿元；大安森璟饲料进口有限公司与日本东亚贸易股份有限公司签订“10万吨稻草出口”意向协议，意向签约金额1.92亿元。

（孙光宇）

9月10日，市政府主办，市商务局承办的首届“吉林98消费节”，以“鹤舞金秋·惠聚白城”为主题在白城欧亚购物中心启动。图为启动仪式现场

（张殿文　供图）

居民服务业

【餐饮业】 全市限额以上餐饮业单位16家，分别是白城市喜福德包席制作中心、昌盛大酒店、天穆村海鲜城、镇赉县镇赉镇万达大酒店、镇赉县镇赉镇维多利亚大酒店、镇赉东方宾馆、镇赉县镇赉镇贵宾酒楼、镇赉经济开发区善在川湘府、镇赉县镇赉镇老磨坊大众菜馆、通榆县天东阁酒楼、通榆县天福元大酒店、洮南市三不牛腩牛排火锅店、洮南市洮府郭记驴肉馆、吉林省帝王酒店餐饮娱乐管理有限公司银帝酒店、大安市英二小大锅饭、大安市辣妈火锅、大安市宏阳宾馆。2021年，餐饮业营业额实现0.32亿元，比上年增长36.8%，培育3家企业纳入入统培育库。搭建促销平台，组织“惠万众消费促销月”“98消费节”等大型消费促进活动，利用服务业发展专项资金支持限额以上企业进行促销宣传。

【家政服务业】 2021年，市区纳入商务统计平台重点家政企业14家，提供月子护理、月嫂服务、管道疏通、室内外清洁等系列服务。组织家政服务业复工，督促企业执行“上岗人员100%戴口罩、100%测量体温、100%健康登记和经营场地100%消毒”要求，为市民提供安全、有效的家政服务。

（孙光宇）

【月嫂培训推介】 2021年，白城市妇联聘请妇产科、儿科专家以及月嫂育婴师行业多年的优秀讲师为全市300余名家庭困难妇女或有从事家政服务行业意愿妇女，进行免费月嫂培训，培训结束后颁发结业证书，推荐结业学员到月嫂公司进行实习。举办“鹤乡大姐温暖万家”巾帼家政推介会2期，对接有就业服务需要和雇佣需求的妇女和家庭，80余名妇女和家庭对接成功。

（王莉莉）

【养老服务业】 截至2021年末，全市有各类养老机构154家，床位8589张，收养老人3856人。其中，公办52家，床位3865张，收养1366人；民办102家，床位4724张，收养2490人；医养结合养老机构达82家（养老院内设医院7家，内设医疗诊所1家，与医疗机构签署合作协议74家）。全市106个城市社区中建成日间照料间83个，占比78.3%；919个行政村建成农村养老大院（幸福院、互助点）259个、农村日间照料间实现全覆盖。白城市社会福利院（白城市社会养老服务示范中心）与白城中医院签订《养老服务合作协议书》，支持白城中医院开展居家养老和机构养老服务。白城中医院利用租赁的7284平方米楼房开展医疗服务同时，设置部分养老床位。民政部门将紧邻的面积为3105平方米白城市居家养老服务中心和设备交由白城中医院运营，利用白城中医院医疗康复专业团队，在实现医养结合机构养老基础上，开展社区居家养老服务，突出医疗和康复特色，实现康养结合。市民政局与中国红十字会总会事业发展中心签订合作协议采取公建民营方式运营，引进“曜阳”养老品牌，按照协议内容，该机构运营后除开展机构养老外，将有序推进养老服务进社区、进家庭。市民政局指导洮北区在日升社区建设社区居家养老服务试点。

（市民政局）

表35　2021年白城市区重点家政企业一览表

序号	地区	企业名称
1	洮北区	白城市蚂蚁搬家有限公司
2		白城市旭日朝阳网络科技有限公司
3		白城市卢师傅家政服务有限公司
4		白城市洁美家政服务有限公司
5		白城德利家政服务有限责任公司
6		白城市海艳家政服务有限公司
7		白城迪邦保洁服务有限公司
8		白城市阿凡提家政服务有限公司
9		白城市爱佳保洁有限公司
10		白城市谦和家政服务有限公司
11		白城市全心家政服务有限责任公司
12	经开区	白城市鹤辰科技服务有限公司
13		白城市一诺家政服务有限责任公司
14		白城市贴鑫家政服务有限责任公司

（资料来源：市商务局）

表36　2021年白城市养老机构统计表

地区	公办养老机构			民办养老机构		
	数量（个）	床位数（张）	收养人数（人）	数量（个）	床位数（张）	收养人数（人）
白城市	52	3865	1366	102	4724	2490
市　级	1	292	84	0	0	0
洮北区	6	377	252	46	2255	1328
洮南市	17	1086	294	14	829	380
大安市	2	694	284	28	1060	334
通榆县	14	692	268	0	0	0
镇赉县	12	724	184	14	580	448

（资料来源：市民政局）

【养老服务员家政培训】 2021年，全市开展家政服务类培训7676人。利用“职业培训实名制系统”，开展家政专业培训，符合条件的给予培训补贴。认定白城医学高等专科学校为白城市家政培训基地，加强民办培训机构管理，民办培训机构23家，建立省市级家政实训基地2所。与民政部门联合下发企业职工养老服务员竞赛方案，依托白城市洮北区颐年养老院组织职工30人进行竞赛，给予竞赛补贴3万元。

【养老护理员大赛选拔赛】 9月6日，白城市举行全国养老护理职业技能大赛白城市赛区选拔赛，竞赛由理论知识竞赛和实操竞赛两部分组成，全市5个县（市、区）和市直养老机构组成6支参赛队，49名选手参赛。评出一等奖4名、二等奖5名、三等奖6名，并进行颁奖典礼。获得一等奖4名选手代表白城市参加全国养老护理职业技能大赛吉林省赛区选拔赛，在省赛中有两名选手获一等奖，白城市代表队获团体总分第3名。

（孟庆峰　王云军）

商务服务业

【律师服务】 2021年，白城市有律师事务所35家，其中合伙所13家，个人所21家，律师事务所分所1家；全市有律师208人，其中执业律师155人（其中专职律师143人，兼职律师12人）；法援机构6家，法律援助律师8人；公职单位21家，公职律师38人；公司单位6家，公司律师7人。2021年，制发《关于在全市律师、公证、司法鉴定行业开展“我为群众办实事”实践活动的实施方案》和《关于开展“我为群众办实事”法律服务公益行活动的通知》，通过“六进”（进社区、进企业、进学校、进广场、进商户、进村屯）和“两服务”（专家法律服务日、电台维权服务日），组织律师、公证和司法鉴定行业开展“我为群众办实事”法律服务公益行系列活动11次。来自15家法律服务机构、法律服务人员200余人次参加活动；发放宣传单2000余份，宣传手袋1000个，法律宣传书册3000余册，接受免费咨询900余人次。

【公证服务】 2021年，白城市有公证机构6个（均为公益事业单位），公证员16人。全年办理各类公证事项5760件，收费239.35万元。开展“我为群众办实事”活动，助力企业复工复产，开辟公证服务绿色通道，增设便民咨询窗口6个，各公证处开展延时服务，并公示服务承诺，利用非工作时间为群众办理公证案件。在白城公共法律服务App开辟网络在线咨询通道，全年解答群众咨询1000余次。

（祁云峰）

【会计服务】 2021年，全市会计代理经营单位95家。其中，市级43家，镇赉县5家、洮南市16家、通榆县7家、大安市19家、洮北区5家。市财政局实施2021年度全国会计专业技术初、中、高级资格考试，重点抓好审核考试发证三道关。开展会计专业技术人员继续教育，培训会计2164名。

【广告服务】 2021年，全市广告经营单位391家，比上年减少81家；广告业务经营收入4504.56万元，比上年减少668.92万元。其中，市级216家，2587万元；镇赉县23家，240万元；洮南市69家，205万元；通榆县32家，1100万元；大安市24家，300万元；洮北区27家，72.56万元。国有企业4家，集体企业3家，私营企业113家，个体工商户267家，事业单位4家。从业人员1004人，增值税和所得税总额108.28万元。

【检验检测服务】 2021年，全市检验检测机构91家。其中，市级38家、洮南市14家、通榆县12家、镇赉县14家、大安市13家。截至2021年末，白城市产品质量检验所食品检验检测任务完成987批次，其中市本级普通食品安全监督抽查检验249批次，食品企业技术服务协议和委托检验738批次，检验收入48.25万元。建材等工业产品共完成监督检验和委托检验94批次。其中，市级工业产品“双随机”监督抽检样品21个批次，委托检验73批次。检验收入15.35万元。煤炭委托检验51批次，检验收入3.30万元。

（富　饶）

【人力资源服务】 2021年，全市经营性人力资源服务机构46家，人力资源服务从业人员214人，开展服务19921人次，服务用人单位2968家，召开现场招聘会20场，提供招聘岗位136个，参会人次2536人次，发布网络招聘信息3630条，提供就业岗位7621个，开展劳务外包服务用人单位18家，签约788人，人力资源管理咨询服务用人单位32家，举办人力资源培训12班次，培训366人，全年营业收入17490.58万元。

（田志昌）

【科技服务】 吉林省科技大市场白城分市场（简称“白城市科技大市场”）运营场地在白城市科技创新服务中心。实体交易场所520平方米，设80平方米成果交易大厅1个、重点单位展示区1个、科技成果展示查询区、科技中介服务区6个、可容纳50人远程视频会议室1个、专家远程答辩平台1个、20人培训交流会议室1个、容纳20人以上非固定工位办公区等多个不同服务功能的活动区域。开展为科研机构、科技型中小企业和地方特色农业发展中所涉及的技术转移、专业技术、政策咨询、技术推广培训、知识产权等方面的服务。2021年，依托白城市科技大市场开展科技为民服务，宣传展示白城市各行各业先进科技成果50余项，发放科技宣传单（册）1万余份，接待咨询服务900余人次，提供科普产品和服务。

（朱　鼎）

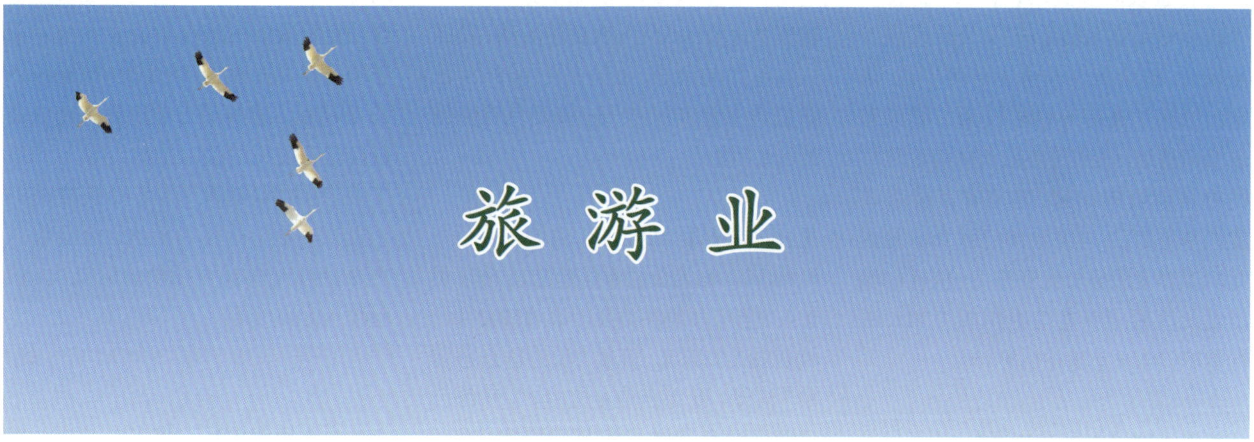

旅游业

综述

【旅游接待】 2021年，白城市坚持保护生态和发展生态旅游同步推进，聚焦建设长松大白通长河湖草原湿地旅游大环线，围绕“湿地鹤乡·生态白城”旅游品牌，迎庆“建党百年”，助力乡村振兴，迎接冬残奥会，谋划旅游项目建设，设计旅游精品线路，开展旅游特色活动。2021年，全市接待游客321.63万人次，比上年增长109.26%。

【旅游收入】 2021年，白城市设计湿地生态游、草原风光游、民俗风情游、历史文化游、乡村休闲游、红色记忆游、冰雪体验游七大主题7条生态旅游精品线路推向市场。实现旅游收入48.61亿元，比上年增长81.86%。

（常　明）

旅游资源

【概况】 白城旅游资源丰富，拥有高品质的湿地生态、绝美的草原风光、浓郁的民俗风情、静谧的乡村休闲、悠久的历史古迹，资源品位较高，资源组合良好，白城美在自然、贵在原始，历史悠久、人文厚重。截至2021年末，全市拥有国家A级旅游景区13个。其中，AAAA级旅游景区4个，AAA级旅游景区4个，AA级旅游景区5个。主要旅游景点150余处，吉林省A级乡村旅游经营单位44个。

【嫩江湾旅游区】 嫩江湾旅游区是集湿地生态观光、捺钵文化体验于一体的国家AAAA级旅游景区。景区距大安城区1千米。景区总面积3.5平方千米，有老坎子码头、辽皇观鱼台、曲径平台等大小景点百余处。先后被评为国家森林公园、国家湿地公园、国家级水利风景区。在2021年举办的第七届中国文旅产业巅峰大会上，大安嫩江湾旅游区获2020—2021年度文化生态守望奖。2021年，嫩江湾旅游区进入国家AAAAA级旅游景区创建提升期。工程施工量大，施工点位多，为避免发生安全事故，保护游客人身安全，决定自2021年3月8日起实施闭园管理，于2021年6月29日试运营。4月末，“三园一台”建设（仙鹤园、天鹅湖、萌宠乐园、观鸥平台）工程交工并完成验收工作。萌宠乐园、仙鹤园引进黑天鹅、灰鹤、羊驼、梅花鹿猕猴等动物。景区基础设施维修。春季对景区内树木重新修剪并清除园内野草、杂草。邀请专业技术人员维修湿地调节闸内两台机组，以保证湿地供水。实施春季绿化美化工程，嫩江湾国家湿地公园栽植乔灌木1.3万余株、宿根花卉700余万棵、花卉4.5万棵，绿化面积6.7万平方米。2021年，嫩江湾旅游区接待游客98.997万人次。

嫩江湾旅游区是国家 AAAA 级景区。图为曲径平台景点。摄于10月27日

（李晓明　供图）

表 37　2021 年白城市 AA 级以上景区一览表

景区名称	等级	通信地址
吉林省白城市通榆县向海国家级自然保护区	AAAA	向海乡政府所在地
吉林省白城市镇赉县莫莫格国家级自然保护区	AAAA	镇赉县莫莫格自然保护区
吉林省白城市查干浩特旅游度假区	AAAA	白城市岭下镇
吉林省白城市大安市嫩江湾国家湿地公园	AAAA	吉林省白城市大安市嫩江湾国家湿地公园
吉林省白城市墨宝园景区	AAA	通榆县开通镇风电路
吉林省白城市嫩水韵白国家水利风景区	AAA	镇赉县五家子泵站
吉林省白城市月亮泡水利风景区	AAA	吉林省白城市月亮泡镇
吉林省白城市牛心套堡国家湿地公园	AAA	吉林省白城市大安市牛心套堡村
吉林省白城市兴隆山蒙古黄榆风景区	AA	通榆县兴隆山镇政府
吉林省白城市大安市五间房水岛乐园	AA	吉林省白城市大安市舍力镇
吉林省白城市洮南市四海明珠度假村	AA	洮南市富文东路 113 号
吉林省白城市通榆县瞻榆神榆森林公园	AA	通榆县瞻榆镇政府
吉林省白城市通榆县包拉温都杏树林景区	AA	通榆县包拉温都自然保护区管理局

（资料来源：市文广旅局）

【吉林向海国家级自然保护区】 向海是国家级自然保护区，总面积1055平方千米，景区内沙丘蜿蜒起伏，湖泊波光潋滟，黄榆婆娑起舞，苇海碧波荡漾，草原碧波万顷。向海魅力在于“美在自然，贵在原始”。1986年被国务院批准为“国家级森林和野生动物自然保护区”、1992年被世界野生生物基金会评审为“具有国际意义的A级自然保护区”、列入《国际重要湿地名录》、同年被中国人与生物圈国家委员会批准纳入“中国生物圈保护区网络”、2005年被国家旅游局评为“国家AAAA级旅游景区”、2009年被省政府评定为“吉林八景”前三甲、2012年被生态景区中国行活动组委会评为首批“全国低碳旅游示范区”、2013年被中央电视台大型公益活动“美丽中国•湿地行”组委会授予“2013美丽中国•魅力湿地——特别关注奖”。电视风光片《家在向海》在第五届桑迪欧国际生物保护电影节上获代表国家资格奖；1992年国务院总理李鹏把《家在向海》带到世界环发首脑会议上播放；电视剧《永远的田野》《我的土地我的家》、电影《向海的故事》均在向海取景拍摄。

向海是“鸟类天堂”，有以国家一级保护物种丹顶鹤、白鹳等为代表的各类珍禽17目53科132属297种，其中对保护生态环境具有重要意义而被称为“湿地指示物种”鹤类有6种；有以珍稀物种蒙古黄榆、甘草、防风等为代表的野生植物600余种；有以狍子、黄羊等为代表的野生脊椎动物350余种。景区内主要景点有：三面环水、一面临山，拥有200余只丹顶鹤占地面积500余公顷的仙鹤岛；占地3.8万平方米，规模为亚洲最大向海保护区鸟类救护中心——百鸟园；位于向海东西两湖中间，阁楼高23米向海景区最高点——揽海阁；有博物馆、香海寺、游船码头、千鸟巢、万鸟岛等景点。2021年，向海国家自然保护区接待游客2万人次。

【吉林莫莫格国家级自然保护区】 吉林莫莫格国家级自然保护区位于吉林省西北部，白城市镇赉县境内，是典型的内陆湿地与水域生态系统类型保护区，保护区境内嫩江、洮儿河和二龙涛河流经形成8万余公顷适宜鹤鹳类等水鸟栖息的沼泽湿地，孕育和储藏着丰富的生物多样性，是吉林省西部面积最大、最为典型的湿地类型保护区。莫莫格保护区始建于1981年，1997年晋升为国家级自然保护区，2005年经国家旅游局评定为国家AAAA级旅游风景区。有湿地博物馆、珍禽野化训练场、花海、苇荡迷宫等景点，游船、湖心亭、趣味拓展、射箭场、游览车、彩虹桥等游玩娱乐项目。

2021年，景区安装标识指示牌49块，绿化美化栽种牵牛、孔雀草等花苗6000余棵，花籽种植面积近3公顷，花海成为生态旅游亮点之一。2021年，吉林莫莫格国家级自然保护区接待游客0.49万人次。

镇赉莫莫格湿地是国家级自然保护区。图为3月27日，迁移的白鹤在歇息觅食 （李晓明 供图）

【大鸨种群“就地越冬”】 2月，在莫莫格保护区发现野生大鸨越冬种群，种群数量达53只，专家称这一现象较为罕见。大鸨是鹤形目鸨科的大型陆禽，是国家一级保护野生动物，主要栖息于开阔的平原、草地和半荒漠地区，也出现于河流湖泊沿岸，以植物的嫩叶、嫩芽以及昆虫、蛙等为食。

气象数据表明，2021年冬季，该保护区所在镇赉县平均气温比历年同期要高，专家认为这让野生大鸨更容易觅食。这一现象出现与当地生态系统改善有关。莫莫格保护区加大对湿地和鸟类全方位保护力度，增加设备和人员投入，加强对鸟类种群监测力度，强化鸟类停歇分布区域巡护管护力度，采取工程措施引水恢复湿地，开展退耕还林还草还湿等行动，为珍稀濒危鸟类提供理想生存环境。

（常　明）

【查干浩特旅游经济开发区】 2021年，白城市宣传推介查干浩特“梦中草原，风情查干”旅游品牌。完善景区母婴室、接待室、旅游商品室、志愿者服务站等配套设施，安装监控设备3套，购置分类垃圾箱20个。谋划4个旅游项目，建设旅游休闲为一体的体育特色体验区、自驾游露营地、健身中心、星级宾馆等，完成总投资11.35亿元，占地面积38.7万平方米。其中，房车营区、休闲木屋区、特色蒙古包区、帐篷露营区、汽车旅馆等场区完成总投资3.5亿元，占地28.7万平方米，开发建设高、中、低3条滑雪道和赛马跑道、观礼台、接待中心等项目占地10万平方米，修复景区内被列入省文物遗产的日本关东军在二战时期修筑的大型飞机场遗址，投资建设白城•镇西侵华日军机场遗址警示教育基地图片展室，于6月完工对外开放，该展室建成弥补查干浩特开发境内的2007年被列入省级文物保护的日本关东军第七飞行旅团二战时期修建的飞机场遗址开发空白点，为白城市开展庆祝建党100周年学党史，勿忘国耻主题教育增添活动内涵，并吸引省内外游客和市党政机关党员干部前来参观聆听战争史，进行勿忘国耻警示教育活动。2021年参加中国—东盟博览会旅游展、第二、三届中国国际进口博览会及第四、五届中国—吉林国际冰雪产业博览会和举办中国•白城查干浩特冰雪文化旅游季。2021年，查干浩特旅游经济开发区接待游客2.52万人次。

（薛东林 胡佳楠）

旅游项目开发

【概况】 2021年，白城市谋划与实施文旅重点项目12个：嫩江湾国家AAAAA级旅游景区提升建设、大安市新三馆、洮北区文化体育活动中心（一期）、洮南市运动会场改造、吴俊升商业大楼和天恩地局安防技防工程、天恩地局整体抬升工程、洮南市美术馆展陈提升工程、查干浩特旅游集散综合服务中心、查干浩特红色旅游警示教育基地项目、通榆县铁西区文体活动中心、通榆县军旅文化研学基地、久雁乡村旅游度假村旅游配套基础设施建设等项目，总投资20.6亿元，已录入国家旅游项目管理系统。2021年，计划投资3.14亿元，完成投资3.45亿元。

【嫩江湾国家AAAAA级旅游景区提升建设】 2021年，嫩江湾旅游区创建国家AAAAA级旅游景区，谋划设计嫩江湾国家AAAAA级旅游景区提升建设项目，项目总投资1.69亿元，围绕旅游交通、游览、旅游安全、卫生、邮电服务、旅游购物、综合管理、资源和环境的保护等方面，提升服务质量与环境质量。

【查干浩特红色旅游警示教育基地项目】 2021年，查干浩特旅游度假区谋划设计查干浩特红色旅游警示教育基地项目，计划总投资500万元，开展二战侵华日军遗址修缮维护，建设二战遗址红星广场，打造爱国主义教育基地，学生研学旅行教育基地。

【通榆县军旅文化研学基地】 2021年，吉林燕园文化传播有限公司在白城市通榆县三家子谋划设计通榆县军旅文化研学基地项目。计划总投资15亿元，建设总建筑面积21800平方米，其中，特训基地综合楼，建筑面积9800平方米；传统文化中心，建筑面积3000平方米；航空历史博物馆，建筑面积5000

查干浩特冰雪乐园有滑冰车、冰上自行车等10余种娱乐项目。图为12月31日，游客在冰雪乐园滑冰　　（李晓明　供图）

平方米；航空训练及服务中心，建筑面积4000平方米。建设内容主要包括退役战机、轻武器装备、全套特训器械、真机模拟飞行器及给水、供电、采暖、安全护网、内部道路等附属配套工程。

【久雁乡村旅游度假村旅游配套基础设施建设】　镇赉县久雁旅游有限公司设计久雁乡村旅游度假村旅游配套基础设施建设项目，计划总投资0.3亿元，建设停车场、旅游厕所、垂钓园、采摘园、水上乐园、蒙古包5个，油路、地面硬化、绿化、美化，安装水电等。

【冰雪旅游项目建设】　镇赉县全民健身中心对外开放，建设400平方米仿真冰场。大安市建造两个移动冰场培训基地。洮南市佳之冰场在洮南市轮滑协会统筹下浇筑完成并发挥较好冰上体验功能。查干浩特旅游度假区、生态新区建设供市民体验的冰雪娱乐场所。

【冰雪娱乐场所运营】　镇赉县冰雪乐园、通榆县嘉禧冰雪乐园、查干浩特冰雪乐园、生态新区冰雪大世界等冰雪娱乐场所建设完成并投入运营，2020—2021年雪季运营良好，接待冰雪娱乐体验10万余人次，冰雪娱乐体验收入百万元。

【冰雪旅游景区补助申请】　2021年，市文广旅局落实《吉林省人民政府办公厅关于做好常态化疫情防控工作支持文旅企业发展若干措施的通知》要求，和市财政局联合向省财政厅、省文旅厅申请争取冰雪旅游景区补助40万元。白城市查干浩特旅游度假区纳入补助范围。

（常　明）

旅游业态

【历史文化游】　白城历史悠久，辽金遗迹众多。游览大安嫩江湾旅游区，赏“江湾十八景”、登辽皇观鱼台、游华夷同风院，乘船到捺钵岛，体验辽代捺钵文化。参观渔猎博物馆，探寻古老的渔猎文化。白酒文化体验园曾出土我国最早蒸馏白酒烧锅，保护和传承辽代斫冰烧酒工艺。参观白城市内唯一一座带有廊庑四合院建筑万福麟故居。游览国家级重点文物保护单位城四家子城址和洮北双塔遗址，城四家子城址是辽代长春州、金代新泰州故城，是辽金元及明初几百年间，吉林省西部乃至东北地区西部、内蒙古东部地区政治、经济、文化、军事中心。参观洮南天恩地局、吴大帅府。游览通榆墨宝园，是一座集国内外当代书法名家书法作品碑刻艺术和园林建筑艺术为一体的书法主题园林。2021年，开展“匠心妙手，巧夺天工”为主题白城非遗传统工艺系列精品陈列展，展示剪纸、葫芦艺术、蛋雕、根雕、布贴画等工艺作品。

【民俗风情游】　白城辖区内有蒙古族乡8个，蒙汉民俗交融。到镇赉莫莫格游览世界最大白鹤停歇地，每年春秋两季，占全球95%以上白鹤在该地迁徙停歇。镇赉县金丰旅游度假区，游览极具蒙古风情，兼具垂钓采摘、休闲娱乐功能生态庄园。查干浩特旅游度假区蒙古大营，是吉林省最大的蒙古包群。游览省级少数民族特色村寨洮北乌兰

洮北区双塔遗址是第七批全国重点文物保护单位。图为清代早期建筑的喇嘛塔。摄于8月　　（任世东　供图）

表 38　2021 年白城市乡村休闲游精品线路一览表

线路主题名称	具体线路
金秋稻花香—乡村休闲游线路一：景观休闲	第 1 天：大安市沐城山庄—大安榔头泡 第 2 天：莫莫格景区—青山镇黎明村—中国青山草场 第 3 天：洮南吉骏马术游乐园—向海蒙古族乡向海村
金秋稻花香—乡村休闲游线路二：文化休闲	第 1 天：白酒文化体验园—太山镇张家村 第 2 天：莫莫格景区—白城市绿野生态农庄 第 3 天：德顺蒙古族乡乌兰图嘎村—福顺现代农业产业园—向海蒙古族乡向海村

（资料来源：市文广旅局）

图嘎村，村里99%以上居民都是蒙古族，美食有非物质文化遗产蒙古族馅饼。洮南敖牛山最高海拔663米，是吉林省西部最高峰，到敖牛山、昂岱山赏杏花、住民宿，体验东北民俗。在通榆向海景区，游百鸟园、访香海寺、赏蒙古黄榆林。2021年，举办敖包节、苏勒德祭祀等活动。

【乡村休闲游】　游览大安市沐城山庄，体会田园惬意和乡村休闲。到东北地区唯一大型淡水天然沙滩浴场大安榔头泡。到镇赉县莫莫格蒙古族乡，欣赏白鹤飞舞、体验蒙古民俗。参观洮北区青山镇黎明村，在现代农业示范区近百栋温室大棚里采摘鲜果。到洮南吉骏马术游乐园，做一回“马背上的民族”。游览通榆县向海村，水上行船、湿地观鹤，饮马奶酒、品烤全羊，围在篝火旁欢歌热舞。

【红色记忆游】　作为抗日战争、解放战争、抗美援朝和社会主义建设时期的老区，白城红色资源丰富。游览获吉尼斯世界纪录“最大规模的蒸汽机车头展示”称号大安机车博览园。到镇赉郝赵碑，缅怀郝福茂、赵德民两位烈士。参观查干浩特日军侵华遗址群飞机库、弹药库、高射炮阵地、兵营。在纪英林模范事迹展室，聆听先辈艰苦创业事迹。参观白城市博物馆，了解历史变迁，品味城市记忆。到中共辽吉省委、辽北省政府旧址，参观陶铸等老一辈革命家工作旧址。到白城市最大爱国主义教育基地——洮北区烈士陵园，到鹤城英雄纪念碑、革命烈士陈列馆、卧式墓群，缅怀革命先烈。2021年，开展“初心如磐——白城市庆祝中国共产党成立100周年主题展览”、纪英林模范事迹展览馆主题教育活动、洮南市天恩地局展览等。被纳入“吉林省30条红色旅游精品线路”1条。

【冰雪体验游】　白城拥有优质的冰雪旅游资源。在大安月亮湖观赏冬捕节盛景。到镇赉哈尔淖在鱼把头带领下体验深厚的渔猎文化底蕴。到查干浩特冰雪乐园里滑雪圈、打陀螺，玩冰嬉雪。到洮南四海湖休闲度假区享受沉浸式冰雪体验，感受独特的冰雪魅力。到通榆向海景区欣赏冬临鹤苑的壮美景观。在通榆嘉禧冰雪游乐园里来一场雪地摩托车赛跑。2021年，开展“冰舞鹤乡”文化体育旅游节系列活动，开展冬捕节、反季节采摘节、冰雪嘉年华等冰雪季体验活动。

【生态旅游】　白城是国家确定的生态建设示范区，草原占全市面积44%；水面占全省总水面积57%；芦苇面积居全国第2位；湿地占全国湿地面积1.7%，鸟类占全省鸟类种类89.43%，世界重点保护15种鹤类，白城有9种，全球白鹤仅存3500只左右，每年在白城湿地停歇3200余只。白城境内有嫩江、洮儿河、霍林河等8条河流，大小泡沼湖泽300余个。特殊的地理环境和生态环境，构成白城原生态的自然风光和旅游景观。2021年，设计7大生态旅游线路推向市场。

【向海村入选全国乡村旅游重点村】　8月，文化和旅游部会同国家发展改革委公布第三批199个全国乡村旅游重点村名单和第一批100个全国乡村旅游重点镇（乡）名单。白城市通榆县向海蒙古族乡向海村入选。向海村是向海乡蒙古族乡政府所在地，位于通榆县西北部67千米处，通榆至向海公路、洮南至向海公路在此交叉。全村面积48平方千米，总户数756户，常住人口1538人，

昂岱山地处洮南市那金镇，山上长满山杏山榆等植物。图为昂岱山下盛开的杏花。摄于4月23日　　（李晓明　供图）

表39　2021年白城市红色记忆旅游精品线路一览表

线路主题名称	具体线路
"红色记忆"一日游	白城市洮北区烈士陵园—中共辽吉省委旧址、辽北省政府旧址外观—白城市博物馆—海明路步行街—查干浩特旅游度假区—侵华日军机场遗址群—纪英林模范事迹展室
"红色记忆"之旅——东线三日游	第1天：查干浩特旅游度假区—侵华日军机场遗址群—纪英林模范事迹展室—中共辽吉省委旧址、辽北省政府旧址外观—白城市博物馆—海明路步行街 第2天：白城市洮北区烈士陵园—郝福茂、赵德民革命烈士纪念碑—吉林莫莫格国家级自然保护区 第3天：大安嫩江湾旅游区—大安市博物馆渔猎分馆—大安机车博览园
"红色记忆"之旅——西线三日游	第1天：查干浩特旅游度假区—侵华日军机场遗址群—纪英林模范事迹展室—中共辽吉省委旧址、辽北省政府旧址外观—白城市博物馆—海明路步行街 第2天：白城市洮北区烈士陵园—天恩地局—洮南市博物馆 第3天：吉林向海国家级自然保护区—通榆县烈士陵园
"红色记忆"之旅——环线五日游	第1天：大安嫩江湾旅游区—大安市博物馆渔猎分馆—大安机车博览园 第2天：吉林莫莫格国家级自然保护区—郝福茂、赵德民革命烈士纪念碑 第3天：查干浩特旅游度假区—侵华日军机场遗址群—纪英林模范事迹展室—中共辽吉省委旧址、辽北省政府旧址外观—白城市博物馆—海明路步行街 第4天：白城市洮北区烈士陵园—天恩地局—洮南市博物馆 第5天：吉林向海国家级自然保护区—通榆县烈士陵园

（资料来源：市文广旅局）

表40　2021年白城市生态旅游精品线路一览表

线路主题名称	具体线路
踏水仙鹤飞——湿地生态游	大安嫩江湾旅游区—镇赉莫莫格景区—镇赉南湖城市湿地公园—查干浩特旅游度假区—生态新区鹤鸣湖—通榆向海景区
风吹碧浪起——草原风光游	大安嫩江湾旅游区—大安姜家甸草原—国家湿地公园牛心套保—镇赉岗上草原—洮北青山草场—查干浩特旅游度假区
蒙汉风土情——民俗风情游	镇赉莫莫格国家级自然保护区—金丰旅游度假区—查干浩特旅游度假区—洮北乌兰图嘎村—洮南敖牛山—通榆向海景区
梦回辽金地——历史文化游	大安嫩江湾旅游区—猎博物馆—白酒文化体验园—万福麟故居—城四家子城址和洮北双塔遗址—洮南天恩地局、大帅府—通榆墨宝园
金秋稻花香——乡村休闲游	大安市沐城山庄—大安榔头泡—镇赉县莫莫格蒙古族乡—洮北区青山镇黎明村—洮南吉骏马术游乐园—通榆县向海村
峥嵘岁月史——红色记忆游	大安机车博览园—镇赉郝赵碑—查干浩特日军侵华遗址群—纪英林模范事迹展室—白城市博物馆—中共辽吉省委、辽北省政府旧址—洮北区烈士陵园
撒网捕鱼境——冰雪体验游	大安月亮湖—镇赉哈尔淖—查干浩特冰雪乐园—洮南四海湖休闲度假区—通榆向海景区—通榆嘉禧冰雪游乐园

（资料来源：市文广旅局）

户籍人口1834人，其中少数民族494人。向海村位于向海国家级自然保护区腹地，系湖河相容冲地貌类型，地势平坦，湖泊、河流星罗棋布，湖泽内遍布大大小小的芦苇荡，湖泊与草甸之间，沙丘交错起伏，生长着天然的蒙古榆树林，形成湖泽、沙丘、榆林等独具特色的自然景观。向海村四周环境幽静，鱼类、鸟类等各种生物资源丰富，调查记录到丹顶鹤、白枕鹤、白鹤、蓑羽鹤、灰鹤等各种鸟类200余种。向海村域内有蒙古族特色民族文化传统，先后完成向海新村建设、体育设施建设、文化广场建设、向海新村绿化建设、太阳能路灯安装、道路硬化等基础设施建设。在村部所在地设立“民俗展览馆”，重点展出反映当地渔猎、农耕、民居、生活习俗、民间工艺等民族文化。向海村凭借向海湿地景观及仙鹤岛、揽海阁、百鸟园、沙滩浴场等旅游景点发展乡村旅游，发展民宿近40处，各类特色餐饮饭店百余家，年接待游客数量3万余人次，年均旅游收入10万余元。

【大安市叉干镇民乐村入选中国美丽休闲乡村】 11月12日，白城市大安市叉干镇民乐村入选2021年中国美丽休闲乡村名录。叉干镇民乐村位于吉林省大安市西部，距市区90千米，民乐村面积2200公顷，耕地面积1508公顷，草原面积70公顷，省道S516过境穿过，交通便利。通过实施土地增减挂项目，新增耕地1032公顷，民乐村每人分得水田1公顷，村集体每年收入195万元。培育休闲农业经营主体70余个，打造“开江鱼”“小鸡炖蘑菇”“大鹅炖粉条”“全羊宴”“稻田蟹”和“杀猪宴”等特色佳肴。主要景点有党性教育中心、农事体验中心、草编（柳编）工艺品陈列厅、休闲垂钓中心等。利用民乐村为大安市唯一一个“土地增减挂”开发水田村优势，设立“土地增减挂”展示厅，吸引近500人参观学习，直接带动旅游收入20万元。

【3个村入选省级乡村旅游重点村】 11月5日，吉林省文化和旅游厅、吉林省发展和改革委员会联合公布的第二批省级乡村旅游重点村镇名单中，洮北区德顺蒙古族乡乌兰图嘎村、大安市太山镇张家村、洮北区青山镇黎明村入选省级乡村旅游重点村名录。

大安市太山镇张家村位于大安市西北部，盛产黄菇茑、玉米、西甜瓜。注重旅游基础设施建设，道路硬化7.5千米，路面封油6.5千米，修建排水沟2500米，铺设彩砖1万平方米，建设活动广场2个，安装路灯123盏，铺设条石2000余米，村屯绿化栽种树木2000余株，绿篱800余米。加大农业基础设施投入，开发以黄菇茑、草莓、西甜瓜为主的城郊型观光、采摘、休闲农业基地，鼓励本村外出务工村民将房屋使用权交由村集体，由村集体领办创办合作社，建立乡村旅游民宿，统一管理，统一经营。

洮北区青山镇黎明村棚膜经济特色突出。青山镇现代农业示范园区，占地面积31公顷，有温室大棚74栋，园区内种植反季节瓜果蔬菜，均采用自然成熟方式，保证采摘果蔬品质。

洮北区德顺蒙古族乡乌兰图嘎村有敖包、苏勒德、蒙古族文化长廊等文旅设施6处。乌兰图嘎村历史悠久，有4项市级非物质文化遗产项目，每年农历5月12日举办“敖包文化节”，农历9月9日举办“苏勒德祭奠日”活动，村里有村歌——《吉祥花道宝》。乌兰图嘎村立足于民族文化资源实际，形成民族特色村寨、历史文化旅游整体规划目标，向游客充分展示蒙古族风情文化。乌兰图嘎村成立的兀良哈民俗旅游专业合作社，打造蒙古族饮食文化，通过表演蒙古族歌舞、敬酒、献哈达等方式和游客互动，增强游客体验感。

【大发实业有限责任公司被确定为全省工业旅游示范点】 11月5日，《吉林省文化和旅游厅关于确定一汽——大众汽车有限公司等8家单位为全省工业旅游示范点的公告》发布，经过公示，吉林省大安市大发实业有限责任公司被评定为全省工业旅游示范点。大安市大发实业有限责任公司成立于1989年，经营项目包括酿酒、灌装饮用水、饮料生产加工、包装、销售、休闲观光服务、博物馆服务、农产品深加工。企业连续多年被评为全国AAA级诚信企业、中国最美酒厂、吉林省私营企业安排就业先进企业、吉林省私营企业纳税先进单位、吉林省百强私营企业、吉林省拥军优属先进单位。企业拥有国家级专利1项，注册商标12项，是吉林省农业产业化重点龙头企业。拥有知识产权和发明专利13项。大安酿酒总厂辽代酿酒作坊遗址，经碳—14检测鉴定为1035年（辽时期）的酒遗址，将我国白酒起源至少向前推进200年，是目前中国最古老的酿酒遗址。

大发公司酿酒厂生产的“嫩江”牌系列白酒，被国家食品工业协会认定为中国质量金杯、中国知名白酒信誉品牌、被评为吉林省行业名酒、吉林省著名商标、吉林名牌产品、“大安老窖酿酒技艺”被列入吉林省非物质文化遗产保护名录、“嫩江”牌商标被吉林省商务厅评为吉林老字号。2012年，大安老窖酒与茅台、五粮液等一起被评为“中国人舌尖上的美酒”，2020年，大安老窖酒在国际烈酒大赛上获得大金奖。企业被省文化厅确定为吉林省非物质文化遗产生产性保护基地、被省农委确定为吉林省休闲农业和乡村旅游五星级示范企业。被评为吉林省工业旅游示范单位。国家燕麦荞麦产业技术体系优质燕麦试验示范推广基地、吉林大学冰雪丝绸之路春捺钵考古调查工作站建立在大发公司。

【兀良哈民俗旅游专业合作社被评为吉林省AAAA级乡村旅游经营单位】 11月5日，吉林省文化和旅游厅发布公告，白城市洮北区兀良哈民俗旅游专业合作社被评为吉林省AAAA级乡村旅游经营单位，实现白城市高等级乡村旅游经营单位零的突破。兀良哈民俗旅游专业合作社位于白城市洮北区德顺蒙古族乡乌兰图嘎村，是白城市现有唯一少数民族特色村寨。合作社以“蔚蓝的天空、洁白的村落、悠扬的长调、飘香的奶茶”为特色文化主题，打造“乡村变景点、田园变游园、劳动变运动、农家变驿站”新型、美丽、特色、休闲新农村。推出蒙古族炒米、奶茶、手把肉、馅饼、饸饹、猫耳汤、嗨姆嘎、烤羊腿、烤全羊、牛肉干等特色饮食，推出蒙古餐饮制作技艺、四弦胡演奏、札萨克图刺绣等，摔跤、射箭、骑马、嘎拉哈等蒙古民族体验项目。

表 41　2021 年白城市新评定省级 AAA 级以上乡村旅游经营单位一览表

序号	企业名称	负责人	产品特色	企业地址	A 级
1	洮北兀良哈民俗旅游专业合作社	王敬云	民俗、餐饮	德顺蒙古族乡乌兰嘎图村	AAAA
2	大安市牛心套保苇场	李兴光	度假、科考	大安市牛心套保国家湿地公园	AAA
3	向海屯绿色农家院	吕怀国	餐饮、住宿	通榆县向海乡团结路	AAA
4	向海环浪屿汽车旅馆	孙淑娟	餐饮、住宿、商品购物、拓展培训、采摘	通榆县向海乡团结路	AAA
5	嘉禧旅游有限公司	邱昌财	滑雪、垂钓、餐饮	通榆县二龙庙西侧	AAA
6	大安市牛心套保旅游产业发展有限公司	薛艺伟	餐饮、住宿、商品购物	白城市大安市大岗子镇牛心套保苇场	AAA
7	大陶苏屯蔬菜种植专业合作社	李国清	采摘、餐饮、民俗	德顺蒙古族乡洮河村	AAA
8	洮南市吉骏马术游乐园	韩　洋	骑马体验、垂钓	洮南建设西路 1077 号	AAA

（资料来源：市文广旅局）

【新增7家AAA级乡村旅游经营单位】 11月19日，经对申报单位进行材料审核、现场检查、复核评定等程序，大陶苏屯蔬菜种植专业合作社、洮南市吉骏马术游乐园、大安市牛心套保苇场、大安市牛心套保旅游产业发展有限公司、向海环浪屿汽车旅馆、向海屯绿色农家院、嘉禧旅游有限公司等被评为吉林省AAA级乡村旅游经营单位。

【省级乡村旅游精品村（点）申报评审】 2021年，白城市助推省级乡村旅游精品村（点）申报评审。为提升乡村旅游发展水平，带动乡村旅游集群化、规模化、品牌化发展，经过对旅游资源富集、产品体系成熟、配套设施完备、品牌特色鲜明、服务规范标准等多方面考察，推荐通榆县向海蒙古族乡向海村、洮北区青山镇黎明村等11家申报省级乡村旅游精品村（点）。省文旅厅专家现场检查组于8月27—29日完成现场检查工作。

【景区和乡村旅游经营单位评定与复核】 2021年，白城市开展2021年度A级旅游景区、乡村旅游经营单位评定与复核工作。5月21日，印发《关于做好2021年度A级旅游景区、乡村旅游经营单位评定与复核工作的通知》，对2021年新申评AAA级乡村旅游经营单位进行评定，经现场实地评定，2021年评定AAA级乡村旅游经营单位7家。建立“有进有出”动态管理机制，复核已有乡村旅游经营单位。组织并调度全市A级旅游景区及时填报全国A级旅游景区管理系统，对产业发展提供基础数据。

（常　明）

旅游营销

【概况】 2021年，白城市组织开展“燃情冰雪　共迎冬奥”白城市暨洮北区文化体育旅游节、“冬游洮南府　渔猎四海湖”洮南市第六届渔猎冬捕文化节、2021北方渔岛·哈尔淖冬捕季、2022向海冬捕节、大安市月亮泡冬捕节、大安市冰雪旅游季、玉龙湖冬捕节、白城市“冰舞鹤乡”文化体育旅游节暨大安市冰雪嘉年华玉龙湖冬捕节等旅游节事活动，利用展会、媒体、折页等开展旅游宣传推介，扩大白城旅游品牌影响力。

【2021中国北方渔岛·哈尔淖冰雪捕鱼季】 12月29日，镇赉县“2021中国北方渔岛·哈尔淖冰雪捕鱼季”开幕，来自全国各地2万名游客现场参与。冰雪捕鱼季以“冰雪捕鱼季·激情迎冬奥”为主题。在冬捕活动中，主办方安排祭湖醒网、头鱼拍卖、舞龙狮等活动，“北方渔岛”哈尔淖头鱼拍出388000元。开展滑冰表演、抽冰猴、滑冰车、冰上自行车、雪地摩托等冰上文体活动项目。

【通榆县大众冰雪季】 12月22日，通榆县大众冰雪季启动仪式暨中小学生“筑梦冰雪　相约冬奥”冰雪运动主题日活动在通榆县嘉禧冰雪乐园启幕。活动现场分别安排雪地拔河、冰上龙舟、雪地足球、滑冰车、二人拉雪圈等学生冰雪项目竞赛和游戏。

【白城市暨洮北区文化体育旅游节大众冰雪季】 12月28日，“燃情冰雪　共迎冬奥”白城市暨洮北区文化体育旅游节大众冰雪季启动仪式在白城市查干浩特旅游度假区举行，冰雪季活动历时3个月，分为启动仪式、文化演出活动、体育健身活动及趣味冰雪比赛4个部分。活动以启动仪式为序幕，在全市组织开展全民上冰雪、万名青少年上冰雪、冰雪嘉年华、速度滑冰等冰雪运动

12月28日，以“燃情冰雪 共迎冬奥”为主题白城市暨洮北区文化体育旅游节大众冰雪季在查干浩特旅游经济开发区启动。图为启动仪式（李晓明 供图）

赛事和冰雪娱乐活动；组织开展第六届雪博会白城分会场展览、洮北区精品图片巡回展、洮南市书画摄影展等冰雪文化系列活动；组织开展洮北区“筑梦洮北·相约青山”冬季采摘节、洮南市第六届渔猎冬捕文化节、2021吉林·向海渔猎冬捕旅游节、镇赉县哈尔淖冬捕文化旅游节、大安市玉龙湖冬捕及冰雪旅游季等特色冰雪文旅活动。

【大安市冰雪旅游季活动暨玉龙湖冬捕】 12月26日，以“助力北京冬奥会，体验冰雪嫩江湾”为主题大安市冰雪旅游季暨玉龙湖冬捕活动在嫩江湾旅游区玉龙湖举行。开鱼当日捕鱼3万千克，头鱼重近18千克。活动现场设置品鉴区，大锅中熬着刚出水鲜鱼鱼汤。本次冰雪旅游季活动设置冰雪文化、冰雪赛事、冰雪体育、冰雪民俗、冰雪美食、冰雪网络和冰雪娱乐七大主题，包括月亮湖冬捕、冰雕、冰灯展、迎春灯会、冬钓、冬泳、秧歌展演、大安鱼头争霸赛、雪地足球赛和非遗赶大集等21项活动。

【展会宣传推介】 2021年，白城市利用域内外展会、推介会平台开展推介交流活动，组织全市旅游行政管理部门及涉旅企业参加各类旅游展会。6月11—14日，组织参加在重庆举办的2021第七届中国西部旅游产业博览会，通过发放宣传折页、文创产品展销、图片展示、现场讲解等多种方式推介白城文旅资源、精品线路、特色旅游产品等，宣传“湿地鹤乡 生态白城”旅游品牌；7月16—18日，组织参加在西安举办的2021西安丝绸之路国际旅游博览会，通过旅游宣传品发放、向海湿地及嫩江湾旅游区图片展示、现场讲解等多种方式推介白城文旅品牌；10月15—17日，组织参加在桂林举办的2021中国—东盟博览会旅游展，展区以图片展示、宣传品发放、参展人员讲解形式，展示白城市冬季冰雪旅游资源及文化旅游资源。开展旅游营销推介活动。6月10日到北京开展“在希望的田野上”吉林文旅主题推介会，“京”彩吉林文旅特色产品展览展示活动与推介会同场同时举办，现场展示白城市洁洁宝香皂、面膜、护肤精华、面条等燕麦商品。

大安市冰雪旅游季暨玉龙湖冬捕活动在嫩江湾旅游区玉龙湖举行。图为12月26日，冬捕现场（李晓明 供图）

【媒体宣传推介】 借助《中国旅游报》《布局“十四五”吉林再出发》专题报道，市文广旅局党组书记、局长马加接受访谈，展望白城“十四五”期间打造“吉林西部生态文化旅游城市、区域旅游中心城市、东北亚文化旅游节点城市”蓝图。访谈通过《中国旅游报》、中国旅游新闻网、学习强国、悠游吉林微信公众号等平台发布。借助省文旅厅悠游吉林公众号发布《云游“白城”，赏清风婉秀、鹤舞翩翩》《吉刻出发吧，跟着6条线路去旅行！》《我喜欢的样子，你全部都有》中白城景区宣传，《吉庆欢腾日，22个文旅活动等你来！》中白城文旅活动宣传，湿地鹤乡——生态乡村漫游之旅，全国乡村旅游重点村向海村专题宣传——《向着“海”，出发吧……》《最强攻略，带你玩转这家4A级景区！》《此地盛产“三花五罗十八子”，杨洪基也曾歌颂它的美！》《吉“换装”指南——走进生态美景中，与鹤共舞，伴百鸟齐飞》；在微博“吉林很美我在等你超话”发布白城景区资源。通过《吉林日报》彩练新闻发布《约会湿地，呼吸自然！白城，又到了最美时候》；吉林电视7频道视频号发布《吉地过年，这里是白城》，公众号发布《五一景区优惠清单，拿着它带你周游吉林》；利用吉林旅游广播视频号发布《5·19中国旅游日》宣传白城文旅资源，公众号发布《五一来白城给你一个“湖光草原”之旅》等白城旅游及节事活动信息，宣传白城文旅资源。利用《白城日报》新媒体开设《云游白城》栏目，直播敖牛山风景区、查干浩特旅游度假区、“红色记忆”游、向海国家级自然保护区、嫩江湾旅游区、特色乡村游等6期节目，宣传“湿地鹤乡　生态白城”旅游品牌。邀请新华网、人民网、中国新闻网、《中国旅游报》等15家主流媒体，开展白城“生态之旅”采访活动，通过展示嫩江湾旅游区、莫莫格国家级自然保护区、查干浩特旅游度假区、向海国家级自然保护区等生态旅游资源和特色旅游产品，借由媒体进行宣传推广，提升“湿地鹤乡　生态白城”旅游品牌，助力“长松大白通长”西部河湖草原湿地生态旅游环线（白城段）建设。

【折页宣传】　2021年，市文广旅局制作《白城市“红色记忆”之旅》旅游宣传折页1万份，加印《湿地鹤乡　生态白城》《白城乡村之旅》旅游宣传折页各1万份，投放到机场、火车站、客运站、博物馆、图书馆、群众艺术馆、全民健身中心等面对群众场馆及各星级宾馆、各大旅行社，宣传白城旅游。

【红色旅游宣传推介】　2021年，白城市紧抓“建党100周年”机遇，宣传推介红色旅游，中共辽吉省委旧址、辽北省政府办公旧址、白城市洮北区烈士陵园、侵华日军机场遗址群、白城市抗洪纪念塔、辽吉省委办公地（天恩地局）、大安机车博览园等7家被纳入吉林省百佳红色旅游地（旧址）。为丰富红色旅游产品供给，白城市设计推广红色旅游精品线路4条，并借助《白城市“红色记忆”之旅》宣传折页进行推广，其中白城市红色旅游线“通榆—洮南—洮北—镇赉—大安”被纳入吉林省30条红色旅游精品线路。

【文旅交流合作】　2021年，白城市把握长春与白城建立协作发展结对关系契机，与长春市文广旅局共同对白城生态文旅资源开展调研，推进“西部大环线”建设，探讨两地关于“西环线”建设合作方式及内容。加强白城—嘉兴两地文旅交流合作，加深合作层次、拓宽合作领域、丰富合作内涵，邀请嘉兴市文化广电旅游局到白城调研，召开吉林白城—浙江嘉兴文化旅游对口合作座谈会，共同签署《“吉林白城——浙江嘉兴”旅游合作框架协议》。

【文广旅局局长为白城旅游代言】　2021年，白城市开展“冰舞鹤乡　生态白城”“我为家乡冰雪代言”联动宣传活动。白城市及各县（市、区）文广旅局局长通过视频推介当地2021年冬冰雪旅游资源、产品，邀约全网网友到当地玩冰雪。活动通过指尖白城、爱看白城公众号对外发布。

（常　明）

旅游管理

【旅游安全管理】　2021年，白城市开展旅游行业执法检查。严查A级旅游景区、旅行社等违法违规行为。利用“双随机、一公开”及“互联网+监管”等执法平台及时公示信息，增强执法透明度。与公安等部门开展联合执法。市文广旅局与消防救援支队联合印发《关于开展文化和旅游行业消防安全宣传“五个一”活动通知》，举办白城市文旅市场安全生产（消防安全）培训班。

【旅游经营管理】　2021年，白城市结合中国旅游日、世界知识产权日等时间节点，通过旅游市场管理交流平台、电子显示屏播放标语、发放宣传单等形式开展文明旅游、诚信经营宣传。加强导游管理，审核人员资质等办理条件和申请材料，要求导游人员提交旅行社订立劳动合同或者导游行业组织同意注册材料。检查导游员违规带团、不规范讲解、索要小费、服务不热情等行为。

表42　2021年白城市旅行社主社一览表

序号	地区	名称	国内组织人次数	国内接待人次数
1	白城	白城市吉鹤旅游有限责任公司	0	0
2	白城	白城市九洲国际旅行社有限公司	557	0
3	白城	白城山水旅游有限公司	265	0
4	白城	吉林周行四海旅行社有限公司	65	0
5	白城	白城市教育旅行社	3514	0
6	通榆	通榆县新时代旅行社有限公司	485	30
7	通榆	通榆县途缘旅行社有限公司	187	0
8	大安	大安市田园旅游有限公司	0	0

（资料来源：市文广旅局）

表 43 2021 年白城市星级宾馆一览表

序号	名称	星级等级
1	白城鹤翔饮服有限责任公司	四星级
2	白城市洮北区宾馆	三星级
3	白城市洮北区威尼斯商务宾馆	三星级
4	白城市胜利吉府宾馆	三星级
5	镇赉东方宾馆	三星级

（资料来源：市文广旅局）

【旅行社管理】 2021年白城市查处“黑社”“黑导”等非法从事旅游服务和接待的企业、团体、机关和个人；查处以出国留学和探亲、商务考察、文化交流、教育培训等名义从事旅游经营服务的活动；查处利用旅游渠道涉毒涉赌和非法滞留等犯罪行为；查处以次充好、欺客宰客、低价招徕，购物回扣、擅自增加另行付费游览项目、老年人加价等欺诈和强制消费、侵害游客利益的行为；对旅行社及分支机构的证照、旅游广告、旅游合同、旅游团队档案、旅行社责任保险、旅行社委托服务等管理和检查。

【星级宾馆管理】 2021年，白城市对星级旅游饭店服务质量、重点部位管理制度和安全防范措施等方面加强检查。按照全国星评委和省文旅厅部署要求，开展星级饭店实地复核工作。复核结果为全市6家星级饭店中5家通过，1家取消其星级饭店称号，截至2021年末，全市有星级饭店5家。

（常 明）

旅游公共服务

【旅游集散中心建设】 2021年，白城市申报参加省文旅厅和省交通厅联合开展的城市旅游集散中心等级评定工作。通榆县客运公司、镇赉县客运站被评为一级城市旅游集散中心。至2021年底，白城市有一级旅游集散中心3个，二级旅游集散中心1个。“镇赉县镇赉镇乡村旅游产业路”被推选为2021年度吉林省“十大最美农村公路”；“白城市大安市大腰窝堡—红岗子”公路被推选为2021年度吉林省“最具人气农村公路”。

【旅游厕所建设】 2021年，白城市旅游厕所均录入“全国旅游厕所管理系统”，地图标注基本完成。按照省文旅厅要求，成立旅游厕所巡查小组，连同当地“全国旅游厕所管理系统”管理员，对当地旅游厕所全部项目数据进行核实与完善，对发现“信息不完善、地标不精确、数据更新”等问题进行补充完善。同时巡查小组对全市40家旅游厕所进行实地抽查、检验，主要巡查旅游厕所是否正常开放，管理制度是否完善，维护保洁是否及时，厕所内部是否存在“脏、乱、差”等问题现象，对发现问题向当地部门、景区提出整改意见，并督促旅游厕所经营单位期限整改。

【镇赉镇乡村旅游产业路入围省“十大最美农村公路”】 经县级申报、市级审核、省级优选、公众投票、专家复核和网上公示等程序，“镇赉县镇赉镇乡村旅游产业路”被推选为2021年度吉林省“十大最美农村公路”。镇赉镇乡村旅游产业路位于镇赉县西南部，由5条示范村级公路路段联合打造，是连接国道嫩双公路和省道扎突公路的重要交通纽带。该路以马力村至太平山村路段为主干线，呈树状排列，连接辖区内马力村、太平山村、杏花村、镇南种羊场、南岗子村、高老窝堡6个村屯，全长21.71千米。产业路上，栽植孔雀草、鸡冠花、万寿菊、百日草等花卉35万株，须根类乔灌木、榆叶梅、榆球2000余株；彩砖铺设人行道，道路护栏与公路标志设施齐全。

镇赉镇乡村旅游产业路采用“农村公路+产业”发展模式，将农村公路建设与农村产业发展深度融合，培育“一乡一特”“一村一品”。产业路沿线有镇赉县新能源风力发电产业区、环城湿地公园、棚膜经济示范区等。

【旅游消费券发放】 结合“98消费节”，白城市向省文旅厅申请80万元消费券，结合地域特色旅游资源特点，针对酒店产品、景区产品开展消费补贴活动，达到刺激消费，拉动市场，撬动经济作用。

【航线开发】 2021年，白城市与中联航、华夏航空公司洽谈商讨，根据市场变化减免航线补贴款事宜，白城—北京航线往返航班补贴费用由每班13万元调整为每班12万元，全年减免补贴费用360余万元。白城—天津航线包机费由原每小时38000元调整为每小时35000元。市文广旅局与民航东北地区管理局、华夏航空、高丽航空、携程等召开座谈会，探索构建东北民航“航空+旅游”“航空+生鲜”新兴航空产业模式。11月5日首航开通白城—大连—青岛航线，利用青岛、大连两个干线机场带动白城支线机场，加强白城与青岛、大连等地经贸合作、文旅交流。

（常 明）

综 述

【概况】 截至2021年末，全市银行业金融机构本外币各项存款余额1090.88亿元，较年初新增71.47亿元，比上年增长7.01%；全市银行业金融机构本外币各项贷款余额756.20亿元，较年初增加48.32亿元，比上年增长6.83%。全市大中小企业本外币贷款459.64亿元，比上年增长7.28%。其中，大型企业贷款46.83亿元，比上年下降3.66%；中型企业贷款197.06亿元，比上年增长0.91%；小微型企业贷款215.76亿元，比上年增长16.90%。全市涉农贷款467.83亿元，比上年增长12.14%。其中，个人涉农贷款125.20亿元，比上年增长13.17%；企业涉农贷款325.29亿元，比上年增长12.83%；各类非企业组织涉农贷款17.34亿元，比上年下降5.04%。

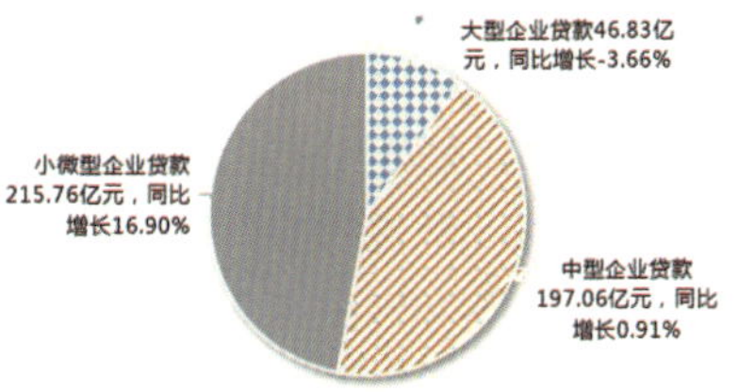

图5 2021年白城市大中小企业贷款情况图

【金融服务实体经济】 2021年，结合“万人进万企”活动，白城市开展百名行长进万企专项行动，上门服务，化解难题。鼓励和引导银行业金融机构落实“续贷”“循环贷”等政策，落实“两增两控”（小微企业贷款金额增加、小微企业贷款户数增加，小微企业贷款成本和小微企业贷款风险有效控制）考核目标，强化惠普金融服务。建立健全重点项目信息披露机制，引导金融机构尽早介入重大项目谋划，利用银团贷款、联合贷款、总行直贷、异地系统内机构合作等模式整合信贷资源，增强重大项目融资服务能力。将国有担保公司担保费率降至1.5%以内，降低企业融资成本。通过定期调度企业、项目融资需求，统计各金融机构信贷产品信息，组织召开推介会、融资对接会等方式，推进银企对接制度化。推广“吉企银通”等银企对接平台，鼓励银行业金融机构创新金融产品，丰富资本市场，满足各类融资需求。

【重点领域金融支持】 2021年，中国银行保险监督管理委员会白城监管分局（简称“白城银保监分局”）做好重点领域金融支持工作，将白城市多项重点工程项目名单印发给各金融机构。全年辖内银行机构投放重点工程项目6项，贷款余额16.88亿元；投放2000万元以上重大项目139项，贷款余额201.65亿元。落实惠企政策。全年辖内银行机构为1820家企业、2748笔、25.51亿元贷款落实延期还本政策，为436家企业落实延期付息政策，缓解企业利息负担0.22亿元。开展金融支持小微企业专项督导和监管评价。全年普惠型小微企业贷款增速高于各项贷款增速2.76个百分点，贷款家数比年初增

表44 2021年白城市本外币存贷款情况统计表

	本外币各项存款（亿元）			本外币各项贷款（亿元）			大中小企业贷款（亿元）			涉农贷款（亿元）		
	年末	比年初	同比(%)	年末	比年初	同比(%)	年末	比年初	同比(%)	年末	比年初	同比(%)
白城市	1090.88	71.47	7.01	756.20	48.32	6.83	459.64	31.19	7.28	467.83	50.63	12.14

（资料来源：白城银保监分局）

4月22日，白城银保监分局、中国人民银行白城支行、市金融办联合举办全市服务企业周金融专场活动暨金融服务企业（项目）对接会议 （王子玉 供图）

加4739家，不良率仅高于各项贷款不良率0.68个百分点，贷款利率比年初下降0.25个百分点。组织银企对接活动。4月22日，白城银保监分局、中国人民银行白城支行、市金融办联合举办全市服务企业周金融专场活动暨金融服务企业（项目）对接会议，意向签约金额9.07亿元。

（乔 越）

【企业上市培育】 2021年，白城市开展实地调研筛查，优化调整后收录重点拟上市后备企业4家，分别是成来电气科技有限公司、通榆县天意农产品经贸有限责任公司、大安市安大牧业有限责任公司、吉林省德信生物工程有限公司，其中发展较快的重点科技企业为成来电气科技有限公司。主动开展服务工作，调度成来电气科技有限公司的财务指标和上市（IPO）计划及进展情况；落实领导包保责任制，由市、县两级政府一把手牵头包保；组织企业参加省级“吉翔”计划培训，推荐成来电气科技有限公司参加“上市公司投资机构吉林行”活动。企业上市暨股权融资座谈会完成筹备工作。举行白城市与东北证券系列签约仪式，组建专业服务团队，对域内企业开展对接、辅导等服务。

【农村金融改革】 2021年，白城市推进“两权”（农村承包土地经营权和农民住房财产权）抵押贷款试点，盘活农村土地资产，发放土地经营权抵押贷款12137万元，覆盖7个乡镇、42个行政村，收益农户1799户；探索、推广土地收益保证贷款业务，发放贷款6542户，6.85亿元，流转土地32353.3公顷。推进基础金融服务站空白行政村建设，农村金融综合服务站完成860家，占全市行政村94%，培训协理员860人。白城农业银行创新研发“吉牧E贷”，3月28日为“和合牧业”发放贷款2100万元，是吉林省支牧联盟成立以来发放的首笔活牛抵押贷款。

（宗思维）

【金融支持备春耕生产】 2021年，中国人民银行白城支行召开工作推进会议，要求市、县两级人民银行引导辖内金融机构保证春耕生产所需化肥、种子、农膜、农药和农机具等生产资料购进。与市农业农村局沟通协调，开展备春耕生产调查，根据2021年备春耕资金需求，督促辖内金融机构，保障备春耕资金供给。全市备春耕筹集19.19亿元。制定《中国人民银行白城市中心支行关于金融支持乡村振兴的指导意见》，明确支持“三农”发展重点，完善农村金融资源回流机制。及早下拨支农再贷款，再贷款发放时间较往年备春耕提前1个月。投放支农再贷款1.38亿元。要求法人金融机构借用人民银行低成本资金发放的支农贷款，实行优惠利率，减轻农户负担。

【活体抵押贷款】 2021年，中国人民银行白城支行制定印发实施方案，联合市金融办、白城银保监分局召开活体抵押贷款工作推进会，采取多种形式开展政策宣传解读，加强工作人员业务培训，促进活体抵押贷款业务落地见效。协同相关部门构建银企合作机制，打造“政银保担企”五方兴牧模式。指导金融机构创新推出“吉牧E贷”“惠农贷”“云e贷”“金惠贷”等金融产品。

【首贷培植】 2021年，中国人民银行白城支行建立重点企业名单向金融机构推送。制定工作方案，成立工作专班，鼓励金融机构设立首贷中心，扶持处于成长期、有潜力但未获得贷款小微企业，挖潜零信贷客户和未授信客户，开展“一对一”培植。培植民营和小微企业315家，投放贷款14.55亿元，企业首贷获得率提升。

【金融问诊】 2021年，中国人民银行白城支行成立专家团队，按照“一企一策”原则，通过线上问诊、现场问诊和平台问诊多种途径，对企业实现精准把脉、对症施治。牵头金融机构开展线上线下问诊1200余次，问诊企业755家，为620家企业发放贷款，金额32.75亿元。

（纪晓明）

【通榆县“普惠乡村”支付试点建设】 2021年，中国人民银行白城支行牵头印发《关于进一步推进通榆县乡村振兴金融改革创新支付环境建设工作方案》。协调银联将通榆县确定为“移动支付引领县”，享受移动支付优惠政策。加大对通榆县域金融基础设施投入，拓展公共服务、民生领域移动支付应用场景，同步推进新兴电子支付方式延伸下沉，推动助农取款“1+N”服务共建。完成助农取款服务点改造升级800余个，在全省率先实现社保缴费“村村通”，发放“乡村振兴主题卡”3460张，非现金支付方式占90%以上。

（纪晓明）

银　行

【概况】　2021年，全市银行业金融机构17家，网点324个。其中，农发行6个、工行21个、农行31个、中行9个、建行21个、吉林银行5个、邮储银行70个、农村商业银行111个、农信社29个、村镇银行21个。截至2021年末，全市银行业机构资产总额1359.29亿元,实现利润-0.8亿元。全市银行业金融机构本外币各项存款余额1075.80亿元，比上年增长10.38%。全市银行业金融机构本外币各项贷款余额756.20亿元，比上年增长6.83%。各项贷款中，不良贷款余额34.51亿元，不良率4.56%。

【中国工商银行白城分行】　截至2021年末，中国工商银行白城分行（简称“工商银行白城分行”）实现拨备前利润1.29亿元，较同期持平。净利润1.72亿元，比上年增加2.1亿元，净利润增幅列全省第1位。中间业务收入全年实现4664万元，增量排同业第1位。在抓资产质量上，处置“雏鹰”大户不良贷款，法人不良贷款基本清零，个贷不良完成省行控制计划。不良贷款余额5856万元，不良率1.15%，较年初下降3.14个百分点，连续两年实现“双降”（降准、降息）目标。2021年，存款付息率1.70%，优于全省平均值0.24个百分点。贷款收益率4.5%,较年初提升0.33个百分点，增幅全省排第1位。存款付息率连续3年保持全省最优。

2021年，工商银行白城分行各项存款余额121.64亿元，全部存款日均增量首次超10亿元。储蓄存款余额86.33亿元，较年初增加13.77亿元。各项贷款余额46.69亿元。其中，公司贷款余额23.69亿元、个贷和票据余额分别为21.83亿元、1.16亿元。为通榆风电、华能清能、大安三峡光伏等重点项目，投放贷款5.27亿元。重点项目贷款投放金额较同期翻1倍。个人住房贷款收益率5.07%，连续两年保持全省第1名。普惠贷款增幅41.47%。推广普惠重点产品，“农担贷”余额、户数、增量3项指标列全省第1位。2021年，工商银行白城分行人行口径普惠贷款余额1.47亿元，较年初增加3082万元；白城银保监分局口径普惠贷款余额1.1亿元，较年初增加3220万元，两项考核均超额完成任务。

2021年，工商银行白城分行全量客户总量94万户，较年初净增4.2万户。其中，月日均金融资产5万元以上个人客户较年初净增3198户、百万元以上客户较年初净增91户。个人金融资产全年增长8.9亿元。推进网点对公服务能力提升，新增对公结算账户1237户，超额完成省行计划。新开到账伴侣498户，计划完成率全省排第1位。新增有效现金管理客户22户，全省排第1位。上线白城市看守所收付款管家项目，直接带动账户、机构存款、企业及个人网银等综合性收益。完成跨区域联动营销，融e购B2B交易额2546.58万元。加强银行卡业务发展，信用卡客户数较年初增加2208户，收单交易额较同期增加4.43亿元，融e借余额全年增长2640万元，收单额和融e借两项指标超额完成省行计划。在营销推广“智慧政法”服务平台上，实现全国首家和全省第1家营销突破。

（李敬军）

【中国农业银行白城分行】　截至2021年末，中国农业银行白城分行（简称“农行白城分行”）县域贷款余额89.62亿元，净增15.54亿元，增幅高于全行6.68个百分点。其中3个脱贫县、4个乡村振兴重点帮扶县贷款分别净增8.53亿元、15.54亿元，增速均大幅高于全行。涉农贷款净增14.87亿元，总量突破65亿元。吉牧e贷快速推广，余额1.25亿元。

服务实体经济　实体经济贷款净增11.37亿元。发展绿色金融，绿色信贷余额73.77亿元，全行贷款占比59.17%，净增15.86亿元。新能源领域贷款余额49.44亿元，净增15.96亿元，占比39.66%。深化普惠金融服务，监管口径、央行降准口径普惠贷款余额分别为15.22亿元、24.35亿元，新发放贷款平均利率3.96%，达到监管要求。

数字经营　以场景建设为核心，推进数字乡村、掌银平台、智慧网点、开放金融4项工程。掌银月活客户8.21万户，较年初净增2.29万户。场景金融高效发展，全行达标高频场景78个，净增32个，增幅69.56%；场景高频客户3050户，净增1459户，增幅91.7%，超额完成全年计划。线上融资快速增长，其中“惠农e贷”“小微e贷”“个人e贷”分别净增1.77亿元、0.62亿元、0.6亿元。零售业务与网点转型“两转合一”推进，“数字人管户”线上销售金额32.55亿元，比上年增长10.3亿元，增幅46.29%。贵宾客户联系率、网点日均破零率分别为41.52%、95%。完成网点整体改造和微改19个，占比61.3%；新型超柜、网点智能播控系统、移动授权、智慧货架实现网点全覆盖。

（张胜利）

【中国银行股份有限公司白城分行】　截至2021年末，中国银行股份有限公司白城分行（简称“中国银行白城分行”）各项存款时点余额34.88亿元，比上年末下降3.7亿元，降幅9.59%；本外币各项贷款时点余额36亿元，比上年末新增8亿元，增幅28.26%，四大行市场份额提高2.17个百分点，增幅排第1位。各项不良贷款余额1953万元，不良率0.54%，较年初下降1.39个百分点。全年实现营业净收入9443万元，拨备前利润3484万元，净利润1972万元。

推广“中银吉畜贷”肉牛活体抵押贷款业务，6月28日实现吉林省分行首笔保险公司与监管公司模式放款117万元。针对辖内大型商超百货，利用线上产品“中银企E贷”帮助企业解决疫情时期融资难题，实现全省“惠过年”普惠金融服务首单突破。

绿色信贷营销授信客户8家，比年初新增4家，营销多家核心新能源企业，与山东、河南、西藏、安徽等分行实现业务合作，实现授信批复22.68亿元，累计授信投放10.15亿元，比年初新增授信8.15亿元，实现国内第2笔、省内首笔绿电补贴确权贷款，累计发放绿电确权贷款2.1亿元，全年实现绿色贷款投放5.96亿元。

支持“医共体”服务能力建设项目。为白城市医院提供就业扶贫企业授信5000万元，累计带动建档立卡贫困户4人。推动形成基层首诊、双向转诊、急慢分治、上下联动的分级诊疗新格局。

（鲁晶莹）

【中国建设银行股份有限公司白城分行】 截至2021年末，中国建设银行股份有限公司白城分行（简称“建设银行白城分行”）全口径存款时点余额181.82亿元。各项贷款时点余额89.07亿元，中间业务净收入实现2916万元。各项业务指标在吉林省建行系统内排名靠前。2021年，获白城市委、市政府授予“软环境先进单位”称号。

业务拓展 截至2021年末，住房租赁综合服务平台覆盖白城市城区；政策性公租房建设覆盖白城市城区、镇赉县，对公住房租赁业务代发6332笔，金额200万元。针对白城市县（市、区）6个国家乡村振兴重点村，制定综合化金融帮扶方案，投入257万元，支持24个项目。推出“新农担保贷”，通过与吉林农担公司合作，发放新农担保贷121笔，金额5443.8万元；创新推出“惠e农”产品，通过与吉林省金控集团下属农金公司和物权公司企业直连，向农村土地承包农户发放小额短期贷款，业务全程线上办理，在家申请、当日放款、随借随还、按日计息，投放“惠e农”快贷6977笔，金额11675.04万元；创新推出“惠烟贷”，为农户提供烟叶种植及初加工经营的个人支农贷款，发放贷款5笔，金额21万元；创新推出“头部客户”产品，为种植合作社、养殖合作社及家庭农场提供好的信贷产品，发放信贷产品14笔，金额1727万元；创新推出“裕农吉牛贷”产品，以牛活体抵押方式解决肉牛养殖行业客户轻资产、融资难问题，为通榆吉运公司授信1.7亿元；布设乡镇“裕农通”金融服务点976个，提供存贷汇缴投等金融服务。建行白城分行绿色贷款余额11.81亿元，新增2.53亿元，增长27.26%。

经营管理 截至2021年末，建行白城分行资产总额187.64亿元，比上年末增加12.67亿元，增长6.75%；负债总额185.57亿元，比上年末增加11.68亿元，增长6.29%；贷款余额89.07亿元，比上年末增加2.39亿元，增长2.68%，其中，对公贷款50.96亿元，个人贷款38.11亿元；存款比上年末增加11.19亿元，增长6.25%；实现净利润2.07亿元，净利息收益率3.87%；手续费及佣金净收入0.22亿元，比上年同期增长4.07%，托管及其他受托业务、理财产品、代理业务等产品收入增速较快；贷款五级分类划分，不良贷款率1.4%。

（魏兆宏）

【吉林银行股份有限公司白城分行】 截至2021年末，吉林银行股份有限公司白城分行（简称“吉林银行白城分行”）各项存款时点余额23.38亿元，较年初增长1.66亿元，增幅7.6%。各项贷款余额35.02亿元，较年初增长8.44亿元，增幅32%；贷款收益率5.87%，较年初上升0.6%，贷款收息率94.95%，较年初上升12.24%。

储蓄存款时点余额16.25亿元，较年初增长4.11亿元，完成率103%，是同期增量1.24倍，增幅34%，增幅同业第1，同业占比较年初提升0.26%；储蓄存款日均余额13.37亿元，较年初增长3.24亿元，增幅32%；个人贷款余额10.44亿元，较年初增长3.72亿元，增幅55%；信用卡新增发卡7251张，完成率104%，人均发卡46张，分期5077万元，完成率137%。

对公存款日均余额10.23亿元，较年初增长2.47亿元，增幅32%。为拓展新能源领域，实现白城市能源投资开发有限公司基本账户和代发业务落地，日均存款沉淀近亿元，落地14个新能源行业及其上下游企业结算账户；公司贷款余额10.63亿元，较年初增长5.23亿元，增幅97%。为洮南热电发放吉林省第2笔碳排放权质押贷款2亿元；为洮南金垦申报全行首笔5亿元土地治理资金；取得洮北区财政国库代理资格，新增学校、医院等财政预算单位基本账户16户。全年对公账户累计新增582户，增幅146%，完成率291%。

全年实现畜牧业贷款投放5200万元，活体抵押贷款新增34笔，金额3987万元，累计投放4700万元，白城地区规模同业第2；实现首笔“吉政阳光贷”落地；小企“两增”口径贷款余额9.82亿元，较年初增长0.94亿元，增幅11%，白城地区投放规模同业第2。采取“一户一策一方案”，完成小微企业新增非应计贷款防控1.04亿元，完成率98%；处置抵债资产2137万元，完成率102%；不良额由年初2.02亿元下降至1.02亿元，不良率由年初7.6%下降至2.92%。

（张曦月）

【中国邮政储蓄银行股份有限公司白城市分行】 截至2021年末，中国邮政储蓄银行（简称“邮政银行白城分行”）总资产规模196.12亿元，比年初增加20.71亿元，增幅11.81%；总负债余额195.63亿元，比年初增加20.64亿元，增幅11.79%。

2021年，涉农贷款净增2.68亿元，完成计划183%。累计建成信用村578

6月24日，白城市人民政府与中国邮政储蓄银行吉林省分行签署全面战略合作协议
（刘　巍　供图）

个，完成计划321.11%；评定信用户8981户，完成计划169.7%；累计投放“信用村模式”贷款近14亿元。开展“创领军、铸铁军”专项行动，市、县两级“一把手”带头走访优质头部企业。2021年全口径普惠小微贷款余额8.54亿元，净增1.01亿元，完成计划287.35%，全省系统内排名第1，新发放普惠小微企业贷款加权平均利率比上年下降29个BP。发放绿色贷款1.82亿元，增速100%。牵头协调省行与白城市政府签署全面战略合作协议，2021年投放各类贷款24.17亿元，比协议要求净增4.84亿元，比上年多投放4.66亿元。个人贷款市场占有率9.62%，国有大行中排第2位，2021年新增市场占有率16.73%，国有大行中排名第1。

全年实现收入2.31亿元，比上年增长1716万元，增幅8.02%，实现利润8382万元，完成计划115.14%，比上年增长1393万元，增幅19.92%。人均利润比上年增长2.44万元，网均利润比上年增长69.63万元，经济增加值比上年增加655.81万元，经济资本回报率比上年提高1.11个百分点。不良贷款率0.95%，较年初下降0.23个百分点。成本收入比54.31%，比上年下降5.4个百分点；收入利润率36.27%，比上年增加3.6个百分点。

（刘　巍）

【中国农业发展银行白城市分行】 截至2021年末，中国农业发展银行白城市分行（简称“农发行白城分行”）全年实现贷款投放26.4亿元，比上年增加4.1亿元，增幅18%，年末贷款余额158.01亿元，实现比上年净增长；贷款损失准备增加，全年收息率101.2%，FTP利润实现6902万元，超额完成省分行下达任务，额度全省排名第3，辖内各机构均实现盈利。

2021年，农发行白城分行各类贷款加权平均利率4.06%，为全市金融机构最低。年末信贷净投放152.3亿元，为全市金融机构最高；信保基金、贷储分离、竞拍贷和定购贷模式均实现审批投放，扫码收单业务在全省保持前列；信贷资产质量保持优良，到期贷款及基金本息全额收回，保持逾期和不良贷款零余额。制定市县财补专项考核措施，全年到位市县财补1010万元，比上年增加7万元；全年实现国际结算7.91亿元，完成省分行下达任务326%，占全省70%，结算量和贡献份额双创历史新高，相关经验在全省业务工作会上进行交流。对接各类有效客户133家，比上年增加10家。其中，贷款客户41家，比上年增加7家；非贷客户92家，比上年增加3家。

8月，开展秋粮收购专项调查，于10月完成第一批11家、6.6亿元贷款审批工作。截至2021年末，新旺季审批粮油市场化客户21家、贷款14.15亿元。与益海嘉里和梅花公司两家白城市最大粮食加工企业保持合作关系，首次与中粮、中合、洮粮集团等优质客户建立市场化信贷关系。粮油市场化贷款审批额和投放额创2008年以来新高。

（修　杨）

【白城农村商业银行股份有限公司】 截至2021年末，白城农村商业银行股份有限公司（简称“白城农商银行”）资产总额125.01亿元，负债总额112.36亿元，比上年分别增长20.3%、22.2%；各项存款余额105.62亿元，比上年增加18.84亿元，增幅21.71%；各项贷款余额70.06亿元，比上年增加7.24亿元，增幅11.53%；存贷款市场份额分别为23.3%、22.2%，均列全市金融机构第1位；电子银行替代率95.39%，各项渠道考核指标均完成省联社全年考核任务；实现营业收入5.85亿元，拨备前利润1.98亿元，纳税6975万元。

启动“整村授信”工程，13家乡镇支行村级战略合作均签约完毕，采集客户信息17636户，获取白名单户数11963户，白名单预授信金额6316万元。截至2021年末，投放各类贷款41.71亿元，涉农贷款余额35.06亿元，较年初增长11.01%，其中农户贷款余额8.60亿元，普惠小微企业贷款余额27.31亿元，增幅11.82%，高于各项贷款增速0.29个百分点。

2021年，白城农商行经开支行开业，商贸支行、鹤城支行全新升级，网点内部布局及环境优化，全行文明规范服务达标。布设智慧机具，电子银行替代率、手机银行活动客户数，聚合支付商户数等指标均超额完成省联社全年考核任务，实现物理网点渠道与电子银

11月3日，白城农商银行经开支行开业。图为白城经济开发区与白城农商银行领导共同为经开支行揭牌　　（刘　洋　供图）

行渠道建设同步发展。

（刘　洋）

保　险

【概况】　2021年，白城地区保险公司有网点128个。其中，中支机构24家（寿险11家，财产险13家）；县（市）级机构104家（寿险43家，财产险61家）。截至2021年末，全市保险业机构资产总额77.53亿元。保费收入39.50亿元。其中，财产险11.13亿元、寿险28.07亿元。赔款支出6.49亿元。其中，财产险5.80亿元、寿险0.68亿元。

（宗思维）

【白城国寿】　2021年，中国人寿保险股份有限公司白城分公司（简称“白城国寿”）实现总保费收入5.89亿元，比上年下降8.4%；市场份额26.22%，比上年提升0.66个百分点，位列白城寿险行业首位。销售队伍918人，比上年下降69.9%。

2021年，长险赔款5888.33万元，比上年增长22.04%；赔案件数2313件，比上年增长18.98%。短期险赔款2450.15万元，比上年负增长57.27%；赔付率62.67%，比上年下降25.91%；赔案件数4299件，比上年下降47.05%。为全市城乡居民大病保险补偿超6.8万件，赔付金额超1.09亿元；贫困报销4万余人次，赔付金额超3500万元。

白城国寿成立案防工作领导小组和覆盖全系统案防联系人队伍。重视客户投诉工作，将金融消费权益保护纳入日常考核中，通过设立投诉绿色通道、处理团队、办理须知、专线电话等举措，为客户第一时间提供服务、解决问题，全年受理71件监管投诉案件全部结案。

（安　媛）

【太平人寿白城支公司】　2021年，太平人寿保险有限公司白城中心支公司（简称“太平人寿白城支公司”）总保费收入1.74亿元，比上年下降16.5%；市场份额7%，与2020年基本持平，列白城寿险行业第6名。销售队伍1566人，比上年下降35.42%。长险赔款2070.49万元，比上年增长16.25%；赔案件数346件，比上年增长23.13%。短期险赔款1691.32万元，比上年增长59.18%；赔付率64.86%，比上年上升22.56%；赔案件数2036件，比上年上升43.08%。太平人寿白城中支成立消费者权益保护事务委员会。2021年，受理47件监管投诉案件全部结案。

表45　2021年白城市保险公司一览表

序号	公司名称	地址
1	中国人寿保险股份有限公司白城分公司	吉林省白城市中兴东大路99号
2	都邦财产保险股份有限公司白城中心支公司	吉林省白城市洮北区长庆南街85号楼二层裙房门市北1户
3	太平人寿保险有限公司白城中心支公司	吉林省白城市洮北区明珠花园商业1号楼1号门市（2～3楼）
4	中航安盟财产保险有限公司白城中心支公司	吉林省白城市洮北区胜利东路5号楼12-13号
5	中华联合财产保险股份有限公司白城中心支公司	吉林省白城市文化广场商业街5号楼
6	泰康人寿保险有限责任公司吉林白城中心支公司	吉林省白城市洮北区新华西大路50号
7	中国人寿财产保险股份有限公司白城中心支公司	吉林省白城市瑞光南街与胜利西路交会处明珠花园27-2-1、27-2-2号楼

续表45

序号	公司名称	地址
8	中国平安财产保险股份有限公司白城中心支公司	吉林省白城市洮北区明珠花园小区14-2-4号楼、14-2-5号楼、14-3-1号楼
9	新华人寿保险股份有限公司白城中心支公司	吉林省白城市洮北区纯阳路11楼-1号
10	阳光财产保险股份有限公司白城中心支公司	吉林省白城市洮北区幸福南大街69楼-6至69楼-8号
11	合众人寿保险股份有限公司白城中心支公司	吉林省白城市洮北区剧场胡同15-6楼二、三层
12	中国太平洋财产保险股份有限公司白城中心支公司	吉林省白城市洮北区海明西路30号
13	安华农业保险股份有限公司白城中心支公司	吉林省白城市洮北区幸福南大街85楼3层商业13
14	中国人民财产保险股份有限公司白城市分公司	吉林省白城市洮北区白城市中兴东大路16-2号
15	安邦财产保险股份有限公司白城中心支公司	吉林省白城市洮北区白城市海明西路36-2号
16	中国太平洋人寿保险股份有限公司白城中心支公司	吉林省白城市金辉北街城尚成项目G2B区
17	阳光人寿保险股份有限公司白城中心支公司	吉林省白城市洮北区临海明西路四季华城御苑12-5、12-6、12-7、12-8号
18	富德生命人寿保险股份有限公司白城中心支公司	吉林省白城市文化西路31号楼1号一层、二层。
19	大家财产保险有限责任公司吉林分公司白城中心支公司	吉林省白城市洮北区海明西路36-2号
20	中国大地财产保险股份有限公司白城中心支公司	吉林省白城市洮北区长庆南街115幢02-05号
21	天安人寿保险股份有限公司白城中心支公司	吉林省白城市洮北区幸福北大街18号楼北6户门市（一楼、三楼、四楼、五楼、六楼，六楼为赠送使用）
22	天安财产保险股份有限公司白城中心支公司	吉林省白城市洮北区现代一品58号楼北8、9、10户门市
23	中国人民人寿保险股份有限公司白城市分公司	吉林省白城市洮北区文化东路11号
24	中国平安人寿保险股份有限公司白城中心支公司	吉林省白城市明珠花园小区15-1楼-1、15-2楼-8、8-1楼-6、8-1楼-7

（资料来源：白城银保监分局）

【安华保险】 2021年，安华农业保险股份有限公司白城中心支公司（简称“安华保险”）总保费收入1.61亿元，比上年下降2.42%；市场份额14.43%，比上年提升2.05个百分点，列白城财险行业第2位。赔款支出1亿元，比上年增长3.09%；赔付率62.13%，比上年上升9.19%。安华保险在全辖区开展农业保险服务，使投保农户在遭受灾害侵袭时，不会因灾致贫、因灾返贫。到乡镇村屯，了解农户需求，讲解农业知识。发展牛脸识别、无人机测绘、卫星遥感、地块标绘等新型科技项目。将金融消费权益保护纳入日常考核中，通过设立线上承保、理赔绿色通道，办理车险承保、理赔工作，提高承保理赔速度。

（乔　越）

【人保财险白城市分公司】 2021年，中国人民财产保险股份有限公司白城市分公司（简称“人保财险白城市分公司”）保费收入25723万元，缴纳各种税金302万元，代缴车船税1473万元。开办业务险种包括机动车辆险、企业财产险、家庭财产险、工程险、意外伤害及健康险、责任保险、货物运输险、信用保证险、农业险等280余个险种。2021年，人保财险白城市分公司全险种立案结案率、线上化率达到省公司目标要求，推进电子化保单工作，展业人员均可手机远程承保出单；客户节期间开展活动宣传公司品牌服务能力。

（李吉明）

证　券

【概况】　2021年，白城市证券业机构3个，分别是东北证券白城营业部、东北证券大安营业部和恒泰证券。截至2021年末，证券交易额累计213.27亿元，比上年增长6.95%。

【东北证券白城营业部】　2021年，东北证券股份有限公司白城中兴东大路证券营业部（简称“东北证券白城营业部”）实现营业收入1581.67万元，实现利润736.82万元，全年实现估计交易量186.800246亿元，股基市场份额0.0676‰。

存量业务　产品销售方面：产品户数量增长至614户，增幅44%；产品保有量由1.37亿元增长至3.03亿元，增幅121%；私募保有量由年初650万元增长至1840万元，增幅183%。固鑫宝方面：累计开通数由1031户增长至1376户，增幅33.46%。

新增客户资产　截至2021年末，上证综指较年初上涨1.7%，深证成指较年初上涨1.1%。营业部全口径托管资产32.38亿元，其中，新增千万元以上客户3户。50万元、100万元、300万元以上客户比上年分别增长12%、32%、36%。

新增机构创新业务　8月25日，东北证券股份有限公司与白城市人民政府签署战略合作协议，分别与辖区3家企业签署合作协议。与白城农商行签署资金投顾协议，双方约定初始投顾规模2亿元，落地实施1亿元。与通榆天意经贸公司签署财务顾问协议，投行项目立项。与白城能源投资集团签署框架合作协议，债券发行方案反馈给能投集团及市政府主要领导。

【东北证券大安德胜路营业部】　2012年10月12日成立，主要业务包括：非现场见证开户业务、转融通业务、IPO项目承揽、中小企业私募债、资产证券化、股权担保融资服务、代理证券质押登记、融资融券、大小非减持指导、大宗交易、新（老）三板、国债正（逆）回购、ETF套利、股指期货IB业务等。针对专业投资者提供私募基金托管等托管服务、ETF　T+0回转交易等策略服务、投顾“一对一”咨询服务。2021年，开展理财知识讲座、渠道建立维护、客户回访沟通、周末交流等活动，实现资产2.1亿元，有客户数5097人，新增开户数471人，实现利润155万元，机构购买产品4000万元、产品保有量6941万元。

（高子叔）

【恒泰证券】　截至2021年11月，营业部实现收入115.13万元，比上年同期146.73万元减少31.57万元。融资融券日均余额177.65万元，比上年101万元增加76.65万元。金融产品销售（折算后）2609万元，比上年2736万元减少127万元。托管总资产15605万元，比上年13382万元增加2223万元。总开户数7751户，超额完成全年7211户的开户任务。新增资产699万元。

（宗思维）

其他非银行金融机构

【小额贷款公司】　截至2021年末，白城市注册登记小额贷款公司为10家。其中，市辖区（含洮北区）2家，洮南市3家、通榆县3家、大安市1家、镇赉县1家。截至2021年末，小贷公司发放贷款余额11318万元，比上年增长18%。发放贷款567笔，比上年下降5.3%。贷款户数539户，比上年下降5.6%，其中，第一产业贷款4168万元，占36.8%；第二产业贷款3140万元，占27.7%，第三产业4010万元，占35.4%。不良贷款率19.1%。

【融资担保】　2021年，白城市13家融资担保公司担保企业799家，担保新增总额17.24亿元，在保企业1666家，担保责任余额27.26亿元，平均放大倍数1.9倍。压降担保费率，白城地区平均担保费率1.05%，政府性机构平均费率1.13%。二季度及7月，市金融办分别组织开展市辖区4家融资担保公司现场检查及联合各县市组织开展全市融资担保公司现场检查，针对发现问题，责令相关融资担保公司进行整改。配合省地方金融监督管理局做好全市12家融资担保公司年度合规性审查工作，均通过年度合规性审查。

（宗思维）

【典当行】　白城市有典当行5家。其中，市区内4家、通榆1家。4月，对辖内5家典当行开展年审工作，并根据2020年整改完成情况为其换发经营许可证。上报金保典当行作为民品典当业务质量提升试点。5月和10月，现场检查辖内典当行日常经营情况、疫情防控、安全生产等情况，指出问题并要求其按时整改。各典当行上报数据到系统和人民银行。截至2021年末，典当业务合计7021.54万元，当年发放2234.78万元，当年收回2824.63万元。

（纪晓明）

房地产业

综　述

【概况】　2021年，白城市结合资源、环境、气候、交通、区位等优势，引导房地产业与文化、体育、旅游、商贸、工业、医疗、教育等产业有机结合，发展高端复合地产。根据房地产差异化、多样化和个性化特征，推进产品和业态创新，推动房地产由盲目扩大需求带动向依靠合理扩大需求带动转变，由依靠规模扩张、资源消耗为主向品质提高、资源节约为主转变。拓宽房地产去库存渠道，健全完善相关配套设施，推进房地产供给侧结构性改革，完成房地产去库存任务。

【智慧房产数据平台建设】　2021年，白城市通过吉林省一体化政务服务平台房地产开发企业管理信息系统、吉林省一体化政务服务平台房地产估价管理信息系统、智慧房产信息管理平台和白城市智慧住建建设行政审批公共服务系统，对房地产企业、评估公司、房产信息进行智慧管理，处理房地产企业开发资质办理及延期、法人变更、地址变更等问题30余次。

（周　岩）

房地产开发经营

【概况】　2021年，白城市制定全年国有建设用地供应计划和住房用地供应计划，合理控制商品房开发。2021年，白城市区有房地产企业54家。在建房地产开发项目14个。多次开展房地产市场检查，防止开发企业捂盘惜售等违法违规行为，增加商品房销量。制定《白城市（本级）支持农民进城购房优惠及补贴政策实施方案》，解决进城农民住房问题，降低农民购房成本，促进房地产去库存。

图6　2020—2021年白城市新建非住房销售面积走势示意图

【房地产投资】　白城市级有在建房地产开发项目14个，完成房地产开发投资4.5亿元，比上年降低68%。施工面积46.66万平方米，比上年降低54%。其中，新开工面积31.67万平方米，比上年降低16%。

【房地产企业】　2021年，白城市区有房地产企业54家，职工537人，其中专业技术人员290人：高级工程师、高级房地产经济师、高级会计师35人，工程师、统计师、会计师、经济师204人，助理工程师、助理经济师、助理统计师、助理会计师、助理工程师51人。资质评估公司6家。其中，二级4家、三级2家。估价师44人，完成估价件数1575件，估价总额205663.9466万元，完成房屋评估建筑面积122.543万平方米。

【商品房市场】　2021年，白城市区房屋新建商品房（含上年及以前年度建成未交易）成交2083套，面积24.16万平方米、成交金额112743.73万元，其中住

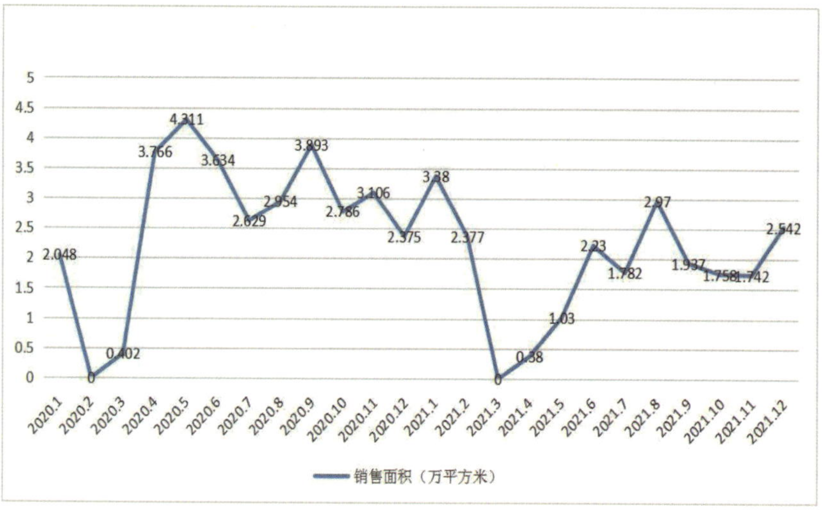

图7　2020—2021年白城市商品住房销售面积走势示意图

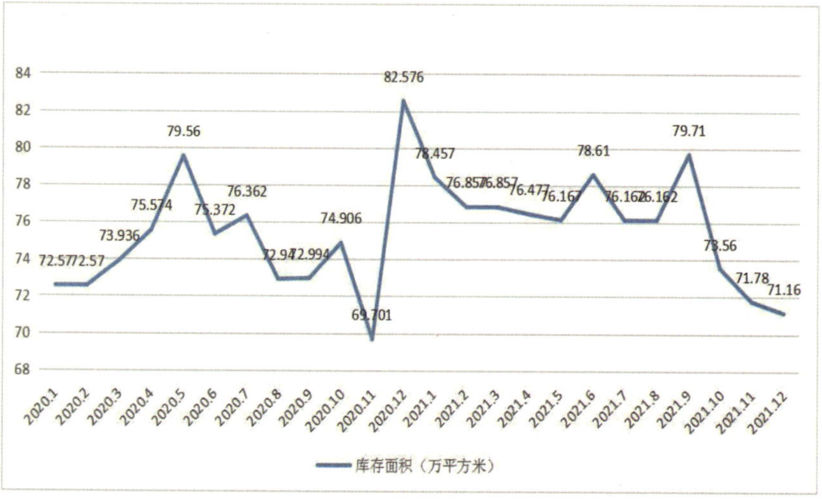

图8　2020—2021年白城市商品房库存面积走势示意图

宅1771套、面积22.12万平方米、比上年降低30.6%，成交金额102206.19万元。商品房销售均价4665元/平方米，比上年降低9.2%，其中商品住房销售均价4618.86元/平方米，比上年降低6.1%。

【存量房市场】　2021年，白城市现有库存总量71.16万平方米，比上年下降13.8%、去化周期27个月。其中，住宅51.2万平方米，比上年降低19.6%、去化周期27个月；非住宅19.96万平方米，比上年增长6%。

【商品住房市场】　2021年，白城市商业营业用房323套、面积2.03万平方米、成交金额10537.53万元。商品住房销售均价5190.91元/平方米，比上年降低13%。

（周　岩）

房地产中介和租赁服务

【概况】　2021年，白城市房地产经纪机构备案56家，从业人员87人。房地产经纪机构备案办件量6件；房地产经纪机构备案—延期办件量34件；房地产经纪机构备案—变更办件量16件。国直房、廉租小区配建商用房租赁收入371.80万元。

表46　2021年白城市房地产经纪机构备案一览表

序号	房地产经纪机构名称	地址
1	白城市鑫合房产信息咨询服务中心	白城市庆学西路1楼3单元1层东户
2	白城市亨通房地产中介所	吉林省白城市长庆南街8楼-8
3	白城市家乐园房屋中介有限公司	白城市民生东路35号楼69号
4	白城市众赢二手房信息咨询服务中心	白城市青年北街8-6号
5	白城市百信房地产经纪有限公司	白城市文化西路19楼3单元1层东户
6	白城市安之鑫房产信息咨询有限责任公司	白城市民生东路28号楼-8

（资料来源：市住建局）

表 47　2021 年白城市房产经纪机构备案—延期一览表

序号	房地产经纪机构名称	地址
1	白城市佳鑫房产中介中心	吉林省白城市新华东大路 21 号楼 125 号
2	白城市君晟房地产经纪有限公司	白城市海明西路 18-6 号
3	白城市置晟地产信息咨询有限公司一中营业部	白城市新华花园 8（17）栋门市单元 1-2 层 8 户
4	白城市置晟地产信息咨询有限公司十三中营业部	白城市庆学西路 16 号 2 单元 1 层东
5	白城市置晟地产信息咨询有限公司十中营业部	白城市鹤林苑小区 1 号楼商网东数第五户
6	白城市德聚仁合地产营销策划有限公司第一分公司	白城市民生东路 41 号
7	白城市鑫家园房产中介咨询服务中心	吉林省白城市长庆南街 17 号楼 -4 号
8	白城市洮北区震霖房地产经纪有限公司	白城市二中家属楼新华东大路 213 号
9	白城市盛世地产经纪有限公司	白城市文化西路 23 号楼 2 单元 1 层西
10	白城市众利房地产中介有限公司	白城市海明西路 29 楼 -5
11	白城市袁志鑫家园房屋租赁咨询服务中心	白城市民生东路 17 号楼 -15
12	白城市铭信地产有限公司	白城市幸福南大街 39 号楼 25-8 号门市
13	白城市李雪鑫家园房产中介咨询服务中心	吉林省白城市明仁南街 6-1 楼
14	白城市鼎顺房产中介所	吉林省白城市金辉南街 46 号北 1 户
15	白城市家兴缘房产经纪有限公司	白城市民生东路 21-2 号
16	白城市旺佳房产中介服务	吉林省白城市盛世新村菜市场东侧门市南数 12 户北数 4 户
17	白城市金辉旺佳房产中介所	白城市文化西路 14 号楼 26-15 号
18	白城市晟珂二手房交易有限公司	白城市幸福南大街 9-3 号
19	白城美家地产中介有限公司	白城市民生东路 7 楼 -3 号 1 楼
20	白城市鑫淼房产信息咨询中心	白城市长庆南街 55-2 号
21	白城市刘亮房地产信息咨询有限公司	白城市长庆北街 37 号
22	白城市乐家房地产中介有限公司	白城市公园东路 7 号楼 19-4 号
23	白城市今日家园二手房信息有限公司	白城市洮北区民生东路 6 楼 -13 号
24	白城市茗图房产信息咨询服务中心	白城市海明西路 15 号楼 -21 号
25	白城市合和房地产中介有限公司	白城市民生东路 18 号楼 48-2 号
26	白城市掌上房地产代理有限公司	白城市明珠花园小区 1 号楼 -1
27	白城市洮北区隆鑫房地产中介有限责任公司	白城市洮北区公园东路 5 号楼 3-1 号
28	白城市安业房屋信息咨询中心	吉林省白城市新兴路 9 号楼 1 单元 1 层东侧
29	白城市融达房产信息咨询中心	吉林省白城市民生东路 28 号
30	白城市天泰房产信息咨询中心	吉林省白城市中兴西大路 40-2 号
31	白城市东哲房产信息咨询服务中心	吉林省白城市青年北大街 1-1 号楼北 4 户门市
32	白城市安家房房地产信息服务有限公司	白城市中兴东大路 91-5 号门市
33	白城市安家房房地产信息服务有限公司锦绣分公司	白城市长庆南街 65-1 楼 -2 号
34	白城市安家房房地产信息服务有限公司新兴路分公司	白城市新兴路 10 号楼 10-1 号

（资料来源：市住建局）

表48　2021年白城市房产经纪机构备案—变更一览表

序号	房地产经纪机构名称	地址
1	白城市凤云鑫家园房屋中介中心	吉林省白城市明仁南街44号楼96号
2	白城市置晟地产信息咨询有限公司铁一中营业部	白城市瑞光南街69号楼25-15号
3	白城市鑫源房产中介中心	白城市明仁北街11-7号
4	白城市天鑫房地产中介有限公司	白城市民生东路34号
5	白城市晟珂二手房交易有限公司幸福营业部	白城市幸福南大街63楼-6
6	白城市庆隆二手房交易有限公司	白城市文化西路19号楼东二单元1层
7	白城市恋家房产信息咨询中心	吉林省白城市文化西路20号楼1单元1楼西1户
8	白城市兴东房地产信息咨询中心	吉林省白城市明仁北街6楼-7
9	白城市德聚仁合地产营销策划有限公司	白城市三亚小区3号楼
10	白城市宏杰铂金房地产经纪有限公司	白城市三亚小区2001南1营业房
11	白城市安家房产信息服务中心	白城市幸福南大街37号楼25-9号门市
12	白城市中合房产信息中心	吉林省白城市中兴东大路9号楼西数第6户
13	白城市安鑫房产信息咨询服务有限公司	白城市保胜路10楼-8
14	白城市置晟地产信息咨询有限公司	白城市长庆南街94-6号一楼门市
15	白城市铭信房屋中介所	白城市青年南大街28-5号
16	白城市君安房产中介有限公司	白城市洮安西路23号路4单元1层西户

（资料来源：市住建局）

【市场乱象惩处】　2021年，白城市加大对房地产经纪机构不明码标价、价格欺诈、虚假宣传等违法违规行为整治力度。2021年，对房屋中介机构检查14次，对于存在问题及时警告处理3家、对于情节严重的，要求立即停业整顿2家，均整改完毕。对造成群众利益损失，引发不良社会影响经纪机构，依法依规追究相应责任，维护购房者合法权益。

【房地产经纪机构办事流程简化】　2021年，市住建局为房地产经纪机构提供《房地产经纪机构备案申报材料内容指南》，做好一次性告知工作；配合做好承诺受理，压缩工作时限；强调规范服务，注重细节服务，不拖不等，即来即办，特事特办，房地产经纪机构办事实现“最多跑一次”。

【房屋租赁】　2021年，房屋管理处收入371.80万元，支出465.60万元，亏损93.80万元。房屋管理处管理国直房993户，国直房年租金收缴计划77万元，完成收缴72.50万元；管理廉租小区配建商业用房315户，年租金收缴计划280万元，完成收缴286.80万元；库存商品房租金收入12.50万元，完成维修290户（包括公租房170户、国直房60户、廉租配建商业用房60户），维修费用83万元。完成国直房勘察走访993户，廉租小区配建商业用房勘察走访315户。

（周　岩）

房地产市场监管

【房地产市场秩序整治】　2021年，为促进房地产市场健康平稳发展，落实城市调控主体责任，以各项数据为基础，加强市场运行监测和研判，完善房地产调控举措，强化行业监督管理，防范化解房地产市场风险，制定《白城市开展持续整治规范房地产市场秩序三年行动方案》《白城市住房和城乡建设局关于促进房地产业健康发展实施方案》，并向市发改委做出关于防范化解房地产市场风险有关情况汇报。加大房地产市场检查力度。要求各房地产开发企业、中介机构开展自查，并在自查基础上对机构及从业人员建立台账；加大违法违规行为查处力度，对严重侵害群众利益、扰乱市场秩序机构，依法严惩；建立投诉举报制度，设立举报电话和举报邮箱，对群众投诉举报问题立即调查、快速查处；建立健全长效机制，落实房地产及中介机构从业人员备案制度，规范各方行为，维护房地产市场秩序。2021年，对房地产开发企业、评估机构和房屋中介机构检查10余次，对于存在问题及时警告处理、及时整改和及时复查，对于情节严重的，要求立即停业整顿。防止出现虚假宣传、炒房等问题发生，化解房地产市场风险。

【房屋安全监管】 2021年，全市建设项目78项，建筑面积180万平方米左右。开展8次专项检查整治行动，抽查检查建设项目200余次，停工、局部停工整改项目27处，拆除存在安全隐患塔吊4个、脚手架2个。下达执法建议书16份，责令限期整改指令书35份，整改回复率100%。行政处罚决定书2份，处罚金额2万元。开展安全生产警示约谈5次。开展安全生产业务培训3次，培训200余人次。举办“安管人员”考试11场280余人参加考试、“特种作业人员”考试10场260余人参加考试。实行起重机械“建机一体化”（含人脸识别系统），实行建设、施工、监理及“建机一体化”企业四方责任主体承诺制管理。完成包括清单化（8项内容）、模板化（8项内容）、机制化（11项内容）、图表化（11项内容）、手册化（2项内容）“五化”工作法。

【信访案件处理】 全年接到信访案件11件，处理完成10件。处理完成购房者退定金、退房屋中介费等问题，其中永茂瀚城国际未按时交房问题，督促开发商补办各种相关手续并关注进展情况。

（周　岩）

物业管理

【概况】 截至2021年末，白城市住宅小区339个，建筑面积1520.85万平方米。其中专业化物业管理小区277个，占全市住宅小区总数81.7%，建筑面积1440.91万平方米，占总面积94.7%；业主自行管理小区26个，占全市住宅小区总数7.7%，建筑面积43.64万平方米，占总面积2.9%；社区代行管理小区27个，占全市住宅小区总数7.9%，建筑面积16.4万平方米，占总面积1.1%；其他管理小区9个，占全市住宅小区总数2.7%，建筑面积19.9万平方米，占总面积1.3%。在市场监督管理局登记注册的物业服务企业213家，其中承接物业服务项目企业75家，物业从业人员1771人，物业服务项目277个，物业服务面积1440.91万平方米。

【专项维修资金管理】 2021年，受理业主申请使用专项维修资金187批次，使用资金187.18万元，受益1393户，业主满意率100%。

【物业服务收费标准调整】 2021年，完成白城市市区普通商品住宅前期物业服务收费价格标准调整工作，印发《白城市发展和改革委员会　白城市住房和城乡建设局关于重新核定白城市区住宅前期物业服务收费政府指导价格等有关事宜的通知》，于2022年1月1日起执行。

（周　岩）

【物业治理】 2021年，白城市起草制定《物业治理专项工作组三年工作计划》《物业治理专项工作组工作规则》，针对物业治理突出问题，研究各项工作措施。邀请《吉林省物业管理条例》（简称《条例》）立法组专家讲解宣传贯彻《条例》，发放《条例》2000余本；组织40余家物业服务企业、20个部门有关负责人开展座谈调研，建立联络员制度；联合市委组织部、市住建局等相关部门开展实地调查，摸清摸实全市物业服务行业现状和底数；开展弃管小区清零等工作暗访抽查，及时掌握物业治理工作进展情况。组织召开全市物业治理专项工作会议2次，针对工作推进中存在突出问题，研究确定解决措施办法。开展“我为群众办实事”活动，解决民生问题。到天元物业等多个物业公司开展法治宣传活动，解决金北盛世豪庭、四季华城物业等多起物业矛盾纠纷。

（李赫楠）

【“红心物业”试点推进】 2021年，白城市创建“红心物业”示范项目7个。以成立物业服务企业党组织，有固定党员为创建标准，实现物业服务企业管理层和社区“两委”班子成员“双向进入、交叉任职”。设立党建工作专章，将党建工作要求写入章程。有固定办公场所，办公场所中有设施、有标识、有载体、有制度，彰显“红色元素”。定期开展党组织生活。设置至少1处党群服务站。按照“三方联动”［社区居委会、业主委员会（业主大会）和物业管理企业］工作机制，定期开展协商议事，研究解决问题，化解矛盾纠纷。服务小区成立业主大会、选举产生业主委员会，业主委员会成立党组织，党员占60%。物业服务企业党组织在社区党组织领导下，在疫情防控、突发事件应对、小区环境整治等工作中发挥作用。服务小区居民满意度95%以上。

（董方明）

经贸合作

招商引资

【概况】 2021年，白城市聚焦“一主、六双”产业空间布局，围绕“一城三区”战略定位，实施招商引资攻坚。

2021年，全市招商引资到位资金83.2亿元，比2020年增长35.28%，全省排第6位。全市完成外资项目1个，是由华润电力新能投资有限公司（亚洲）在大安投资的10万千瓦风电项目。实际利用外资22305.5万元，比2020年增长23.3%。外资总量全省排第3位，增速排第5位。实际利用外省资金83.2亿元，增长35.28%。

【项目签约洽谈】 聚焦产业优势“集群引资”。2021年，白城市人民政府与华能、大唐、华润、三一、东方电气、浙江运达、上海电气等央企及知名民企达成合作，风电平价上网基地示范、新能源装备制造基地、电力装备产业园、智能风机制造等56个项目实现签约，合同引资额近463亿元。聚焦资源禀赋“精准引资”。突出风、光等优势资源，2021年，市、县两级“一把手”对接华润、大唐、三一重工等重点企业131余家，跟踪洽谈项目109个。

【项目谋划】 2021年，市商务局落实全市项目攻坚誓师大会精神，强化服务、精准务实，突出清洁能源、大数据、云计算、农产品精深加工、装备制造、医药健康、生态旅游等7个产业和“761”工程，突出风、光、特色农产品等优势资源进行谋划，2021年，高质量推出100个重点招商引资项目。

【招商活动】 2021年，白城市聚焦招商平台“借势引资”。借助央企助力吉林振兴、2021中国500强企业高峰论坛、第六届全球吉商大会、“携手资本力量助力吉林振兴”——上市公司投资机构吉林行以及北京、浙粤、苏沪经贸交流活动等重大经贸交流活动，促成东方电气新能源装备制造基地、浙江运达智能风机制造、水发电力装备产业园等56个项目签约。

【招商机制】 2021年，白城市在招商引资机制上实施“五项机制”：组织领导机制，落实主要领导牵头抓重大项目；招商网络机制，组建招商网络体系，实现信息共享、统筹联动；精准招商机制，落实精准要求，推动精准研判、精准谋划、精准招商；协调联动机制，推动县（市、区）联动、多部门协同工作机制，形成责任明确、运行顺畅、统筹高效、协同发力工作格局；评价考核机制，实施“项目谋划、对接洽谈、签约开工”全流程综合考核，助力招商引资扩量提质。

（孙光宇）

9月28日，白城市与跨国公司吉林行项目对接。图为市商务局与法国能源公司洽谈

（董家明 供图）

表 49　2021 年白城市招商引资项目一览表

单位：亿元

序号	项目名称	项目所在地	资金类别	合同引资额	投资企业	产业类别	引资到位额	执行情况
1	新东起风电塔筒内构件生产项目	洮北区	内资	0.3	河南省客商	制造业	0.055	投产
2	大安天润光伏扶贫三期项目	大安市	内资	0.51	天能中投（北京）新能源科技有限公司	其他能源发电	0.51	投产
3	风电叶片生产配套技术升级项目及 70m 以上模具更新项目	白城工业园区	内资	0.56	中材科技风电叶片股份有限公司	制造业	0.415	在建
4	通榆县风电装备技改项目	通榆县	内资	0.6	三一重能有限公司	制造业	0.38	投产
5	农业产业化种植项目	洮南市	内资	1	浙江物产化工集团有限公司	谷物及其他作物的种植	0.4	履约完毕
6	汇通大厦建设项目	洮北区	内资	1	陈丽娟	房地产业	0.463	在建
7	2 万吨高强锚栓加工制造项目	通榆县	内资	1	天能重工股份有限公司（珠海港控股集团有限公司控股公司）	专用设备制造业	0.08	在建
8	白城市新能源制氢示范项目	白城工业园区	内资	1	吉林电力股份有限公司	电力、燃气及水的生产和供应业	0.2	在建
9	牧原通榆 13 场生猪养殖项目（边昭）	通榆县	内资	1.07	牧原农牧有限公司	猪的饲养	0.26	在建
10	年产 10 万吨大米暨 5 千吨营养米粉建设项目	洮北区	内资	1.2	浙江客商	农、林、牧、渔业	0.12	在建
11	白城大安牧原二场生猪养殖项目	大安市	内资	1.2	河南牧原食品股份有限公司	猪的饲养	1.2	在建
12	白城市大安河南牧原生猪养殖建设项目	大安市	内资	1.5	河南牧原食品股份有限公司	猪的饲养	1.5	在建
13	白城大安吉源禾牧肉羊养殖园区建设项目	大安市	内资	1.5	河北吉卓新能源科技有限责任公司	建筑业	0.1	在建
14	白城大安日托光伏发电组件生产项目	大安市	内资	1.5	青岛天能重工股份有限公司，无锡日托光伏科技发展有限公司	电力、燃气及水的生产和供应业	0.6	在建
15	林成风电塔筒制造项目	洮北区	内资	1.5	青岛武晓集团	制造业	0.6	在建
16	大北农第一种猪场项目	大安市	内资	2.25	大北农农牧食品有限公司	农业	2.25	在建
17	通榆远景 500 台智能风机制造项目	通榆县	内资	2.5	上海远景集团	制造业	0.85	在建
18	通榆新发 A 风电场建设项目	通榆县	内资	3.3	通榆新发 A 风电场建设项目	电力、燃气及水的生产和供应业	1.968	投产
19	三一通榆风电智能制造产业园二期投资建设项目	通榆县	内资	3.48	三一通榆风电智能制造产业园二期投资建设项目	制造业	0.9	在建
20	200 万头生猪养殖一体化扶贫项目	大安市	内资	3.5	河南牧原食品股份有限公司	农、林、牧、渔业	0.1	在建
21	白城大安牧原四场生猪养殖项目	大安市	内资	3.6	河南牧原食品股份有限公司	猪的饲养	0.5	在建

续表49

序号	项目名称	项目所在地	资金类别	合同引资额	投资企业	产业类别	引资到位额	执行情况
22	通榆善能30兆瓦生物质热电联产项目	通榆县	内资	3.81	善能新能源有限公司	电力、燃气及水的生产和供应业	2.79	在建
23	通榆团结D风电场工程	通榆县	内资	3.82	华能风力发电有限公司	电力、燃气及水的生产和供应业	3.821	投产
24	通榆乌兰花F风电场	通榆县	内资	3.92	吉林通榆协合新发风力发电有限公司	电力、热力的生产和供应业	3.922	投产
25	通榆团结E风电场工程	通榆县	内资	3.97	华能风力发电有限公司	电力、燃气及水的生产和供应业	1.971	投产
26	智能风机制造项目	洮南市	内资	4	浙江运达风电股份有限公司	风机、风扇制造	0.08	审批(登记)
27	通榆新发D风电场	通榆县	内资	4.04	吉林通榆协合新发风力发电有限公司	电力、燃气及水的生产和供应业	4.04	在建
28	白城市大安吉隆沙棘5万吨大果沙棘深加工厂项目	大安市	内资	4.5	内蒙古吉隆沙棘产业有限公司	农、林、牧、渔业	0.2	在建
29	生物质发电项目	洮南市	内资	5.2	新疆布尔津吉新风电有限公司	制造业	1.7	在建
30	通榆县晶鸿太阳能发电有限公司	通榆县	内资	5.4	晶鸿太阳能发电有限责任公司	电力、燃气及水的生产和供应业	5.4	投产
31	1.5万头标准化奶牛场（二期）建设项目	镇赉县	内资	5.5	飞鹤乳业集团	畜牧业	3.5	在建
32	通榆光伏领跑奖励激励基地5号项目	通榆县	内资	5.66	中节能太阳能科技有限公司	电力、燃气及水的生产和供应业	3.66	投产
33	华能清能通榆电力有限公司	通榆县	内资	6.29	华能清能通榆电力有限公司	电力、燃气及水的生产和供应业	6.29	投产
34	光伏装备制造产业园项目	洮南市	内资	6.6	北京尧景时代商业发展有限公司	电气机械及器材制造业	0.3	在建
35	华润新能源大安风电项目	大安市	内资	7.3	华润（集团）有限公司	电力、燃气及水的生产和供应业	0.82	在建
36	镇赉架其100兆瓦风电储能平价发电项目	镇赉县	内资	7.54	国家电力投资集团有限公司	电力、燃气及水的生产和供应业	3.2	在建
37	通榆牧原400万头生猪肉食品加工项目	通榆县	内资	10.5	牧原农牧有限公司	屠宰及肉类加工	2.35	在建
38	新能源装备制造基地项目	通榆县	内资	10.5	中国东方电气集团有限公司	制造业	0.08	在建
39	华能通榆20万千瓦风电	通榆县	内资	14	中国华能集团有限公司	电力、燃气及水的生产和供应业	1.904	在建
40	鲁固直流配套风电项目	大安市	内资	32	中国华能集团有限公司	电力、燃气及水的生产和供应业	5.527	在建
41	风电平价上网基地示范项目	洮南市	内资	40	中国大唐集团有限公司	电力、燃气及水的生产和供应业	11.078	在建
42	300万吨玉米深加工项目	白城工业园区	内资	100	河北梅花生物科技集团股份有限公司	石油加工、炼焦及核燃料加工业	7.116	在建
小计	白城市资金到位项目42个，到位资金83.2亿元，增长35.28%							

（资料来源：市商务局）

对外经济贸易

【概况】 2021年，白城市培育外贸新增长点。全市外贸进出口总额19.51亿元，比2020年增长26.1%，超过全省平均增速8.8个百分点，增幅排全省第3位。其中，进口额1.53亿元，比2020年下降7.5%；出口额17.97亿元，比2020年增长30.1%。

【国家级外贸出口基地建设】 2021年，白城市利用“国字号”品牌，加快国家级外贸出口基地建设。帮助解决融资难题，助推基地企业转型升级项目建设；向上争取扶持资金，帮助基地企业扩大对外贸易。白城市国家外贸转型升级基地建设通过商务部2021年度考核。

【新增出口额3600万元】 2021年，加大贸易政策宣讲和贸易指导力度，新增2家有对外贸易实绩企业，分别是大安市森璟饲料进出口有限责任公司和白城市环采休闲用品中心，新增出口额3600万元，成为外贸新增长点。

【出口市场开拓】 2021年，白城市组织60余家企业参加东北亚博览会、广交会、首届消博会等线上线下展会，展会期间接触客商1500余名，现场成交52万元，意向订单200万元，争取国家及省级资金316万元，为17家企业分配落实进口博览会、境内外展会、出口信保补贴、产品认证等项目扶持资金。

（孙光宇）

表50　2021年白城市与吉林省其他各市（州）进出口情况统计表

单位：万元

地区	进出口			出　口			进　口		
	2021年进出口额	同比	占全省比重	2021年出口额	同比	占全省比重	2021年进口额	同比	占全省比重
总　值	15037735	17.3	—	3535387	21.5	—	11502349	16.0	—
长春市	11797706	14.8	78.5%	1659338	22.4	46.9%	10138367	13.6	88.1%
吉林市	825517	50.1	5.5%	518083	39.1	14.7%	307434	73.2	2.7%
四平市	41311	-12.9	0.3%	23752	-11.3	0.7%	17559	-15.0	0.2%
辽源市	158249	-16.4	1.1%	124596	-21.7	3.5%	33653	12.1	0.3%
通化市	140783	52.4	0.9%	65895	101.7	1.9%	74888	25.4	0.7%
白山市	113939	10.4	0.8%	83527	7.2	2.4%	30412	20.2	0.3%
松原市	95664	-14.6	0.6%	95500	-13.5	2.7%	165	-89.7	0.0%
白城市	195058	26.1	1.3%	179722	30.1	5.1%	15336	-7.5	0.1%
延边州	1521641	25.2	10.1%	710384	22.9	20.1%	811257	27.3	7.1%
其中：珲春市	1060413	28.6	7.1%	332629	32.3	9.4%	727784	26.9	6.3%
梅河口市	147867	103.0	1.0%	74589	39.0	2.1%	73279	281.9	0.6%

说明：表中梅河口市进出口额未计入通化市　　　　（资料来源：市商务局）

表 51　2021 年白城市进出口产品统计表

单位：万元

序号	商品名称	进出口	出　口	进　口
		2021 年累计	2021 年累计	2021 年累计
	总计	191970.72	177598.29	14372.43
	农产品	173453.84	168796.26	4657.58
	初级产品	64858.25	60200.67	4657.58
1	经酸处理的骨胶原及骨	2172.35	—	2172.35
2	其他未经加工或经脱脂、简单整理	—	—	—
3	冷冻未列名蔬菜	8177.2	8177.2	—
4	其他绿豆	21476.52	19994.03	1482.49
5	其他赤豆	792.81	335.29	457.52
6	其他干芸豆	1841.75	1643.12	198.63
7	其他豇豆	136.72	136.72	—
8	黄大豆	419.59	73	346.59
9	黑大豆	—	—	—
10	荞麦	986.3	986.3	—
11	荞麦米（11042990）	—	—	—
12	烘焙花生	—	—	—
13	鲜葡萄酿造	—	—	—
14	提炼豆油所得的其他固体残渣	2716.86	2716.86	—
15	饲料添加剂	10104.7	10104.7	—
16	味精	11621	11621	—
17	喷浆玉米皮	423.7	423.7	—
18	稻草	3988.75	3988.75	—
	工业制品	123716.09	114333.89	9382.2
	化工产品	108595.59	108595.59	—
19	赖氨酸酯及盐	104134.8	104134.8	—
20	明胶及其衍生物	4460.79	4460.79	—
21	纺织原料及纺织制品	1317	1235	82
22	金属及其制品	8707.13	147.13	8560
23	机电设备及其零部件	2812.20	2072	740.2
24	厨房用品及手工制品	1899	1899	—
25	矿物材料、陶瓷	255.17	255.17	—
26	乐器	130	130	—
27	其他	3396.38	3063.73	332.65

说明：表中数据为企业反馈数据　　（资料来源：市商务局）

表 52 2021 年白城市进出口地区统计表

单位：万元

序号	分地区	进出口累计	出口累计	进口累计
		2021 年实际	2021 年实际	2021 年实际
	总　计	191970.9	177598.29	14300.43
1	亚　洲	70865.65	69475.35	1390.3
2	东　盟	24265.7	23721.36	544.34
3	非　洲	8704.2	7323.1	1308.92
4	欧　洲	92282.5	83689.03	8633.07
5	欧　盟	67045.8	58494.63	8591.17
6	拉丁美洲	7269.01	7269.01	0
7	南美洲	240	240	0
8	北美洲	6776.14	5660.55	1115.59
9	大洋洲	1930.68	318.34	1612.34
10	其　他	3902.72	3622.91	240.21

（资料来源：市商务局）

域外经济合作

【概况】 2021年，白城市和嘉兴市、长春市、吉大分别签署合作框架协议，根据双方经济特点、资源禀赋、合作空间，两地全面开启点对点“精准合作”新模式。成立对口合作工作领导小组，建立起横向联动、纵向对接、定期会商、运作高效的工作机制。嘉兴市、白城市两地电台空中连线，分别报道两地经济社会发展情况，加大两地对口合作典型案例、重大项目和重大活动宣传力度。2021年，与双方高层开展互访交流9次。其中，嘉兴市2次，长春市5次，吉大2次。

9月1日，长春对接合作专班到白城市开展调研工作。图为专班人员到吉林梅花精制车间参观产品（卢美西 供图）

【与长春市合作】 1月27日，按照省里统一安排，长白两市签订合作框架协议，白城市重点与中韩示范区、长春汽开区结对。2月9日，由市政府主要领导带队，在全省率先与中韩示范区开展合作对接。3月8日，长春市委副书记、市长张志军带队到白城对接交流，双方夯实合作方向。5月18日，白城市选派11名干部分别到中韩和汽开挂职学习交流，共同推进具体合作项目和相关合作事项落实。9月1日，长春对接合作专班到吉林梅花进行实地调研。10月19日，组织永固连杆、洮安皮革等5家企业参加中德汽车大会，副市长赵楠在会上发言并作PPT演示。投资33.5亿元“长白氢能走廊”新能源制氢项目，完成可研报告，在向省能源局申请并网指标，吉电股份与国电投氢能集团订购的制氢设备在试验中。投资8亿元在白城工业园区建设3平方千米的长白合作产业园。合作框架方案编制完成，明确经营模式、收益分成等具体事项。中韩城市馆设立白城特色商品展示区，为白城杂粮杂豆等农产品销售搭建平台。投资8亿元的玲珑轮胎蒲公英种植采胶项目，组织玲珑轮胎和国药百琦到白城实地考察洽谈，研究开展技术合作。

【与吉大合作】 2021年，白城市与吉林大学签订《创新发展合作框架协议》，确定清洁能源、绿色农业、装备制造、土地整理等四大领域，实施电解水制氢与绿色有机电合成耦合新技术的开发、燕麦生物技术育种关键技术研究及产业化应用、耐盐碱特色农作

8月24日，浙江驻吉工作组组长在白城市召开调研工作会 （卢美西 供图）

物品种选育及生物修复技术研究合作、土壤改良和科研试验基地和汽车铰链CAE分析能力提高等七个重点合作项目。4月7日，吉林大学党委书记姜治莹带队到白城进行校地对接，了解校地合作情况并进行座谈交流，考察团对吉林梅花氨基酸有限责任公司、氢能产业展馆、白城农科院等地进行了实地踏查。推动大安市、通榆县、能源局、农科院、恒维汽车零部件有限公司等7家政府、部门、企业分别与吉林大学达成合作意向。

【与嘉兴市合作】 2021年，白城市鼓励白城、嘉兴两地企业交流交往，吸引浙江企业投资合作。6月，吉林智库专家周楚兴（嘉兴市人大常委会原副主任）一行到白城为浙吉对口合作工作出谋献策，并就洮南市雏鹰牧业肉猪养殖联系海盐青莲食品公司来对接有关业务。8月末，浙江驻吉工作组组长在白城召开月度工作例会，在调研白城基础上为浙江与白城合作指明方向。实施镇赉县嘉兴好雨农产品产销合作，大米年底销售额3000万元；洮南市规模化玉米种植、销售、加工一体化项目，流转土地200公顷，完成投资500万元；洮北区年产5000吨营养米粉项目开工建设，完成投资5600万元，12月进行设备调试试生产；大安市月亮湖综合开发项目完成投资2500万元。

（高 见）

【与北京中健锦绣大地企业管理集团签署战略合作框架协议】 6月1日，白城市人民政府与北京中健锦绣大地企业管理集团签署战略合作协议签约仪式在白城宾馆举行。市委书记李明伟，市委副书记、市长李洪慈，市政府副市长孙志刚，市政府秘书长高航，北京中健锦绣大地企业管理集团董事长谢俊出席签约仪式。李洪慈、谢俊在仪式上致辞。双方代表签署战略合作协议。高航主持签约仪式。双方将共同打造白城智慧农贸市场、“锦绣村”品控基地、旅居康养度假基地、碳纤维智慧电采暖、安华保险等重点项目。

（翟向东）

【与中国邮政储蓄银行吉林省分行签署全面战略合作协议】 6月24日，白城市政府与中国邮政储蓄银行吉林省分行在白城宾馆举行全面战略合作协议签约仪式。副市长张天华与中国邮政储蓄银行吉林省分行副行长赵玉叶代表双方签署战略合作协议。

根据协议，中国邮政储蓄银行吉林省分行将对白城市重点行业、重点项目、重点企业等多个领域提供多层次、广泛有效的金融服务和创新金融产品支持，并在加快“双谷双基地”建设，全力打造“一城三区”等方面开展全方位、多领域、深层次合作。

（张 赫）

6月1日，白城市人民政府与中健锦绣大地企业管理集团签署战略合作协议。图为签约仪式现场 （陈俊安 供图）

开发园区建设

综 述

【概况】 全市有省级经济类开发区8个。2021年，规模以上工业企业主营业务收入实现2497735万元，比2020年增长30.5%；进出口总额实现180909万元，比2020年增长9.6%；固定资产投资完成649735万元，比2020年增长10.4%；地方级财政收入实现82012万元，比2020年增长10.1%。

2021年，白城市优化营商环境，组织全市开发区对域内有融资和科技创新资源需求企业进行摸底，将有融资需求的16家企业信息报至省商务厅相关金融部门进行对接；推动镇赉经济开发区、洮南经济开发区、大安经开与辽源东丰经济开发区、梅河口高新技术产业开发区和松原石油化工循环经济示范园区开展对接交流活动。2月，洮南经济开发区和洮北经济开发区成功晋升省级开发区，截至2021年末，全市经济开发区均为省级开发区。

【开发区统计工作】 2021年，白城市落实《吉林省开发区统计调查制度》（2021年版），指导各开发区配齐、配强统计工作人员队伍，组织全市开发区统计工作人员参加全省开发区统计工作培训，完成《吉林省开发区信息管理系统》13200余条数据更新录入工作。

【开发区考核评价】 2021年，白城市组织开展2020年度开发区综合发展水平考核评价工作。经省开发区工作领导小组办公室评定，洮南经济开发区综合发展质量进入全省开发区前30强，白城工业园区进出口总额列全省开发区第3名。

（孙光宇）

白城经济开发区

【概况】 白城经济开发区（简称“白城经开区”）位于白城市幸福南大街以西，洮白经济走廊出口地带，洮白公路、图乌公路、嫩丹高速在此交会，洮儿河和运河流经本地。托管街道办事处3个，行政村14个、社区9个，区内人口11.19万人。

2021年，全区实现规模以上工业产值53.2亿元，比2020年增长6.6%；固定资产投资6.7亿元，比2020年增长10.9%；限上企业社零额26.9亿元，比2020年增长11.9%；地方级财政收入2.4亿元，比2020年增长0.3%。

【产业发展】 网通公司、电信公司、移动公司、联通公司等信息业入区设立市级总部机构。白城银保监分局、工行、农行、建行、吉林银行等金融保险行业设立分支机构。白城欧亚、农产品市场、医药物流等重点项目相继入驻，农机园、建材园、汽贸城等招商项目推进，“居然之家”白城店于2021年11月营业，全区“大市场、大流通、大贸易”框架初步搭建。

【招商引资】 2021年，白城经开区外出湖南省、湖北省、浙江省、江苏省、北京市等地招商4次，对接飞沃新能源科技、扬州洪维汽车零部件、吉林省晟亚模塑等企业19家，洽谈鑫源汽车零部件、玲珑轮胎蒲公英种植采胶和骆驼电池等项目20个，其中有3个亿元项目签约。百琦威麦宁颗粒项目，总投资1.4亿元；源源国际酒店项目，总投资8.5亿元；中景桃花源项目，总投资2亿元。全区实施5000万元以上项目14个，其中工业项目4个。

【项目建设】 2021年，白城经开区通过入企走访、实地调研、召开专题会议等方式，推进4个亿元重点项目建设。市区应急供热调峰项目。项目总投资2.5亿元，占地1.1万平方米，可在极寒天气或机组抽气不足条件下保障市区供热稳定，应急调峰能力达48小时以上，该项目已投产运行。国药百琦中药配方颗粒项目。项目占地1万平方米，主要建设生产车间，引进威麦宁颗粒生产线，承接药号转移、扩大产能。威麦宁转至百琦药业总体费用约1.4亿元，药号转移费用1亿元、中药提取车间建设费用0.4亿元。百琦药业投资完成车间建设，具备威麦宁生产条件。银河玻璃深加工项目。总投资1.1亿元，占地面积2.2万平方米，设计产能年产20万箱，重箱钢化玻璃（产值1.6亿元）。现生产车间及附属设施建成，进行试生产。白城市城市发展（亚行）项目。2021年亚行项目向阳街主干线、纯阳路全线通车，三环路2个路段具备通车条件。项目道路总长度31.7千米，通车19.67千米，占总长度62%；在建1.765千米，占总长度5.6%；未建10.265千米，占总长度32.4%（其中，完成预征收6.7千米，占未建长度65.3%）。“居然之家”白城店营业。

【创城工作】 2021年，白城经开区为辖区内各小区制作市民公约、村规民约、社会主义核心价值观、公益广告和健康教育宣传栏；对各社区加大宣传力度，入户发放“致白城市民的一封信”等宣传材料，完成吉鹤苑社区入户问卷工作。2021年，白城经开区在白城市创建国家卫生城市工作中被评为先进集体，4人获先进个人称号。

【疫情防控】 2021年，落实“一精准三确保”（精准防控；确保疫情防控有效、确保经济健康发展、确保社会大局稳定）工作要求，白城经开区党工委及疫情防控领导小组制定下发《白城经济开发区新冠肺炎疫情全员核酸检测工作实施方案》《经开区应对新型冠状病毒感染肺炎疫情联防机制关于进一步科学精准做好新冠肺炎疫情常态化防控工作的实施意见》《经开区新冠肺炎疫情防控常态化健康教育工作方案》《关于做好新冠肺炎疫苗接种工作的通知》《关于加强新冠肺炎疫情防控期间工作人员管理的通知》等疫情防控相关文件。坚持预防为主，层层夯实街道办事处及行业部门责任，提升应急处置能力，打造果园社区疫情防控样板。经开区各街道办事处、各行业部门同步完善相关制度、措施和工作台账，建立起高效运转防控体系。

11月13日，“居然之家”一站式建材家居商场入驻白城经开区。图为“居然之家”白城店开业庆典 （陆亮亮 供图）

【民生工作】 2021年，白城经开区开展西郊街道农村饮水工程建设。按照“区级统筹、街道主要领导负总责、村级抓落实”工作机制，落实农村供水保障领导负责制，明确目标任务、工作举措、操作流程、完成时限和责任人。工程筹备期间，向上申请建设资金，申领水利专项债券资金2300万元，省级配套资金600万元。西郊街道农村安全饮水保障工程基本完工。建设涉及6个村、23个屯，总受益人数13942人水源工程22处。水井房22个，供水管网近1.8万米。1万余人用上安全可靠自来水，农村自来水普及率超过省里规定95%以上要求。22处水源工程水质经过专业检测部门检测全部合格。

在开展农村环境日常保洁基础上，集中精力开展“六清”（清垃圾、清污水、清塘沟、清违建、清杂物、清残垣断壁）工作，为各村配备环保垃圾箱，实现农村垃圾收运处理率100%。发放高龄老人津贴、残疾人生活补贴和重度护理补贴，为中等偏下收入住房困难家庭申请廉租房；组织辖区无业人员参加计算机、面点、按摩师技能培训，意向性就业和成功就业161人。

【“居然之家”白城店开业】 11月13日，“居然之家”白城店开业。“居然之家”白城店为“居然之家”家居连锁集团吉林分公司与白城市安信企业管理有限公司合作项目，投资3.5亿元，建筑面积6万平方米，地上五层建筑结构，总体经营面积近4万平方米，规划摊位100余个。招商率90%以上，100余个知名品牌入驻。“居然之家”白城店是白城地区面积最大、品类最多、质量最优、服务最佳、购物环境最好的一站式建材家居专业商场，填补白城市高端建材家居空白点。白城经开区将该项目作为重点商贸服务项目和引进新业态具体举措，成立专班、专人跟进，主动对接服务，先后破解项目重组、资金整合、消防验收、前期手续等一系列难题。

（王东旭）

白城工业园区

【概况】 2021年，吉林白城工业园区管理委员会（简称“白城工业园区”）规模以上工业总产值比2020年增长72.8%，高于全市平均增速44.8个百分点；工业增加值增速72.2%，高于全市平均增速40个百分点以上；企业实现利润总额3.33亿元，扭转总体亏损局面，比2020年净增3.34亿元；工业用电量比2020年增长3.04倍；全社会固定资产投资完成13.9亿元，比2020年增长23.5%。工业各项指标增速均列全市第1位。全口径财政收入完成1.02亿元，比2020年增长79.4%，其中地方级财政收入完成7471万元，实现由负转正，比2020年增长0.16%。全年规模以上工业完成产值从2020年43亿余元增至74亿余元，全年净增产值31亿元，工业总产值和工业增加值增速均超过70%。

吉林梅花年玉米加工能力达到200万吨，占全市玉米总产量50%以上，益海嘉里稻谷加工能力超过50万吨，占全市水稻总产量1/3左右，两个企业粮食加工总能力达到全市粮食总产量50%左右，占全市商品粮总量60%以上；园区工业成为全市工业主要增长极，2021年全市规模以上工业完成总产值比2020年净增加60亿元，其中园区工业增加31余亿元，对全市工业增长贡献率超过50%，拉动全市工业增长14个百分点；工业产品出口额完成12.6亿元，占全市出口总额71%；园区全年规模以上工业用电量9.03亿千瓦时，占全市工业用电总量30%以上。

【经济发展】 2021年，白城工业园区规模以上工业4个主导产业实现高速增长。其中，农产品加工业增长72.7%，冶金工业增长100.1%，装备制造业增长80.6%，建材工业增长44.9%。吉林梅花全年完成产值51.7亿元，比2020年增长94.4%；富达棒材完成产值9.96亿元，比2020年增长85.7%；金升镍业启动生产，净增产值0.78亿元；中材科技完成产值1.22亿元，比2020年增长98.5%。4家企业净增产值31亿元，拉动园区工业总产值增长71.8个百分点，对园区增长贡献率98.6%。

【重点项目】 2021年，吉林梅花净增产值25亿元，其中二期项目达产贡献率占70%以上。富达棒材在市场拉动下，2台电炉满负荷生产，全年增产85.7%；中材科技大型风电叶片项目投产，拉动企业产值增长98.8%；益海嘉里二期扩能项目、金升镍业钒系铁合金等项目投产复产。吉林梅花、富达棒材、益海嘉里、尼特固等重点企业盈利能力增强，规模效益提高。

【项目建设】 2021年，白城工业园区全年实施项目19个，计划总投资28.95亿元，项目开（复）工率100%。其中6个亿元以上项目有5个建成投产。吉林梅花投资20亿元三期年产30万吨赖氨酸、10万吨有机肥及配套工程项目建成投产；中材科技投资1.1亿元8条70米以上大型风电叶片生产项目均建成投产；投资1.2亿元吉林省吾印良品有限公司纸塑包装制品加工项目、投资1.2亿元益海嘉里米厂二期扩建项目建成投产；双创中心基础设施配套工程进入收尾阶段，实现集中供热；投资1.26亿元制氢加氢一体化示范项目，主体工程土建及设备安装基本完成。全年园区建成投产项目14个，占当年实施项目总数73.7%，其中亿元以上项目5个，为当年实施项目总数83.3%。14个新投产项目可新增产能20亿元。

【招商引资】 2021年，白城工业园区新增入园项目36个，计划总投资38.26亿元，其中签约项目8个，计划总投资34.7亿元。构建绿色生化产业链，推动吉林梅花三期工程提前开工，谋划四期工程项目，推动玉米生化产业链发展。发挥梅花项目虹吸效应，推动益海嘉里投资3亿元、年产10万吨玉米胚芽油项目，国器能源投资3亿元、年产12万吨盐酸项目，森昊物流投资1亿元吉林梅花专用物流园项目等5个产业链配套项目签约落地，部分项目建成投产；构建氢能生产及应用产业链，推进制氢加氢一体化项目落地建设；围绕现代信息技术产业链，对接“猪八戒”网络平台、大数据分析、产业招商、产业服务等综合项目，谋划构建电子商务及双创中心运营服务平台；推动白城金升镍业复工复产，引进瑞钢联集团铁合金、特种钢、铝合金棒材及型材生产项目，对接天津大胡同集团有限公司200万吨合金、300万吨不锈钢生产等项目。

【特色园区建设启动】 2021年，白城工业园区围绕“一城三区”战略任务和园区“十四五”发展重点，规划启动5个特色产业园区建设。

规划启动梅花产业园建设。重点谋划11个生化产业链项目，规划总投资80亿元，总产出规模200亿元。

规划启动白城化工园区建设。完

吉林梅花精制车间，工人正在进行味精生产。摄于9月13日

（朱　阳　供图）

成化工园区总体规划、产业规划和安全生产评估工作，申报工作取得进展。围绕化工园区发展，推动总投资20亿元维生素K生产项目、总投资8亿元维生素B生产项目以及8万吨钾肥、12万吨盐酸等生产项目入围对接工作。

规划启动氢能产业园区建设。为落实省、市“长白氢能走廊”、打造“中国北方氢谷”战略任务，推动以氢产业技术研发、科技成果转化、示范项目建设为核心氢能产业园区建设，华润燃气加氢站建成，吉电制氢加氢一体化项目落地建设，大唐风光储氢科研示范项目推进。

规划启动对外合作产业园区建设。在省际、省内地区间对口合作框架下，推动园区与嘉兴秀洲国家高新区和长春新区对口合作，规划启动3平方千米对外合作产业园区，为推进对口合作，提升承接发达地区产业转移和招大引强能力创造条件。

规划启动红色文化产业园建设。以建设白城爱国主义教育集中体验示范区、绿色生态现代服务样板区为目标，启动实施红色文化产业园区项目，打造白城全区域旅游核心区。文化产业园总体规划、区域性控制规划、城市设计、征地拆迁等前期工作推进，部分大型兵器装备到位。

【营商环境建设】 2021年，白城工业园区加强“零跑团”建设，实现“最多跑一次”或“零跑动”，建设项目网上受理率99.05%，“零跑”次率95.59%，推行“容缺办理”模式，提高企业和群众办事效率；加强社会信用体系建设；完善“一个电话解难题”机制，解决企业、群众急、难、愁、盼问题69件。其中，涉民生类43件、涉企业生产经营类26件。完成中央环保督察、中央环保督察“回头看”和省环保督察各项整改任务；在中央第二轮环保督察中实现零举报，协同办理4批5件案件均结案。强化市容与环境卫生管理，加强城市管理规范化、法治化建设。接待信访群众55批次357人次，信访办结率96%，重点信访事项化解率100%。推进安全生产专项整治三年行动，发现整改问题隐患75个，全年未发生生产安全事故。加强安全生产监理和应急队伍建设，科学化、规范化、标准化安全生产、应急救援管理水平提高。开展公安队伍教育整顿，倡导“我为群众办实事”，走访群众5万余人次，为企业和群众办实事174件，化解矛盾纠纷95件；在企业安全环境建设、反诈骗等方面发挥重要作用，辖区居民生活安定。

【社会民生】 2021年，白城工业园区完成辖区居民疫苗接种任务目标，加强全员核酸检测工作预案和演练，社区和企业重点人群、重点场所防控到位。完成2600平方米标准化草原社区建设，投资82万元完成5300平方米老旧小区改造工程，投资150万元对园区道路进行整修和保养，完成17项“书记一号工程”项目，改善群众生产生活环境。落实最低生活保障、临时求助、廉租房补助、就业保障、医疗卫生服务等各项政策措施。

（何玉成 赵天宇）

白城查干浩特旅游经济开发区

【概况】 白城查干浩特旅游经济开发区（简称“查干浩特经开区”）是省政府批准建立的省级开发区。占地面积171.86平方千米，人口2.6万人，在册耕地面积5055公顷，水域2500公顷，林地4378公顷，森林覆盖率25%。辖镇（岭下镇）1个。2021年8月，根据省编办行函〔2021〕86号批复，将查干浩特旅游经济开发区、白城洮北经济开发区管理机构职责整合，配备编制58名。其中，行政编制16名、全额拨款事业编制39名、机关工勤编制暂保留3名。核定领导职数5名（正处级2名、副处级3名），内设机构领导职数27名（正科级9名、副科级18名）。查干浩特旅游经济开发区是白城市委、市人民政府派出机构。委托白城市洮北区管理、加挂洮北区经济开发区牌子。原查干浩特旅游经济开发区委员会（管委会）代管的岭下镇恢复原隶属关系，由洮北区委、区政府管理。

2021年，实现地区生产总值8.64亿元，增长3.5%，固定资产投资3390万元，增长101%，规模以上工业增加值3020万元，全口径财政收入1537万元，地方级财政收入862万元，增长-38.1%。

【生态建设】 立足查干浩特区域特色，实现城镇与景区联动开发，提升域内生态环境建设。2021年，造林总面积16.2公顷，用苗26973株；推广保护性耕作2333.3公顷；启动高标准农田项目，建设面积733.3公顷，修建道路17.09千米，打井63眼，电力建设完成架杆、线路铺设及配套设施建设；育苗16万株，完成景区游步道、蒙古大营、奥帆广场、赛马场、转盘道等6个停车场花卉栽植工作。开展洮儿河、新开河卫生检查及卫生清理工作，出动人力80余人次，出动车辆21余台，清理河道垃圾50立方米。

【城镇建设】 2021年，查干浩特经开区推进污水处理工程建设，污水厂部分项目中标价格3440万元，9月，污水厂完工通过验收；污水管网部分项目中标价格1520万元，完成镇区主管道及连接各小区管网铺设7.2千米。实施重点建设项目7个，总投资6.24亿元。其中，亿元以上项目2个、3000万元以上项目1个、500万元以上项目4个，完成投资1.42亿元。其中铁西兴隆棚户区（城中村）改造建设项目，铁西兴隆棚户区（城中村）配套基础设施建设项目和（岭下镇）石头井子村生态型土地整治项目、查干浩特红色旅游警示教育基地项目等4个项目陆续开复工建设，完

9月12日，中央环保督察组成员到查干浩特岭下镇检查污水处理厂运营情况

（袁　帅　供图）

成投资4020万元，完成年度投资计划28.3%。

【社会管理】　2021年，查干浩特经开区加强信访维稳，组织区（镇）两级干部到基层调研，了解群众关注难点热点。加大问题摸排和化解力度，强化源头治理和依法依规及时处理，全年，发生信访事件全部化解。组织开展安全生产大检查专项行动，全区安全生产形势保持平稳，连续8年实现“双零”工作目标。扩大养老、医疗等保险覆盖面，城乡居民养老保险参保率96%，贫困人口社会保险参保率和代缴率均为100%。

（薛东林　胡佳楠）

吉林大安经济开发区

【概况】　吉林大安经济开发区（简称“大安经开区”）是白城市首个省级经济开发区。是大安市“全国新能源百强县”核心区、“全国最具投资吸引力和全省最具发展潜力城市”样板区、“全省生态经济创新发展示范区”先导区。辖投资融资、开发建设2个全资公司。

2021年，实现地区生产总值19.79亿元，比2020年增长15.86%；增加值5.26亿元，比2020年增长9.8%；营业收入23.39亿元，比2020年增长10.19%；固定资产投资9.4亿元，比2020年增长19.3%；公共财政收入和地方级税收收入增幅均在50%以上。

【招商引资和项目建设】　2021年，大安经开区启动实施招商引资项目24项。

落地实施项目8项：大安天能公司光伏设备光伏组件项目，完成投资3000万元，10月建成投产；吉林吉隆公司投资4.5亿元沙棘产业化项目推进，综合办公楼、生产车间建成；投资3.29亿元清洁能源产业融合发展孵化园区建设项目开工建设，平整土地13万平方米；祥和服务公司投资建设的弱碱食品园区建设项目，完成投资3200万元，签约入园企业10家；吉林弘泰新能源有限公司投资的建设二腈项目，按照工艺流程和安全标准推进；大安郡阳公司投资5000万元万吨嫩黄染料项目，取得土地许可，办理其他前期手续；吉林隆腾生物肥料有限公司投资1.36亿元年产20万吨有机肥暨6万吨缓控释无机肥项目，厂区道路硬化、厂房地基完成，办公楼和厂房开工建设；吉林吉源禾牧智慧公司投资1.5亿元舍力肉羊产业化项目，建成肉羊屠宰加工厂1座、冷鲜羊肉储存冷链运输基地1个和肉羊交易市场1个，完成投资7000万元。

洽谈签约项目6项：吉林重通成飞公司投资1.5亿元85米风电叶片迁建扩能项目正式签约；湖南飞沃公司投资3亿元25万吨锚栓组件项目签约，开始选址；吉林园隆公司投资5000万元半导体集成电路键合线项目立项，开始选址；吉林省聚安科技公司投资5500万元聚氧化乙烯项目，签订投资协议；英利能源公司年产1吉瓦高效光伏组件智能制造项目达成意向协议；明阳智慧能源集团大安风电项目达成意向协议。

谋划包装项目10项：汽车零部件生产项目、水电解制氢2万吨项目、年产1万吨尼龙—11项目、年产1万吨汽车内饰件高性能阻燃天然纤维复合材料项目、生物质能源利用项目、年产8万吨玻璃工艺品、家居、制瓶生产线建设项目、石油机械零部件生产项目、年产5万吨二氧化碳可降解塑料建设项目、风电叶片材料循环再生技术研究项目、玉米秸秆生产高能量密度燃料项目。

【基础设施建设】　2021年，大安经开区按照省级化工园区建设标准投资5000万元，维修下水污水管道、人行道和路灯及土方回填工作。投资500万元，新建数字网络平台、应急通信系统、应急安全和环境在线监控监测系统等工作。投资1000万元，扩建两家子镇卫生院，购置必备医疗设备和药品，招聘专业化医护人员工作。投资1500万元，采取区企共建原则，购置必备设备和物质，完善红岗采油厂专业消防队工作。投资500万元，进行铁路专用线项目可研编制及勘测设计等前期工作。

【营商环境建设】　2021年，大安经开区对新办招商引资企业实行“全方位、全过程”跟踪服务，领办企业投产前一切手续，协调各相关部门配合，开辟行政审批绿色通道。对域外投资者，统一核发外来投资企业客商证，对持证者，尊重客商生活方式和习惯，依法保障其人身自由与安全，提供各种生活便利。对客商子女入学，享受当地学生同等待遇；对客商及其企业高级管

9月15日，吉林西部（大安）清洁能源化工产业园智慧化平台验收会在大安市举行　（李　思　供图）

理人员，凭大安经开区出具证明，根据客商意愿，允许其户口迁入大安市，并鼓励其直系亲属落户大安市。收费项目按照国家、省及白城市规定最低标准执行。

【化工产业园区认定】　2021年，大安经开区依托两家子化工产业园，组织开展申报省级化工产业园工作。围绕5方面48条认定标准，制定时间表和路线图，推进申报工作落小落细落实。在通过专家组评估、论证、考核基础上，以全省第1名通过省化工园区领导小组办公室认定，并被重新命名为吉林西部（大安）清洁能源化工产业园。

【“十四五”规划编制】　2021年，大安经开区完成“十四五”规划编制工作。围绕发展定位、主导产业和功能区划三大类别，推进新能源、装备制造、电子信息等新兴产业，致力实现经济规模倍增扩展，产业集群集约发展。力争在“十四五”期末，引进超100亿元项目5个、超50亿元项目10个、超10亿元项目30个、超1亿元项目50个。围绕建设吉林省西部清洁能源生产基地，规划氢能生产利用区、生物化工区、环保及新材料化工区、精细化工区、仓储物流区、配套服务区和公用设施区7个功能区，力争用3～5年，将吉林西部（大安）清洁能源化工产业园建成全省乃至全国重要清洁能源生产及消纳基地。围绕建设吉林省西部重要农副产品加工基地，规划农副产品加工区，力争用2～3年，将安广、舍力2个园区建成吉林省西部重要农副产品加工基地。围绕建设吉林西部农旅康养、现代商贸物流综合基地，规划承接商贸、会展、物流、农旅产业经济、总部经济，力争用1～3年，建成农旅康养经济区和连接东北“三省一区”现代商贸物流综合服务园区。围绕建设白城地区特色总部基地，规划农业食品安全、国家农村产业融合发展示范、农业产业科技创新、金融跨区域融合运营等特色主导产业集群，力争用3～5年，建成兼具农业产业化、一二三产、工贸电商、互联网+电商、仓储物流加工贸易、中小企业科技创新孵化基地。

（李　思）

吉林通榆经济开发区

【概况】　2021年，吉林通榆经济开发区（简称“通榆经开区”）统筹招商引资、项目建设、基础设施建设、土地征收等各项工作落实。优化营商环境，创新实行服务企业工作机制，凡瑞重工新能源装备制造基地项目，从洽谈到落地开工用时60天。东方电气（通榆）新能源装备制造基地项目，打造东北地区最大风电装备制造基地，包含风电整机、发电机、电控系统、叶片4大产业板块。通榆水发电力装备产业园项目作为通榆县首家生产箱变、油变项目，填补吉林省风电装备制造产业链空白。通榆天能塔筒项目填补通榆县风电装备制造产业链中空白。三一重能风电智能制造产业园项目，是吉林省内唯一一家既生产叶片又生产主机厂家，是行业内故障率最低、发电量最高生产线。首台风电机组下线，开创通榆风电制造企业机器人作业先河，开启通榆工业智能化发展。通榆经开区产业体系形成以绿色能源装备制造、绿色农畜产品加工、新型建材型材为主3大主导产业。建成区面积600公顷，配套基础设施升级。

【招商引资】　2021年，通榆经开区落户大项目4个，总投资额41.7亿元。其中，三一通榆风电智能制造产业园（二期）项目总投资10.5亿元、东方电气（通榆）新能源装备制造基地项目总投资10.7亿元、通榆县水发电力装备产业园项目总投资10.5亿元、凡瑞重工（通榆）有限公司新能源装备制造基地项目总投资10亿元。三一风电完成缴税4083万元。

【土地征收】　2021年，通榆经开区征用土地102.1万平方米。其中，项目储备用地面积82.4万平方米，道路用地面积19.7万平方米。出让水发集团、东方电气、天能等落户企业项目用地21.48万平方米。项目用地表土剥离面积32.65万平方米，项目用地土地平整面积31.02万平方米。

【基础设施建设】　2021年，通榆经开

6月17日，通榆天能10万吨风电塔筒项目首台塔筒下线。图为下线仪式现场
（张凯军 供图）

区完成风电大路全标段建设主体工程及全部附属工程。新建牧原路工程通车。截至2021年末，开发区建成区面积6平方千米，初步形成“五横五纵”路网格局。道路、绿化、排水、供水、供暖、供气、供电、通信和照明等配套公用基础设施建设完成。新建道路及改建道路工程取替所有杆塔，水、电、气、暖等设施全部置入地下管线，全年新增绿地、绿化面积4万平方米。

【服务企业】 2021年，通榆经开区优化营商环境，创新实行服务企业“三制”工作机制，即执法实行预警制，要求行业主管部门提前3个月提醒告知区内企业即将到期的各项手续，并督促及时办理；服务实行“妈妈制”，帮助企业明确开工前各项手续名称，并协助企业全程办理，完善服务企业水平；项目推进实行包保制，新建项目落实领导和干部包保，对项目建设遇到困难问题及时解决。

定期到企业梳理困难和问题。协调移动公司为通榆经开区企业加设移动信号塔；为天能塔筒、远景风机两家企业修建进厂道路；以牧原企业命名的牧原路是开发区在河南牧原集团全国投资的200余个县中，唯一一个以牧原企业命名的道路。破解项目建设和生产中存在的手续办理、资金短缺、消防、安全、环保等各类困难和问题。重点项目全程服务，为企业提供各项所需前置材料，在第一时间提供给企业负责人，并安排具体人员领办，做到一站到位。改善企业办公环境，根据企业需要购置办公设备。联系东能、华能、协和等企业使用徽商电缆公司产品市值3000余万元，协调区内风电装备制造企业采购配件9000余万元。

【通榆经开区安全生产】 2021年，下发《吉林通榆经济开发区关于重点区域禁止燃放烟花爆竹的通知》。检查企业安全生产主体责任落实、疫情防控进出登记记录、安全生产应急救援等情况。印发《通榆县安全生产“五化”工作实施方案》。按照《通榆县消防安全专项整治行动工作实施方案》，检查通榆经开区20家企业消防安全生产。落实企业基础工作台账，并且有检查记录，要求企业对发现问题立即整改。汲取各类典型事故教训，解决责任落实不到位、防范措施不到位、隐患整治不到位等问题，严防各类生产安全事故发生。

（张凯军 邓宫庭）

吉林镇赉经济开发区

【概况】 2021年，吉林镇赉经济开发区（简称“镇赉经开区”）。12家规模以上工业企业实现工业总产值16.03亿元，比2020年增长11.9%；实现工业销售产值25.50亿元，比2020年增长47.96%；实缴税金3.06亿元，比2020年增长74.82%。

【招商引资】 2021年，镇赉经开区通过吉商大会、东北亚博览会、网上推介等多种形式进行招商，根据镇赉县优势资源、产业链延伸、盘活现有企业等方面实际情况，全年谋划招商项目50个，接待各类考察团、招商团20余个，到北京市、江苏省、重庆市等地外出招商洽谈10余次。盘活停产企业，经多方协调，帮助停产的英赉动物营养（吉林）有限公司，将其闲置厂区转租给同类型企业唐人神集团，唐人神集团在镇赉县注册公司名称为唐人天涯（白城）生物科技有限公司，该公司于2021年9月初恢复生产。

【规划和基础设施建设】 2021年，镇赉经开区实施白鹤路、海外路、飞鹤路绿化工程。新增绿化面积约9.1万平方米，更换绿化土方约19.8万立方米。实施沥青混凝土道路冻裂缝修复工程，对核心区内22千米道路进行冻裂缝修复，浇灌沥青约3万米。实施核心区入企道口及人行道维修工程，对海外制药、虹福达北门等49处入企道口浇筑混凝土约3000平方米，并维修道路两侧人行道；改造铺装飞鹤路人行道面积约7550平方米，更换LED路灯44盏。

【项目建设】 2021年，镇赉经开区核心区内实施项目7个，计划总投资12.98亿元。其中，新建项目3个，分别是计划总投资1.43亿元镇赉农牧业产业园项目，完成投资6546万元；计划投资0.52

亿元食品产业园基础设施项目，完成0.12亿元；计划投资2.2亿元昆仑顺通玻璃微纤维棉项目，完成投资3500万元。续建项目4个，分别是计划总投资5亿元吉林西部固体废物综合处置中心项目、投资2.12亿元成来电气数字化智能生产车间产业化技术升级项目、投资1.2亿元银诺克药业有限公司扩能改造项目、投资5087万元飞鹤一期扩能改进项目(技改)。

【安全生产监管】 2021年，制定镇赉经开区安全生产三年行动工作方案和安全生产“五化”工作手册，督促生产企业落实安全生产职责，防范安全事故发生。结合“安全生产月”“鹤乡安全行”和“安全宣传日”等活动，开展安全生产检查、学习培训及入企宣传工作，悬挂宣传安全生产标语50余条。开展警示教育，对标安全生产事故经验教训，联合应急管理部门组织“干部+专家”，全年开展各类安全生产检查活动7次，排查隐患219处，截至2021年末，所有排查问题均整改销号。

【土地环保】 2021年，镇赉经开区开展2020年度土地集约化利用评价工作，委托第三方评估公司对镇赉经开区土地进行集约利用评价，并出具《2020年开发区土地集约利用评价技术报告》。委托第三方编制完成《镇赉经济开发区生态环境准入清单成果报告》，为项目引入提供约束指导。开展国家、省环保督察反馈问题整改“回头看”工作，指导企业严格落实环保工作要求，做到整改到位、不反弹。做好国家卫生城复检、环保督察迎检等工作。开展企业问题用地排查，梳理汇总未缴纳土地出让金、违规多占土地、违章建筑等问题，为开展建设用地规范清理、解决土地历史遗留问题奠定基础。

【常态化疫情防控】 2021年，镇赉经开区落实疫情常态化防控网格化管理，成立包企服务组5个，对核心区内企业进行全覆盖包保，服务、指导企业落实好中、高风险地区返镇人员排查、人员扫码测温、个人防护等各项防控措施。落实重点人员隔离、厂区健康监测等管控措施，宣传接种新冠疫苗有关政策，动员单位职工、企业职工接种新冠疫苗，完成接种任务，做好疫苗接种摸底排查、信息登记、接种备案等工作。

(白　杨)

镇赉经开区实施成来电气数字化智能生产车间产业化技术升级项目。图为5月20日，工人正在检修设备 (李晓明　供图)

吉林洮北经济开发区

【概况】 吉林洮北经济开发区（简称“洮北经开区”），2021年2月10日晋升为省级经济开发区，11月15日与查干浩特旅游经济开发区合署办公，设综合办公室、党群办公室、经济发展和改革局、经济技术合作局、招商二局、财政局、规划建设局、应急管理局、旅游经济管理办公室等9个机构。

洮北经开区地处白城市区东北部，面积65.6平方千米。规划以现代物流园、现代商贸园和生态商住园为主体城市化发展框架和以新型工业园为主体工业化发展框架，重点发展行走机械配套及机械加工产业、清洁能源消纳产业、农副产品精深加工产业、新兴材料产业、健康医药产业和现代服务业“六大主导产业”。

制定新型工业园五期规划。一期起步区3.2平方千米，于2011年开始建设，建成“三横三纵”6条道路，全长11.8千米；配套工程同步实施，实现“七通一平”（通给水、通排水、通电、通信、通路、通燃气、通热力以及场地平整）。新型工业园二期10平方千米全部开发，绿电产业示范园区洮北经济开发区范围内45平方千米启动。

2021年，洮北经开区地区生产总值完成36亿元，比2020年增长15%；规模以上工业总产值完成18.6亿元，比2020年增长16%；固定资产投资完成4亿元，比2020年增长12%，一般预算全口径财政收入完成16325万元，完成计划的109.8%，比2020年增长17.3%；地方级财政收入完成7137万元，完成计划的109%，比2020年增长15.7%。

【招商引资】 2021年，洮北经开区修订完善《洮北经济开发区“十四五”发展规划》，组织编制《白城绿电产业园区总体发展规划》《绿电产业示范园区产业发展规划》《绿电产业示范园区区域环评规划》，参与制定《绿电产业示范园区招商引资优惠政策》《洮北区招商引资优惠政策》《绿电产业示范园区入园条件》等，为绿电产业示范园区招商奠定基础；结合"四包一推进"[以班子成员和各局（办）、单位包村（乡镇）、包街道、包企业、包项目，助推重点工作落实]和重点工作任务分解表要求，制定招商引资考核办法，明确招商引资任务；利用绿电产业示范园区低电价洼地政策，围绕装备制造、新材料、农产品加工等优势主导产业，谋划建链、补链、延链、强链项目11个；采用全员招商、以商招商、驻点招商、中介招商等多种招商方式，聘请10名域内企业家为"招商顾问"和"经济顾问"，通过东博会、进博会等宣传推介洮北经开区，有中广核集团、国电集团、三峡集团等央企、国企30余家企业100余人次到洮北经开区考察洽谈，有吉电股份源网配套建设项目、飞鹤乳业5万头奶牛养殖和年产6万吨乳制品加工项目、2万吨锂电负极材料生产项目等10个项目达成意向，签约落地项目2个；2021年，洮北经开区外出招商40余次，新引进税源企业56家，新引进项目4个。

林成风电塔筒项目在洮北经济开发区建设施工现场。摄于8月7日（龚克晋 供图）

【项目建设】 2021年，洮北经开区强化项目包保责任制，实行全程领办、帮办、代办制和秘书制，加快项目建设进度。新建项目4个。林成风电塔筒制造项目，由青岛武晓集团投资建设，总投资1.5亿元。项目租用2万平方米标准化厂房，4月入驻6月末投产，主要产品是风电塔筒，完成投资6000万元，实现产值近3亿元，企业当年建设、当年投产达效、当年入统升规。风电塔筒内构件生产项目，由吉林省新东起能源装备有限公司投资建设，项目租用孵化基地2#厂房，投资3000万元，已投产，主要产品是风电塔筒内部平台、爬升梯、电缆夹等；风电塔筒内构件生产项目，由白城正达机械制造有限公司投资建设，项目租用孵化基地11#厂房，投资3000万元，已投产，主要产品内构件托架、锁具、铰链等。轧辊生产项目，由唐山客商投资建设，计划总投资6000万元，租用双全地源热泵标准化厂房，签订入驻合同。

续建项目4个。年产10万吨大米暨5000吨营养米粉加工项目，由吉林佳顿农业科技有限公司投资建设，项目总投资1.2亿元，完成1#、2#厂房主体建设，完成投资5000万元，主要产品是代餐营养米粉、营养杂粮粉、精包装大米，部分投产。医疗器械生产项目，由吉林省众驰医疗科技有限公司投资建设，项目总投资3000万元，项目入驻孵化基地3#厂房，完成10万级无尘车间建设，累计完成投资1000万元，主要产品是放化疗系列诊疗仪器，接受厂房验收；机械试验设备、检测仪器模具生产项目，由白城华益试验设备技术研发有限公司投资建设，项目租用实训基地厂房，完成投资1150万元，试生产，其主要产品是研制和定制各类零部件模具；中农国际农产品批发市场项目，由天津大东阳集团投资建设，总投资12亿元，总占地面积约31.6万平方米，总建筑面积约35万平方米，完成投资4.2亿元，完成农副产品市场交易区11.88

年产10万吨大米暨5000吨营养米粉加工项目投资建设，图为生产车间。摄于10月15日（龚克晋 供图）

万平方米，开业运营。

【基础设施建设】 2021年，洮北经开区围绕绿电产业示范园区开发建设，成立领导小组，下发《白城绿电产业示范园区规划建设责任清单》。全年申请到位基础设施债券资金9000万元，进行污水泵站及污水管网项目建设和嵩山东路、绿水街、青山街基础设施建设；申报白城绿电产业示范园区双创基地项目、白城绿电产业示范园区配套热力基础设施建设项目第二批次专项债券2.08亿元，批复2500万元；申报2022年省级基础设施建设补助资金1000万元，上报省发改委进行初审；谋划洮北经开区铁路专用线及货场基础设施建设项目，雨水泵站及外网建设项目，青龙湖文化旅游基础设施建设项目，食品、药品产业园区标准化厂房建设项目，白城绿电园区草原东路延长段基础设施建设项目，草原西路基础设施建设项目等6个项目，申报债券资金近50亿元；做好域内绿化美化工作，在园区栽种各种草花树木100万余株。

【营商环境改善】 2021年，洮北经开区制定服务企业“四化”（精准化、精细化、标准化、专业化）标准，坚持和提倡“事事是营商环境，处处是营商环境，人人是营商环境”经营理念，视企业和投资商为“衣食父母”，改善营商环境。推进“校企合作”。白城师范学院与洮北经开区签订《战略合作协议》，暨南大学与北方新材料科技有限公司共同成立北方耐磨蚀材料研究所；推进“银企合作”，为园区企业开展融资工作，邀请建设银行、农村商业银行、农业发展银行等到洮北经开区向企业宣传融资贷款政策，帮助企业争取资金支持，多家企业与银行达成融资意向，解决域内中小企业融资难问题。推进中小企业孵化基地软、硬件建设，兑现孵化企业优惠政策11万元；简化办事流程，落实一站式服务，为企业推介创业导师5人和技术专家7人；帮助企业争取创新项目，协助企业完成专利申报2项，指导企业参加各项产品展览会、博览会；做好干部培训工作，提高服务企业、客商能力素质；开展制度建设，用制度管人、管事；做好疫情防控、安全生产、环境保护、信访维稳、扫黑除恶、法制建设、脱贫攻坚、乡村振兴、“四城联创”等各项工作。

（方秋东）

吉林洮南经济开发区

【概况】 2021年2月，吉林洮南经济开发区（简称“洮南经开区”）经省政府批准晋升为省级经济开发区。

根据中共洮南市委办公室、洮南市人民政府办公室关于印发《中共吉林洮南经济开发区工作委员会吉林洮南经济开发区管理委员会职能配置内设机构和人员编制规定》，中共吉林洮南经济开发区工作委员会、吉林洮南经济开发区管理委员会是白城市委、白城市政府派出机构，委托洮南市管理，主要职责是根据相关法律法规和白城市委、洮南市委、洮南市政府授权或委托履行组织领导、发展规划、协调服务、招商引资等职能。配备编制50名（行政编制5名、全额拨款事业编制45名）。设党工委书记、管委会主任1名（副处级），党工委副书记1名（正科级），管委会副主任3名（正科级）。设综合办公室（人力资源局）、经济发展局、财政审计局、招商一局（投资促进局）、招商二局（项目服务办公室）、建设局、自然资源和生态环境局、安全生产监督管理局等8个机构，内设机构领导职数19名。

【项目建设】 2021年，洮南经开区实施北京尧景新能源（吉林）光伏装备制造产业园项目。10月，一期项目开工建设，厂房基础完成后，北侧办公区、配电室等1300平方米主体二层框架浇筑完成，一层框架围墙砌筑完成50%；办公楼二层梁板施工完成。上海电气风电装备制造产业园项目。申报注册本地公司，选址和用地规划形成，一期占地20.68公顷，“七通一平”（“七通”：道路通、给水通、排水通、电通、热力通、通信通、燃气通，“一平”：场地平整）准备工作就绪。12月30日，经市政府常务会审议，通过市政府与省农科院签订《征地补偿协议（补充协议）》意见；12月31日，完成协议签订，与省农科院洮南试验站100公顷试验田置换工作完成。浙江运达智能风机制造项目。10月16日开工，完成大、小两个厂房基础建设，基础越冬维护工作完成。吉林敖东洮南药业改扩建项目。按照市领导包户工作安排，包保市领导组织相关部门和单位推动相关企业征收工作。恒和药业北侧空地征收工作完成征地补偿。洮南经开区在“三线一单”（生态保护红线、环境质量底线、资源利用上线和生态环境准入清单）上，主动与企业沟通对接，为企业提供支持，确保企业二期扩建顺利进行。万华绿色工业化定制家居产业集群项目。成立项目推进领导小组和工作专班。提前为企业选取两个地块，分别是位于园区内（农科院）面积70万平方米和位于轻工产业园内面积60万平方米。

【招商引资】 2021年，洮南经开区通过整合信息，集中力量，在能源、医药、现代农业、农村产品加工、旅游等重点产业，推进招商引资。全年参加“吉林省校友会”“第十三届东博会”、吉商大会等招商引资活动6次；到上海市、浙江省、北京市等地外出招商考察洽谈项目20余次；与上海电气、北京尧景等公司签订（战略）合作协议7个，签约总额127.4亿元。

上海电气风电装备制造产业园项目。总投资10亿元，计划建设大型智能风电机组整机制造项目、储能电池装配制造项目、大型叶片制造项目，以及其他配套产业项目。项目投产后，年可实现产值58亿元。北京尧景新能源集团光伏智能制造产业园（一期）项目。总投资6.6亿元，一期计划投资4亿元（其中设备投资1.6亿元），建设年产20万平方米发电瓦、发电幕墙、500兆瓦高效发电组件及配套生产线。竣工投产后，年销售额20亿元、实现税收1.2亿元。安徽海螺生活垃圾焚烧发电项目。总投资4.8亿元，计划建设2×400吨/日生活垃圾焚烧发电系统及相关配套设施。竣工投产后，年营业收入3417万元、实现利润1036万元。浙江运达智能风机制造项目。总投资4亿元，计划建设年产1000兆瓦风电整机制造基地。项目投产后，年可实现产值35亿元、税收1.5亿元。浙江海得智能控制系统东北产业基地项目。总投资2亿元，主要制造风电智能变流器、主控系统、变桨系统、光伏逆变器等控制系统。项目投产后，年可实现产值10亿元、税收5000万元。大唐向阳60万千瓦风电平价上网基地示范项目。总投资40亿元，主要安装172台风力发电机组。项目建成后，将增加固定资产投资约40亿元，增加利税约1.5亿元。古松辽湖“渔光一体”产业园项目。项目总投资60亿元，打造“光伏产业+现代渔业+智慧生态产业旅游”三产联动特色项目。

【基础设施建设】 2021年，洮南经开区完善园区基础设施建设。对园区内兴业路、百业路、经开街等道路灌缝养护，养护维修园区内收水井、雨水井，维修洮南经开区内损坏的人行道火烧板，维修园区内路灯，对园区内7条街道排污管道清淤，对洮南经开区所有街路铺装燃气管道9千米。购进水洗车、干洗车、清运车、高压清洗车及2个清雪滚刷和100个环卫垃圾桶，全年清运园区内垃圾；冬季，清扫园区内积雪20万平方米；对园区内绿植进行日常修剪、浇灌、喷药、除草、栽植等工作。

（刘晓棣）

洮南大唐向阳风电场施工现场。摄于6月10日　（付明哲 供图）

交通运输

铁路建设与运输

【概况】 2021年，白城车务段管辖53个车站。其中，二等站5个、三等站12个、四等站22个、五等站14个，管辖线路所2个。办理客运业务车站29个，总营业里程1150千米。其中平齐线有太平川、通榆、黑水、洮南、穆家店、白城、镇赉、坦途、街基9个车站及致富线路所，营业里程240千米，闭塞方式为双线自动闭塞（分散自律调度集中，其中致白联络线、穆白联络线为轨道电路式自动站间闭塞）；通让线有长青、庆丰、巨宝、工农湖、乾安、海坨子、大安北、新肇、太阳升9个车站，营业里程211千米，闭塞方式为单线半自动闭塞（太平川至长青为双线半自动闭塞）；长白线有松原、松西、查干湖、长山屯、大安、大安西、两家、安广、舍力、到保10个车站，营业里程184千米，闭塞方式为双线自动闭塞（分散自律调度集中，其中松团线为计轴式自动站间闭塞，大安联络线、大安西联络线为单线半自动闭塞）；白阿线有白城北、平台、镇西、葛根庙、葛根庙北、宁家、乌兰浩特、乌兰浩特北、归流河、忙罕屯、大石寨、德伯斯、索伦、明水河、五叉沟、白狼、阿尔山、伊尔施18个车站以及伊尔施南线路所，营业里程373千米，白城北至乌兰浩特间为双线自动闭塞（分散自律调度集中，葛根庙至葛根庙北站为单线计轴自动站间闭塞），乌兰浩特至忙罕屯间为双单线半自动闭塞，忙罕屯至伊尔施间为单线半自动闭塞；锡乌线有呼和哈达、混都冷、东双合屯、李家窑、乌兰毛杜、和日木、二龙屯7个车站，营业里程142千米，为集控单线半自动闭塞。货运业务站18个（白城、白城北、平台、穆家店、镇赉、坦途、街基、乌兰浩特、乌兰浩特北、宁家、葛根庙、索伦、伊尔施、五叉沟、大石寨、德伯斯、明水河、白狼）；专用线、专用铁路55条；货场（含物流基地）12个，总面积606630平方米；仓库8座，总面积13789平方米；雨棚5个，总面积22983平方米；露天货区12个，总面积113771平方米，其中硬化面积82951平方米，集装箱区使用面积48897平方米。

【铁路运输】 2021年，白城车务段办理量数5360853辆；运用车788317车，日均2160车；装车256023车，日均701车；卸车417972车，日均1145车；货物发送量完成829.24万吨，货运收入完成12.01亿元。

旅客发送量完成487.4万人，完成计划92.9%，春运发送旅客33.7万人；暑运发送旅客108万人；根据客流需求春运加开临客1对，暑运期间加开临客7对，加开的临客运送旅客2.3万人。

【铁路运营管理】 2021年，白城车务段规范基础管理，提高技术作业图表编制能力，抓好班计划质量，维护日班计划严肃性，提高计划兑现率。加大对运输组织现场作业层面问题分析，针对运输组织工作薄弱环节对症下药，提升作业效率。加大列车编组计划执行力度，组织好车流接续，对管内发运货物，从源头装车计划开始，采取以卸定装，按能力请车为手段，确保日历装车计划兑现。车务段调度、各站站长、运输副站长与货运中心、营业室、企业货主加强联系，掌握生产动态及企业运输需求。对钢、电、化厂煤炭，油库油品对位提前做好预报，及时将车辆送到装卸地点。执行“一卸、二排、三装”运输组织原则，密切与各大企业联系协调，有问题及时处理。应对恶劣天气时车站组织站区各单位提前预防，加强与调度所联系沟通，确保运输畅通。研判对三冻物资组织卸车，及时启动卸车应急预案。对恶劣天气影响装卸车的及时与货运营业室及调度所联系配空计划，与货运营业室面对面研究一班生产计划。全年一次作业完成20.2小时，较计划压缩1.1小时；货车中转时间完成2.4小时，较计划压缩0.3小时。

（王　雪）

【铁路建设推动】 2021年，白城市总

投资5.6亿元长白铁路提速工程完成全部投资，征地工作和土建工程完成，办理运营手续。争取国家东北振兴重大项目前期补贴资金100万元，用于启动齐白通高铁白城段预可行性研究工作，该项目列入吉林省和白城市“十四五”规划。

（周　鑫）

【铁路安全生产】　截至2021年末，实现无一般A类事故9733天、无一般B类事故1033天、无一般C类事故12851天、无一般D类事故881天。

（王　雪）

公路建设与运输

【概况】　2021年，白城市公路网通车总里程13111千米（名列全省第4）。其中，高速公路525千米、一级公路136千米、二级公路914千米、三级公路2009千米、四级公路9289千米、等外公路237千米。有农村公路总里程11273千米。其中，县道1269千米，乡道4223千米，村道5781千米。

全市境内有珲乌高速（G12）、双嫩高速（G4512）、铁科高速（G1015）、白洮高速（S1212）4条高速公路，通车里程名列全省第4。

2021年，白城市落实《交通运输部办公厅关于组织开展2021年第一批“四好农村路”示范创建工作的通知》中9个方面、35项指标内容，被交通运输部评为“四好农村路”市域示范创建突出单位。

【客货运输】　2021年，白城地区有客运企业10家，客运班车82台；危险品运输企业9家，车辆103台；普通货物运输企业134家，普通货物营运车辆10906台；取得经营性道路客货运输驾驶员376人。全市73个乡镇、3个农林场、9个街道、921个建制村通客车、通硬化路率100%；2950个自然屯村达2929个，通硬化路率99.3%。全年全市公路客货运输总周转量完成333944万吨千米，比2020年同期增长58.3%，增速全省排名第1。

【重点项目规划】　2021年，白城市谋划重点项目12个。国道嫩江至双辽公路（G231）通榆绕越段项目、国道珲阿公路与平齐铁路和国道嫩双公路交叉改造工程、国道牙克石至四平公路(G232)大安市城区绕越段、国道嫩双公路洮南绕越、国道双嫩公路白城绕越线改扩建工程、省道齐大公路（S210）月亮泡至大安段、省道安通公路瞻榆至安广段、白城市福顺镇洮儿河大桥、省道洮南至向海公路、省道扎突公路到保至德顺段工程、白城市现代物流园项目（一期）、白城市交通运输综合指挥中心建设等项目。

【重点项目续建】　2021年，白城市实施省道扎突公路与平齐铁路交叉道口和省道安通公路与平齐铁路交叉道口两个平改立项目，全年完成投资4607万元，并提前2个月交工通车；国省干线公路稳步提质升级，珲春至乌兰浩特高速公路（G12）大安南互通，2021年完成投资6624万元；国道牙克石至四平公路（G232）大安嫩江大桥，全年完成收尾投资20万元；省道舍力至乾安公路（S516）舍力至海坨乡段工程，全年完成投资2.5亿元；省道齐齐哈尔至大安公路（S210）莫莫格至月亮泡段工程，全年完成投资1.2亿元，10月26日主体工程交工通车；白城市西部客运换乘中心项目，全年完成投资1650万元。

【农村公路建设】　2021年，全市完成农村公路建设里程1059.726千米，危桥改造4座，整治安全隐患里程483.253千米，完成总投资80121.1万元。其中，农村公路新改建里程288.51千米，完成投资29048.97万元；养护工程771.216千米，完成投资44061.123万元；危桥改造项目4座，完成投资930.3万元；整治安全隐患里程483.253千米，完成投资6080.75万元。2021年通榆县被交通运输部评为“四好农村路”全国示范县。建立总体规划、完善考评体系、突出示范引领，推动“四好农村路”高质量发展，白城市被交通运输部评为“四好农村路”市域示范创建突出单位。

【美丽农村路创建】　2021年，白城市创建美丽农村路70条，创建里程689.939千米，乡镇覆盖率100%，其中镇赉县镇赉镇乡村旅游产业路被评为“吉林省十大美丽农村公路”，大安市大腰窝堡至红岗子公路被评为“吉林省最具人气公路”。

吉林省最具人气农村公路——大安市大腰窝堡至红岗子公路。摄于7月30日

（陈　鹏　供图）

表 53　2021 年白城市客运班线统计表

单位：条

县（市、区）	线路总数	省际	市际	县际	县内
洮北区	96	9	13	22	52
镇赉县	28	2	4	5	17
洮南市	70	7	4	14	45
通榆县	50	2	10	3	35
大安市	66	1	11	9	45
合　计	310	21	42	53	194

（资料来源：市交通运输局）

【公路养护工程】　2021年，白城市重点实施国道G302珲阿公路（大安至安广段）大修工程、国道G231嫩双公路（东屏桥）灾害治理工程、国道G231年嫩双公路（双岗至鸿兴段）绿化工程、省道镇莫公路（S515）养护工程项目和普通干线公路桥梁信息公示牌及桥限载标志工程。国道G302珲阿公路（大安至安广段）37.063千米大修工程，投资1.38亿元，于10月15日通车；国道G231嫩双公路（东屏桥）灾害治理工程，投资585万元，于10月30日通车；国道G231嫩双公路（双岗至鸿兴段）20千米绿化工程，投资38.2万元，于5月15日完工；省道镇莫公路（S515）养护工程项目，投资1.2亿元，于10月末通车；普通干线公路桥梁信息公示牌及桥限载标志工程，投资52.7万元，于10月20日完工。

【春耕秋收出行保障】　2021年，市交通运输局与市农业农村局、市公安局联合印发《服务农民群众春耕秋收出行工作方案》，召开联席会议，安排部署农民群众春耕秋收出行工作，在确保安全前提下，开通"点对点"运输服务。白城地区准备农民春耕出行用工交通车辆269台，组织发运班次397台次，运送农民群众9820人次。

【道路客运行业发展】　2021年，白城市、洮北区、镇赉县、洮南市、通榆县、大安市均以政府办公室名义出台《道路客运行业高质量发展实施方案》。白城地区有5户二级以上客运站，其中一级客运站1户（洮北区）。有客运班线310条。其中，省际班线21条、市际班线42条、县际班线53条、县内班线194条。2021年到期客运班线107条，完成公交化改造客运班线58条，完成占比54%。镇赉县开通镇赉至长春定制线路，投入常规车辆10台；通榆县开展定制客运线路10条线路（县内）。

【交通运输综合执法】　2021年，白城市落实行政执法公示制度，通过政务网站向社会公开公示行政执法相关信息。落实行政执法全过程记录制度，执法全程使用执法记录仪进行音像记录。落实重大行政执法决定法制审核制度，重大行政执法决定由案件审理委员会集体讨论，并邀请法律顾问参加并提出法律建议。

市交通运输局成立行政执法责任制领导小组，设立专门法制审核部门，并确定法制审核工作具体人员。层层落实行政执法责任，建立工作流程和规范。严格执行自由裁量权方面相关规定，杜绝"人情"执法、趋利执法。通过集中培训、执法人员自学等方式，加强执法人员对综合行政执法领域相关法律法规学习，全年组织执法人员集中学法3次；开展"亮剑2021"执法专项行动和"大练兵、大比武"活动；深化"联合执法检查"和"双随机一公开执法检查"，规范有序组织实施检查，落实"进一次门、查多项事"原则。

表 54　2021 年白城市公交化改造情况一览表

县（市、区）	到期班线（条）	公交化改造线路（条）	改造率（%）	投入运营情况
洮北区	26	11	42	投入运营新能源车辆 6 辆、常规车辆 5 辆，设置站点 64 个，票价调整为 3 ～ 10 元（区间收费）
镇赉县	1	1	100	班线为镇赉至后五家子，投入常规运营车辆 2 台，设置站点 14 个，票价暂未调整
洮南市	0	10	—	投入运营新能源车辆 13 辆
通榆县	8	4	50	投入常规运营车辆 4 台
大安市	72	32	44	投入常规运营车辆 39 台
合　计	107	58	54	—

（资料来源：市交通运输局）

【"亮剑2021"专项行动】 2021年，市交通执法支队开展交通运输综合行政执法"亮剑2021"专项行动。在道路旅客运输领域集中整治方面。对7家道路旅客运输企业和白城市中心客运站开展安全生产和专项行动监督检查16次，发现安全生产问题隐患10处，现场整改5处，下发限期整改通知1户，检查客运车辆33台次，检查出租汽车车辆290台次，查处非法营运"黑车"20台次，查处定线营运出租车7台次，查处出租汽车驾驶员违规行为2起，查处客运车辆违规行为7起，罚款2.58万元。在道路货物运输领域集中整治方面。对4家危险品运输企业、1家冷链运输企业和3家普通货物运输企业开展安全生产和专项行动监督检查8次，发现安全生产问题隐患32处，现场整改8处，下发限期整改通知4家。在机动车维修领域集中整治方面。检查二类机动车维修企业24次，检查M站企业6次，检查机动车检测线6次。依法处罚改装货运车辆7台，罚款3.5万元，责令改装车辆恢复原貌7台次。在驾驶员培训领域集中整治方面。对6家机动车驾驶员培训企业开展安全生产和专项行动监督检查7次，发现安全生产问题隐患3处，现场整改1处，下发限期整改通知1家。巡查检查依法取缔的2个"黑驾校"（隆运驾校、鸿生驾校）和3个"黑练车点"（1处位于二龙村、1处位于乘风村、1处位于光明南街与文化西路交会），未发现非法从事驾驶员培训经营。在违法超限超载集中整治方面。采取"固定+流动"方式开展高速公路和普通公路货运车辆超限超载治理，依托高速公路收费稽查系统数据筛查，联合执法组对货运车辆较集中的白城东、白城南、岭下收费站和白乌、白镇、白洮等普通公路开展超限超载货运车辆联合治理。检查货运车辆7586台次，卸载转运货物700余吨，查处"百吨王"2台次，对2名货运经营者指使、强令驾驶员超限运输行为依法处罚，罚款0.3万元。在违法侵害路产路权行为集中整治方面。对侵占路产路权相对人宣讲政策法规，并要求限期拆除侵占路产路权建筑，责令恢复原状。清理县道X165-0处废旧售卖亭1处，拆除县道X165-1商业广告1处，拆除县道X165-9存在安全隐患限高栏1处。清理规范洮北区域农村公路的路产路权，整治侵占路产路权违法行为。

【交通安全监管】 2021年，市交通运输局执法支队采取"四不两直"和循环抽查检查方式，出动执法人员2180余人次，执法车辆1200余台次，抽查检查辖区客运企业59次，旅游包车企业45次，发现安全生产问题隐患64处，现场整改58处，下发限期整改通知6家。抽查检查危险品运输企业25次，发现安全生产问题隐患4处，下发限期整改通知4家。抽查检查公交企业18次，发现安全生产问题隐患5处，现场整改1处，下发限期整改通知1家，停业整顿1家。抽查检查重型货运车辆企业35次，发现安全生产问题隐患15处，现场整改15处。抽查检查客运站20次，发现安全生产问题隐患6处，现场整改6处。抽查检查二类维修企业97次，发现安全生产问题隐患17处，现场整改14处，下发限期整改通知3家。抽查检查M站企业47次，发现安全生产问题隐患11处，停业整顿5家，抽查检查机动车检测线43次。抽查检查驾驶员培训机构42次，发现安全生产问题隐患1处，现场整改1处，下发限期整改通知4家，组织驾驶员培训机构进行经营管理集中交流学习1次，组织驾驶员培训机构主要负责人和安全员即"两类人员"参加安全员证书考试1次。道路运输动态监控抽查"两客一危"车辆6900台次。其中，客运车辆5400台次、危险品车辆1500台次，发现安全生产隐患250处，责令企业整改250次。通过路检路查检查客运（旅游）车辆688台次、危险品车辆156台次、重型货运车辆800台次、公交车辆32台次。停运客运站站外喊客揽客客运班车15台次，没收违规包车牌1个；采取行政处罚违规营运车辆193台。其中，非法从事危险品运输车辆4台、公交车辆5台、客运线路非法运营"黑车"25台、非法营运出租车100台、非法营运货车42台、未按照规定周期和频次进行车辆综合性能检测和技术等级评定的车辆17台。采取行政处罚违规运营企业17家。其中，未履行安全生产管理职责的企业1家、使用被注销的机动车驾驶员培训许可非法从事机动车驾驶员培训的企业1家、未按照规定的周期和频次进行车辆综合性能检测和技术等级评定的企业15家。

3月5日，市交通执法支队在市区主要出租车聚集地夜检

（王　丹　供图）

【信用交通宣传月宣传活动】 2021

年，市交通运输局围绕“诚实守信一路畅行”主题，开展“信用交通宣传月”活动。以白城市交通运输行业政务诚信、重点领域诚信、从业人员诚信等信用建设为主要内容，组织执法人员采取走进交通运输企业、悬挂条幅、发放宣传单等多种形式开展“信用交通”宣传。印制条幅28幅，宣传单5000余份，出动宣传人员130余人次。市公路管理处结合公路养护建设，以公路建设诚信履职、守信激励、失信惩戒等为主要内容，对各参建者宣传信用体系建设部署要求和有关法规政策文件精神。悬挂条幅标语16幅、发放宣传单600余份、制作宣传海报6份。

（王　丹）

9月15日，吉林省、黑龙江省执法人员在嫩江流域白城市大安段开展联合巡航

（王　丹　供图）

水路运输

【概况】　白城市属于水运欠发达城市，在1993年撤地建市前，境内航道为天然的嫩江和洮儿河，均为季节性通航。每年“清明”前后解冻，“立冬”前后封江，通航期为210天左右。受水运市场和新冠疫情影响，2021年，客运船舶办理营运手续的极少，长航船队多数卖出，截至2021年末，白城籍长航船队有机动船只2艘，8艘非机动船只尚未办理完成转出手续，均在哈尔滨段营运。有码头1个（大安港码头），无货运周转量。

【水上交通运输安全整治】　2021年，白城市开展水上涉客运输安全治理，强化封闭水域涉客运输和重点水域、重点时段安全监管，严格执行客船恶劣天气条件下禁限航规定，严厉打击超范围经营，严禁客船超码头靠泊能力停靠。结合安全检查计划，排查水上安全隐患，排查检查营运船舶。全市排查检查302次，出动执法人员906人次。通过市交通运输局，联合市农业农村局、市生态环境局和市住房和城乡建设局开展船舶污染物接收转运及处置联合专项整治行动，全年开展专项督导检查2次。

【水上交通安全管理】　5月初，白城市人民政府与各县市级人民政府、市交通运输局、月亮湖水库管理局、查干浩特旅游经济开发区管委会、洮儿河灌区建设管理局的水上交通安全管理责任书签订，以及市交通运输局和市交通运输综合行政执法支队水上交通安全管理责任书签订。完成水上交通安全管理责任制落实，结合“安全生产月”“隐患排查治理”等专项行动，开展水上安全检查，采用现场办公方式加强有船水域现场监管。在总结联合巡航执法经验基础上，加强与齐齐哈尔海事局、大庆海事处交流与合作，加强嫩江共管水域监管工作。

【水路监管】　2021年，白城市加强重点水域、重点船舶、重点时段水上安全监管，开展船舶和港口防污染工作，加强“五一”“端午节”“七一”建党纪念日等重点时段现场检查监管力度，全年开展排查检查187次，出动执法人员544人次，发现隐患3处，责令其立即整改。执法人员对白城市加强现场安全监管密度，防止水上安全事故发生。

【船舶检验】　2021年，市交通运输局

5月28日，市交通运输局组织执法人员开展水上涉客运输检查

（杨晶莹　供图）

按照“三个明确、一个确保”（明确报检程序、明确人员分工、明确重点检验项目和确保船舶检验质量）要求，实施船舶检验工作规范化管理。完成船舶检验19艘，检验过程中，对于发现问题要求整改，整改后复检，检验合格，予以发证。

（杨　爽）

航空运输

【概况】　2021年，白城机场保障航班1318架次，运输旅客95691人次，比2020年分别增长5.86%、29.6%，出港平均客座率55.5%，航班正常性96.5%，旅客ACI满意度4.61。

【新航线开通】　2021年11月5日，开通白城—大连—青岛新航线，由山东航空公司每周一、三、五、日执飞，全年增加40个起降架次，增加旅客吞吐量1753人次。该条航线开通由白城机场分公司与山东航空公司合作，为白城与青岛、大连等地之间经贸合作和文旅交流搭建空中交通平台。

【机场航线】　截至2021年末，白城机场开通白城—北京（大兴），由中国联合航空公司每周一至周日执飞；白城—大连（周水子），由华夏航空公司每周二、四、六执飞；白城—天津（滨海），由华夏航空公司每周一、三、五、日执飞；白城—大连—青岛新航线，由山东航空公司每周一、三、五、日执飞。

【通用航空保障】　2021年，白城机场分公司协调引进通航进场飞行作业，分别与中国通用航空公司续签停场作业飞行协议，与福航学院续签穿场训练飞行协议，与中国民航大学朝阳飞行学院、辽宁锐翔飞行培训有限公司新签飞行训练协议，全年保障通航飞机起降594架次。

11月5日，白城机场分公司开通白城—大连—青岛新航线　（刘奕含　供图）

【机场新冠疫情防控】　2021年，白城机场修订新冠疫情防控操作手册8次，修订新冠疫情防控预案4次，召开新冠疫情防控专题部署会议14次。全年测温旅客95691人次，查验进京旅客核酸检测报告、北京健康宝3万余人次，阻拦不符合进京条件旅客200余人次，对70处公共场所重点部位环境监测2197次，消毒消杀6591次，销毁医疗垃圾26550件。

白城机场110名员工第3针疫苗接种率97.27%，37名驻场单位、服务商人员第3针疫苗接种率91.89%；机场员工及驻场单位、服务商人员，核酸检测率95.28%；全年排查118批次疫情风险场所关联本场员工、驻场单位和服务商及其家属14986人次；坚持正常保障和特殊保障相结合，航班目的地城市发现本土病例或被定为中、高风险地区，保障来自该城市机场航班提升为一级防护，全年提级保障航班110架次。2021年，协助测温、验码、登记进港旅客和接机人员8.6万余人次，转运旅客23人次。成立白城机场公共卫生体系建设领导小组，建立突发公共卫生事件应急处置预案，开展突发公共卫生应急处置培训、考核、演练。

【航空服务】　2021年，白城机场分公司对标《公共航空运输旅客服务质量管理体系建设指南》，完善服务管理组织架构和岗位职责；对标《民用机场旅客服务质量标准》，形成清单，对照落实，对单检查，跟踪整改；与吉林省民航机场集团有限公司对接，完成中小机场数据共享平台终端连接并投入使用，每月对航班正常性数据进行统计分析。为老年旅客提供“无障碍”服务，开通老年人帮扶专线、设计制作老年人手环，开设“首乘旅客服务站”，制定无陪儿童“一路‘童’行、一帮到底”服务办法，联合航空公司开展“小小民航人”机场一日游活动，在值机柜台、问询台、安检通道、登机口等重点部位提供相关知识、航司客服电话，方便旅客了解查询。创新服务模式，创建白城机场服务品牌，制定服务品牌建设方案，针对常旅客、特殊旅客服务，提出差异化服务举措。地面服务部鹤翔班组获吉林省“安康杯”竞赛优胜班组、中国联合航空有限公司2021年度最佳地面代理服务单位，完成白城机场开航以来首架备降航班保障任务。

（王鸿睿）

水利

综述

【水利工程建设】 2021年，白城市完成年度投资7052万元。实施河湖连通洮南片区、引嫩入白片区、镇赉片区、洮北片区等水利工程，规划实施124个水库泡塘全部达标。

【水资源管理】 2021年，白城市强化取水许可审批及取水许可事中事后监督管理，完成征收水资源费761万元，代征收污水处理费261万元；开展地下水超采区综合治理，通过地下水监测井数据分析，洮北区地下水位与2017年末同期相比平均上升1.89米左右，超采区内平均地下水位埋深恢复到6.26米。白城节水工作在全省节约用水推进会上作典型发言。

【水资源开发利用】 2021年，全市总用水量21.68亿立方米，其中地下水资源开发利用量10.89亿立方米，占总用水量50.2%；地表水用水量10.79亿立方米，占总用水量49.8%。

全市地表水利用量10.79亿立方米，全部为江河客水。其中农田灌溉用水量6.84亿立方米，林牧渔畜用水量0.04亿立方米，工业用水量0.14亿立方米，生态环境用水量3.77亿立方米。

全市地下水实际开采量10.89亿立方米，比2020年少0.98亿立方米。其中，农田灌溉用水量9.71亿立方米，占总开采量89.17%；林牧渔畜用水量0.35亿立方米，占总开采量3.21%；工业用水量0.14亿立方米，占总开采量1.29%；城镇公共用水量0.13亿立方米，占总开采量1.19%；居民生活用水量0.51亿立方米，占总开采量4.68%；生态环境用水量0.05亿立方米，占总开采量0.46%。

（马明印）

表 55 2021 年白城市河湖连通工程在建项目统计表

序号	实施地区	建设任务	完成年度投资（万元）	完成情况
1	白城市河湖连通工程（洮南片区）	剩余部分埋管工程和一处顶管工程	550	完工
2	白城市河湖连通工程（引嫩入白片区）	续建大屯泄水泵站	800	完工
3	白城市河湖连通工程（镇赉片区）	珠山泵站工程	2402	完工
4	白城市河湖连通工程（洮北片区）	围堤衬砌 6.254 千米、土方填筑 10 万立方米、砂石路面 2.5 万平方米、渠道填筑及生态板块衬砌 7500 米、路下涵 7 座、渠下涵 6 座、水闸 3 座	3300	完工
	合　计	—	7052	—

（资料来源：市水利局）

【水土保持】 2021年，采取工程措施、植物措施、封禁治理进行综合治理。全市完成水土流失综合治理面积304.40平方千米。其中，完成水土保持林112.97平方千米、完成封禁治理41.20平方千米、其他措施150.23平方千米。全市审批水土保持方案98个。其中，水土保持方案报告书48个、水土保持方案报告表50个。落实生产建设项目水土保持事中事后监管制度要求，对生产建设单位检查前有通知，检查时有要求，问题整改有反馈。全市开展生产建设项目水土保持现场检查147次，书面检查9次，下达整改文件69个，组织约谈5次，实现对在建生产建设项目监管全覆盖。

【河湖长制落实】 2021年，白城市开展“清河行动”，出动清理人员673人次，出动清理车辆209台次，清理垃圾672.5立方米；常态化规范化开展河湖“清四乱”（乱占、乱采、乱堆、乱建），排查整治销号“四乱”问题10个；纳入河湖长制实施的24条河流、163个湖泊“一河（湖）一档”全部建立，划界工作完成；组织落实水源地安全保障达标建设，6个水源地水质均达到《地下水环境质量标准》中III类标准；实施新开河一期绿水长廊项目，项目被省河长办确定为吉林万里绿水长廊省级第一批试点。2021年，市水利局被水利部授予“全面推行河长制湖长制工作先进集体”称号。

开展河湖长制宣传。走进机关。各市级河长制成员单位张贴宣传标语和贴画；在机关电子显示屏上滚动播放推行河湖长制标语口号；利用电子屏幕播放《吉林省河湖长条例》和河长制宣传公益广告。走进企业。6月4日，白城市河长办联合白城市生态环境局组织市民和环保志愿者代表30余人，到白城市污水处理厂（白城市三达水务公司）和白城市生活垃圾处理场开展河湖长制宣传引导活动，帮助企业领导和员工了解护河爱河重要性和污染治理举措等相关知识。走进乡村。采取农村群众喜闻乐见方式和途径开展宣传，发放宣传单100余份，悬挂条幅27条。走进学校。指导各级学校定期在电子屏上展示河长制标语、放置展板悬挂条幅；开展“保护水生态”社会调查活动，组织学生到家乡河湖开展实地调查；中小学在班级制作以保护水生态为主题黑板报、手抄报；利用家长微信群发布《致家长的一封信》，告知家长爱护生态，保护母亲河；白城实验高中利用周一升旗仪式开展河湖环境保护“国旗下宣教”活动。走进社区。6月26日，白城市河长办到通业社区向工作人员及居民发放河湖保护资料，通过图片与实物等方式宣传河湖长制。走进公共场所。6月25日，白城市河长办通过宣传展板和发放传单等方式在市民广场、鹤鸣湖、劳动公园向市民宣传河长制。6月23日，白城市召开2021年总河长会议。落实2021年省级总河长会议精神，研究部署相关工作。2021年，省市领导开展巡河检查调研，分别到大安嫩江湾、月亮湖水库、东湖、新开河等地开展巡湖（河）调研。

【农村供水保障】 2021年，实施农村供水保障工程及供水管网改造、设备更新、监控平台等供水设施建设，完成投资9826万元；开展水质检测，全市2754处农村供水工程检测合格率100%；推进水费收缴，全市农村供水工程水费收缴率98.5%；对61个乡镇、183个村、207处供水工程进行暗访检查，对检查发现问题即刻整改；开展全市农村供水保障停水断水专项排查“回头看”工作，抽查125处农村供水工程入户1505户，对检查发现问题按要求立整立改；推进白城经开区西郊街道办事处农村供水保障工程建设，完成投资3000万元，新增效益人口1.29万人。

【水行政执法】 2021年，调整白城市水利局依法行政工作领导小组，明确重大行政处罚集体讨论、重大行政执法决定法制审核等工作程序；编制水利包容审慎监管执法“四张清单”（不予处罚事项清单、从轻处罚事项清单、减轻处罚事项清单、免予行政强制事项清单）98项，完成行政处罚、行政强制、行政检查和行政审批流程图，制定下发执法决定书、行政建议书、信用承诺书文书样本，确保“四张清单”制度落到实处；立案调查未经审批擅自取水企业2家并依法做出行政处罚；市水利局配合公安部门破获5人盗卖黑土案；针对水事违法行为查处、水土保持方案审批、河道内非法采砂等情况开展执法监督检查，对运河盗采砂石、洮儿河行洪区内修筑围堤等进行调查核实并妥善处理。

（马明印）

引嫩入白工程建设

【引嫩济洮工程项目争取】 2021年，白城市推进引嫩济洮工程项目前期工作。该项目得到国家、省、市领导重视，省长多次到相关国家部委进行汇报，并批示“支持白城市谋划实施引嫩入白扩建（引嫩济洮）工程，做好用‘水’大文章”。该项目被省政府列为督查事项、白城市“一城三区”重点项目、《东北振兴“十四五”实施方案》和《国家“十四五”水安全保障规划》中。编制完成规划方案初稿，争取到前期费用400万元，完成水资源论证等相关前期招标工作，争取中央、省级资金帮扶。

【农业灌溉】 2021年，在供水前期，白城市引嫩入白建设管理局（简称“市引嫩入白建管局”）完善年度调度运行方案，多次与松辽委和上游协调沟通，于4月20日开泵提水，从渠首白沙滩泵站提水近2.4亿立方米。灌溉农田2.67万公顷，保证白沙滩灌区、五家子灌区以及哈吐气灌区等三大灌区农业灌溉用水。

8月，市引嫩入白建设管理局完成吉林西部供水工程大屯泄水泵站工程。图为大屯泄水泵站投电试运行　　（高文雪　供图）

【工程建设】　2021年，市引嫩入白建管局完成投资近5100万元，完成吉林西部供水工程大屯泄水泵站工程和部分白沙滩灌区2021年续建配套与现代化改造建设。验收西部供水工程大屯泄水泵站13个分部工程，嫩江干流治理防洪闸工程档案资料。推进嫩江干流治理防洪闸和引嫩入白供水工程确权划界工作。

【工业用水】　2021年，市引嫩入白建管局为城市供水1100万立方米。主要为白城龙华热电厂及梅花集团两大工业供水，工业供水效益提升，供水能力可保障白城耗水工业用水需求。

【生态补水】　2021年，市引嫩入白建管局为湿地及泡塘生态补水1亿立方米，向莫莫格湿地补水3000万立方米，改变劣V类水质。

【光伏发电】　2021年，市引嫩入白建管局推动引嫩入白光伏发电，5.33兆瓦分布式光伏发电量发电726万千瓦时，实现电费收入668万元。

（高文雪）

洮儿河灌区建设

【概况】　白城市洮儿河灌区（简称“市洮儿河灌区”）负责洮南市、洮北区、镇赉县、大安市和省直洮儿河农场、镇南种羊场6个县(市、区、场)28个乡(镇、场)农田供水任务。下设国哈、龙华吐、满洲岱、范家屯、庆友5个渠首枢纽和1座中型水库，控制岭下、瓦房、通福、洮北、新洮5个分灌区。规划批复灌溉面积37933公顷。其中，水田33600公顷、旱田水浇4333公顷。农业用水情况属于阶段性灌溉用水。

【灌溉运行管理】　4月15日，市洮儿河灌区开始从洮儿河河道内引水，全年引水14000万立方米。其中，生态补水9100万立方米、农业灌溉引水4900万立方米。实现灌溉面积2667公顷，与稻农签订用水合同285份，水费收入249万元。

【项目工程建设】　2021年，市洮儿河灌区完成2个项目编制及批复工作，争取项目总投资3010.41万元。其中，白城市中小河流老旱河（桩号1+350—8+478）治理工程项目，批复项目总投资2866.35万元；白城市洮儿河灌区满洲岱渠首枢纽应急抢险水毁修复工程项目144.06万元，该项目资金批复到位。完成中小河流白城市老旱河（桩号1+350—8+478段）治理工程设计招投标工作，确定中标单位为吉林省银河水利水电新技术设计有限公司、吉林省吉岩工程勘察设计有限责任公司联合体。完成白城市洮儿河灌区2020年农业水价综合改革项目和吉林省洮儿河灌区2018年度续建配套与节水改造项目、续建配套与节水改造工程量测水项目绩效考核工作。

【项目资金争取】　2021年，市洮儿河灌区以完善灌区水源工程、输配水工程、排水工程、田间工程及信息化工程建设为重点，向水利部上报《吉林省白城市洮儿河灌区“十四五”续建配套与现代化改造实施方案》，计划争取项目投资5.69亿元。

【灌区安全管理】　2021年初，市洮儿河灌区调整安全生产领导小组，明确责任分工，班子成员与各科室和基层单位负责人签订安全生产责任书11份。完善安全生产管理制度、专项资金投入制度等，推动安全生产责任制落实。组织干部职工参加网上答题知识竞赛活动，开展安全生产专题培训，学习习近平总书记关于安全生产重要论述及观看《生命重于泰山》等安全教育片；围绕“6·16”主题，开展消防应急演练、防洪防汛应急演练活动。到基层站所、灌溉一线、工程建设一线开展安全生产事故隐患排查治理专项行动6次，对发现问题现场研究责令及时整改，建立安全生产隐患排查台账。

【水政监督】　2021年，市洮儿河灌区组织人员开展水政宣传、渠道巡护，巡护100余人次，清理私设灌排水泵48台套。处理私自在运河河道内开发稻田违法行为、鱼池私自放水、私自放水灌溉、淹地上访、占渠修路、农户私自破渠淹地问题、盗窃自动化设施案件。组织人员清理阻水渔网具和制止渠道内外挖沙取土现象。

（陈明影）

月亮湖水库

【渔业生产】 2021年，月亮湖水库渔业生产140.15万千克，销售收入1269.6万元，高于2020年水平。其中，明水期捕捞商品鱼109.45万千克，销售额619.8万元；大银鱼3.35万千克，销售额179.8万元。提高明水期鱼类捕捞量，引进安徽先进捕捞船只技术，提高成活率。

【环保整改】 2021年，月亮湖水库做好月亮湖长山岱水田环保督察整改工作，对春季个别种植户超范围耕种情况，及时报告到莫莫格自然保护区，并配合保护区予以耙除。

【工程项目建设】 2021年，月亮湖水库工程项目完成3个：投资100万元月亮湖水库四号坝水毁修复工程；投资150万元月亮湖渔场智能渔业建设项目；投资20万元渔业增殖放流项目。

1月12日，月亮湖水库开展冬季捕捞生产。图为冬捕现场 （马 翔 供图）

【防汛】 2021年，月亮湖水库筹措防汛编织袋3.6万条、无纺布1.6万平方米、铁线0.45吨、毛石1400立方米、土方1000立方米、救生衣300件，膨胀袋300个。加强巡堤查险，排查出大坝安全隐患701处，均及时整改。汛期动用抢险运输车辆285台次，抢险设备63台次，抢险船只9艘次，出动抢险人员1912人次，巡堤查险人员2770人次，保证平安度汛。

【水库改革】 2021年，白城市委、市政府研究决定将水库管理权下放到大安市，解决多年影响工作运行机制问题，化解档案工资等历史问题。推进事企分开，建立现代化企业管理制度，提升公益事业管理效能。

（马 翔）

月亮泡水库科学应对防汛工作。图为8月22日，在月亮泡水库汉书闸进行科学有序泄洪 （王野村 供图）

水文测报

【概况】 白城水文水资源勘测队辖洮儿河镇西水文站、黑帝庙水文站，蛟流河宝泉、务本水文站（均在洮南市），嫩江白沙滩水位站（在镇赉县）；洮南市胡力吐、永德、农业、万宝、那金雨量观测站，镇赉县五棵树、坦途、岔台雨量观测站；呼尔达河好新水资源监测站，二龙河西洋沙、白海桥、大五家子水资源监测站，嫩江白沙滩、新生灌区、白沙滩灌区、莫莫格水资源监测站，洮儿河石头井子、白城运河水资源监测站。

洮南水文水资源勘测队辖洮儿河洮南、三顶召水文站，霍林河双岗、胡家店、同发水文站（均在通榆县）；通榆县兴隆山、瞻榆、张家窝堡、八面山昭、包拉温都雨量观测站，洮南市三家子雨量观测站；那金河群昌水资源监测站，额木太河盐铺、创业、向海一场、二场水资源临测站，满洲岱（东西）、龙华吐、庆有水资源监测站，霍林河向海桥、民主桥水资源监测站，蛟流河闸、幸福桥水资源监测站；洮南市洮南、务本土壤墒情监测站，镇赉县镇赉、黑帝庙土壤墒情监测站，通榆县胡家店、瞻榆土壤墒情监测站。

大安水文水资源勘测队辖嫩江大赉水文站，霍林河龙沼、四家子水文站（均在大安市）；大安市前进、安广、平安雨量观测站；大安市大赉土壤墒情监测站。主要仪器有流速仪、自动安平水准仪、电子经纬仪、自记雨量计、固态存储雨量计、原子吸收仪、全站仪、ADCP；主要先进设备有机动多功能桥测车、机动测船、电动程控缆道、遥控船。

吉林省水文水资源局白城分局完成水位、流量、降水量、蒸发量、水温、气温、冰情、水质化验、测量、沙量、水资源监测、土壤墒情监测等测验工作18项。累积专业数据10余万字组；到嫩江流域大安段等地实地查看汛情，向国家防汛总指挥部、省防汛指挥部、俄罗斯等13处收报单位报汛；利用建设项目水资源论证和水文水资源调查评价资质开展水资源论证工作；为社会提供地表水、地下水、人畜饮用水、工业废水及大气降水等方面水质监测和水环境质量评价成果；为区内水资源地建设提供水资源论证报告；为防汛抗旱指挥部门提供可靠科学依据。

【水文观测】 2021年，白城市开展水位观测、水温观测、冰厚及冰情观测、蒸发观测、流量观测、沙量观测等。

水位观测 观测境内主要江河，观测段次：每日8时定时观测，视水位变化1小时至24小时观测。

水温观测 江河畅流期每日8时观测1次，稳定封冻期停止观测。

冰厚及冰情观测 冰厚观测时间：每月1日、6日、11日、16日、21日、26日8时各观测1次；在基本水尺断面及其上下游可见范围内冰情观测，观测时间：每日8时观测1次，冰情发生变化时增加观测次数。

降水观测 水文站在汛期每日2时、8时、14时、20时各观测1次，非汛期每日8时、20时各观测1次；委托雨量站汛期每日2时、8时、14时、20时各观测1次，非汛期每日8时观测1次。自记观测站汛期进行降雨摘录。

蒸发观测 每日8时观测1次。

流量测验 江河流量测验使用ADCP或LS68型、LS78型、LS25型和LS45型流速仪。测次分布以满足能准确推算出流量为准。通常封冻期测次少，洪水期测次多。各站测次12～73次。

沙量测验 境内开展泥沙测验监测站有洮儿河镇西、洮南、嫩江大赉3处。其中洮南、嫩江大赉1—3月、11—12月停止测验，镇西1—3月、10—12月停止测验沙量按零处理。镇西、洮南、大赉水文站年施测输沙率分别为25次、28次、25次。含沙量水样处理，用过滤法、分析天平称重。

【水质分析】 白城市境内设大赉、洮南、镇西、白沙滩分析站，月亮湖、向海水库专业站。大赉、镇西、白沙滩水质分析各12次。月亮湖水库、向海水库水质分析各12次，发布《白城大型水库水质通报》12期。

【水文情报预报】 汛期，30处报汛站向白城市提供水文情报：大赉、镇西、洮南、黑帝庙、三顶昭、务本、宝泉、双岗、胡家店、龙沼、四家子水文站，白沙滩水位站，月亮湖、向海、胜利、兴隆、创业、群昌、团结、五间房东（西）、洋沙泡水库专用站，平安、安广、三家子、那金、坦途、五棵树、瞻榆、八面山昭雨量站。

拍报项目和标准。白城市水文站、水位站、雨量站、水库站主要提供降水、水位、流量、库容、入出库流量、洪峰、封开河、雹情资料。拍报标准为汛期每日8时定时发报，特殊水情随时发报。发生雹情随时拍报。汛期接收人工水情电报2200余份。其中，水文站1200余份，水库站1000余份。从网上接收黑龙江省及内蒙古自治区水情电报4万余份。

【土壤墒情监测】 2021年，白城市开展土壤墒情监测，大赉、镇赉、黑帝庙、洮南、务本、胡家店、瞻榆、五棵树、安广、龙沼、兴隆山11处人工土壤墒情监测站，各监测33次，32处自动土壤墒情监测站。

（闫发森 毕立军 刘悦茜 魏钰铭）

7月28日，市水文局在嫩江流域大安段查看汛情。图为勘测队成员在嫩江大桥下现场监测

（李 昕 供图）

表56　2021年白城嫩江（大赉水文站）水位特征值统计表

单位：米

特征值	月平均水位												年平均水位
	1月	2月	3月	4月	5月	6月	7月	8月	9月	10月	11月	12月	
平均水位	126.51	126.16	126.50	126.70	126.49	128.14	131.44	131.85	130.73	129.77	128.58	127.52	128.38
比2020年(±)	0.69	0.62	0.57	0.72	0.19	1.18	5.44	5.07	-0.36	-1.33	-0.12	-0.08	1.06
比历史最高年份(±)	2.18	1.73	1.93	2.26	2.44	2.35	1.02	-0.42	-0.07	0.38	0.16	0.63	1.21

（资料来源：市水文局）

表57　2021年白城嫩江（大赉水文站）流量特征值统计表

单位：立方米/秒

特征值	月平均水位												年平均流量
	1月	2月	3月	4月	5月	6月	7月	8月	9月	10月	11月	12月	
平均流量	285	164	264	673	651	1390	4450	5920	3520	2380	1370	595	1820
比2020年（±）	99	21	79	271	160	599	3960	5080	-290	-1250	40	150	760
比历史最大年份（±）	247	134	213	489	521	744	480	-4180	-1250	230	320	277	-150

（资料来源：市水文局）

表58　2021年白城市境内嫩江水质情况一览表

单位：毫克/升

地　点	溶解氧	生化需氧量	氨氮	挥发酚	氰化物	砷	汞	六价铬	217
大　赉	9.5	2.6	0.430	<0.0003	<0.004	0.0008	<0.00001	<0.004	-1100

（资料来源：市水文局）

表59　2021年白城市境内洮儿河水质情况一览表

单位：毫克/升

地　点	溶解氧	生化需氧量	氨氮	挥发酚	氰化物	砷	汞	六价铬	217
镇　西	9.5	1.7	0.175	<0.0003	<0.004	0.0007	<0.0001	<0.004	-1100

（资料来源：市水文局）

邮政·通信

邮政管理

【概况】 2021年，白城市邮政行业业务收入（不包括邮政储蓄银行直接营业收入）2.63亿元，比2020年增长8.67%；开展执法监督检查180人次。

【邮政普遍服务业务】 2021年，中国邮政集团有限公司白城市分公司获全省邮政普遍服务先进单位。全市邮政普遍服务网点91个，村邮站917个，保持建制村通邮率100%，5个月实地打卡率排全省第1；《人民日报》《吉林日报》当日见报率100%；开办政邮、警邮、税邮合作网点4个；元旦、春节、全国“两会”等重大节日期间邮政服务稳定；村级邮乐购站点助力农特产品销售，实现销售金额62.16万元。

【邮政宣传】 2021年，白城邮政管理局网站发布政务信息266篇，其中省邮政管理局网站采用132篇，国家邮政管理局网站采用8篇，《中国邮政快递报》《快递杂志》采用18篇，采纳随手拍和视频4条。

【邮政服务监管】 2021年，白城邮政管理局开展邮政普遍服务、机要通信服务监管及重大节日检查180人次，检查乡镇邮政局所73个；开展全市邮政普遍服务网点分级管理工作，调整全区邮政普遍服务网点等级和类别；开展《辛丑年》《中国共产党成立100周年》《辛亥革命110周年》等纪特邮票销售监督检查工作。

【《央视新闻》高考通知书派送直播】 8月13日，《央视新闻》联合中国邮政快递报社举办“绿色邮包里的高考通知书”直播活动，白城邮政管理局联合白城市邮政公司直播1名快递员派送高考通知书全过程。直播中，邮政快递派件员介绍白城市市容市貌，简述6年投递工作所见所闻，用东北话语与网友互动，到达预送地点提醒考生准备身份证和准考证。在征询考生意见后，派件员和考生共同拆开快件分享开心时刻。直播活动展现邮政企业保证寄递时效、确保精准投递。

（李美丹）

邮政运营

【概况】 2021年，白城市邮政局所113处，其中金融网点54处、普服网点91处；城市网点38处、农村网点75处。

【邮政金融业务】 2021年，白城邮政为社会各界和城乡居民提供邮政储蓄、汇兑、代办保险、基金理财等普惠金融服务，储蓄业务实现全国联网，通存通兑。全市储蓄余额市场占有率17.18%，位列国有六大行之首，其中2021年新增市场占有率16.98%。全年办理汇兑业务455笔。

【包裹快递邮寄】 2021年，白城邮政为社会各界客户提供速递物流服务，业务种类主要包括国内业务、国际业务、增值业务和物流服务，全年包裹进出口总量约800万件。安全准确及时投递高考录取通知书，投递高考录取通知书8048件，无一差错。

【报刊征订投递】 2021年，白城市采取广泛宣传、设立收订热线以及上门收订、流动收订等多种方式重点征订党报党刊。推行城市投递机动车化、农村投递汽车化，全市党报党刊发行投递量年均220万余份。

【邮政便民服务】 2021年，白城邮政有便民服务站789处，“邮乐购连锁便利店”1324处。整合电力、通信等业务资源，在城乡商户搭建方便百姓缴纳电费、话费、水费业务平台；警邮业务全年每个开办网点活跃度100%。

【集邮】 2021年，围绕创建“全省集邮文化先进城”，开展集邮“进学校、进社区、进军营”活动。白城邮政联合青少年活动中心举办“集邮与少年——少邮所学”主题展览，集邮爱好者、学生、家长和市民100余人参加。活动现场展示集邮作品，主要包括环境保护、名人纪念、文化艺术、体育运动、名胜古迹、中华文明以及中国社会发展辉煌历程等。

（孙　卉）

快递业

【概况】　2021年，白城市邮政快递品牌企业10家，许可企业32家，分支机构87个，末端网点486个，邮件快件分拨中心27个，全市邮政快递从业人员2294人，有机动车辆250余台。全市规模以上快递服务企业业务收入2.07亿元，比2020年增长10.93%；业务量1436.78万件，比2020年增长36.49%。

【快递市场服务】　2021年，白城市开展快递员派费上调专项跟进调查，督导快递企业为快递员购买工伤保险、人身意外保险，保障快递员合法权益；开展无法投递又无法退回快件专项排查整治和快递“刷单”问题排查整治。全年受理有效申诉4件，为消费者挽回经济损失0.2万元，处理满意率100%。

【快递市场监管】　2021年，白城邮政管理局印发《白城市邮政快递业安全生产专项整治三年行动2021年重点任务推进工作方案》，开展“三项制度”（100%实名收寄、开箱验视、过机安检）、车辆管理、“四不”（作业场地内设备设施、现场管理、员工着装、作业操作）问题、分拨中心、网点标准化建设等专项整治行动；印发《企业“五化”（清单化、图表化、手册化、模板化、机制化）工作手册》，指导邮政快递企业落实“五化”闭环工作法；印制《白城市寄递渠道建党100周年庆祝期间安全保障工作方案》；开展消防安全隐患整治专项大排查和寄递渠道禁毒

10月25日，市邮政管理局联合市公安局、市禁毒委办召开市内寄递渠道禁毒百日攻坚行动推进会　（胡九阳　供图）

百日攻坚专项行动；联合市公安局禁毒支队开展禁毒知识专题培训及联合检查；开展业务旺季服务保障专项检查，妥善处理“双十一”期间白城暴雪天气邮政快递企业末端投递问题。

【“两进一出”工程】　2021年，白城市推进快递进村工程，利用邮快合作、快快合作、快商合作模式，解决末端派送难题，并采取“一县一策”方式精准推动各快递企业完成进村目标。其中，洮北区、通榆县、大安市采取“抱团进村”方式，实现进村比例分别为87.24%、80.2%、69.3%，镇赉县、洮南市通过与电商合作方式实现全部进村。

【绿色快递工程】　2021年，白城邮政管理局成立白城市邮政行业生态环境保护工作领导小组，印发《白城邮政管理局关于开展重金属包装物自查自纠工作的通知》；开展全市寄递企业重金属和特定物质超标包装袋专项治理；组成专项检查组检查营业场所10处，出动检查人员30人次；召开2021年白城市快递行业生态环保工作会议，推进快递行业生态环“2582”工程；开展“绿色快递，人人有责”宣传活动，召开生态环保培训会。

【应急能力提升】　2021年，完善《白城市邮政快递业疫情防控应急预

2021年，市邮政管理局推进“两进一出”工程。图为3月18日，省邮政管理局领导到洮南市调研快递进村进展情况　（于慧妍　供图）

案》；白城邮政管理局联合市公安局禁毒支队、反恐支队，市消防救援支队、市蓝天救援队等部门开展2021年度综合应急救援演练，组织邮政快递企业从业人员近100人参加；指导企业落实《疫情防控期间邮政快递业生产操作规范建议（第七版）》；编制《涉疫邮件快件应急处置流程操作指引》，提升行业管理部门和邮政快递企业应急处置能力。

【服务企业】 2021年，白城市快递行业协会开展“快递从业青年服务月”系列活动；白城邮政管理局联合市工会开展冬日送温暖、关爱快递小哥——“暖蜂行动”；2月9日，开展2021春节前送温暖慰问活动；正式成立白城市快递行业工会联合会；“双十一”期间，开展庆丰收走访慰问快递小哥活动；11月14日，市快递协会到快递网点与白城邮政管理局共同开展“暖蜂行动”。11月26日，白城市“工会进万家•新就业形态劳动者温暖行动”服务月启动仪式在白城市邮政公司举行；12月9日，通榆县快递业工会联合会成立大会在县职工服务中心举行，全县8家快递行业代表30余人参加。市总工会向快递员赠送暖心礼包、住院医疗和女职工特殊保障两项职工互助保障项目。白城邮政管理局联合共青团白城市委到2名贫困快递小哥家中开展慰问；联合市总工会慰问顺丰公司并给予3000元慰问金。

【邮政快递业技能竞赛】 10月21日，白城邮政管理局、白城市人力资源和社会保障局、共青团白城市委等共同举办第二届白城市快递行业青年职业技能大赛开幕，以“跟党走实学实干，练技能成才报国”为主题，为邮政快递行业职业技能突出人员提供展示平台，决赛入闱人员70名。决赛由理论考试和实际操作组成，理论测试含快递基础知识、收寄操作流程等；实际操作含多物品收寄、派送路线设计、快件分拣等。裁判根据操作质量、操作速度、材料消耗及操作流程等标准对选手评分，分值分布突出绿色环保和违规品检查。该赛事通过快递从业综合业务能力的比试，评出一等奖1人，二等奖2人，三等奖3人。

（李美丹）

通信管理

【概况】 截至2021年末，白城市通信管理办公室（简称“市通信办”）实现白城5G信号在市区和县城全覆盖，其他乡镇5G信号基本覆盖。协调通信企业资源共建共享，推进“公免”政策落地；为实现乡村振兴，推进普遍服务工作；组织做好防汛、抗旱及抗雪灾应急保障工作，做好通信基础设施安全隐患排查，确保安全生产无隐患。

【通信基础设施建设】 2021年，白城市全运营商铺设光缆5.46千米，互联网出口带宽540.98G，移动手机用户200.98万户（其中4G用户169.88万户），互联网宽带用户数40.94万户。

【通信资源共建共享】 2021年，根据工业和信息化部、国务院国有资产监督管理委员会《关于推进电信基础设施共建共享支撑5G网络加快建设发展的实施意见》要求，市通信办同步更新相关实施细则。截至2021年末，杆路共享率70.28%、管道共享率45.33%、基站共享率74.69%，租用存量站址资源建设5G建站98.6%。

【乡镇移动通信基站建设】 根据吉林省通信管理局印发的《吉林省通信管理局关于开展2022年度电信普遍服务试点申报工作的预通知》，2021年，市通信办开展2022年电信普遍服务试点申报工作。根据白城市行政村4G网络覆盖现状，涉及12个乡镇由于缺少4G网络覆盖或网络覆盖质量较差，规划建设移动通信基站14座，成本总概算874.13万元。

【5G移动通信网络建设】 2月，完成5G规划设计工作，该批次站址主要集中在白城县域地区，3家运营商5G基站需求规模784个。其中，移动需求512个、联通需求251个、电信需求21个。截至2021年末，完成配套改造施工605个，完成配套施工的站址同时督办运营商全部安装开通。白城市区实现5G信号全部覆盖，白城县域实现5G信号基本覆盖，白城农村5G信号部分覆盖。

【专项通信保障】 6月16日，市通信办

6月17日，市邮政管理局在白城邮政分公司分拣场地举办2021年度应急综合演练。图为从业人员参加灭火演练 （陈世琪 供图）

11月5日，市通信办组织运营商为白城洮北开发大街通信基站发电

（戴　兵　供图）

组织白城铁塔公司及3家运营商举行联合防汛应急演练，演练由白城铁塔公司带队，演练参与人数36人，出动应急车辆10辆、发电机8台、应急开关电源3套及其他各类防汛应急物资。

11月5日，白城遭遇暴雪，导致白城全地区基站停电84个，断站59个，0.74万户通信中断。市通信办迅速成立极端天气保障应急小组，组织白城铁塔公司及3家运营商启动抢险救援，出动通信抢修队伍5支、维护抢险人员106人，维护车辆53辆，维护用发电油机156台，经过6天奋战抢险，白城全地区全部基站恢复正常运行。

（戴　兵）

移动公司

【概况】　2021年，中国移动通信集团吉林有限公司白城分公司（简称“移动公司”）发送消防宣传、城市管理、新冠疫情防控等公益短信近亿条。为大安月亮泡冬捕、农民丰收节，洮南新年联欢会、金秋健步行等活动提供应急通信保障。加强防范网络诈骗。截至2021年末，企业资产91874万元。主营业务收入完成4.85亿元，比2020年增幅3.6%。通信用户数122.09万户，比2020年增幅0.17%。收入份额、客户份额在区域内均保持领先。

【移动网络服务】　2021年，移动公司有2G基站、4G基站、5G基站2000余个。实施全千兆网络计划，提升家庭宽带端到端网络能力，家庭宽带覆盖300兆及以上客户占比比上年末提升3%、中小企业100兆以上宽带用户占比比上年提升明显。创新推出“网络+”扶贫模式，参与“电信普遍服务试点工程”建设，完成第六批电信普遍服务白城站址建设，覆盖农村偏远地区。完善全方位、全过程、全员“三全”服务体系，加快服务数智化转型，专为吉林用户打造“移动吉生活”App上线，实现业务服务线上办理。

【实施“5G+”计划】　2021年，移动公司推进5G网络建设，5G网络实现市区、县城连续覆盖，乡镇覆盖。推动5G在政企市场融合发展，推进“网+云+DICT”，推进5G+AICDE能力，涉及智慧校园、智慧农业、智慧医院、智慧城市等。7月，市卫健委与移动公司召开基层5G公共卫生信息网络战略合作框架协议签约仪式暨洮南市试点工作推进会。

【大安“5G+”农业盐碱地专网项目获全国大奖】　9月，由移动公司白城分公司联合中兴通讯、佰强公司共同打造的“吉林省白城市大安5G专网农业项目”获智慧城市专题赛决赛一等奖。该项目打造“中国移动OneNET物联网管理平台”+“精农云智慧管理平台”的“智慧农业驾驶舱”，实现无人农机作业、虫情气象监测、智能灌溉远控等3大类10余种前端应用。

（庞　月）

【白城移动云数据中心】　一期投资2000万元，机房面积840平方米，安装机架134个；二期投资未定，该项目处于在新区征地阶段。该项目利用先进通信及计算机技术，以丰富的通信线路和带宽资源为基础，以全网统一规划的4个一级数据中心为支撑，以全国31个省级数据中心为补充，提升云数

7月2日，移动公司与市卫健委召开基层5G公共卫生信息网络战略合作框架协议签约仪式暨洮南市试点工作推进会。图为签约仪式现场

（于天枢　供图）

据的分析运营和输出支撑能力，加快打造面向公共服务、社会管理、智能化生活和经济建设领域的云服务平台。6月，项目一期机架安装完成，投入使用，业务有政务外网用9个，市总工会用1个、省政数局异地备份用6个。

（张　力）

联通公司

【网络建设】 2021年，中国联合网络通信有限公司白城市分公司（简称“联通公司”）以三千兆为引领，加强网络基础设施建设，新建4G站址126个、新建5G宏站454个，5G覆盖区域由白城市区扩大至4县城区、乡镇和行政村；市县城区均具备宽带千兆接入能力，能够按需满足千兆宽带接入。

【业务运营】 截至2021年末，联通公司资产5.94亿元，有移动用户59.2万户，宽带用户22.2万户，固话用户13.67万户。主营业务收入完成高于全省均值2.1个百分点，全省排第2位；比上年增幅6.6%，高于全省均值0.3个百分点，全省排第5位。宽带用户份额50.3%；移网用户份额30%。

【5G投资建设】 2021年，联通公司总投资8000余万元，占收比22%，其中非5G投资2000余万元，5G投资完成5000余万元。非5G投资重点进行驻地网楼房千兆光纤接入，商务楼宇专线接入和政企专线接入、打底传输网光缆敷设和基站补点建设。联通公司、电信公司、白城铁塔公司开展规划、建设、维护、优化等全链条全流程合作和对接，发挥共建共享优势，多措并举推进5G建设。落实与中国电信5G网络共建共享，开通率100%，覆盖区域由白城市区扩大至4县城区、乡镇和行政村。建设后，宽带满意度较基准值提升53.43%、移动网满意度较基准值提升52.47%。

【服务创新】 2021年，联通公司开展“家庭网络检测为民服务行动”，联系用户上门进行家庭网络检测，发现用户网络体验感知差是由于路由器不匹配导致，智家工程师向用户提供联通组网方案，使用户获得联通千兆宽带网络体验，以及联通智家工程师高品质服务体验。落实“沃服务·慢必赔”服务承诺，践行网速达标承诺、服务时限承诺、免费预约家庭网络检测承诺，践行服务慢必赔、网速慢必赔承诺。

（王晓云）

【白城联通云计算中心】 截至2021年末，白城联通公司有标准IDC机房1个，机房总面积2000平方米，容纳机柜280个（装机容量3500台服务器），有机柜55个，托管服务器660个。由于机房环境好、安全性高，本地主要政企机关部门将设备放置到白城云计算中心进行托管，主要有白城市公安局、白城市医保局等。因带宽资源丰富，质量较好，国内互联网公司业务相继落户云计算中心，白城联通公司与北京、广东、杭州等知名互联网公司合作，进行大带宽出租和服务器托管业务。其中，阿里巴巴在白城建设4个CDN节点，网络覆盖范围涵盖东北三省和内蒙古自治区；腾讯公司将白城作为在全国建设的重要节点之一。

（张　力）

白城联通 9 楼 IDC 数据机房。摄于 7 月　　（张　力 供图）

电信公司

【业务运营】 截至2021年末，中国电信集团有限公司白城分公司（简称“电信公司”）有移动用户15.8万户，宽带用户6.5万户。收入超亿元，比2020年增加14.08%，增量发展能力提升20%，净利润比2020年提升50%，收入利润率比2020年提升56.24%，收入E率比2020年提升491%。

【云改数转】 2021年，电信公司通过党委立项客户IT上云攻坚战挖掘客户上云商机，依托信息化及云业务优势，签约医共体项目、中标大安公安局监控项目等，上云项目签署云主机25台，云桌面148个，转化收入62.95万元。为支撑武警白城支队信息化建设，制定服务于600余名官兵绿色军营管理系统；支撑国税局加油站数据管理，制定服务于27座加油站数据管理平台；支撑财政局实现预算管理一体化，搭建服务于200余家单位智慧平台项目。

【数字乡村建设】 2021年，电信公司为岭下镇兴隆村开展数字乡村建设项目，调通20端摄像头，其中包含3端音频输出功能摄像头（连接音柱）可实现云广播，并将权限分享至岭下镇派出

2月13日，电信公司对传染病医院新建住院部楼宇进行业务施工

（丁　磊　供图）

所，加强乡镇治安、联防联控力量。中国电信安装“天翼云播”成本投入低，覆盖范围广，适用于基层政府对新冠疫情防控、应急指挥、自然灾害通知等需求。依托天翼云、大数据等技术，通过安装室外监控，整合自身在平台、技术、终端等方面优势，实现全村监控“无死角”。

【网络优化】　2021年，电信公司将基础网出口带宽从160G扩到240G，面向全区推出300M起步、1000M引领的宽带并做好扩群营销，以5G为发展主线，以贴合家庭客户需求“智慧家庭”为主推内容。截至2021年末，电信公司有4G基站827个，4G城区县城覆盖率96.35%，农村覆盖率81.9%。建设5G宏站609个，建设5G室分楼宇25栋，主城区覆盖率98.47%，一般城区覆盖率95.98%，整体覆盖率96.79%。为加速5G建设，进行光衰整治95栋楼宇，提速楼宇175栋，利用民资解决楼宇覆盖94栋；全年建设5G基站156个、4G开通共享扇区1273个，增补弱覆盖区域108处，解决用户投诉区域37处。结合带宽资源、成本资金，逐步进行带宽扩容，以机动应急、省市联动、省级协同、军民共建等多种形式手段，加强网络基础能力建设和网络安全建设。

（郭　葳）

无线电管理

【非法台站打击】　2021年，白城市整治城市电磁环境。在巩固打击非法设台、伪基站、黑广播成果基础上，加大对非法用频、非法设台打击力度。先后出动监测车、执法车40车次，出动监测、技术人员160人次，查处黑广播案件1起。

【无线电干扰查处】　2021年，白城市维护空中电波秩序。加强对航空、铁路、防汛防火、广播电视、公众通信等重要通信网络监测，在重大节日及重大活动期间，坚持24小时监测值班制度，保证监测设备及车辆保持良好状态，随时准备处置各种突发事件。

【考场无线电秩序维护】　2021年，白城市保障公务员、高考等重要考试，出动人员160人次，车辆42台次，动用无线电监测、分析、测向扫描设备和技术压制等设备46台（套），维护考场无线电秩序。

（吴建民）

延伸阅读：

中国北方云谷建设

2018年2月26日，白城市政府与华为吉林公司就建设华为云数据中心项目达成初步合作意向。3月2日，双方在北京与华为公司政企云副总裁高明会谈，明确白城云计算数据中心规划方案的框架。6月30日，白城市政府与华为公司在深圳华为公司总部，正式签订《云计算服务战略合作协议》。7月，按照全省“一主、六双”重大产业布局，白城市定位为国家级高载能高技术基地，通过全省布局，协调发展，全力打造“双谷双基地”建设。白城市首次提出建设“中国北方云谷”项目规划。为加快项目推进，先期在联通公司建设临时机房，新安装30个机柜对全市信息化资源进行整合运营。9月，白城市工信局牵头编制《白城市国家级数据灾备基地建设规划》落实省政府“一主六双”战略布局，在白城市建设高载能高技术基地的“双高构想”。规划提出：“基于白城市电力、区位、气候、地质等优势，大力发展基于‘云计算’的数据中心、灾备中心和‘互联网+’相关产业。”该项目由白城市与华为技术有限公司共同合作建设，项目分建设云计算数据中心、规划建设东北地区国家级数据灾备基地两部分。2019年3月28日，拟定《白城市云计算服务销售合同》。11月11日，省工信厅召开专题会议，研究白城云计算（灾备）中心项目情况。2021年与华为公司等投资者保持密切沟通，就投资项目情况进行进一步磋商。

（李　新）

民营经济

综　述

【概况】　2021年，白城市深化“万人助万企”服务企业力度，落实支持中小企业发展系列政策措施，拟定《<吉林省促进中小企业发展条例实施细则>白城市实施意见》，形成《白城市贯彻落实<吉林省人民政府办公厅关于激发各类市场主体活力的意见>责任清单》。强化升规培育，推进创新创业，推动民营经济平稳发展。截至2021年末，全市有民营企业（私营企业）24699家，个体工商户16.12万家。推动蓝琦米业、新立电力、华能镇赉光伏、天能重工、林城风电、远景风机、吉林省光华风电投资有限公司等17家企业完成升规。推动新认定省级“专精特新”企业5家，全省农产品加工和食品产业百强企业4家。

【创业孵化】　强化省级创业孵化基地建设，搭建创业载体，重点抓好市小企业孵化基地、洮北吉诚、创享国际等省级重点创业孵化基地建设管理运营监督工作。全市现有省级创业孵化基地9家，在孵企业204家。组建创新创业项目培育库，以省级创业孵化基地、公共服务平台为载体，梳理白城市重点创新创业项目，均纳入创新创业项目培育库，库内培育项目及创客10家（个）。7月，组织白城市6家（个）创客和创业项目报名参赛。

【“个转企”计划实施】　2021年，白城市推动全市个体工商户转型升级为企业，提升民营企业发展质量。协调地方财政，为市本级“个转企”市场主体争取奖励资金80万元。截至2021年末，全市“个转企”1111家，提前两年完成“五年千户”转企任务，实现质量数量双提升。

（富　饶）

民营企业发展

【服务平台】　2021年，白城市发挥中小企业服务平台功能，通过服务中心网站，微信公共平台，LED显示屏为企业发布各种供求信息，与各中介机构加强联系，为企业提供担保、财务、法律等服务。2021年，通过服务中心服务平台内企业及中介机构累计为企业提供服务400余家（次）。

【“小升规”培育行动】　2021年，白城市启动三年升规培育行动。集中对近几年退规有望重新入规企业、新立项年内达产达效有望序时升规项目和有望年内达到升规标准企业等三类重点企业进行集中梳理，尽早谋划、尽早培育。经过梳理，确定进入培育库企业68家。采取动态更新方式管理，按月对2021年升规培育库企业进行指标调度和运行分析。2021年，推动天能重工、林城风电、新立电力等17家企业升规。

【经营管理者培训】　2021年，市工信局以企业家协会为平台，启动白城市企业经营管理者培养工程。5、6、8、9、10、11月，分别聘请由复旦大学培训中心特聘客座教授史俊慧，管理学博士刘佳明副教授等国内知名专家教授进行专题授课，提高白城市企业家队伍市场应变、经营管理等能力。培训企业经营管理人员近500人次。

【降本减负】　2021年，白城市围绕“降成本、优服务、减负担”，持续为市场主体纾困，做好减轻企业负担工作，制定《白城市2021年实体经济降本减负工作方案》。贯彻落实工信部关于开展2021年企业负担调查工作通知要求，制定各县（市、区）企业名额分配表，组织20家企业于8月15日前完成网上调查工作。

个体私营经济发展

【概况】　截至12月末，白城市有各类

市场主体19.9万家，其中，个体工商户16.12万家，占比81%。

【登记审批】 2021年，市场监督管理系统所有线下办公政务大厅设立“怎么能办”专窗，防止申请人“多次跑”“往返跑”。推行个体工商户开办“一网通办”，实现市场主体开办便利化。结合疫情实际，开展登记注册“容缺办理”政策及“歇业制度”。对受疫情影响被列入经营异常名录或者严重违法失信名单市场主体，开辟“绿色通道”，简化移出流程。

【“名优特”小作坊创建】 2021年，市市监局完成70家”名优特”小作坊创建工作，通过省、市、县三级验收，通过白城市市场监督管理局微信公众号公示，由市市监局向通过验收小作坊业主每家发放奖补资金1万元，发放总额70万元。将“名优特”小作坊创建列入全年重点工作，推进整改提升，对每家小作坊进行一对一、点对点帮扶，对达不到要求创建小作坊制定整改措施和完成时限。打造样板以点带面。将验收初步通过创建名优特食品加工小作坊，作为“样板间”在全市范围内推广，以点带面推动全市食品加工小作坊改造提升。对食品加工小作坊日常监管提出明确要求：要开展食品加工小作坊摸底建档工作；通过许可方式实施小作坊市场准入的，要优化工作流程、提升管理效能，杜绝食品加工小作坊无证生产加工问题；强化日常监管，严厉打击生产加工不合格食品违法行为。小作坊验收环节上严格按照25项验收标准执行，对验收不合格的按照创建评分标准继续整改。

民营企业选介

【大安市安大牧业有限责任公司】 大安市安大牧业有限责任公司（简称“安大牧业”）是安大牧业集团下属子公司，2003年8月成立，是集种禽繁育、饲料生产、基地放养、禽类屠宰加工、销售于一体的牧业型股份制企业。采取“公司+基地+农户”产业化经营模式，在当地和周边地区建立放养站，带动农民发展肉食鸡产业，带动当地饲料、运输、加工、肥料等行业发展。公司占地面积30万平方米，注册资本5900万元，总资产5.80亿元，固定资产2.40亿元。有年生产10万吨饲料厂、年孵化3000万羽孵化场、年饲养15万套种鸡的种鸡场、年屠宰3000万只的禽类屠宰场和冷冻储存5万吨现代化冷库。公司先后被国务院扶贫开发小组办公室命名为国家扶贫龙头企业，被农业部命名为农产品深加工示范企业，被吉林省人民政府命名为农业产业化省级重点龙头企业和吉林省再就业先进单位，被中国农业发展银行吉林省分行评为AA级企业，“安大”牌鲜鸡被农业部认定为无公害农产品，被吉林省工商局评为吉林省著名商标。公司生产的“安大”牌肉食鸡产品由动检部门和清真寺监制，属清真绿色食品，产品主要销往北京市、上海市、天津市、黑龙江省、山东省、杭州市、兰州市、太原市、张家口市、长春市等地。

2021年，公司有职工620人，其中高中级技术人员18人。销售额超过4.5亿元，净利润2553万元。2021年实施大安市国家农村产业融合发展示范园项目，园区一期实施重点项目14个，总投资10.43亿元，完成投资7.6256亿元。建成白羽鸡养殖小区3个、淡水养殖20万平方米、有机水稻试验田100公顷，完成白羽肉鸡屠宰厂改造升级工程、鸡产品饲料研发中心建设工程、冷链物流、万头肉牛养殖项目的基础建设。

【大安市先达食品有限公司】 大安市先达食品有限公司（简称“大安先达”）2004年4月成立，是以加工农副产品为主的省级农业产业化重点龙头民营企业。公司主要经营“年香玉”“粗恋”牌速冻黏玉米、咖啡玉米、瓜子系列产品。采取总经理负责制，实行“公司+基地+农户”发展模式，向农民推广订单农业，从种子购买、科学种植、田间管理、产品收购，提供一条龙式服务，并在每个基地设有专人对农户进行指导。公司占地面积12万平方米，注册资本3860万元，有年加工能力3000万穗速冻青食黏玉米生产线1条、20000吨咖啡玉米生产线1条以及5000吨炒货产品生产线1条。大型冷库、生产车间、仓储及扒玉米凉棚等建筑面积5万平方米，冷库贮藏能力5万吨，蒸煮、膨化、炒制等生产设备120余台（套）。公司

8月9日，大安先达食品有限公司生产车间。图为工人正在分拣黏玉米
（姜伟明 供图）

先后通过ISO9001质量管理体系认证，HACCP国际食品卫生安全管理体系的认证，有机食品认证。公司拥有进出口经营权，生产的“年香玉”牌产品先后获得“放心食品”、最受消费者喜爱的商品、白城市“吉鹤名牌”产品、“白城市知名商标”、吉林省著名商标、吉林省名牌产品等荣誉。

2021年，公司发展至合同种植户2000余户，合同种植面积2000余公顷，合同面积年产量3000万穗速冻黏玉米棒，黏玉米系列产品50万千克。公司与农民签订土地流转合同666.67公顷，将土地集中在一起统一种植黏玉米。公司以每公顷10000元价格承包土地，加上国家粮食补助，每个流转土地农户每公顷土地收入约10000元。2021年3月，公司被吉林省农产品加工业和食品产业工作领导小组办公室授予“吉林省农产品加工业和食品产业百强企业”称号。

【通榆县天意农产品经贸有限责任公司】 通榆县天意农产品经贸有限责任公司2005年成立，位于通榆县经济开发区，是农业产业化国家重点龙头企业，公司是以红辣椒、白菜为主的蔬菜种植、加工、销售、研发于一体的特色农产品加工企业。公司生产厂区2处，占地面积8万平方米，年加工能力10万吨，冷冻仓储鲜辣椒5万吨，干辣椒及其制品2万吨，加工辣白菜、酸菜等辣椒酱菜产品3万吨。产品销售全国各地，出口泰国、马来西亚、韩国、日本等。产品通过食品安全管理体系认证，“韩韩”牌辣椒系列产品获“吉林省名牌产品”“吉林省著名商标”称号。公司主要采取“公司+合作社+农户”和“公司+农户”两种种植模式，在育苗、供肥、管理、回收、加工、销售等环节实行“六统一”，统一种植标准，提升产品品质。每年与2万户左右农户签订辣椒、白菜种植合同。逐步升级改造辣椒制品车间、辣白菜生产车间，引进国内先进的全自动生产线，购置全自动包装机、清洗机等先进设备，实现产品全自动化生产、自动装袋、自动打包等智能化操作管理。2021年，引进吉林大学食品研究院研发乳杆菌酸菜发酵技术，该技术处于世界领先水平。酸菜产品通过日本300余项检测，出口日本市场。带动当地农户种植面积0.47万公顷，带动贫困农户5537户，农户11065户。

【白城尼特固汽车部件有限公司】 白城尼特固汽车部件有限公司是白城鑫源汽车零部件制造有限公司与日本尼特固株式会社共同出资组建的合资公司，总资产8900万元人民币。中方占70%股份，日方占30%股份。公司于2004年成立，占地面积2万余平方米，是专业生产乘用车全车铰链及其冲压件公司。有冲压车间1000T-60T冲压及送料设备17台，组装车间的组装机、铆接机点焊机、型钢组装机等设备38台，弯管车间的弯管机、焊接机器人、组装机28台，模具车间的数控加工中心等机械加工设备21台。具备原材料、外协件进厂检验，新产成品、老产品的三坐标检测、盐雾试验、性能试验等在内的所有铰链检试验能力的试验室。公司2019年被评为省级科技小巨人企业，为红旗系列、一汽奥迪、一汽大众、一汽丰田、马自达系列、奔腾系列、北汽集团、吉利汽车、天际汽车、东风汽车、理想汽车、合众汽车等12主机厂生产配套产品，量产和即将量产车型50余个。

2021年，公司有从业人员210人，管理人员26人，研发人员28人，实现产值7762万元。

【白城永固连杆总成有限责任公司】 白城永固连杆总成有限责任公司注册成立于2014年8月，位于白城工业园区辽河路377号，注册资本5000万元，厂区占地面积9.3万平方米。公司是集轿车、无人机和舰船发动机连杆总成于一体的生产厂家，为北汽集团、长安福特、长安汽车、东风柳汽、航瑞航空动力装备有限公司等主机厂的定点配套生产企业，装备、技术工艺水平均居国内领先地位。公司主要产品有：北京北内发动机零部件有限公司A151E、A150TD、A102T、A122T等4个品种的连杆总成，北京现代汽车γ1.6连杆总成，北汽昌河公司A151连杆总成，长安福特汽车福特2.0T连杆总成，长安汽车H E-15连杆总成，东风柳汽C01、C02连杆总成，安徽航瑞航空动力装备有限公司DB883无人机发动机连杆等。有发动机连杆总成半自动柔性生产线2条，年产240万件发动机连杆总成。2021年，实现产值951万元。

【成来电气科技有限公司】 成来电气科技有限公司建于1970年，位于白城市镇赉县经济开发区，注册资本1.43亿元，占地25万平方米，下设8个子公司和4个职能管理中心，年生产输变电设备能力5000万千伏安、风力发电机机舱罩1600台套、规划产值31亿元。公司业务主要为新能源开发做配套产品，业务领域集电气成套设备、复合材料研发、新能源开发、电力工程安装、海外市场开发、电力运行市场服务于一体，客户为国家电网、中广核集团、华能集团、大唐集团、三峡集团、中电投集团、国电投集团、南方电网、中节能集团、中国能源建设集团、中国电建集团等国家大中型发电企业，是吉林省高新技术企业、科技小巨人企业，2021年获得省级“专精特新”企业。2021年，有员工317人。公司总资产超过7.3亿元，资产负债率 66.94%，银行信用等级AAA，纳税信用等级为A级；当年实现产值2.85亿元，主营业务收入1.98亿元，利润4395.61万元，上缴税金1729.7万元。

（姜伟明 王春侠 李 新 赵天宇 鞠成志）

白城生态新区建设

【新区规划设计】 白城市生态新区（简称“生态新区”）面积26.4平方千米，北至平齐线铁路、东至长白路与工业园区接壤、南至绕城高速、西临洮白一级路。按功能布局分为核心区、配套区、拓展区3个板块。生态新区承担改造提升老城区、服务配套两区、拉大城市框架、完善城市功能、提升城市品位、补充产业业态、推进白城市城镇化进程责任。

【新区项目建设】 2021年，生态新区完成固定资产24590万元，实施500万元以上项目11个。其中，续建项目8个、新开工项目2个、拟新建1个。年度计划投资3.4亿元，完成投资12056万元。续建项目。华兴世纪家园项目、新景商业广场工程、白城碧桂园住宅小区建设项目、佳祥•紫檀山项目、白城市公安局洮北分局业务技术用房、白城市生态新区产业园区配套基础设施建设项目、白城市生态新区污水管网工程、科文中心布展项目。新开工项目。白城市消防救援支队培训基地综合楼（含战保）及体技能训练馆建设项目、玖隆商务酒店建设项目。拟新开工项目：主要建设小学部教学楼、初中部教学楼、运动场及项目配套给排水、供电、供暖等配套工程。

【新区基础设施建设】 2021年，生态新区实施基础设施建设工程项目，完成投资240万元；实施污水管网建设项目丽江路泵站室外配套设施及东海路支线污水管网工程项目，完成投资55万元。丽江路污水管线完成长白快速铁道下穿段280米，污水泵站进水管线完成24米及沉井2座。丽江路泵站室外配套设施及东海路支线污水管网工程，完成污水管线280米及污水检查井8座，东海路污水支线，丽江路泵站室外铺装绿化。

【招商引资】 2021年，生态新区建立招商引资项目库，确保项目从引进到落地都有专人协调服务、有专人跟踪落实。多次到长春、厦门、上海等地洽谈项目，参加厦洽会、吉商大会、第三届进口博览会，洽谈军事文化产业园项目、商业综合体项目、五星级酒店等一批重点项目。重点谋划公共服务类、基础设施类建设项目，生态新区入统项目16个。其中，基础设施类项目8个，社会事业类项目2个，酒店餐饮类项目1个，房地产类项目5个。

【新区生态建设】 2021年，生态新区落实河长制、湖长制要求，开展县级河长巡河次数36次，乡级河长巡河次数29次，村级河长巡河次数37次，巡河率均100%。清河行动期间，清理垃圾、杂草等528立方米，出动清理人员466人次，出动清理车辆155车次。

【新区城市管理】 2021年，生态新区按照“精心、精细、精品”理念，推进精细化管理。开展“美化”“绿化”“净化”“亮化”等综合治理活动，加大市政基础设施和园林绿化建设和维护力度，开展各项不文明行为专项整治工作。为扩大创建文明城和卫生城市宣传覆盖面，在新区各主干道、公交站牌、公园广场等设置公益广告70余处，制作各类宣传横幅126条，发放宣传手册1万余份。

（李　帅）

城市更新

【市政设施】 白城市城市道路总长377.34千米，面积786.51万平方米，其中人行道面积109.83万平方米。人均城市道路面积31.09平方米。城市立交桥6座。路灯33925盏，安装路灯道路长377.34千米。排水管道长407.56千米，其中污水管道245.32千米。建成区排水管道密度8.63千米/平方千米。污水排放总量2459.58万立方米。

【城市基础设施更新】 2021年，白城市更新改造老旧小区供水管网2046米、供热管网6941米、污水管网20000米；完善道路、公园、广场绿篱15千米，消除大象三角地裸露地面1260平方米。打造劳动公园高品质园林绿地景观，占地面积4565.12平方米，景观小品60组、景观灯177盏。加强城市道路、排水、亮化、绿化等方面运维，完成人行道火烧板、盲道砖、压力砖修复1.4万平方米、路面坑槽修补900平方米，沥青道路灌缝24万米；完成市区污雨水管网清淘15.6万米、检查疏通污雨水井7335余座；完成市民广场、阳光广场和市区街路路灯灯具450余套；完成洮北区、经开区街路、公园、广场、绿地施工养护工作。

【老旧小区改造】 2021年，白城市城镇老旧小区改造建设工程总投资2450.76万元，涉及改造小区33个，总面积75.28万平方米。工程总承包单位为白城市中兴华远防水工程有限公司，项目于2021年7月开工，改造主要内容为：景观环境工程、绿化工程、楼道内照明工程、小区内亮化照明工程、单元内改造工程、自来水改造工程、小区内污水疏通清淘及地沟内维修改造工程、通信排管和桥架工程、屋面防水及屋檐维修工程、供热管网工程、雨落管工程。截至2021年末，完成改造小区有3个、完成90%以上工程量小区有19个、开工建设小区有11个。

【棚户区改造】 棚户区二期改造12549户，改造明珠花园三期、碧园橡树湾四期、白平出口棚改项目、民主家园二期、瀚海明珠二期、华威家园二期、洮北区危房改造、经开区西部回迁区、三合家园、三合家园二期、中城家园、森林城小区、新城家园一期（BCD区域）、新城家园二期（主要为EF区域）等小区，工程总投资约38亿元。截至2021年末，除白平出口、新城家园E区未完工外，其余工程收尾结算。棚户区三期改造项目，计划投资2.4亿元，完成投资2.35亿元，主体均完工。

【老城区综合改造提升】 老城区改造综合提升工程进展顺利，2018年保障性安居工程（辽北路）除绿化工程外全部完工。辽北路道路红线宽40米，长720米。主路16米，人行道3米，绿化带3米，非机动车道6米。工程包含道路、雨污水管网、绿化、路灯、停车场铺装。2021年12月竣工验收。

【海绵城市建设】 2021年，白城市践行住建部、水利部、财政部提出的长期坚持海绵城市建设理念要求，依据2021年政府2号令《白城市市区雨水排放管理办法》，审查市区内新建、改建、扩建的雨水管控方案，完成对2021年度白城市老旧小区改造、万象府、梅花味精二期等项目雨水管控方案审查。实施白城市海绵城市建设工程洮北六标段工程，完成投资553万元。

【铁路下穿项目建设】 2021年，市住建局加快推进白城市重点民生工程铁路下穿项目。长庆街、丽江路铁路下穿防护涵工程完工后，解决困扰生态新区5万余群众长达8年供水和污水排放问题。按照铁路部门审查通过的施工方案要求，长庆街、丽江路铁路下穿防护涵工程拟建设铁路线下顶管330米（长庆街顶管施工205米，丽江路顶管施工125米）。5月20日，穿越铁路长白线（丽江路段）完工；6月20日，穿越铁路平齐线（长庆街段）完工。其中，长庆街穿越铁路管线为DN500给水管线、排水、电力、电信等其他预留空间；丽江路穿越铁路管线为DN500给水管线、DN600污水管线、电力、电信等其他预留空间。

【“网红打卡地”】 2021年，白城市在劳动公园南侧新建1处“网红打卡地”，5月12日开工，6月25日投入使用。“网红打卡地”占地面积4565.12平方米。以“Love”为主题构思，结合地形在高处设置景观标志性雕塑，长14米，高4.5米，突出“网红打卡地”主题，同时在左右两侧增加成品玫瑰花朵雕塑12组，高0.6～1.3米，丰富景观效果；东侧园路增加心形花架，高3.9米，宽5.8米，搭配仿真紫藤花；在右侧绿地中设置发光圆球草坪灯8盏，直径0.8～1.0米；北侧园路两侧增加景观灯169盏，直径0.3～0.5米，高1.0～1.4米，造型如气球。绿化主要在石头周边点缀榆叶梅球、红叶李球、金叶榆球等，靠近园路栽植时令花卉、天竺葵、串红、孔

市住建局加快推进白城市重点民生项目工程铁路下穿项目。图为4月25日，铁路下穿涵管顶进基坑开挖 （董 嵩 供图）

7月12日，市住建局在劳动公园南侧建成"网红打卡地"　（刘冠男　供图）

雀草等，中间为精品草坪圈。

（周　岩）

城市公共交通

【概况】　白城市有公交车159台，万人拥有2台。其中，氢燃料电池公交车15台，纯电动公交车111台,燃油车33台。

【氢燃料公交运行】　15台氢燃料电池车经过2020—2021年冬季运营，运营状况良好，可以保证在零下20℃到零下30℃环境下正常运行，加满氢能源可以运行300～500千米。

【新能源公交车全覆盖】　2021年，白城市政府采购纯电动公交车72台。5月，更换12台8米纯电动公交车。6月，公交车落籍投入使用。11月，市政府采购8.5米纯电动公交车60台，用于加密1路、2路、5路、6路、20路等主要干线，实现新能源公交车全覆盖。

【公交服务】　2021年，办理老年卡1942张。与2020年老年卡办卡量1964张基本持平，现有老年卡数量约1.9万张。加强车辆管理，每天出车前检查车辆，及时清洁维修车辆，在线路运营过程中发现问题及时调整应对，优化调整公交线网，改进服务措施和方式，每月25—30日对驾驶员进行安全教育培训。使用文明用语，树立公交品牌形象。开展"我为群众办实事"实践活动，保障高考考生出行，6月6—9日4天时间，参加2021年高考考生持本人准考证免费乘坐全部公交线路营运车辆，免费接送高考学生2000余人次。

【"爱心公交专线"开通】　9月，白城市公共汽车公司开通白城市第一中学新校区"爱心公交专线"，为白城市第一中学师生免费提供"一站式"直达公交出行服务，解决新校区周边交通严重拥堵问题。截至2021年末，开通"爱心公交专线"3条（白城一中—青年街方向、白城一中—长庆街方向、白城一中—幸福街方向），均是早6点和晚10点各一班次，其运行路线全面覆盖白城市主要街区和重点路段，日平均接送学生600余人次，累计接送2万余人次。"爱心公交专线"车辆配置为油电混合公交车，选派驾驶技术好、综合素质高驾驶员，保障学生安全出行。

表60　2021年白城市区公交路线优化情况一览表

线路	原路线	优化后路线
201	火车站—棉纺（南），由棉纺（南）原路线返回至火车站	火车站—棉纺（南）—棉纺（北）—中心医院，继续前行按202路线返回至火车站
202	火车站—中心医院，由中心医院原路线返回至火车站	火车站—中心医院—棉纺（北）—棉纺（南）继续前行按201路线返回火车站
601上行	火车站—新城白城一中（北）	火车站—生态新区白城一中（北）延伸至新城家园B区
601下行	新城家园（东）返回至火车站	新城家园B区—新城家园（东）返回至火车站
13上行	火车站至四季华城一期（北门）	火车站至四季华城一期（北门）—四季华城一期（西门）—港原皮草城
13下行	四季华城一期（北门）至火车站	港原皮草城—四季华城一期（西门）—四季华城一期（北门）至火车站

（资料来源：市交通运输局）

【公交路线优化】 2021年，白城市优化公交线路4条，分别为201路、202路、601路、13路。新增公交站点4个，水资源、二三七社区、批发大世界、明珠花园。现有公交站点307个。

【出租车行业监管】 2021年，市交通执法支队常态化监管火车站前出租汽车市场秩序，每天早8点30分至20点30分，在火车站前实行驻点监管。纠正出租汽车驾驶员违规行为203起，查处出租汽车违规行为19起，依法对19名违规驾驶员作出行政处罚。其中，查处未取得城市公共客运许可擅自从事经营活动案7件、未取得网络预约出租汽车许可擅自从事网络预约经营活动案2件、出租汽车驾驶员主动揽客案1件、出租汽车驾驶员未经乘客同意搭载他人乘车案2件、出租汽车驾驶员未按规定使用出租汽车相关设备案12件、出租汽车驾驶员异地送达返程时滞留待租案2件、出租汽车驾驶员未按规定使用文明用语案1件、出租车驾驶员在运营服务中有其他侵害乘客合法权益行为案1件、出租汽车经营者在火车站不服从调度秩序私自揽客案1件、罚款11.07万元。

（王　丹）

供　水

【概况】 白城市自来水公司（简称“市自来水公司”）主要承担供水管网区域内生活、生产、消防用水供应工作，负责供水区域内128座二次供水泵站、供水管网及附属设施维修、维护、改造工作，经白城市市场监督管理局授权，对指定范围内水表经营和使用者有权依法进行检定和仲裁。

【城市节约用水管理】 2021年，市城市节约用水管理中心对249家公共供水户下达《生活用水节水统计年报》，对城区规模以上企业下达《工业用水节水统计年报》《生活用水节水统计年报》。依据工业用水户填报数据，全年工业用水重复利用率84.31%。调查31家公共供水单位用水情况后，依据各单位填报《非居民（公共供水）定额用水情况调查表》中数据，根据《吉林省用水定额》下达超定额累进加价《计划用水核定表》。对212家公共用水单位依据前三年用水量下达《计划用水核定表》，并调查46家用水户用水情况，作为2022年对其下达超定额累进加价《计划用水核定表》依据。验收120栋新建竣工楼房节水项目，新型节水器具推广使用率100%。

【供水保障】 市自来水公司有供水厂2座。第二水厂位于明仁北街，有取水深井2眼，日供水能力1.5万立方米；第三水厂位于市区西北部，有取水深井14眼，日供水能力8万立方米。2座水厂综合日供水能力9.5万立方米。有市政供水管网456千米。其中，一次主干管网长度190千米、二次支线管网长度266千米。

【智慧水务】 4月，经过公安网安支队备案、现场评审、专家评审、出具报告等，5月下旬完成本年度信息安全三级等保测评备案工作。年初，排查公司现有服务器集群、网络设备及终端设备，消除硬件设备安全隐患。7月下旬，完成二、三水厂硬件防火墙部署。全年处理网络入侵155次，修复硬件故障107次，清除计算机病毒71次。11月中旬，开发完成非居民用水超定额累进加价相关功能，并配合节水办制订A类用水户定额相关工作，暂无超定额用水户。12月初，完成电子发票业务开发工作，通过电子邮箱实时推送居民用水发票，降低公司发票管理成本，减少用户窗口办事环节，完善智慧水务平台多元化建设。

【供水服务】 2021年，市自来水公司依托智慧水务平台，开通24小时客服在线服务。客服全年接听热线4.9万次，完成楼内维修任务3285次，完成楼外直埋管线突发性爆管及暗漏维修任务150次，维修阀门井漏水206次，并做到小修2小时，大修不过夜，及时为用户解决问题，热线回访满意率98%。全年接收市督查指挥中心、市住建局12319交办民生问题285件，均妥善解决。

【二次供水改造】 2021年，市自来水公司制定二次供水泵房合并及设备更换工作计划，合并泵房4座（公司南泵站合并入红叶小区泵站、橄榄小区泵站

8月13日，市自来水公司对金辉小区二次供水泵房设备进行升级。图为工人进行作业

（姚玉宝　供图）

合并入长庆物流泵站、铁南泵站合并入佳兴园泵站、吉鹤泵站合并入学士园二期泵站），更换节能型多级离心泵16台。泵房合并及设备更换后，全年节省电费2.3万元。

【供水设施维修】 2021年，市自来水公司维修、更换水厂设备、配件4次。三水厂供水机组微阻缓闭止回阀老化严重，导致阀体泄露，存在突发停水事故风险，3月15日，组织更换三水厂2号、3号供水机组微阻缓闭止回阀2台，运行平稳；三水厂4号取水泵电缆机组震动和井壁之间产生摩擦，导致局部破损电流过高，21—22日，更换取水泵电缆，对取水泵进行注油维护、叶轮清洗、更换轴套等工作，取水泵运行良好。二水厂循环泵受消毒气体腐蚀严重，噪音过大，存在损坏停机、无法加入消毒液风险，12月2日，更换加氯循环泵，更换10米加氯管道，清洗加氯罐，消除安全隐患。

【阀门井及地沟管线更换工程】 2021年，市自来水公司加装阀门井99个，其中按照公司生产技术科施工图纸施工新建阀门井20座；按照设计院施工图纸施工新建阀门井79座。加装阀门井后方便需要进行开启或关闭部分管网检修作业，不至于对供水区域造成大面积停水。更换幸福南大街25楼、海明东路6号楼、长庆北街34-1楼3处老旧地沟管线。

【冬季保温及水表解冻】 2021年，市自来水公司为出户改造小区中6784个单元安装保温门帘，维修、安装损坏单元门闭门器、门弓712个；封堵2020年冬季冻损较为严重52个单元管道井用保温棉；排查50个供水表井冻害隐患；将其中35个供水表井做防冻处理。全年解冻1584处。其中保温表冻损258块、保温管冻损635处、管道井表冻损279块、管道井管冻损363处。楼道内立杠冻损25处，未保温（楼宇门完好）管冻损12处，表冻损12处。

【查漏控损】 2021年，测漏中心利用二次供水平台数据分析每个小区夜间2—3点流量，重点区域重点排查，发现漏点51处。其中，直埋管线漏水25处、地沟漏水10处、井内漏水16处。实施“漏损控制，全员行动”普查工作，对全市供水区域内老旧小区做到无死角普查，涉及居民楼2468栋，阀门井2252座，地沟1827个。根据普查范围划分28个包保区域由各个科室进行包保，对各自包保区域内楼房阀门井、地沟、供水立杠及管道保温情况进行每月循环普查。循环普查发现问题153处。其中，阀门漏水35处、阀门井掩埋37处、地沟漏水9处、单元内给水立杠下沉43处、管道保温破损29处，全部处理。

（周　岩）

11月9日凌晨2点，市自来水公司查漏人员进行管道漏水定点。图为查漏现场　（李思雨　供图）

供　热

【概况】 2021年，白城市有集中供热企业6家（中兴热力公司、京科热力公司、吉热集团白城分公司、龙华电厂热力分公司、钻石热力公司、嘉盛热力公司），集中供热面积1918万平方米，其中热电联产集中供热企业4家，热电联产供热面积1764.5万平方米（中兴热力公司780万平方米、京科热力公司834万平方米、吉热集团白城分公司140万平方米、龙华电厂热力分公司10.5万平方米）；燃煤集中供热企业2家，区域锅炉房供热面积为153.5万平方米（钻石热力公司108.5万平方米、嘉盛热力公司45万平方米）。市区有换热站119座，供热管网总长度871.7千米，其中一次网长度140.9千米，二次网长度738.8千米。

白城市热电联产集中供热有两大热源，分别负责为两大区域供热。具体为国电吉林龙华白城热电厂为中兴热力公司、吉热集团白城分公司、龙华电厂热力分公司供热区域提供热源。国电吉林龙华白城热电厂有2台210兆瓦供热机组，配2台680吨/小时煤粉锅炉，供热能力1300万平方米，供热期间双机组运行；吉电白城发电公司为京科热力公司供热区域提供热源。吉电白城发电公司有2台660兆瓦空冷机组低压缸导汽管上开孔抽汽机组作为热源，供热能力1100万平方米，供热尖峰期双机组运行。

【市区提前开栓供热】 白城市供暖期为每年10月25日至次年4月7日，供暖时间不低于165天。根据气象部门预报，白城市10月有大幅度降温过程，室外平均气温低于0℃。为应对极端天气，市委市政府决定，10月15日零时，具备开栓条件供热区域全部开栓供热，比往年提前10天。公布各区域供热经营企业24小时报修服务热线。

【供热管网维护改造】 各供热企业针对上个采暖期暴露出问题，组织进行排查、梳理，分析设备运行中可能出现问题、评估，制订年度检修计划，开展设备、设施检修。完成设备检修和改造任务，设备完好率100%。

【供热服务监管】 市供热燃气管理中心成立供热质量监测小组，定期派专人对小区住户进行入户走访测温，确保居民用户室内温度达标供热；建立微信供热监管服务群，各热力经营企业每天早、晚将供回水温度照片上传至群里，实时监测，确保供热平稳运行。

（周　岩）

供　气

【概况】 白城华润燃气有限公司（简称“华润燃气”）是白城市城区天然气管道经营唯一单位。截至2021年末，城市中低压管网覆盖率90%，天然气配套安装用户约8万家，通气用户约3.5万家，工商业用户约600家。有城市天然气综合站1座，位于白城市工业园区珠江路1号，具备LNG调峰、储存、长输管网门站调压、车用气标准站及CNG充装站功能。2021年，销气量约1800万立方米。经营业务包括城市燃气管网建设、居民用户燃气配套工程建设、天然气销售及相关服务。日常生产中主要执行管网巡查维护、用户端安全检查及计量抄收、燃气设施销售等。

【营销服务】 2021年，华润燃气按照政府相关部门颁布的定价标准，结合公司实际业务向用户提供安装优惠。按照属地政府对燃气设施同步配套至新建居民住宅相关规章，与建设方及时对接，100%完成配套施工建设，截至2021年末，配套用户8万余家。

【燃气安全管理】 2021年，华润燃气开展生产责任制体系建设，建立安全管理机构，并配备专职安全管理人员，公司内注册安全工程师3人、安全管理中级职称1人；公司安全管理相关制度健全，并按照要求开展培训教育工作，重大危险源按照风险级别进行管控，形成综合应急预案、专项应急预案、现场处置方案等应急措施，备案至行管部门及属地安全监督管理部门。公司人员按照行业准入及特种作业人员持证等相关要求，按照标准100%匹配。2021年，投入80余万元采购专业抢险维修车辆，提升应急处置能力。

华润燃气开展安全生产工作，全年未发生安全生产责任事故。落实安全生产投入，改善管网及附属设施、场站安全建设，建立信息化管理系统，提升监管能力；制定安全生产事故预案。如期组织演练，联系相关应急单位，共同模拟事故类型开展处置演练。

城市燃气用户端开展安全检查，组织专项、季节性、日常性检查，登记隐患台账，治理问题隐患，保障地区燃气安全供应安全稳定运行。按照吉林省对“灶、管、阀”升级配套及老旧管网的改造要求开展排查工作，完成年度指标。全年24小时应急抢修值守，解决全年用户端各类问题。

【燃气安全宣传】 2021年，华润燃气多次组织安全宣传进社区、进单位、进校园活动，并在安全生产月中与相关政府部门联合开展安全宣传工作。在互联网平台中制作并上传各类安全用气视频、知识讲解等内容，方便用户转载或保存。

【燃气安全专项检查】 6月14—15日，市住建局对白城市9家燃气企业进行安全生产检查。检查组到白城华润燃气有限公司，天伦燃气（大地燃气）富裕站、宏大站，中洲石油有限公司，鑫业燃气有限公司，兴业燃气有限公司，中固加气站，洮北农机站，利民液化气站，金宝液化气站9家燃气企业进行检查。了解企业安全生产和运营管理，查看企业安全管理相关档案资料，询问企业安全责任制落实、安全隐患排查等情况。排查发现隐患8处，燃气企业均按要求完成整改。大润发超市、中润购物中心2家大型商业综合体、人员密集场所和1家商业用户，对用户报警系统和燃气管道进行现场检测。

（周　岩）

污水处理

【污水管网建设】 2021年，市住建局推进管网建设，通过加大排水管网新建改造工程建设，使城市污水管网建设由粗糙向精细打磨，新建污水管网41.91千米，雨水管网15.49千米，改造污水管网6.22千米。

【污水厂扩建】 启动实施的白城市污水厂二期（第二阶段）扩建工程，扩容日处理2万吨至总规模10万吨，提高污水处理厂处理能力。城市污水处理率97.76%，生活污水集中收集率74.3%。

【建制镇污水处理】 2021年，白城市推进建制镇污水处理设施建设、运维工作。截至2021年末，11个重点建制镇生活污水处理设施全部建成。其中，运行中5个（洮北区到保镇、林海镇、通榆县瞻榆镇，大安市两家子镇、安广镇）、试运行6个（镇赉县大屯镇、坦途镇、洮南市福顺镇、万宝镇，查干浩特旅游经济开发区岭下镇）。

（周　岩）

园林绿化

【城市绿化】 2021年，白城市栽种串

市住建局开展全市松材线虫病疫情治理工作。图为9月3日，专业人员伐除枯树　（李弘勃　供图）

红、孔雀草等花卉品种18个，328余万株，总栽种面积80971平方米。中兴路、青年街等9条街路逐步取消时令花卉栽植，改栽小叶丁香、紫丁香等绿篱品种5个，栽植面积25419平方米。在广场、公园增加人物雕塑、糖果雕塑、兔子摆件、蘑菇雕塑。新建“网红打卡地”，栽植大面积宿根花卉，灌木165丛，地被花卉品种15个，90余万株。设计打造街角绿地、口袋公园等城市“微景观”，主要有麻纺路小游园、保胜路绿地、幸福北大街街角绿地等。修剪乔木3万余株，灌木3.5万余丛，补植乔木246株，灌木43丛，补植宿根花卉49万余株，消除裸露地面1万平方米。采用树干注射方式对462株杨树雌株施用花芽抑制剂，抑制率92.4%。保留“吉林省园林城市”称号，以2021年度省级园林城市复查市级综合评分第1名成绩，通过省级园林城市复查评审工作。

【松材线虫病疫情防控】　2021年，市住建局召开班子会专题研究松材线虫病疫情排查、防控措施。成立工作领导小组，制定《白城市住房和城乡建设局关于松材线虫病疫情防控工作方案》。成立工作专班，按照专业规范和技术指导排查、防控。市区内主要以人工地面排查为主，对现有城市公园绿地和园林绿化带区域分区划块，专人负责、专项督导检查，保障每月对市区内现有绿地及园林绿化设施排查1轮。截至9月初，实施监测调查面积22.186公顷，人工地面排查面积累计52.51公顷，出动车辆113台次、出动人员368人次。经排查，枯黄5株、枯死91株，检测后确认，均属养护不当造成，无松材线虫病疫木。组织专业人员对市区内枯树、死树进行统一伐除、集中销毁，确保市区内“零疫木、无疫情”。

（周　岩）

城市管理

【概况】　2021年，白城市处理市容违规行为2万余件，审批牌匾1413个，立面装修480处，规范建筑工地31个，拆除不合格围挡6000余米。深化与嘉兴市对口合作，完成智慧城管指挥中心搬迁改造。成立空中执法中队，搭建无人机指挥平台，购置3台大疆御2无人机。10月15日，吉林省城市管理执法队伍规范化建设现场会在白城市召开，全省各市（州）分管城市管理领导和城管部门240人参加会议。

【“五清行动”开展】　2021年，白城市开展以“清乱象”“清道路”“清小区”“清家具”“清出入口”为内容“五清行动”。全年清理乱象2688处、清理道路775条次、清理小区288个、清理家具2657件、清理城区出入口33次。

【市容市貌管理】　2021年，白城市规范管理城市“十乱”（整治乱摆乱卖、整治乱泼乱倒、整治乱堆乱放、整治乱搭乱建、整治乱养乱遛、整治乱支乱挂、整治乱停乱占、整治乱喊乱叫、整治乱烧乱烤、整治乱贴乱画）、环境卫生、违法建筑、工地管理、噪音扰民、停车秩序、不文明行为等问题。清理城市“十乱”问题1.5万余处；擦拭公共设施8000余处，清理城乡接合部积存各类垃圾约2万吨；教育纠正市民不文明行为5000余起；清理小区堆放物1万余处，清理小区垃圾等杂物1400余吨；

市城管局开展白城北出入口市容环境整治。图为5月14日动员会现场

（杨　野　供图）

11月6日，市城管局启动应急清雪预案应对暴雪、极端天气。图为组织清雪车连夜清雪　（杨　野 供图）

拆除违建492个；劝导不文明遛狗行为5300余起；督促36家废品收购站实行全封闭管理；建立工地台账32家；清理“僵尸车”382台、规范非机动车3000余辆；移除共享单车4034辆；补划停车泊位3660个，增划2510个，非机动车停车泊位3325米；制止噪声扰民行为4300余处。规范审批牌匾1413个，立面装修480处；清理小广告1.2万余处。

【城市环境卫生管理】　2021年，白城市巩固全国卫生城市创建成果，以打造净美白城为目标，提高机械化清扫覆盖率和清扫质量，增加街路湿扫、洒水作业频次，清理绿化带内垃圾杂物，每天擦拭街路两侧公共设施，及时修复更换破损、脏污垃圾桶等环卫设施；垃圾日产日清。全年清运生活垃圾、建筑垃圾约2万立方米；取消城市旱厕，32座水冲公厕高标准运行，200余家临街单位部门厕所对外免费开放。

【环卫设施管理】　2021年，市城管局组织人员每日擦拭城区内临街果皮箱2400余个，定期消杀，做到箱体无污渍、周围无溢漏垃圾，破损及时修补，保证箱体完好；城区内水冲公厕32座，每座配备2名保洁人员，做到清洁卫生、整洁有序、无异味；城区转运站5座，做到地面每日冲洗、保洁、消杀，压缩箱周围无滤液渗漏、整洁无蝇蛆；生活垃圾填埋场运转正常，垃圾有序进场，合理存放，科学处置；环卫作业车辆保持车容整洁，密闭化运输，不污染道路。

【公厕管理】　2021年，白城市水冲公厕32座，分布在城区车站、广场、市场、商圈等人员密集场所。制定完善《厕所管理制度》《保洁人员管理制度》等。要求水冲公厕保洁人员在工作期间须按规定统一着装，并保持衣着干净、整洁。分设男、女专职保洁人员，对男、女厕分别保洁。公厕随脏随扫，做到“一位一保洁”。除公厕必备设施外，为市民无偿提供热水器，厕纸、洗手液等如厕备品。

【垃圾分类】　2021年，白城市起草《2021年白城市生活垃圾分类工作计划》《白城市市区生活垃圾分类工作实施方案》，与青岛市城管局建立“一对一”交流协作城市。市城管局与市自然资源局共同对餐厨垃圾处理厂进行选址踏查。在新区官银号街道管辖范围内3个社区、12个小区、16个公共机构实行生活垃圾分类试点。开展生活垃圾分类工作宣传，推进再生资源回收体系建设。

【冬季清雪】　2021年冬季暴雪期间，市城管局科学编组车辆，合理安排人员，坚持雪中除雪、夜间除雪、人休车不休、连续作战原则投入到清雪清运工作中，做到“即下即清、即清即净、雪中路通、雪停路畅”。全年出动环卫工人5300人次；清雪车辆3396台次，确保雪后市民群众出行畅通。

【原三合路早市摊位整体迁移】　2021年，白城市新建总面积20975平方米新三合路早市，在市场内栽植树木、花草，配置公共卫生间、休息长椅、消防器具等，施划早市摊位560个，便民疏导点摊位308个，并在周边施划机动车停车泊位476个、非机动车停车区1876

7月26日，新建成三合路早市投入使用。图为早市入口　（杨　野 供图）

米。研究制定《三合路规范化集贸市场管理规定》。为市民群众提供便民服务3800余次。

【餐饮商户管理】 2021年，市城管局通过“边摸排、边登记”方式，排查餐饮商户1618家，发放《油烟净化设备清洗手册》1800余册，掌握辖区餐饮经营单位油烟净化器安装使用情况，形成“一店一档”管理模式，由辖区大队每月跟踪检查1次。聘请第三方检测部门检测商户95家、油烟点位96个、噪声点位193个，对检测不合格的责令整改。所有案件整改完毕。

【露天市场管理】 2021年，白城市出动1100人次，管理全市8处露天市场。重点规范商贩摊位摆放秩序、清理违规占道经营，防止乱摆乱卖现象发生；监督商贩摊位卫生容器配备，督促商贩随时清扫产生垃圾，并清理撤市后各自经营区域卫生。

【违建拆除】 2021年，白城市推进“两违”（违法建设、违法违规审批）排查。全年排查摸底疑似违建5465处，面积67969平方米。其中，高空2154处、地下室122处、楼接房1271处、小区4868处；拆除金辉桥下（原东风乡面粉厂院内）废弃建筑，拆除面积400平方米。

【智慧城管建设】 2021年，白城市完成智慧城管指挥中心搬迁改造。成立智慧城管无人机中队，搭建无人机指挥平台。利用城管热线、网络舆情等媒介拓宽百姓沟通渠道，与市督查指挥中心“一个电话解难题”联网，受理群众举报案件。全年完成各类案件332件，受理民生热线投诉举报156件，受理白城之窗、今日头条、指尖白城等网络舆情反映案件190件，处理日常巡查督办386件。

7月9日，完成智慧城管指挥中心搬迁改造。图为城管工作人员在指挥中心开展日常工作　　（姜丽莉 供图）

【城市管理立法】 2021年，白城市起草《白城市城市管理条例（征求意见稿）》，经征求多方面意见建议，社会稳定风险评估以及合法性审查和专家论证等工作，修改完善13次，经白城市第六届人民代表大会常务委员会研究通过，吉林省第十三届人民代表大会常务委员会批准，自2022年3月1日起实施。

【城管服务】 2021年，市城管局在基层中队建立便民服务驿站13个，面对面为群众提供咨询帮助和便民服务。设立管理规范的城市疏导点15个，秋菜疏导点6个，新建2万余平方米、近千个摊位的三合路早市。简化并公开牌匾审批程序，印制并发放《牌匾和户外广告审批办理指南》3000余份、一次性服务卡3000册，变事后管理为服务前置，开展预约服务、上门服务。开展城市管理“十走进”（进企业、进医院、进学校、进机关、进部队、进社区、进小区、进市场、进乡镇、进困难家庭）、“面对面”服务、“一对一”帮扶等活动。结合街道行政区域下沉执法力量，在街道建立基层中队，加强与街道社区联合协作，实现“街道吹哨，城管报到”。探索城市管理规范化模式，推动“双强化一提升”（强化作风纪律、强化为民服务，全面提升城市管理效能）活动，城管队伍建设规范化。

（李赫楠）

脱贫攻坚成果巩固

【概况】 2021年，白城市学习贯彻习近平总书记关于巩固脱贫攻坚成果同乡村振兴有效衔接重要讲话重要指示批示精神。2月25日全国脱贫攻坚总结表彰大会召开后，组织25位市级领导到包保联系点宣讲大会精神。10月，市委书记李明伟带领5个县（市、区）委书记到四川成都考察巩固脱贫成果同乡村振兴有效衔接工作。2021年，全市召开常委会、常务会、理论中心组学习会以及专项调度会等10余次。全年市、县两级提拔使用驻村干部94名。围绕巩固脱贫成果工作责任落实、政策衔接和业务变化等内容，组织市县乡和行业部门分层分类开展业务培训，全市开展各类培训班37期、培训各级干部8123人次，实现市县乡党政领导干部、行业干部、驻村干部等培训全覆盖。在全国脱贫攻坚总结表彰大会上，通榆县委书记李德明等3名同志获"全国脱贫攻坚先进个人"称号，镇赉县委等3个单位获"全国脱贫攻坚先进集体"称号。白城有22个集体和58名同志受到全省脱贫攻坚表彰奖励。

【过渡期政策落实】 2021年，白城市落实好过渡期内各行业政策，制定《巩固拓展脱贫攻坚成果同乡村振兴有效衔接实施方案》《防止返贫动态监测和帮扶机制》《乡村建设行动工作方案》等3个指导性文件。各相关部门结合各自职能职责，先后出台《关于大力发展庭院经济的实施意见》《关于防返贫监测专岗计划实施意见》等51个政策类文件，为各县（市、区）开展工作提供遵循。

（薛　晶）

【脱贫户危房改造】 2021年，市住建局组织白城市下辖县（市、区），开展脱贫户等农户新增危房排查。经排查鉴定，白城市发现符合改造条件农村新增危房1948户，截至2021年末，1948户改造任务全部完成。

（周　岩）

【易地搬迁脱贫成果巩固】 2021年，白城市围绕通榆县31个易地扶贫搬迁村，加大就业、产业和后续配套设施建设力度，建设2万千瓦楼顶光伏项目，土地复垦3269公顷、流转5600公顷，建设搬迁村棚膜经济示范园区5个，巩固易地搬迁脱贫成果。

【就业衔接】 2021年，白城市农村公益岗总规模2.5万个，比2020年增长1000人，总量和增幅均为吉林省第1；开展脱贫人口就业技能培训20班次893人，脱贫人口稳定就业3.8万人，超出2020年3823人，就业总人数位居全省第1；落实"雨露计划"补助1556人次、233.4万元。

【公共服务衔接】 2021年，白城市872家村卫生室均达到标准化要求；完成184个行政村综合服务设施达标建设；建设7家乡镇图书馆和2家乡村博物馆。加大对落后地区公共服务投入力度，保障乡村公共医疗卫生、社会保障、社区养老等社会性公共服务需求，促进区域基本公共服务质量水平有效衔接。

【社会保障衔接】 2021年，白城市有6万名脱贫人口纳入低保，临时救助5060人次，发放临时救助金270.1万元；政府代缴养老保险费5.9万人、598万元；发放残疾人两项补贴5177万元。

【金融保险帮扶政策落实】 2021年，白城市各级衔接资金到县规模7.5亿元，安排实施项目156个，开工率100%；发放小额信贷2129户、8002万元，历年贷款1.2万户、8.5亿元，户贷率46%，户贷量3.34万元，做到应贷尽贷，吉林省排名第1；落实"6+N+1"产业保险政策，有2.6万户脱贫户参保，保费规模3042万元。

【包保帮扶】 2021年，白城市制定

洮南市聚宝乡长久村村民杜长茂夫妇，在驻村工作队帮助下，日子越来越富裕。图为12月1日，他们通过废物再利用，制作出各式各样的剪纸及装饰品装点庭院　（邱会宁　范海辉　供图）

《白城市各级包保干部开展“三帮扶一推动”活动方案（2.0版本）》，5月、9月，开展两轮“三帮扶一推动”活动，白城市3.5万名干部驻村入户帮扶，解决问题1000余个。在驻村帮扶上，重新对400个村选派1185名驻村干部，并在白城市驻村干部中开展“七个一”（开展一次党课专题辅导、重温一次入党誓词、组织一次献计献策活动、走访慰问一次老党员和困难党员群众、举办一次歌颂当地纪念活动、读一本经典好书、命名表彰一批先进典型）活动，走访群众12.4万人次、帮助解决问题2500件、谋划产业项目471个，确保新调整驻村干部履职尽责。在中央单位定点帮扶上，对接中央定点帮扶单位，吉林大学和东北师大分别为通榆县投资1844万元和销售农产品103万元；一汽集团为镇赉县投资1210万元；国家农发行为大安市投资450万元。在消费扶贫上，白城市预算单位消费扶贫采购预留份额105万元，居吉林省各市（州）首位。“832消费扶贫平台”新注册企业27家，上架农副产品88个，销售金额3800万元，位居吉林省前列，并获省级“832平台优秀组织奖”。

【“三保障”和安全饮水政策落实】 2021年，白城市在教育保障上，开展控辍保学专项行动，对11.1万名农村义务教育阶段学生常态核查，没有发生因贫辍学现象。在医疗保障上，白城市13.7万脱贫人口均参加基本医疗保险，纳入慢病管理6.5万人；家庭医生签约服务12.7万人，在乡脱贫人口签约服务率100%；建立为行动不便脱贫人口代购药品机制，为1828名脱贫人口代购送药；为7.3万“老、病、残”脱贫人口免费体检。在住房保障上，排查农村房屋35.3万户，对5904户存在安全隐患进行鉴定，维修整治2726户，新改造危房1948户。在饮水安全上，投资2000万元建设信息化工程，覆盖农村集中供水1627处，并完成农村集中供水工程水质检测2754处，检测结果全部合格。

【行业防返贫排查比对机制建立】 2021年，白城市在全省率先出台《行业部门防返贫排查比对工作机制》，明确教育、住建、水利、医疗等9个职能部门排查职责，跟踪行业政策落实情况。着眼稳收入，强化产业项目排查。从排查每户收入向排查收入来源转变，对带户龙头企业和合作社逐月查分红情况、生产情况、经营风险，确保带户增收能力不减。着眼查风险，杜绝政策遗漏隐患。针对出现大病、发生慢病、改造危房、新生上学、生活困难等5个致返贫风险点，重点防范，逐月查找汇总情况。比如，医保部门重点排查农户住院个人自费部分超4000元和纳入慢病管理的农户，住建部门排查农房建设质量安全，将符合条件的纳入全市危房改造计划；教育部门重点摸排比对义务教育阶段学生，对154名因身体原因不能入校读书的贫困学生实行送教上门。截至2021年末，全市汇总信息8.7万条，入户19.6万户，新纳入监测帮扶1037人，给予特困救助59人，临时救助4192人次，第一时间消除致返贫风险隐患。累计纳入监测帮扶7645人，消除返贫致贫风险6761人，风险消除率89%。白城市防返贫监测总人数全省最多。

【防返贫监测“一村一员”专岗】 2021年，白城市在全省首创开发设立防返贫监测专岗，在919个行政村聘用防返贫监测专岗932人，逐月开展入户排查。主要面向18～45周岁脱贫人口，重点从事农村人口防返贫监测工作，每个行政村开发至少1个专岗，所需薪资从村级光伏扶贫电站收益中支配。全年，新纳入监测帮扶1037人。

【巩固脱贫成果后评估预审】 2021年，白城市制定县村户3级核查清单，明确7大类81项核查任务，抽调50名驻村第一书记，组成5个核查组，集中利用8天，每个县抽查15个脱贫村、5个非贫村，每个村抽查15户脱贫户、5名监测户，全市抽查100个村2000户农户，实地核查并督促整改责任落实、政策落实、工作落实和巩固成果等情况，做到乡镇全覆盖。

（薛　晶）

【参保排查和因病返贫监测】 白城市排查141496名脱贫人口，参加基本医疗保险141435人，除61人（死亡、服刑、失联）外，均纳入医疗保障范围，动态参保率100%。全市排查出自付医疗费用超过4000元农村低收入人口6957人，报给乡村振兴局开展低收入人口因病

8月26日，市科技局组织科技特派员到平台镇永丰村指导。图为特派员在村民地里进行农业技术指导 （宋晓峰 供图）

返贫监测。全市102个乡镇（社区）卫生院，880个村（场）卫生室均开通医保结算系统。全市纳入门诊大病管理67682人，纳入门诊慢病管理64184人，纳入门诊特殊疾病管理6198人。落实参保资助政策。对符合条件城乡特困供养人员、孤儿、城乡低保对象、脱贫人口给予参保资助。其中，对城乡特困供养人员、孤儿全额资助；对城乡低保对象、脱贫不稳定人口每人每年定额资助130元。2021年，以上各类人员参保225856人，医疗救助资金给予参保资助3081万元。保障基本、大病、救助等各类待遇。2021年，全市脱贫人口发生普通门诊125137人次，医保基金支出479万元。城乡特困人员、孤儿、城乡低保对象、脱贫人口（原建档立卡贫困人口）使用特药2085人次，医保基金支出709万元，医保个人先行自付比例由35%降至25%。全市城乡特困人员、孤儿（含参照孤儿保障的对象）、城乡低保对象、脱贫人口享受大病保险156828人次，大病保险基金支出1.49亿元。2021年，全市城乡特困供养、低保人员享受基本医疗救助169138人次，医保支出4051万元；脱贫人口享受托底救助204046人次，医保支出8934万元；脱贫人口享受门诊慢病162085人次，医保支出3169万元。扩大医疗救助定点范围。与11家省级基本医疗保险定点医疗机构签订医疗救助定点管理协议，实现城乡低收入人员省级医疗机构基本医疗保险、大病保险、医疗救助“一站制”直接结算，2021年，农村低收入人口转诊8661人次，医保报销5955万元。

【科技助农】 2021年，白城市走访脱贫村60次，对洮北区53个脱贫村实现科技服务全覆盖，组织科技特派员173人次，发放农业技术宣传资料1万余份，帮助农民解决农业技术难题20余个。引导村内黄菇茑种植经销大户吸纳20余户贫困户就近务工创收，户均增收额2000余元。

（朱　鼎）

【教育捐赠】 12月14日，陶行知教育基金会“科教强国·乡村振兴”助力城乡教育公平化发展公益活动捐赠仪式在白城市洮北区洮河镇中学举行。陶行知教育基金会为白城市123所学校捐赠价值336万元教学资源和信息化教学设备。

（赵俊玲）

农村改革

【农村产权制度改革】 2021年，白城市按照《关于全面推进乡村振兴 加快农业农村现代化的实施意见》要求，完成农村集体经营性资产折股量化635个村，股权证书逐步发放；全市确定农村集体资源变资产、资金成为股金、农民变股东“三变”改革市级试点村76个，实现乡镇全覆盖，培养树立通榆县乌兰花镇陆家村、镇赉县建平乡民主村、洮北区洮河镇大六家子村等“三变”改革典型村。镇赉县作为全省改革试点县，选定镇赉镇二井子村、嘎什根乡后围子村、建平乡民主村为省级“三变”改革试点村，通过股份合作、产业带动、社会参与、农民受益方式，实现“三变”；市产权办印发《关于全面推进农村产权流转交易市场建设工作的通知》，在全市推进农村产权流转交易市场建设，培训农村产权交易市场业务人员318人次。大安市、洮南市有30宗村集体资源、资产流转和村集体采购等项目进入省产权流转交易服务平台公开挂牌交易，挂牌金额4321万元，成交26宗，成交金额4592万元，资源、资产流转溢价302.14万元，采购节支32.13万元，增加村集体经济收入334.27万元。

【土地规模经营】 2021年，白城市培育52个市级土地规模经营示范典型；全市农村土地流转面积24.38万公顷，占全市家庭承包耕地总面积57.93万公顷的42.1%；土地规模经营面积35.88万公顷，占国土二调农村集体耕地总面积78万公顷的46%，土地流转、土地适度规模经营面积保持全省前列。

【通榆县国家农村宅基地制度改革试点】 通榆县于2020年9月被列为农村宅基地制度改革工作国家试点县，2021年1月，通榆县制定《通榆县农村宅基地制度改革试点实施方案》，专门召开部署会议，成立县委书记为组长的领导小组，筹集资金700万元，推进全县开展修补测切图确权登记工作。截至2021年末，全县16个乡镇完成修补

11月2日，市就业局联合市乡村振兴局在大安市永保种植农民专业合作社考核扶贫车间创建。图为工作人员查看相关材料　　（马若怀　供图）

测调查后宅基地62766宗，宅基地总面积1.34亿平方米，宅基地闲置5052宗；开通镇东郊村、瞻榆镇东关村、新兴乡宏源村为试点村，3个试点村完成修补测调查后宅基地987宗，宅基地总面积165.84万平方米，宅基地闲置149宗。数据库成果由监理公司向省不动产登记中心汇交。

（蔡广仲）

产业发展

【一二三产业融合发展】　2021年，白城市作为省内唯一市（州）代表在全省农产品加工业和食品产业推进会上作典型交流。全市新培育省级休闲农业企业2家，大安市叉干镇民乐村和洮南市福顺镇新德村被评为省级美丽休闲乡村，镇赉县黑鱼泡镇、通榆县瞻榆镇创建国家农业产业强镇。新创建市级以上现代农业产业园7个，被认定为第五批省级现代农业产业园创建单位1个。组织遴选89家企业参加农博会、农交会、中国西部国际博览会等展会，举办吉林·白城2021年中国农民丰收节活动，收获意向订单超过亿元。全市培育市级示范合作社235个、市级示范家庭农场122个、市级示范社会化服务组织35个，分别超过年初设定目标35个、22个、5个，在通榆县召开中化MAP集团现场会，加快推广农业生产社会化服务模式。创建国家农民合作社示范社6个。

（蔡广仲）

【乡村产业建设】　2021年，白城市打造农业“十大产业集群”。谋划实施重点项目45个，在梅花、益海嘉里、吉运、和合、飞鹤、牧原等头部企业带动下，玉米、水稻、肉牛、奶牛、生猪实现全产业链发展。全市规模以上农产品加工企业发展到38家，有12家企业被评为全省百强企业。梅花建成全球单体规模最大赖氨酸生产基地，益海嘉里完成扩能改造，好雨、裕丰等6家企业被纳入全省粳稻产业集群。白城工业园区认定为省级农产品加工示范园区。落实“秸秆变肉”暨千万头肉牛工程，在全省率先成立市、县两级畜牧管理机构，出台“肉牛20条”政策措施，良种化繁育、规模化养殖、精深化加工、品牌化打造“四化”做法在全省推广，全市肉牛养殖量突破50万头，增长64%。支持德信公司做大做强，优质肉牛冻精产量占全省40%、全国10%，成为重要的肉牛种源供应基地。开工建设和合、吉运等肉牛屠宰加工项目，填补产业链空白。推动牧原、大北农等龙头企业扩大规模，全市生猪239万头，实现翻一番。支持飞鹤全域布局扩能，4万吨奶粉、5万头奶牛养殖基地项目在洮北选址启动，2万吨奶粉、3万头奶牛养殖基地项目在镇赉竣工投产，全市奶牛超过4万头，居全省首位。

【金融助力乡村振兴】　2021年，白城市印发《关于金融支持乡村振兴的指导意见》，从5个方面细化金融扶持措施。印发《白城市人民政府办公室关于给予属地金融机构工作支持的通知》，要求各县（市、区）政府加大金融助力乡村振兴工作力度。截至2021年末，全市涉农贷款余额467.42亿元，较年初增长12.1%。探索建立种植养殖大户银保联动机制，召开白城市活体抵押贷款工作座谈会，辖内有8家机构发放肉牛活体抵押贷款，贷款余额2.96亿元。

（宗思维）

【扶贫车间创建】　截至2021年末，全市创建就业扶贫车间20个，吸纳就业272人，其中脱贫劳动力128人；创建就业扶贫驿站17个，吸纳就业255人，其中脱贫劳动力44人。8月下旬，市人社局联合市乡村振兴局到洮南市、镇赉县和大安市对申报就业扶贫车间进行考核认定。命名“洮南市宝昌黏玉米专业合作社、镇赉县双丰鹅业养殖专业合作社、大安市永保种植农民专业合作社、大安市润煦生物科技发展有限公司”等4家企业“2021年度就业扶贫车间”并进行授牌。

（田志昌）

【“双带四增”产业扶贫】　2021年，白城市在“双带”上，启动带户龙头企业、带户合作社培育计划，对通榆牧原养殖、镇赉和合牧业、洮南吉丰粮贸等50家带户龙头企业、100家带户合作社，从政策、资金、营销等方面强化扶持。白城市有24家企业被认定国家级和省级产业化龙头企业、12个合作社被认定为国家级和省级示范合作社。在“四增”上，巩固光伏扶贫增收，白城市170

个村级光伏扶贫电站运行平稳，100%正常发电；光伏收益分配1.32亿元，带户平均增收1500元以上。巩固电商扶贫增收，农村电商服务站发展到878个，覆盖面96%；电商扶贫农产品网络零售额9.5亿元，是2020年2.5倍。巩固庭院经济增收，突出规模化、特色化、品牌化发展，发放补贴资金9193万元，庭院经济发展到23.2万户1.46万公顷。巩固扶贫车间增收，扶贫车间和扶贫驿站发展到36个，吸纳678人就地就近就业。培育创业致富带头人1690人，落实乡村振兴指导员4058名，384个脱贫村全部派驻科技特派员。

（薛　晶）

乡村建设

【基础设施建设】　2021年，白城市制定《白城市乡村建设行动工作方案》和12个行业部门专项方案，建立"1+12"方案体系，强化月调度工作机制，确保各专项行动有序推进。5个县（市、区）整合资金16.5亿元，其中70%用于乡村建设；完成919个行政村规划分类布局（集聚提升类243个、城郊融合类76个、特色保护类55个、稳定改善类311个、搬迁撤并类156个、其他类78个），对有需求的19个村编制规划；建设"四好农村路"262千米，创建美丽农村路70条；完成大安市223个行政村每村200千瓦光伏项目；改造和维修提升农村供水工程898处；新改造危房1948户。依托光伏电站收益，按照每个村50万元规模，专项支持村级小型公益事业建设。2021年投入3180万元，重点提升175个脱贫村的小型公益事业建设。

（薛　晶）

【村庄规划】　2021年，白城市完成《白城市村庄规划工作方案》和市辖区行政辖区范围内7个镇、5个乡和1个农村街道办事处所辖162个村级行政单元村庄分类布局工作。《白城市市辖区村庄分类布局专题研究（2020—2035年）》上报省自然资源厅。

（孙辉立）

【乡村文化建设】　2021年，白城市完善《村规民约》，建立"道德红黑榜"，对不遵守村规民约行为村民限制其获取社会福利待遇和扶贫待遇，评选市级美丽庭院、干净人家100户，文明家庭52户，白城好人109人，推荐选树"十佳五星""五种好人""四道模范家庭"等各类先进典型1000余人（户、家）。文化惠民工程实现乡村全覆盖，建成乡镇综合文化站75个、农村文化大院919个、农家书屋919个，开展文化科技卫生"三下乡"文明实践活动30余场次，举办各类文化活动200余场次，受众人群50万人次。创成国家级文明村镇9个、省级文明村镇60个、市级文明村镇182个、县级文明村镇239个，文明乡镇占全市乡镇数量94%、文明村占全市行政村数量61%，实现50%以上村镇达到县级及以上文明村镇标准。

【乡村生态建设】　2021年，白城市建立化肥减量增效技术推广示范区，开展玉米高效缓释肥应用、秸秆还田、水肥一体化、水稻侧深施肥等技术试验示范，推进土壤改良和"一控两减"（"一控"指控制农业用水总量和农业水环境污染，确保农业灌溉用水总量保持在3720亿立方米，农田灌溉用水水质达标；"两减"指化肥、农药减量使用），基本实现肥料减施15%、农药减量20%。使用"三品一标"证书产品541个，发展有机食品、绿色食品、无公害农产品生产基地11.8万公顷，地理标志农产品基地面积超13.33万公顷。

【乡村组织建设】　2021年，白城市完成乡村两级换届，村"两委"班子均实现"5个100%"目标，乡镇领导班子各项

镇赉县镇赉镇加强基础设施建设。图为二井子村鸟瞰。摄于8月17日　　（李晓明　供图）

结构比例均得到优化。采取县级领导联村、乡镇领导包村、机关单位结对、第一书记驻村举措，加强基层党组织软弱涣散整顿；创新开展党建引领农村互助式养老服务工作，确定52个互助式养老服务试点村，采取文体娱乐、精神情感、基本信息、生活行为4种互助方式，按照“组建村民互助小组、科学确立活动主题、开展活动”办法开展“党建+养老服务”。实施党组织领办合作组织，深化“第一书记代言”活动，全市村集体经济年收入50万元以上村194个，占21%。

（蔡广仲）

【千村示范创建】　2021年，白城市围绕95个示范村创建任务，科学谋划“一带三环”（“一带”包括大安市、洮南市、洮北区，“三环”包括南环通榆县、北环镇赉县、中环洮北区）总体布局，建立统筹调度、手册指导、清单盘点、挂图作战4项机制。投入资金2.6亿元，改造提升短板弱项192个，新建和维修道路107千米、绿篱8000米、排水边沟110千米，安装路灯5643盏，集中清理村屯垃圾1.8万吨，拆除违章和废弃建筑1357个，整治卫生乱象2811处，5个县（市、区）均建立常态保洁工作体系。盘活村集体资产，创建村集体经济全部达标。

【绿篱建设】　坚持“三步走”思路。第一步，典型示范。将通榆县复兴村、洮南市万宝山村、大安市新合村、镇赉县才力村、洮北区黎明村5个村作为先行先试村，选择金叶榆、云杉等易活树苗编织栽种，外配铁丝网篱，对比传统砖院，降低每米成本170元。第二步，兼顾经济效益。在2021年5个村试点基础上，计划2022年拿出10个村进一步试点探索，重点在选择经济树种、坚持树花间种、释放经济效益上下功夫，确定文冠果、樟子松嫁接红松两大树种，万寿菊、蒲公英、板蓝根3个花种，既绿化美化又创造经济效益。第三步，全面推开。在取得成熟经验基础上，在千村示范创建村全部开展绿篱新建和改造。

（薛　晶）

农村人居环境整治

【概况】　2021年，市农业农村局制定《白城市农村人居环境整治五年提升行动方案》《白城市农村人居环境整治村庄清洁行动夏秋战役指导意见》，坚持压茬开展村庄清洁行动，实施村庄净化、绿化、美化、亮化，全市90%以上行政村达到干净整洁标准。各县（市、区）均建立农村环境卫生管理长效机制，全市清理垃圾和畜禽粪污等农业废弃物115余万吨，清理庭院36.2万个，拆除残垣断壁8349处，拆除废弃房屋10907处。5月1日，《白城市农村人居环境治理条例》施行。

【户用厕所改造】　2021年，市农业农村局制定《白城市2021年农村户用厕所改造实施方案》，按照“宜水则水、宜旱则旱”原则科学宣传定户，2021年全市整村推进89个村，改造农村户用卫生旱厕17990户，建设进度全省第1。

【垃圾治理】　2021年，白城市通过政府购买第三方服务方式，引进垃圾清运服务企业，按照“日产日清”要求，开展垃圾收集、转运、处置等工作。全市配置环保垃圾桶12.96万个；购置收集、转运专业车辆817辆；建设垃圾中转站30座，“村收集、乡转运、县处理”农村生活垃圾收运处置体系基本建立，所有生活垃圾均运送至城市垃圾填埋场处置，90%以上行政村农村生活垃圾能够得到治理。

（蔡广仲）

健康乡村建设

【概况】　白城市所辖5个县（市、区）中原有3个国贫县、2个省贫县。2021年初，全市有建档立卡脱贫人口14.12万人。市卫健委印发《全市卫生健康系统防返贫排查比对工作方案》《关于开展全市“基本医疗有保障”工作“回头看”排查整改专项行动的通知》，组织全市县、乡、村三级医疗卫生机构做好健康扶贫巩固工作。制定《2021年巩固健康扶贫领域工作督查方案》《白城市健康扶贫成果“巩固提升月”实施方案》《白城市健康扶贫“再巩固再提升”实施方案》《白城市巩固健康扶贫防止因病致贫返贫风险工作预案》《关于开展巩固健康扶贫“查漏补缺”专项行动的通知》等文件，加大制度保障力度。12月17日，在省级视频推进会议后市卫健委印发《关于开展全市巩固健康扶贫集中摸排攻坚行动》，组织市、县、乡、村四级医疗卫生机构开展集中摸排专项行动，做好巩固健康扶贫与乡村振兴有效衔接。

【大病集中救治】　截至2021年末，全市大病救治脱贫人口36119人。费用1.3843亿元。其中，基本医疗保险8706万元、大病保险近744万元、医疗救助384万元、政府兜底785万元。

【健康扶贫动态监测】　2021年，市卫健委建立与乡村振兴、民政、医保等部门监测对比机制，建立“白城市2021年巩固健康扶贫工作信息数据台账”，每月统计和监测。实行市级每两个月巡查指导1次，不定期抽查督导方式加大督查力度，全年各级覆盖脱贫和重点监测人员6轮，270674户次512249人次，覆盖5个县（市、区）10家县级医院和县级中医院、91家乡镇卫生院、871家村卫生室，政府办县、乡、村三级医疗机构覆盖率100%，各级医疗机构人员、设置、药品和功能配置等均符合标准和要求。6月，在全省率先启动脱贫人口家庭医生签约服务和“一人一策”健康管理信息化制度，所有健康随访和指导记录均录入基层信息系统，与易

12月20日，白城市开展巩固健康扶贫集中摸排攻坚行动督导检查。图为检查组到通榆县开通镇卫生院检查健康扶贫档案 （刘 航 供图）

申公司合作优化系统模块，实现健康档案和健康随访信息互联互通，方便监测和管理。全市重点人群签约服务144469人，均进行健康监测和健康管理服务，核实和服务失能老年人2915人，服务计划生育特殊家庭3483人。实施为行动不便、购药困难的脱贫人口代购送药上门服务，为2091人代购药品17种；为在乡脱贫“老、病、残”88945人开展免费健康体检；为脱贫人口建立并开放健康档案136817人；开展脱贫患者“一人一策”健康管理74320人。

（刘 航）

【基层医疗机构“智医助理”系统建设】 2021年，白城市在全省率先推行城乡全域智慧医疗系统，总投资1320万元，与科大讯飞合作，在5个县（市、区）102家乡镇卫生院和社区卫生服务中心全覆盖开发建设“智医助理”平台。辅助基层医生开展诊疗服务，提高病历规范性，利用智能外呼系统开展政策告知、体检预约和满意度随访，受到基层医生和群众好评。系统上线至2021年末，智能辅助诊疗超过10.74万次，智能检测病例3.85万份，智能规范病历3.22万份，规范率83.78%，发起智能电话、短信12.2万次，通话时长6.64万分钟，节省人力工作时间1100小时。

（薛 晶）

乡村治理

【乡村治理建章立制】 2021年，白城市出台《中共白城市委城乡基层治理委员会重点工作任务清单》《市委城乡基层治理工作委员会网格治理专项组成员单位任务分工》《市委城乡基层治理工作委员会网格治理专项工作组三年工作计划》《市委城乡基层治理工作委员会网格治理专项工作组工作规则》，为专项工作组成员单位和各县（市、区）网格治理专项工作组开展工作提供遵循和指导。

【乡村网格化治理】 2021年，白城市推进乡村网格化治理工作。组建网格治理专项工作组微信联络群，组织成员单位不定期交流研讨网格治理工作，形成每月定期报送工作进展情况工作机制。建立“鹤乡基层治理”微信公众号，及时发布网格工作成果、推广域外先进经验。民政部门对全市网格进行科学划分。城市以社区为单位，划分网格1125个。农村以行政村为单位，划分网格3179个。并划分专属网格300个。2021年，全市完成网格编码工作。各地实施“一格三长”（一网格须配备网格长、楼长和单元长）和“网格长+村民代表”制度，在辖区设置网格公示牌4678个，完善网格职能。开展扫黑除恶专项斗争和平安乡村建设，农村社会保持和谐稳定。洮北区青山镇黎明村列为国家级乡村治理示范村。

（李葛希）

【“四议两公开”】 将“四议两公开”（村党组织领导下对村级事务进行民主决策的一套基本工作程序，是基层在实践中探索创造的一个行之有效的工作方法。“四议”是指村党支部会提议、村“两委”会商议、党员大会审议、村民代表会议或村民会议决议；“两公开”是指决议公开、实施结果公开）工作纳入乡村治理体系建设，制定《白城市村务公开实施办法》，划定政务公开、事务公开、财务公开、资产资源公开和其他公开等5个方面29项内容，提升村民自治水平。

（薛 晶）

【民主法治示范村创建】 2021年，白城市面向农村开展经常性普法宣讲活动。常态化开展扫黑除恶斗争，宣传落实《中华人民共和国反有组织犯罪法》。健全人民调解员队伍，完成919个村级人民调解组织建设，开展矛盾纠纷排查1283次，化解各类纠纷8028件，调解成功7987件。打造乡村法律图书角、法治宣传栏、普法书屋、绘制漫画墙、“大喇叭乡村广播电台”等法治文化阵地。以“一村一法治文化阵地”建设、“法律明白人”培养、“一村一法律顾问”等活动为载体，推进法治创建活动。对白城市国家级民主法治示范村开展调研，巩固民主法治创建工作成果。截至2021年末，全市获“国家级民主法治示范村”称号行政村5个，分别为洮南市福顺镇翻身村、镇赉县坦途镇四家子村、镇赉县嘎什根乡嘎什根村、通榆县开通镇和平村、大安市红岗子乡一心村。获“省级民主法治示范村称号”行政村39个。

（王 露）

生态环境

生态环境质量

【空气环境质量】 2021年，白城市有效监测天数360天，空气质量优良天数349天，城市空气质量优良天数96.9%，轻度污染天数2.5%，中度污染天数0.6%，没有重度及以上污染天气发生。$PM_{2.5}$平均浓度25微克/立方米（扣除沙尘影响），PM_{10}平均浓度38微克/立方米（扣除沙尘影响），SO_2平均浓度9微克/立方米，NO_2平均浓度14微克/立方米，CO日均值第95百分位浓度0.7毫克/立方米，O_3日最大8小时平均（O_3-8h）第90百分位浓度38微克/立方米。

2月，吉林省生态环境厅发布《通报》，按照优良天数比例和细微颗粒浓度等指标进行考核评定，白城市有3个县域主要考核指标进入全省前10。通榆县、洮南市、洮北区分别列全省第7、9、10位，且优良天数比例均100%。

【水环境质量】 2021年，白城市在嫩江水系有3个断面，分别为哈尔戈、知青场和白沙滩断面，考核目标均为III类，全年水质均达到考核要求。洮儿河水环境质量。白城市在洮儿河水系有4个断面，分别为镇西大桥、西河夹信子、到保大桥和月亮湖下断面，考核目标均为III类，全年水质均达到考核要求。集中式饮用水水源地水质量。白城市有2个地级以上集中式饮用水水源地，即白城二水厂水源地和白城三水厂水源地，均完成保护标志牌等警示标志设立工作，完成水源地规范化建设，水质全部达到《地下水质量标准》（GB/T14848—2017）中III类标准，达标率100%。

【声环境质量】 2021年，白城市城市区域昼间环境噪声等效声级52.8dB（A），声环境总体水平为二级。白城市布设道路交通噪声监测点位55个，布设在18条主要交通干线上，路段总长22.2千米，昼间等效声级66.1dB（A），城市道路交通噪声昼间噪声强度为一级。白城市功能区噪声昼间和夜间达标率分别为84.0%、63.6%。

【土壤环境质量】 2021年，白城市制定《白城市土壤环境质量巩固提升方案》。组织土壤重点监管企业开展隐患排查、自行监测工作，7家重点企业完成排查工作。推进企业用地调查成果应用，印发《关于进一步加强建设用地土壤环境联动监管的通知》，制定《白城市建设用地污染地块风险管控工作方案》，完成1个地块土壤污染状况调查报告审核工作，开展7个开发建设地块《中华人民共和国土壤法》落实情况调查工作，未发现违法行为。开展地下水环境状况调查评估工作，编制完成《白城市“双源”地下水环境状况调查实施方案》，经市政府批复实施并完成项目申请进入中央生态环境资金项目库录入工作。 （李　晗）

表 61　2021 年白城市地级城市空气质量监测结果一览表

城市	$PM_{2.5}$（微克/立方米）	PM_{10}（微克/立方米）	SO_2（微克/立方米）	NO_2（微克/立方米）	CO-95per（毫克/立方米）	O_3-8h-90per（微克/立方米）	优良级天数比例（%）	重度及以上污染天数	重度及以上污染天数比例（%）
白城市	23	38	9	14	0.7	107	96.9	0	0

说明：SO_2、NO_2、PM_{10}、$PM_{2.5}$ 为平均浓度，CO、O_3-8h 为百分浓度。（PM_{10}、$PM_{2.5}$ 扣除沙尘影响）

（资料来源：市生态环境局）

土地资源保护

【生态红线划定】 2021年，白城市依据《吉林省生态保护红线划定方案》，原生态保护红线划定面积532688.46公顷，占行政区面积20.68%，其中洮北区（行政辖区）生态保护红线划定面积4515.16公顷，占全区面积1.75%。经科学评估和技术操作，全市调整后生态保护红线总面积408760.82公顷，占全市行政区面积15.87%，其中洮北区4880.62公顷(其中包括自然保护地1279.75公顷，国家二级以上公益林3600.86公顷)，占行政区面积1.89%。完成生态保护红线评估调整成果及数据库汇总上报吉林省自然资源厅。

【城镇开发边界划定】 6月，白城市将城镇开发边界试划成果上报吉林省自然资源厅，并根据反馈结果进行优化调整。城市发展方向主要沿东西向展开，划定城市开发边界沿高速公路、铁路、东部绿电产业园区和永久基本农田分布，总规模约226.66平方千米，其中以“开天窗”形式保留的永久基本农田部分30.94平方千米不计入城镇开发边界总规模。城市开发边界中“三区”规模分别为集中建设区约136.19平方千米，弹性发展区约65.32平方千米，特别用途区约25.15平方千米。

【矿山地质环境保护恢复治理】 2021年，白城市组织专家完成3处露天砂场恢复治理验收，面积6.0974公顷。召开绿色矿山建设工作会议，印发《白城市自然资源局关于开展绿色矿山建设工作的通知》，明确绿色矿山建设工作标准，拟设立4个绿色矿山企业。启动《白城市本级国土空间生态修复规划暨工矿废弃地复垦规划》编制工作，摸清市本级工矿废弃地底数，为实施土地综合整理和生态修复工程奠定基础。

【永久基本农田核实整改补足】 2021年，白城市按照自然资源部和吉林省自然资源厅的工作部署，开展永久基本农田核实整改补足工作，组织相关部门召开永久基本农田核实整改补足工作推进会议。按照调整规则进行永久基本农田调出、补划的数据处理，完成调出补划数据库初步成果。

2021年，白城市实施盐碱地治理项目。图为洮北区镇南种羊场四间房农场全域土地综合整治项目现场。摄于9月7日 （杨 明 供图）

【盐碱地开发利用】 2021年，白城市在建盐碱地治理项目6个，新增耕地面积1716.1987公顷。实施洮北区洮河镇等10个乡镇（场）土地综合整治项目。该项目投入资金总额2443.41万元，建设规模356.8577公顷。项目建设地点位于保民农场、到保镇、德顺乡、东胜乡、金祥乡、岭下镇、平安镇、平台镇、三合乡及洮河镇，新增耕地349.7960公顷。其中，水田172.6154公顷、旱地177.1806公顷。实施白城市洮北区镇南种羊场宝山农场等3个农场全域土地综合整治项目。该项目投入资金总额8542.83万元，建设规模1271.8466公顷，项目建设地点位于白城市洮北区镇南种羊场，新增耕地195.3660公顷，全部为水田。实施白城市洮北区镇南种羊场山头农场全域土地综合整治项目。该项目投入资金总额6649.87万元，建设规模264.8634公顷，项目建设地点位于白城市洮北区镇南种羊场山头农场，新增耕地210.2794公顷，全部为水田。实施白城市洮北区镇南种羊场四间房农场等3个农场全域土地综合整治项目。该项目投入资金总额9004.48万元，建设规模496.8255公顷，项目建设地点位于白城市洮北区镇南种羊场，新增耕地211.5569公顷，全部为水田。实施查干浩特岭下镇石头井子村生态型土地整治项目。该项目投入资金总额2378.95万元，建设规模357.9468公顷，项目建设地点位于岭下镇石头井子村，新增耕地101.8704公顷，全部为水田。镇赉县东屏镇大龙、蒙古索口土地开发整理项目。该项目投入资金总额2531.49万元，建设规模909公顷。项目建设地点位于镇赉县东屏镇大龙村、蒙古索口村境内，新增耕地647.33公顷，全部为水田。

【执法监察】 2021年，白城市结合全省乱占耕地建房清理整治专项行动、违建别墅“回头看”“大棚房”问题“回头看”等专项行动，开展违法违规使用、占用集体土地清查整治工作。开展矿产资源清查整治专项行动，重点打击无证采矿、越界采矿和破坏性采矿等违法行为，依法查处土地、矿产违法案件33件，维护农耕地使用和矿产资源开发秩序。开展违建别墅问题清查整治专项行动。白城市违建别墅问题7件21栋，拆除并恢复地貌6件20栋，没收1件1栋，整治整改率100%。开展耕地保护督察反馈问题整改。全市2018年土地例行督察整改遗留问题36件，其中一类问题33件，完成整改16件，整改率48.48%；2019年耕地保护督察涉及白城市反馈问题186件，完成整改59件，整改率31.72%，其中一类问题62件，完成整改57件，整改率91.93%。开展农村乱占耕地建房问题摸排工作，收到上级下发图斑8601个，其中市级完成审核上报图斑8014个，按照国家和省要求保质保量完成图斑摸排和填报工作。

【自然资源违法案件查处】 2021年，白城市落实在自然资源监察管理上"由部门执法向政府执法转变""由单一执法向综合执法转变""由事后执法向事前预防转变"总体部署，及时转变对自然资源监察管理工作思路，强化属地管理，加大对自然资源违法案件发现与查处力度。按照省自然资源厅下发《吉林省自然资源厅关于开展违法勘查开采矿产资源清查整治专项行动的通知》《吉林省打击整治破坏矿产资源违法犯罪专项行动工作方案的通知》要求，制定下发《开展违法勘查开采矿产资源清查整治专项行动实施方案》，重点打击无证采矿、越界采矿和破坏性采矿等违法行为。2021年，立案查处自然资源违法案件33件。其中，矿产违法案件13件、土地违法案件20件。收缴罚款98万元。

（孙辉立）

水资源保护

【概况】 2021年，白城市围绕用水总量控制、用水效率控制和水功能区纳污控制"三条红线"管控指标，强化水资源节约保护。全市总用水量21.68亿立方米，比2020年下降0.99亿立方米。按2020年可比价计算，万元GDP用水量396.36立方米/万元，比2020年下降11.29%；万元工业增加值用水量36.69立方米/万元，比2020年下降26.26%。农田灌溉水有效利用系数0.585，比2020年提高0.003。水功能区水质达标率66.67%，比2020年提升10.67%。

【水资源节约保护】 2021年，白城市开展水利行业节水型单位建设工作，确定白城市水资源管理中心等10个单位为水利行业节水型单位；筹措资金101万元，完成节水科普馆建设，建成集科普宣教、成果展示、研学旅游于一体综合性水资源集约节约宣传阵地；落实《白城市节水行动实施方案》，开展县域节水型社会达标建设，全市建成节水型单位180个，节水型小区125个，节水型企业35家，节水型高校2所。

（马明印）

【饮用水水质监测】 2021年，白城市制定《2021年白城市城乡饮用水水质监测工作方案》，开展全市饮用水卫生监测工作，完成国家枯水期及丰水期监测任务，采集水样672份；完成省级城市二次供水改造工程监测任务，采集水样126份；完成农村饮水安全工程水质检测2727处。对4个季度水质检测信息进行网上公示，采集水样220份。

（刘　航）

【"世界水日""中国水周"宣传活动】 3月22日，是第二十九届"世界水日"，3月22—28日是第三十四届"中国水周"。市水利局围绕"深入贯彻新发展理念，推进水资源集约安全利用"主题，组织开展多种形式组织开展宣传活动。联合省水土保持局、洮北区水利局开展省、市、县三级联合宣传，结合纪念《中华人民共和国水土保持法》修订施行10周年，到到保镇、吉林西部供水工程（洮北片区）项目部和吉林梅花氨基酸股份有限责任公司开展宣传活动，通过召开座谈会、开展微讲堂等形式，讲政策、学法律、谈体会；组织30余名干部职工走街串巷和到服务单位发放宣传单9000张、纪念品2000份；在显著位置悬挂横幅和张贴宣传画140条（幅）；通过移动公司发送公益广告短信8000条；在公共场所利用滚动大屏幕播放主题宣传口号，并在白城市水利局网站、白城水利之窗公众号、白城河湖长制微信公众号和白城水利新浪微博等媒体平台开展水法、水土保持法等水法律法规宣传。

【白城市县域节水型社会达标建设工作现场会召开】 5月10日，白城市县域节水型社会达标建设工作现场会在大安市召开。与会人员现场参观大安市月亮泡东灌区、罗赛洛（大安）明胶有限公司、大安市教育局和嫩江湾国家湿地公园等地，并就节水管理小组建设、水质量管理制度、日常用水统计维修记录、用水管水投入和节水措施等方面进行考察学习。座谈会上，与会人员观看大安市县域节水型社会达标建设工作专题片；大安市介绍在县域节水型社会达标建设工作中经验做法；与会人员就节水载体建设、供水管网、生活节水器具推广、节水意识和再生水利用等工作进行座谈交流。

（马明印）

林草和湿地资源保护

【林草连通工程规划编制】 2021年，按照市委《白城市贯彻落实"五个聚焦""两个更高"要求任务实施方案》要求，依据《美丽吉林千万公顷林草湿生态连通行动方案》，市林草局组成工作组，启动全市林草湿生态连通工程规划编制工作。组织召开全市林草湿生态连通工程规划编制工作部署会议和工作推进会，协调市自然资源局帮助提供规划编制的基础材料，与省林草局沟通，并征求市直相关部门和5个县（市、区）的意见。在征求市政府领导意见和建议后，组织人员修改规划。

【林草资源管护】 2021年，白城市完成保护发展森林资源目标责任制市级检查工作。督促指导各地开展森林资源档案统计和森林资源消耗统计工作，并完成全市森林资源档案统计和森林资源消耗统计汇总。2021年，白城市城区完成使用林地审核审批2件，面积0.3221公顷。其中，永久占地1件，面积0.1213公顷；临时占地1件，面积0.2008公顷。做好第二轮中央环保督察迎检工作。紧盯第一轮环保督察反馈问题整改任务及信访案件整改，督促各县（市、区）落实属地监管责任，加强巡查排查，杜绝出现虚假整改、敷衍整改。做好生态环境部门转办案件办理，按照具体任务分工和工作要求时限，做好案件接收、转办、调查以及结果上报。

【林（草）长制试点】 白城市作为全省唯一林（草）长制地级市试点单位，于2021年5月22日，完成林（草）长制试点工作检查验收任务，10月18日，白城市委在省委省政府召开的全省全面推行林草长制工作会议上做典型经验发言。构建市、县、乡、村四级林（草）长制组织体系，推行“一林（草）一长两员一警”管理模式，全市落实各级林（草）长1774人，护林（草）员2826人，监管员357人，责任民警726人。建立档案管理、信息公示、巡林（草）、信息通报、警示督办、会议、督查、工作考核等8项工作制度，运用信息通报、督查督办、警示提醒、考核评比等办法，推动各级林（草）长和护林（草）员履职尽责。建立市、县一体化林（草）长制信息化综合平台，重新组建护林（草）员队伍，实行护林（草）员管护与数字化巡护相结合的林（草）“双管”模式，实现林草资源网格化和“林长通App+信息中心”智能化管理。全市自筹资金4000余万元，用于信息化平台建设和解决护林员工资。

【湿地保护】 2021年，白城市湿地修复保护以生态补水、植被恢复为重点，修复扩大湿地面积。全市全年湿地修复保护35026.66公顷。洮南市推进“四海湖国家湿地公园”项目建设，监控监测设备安装、道路平整、芦苇栽植等均完成。超额完成5.08%。

（李曙光）

【嫩江湾湿地保护恢复】 2021年，大安嫩江湾国家湿地公园完善各项制度，厘清法律，明确湿地执法职权，将湿地执法形成常态化，执法部门制止捕鱼、放牧、狩猎、私搭乱建等破坏生态、植被行为。没收渔网、地笼、船只等捕鱼工具，打击湿地保育区内各类违法犯罪行为。申报湿地保护与恢复项目。在湿地保育区边界线安装湿地保护监控154处，设定检测线路、完善监测网络系统，掌握野生动物分布和动态变化，监测植物生境和植被动态变化，防止人为破坏。

（吕立新）

【莫莫格湿地保护】 2021年，莫莫格国家级自然保护区加大对非法放牧、取土、开垦活动打击力度。清理大小牲畜1000余只、清理拆除圈舍28个，查处非法放牧案件6起。查处非法取土挖沙案件，劝返车辆30余辆，劝返人员50余人，备案20余人全部移交莫莫格森林公安。查处非法开垦案件8起，处罚8人，全年耙除禁耕地块39.9公顷。发放普法宣传单1500余张。完成第一轮中央环保督察、中央环保督察“回头看”信访案件涉及保护区内问题整改和现场核查工作，完成第二轮中央环保督察反馈信访案件查办和调阅资料提交工作。完成绿盾2017—2020专项行动点位整改和现场核查工作，绿盾2017台账中未完成整改点位22个，均为英台采油厂工矿用地问题，英台采油厂制定逐步退出计划。完成莫莫格国家级自然保护区问题台账清单整改和现地核查工作，年底完成英台采油厂工矿点位整改，该点位房屋主体及管网设备拆除。

（鞠成志）

【草原生态保护立法】 2月23日，市林草局特邀白城市政府法律服务中心（白城市司法局）、白城市中级人民检察院、白城师范学院、洮北区人民法院、吉林储含律师事务所等权威机构5名专家和一线工作草原执法代表，召开《白城市草原生态保护条例（草案）》专家论证会及风险评估会。将《白城市草原生态保护条例（草案）》在白城市政府网站发布公告，面向全社会公开征求意见。起草工作组根据不同群体提出的修改意见，对草案进行修改与完善，6月，将《白城市草原生态保护条例（草案）》经市政府常务会议通过报市人大常委会，按时完成《白城市草原生态保护条例》（草案）起草工作。11月10日，由白城市第六届人民代表大会常务委员会第40次会议通过，11月25日，经吉林省第十三届人民代表大会常务委员会第31次会议批准公布。

（李曙光）

野生动物保护

【野生动物保护执法】 2021年，市林草局牵头组织相关部门开展打击野生动物非法贸易联合行动（清风行动）和春季候鸟等野生动物保护执法行动，对市直大型农贸市场、宾馆、餐饮、药店、宠物商店等野生动物经营场所进行联合执法检查，配合市场监管、农业农村、网监、公安、海关、邮政等部门，加强对走私、快递运输及网上售卖野生动物执法检查。市直开展联合执法检查8次，出动执法检查车辆30台次，出动森林公安干警25人次，其他行政执法人员110人次，清理农贸市场、饭店、药店、酒楼、花鸟鱼市场、检查野生动物活动区域180处，检查野生动物人工驯养繁育和经营加工销售场所20处，没收并放飞鸟类160余只，收缴粘鸟网片、套子、夹子、鸟笼等猎具28套，收缴野生动物死体60只，收缴野生动物制品1件，救助鸟类40余只。市森林公安局、林业稽查支队、野生动植物保护中心多次联合开展专项打击非法捕杀野生动物行动，在元旦和春节之间，加强野外、农贸市场及餐饮业执法检查工作，出动执法检查人员60余人次，配合森林公安办理刑事案件1起，收缴野生动物245只。市直林草部门救助受伤、中毒、受饥饿等野生动物65只，野外和市内执法检查当场放飞鸟类600余只。

（李曙光）

7月19日，镇赉护飞队与与解放军某部在平台试验场联合救助一只国家二级保护动物白尾鹞。图为救助人员与白尾鹞合影　（王　岩　供图）

【护飞行动】　2021年，吉林白城护飞队志愿者集体开展护飞行动62次，其中队长潘晟昱单独行动40余次；救护候鸟40余只，其中国家一级保护动物丹顶鹤3只、白鹤2只，国家二级保护动物白琵鹭2只、白尾鹞5只、红隼1只；“三有”（有益的、有重要经济价值、有科学研究价值）保护动物灰头麦鸡、苍鹭、白鹭、野鸭、环颈雉鸡等30余只。到学校、社区、乡镇、民间团体宣讲16次，发放宣传资料5000余份。护飞队接受国家级媒体采访7次，潘晟昱配合中央电视台做白鹤迁徙现场直播4场；护飞队与中国野生动物保护协会科考团队、莫莫格保护区、解放军某部、辽宁省志愿者、长春市志愿者、通榆县志愿者、县公安局、林草局等团体（单位）开展联合救助、护飞行动11次；开展看护国家一级保护动物大鸨、丹顶鹤专项行动2次，历时3个半月；护飞队作为生态公益组织代表参加检察听证会并发言，潘晟昱与东北林业大学、全国鸟类环志中心联合开展生态调研活动；潘晟昱到北京参加全国爱鸟周活动，并接受“中国野生动物保护协会公益形象大使”敬一丹女士授旗；8月，到黑龙江伊春，参加中国野生动物保护协会第6期全国野保志愿者骨干培训班并

延伸阅读：

吉林白城护飞队

吉林省白城市是我国重要的候鸟繁殖和迁徙停歇地，镇赉县有着“中国白鹤之乡”的美誉。2018年初，镇赉县以摄影家协会为骨干组建吉林镇赉护飞队，有11支小分队，会长潘晟昱任队长，开展候鸟保护宣传、湿地巡护、伤鸟救治等工作。2020年，组建吉林白城护飞队，活动范围由镇赉县扩展到白城市5个市县区。护飞队与江西、内蒙古及省内多支护飞队交流学习，签订交流互助协议；重点保护鸟种也由白鹤增加了白头鹤、灰鹤、大鸨、东方白鹳等。队员发展到200余人，队伍结构愈加年轻化。

打造志愿服务品牌。护飞队多次受到吉林省委、白城市委市政府、镇赉县党委政府表彰，护飞项目多次被评为省市级优秀志愿服务项目，2018年被中国动物保护协会评为“斯巴鲁生态保护先进志愿者团队奖”，2020年6月，镇赉护飞志愿服务项目被评为“全国新时代文明实践中心试点县志愿服务项目”。护飞队经常到各乡镇、机关单位、学校、社区宣讲，在公园广场、文化馆、保护区举办生态摄影展，展示当地生态恢复保护成果。从2018年开始，每年春秋两季候鸟迁徙季，镇赉县政府都要召开专门的野生动物保护会议、下发文件组成多支临时护飞队伍，调拨人员、车辆，与志愿者护飞队一起保障候鸟安全。

填补科研保护真空带。吉林莫莫格国家级自然保护区拥有吉林省最大的湿地，14.4万公顷，这里鸟类资源丰富，有298种，其中国家一级保护动物22种。保护区和当地林草局科研、保护人力有限。护飞队队员遍布城乡，配合保护区和林草局开展巡护、宣传、监测，

及时把候鸟迁徙停歇动态提供给两家单位。2020年冬季，护飞队协助保护区看护越冬的53只雌性大鸨，到次年春季繁殖期，53只大鸨没有损失一只；2021年5月上旬，白城护飞队与莫莫格保护区轮流看护一对野化丹顶鹤，保障丹顶鹤一家三口在野外健康生活。林草局经常派出执法人员同护飞队一起收缴捕鸟网具、放飞笼养野鸟，打击市场贩卖候鸟行为积极补偿候鸟毁坏的农作物，给护飞工作有力支持。

护飞行动传进千家万户。2010年，中央电视台新闻中心对潘晟昱做1期专访，在中央台一套播出，播出标题是《摄影者记录白鹤迁徙》，此后连续11年各级新闻媒体邀请潘晟昱做嘉宾讲述候鸟迁徙、生态保护故事。护飞队开展工作后，队员们给新华社、中央电视台、《人民日报》《吉林日报》等十几家主流媒体投稿，呼吁全社会重视生态保护，宣传护飞行动，队员多人接受国家、省、市、县各级媒体采访，讲述护飞志愿服务故事。

发动群众爱鸟护鸟。志愿者来自各行各业，护飞队坚持发动群众、依靠群众，让接触鸟最多的人成为候鸟的朋友。民兵队员王金山自从加入护飞分队，每天都会到村子前后的湿地、小山包转一转，看看候鸟受没受干扰。3年以来，王金山巡逻路程达1500余千米，救护伤鸟20余只，其中国家一级保护动物5只。农民队员金涛只要得空，都会赶到湿地去巡逻，在田里干活也会带着宣传单，附近乡镇的人都把伤鸟消息告诉他，不到一年时间，金涛救助伤鸟15只，莫莫格保护区奖励他终身免费到保护区旅游。

（潘晟昱）

在会上作报告，分享护飞经验。

开展护飞宣传。4月2日，新华社客户端•新华视界发表《天空中的精灵　我静静守护你的到来》，用图片、视频、散文讲述护飞队故事，浏览量78万；4月22日，新华社全球连线以《中国东北湿地上　农夫守护白鹤40年》为题，讲述镇赉护飞队骨干队员王金山事迹，全球浏览量86.6万。同日，新华社客户端刊发图文稿件1篇，讲述白城护飞队保护候鸟故事，《共建地球生命共同体　守护候鸟平安》浏览量53.9万。

【极端天气候鸟保护】 2021年春节前夕，白城普降大雪，气温降至零下26℃左右，中国野生动物保护协会吉林白城护飞队组织骨干队员和民兵护飞队到镇赉县洮儿河滩地开展护飞行动。洮儿河在镇赉县流入月亮湖，该河流末段滩地是国家一级保护动物大鸨越冬地之一，2021年冬有几十只大鸨在该地越冬（吉林莫莫格国家级自然保护区发现珍稀野生大鸨越冬种群，种群数量53只，专家称该现象较为罕见）。吉林莫莫格国家级自然保护区管理局、镇赉县林草局、镇赉护飞队对该区域加强巡逻、巡护力度，确保这一区域大鸨、百灵、铁爪鹀、环颈雉等珍稀候鸟安全越冬。护飞队出动队员近100人次、车辆30余台，走访放牧点、牧草运输作业点14个，走访周边农户50户，发放宣传资料1000余份；考虑到降雪后候鸟取食困难，投放玉米、豆类等粮食1600千克；巡护里程2500千米。

（潘晟昱）

【繁育救护和科研监测】 2021年，莫莫格湿地保护管理局繁殖丹顶鹤21只，救护鹭类、鹤类、雁类和猛禽等鸟类17只，经救护饲养观察，体能恢复后，放归自然。日常监测发现东方白鹳自然繁殖巢5巢，其中局址岛人工招引巢中1巢。完成白鹤东部迁徙种群保护项目中的2021年春季白鹤迁徙种群同步调查与定点监测工作任务。承办白鹤迁徙护飞行动启动仪式，配合中央电视台探访莫莫格湿地迁徙候鸟直播活动。

（鞠成志）

【反盗猎专项巡护】 春节期间，通榆县向海森林公安分局全体民警开展反盗猎巡护。2月22日早8时，巡护分成2个小组，每组5人，采取“车巡+步巡”方式进行。重点巡护野生动物活动频繁区域，发现并清理非法放置捕猎野生动物猎套、猎夹等工具，并对非法入区盗猎人员等进行排查、甄别。向海正西的兴隆村建设屯附近林密草深，是野生动物经常出没的地方，也是盗猎案件高发、易发地区。巡护小组民警下车后步行前进，翻过沙丘，向黄榆林深处继续走20分钟，展开地毯式搜索，发现1个大猎夹，5个捕杀野兔猎套，干警收起猎夹、猎套。在向海北30千米草原处，发现非法分子投毒捕杀鸟类地块，由于发现及时，附近没有发现被毒害动物尸体，民警们迅速对投毒场所进行无害化处理。

（李政孚）

生态修复

【河湖连通】 2021年，白城市河湖连通工程达标项目建设完成年度投资7052万元。实施完成大屯泄水泵站、珠山泵站及引渠工程等项目建设，标志白城市规划实施连通124个水库泡塘全部达标。工程完成总投资26.54亿元。全市增加可蓄水能力5.5亿立方米，全市可蓄水能力34亿立方米；改善和恢复湿地面积640平方千米，恢复草原、芦苇面积7万公顷，粮食连续多年大丰收；向海、莫莫格两大湿地生态环境得到改善。

（马明印）

【“大美草原保护”工程】 2021年，白城市完成13333.34公顷草原建设任务，各地开展优质牧草地种植示范工程和姜家甸全省规模最大羊草种子基地建设工作，开展“三化”（沙化、碱化、退化）草原治理，加大草原围封禁牧力度，开展草原围栏等草地基础设施建设，推进镇赉万宝山牧场国家草原自然公园试点工作。11月3日，市林草局在全省草原有害生物普查工作会上作表态发言。全年全市完成退化草原生态保护修复面积14260公顷。市林草局组织人员起草编制《白城市草原生态保护条例（草案）》，并组织省、市专家、学者召开论证会及风险评估会，《白城市草原生态保护条例（草案）》在第5次市政府常务会议讨论通过，于11月30日公布。

【“鹤乡湿地”修复工程】 2021年，白城市重点实施“鹤乡湿地”修复工程，在水利部门实施的河湖连通建设工程基础上，采取引水扩湿、退耕还湿、稻田增湿、芦苇修复等综合措施。5月初，各地开始实施湿地修复工程，11月，市督查指挥中心、市林草局对各县（市、区）2021年生态建设情况检查验收，全市完成修复湿地面积33333.33公顷，完成市政府下达工作任务。在抓好湿地修复工作同时，春天和秋天重点时段，组织督导联合各县（市、区）执法人员逐一排查湿地斑块，发现有破坏湿地违法行为从严查处。

（李曙光）

【莫莫格湿地恢复项目】 2021年，莫莫格国家自然保护区信息化建设工程，完成大屏显示系统3套、管护站信息系统6套、室内对讲系统6台、配套终端35台套。莫莫格国家自然保护区湿地保护项目工程，其中局址丹顶鹤繁育区补水1325万立方米（6台水泵、154天）。工程补水达到丹顶鹤繁育标准。莫莫格保护区植被恢复及保护区能力建设项目资金205万元。主要建设内容有芦苇湿地恢复50公顷；固定样地20块，固定样线6条30千米，移动保护监测站4处，救护网笼舍换土3600立方米，宣教警示牌2块，租用救护宣传车2辆，聘用临时看护人员6人。莫莫格保护区珍稀鸟类救护及投食项目资金73.3万元。主要建设内容：救护收治春秋两季迁徙过程中病弱伤残水鸟280只，野外投食8处，聘用饲养救护人员。中央财政下达莫莫格保护与恢复资金706万元。主要建设内容：生态因子监测站1套、高点广域监测系统6套、人为活动监测系统10套、保护区综合管理平台系统2套，传输供电系统建设、数据中心机房建设、干线网络传输建设。中央财政下达湿地第二批湿地保护补助资金269万元，主要建设内容：重点区域生态补水1400万立方米，建设泵站1座，泵站输电线路1条，购置水泵6台，水体疏浚26公顷。完成该项目实施方案申报并进入招标程序。

（鞠成志）

2021年，白城市实施河湖连通工程，莫莫格湿地生态环境得到改善。图为莫莫格湿地。摄于6月10日 （李晓明 供图）

污染防治

【大气污染防治】 7月1日，白城市制定印发《白城市空气质量巩固提升行动方案》，明确工作目标、工作任务、职责等。对完成58家整治的“散乱污”企业，开展“回头看”15家，杜绝取缔的“散乱污”企业恢复生产。推进挥发性有机物治理企业监管，“回头看”监管44家。开展全市储油库、加油站油气污染治理设施检查，“双随机”抽查检查50家。推进全市互联互通“天地车人”一体化机动车排放监控，通过黑烟抓拍、路检路查、平台监管等方式开展，抽测率50%，黑烟抓拍全国各地车辆362台，当地车辆通知车主及时维修，复检通过。开展非道路移动机械摸底调查以及非道路移动工程机械摸底调查、编码登记和环境标识发放工作，建立信息台账，非道路移动机械监管平台内录入非道路移动机械64台。各地完善重污染天气应急预案和管控方案，镇赉县、洮南市增加减排清单。将应急减排措施落实到企业，明确各级别应急响应污染减排比例。

【水污染防治】 7月1日，白城市制定印发《白城市水环境质量巩固提升行动方案》。各县（市、区）制定各地水质巩固提升实施方案。实施水环境治理工程。全市11个重点建制镇生活污水处理设施均建成。实施水生态修复工程。向海水库修建引洮入向补水工程，缺水时会及时进行水量调配，为向海水库进行生态补水。实施水资源保障工程。各县（市、区）启动县域节水型社会达标建设实施方案编制，《吉林省白沙滩灌区“十四五”续建配套与现代化改造规划报告》完成方案修改并上报水利部审查，规划总投资2.3亿元。实施水安全保障工程。完成白城市第二、三水源地一级保护区围栏圈定、界碑及警示牌设置等，白城市6个集中式饮用水水源地完成规范化建设。

【农村污水治理】 2021年，白城市制定《白城市2021年农村环境整治实施方案》，完成农村生活污水治理行政村覆盖现状调查工作，制定治理年度计划任务分解表，按计划完成45个行政村农村生活污水治理工作。农村生活污水治理率15.89%。开展农村黑臭水体排查工作，排查67个乡镇和15个国有牧场115处泡沼、3座水库、19条河流，白城市无农村黑臭水体。

【秸秆禁烧】 2021年，白城市制定《白城市秸秆全域禁烧工作方案》，明确秸秆“5+1”全量化处置模式部门职责、工作任务。市生态安全工作暨生态环境保护领导小组多次研究部署秸秆全域禁烧工作。10月14日，召开全市秸秆全域禁烧工作会议，研究部署秸秆禁烧工作，会上市政府与各地政府签订秸秆禁烧目标责任书。做到秸秆综合利用和禁烧管控工作“块块有人包，处处有人管”。11月1—3日，由市生态环境局、市农业农村局、市林草局、市能源局、市畜牧服务发展中心工作人员组成2个调研指导组，采取听取汇报、座谈交流、实地查看等方式，对镇赉县、大安市、洮北区、洮南市、通榆县、白城经济开发区、白城工业园区在秸秆离田、秸秆禁烧宣传、秸秆“五化”（肥料化、饲料化、基料化、原料化、燃料化）综合利用、无害化处置等开展调研。

【工业固体废物污染防治】 2021年，白城市印发《白城市“无废城市”建设工作方案》，按照《白城市危险废物专项整治三年行动实施方案》要求，开展危险废物专项整治工作，逐一检查全市涉危企业100家，在检查过程中主要对涉危企业危险废物贮存设施、场所标识、出入库台账与是否分类分区贮存进行排查，发现整改问题360个，涉及企业85个，完成整改342个，在整改中问题18个。严把危废项目准入关。全市审批危险废物经营单位11家，核准危险废物利用处置能力23.96万吨/年。严把危废道路运输关。落实危险品运输企业准入制度，科学规范运行路线和时间节点，没有发生运输污染环境事故。严把医废收集处置关。严把“洋垃圾”入境关，贯彻落实国家关于禁止洋垃圾入境有关规定，实现“零进口”。

（李　晗）

【建筑施工扬尘污染防治】 2021年，白城市推进建筑施工扬尘治理，加强和规范建筑施工扬尘治理工作。扬尘污染得到控制，达到6个100%。建立扬尘污染防治长效机制。加强法律法规宣传，坚持提前介入、提前服务，开展“法律法规进工地”活动，集中宣传法律法规。

（周　岩）

【医疗废物污染防治】 2021年，白城市加强医废处置单位监管。督促对卫生健康部门确认的医疗废物应收尽收，监督依法依规做好处置。全市有1家医疗废物处置单位（白城康环固废治理服务有限公司），年处理能力1800吨，截至2021年12月28日医废处理量860.023吨。主要采取定点收集、专车运输、集中处理等措施，安排人员和车辆值班，收集的医疗废物做到日进日清，均得到安全及时处置。加强医疗机构监管。把全市5家疫情定点医疗机构（白城市传染病医院、镇赉县人民医院、洮南市人民医院、通榆县第一医院、大安市第一人民医院）作为重点排污单位，每天进行不间断现场检查，把其余（城区其他公立医院、私人诊所、乡镇卫生院）70余家医疗机构，作为一般排污单位定期进行弹性现场监管。督促各医疗机构做好医疗废物内部管理工作，防止医疗废物流失造成二次疫病传播。各医疗机构均按照《医疗废物管理条例》有关规定，指定专人负责每天产生医疗废物的分类、收集、登记、交接、暂存工作，建立医疗废物交接台账，实现各诊疗科室送交量、收集人承接量、暂存间汇总量、医疗废物处置单位接收量一致，医疗废弃物均得到安全处置。

【涉重金属污染行业整治】 2021年，白城市组织土壤重点监管企业开展隐患排查、自行监测工作。7家重点企业完成排查工作，编制隐患排查报告，自行监测全部完成。结合重点行业企业用地信息调查成果，组织各县（市、区）开展涉镉等重金属重点行业企业排查整治工作。排查9家企业地块24次，出动人员60余人次，未发现重金属排放超标行为。

【农业面源治理】 2021年，白城市加强农业面源污染管控，推进化肥农药减量增效，加强畜禽粪污资源化利用指导和服务。争取国家资金284万元，在洮北区95.067公顷农用地实施安全利用修复项目，项目进入中央生态环境资金项目库并实施。制定《2021年受污染耕地安全利用实施方案》，受污染地块农产品样品采集工作由第三方完成，采集农产品样品139个，采集样品合格率100%。

【生态污染防治攻坚战】 2021年，白城市开展“绿盾2021”自然保护地问题整改和强化监督工作，388个问题点位，完成整改387个。开展侵占破坏生态环境问题排查，白城市排查出236个问题，全部完成整改，治理修复面积10836公顷。

【生活垃圾发电行业整治行动】 7月19日，市生态环境局印发《关于开展生活垃圾焚烧发电行业整治行动的通知》，重点对在线监控、飞灰处置、臭气举报以及渗滤液处置等重点环节开展摸排整改工作，经查白城市洮北区“生活垃圾焚烧发电项目”处于在建状态。市生态环境局责成洮北区分局对该项目定期跟踪检查，依法依规严肃查处存在环境违法行为，避免由垃圾焚烧发电项目建设或运营引发邻避风险。

（李　晗）

节能减排

【节能降耗】 2021年，市发改委督促项目在开工前取得节能审查意见。落实节能审查制度，把好项目能耗评估与审查关。按照省委省政府坚决遏制“两高”（高耗能、高排放）项目盲目发展工作要求，开展项目排查，推动各项任务落实到位。会同有关部门对存量“两高”项目开展联合监察检查，形成专项工作报告。与省系统建设单位对接，对梳理确定14家重点用能单位及下一级发改部门工作人员进行系统建设培训。对本地区所涉14家企业进行“十三五”节能目标责任评价考核，并将考核结果报省发改委。

（周　鑫）

【工业节能】 2021年，市工信局修订《白城市重点工业企业限产减排实施方案》，确定重污染天气重点监控工业企业名单及应急响应目标，要求各县区工信部门做好应对工作。重新核查市工信局牵头负责39件信访举报案件办理情况，完成中央环保督察对白城市检查工作。面向10家企业开展节能诊断服务，指定工信厅认定的具有相关资质专业机构与企业对接并完成合同签订和诊断工作。推动热电联产企业电煤供应保障工作。到白城市热电联产企业走访，掌握企业电煤需求量、日进、销、存及电煤总体情况。日调度2家热电联产企业，掌握企业进、耗、存等情况，发现问题上报并做好协调工作。

（吴建民）

【建筑节能】 2021年，白城市新建居住建筑和公共建筑项目，执行国家、吉林省绿色建筑评价标准和设计标准。全市新、改、扩建居住建筑项目，按照节能75%标准进行设计和施工图审查；全市新、改、扩建公共建筑项目，按照节能65%标准进行设计和施工图审查；全市新、改、扩建工业建筑节能设计，执行《工业建筑节能统一设计标准》。

2021年，白城市制定《白城市预拌砂浆推广应用工作实施方案》，成立白城市预拌砂浆推广应用工作领导小组。1月，推广应用预拌砂浆，在市城区内工程建设项目实行“禁止现场搅拌预拌砂浆”制度，推动白城市建设30万吨干混砂浆生产企业3家，均被评为“吉林省绿色砂浆站”。市预拌砂浆领导小组先后12次组织人员到各县（市、区）及施工现场检查预拌砂浆推广应用以及检查“禁现”制度执行情况。截至2021年末，白城市推行“禁现”制度落实较好，优于其他各市州。对白城市3000平方米以上机关办公建筑和大型公共建筑水、电能耗情况，以及供热企业供暖耗能情况进行统计，并将统计结果向省住建厅报送。围绕节能宣传周活动主题“节能降碳，绿色发展”、低碳日活动主题“低碳生活、绿建未来”，市住建局通过粘贴节能宣传海报、发放节能宣传手册等方式开展节能宣传工作。

（周　岩）

【公共机构节能】 2021年，白城市开展节能宣传周活动，张贴宣传画200余幅，悬挂横幅100条，制作、发放宣传手册、小常识传单、环保购物袋各500份，并在市电视台综合频道报道节能低碳体验日活动开展情况。开展公共机构节能培训，线上远程节能培训30余人次。争取资金50余万元，建成空气源热泵项目1个。开展“节约型公共机构示范单位”创建活动，全市316家党政机关中，有97家获第一批国家级节约型机关创建证书，其中市直19家、县（市、区）78家，占创建对象总数31.7%，达到创建要求。2021年，全市公共机构人均综合能耗、单位建筑面积能耗、人均水耗分别比2020年下降1.21%、1.1%、1.22%，完成年度指标。

8月25日，市机关事务管理局以“节能降碳、绿色发展”为主题，组织开展白城市公共机构节能低碳体验日活动。活动采取线上线下相结合方式进行。线上利用电子报、电视、微信公众号、抖音、网站等多种载体平台，集中

8月25日，市机关事务管理局利用市区内商场多媒体屏幕开展节能宣传活动。图为欧亚购物中心通过大屏幕宣传节能　（王雪晴　供图）

宣传公共机构节能政策法规、节能降耗成果、垃圾分类、节约用水等知识。线下在市政府集中办公区举办节能知识科普展，利用全市各路口LED电子屏、户外大屏、公交站点广告牌、出租车顶灯、公交车宣传屏等载体滚动播放节能宣传标语和视频，并同步开展节能宣传进社区活动，在洮北区新立街道长富社区设立展板、咨询台，发放节能宣传手册200余册，节能小常识传单1000余份。全市各级公共机构开展系列节能宣传活动，倡导绿色低碳发展理念和绿色生活方式。

（关宇奇）

【交通运输业节能减排】 2021年，市交通运输局组织开展全市机动车维修企业、汽车排放性能维护维修站（M站）隐患排查584家，出动执法人数1235人次，出动执法车辆497台次，部分维修企业制度不完善，立行立改。全年白城市维护治理汽车尾气排放车辆5151辆。加强公共交通环保工作。市公共汽车公司更新72辆公交车，均为纯电新能源公交车。截至2021年末，市公共汽车公司更换纯电新能源公交车111辆，氢能源公交车15辆。

（王　丹）

生态环境监管

【环境监测】 2021年，白城监测中心对域内6个饮用水水源地、12个地表水国考和省考断面、583个区域环境噪声监测点位、158个道路交通噪声点位、30个功能区噪声进行监测；各级生态环境监测部门对111家单位开展污染源执法监测、对86家单位开展环境污染投诉、纠纷监测。

【排污许可管理】 2021年，白城市级办理排污许可证申请3个、重新申请3个、变更11个、延续2个、注销1个和整改后申请7个。行政审批审批办为各分局统一打印排污许可证180余份。白城市198家排污单位按照排污许可证规定提交2020年度执行报告，提交率100%。白城市持证企业316家，其中10个典型行业持证企业23家。全市应完成排污许可证质量审核122家。其中，10个典型行业23家、其他行业99家。实际完成排污许可证审核122家，占全市持证企业总数38.61%，审核完成率100%。其中，10个典型行业完成审核23家，审核完成率100%；其他行业完成审核99家，审核完成率100%。

6月1日，召开排污许可环境管理培训会，市辖经济开发区、工业园区排污单位参会，会上对43家排污单位讲授自行监测、执行报告、环境管理台账、信息公开等环境管理要求的操作流程、法律责任，并为排污单位现场答疑，现场建立微信群，随时答疑解惑。工作人员对10余家排污单位开展一对一现场培训教学。根据国务院颁布《排污许可管理条例》，在原有权责清单基础上，相应增加行政处罚事项23条，以确保该条例自2021年3月1日起实施后做好监督检查和执法工作。

【生态环境保护执法】 2021年，白城市行政处罚案件41件，罚款金额194.4649万元。其中，市级行政处罚案件2件，罚款金额43.562万元；大安市行政处罚案件5件，罚款金额22.17万元；洮南市行政处罚案件17件，罚款金额75.09万元；镇赉县行政处罚案件2件，罚款金额12.4万元；通榆县行政处罚案件15件，罚款金额41.2429万元；洮北区行政处罚案件0件。所有案件均在政府网站进行公开，并录入行政执法系统、吉林省企业环境信用评价系统及“双公示”系统。

【生态环境分区管控】 6月30日，白城市人民政府《关于实施“三线一单”生态环境分区管控的意见》（简称《实施意见》）发布实施。《实施意见》明确总体目标，划定93个环境管控单元，包括优先保护单元、重点管控单元和一般管控单元3类，环境管控单元内开发建设活动实施差异化管理。《实施意见》在落实管控方面有明确要求。就生态环境准入清单，《实施意见》明确建立“1+1+1+93”四个层级生态环境准入清单。第一个“1”为全省总体准入要求，第二个“1”为嫩江流域总体准入要求，第三个“1”为全市总体准入要求，“93”为各环境管控单元环境准入要求。《实施意见》就加强规划政策衔接、推动生态环境治理、规范开发建设活动等实施应用方面有明确要求。

【生态损害赔偿】 2021年，白城市办理生态环境损害赔偿案件10起，办案数量列全省第3名。其中涉案金额734万元，占全省生态环境损害赔偿总金额33.4%，居全省第1位。

【河道环境监管】 2021年，白城市开展入河排污口排查整治工作，14个需要整治入河排污口均完成整治。各县（市、区）完成入河排污口标志牌设立工作，并建立入河排污口管理制度、按月在线数据监测记录及监测报告，完成环境应急预案编制和演练。

【建设项目环评】 2021年，全市审批建设项目环境影响评价报告书（表）199个，全地区指导建设单位在“建设项目环境影响登记表备案系统”中填报环境影响登记表备案645个。按照“正面清单”实施细则，采用告知承诺制审批建设项目9个。政务大厅市生态环境局窗口接件64次，受理各类事项64件，办结64件。所有事项均按照“最多跑一次”要求一次性办结。

【执法服务】 4月29日，白城市生态环境保护结合行政执法支队到吉林电力股份有限公司白城发电公司，对接推进经开区企业热电联产。现场询问能源站及管网建设，说明推动实现“碳达峰”“碳中和”目标，促进工业企业绿色发展巨大作用，主动问询企业在生态环境方面困难，并探讨解决措施。6月3日，组织召开排污许可环境管理要求推进会，会上讲解《排污许可管理办法（试行）》《排污许可管理条例》《排污许可证申请与核发技术规范》，推进排污单位合法合规运营。

6月4日，市生态环境局在市民广场开展“世界环境日宣传”活动。图为志愿者向群众开展生态保护宣传 （李　晗　摄）

【环保督察意见落实】 2021年，白城市、县两级贯彻落实整改要求，实行“双组长”领导、“双包保”制度，落实每月调度、适时预警、会商研判、联合督办等制度机制，推进环保督察整改工作。2019年、2020年、2021年连续三年，白城市整改工作被省考评为优秀等次。截至2021年末，第一轮中央、中央“回头看”和省级督察91项整改任务完成88项，1688件案件结案销号1687件，剩余3项省级督察整改任务、1件中央“回头看”信访案件在序时推进。第二轮中央交办案件结案销号231件，剩余29件。

【环保宣传】 2021年，市生态环境局作为生态环境部信息直报点，向部里报送信息430余条次，向省政府、省生态环境厅、市委、市政府等部门报送信息560余条次。撰写报送信息《打好优化营商环境组合拳，助推白城全面高质量发展》被生态环境部评选为优秀稿件。2月19日，《白城市碧水保卫战捷报频传》被转载至人民头条网。《白城市严格落实秸秆全域禁烧工作》等3篇信息被省政府网站刊登使用；《白城市生态环境局党组瞄准“急难愁盼”精细优化生态环境》信息被全国环境保护事业发展中心官网发布。2020年度市生态环境局政务信息工作列全省第1名。获2020年度全市“政务信息上报工作优秀单位”称号；7月，市生态环境局被生态环境部评为2020年度“全国政务信息工作表现突出单位”，东北三省有地级城市2家。位列全国政务信息工作前10，东北三省进前10的仅有白城市。

【世界环境日宣传活动】 世界环境日期间，全市围绕“人与自然和谐共生”主题，开展生态环保宣传引导活动。向市民发送手机环保公益短信，发送数量120余万人次。向机关、企事业单位以及街道、社区等群众递送《致全体市民公开信》1300余封。向机关、企事业单位以及街道、社区等单位和居民派送环保购物袋。6月4日，由市生态环境局牵头，在白城市市民广场开展环保宣传引导活动。设置展板17块、咨询台5个、传单3200余份、条幅16幅、购物袋2400余个，接受群众咨询260余人次，解答群众环境问题140余个。组织群众和环保志愿者代表50余人，到白城市污水处理厂和洮北区生活垃圾填埋场，开展环保设施向公众开放活动。

【首届“吉林生态日”活动】 9月26日，是首届“吉林生态日”。市生态环境局联合市中级人民法院，市公安局、市林业和草原局、市自然资源局、农业农村局以及白城瑞泽环境监测公司、生态环保志愿者在市民广场集中开展宣传引导活动。9月22—26日，市生态安全工作暨生态环境保护领导小组办公室组织全市各县（市、区）、市直部门相继开展系列庆祝和宣传引导活动。活动期间，全市悬挂横幅423幅，张贴海报挂图512张，悬挂宣传标语545条，发送环保宣传短信112条（次），设置图板532块，发放宣传单（材料）4.6万余份，接受群众咨询2.37万余人次。组织相关单位、企业以及生态环保志愿者代表到洮北区垃圾填埋场、污水处理厂开展环保设施公众开放活动。

（李　晗）

科学技术

科技项目与合作

【科技项目】 2021年，白城市推荐申报省科技厅科技发展计划项目11项，获批6项，争取项目资金223万元，预算外资金323万元。其中，获省科技进步二等奖1项、获省科技进步三等奖5项。白城市推荐2022年省科技发展计划项目19项，年度指导性计划项目立项25项，面向全社会公开发布《2021年白城市科技发展计划项目申报指南》，市级新列科技发展计划项目17项，投入专项资金100万元。

【科技成果】 2021年，白城市组织鉴定验收科技成果39项。其中，工业14项、农业21项、社会发展4项。

表62　2021年白城市获吉林省科学技术项目一览表

推荐单位	项目名称	获奖类型	等级	奖金额度（万元）
白城市科技局	杨树优良品种选育推广和造林模式优化	科学技术进步奖	二等奖	5
白城市科技局	抗VEGF药物玻璃体腔内注射联合微脉冲激光治疗黄斑疾病	科学技术进步奖	三等奖	2
白城市科技局	吉林省西部高蛋白花生品种白院花1号、白院花5号选育及推广	科学技术进步奖	三等奖	2
白城市科技局	改性超高分子量聚乙烯内衬复合管	科学技术进步奖	三等奖	2
白城市科技局	吉林省西部裸斑地生态修复技术研究与示范	科学技术进步奖	三等奖	2
白城市科技局	反刍动物过瘤胃技术的研究与应用	科学技术进步奖	三等奖	2

（资料来源：市科技局）

表63　2021年白城市科技成果一览表

序号	项目名称	承担单位	成果登记号	行业
1	全伺服六连线多工位冲压自动化研究与开发	白城市瑞程汽车部件有限公司	202101	工业
2	甘草牛蒡茶加工工艺研究	吉林绿波中药药业有限公司	202102	工业
3	芡实引进栽培及加工利用研究	白城市农业科学院	202103	农业
4	盐酸二甲双胍片一致性评价研究	吉林道君药业股份有限公司	202104	工业
5	玉米间套种中药材红柴胡技术示范推广与生产基地建设	神农本草堂（白城）药业有限公司	202105	农业

续表63

序号	项目名称	承担单位	成果登记号	行业
6	三层共挤交联电缆生产设备智能电气控制系统研发	白城福佳科技有限公司	202106	工业
7	白城市科技项目专家远程评审系统的建设与应用	白城市科技创新服务中心	202107	工业
8	白城市科技大市场建设	白城市科技创新服务中心	202108	工业
9	优质、抗旱鹰嘴豆种质资源创新及栽培技术集成	白城市农科院	202109	农业
10	全燕麦发酵食品的研制与开发	白城市农科院	202110	农业
11	优良黄菇茑品种的筛选和栽培技术的研究	白城市农科院	202111	农业
12	坚秆、抗逆（抗旱、耐盐碱、抗病）玉米种质资源的搜集、评价和创新	白城市农科院	202112	农业
13	北方稻田套养小龙虾关键技术研究	吉林盛世花卉产业科技开发股份有限公司	202113	农业
14	5QHS-280型青贮收获机	白城市农牧机械化研究所	202114	农业
15	电动机变频调速节能技术的研发	白城市顺达仪表有限公司	202115	社发
16	高温水解秸秆水稻基质育苗上施用技术研究及示范	吉林吉粮综宝生物科技有限公司	202116	农业
17	基于代谢组学方法研究菊芋对氮沉降及盐碱胁迫的生态适应机制	白城师范学院	202117	社发
18	澳洲白羊纯种繁育及杂交利用关键技术研究	白城市畜牧科学研究院	202118	农业
19	白城地区彩叶树种选育	白城市林业科学研究院	202119	农业
20	保护地桃树引种及栽培技术研究	白城市林业科学研究院	202120	农业
21	特色蔬菜羽衣甘蓝的引种及栽培技术的研究	吉林省白城市农业科学院	202121	农业
22	冬黑麦越冬性鉴定及品种筛选	吉林省白城市农业科学院	202122	农业
23	吉林省西部谷子新品种选育	吉林省白城市农业科学院	202123	社发
24	燕麦转录组测序及耐盐碱基因的挖掘	吉林省白城市农业科学院	202124	农业
25	高密度胁迫玉米自交系选择研究	吉林省白城市农业科学院	202125	农业
26	高粱抗丝黑穗病育种材料筛选	吉林省白城市农业科学院	202126	农业
27	关防风高产栽培与绿色防控技术研究与示范	白城市农业技术推广总站	202127	农业
28	水田绿色防控集成技术研究与示范	白城市农业技术推广总站	202128	农业
29	农药减施增效技术研究与示范	白城市农业技术推广总站	202129	农业

续表63

序号	项目名称	承担单位	成果登记号	行业
30	甜瓜农药减量增效集成技术研究与示范	白城市农业技术推广总站	202130	农业
31	头孢呋辛酯片一致性评价研究	吉林道君药业股份有限公司	202131	工业
32	赖氨酸传统生产工艺现代化升级研发	吉林梅花氨基酸有限责任公司	202132	工业
33	造纸机械专用多轴数控深孔钻机床研发	白城福佳科技有限公司	202133	工业
34	AUDI A3 后盖铰链自动焊接技术的研究	白城尼特固汽车部件有限公司	202134	工业
35	首段固化冷却交联生产线	白城天奇装备机械有限公司	202135	工业
36	充氨系统循环冷却水热能利用研究	白城市瑞程汽车部件有限公司	202136	社发
37	中药艾叶喷剂的研发与应用	吉林洁洁宝生物科技有限公司	202137	工业
38	可溶性蛋白含量提升工艺研究与开发	白城市隆盛科技开发有限公司	202138	工业
39	白城市科技管理系统网络数据库	白城市科技创新服务中心	202139	工业

（资料来源：市科技局）

【科技合作】 2021年，白城市与中国工程院、吉林大学、吉林农业大学、东北地理所等省内外科研单位、知名院校开展科技合作，与加拿大、俄罗斯等多个国家加强国际科技合作，重点加强白城市院校与当地企业合作。通过产学研合作方式，市牧科院与吉林大学2019年联合申报《草原红牛繁殖技术研究》项目，获教育部批复。双方以加速优质特色草原红牛肉牛种群高效扩繁为核心，利用先进的繁育生物技术和分子生物学技术，研究开发优良种群选育、新型AI技术、胚胎生物技术、母牛繁殖调控技术、繁殖障碍防控技术等方面开展技术合作，实现优质特色肉牛的高效繁殖。12月，白城市人民政府与中科院东北地理与农业生态研究所签署“白城市人民政府中科院东北地理与农业生态研究所创新发展合作协议”，开展“黑土粮仓”科技会战、盐碱地改良技术研究和湿地生态修复与保护研究方面合作。

【科技成果转化】 白城市在2021年白城市科技发展计划中，首次单独支持成果转化类项目，以加快科技创新和产品创新，加大科技成果转化力度。白城科技大市场线上部分与省科技大市场联网运行，线下部分在白城市科技创新服务中心运营，并与在建白城市双创大厦达成入驻意向，为全市科技成果转移转化提供免费的技术交易与服务平台，近三年网上公布科技成果信息千项以上。白城市科学技术局（简称“市科技局”）组织15人参加省科技厅、人社厅举办的技术经纪人培训，并通过考试获技术经纪人从业资格证书。全年白城市科技发展计划科技成果转化项目立项2项，支持资金10万元。其中，有机水溶肥生产工艺研究与开发7万元、优质地方黑羽鸡选育与推广3万元。

【吉林省肉牛高效养殖厅地共建科技创新中心建设】 2021年，白城市以吉林省德信生物工程有限公司、白城市畜牧科学研究院为依托，由白城市人民政府与吉林省科技厅共建“吉林省肉牛高效养殖厅地共建科技创新中心”，计划申请专项经费30万元。

科技服务

【科技孵化器】 2021年，全市有省级科技企业孵化器（众创空间）4个。市科技局开展2020年度吉林省科技企业孵化器、众创空间和大学科技园考核评价工作，学习摆渡创新工场先进孵化经验和服务模式，协调联系摆渡创新工场典型经验推广现场会议经验交流材料，将材料转发给发展较好科技企业孵化器、众创空间。协调科技创新服务中心与创享国际科技企业孵化器对接，介绍科技创新服务中心服务内容，并将相关宣传材料向入孵企业发放。

【高新技术企业认定服务】 截至2021年年末，全市高新技术企业19家，吉

表 64　2021 年白城市高新技术企业和吉林省科技小巨人企业一览表

序号	类　型	企业名称	所属区域	认定时间
1	高新技术企业	吉林重通成飞新材料股份有限公司	大安市	2018
2		吉林省银诺克药业有限公司	镇赉县	2018
3		吉林风雷网络科技有限公司	经济开发区	2019
4		安费诺金事达电子系统（白城）有限公司	经济开发区	2019
5		白城中一精锻股份有限公司	洮北区	2019
6		白城福佳科技有限公司	洮北区	2019
7		白城尼特固汽车部件有限公司	工业园区	2019
8		白城天奇装备机械有限公司	工业园区	2019
9		吉林省索田涂料有限公司	工业园区	2019
10		吉林黄栀花药业有限公司	通榆县	2019
11		大安鸿源管业有限公司	大安市	2019
12		吉林省恒维汽车零部件有限公司	经济开发区	2020
13		成来电气科技有限公司	镇赉县	2020
14		吉林洮南敖东药业股份有限公司	洮南市	2020
15		白城市瑞程汽车部件有限公司	洮北区	2020
16		白城瑞朋机械制造有限公司	洮北区	2020
17		大安市现代星旗生物质发电有限公司	大安市	2021
18		吉林道君药业股份有限公司	经开区	2021
19		吉林梅花氨基酸有限责任公司	工业园区	2021
20	吉林省科技小巨人企业	白城福佳科技有限公司	洮北区	2017
21		吉林省银诺克药业有限公司	镇赉县	2017
22		成来电气科技有限公司	镇赉县	2017
23		吉林省索田涂料有限公司	经济开发区	2017
24		吉林吉粮综宝生物科技有限公司	洮北区	2017
25		白城市鑫宇汽车线束有限责任公司	工业园区	2018
26		白城市铭人居味业食品有限公司	工业园区	2018
27		吉林省恒维汽车零部件有限公司	经济开发区	2018
28		吉林道君药业股份有限公司	经济开发区	2019
29		白城尼特固汽车部件有限公司	工业园区	2019
30		白城瑞朋机械制造有限公司	洮北区	2019
31		白城市瑞程汽车部件有限公司	洮北区	2019
32		通榆加亿科技环保建筑材料有限公司	通榆县	2019
33		吉林省弘泰新能源有限公司	大安市	2019
34		大安鸿源管业有限公司	大安市	2019

（资料来源：市科技局）

林省科技小巨人企业15家。白城市召开科技工作会、高新技术企业认定管理政策暨研发费用加计扣除政策培训会、中药材种植技术培训等会议10次、培训1000余人。5月25日，市科技局邀请省高新技术企业认定管理办公室到白城市开展“面对面”“一对一”高新技术企业认定申报材料辅导工作，重点审阅企业认定申报材料，逐条对照8个部分申报材料，逐项检查佐证材料，结合认定申报材料对企业进行评分预估，对照高新技术企业认定要求逐条逐项提出修改意见，并指导企业材料撰写和提供佐证材料。

【道地关药论坛】 12月24日，由白城市医药健康产业发展推进组主办，市科技局、白城医学高等专科学校、白城市药学会、白城市科技创新服务中心联合承办的第五届科尔沁草原道地关药发展论坛举办。开幕式上，白城医学高等专科学校、白城市农科院与中药材种植示范基地签订科技合作协议。开幕式后，与会人员听取《中药材生态种植及其典型案例》《中药材病虫害防治》专题讲座；参观中医药文化科普基地、生命科学科普基地；就中药材种植进行经验交流。

【服务企业周】 4月19—25日，市科技局举办2021年白城市“服务企业周”活动。参加省科技厅举办的高新技术企业认定管理政策暨研发费用加计扣除政策视频培训，解读高新技术企业认定管理政策、高新技术企业认定申报材料注意事项、高新技术企业税收优惠政策、研发费用加计扣除等政策；组织吉林省科技大市场举办的知识产权质押融资——风控、估值与处置培训，对质押融资发展概况、质押融资风控措施、质押融资估值体系、质押融资处置模式和金融创新发展进行前沿介绍；召开科技服务对接座谈会，组织域内大专院校、科研单位召开科技服务对接座谈会，会后与会人员现场参观考察白城市科技大市场，并进行合作洽谈；发布《2021年白城市科技发展计划项目申报指南》，面向企业征集科技项目，经筛选论证后，择优予以支持。

【科技活动周】 5月22—28日，由市科技局、市委宣传部、市科协、市科技创新服务中心共同举行“白城市2021年科技活动周”活动。联合白城市师范学院机械与控制工程学院老师和学生，在大安市红岗子乡为当地农民展示无人机田间施肥技术；组成科技创新政策宣讲团到大安市红岗子乡一心村开展2021年度科技创新政策系列宣讲活动；组织科技特派员到平台镇永平村等地开展科技现场指导活动，把农业新成果、新技术、新信息快捷快速传递给农民，帮助和解决农民在生产中遇到的技术问题；组建科技进社区服务小分队，围绕健康知识、食品安全、减灾防灾等热点问题，开展科普活动。

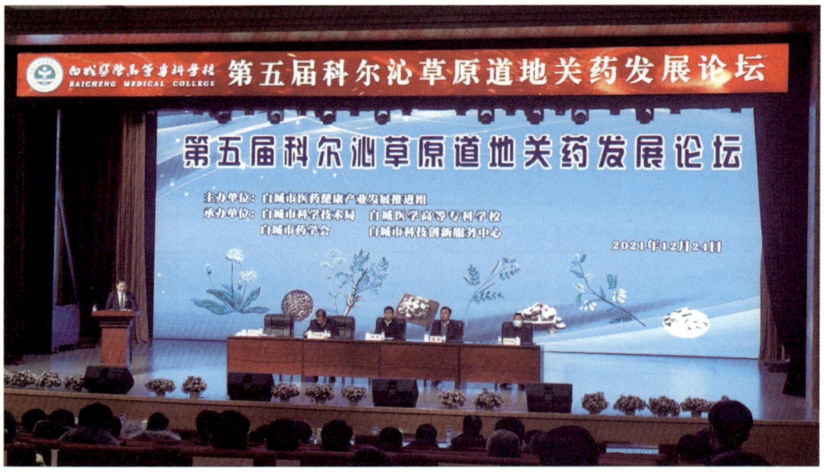

12月24日，白城市医药健康产业发展推进组主办的第五届科尔沁草原道地关药发展论坛在白城医高专举办。图为白城医学高等专科学校、白城市农科院与中药材种植示范基地签订科技合作协议 （丛赛男 供图）

科技人才

【科技人才引进】 2021年，为服务企业创新发展，帮助企业解决技术、人才等方面难题，提高企业核心竞争力，加快科技成果转移转化，围绕白城市重点产业发展，市科技局向市内科技企业征集科技人才引进需求，征集企业人才需求23项，报送市人才办汇总，在白城市科技大市场发布。

【科技人才培养】 白城市设立青年科技人才培养计划，将青年科技人才培养项目纳入市科技发展计划指南，以培养青年科技创新人才为目的，以项目为载体，重点对各领域青年科技人才科技创新活动给予适当优先支持，以推进技术创新学科带头人队伍建设。2021年，扶持青年人才项目2项6万元。其中，常绿树种黑美人松子代优良类型选择、繁育及配套栽培研究3万元，高档羊肉生产营养调控技术研究3万元。

【政策支持】 2021年，白城市推荐白城市农科院张雷申报“长白山人才工程”中长白山科技创新领军人才（科研院所及企业领域）项目。面向科技企业，征集吉林省校友相关合作项目，征集拟对接洽谈项目1项，为“线束图纸智能识别与分析处理系统研发”，拟由白城市鑫宇汽车线束有限责任公司与中国空间技术研究院合作开发。该项目由长春理工大学毕业校友（博士）、中国空间技术研究院遥感卫星总体部研究员张涛提供技术支持。

（朱 鼎）

农业科学研究

【概况】 吉林省白城市农业科学院（简称“市农科院”）有燕麦研究所、向日葵研究所、作物育种研究所、水稻研究所、水利研究所、高粱研究所、食用豆研究所、玉米研究所、植保研究所、生态研究所、深加工研究所、蔬菜研究所、土肥耕作研究所、植保研究所、生物技术实验室、荞麦研究所等科研机构。2021年，承担省级以上科研项目18项，验收成果15项，3个平台通过评估，品种登记12个，获奖成果2项；加强科研成果转化，与企业联合开发燕麦米、燕麦面条、燕麦系列化妆品等燕麦产品；通过召开交流会、研讨会、联合建立合作研究中心等方式加强对外拓展合作；在全球发布六倍体栽培裸燕麦高质量参考基因组，中国大粒裸燕麦研究开启全基因组新时代。

【科学研究】 2021年，市农科院承担农业农村部现代产业技术体系建设项目4项：燕麦荞麦产业技术研发中心建设，燕麦荞麦体系燕麦育种岗位、生态环境与土壤管理岗位，特色油料体系食葵育种岗位，高粱谷子体系白城市综合试验站。市农科院主持省科技厅项目“中俄特色农业国际联合实验室”“中俄燕麦交互育种技术研究与应用”“吉林省西部几种主要杂粮作物草害防治研究”和“籽用西瓜优质高产新品种选育”等项目，均按计划完成工作任务，进入验收程序。参加国家科技部“吉林半干旱半湿润区雨养玉米、灌溉粳稻集约规模化丰产增效技术集成与示范”项目的子课题“盐碱粳稻区耕层障碍消减及熟化培肥技术集成”等项目3个；市农科院与吉林农业大学联合的“苏打盐碱地稻田秸秆还田关键技术研究与示范”、扶贫合作项目“黄菇茑早熟高效栽培技术应用推广”，以及吉林省现代农业产业技术示范推广项目、省人才开发资金项目、外国专家局引智与示范推广项目、吉林省杂粮杂豆产业重大技术协同推广项目、白城科技局项目等。新立项实施的有：“吉林省西部地区马铃薯复种燕麦饲草集成技术推广”，合作实施的“黄芩生态种植技术研究与示范推广基地建设”“中早熟优质高产糯高粱种质创新及新品种选育”“花生、向日葵优异种质资源创制及新品种选育”等，各课题组按项目计划有序推进。有院级重点项目14项，在研和新立青年基金项目6项。与四川农业大学合作的六倍体裸燕麦全基因组测序研究取得重大突破。验收成果15项：“高粱抗丝黑穗病育种材料筛选”“燕麦转录组测序与耐盐碱基因的挖掘”“优良黄菇茑品种的筛选和栽培技术的研究”“特色蔬菜羽衣甘蓝的引种及栽培技术的研究”“吉林西部谷子新品种选育”“优质、抗旱鹰嘴豆种质资源创新及栽培技术集成”等。3个平台通过评估：国际科技合作基地、吉林省燕麦育种重点实验室、中俄特色农业国际联合实验室。品种登记12个：燕麦4个，食用豆2个，高粱新品种3个，花生、向日葵、谷子各1个。获奖成果2项：“吉林省西部高蛋白花生品种白院花1号、白院花5号选育及推广”获吉林省科技进步三等奖；“白城地区脱毒马铃薯优良品种抗旱高产机械化栽培技术推广”获吉林省农业技术推广三等奖。

【科研成果转化】 2021年，市农科院通过科企合作方式成立“吉林省麦燕传奇科技发展有限公司”，联合开发燕麦米、燕麦面条、燕麦速食粥等产品；向松原市吉润农业科技有限公司转让“白院花9号”花生品种生产经营权；与白城市高高特色煎饼有限公司联合研发燕麦煎饼，指导白城市嘉禾云农场进行冬黑麦种植并研发黑麦面粉；指导吉林洁洁宝研发燕麦系列化妆品，指导通榆黄栀花药业开发燕麦苗粉、面膜、口服液。市农科院通过农业科技成果展示厅、洮儿河基地接待各级各类领导、专家、客商、学员等2000余人，宣传推介白城市特色农业发展优势；全年市农科院科研人员参加希望田野等讲座20次，为农民开展农业科技服务。

【对外拓展合作】 10月10日，市农科院与华中农业大学联合召开“农牧结合、修复盐碱地、培肥土壤现场观摩研讨会（白城）”，院士傅廷栋、院士李培武、院士李玉，农业农村部、省科技厅、吉林农大、省畜牧局等80余人参加会议。5月20日，市农科院召开“中俄燕

10月10日，市农科院与华中农业大学联合承办的“农牧结合、修复盐碱地、培肥土壤现场观摩研讨会（白城）”在白城市召开。图为揭牌现场（许翠华 供图）

表 65　2021 年白城市农业科学研究项目一览表

项目来源	项目名称
国家体系	燕麦荞麦产业技术研发中心建设
	燕麦荞麦体系 2 个岗位
	向日葵体系 1 个岗位
	高粱谷子体系 1 个综合试验站
国家级参与项目	“吉林半干旱半湿润区雨养玉米、灌溉粳稻集约规模化丰产增效技术集成与示范”项目子课题“盐碱粳稻区耕层障碍消减及熟化培肥技术集成”
	禾谷类杂粮提质增效品种筛选及配套栽培技术
	国家自然科学基金项目“矮秆苦荞新品系筛选”
省级在研项目	中俄特色农业国际联合实验室
	中俄燕麦交互育种技术研究与应用
	吉林省西部几种主要杂粮作物草害防治研究
	籽用西瓜优质高产新品种选育
	2021 年外国专家局引智与示范推广项目
	吉林农业大学联合的“苏打盐碱地稻田秸秆还田关键技术研究与示范”
	扶贫合作项目——黄菇茑早熟高效栽培技术应用推广
省级新立合作项目	吉林省西部地区马铃薯复种燕麦饲草集成技术推广
	黄芩生态种植技术研究与示范推广基地建设
	中早熟优质高产糯高粱种质创新及新品种选育
	花生、向日葵优异种质资源创制及新品种选育
市级新立项目	白城市西部特殊生态区高产、抗旱、宜机收玉米种质资源创制研究
	特色杂粮杂豆新品种培育与配套栽培技术集成
	黄芩不同栽培模式的试验研究
市级验收项目	特色蔬菜羽衣甘蓝的引种及栽培技术的研究
	吉林西部谷子新品种选育
	冬黑麦越冬性鉴定及品种筛选

（资料来源：市农科院）

麦产业发展云端交流会”，就共同关注的燕麦育种、加工和贸易等进行交流；10月21日，市农科院召开“中俄冬黑麦健康饮食与农业网络会议”，就冬黑麦研究与产业开发进行合作交流。与华中农业大学院士傅廷栋团队合作，联合建立“燕麦油菜盐碱地生物修复治理合作研究中心”。12月9日，市农科院与傅廷栋院士团队联合召开联合研究中心第一次联合试验商讨会。与吉林大学合作开展燕麦光照不敏感基因研究、耐盐碱特色农作物品种筛选研究。与兴安盟农科所合作开展专用型燕麦新品种选育的研究。

【科研人才队伍】　为弥补人才空缺问题，利用人社部博士后科研工作站人才引进渠道，市农科院引进内蒙古农业大学博士1名；通过人才招聘引进青年科研人员6名。通过申请市科技局项目、院青年发展基金项目等，鼓励青年科研人员独立申请立项。鼓励青年科研人员继续学习深造，1名在职研究生毕业。市农科院青年科研人员李洪

4月21日，白城市人民政府和中国银联吉林分公司联合主办的“政产学研与金融协同助力白城燕麦产业发展推进会”在长春市召开　（王一毛　供图）

奎被评为吉林省拔尖创新人才（三层次）。

【裸燕麦高质量参考基因组发布】 6月30日，国家燕麦荞麦产业技术体系首席科学家、市农科院党委书记、院长任长忠领衔团队在全球发布六倍体栽培裸燕麦高质量参考基因组。该燕麦参考基因组的发布，完善重要作物的参考基因组资源，并为燕麦在禾谷类作物中进化地位提供新见解，标志着中国大粒裸燕麦研究将开启全基因组新时代。

【“龙种”燕麦系列产品产研合作研讨会召开】 3月4日，由市农科院和吉林省麦燕传奇科技发展有限公司联合主办的“健康中国主食行‘龙种’燕麦系列产品产研合作研讨会”在市农科院召开。会议以“龙种”燕麦产品与健康主食研发为主题，探讨当前“龙种”燕麦系列产品研发及产研合作进展情况，并就推动白城燕麦主食化发展进行研讨。

【白城燕麦产业发展推进会】 4月21日，由白城市人民政府和中国银联吉林分公司联合主办，市农科院承办的“政产学研与金融协同助力白城燕麦产业发展推进会”在长春市召开，会议宣传展示白城燕麦产业发展现状、最新成果和未来前景，强化政产学研与金融深度合作，共同推动白城燕麦产业健康发展。

【白城市农科院科技成果展示厅】 白城市农业科技成果展示厅位于市农科院院内的国家燕麦改良中心一楼，主要是对白城市区位优势、光温特点、土壤类型、水资源以及无污染等农业条件情况进行介绍基础上，以实物、图片和宣传片形式对白城燕麦等特色农作物品种、品质优势和开发优势以及白城市农科院在特色农业科技创新上所取得的成果等情况进行展示，是白城市特色农业集中展示的平台。

（王一毛）

林业科学研究

【概况】 白城市林业科学研究院（简称“市林科院”）有杨树研究中心、经济林研究中心、林木栽培技术研究中心、花卉研究中心、湿地研究中心、林木病虫害研究中心、植桑养蚕研究所、荒漠化研究中心、白城市芦苇研究所、白城市生态林业试验示范林场等研究试验机构。

2021年，市林科院获项目立项14个，争取项目资金389万元，其中全年申报项目获省科技厅立项支持有5项，在市林科院历年来尚属首次；完成8个各级项目验收工作；获16项科技成果奖励；参与科技人才交流2次，组织专业技术培训150余人次。

【学术交流】 2021年，市林科院举办“保护地林果种植技术及产业开发”省级高级研修班，培训专业技术人员90余人，学员满意率95%以上。承办“吉林省湿地保护与管理培训班”，培训学员90余人。市林科院受邀到西安市参

10月27日，市林科院举办“保护地林果种植技术及产业开发”省级高级研修班。图为学员在草莓大棚现场实习　（刘天牧　供图）

加西安国际林博会产业峰会，展出市林科院科研成果以及林产品。作为“西部之光访问学者”到北京林业大学学习科研人员1名；参加“第十五届吉林省科协青年科学家论坛松花江林业科技创新论坛”，并做专题学术报告科研人员1名。完成人社部专家服务基层服务团项目“道地中药材资源保护与发展”第二阶段服务团工作，邀请国内中药材研究领域知名专家到镇赉县、大安市大岗子中药材种植基地开展帮扶工作，受益人数60余人。

【项目鉴定验收】 2021年，市林科院完成8个项目验收工作。其中，有1项国家林草局中央财政林业科技推广项目完成现场验收和会议验收工作，有3项省科技厅项目完成会议验收工作，有2项省科技厅项目完成现场验收工作，有2项市科技局项目完成会议验收工作。

【项目申报及批复】 2021年，市林科院申报各级各类项目25项，获立项支持项目14个。其中，国家级项目3项、省级项目8项、市级项目3项。争取项目资金389万元。

7月6日，市林科院受邀到西安市参加西安国际林博会产业峰会。图为市林科院人员在科研成果以及林产品展出板前合影　　（乔国立　供图）

表 66　2021 年白城市林业科学研究项目一览表

序号	项目名称	项目来源	项目资金（万元）
1	防风林下仿生栽培关键技术推广与示范	国家林业局	50.00
2	吉林西部重度苏打盐碱土区植被恢复技术推广示范	国家林业局	50.00
3	吉林省西部铺地柏良种推广示范	国家林业局	50.00
4	楸叶棠棣优良品种选育与示范技术研究	吉林省科技厅	50.00
5	吉林西部欧李鲜食品种选育技术研究	吉林省科技厅	50.00
6	吉林西部沙地主要造林树种柠条抗旱机理研究	吉林省科技厅	8.00
7	节水杨树新品系选育及造林技术	吉林省科技厅	45.00
8	吉林西部栗钙土区造林树种选择及综合治理模式研究与示范	吉林省科技厅	20.00
9	道地中药材黄芪生态种植技术研究与应用	白城市科技局	5.00
10	白城市退化湿地芦苇种群生态恢复及安全调控技术研究	白城市科技局	6.00
11	常绿树种黑美人松子代优良类型选择、繁育及配套栽培研究	白城市科技局	3.00
12	白城市林科院林木育种实验室仪器设备购置	吉林省财政厅	37.00
13	西部利亚红松示范基地项目	吉林省外国专家局	10.00
14	保护地林果种植技术及产业开发	省人社厅	5.00
合计	—	—	389.00

（资料来源：市林科院）

【项目获奖】 2021年，市林科院科技成果获奖16项。其中，获省科技进步奖二等奖1项(杨树优良品种选育推广和造林模式优化)、三等奖2项(吉林省西部杨树耗水特性及密度栽植技术研究、吉林省西部裸斑地生态修复技术研究与示范)；获长白山林业科学技术奖一等奖1项、二等奖3项、三等奖2项；获长白山林业科技创新奖一等奖1项、二等奖3项、三等奖3项。

（刘天牧）

畜牧科学研究

【概况】 白城市畜牧科学研究院（简称“市牧科院”）有畜牧科学研究所、草地科学研究所、动物营养研究所、动物医学研究所、畜禽良种引育扩繁中心、牧业工程咨询中心等研究机构。2021年，申报项目获批复5项，科研成果获省级奖项3项。

【项目批复】 2021年，市牧科院申报吉林省市场监督管理厅地方标准项目“饲用油菜混合青贮技术规程”，获批复。申报白城市科技局项目“优质肉羊种质资源的开发与应用研究”“高档羊肉生产营养调控技术研究”“优质地方黑羽鸡选育与推广”，获批复。申报吉林省农业农村局“2021年高素质农民培训项目”，获批复。

【科研成果】 2021年，市牧科院“反刍动物缩合单宁饲料添加剂的开发与应用研究”“羊病毒性口炎的诊断与综合防制技术研究”项目被确认为吉林省科技成果。“反刍动物过瘤胃技术研究与应用”获吉林省科技进步三等奖。

【科技培训】 2021年，市牧科院邀请吉林省农科院研究员徐安凯、吉林农业大学教授姜怀志为市牧科院专业技术人员开展“牧草育种现状、育种方法及审定登记”“羊的品种选育”技术培训。

（郭艳芹 李姝娟）

农牧机械化研究

【概况】 白城市农牧机械化研究院（简称“市农机院”）设水田机械所、旱农机械所、加工机械所、畜牧机械所等研究机构。2021年，在研项目5QHS-280型秸秆青黄贮收获机通过市科技局验收，申报中草药茎叶收割机和光伏+耕整机两项科研课题。

【农业机械化发展现状调查】 2021年，市农机院组织科研人员到农机加工企业、农机大户、农机市场等开展农业机械化发展现状调查，撰写《白城市农业机械化展现状的调查》，分析白城市农业机械化发展现状，梳理主要问题3个：农业机械化发展不平衡；农业机械资金投入不足，农业机械设备更新速度慢；农业机械产品种类少，对农业生产促进作用有限。结合单位职能提出改进建议3条：优化农机装备结构，促进农业机械化发展；围绕需求研制推广农机具，提高农业综合机械化水平；加强统筹协调，推进农机化快速发展。形成调研报告报市委政研室，为全市决策提供依据。

市农机院完成5QHS-280型秸秆青黄贮收获机项目。图为3月9日，科研人员进行田间试验

（吕明东 供图）

【科研项目】 2021年，市农机院针对白城市中草药生产和光伏电站种植机具短缺情况，谋划中草药茎叶收割机和光伏+耕整机科研课题2个，并完成年度研发任务。组织科研人员完成在研项目5QHS-280型秸秆青黄贮收获机的研发任务，11月通过市科技局验收。

【农机科技服务】 市农机院开通农机专家咨询服务热线“0436-3532903”，确定热线答疑专家3名，热线电话接听人员2名，解答农民在生产中遇到技术难题；编印《农机实用技术手册》、创办农机科技信息简报，印发3000余册（份），在集中培训、包保村走访、开展技术指导时发给农民；与市农机推广总站联合，举办新型农民培训班，培训农民50人次。

【学术交流】 4月，市农机院邀请吉林省农机研究院专家围绕国内外秸秆全量还田、加强黑土地保护相关知识进行专题讲座；9月，市农机院组织科研人员参加省农机学会举办学术交流活动；12月，参加市科技局举办白城道地关药发展论坛。年内参加学术交流科技人员40余人次。

（李 爽）

气象测报

【概况】 2021年，白城市雨量比历年偏多、气温略高、日照略少。白城地区2021年降雨量571.6毫米，比上年552.5毫米多19.1毫米，排历史第3位；平均气温为6.4℃，比上年5.5℃高0.9℃，日最高气温34.1℃，日最低气温零下29.7℃；日照时数2586.7小时，比上年2599.1小时少12.4小时。

表 67　2021 年白城市日照时数情况一览表

单位：小时

站名	年　份	1月	2月	3月	4月	5月	6月	7月	8月	9月	10月	11月	12月	年
洮北区	2021	199.7	213.1	247.7	254.0	299.2	271.1	158.8	201.5	205.7	240.1	166.6	204.1	2661.6
	历年平均值	212.4	229.0	272.9	264.2	266.0	249.1	240.5	247.1	246.9	227.2	190.8	187.0	2833.1
	比历年平均值(±)	-12.7	-15.9	-25.2	-10.2	33.2	22.0	-81.7	-45.6	-41.2	12.9	-24.2	17.1	-171.5
洮南市	2021	202.2	206.7	231.0	238.2	272.9	249.8	141.9	195.7	204.3	246.3	160.4	199.0	2548.4
	历年平均值	198.0	214.9	261.3	258.7	278.8	272.8	264.4	264.9	256.8	230.0	185.8	177.2	2863.6
	比历年平均值(±)	4.2	-8.2	-30.3	-20.5	-5.9	-23.0	-122.5	-69.2	-52.5	16.3	-25.4	21.8	-315.2
镇赉县	2021	198.7	202.7	236.4	244.0	285.4	250.1	155.7	190.1	197.0	238.7	161.2	201.4	2561.4
	历年平均值	208.3	226.5	269.6	263.8	283.8	273.9	267.1	269.8	258.8	234.2	193.8	185.6	2935.2
	比历年平均值(±)	-9.6	-23.8	-33.2	-19.8	1.6	-23.8	-111.4	-79.7	-61.8	4.5	-32.6	15.8	-373.8
大安市	2021	204.9	193.7	238.1	234.4	289.6	242.7	195.0	199.2	207.6	234.9	153.2	208.2	2601.5
	历年平均值	195.0	216.1	256.7	256.6	276.2	268.8	260.2	256.7	253.2	223.8	182.0	172.6	2817.9
	比历年平均值(±)	9.9	-22.4	-18.6	-22.2	13.4	-26.1	-65.2	-57.5	-45.6	11.1	-28.8	35.6	-216.4
通榆县	2021	201.0	204.5	236.7	236.8	281.3	235.3	168.3	193.2	200.4	240.2	159.4	203.5	2560.6
	历年平均值	192.2	206.5	244.5	241.3	259.2	249.9	239.2	244.2	242.3	222.2	180.4	171.5	2693.4
	比历年平均值(±)	8.8	-2.0	-7.8	-4.5	22.1	-14.6	-70.9	-51.0	-41.9	18.0	-21.0	32.0	-132.8
市平均	2021	201.3	204.1	238.0	241.5	285.7	249.8	163.9	195.9	203.0	240.0	160.2	203.2	2586.6
	历年平均值	201.2	218.6	261.0	256.9	272.8	262.9	254.3	256.5	251.6	227.5	186.6	178.8	2828.6
	比历年平均值(±)	0.1	-14.5	-23.0	-15.4	12.9	-13.1	-90.4	-60.6	-48.6	12.5	-26.4	24.4	-242.0

（资料来源：市气象局）

表 68　2021 年白城市平均气温情况一览表

单位：℃

站名	年　份	1月	2月	3月	4月	5月	6月	7月	8月	9月	10月	11月	12月	年
洮北区	2021	-16.1	-9.2	2.1	9.6	16.9	21.6	25	20.9	16.5	7.7	-3.4	-11.5	6.7
	历年平均值	-15.7	-10.4	-1.6	8.6	16.5	21.8	24	22	15.9	6.9	-4.8	-13.7	5.8
	比历年平均值(±)	-0.4	1.2	3.7	1	0.4	-0.2	1	-1.1	0.6	0.8	1.4	2.2	0.9
洮南市	2021	-16.6	-9.2	1.8	9.4	16.7	21.7	25.2	21.1	16.7	8	-3.7	-11.8	6.6
	历年平均值	-14.8	-9.7	-1.2	8.8	16.7	22.1	24.5	22.6	16.4	7.3	-4.3	-12.9	6.3
	比历年平均值(±)	-1.8	0.5	3	0.6	0	-0.4	0.7	-1.5	0.3	0.7	0.6	1.1	0.3
镇赉县	2021	-17.1	-10.1	1.4	9.1	16.8	21.5	24.9	21	16.1	7.2	-4.1	-13	6.1
	历年平均值	-16.3	-11	-2	8.3	16.3	21.7	24.1	22.1	15.8	6.7	-5.2	-14.2	5.5
	比历年平均值(±)	-0.8	0.9	3.4	0.8	0.5	-0.2	0.8	-1.1	0.3	0.5	1.1	1.2	0.6
大安市	2021	-17.7	-11	0.8	8.8	16.5	21.3	25.3	21.1	16.4	7.4	-5	-13.9	5.8
	历年平均值	-16.8	-11.3	-2.1	8.1	16.1	21.7	24	22.2	16	6.9	-4.8	-14.4	5.5
	比历年平均值(±)	-0.9	0.3	2.9	0.7	0.4	-0.4	1.3	-1.1	0.4	0.5	-0.2	0.5	0.4
通榆县	2021	-16.6	-9	2.2	9.6	17	21.3	24.8	21.2	16.8	7.8	-4.1	-12.4	6.6
	历年平均值	-15.1	-9.9	-1.3	8.8	16.7	22.1	24.6	22.7	16.5	7.4	-4.2	-13	6.3
	比历年平均值(±)	-1.5	0.9	3.5	0.8	0.3	-0.8	0.2	-1.5	0.3	0.4	0.1	0.6	0.3
市平均	2021	-16.8	-9.7	1.7	9.3	16.8	21.5	25	21.1	16.5	7.6	-4.1	-12.5	6.4
	历年平均值	-15.7	-10.5	-1.6	8.5	16.5	21.9	24.2	22.3	16.1	7	-4.7	-13.6	5.9
	比历年平均值(±)	-1.1	0.8	3.3	0.8	0.3	-0.4	0.8	-1.2	0.4	0.6	0.6	1.1	0.5

（资料来源：市气象局）

表 69　2021 年白城市降水量情况一览表

单位：毫米

站名	年　份	1月	2月	3月	4月	5月	6月	7月	8月	9月	10月	11月	12月	年
洮北区	2021	2.3	6.1	2.0	18.2	62.6	117.0	109.4	139.2	56.7	0.5	19.8	2.3	536.1
	历年平均值	1.0	2.0	4.2	16.0	38.0	81.9	105.3	70.2	44.0	12.9	4.2	2.7	382.4
	比历年平均值(±)	1.3	4.1	-2.2	2.2	24.6	35.1	4.1	69.0	12.7	-12.4	15.6	-0.4	153.7
洮南市	2021	2.7	7.1	2.8	20.7	57.4	84.8	155.1	173.1	51.7	1.3	36.0	1.5	594.2
	历年平均值	1.2	2.2	5.0	15.7	36.7	86.9	96.1	75.0	34.3	13.3	4.8	3.4	374.6
	比历年平均值(±)	1.5	4.9	-2.2	5.0	20.7	-2.1	59.0	98.1	17.4	-12.0	31.2	-1.9	219.6
镇赉县	2021	3.3	5.4	2.0	18.4	31.3	96.4	164.8	115.5	57.6	1.0	27.6	3.1	526.4
	历年平均值	1.8	2.3	4.9	16.4	37.0	84.2	115.5	69.7	41.0	13.7	4.5	4.0	395.0
	比历年平均值(±)	1.5	3.1	-2.9	2.0	-5.7	12.2	49.3	45.8	16.6	-12.7	23.1	-0.9	131.4
大安市	2021	3.8	8.4	5.9	10.9	76.6	57.2	213.4	113.7	82.6	2.7	64.5	1.9	641.6
	历年平均值	2.3	2.5	5.7	13.2	43.9	80.2	122.7	100.6	43.0	16.8	7.4	4.6	442.9
	比历年平均值(±)	1.5	5.9	0.2	-2.3	32.7	-23.0	90.7	13.1	39.6	-14.1	57.1	-2.7	198.7
通榆县	2021	4.8	7.9	4.2	8.3	57.3	38.4	212.6	125.7	65.4	2.6	32.3	0.1	559.6
	历年平均值	1.2	1.6	4.7	11.9	43.1	73.8	101.1	69.5	34.5	15.3	5.0	2.5	364.2
	比历年平均值(±)	3.6	6.3	-0.5	-3.6	14.2	-35.4	111.5	56.2	30.9	-12.7	27.3	-2.4	195.4
市平均	2021	3.4	7.0	3.4	15.3	57.0	78.8	171.1	133.4	62.8	1.6	36.0	1.8	571.6
	历年平均值	1.5	2.1	4.9	14.6	39.7	81.4	108.1	77.0	39.4	14.4	5.2	3.4	391.8
	比历年平均值(±)	1.9	4.9	-1.5	0.7	17.3	-2.6	63.0	56.4	23.4	-12.8	30.8	-1.6	179.8

（资料来源：市气象局）

表 70　2021 年白城市大风日数情况一览表

单位：天

站名	年　份	1月	2月	3月	4月	5月	6月	7月	8月	9月	10月	11月	12月	年
洮北区	2021	0	1	0	0	2	0	1	0	0	2	2	0	8
	历年平均值	1	1	2	3	4	1	1	1	1	1	1	1	18
	比历年平均值(±)	-1	0	-2	-3	-2	-1	0	-1	-1	1	1	-1	-10
洮南市	2021	0	1	1	0	5	2	2	2	0	2	2	0	17
	历年平均值	1	1	2	3	3	2	1	1	1	1	1	1	18
	比历年平均值(±)	-1	0	-1	-3	2	0	1	1	-1	1	1	-1	-1
镇赉县	2021	0	3	4	6	9	3	2	1	1	2	2	1	34
	历年平均值	1	1	2	3	3	2	1	1	1	1	1	1	18
	比历年平均值(±)	-1	2	2	3	6	1	1	0	0	1	1	0	16
大安市	2021	0	0	3	4	4	0	1	0	0	2	2	0	16
	历年平均值	1	1	2	3	4	1	1	1	1	1	1	1	18
	比历年平均值(±)	-1	-1	1	1	0	-1	0	-1	-1	1	1	-1	-2
通榆县	2021	0	2	1	2	5	2	0	1	0	3	2	0	18
	历年平均值	1	1	3	4	5	3	1	1	1	2	1	1	24
	比历年平均值(±)	-1	1	-2	-2	0	-1	-1	0	-1	1	1	-1	-6
市平均	2021	0	1.8	2.3	4	5	2.3	1.5	1.3	1	2.2	2	1	24.4
	历年平均值	1	1	2.2	3.2	3.8	1.8	1	1	1	1.2	1	1	19.2
	比历年平均值(±)	-1	0.8	0.1	0.8	1.2	0.5	0.5	0.3	0	1	1	0	5.2

（资料来源：市气象局）

表 71　2021 年白城市初、终霜日及无霜期情况一览表

单位：日/月，天

	洮北区	洮南市	镇赉县	大安市	通榆县	平均
初霜日	7/10	7/10	1/10	30/9	16/10	6/10
终霜日	4/3	4/3	30/4	4/3	30/4	27/3
无霜期	217	217	154	210	169	193
历年平均值	153	180	163	157	165	164

（资料来源：市气象局）

【气象服务】 2021年，发布气象信息196期，重要气象报告7期，春运专题12期，防汛专题45期。春耕春播专题产品7期，土壤墒情信息15期，土壤水分监测公报15期，秋收专题产品9期。

【气象基础监测】 白城国家基准气候站同时承担露天环境温度、柏油路面温度、紫外线、酸雨、GPS/MET、气溶胶、微波辐射、风廓线雷达等项目的观测和发报任务。截至2021年末，新建完成有新型自动站、气溶胶观测、微波辐射仪、风廓线雷达、自动冻土仪、多温雨观测系统、能见度仪、降水类天气现象仪、智能视频天气现象仪、自动日照仪等综合观测项目10个。

【预报预警】 2021年，0～24小时晴雨预报准确率89.2%，0～24小时最高温度准确率83.8%，0～24小时最低温度准确率74.5%；24～48小时晴雨预报准确率87.4%，24～48小时最高温度准确率76.5%，24～48小时最低温度准确率70.7%，全年发布预警信号195期，发布气象信息196期，重要气象报告7期，春运专题12期，防汛专题45期。

【农业气象】 白城市农业气象，主要应用农田小气候仪、便携式土壤水分观测仪、自动土壤水分监测仪开展农业气象观测试验，为农业生产提供适时农业气象预报、情报和气候分析资料。白城市、县（市、区）气象局农业气象部门，为地方政府农业管理部门提供土壤湿度及旱情分析、主要作物生育期间农用天气预报及农业气候分析、情报等，为市、县两级政府和农业部门指导农业生产提供科学依据。

【气象观测】 白城市有地面气象观测站5个。其中，国家基准气候站1个，国家基本气象站2个，国家一般气象站2个。各站均担负常规气象要素的观测、发报、记录处理等工作任务。白城国家基准气候站，每天24小时进行自动站定时观测；担负08时、14时、20时3次天气报和11时、17时2次补充天气报任务，同时承担露天环境温度、柏油路面温度、紫外线、酸雨、GPS/MET、气溶胶、微波辐射、风廓线雷达等项目的观测和发报任务；大安站、通榆站是国家基本站，担负08时、14时、20时3次天气报和11时、17时2次补充天气报任务；镇赉站、洮南站是一般站，每天进行08时、14时、20时3次定时观测和天气加密报发送任务。其中，白城站、通榆站、大安站3个站均承担不定时重要天气报任务；通榆站承担雨滴谱观测任务。

（纪美思）

【人工增雨】 吉林省白城人工增雨基地有下属企业白城通用航空有限责任公司。3月完成飞机2400小时定检，3月中旬对飞行员进行年度复训，飞行3小时22分。4月10日起多次转场长春、白城两地，进行飞机人工增雨作业。全年飞行22架次，50小时34分钟，作业区域覆盖长春、白城、松原、吉林、白山、四平、延边、长白山等多个市县，发挥飞机人工影响天气在防灾减灾、保粮食安全、生态修复等方面作用。

（刘　丹）

6月24日凌晨3点，Y12-3836飞机开展增雨作业。图为机务人员检查飞机

（张立友 供图）

教 育

综 述

【概况】 2021年，白城市教育经费总投入33.83亿元，比上年降低4.07%。其中，国家财政性教育经费31.73亿元，比上年降低5.43%；社会捐、集资办学经费140万元，比上年降教育投入与支出，低47.26%；事业收入（含学杂费）1.82亿元，比上年增长10.41%。教育总支出35.59亿元，比上年增长2.21%。

2021年，全市教育基础设施改善。全市新建改、扩建幼儿园22所，总面积50330.77平方米，投资9060万元。新建改、扩建义务教育阶段学校104所，总面积143977平方米，投资11845万元。改、扩建高中7所，投资1006万元，总面积37920平方米。改、扩建职业院校2所，投资556万元，总面积3530平方米。新建农业科普基地1个，投资292万元，面积3000平方米。

截至2021年末，白城市各级各类学校542所，在校学生184993人，教职工24956人，其中专任教师19285人。

【德育教育】 白城市教育局（简称“市教育局”）落实立德树人根本任务，征集全市中小学校德育工作方案，结合工作方案适时评估各地各校德育工作。采取线上线下相结合方式，全市有中小学校229所，收看“时事新闻课”学校213所，开展“时事新闻课”学校93%以上。学生总数151342人，观看人数123982人，占学生总数82%。开展2020年寒假读书评比表彰活动，评比上报作品450件。市教育局下发2021年暑假读书活动通知，组织5个县（市、区）及市直中小学校开展读书活动。开展“我们的节日”“童心向党，放飞梦想”等系列主题教育活动。开展“我心中的红色”读书征文评比，

表72　2021年白城市各类学校基本情况统计表

学校类别		数量（所）	在校学生（人）	教职工（人）	其中专任教师（人）
基础教育学校	幼儿园	304	29590	3504	1914
	小　学	97	71021	8134	8148
	初　中	103	39816	8369	5320
	高　中	18	31581	3138	2681
	特殊教育学校	5	555	204	185
中等职业学校		12	7485	1214	813
高校	普通高校	1	3203	291	147
	成人高校	2	1742	102	77
合计	—	542	184993	24956	19285

（资料来源：市教育局）

获奖征文212篇。组织市直高中参加全省高中生创新创业大赛，4所高中5名学生分别获金牌2枚、银牌1枚、铜牌3枚，市教育局被评为“优秀组织奖”。推进家庭教育、社会教育与学校教育融合，全市中小学“家长学校”建校率100%。利用清明节、“五四”青年节、“七一”建党纪念日等重要纪念日，组织各地开展红歌传唱、经典诵读、诗词创作、摄影活动等庆祝建党100周年系列主题教育活动；开展公益性心理健康辅导和咨询，促进学生身心健康成长；利用校外教育场所，开展社会实践、素质提升锻炼及公益活动，拓宽育人资源。组织全市青少年学生（乡村学生）8500余人次，开展雷锋活动月、风筝节亲子活动、乡村学生看县城、墨宝研学实践等12次主题教育实践活动。

8月18日，白城市实验高级中学高一新生军训现场。图为参训学生进行踢正步演示 （赵一兵 供图）

【素质教育】 4月，白城市举办主题“青春筑梦新起点•科创报国赢未来”白城市第六届中小学生科技节活动，与市场监督管理局联合举办白城市第二届青少年发明创造大赛，收作品80余件，其中“新型学生课桌”等3件作品获发明创造大赛一等奖。在白城市示范性综合实践基地举办白城市第五届中小学生校园足球赛，在白城市第一中学举办2021年吉林省小学生篮球联赛白城基层赛；选派大安二中参加11月6—12日在长春市十一高中举办2021年吉林省中学生排球锦标赛；遴选5所学校申报2021年全国青少年校园足球特色学校；完成国家学生体质健康测试和数据上报工作。参加全省学校庆祝建党百年艺术展演及优秀学生美育社团创建活动，评出学生美育社团30个、工作坊5个、节目和作品17个报送省教育厅，获一等奖1个、二等奖2个、三等奖18个、优秀社团30个，市教育局被评为优秀组织奖，大安市教育局作为优秀县级单位被省教育厅评为优秀组织奖；参加吉林省第七届中小学生艺术展演活动，评选出美育改革优秀创新案例6个、艺术实践工作坊3个、节目和艺术作品44个报送省教育厅；参加第二十九届吉林省青少年科技艺术大赛，选送参赛作品100幅；参加中央文明办、教育部开展“听党话、跟党走”第二届青少年“美育云端课堂”活动；举办白城市第四届中小学生艺术节活动，各县（市、区）教育局、市直属学校举办14场专场文艺演出，展出艺术作品近700件。构建学校、家庭、社会相结合劳动教育体系，开展校内外劳动教育。初步形成以学校、校外教育指导中心、素质教育基地、家庭以及社会相结合中小学劳动教育工作格局。新生军训工作实行统一领导、统筹规划、集中军训、单独考评方式进行，由白城军分区派出现役和预备役两部分教官，对市直高中高一新生分4批次开展军训，参训教官64人，受训学生3954人。

10月31日，2021年吉林省小学生篮球联赛白城市基层赛在白城一中举办。图为获奖队伍代表领奖合影 （赵一兵 供图）

【教育考试】 2021年，市教育局在新冠疫情防控常态化下，组织高职分类考试、高考体育专业测试、高等教育自学考试、中小学教师资格笔试和面试、普通高考、高中学业考试、特岗笔试、成人高考、高职扩招、研究生等考试45项。近11万人参考，40万余科次，涉考工作人员1.1万余人。2021年全年各项考试实现监考无违纪，考务无差错，安检无纰漏、防疫无盲点平安施考目标。

5月20日，市政府召开全市高考新冠疫情防控和考试安全工作会议。印发《白城市2021年高考工作方案》《白城市2021年高考疫情防控应急预案》《白城市2021年高考突发事件应急处理预案》《白城市2021年高考英语听力考试应急处置操作规程》。选聘7000余人次考试监考教师并签订考试安全承诺书，实行考前14天体温健康监测，均要求接种新冠疫苗，安排1000余人参加考试保障。印发《致全市高考考生和家长的一封信》，组织考生参观考点监控室。加强考前新冠疫情防控准备，备好防疫物资。加强广播员光盘拷贝、功放机切换、停电、启动、发电机供电演练，市教育考试院、市卫健委联合市广播电台技术人员、外语教师派出工作组到各考区逐一指导。加强考风考纪、考试环境监管。签订考试工作纪律责任书。对异地监考拟入住宾馆、考点食堂及周边餐馆、电子产品市场进行检查，并与商家签订承诺书，保证考试期间监考教师以及考生饮食安全、电子产品市场商户不出售作弊器材。

【语言文字】 市教育局印发《白城市2021年语言文字工作要点》。把语言文字工作纳入2021年对县级政府和直属学校（单位）目标管理责任书和考评体系；把普通话合格作为教师业务考核、职称评定、教师资格认定必备条件。市教育局与白城市文学艺术联合会、白城市楹联家协会联合举办“2021我爱我家——门前笔下话春风”白城市中小学春联评比活动，全市报送学生楹联作品1050件，获奖104件。6月，市教育局抽调局机关7名干部对全市12所小学300名六年级学生和36名有关校领导进行规范汉字书写能力抽测。经白城市书法家协会专家评审，112件学生作品、7件领导作品获最佳作品奖。开展市直教育机关、学校行政人员公文写作格式规范化知识专题讲座，30余人参加，发放学习材料。

【教育民生实事】 2021年，白城市整改后小区配套幼儿园30所。其中，投入使用12所，进行内部装修和人员招聘18所；省财政划拨70万元，为全市35所冰雪特色校配备冰雪运动（或替代项目）设备器材；为6所学校建设视力健康教育基地，获省补助资金85.68万元；省财助补助160万元，为全市16所普通高中配备物理实验室设备器材。3项省民生实事项目在采购配备，市教育局定期调度、协调、督促，各地各校2021年底前均按照相关标准完成民生实事项目。

【推广普通话活动宣传周】 9月，开展全国第24届推广普通话活动宣传周系列活动，白城市语言文字工作委员会办公室（简称“市语委办”）向全市发放宣传海报105份，在《白城日报》第2版中整版刊发。白城市城区、镇赉县、洮南市、大安市等地各广场大型户外电子屏滚动刊播全国推普周宣传海报、公益广告。镇赉县电视台宣传报道各单位、学校推普周活动开展情况。市教育局网站开辟推普周专栏，教育微信公众号刊发报道3次。在网络平台刊发《语言文字法律法规及规范知识宣传手册》《公文格式基本规范》（电子版），各校开展竞赛、会演、诵读等活动40余场次。学校组织师生利用课余时间到街头、广场、社区开展广告语、店牌、墙体标语等社会用字纠错活动。

【学生卫生宣传教育】 2021年，结合不同学段学生特点，市教育局开展新冠疫情防控、结核病等传染病防控、心理健康教育、青春期教育、应急救护等内容健康教育与健康促进活动。开展近视防控宣传教育活动，活动典型经验在《白城日报》刊登，被“学习强国”App选登；印发《关于做好我市中小学生定期视力监测主要信息报送工作的通知》，组织指导、协调落实白城市中小学校和幼儿园每学期开展中小学生和在园幼儿视力监测及数据报送工作，联合白城医学高等专科学校开展“白医光明行”活动，对全市200余所学校中小学生开展近10万人次免费视力筛查，并指导学校建立全市中小学生电子视力档案系统。组织中小学生及家长收看寒假中小学（含幼儿园）家庭教育和心理健康教育特别节目，全市有近20万名学生及家长参与；印发《心理健康教育和家庭教育工作实施方案》，指导各地教育行政部门和各级各类学校开展儿童青少年心理健康科普宣传。

【研学实践】 冰雪研学实践。白城市开展2021年白城市直属高中冰雪研学实践活动，全市有700余名师生参与；在白城市查干浩特冰雪乐园开展主题为“筑梦冰雪　相约冬奥”2020—2021学年度白城市直属高中冰雪研学实践活动，全市参与活动师生600余名。红色研学活动。6月12日，白城市开展“赏丹青墨宝，寻书画本源——走进通榆墨宝园”端午节研学系列活动，同学们到墨宝园身穿小汉服，制毛笔，捞宣纸、作拓片，“画彩蛋”，感受传统文化魅力。9月25日，开展红色之旅大安研学行。

（赵俊玲）

学前教育

【概况】 2021年，白城市幼儿园、学前班304所，比上年减少8所。教职工3504人，其中专任教师1914人，分别比上年减少73人、增加5人。招生8612人，在园幼儿29590人，毕业9487人，分别比上年减少5710人、减少180人、减少1482人。

【幼儿园建设】 2021年，白城市建立城乡学前教育联盟，幼小衔接初见成效，洮北区和通榆县被确定为省级“安吉游戏示范区”。开展“小学化”倾向专项检查、“教学开放日”、推广“安吉游戏”，科学规范保教。全市评为省级示范园4所，评为市级示范园6所，学前毛入园率98.8%，达到国家标准。

【学前基础设施建设】 2021年，白城市新建改、扩建幼儿园22所，总面积50330.77平方米，投资9060万元。其中，镇赉县学前阶段项目2个，总投资359万元，改造面积1万平方米；洮南市续建项目3个，投资2626万元，完成面积7904.77平方米；新建项目2个，投资1400万元，完成面积3644平方米。

洮南市第四幼儿园新建综合楼项目，建筑面积3339.23平方米，投资1100万元。项目于2020年8月3日施工，2021年11月完工。洮南市第六幼儿园维修改造项目，建筑面积2075.54平方米，投资614万元。项目于2020年10月2日施工，2021年11月完工。洮南市第七幼儿园新建综合楼项目，建筑面积2490平方米，投资912万元。项目于2020年8月3日施工，2021年11月完工。洮南市永茂乡幼儿园新建综合楼项目，建筑面积1822平方米，投资700万元。2021年11月完工。洮南市瓦房镇幼儿园新建综合楼项目，建筑面积1822平方米，投资700万元。2021年11月完工。通榆县2021年维修改造幼儿园3所，投资240万元，大安市2021年完成维修幼儿园1个，投资6万元，维修管道345米，续建城镇小区配套幼儿园5个，投资约4000万元，续建面积20782平方米；洮北区2021年完成维修改造幼儿园项目5个，总投资429万元，维修面积8000平方米。

【学前教育办园行为督导评估】 2021年，市教育局组织各县（市、区）教育局成立督导评估组，通过现场察验、问卷调查、座谈访谈、资料查阅和数据统计等方式，从办园条件、安全卫生、保育教育、教职工队伍、内部管理等5个方面194个采分点，督评全市幼儿园115所。其中，公办园23所，民办园92所；普惠性幼儿园58所，非普惠性幼儿园57所；城市园61所，农村园54所。下达督导整改意见书115份。白城市教育督导室随机抽取20所幼儿园复评，提出督导意见和整改要求。幼儿园根据督导意见，采取措施整改落实。

（赵俊玲）

义务教育

【概况】 2021年，白城市小学教育学校97所，其中独立设置少数民族学校3所，与2020年持平；教职工8134人，比上年增加31人；招生11009人，在校生71021人，毕业生12761人，分别比上年增加205人、减少1698人、减少27人。

初中阶段教育学校103所，与2020年持平；教职工8369人，比上年减少126人；招生12750人，在校生39816人，毕业生15815人，分别比上年增加63人、减少3216人、减少731人。

2021年，启动义务教育城市大学区支援乡镇学校行动，实现全市38个大学区全覆盖。实施中考体育测试、英语听力测试和“4+4+1”计分模式。洮南市利用现有资源，1所学校被教育部确定为第2批100所乡村温馨校园典型案例学校。通榆县巧建“五三九一”推广模式，发挥基础教育国家级优秀教学成果推广应用示范区作用。洮北区被教育部定为义务教育质量监测样本区。镇赉县被评为省级“三个课堂”（专递课堂、名师课堂、名校网络课堂）建设与应用试点区域、全市10所学校被评为省级“学科基地校”。

全面深化教育教学改革，加强和改进全市初中实验教学工作。发挥实验教学育人功能，培养学生创新精神和实践能力。4月25日，印发《白城市2019级初中学生实验操作测试工作实施方案》。

（赵俊玲）

表73　2021年白城市小学学校统计表

地区	学校数（所）	教职工数（人）	专任教师数（人）	毕业生数（人）	招生人数（人）	在校生数（人）
合　计	97	8134	7170	12761	11009	71021
洮北区	21	1644	1306	3397	3115	19718
洮南市	23	1833	1630	2826	2170	15054
镇赉县	16	1316	1292	1983	1490	9583
通榆县	13	1504	1264	2435	2330	15031
大安市	24	1837	1678	2013	1601	10206
白城市直	—	—	—	107	303	1429

说明：白城市直属的白城市毓才实验学校为十二年一贯制学校，学校数在“2021年白城市高中阶段教育学校统计表”中进行统计，无法单独提供教职工数和专任教师数

（资料来源：市教育局）

表 74　2021 年白城市中学学校统计表

地区	学校数（所）	教职工数（人）	专任教师数（人）	毕业生数（人）	招生人数（人）	在校生数（人）
合　计	103	8369	6344	15815	12750	39816
洮北区	21	1950	1365	3322	2551	8639
洮南市	15	1451	982	3441	2466	7621
镇赉县	15	1153	825	2206	1864	5575
通榆县	21	2004	1656	2961	2490	7537
大安市	28	1688	1413	2336	1919	6349
白城市直	3	123	103	1549	1460	4095

（资料来源：市教育局）

【义务教育质量监测】 市教育督导室组织指导洮北区开展2021年义务教育阶段学生学科学习质量监测工作。4月9日，洮北区召开2021年国家义务教育质量监测动员大会暨现场测试工作程序培训。5月26—27日，洮北区完成国家义务教育质量监测工作，21所样本校，593名学生，224名校长、教师参加监测。省监测领导小组认为达到国家基础教育质量监测中心要求和预期目的。洮北区教育局被教育部基础质量监测中心授予2021年度“县级优秀组织单位”称号。

【义务教育优质均衡发展】 9月23—28日，市教育督导室实地督导检查各县（市、区）推进义务教育优质均衡发展。检查前，督查组分析5个县（市、区）上报数据和佐证材料，制定检查规划。随机抽取县域内中学、小学、九年一贯制学校各1所和乡镇九年一贯制学校1所实地督查，检查城乡中小学21所。检查过程中，督查组分别对各县（市、区）政府、教育行政部门以及校级层面存在问题进行面对面反馈和沟通，指出问题、查摆原因、分析解决办法。

【初中教师课堂教学竞赛】 5月，白城市开展白城市第五届初中教师课堂教学竞赛活动，全市9个学科173名教师参加复赛，确定25名教师获学科竞赛一等奖、35名教师获学科竞赛二等奖、57名教师获学科竞赛三等奖。

【乡村温馨校园建设】 3月2日，市教育局印发《白城市教育局关于印发推进乡村温馨校园建设工作方案的通知》，要求以创建温馨校园为重点，将乡村学校建设成具有乡土化、温馨化、特色化乡村温馨校园。全市创建温馨校园46所。洮南市福顺镇草房小学被评为教育部第2批乡村温馨校园典型案例学校。

【规范招生】 3月30日，市教育局印发《关于印发白城市2021年义务教育学校招生入学工作方案的通知》，要求各地要落实阳光分班、均衡编班规定，控制起始年级班额（小学每班45人，初中每班50人），防止产生新大班额。加强学籍管理，控制学生转入数量。义务教育阶段学生均实现免试就近入学。

【义务教育大学区管理】 白城市发挥大学区辐射带动作用，统筹推进城乡义务教育发展。全市有大学区38个，大学区学校覆盖率100%；覆盖义务教育学校在校生100%，完成“教育局—联盟体—成员校”三级层面组织和制度体系建设，大学区内集团作战、多元互动教师研培模式初步形成。

【中考改革和标准化考点升级改造】 白城市作为全省改革试点地区之一，初三、初二28976名考生参加9个学科笔试，阅卷总量103033张次。完成初一、初二、初三近4.3万人参加体育测试和近1.5万名初三考生英语听力自动化考试。实现对中高职贯通培养报名、志愿填报方式数据填报程序化、电子化、数据化。完成2021年全市中考网上阅卷和市直属5所普通高中和省内24所中高职贯通培养院校录取任务。市直考区国家教育考试标准化考点建设项目于8月11日获白城市发改委审批立项，市财政部门向省里申请标准化考点升级改造建设项目资金。

【“圆梦微心愿”活动】 6月1日，由共青团吉林省委主办，共青团白城市委、共青团洮北区委承办，洮北区教育局、洮北区铁路第二小学协办，中国联通白城市分公司支持并捐赠白城市“圆梦微心愿”启动仪式在铁路二小校园内举行。来自中国联通白城市分公司15位党员代表分别认领现场200名困境儿童的“微心愿”，并根据“微心愿”清单，现场向孩子们赠送学习、体育等用品爱心礼包，总价值2万余元。

【通榆县国家级优秀教学成果推广应用】 2020年12月，通榆县被评为全国首批60个基础教育国家级优秀教学成果推广应用示范区之一，并确定3项优秀教学成果在通榆县推广应用。2021年3月17日，通榆县教育局召开“通榆县基础教育国家级优秀教学成果推广应用项目启动会”。会议宣读《通榆县教育局关于做好基础教育国家级优秀教学成果推广应用示范区工作的通知》，为专家库成员颁发证书；解读《通榆县基础教育国家级优秀教学成果推广应用三年工作计划（2021—2023年）》。会议要求开展好小学语文《诵读识字·自主读书》、小学数学《儿童数学教育的实践探索》和初中语文《共建·共享：初中整本阅读课程区域推进的实践探索》3个成果推广应用。会后，各项目人员分别到所属项目分会场参加专题培训。

（赵俊玲）

普通高中教育

【概况】 2021年，白城市高中阶段教育学校18所，比上年增加1所；教职工3138人，其中专任教师2681人，分别比上年增加16人、增加441人；招生10778人，在校生31581人，毕业生9637人，分别比上年增加204人、增加1026人、减少247人。

白城市组织普通高中教学“开放日”活动，增进校际交流。2021年高考，考入清华北大人数、重点本科及普本进线率提升。通榆县被确定为普通高中新课程新教材实施省级示范区，白城一中、通榆一中确定为新课程新教材实施省级示范校。

【招生考试制度改革】 落实高考改革。市教育局印发《关于2021年白城市市直和洮北区初中毕业生学业水平考试及高级中等学校招生工作的通知》《白城市2019级初中学生实验操作测试工作实施方案》，开展2019级初中学生生物学实验操作测试，将学生综合素质评价等级作为高中录取依据。转发《吉林省深化普通高等学校考试招生综合改革实施方案》。在全市普通高中新一年实行“3+1+2”考试选科模式。初中毕业生学业考试。5月17日，印发《关于2021年白城市市直和洮北区初中毕业生学业水平考试及高级中等学校招生工作的通知》，明确考试计分科目、分值、时长调整等信息。实施中考“4+4+1”录取计分科目模式改革，组织初中42483名学生参加体育测试。

【普通高中学生发展指导】 9月10日，市教育局印发《白城市教育局关于加强普通高中学生发展指导工作的通知》，指导各地教育行政部门、市直各普通高中高度重视学生发展指导工作，建立学生发展指导制度体系，制定实施方案，并建立完善相关制度。白城市第一中学成立学生发展指导中心，对学生发展指导工作进行整体规划，研究学生、服务学生、指导学生发展。

【普通高中综合素质评价】 白城市推进“吉林省普通高中综合素质评价平台”应用，规范评价过程管理，组织全市16所普通高中9505名在校应届毕业生，通过综合素质评价平台，填报吉林省2021年普通高中学生综合素质评价总表。组织135名“强基计划”报名考生，通过综合素质评价平台，完成综合素质评价材料报送。组织17名相关人员参加省级综评培训。

【第四届普通高中教师课堂教学竞赛】 10月25日—11月19日，白城市第四届普通高中教师课堂教学竞赛结束。活动各参赛选手贯彻执行新高考、新课程、新教材精神，加强对学生核心素养和终身学习能力培养。在课堂教学中，教师创设问题情境，为学生搭建展示、交流平台。教学手段运用灵活多样，参赛教师运用多媒体设备开展教学，以自制直观教具或实验设备开展教学。体现自主、合作、探究等学习方式，应用启发、讨论、参与、探究等教学方式。经过各评审组评委评选，评出一等奖30人，二等奖54人，三等奖56人。

【4所高中在萌芽赛道参赛项目获2金】 8月3日，“建行杯”第七届吉林省“互联网+”大学生创新创业大赛在“吉林省智慧双创云”网络平台举行。在新设立萌芽板块中，白城市4所高中在6个萌芽赛道参赛项目获金奖1个、银奖1个、铜奖3个。参赛项目中，白城市第一中学“桥梁力学结构模型”和白城市实验高中“电动自行车防滑装置”获金奖；白城市第一中学“水车模型”获银奖；白城市第一中学“DNA分子模型——微观世界可视化制作”、白城市第十四中学“神奇的灯光”和白城毓才实验学校“校园代理服务站”获铜奖。白城市第一中学“桥梁力学结构模型”和“水车模型”、白城实验高中“电动自行车防滑装置”3个项目被推选参加国家级比赛。何静波、沈玲玲两位老师获“优秀指导教师”奖。市教育局获“优秀组织单位”奖。6月初，市教育局在全市普通高中学校开展“建行杯”第七届吉林省“互联网+”大学生创新创业大赛萌芽赛道遴选工作。与市直各参赛学校制订工作方案，组织专家指导项目参赛。采取市、校两级遴选方式，遴选出6个项目并推荐参加省赛。

【通榆县毓才高中项目开工建设】 3月26日，通榆县毓才高级中学项目开工建设。该项目为通榆县招商引资项目，总投资8000万元，规划用地6.1万平方米，建设综合教学楼、学生公寓、教师公寓、食堂等，建筑面积约3.6万平方米，一期工程5433平方米，综合教学楼于8月交付使用。毓才高级中学成立弥补通榆县民办教育领域空白，是通榆县第1家民办高级中学。

表75　2021年白城市高中阶段教育学校统计表

单位：人

学校名称	教职工数	专任教师数	招生数	在校生数	毕业生数
白城市第一中学	247	215	990	2787	879
白城市实验高级中学	128	117	545	1632	528
白城市第四中学	161	109	493	1658	460
白城市第十四中学	85	69	420	1259	239
白城市示范性综合实践基地	47	38	—	—	—
白城毓才实验学校	—	150	985	2897	827
大安市第一中学	215	178	769	2313	778
大安市第二中学	150	113	559	1663	535
大安市第六中学	102	83	457	1184	327
洮南市第一中学	246	216	882	2663	877
洮南市第十中学	164	137	855	2511	829
通榆县第一中学	251	222	770	2310	774
白城市通榆县毓才高级中学有限责任公司	16	12	324	324	—
通榆县蒙古族学校	—	198	415	1330	278
通榆县实验中学校	—	225	830	2729	968
镇赉县第一中学	182	128	603	1816	604
镇赉县第三中学	145	131	781	2204	651
镇赉县蒙古族中学校	—	15	100	301	83

说明：其中白城市毓才实验学校和通榆县蒙古族学校为十二年一贯制学校，通榆县实验中学校和镇赉县蒙古族中学校为完全中学，这两类学校在统计系统中教职工数为全校教职工数，无法单独提供高中教职工数

（资料来源：市教育局）

【白城一中新区校园迁址完成】　白城一中新区校园位于白城市生态新区丽江西路1号，占地面积约13.4万平方米，建筑面积约6.7万平方米。新区校园建成一流食堂和宿舍，60个标准化教室以及6个理化生标准实验室1个计算机教室、多功能厅、会议室、图书馆、教职工健身中心。

【高中学生职业生涯规划体系建立】　2021年，白城一中投资100万元，建立市内领先、省内一流学生发展指导中心，健康学生身心。指导中心配有5位专任教师，5位教师均具有国家级任课资质。编写公开出版发行的校本教材《职业生涯规划》《高中生涯规划指导》《高中生心理指导》。在高一年级开设职业生涯课程。

（赵俊玲）

民族教育

【概况】　2021年，白城市有民族教育学校13所，在校生4633人，专任教师764人。其中，幼儿园在园幼儿174人，专任教师35人；小学在校生1955人，专任教师417人；初中909人，专任教师184人；高中1595人，专任教师128人。

通榆县蒙古族学校，镇赉县蒙古族中学开展民族团结进步教育活动，推广普及国家通用语言文字，加强少数民族文字教材管理。逐一核查全市16所民族中小学校2662名学生教学模式，经核查，一类授课模式学生91名，二类授课模式学生2571名。

【民族团结进步教育】　2021年，民族团结进步教育纳入市教育局年度工作计划。各地各校成立以局长、校长为组长民族团结教育工作领导小组。指导通榆县蒙古族学校开展“吉林省中小学筑牢中华民族共同体意识主题教育活动试点学校”相关主题教育活动。组织2名校长参加第3期民族地区中小学

书记、校长示范培训班。

【民族学生社团创建】 通榆县、镇赉县、洮南市各民族学校先后创建蒙古族摔跤、射箭、安代舞、蒙古象棋、蒙文书法、科尔沁民歌、马头琴、民族舞蹈等具民族特色学生社团。通榆县蒙古族学校、乌兰塔拉蒙古族小学举办“校园那达慕”大会。

（赵俊玲）

特殊教育

【概况】 2021年，全市特殊教育学校有5所（白城市特殊教育学校、镇赉县特殊教育学校、通榆县培智学校、洮南市特殊教育学校、大安市特殊教育学校），教职工204人，其中专任教师185人，比上年各减少1人；招生68人，在校生555人，毕业生80人，分别比上年减少61人、减少3人、减少58人。

2月，市教育局投入139万元，改建感统康复教室、心理健康教室，新建录播教室，实现校园网络全覆盖。

【扶贫助残活动】 2021年，白城市按义务教育阶段生均公用经费标准，春季学期对城乡义务教育阶段家庭经济困难学生进行生活补助，其中补助小学生13人，每人500元；初中生4人，每人625元；对秋季学期城乡义务教育阶段家庭经济困难学生生活补助，其中小学4人每人500元；初中6人每人625元。组织38名党员教师到13个残障家庭，为他们送去书本和生活用品。10月28日，《心灵导航》心理援助公益项目走进校园，开展残疾学生心理健康教育活动。

【德育工作】 2021年，白城市特殊教育学校以贯彻落实《中小学生守则》，组织学生学习《文明礼仪常规》《中小学生日常行为规范》为重点，根据聋部、培智部学生不同年龄，不同身心特点制定有针对性养成教育计划，开展“文明教室”“文明宿舍”评比活动，推行“站文明岗”“鞠躬问好”礼仪活动，养成“轻敲门”好习惯。结合“雷锋月”“全国助残日”“小手拉大手”、建党100周年和“心灵导航”青少年心理健康教育活动开展主题教育活动，构建家庭、学校和社会德育工作网络。

表 76　2021 年白城市民族教育学校一览表

单位：人

学校名称	学校层级（幼儿园、小学、初中、高中）	在校生数（幼儿）	专任教师数
通榆县向海乌兰塔拉蒙古族小学校	小学	62	37
通榆县鸿兴镇小学校	小学	343	67
通榆县向海蒙古族乡四井子学校	初中（九年一贯制学校）	小学＋初中：228 附设幼儿园：51	小学＋初中：55 附设幼儿园：16
通榆县十花道学校	初中（九年一贯制学校）	小学＋初中：390 附设幼儿园：39	小学＋初中：70 附设幼儿园：10
通榆县向海蒙古族乡向海学校	初中（九年一贯制学校）	小学＋初中：250 附设幼儿园：40	小学＋初中：79 附设幼儿园：3
通榆县包拉温都蒙古族乡学校	初中（九年一贯制学校）	小学＋初中：140 附设幼儿园：35	小学＋初中：45 附设幼儿园：5
通榆县蒙古族学校	高中（十二年一贯制学校）	1611	198
洮南市呼和车力蒙古族乡中心小学	小学	247	48
洮南市呼和车力蒙古族乡中学	初中	133	27
洮南市胡力吐蒙古族乡学校	初中（九年一贯制学校）	小学＋初中：404	小学＋初中：85
镇赉县蒙古族中学	完全中学	初中＋高中：1675	116
镇赉县莫莫格蒙古族乡学校	初中（九年一贯制学校）	小学＋初中：440 附设幼儿园：32	小学＋初中：124 附设幼儿园：10
镇赉县哈吐气蒙古族乡学校	初中（九年一贯制学校）	小学＋初中：189	小学＋初中：76

（资料来源：市教育局）

【特殊教育教学】 2021年，白城特殊教育学校根据听障、智障学生实施差异化教学，推进听障学生职业技能教育，培养智障学生生活技能，完善送教上门工作，加强常规教学管理工作，实行听课、评课交流反馈制度，开展骨干教师讲座活动，设计丰富的教科研活动引领教师专业化发展。组织开展第六届全国教育科学研究成果评选活动，参加东师“前沿大课堂”大家谈，全国中小学语文、数学、英语教学在线观摩研讨会，《智慧课堂环境中培智语文教学模式的研究》《特殊教育学校听障生语文阅读教学研究》《特殊儿童教育教学生活化的研究》3项课题结题。

【特色办学】 白城特教学校连续9年组织开展居家教育，2021年为19名重度残障儿童开展“送教上门”服务，其中1名儿童进入普通小学学习，有2名脑瘫学生经过康复，肢体僵硬程度有所好转。在白城市第四届中小学生艺术节活动中，舞蹈作品《唱支山歌给党听》获艺术表演类一等奖；《健美操》获艺术表演类三等奖。针对听障生自身特点及升学就业需要，开设面点制作、洗车专业。学生能在教师指导下独立完成3～5种面点制作，高年级学生可以熟练掌握洗车技术。

（邱冬梅）

中等职业教育

【概况】 2021年，白城市中等职业学校12所，教职工1214人，其中专任教师813人，教职工和专任教师分别比上年减少3人、36人。招生2607人，在校生7485人，毕业生2174人，分别比上年增加64人、增加453人、减少804人。

对接白城产业发展，深化产教融合，全市中职学校加入省级3个职业教育集团或联盟，5所职业院校开展11个1+X证书试点项目，9所中职院校与域内外67家企业、高职院校合作办学。开展农村实用技能培训、创业就业及企业在岗工人技术提升等培训5万余人次，助力乡村振兴发展和企业发展。中、高职毕业生一次就业率98%、81.5%，白城职院学生在省内就业占比75.96%，获省教育厅一等奖。

【校企合作】 2021年，白城市建立全市职业院校领导联系域内企业制度。各职业院校通过冠名班、订单培养和现代学徒制试点等合作形式，建立校外实习实训基地89个，初步形成学生到企业实训实习，教师到企业实践锻炼，员工到学校培训提升，师傅到学校指导实践的校企合作交流机制。全市职业院校与67家企业（域内45家、域外22家）建立校企合作关系。镇赉县职业技术教育中心获长春一汽集团捐赠红旗轿车5台，总价值105万元。助力汽车运用与维修专业高质量人才培养。全市6所中职学校组织1304名学生到域内外24家企业进行跟岗实习、顶岗实习。各校健全实习管理制度、保险制度，安排专职实习指导教师，选派教师进驻企业，对学生教育管理延伸到企业，做好实习学生思想教育和就业指导工作。8月初，市教育局组建实习实训检查小组3个，到全市7所中职学校专项排查实习实训工作。白城一职与白城医学高等专科学校、吉林工商学院、吉林工程技术师范学院、松原职业技术学院、吉林电子信息职业技术学院、吉林工业职业技术学院6所省内高校对接签订“3+2”中高职贯通合作办学协议，11个专业录取学生395人，占总招生人数63.5%。吉林省畜牧学校（简称“吉林牧校”）与吉林农业科技学院、吉林铁道职业技术学院、长春金融高等专科学校、长春汽车工业高等专科学校、吉林水利电力职业学院、长春职业技术学院、辽源职业技术学院、吉林工程职业学院8所省内高校对接签订“3+2”中高职贯通合作办学协议，2021年，6个专业招生87人。按照“政府引导、企业自愿、平等择优、先建后认、动态实施”原则，推进示范性产教融合实训基地建设。与审核入库产教融合试点企业（吉林省彬生蓝航天际无人机科技有限公司）合作，逐渐形成学徒制岗位、培训教材规范。与扶余市惠民农机驾校签订协议，应邀协助其对当地农机驾驶员开展安全驾驶技术培训，6名教师到扶余市7个乡镇送教下乡近一周，培训5000人。

10月20日，白城市举办第四届中小学生艺术节活动。图为特教学校选送的《唱支山歌给党听》获艺术表演一等奖 （张 颖 供图）

【职业技能比赛】 10月，市教育局在各中职学校校级竞赛基础上，举办2021年白城市中职学校学生技能竞赛，有10个专业、16个赛项，96名选手参与。评选出一、二、三等奖17名、32名、47名。白城市6所中高职院校10个专业

6月2日，白城市中等职业学校参加吉林省学生技能竞赛获奖总结汇报会。图为参会人员合影（姜国媛 供图）

31名学生参加“2021年吉林省职业院校学生技能大赛”，在18个赛项中22人获团体奖5个（二等奖1个、三等奖4个）、个人奖10个（二等奖1个、三等奖9个）。6月2日，市教育局在镇赉县职教中心召开“白城市中等职业学校参加2021年吉林省职业院校学生技能竞赛总结汇报会”，5所中职学校领导和3位师生代表分享参赛体会。

【教师技能提升】 白城市组织47名职业院校校级领导、教务处负责人等参加长春市教育局举办的由教育部行政学院承办的长春市职业院校管理队伍治理能力提升研修班（第二期）。4月6—20日，省职成院对白城市4所中职学校开展2020职业院校教师市直提高计划（前一年发计划，第二年实施）——白城地区“送培下校”诊改式专题培训“提升中职学校教育教学诊改下校本化行动能力”主题研修活动，参加活动400人次。11月，市教育局举办白城市2021年中职学校教师课堂教学竞赛活动，每校遴选4～6节课实录上传平台。分别评出一、二、三等奖6个、11个、11个，优秀组织单位1个，全市中职学校任课教师在开放平台观看1327人次。吉林省畜牧业学校正高级讲师、“吉林省畜牧兽医‘技能导师’工作室负责人”姜德相被评为2021年（首次）吉林省“长白山人才工程”教育名师（全省仅10人，全省中职学校仅1人）。全市各中职学校参加国培、省培教师81名，到企业开展实践锻炼教师9名。镇赉县职业教育中心龚雪、白城市第一职业高中张婷婷在吉林省职业院校技能大赛班主任能力竞赛中分获个人二、三等奖，实现该赛项零突破。获省信息化大赛三等奖1人。

表77 2021年白城市中等职业学校统计表

单位：人

学校名称	教职工数	专任教师数	招生数	在校生数	毕业生数	设专业（个）		2021年新增设专业（具体专业名称）
						省级示范专业个数	市级骨干专业个数	
白城市第一职业高中	135	89	622	1577	395	3	5	智慧健康养老服务、婴幼儿托育、幼儿保育
吉林省畜牧业学校	156	82	175	410	273	1	2	—
白城市洮北区教师进修学校	60	47	—	—	—	—	—	—
白城市洮北区农业职业技术学校	85	64	345	1227	178	0	2	—
镇赉县教师进修学校	41	36	—	—	—	—	—	—
镇赉县职业技术教育中心	78	62	197	416	7	0	4	—
通榆县教师进修学校	66	60	—	—	—	—	—	—
通榆县职业技术学校	210	158	374	1379	659	0	3	—
洮南市教师进修学校	51	30	—	—	—	—	—	—
洮南市职业教育中心	77	29	555	996	136	0	2	电子商务
大安市教师进修学校	77	57	—	—	—	—	—	—
大安市职业教育中心	154	65	140	643	265	1	2	新能源汽车运用与维修

（资料来源：市教育局）

4月19日，市教育局在白城市实验高中召开白城市“提质培优·职业院校教学成果提升研讨会”。图为研讨教师发言　　（姜国媛 供图）

【职业院校教学成果提升研讨会】 4月19日，市教育局在白城市实验高中召开白城市“提质培优•职业院校教学成果提升研讨会”。研讨会由白城市教育局主办，北京超星集团吉林分公司承办，参会70余人。会上，北京超星集团职业教育研究院副院长彭震东以《提质培优背景下教学一体化探索与实践》作阐释；长春市人民政府责任督学曲晓绪作《推进提质培优双高建设路径》报告，白城医学高等专科学校临床医学院院长张丽卓以《职业教育在线精品课程建设分享与交流》为题作报告。

（赵俊玲）

【新增“一老一小”专业3个】 白城市第一职业高中（简称“白城一职”）新增专业3个，与白城医高专开展婴幼儿托育和智慧健康养老服务2个专业合作，婴幼儿托育专业招收44人，智慧健康养老服务专业招收25人；与松原技术学院开展幼儿保育专业合作，幼儿保育专业招收28人。扩宽招生渠道，初步缓解缺少紧缺人才问题。

【新能源职业技能等级证书考核申报】 白城一职完成33名学生“1+X”汽修专业新能源汽车电子电气空调舒适技术、新能源汽车悬架转向制动安全技术、新能源汽车动力驱动电机电池技术3项职业技能等级证书考核申报工作。

【招生就业】 2021年，白城一职招新生622人(比上年增加128人）。2021学年度毕业学生数395人。其中就业班毕业生人数63人，均为海尔订单班。均与海尔公司签订正式合同，对口就业率100%。毕业生首次就业率100%。经过统计，初次就业平均工资每月4200元（比上年上涨700元），就业质量比上年有提高。升入上级院校毕业生324人，升学率98.19%。吉林牧校增设工业机器人技术应用。通过学校门卫室电子屏、招生信息画板、招生简章、专业教师做客广播电台栏目及学校门户网站、朋友圈等新老媒体资源，实行全员招生制。2021年，招收全日制中专生175人，比上年增加26人，增幅17.5%。其中，“3+2”中高职贯通机电技术应用专业（与吉林铁道职业技术学院联合办学）完成招生计划；就业班畜禽生产技术专业超额完成招生计划，该专业实际招生78人，算上中高职贯通培养该专业总招生人数114人，占总招生数65%。2021学年度吉林牧校全日制中职学生毕业52人，学校邀请知名企业（北京吉慧鸣宠物用品有限公司、鑫宠医技术联盟等）走进校园，搭建多个就业平台，毕业生就业率在98%以上，对口就业率98.03%。

【订单式培养】 2021年，白城一职聘请2位专家到校授课。由实习就业模式改为订单培养模式，与2家企业签订订单培养协议，人大会议中心订单班（高星级饭店运营与管理专业）招生17人，海尔订单班（数控应用技术）招生63人。主要采取工学交替培养方式。学校根据企业岗位需求，制定教学计划，完成课程讲授，一般一年半左右进入企业，进行观摩或跟岗学习4个月，之后返回学校完成学业，毕业后可直接与企业签订正式用工合同。与乌兰浩特百悦大酒店开展校企合作，选派专业教师为宾馆员工开展酒店接待礼仪、客房服务、餐厅服务、总台服务等培训项目。落实《职业学校学生实习管理规定》，规范实习要求。完善《校外带队教师职责》《顶岗学生管理制度》《学生实习管理实施细则》《学生实习企业考核制度》等管理制度，规范实习管理。开展安全教育动员，实施为学生购买保险，与企业签订实习实训协议，与家长签订责任书，带队教师和指导教师陪同入厂等政策，保障学生人身安全。根据岗位需求，学校与企业共同制定学生培养计划、实习计划。3月1日，学校安排2018级海尔订单班63名学生到合肥海尔公司实习，实习期4个月，实习结束后均在海尔集团就业，成为正式员工。实习就业率100%。每月平均工资在5000元以上。

【师资队伍优化】 2021年，吉林牧校全年选派教师参加国家级培训8人次，省级培训8人次，参加国家职业技能人才评价质量督导员培训1人。完成省级课题结题2人，省级课题立项3人。2名骨干教师被认定为吉林省中等职业学校专业带头人。1名专业教师获聘正高级职称，中级讲师聘4名，助理讲师聘3名。

【教育教学改革】 吉林牧校建立省、市、校三级技能竞赛机制，开展校内学业、技能和教学能力各种竞赛，承办并参加2021年白城市中职学校畜牧兽医

11月4日，吉林牧校承办的“2021年白城市中等职业学生技能竞赛”举行。图为“鸡病理剖检及镜检”项目竞赛现场 （王海寅 供图）

专业学生技能竞赛，获一等奖1人、二等奖2人、三等奖3人，1名教师获市级优秀指导教师。筹备、组织教师参加2021年白城市中等职业学校教师课堂教学竞赛，将思政教育融入专业课中，参赛教师获二等奖1人、三等奖4人。全年开展牛、羊、兔、鸡、小白鼠等动物教学实践活动20班次。开展家畜繁殖员职业技能鉴定工作，吉林牧校是农业部228职业技能鉴定站，鉴定对象为畜牧兽医专业学生，鉴定等级四级，鉴定63人次，通过57人次，通过率90%。

【社会培训】 2021年，吉林牧校通过送教下乡、电台直播等方式开展各类社会培训。依托《hCG对提高繁殖母驴情期受胎率作用的研究》科技扶贫项目，畜牧兽医专家2次带队到德顺乡先进村、木头村进行提高母驴情期受胎方面及羊、牛、鸡养殖方面培训，培训养殖户70余人，受邀开展农业资金基层农技推广培训70人。受邀到扶余市开展农机驾驶员安全驾驶技术培训2次，培训5000人。受白城广播电台邀请，2位专业老师长期做客白城电台以直播方式为农民解答农村养殖方面技术问题，2021年授课100学时以上，听众遍及吉林省、黑龙江省、内蒙古自治区等地。畜牧兽医专家姜德相受各级党委组织部、畜牧局、科技局、扶贫办等邀请开展技术人员培训。10月，为白城市水库移民2021年度农牧业技术培训班开展2期培训，培训150人。

【牧校被教育部评为无人机驾驶职业技能等级证书优秀师资团队】 4月，教育部对1+X无人机驾驶职业技能等级证书试点院校进行表彰。吉林牧校被评为2020年度“无人机驾驶职业技能等级证书优秀师资团队”。

相关链接：

吉林省畜牧业学校无人机操控与维护专业

吉林牧校无人机操控与维护专业于2020年由白城市教育局审批报吉林省教育厅备案，同年8月开始招生。2020年5月，吉林牧校与吉林省彬生蓝航有限责任公司签订产教融协议。吉林省彬生蓝航有限责任公司成立于2017年，是吉林省唯一一家可以考取民航局无人机执照教员级别的训练机构，同时也是教育部1+X无人机驾驶职业等级证书、1+X无人机检测与维护师资培训吉林省唯一训练机构，公司是吉林省“产教融合型企业建设培育试点企业”。吉林牧校利用该公司在省内无人机领域优势，同年11月对吉林牧校无人机操控与维护专业的9名教师及46名学生进行培训，44名学生通过考试并获得教育部无人机“1+X”证书（初级）。

（倪冬梅 王海寅）

普通高等教育

【概况】 2021年，白城市有普通高等学校3所。其中，市属高校1所，为白城职业技术学院；省属高校2所，为白城师范学院和白城医学高等专科学校。按市属高校统计，全年招生录取857人，毕业生535人，就业436人，初次就业率81.5%。

【首次获批国家自然科学基金青年科学基金项目】 8月18日，白城师范学院物理与电子信息学院博士辛志荣申报《一维各向异性XYZ自旋链模型的热力学极限研究》获批国家自然科学基金青年科学基金项目，是白城师范学院首次获批青年科学基金项目，实现该类项目零突破。

【3个师范类专业通过第二级认证现场考查】 5月24—26日，白城师范学院思想政治教育、物理学、生物科学3个师范类专业通过教育部师范类专业第二级认证现场考查。为推进师范类专业认证评建工作，2021年白城师范学院组织召开认证工作推进会、研讨会、调度会10余次，出台《关于推进第二批师范类专业认证评建工作的通知》等文件。认证专家组和省教育厅对学校教师教育改革发展成效及3个专业建设水平给予较高评价。

【与长春师范大学签订联合培养研究生协议】 12月10日，白城师范学院与长春师范大学签订联合培养研究生协议，9位教师受聘为硕士生导师。党委书记迟海波带队到长春师范大学参加签约仪式，长春师范大学党委书记李彧威致辞，校长刘春明为受聘教师颁发聘书。

【白城医教大学城建设项目启动】 4月18日8时，白城医教大学城建设项目开工进行场地平整。在施工现场，十几台大型挖掘机和几十台运输车辆整齐排列，白城医教大学城建设项目正式启动，项目进入施工阶段。白城医教大学城占地面积44.65万平方米，列入白城市“十四五”规划和2021年重点建设项目，项目总投资约15亿元，建设周期5年，一期工程计划建设综合体育馆、学生公寓、食堂及配套设施，总投资约4亿元。

【“专业群”建设】 2021年，白城医高专成立工作专班推动“专业群”建设工作，对接国家和区域主导产业、支柱产业和战略性新兴产业，组建校级专业群。白城医高专获评吉林省高水平学校。7个专业群获评省级高水平专业群（老年保健与康复专业群、母婴健康服务专业群、眼视光技术专业群、口腔医学专业群、医学美容专业群、基层医疗服务专业群和药学专业群），2个专业获评省级特色专业（医学检验技术、医学影像技术）。

（孙万春）

【氢能技术应用专业获批】 2021年10月，白城市职业技术学院（简称“市职业技术学院”）向省教育厅申报氢能技术应用专业，于2022年2月18日获得批复。市职业技术学院具备多方面氢能技术应用专业建设条件。在办学优势方面，市职业技术学院与白城市能源投资开发有限公司（简称“白城能投”）达成战略合作，推进产教融合、工学结合，完善顶岗实习和“1+X证书”制度。在创新人才培养模式方面，按照校企联合培养方案进行订单式培养；依托白城市“中国北方氢谷”、新能源产业示范基地、高载能产业绿色发展基地“双谷双基地”建设与企业合作，采取校企“双师”团队培养氢气生产设备操作与维护、氢燃料电池装配与维护、氢能应用等高素质技能型人才。在教师培养方面，针对白城市对氢能技术应用人才需求，每年安排相关工程技术人员脱产到市职业技术学院任教。市职业技术学院每年安排专业教师到企业一线顶岗实践。在共同进行专业建设和教学改革方面，由市职业技术学院与企业共建的专业指导委员会，全程参与人才培养方案制定、专业教学改革、实训基地建设及教材开发。以企业技术人员为主进行实习、实训教学，参与评价考核。专业有专任教师8名，其中高级职称教师5名，双师型教师8名。企业兼职教师3人。市职业技术学院建成集教学、科研、生产与社会培训等多功能为一体现代职业教育工程实训中心1个，包括云机房、电工电子实训、钳工、焊工、车铣工、精密测量、维修电工、机械设备安装与调试、PLC、液压与气动、PCB实作、数控仿真、特种加工、无人机技术、3D打印技术、工业机器人以及大学生创客空间等20个校内实习实训基地，总建筑面积4500余平方米，教学仪器设备总值800余万元，是吉林省高等学校第三批现代职业教育示范性实习实训基地建设单位。

（李红宇）

【“你选书　我买单”走进高校系列活动】 11月1日，由省委宣传部、市委宣传部主办“你选书，我买单”2021全民阅读民生实事项目进高校系列活动分别在白城师范学院、白城职业技术学院举行。活动中，吉林省外文书店为两所高校贫困学生准备价值100元惠民读书卡1200张，提供涉及党史、党政、文学、艺术、计算机、师范类等图书1万余册。

（邢　璐）

【白城师范学院】 白城师范学院设部门32个、教学单位20个、本科专业50个；有教职工917人，其中具有博士、硕士学位教师648人；全日制在校生13076人。2021年，白城师范学院印发实施《白城师范学院“十四五”发展规划和2035年远景目标》《白城师范学院“345”强校行动方案》。利用微信公众平台、抖音等新媒体宣传，全年编辑发布微信公众平台图文消息约290条；全年拍摄350余场，录制影像180余场，媒体平台直播3次，宣传片制作完成58条，官方抖音、快手、视频号三大平台发布视频120余条。开展1次新媒体年度审核工作，规范校园新媒体运营和管理。

综合改革　制定并落实《开展党的教育方针贯彻落实专项行动工作实施方案》《深化新时代教育评价改革总体方案》措施清单。制定并实施《白城师范学院职称评聘实施办法》，完成2021年职称评聘工作。实施《白城师范学院高层次人才引进实施办法》《白城师范学院教职工攻读博士学位管理办法》，全年引育博士20人，引进硕士31人，新增吉林省B类、D类及E类人才12人。重新设置部分机关机构，成立建设与发展咨询委员会、法规与督查处，组建档案馆。财务管理服务改革稳步实施，启用网报系统，完成财务系统与固定资产系统数据实时联动工作。

人才培养　地理科学、汉语言文学专业获批2021年吉林省一流本科专业建设点。思想政治教育、物理学、生物科学专业通过教育部师范类专业第二级认证现场考查。机械类专业获批实施大类招生。新增氢能技术应用等5个新兴专科专业。新增法学、财务管理2个辅修学士学位授权专业。“热学课程虚拟教研室”获批吉林省虚拟教研室建设试点。修订2021年版人才培养方案和课程教学大纲。修订《关于加强课堂教学建设提高教学质量的实施意见》等系列管理制度。获批省级一流本科课程6门，省级课程思政示范（建设）项目3门。成立校级课程思政教学研究中心。学生在省级以上学科竞赛中，获国家级奖励9项、省级二等奖以上奖励124项。获批国家级“大创”项目30项、省级“大创”项目70项，在国家级、省级创新创业大赛中，获得优秀组织奖2项，省级奖励25项。2021届毕业生考研上线率10.82%，考取硕士研究生223人。“专升本”考试中281名学生被录取，升学率79%，比上年增长11个百分点。小学教育（师范）、英语教育（师范）专业升学率90%以上，均创历史新高。

科研工作 推进省、校两级特色高水平学科建设，推进硕士学位授予点立项建设工作。与长春师范大学、吉林化工学院签订联合培养研究生协议，新增研究生导师17名，新增联合培养研究生13名。创新科研管理模式，获批国家自然科学基金等各级各类纵向科研项目98项，获经费179万元；签订横向科研项目14项，合同经费98万元；获授权专利41项；发表SCI等各级论文457篇。

开放办学 获批国家留学基金委“青年骨干教师出国研修项目”合作单位。首获国家留学基金委公派访学全额资助项目，获批教育部国际中文教育线上团组交流项目1项，经费47.78万元。召开产教融合转型发展工作汇报会，推动校企合作、协同育人。新增职业技能等级证书试点3个。成立白城师范学院校友会。加入吉林省高校师范教育协同发展联盟。落实基础教育协同融入工程，新建教育实践基地10余所。校市共建乡村文化振兴试验区，校地合作拓展深化。

（赫慧育）

【白城医学高等专科学校】 白城医高专占地面积75.32万平方米，总建筑面积23.71万平方米。有专任教师504人，生师比16.56∶1。其中副高级以上职称202人，占专任教师40.08%；硕士研究生以上学历237人，占专任教师47.02%；“双师型”教师317人，占专任教师62.90%。省级高层次人才10人。有省级优秀教学团队5个。聘请中国工程院院士陈香美等10名专家为学校名誉校长、特聘教授。在省内外建立实习基地198家。牵头成立吉林省医学技术职业教育集团，发展成员单位107家，申报国家级示范性职教集团。白城医高专设14个学院，23个专业。

2021年，白城医高专党委提出创办医学本科大学和创建全国文明校园目标。规划建设“三馆一场一中心”（体育馆、排羽馆、游泳馆，体育场、文体中心）康体中心；校企合作、校院合作、产教融合康养中心；集宿舍、食堂、教学为一体康教中心，启动医教大学城建设项目。7月，获“吉林省先进基层党组织”称号，是全省唯一一所获此称号高职高专院校。

招生工作 2021年，白城医高专普通类计划3139人，录取3139人，录取率100%。其中，高考统招生581名，高职单招录取2160人，对口升学70人，中高职衔接转段328人。招生计划完成率连续6年100%。2021年，高职扩招计划2554人。学校普通类招生（不含高职扩招）覆盖全国25个省、市、自治区，来自本市生源占13%，本省（不包括本市）生源占71%，外省生源占16%（外省生源中58%为西部生源，占全部生源比例9%）。

就业工作 2021届毕业生2460人，毕业去向落实率98.57%，留省就业比例80.06%，毕业去向落实率保持在省内高校前列。2021年，毕业生专升本比例继续提升，被本科院校录取毕业生数660人，占比26.8%，升本率继续居全省高职高专院校首位。2021届毕业后有49.84%毕业生以其他录用形式就业，其后依次是升学（26.8%）、劳动合同（11.99%）、就业协议（4.63%）。

专业建设 2021年，新增医学营养、眼视光仪器技术、视觉训练与康复3个招生专业，学校专业23个。覆盖临床医学类、中医药类、护理类、医学技术类、健康管理与促进类、康复治疗类、药学类、药品与医疗器械类和公共服务类等9个专业类，教学单位发展为13个学院。

（孙万春）

【白城职业技术学院】 白城职业技术学院（简称“市职业技术学院”）占地面积18万平方米，建筑面积8.1万平方米。在职教职工305名，其中专任教师164名。教授32名，副高级职称教师112名。“双师型”教师134名，占84.28%。硕士及以上学历46名，占28.05%，本科学历114名，占69.51%。除行政部门外，设机电工程系、建筑工程系、学前教育系、小学教育系、汽车工程系、经济管理系、生化工程系、信息工程系、政治教研部、基础课教研部10个系部，开设专业26个。有工程训练中心、汽运实验室、建工实验室等校内实验实训室40个和以白城市行业龙头企业为依托的校外实训基地32家。面向全国19个省份招生，在校生4556名。

专业建设 2021年，取消旅游管理、供用电技术等8个专业招生计划，增设无人机应用技术、光伏工程技术2个新专业。申报氢能技术应用专业获批，计划2022年招生。建立一般专业、重点专业、特色专业等三级专业建设体系，以省级品牌专业、特色专业机电一体化技术以及会计、建筑工程技术、学前教育、小学教育4个高水平专业（群）发挥示范和辐射作用，带动其他专业（群）共同发展。

课程建设 推进精品课程建设，建成省级优秀课程及精品课11门、院级优秀课程及精品课18门。2021年，邀请智慧树教育平台老师刘海楠对全院教师进行在线开放课程培训，各系、部组织教师申报，学院评选审批3门，进入招标建设阶段。

招生工作 全年计划招生1196人，录取857人。其中，单独招生录取352人、普通高职录取490人，其中省内248人，省外242人；转段15人。从生源分布看，分别来自吉林、贵州、云南、安徽、四川、河北等14个省、市、自治区。

就业工作 2021年，毕业生535人，就业436人，初次就业率81.5%。包括专升本102人，考取特岗28人，应征入伍3人。毕业生就业满意度、专业相关度、

8月2日，市职业技术学院组织2019级机电一体化技术专业学生到能投公司通榆兴东220千伏光伏升压站实习。图为学生参加岗前培训

（市职业技术学院 供图）

企业满意度均在95%以上。

校企对接　探索多元人才培养模式，挖掘区域内有效资源，扩大校企合作，产教深度融合，开展订单式培养、转段衔接培养。与白城市能源投资开发有限公司、一汽吉林股份有限公司、中国兵器集团白城中一精锻股份有限公司、吉林梅花氨基酸有限责任公司、天津远洋鸿基电子工程有限公司等单位合作办学。

（李红宇）

成人教育

【概况】　2021年，白城市成人高等教育院校2所（白城教育学院和白城电大），教职工102人，其中专任教师77人，分别比上年减少3人、增加1人；招生829人，在校生1742人，毕业生554人，分别比上年增加312人、增加11人、增加83人。

【全民终身学习活动周】12月19日，白城市全民终身学习活动周总开幕式在白城市实验高级中学举行，各县（市、区）教育局分会场以直播会议形式同步进行。开幕式上，宣读吉林省教育厅和白城市教育局“百姓学习之星”“吉林省全民终身学习活动周工作先进单位”和个人表彰决定并为其颁发获奖证书；与会人员观看白城市“百姓学习之星”“终身学习品牌项目”“全民终身学习活动周工作先进单位”先进典型宣传视频。12月21—27日，全民终身学习活动周主题为“庆建党百年华诞，谱终身学习新篇”。白城市围绕职业技能培训、全民健康、老年人运用智能技术教育培训等主题，面向企业职工、现代服务业员工、进城农民工、退役军人、高素质农民、城乡社区居民、老年人群、成人继续教育工作者等举办各类线上大讲堂，拓宽活动周覆盖面、参与度。

【白城电大】　吉林广播电视大学白城分校（简称“白城电大”）。下属通榆县职业教育集团（含电大）、洮南市职教中心（含电大）、镇赉电大工作站（独立）、大安市职教中心（含电大）4个县级电大工作站。白城电大编制50名，在编48名，具有大学本科学历人员43名，研究生学历5名。正高7名，副高13名，中级职称12名，初级职称6名。位于吉林省白城市海明西路锅炉厂胡同4号。白城电大占地面积4217平方米，校舍建筑面积4555.6平方米，固定资产740万元，有以光纤专线接入的100兆校园网。计算机教室2个、多功能教室2个、图书馆兼阅览室1间、教室17个。教学用计算机110台，服务器6台。

办学特色　白城电大采用计算机网络、卫星电视等现代传媒技术，运用印刷教材、音像教材、多媒体课件、网络课程等教学媒体和教学手段，面向基层、面向行业、面向社区、面向农村，针对不同服务对象开展职工教育、社区教育、老年教育、新型农民教育和各类培训。学校以开放教育为主体，成人高等教育、中等职业教育等多种学历教育与非学历教育协调发展，具有现代远程教育特色的新型大学。

招生工作　领导带头、招生部门协调、全员招生、“敲门”招生方式，到机关事业单位、企业、乡镇面对面开展招生调研和宣传，拓展招生渠道。2021年，招生834人。其中，春、秋两季专科招生374人，本科招生460人。

（王　澜　蔡　双）

【白城市教育学院】　白城市教育学院属于公益一类单位，有3400平方米教学及办公楼1栋，1500平方米教育培训中心1栋。白城市教育学院编制67名，有教职员工57名，专任教师39名。2021年，完成市级培训9项，参训教师21164人次，教研员开展教学研究、指导与服务工作，到基层学校听评课1468节，开展各类教研、竞赛评比活动32项，促进全市教师专业发展。

教师培训　以师德师风建设及专业能力提升为培训重点，制定方案4个，培训校（园）长1100余人，教师1.8万余人。开展中小学骨干教师提高培训，培训骨干教师360名。举办白城市中小学体育美育300名骨干教师培训班。7月5—12日在西南民族大学少数民族干部培训中心举办全市蒙古族学校双语教师暨教学管理人员培训班，参加培训30人。组织2021年职业院校教师素质提高计划——“送培下校”诊

12月23日，吉林省学前教育教研指导责任区会议（白城市专场）在洮北区第三幼儿园召开　　（张成云　供图）

改式专项培训项目。吉林省教育学院职成研训学院院长金花子带领省内职教办学专家团队分别到镇赉县职业技术教育中心、白城一职、白城市洮北区农业职业技术学校和洮南市职业教育中心4所中职学校开展集中专题讲学、实地到校指导、合作联动研究等送培活动。

教学质量提升　遴选“基础教育精品课”，综合评审114节中小学精品课，遴选推荐市级精品课70节。在洮北区瑞光小学、洮南市一中分别组织小学、高中教学开放日活动。活动主要采取随堂听课、研讨交流方式进行，全市200余名教师到场观摩。6月15—22日，到各县（市、区）随机抽测小学3～6年级学生科学实验。5县（市、区）10所学校20名教师100名学生参与本次抽测。2021年上半年，组织幼儿园、小学、初中、高中、民族教育各学科市级教学名师评选暨省级教学名师遴选推荐工作。经过选拔、综合评审考核，评出市级教学精英127名，教学新秀238名，经过课堂教学、笔试、说课以及教科研成果等环节的省级评选，6名教师获省级教学精英称号，20名教师获省级教学新秀称号。开展白城市普通高中、初中教师课堂教学竞赛活动。竞赛活动由初赛、复赛、决赛3个环节组成。5月13—20日，组织全省学生技能大赛白城赛区选拔工作，白城市有6所中等职业学校参加省赛，有12个专业31名学生参加全省竞赛，22人获团体奖5项、个人奖10项。举办“鹤乡杯”课堂教学竞赛，75人参加市级决赛。有15名教师获一等奖，30名教师获二等奖。组织白城市第二届中小学师生书画作品展评活动。全市238名师生参加展评，94名师生获市级奖项。12月23日，在洮北区第三幼儿园承办吉林省学前教育教研指导责任区工作（白城专场）会议。省、市及5县（市、区）主管学前教育领导、园长、老师130余人参加会议。

（张成云）

教育管理

【教育行风专项治理】　9月26日，市教育局、市委宣传部、市发改委、市财政局、市市场监管局开展联合督导检查，采取听汇报、查材料、座谈交流等方式，检查市直属各学校收费情况，现场指导收费政策落实情况。白城市开展中小学在职教师有偿补课和违规收受礼品礼金专项治理活动，成立整治工作领导小组，制定方案，设立举报电话、信箱等，各地各学校开展自查自纠活动；适时召开师德教育警示大会，加大专项整治宣传力度，组织教师讨论剖析原因、对照检查；完善中小学有偿补课和教师违规收受礼品礼金问题线索情况统计表，建立专项整治典型案例档案，依法依规处理违规教师10名。

【教育执法】　2021年，白城市对14所培训机构和1所民办高中进行审批后颁发办学许可，实行“只跑一次”工作机制，规范教育行业审批行为。研究编制行政许可、行政处罚、行政强制、行政检查“四张流程图”，完善综合行政执法标准化指引。推行包容审慎监管执法“四张清单”制度，聚集“四张清单”编制、推进、执行环节，配套建立“一案三书”（执法决定书、行政建议书、信用承诺书）制度。2021年，查处在职教师违规办班行为4起，对无证培训机构下达停止违法办学行为通知书19份，关停取缔17所，符合设置标准履行审批2所，对6起严重违法违规办学的给予行政处罚。

【“双减”政策落实】　2021年，白城市落实国家“双减”（减轻义务教育阶段学生过重作业负担和校外培训负担）政策，加强“五项管理”（作业、睡眠、手机、读物、体质管理），规范作业和考试要求，提高学校教育质量。采取“一校一案”全市义务教育学校课后服务实现“双覆盖”。教育部“双减”监测平台调查显示，校内减负提质学生和家长满意度98.5%和98.6%。落实义务教育段学科类培训机构政府定价管理，线下校外培训机构压减98.67%。

【“省对县”督导检查通过】　10月13—14日，白城市教育督导组对洮北区开展“省对县”市级复查。督查组查看相关材料，实际踏查各级各类学校12所。督导室分解所有129个指标，下发到学校。11月8—11日，迎接省督导检查组

5人督导评估白城市洮北区人民政府履行教育职责情况和当前教育重点工作开展情况。

【教育重点工作责任制落实】 3月26日，白城市下发《白城市人民政府办公室关于2020年度教育重点工作目标管理责任制考评结果的通报》。市教育局研究制定2021年度白城市教育重点工作目标管理责任制指标体系。12月13—29日，成立督导检查组，对全市5个县（市、区）2021年度教育重点工作目标管理责任制落实情况进行年终督导检查。在各县（市、区）分别召开工作汇报会，听取受检县（市、区）政府主管领导工作汇报，对教育、发改、财政、人社、编办等部门进行现场问询，查阅有关档案，采集相关数据，实地抽查全市65所城乡各级各类学校。结合各县（市、区）自评情况、中期随机督导结果、市教育局各科室评分进行综合评比，下发考评结果及督导通报。

【教育督导规范】 9月24日，白城市《关于深化教育督导体制机制改革的实施方案》（简称《方案》）由中共白城市委办公室、白城市人民政府办公室联合下发。

11月26日，市教育局制定下发《白城市教育局关于进一步做好组织学习〈教育督导问责办法〉的通知》，各县（市、区）教育局、教育督导室部署学习活动任务，下（转）发文件，范围覆盖政府、与教育相关职能部门、各级各类学校（民办教育机构、民办幼儿园）、局直属单位和局各科室。全市教育系统通过召开培训会、座谈会、研讨会和答题测试“三会一考”方式，学习领会问责办法。在市、县教育局和学校网站、公众号上刊登有关问责办法学习宣传稿件230余件。组织类别答题测试活动4个，回收有效试卷1191份。

【校园新冠疫情防控】 2021年，市教育局下发《白城市校园新冠肺炎疫情防控指南（修改版）》《白城市市直属教育系统新冠肺炎疫情全员核酸检测工作实施方案》等文件。召开防疫工作部署会3次、开展联合检查4次，组织市直教育系统开展开学前防控演练。通过指尖白城、白城教育微信公众号、QQ工作群等发布《致家长一封信》，各地各校通过校园板报、宣传板、校园网、微信群及班会等形式，宣传普及新冠疫情防护卫生知识。把好“三关”（校门关、消杀关、排查关），实行“日报告”“零报告”制度，做好师生及家长健康排查。强化冷链食品、采购物品、快递外卖登记与管理。压实属地政府、教育部门及学校“三方责任”，加强开学前督导检查和自查自纠。抓好常态化防控，加大经费投入，确保防疫物资供应。召开2021年新冠疫情防控和安全生产工作部署会议，印发《关于进一步加强中小学教育教学管理的通知》。组织全市各中小学精心准备“开学第一课”，通过观看视频短片、朗诵诗歌等形式，展现新冠疫情防控成果和校园安全警示。组成联合检查组，督导检查市区中小学校春季开学新冠疫情防控工作。

【校园安全管理】 2021年，市教育局组织全市各级各类学校集中开展防火、防震、防暴恐等应急演练200余次。邀请吉林省消防救援总队讲师李金垚，培训洮北区和市直属校园安全工作人员近400人。聘请市交巡警支队张井林等28名工作人员为白城市城区学校交通安全副校长。全年6次代表市教育局组成检查组检查各县各校，其中1次是联合公安、应急、市场监管局等13部门进行。做好建党100周年全市校园安保工作。迎接省政府，省教育厅，省、市督查指挥中心检查、市安委会检查7次；准备迎接国务院第八次大督查、中央教育工作领导小组秘书组检查2次。召开全市校园安全工作视频会议1次，市直属学校校园安全工作会议5次。全年未发生较大以上校园安全责任事故。

【校外办学规范】 2021年，白城市印发《全市校外培训机构疫情防控和在职教师有偿补课集中整治实施方案》，成立整治工作领导小组，通过全市主流媒体公开发布各级教育行政部门举报受理电话。与每所审批备案的校外培训机构签订《疫情防控承诺书》。加大对无证校外培训机构和中小学校在职教师有偿补课办班查处力度。依法查处无证校外培训机构4所，现场封存“小饭桌”带课后辅导托管机构7所，现场整改存在“大班额”校外培训机构2所。

【营养餐改善计划实施】 2021年，白城市享受营养改善计划3个县（市）91所学校30554人均改成午餐正餐形式供餐。全年国家为白城市拨付营养改善资金近2000万元。全市各级各类学校食堂100%实现明厨亮灶，学校食堂“互联网＋明厨亮灶”43%以上。

（赵俊玲）

教师队伍建设

【师德师风评议】 4月7日，下发《关于在全市各级各类学校开展师德师风评议工作的通知》，对各县（市、区）、市直属各学校班主任及任课教师（含聘任制教师）14186人开展师德师风评议工作。5月19日，下发《关于在全市各级各类学校开展师德师风评议活动情况的通报》。师德师风评议工作发放测评票331114张，收回330367张，有效票329699张。从统计结果看，参评教师整体满意率98.85%，基本满意率0.96%，不满意率0.19%。

【乡村教师队伍建设】 2021年，农村义务教育阶段学校招聘特岗教师314名，特岗教师均补充到乡村教师队伍中。贯彻落实《关于印发〈吉林省非国家连片特困地区贫困县区农村中小学教师生活补助资金发放管理办法〉的通知》精神，按照学校在自然村屯、乡政府所在地两类情况，按时足额发放在岗教师每人每月500元、300元生活补助。全年125668人次享受农村教师生活补助，总金额4402.73万元。

【教师待遇保障】 2021年，白城市建立健全“三项工作机制”（义务教育阶段教师工资收入长效机制、义务教育阶段教师工资收入随当地公务员工资收入动态调整机制、财政经费保障机制），推动义务教育阶段教师工资水平提高。健全完善工作制度，执行义务教育阶段教师工资待遇保障机制、工资收入动态调整机制，完成义务教育教师不低于当地公务员平均工资收入任务。加强教师队伍理想信念教育，做好政策解读工作，提高教师队伍政治理论素养、思想道德素质，解决教师合理诉求，维护教师队伍稳定。组织全市教师开展模范遵守《新时代中小学教师职业行为十项准则》，在第37个教师节，评选表彰“四有好老师”233名。

【教师培训】 2021年，完成市级培训9项，参训教师21164人次。遴选国培计划、省培计划113项教师培训，参训教师4556人次，部分项目因新冠疫情影响在进行中，其他项目参训率、合格率均100%，提交研修报告以及案例8000余份，包含集中培训、线上培训以及混合式研修等培训形式，涵盖幼儿园、小学、初中以及高中所有学科。

【艺术课师资培养和业务提高】 白城市在白城示范性综合实践基地开展为期5天白城市中小学体育美育骨干教师培训班，进行7个项目培训，参培优秀学科骨干教师214名，经培训班授课专家和班主任综合考核评选，45名教师被评为优秀学员。推荐白城市5名教师参加首届吉林省青少年校园足球专家委员会委员人选遴选，被聘任为首届吉林省青少年校园足球专家委员会幼儿园、小学专家组委员2人，被聘任为初中、高中专家组委员1人；报送参加吉林省体育教育专家委员会委员的遴选教师2名；选派白城市参加吉林省中小学体育教师滑雪培训体育教师12名，选派参加全国冰雪运动特色学校小学教师滑雪技能培训体育教师2名；选派12名国家级校园足球特色学校体育教师参加2021年全省青少年校园足球特色学校足球教师培训。推荐2名教师参加吉林省学校美育教学指导委员会委员遴选。选派1名教师参加在中国人民解放军陆军装甲兵学院士官学校举办的教育部2021年度军事课骨干教师研修班第22期培训。

（赵俊玲）

7月5日，市教育局“2021年白城市中小学体育美育骨干教师培训班”在白城市示范性综合实践基地举办。图为开班仪式 （赵俊玲 供图）

文　化

公共文化

【概况】　2021年，白城市出台《关于深入推进白城市公共文化机构法人治理结构改革的实施方案》和《关于推进县级文化馆图书馆总分馆制建设的实施意见》。384个脱贫村综合文化服务中心、919个农村文化大院和文化小广场、73家乡镇综合文化站后续管护和使用加强。各县（市、区）乡镇综合文化站第二次评估定级工作完成。按照“一个总馆+多个分馆+若干个支馆”（流动站、服务点）模式，构建县文化馆、图书馆，乡镇综合文化站，村综合文化服务中心三级管理、流通、服务一体化资源共享体系。截至2021年末，全市建有图书馆分馆41个、文化馆分馆77个，流动站40个、服务点25个，均纳入总分馆制管理体制和运作机制当中。2021年，依托“馆、站、院”三级平台，开展“农民文化节”“全民阅读”“送演出下基层”“基层骨干培训”“我们的节日”等乡村文化活动500余场次，其中送演出下基层216场，红色文艺轻骑兵小分队到新时代文明实践中心演出30余场，免费送图书1000余册。

【白城市图书馆】　2021年，白城市图书馆购买并加工图书4686册、2343种，完成配置新书2000余册。截至2021年末，馆藏图书25万册，新建图书流动站4家。由于新冠疫情防控，开馆每天实行人员限流，全年接待读者4.5万余人次。其中，到馆读者3万余人次、线上接待读者1.5万余人次。流通图书3.2万余册次。承办中共白城市委宣传部、白城市文化广播电视和旅游局（简称“市文广旅局”）主办的“第八届吉林省市民文化节”。完成新书推荐2期，庆“建党100周年”“读红书　忆党史　寻初心”；“白城市图书馆庆祝建党100周年红色书展”等展览10期。开展线上主题活动“朗读者计划”“领读者计划”“书香白城阅读在我身边——全民阅读推广活动”等80场次，参与人数1万余人次；线下主题活动“我们的节日——‘新春文化进万家•送书送福送春联’阅读福袋派送”“瀚墨迎春书法名家义写”等30余场次，参与活动5000余人次。

【白城市博物馆】　2021年，白城市博物馆承担并完成由中共白城市委、白城市人民政府主办“初心如磐——白城市庆祝中国共产党成立100周年主题展”，为全市各单位及市民讲解120余场次。举办“匠心妙手，巧夺天工”白城非遗传统工艺系列精品陈列等展览15个，其中网上展览4个。接待线下观众6万余人次，线上参观网上展览人数5万人次，其中未成年人观众1万人次。新增文物3件，并完成相关文物登记、建档、上账。整理未上账文物2000件，重拍文物照片500余张，文物藏品总量约3万件（套）。

【白城市文化馆】　2021年，白城市文化馆开展线下群众文化活动10次；全年在公众号发布网络信息94条，浏览量16864人次，微博推文3102篇，浏览量573969人次，抖音浏览量9421人次。发布《公益讲堂》音乐、美术、舞蹈、器乐等各类专业课程38期，浏览量283762人次；庆祝建党100周年“红色经典京剧”演唱会，白城市青少年诗文朗诵专场演出文化直播活动2场，浏览量6866人次；发布不同主题线上少儿美术作品13期，发布美术作品292幅；公益培训班2期。在吉林省第二届广场舞展演活动中，选送的广场舞《赞歌》，获大赛最佳风采奖，单位获优秀组织奖，浏览量5064人次；在吉林省第二届群众舞蹈大赛暨全省“群星奖”选拔赛活动中，市文化馆选送的蒙古族舞蹈《苏•撒》获一等奖，单位获优秀组织奖，浏览量8707人次。在第十三届吉林省长白之声合唱节，选送《白城迈进新时代》（隋如原创）《美丽的草原我的家》获二等奖。在由中宣部、中央文明办一局、文化和旅游部公共服务司、中国民间文艺家协会等单位联合主办的“赏年画　过大年”新时代•新风尚•新年画2021—2022我们的小康生活美术作品展主题活动中，选送的侯晓莉农民画作品《家园》入围作品展。

【文艺作品创作】 2021年，白城市以热爱家乡为主题，创作歌曲《永恒的爱恋》《家乡白城》《春到鹤乡》，诗朗诵《腾飞吧白城》，改编大型吉剧《洮儿河畔》。为抗击新冠疫情创作三句半《祝你平安》《科学防疫谱新篇》、古体诗词十四首，二人转小帽《众志成城抗新冠》《抗新冠》《就地过年》，快板《杂感》等。为庆祝建党百年，创作歌曲《我愿党旗永远鲜红》、大型吉剧《热血军魂》、诗歌《坚定信仰　奋斗圆梦》、小品《乡村恋曲》、诗朗诵《光辉岁月》；为“党旗下的新白城”征文260余件。

在全省第五届美术、书法、摄影作品大赛中，白城市获二等奖1名、三等奖2名、优秀奖2名。在“大美吉林”现代民间绘画网络评选大赛中，白城市报送作品20幅，均获奖项。在吉林省第二届广场舞展演活动中，选送广场舞《赞歌》，在全省19支优秀广场舞代表队中获大赛最佳风采奖、单位获优秀组织奖。在吉林省第二届群众舞蹈大赛暨全省“群星奖”选拔赛活动中，选送蒙古族舞蹈《苏•撒》获一等奖，单位获优秀组织奖。拍摄MV《我和我的祖国》《跟着画笔学党史》，浏览量均近万人次。

【展览活动】 2021年，白城市举办“白城记忆”系列展、“金牛奔盛世”迎新春书画展、“庆祝中国共产党百年华诞”曹延琪红色主题书法展“永远跟党走”书画展、“光荣与梦想•铭刻初心——《习近平用典》主题书刻展”等线上线下展览活动10余次。白城市少年儿童部分创作作品被《吉林日报》、“德润鹤乡”公众号转载。“三节”期间推出“鼠去牛来辞旧岁，龙飞凤舞庆新春——我们的节日•春节”“白城市少儿迎春作品网络系列展览3期”及“我们的节日•元宵节”白城市少儿迎春作品网络系列展览1期，发布儿童画作品79幅；“新桃换旧符，牛年福满门——我们的节日•春节”白城市少儿年画作品网络系列展览2期，发布少儿年画作品42幅。“六一”国际儿童节期间，推出白城市“童心向党”儿童美术作品网络展览2期，发布作品45幅。母亲节期间，在白城市市民广场举行“党育童心路，全城趣飞扬”户外拓展活动。发布“心系祖国齐心抗疫——白城市少年儿童在行动”3期，发布儿童画作品58幅，浏览人数20633人次。发布2021年“笔墨丹青迎国庆”白城市少儿书画作品网络展览2期。

（孙立尧）

【乡村振兴文化指导】 2021年，白城市开展群众文化系列活动。擦亮“歌舞鹤乡　放飞梦想”系列群众文化活动品牌，开展社区文艺会演、农村文化大院优秀节目展演、农民自办小剧团优秀节目展演、老年好声音演唱会、少儿文艺演出、家乡歌曲演唱会、二人转（拉场戏）专场演出等系列活动。依托文化惠民工程，开展好“送演出下乡”等送文化活动。利用乡村文化站、文化小广场、综合文化服务中心等阵地，开展好广场舞、大秧歌、文艺演出等活动和培训，丰富农民群众的文化生活。结合市（农）民文化节、“我们的中国梦”——文化进万家等系列活动，开展好戏曲进乡村、进校园、进社区等群众性参与度比较高的文化活动。建立健全以城带乡、送文化下乡村长效机制，推动公共文化资源向基层延伸、向边远乡村倾斜。促进文化与旅游深度融合。打造“湿地鹤乡•生态白城”旅游品牌，制定《长松大白通长河湖草原湿地旅游大环线（白城段）实施方案》，规划设计乡村旅游精品线路。研发创作具有白城地域文化和市场前景看好的非遗产品成为文化旅游商品。

（邢　璐）

【阅读福袋派送】 2月9日，由白城市文广旅局主办，白城市图书馆、白城市体育彩票中心承办的“我们的节日——‘新春文化进万家•送书送福送春联’阅读福袋派送活动”举办，向广大读者、留“白”过年市民以及社区图书流动站派送“阅读福袋”300份。“阅读福袋”包含由白城市书法家协会会员撰写节日春联1套、精品阅读读本2册。

【第三届“换书大集”活动举办】 在2021年“世界读书日”，以传递“分享阅读、快乐阅读、绿色阅读”为理念，由吉林省图书馆主办，白城市图书馆承办的第三届“换书大集”活动举办。4月8—18日，收到各位读者交换书籍千余册，内容涉及成人读物、少儿图书、文学、科普、养生、绘本等多个种类，同时白城市图书馆提供图书和期刊教辅1000册，参与到交换活动中。活动于4月23日在白城市图书馆结束。“换书大集”活动鼓励市民整理、交换个人闲置图书，为市民搭建以书会友平台。

【文献借阅创新服务计划落实】 2021年，白城市图书馆在国家图书馆启动的文献借阅创新服务计划中，受赠图书4万册（件）。利用一周，动用全馆力量，对文献进行分类、登记、加盖馆藏章、打包，对共享文献明晰分区分类。利用共享借阅文献促进城乡文化均衡发展，充实“城市阅读驿站”、社区图书流动站文献资源，完善基层文化服务功能。利用少儿及教参文献与学校合作，推广校园阅读，将教参类图书按照低幼、小学、初中、高中进行分拣，对不同年级、不同阅读层次群体，尤其是乡村小学、农村贫困留守儿童、特殊群体等弱势群体给予倾斜。

【“朗读者计划”实施】 4月22日，由中共白城市委宣传部、白城市文广旅局主办，白城市图书馆、白城朗诵艺术协会承办的“朗读者计划”启动，传播读书理念，推动全民阅读。截至2021年末，推出2期，听众点击率1000余人次。参与员为朗诵爱好者，朗诵的内容包括

6月30日，白城市举行“信仰的力量——白城市庆祝中国共产党成立100周年”专场文艺演出 （段卫军 供图）

文学、艺术、散文等多种文体。

【高考志愿填报公益讲座】 6月22日，由白城市图书馆主办“2021年度高考志愿填报公益讲座”在白城市图书馆四楼报告厅举办。来自各高考家庭考生和家长30余人参加讲座。本次讲座邀请白城毓才实验学校（原一中分校）副校长蒋文汉为主讲嘉宾。从志愿填报技巧、专业与院校选择、就业与兴趣平衡等方面为考生进行志愿填报指导。

【优秀影片展播】 六一儿童节为小读者举办“献礼六一”优秀儿童题材影片放映活动。挑选优秀儿童影片《汪汪队立大功之超能救援》，并为小朋友们准备礼品，青少年儿童和家长100余人观看。7月以来，开展为期10天“白城市图书馆庆祝建党100周年——暑期优秀影片展播月”活动，播放电影题材丰富，类型多样，参与观看小读者1000余人次。

【“信仰的力量”专场文艺演出】 6月30日，在大众剧场举行白城市庆祝中国共产党成立100周年“信仰的力量”专场文艺演出。演出分“人民的心声、流金岁月、扬帆起航、走向复兴”4个篇章，16个文艺作品，讴歌一代代共产党人前赴后继、艰苦奋斗的高尚品质和崇高精神。

【“歌舞鹤乡 放飞梦想”系列群众文化活动】 白城市坚持“政府主导、社会参与、面向基层、服务群众、文化搭台、百姓唱戏”宗旨，结合全省“农民文化艺术节”“市民文化艺术节”等群众文化活动，4—9月末，举办“歌舞鹤乡 放飞梦想”系列群众文化活动，集中组织开展音乐演唱会、社区文艺会演、农村文化大院优秀节目展演、农民自办小剧团优秀节目展演、老年好声音演唱会、少儿文艺演出、家乡歌曲演唱会、二人转（拉场戏）专场演出等富有特色、贴近群众惠民展演和比赛10余场次。

【艺术普及培训】 在正月初一至初六春节假期档，推出“艺”起过大年•地方戏曲集萃，每天推送名家演唱富有代表性戏曲电影、代表剧目，让“就地过年”充满乡情、乡音、乡韵。全年发布《公益讲堂》音乐、美术、舞蹈、器乐等各类专业课程38期，浏览量283762人。7月19—23日，举办青少年暑假艺术系列公益培训班——舞蹈培训活动，培训年龄6～15周岁青少年41名。举办2021“全民艺术普及”声乐培训，历时3天，白城市声乐爱好者32人通过网络平台报名参加培训，培训活动推文浏览量11076人次。

【“礼赞百年 诗颂伟业”白城市庆祝建党100周年诗歌朗诵会】 7月24日，由中共白城市委宣传部、白城市文化广播电视和旅游局、白城市文学艺术界联合会主办，白城市图书馆、白城朗诵艺术协会、白城市群众艺术馆、中国人民解放军65379部队、白城市消防救援支队上海街特勤站、白城市旭升播音主持艺术学校承办，北京超星公司协办的第八届吉林省市民文化节——“礼赞百年、诗颂伟业”白城市庆祝建党100周年诗歌朗诵会在白城市大众剧场召开。该届诗歌朗诵会以配乐诗朗诵为主。用音乐和诗文形式，讴歌中国共产党为国家和人民不懈奋斗情怀，展示共产党员精神风貌和时代风采。市委宣传部、市文广旅局、市文联、白城朗诵协会相关领导、白城市诗歌朗诵爱好者、社会各团体及驻白部队官兵等300余人出席活动。

【“军魂永驻 军民携手——庆八一专场”文艺演出】 7月29日，由吉林省文化和旅游厅、63850部队主办，吉林省文化馆、吉林省歌舞团、白城市文化广播电视和旅游局、白城市群众艺术馆承办的“军魂永驻 军民携手——庆八一专场”文艺演出在63850部队剧场举行。演出歌曲、舞蹈、魔术、杂技等10余个经典节目。

【“健康生活·悦动吉林”白城市传统秧歌大赛】 为庆祝中国共产党成立100周年，展现传统秧歌新风貌，以“健康生活·悦动吉林”为活动主题，9月30日上午8点30分，由中共白城市委宣传部、白城市文化广播电视和旅游局主办，白城市群众艺术馆、白城市秧歌协会承办的白城市传统秧歌大赛在市民广场举行。参演队伍来自白城市各街道办事处及社区8支队伍。

表 78　2021 年白城市举办展览活动一览表

时　间	主　题	参观 / 浏览（人次）
6—9 月	“初心如磐——白城市庆祝中国共产党成立 100 周年”主题展览	20000
5—7 月	“匠心妙手，巧夺天工”白城非遗传统工艺系列精品陈列展	3500
1 月 22 日—3 月 10 日	迎新春“白城记忆”系列书画展	3000
1 月 9—12 日	“金牛奔盛世”迎新春书画展	3000
5 月 15—23 日	庆祝中国共产党百年华诞——曹延琪红色主题书法展	2500
6 月 19—26 日	庆祝中国共产党成立 100 周年“永远跟党走”书画展	2000
7 月 12 日—8 月 15 日	“向阳而生”袁野中国画作品展	2500
10 月 15—31 日	“视界·童话展”少儿互动装置艺术展	500
6 月 10 日	线上推出“文物映耀百年征程——中共辽吉省委旧址”	4700
2 月 10 日	线上推出“金牛贺新春 云游博物馆《白城百年——白城近现代史展览纪实》”	300
2 月 10 日	线上推出“金牛贺新春 云游博物馆《白城简史——白城古代史展览纪实》”	300
2 月 10 日	线上推出“白城市非遗传承人精品佳作展”	300
6 月 30 日—7 月 10 日	光荣与梦想·铭刻初心——《习近平用典》主题书刻展	3000
11 月 22 日—12 月 29 日	“全市（县、区）优秀书画作品系列展”第二届康玉刚作品展	2500

（资料来源：市文广旅局）

【庆“七一”文化活动】 4月，白城市群众艺术馆组织举办庆祝建党100周年“红色经典京剧”演唱会，白城市青少年诗文朗诵专场演出2场文化直播活动。直播活动由吉林省文化馆指定专业技术团队到白城现场录制，填补白城市群众文化艺术馆网站文化直播栏目空白。录制现场同步进行微博直播，浏览量6866人次。5月17日，在白城职业技术学院剧场举办“戏曲进校园”红色经典京剧演唱会。发布文化惠民——“戏曲进校园”庆祝建党100周年红色经典京剧演唱会，推文浏览量13396人次；6月29日，白城市群众艺术馆管乐团在市文化中心剧场演出一组经典管乐乐曲，献礼党的100周年华诞。

5 月 17 日，庆祝中国共产党成立 100 周年“戏曲进校园”红色经典京剧演唱会在白城职业技术学院举办。图为市群众艺术馆演员表演《绣红旗》

（张殿文 供图）

【红色文化产业园】 白城市依托独特的原生态湿地资源、辽金历史文化资源，以及中国白城兵器试验中心的军事文化资源，打造白城市红色文化产业园项目。通过装备展览、主题演艺，以及模拟射击、指挥、对抗、演练等娱乐项目设置，使国防教育形式由单一的参观、讲解向人机互动、亲自体验转变，创新全民国防教育方式。项目计划总投资20亿元，规划建设占地面积约6.5平方千米，重点建设大型武器装备室外展览区、红色爱国主题教育参观体验类场馆，包括主题馆、体验馆、战役复原馆等，现代服务业及产业配套园区、森林公园及周边环境改造提升以及道路管网等配套基础设施建设。2021年，项目进行至区域控制性规划编制及建设方案策划规划阶段，完成区域控制性规划初稿和周边环境改造提升方案初稿，并与多方社会资本方进行多次洽谈对接。申请的部分武器装备运抵白城，主要有59式坦克一辆、63式装甲输送车1辆、62式坦克1辆、130加农炮1门、强-5战斗机1架。陆续申请各类轻型装备、大型装备。

（孙立尧）

【爱心公益送年货】 2021年春节前夕，白城市文明办联合市红十字会、白城市志愿服务联合会、白城市爱心社开展“日行一善·好人365”爱心公益送年货活动。为100余户城市低保家庭、残疾人家庭、困难儿童、“空巢老人”、孤寡老人等困难群体和生活困难的“白城好人”、新时代好少年、志愿者代表发放米、面、食用油等爱心年货，总价值3万余元。

【2020年度全国版权示范单位】 3月22日，国家版权局公布2020年全国版权示范创建结果，白城市顺阳民族工艺品草编专业合作社被授予“2020年度全国版权示范单位”称号。顺阳民族工艺品草编专业合作社注册资金100万元，占地面积1.2万平方米，建筑面积4500平方米，年生产量1万余件，年产值80余万元，合作社带动德顺蒙古族乡19个村400余户贫困户脱贫。其中，解决本地残疾人就业14人。

3月29日，白城市顺阳民族工艺品草编专业合作社所在村——洮北区德顺蒙古族乡德顺村农民正在进行手工编织 （《白城日报》供图）

相关链接：

草编工艺品——民族特色品牌

2017年春，白城市顺阳民族工艺草编合作社成立，定位于打造“草编工艺品民族特色品牌”，以带领农民，特别是贫困人员走上致富之路为目标。借助本地高产玉米、水稻区域优势，采用纯天然、无污染、绿色环保稻草、玉米叶和麦秆草、蒲草为原材料进行编织，纯手工编制，多为日常生活、家居用品等，设计新颖，形式多样，编织细腻，造型完美。该合作社采取集中和分散到户培训方式，常年组织农户学习玉米叶编织技术，帮助农村贫困人口实现就业。2017年，经扶贫项目和资金审核领导小组研究同意，将民族草编工艺制品作为扶贫项目给予支持，进行合作社场地改扩建以及生产设备采购等。合作社生产产品形式多样，“晶阳”品牌产品远销北京、上海等一线城市。2018年9月，该合作社所在的德顺村被省妇联命名为“吉林巧姐村”。

（邢 璐）

文化遗产保护

【概况】 2021年，白城市博物馆新增民俗藏品1600余件，其中辽代瓷器1件；新增文物3件，部分文物入藏填补市博物馆藏品空白。2021年，举办、承办临时展览15个，其中网上展览4个。2个基本陈列《白城简史》《白城百年》。申报可移动文物预防性保护技术装备和数字化保护水平项目资金546万元；申请8家乡村博物馆新建项目。3个非遗项目获评省级非物质文化遗产。《白城市文物保护利用改革的实施方案》通过市政府审核，《白城市城四家子城址保护条例》进行第二次人大常委会立法审议。郝福茂、赵德民革命烈士纪念碑等6个革命旧址申报吉林省革命旧址（第二批）项目。启动万福麟宅邸消防工程、安防工程项目。城四家子遗址公园建设项目进行土地调整。

【非遗传统工艺陈列展】 白城市通过征集、选拔一批优秀非遗作品，精选白城市剪纸、葫芦艺术、蛋雕、根雕、布贴画等工艺类别部分优秀作品，5—7月，在白城市博物馆推出以“匠心妙手，巧夺天工”为主题白城非遗传统工艺系列精品陈列展，展现浓郁地域特色及白城特有民俗风情。

【博物馆项目申报】 2021年，白城市博物馆申报可移动文物预防性保护技术装备和数字化保护水平项目资金546万元；争取省乡村博物馆建设项目，向省文物局新申请8家乡村博物馆新建项目；强化已建12家乡村博物馆运行管理，发挥乡村博物馆公共文化服务功能。

表 79　2021 年白城市省级非物质文化遗产一览表

非遗名称	申报时间	非遗传承人
镇赉民间故事	2011 年	秦　辉
乌力格尔（通榆）	2011 年	梁海清
通榆李氏剪纸	2009 年	李锐士
通榆王氏剪纸	2009 年	王　岩
通榆闯关东年画	2009 年	李向荣　高　静
李氏无笔画	2011 年	李向荣
费氏硬笔画	2009 年	费景富
姜氏布贴画	2011 年	姜淑艳
张氏布贴画	2011 年	张玉新
丛氏缝绣画	2011 年	丛翠连
高氏根须画	2011 年	高乃峰
于氏鱼骨工艺	2011 年	于　洋
刘氏黄榆根雕	2011 年	刘福山
刘氏蛋雕	2011 年	刘景峰
通榆李氏石雕	2009 年	李国祥
镇赉柳编	2011 年	焦提勇
芦苇画	2016 年	薛艺伟
大安老窖酒传统酿造技艺	2011 年	孔令海
东北骄子酒传统酿造技艺	2011 年	矫　健
洮南万宝粉条制作技艺	2011 年	集体传承
酸汤子制作技艺	2016 年	方玉香
八极拳	2021 年	释通盖
蒙古族肉肠制作技艺	2021 年	宋占利
王氏点穴艾灸疗法	2021 年	王文明

（资料来源：市文广旅局）

【“5·18”国际博物馆日系列宣传】 5月，围绕主题开展“国际博物馆日”宣传及系列展示活动。因新冠疫情原因，市博物馆在网上推出展览“文物映耀百年征程——中共辽吉省委旧址”，线下举办临时展览“庆祝中国共产党百年华诞——曹延琪红色主题书法展”。

【非遗项目申报考核】 白城市经过调查研究、讨论筛选，选出11个不同特色非遗项目申报省级非遗项目。5—8月，组织11个非遗项目传承人开展申报书填报、申报片制作，组织专家评审等工作，白城市有3个非遗项目专家审核后通过，被评为第五批省级非物质文化遗产保护项目。3个项目分别为“八极拳”“王氏点穴艾灸疗法”“蒙古族肉肠制作技艺”。成立专项考核组，对白城地区21项省级非物质文化遗产项目按照考核内容及要求进行考核，白城地区大安老窖酒生产（经营）性保护项目等21项省级非物质文化遗产项目经考核全部达标。

【省级文化遗产保护资金申报】 根据省文旅厅申报2021年度省级文化遗产保护补助资金（非物质文化遗产）通知要求，2021年度向省财政厅省文旅厅申报省级文化遗产保护资金25万元。

【不可移动文物保护】 制定出台《白城市文物保护利用改革的实施方案》。2021年初，完成起草、讨论、研究，征求意见、网站公示等工作，5月，经市政府审核通过后出台。开展吉林省革命旧址（第二批）申报项目工作，通过研究筛选，专家审核，白城市有郝福茂、赵德民革命烈士纪念碑等6个革命旧址申报吉林省革命旧址（第二批）项目。白城市开展《白城市城四家子城址保护条例》（简称《条例》）立法工作。《条例》起草过程中，多次召集相关部门和专家对《条例》内容进行讨论、修改。初稿形成后，征求市财政局等12个相关部门意见，并通过政府网站向社会公众广泛征求意见，履行专家论证和风险评估程序，进行合法性审查，形成条例《草案》，提交市政府常务会讨论通过。

【革命文物革命旧址】 截至2021年末，白城市有馆藏革命文物108件。其中，一级革命文物7件、二级革命文物10件、三级革命文物16件、一般革命文物75件。白城市有革命旧址27处。其中，省级文物保护单位3处、市级文物保护单位6处、县级文物保护单位11处、未定级文物保护单位7处。

【万福麟宅邸项目】 万福麟宅邸位于白城市洮北区文化东路1号，始建于民国十五年（1926年）。原为奉系军阀要员、黑龙江省督军万福麟的私人宅邸。宅邸占地面积2182.94平方米，现存文物建筑面积2231.93平方米，为带有廊庑的四合院式建筑。万福麟宅邸项目包括修缮、消防和安防3部分。2021年

表80　2021年白城市县级以上革命旧址一览表

革命旧址名称	所在区域	级　别
辽北省政府办公旧址	洮北区	省级文物保护单位
辽吉省委旧址	洮北区	省级文物保护单位
天恩地局	洮南市	省级文物保护单位
白城市烈士陵园	洮北区	市级文物保护单位
白城市抗洪纪念塔	洮北区	市级文物保护单位
毛泽东塑像	洮北区	市级文物保护单位
五烈士纪念碑	洮南市	市级文物保护单位
阎群昌烈士纪念碑	洮南市	市级文物保护单位
八烈士纪念碑	洮南市	市级文物保护单位
马家屯五烈士墓地	洮南市	县级文物保护单位
毛泽东像台遗址	洮南市	县级文物保护单位
烈士陵园	洮南市	县级文物保护单位
骆、马、周三烈士墓	大安市	县级文物保护单位
嫩江抗洪纪念塔	大安市	县级文物保护单位
抗洪胜利纪念碑	大安市	县级文物保护单位
烈士陵园	镇赉县	县级文物保护单位
郝福茂、赵德民革命烈士纪念碑	镇赉县	县级文物保护单位
孙长华烈士牺牲纪念地	镇赉县	县级文物保护单位
开通烈士陵园	通榆县	县级文物保护单位
瞻榆烈士陵园	通榆县	县级文物保护单位

（资料来源：市文广旅局）

末，修缮项目完成内部拆除。

（孙立尧）

文　学

【文学创作】　2021年，白城市作家在全国省市级以上刊物发表作品500余篇（首）。其中，在国家级刊物上发表15篇、省级刊物发表作品85篇、地市级刊物发表作品420篇。

翟妍小说《你知道一片草原的样子吗》发表在《长江文艺》，并为这篇小说刊发《平芜近处是春山》评论，这是白城市作家首次在该刊物发表作品并上头条。翟妍长篇小说《长河长》入选中国好书2021年书目。在“文学吉林”公众号《一份多彩的文学答卷——吉林文学2020成绩单中》丁利1篇诗歌作品、翟妍3篇小说作品、葛筱强2篇诗歌作品入选。于艳丽《父亲的金锁》入选教育部人文社科研究项目与新媒体时代青少年创意写作课程建设与教学模式研究课题组推荐的《过目不忘50则进入中考高考的微型小说》一书。葛筱强诗歌《落日》入选《2020中国诗歌年选》，杨丽娜小说《独家记忆》入选2020中国年度小小说作品选，吴云峰诗歌《吴云峰现代诗两首》入选《诗人》杂志中国诗歌年选。由作家出版社出版发行《中国战疫诗》上刊白城市作者20名。在《吉林小小说40年》专辑中，于艳丽、王永泰小说入选。李晓平长篇小说《制蛊者》与北京逍遥影视公司签约影视改编权，白城市作家编剧的脱贫攻坚影视作品《金秋》4月在延边开机。

【获奖出版】　2021年，翟妍凭借长篇小说《长河长》获得“第十三届长白山（作品奖文学类）文艺奖”、获第六届“中华宝石文学奖”；电影文学剧本《嫩江湾扶贫记》获共青团中央志愿者文学大赛二等奖。苏志辉获第一届“国家诗人地理奖”之“国家诗人地理三才奖”；陈宝林诗歌《沐浴党的阳光成长》获得由《作家地带·特刊》主办第四届“青春记忆”全国诗歌大赛特等奖；白城诗人张文学、葛筱强、王述评（女）、孙英、王晓阳（女）、聂正罡、李国清、王殿芳（女）、杜波等9人入选《中国新时代诗人大辞典》；翟妍长篇小说《长河长》、葛筱强诗歌《月光颂》获“第六届公木文学奖（吉林文学奖）”、葛筱强诗歌《查干湖散章》获首届“白居易诗歌奖龙门奖”；丁利报告文学《八百里河湖》由时代文艺出版社出版发行；周云戈获第九届冰心散文奖“入围提名奖”；杨丽娜作品《一个红心献祖国》获“爱国情·强国志·报国行”全国主题征文三等奖。

【文学活动】　2021年，白城市作家协会与白城广播电视台《爱上朗读》栏目合作，推出白城作家40余人参与节目。杜波、周云戈、刘国苗、杨丽娜参加吉林省作协、吉林省文学院主办，松原市作协承办“中国共产党成立100周年红色主题采风暨松原查干湖笔会”

活动。举办“开启小作家之门”公益课堂活动，70名师生参加。白城市第一届“少年作家杯”征文活动征集文章132篇，32名小作家获奖。公益课堂走进岭下“领航教育”培训中心，有60名师生参加学习。由市委宣传部、市文广旅局、市文联主办“党旗下的新白城”庆祝中国共产党成立100周年征文大赛举办，征集文章180篇，48人获奖。由市委宣传部、市文广旅局、市文联主办、白城朗诵艺术协会、市图书馆等承办“礼赞百年　诗颂伟业”庆祝建党百年诗歌吟诵会在大众剧场举行。举办线上“迎春诗会”活动，征集作品190篇。举办第三届“321杯”征文大赛，收到作品128篇，包括报告文学、诗歌、散文、歌词等体裁，均围绕“奉献、爱岗、敬业”主题，10人获一等奖。

【翟妍参加中国作协第十次全国代表大会】 12月14日，白城市作家翟妍到北京出席中国作家协会第十次全国代表大会。该次中国作代会吉林代表团有16名代表参会，翟妍是白城市有史以来首位当选代表。翟妍2016年加入中国作家协会，是吉林省文学院签约作家、吉林省作家协会全委会委员、白城市作协副主席、鲁迅文学院第29期高研班学员。电影文学剧本《嫩江湾扶贫记》在《中国作家》杂志发表后，获共青团中央举办的志愿文学大赛二等奖。凭借长篇小说《长河长》包揽第六届“中华宝石文学奖”、第十三届“长白山文艺奖”和第六届“吉林公木文学奖”。

（杜　波）

表 81　2021 年白城市作家部分作品在国家级刊物中发表情况一览表

作　者	作　品	体　裁	发表平台
翟　妍	《你知道一片草原的样子吗》	小　说	长江文艺
翟　妍	《我的扶贫先生》	随　笔	中国乡村
葛筱强	《大地的歌者永止歇》	书　评	中华读书报
葛筱强	《在内心的寺院，叶落如针》	评　论	协商新报
葛筱强	《以回忆抵达寂静》	诗　歌	长白山
杜　波	《王怀宇：我一直没有忘记我的草原》	文学评论	作家出版社公众号
周云戈	《定格窗口的妈妈》	散　文	《太阳鸟》文学年选
周云戈	《全鱼宴》	散　文	《中国副刊》 《中国散文精选 2020》散文分卷
李　米	《车到山前没有路》	儿童文学	聪明快车
李　米	《宁弯不折》	儿童文学	聪明快车
李　米	《小王子不想吃饭》	童　话	少年月刊（7—8）
李万彬	《永恒的记忆》	散　文	中国铁路文艺
杨丽娜	《暖光》	小小说	小说林
杨丽娜	《留白》	小小说	海燕
杨丽娜	《岁月》	小小说	北方文学
杨丽娜	《围炉话冬日》	散　文	文学月报
杨丽娜	《在怀念中前行》	散　文	文学月报

（资料来源：市文广旅局）

【白城市新闻工作者协会第五次会员大会召开】 12月2日，白城市新闻工作者协会第五次会员大会召开。会议推举隋海鹏、曲满江为新一届白城市记协名誉主席；选举卢丽桃为新一届白城市记协主席，周建新为副主席，李彤君为秘书长，宁丽波为副秘书长。会议审议通过《白城市新闻工作者协会第四届理事会工作报告》；讨论通过《白城市新闻工作者协会章程（修订草案）》；选举产生市记协第五届理事会理事及领导机构；审议通过《白城市新闻工作者协会第五次会员大会决议》。

（孙立尧）

【诗词楹联】 2021年，白城市诗人楹联家在全国省市级以上刊物发表作品千余首（副）。其中，在《中国楹联报》上发表21首（副）、《对联》杂志发表作品100首(副)、《长白山诗词》杂志发表19副、《诗钟》微刊560联，地市级刊物发表作品20首（副），其中孙英《诗钟是什么？》在《楹联博览》杂志上发表。温贵君诗词在全国多个公众号上推介。由吉林文史出版社出版发行《战疫诗词》上刊发白城市作者42名62首诗词。在《白城政协》刊物上发表1000首（副）诗词楹联。孙英等8人入选白城市政协主编的《古今中外白城人》。与老年书画研究会设立诗词楹联书画夜市，为市民赠送千余副作品。在白城师范学院开设“楹联文化”学分课，由孙英、宋彩霞、王岩等老师主讲，以宋彩霞、孙英主编《楹联文化概论》为教材，同时开展网络教学，全国2000余所高校作为选修；走进东胜乡进行“楹联教育”培训，有60名师生参加学习。由市委宣传部、市政协文史委、市文联主办“庆祝中国共产党成立100周年征诗词楹联”大赛，征集诗词楹联各千首(副)，精选诗词50首、楹联50副，89人获奖。举办线上“端午诗会”活动，征集作品120首(副)。与市教育局、白城市中国楹联文化城市办公室合作举办“我爱我家·门前笔下话春风”白城市中小学生为自家撰写春联的社会实践，有百名学生和10名教师获作品奖和最美老师奖。李永昌获中央电视台、中国楹联学会共同主办的春联大奖赛优秀作品，并在中央电视台网及其公众号上展出。宋彩霞主编、孙英作序《东北风景楹联选》由吉林文史出版社出版，其序言在《对联》杂志上发表。

（姜浩然）

艺 术

【戏剧】 2021年，白城市戏剧家协会以“幸福新时代，美丽新白城”为主题，编排录制白城市春节文艺晚会，演出小戏曲《小秘密》、歌曲《致敬幸福》和《白城力量》等节目，结合新冠疫情防控创作三句半、二人转、快板书、京东大鼓等艺术作品48首，在各大新闻媒体网上发表。为创建国家卫生城市创作歌曲《精彩白城》《我们的梦 我们的城》。组织“戏曲进乡村”活动2场次。白城市吉剧团（歌舞团）有限责任公司完成白城市首届国际商品展洽会开幕式、“庆祝中国共产党成立100周年——信仰的力量专场文艺演出”、首届吉林98消费节“鹤舞中秋、惠聚白城”启动仪式、最美退役军人发布会等文艺演出。到白城市第一中学开展“戏曲进校园”活动。完成“送戏下基层”活动40场。排演新小品《有钱没钱都是妈》，复排二人转《西厢观画》《水漫蓝桥》，排演拉场戏《马前泼水》。

【美术】 2021年，白城市美术家协会多次组织美术活动，带领协会美术工作者到社区、乡镇、学校、企业开展美术宣传、创作活动10余次；多方筹集资金，举办各种类型美术活动。举办“众志成城 抗击疫情——白城市美术家协会美术作品网络展”2次，组织美术工作者参加省、国家举办美术展览3次，写生活动2次。

【书法】 2021年，白城市书法家协会举办庆祝中国共产党成立100周年，习近平治国理政经典用语书法展，组织全市百名书法工作者和爱好者，精选党的十八大以来习近平总书记治国理政金句和用典，创作书法作品100幅。举办《共产党宣言》红色主题书法展，会员曹延琪以小楷形式创作马克思、恩格斯经典著作《共产党宣言》，展出作品30幅、18900余字（英译版）。

【民间文艺】 2021年，白城市民间文艺家协会团结民间文艺家群体，开展民间文化活动。如农民画、年画、剪纸、镶嵌画、布贴画、根雕、石刻、萨满舞、撅杆、皮影戏、二人转、吹鼓乐、乌力格尔、蒙古族民间故事等。挖掘少数民族非物质文化遗产，保护民族民间文化记忆。合理开发民间美术类“非遗”产品，促进民间文化艺术发展繁荣，展示白城民间文化魅力。先后参与“我们的节日——端午”系列文化活动二人转展演（线上），“武汉加油，中国加油！——白城市群文人同心抗击疫情”线上作品展等。

【音乐】 2021年，白城市音乐家协会为抗疫助力创作歌曲30首，创办白城市音乐家协会电子会刊《鹤乡音乐》，连续发表会刊5期，发表抗疫歌曲。8—10月，历时2月创作录制“白城市首届网络音乐会”。举办钢琴、葫芦丝乐器公益免费培训班，培训学员120余人次，参与白城市原创歌曲演出活动3场，提供录制、演唱原创歌曲21首，在广场演唱会上演唱。召开家乡歌曲创作座谈会，创作歌颂家乡原创歌曲21首。

【舞蹈】 2021年，白城市舞蹈家协会在洮北区文化馆举办庆祝建党100周年广场舞“我们都是追梦人”舞蹈培训，培训乡镇社区人员300人。6月，参与主题为“永远跟党走”庆祝中国共产党成立100周年千人百姓健康舞展演的组织与编排。在白城市医高专、大安市和镇赉县开设分会场，参与人数5000余人。活动中白城市舞蹈家协会获吉林省文联授予“优秀组织奖”奖牌，白城舞协参与排练副主席获“优秀辅导教师奖”。

【摄影】 2021年，白城市摄影家协会举办“建党一百周年摄影展”“国庆摄影展”“双拥摄影展”等12个不同题材网上摄影展，作品内容展示家乡各条战线上新变化、新面貌。组织“众志成城抗击疫情——白城市摄影家协会疫情防控摄影作品展”“白城市庆丰收迎国庆网络摄影展览”；11月，中国老摄影家协会白城工作站“夕阳无限好摄影展”在白城市博物馆举行。

（姜浩然）

地方志

【概况】 2021年，《白城年鉴(2021)》印刷出版；赠阅地情书籍140余册，与其他省市地方志机构交流入馆资料140余册；“方志白城”微信公众号发布内容58期；与白城师范学院合作编纂《洮南香酒志》，研究制定框架，协调搜集资料，参与修改完善、审稿校对，形成30万字志稿初稿。

【年鉴编纂】 1月20日，白城市启动《白城年鉴（2021）》编纂工作。市政府办下发通知，安排部署资料收集报送工作。根据2020年度特色，调整框架、丰富内容。设特载、专文、大事记等32个类目，根据2020年抗击新冠疫情年度工作特色设特载，以《白城市抗击新型冠状病毒感染的肺炎疫情综述》为题，记录白城市委市政府带领全市抗击新冠疫情历程。在专文中收录《打造“生态立市”的“白城模式”》《白城市脱贫攻坚综述》《吉林白城新名片——中国弱碱地稻米之乡》等反映白城年度特色和地域特色文章。彩页分专题设置，围绕市政府重点工作，设抗击新冠疫情、经济发展、能源新城、生态环境等11个专题。在部门常规报送年鉴资料基础上，多渠道拓宽资料搜集渠道。到防疫指挥部、市卫健委、市档案局搜集抗疫相关资料近40万字，整理形成10万字稿件。通过查阅行业网络公众号，网站等搜集重点部门、重点工作动态资料，增加动态条目数量。与权威媒体《白城日报》摄影部联系，收集有历史价值，构图好，像素高图片百余幅，选用60余幅。采取分工负责，调度协调，沟通反馈，审阅校稿等措施，对全市各部门、各单位上报稿件进行反复修改完善。加大对各县（市、区）年鉴编纂进度调度，8月31日前，白城市地方志办公室（简称“市志办”）及5个县（市、区）按照省里规定时间将“齐清定”稿件交付出版社，于年末印刷出版。为提高年鉴编纂水平，组织编纂人员参与对省内出版的其他县（市、区）年鉴评估学习，评估年鉴33册。

【方志馆建设】 2021年，市志办严格执行《方志馆资料管理制度》设立专人对进出馆资料，对查阅、借阅、赠阅书籍进行登记。为党政机关、社会团体和群众普及地情知识，发挥地情资料服务经济社会发展的作用。为社会各界人士提供查借阅服务10余次，赠阅《白城年鉴》《白城市志》《白城地区志》《知家乡爱白城三字经》《这里是白城》等地情书籍140余册，与其他省市地方志机构交流入馆资料140余册。

【“方志白城”公众号】 2021年，“方志白城”微信公众号设置《志鉴书香》《资源开发》《方志动态》等栏目，推出白城历史、白城人物、《白城地区志》《白城市志》《向海志》《莫莫格志》等主要内容，宣传展示白城文化。年初，结合抗疫实际，整理白城历史资料，形成《白城历史防疫灭疫那些事儿》5期，为抗击新冠疫情提供历史借鉴；结合庆祝中国共产党成立100周年，推送白城英烈13期。全年发布内容58期。

【地方志资源开发】 2021年，市志办与白城师范学院合作，编纂《洮南香酒志》，研究制定框架，协调搜集资料，参与修改完善、审稿校对，形成30万字志稿初稿，向省方志委申请立项成功。在市志办成立白城师范学院实习基地并挂牌，2021年，接收白城师范学院历史文化学院实习生5名。向兴业社区赠送《白城年鉴（2020）》2本。

【方志理论研究】 市志办撰写论文《新时代地方综合年鉴动态条目编纂刍议》被省方志委刊物《今古大观》采用。市志办1人被纳入全省志鉴专家库成员。承担续志资料长编课题研究并受省方志委邀请在全省志鉴业务培训班授课。参与《吉林年鉴2021》审稿工作，提出审稿意见200余条。市志办1人入选吉林省社会科学院（吉林省社会科学界联合会）专家库。

【村镇志编修】 2021年，白城市启动村镇志编修。推动市志办与白城师范学院合作，整合校地资源，推动编修《林海镇志》《万宝镇志》。组织洮北区地方志办公室、白城师范学院历史学院等相关人员10余人到林海镇开展调研座谈，达成编纂协议。与洮南市史志办到洮南市万宝镇就开展《万宝镇志》编写工作进行调研。传达吉林省开展名镇名村志编纂试点工作文件精神，宣传讲解名镇名村志编纂工作重要意义和历史价值，提出编纂《万宝镇志》工作重点。

【白城市全面建成小康社会大事记编写】 2021年，市志办配合市委宣传部、市乡村振兴局，组织协调指导全市地方志机构做好白城市全面建成小康社会大事记相关工作，编写市、县、乡（镇、街道）、村全面建成小康社会大事记，记录白城行政区域新中国成立后，特别是党的十八大以来全面建成小康社会历史进程中统筹推进经济建设、政治建设、文化建设、社会建设、生

11月18日，市志办在林海镇召开《林海镇志》编纂工作调研座谈会。图为与会人员研讨编纂工作方式 （慕林林 供图）

态文明建设方面重要事件、重要决策、重大活动。加强调度，督促各级地方志机构履行工作职责，按要求报送工作进展情况；从严审核，确保大事记文本格式、体例，以及时间详略处理符合规范，记录内容全面、有特色。

（李明月）

报 纸

【概况】 2021年，白城日报社完成全市“两会”宣传报道；结合新冠疫情防控形势，对中央省市重要决策、白城市新冠疫情防控工作部署及成果进行及时报道，开展接种新冠疫苗宣传；按照上级要求全程报道全国“两会”，转发上级媒体稿件和采写白城稿件24篇；开辟《以硬措施抓好软环境》《抓环境抓项目抓落实》等专栏专版，报道营商环境打造、重点项目建设，刊发相关稿件57篇，设计专版9块，制作“一城三区”“陆上三峡”“营商环境”公益宣传广告5期；开辟《贯彻习近平法治思想、锻造新时代政法铁军》专栏，报道政法队伍教育整顿动态，制作刊发公益广告3期，专版6期，刊发相关稿件22篇；开设《中央生态环境保护督察在吉林》专栏，刊发中央生态环境保护督察在吉林监督举报电话及环保督察相关新闻稿件64篇；开设《实施生态强市 打造一城三区——贯彻落实市委六届十次全会精神》专栏，宣传白城市全面建设生态强市重要意义、全市上下加快推进“一城三区”建设进展成效，刊发相关报道14篇；开设《学习贯彻党的十九届六中全会精神》专栏，宣传报道白城市各地各部门学习贯彻党的十九届六中全会精神，刊发相关稿件30余篇；宣传中国共产党白城市第七次党代会，开设《喜迎党代会》专栏，设计编排生态建设、城市和基础设施建设、脱贫攻坚及乡村振兴、经济社会发展、项目建设、文旅事业发展和5个县（市、区）经济社会发展成就等10块专版，刊发相关稿件21篇；11月6—11日，白城市遭遇暴雪侵袭，宣传如何做好应对极端天气的各项防范工作，刊发相关稿件18篇。推进《培育和践行社会主义核心价值观》《作风建设年进行时》《不文明行为（旅游）曝光台》《推进垃圾分类》《预防集资诈骗》《关爱生命 关注安全》《道德模范》《我们的节日》等专栏及创城工作相关报道。白城日报社开设白城新闻网http://www.bcxww.com；指尖白城微信公众号bcrbwx；抖音号baichengribao；白城日报头条号；指尖白城视频号。

【建党百年宣传】 白城日报社重点围绕迎庆建党100周年主线、共产党好主题，结合“十四五”开局起步和党史学习教育进行宣传，开设《奋斗百年路、启航新征程》主专栏，开辟《学党史、悟思想、办实事、开新局》《党史学习园地》《寻找初心印记》《数风流人物》《红色百宝、奋斗百年》《我为群众办实事》等子专栏，对“十四五”开局新成效、党史学习教育进展情况、党史知识、老党员事迹、为群众办实事典型事例等进行报道，刊发相关稿件344篇，设计《党旗照耀百年》《中国共产党人的精神谱系》等专版66块。“七一”建党纪念日期间，在重要版面头题位置宣传习近平总书记关于以人民为中心重要论述，推出2期8个版面建党百年特别报道，刊发“七一”建党纪念日宣传新闻稿件30篇。

【《城市晚报·百姓生活》】 《城市晚报·百姓生活》是《白城日报》和《城市晚报》共同打造的都市类报纸。全国统一刊号CN22-0017，刊期为周五刊，每周一至周五出版。2021年，全年出版报纸239期，年发行量1万份，发行重点覆盖白城市区及各县（市、区）。《城市晚报·百姓生活》在版式、内容上接地气、有人气，重点关注吉林省及白城市经济信息、社会新闻、文化教育、民情等方面，满足一般市民获知多样化信息需求。强化对信息深加工，重点刊发《一粒燕麦开创广阔天地》《火热的烟长高速建设工地》《春风添新绿 植树正当时》《智慧入云端 铁牛春播忙》《丰收喜悦说不尽》《“风光”无限 驭“氢”飞扬》《奏响工业高质量发展最强音》等新闻报道，全年刊发各类新闻报道及图片1700篇（幅）。

【《请以你的鸣叫呼唤我》获评省新闻界最高荣誉奖项】 6月，白城日报社记者贾涤非、王鸿燕、孟凡秋共同采写的人物通讯《请以你的鸣叫呼唤我》在

6月22日晚，第三届“宣传吉林好新闻奖”颁奖活动在吉林广播电视台举行。白城日报社记者采写的人物通讯《请以你的鸣叫呼唤我》获评新闻作品奖。图为记者孟凡秋（右四）上台领奖 （贾涤非 供图）

第三届“宣传吉林好新闻奖”评选活动中，获评新闻作品奖。该奖项是吉林省新闻界最高荣誉奖项，每3年评选1次，评选范围包括中央媒体、境外涉外媒体驻吉机构和全省各级各类新闻媒体。《请以你的鸣叫呼唤我》一文刊发于2019年12月17日《白城日报》一版，报道爱鸟护鸟志愿者潘晟昱事迹。本文刊发后，先后获第29届吉林新闻奖一等奖、2019年度中国城市党报新闻奖一等奖。新华网、人民日报客户端、吉林省委机关刊物《新长征》、中国新闻网、凤凰网、学习强国平台、吉林日报·彩练新闻、中国吉林网、国家林业和草原局政府网、中国野生动物保护协会公众号等转载。中国台湾的指传媒、民生新闻网、华民通讯社、亚传媒等24家媒体也对该篇通讯予以转载。

（孟凡秋）

广播电影电视

【概况】 2021年，白城广播电视台围绕建党百年、党史学习教育、贯彻落实十九届六中全会精神等重大主题和项目建设、生态建设、“一城三区”等市委、市政府重点工作，宣传党的政策主张，安全优质播出无事故，节目创优评奖成绩超过往年。全年电视频道节目播出总时长13109小时，播出自制新闻资讯类节目1353小时，播出公益广告190小时，制作电视节目965小时，《白城新闻联播》全年播出365期，《县市区直通车》全年播出196期，《白城党建》全年播出53期，《乡约黑土地》全年播出12期。全年广播频率节目播出总时长20805小时，播出自制新闻资讯类节目730小时，播出公益广告291小时。

白城广播电视台开设门户网站名为白城电视网，网址http://www.bctv.com.cn，微信公众号“爱看白城”，抖音公众号“爱看白城”。微信公众号“爱看白城”有粉丝7万人，抖音公众号“爱看白城”有粉丝4.5万人。

【频道频率及栏目设置】 白城广播电视台开办电视频道2个（新闻综合频道、公共频道）、广播频率3个（综合广播、交通文艺广播、长书广播）。

电视日常播出栏目10个。其中，自办7个、合办3个。有新闻类栏目《白城新闻联播》、手语新闻《白城新闻联播·周刊》；对农类栏目《乡约黑土地》；生活服务类栏目《时尚生活》《健康白城》《德润鹤乡》；少儿栏目《花儿与少年》；《洮北新闻》《县市区直通车》《白城党建》3个栏目为合办栏目。

广播自办栏目11档。其中，综合广播有面向老年人栏目《金色晚霞》、对农节目《希望的田野》（内含直播节目《振兴之路》《律师热线》《种植技术指南》等子栏目）、《城乡信息网》《房产信息网》《爱上朗读》；交通文艺广播有《大笑江湖》《965早安白城》《965车世界》《965音乐咖啡馆》《成长》《文化一百度》；长书广播全天以评书为主。

白城电视网在线常态播出白城广电台自办栏目4个（《白城新闻联播》《乡约黑土地》《白城党建》《县市直通车》）。开设专题专栏30余个，日常每日采编40余条图文信息，涵盖新闻、社会、文艺、经济、生活服务等领域。

【主题报道】 2021年，全台把庆祝中国共产党成立100周年主题宣传报道作为贯穿全年工作主线，围绕建党百年、全省“一主六双”高质量发展战略、加快软环境建设、加快“一城三区”建设等中心工作开展宣传。《白城新闻联播》围绕贯彻落实各类讲话、省市重要指示精神主题，开设《牢记嘱托再出发 吉林奋进新时代》《深入宣传阐释习近平新时代中国特色社会主义思想》《推进“四个全面”实现“五位一体”》专栏。围绕庆祝中国共产党成立100周年和党史学习教育主题，开设《奋斗百年路 启航新征程——庆祝中国共产党成立100周年》《奋斗百年路 启航新征程·数风流人物》《永远的丰碑》《理论天天学》《学党史 悟思想 办实事 开新局》《贯彻习近平法治思想 锻造新时代政法铁军》《我为群众办实事》专栏。围绕脱贫攻坚、乡村振兴、全面建成小康社会、加快“一城三区”建设主题，开设《决战决胜脱贫攻坚》《走向我们的小康生活》《奋斗百年路 启航新征程·乡村振兴》《奋进“十四五” 开启新征程》《打造“一城三区” 庆祝建党百年》等专栏。开设《聚焦营商环境》《疫情防控不放松》《实施“生态强市” 打造“一城三区”——贯彻落实市委六届十次全会精神》《弘扬社会主义核心价值观》《我们的节日》《贯彻落实六中全会精神》等专栏。

6月17日，为庆祝建党百年，展示白城发展建设成果，白城广播电视台记者采访开凿运河第一人。图为百岁老人在运河接受采访 （张 刚 供图）

6月18日，新闻综合广播《我是党员》栏目邀请洮北区就业服务局副局长于砚华（右）做客直播间，讲述心系民生促就业故事　　（蔡春艳 供图）

【对外宣传】 2021年，白城市在中央电视台农业频道播发《吉林白城引水1.5亿立方米　抗旱补水保春耕》、中央电视台《朝闻天下》《新闻直播间》栏目多时段、多条播发镇赉白鹤消息。11月初强降雪期间，白城广播电视台记者同中央电视台记者到一线采制新闻，在中央电视台播发多条白城清雪、战雪、疏导交通、保障群众生产生活、保障供暖等新闻，进行长时间连线直播，社会反响强烈。

在《吉林新闻联播》中播发白城地区各类新闻200余条，内容涵盖项目、生态、农业、软环境建设等多领域，用较长篇幅展现白城好故事、好经验、好做法，白城黑土地保护、燕麦、小冰麦、科技兴农、作物丰收、新能源开发利用等有特点新闻及时在省台播发。

【栏目宣传】 2021年，白城广播电视台围绕建党百年主题，广播、电视相关栏目开设《身边党员话初心》《我是党员》《对党说句知心话》《红色记忆》《重读红色经典　共忆峥嵘岁月》《我的入党故事》板块，长书广播播出《横空出世毛泽东》《交道口24号》《西柏坡来电》等纪实类节目。交通文艺广播推出《对党说句知心话》特别节目中，节目组走进9所白城市高校和中、小学校，学子们通过对党送祝福、唱红歌、诗朗诵、打快板等文艺形式，表达对党的祝福和热爱。交通文艺广播《成长》栏目，关注青少年健康成长，邀请专业人士做客直播间，为青少年及其家长答疑解惑，《成长》栏目被共青团吉林省委等13家省级单位联合授予2020—2021年度吉林省优秀“青少年维权岗”荣誉。综合广播《希望的田野》栏目开设《振兴之路》子专栏，助力乡村振兴工作。

【节目创优】 2021年，全台广播、电视、网络视听作品获奖119件，其中省广播电视协会评比获奖作品89件，省广播电视艺术家协会评比获奖作品14件。一等奖27件，二等奖30件，三等奖46件。10月初，吉林广播影视奖暨第33届吉林省广播电视文艺“丹顶鹤”奖在白城镇赉召开，白城广播电视台作为承办单位之一，完成承办任务，参评作品获奖项14项。其中，获一等奖作品4件、获二等奖作品3件、获三等奖作品4件，单项荣誉中，主持人张宇获“最佳节目主持人”，获精品奖作品2部。

【安全播出】 白城广播电视台成立安全工作委员会，加强安全播出、安全防范、消防安全等各项安全工作的组织领导。技术部门维护更新节目制作网、新闻网软件及硬件。广播播出部添置两台3千瓦不间断电源，增强节目播出安全保障。施工完成演播大厅、发射机房和微波机房的室外楼顶防水工程。在春节、全国“两会”“七一”建党纪念日、国庆节等安全播出重要保障期，确保播出零事故。

在建党100周年前夕，技术部门排查电源系统、信号源系统、发射系统、天馈线系统等。微波机房反复操练安全播出预案，熟悉掌握广播节目信号源及设备线路。广播和电视播出机房健全机制、完善制度、梳理预案，排查隐患、堵塞漏洞、解决问题，确保播出安全、设施安全等各环节保障工作，确保中国共产党成立100周年各项重大活动直播、转播任务完成。技术部门参加省广电局组织的科技创新评选活动，有17个项目（成果）获奖。

（解　珊）

【电影】 截至2021年末，票房收入31万元。与猫眼、糯米等网络运营商合作，进行网上购票选座。对影城消防设施、电梯、广告牌、楼顶等各处进行检查、维修保养、消毒，开展消防演练。加强新冠疫情防控，每天填写新冠疫情排查日报表；在影院营业期间，观众距离1米线进场、戴口罩，做好测量体温、扫码、人员登记等工作，定期对楼内进行消毒。落实“百年百场”公益电影活动，5月20日起，在阳光广场放映爱国影片，党史教育影片，每晚放映1场，节假日放映2场，全年放映150场。

（孙立尧）

吉视传媒白城分公司

【概况】 吉视传媒白城分公司为白城市区、洮北区、经开区及周边13个乡镇覆盖范围内居民提供高质量电视节目，并开展视频点播、宽带、智能

11月24日，吉视传媒白城分公司城网光纤改造自主施工设立OLT基座。图为技术人员施工现场　　（朱　宁　供图）

化社区服务、智慧生活等相关业务。按照白城市政府对于老城区改造的要求，配合城市管廊建设，实现白城市区全网光纤化。2021年，吉视传媒白城分公司继续进行城网小区光纤改造，为用户免费提供机顶盒和网关，在建党100周年之际免费为用户开通建党专栏节目。在集客业务方面，做好各项专网项目服务工作及技术支撑工作，保障专网业务畅通。

【智慧媒体项目】　2021年，吉视传媒白城分公司结合“蜻蜓眼”智慧安防业务，利用视频监控优势，推广“蜻蜓眼”智慧幼儿园业务。为幼儿园免费安装或升级监控设备，将幼儿园各点视频信号进行远程传输，让幼儿园园长和老师实时观看并可以利用本地存储回看收集教学信息。家长通过手机、电视大屏多终端实时预览掌握监控点内孩子情况。“蜻蜓眼”智慧幼儿园以可视化为基础提供沟通、分享、关爱服务，为家长打造轻松、简单、方便的互联网安全生活品质，同时为园方和家长提供阳光课堂、阳光厨房、校园食谱、课程表、园费缴纳、留言专区、成长时光（电子相册、成长档案）、我的出勤（出勤情况、我要请假）等各项幼儿园相关功能。为推进“秸秆变肉”暨千万头肉牛工程建设，吉视传媒股份有限公司研发智慧养牛云平台，给养殖户家每头牛佩戴一对定制监管耳标，利用智慧养牛云平台对被监管牛只温度、运动量进行持续性监测和分析，通过安装视频监控，实现对养殖物活动区、养殖场关键卡口实时监测，掌握养殖环境和养殖物变动信息，利用摄像头“牛脸识别”技术，精准识别牛只数量，及时更新养殖物生长状况。政府通过平台掌握全省牛只分布、种类、数量，通过佩戴智能耳标等设备随时了解牛只健康状态。

【农网光纤入户建设】　2021年，吉视传媒白城分公司根据国家“宽带乡村”战略及吉林省委、省政府《关于全面推进脱贫攻坚的实施意见》精神，提高农村电视收视覆盖率和农村信息化水平，加大“互联网+扶贫”力度，加快推进贫困地区信息化网络建设，实现农村有线电视全部光纤覆盖和宽带互联网接入。

【安全播出和安全传输】　2021年，吉视传媒白城分公司组织人员、合理调配保障物资，在元旦、春节、清明节、“五一”劳动节、端午节、国庆节、建党100周年、全国“两会”等重要安全播出保障期内，在加大省干、城/农网主干线路巡护力度同时，增强机房夜班和技术值班值守能力。重大安保期内，公司领导班子全天带班、部门主任24小时在岗，执行“零报告”制度，全年线路巡护里程1.7万余千米，确保广播电视安全传输和安全播出。

【电视免费看】　2021年，吉视传媒白城分公司针对符合条件城农网用户，实行“电视免费看”政策，为吉视传媒报停、到期停机3个月以上用户，新入网用户和尚未接通吉视传媒双向网络用户免费赠送吉视传媒基本直播业务、高清点播业务和吉视传媒宽带业务，重点是免费开通用户高清点播业务类别中党建专题，确保百姓及时收听收看庆祝建党100周年广播电视节目。

（邹　越）

新媒体

【政府网站和政务新媒体】　2021年，全市有政府网站14个，全国政务新媒体报送系统新媒体账号195个。其中，微信公众号148个，新浪微博23个，移动客户端2个，今日头条9个，抖音8个，快手5个。市政府网站发布各类信息5530条，网站页面总访问量3529618次，日均69749次以上，处理网民留言59条，回复59条，回复率100%。向省网站报送信息636条，被采用177条，采用率27.8%，在市州政府网站总排名第1，1—12月单月排名全省第1。

【政府网站和政务新媒体监管】　2021年，白城市坚持“统筹规划、协同建设”原则，对网站进行优化升级。新建专项工作专题2个（白城市政府网站和政务新媒体监管、中央生态环境保护督察在吉林）；对监管内14个网站进行局部更新调整592项/次。国家“两会”期间，在政府网站重要位置增设“两会”专题，完成“两会”内容转载工作。梳理白城市和各县（市、区）发布惠企惠民政策748条，并制作成专题在网站首页展示。规范网站内容标准。严格执行网站信息三级审核标准，加强网站信息发布审核，实现网站信息发布零失误。规范网站管理。结合白城市政府网站建设实际需要，先后制定《白城市人民政府网站管理办法（试行）》《安全事件报告和处置管理制度》《白城市政府门户网站信息公开保密审查制度》《白城市联通政务云信息系统安全管理组织机构及制度》《应急事件响应处理制度》等制度，实现网站管理规范化、制度化。开展网站自查工作。按照国务院办公厅发布政府网站检查标准，于3月末、5月末、9月末、11月末完成对本级政府网站自查和监管内14家网站检查，并将检查结果在网上通报。对检查过程中发现问题，责令相关责任部门进行整改。截至2021年末，全部问题整改到位。2021年，全省网站检查通报排名第2、网站信息报送位列第1，全省首创在政府网站开设政府网站与政务新媒体监管专栏，对更新不及时、错别字等情况进行实时通报。

（杜国庆）

【白城日报新媒体发展】 2021年，白城日报新媒体开通指尖白城视频号，将传统媒体与现代媒体相结合，形成“二报一网一微+短视频”（《白城日报》《城市晚报·百姓生活》、白城新闻网、指尖白城微信公众号、白城日报抖音）互动合一多平台立体传播新媒体格局。白城新闻网日浏览量1000余次。指尖白城微信公众号粉丝量5万+，单条最高阅读量10万+。白城日报抖音号粉丝量9万+，单条最高播放量1004.9万次。白城日报今日头条号粉丝量1.3万，总阅读量1728万。指尖白城视频号粉丝量1000+，发布短视频500余条，短视频播放量25万+。

【“云游白城”系列线上主题直播活动】 2021年，白城日报新媒体独家策划“云游白城”系列线上主题直播活动，对白城市重点旅游景区开启线上推广活动。播出6期，浏览量30万次。新华社现场云直播浏览量3万次，白城日报抖音号、视频号同步直播，播放量13万次。为迎接建党100周年，白城日报新媒体“云游白城”第三站6月28日推出“红色记忆游”。直播发布视频17条，浏览量5000次；白城日报抖音号、视频号同步直播，播放量6万+次。“云游白城”系列作品受到省直媒体关注并转发。

（孟凡秋）

【广播电视新媒体发展】 2021年，白城广播电视台建立媒体融合工作领导小组，全面领导媒体融合推进工作，将分散的采编力量和部门纳入媒体融合领导小组领导下，推动网络矩阵建设。白城广播电视台所属新媒体平台有“白城电视网网站”、微信公众号“爱看白城”、抖音号“爱看白城”、客户端“优视白城”，开设各种专栏、专题70余个，各平台用户10万+。全年各平台发布各种网络推文、新闻稿件8000余篇。进行媒体融合岗位交流，促进采编资源整合。第一批到新闻中心交流人员在2021年11月强降雪报道工作中，利用新技术新手段新平台，运用短视频、直播连线、Vlog、慢直播等方式，5天推出相关报道89条。

【白城电视网建党100周年宣传】 2021年，白城电视网首页首屏开设《奋斗百年路　启航新征程》总栏目，依据不同内容设计不同子专栏，报道白城市各部门组织的主题实践活动。网络端开设党史专栏《党史百年天天读》《数风流人物》《百集微纪录片展播：百炼成钢》《中国共产党的100年》；开设党建专栏《让党的创新理论“飞入寻常百姓家”》《强国论坛》《我为群众办实事》，转载集纳相关文章。

（解　珊）

【白城之窗】 白城之窗网络科技有限公司（简称“白城之窗”）是白城地区一家公司化运营新媒体微信平台，旗下运营四大平台：白城之窗地方门户网站、白城之窗微信公众平台、“城市通”App，微博，私域视界小程序，抖音、快手、视频号，每日为用户提供优质的本地资讯及同城互联网生活消费等服务，覆盖白城地区18万订阅用户。

信息发布及专栏打造 利用白城之窗微信公众号全年推送白城热点信息1856余篇，与网友交流互动，收集白城网友爆料信息，与各部门建立沟通联系，为部分市民解决生活难事，解疑释惑；新冠疫情期间，配合相关部门发布通告信息80余篇，白城市文明建设宣传类、政策类信息380余篇；与白城市城市管理行政执法部门合作，做到网友爆料城市问题上报城管，城管部门解决反馈发布公示。与供热管理部门沟通，为市民反馈供热难题。做好全市新冠疫情防控宣传工作，在网站、公众号及时转载中央和地方主要媒体重点报道。转发文章62篇，总关注量350666人次，内容同步城市通App62篇。1月，与白城市洮北区网络安全管理部门合作，在“白城之窗”网站设立“网警工作站”，在网站设立网上违法线索举报电话和电子邮箱。专栏关注度33995人次，发布文章9篇，专题视频1个。

公益活动 2021年，白城之窗举办线上招聘会4场，线上浏览量超10万，帮助解决白城本地400余家企业招聘问题，解决近千名求职者就业问题，新增求职者简历4166份，全站简历总数超4万份，简历投递量6万余次，开通微信招聘社群34个。新增注册企业1425家，全站企业总数2万余家。1月31日注册白城之窗人才网服务号，积累“粉丝”量1万+，每月发布招聘求职、房屋出售、闲置物品类信息；协助社会爱心组织发布寻人，救助等公益信息上百条。

政务媒体宣传活动 配合网信办部门创建“网络中国节”系列主题活动专栏，其中春节专题关注人数67790人次、发布文章7篇；元宵节专题关注人数49861人次，发布文章4篇、图文2张；

清明节专题关注人数74424人次，发布文章10篇，图文5篇。4月15日，以“践行总体国家安全观，统筹发展和安全，统筹传统安全和非传统安全，营造庆祝建党100周年良好氛围”为主题，创建全民国家安全教育日专题。10月12日，创建“首届中国新电商大会”专题；10月22日，创建“新思想引领新征程•时代答卷”专题；12月29日，创建“冰雪吉林e起嗨”专题，接收相关新闻报道文章，配合市委宣传部转发宣传。

白城消费促进　与白城生活服务类商家通力合作，开展抢购套餐217个，合作商家106家。2月28日，联合白城市15家兴趣班教育机构做线上亲子卡活动，浏览量6万余次，为青少年争取近1000节一折优惠兴趣体验课程。

相亲活动举办　2月28日，举办线上相亲会，参加人数20人，由红娘老师线上组织嘉宾介绍，并提出一些男生女生比较感兴趣话题和相关婚恋小贴士，成功促成两对嘉宾。4月26日，举办线下交友活动——白城之窗城缘交友联谊会《查干湖一日游》，参与嘉宾10对，嘉宾职业包括医生、国企、公务员、铁路、保险、个体等，成功牵手3对。6月，组建第一个单身交友群，群成员最高时110人。

私域视界小程序开发　9月，白城之窗私域视界小程序上线，为白城专业领域人才提供个人专业度包装IP打造平台。它的企业号能够构建动态企业品牌宣传平台，做企业自有私域流量平台，塑造企业社会形象，助力企业产品销售。

（卫金月）

2月28日，白城之窗联合兴趣班机构做线上亲子卡活动。图为活动启动会
（卫金月　供图）

文化市场管理

【文化市场整治】　2021年，白城市履行“扫黄打非”工作主体责任；全年开展各类整治排查100余次，查处各类涉黄涉非案件13起，收缴非法和有害出版物500余册，封堵查删网上有害信息3000余条；推进“扫黄打非”基层站点规范化建设，新建宗教场所“扫黄打非”联络点118个，校园“护苗”工作站53个，白城市镇赉县鹤城街道庆余社区“扫黄打非”联络点被评为全国“扫黄打非”先进集体，“扫黄打非”工作影响范围扩大。白城市在全省“扫黄打非”工作考评中排名首位，获评全省“扫黄打非”先进集体称号。

（邢　璐）

【专项执法检查】　2021年，白城市开展互联网上网服务营业场所专项整治、娱乐场所专项整治、夏季文旅市场大检查、打击广电领域非法活动等专项行动，按照市“扫黄打非”办公室部署配合开展“清源”“固边”“净网”“秋风”“护苗”等专项行动。全年对违规经营场所立案查处11起，罚款2.4万元，停业整顿5家，吊销《网络文化经营许可证》1家。同时，在行政执法中注重优化营商环境，对违规行为轻微3家场所，依据包容审慎“四张清单”，依法从轻处罚，仅给予警告，免予罚款处罚。市文化市场综合执法支队每天对歌厅、网吧、电影院、室内大型健身场所开展巡查检查，出动2000余人次，巡查场所1万余家次。

【信息化执法】　市文广旅局运用“双随机、一公开”监管平台，加强对互联网上网服务营业场所、娱乐场所、旅行社、广播电视制作单位日常监管，全年开展部门内检查5次，随机抽取检查对象16家次。联合公安部门开展联合检查行动2次，随机抽取检查对象7家次，32项检查事项清单做到全覆盖。举办“白城市全国文化市场技术监管与服务平台使用和管理培训班”全市20余名文化市场执法业务骨干参加培训。

（孙立尧）

综　述

【医疗卫生机构】 截至2021年末，全市卫生机构总数1980家。其中，医院48家、卫生院93家、社区卫生服务机构11个，门诊部、个体诊所、卫生所、医务室907家，村卫生室891家，专业公共卫生机构25家，其他机构5家。全市卫生机构拥有床位9312张，拥有卫生技术人员13494人，其中执业(助理)医师5653人，注册护士5870人。白城市综合医院15家。其中，三级综合医院1家、二级综合医院14家。专科医院8家，均为二级专科医院。

【创建国家卫生城市】 1月6日，《全国爱卫会关于命名2018—2020周期国家卫生城（区）的决定》发布，白城市被正式命名为“国家卫生城市”。2021年，市委、市政府召开党政联席会、政府常务会、市长办公会等10余次，统筹安排调度创建国家卫生城市各项工作任务，巩固创建成果。为创建国家卫生城市，白城市2016—2019年完成城市建设投资70亿元，实施93项重点工程。城区新建和改造道路43条、总长37千米，硬化巷道60条、改造小区83个。累计铺设改造污、雨水管网161千米，排水管网长度330千米，建成区排水管道密度6.7千米/平方千米，改扩建生活污水处理厂达到5万吨/日处理能力，生活污水处理率89.7%，初步形成较为畅通的城市排水网络。市区内集中饮用水水源地监测结果符合《地下水质量标准》，合格率100%。2021年全年AQI指数<100天>300天。辖区内7个集中式饮用水水源地水质达标率100%；区域环境噪声平均值54.6分贝，声环境质量良好。建成区绿地覆盖率36.04%，人均公园绿地面积8.53平方米，均达到国家

表 82　2021 年白城市综合医院一览表

序号	名称	等级	编制床位数（张）	开放床位数（张）
1	白城中心医院	三级	945	880
2	大安市第一人民医院	二级	492	440
3	洮南市人民医院	二级	498	550
4	洮南市第二人民医院	二级	100	120
5	白城医学高等专科学校附属医院	二级	350	200
6	白城市医院	二级	800	800
7	通榆县第一医院	二级	434	434
8	镇赉县人民医院	二级	450	450
9	通榆红十字医院（民营）	二级	230	230
10	洮南华盛医院（民营）	二级	100	110
11	白城中医院	二级	333	333
12	洮南市中医院	二级	120	180
13	通榆县中医院	二级	200	150
14	镇赉县中医院	二级	100	100
15	大安市中医院	二级	160	276

说明：表中数据由医院所在县（市、区）卫健局提供　　（资料来源：市卫健委）

表83　2021年白城市二级专科医院一览表

序号	机构名称	编制床位数（张）	开放床位数（张）
1	白城市传染病医院	170	210
2	白城市洮南神经精神病医院	296	950
3	大安市第二人民医院	160	210
4	大安市第四人民医院	150	150
5	白城市整骨医院	105	80
6	大安舒悦医院（民营）	80	80
7	白城爱尔眼科医院（民营）	40	40
8	白城玛利亚妇产医院（民营）	50	50

说明：表中数据由医院所在县（市、区）卫健局提供　（资料来源：市卫健委）

卫生城市标准。构建起覆盖城乡三级卫生服务网络，基层医疗卫生机构标准化建设达标率95%以上。开展儿童免疫工作，适龄儿童免疫规划疫苗接种率98%，辖区婴儿死亡率、5岁以下儿童死亡率控制在国家标准之内。医院按要求设立传染病科室、建立规范达标发热门诊。强化采供血管理，全市医疗用血均来自无偿献血。加强严重精神障碍救治管理，严重精神障碍患者管理率97.21%。加强疾控能力建设，健全防控机构、配齐设施设备，保障人员经费，加强传染病防治工作。

【医疗卫生体制改革】　2021年，白城市按照《国务院办公厅关于推动公立医院高质量发展的意见》和《“千县工程”县医院综合能力提升工作方案（2021—2025年）》要求，推荐镇赉县参与首批“千县工程”综合能力提升工作单位评选。白城市洮北区为吉林省紧密型医共体试点县之一，白城市推进洮北区医共体试点建设工作，以白城市医院为龙头，分别与3家专业机构、11家民营医院、19家公立基层医疗机构组建“1+N模式”医共体，在保持成员单位性质、功能定位、财政投入、人员身份“四个不变”基础上，探索人才、经营、业务、信息、绩效、资源“六统一”管理体系，形成区、乡、村三级医疗联动保障网络。

（刘　航）

新冠疫情防控

【概况】　2021年，白城市谋划实施7个抗疫特别国债项目建设，总投资1.51亿元，开工率100%，完工6个、在建1个。强化全员核酸检测能力建设，设置采样点503个，以白城中心医院为依托，建成城市核酸检测基地，单日最大检测能力3万管。

白城市卫生健康委员会（简称“市卫健委”）召开专题培训11次，培训3150人次。参加国家及省级新冠、流感等重点传染病线上和线下培训12次、150余人次。开展技术指导9次，指导基层医疗单位90家次。开展新型冠状病毒核酸检测标本60433份，接收、发放协查函500份。全市调查密接97人，次密接1806人。白城市疾控中心针对不同场景，开展应急演练2次，参与人数62人。执行24小时新冠疫情值班制度，全年接收新冠疫情信息、协查函和各单位及群众的各类咨询电话1.3万余次。在白城广播电视台开展新冠肺炎防控知识专家访谈3次。

【防控组织体系】　2021年，白城市调整领导小组及工作机制，细化完善市新冠疫情防控领导小组下设11个工作组工作方案，明确工作目标、组织架构、职责分工和流程。建立市区联动防控机制，组建市区新冠疫情防控联动领导小组，明确洮北区与经开区、工业园区、生态新区防控职责、衔接机制。

【排查管控】　2021年，白城市24小时监测国内外新冠疫情动态，其他地区一旦发生疫情，防疫体系各个层级立即启动以疫情为命令防控风险触发机制，主动开展风险地区返来白人员排查管控。2021年，排查风险人员22839人；对所有集中隔离和居家隔离（健康监测）人员进行核酸检测，检测结果均为阴性。各县（市、区）落实黑龙江省、内蒙古自治区交界核酸抽检工作，全年抽检16.96万人，检测结果均为阴性。

【冷链物流管控】　2021年，白城市落实部门责任，强化联防联控机制，抓好进口冷链食品全链条管控，所有进口冷链食品要先进入“总仓”，进行消毒检测合格后方可销售，加大人、物、环境定期核酸检测和预防性集中消毒力度。全年732批次、565吨货物均进入总仓消毒抽检合格后进入流通环节，检测冷链物流环节样本60861份，结果均为阴性。

【重点场所防控】　2021年，白城市落实“属地+部门”工作机制，突出部门监管职责，重点加强管辖场所监督检查，规范实施环境通风、消毒，对进入商场、饭店、宾馆、网吧、浴池等场所人员实行扫码、测温、限流等措施。明确企业主体责任，与企业（商户）签订《疫情防控承诺书》，明确任务、职责，填补监管空白，全市签订4.2万份。行业主管部门加强日常监管，严格督促检查，对防控落实不到位的，承诺书未兑现的，加大惩戒力度。

【院感防控】 2021年，白城市落实院感防控“四个机制”（及时发现、快速处置、精准管控、有效救治），成立市级院感防控检查组，每月对辖区医疗机构和定点医院采取“四不两直”（不发通知、不打招呼、不听汇报、不用陪同接待、直奔基层、直插现场）方式检查，将院感管理工作纳入对县（市、区）卫健局及医疗机构年度目标考核中，作为“一票否决”项目执行。配足配齐院感专职人员，按照国家和省比例配备专职人员，组织全市二级以上医疗机构院感科科长进行理论和技术操作考核。加强人员培训、考核，不定期召开院感专题培训会议，覆盖到全市各级各类医疗机构。加强医疗机构风险隐患筛查工作，确立专门部门和人员做好医务人员健康监测，在新冠疫情风险期教育医院工作人员少外出、少去公共场所。各医疗机构定期对全体医务人员、工作人员进行全员新冠病毒核酸检测，并做好记录。开展全院环境重点部位新冠病毒监测，根据人员接触、流动情况适度扩大监测区域和密度。

【隔离点规范管理】 2021年，白城市按照“三区两通道”（“三区”即清洁区、污染区和半污染区，“两通道”即医务人员通道和病人通道）“单人单间”标准设置集中隔离点，制定隔离点工作制度和流程，完善应急预案、压实安全管理责任，实行表格化清单式管理，加强工作人员业务培训，对转运接收、隔离观察、日常监测、生活保障、医疗废物处置、垃圾清运等各项工作、各个环节都做到任务明确、责任清晰。加强人文关怀和防护知识宣传教育，派专业心理医生对隔离人员进行一对一疏导。全市设集中隔离点60个。其中，启用8个、备用52个。

【社区防控】 2021年，白城市完善机制、方案，建立突发新冠疫情网格化防控机制，对全域精细到小区划分防控网格，比照全市大体系，在每个网格建立一套完整新冠疫情防控体系，一旦网格封控，将独立完成所有新冠疫情处置工作。组建市区新冠疫情防控联动领导小组，明确洮北区与经开区、工业园区、生态新区防控职责、衔接机制；针对经开区、工业园区、生态新区防疫力量不足问题，从市直机关事业单位抽调干部职工，定人、定岗、定责，一旦发生疫情，立即划归各区调度。

【防控应急】 2021年，白城市做好应急处置准备，全市有15家医疗机构、6家疾控中心和1家第三方检测机构具备核酸检测能力，满负荷运转约1.68万管/日，城市核酸检测基地满负荷运转3万管/日。加强物资储备，全市储备医用防护口罩47万只、医用外科口罩241万只、医用防护服37万套、护目镜和面罩37万个。其中市应急指挥部储备医用防护口罩1.8万只、医用外科口罩7.6万只、医用防护服1.5万套、护目镜和面罩2.4万个。

【疫苗接种】 4月2日，全市推进新冠病毒疫苗接种工作会议以视频形式召开。市长李洪慈就做好全市新冠病毒疫苗接种工作做出部署。截至2021年末，全市接种新冠疫苗280.12万剂。其中，18岁以上人群第一剂次接种115.03万剂，任务完成率94.34%；第二剂次接种111.60万剂，任务完成率97.15%；第三剂次加强免疫接种21.77万剂。15～17岁人群第一剂次接种4.3686万剂，任务完成率112.21%；第二剂次接种4.1578万剂，任务完成率113.37%。12～14岁人群第一剂次接种4.3727万剂，任务完成率107.80%；第二剂次接种4.2704万剂，任务完成率111.76%。3～11岁人群第一剂次接种8.2950万剂，任务完成率79.59%；第二剂次接种6.2610万剂，任务完成率60.07%。

（刘 航）

【疫苗接种费用保障】 2021年，市医保局召开专题会议，研究部署新冠病毒疫苗及接种费用保障工作。与市财政局、市卫生健康委员会沟通协调，成立市新冠病毒疫苗及接种费用保障工作协调领导小组。成立专项预算、归集及划拨组、接种信息报送组和专项费用结算组，具体负责疫苗费用及接种费用预算的划拨、信息报送和结算等相关工作。2021年，全市新型冠状病毒疫苗及接种费用支出16152万元。其中，城镇职工医保基金支出5910万元、城乡居民医保基金支出10242万元。

（刘 畅）

【抗疫支援】 1月23日，白城市派出2名检验人员支援通化，白城中心医院

表84 2021年白城市支援哈尔滨检验人员一览表

姓 名	医 院
高 彬	通榆县开通镇中心卫生院
邵敏淇	通榆县团结乡卫生院
单 喆	大安市第二人民医院
毕迎春	大安市妇幼保健院
刘海艳	镇赉县人民医院
刘宏伟	镇赉县人民医院
柳 溪	白城市医院
朱育莹	白城市医院
田 雪	洮南市中医医院
王 琙	洮南市人民医院
姜丽萍	白城中医院
王明慧	白城中心医院
欧阳谦	白城市第三人民医院
谷天一	白城医学高等专科学校附属医院

（资料来源：市卫健委）

2月22日，白城市举行“欢迎白城市援通检验和救护队员返岗暨表彰仪式”。图为仪式现场 （王野村 供图）

在通化市配合完成核酸检测工作，于2月3日完成任务返回白城。2月22日，白城市举行“欢迎白城市援通检验和救护队员返岗暨表彰仪式”。10月31日，派出14名检验人员支援哈尔滨，在哈尔滨市开展核酸检测工作，于11月18日完成任务返回白城。

【红十字蓝天应急救援队支援通化】 2月7日，白城红十字蓝天应急救援队支援通化市东昌区防疫消杀队4名队员，驾车赶到通化市。第2日投入防疫消杀工作，开展15天新冠疫情防控消杀。驰援通化的4名白城蓝天救援队员中，最年长的是1975年出生的谷春雷。他曾因当年孩子重病缠身，得到过很多好心人帮助，成为一名志愿者。到通化之前，他做最坏打算并填写人体器官捐献志愿表。他开着私家车、自备消杀工具拉着队友从白城行驶近600千米到达通化。4位驰援通化的白城蓝天救援队员，每天早上6时左右起床，8时出发开展防疫消杀，中午回来休息一个半小时，直至晚上结束一天工作。自2021年2月20日22时起，东昌区全域同步调整为低风险地区。支援通化市白城蓝天救援队员们完成任务返白。

（刘 航）

【新冠疫情防控保供】 2021年，市商务局建立常态化工作专班，开展常态化新冠疫情防控工作，健全监督检查工作机制，针对51家限额以上商贸企业和农贸市场常态化新冠疫情防控工作措施落实情况进行监督检查。落实“保供稳价”责任要求，健全完善白城市生活必需品供应应急预案，划定保供企业和街道社区对应责任片区和物资配送路线，并与保供企业签订保供协议，做到紧急状态下，以商品储备、调运、配送任务为核心的应急保供体系能够第一时间启动运行，保障人民群众生活物资供应。

（孙光宇）

【公安助力新冠疫情防控】 2021年，全市公安机关核查上级机关推送必查清单涉及卫健部门推送人员21055人，在全市启动国省县乡道路、高速口、火车站、客运站检查站73个，查控车辆270504台，检查425368人；查控中高风险区车辆7270台、人员10419名，劝返车辆13615台、人员21082名；劝返黑龙江来白返白车辆6360台、人员9117名。加强旅馆、洗浴、出租房屋、棋牌室监管力度，落实实名身份信息登记、吉祥码验证、体温测试等登记准入制度，对中、高风险地区返白人员及时向社区及辖区派出所报告，确保新冠疫情防控工作无漏洞、零死角。定期走访排查防疫重点单位并签署《疫情防控承诺书》，加强外地务工人员管理工作，建立“一人一表、一人一档”健康台账，执行每日岗前测温制度，对发现体温异常者立即做好内部隔离，并报告主管行业单位。对人员登记实行动态化管理，做到社区常住人口、外来人口和出租房屋底数清、情况明。2021年，检查旅店宾馆6619家，排查出中高风险区来返白人员103名；出租房（日租房）4953家，排查出中高风险区来返白人员3名、黑龙江籍3人。巡查洗浴1793家、巡查棋牌室2116家。

（赵中祥）

10月31日，白城市核酸机动队支援哈尔滨。图为出发前合影 （刘 航 供图）

【交通新冠疫情防控】 1月起，白城

市设立高速口检查站10处，有岭下、平安、侯家、白城西、陶家、白城南、白成东、青山、到保、机场，每个卡点有交通、公安检查人员各2人值守。交通部门及施工企业补充志愿者46名充实到卡点，抽调8名工作人员组成两个日常督查、调度、指导、检查组，不间断检查10个高速卡点，每日工作10个小时以上，指导卡点管控工作。

2—6月，抓好客运站、客车新冠疫情防控工作，落实人员登记测温、车辆消杀、实名购票等措施。客运站落实扫码、登记、实名售票、测温、消毒通风等各项防疫举措，禁止未佩戴口罩、体温异常旅客进站乘车。通过查看大数据行程卡排查旅客14天内行程码，对来自高风险地区人员实施严格管控，并报告给卫生健康部门，依据有关流程科学处理。

7—12月，按照省交通厅新冠疫情防控分区分级防控指南和流程图对客运场站和交通运输工具进行消毒。在车辆消杀方面提级管控，按高风险区要求对乘客下车后对其接触到部位全面消毒，一客一消杀。抓好行业新冠排查管控工作。采取分工、分片、分组方式，成立排查管控小组10个，加强对所负责监管的运输企业，重点针对交通运输企业员工出省或返（来）白情况、工作人员佩戴口罩，来人扫码、测温、登记等新冠疫情防控工作开展督导检查，派出工作人员2400余人次，排查交通运输企业2.6万余家次，排查工作人员和外来人员5.8余人次，与企业(个人工商户）相关负责人签订《疫情防控承诺书》。

（王　丹）

【邮政快递行业新冠疫情防控】 2021年，市邮政管理局成立新冠疫情防控领导小组，排查全市300余个邮政、快递营业场地、分拣中心开展“地毯式”；制作营业场所、分拣中心新冠疫情防控标准化操作视频2个，制定《白城市邮政行业疫情防控台账》；定期召开新冠疫情防控视频会议；成功处理“涉疫奶枣”、涉疫邮件快件等应急处置工作；联系相关部门组织从业人员开展新冠病毒疫苗接种两次，完成两剂次接种任务2241人（次），实现“应接尽接”的目标，确保全市邮政快递行业疫情防控工作取得实效。

（李美丹）

【文旅场所新冠疫情防控】 2021年，市文广旅局确保市场监管场所新冠疫情防控措施落实到位，防止病毒在文旅场所内传播。将排查工作做细做实，每到一处场所必查扫码、测温、一米线、口罩佩戴、消杀记录等情况，对新冠疫情防控措施落实不到位的，立即要求停业整改，2021年，责令暂停营业整改8家次。强化新冠疫情防控常态化知识普及，利用文化娱乐市场和旅游市场管理群等开展新冠疫情常态化防控宣传，组织人员到文旅经营场所张贴发放新冠疫情防控宣传海报及标语400余张。

（孙立尧）

疾病防控

【传染病防治】 2021年，市卫健委建立健全突发公共卫生事件和传染病疫情报告网络制度，142家传染病诊疗机构网络直报率100%，全市上报乙、丙两类传染病14种，发病数2814例，发病率144.31/10万，无甲类传染病和突发公共卫生事件。

白城市制定并印发重点传染病防控工作方案，针对出血热、手足口病、流感、人禽流感等重点传染病加强防控措施。开展霍乱、流感、肾综合征出血热、手足口病、职业暴露人群血清学和环境高致病性禽流感等疾病监测工作并上报监测结果。建立健全突发公共卫生事件和传染病疫情报告网络。每日动态监视传染病疫情，定期分析、预警传染病疫情。2021年末，撰写法定传染病监测统计分析报告12期，流感监测简报32期，流行性出血热、手足口病、麻疹疫情周报50期，流行性出血热月报12期，风险评估报告11期。2021年末，全市通过《中国疾病预防控制信息系统》查询无甲类传染病报告，上报乙、丙两类传染病14种，发病数2814例，发病率144.31/10万，比上年上升9.37%。全市无突发公共卫生事件。

加强传染病疫情报告和管理，提高传染病疫情报告质量。7月和12月对全市30家医疗单位开展报告质量和管理现状调查工作。截至2021年末，全市报告传染病报告卡2990张，及时报告卡片数2989张，及时报告率99.97%；审核卡片数2546张，及时审核卡片数2537张，及时审核率99.65%，全市无重卡，有效证件完整率99.96%，传染病诊疗机构网络正常运行率100%，全市传染病疫情报告信息质量综合率99.9%。开展传染病监测工作。全年采集、检测样品2004份，检出47份手足口病阳性标本，其他检测结果均阴性。加强新冠等重点传染病疫情防控工作。

【免疫规划】 2021年，脊灰、麻疹、百白破等免疫规划各种疫苗接种15.17万剂（次）；基础免疫报告接种率均98%以上。4月25日，全市开展“全国儿童预防接种日”宣传活动。开展全市免疫规划工作督导检查，组织人员于11月22—26日督导全市免疫规划各项工作实施情况。截至2021年末，全市接种疫苗280.12万剂次，12岁以上人群第二剂次接种率98.1%，3～11岁人群第二剂次接种率60.07%，总体任务完成率基本保持全省前3。

【地方病现症病人管理治疗】 2021年，白城市氟骨症患者建档457人，治疗199人；砷中毒患者建档81人，克汀病现症病人19人，二度及以上甲状腺肿大病人54人，所有现症病人均建档随访。

【艾滋病防治】 截至2021年末，按现

住址统计，白城市存活艾滋病病毒感染者和艾滋病病人489例，死亡139例。白城市新发现报告艾滋病病毒感染者和艾滋病病人64例，比上年同期（60例）上升6.67%。报告死亡6例。对按现住址管理489例感染者/病人，均及时进行随访和流行病学调查，随访率100%。推进《遏制艾滋病传播实施方案（2019—2022年）》落实，加大性病艾滋病防治知识宣传力度，在大学生、公务员、司法干警、流动人口中开展性病艾滋病防治知识宣传工作，培训8400人次。通过微信、广播、小区电梯间、客运站广告牌等各种媒体开展性病艾滋病防治知识宣传活动。12月1日世界艾滋病日，在海明路步行街开展以“生命至上 终结艾滋 健康平等”为主题宣传活动，41家单位176名工作人员参与开展宣传活动，发放各类宣传资料和宣传品3.2万余份。全市县级以上医疗机构、疾控机构、妇幼机构在各类人群中开展HIV抗体筛查，全年筛查157552人次，占全人口8.08%。

【布病防治】 截至2021年末，全市通过《疾病监测信息报告管理系统》上报告布氏菌病病人436例，发病率22.36/10万，比上年同期报告（351例）上升24.22%，全市未发生人间布病暴发疫情。全年开展督导检查2次，确保各项布病防治措施落到实处。督导病例426例。其中，治愈301例、基本治愈41例、好转80例、无效4例。开展布病宣传教育和防治培训。各县（市、区）印制发放宣传单9万余张，宣传册19700本，宣传画1.1万张，培训教材1200本，宣传折页2万份，防治宣传手册1.8万册。开展布病面对面宣传教育62022人次。全市制作发放布病干预包31297个。各县（市、区）均开展对基层防保人员培训工作，培训专业人员1295人。通过开展健康教育活动，普及布病防治知识，全市抽取25个行政村群众布病防治知识知晓率均90%以上。通过防护行为干预，干预人群全部90%以上。

【鼠疫防治】 2021年，全市设国家级固定监测点1个（镇赉北大岗），省级固定监测点2个（洮南东升乡、通榆同发乡），流动监测点14个（镇赉、洮南各2个、通榆、洮北各3个、大安4个），黄鼠调查点2个（洮南市、大安市各1个），长爪沙鼠调查点2个（通榆）。各县（市、区）在辖区内以点区、面区相结合进行系统、全面监测，未检出阳性材料，表明白城市2021年无动物鼠疫发生和流行。

【饮水型地方性氟砷中毒防治】 2021年，全市1376个氟病区和221个砷病区及潜在病区改水率100%、正常供水率100%、水氟含量达标率均100%。8～12岁儿童氟斑牙检出率3.16%，无重度病例。全市检出砷中毒患者81人，检出率0.19%，均为轻度，未检出新发病例。大安市检测150人尿砷含量，范围为0.004～0.009毫克/升，几何均值0.008毫克/升。通过小手牵大手方式开展健康教育活动，向相关人员传播有关健康信息。全市播放氟中毒防治科普节目12次，公益广告9次，广播7次，报刊发表2篇；发放影像光盘3张，宣传画1620张，宣传单9900张，手册1100册，折页2100份；在15个乡制作宣传栏23期，咨询活动18次，悬挂标语75条；培训家庭主妇812人，培训学生2557人。全市播放砷中毒防治科普节目9次，公益广告6次，广播5次，报刊发表2篇；发放影像光盘3张，宣传画1500张，宣传单5900张，手册800份，折页1800册；在9个乡制作宣传栏20期，咨询活动14次，悬挂标语51条；培训家庭主妇665人，培训学生2112人。

【碘缺乏病防治】 2021年，白城市完成碘缺乏病病情监测工作。全市无新发克汀病人，对1500份盐样进行检测，检出非碘盐1份，合格碘盐食用率98.25%，盐碘中位数22.80毫克/千克，符合国家、省规定标准。对8～10岁儿童、孕妇尿样进行尿碘检测，尿碘中位数分别为165.25微克/升、181.46微克/升，为适宜碘营养水平。甲状腺B超检查400名儿童，检出甲状腺肿大儿童1人，甲肿率0.25%。开展健康教育项目工作。基线调查工作学生知晓率87.0%，家庭主妇知晓率93.3%。通过广电媒体播放有关碘缺乏病科普片和公益广告3次；协调和配合教育部门在项目乡镇小学校4～6年级开展讲解碘缺乏病知识课3节，收集学生征文70余篇；由村医组织项目村家庭主妇开展碘缺乏病防治知识培训2次；在项目乡镇村部及村卫生室所在地张贴或悬挂碘缺乏病防治知识横幅18条，张贴宣传画20张，在项目乡镇卫生院开设2期专题宣传栏，悬挂宣传板10块；利用“赶集日”开展2次碘缺乏病健康咨询活动，发放宣传单5000张，宣传折页3000张。开展面对面宣传工作，直接受益学生及群众1500余人。

【结核病防治】 2021年，全市登记肺结核病患者766例，管理肺结核患者766人，肺结核患者管理率100%。肺结核报告发病率55.82/10万，发病率比上年上升25%。做好学校结核病预警工作，截至2021年末，发出结核病预警信号110条，响应110条，响应率100%。加强基本公共卫生健康管理，结核病患者管理率100%。开展结核病宣传活动，3月，利用电视台制作宣传片5次、新闻采访5次、录制科普节目5期、专题报道3次，利用3大通信运营商发送短信提醒，覆盖全市手机用户，并在微信公众号发布信息，白城市区利用公交车、的士广告灯进行为期2天宣传，全市室外大屏幕滚动播放15天，张贴宣传海报58张，宣传条幅14条，宣传板5块。

（刘　航）

基层医疗卫生

【概况】 2021年，市委、市政府确定为公共卫生服务质量提升年，巩固和实施6个方面能力提升工程（项目管理能力提升、专业指导能力提升、基层医疗机构能力提升、基层卫生人员能力提升、绩效考核质量提升、项目宣传质量提升），加快推进白城市国家基本公共卫生服务均等化进程。2021年，市卫健委创新做好村医“积分制”管理，洮南市投入74.25万元，在全省率先实施“智慧考核”新模式，5个试点乡镇实现入户诊疗登记、12大类公共卫生服务项目绩效考核全面电子化，打造减负增效区域样板。与科大讯飞公司合作，在全省率先实现“智医助理”系统建设全覆盖，年度智能辅助诊疗超过15.28万次，发起智能电话、短信31万次，节省人力工作时间2245小时。抓实抓细家庭医生签约服务工作，优化家庭医生签约服务团队，推进优质服务基层行工作落实，加快紧密型县域内医共体建设，打牢“六统一”(即统一人员管理、财务管理、物资调配、医疗业务质量管理、健康服务管理、资源信息互通互享)管理模式基础。完成“一村一名大学生”村医计划项目，为基层培养人才，助力基层卫生条件发展。加强县级医疗机构能力建设，结合“十三五”时期县医院医疗服务能力第三方评估情况，推进脱贫地区县医院临床专科能力。

【社区医疗卫生机构建设】 2021年，白城市社区卫生服务中心11家。其中，白城市洮北区5家，分别为幸福社区卫生服务中心、长庆社区卫生服务中心、海明社区卫生服务中心、新立社区卫生服务中心、明仁社区卫生服务中心；洮南市3家，分别为富文社区卫生服务中心、兴隆社区卫生服务中心、永康社区卫生服务中心；大安市3家，分别为临江社区卫生服务中心、安北社区卫生服务中心、长虹社区卫生服务中心。

【基本公共卫生服务项目】 4月初，白城市制定并下发《白城市推进居民电子健康档案向个人开放民生实事实施方案》，以洮南市为2021年全市居民电子健康档案开放试点县，其他4个县（市、区）一并推进。5月，制定下发《关于印发白城市2021年基本公共卫生服务项目实施方案的通知》，细化基本公共卫生服务项目实施方案，采取约谈和扣减项目补助资金双重方式，对基层卫生管理工作提出明确要求。截至2021年末，全市建立居民健康档案1656001份，建档率91.65%；电子档案建档1652908份，建档率91.48%，档案使用率51.48%；全市举办健康教育讲座6454次，咨询活动997次，参与36546人次，发放健教资料2328546份；高血压患者规范化管理134004人，规范管理率83.77%；糖尿病患者规范管理46834人，规范管理率80%；65岁以上老年人健康管理159526人，健康管理率63.38%；按照规范要求接受1次及以上随访0～6岁儿童登记管理44114人，儿童健康管理率93.84%；早孕建册率98.38%，孕产妇出院后28天内接受产后访视5458人，产后访视率98.41%；建立预防接种册52885人；65岁以上老年人接受中医药健康管理171356人，管理率68.08%；0～36个月儿童接受中医药健康管理18344人，管理率86.57%。严重精神障碍患者登记8985人，规范管理8707人，规范管理率94.10%；肺结核患者健康管理率100%；传染病疫情报告及时率100%；卫生计生监督协管事件或线索信息报告率100%。

【村医管理】 2021年，白城市推动电子健康档案向个人开放和村医“积分制”管理工作。下发《白城市推进村医“积分制”管理工作实施计划》《白城市推进居民电子健康档案向个人开放民生实事实施方案》，明确工作要求、组织管理和资金保障。协调各县（市、区）党委和政府加大投入支持，与白城移动公司合作，为村医配备平板终端设备。洮南市政府投入52.5万元、通榆县投入47.5万元，为所辖40家乡镇（社区）医疗机构购置档案查询机。洮南市投入74.25万元，为辖区217家村卫生室村医配备平板终端设备。推进基层医疗卫生机构绩效工资政策和经费保障机制。全市102家基层医疗机构中有40家发放绩效工资，实现优绩优酬。完成“一村一名大学生”村医计划项目工作。组织全市467名村医完成教育系统高职扩招网上报名和学校网考试报名，全部通过考试，并完成入学。

【首届“最美乡村（社区）医生”评选】 11月15日，白城市开展首届“最美乡村（社区）医生”评选活动，根据政治素质、执业能力和群众认可度等多方面因素，通过推荐、评选、公示和宣传等步骤，在全市评选出30名“最美乡村（社区）医生”。

（刘　航）

妇幼保健

【母婴安全】 3月21日，市卫健委印发《关于印发2021年白城市妇幼健康工作要点》文件；4月7日，印发《关于进一步加强全市孕产妇健康管理工作的通知》。全市实行孕产妇健康管理“包保”工作机制，采取市级巡回指导，县包乡、乡包村妇幼健康工作包保制度。2021年，孕产妇死亡率0，婴儿死亡率1.4‰。

【宫颈癌乳腺癌筛查】 3月23日，市卫健委与市妇儿工委等部门联发《关于推进落实2021年城镇低保特困供养家庭适龄妇女“两癌”检查项目的通知》。为白城市城镇低保特困家庭妇女完成宫颈癌筛查1000人，乳腺癌筛查1000人。7月27日，印发《2021年白城市农村妇女“两癌”检查项目实施方案》，为农村妇女免费宫颈癌筛查41000人，筛查率101.62%，乳腺癌筛查36893人，筛查率102.48%。

【助产机构督导检查】 10月20—28日，全市组织开展母婴安全保障工作风险隐患排查专项督查行动。对5个县（市、区）妇幼保健机构、助产机构、计划生育服务机构、基层医疗机构进行抽查，消除母婴安全保障工作风险隐患。

【婚前医学检查】 8月，白城市印发《2021年白城市免费婚前医学检查项目实施方案》。组织项目专家对5个县（市、区）开展项目督导及培训。2021年，全市免费婚检人数6150人，检测率57.74%。

【儿童眼保健】 卫生健康和教育部门配合开展0～6岁儿童眼保健和视力检查项目。组织项目专家对5个县（市、区）开展项目指导和业务培训。2021年，0～6岁儿童眼保健和视力检查人数41389人，覆盖率94.73%，6岁儿童视力不良检出率1.85%。

【重点地区新生儿疾病筛查】 8月，市卫健委与市残联联合印发《2021年白城市重点地区新生儿疾病筛查项目实施方案》，实施“新生儿疾病筛查项目”，为白城市新生儿免费开展疾病筛查服务。2021年，全市助产机构分娩活产数5176人，PKU和CH筛查数筛查人数5109人，筛查率98.71%，降低儿童智障和听力残疾发生率。

【儿童营养改善】 7月，白城市印发《2021年白城市儿童营养改善项目实施方案》，为5个县（市、区）6～24月龄婴幼儿免费发放“营养包”，组织社会动员及宣传活动，开展项目管理和技术培训，组织专家对各县（市、区）项目开展情况进行质量控制与评估。2021年，全市营养包发放率96.65%，有效服用率94.10%。

【婴幼儿照护服务】 白城市制定《关于全面开展3岁以下婴幼儿托育机构调查摸底工作的通知》，指导各县（市、区）卫健局掌握托育机构相关数据。严格准入，做好试点备案。开展婴幼儿照护服务机构备案工作，鼓励更多有条件幼儿园、社会力量等开展托育服务工作。推动全市各级卫生健康部门，宣传托育机构试点备案工作，与教育等相关部门联合开展试点备案排查工作，确定试点目标托育机构，按照五项备案制度对托育机构进行准入审核。有10家托育机构完成网上注册工作。白城市有幼儿园236所，其中“大安市综合性托育机构”被省卫健委确定为省级试点单位。2021年，市卫健委将通榆县幼儿园等5家机构确立为市级试点单位。

【二孩三孩政策落实】 2021年，白城市推进母婴设施建设，摸底调查辖区内医疗机构母婴设施建设进展情况，明确各县（市、区）建设任务，其中洮北区、洮南市、大安市各2家，通榆县、镇赉县各1家。完善母婴设施建设工作机制，建立母婴室联络员制度，加强工作协调，明确建设标准和责任。实地查看母婴设施建设情况，对完成母婴室建设的医疗机构开展质量督查，对设备安全、设备使用提醒等方面提出意见，指导做好日常管理和维护。对正在修建完善母婴设施的医疗机构进行跟踪推进，确保按时、保质完成建设并投入使用。完成8家医疗机构配备母婴设施建设年度任务。指导全市各级卫健系统加强《吉林省人口和计划生育条例》宣传力度。利用广播、电视、公众号等媒体对最新修订的《吉林省人口和计划生育条例》开展宣传，宣传全面放开三孩政策，加强政策解读。

（刘　航）

职业健康

【概况】 白城市排查出具有职业病危害因素用人单位788家，主要分布行业：石油零售业234家、制造业108家；电气、燃气生产和供应业68家。

【职业健康宣传】 4月，市卫健委开展以“向建党百年献礼”为主题《中华人民共和国职业病防治法》宣传周活动。通过电视、公众号、抖音、微信等平台进行宣传，在人群密集场所张贴海报，设立咨询台接收群众咨询。面向重点人群，通过“五进”（进学校、进企业、进社区、进机构、进乡村）开展宣传活动。举办知识讲座及培训班7次，出动宣传人员304人次，悬挂横幅17条，开展主题宣讲39次，公益短视频、微信等新闻媒体报道19次，发放宣传单1.7万余份，接收群众咨询7300余人次，宣传受众人数1.9万余人。

【职业危害治理】 2021年，白城市印发《白城市卫生健康委关于深入开展以石材加工、木制家具行业为重点职业病危害专项治理的通知》，治理工作分“部署摸底、治理整改、组织评估、全面总结”4个阶段，通过查阅档案、深入车间等方式，重点检查粉尘危害严重岗位和重点环节粉尘防护设施设置和运行、个体防护用品配备使用、职业病危害项目申报、职业病危害因素定期检测、职业健康监护，以及用人单位主要负责人、管理人员和接触职业病危害因素劳动者职业健康培训等情况。2021年，全市纳入专项治理用人单位7家（正常生产企业5家），正常生产5家用人单位职业病危害项目申报率、职业病危害定期检测率、职业健康检查率、主要负责人和职业健康管理人员接受职业健康培训率、劳动者接受职业健康培训率均达100%。全市职业危害申报企业数量722家，申报率92%。

【职业健康保护】 2021年，市卫健委与市总工会制定《白城市开展争做“职业健康达人”活动实施方案》，组织全市开展“职业健康达人”评选活动。2021年，白城市各县（市、区）卫生健康局、总工会推荐符合“职业健康达人”基本标准劳动者19名，市卫健委与市总工会选出“职业健康达人”4名向省卫健委、省总工会推荐评选省级职业健康达人。开展职业健康传播作品征集活动，征集以“普及职业健康知识，助力职业健康保护”为主题活动作品6份。

【职业性尘肺病患者信息交换】 2021年，市卫健委与市医保局、市人社局进行尘肺病患者信息交换，确定全市存活尘肺病患者104人，其中有工伤保险患者101人、城镇居民医疗保险13人、大病保险4人，无任何保障1人。

【卫生监督执法检查】 2021年，“双随机”抽查任务数126家。其中，大安市22家、洮南市24家、通榆县25家、镇赉县23家、洮北区32家。全年对284家用人单位进行执法检查，下达执法文书223份，发现问题或隐患322项，责令立即整改17项，责令限期改正305项，对不整改和整改不到位用人单位处罚金额3.5万元，5个县（市、区）均完成“零执法、零办案”任务目标。

【职业病防治项目】 2021年，白城市召开全市职业病防治项目推进会议与技术培训会。组织全市各县职业健康科、疾控中心、卫生监督所各项目承担单位50余人参加职业病防治项目工作手册解读培训会。2021年，白城市有职业病防治项目4项：重点职业病监测项目、职业性放射性疾病监测项目、工作场所职业病危害因素监测项目、放射性危害因素监测项目。完成各项目任务目标、数据网络填报工作。

（刘　航）

老年健康

【医养结合】 2021年，白城市18家二级以上医疗机构和乡镇卫生院服务窗口均开通老年人就医绿色通道，张贴老年人优先标识。为老年人提供人工咨询、挂号、取号、缴费、取药一体化服务，帮助老年人进行健康码查询操作，协助没有手机老年人填写流行病学史调查，便利老年人就诊。完善机构设置，开展安宁疗护康复科室建设。形成以医养结合机构为主，基层医疗机构为辅安宁疗护格局，引导机构创建“安宁天使”照护团队。强化康复科建设，全市有12家公立医院开设康复科（老年病科），为老年人提供针对性康复服务。优化服务流程，开展老年友善医疗机构建设。指导各县（市、区）开展自查，对创建友善医疗机构无障碍设施改造、老年专科建设等方面进行完善。有50%综合医院、康复医院、基层医疗机构完成老年友善医疗机构创建工作。鼓励养中有医，支持民办机构开展医养结合。推进养老机构根据服务需求和自身能力开展医疗服务。全市5个县（市、区）均至少建立1家医养结合机构。

【老年健康服务体系】 2021年，白城市制定《关于建立完善老年健康服务体系的实施意见》。开展医养结合签约服务。在全省率先实施乡镇卫生院与社会福利院签约服务新模式，医护人员定期为福利院老人免费开展体检等健康项目检查，保证医疗机构对养老机构医疗资源的常态化输出。全市乡镇卫生院均与白城市社会福利服务中心签订签约服务协议，实现签约服务全覆盖。做好基本公共卫生服务工作。为辖区内65周岁及以上老年人每年提供一次免费体检，加强宣传力度，扩大受众群体，严格督导考核，提升老年人健康管理率，做好家庭医生签约服务，提高65岁及以上老年人家庭医生签约率，为居家失能老年人提供上门医疗护理服务，完善医养结合的社区养老模式。以居家服务为基础，扩大老年需求供给。完善全市老年人文体设施，协调市全民健身中心免费向60周岁以上老年人开放，文体服务网络建设初具规模。开辟“老年人维权绿色通道”，为老年人解决实际困难，对提出法律援助申请的老年人实行优先受理、优先指派、优先办理等“三优”服务。

【“全国示范性老年友好社区”创建】 2021年，白城市开展“全国示范性老年友好社区”创建工作。选拔优秀社区作为试点社区向国家申报，协调解决创建工作中遇到困难，打造规范化、专业化老年服务社区模式。洮北区新华街道新兴社区被国家批准成为首届“全国示范性老年友好型社区”。

【智慧养老服务平台建设】 2021年，市卫健委指导白城市颐年老年病医院与北京鸿雅软件有限公司合作，以民间资本投入，共同搭建颐年老年病医院智慧养老信息管理与综合服务平台。平台录入老年人信息1.32万余人次，开展上门为老服务260余次，通过平台享受助医、助洁、助浴、助购、助餐等服务老人240余人次。

（刘　航）

健康促进

【概况】 2021年，白城市通过开展宣教义诊、发放手册、张贴海报等形式向群众进行健康知识科普和常态化新冠疫情防控健康教育，全市印制发放新冠疫情防控、疫苗接种等方面宣传资料90余万份，举办新冠肺炎疫情防控知识讲座60次，覆盖3000余人次，开展健康知识宣教义诊活动150余次，受益群众3.3万余人次，发放健康科普资料11万余份，免费发放药品1.2万余元。

【爱国卫生月】 4月1日—5月12日，市爱卫办、市文明办和市健康中国行动推进办联合开展白城市第33个爱国卫生月活动。活动以“文明健康、绿色环保”为主题，开展1次“文明健康始于心”科普活动，策划1次“低碳环保践于行”群众实践活动，安排1次“勤俭节约育文明”主题实践活动，组织“绿色家园齐守护”共建活动1次和开展病媒生物集中消杀活动1次。

【全民营养周宣传】 5月17—23日是第七届全民营养周，宣传周口号是“健康中国、营养先行”。市卫健委组织各地、各单位利用官方网站、微博、微信公众号，以及抖音等媒体平台及时发布营养健康相关知识。在“白城营养”微信公众号发表关于“合理膳食、营养惠万家”相关文章6篇。白城市医院营养科全体人员通过抖音App平台录制关于营养周短视频等，和网友互动，解答营养问题。为庆祝建党100周年，吉林省营养学会白城分会联合白城医学高等专科学校家政学院师生，共同开展“红色记忆”膳食设计展。

【防治碘缺乏病日宣传】 5月15日是中国第28个“全国防治碘缺乏病日”，宣传主题是“科学补碘，健康一生”。5月13日，市发改委会同市卫健委、市市监局、市盐业公司在市民广场开展防治碘缺乏病日宣传活动。通过悬挂横幅、发放资料、设置展板、现场咨询等方式，向市民宣传碘盐辨别方式、科学补碘方法以及碘缺乏病防治措施，通过摆放假碘盐实物，教市民辨别真假碘盐以及保管方法。参与宣传人员89人，悬挂宣传条幅13条，出示板报8块，发放宣传单3990份，宣传手册2100册，宣传画190张，宣传品900份。

5月19日，市卫健委组织相关部门在市民广场开展“世界家庭医生日”宣传活动。图为居民现场咨询 （陈　松　供图）

【“世界家庭医生日”宣传】 5月19日，市卫健委、洮北区卫健局组织洮北区各社区卫生服务中心在市区市民广场开展“世界家庭医生日”及国家基本公共卫生项目宣传活动。来自洮北区海明、明仁、幸福、长庆、新立5个社区卫生服务中心工作人员，在市民广场设立宣传展位5个，通过现场咨询、资料发放、展板展示等方式开展宣传，内容包括家庭医生签约服务内容和签约流程、国家基本公共卫生服务内容和健康扶贫相关政策等。

【“世界精神卫生日”宣传】 10月10日，市卫健委联合共青团白城市委、市公安局、市教育局、市民政局、白城市洮南神经精神病医院开展以“青春之心灵　青春之少年”为主题宣传活动。活动现场，各单位以悬挂主题条幅，设立义诊台及发放宣传资料等多种方式开展宣传工作。工作人员为群众免费测量血压及讲解高血压防治等相关常识，并解答有关精神疾病防治知识和如何促进儿童青少年心理健康成长。活动发放宣传材料1500余份，接受义诊200余人次。

（刘　航）

5月13日，市卫健委等部门在白城市市民广场开展“全国防治碘缺乏病日”宣传活动。图为工作人员向居民发放宣传资料 （李俊福　供图）

中医药管理

【中医药服务】 《吉林省中医药发展条例》于2021年1月1日起施行，市中医药局制定学习宣传贯彻《吉林省中医药发展条例》（简称《条例》）实施方案，在全系统开展《条例》学习。加大新冠疫情期间中医药早期预防干预，白城市中医药管理局组织各中医医疗机构为全市16个医学观察隔离点普通隔离人员、密接、次密接以及重点岗位工作人员，免费发放中药汤剂、代茶饮、健康指导等进行早期预防干预，全年中医药干预12666人次，覆盖率100%。2021年，二级以上公立中医院均纳入绩效考核。国家安排专项资金用于基层医疗卫生机构中医综合服务区（中医馆）建设，确定白城市3家项目单位，10月完成建设任务。截至2021年末，全市102家乡镇卫生院、社区卫生服务中心中医馆全覆盖。

完成全国基层中医药工作先进单位复审工作。镇赉县于2012年创建全国基层中医药工作先进单位，2021年度迎接国家第三轮复审，9月1日，通过专家组现场考核，达到评审指标要求，完成复审工作。

2021年，白城市组织申报吉林省第三批青年优秀中医临床人才培养项目，推荐学员9名，8名学员通过省级考试，通过率89%。

【民生实事项目建设】 大安市中医院为全省8家县级中医院中医“治未病”能力提升项目建设单位，此项目列入省民生实事。白城市中医药管理局组织项目单位制定项目建设方案、项目资金执行计划，定期调度项目进展情况，于2021年10月通过省级验收，完成项目建设。通过开展治未病科室建设，引进服务设备，培养服务人才，探索总结经验。推广中医适宜技术，定期开展免费义诊、宣传活动、开展健康管理、健康干预、效果评估等服务，受益1200余人。

【远程医疗】 2021年，全市5家中医院完成并开通远程医疗服务平台建设。通过平台建设，加强区域内中医药服务资源共享，互联互通，通过远程会诊、远程视教，提升中医医疗机构诊疗水平和服务能力。

【康复医疗】 2021年，白城市中医药管理局与市医保局、市残联等5部门联合印发《白城市中医药康复服务能力提升工程建设实施方案（2021—2025年）》，通过方案实施，发挥中医药在疾病康复中作用，促进中医药与现代康复技术相融合。争取康复服务项目建设，洮南中医院确定为2021年省级首批康复科建设项目单位，完成建设任务。

（刘　航）

医政药政监督管理

【医保基金监管】 2021年，白城市建立健全医保基金监管制度体系，制定出台《医疗保障行政执法制度》《医保基金监管专项检查制度》《基金监管飞行检查工作规程》等，制定出台《白城市欺诈骗取医保基金行为举报奖励实施办法》；出台《白城市医保基金监管工作联席会议制度》；下发《联合打击欺诈骗保基金工作制度》，制定出台《2021年白城市医疗保障基金监管工作计划》和《2021年白城市医疗保障局社会信用体系建设实施方案》。2021年，在日常监管、打击“三假”（假病人、假病历、假票据）专项整治等工作中，核查“两定”（定立医疗机构、定立药店）单位615家。其中，医疗机构152家、零售药店463家。发现问题并处理159家。其中，医疗机构69家、零售药店90家。拒付追回违规医保基金161.77万元。其中，医疗机构143.85万元、零售药店17.92万元。罚款13.27万元。抽查、检查各县（市）公立定点医院15家、民营定点医院9家、乡镇卫生院8家、定点零售药店19家。对部分“两定”单位存在串换诊疗项目、超标准收费、过度检查、医药费用收取不规范（医嘱与清单不符）、药品购销存不符等问题，全市追回违规医保基金487.31万元，行政罚款148.4万元。

（刘　畅）

【医疗质量管理】 2021年，白城市加强医疗质量安全风险隐患排查制度建设。要求各级各类医疗机构健全本机构医疗安全与风险管理体系，完善医疗安全管理与风险防范相关工作制度、应急预案和工作流程，实现医疗质量安全风险隐患排查工作常态化。加强医疗质量管理组织体系建设。落实医疗质量管理院、科两级责任制，医疗机构主要负责人为本机构医疗质量管理第一责任人。成立医疗质量管理部门，配齐配强医疗质量管理工作人员，负责本机构医疗质量管理工作。发挥市级25个质控中心作用，定期对白城市各级各类医疗机构质控督导和覆盖全员法律法规、业务知识及技能培训。加强全员医疗安全和风险防范意识教育培训。重点对新入职医务人员、实习进修人员等岗前培训，强化医疗技术人员等非临床一线工作人员培训；落实考核机制，提高医务人员临床服务能力和技术水平。加强医疗质量安全核心制度落实。细化并遵守18项医疗质量安全核心制度，确保患者安全和同质化医疗管理。明确医疗机构各岗位人员工作职责和范围，界定医务人员资质和病历书写、处方、医嘱、操作、手术、会诊等权限。规范临床服务行为，对输血、手术、疑难、急危重症等高危病人或高风险服务重点管控。

【医疗机构管理】 2021年，白城市修订质控中心管理办法，设置25个质控中心，开展新一轮质控评审工作。严把医疗机构执业许可校验关。在医疗机构执业许可年审校验时，将医疗机构开设诊疗科目是否与核准科目相符，名称与核准名称是否一致，医护人员是否持证执业等作为审核关键要素，发现有违规违法现象一律不予校验。加强对医疗机构负责人、医护人员法律法规知识培训，提高依法执业意识。加大日常监管力度，查处非法、违法行医行为。严肃处理聘用非卫技人员、跨专业执业、开设未核准诊疗科目等情况。白城市各民营医疗机构开设诊疗科目与医疗机构执业许可证核准诊疗科目全部相符，无超范围执业和聘用非卫技人员执业行为。

【公共场所卫生监督】 5—7月，在全市对抗（抑）菌制剂经营场所进行专项检查。出动执法人员685人次，车辆291台次，对辖区内抗（抑）菌制剂生产企业、医疗卫生机构、零售药店、母婴店等318家使用消毒产品进行专项监督检查。重点对医疗机构使用的消毒产品，购进消毒产品查验制度、索证情况、标签标示说明及批号、有效期标注情况进行检查。监督执法人员对存在问题的单位下达监督意见书29份并限期进行整改。

【学校卫生监督】 7月12日—10月12日，洮北区、镇赉县、通榆县、洮南市、大安市分别委托第三方检测机构对其所辖区域抽检的25所托幼机构、27所校外培训机构、19所学校进行检测。托幼机构检测结果：教室直接天然采光达标25所、教室采光系数达标24所、教室窗地面积比达标18所、教室照度平均值达标24所。校外培训机构检测结果：教室采光系数达标25所、教室窗地面积比达标18所、教室采光方向达标24所、教室防眩光措施达标27所、教室室内表面反射比达标23所、教室装置人工照明达标27所、教室课桌面照度达标22所、教室黑板照度达标22所。学校检测结果：除1所学校课桌椅分配合格率不符合国家标准、2所学校教室人均面积不达标外，其余指标全部合格。对于抽检不合格单位，下达卫生监督意见书，并限期整改。

【卫生行业作风整治】 2021年，市卫健委与各县（市、区）卫健局、各医疗卫生单位主要负责人签订《纠风工作目标责任书》，并根据人事变动和工作需要，调整市卫健委行风建设领导小组，明确领导小组委内各成员处室责任分工。市卫健委制定印发行业作风管理等文件，明确工作目标要求和具体工作措施，加强对各基层单位督促检查，对督查发现问题，督促落实整改措施。市卫健委制定印发《白城市医疗机构及其工作人员廉洁从业行动方案（2021—2024年）》，在各级医疗机构集中开展整治“红包”、回扣专项行动，明确对“红包”、回扣问题一经查实将按照《吉林省医务人员收受“红包”处理规定（试行）》及相关法律法规处理，建立健全行风建设工作体系，完善院内管理制度、提升行风管理软硬件水平。

【民营医疗机构整治】 2021年，市卫健委开展以“民营医院管理年”活动为抓手医疗机构乱象专项整治行动。制定《白城市“民营医院管理年”活动实施方案》。多次联合医保部门对各级医疗机构是否存在过度诊疗、过度用药、分解收费、重复收费、超标准收费、超限制用药、医嘱与费用清单不一致等问题进行督查。在日常监管中，以民营医院、门诊部作为重点监管对象，以医疗机构许可证管理、人员依法执业情况、医疗广告发布情况为重点检查内容，通过严把许可校验、强化医务人员法制意识等方式方法，规范医疗机构执业行为。

【打击非法器官移植】 2021年，市卫健委成立由主任任组长，各有关科室负责人任成员的人体器官移植监管小组，明确相关工作人员责任，加强对人体器官移植工作监管。要求各级卫生行政部门组织各辖区内医疗机构开展自查、自纠工作，加强器官移植有关法律及医疗知识宣传教育。白城市各级卫生监督机构检查所辖医疗机构，重点检查医院泌尿外科、手术室、麻醉科、检验科等临床科室及医技科室执业人员资质、有关医疗文书及医务人员外出会诊记录等执业情况，检查医疗机构300余家。打击任何单位和任何个人非法从事器官移植违法行为。

（刘　航）

【临床重点学科建设】 白城中心医院推进“五大中心建设”（胸痛中心、卒中中心、危重新生儿救治中心、危重孕产妇救治中心、创伤中心），2021年5月下旬通过国家胸痛中心总部现场审核，成功创建国家标准版胸痛中心，推动区域紧急医疗救援能力和服务质量提升。白城中心医院按照新技术、新项目准入制度和相关程序审批，并进行全程追踪管理评价，通过审核新技术新项目11项。

【平安医院建设】 2021年，市卫健委医政药政科与市公安局内保支队制定印发《关于进一步做好医疗机构警务室设置工作的通知》，明确各医疗机构要根据人流量、地域面积、建筑布局以及所在地社会治安形势等实际情况，配齐配强专职保卫人员，确定医疗机构内警务室设置标准及公安部门派驻警务人员名单。加强人文关怀制度建设，构建和谐医患关系。全市二级以上公立医院均推动医疗机构人文关怀制度建设，提升医务人员沟通能力和服务意识，优化医务人员服务用语和行为规范，执行“一室一医一患”制度，加强患者隐私保护，完善医疗纠纷预防、处理制度和机制，保障医务人员人身安全。

【血液管理】 2021年，白城市探索血站“一类保障、二类管理”运行机制。加强血站标准化建设，建立全过程质控体系，开展血液安全技术核查。推进献血屋规范化建设，开展无偿献血优质服务行动。强化血液质量安全管理和保障工作，推进血液管理信息系统建设，加强临床合理用血管理，二级以上医院推进自体血回输等血液保护技

6月15日，市卫健委在白城市海明路步行街组织开展“庆祝6·14世界献血者日”宣传活动。图为献血居民合影 （杨喜海 供图）

术。开展无偿献血日宣传，6月15日，在白城市区及所属各县（市）5个宣传场地同时开展庆祝“6·14”世界献血者日活动，当天献血80人，血量27200毫升。

【医疗联合体建设】 2021年，根据《白城市建立多层医疗联合体实施方案(试行)》相关要求，白城中心医院与洮南市人民医院形成业务联动、优势互补、疾病诊治连续化管理医联体合作模式。通过派驻专家、义诊、开展培训与培养骨干医师等多种方式帮扶医联体成员单位提升医疗服务能力。整合医共体内部资源，实现管理标准同质化；建立十大管理中心，实现管理标准一体化；推行基层卫生人才“县招乡用”“乡管村用”管理机制，强化薄弱单位医疗力量。实现医疗服务水平、县域内就诊率、基层就诊率、医疗实际补偿比、家庭医生服务能力“五个提升”，居民自付费用占比、患者外转率、贫困患者自付费用“三个下降”，政府办医成本降低、分级诊疗秩序逐步规范、医疗收入结构改善、医疗支出费用减少、医疗技术水平提高、居民健康素养提升“六个受益”目标。白城市参照洮北区医共体模式，筹划本辖区医共体建设实施工作。通过试点工作推进初步建成目标明确、权责清晰、分工协作的新型县域医疗卫生服务体系，形成服务、责任、利益、管理共同体。2021年，县域内就诊率比上年提升13%，基层就诊率比上年提升16%，基层医疗机构收入比上年提高近4倍。

【二级及以上公立医院绩效考核】 2021年，白城市确定白城市医院、大安市第一人民医院、镇赉县人民医院、通榆县第一医院、洮南市人民医院为白城市第一批参评单位。白城三院、白城市传染病院等6家医疗机构纳入第二批绩效考核。组织各县（市、区）完成省级公立医院综合改革绩效评价工作，镇赉县连续3年在省级绩效评价中作为“优秀”等级，获得奖励资金450万元。

【药品加成补助取消】 2021年，白城市按照《关于印发〈白城市城市公立医院综合改革取消药品加成政策补偿办法〉（试行）的通知》，争取资金876万元用于公立医院取消药品加成后补助，多次与财政部门沟通，确保补助资金足额拨付。

（刘 航）

【药品集中采购】 2021年，白城市《关于做好第四、五批国家组织和“六省二区”药品集中采购和使用工作的通知》，按照国家联采办规定比例，将药品集中采购和使用中选药品采购量及可供应品种清单下发至各县（市）医疗保障局及各医保定点医疗机构。据统计，两批涉及中选药品134种，年度约定采购总量412万片，年度约定采购总金额714.86万元。落实开展冠脉支架、冠脉扩张球囊、冠脉导引导丝3个品种医用耗材集中带量采购，年度约定采购总量2141个，年度约定采购总金额96.26万元。

（刘 畅）

医疗机构选介

【白城中心医院】 2021年，白城中心医院接收门诊患者494907人次，比上年增加81879人次；接收住院患者28508人次，比上年增加2116人次；完成手术7508例，比上年增加886例。全年医疗收入4.91亿元，比上年增加5400万元，比上年增长12.36%。医院业务总支出4.85亿元，比上年增加4900万元。

2021年，为提高医院管理质量，创建“三甲医院”，医院推行5S管理方式。邀请上海医院管理专家到白城中心医院开展5S标准体系建制培训，成立5S管理推行委员会，制定管理实施方案，确定骨科等8个科室为首批试点科室。成立督导组到试点科室进行整理阶段的现场培训和实地督导检查工作，确保5S管理工作顺利推进。

（孙春光）

延伸阅读：

白城市首例单孔胸腔镜肺癌根治术

4月，白城中心医院胸外科独立完成白城市首例单孔胸腔镜肺癌根治术。患者为一女性，59岁，因在一次体检中查出右肺下叶结节，到白城中心医院胸外科就诊。经过检查，确诊为早期肺癌。在白城中心医院胸外科副主任医师邹健带领下，经过充分术前准备，历经3个多小时，对该患者进行单孔胸腔镜肺癌根治术。这是白城中心医院胸外科独立完成的白城市首例单孔胸腔镜肺癌根治术。患者术后恢复良好，术后第4天顺利拔管。手术切除彻底，已达临床治愈，不需要化疗、放疗、靶向治疗等后续治疗，仅需遵医嘱定期复查、随访。

【白城中医院】 2021年，白城中医院门诊量105903次，比上年增加7402人次，住院患者量4142人次，比上年增加656人次，分别涨幅8%和18.8%。医技科室危机值报告率100%，首诊负责制执行率100%。全年收到表扬信4封，锦旗66面。

9月22日，成立“白城中医院三合院区”即医养康中心，创新医养结合服务模式。提供市民政关于公益性老年人文化娱乐、体育健身、日间照料、医疗保健、心理咨询和餐饮等非营利性服务。开放床位100张，设有PT大厅、OT大厅、中医传统治疗室等。

白城中医院异地新建项目，被白城市政府列为市重点工作之一，也是“一城三区”重点项目。被录入“国家重大项目库”，被白城市政府列为“十四五”规划重点工程建设项目。拟建于白城生态新区幸福南街以东、鼎山路以北、德广街以西、北邻“120”急救中心。

（吕　尤）

【白城市洮南神经精神病医院】 2021年，白城市洮南神经精神病医院（白城市第三人民医院）门急诊总量162651人次，比上年增长32.39%。其中，门诊117570人次，增长7.49%；急诊45081人次，增长234.60%。实际开放床位950张，全年住院16187人次，比上年增长20.77%。全年经济收入21634.7万元，增长21.10%；业务收入20191.9万元，增长26%。

全年开展司法鉴定79例。其中，刑事案件69例、民事案件10例。法院采信率100%，未出现一例错鉴。2021年精神病人残疾评定1248人，精防办筛查疑似精神病人321人，确诊为严重精神障碍人数196人。全市严重精神障碍患病报告率4.75‰，在册患者人数9253人，其中管理患者人数为9024人，管理率97.62%；规范管理人数8707人，规范管理率94.10%，病情稳定率96.56%，服药率93.87%，规律服药率85.09%；精神分裂症患者服药率95.9%，规律服药率88.46%，网络覆盖100%。组织开展相关培训16场，有619名患者家属和20余名基层精防医生接受培训，发放宣传手册800余本。

（李佳音　苗　壮）

11月17日上午，白城市政府副市长常预（前排中）到洮南神经精神病医院检查调研疫情防控工作

（苗　壮　供图）

体育设施

【体育基础设施建设】 2021年，白城医高专大学城“三馆”（羽排中心、体育馆、游泳馆）建设，完成立项审批、规划设计等前期工作，进展到“农转非”土地规划审批阶段。推进“洮北区文化体育活动中心”项目建设。镇赉县推进坦途镇、大屯镇全民健身广场项目建设。洮南市体育场健身步道完成建设。通榆县投入资金670万元，建成2个乡镇、8个村屯健身广场和19个农民体育健身工程。大安市2个乡镇社区健身中心项目完成申报，老年门球馆、沙滩排球场投入使用。市本级为街道社区配建多条健身路径、篮球架、台球等群众健身设施。

【公共体育场馆】 白城市体育场、白城市群众体育中心均为国家规定免费或低收费面向社会群众开放的公共体育场馆，其中白城市全民健身中心和白城市体育场每天运营不低于13个小时，开放时间为早5：30至晚9：00（冬季晚8：30）。白城市体育场是白城市唯一一个标准化综合性田径运动场，常年对外开放，开放天数近360天，是举办大型运动会、各类体育比赛、群众文体活动及老百姓休闲主要场所；白城市全民健身中心占地面积3.4万平方米，建筑面积1.58万平方米，室内有乒乓球、羽毛球、健身房、瑜伽、跆拳道、传统武术、自由搏击等10余种健身项目，室外建设多功能健身运动场，有篮球场地3片、排球场地2片、笼式足球场地1个、网球场地2片以及安装的80余件健身器材。乒乓球馆、羽毛球馆每天上午对60岁以上老人免费开放，8月8日“全民健身日”全天免费开放、三八妇女节、八一建军节、教师节等重要节日凭有效证件全天免费开放，健身后提供免费洗浴，为周边群众及广大健身爱好者提供开水，卫生间对外开放，提供328个车位停车场；均免费对外开放。每天室内外健身人员千余人，全年承办社会体育比赛、活动几十余场（次），接待健身群众50余万人次。白城市滑冰馆占地7100平方米，馆内符合国际滑冰标准周长111.32米短跑道滑冰、花样滑冰、冰球场地规格，可同时容纳200人左右专业看台，有专业冰上运动附属设施。设有候场室、裁判室、反兴奋剂室、医务室、运动员休息室和训练房、图书阅览室。二楼设有大屏幕和音响及监控。向国家和省申报公益类场馆。

（孙立尧）

学校体育

【中小学生校园足球赛】 6月19—20日，在白城市示范性综合实践基地举办白城市第五届中小学生校园足球赛，通榆县实验小学校、洮北区文化小学分获小学男子组、女子组冠军，通榆县第四中学校、洮北区农业职业技术学校分获初中男子组、高中男子组冠军，评选优秀教练员12名、优秀裁判员12名、最佳射手8名、最佳守门员4名。

【吉林省小学生篮球联赛白城基层赛】 10月31日，由吉林省教育厅和吉林省体育局主办，吉林省学生体育协会协办，白城市教育局承办的2021年吉林省小学生篮球联赛白城市基层赛在白城市第一中学闭幕。来自5个县（市、区）和市直31支队伍124名小学生参赛，经过54场比赛，大安市叉干镇中心小学校（瀚海传奇）、白城市文化小学一队、通榆县第二实验小学分获三、四年级男子组冠、亚、季军，白城市文化小学二队、通榆县第二实验小学、大安市实验小学分获三、四年级混合组冠、亚、季军，大安市安广镇第一小学（龙泉传奇）、白城市文化小学三队分获五、六年级男子组冠、亚军；大安市实验小学获得五、六年级女子组冠军，湖森男篮一队、国少男篮一队、海滨篮球八队分获俱乐部男子组冠、亚、季军；白城国少女篮、湖森体育、通榆跃马篮球分获俱乐部女子组冠、亚、季军。

【白城一中举行秋季运动会】 9月16日，白城市第一中学举行2021年秋季运动会。比赛为期两天，以“创建全国文明城市，推动白城一中发展”为主题，3000余名学生参加运动会，比赛设团体奖和体育道德风尚奖。

【吉林省畜牧业学校举办首届趣味运动会】 10月13日，吉林省畜牧业学校举办首届趣味运动会。比赛设100米短跑、男女混合接力、立定跳远、同舟共济、球拍运球、背后夹球、合力击鼓等项目。

【市直教育系统首届干部职工排球赛】 7月15—16日，市直教育系统首届干部职工排球赛在白城一中体育馆举办，有20支代表队100余名运动员、教练员参加比赛。经过48场比赛，教育局机关代表队、白城一中代表队、白城毓才实验学校代表队分获男子组冠、亚、季军，局机关代表队、白城一中代表队、白城市第四中学代表队获得女子组冠、亚、季军，白城一中、白城市实验高中、白城市第十四中学、白城毓才实验学校、白城市育人学校获得优秀组织奖，白城职业技术学院、白城市实验幼儿园、白城市第四中学、白城市第一职业高中、白城市特殊教育学校获得体育道德风尚奖。

【大安市举办首届中学生排球赛】 10月11—12日，大安市教育局在市第二中学排球场举办首届中学生排球赛，为期2天，有21支代表队参加排球赛，设置初中组和高中组（含职教中心）。大安市四棵树一中代表队获初中组第1名，大安市第二中学代表队获高中组第1名。

【全国青少年校园足球特色学校申报】 10月，按照教育部办公厅《关于开展2021年全国青少年校园足球特色学校、试点县（区）、“满天星”训练营和改革试验区申报工作的通知》要求，市教育局通过对申报学校近年来校园足球工作情况、未来三年校园足球工作计划和学校自评打分等多项评定，遴选出通榆县兴隆山镇明德小学校、通榆县第一中学校、大安市大岗子镇中心校、大安市月亮泡镇中学校、白城市洮北区德顺学校5所学校推荐到省教育厅进行评选。

（赵俊玲）

群众体育

【“快乐运动 幸福鹤乡”系列活动】 围绕“快乐运动 幸福鹤乡”省级群众体育品牌，组织开展群体活动。5月，在通榆县举办“奔跑吧少年”白城市青少年小马拉松赛，活动有750余名青少年参加；9月，在白城市全民健身中心举办白城市大众羽毛球比赛，活动有个人、团体150人参加；9月，在白城市阳光广场足球场举办白城市足球联赛，有22支球队参加；11月，在白城市滑冰馆举办全民上冰雪系列活动，有500余名冰雪爱好者参加；12月，以线上形式组织开展白城市二级社会体育指导员培训活动，有200人参加。9月，白城市体育局体育科获由国家体育总局表彰“全国群众体育先进单位”称号，体育科科长张爱民获全国群众体育先进个人。

【承办吉林省学生武术比赛】 10月23—24日，由省教育厅主办，省学生体育协会和白城师范学院承办的2021年吉林省学生武术比赛在白城市举办。吉林省体育协会、吉林省学生体育协会、白城师范学院等单位领导与全体参赛选手、工作人员和师生观众共同参加开幕式。开幕式上，34名来自白城师范学院体育学院学生和白城市中学组选手共同表演“狮龙共庆，武韵白师”，以舞狮、舞龙、刀花、剑花、拳术等展示武术技艺。白城师范学院副校长金向军、吉林省体育协会副会长张铁民分别致辞。比赛为期2天，有39所大中学校代表队参加比赛。大学组分为阳光组、菁英组和高职高专组；中学组分为初中组、高中组、中等职业学校组。比赛执行《国际武术套路竞赛规则》，竞赛项目有拳术、刀术、剑术、棍术、枪术等。选拔赛为个人单项比赛，各单项比赛录取前8名，获前3名运动员颁发金、银、铜牌。经过角逐，东北师范大学获金牌12枚，位居第1，白城师范学院和吉林司法警官职业学校获金牌9枚，并列第2名，榆树市第一高级中学获金牌8枚，位居第4，吉林化工学院获金牌7枚，位居第5。

【白城市第八届“中国体育彩票杯”门球赛】 5月15日，由白城市老干部门

5月7日，“奔跑吧少年”白城市青少年小马拉松赛在通榆县举办。图为比赛现场

（张 喆 供图）

9月，白城市组织22支球队在阳光广场举办白城市足球联赛。图为比赛现场

（孙　博　供图）

球协会主办、白城市体育彩票管理中心赞助的白城市第八届“中国体育彩票杯”门球赛，历时两天半结束。原市级领导、市老年人体育协会主席王国权出席开幕式和闭幕式，为比赛开球，赛后为获奖者颁发奖杯和证书。来自各县（市、区）及市直（中省直）部门的25支队伍140余人参加比赛。经过74场角逐，吉林省畜牧业学校代表队、白城市军队离休退休干部休养所代表队和通榆县代表队分获冠、亚、季军。

（孙立尧）

竞技体育

【青少年运动员注册】　2021年，白城市体育局授予国家二级运动员技术等级称号28人。全年进行春季、秋季两次吉林省运动员注册工作，注册田径、速度滑冰、短道速滑、摔跤、柔道、跆拳道、武术、射箭、游泳、乒乓球、足球、篮球、排球等13个项目448名青少年运动员，为参加“吉林省第十九届运动会”做好体育后备人才储备，并向上级训练单位输送20名优秀运动员。

【青少年竞技体育】　白城市运动员参加吉林省青少年田径锦标赛（梅河口市），谭博馨获1500米第1名、800米第1名，王馨获5000米竞走第1名，吕银玲获3000米竞走第2名。参加吉林省青少年跆拳道锦标赛（长春九台），赵鑫扬获42千克第1名，王乐儿获68千克第1名，张博文获78千克第3名，王一冰获45千克第3名，刘晟希获58千克第3名。参加吉林省青少年射箭锦标赛，赵名悦获30米双轮个人排名赛第4名、18米双轮个人排名赛第4名、30米个人淘汰赛第4名、单轮全能个人排名赛第4名。

【体育竞赛】　2021年，全市各级训练单位运动员在2021年吉林省省级各类、各项锦标赛中获金牌40枚、银牌23枚、铜牌33枚；在陕西西安举办中华人民共和国第十四届运动会上，白城市输送运动员陈兴华获田径项目男子十项全能第5名，陈明获武术散打项目女子第6名，都士杰获射箭项目女子反曲弓团体赛第6名。市体工队员王锴莹取得第十四届全国冬运会决赛的参赛资格。2021年，由于新冠疫情原因，队员运动成绩受到一定影响。2021年参加国家级比赛2次：3月20—23日及3月27—30日在哈尔滨举行的全国速度滑冰锦标赛、全国速度滑冰冠军赛。

【通榆县培智学校获3金1银】　10月29日，全国第十一届残疾人运动会暨第八届特殊奥林匹克运动会在陕西落幕，通榆县培智学校13名运动员代表吉林省参加篮球项目比赛获3枚金牌，1枚银牌。其中男篮获团体金牌、女篮获团体银牌、女子个人技术胡梓萌获金牌、男子个人技术刘明奇获金牌。

（孙立尧）

冰雪体育

【冰雪体育消费券发放】　2月10—28日，在白城市市直及洮北区开展“冰舞鹤乡　运动有礼”冰雪季体育电子消费

12月28日，市（区）委、市（区）政府主办的“白城市暨洮北区文化体育旅游节大众冰雪季全民上冰雪活动”在查干浩特旅游经济开发区举办。图为活动之一——雪上足球运动

（李晓明　供图）

12月28日，以“燃情冰雪　共迎冬奥”为主题“白城市暨洮北区文化体育旅游节大众冰雪季”在查干浩特旅游经济开发区启动。图为启动现场　（胡雪松　供图）

券惠民活动，发放金额18.3万元。

【文化体育旅游节大众冰雪季】　12月28日，以“燃情冰雪　共迎冬奥”为主题“白城市暨洮北区文化体育旅游节大众冰雪季”在查干浩特旅游经济开发区启动。活动由市委、市政府和洮北区委、区政府主办，市、区两级宣传部和文广旅部门联合承办。市委常委、宣传部部长薛智金出席活动并宣布活动启动，市政府副市长常预出席活动并致辞。冰雪季活动分为启动仪式、文化演出活动、体育健身活动及趣味冰雪比赛4个部分。活动以启动仪式为序幕，陆续在全市组织开展全民上冰雪、万名青少年上冰雪、冰雪嘉年华、速度滑冰等冰雪运动赛事和冰雪娱乐活动；组织开展第六届雪博会白城分会场展览、洮北区精品图片巡回展、洮南市书画摄影展等冰雪文化系列活动；组织开展洮北区“筑梦洮北·相约青山”冬季采摘节、洮南市第六届渔猎冬捕文化节、2021吉林·向海渔猎冬捕旅游节、镇赉县哈尔淖冬捕文化旅游节、大安市玉龙湖冬捕及冰雪旅游季等特色冰雪文旅活动。

【中小学生“筑梦冰雪·相约冬奥”冰雪运动主题日】　12月22日，通榆县教育局、县文广旅局在县嘉禧冰雪乐园联合举办2021—2022年度大众冰雪季暨中小学生“筑梦冰雪·相约冬奥”冰雪运动主题日活动，县城内5所小学300余名师生参加活动。活动现场分别安排雪地拔河、冰上龙舟、雪地足球、滑冰车、二人拉雪圈等学生冰雪项目竞赛和游戏。

（孙立尧）

【毓才实验学校冰雪研学实践】　白城毓才实验学校高中部和初中部先后在白城市示范性综合实践基地举办组冰雪研学实践活动。由校相关负责人带队，体育老师、政教老师以及医务人员辅助开展冰雪活动，分别以冰车、堆雪人、雪圈滑道、雪爬犁、雪地拔河、雪地足球、雪合战等在4个小组间分次进行。

【白城十四中冰雪研学实践】　12月，白城十四中以“逐梦冰雪　相约冬奥”为主题，组织100名学生到查干浩特旅游经济开发区冰雪乐园开展冰雪研学实践活动。由校相关负责人带队，体育老师以及医务人员辅助开展冰雪活动。活动分别安排冰爬犁、雪合战、雪地足球、风车雪道、翻山越岭、大S弯道、冰雪飞人等冰雪活动项目。

（赵俊玲）

体育产业

【体彩销售】　2021年，白城市销售体育彩票21655.21万元，排名全省第5位。乐透型游戏销售7622.61万元，比上年下降54%；即开型彩票销售3083.05万元，比上年增长50.8%；竞猜型游戏销售10949.55万元，比上年增长85%。

【体彩宣传】　在欧洲杯开赛前期、即开营销等活动期间，白城体彩中心分别在广播、宣传车、户外全彩LED大屏、公交车站牌、出租车顶灯做宣传。冠名滑雪运动、马拉松比赛、老年门球赛。4月19日晚，吉林省购彩者中得一注追加一等奖，奖金1454万余元。白城市体彩中心工作人员为中奖网点授牌。

（孙立尧）

【洮南东北文化体育场馆经营管理有限公司成立】　2021年7月20日，洮南东北文化体育场馆经营管理有限公司成立，注册资金10万元。公司类型为有限责任公司（国有独资）。主营业务有体育竞赛组织、体育用品设备出租、体育中介代理服务、体育经纪人服务、组织体育表演活动、体育赛事策划、体育保障组织、体育用品及器材批发、广告设计代理、广告制作、食品经营（仅销售预包装食品）、体育健康服务、游乐园服务、组织文化艺术交流活动、健身休闲活动、文化场馆管理服务。公司由8人组成。2021年房屋出租和乒乓球馆均在运营建设中，未有资金收入。

（刘晓棣）

人口家庭

【人口】 截至2021年末，全市户籍总人口184.54万人。其中，城镇人口80.07万人、乡村人口104.47万人。全年出生人口6804人，出生率3.7‰；死亡人口11657人，死亡率6.3‰；自然增长率-2.6‰。

【流动人口居住证办理】 2021年，白城市通过电视台、报社和网站等媒体宣传申领居住证前提条件、材料手续、办理流程、收费标准等方面政策规定。对民警开展“居住证申领条件、材料手续、办事流程、时限要求、收费标准等方面的政策规定”业务培训，提升流动人口服务质量。流动人口通过到居住地公安派出所、省公安厅“互联网+公安”综合服务平台“我的出租屋”功能申报暂住登记，登记后居住地派出所在7个工作日内完成办理，暂住登记满半年后办理居住证。通过核验流动人口教育、人社、医保等社会信息，满足半年以上的高校就读、社保缴费或医保刷卡记录条件之一，均能办理居住证申领业务；依托“吉林公安”“吉事办”手机终端开通居住证业务办理功能，流动人口通过网上即可办理居住证相关业务；依托“吉林公安”手机终端推出居住证电子证照服务，实现证件立等可用。截至2021年末，全市办理居住证1383件，办理港澳台居住证7件，办理居住证电子证照16张。

（赵中祥）

【婚姻登记】 全市各婚姻登记机关办理婚姻登记12000对。其中，结婚登记8916对、离婚登记3084对。均做到手续齐备，依法登记，登记合格率100%。

表85 2021年白城市户籍人口数及其构成统计表

指标	年末数（万人）	比重（%）
全市总人口	184.54	100.0
其中：城镇	80.07	43.4
乡村	104.47	56.6
其中：男性	92.62	50.2
女性	91.92	49.8

（资料来源：市公安局）

【家庭文明建设】 白城市实施“家家幸福 安康工程”，推进家庭家教家风建设，开展寻找“最美家庭”活动，2021年，授予10户家庭为白城市“最美家庭”。市妇联联合市纪委监委组织各县（市、区）150名科级以上干部家属到市纪委监委警示教育基地参观“党的纪律建设和全面从严治党历程”专题教育展。实施白城市家庭教育服务项目，以社区为主体，以家庭为核心，探索实施线下家庭教育公益讲堂和线上网络直播微课堂相结合的“家庭教育服务计划”公益大讲堂项目，全年开展讲座30场。联合市文明办、市教育局，在全市举办“颂百年风华 传红色基因”亲子阅读大赛，推动爱党、爱国、爱家红色基因代代相传。

（王莉莉）

【收养管理】 2021年，白城市办理儿童收养业务3人。其中，洮北区2人，洮南市1人。全部录入全国儿童福利信息系统。

【殡葬工作】 2021年，白城市、县（市、区）殡仪馆有火化炉22个，火化尸体8821具。其中，市级4个，市殡仪馆火化尸体2835具；镇赉县3个，火化尸体1143具；通榆县6个，火化尸体973具；大安市5个，火化尸体2140具；洮南市5个，火化尸体1730具。树立绿色环保殡葬理念，争取1290万元用于殡仪服务设施环保改造。依法依规治理殡葬领域乱象，建立与发改、市场监督、自然资源等部门协作机制，联合出台《白城市殡葬业价格秩序、公益性安葬设施建设经营专项整治工作方案》，遏制墓地违建和散埋乱葬乱象。

【文明祭祀】 2021年，白城市推进移风易俗，倡导群众文明祭祀，利用流动宣传车开展走街串巷式宣传；与市文明办、白城之窗网站联合开发网上祭祀平台，清明节期间群众参加祭祀点击率超30万次，在2021年全省目标责任制考核中社会事务领域被评为优秀档次。

（刘　君）

3月，镇赉县组织务工人员到浙江绍兴就业。图为县就业局派专车运送工人出发时场景

（孙宏达　供图）

劳动就业

【概况】 2021年，全市城镇新增就业人数14524人，完成计划121.03%，其中城镇失业人员实现再就业5809人，完成计划165.97%，就业困难人员实现就业4395人，完成计划125.57%。登记失业人员期末实有人数10876人，城镇登记失业率控制在3.4%以内。2021年，白城市通过开展就业援助、创业就业培训、春风行动等方式提高城镇就业率。

【重点群体就业援助】 2021年，白城市建立健全零就业家庭实名制数据库，完善零就业家庭成员基本信息、就业援助服务措施、实现就业方式以及享受政策情况等。按照《关于进一步做好零就业家庭认定和援助工作的通知》有关规定，将符合条件城镇零就业家庭成员(在法定劳动年龄内，有劳动能力和就业愿望并进行失业登记)全部纳入援助范围。截至2021年末，消除零就业家庭84户，实现零就业家庭成员就业84人。其中，洮北区29户、洮南市41户、通榆县1户、大安市2户、镇赉县11户。确保零就业家庭人员至少有1人实现就业，就业援助率100%。落实社会保险补贴政策，全市为3.18万名就业困难人员发放社会保险补贴1.25亿元，为1家小微企业向财政申请高校毕业生社会保险补贴2.64万元。

【农村劳动力转移就业】 截至2021年末，全市农村劳动力转移就业263722人，完成年度任务目标109.8%；其中省外就业89163人、省内就业174559人、县域内就业104490人、乡镇内就业70502人，做到线下报表与线上省就业信息系统数据一致。

【就业信息服务】 2021年，白城市落实失业登记全省通办，各级公共就业服务机构综合性服务场所和街道（乡镇）社区基层公共就业服务平台，城乡渠道包括吉林智慧人社网上办事大厅、吉林人社微信公众号、吉林智慧人社手机App、吉林就业创业网均可办理。通过信息共享、业务经办、走访调查等渠道采集城镇新就业和自然减员实名信息，依托吉林就业信息管理系统建立实名信息数据库。

【春风行动】 2月，市就业局联合市总工会、市妇联、市乡村振兴局，以“春风送岗位　就业暖民心”为活动主题，联合洮北区人社局举办“2021年春风行动”启动仪式。全市各级就业平台发放春风卡等宣传资料11.5万余份，组织专场招聘会46场，线上招聘会6场，线下37场。其中为吉林梅花集团组织专场招聘会5场。线上入场2337人次，与企业电话咨询3000余次。提供公共就业服务人数7043人。实现就地就近就业人数1978人，实现县外省内转移就业人数1066人，实现跨省转移就业人数1477人。线上招聘会为市直、经开区（工业园区）梅花集团、四季盛宝、安费诺金事达等32家域内企业、吉林舒兰盛美牧业等5家省内企业及浙江嘉兴市弘光科技有限公司等109家企业入场招聘，提供就业岗位3500余个，其中嘉兴市企业72家、提供岗位2500余个，投放简历156份。提供公共就业服务3700余人次。全市实现“点对点”有组织输出398人，组织专运客车10辆，到江苏省、浙江省和山东省等企业工作。

【规模以上企业用工服务专项行动】 11月20日—12月10日，全市开展“规模以上工业企业用工服务专项行动”，帮助规模以上工业企业缓解“招工难、用工荒”问题，参加招聘规模以上工业企业25家，发布招聘需求人数734人，发布主要缺工岗位695个。白城市举办招聘会30场。其中，线上招聘会21场、线下招聘会9场。达成就业意向313人，

11 月 27 日，市人社局组织开展规模以上工业企业用工服务专项行动。图为洮北区人力资源市场的用工服务现场　　（郑姗姗 供图）

招聘成功人数210人。

【就业创业培训】 截至2021年末，全市开展各类培训47919人，完成省下达任务2.7万人的177.48%，其中企业在岗职工技能提升培训11755人，城镇失业人员培训1574人，农村转移劳动者培训24322人，年度高校毕业生3917人，脱贫人口2653人，其他人员技能培训3698人。制定全市职业培训计划，计划培训2.7万人，并分解到各县（市、区）、开发区（工业园区），下发市直19个相关部门及院校培训计划5000人。利用《职业培训实名制管理系统》，实行全程服务管理，实行补贴审核公示制度。“白城市家政服务职业技能公共实训基地”在白城医学高等专科学校成立。3月，市人社局职业能力建设科获全国妇联“巾帼文明岗”称号。7月，参加省人社厅“创业引领者专项活动暨第三届马兰花全国创业培训讲师大赛吉林省选拔赛”中，市选手获三等奖，白城市人社局获“优秀组织奖”。

【创业担保贷款发放】 截至2021年末，全市发放创业担保贷款9524万元，完成省定目标100.2%。其中，发放个人贷款3000万元、发放中小微企业贷款6524万元。直接扶持262人创业，间接带动886人就业再就业。

【返乡创业基地建设】 截至2021年末，全市农民工等人员返乡创业人数12245人，完成目标任务106.48%；带动就业7315人；创建省级返乡入乡创业基地13个。白城市制定市级返乡入乡创业基地建设行动实施方案。5个县（市、区）人社部门均制定创建工作方案，完成县级基地创建任务。对符合条件且县级命名的基地列入市级培育库，对符合条件且市级命名的基地列入省级培育库。按照县（市、区）抽查率原则上不低于40%，市（州）不低于20%原则开展入库核查工作。向省申请拟入库基地5个。组建专家库建立专家评审制。11月16日，市人社部门下发《关于组建白城市创业促就业专项资金管理评审专家库的通知》，发改、审计、工信、农委等12个单位推荐21名专家入库。从专家库中抽选3名专家，开展2020年市级返乡入乡创业基地踏查评审工作。11月29日—12月1日，专家组利用3天，通过实地踏查、查验资料、电话回访等方式考核评审5个县（市、区）拟申报5个市级基地。市级基地考核评审工作结束并向省级推荐。

【返乡创业政策和典型事迹宣传】 2021年，白城市开展返乡创业就业优秀典型推荐宣传活动。宣传业绩突出，示范带动作用明显，社会责任感强创业法人。由电视台录制宣传片在黄金时段播出。主要以县域农民工等返乡创业优秀典型为主，12月，市就业局专题录制10名典型，在白城市电视台播出。

【农民工向农技工转型培训】 2021年，白城市根据农村劳动力培训意愿和就业需求，由培训机构送技能下乡、送培训进村，开展订单式、定向定岗式培训。分类开展就业技能培训、实用技

12 月 3 日，白城市开展就业帮扶宣传。图为市就业局到东胜乡有利村宣传返乡政策　　（马若怀 供图）

术培训，对有意愿外出务工农村劳动力，重点开展家政、养老服务、母婴护理、保安、焊工等就业技能培训；对没有外出务工意愿农村劳动力，重点开展农业种植、禽畜养殖等实用技术培训。对参加培训农村劳动力通过就业服务供求信息群、“春风行动”、招聘会等形式提供就业信息，推荐就业。2021年，全市开展农民工向农技工转型培训6508人，完成任务224.4%，全部录入省就业信息系统。培训脱贫农村劳动力1097人，脱贫农村致富带头人296人。培训专业包括电焊、手工编织、中式面点、中式烹调、汽车维修、电商等专业。

（田志昌）

10月23日，市人社局组织开展2021年全市机关事业单位工人技术等级岗位考核考试。图为白城考试现场　（王浩宇　供图）

【白城市获“全国城市创业精品展示项目”荣誉】　10月14日，白城市参展团参加第三届全国创业就业服务展示交流活动。白城参展展区由“白城市情介绍、一村一品一网红、大学生创业成果产品展示、白城市返乡农民创业产品展示”4个板块构成，突出“创新激扬青春梦想，创业点亮精彩人生”参展主题。人社部副部长李忠、省人社厅厅长王冰及全国各省市参展人员到白城展区参观，白城市洁洁宝生物科技有限责任公司总经理介绍白城市创业产品。白城市在全国第三届创业就业服务展示交流互动中获“全国城市创业精品展示项目”荣誉。

【劳动权益维护】　2021年，市劳动保障监察支队开展清理整顿人力资源市场专项执法检查、根治欠薪冬季攻坚专项行动、“双平台+根治欠薪”专项行动及女职工产假等权益专项执法行动。通过专项检查、投诉、举报、欠薪案件平台线索反映等方式，检查各类用人单位172家，涉及劳动者8719人。接待群众来访296件，经立案查处、协调处理欠薪案件45件，为234名劳动者追回被拖欠工资694.4193万元。农民工工资保证金缴存15家。其中，现金缴存1家、保函缴存14家。返还保证金11家，返还金额757.5万元。开展根治欠薪冬季攻坚行动，对查实欠薪行为做到“两清零”。全市各级劳动保障监察机构出动检查组42个，人员244人次，排查各类用人单位386家，执法检查过程中，发现11家用人单位拖欠克扣劳动者工资，涉及劳动者323人，涉及金额579.41万元，通过协调，解决案件11件，协调用人单位补发拖欠克扣劳动者工资579.41万元。

【社会保障政策落实】　2021年，白城市落实企业稳岗补贴政策，减轻新冠疫情对企业生产经营和稳定就业影响。对不裁员或少裁员1216家参保企业发放普惠性失业稳岗返还资金641万元，惠及企业职工4.35万人。完成企业离退休人员基本养老金“17连调”。为全市22.65万名企业和机关事业单位退休人员进行基本养老金调整。全市企业职工养老保险参保8.89万名，征缴养老保险费216146万元，离退休19.78万名，养老待遇支出501579万元。2021年，全市开展家政培训7676人，拨付补贴160余万元。

【工人技术等级考试】　10月23日，白城市开展2021年全市机关事业单位工人技术等级岗位考核工作，参加考核1339人。合格312人。其中，白城市直82人、大安市16人、洮南市79人、洮北区51人、通榆县50人、镇赉县34人。

（田志昌）

【稳岗返还政策落实】　采用“线上线下相结合”宣传方式，宣传《关于落实延续实施部分减负稳岗扩就业政策措施的通知》。主要通过微信、公众号、QQ群、电视广播媒体等形式做全方位宣传，引导企业在网上进行账户确认。对不在通知群里单位多次电话通知，及时建立稳岗返还政策通知台账。截至2021年末，发放稳岗补贴2574.37万元。

（张金城）

收入与消费

【概况】　2021年，白城市城镇常住居民人均可支配收入为28428元，比上年增长6.6%。白城市农村常住居民人均可支配收入为13510元，比上年增长10.7%。城乡居民收入比值由上年的2.19缩小至2.10，城乡居民人均收入相对差距缩小。城乡常住居民人均工资性收入、人均经营净收入、人均财产净

表 86 2021 年白城市商品零售价格分类指数统计表

名　称	以上年价格为 100 计算的价格指数
商品零售价格总指数	101.0
一、食品	99.1
二、饮料、烟酒	100.3
三、服装、鞋帽	98.9
四、纺织品	100.1
五、家用电器及音像器材	98.9
六、文化办公用品	100.4
七、日用品	99.5
八、体育娱乐用品	100.0
九、交通、通信用品	99.9
十、家具	96.8
十一、化妆品	98.4
十二、金银饰品	102.4
十三、中西药品及医疗保健用品	98.9
十四、书报杂志及电子出版物	103.1
十五、燃料	112.1
十六、建筑材料及五金电料	100.8

（资料来源：市统计局）

表 87 2021 年白城市居民消费价格指数统计表

类　别	指数
居民消费价格总指数	101.1
一、食品烟酒	99.3
二、衣着	99.0
三、居住	104.2
四、生活用品及服务	98.5
五、交通和通信	103.8
六、教育文化和娱乐	102.3
七、医疗保健	99.7
八、其他用品和服务	99.0

（资料来源：市统计局）

收入、人均转移净收入（简称“四项收入”）均比上年有所增长（注：“四项收入”非国家统计局吉林省总队反馈数据，是国家统计局白城调查队测算数据）。2021年，全市居民消费价格总指数101.1（以上年为100），价格水平比2020年上涨1.1%。

【城镇常住居民人均可支配收入】 2021年，白城市城镇常住居民人均可支配收入为28428元，增长6.6%，增速比上年高出2.6个百分点。白城市城镇常住居民人均工资性收入18796元，比上年增加1478元，增长8.5%，贡献率为84.0%，拉动城镇居民人均可支配收入增长5.5个百分点。工资性收入占城镇居民人均可支配收入比重66.1%，较上年提高1.2个百分点。

2021年，白城市引导企业开展“五一享吉品购吉祥”销售月和“98消费节”活动，在全省率先启动白城市2021“汽车家电进乡镇·温暖服务送万家”促销活动，举办三届惠民车展等展会，促进企业增收，加之粮食丰收粮价较好，白城市城镇常住居民人均经营净收入4913元，比上年增加55元，增长1.1%，贡献率为3.1%，拉动可支配收入增长0.2个百分点。

2021年，白城市城镇常住居民人均财产净收入960元，比上年增加65元，增长7.3%，贡献率3.7%，拉动可支配收入增长0.2个百分点。从收入来源来看，主要为利息收入、住房和土地租金收入。

2021年，企业和机关事业单位退休（含退职）人员上调基本养老金，城市居民最低生活保障标准由原来的480元上涨至550元。白城市城镇居民人均转移净收入3759元，比上年增加162元，增长4.5%，贡献率为9.2%，拉动可支配收入增长0.6个百分点。

【农村常住居民人均可支配收入】 2021年，白城市农村常住居民人均可支配收入为13510元，比上年增长10.7%。

比城镇常住人均可支配收入增速快4.10个百分点。白城市加强新冠疫情防控常态化工作，推进“六稳六保”工作，发挥农村公益岗作用；加大企业稳岗力度，稳定农民工队伍；加大职业技能培训力度，提升农民工职业能力素质。白城市农村常住居民人均工资性收入为2204元，比上年增长4.5%。白城市实施规模种养、棚膜蔬菜等产业扶贫项目，粮食实现大丰收，农村常住居民人均经营性收入为9554元，比上年增长11.9%。农民土地出租收入和集体分红收入增加，农民常住居民人均财产净收入为564元，比上年增长15.6%。白城市为巩固脱贫攻坚成果同乡村振兴有效衔接，采取新农保足额发放、特殊群体医疗费用得到较大比例报销、发放政策性生活补贴等系列政策措施，助力人民生活改善。农村常住居民人均转移净收入为1188元，比上年增长10.8%。

【居民消费】 2021年，全市居民消费价格总指数101.1（以上年为100），价格水平比2020年上涨1.1%。2021年，白城市农村居民人均消费支出10396元，比上年增加947元，增长10.0%。八大类消费呈现全面增长态势，其中教育文化和娱乐类支出涨幅最大，比上年增长21.0%。全省疫情虽然呈现零星散发与局部聚集叠加态势，但基本都在控制范围内，对百姓生活影响有限，农村居民对子女教育投入意愿强烈，其次为医疗保健、交通和通信类支出，同比涨幅分别为 17.0%、15.4%。

【市场物价】 2021年，八大类指标呈“三涨五降”态势。食品烟酒类价格下降0.7%，衣着类价格下降1.0%，居住类价格上涨4.2%，生活用品及服务类价格下降1.5%，交通和通信类价格上涨3.8%，教育文化和娱乐类价格上涨2.3%，医疗保健类价格下降0.3%，其他用品和服务类价格下降1.0%。

（丛 晔）

社会保险

【概况】 2021年，城乡居民基本养老保险个人缴费收入11086万元，较上年增长10.26%；企业职工养老保险征缴保费216146万元，较上年增长43.30%；失业保险费收入6141万元，较上年增长26.46%。

【企业职工基本养老保险】 截至2021年末，全市企业职工养老保险参保人数18.52万人，其中市级养老保险参保人数7.65万人。全市征收养老保险费21.61亿元，其中市级征收养老保险费7.13亿元。全市离退休人数19.78万人，全市养老金支出50.21亿元。其中市级离退休人数6.54万人，养老金支出17.28亿元。

【机关事业单位养老保险】 截至2021年末，全市机关事业单位养老保险参保人数5.86万人，享受待遇人数3.55万人，发放养老金20.36亿元。其中，市级参保人数1.57万人，享受待遇人数1.05万人，发放养老金6.29亿元。

【城乡居民基本养老保险】 截至2021年末，全市城乡居保参保人数77.44万人，享受待遇人数23.32万人，支出养老金3.33亿元。其中市级城乡居保参保人数14.72万人，享受待遇人数4.63万人，支出养老金6516万元。

【失业保险】 截至2021年末，全市失业保险参保人数9.28万人(不含省直行业人员)，其中市级失业保险参保人数3.94万人(不含省直行业人员)。全市征收失业保险费6141万元(不含省直行业)，其中市级征收失业保险费2404万元(不含省直行业)。

【工伤保险】 截至2021年末，全市工伤保险参保户数3264户，参保人数18.29万人，其中市级参保户数1375户，参保人数9.44万人。全市工伤保险基金收入4212万元，基金支出3689万元，其中市级基金收入1880万元，基金支出1055万元。

2021年，全市办理工伤认定案件297件，其中死亡20件，结案率100%；全市伤残等级鉴定7次，257人次参检，申请再次鉴定3人，维持率100%。全年新开工建设项目参保100%；在建项目参保率100%。全市因病或非因工伤残人员退休（退职）鉴定240人报名，合格147人，合格率61%。

（张金城 田志昌）

【社保基金管理】 2021年，白城市规范基金支出管理，强化基金运行监测预警，对存在风险及时预报预警，保障企业养老保险基金运行安全。落实风险防控“三道防线”（综合柜员事前预防控制、业务经办部门事中核验比对、审计内控部门事后监督检查）要求，遏制社会保险基金案件发生。开展风险隐患大排查，规范业务经办，强化风险源头管控。对于风险防控方面自查、检查时发现问题，逐一销号，整改到位。开展城乡居民保险养老金死亡冒领专项治理工作。创新运用“3+5”工作法（压实工作责任、强化部门联动、加大追究力度+数据摸底、政策宣传、入户核实、张贴公示、全力追缴），由当地政府牵头，通过设定追缴期限，纳入绩效考核，督查跟踪问效，纪委监委追责等方式，压实追缴责任。2021年，全市清理完成死亡冒领养老金8316人，追回金额972万元。

【社会保障卡应用宣传】 市社保局为提升社会保障卡应用率，通过在经办大厅张贴海报、显示屏滚动播放、微信公众号、微信群发布等方式，开展社会保障卡应用宣传工作。截至2021年末，市级有8.57万名享受待遇人员使用社会保障卡领取养老金。

【养老金穿透风险防范化解】 2021

年，白城市通过全民参保数据库、建立部门间信息共享机制，利用五证合一平台、税务平台、公积金、医保平台进行数据比对，了解企业基础信息、经营状况、用工情况等信息，评估未参保企业缴费能力。推动民营企业职工参保、农民工参保、临时性用工参保和促进灵活就业人员参保。推动灵活就业人员、新业态人员、中小企业等参保扩面1.6万人。规范企业参保，稽核工商新开户的未参保单位1674户，选择性参保人员67户373人。

（张金城）

【医疗保障】 2021年，全市基本医疗保险应参保人数155.1万人，实际参保缴费149.4万人，参保率96.31%，参保率比上年提高6.31个百分点；全市基本医疗保险医保基金征缴收入209208万元。其中，城镇职工医保基金收入88041万元，城乡居民医保基金收入121167万元。全市基本医疗保险医保基金支出109662万元。其中，城镇职工医保基金支出36430万元，城乡居民医保基金支出73232万元。

2021年，全市城镇职工大额补充险参保19.81万人，基金收入2332.82万元，支出2986.10万元，全市城镇职工享受大额补充医疗保险报销待遇232.62万人次；全市城乡居民大病保险参保人数132.53万人，基金支出8815.99万元，享受大病保险报销待遇12.05万人次，提升参保对象的医疗保障待遇。

2021年，白城市医疗保障局（简称“市医保局”）按照省医保局下发政务服务事项清单，梳理业务经办服务清单48项；协调第三方软件公司开发灵活就业人员掌上参保登记缴费功能，受理800余人次。落实全省异地就医门诊费用直接结算工作。全市127家定点医疗机构纳入全国异地就医平台，省内异地急诊实现直接结算，普通门诊实现跨省直接结算。发生跨省门诊2463人次，涉及医疗费总额808346.2元。其中，统筹支付21260.21元，个人账户支付435296.47元，现金支付348077.4元。推进医保基金结算工作，缓解各定点医疗机构基金垫付压力。完成零星报销15838人次，门诊特药报销2066人次，生育保险结算1959人次，实施医疗救助4645人次。完成医疗救助及基本医疗保险报销稽核审计11365人次，生育保险报销及津贴发放稽核审计1703人次，聘请第三方完成318家企业缴费基数基础材料审核工作，下发稽核审计告知书318批次，纠正整改缴费基数问题23个。实施企业退休职工基本医疗保险和大额补充医疗保险分离缴费，使全市2000余家企业受益。建立按比例收取住院押金的动态调整机制，减轻百姓缴纳住院押金压力。取消职工基本医疗保险缴费双基数办法，为全市机关企事业单位每年减轻1300万元。

【基本医疗保障市级统筹】 2021年，白城市规范执行基本医保政策落实“八统一”（参保覆盖范围、筹资政策、待遇保障、目录管理、定点管理、基金管理、经办服务、信息系统管理统一），实现医保基金市级统收统支。向各县（市）印发《关于上解基本医疗保险市级统筹基金的通知》，要求各县（市）按时上解市级统筹基金。2021年，上解城乡居民基本医保基金17.94亿元，其中历年结余2.48亿元，上解率100%，按全年4个季度拨付计划，向县市划拨基金11.65亿元，拨付率100%。全市城乡居民基本医保基金收入12.12亿元，支出11.29亿元，结余12.58亿元。

【医保参保扩面】 2021年，城乡居民医保人均财政补助标准新增30元，达到每人每年580元，成人个人缴费360元，学生儿童个人缴费220元。市医保局印发《白城市医疗保障局关于进一步做好基本医疗保险参保登记工作的通知》，将参保登记任务完成情况作为约束性指标列入当地政府年度工作绩效考核内容。各县（市）指导所辖乡镇（街道）精准参保登记，引导村（社区）开展居民参保登记，督促各类学校以学校（幼儿园）为单位，统一为学生（儿童）办理参保登记。对新生儿、集中缴费期后新增参保人员等，推进“互联网+医保”便民服务。扩大农民工参加基本医疗保险覆盖面，依法将用人单位与建立稳定劳动关系的农民工纳入城镇职工基本医疗保险，灵活就业农民工可以参加当地城乡居民基本医疗保险。2021年，全市基本医疗保险应参保人数155.1万人，实际参保缴费人数149.4万人，参保率96.31%。

【医保宣传】 4月，在全市开展学习贯彻《医疗保障基金使用监督管理条例》（简称《条例》），开展打击欺诈骗保集中宣传月活动。张贴宣传海报1100余套，悬挂条幅25幅，发放宣传折页5万余张，在有条件的医药机构利用电子屏幕滚动播放打击欺诈骗保宣传口号，在市医保局公众号上定期推送宣传动漫视频。将10月确定为参保宣传月，与税务部门联合印发《关于做好2021年全市城乡居民医保集中宣传工作的通知》，并开展集中宣传活动。印制宣传单3万份，宣传海报5000张，门型展架20余个；通过“白城医保”微信公众号宣传关于居民参保及缴费相关政策，相关宣传图文累计浏览10万人次。

【医保信息平台建立】 6月21日，白城市国家医疗保障信息平台试点上线启动仪式在市医保局举行。白城市作为吉林省首批试点上线地级市，完成国家医保信息业务编码标准数据库动态维护工作，涉及医保系统单位12家，工作人员313名、定点医疗机构372家、定点零售药店449家、医保医师、护士和药师7069人，医保目录192874项。完成省、市、县（市）三级国家医疗保障骨干网基础网络建设工作，全市医疗保障

6月21日，白城市国家医保信息平台试点上线启动仪式。图为白城市通过视频连线向吉林省报告系统切换准备情况　　（刘　畅 供图）

接入单位704家。9月9日通过国家医疗保障和吉林省医疗保障专家组验收。国家医疗保障信息平台上线后，改变医保信息系统标准不统一、数据不互认、系统分割、难以共享和区域封闭弊端，实现全省范围内医保业务编码标准统一、医保数据规范统一和医保经办服务统一，为参保人提供“互联+”医保服务。

（刘　畅）

社会救助

【概况】 白城市救助管理站5个。其中，市级1个，所辖县、市4个。救助人次529人次。其中，市级116人次、大安市158人次、通榆县78人次、洮南市107人次、镇赉县70人次；市级外站中转13人次；男性求助者90人次，女性求助者26人次。特殊救助病人2人次，救助流浪未成年人6人次。单位派专人护送32人次，开过往票返乡60人次，家属接回19人次，妥善安置5人次，分别安置到社会精神病院、社会福利院，享受特困供养政策。

（贾　卓）

【医疗救助】 2021年，全市医疗救助资金收入7980万元，全市实施医疗救助280360人次；全市医疗救助资金支出9265万元，建立医疗保障第三道安全网。

（刘　畅）

【慈善救助】 白城市推进慈善助医、“圆梦大学”“情暖万家”等慈善品牌项目。2021年，白城市慈善总会接收域内外慈善救助资金178.23万元，发放慈善救助资金161.27万元，惠及困难群众1万余人。其中，白城市“康健养老”服务项目支出12.07万元；扶贫济困支出35.98万元。其中，“四个一万”（每年资助1万名孤儿成长、1万名特困生读书、1万名残疾儿童生活、1万名孤老养老救助）慈善救助项目支出17.9万元，“情暖万家”活动支出11.25万元，安惠保项目支出2.55万元，乡村振兴支出3.03万元，为慈善爱心超市购买大米和面粉0.44万元，临时助困支出0.81万元。助

延伸阅读：

白城爱心社

白城爱心天使志愿者社团（简称“白城爱心社”）于2009年5月23日成立，创始人吴大义。2011年11月，白城爱心社当选为“吉林省志愿者协会常务理事单位”。10余年来，在社会各界支持和参与下，队伍不断发展壮大，正式填写申请登记志愿者600余人。组织开展助学、助老、助残、义务献血、社会募捐、爱心义卖、公益演出等上百次集体活动。2010年创办“白城爱心网”，通过爱心网为贫困学生、大病儿童、贫困家庭争取社会资助；通过爱心网报道爱心公益活动。2012年创意开展公益版“别针换别墅”暨“爱心义卖”活动；2013年5月开展圆梦“六一”心愿漂流活动，为260名贫困学生实现“六一”心愿；2014年开展最美白城人“万人爱心榜”活动，用10000颗心形图片为白血病女孩募款120632元；2015年为救助白血病女孩开展“十一岁白血病女孩的1000只纸鹤”捐款活动。通过举办众多有社会影响力的大型公益活动，取得良好社会效果，让受助人得到实际帮助。团队获省级以上表彰9次，2015年被评为“吉林省优秀志愿服务组织标兵”，2016年被共青团中央评为“第十一届中国青年志愿者优秀组织奖”，2018年“阳光周末·志愿同行”志愿服务项目被吉林省文明办、吉林省志愿服务联合会评为第七届“吉林省十佳优秀志愿服务项目标兵”；爱心社志愿者刘志刚等3人获国家级表彰，李书艳等25人获省级表彰。

医项目支出94.01万元。助学项目支出款物19.21万元。其中,"圆梦大学"活动支出17.4万元、省慈善总会定向助学1万元、"困境儿童帮扶"项目善款支出0.81万元。开展"99"公益日慈善募捐活动,募捐善款79.33万元,位列全省前3。

【临时救助】 白城市对遭遇突发事件、意外伤害、重大疾病或其他特殊原因导致基本生活陷入困境,其他社会救助制度暂时无法覆盖或救助之后基本生活暂时仍有严重困难家庭或个人给予应急性、过渡性临时救助。取消户籍申请限制,由急难发生地实施临时救助。2021年,对17484人次实施临时救助,发放临时救助金1384.5万元。

(贾　卓)

【教育资助】 将符合条件家庭经济困难学生纳入教育资助范围,做到应助尽助、应补尽补,助力困难学生完成学业。2021年,各学段各项资助4.4万人次,资助金额近3500万元。

(赵俊玲)

【城乡居民最低生活保障】 2021年,城市低保保障标准市辖区、大安市、镇赉县、通榆县均为月人均550元,洮南市月人均570元;农村低保保障标准均为月人均405元。农村低保保障标准市辖区、通榆县、镇赉县、大安市为月人均405元;洮南市为月人均340元。全市城乡低保92964户134422人。其中,城市低保22443户31270人、农村低保69521户103152人。

【特困人员供养】 2021年,全市特困供养对象7552人。其中,城市1108人、农村6444人。按2020年城乡低保标准1.3倍以上确定2021年市辖区城镇集中、分散特困供养标准分别为月人均960元、624元,农村集中、分散特困供养标准分别为月人均670元、436元,做到应保尽保。

【防返贫监测】 2021年,印发《白城市民政局防返贫排查比对工作方案》《白城市民政局防止规模性返贫工作预案》,全市建立起防返贫动态监测体系,预防规模性返贫情况的发生。截至2021年末,将脱贫不稳定人口中1368人、边缘不稳定人口中1770人、突发困难户中125人纳入农村低保和特困供养范围。

(贾　卓)

社会福利

【概况】 2021年,白城市养老机构154个,其中公办养老机构52个。市级社会福利院和社会精神病院各1个。白城市福利彩票管理中心所辖市内113个,销售福利彩票1.16亿元。筹集福彩公益金410万元,比上年增长37%。

【老年福利】 2021年,白城市为830名老人发放贫困居家失能老年人护理补贴70.244万元,为14767名老人发放高龄补贴1793.87万元。白城市对独居、"空巢"、留守、特困、高龄、失能(含失智)、重残和计划生育特殊家庭8类居家老年人定期按时上门巡访,及时录入"居家老年人巡访关爱平台"。截至2021年末,出动巡访员2385人,录入"吉林省居家老年人巡访关爱系统平台"各类老年人信息17387条,开展巡访服务7610人次。解决政策支持类问题899个、咨询服务类问题1255个、临时代办类问题778个、应急救援类问题237个、其他服务类问题780个。

【残疾人补贴制度落实】 为方便重度残疾人"两项补贴"(困难生活补贴、重度护理补贴)申请,采取网上"跨省办理"方式,对残疾人"两项补贴"进行审批。截至2021年末,全市为463772人次发放残疾人困难生活补贴3710.39万元;为397660人次发放残疾人重度护理补贴3181.33万元,发放残疾人"两项补贴"6891.72万元。

【孤儿福利政策落实】 全市有散居孤儿173人、集中供养孤儿17人、事实无人抚养儿童205人。2021年,各地均足额落实各类孤儿补贴。其中,集中供养孤儿养育标准为每人每月1500元;洮南市散居孤儿养育标准为每人每月1200元,其他县(市、区)为每人每月1100元;事实无人抚养儿童实施补差发放。

【孤弃和残疾儿童权益保障】 2021年,白城市对未成年人保护机构进行调整,将218名事实无人抚养儿童纳入基本医疗保险资助对象范围、纳入医疗救助对象范围。引入社会力量参与未成年人关爱保护工作,对洮北区12个乡镇160名儿童主任进行集中培训,针对农村留守儿童、困境儿童开展活动10余次,出动志愿者100余人次,针对涉罪青少年帮教开展心理疏导30余次。

(贾　卓)

住房保障

【概况】 白城市住房公积金管理中心(简称"市公积金")全年实现业务收入13775.71万元,业务支出6872.37万元,增值收益6903.34万元。2021年,向市财政提供城市廉租住房建设补充资金3827.69万元;自2002年成立起,累计提供24352.67万元。

(宫　雪)

【保障性住房管理】 2021年,白城市公租房租赁补贴发放2258户,373.512万元。公租房国有产权转让829户,收取转让资金1900万元。网签备案2083套、24.1677万平方米。全年完成新建楼盘30栋,1373户,总面积14万平方米。改建楼盘13栋,240户。补建楼盘112栋,1741户。灭籍918户,5.8万平

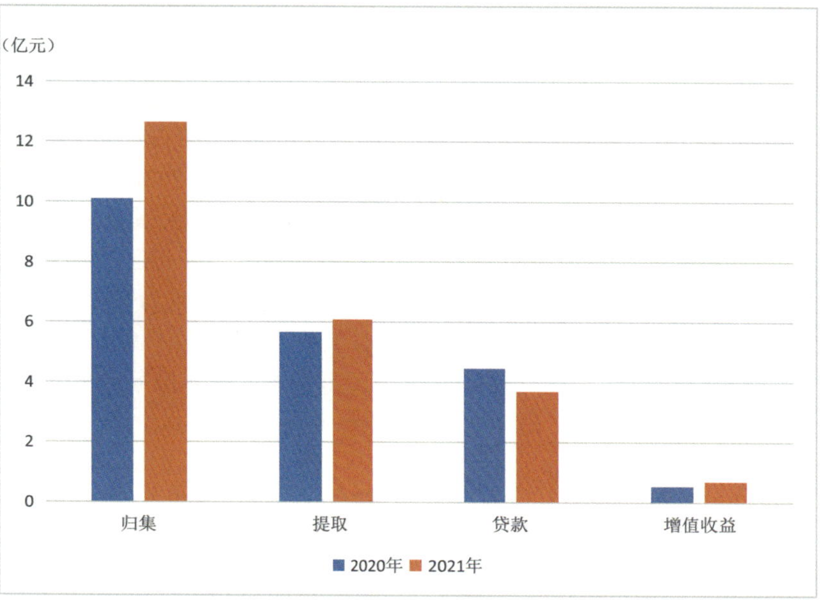

图9　2021年白城市住房公积金业务指标示意图

（资料来源：市公积金）

方米，灭籍鉴定书621份，内业建账30栋。

【房屋征收与回迁】　2021年，白城市结转征收项目21个、剩余936户。征收工作完成295户，87394.09平方米（住宅283户，83780.6平方米；非住宅12户，3613.49平方米）。完成征收回迁安置406套，32926.43平方米（住宅397套，31484.32平方米；非住宅9套，1442.11平方米）。

（周　岩）

【公积金归集提取】　全年新增缴存单位240个，新增缴存职工9899人。全年缴存公积金12.65亿元，比上年增长25.25%。截至2021年末，缴存总额91.96亿元，比上年增长15.94%；缴存余额46亿元，比上年增长16.66%。受委托办理住房公积金缴存业务银行4家。全年2.26万名缴存职工提取住房公积金，提取额6.08亿元，比上年增长7.42%；提取总额45.96亿元，比上年增长15.25%。

【公积金贷款】　单缴存职工个人住房贷款最高额度50万元，双缴存职工个人住房贷款最高额度70万元。2021年，发放个人住房贷款1335笔、3.68亿元，比上年分别下降14.20%、17.49%。截至2021年末，发放个人住房贷款4.18万笔、64.16亿元，比上年增加3.30%、6.10%，贷款余额28.31亿元，比上年减少2.58%。受委托办理住房公积金个人住房贷款业务的银行3家。加强公积金贷款逾期防控，逾期率控制在0.02‰，全省最低。

【公积金综合服务平台建设】　2021年，市公积金接入全国住房公积金微信小程序，开通公积金异地转移线上业务，公积金账户、资金跨城市转移“一键”办理。开启7×24小时线上服务，缴存登记、信息变更、调基调比等所有对公业务，离退休、离职、还公积金贷款、提前部分还款等个人提取业务9项，在公积金网厅、手机App、微信公众号全天候办理。打造“12329”热线全时服务，人工语音座席除“十一”、春节假期外，服务时间8:30—17:30，全天提供智能语音服务。全年人工语音接听量1万余个，群众满意度99%。2021年，市级及所辖管理部业务经办窗口均进驻市（县）政务大厅。通过线下受理，与受托银行、不动产等单位“一站式”办公。

（宫　雪）

老龄事务

【概况】　根据第七次人口普查统计，白城市常住人口数1551378人。其中，60岁及以上人口365994人，占23.59%，其中农村老年人口24.6万人，占总人口15.8%，城镇老年人口11.9万人，占总人口7.7%。65岁及以上人口为245625人，占15.83%，其中农村老年人口12.9万人，占总人口8.3%，城镇老年人口11.7万人，占总人口7.5%。70岁以上老年人口90134人，80岁以上39627人，90～99岁5701人，100岁以上59人。白城市进入老龄化社会。

【老龄补贴】　2021年，白城市5个县（市、区）均按照省标准或高于省标准发放高龄老年人生活津贴，发放率100%。津贴发放总额为1470万元。其中，大安市80～89周岁老人高龄津贴每人每月100元（将非低保老人纳入发放范围）；90～99周岁老人高龄津贴每人每月300元；100周岁以上老人高龄津贴每人每月1000元。是全省首个超过省规定80～89周岁城乡低保老年人每人每月50元、90～99周岁老年人每人每月100元；百岁老人每人每月300元高龄老人生活津贴标准的地区（高龄老年人生活津贴由民政部门进行发放）。

【老年人权益维护】　2021年，白城市宣传贯彻《中华人民共和国老年人权益保障法》《吉林省老年人权益保障条例》，发挥各级法律援助中心作用，为老年人提供法律援助，免费为老年人代写诉状，代理各类援助案件。在社区、商场、广场等老年人密集场所发放《中华人民共和国老年法》及宣传资料、悬挂条幅、张贴标语等形式加大宣传力度，邀请党政领导带队走访慰问贫困、高龄老人和养老机构，老年节当天在新闻媒体上发表《致老年人的一封信》，倡导尊老、敬老、养老、爱老社会风尚。

表 88　2021 年白城市百岁老人一览表

序　号	姓　名	性　别	出生年月	家庭住址
1	杨玉玲	女	1914 年 4 月 9 日	大安市慧阳街
2	刘也清	男	1915 年 8 月 4 日	大安市月亮泡镇
3	刘亚芹	女	1915 年 8 月 1 日	大安市舍力镇
4	玄魏氏	女	1918 年 3 月 10 日	大安市临江街道
5	赵淑杰	女	1918 年 4 月 14 日	大安市锦华街道
6	王梵氏	女	1921 年 2 月 8 日	大安市大赉乡
7	邱振源	男	1921 年 2 月 3 日	大安市安广镇
8	曲王氏	女	1921 年 3 月 10 日	大安市新平安镇
9	段姜氏	女	1921 年 5 月 1 日	大安市四棵树新立村
10	于宪利	男	1921 年 5 月 19 日	大安市长虹街道
11	王桂英	女	1921 年 9 月 8 日	大安市安北街道
12	于海滨	男	1921 年 10 月 16 日	大安市安广镇
13	张贵芹	女	1922 年 1 月 2 日	大安市丰收乡
14	李文秀	女	1917 年 1 月 3 日	白城洮北区新立街道
15	夏树英	女	1919 年 10 月 14 日	白城洮北区保民农场
16	张嘉生	男	1921 年 6 月 29 日	白城洮北区新华民主胡同
17	关淑珍	女	1918 年 6 月 20 日	白城洮北区新华民主胡同
18	潘有珍	女	1918 年 7 月 18 日	白城洮北区城南办事处顺达社区友谊嘉园
19	曹永志	男	1921 年 8 月 7 日	白城洮北区海兴胡同
20	王桂花	女	1921 年 3 月 9 日	白城洮北区白城市洮北区镇南种羊场
21	杨玉福	男	1921 年 2 月 6 日	白城洮北区东风乡
22	刘隋氏	女	1920 年 1 月 14 日	白城洮北区庆学西路
23	冯桂花	女	1922 年 2 月 14 日	白城洮北区白城市绿色家园小区
24	滕孙氏	女	1919 年 9 月 20 日	白城洮北区文化东路
25	田王氏	女	1916 年 8 月 5 日	白城洮北区阳光新村
26	张昌言	男	1919 年 2 月 22 日	白城洮北区城基花园
27	郑金华	女	1913 年 2 月 2 日	洮南市光明办
28	孙井海	男	1917 年 1 月 23 日	洮南市通达办事处
29	刘曹氏	女	1918 年 3 月 1 日	洮南市

续表88

序 号	姓 名	性 别	出生年月	家庭住址
30	朱会珍	女	1918 年 10 月 20 日	洮南市
31	赵淑贤	女	1918 年 8 月 21 日	洮南市万宝镇万宝社区
32	张淑兰	女	1918 年 8 月 15 日	洮南市万宝镇红旗社区
33	王秀臣	女	1919 年 10 月 12 日	洮南市隆新社区
34	钱淑清	女	1920 年 7 月 9 日	洮南市富兴社区
35	马福增	男	1921 年 1 月 27 日	洮南市光明街光照社区
36	陈松岭	男	1922 年 5 月 17 日	洮南市二小民生小区
37	张秀英	女	1922 年 10 月 25 日	洮南市宏光小区
38	张海青	男	1922 年 6 月 15 日	洮南市科技家园
39	梁淑琴	女	1922 年 2 月 24 日	洮南市福顺镇幸福村焦家屯
40	周帮兰	女	1919 年 11 月 11 日	通榆县八面乡
41	孙秀兰	女	1921 年 5 月 1 日	通榆县八区街道
42	蔡宣峰	男	1920 年 10 月 20 日	通榆县八区街道
43	吕桂芝	女	1922 年 5 月 5 日	通榆县向海乡
44	崔福厚	男	1919 年 9 月 22 日	通榆县迎新街道
45	张喜武	男	1921 年 12 月 11 日	通榆县双岗镇
46	姜万山	男	1921 年 3 月 3 日	通榆县瞻榆镇
47	李桂云	女	1918 年 8 月 29 日	镇赉县镇赉镇七家子村
48	解淑云	女	1920 年 2 月 10 日	镇赉县镇赉镇杨营子村
49	牛淑清	女	1920 年 1 月 16 日	镇赉县镇赉镇架其村
50	杨玉风	男	1918 年 7 月 16 日	镇赉县坦途镇
51	陈国民	男	1916 年 12 月 27 日	镇赉县黑鱼泡镇
52	程树海	男	1921 年 12 月 15 日	镇赉县卫生局家属楼
53	张淑兰	女	1918 年 8 月 15 日	镇赉县生产资料家属楼
54	陈学芝	女	1921 年 10 月 26 日	镇赉县黑鱼泡镇腰围子村
55	宋兴学	男	1922 年 1 月 8 日	镇赉县镇赉镇哈拉村

（资料来源：市卫健委）

【老龄法律服务】 2021年，白城市开辟“老年人维权绿色通道”，对提出法律援助申请的老年人实行“三优”服务（优先受理、优先指派、优先办理）。免费为老年人代写诉状，代理各类援助案件。

【老龄精神关爱】 2021年，市、各县（市、区）老龄委及成员单位党政领导在元旦、春节、老人节等重大节日带头走访慰问百岁、高龄、特困、“空巢”、失能老年人及民办养老机构，为老人送去春联、福字、鲜花等慰问品和慰问金。在“老年健康周”期间，组织医疗专家服务团到社区，为老年人免费义诊。

【老龄宣传】 2021年，白城市在元旦、春节、“七一”建党纪念日、老年健

白城市加强养老服务基础设施建设。图为7月8日，老人在白城市社会养老服务示范中心参加活动　　（孙　悦　供图）

康周、“十一”、老年节期间开展集中宣传。加强对“老年人健康知识”“敬老月”“老年人防诈骗”等宣传，利用报纸、电视、电台、公益广告、手机短信及LED屏等各类宣传平台，采取多种形式宣传。对获得“全省敬老文明号”（54个）和“吉林敬老好儿女”（27人）称号的，在《吉林日报》等媒体刊登先进事迹。依法开展老龄化国情教育活动。开展人口老龄化国情教育“进机关、进企业、进学校、进社区、进养老机构、进乡村”活动，开展人口老龄化国情市情专题宣讲活动。走进社区、街道、广场、机关、养老机构等，设立宣传板、发放传单、开展义诊咨询、医护人员讲座等形式，宣传老年人健康知识。

（刘　航）

【养老服务联席会议】　白城市建立养老服务联席会议制度，确定分管副市长为总召集人，副秘书长和民政局局长为副召集人，相关25个市直单位为成员。印发《落实〈国务院办公厅关于推进养老服务发展的意见〉任务分解清单》，从深化“放管服”改革、拓宽养老服务投融资渠道、扩大养老服务就业创业、扩大养老服务消费、促进养老服务高质量发展、促进养老服务基础设施建设等6大方面明确92条具体任务，确定牵头单位、配合单位和落实措施。白城市养老联席会议印发《落实〈吉林省人民政府办公室关于建立健全养老服务综合监管制度促进养老服务高质量发展的实施意见〉责任清单》，推动形成政府部门依法监管、行业充分自律、社会广泛参与的综合监管新格局，推进养老服务高质量发展。

（贾　卓）

社区建设和社会组织管理

【村级综合服务设施建设】　白城市按照每年不低于全市行政村总数（919个）20%，每百户不低于30平方米标准完善村级综合服务设施，184个村按照标准完成达标任务，包括95个示范村。其中，集聚提升类43个、稳定改善类40个、特色保护类10个、其他类2个。

【村社区“两委”换届选举】　2021年，全市28个街道105个社区均完成社区“两委”换届选举工作，实现“一肩挑”比例、一次性选举成功率、按期换届率、35周岁以下年轻社区干部配备“4个100%”。全市919个行政村实现“一肩挑”比例、一次选举成功率、按期换届率、每个村至少有1名女性委员和1名35周岁以下年轻干部“5个100%”。选举产生村党组织委员4105名、村民委员会成员4397名，其中交叉任职2231名。

【“社工岗”政策落实】　2021年，白城市落实“社工岗”政策。“社工岗”核定1377人，实有“社工岗”人员912人，指导各县（市、区）按照“三岗十八级”薪酬核定标准，对“社工岗”人员完成工资核定，标准不低于上年度事业单位管理岗位人员平均工资，落实“五险一金”，带薪休假等福利待遇，实行全员服务协议管理。2021年通榆县完成招考“社工岗”人员45名，洮北区计划招考“社工岗”人员50名，完成笔试环节。

【社区服务】　2021年，白城市规范划分和统一编码城乡网格4373个，184个

2021年，洮北区提升村级综合服务设施建设。图为林海镇大兴村村部，摄于10月18日　　（王铁良　供图）

行政村完成村级综合服务设施建设提升，3个社区被定为省级充分就业社区，洮北区跃辉社区被推荐为第五批国家充分就业社区。

【社会团体组织管理】 白城市市级社会团体60个、民办非企业单位15个。2021年办理登记2个，变更6个，注销登记3个，评估市级4A级社会组织1家。启动民政一体化政务服务平台，对本级75家社会组织基本情况进行信息入库；对2家社会组织进行“志愿服务”标识；对9家行业协会商会进行“行业协会”标识；网上受理审批11件。要求市级9家行业协会商会实行月报制度。向省民政厅评审推荐项目2个：白城市常青藤青少年社会服务中心“温馨时光•温暖心灵”老年人社区社会工作服务项目、白城市慈善总会“康健养老”慈善救助服务项目，获项目资金20万元，省督导组完成这两个项目验收。有2家社会组织纳入“僵尸型”社会组织清理整治范围。2021年，全省民政工作目标责任制评估中白城市社会组织被评为成绩优秀单位。

【城乡基层治理工作委员会会议】 5月7日，市委书记李明伟主持召开市委城乡基层治理工作委员会第一次会议。学习贯彻习近平总书记视察吉林重要讲话重要指示精神，落实省委决策部署，完善城乡基层治理统一领导体制机制，部署党委统一领导下系统推进党建引领城乡基层治理工作，推动解决全局性、整体性、战略性、前瞻性重大问题。会议审议通过市委城乡基层治理工作委员会3个《工作规则》和《关于成立5个专项工作组的通知》。

（白戈飞）

民族宗教事务

【概况】 白城市属于散杂居少数民族地区，有43个少数民族，总人口9.86万人，占全市6.4%，主要少数民族有蒙古族、满族、回族、朝鲜族等。白城市有8个蒙古族乡，辖79个行政村，区划面积2973.8平方千米，占全市总面积11.4%，全市有民族村35个，分布在5个县（市、区）26个乡（镇、场）。

白城市民族事务委员会（简称“市民委”）与市宗教局一套机构两块牌子。2021年，市民委向中央和省民委争取少数民族发展资金和少数民族发展补助资金1564万元，促进白城市8个蒙古族乡经济社会发展。开展民族团结进步创建活动，大安市新艾里蒙古族乡和镇赉县蒙古族中学被评为第六批全省民族团结进步示范区示范单位。推动少数民族特色文化保护传承，白城市博物馆被评为吉林省第九批少数民族文化传承基地。促进民贸民品企业健康发展，争取贷款贴息资金859.47万元。

【民族团结进步创建】 2021年，白城市围绕民族团结进步宣传月活动，选树民族团结进步典型开展宣讲活动，9月，召开全市民族团结进步创建工作经验交流会，并实地参观瑞光街道新村社区和德顺蒙古族乡。3月，大安市新艾里蒙古族乡、镇赉县蒙古族中学被评选为第六批全省民族团结进步示范区示范单位。

【少数民族特色文化保护传承】 2021年，白城市承办省八届民族运动会赛马比赛项目，完成赛前筹备工作、报道工作，以及赛马场场地修缮工作，配合省民委和白山市完成省八届民族运动会第一次和第二次报名工作，配合市体育局组织运动员开展训练，由于新冠疫情延至2022年同期举办。12月，白城市博物馆被评为第九批吉林省少数民族文化传承基地。

【清真食品检查】 2021年，市民宗局指导各县（市、区）民宗局协调市场监管等部门到清真食品生产经营企业和个体工商户开展专项检查3次。开展清真食品日常监督，聘请4名民族、宗教界上层人士为清真食品监督员。做好具有清真饮食习惯少数民族权益保障工作，全年发放清真肉食补贴资金42.71万元。

【民族乡村脱贫攻坚与乡村振兴衔接】 2021年，白城市争取少数民族发展资金和吉林省少数民族发展补助资金1564万元，促进民族乡村经济社会发展。市民委协调配合省委政研室、省民研、市人大、市政协等对全市少数民族乡村脱贫攻坚和乡村振兴战略实施情况、少数民族乡村特色产业等方面进行调研，掌握全市少数民族乡村发展优势与不足，推动民族乡村脱贫攻坚与乡村振兴有效衔接。

【少数民族特色村镇建设】 白城市少数民族特色村寨8个，分别为洮北区德顺蒙古族乡乌兰图嘎村、洮北区德顺蒙古族乡双塔村、通榆县向海蒙古族乡红旗村、镇赉县莫莫格蒙古族乡乌兰召村、大安市太山镇长春蒙古族村、洮南市胡力吐蒙古族乡育林村、洮南市呼和车力蒙古族乡榆林村、洮南市呼和车力蒙古族乡立业村。

【少数民族乡村特色产业发展】 2021年，市民宗局协调配合省委政研室、省民族宗教研究中心、市人大、市政协到全市8个少数民族乡调研视察白城市少数民族特色村镇的保护与发展情况、少数民族乡村特色产业发展情况、少数民族乡经济社会发展情况等，总结经验做法。指导各县（市、区）民宗局发挥1564万元“少数民族发展资金”和“吉林省少数民族发展补助资金”使用效益，以民族乡贫困村和少数民族特色村寨建设为重点，发展畜牧业生产，促进民族乡农民可持续增收，搞好人居环境整治，建设美丽宜居乡村，突出蒙古族文化特色，加快民俗特色旅游发展等。2021年，全市民族乡农林牧

6月18日，白城市佛教协会在大安市举办庆祝中国共产党成立100周年“颂歌献给党”主题文艺演出 （李继维 供图）

渔业总产值16.4亿元，农民人均可支配收入13295元。

【民族特需商品定点生产企业发展】 2021年，落实民族政策，促进民贸民品企业健康发展。白城有民贸民品定点生产企业2家：镇赉县成来电器科技有限责任公司和大安市安大牧业有限责任公司。2021年，市民委开展民贸民品企业调研，指导民贸民品企业整改，并争取贷款贴息资金859.47万元。

【宗教界庆祝中国共产党建党100周年活动】 6月18—19日，白城市佛教协会在大安市举办庆祝中国共产党成立100周年系列迎庆活动，该次活动由“中国共产党百年辉煌”专题讲座、“颂歌献给党”文艺演出、“沙门颂党恩”主题演讲比赛、“学党史、颂党恩、跟党走”摄影展4个部分组成。6月22日，白城市基督教两会在洮北区辽北基督教堂举行“学党史、爱国情”党史学习会。

【宗教领域安全监管】 2021年，市宗教局督促指导各地宗教工作部门推进安全生产专项整治三年行动2021年度工作任务落实，在全市宗教团体、宗教活动场所开展安全隐患问题排查整治。2021年，全市成立检查组6个，督导检查各场所消防安全46次，检查场所120处，排查消防安全隐患7处，房屋安全隐患1处，现8处安全隐患均整改完毕。9月23日，联合白城市消防救援支队举办全市宗教系统消防安全标准化管理现场会，现场会上组织宗教活动场所常驻人员开展消防演练。

【宗教人才培养】 2021年，市宗教局组织开展党史学习教育、宗教法规政策学习、全国宗教工作会议精神学习等系列培训活动。在市委理论学习中心组及各县（市、区）委理论学习中心组开展集中学习；依托市委党校及各县（市、区）委党校对各级党员领导干部、后备干部以及宗教三级网络工作人员分层次分类别进行培训，组织宗教干部参加省级培训活动；对各宗教团体、教职人员及部分信教群众进行坚持宗教中国化方向专题培训。2021年，开展市、区党委理论中心组学习培训6场（次），开展其他党员干部及宗教干部培训3场（次），开展对全市教职人员培训4场（次）。制定宗教教职人员队伍中长期培养规划，建立宗教界后备人才库，有步骤培养优秀宗教教职人员。9月16日，庆祝吉林省伊斯兰教协会成立40周年暨坚持伊斯兰教中国化方向研讨会在长春召开，白城市伊斯兰教界获先进清真寺、优秀寺管会主任、优秀阿訇称号。

（夏 然 李继维）

9月23日，白城市民委（宗教局）联合白城市消防救援支队在洮北区辽北基督教堂举办全市宗教系统消防安全标准化管理现场会。图为消防演练现场 （李继维 供图）

应急管理

综　述

【管理体制改革】 11月，市委机构编制委员会文件要求，白城市应急管理局加挂的白城市煤矿安全生产监督管理局牌子更名为白城市矿山安全生产监督管理局。12月，根据中共白城市委机构编制委员会办公室《关于组建白城市应急管理综合行政执法支队》的通知，组建白城市应急管理综合行政执法支队，为白城市应急管理局所属综合行政执法机构，机构规格为正科级，不再加挂白城市安全生产培训中心牌子，配备全额拨款事业编制18名(使用原白城市安全生产监察支队编制)，编制结构为行政管理岗位编制18名。核定单位领导指数3名。其中，支队长1名、副支队长2名。原白城市安全生产监察支队（白城市安全生产培训中心）14名实有人员划转到白城市应急管理综合行政执法支队。主要职责是承担法律法规直接赋予本级的执法职责，组织查出辖区内跨区域和具有重大影响的复杂案件，监督指导辖区内执法体系建设和执法工作。

【安全生产事故】 2021年，全市发生生产安全亡人事故35起、死亡35人。其中，交通运输事故31起、死亡31人；工矿商贸事故3起、死亡3人；农机事故1起、死亡1人。全市没有发生较大以上生产安全亡人事故，实现连续41年无重大森林火灾，防汛工作实现零死亡。

【自然灾害】 2021年6—11月，白城市5个县（市、区）受灾人口39968人。农作物受灾总面积29847.21公顷，其中绝收面积2533.84公顷。房屋损坏102户235间，其中严重损坏11户33间、一般损坏房屋91户202间。直接经济损失12939.07万元。

【安全责任压实】 2021年，市委、市政府主要领导批示指示、检查调研安全生产和消防工作32次，在市委常委会、市政府常务会上传达贯彻国家、省相关会议文件精神，听取工作汇报，研究解决重大事项和问题7次。组织各地、各部门参加全国安全生产电视电话会议4次、全省安全生产电视电话会议4次、全国全省安全生产视频会议64次；召开市安委会例会4次、安全生产专题会议3次。根据实际情况制定细化“五化”工作方案，推进监管工作落实，截至2021年末，完成“清单化”“手册化”，落实领导干部职责清单、落实安全生产职责清单、企业安全生产主体责任清单等相关制度措施清单，完善全市危险化学品“一图一表”，企业基础信息台账。

【基层应急能力体系建设】 2021年，白城市选定大安市四棵树乡、四棵树村、长虹街道、铁西社区为试点单位，从“大应急”角度出发，统筹整合乡镇（街道）、村(社区)安全生产、防汛抗旱、消防森防、防灾减灾救灾等方面力量，健全完善乡镇(街道)、村(社区)应急管理组织体系、应急救援队伍，实施应急管理网格化管控。截至2021年末，全市104个乡镇街道均成立应急管理办公室，配备应急管理人员482名；1048个村（社区）划分网格4343个，配备网格员11710名，组建应急救援分队955个，建立应急物资储备站1021个。全年白城市举办各类演练1380场，其中防汛演练141场，森林防火演练60场，地震演练32场，各类企业举行燃气演练、电力演练、通信演练、工矿商贸演练1100余场。

【防灾减灾宣传】 2021年，白城市制定下发《2021年森林草原防火工作要点》《白城市2021年减灾工作要点》，部署全市2021年减灾工作。制定下发《白城市减灾委员会办公室关于开展“5·12”防灾减灾宣传活动的通知》。以“防范化解灾害风险，筑牢安全发展基础”主题，开展系列宣传教育活动，5月12日、10月13日开展2021年全国减灾日宣传活动，市应急局、市自然资源局、市水利局、市地震局、开发区等单位参加宣传活动。发放宣传资料1500余份，现场接受群众咨询300余人次，白城市减灾委员会办公室印发《白城市自然灾害防治工作联席会议制度》通知，对白城市自然灾害防治工作存在问题组织相关部门及时分析研判。制定白城市《防灾减灾救灾体制机制改革的实施方案》《关于推进防灾减灾救灾体制机制改革的实施办法》通知，保证防灾减灾救灾体制机制改革顺利完成。白城市洮北区新华街道工人街被评为“2019年度全国综合减灾示范社区”，大安市长虹街长虹社区被评为“2021年度全国综合减灾示范社区”。

【应急救援演练】　2021年，白城市开展针对地震、洪涝、高层、地下、冰面和大型商业综合体等6大类灾害事故，开展模拟桌面推演11次、支队级实战演练11次、地震救援实战演练1次、水域救援演练3次、冰面救援实战演练3次，组织全区各队站实战演练400余次，提升队伍实战能力。

（王　磊）

气象灾害防御

【冰雪灾害】　11—12月，受暴风雪天气影响，造成冰雪灾害，白城市洮北区、大安市、镇赉县、通榆县等39个乡镇185个行政村遭受雪灾。灾害造成2115户5332人、冻死大牲畜牛146只，牲畜羊1974只，猪63头，鸡67只，鸭6只，鹅7只。2974栋大棚倒损，2968栋大棚倒塌。2365栋为未种植作物冷棚，92栋为未种植作物暖棚，511栋为蔬菜大棚，种植香菜、韭菜、白菜、辣椒、西红柿、葱等、葡萄、车厘子等。6栋蔬菜大棚膜损坏，种植有香菜、菜花、豆角，农作物受灾面积13.93公顷。成灾面积13.24公顷，绝收面积8.68公顷。401个圈舍受灾。包括羊圈、牛圈、猪圈。直接经济损失2571.10万元。家庭财产损失510.70万元，农林牧渔损失2060.40万元。

【风雹灾害】　受地面气旋影响，6月13日10：11分白城市出现降雨、大风天气，最大降雨量2.5毫米，最大风力9级，最大风速21.9米/秒。大安市新平安镇、太山镇2个乡镇长建村、东南岗村、解放村等8个行政村遭受风雹灾害，部分农房不同程度受损。灾害造成135人受灾，分散安置11人，一般损坏房屋59户130间，严重损坏5户19间，新平安镇东南岗村1个大挠子厂房严重损坏400平方米。直接经济损失42万元。大安市投入救灾救援力量120人次。其中，干部群众29人次、百姓自救91人次。

【冰雹灾害】　受低压切变影响，7月1日7时5分开始，白城市部分地区出现冰雹、暴雨、雷暴大风及强降雨天气，平均降雨量42.6毫米，最大降雨量90.8毫米，风力8级，风速每秒19.9米/秒，冰雹最大直径12毫米。白城市镇赉县、通榆县等2个县（市、区）12个乡镇31个行政村遭受灾害，灾害造成玉米、高粱等粮食作物、西瓜等经济作物和部分房屋受灾。灾害造成2352户5735人受灾，农作物受灾面积10251.63公顷，其中粮食作物受灾面积8383.23公顷；农作物成灾面积4485.63公顷，其中粮食作物成灾面积2837.23公顷；农作物绝收面积38.57公顷，其中粮食作物绝收面积38.57公顷。房屋损坏16户36间，其中，严重损坏4户11间，一般损坏14户29间。紧急转移安置人口10人。其中，分散安置人口6人、集中安置人口4人。设置集中安置点1个。直接经济损失5373.63万元。其中，家庭财产损失26.5万元、农业损失5347.13万元。

【极端天气安全防范】　2021年，白城市制定下发《加强城市安全工作实施方案》，围绕“不死人、少伤人、减损失”目标，从压实安全防范责任，加强城市交通安全、城市防汛排涝安全、城市建筑和市政设施运行安全、城市消防安全、城市危化品安全、城市其他行业领域安全，加强应急救援救灾等8个方面细化城市安全各项防范和应急处置措施，保障广大人民群众生命财产安全。

【暴风雪应对】　11月6—10日，白城市出现历史罕见暴雪、大风天气，平均降雪32毫米，平均积雪深度30厘米，为历史同期极值；平均风力6级，最大风速10级。白城市及时发布监测预报预警信息，下发各类通知127份，下发应对提示函542份；极端天气期间，全市未发生因降雪导致安全生产和道路交通亡人事故，供热、供气、通信正常。

【强降雨防范】　进入汛期开始，白城

11月9日，白城市应对罕见暴风雪。图为清雪车在清雪　（李晓明　供图）

市实施24小时防汛值班和领导带班制度。7月30日，收到省应急管理厅《关于贯彻落实省领导批示要求全面做好西部强降雨防范工作的通知》后，白城市人民政府防汛抗旱指挥部组织主要成员单位应急、水利、气象、水文部门举行会商。受“烟花”外围云系及与西风槽结合共同影响，7月30日—8月2日白城市出现降雨天气过程。降雨空间分布梯度较大，累计降水量30～70毫米，局部地方100毫米以上，最大小时雨量30～40毫米，降雨过程中伴有雷暴大风、冰雹等强对流天气；7月31日—8月1日白城市有4～5级东北风，瞬间风力6～8级。白城市组织应急、气象、水利、水文等有关单位强化各类监测预警系统排查维护，完善部门间信息共享机制，缩短预报、预警、信息传递时间，做到环环相扣、紧密衔接、无缝对接。水利、自然资源、应急等部门加强水库、地质灾害点等重点地段、重点工程值班巡查和调度。

（王　磊）

防汛抗旱

【防汛】　2021年，制定下发《白城市2021年防汛抗旱重点工作安排》，部署全市2021年防汛抗旱工作，制定完善水库防汛抢险、山洪灾害转移避险、城市内涝防御等预案134个，对全市28座水库、450千米主要江河堤防3轮全面排查，投入1700万元整改水库堤坝隐患1014处，地质灾害隐患点147处，山洪、泥石流隐患点8个。围绕防汛Ⅲ级（三级）应急响应，组建抗洪抢险各类队伍104支、2万余人（消防队伍327人、森防队伍119人、专业救援队伍105人、社会救援力量115人，协调部队7000人），每日常态巡堤查险人员1200余人。设置巡堤查险点300余处，出动巡堤查险人员7.77万人次，抢险人员1.73万人次，各种运输车辆6706台次。执行24小时值班和领导在岗带班制度。加密雨情、风情、水情预测频次，实时掌握信息动态，强化会商研判，做好防控指导。利用广播、电视、短信等传媒手段，不断更新滚动播报降雨范围、时长、强度和风力等动态信息，及时传达发布预警预报，靠信息防汛、防洪、防台，提高群众对台风过境知悉度，规避风险、确保安全。

【洮儿河抗旱生态补水】　4月8日，白城市召开洮儿河抗旱生态补水工作部署会议，制定下发《白城市洮儿河抗旱生态补水工作方案》。4月12日—5月8日，开展洮儿河抗旱生态补水工作。洮儿河补水总量（镇西断面计量）约7943万立方米（含561万立方米的生态基流）。其中，向海水库补充水量约2769万立方米，牛心套保湿地补充水量约847万立方米，五间房水库补充水量约222万立方米，地下水补充水量2382万立方米，洮儿河和补水渠道留存约650万立方米水量，补水沿程周边泡塘补水约512万立方米。

（马明印）

【抗洪抢险应急救援综合演练】　6月21日下午，白城市人民政府主办、白城市消防救援支队承办的全市抗洪抢险应急救援综合演练在大安港举办。演练调集市消防救援支队抗洪抢险专业队、分队及联动单位80余名指战员、20余艘舟艇，以及无人机、救生机器人等抗洪抢险救援装备参演。演练课目设置立足水域救援实际，分为指挥调度、编队行进、活饵救援、医疗救助、横渡救援、无人机抛投、抛投器救生、桥降救援、水上机器人救援、翻船自救、船舶火灾扑救等10余个实战课目，并调集餐饮保障车、器材装备抢修车、器材物资运输车、战勤保障物资以及救生器材，同步展开现场指挥部搭建、物资搬运、装备抢修、饮食保障、卫勤保障等科目，对现场参战力量提供战勤保障。演练全过程按接警出动、应急响应、力量集结、任务部署、灾情处置等程序展开。

（李荣琦）

【洪涝灾害】　受强降水、雷暴大风天气影响，7月22日17时22分开始，白城市出现强降雨、雷暴大风天气，阵风风力7级以上，极大风速9.7米/秒，平均降雨量27.1毫米，局部最大降雨量49.7毫米。白城市洮北区、镇赉县、查干浩特等3个县（市、区）11个乡镇35个行政村遭受城镇内涝灾害，灾害造成玉米、水稻等粮食作物受灾。灾害造成2392户7257人受灾，农作物受灾面积3366公顷，其中粮食作物受灾面积3366公顷；农作物成灾面积1739公顷，其中粮食作

6月21日，白城市在大安港开展抗洪抢险应急救援综合演练

（曹继川　供图）

物成灾面积1739公顷。一般损坏房屋14户35间。直接经济损失1671.1万元。其中，农业损失1664.6万元、家庭财产损失6.5万元。

受雷暴大风和短时强降雨天气影响，8月5日5时25分开始，白城市部分地区出现雷暴大风和强降雨天气，阵风风力7级以上，平均降雨量6.6毫米，局部最大降雨量31.1毫米。白城市洮北区、镇赉县、通榆县等3个县（市、区）13个乡镇32个行政村遭受洪涝灾害，灾害造成玉米等粮食作物，香瓜、花生等经济作物受灾。灾害造成1912户4906人受灾。农作物受灾面积2073.29公顷。其中，粮食作物受灾面积2023.76公顷、经济作物受灾面积49.53公顷。农作物成灾面积1430.09公顷。其中，粮食作物成灾面积1380.56公顷、经济作物成灾面积49.53公顷。农作物绝收面积984.71公顷。其中，粮食作物绝收面积981.71公顷、经济作物绝收面积3公顷。一般损坏房屋4户8间。直接经济损失1869.01万元。其中，家庭财产损失1万元、农业损失1868.01万元。

受高空槽前部影响，8月4日开始通榆县出现连续降雨天气，8月11—12日上午10时又遭受强降雨，最大降雨量51.9毫米、全县平均降雨量20.3毫米（最大风速每秒7.5米/秒、平均风速每秒4.4米/秒），造成白城市通榆县等1个县（市、区）2个乡镇6个行政村遭受洪涝灾害，灾害造成玉米、高梁等粮食作物受灾，花生、香瓜等经济作物受灾。灾害造成644人受灾。农作物受灾面积521.33公顷。其中，粮食作物受灾面积473.33公顷、经济作物受灾面积48公顷。农作物成灾面积520.93公顷。其中，粮食作物成灾面积472.93公顷、经济作物成灾面积48公顷。农作物绝收面积2.5公顷，均为粮食作物。直接经济损失303.9万元。

受高空槽天气影响，8月20日16时50分，白城市洮北区、通榆县、大安市等3个县（市、区）15个乡镇82个行政村遭受洪涝灾害，1小时降雨量20.3毫米，最大降雨量119.8毫米。瞬间风力8级以上，最大风速20.3米/秒。灾害造成玉米、水稻、高粱等农作物受灾，糜子、茄子、辣椒等经济作物受灾，农村住房损坏。灾害造成21187人受灾。农作物受灾面积13344.96公顷。其中，粮食作物受灾面积12754.87公顷、经济作物受灾面积590.09公顷。农作物成灾面积7651.71公顷。其中，粮食作物成灾面积7258.58公顷、经济作物成灾面积393.13公顷。农作物绝收面积1508.06公顷。其中，粮食作物绝收面积1374.16公顷、经济作物绝收面积133.9公顷。严重损坏房屋2户3间，分散安置人口4人。直接经济损失3592.43万元。其中，房屋及居民家庭财产损失3万元、农林牧渔业损失3589.43万元。

受霍林河上游强降雨和胜利水库、向海水库泄洪影响，9月6日14时21分开始，由于霍林河在大安市内无堤防，洪水漫散，导致大安市龙沼镇3个行政村遭受洪涝灾害。洪涝灾害造成玉米等粮食作物受灾。灾害造成104人受灾，农作物受灾面积290公顷，成灾面积290公顷。直接经济损失87万元。

（王　磊）

防震减灾

【地震监测】 2021年，白城市更新核实“三网一员”（地震宏观测报网、地震灾情速报网、地震知识宣传网，防震减灾助理员）信息网，编制《白城市“三网一员”工作手册》；与白城地震监测中心站签订《关于建立防震减灾工作合作机制框架协议》，每月联合召开震情会商会。完成年度地震趋势研究报告，在全省获得第2名；重新修订《白城市地震局地震应急预案》；完成全国“两会”及中、高考期间地震安全保障服务工作。

【震害预防】 2021年，通过实施白城市地震灾害风险普查和地震易发区房屋设施加固工程两项重点工程，白城市地震灾害风险防治能力提升。在地震灾害风险普查方面，落实普查经费30万元，全省首家完成市级地震灾害风险普查任务。白城市在全省2021年度防震减灾视频会议做《扎实推进“两项工程”实施全面提升地震灾害综合防范能力》典型发言。年末白城市地震灾害风险普查试点任务通过中国地震局专家组验收。在地震易发区房屋设施加固工程方面，协助省地震局完成基于遥感影像和经验估计房屋抗震设防能力初判；编制完成《白城市地震易发区房屋设施加固工程实施方案》，组建市、县两级房屋加固工程协调推进组；全年完成1200余条工程信息采集、审核工作。

【地震监测台网建设】 2021年，市地震局根据白城市地处黑、吉、内蒙古三省交会处地理位置特点，更新地震监测节点23个；白城市地震局组织人员到台站检查4次，指派专人维护应急指挥新系统和地震监测软件正常运行。白城市地震数据连续，运行状况良好；联合白城地震监测中心站及时核实调查监测手段异常显示情况，形成调查报告。

【防震减灾宣传】 2021年，白城市研发地震科普宣传精品4种，组织防震减灾知识“进图书馆”等“六进+”宣传活动10余次。参与2021国际防震减灾科普作品大赛，1件作品获“人气奖”；参与第五届全国防震减灾科普讲解大赛，1名选手获优秀奖；参与吉林省防震减灾科普讲解大赛活动，1人获一等奖，2人获二等奖，白城市地震局获“组织奖”。举办第二届白城市防震减灾知识竞答活动，4万余人次参加；组织白城市防震减灾科普作品征集大赛，征集作品130件。新创建4所市级防震减灾科普示范校、2所省级防震减灾科普示范学校，1所国家级防震减灾科普示范校。

【“5·12”防灾减灾日主题宣传活动】 5月12日上午，白城市“5·12”“防范化解灾害风险，筑牢安全发展基础”主题宣传在市民广场举行。市应急局、地震局、消防救援支队、林草局、红十字会等相关部门70余人参加集中宣传活动。活动设置防灾科普展板宣传区、防灾知识咨询区、防灾救援装备展示区、救援教学体验区等4个宣传区，设置展板20余块，咨询台7处，展示救援装备20余种，教学体验模型人2个。活动发放防震、防火、防汛抗旱、地质等各类宣传资料1万余份，免费发放印有防灾减灾知识手提袋、拉画笔、鼠标垫等物品3000余件，接受群众现场咨询600余人次，100余名居民现场体验心肺复苏操作演练。市地震局到社区和学校讲授防震减灾知识讲座2次，走进客运客车发放宣传资料50余份，在商业综合体户外大屏播放防震减灾公益宣传片10次。

（马 悦）

【地震应急避难演练】 3月29日是第26个全国中小学生安全教育日。白城市地震局联合市教育局、市应急局、市红十字会在白城市第十四中学开展地震应急避险演练活动。演练全程用时2分20秒，全校700余名师生全部撤离到指定临时避险场所，演练全程没有发生碰撞、拥挤、踩踏。

【特别重大地震灾害跨区域增援实战演练】 4月28—30日，吉林省消防救援总队在松原市开展“砺剑2021”特别重大地震灾害跨区域增援实战演练，白城市消防救援支队接到总队紧急下发《关于赴松原前郭县开展地震救援的命令》后，立即启动《白城支队地震灾害应急救援预案》，下达轻型地震救援队紧急集结命令。全市消防救援队伍随即响应，63名指战员、9台作战保障车辆（抢险救援车、城市主战车、餐饮保障车等），携带地震救援装备器材［侦检、破拆、救生等五大类873件（套）］和战勤保障物资全员全装备集结待命，到演练震区。实战演练依托过往救援和拉动经历，根据演练地形、灾情特点和发展规律，演练时间和课目设置较为紧凑。设计10个操作点，提前埋设假人及活物，设置较难破拆墙体、承重力况较差平台、深度废墟埋压、指战员受伤等各种危难复杂救援情况。按照演练工作部署，结合支队受领任务，全体参演指战员迅速投入既定演练课目中，以实战心态，克服连续疲劳营救、当地夜间气温低至零度、大风降雨等状况，完成全部规定演练课目，达到实战演练成效。

（李荣琦）

3月29日，市地震局到白城市第十四中举办防震减灾应急演练

（马 悦 供图）

安全生产监督管理

【概况】 2021年，制定下发《白城市关于“五化”抓安全生产工作实施方案》。通过开展安全生产常态化督导督查，启动安全生产和消防工作常态化考核机制，推进“五化”引领安全生产工作全链条联动、全闭环管理、全方位落实。坚持“清单化”管理，市、县、乡三级918名党政领导干部制定安全生产职责清单，市、县两级135个行业主管部门制定107类154个部门职责清单，2075家企业制定安全生产主体责任清单；坚持“图表化”推进，以安全生产专项整治三年行动为主线，制定完成118类144个作战图集，包含209个作战图表；坚持“手册化”操作，41个行业主管部门制定完成45类54个公共应急安全手册；坚持“模板化”运行，推动“松原农村交通安全治理模板”，整改平交道口隐患703处，推动“梅河口遏制亡人事故建设工地模板”实施，全年建筑施工领域未发生生产安全亡人事故；坚持“机制化”落实，推动1554家企业制定分级标准，完善隐患排查治理机制，健全自查、自改、自报隐患制度。2021年，市应急局定期组织召开风险研判会议，下发风险提示15个、事故警示通报41个。在“春节”“两会”“清明节”“五一”劳动节、“端午”“中秋”“国庆”等重点时段，开展重点领域督查检查，落实安全防范措施，确保安全。建党百年庆祝活动期间，开展“防风险、除隐患、迎大庆、保安全”50天专项行动，聚焦15个重点领域开展隐患大排查、大整治，按照企业自查、县级排查、市级检查监管模式，市、县两级成立289个工作组检查1622家企业，发现整改问题隐患1552个，全市工矿商贸领域未发生生产亡人事故，未发生火灾亡人事故。

（王 磊）

【工业企业安全生产】 2021年，白城

市制定并下发《关于开展疫情防控和安全生产工作相关事宜检查的通知》《白城市工信系统疫情防控期间安全生产专项整治行动工作方案》《关于建立全市规模以上工业企业疫情防控事项“零报告”制度的通知》等。1月12—15日，白城市开展新冠疫情防控和安全生产检查指导工作，抽查24家规模以上工业企业，对发现问题隐患，现场指导。制定下发《2021年白城市春运工作实施方案》，按要求梳理安全隐患，上报省春运办。制定下发《白城市工业和信息化局全国“两会”期间安全防范工作实施方案》，加强对工业企业以及人员密集场所的消防安全、新冠疫情防控等安全生产指导。制定《全市工信系统安全生产专项整治三年行动2021年重点任务推进工作方案》，明确2021年工作责任，落实工作任务。白城市要求各县（市、区）工信部门加强对辖区化工（危险化学品）企业整治任务调度统计，分析存在安全隐患并及时排除。

（吴建民）

【建筑领域安全生产】 2021年，白城市开展安全专项整治行动2次。对建筑施工违法违规、降低安全生产条件、安全生产主体责任不落实等行为查处；对于存在重大安全隐患或发生生产安全事故项目，依法追究事故责任单位和人员责任。12月17日，市住建局到白城市城尚成、中景桃花源项目施工现场和白城市鑫业燃气有限公司、白城市兴业燃气有限责任公司、白城市大地加气站开展安全生产执法大检查，全程采用“互联网+监管”模式，运用“我要执法”App开展执法工作，按照“执法报备、手机亮证、扫码迎检、事后评价”程序开展检查。

【建筑安全培训教育】 5月8—9日，市住建局举办为期2天建筑施工安全业务培训班，各区建设行政主管部门监管干部及市区在建项目负责人、施工负责人、技术负责人、安全负责人、监理人员等100余人参加。培训聘请省建筑施工安全专家授课，讲授住建部“危大工程”31号令、37号令，国家施工检查标准、隐患排查、事故案例分析及施工、监理安全内业资料等内容，邀请中国人保专业人员讲解“安全生产责任保险”内容。

【交通应急救援演练】 2021年，白城市公安局组织各县（市）公安局交警部门联合医疗救援部门、消防部门、保险公司，制定道路交通事故应急救援预案，坚持每月开展道路交通事故应急救援演练，主要通过危险货物运输车泄漏、起火、多车相撞等多种道路交通事故应急救援演练方式，降低道路交通事故中当事人伤亡率，增强各部门协同处置能力及应急救援工作效率。2021年，开展道路交通事故应急救援演练12次。通过开展道路交通应急救援演练活动，各县（市）公安局交警部门互相借鉴，完善适合当地道路交通事故应急救援预案，提升与医疗部门、消防部门、保险部门协同配合能力、反应能力和协同能力，提升道路交通事故应急救援效率。

（赵中祥）

【安全生产专项整治】 2021年，制定下发《2021年白城市安全生产专项整治三年行动重点工作任务》，明确60项年度重点任务，围绕2个专题、8个专项，开展危化品、非煤矿山、交通运输、建筑施工、工贸、消防火灾等重点行业领域安全整治。采取“领导+干部+专家”指导服务模式、“隐患排查实名制+问题清单制+整改责任制+验收销号制”整治模式，消除问题和隐患。市安委会4个常态化督查组开展综合督查检查5轮，发现问题隐患791处，均挂牌督办整改。吸取长春“7•24”火灾事故和湖北十堰“6•13”、辽宁沈阳“10•21”燃气爆炸事故教训，组织开展消防安全和城镇燃气专项整治行动。全市成立检查组2079个，督导检查5872次，排查企事业单位15776家，查出隐患10847项，整改销号10462项，约谈警示企业298家，行政罚款227.369万元；对不具备安全条件企业责令停产整顿56家，推动企业主体责任落实。

【安全生产宣传教育】 2021年，市应急局发送《致企业的一封信》，提醒企业吸取事故教训，履行主体责任。通过开展安全生产“五进”（进企业、进校园、进社区、进农村、进家庭）宣传活动，传递安全生产法律法规、作业安全、消防安全、安全事故应急处置、应急自救逃生避险技能等知识100余场，参与1.3万余人。市应急局开展“安全生产月”宣传活动，现场设置咨询台、宣传展板、安全宣传标语、接受群众咨询300人次，发放各种安全宣传资料5000余份，发放各类安全生产宣传品3000余件；白城供电公司现场宣传企业安全文化；白城欧亚商都电子屏幕循环播放《生命重于泰山》并组织员工进行1000余人参加的消防疏散应急演练和安全应急能力宣传培训。全市开展新修订《中华人民共和国安全生产法》培训活动。6月16日，市住建局在“城祥•城尚成”项目施工现场召开2021年“安全生产月”启动仪式暨消防演练现场会。市应急局、消防救援支队、相关企业负责人及各区住建局相关工作人员200余人参加活动。启动仪式后，举行“安全生产月咨询日”活动，张贴宣传标语、横幅30张（条），发放宣传册200余册。9月，市应急局开通微信公众号，全年发送各类便民信息12条，建立特种作业证查询、“12350”投诉举报入口等便民服务板块。

（王磊　周岩）

消防救援

【概况】 2021年，全市接警出动2398起。其中，火灾扑救1670起，抢险救援

233起、社会救助262起、公务执勤136起、其他97起。比上年增长20%，出动人员15188人次，比上年增长37.1%，出动车辆3255辆（次），比上年增长40.2%。

2021年，白城市消防救援支队（简称“市消防救援支队”）有2个基层党组织和4名个人获省级奖励，3名指战员被评为“白城好人”。完善救援综合保障，消防培训基地及战勤保障大队综合楼建设一期项目培训基地综合楼完成主体建设，大安和通榆大队2个体能训练馆均建成投入使用。采购消防车8台及各类灭火救援器材8433件（套）。

【暴雪灾害抢险救援】 11月7—8日，吉林省西部出现暴雪、大暴雪，部分市县出现特大暴雪。11月6—11日，市消防

延伸阅读：

白城蓝天救援服务中心

2月26日，白城蓝天救援服务中心队员在实验中学开展防疫消杀（赵晓芳 供图）

白城蓝天救援队成立于2014年，是一支非营利性民间公益组织。队长郝宏宇获得“吉林省红十字优秀志愿者”“第六届吉林省优秀志愿者”“吉林好人”“全国优秀队长”“白城好人”等称号，并带领全队获得“全国优秀志愿者组织”“白城市先进基层党组织”等多项荣誉。2021年在市民政局正式注册成立白城市蓝天救援服务中心，全队现有队员470人，中共党员25人，共青团员20人。

白城蓝天救援服务中心有24小时值班制度，独立的网络后方平台。3分钟响应，5分钟后台就位，4小时内到达救援现场的救援承诺。蓝天的任务是为白城市群众性户外运动提供公益紧急救援保障，同时协助政府应急体系展开防灾、减灾教育培训，参与各种灾害事故救援行动，减少灾害和事故造成的财产和生命损失。救援范围包括台风、地震、雪崩、洪水、泥石流等自然灾害，山林火灾、大型意外事故与其他户外安全事故等。经过多年发展与实际救援，白城蓝天形成了一个建立在风险处理及预防基础上的综合性应急管理体系，成为一个涵盖生命救援、人道救助、灾害预防、应急反应能力提升、灾后恢复等各个领域专业化人道救援机构。队员们来自各行各业，在做好本职工作的同时，志愿从事这份“兼职”，并完成各领域抢险救援。

在新冠肺炎疫情防控时期，白城市蓝天救援服务中心积极响应市委号召，第一时间召开新冠疫情防控协调小组专题会议，安排部署新冠疫情防控工作，建立“日报告”机制，并严格落实应急值守相关制度，制定应急值班表，落实人员分工，全力做好统筹协调，并在原有24小时值班制基础上，加强人员保障和信息交互，及时做好新冠疫情防控相关工作。白城市蓝天救援服务中心出队255次，动用车辆629辆次，参与队员2742人次。为白城市340家机关企事业单位开展消杀工作，累计消杀面积3198652平方米；为白城市区和大安市259栋1230个单元开展消杀防疫工作，消耗药剂二氧化氯7箱，每箱10千克。白城蓝天救援队青年突击队连续防疫30天，累计公益服务时长1800小时。

白城市蓝天救援服务中心（原白城蓝天救援队）成立至今，组织和参加大型救灾、救援、抢险，救援行动257次，大型群众性活动保障任务98次，企业单位、学校防减灾培训活动135次，其他社会服务活动228次，累计出队718次，受益群众近万人，累计志愿社会服务时长4865小时。其中具备潜水资质7人，救援资质4人，取得无线电通信证42人，急救员资格证54人。

8月28日，白城蓝天救援服务中心开展水域救援演练（杜 鹏 供图）

救援支队处置低温雨雪冰冻灾害警情11起，营救疏散群众40人。11日后，白城市因气温回升导致居民楼房顶积雪融冰处置警情同比上升。11月8日夜间，白城市发生多起群众驾车被困暴雪途中事件，市消防救援支队接到求助报警后紧急前往营救。大风及暴雪影响，能见度较低，部分路段积雪严重，消防救援人员克服行进困难，迅速抵达救援现场，排查被困车辆险情，将车内被困人员转运至消防车后安全撤离。11月9日上午，受连夜暴雪影响，部分群众房屋受积雪影响严重，无法出行。市消防救援支队接到求助报警后到现场，营救被困人员并帮助清理被困群众门前积雪。

6月7日，白城市消防救援支队参与省总队“砺剑2021”山岳水域泥石流综合救援跨区域演练　（于　泉　供图）

【火灾风险防控】 2021年，结合创建全国文明城市和老旧小区改造，市消防救援支队推进消防安全专项整治三年行动，开展人员密集场所、高层建筑以及电气火灾等10余个专项治理，高标准完成大型商业综合体达标创建活动，深化“生命通道”综合治理，一次性解决55个小区水源、消防车通道、微型消防站和安装充电桩建设难题，为1364户特殊群体家庭免费安装点型感烟探测器，防范“小火亡人”事件发生。

【消防宣传】 2021年，市消防救援支队起草《白城市消防救援事业发展“十四五”规划》，推动市政府办公室印发实施，各县（市、区）政府“十四五”消防救援事业规划均完成提档升级。开展“五进”（进社区、进学校、进企业、进农村、进家庭）和“消防宣传面对面，推门入户送平安”宣传活动，发放宣传海报、手册、安全图书6万余册，播发消防公益广告或安全提示3万余次，发送消防安全提示短信160余万条。

【消防救援队伍建设】 2021年，市消防救援支队组建由59人组成的特殊建筑火灾作战救援编队，由45人组成的抗洪抢险专业队，由63人组成的地震救援专业队，开展针对性救援“全要素”支队级集结演练，完成白城市抗洪抢险救援拉动演练、总队“砺剑2021”跨区域地震救援实战联合演练、白山市山岳水域泥石流综合救援等演练和大安市大安港跨区域抗洪抢险救援拉动演练任务。

【高层建筑消防安全能力攻坚提升】 2021年，市消防救援支队排查全市776栋高层建筑消防设施，其中515栋存在隐患问题。将高层建筑消防安全能力攻坚提升与文明城市创建、老旧城区改造等重点工作融合。逐个小区、逐栋建筑制定整改措施，列表推进整改。对动态隐患问题开展“回头看”行动，防止问题反弹，持续督导隐患问题整改。2021年，高层建筑消防设施完好率从33%提升至62%。

【消防灭火救援演练】 5月11日，白城市人民政府主办，白城市应急管理局、白城市消防救援支队联合承办的“白城市防灾减灾日消防灭火救援演练”在市龙华热电厂厂址举办。演练模拟现实生活中某居民小区一住户因日常用电用火不慎引发火灾，有群众被困火场，消防救援人员到场处置火势、营救疏散被困群众。演练调集消防指战员36人，举高喷射消防车、登高平台消防车等7台消防车，救援三角架、破拆液压组合工具组等抢险救援装备200余件（套）。演练使用真实火源，消防救援人员利用举高喷射消防车对起火楼层进行高空外围火灾扑救，携带救援装备深入火场对被困人员进行搜救和安全转运。在楼层和外围安全地带架设绳索，进行被困人员空中绳索疏散转移。

【山岳水域泥石流综合救援跨区域演练】 6月7—11日，吉林省消防救援总队开展“砺剑2021”山岳水域泥石流综合救援跨区域演练。演练设置力量集结投送、组建通信网络、无人机侦察标定、无人机红外侦察、无人机抛投救生、大跨度缆车救援、大跨度孤岛救援等18个课目。市消防救援支队22名参演指战员严格遵守各项规定，克服长途疲劳、环境复杂等不利因素影响，研判课目开展环境危险因素，制定安全保障措施，强化陡坡携装抵近安全行进、空中及陡崖绳索运用个人防护，突出绳索锚点选择、危险点安全员设置等关键因素。

【“119”消防宣传月启动暨消防车辆发放仪式】 11月5日，市消防救援支队举行2021年度“119”消防宣传月启动暨消防车辆发放仪式。副市长纪纲宣布白城市消防宣传月启动，省消防救

11月5日，在白城市新区广场举行2021年度“119”消防宣传月启动暨消防车辆发放仪式（曹继川 供图）

援总队副总队长张孝国发表致辞。活动中，与会领导为各县（市、区），白城经济开发区、工业园区、生态新区发放消防车辆“金钥匙”；参观发放车辆集中出水、器材装备展示、消防指战员业务技能操作展示以及大型图文展。发放各类消防宣传资料3万余份，现场咨询答疑300余次，直接受益人数3000余人。

【处置秸秆堆垛火灾】 3月29日，通榆县善能生物质热电联产有限公司厂区内秸秆堆垛发生火灾。市消防救援支队接到报警后，迅速响应，当日全勤指挥部遂行出动，指挥中心调集园区、经济开发区、洮北区、洮南市、镇赉县5个消防大队，7台水罐消防车、50余名指战员，照明车、餐饮车等战勤保障车辆5台赶到现场。成立灭火救援指挥部，市消防救援支队长李向刚、政委刘迎祥、通榆县县长刘振兴到火场，协同调度指挥现场灭火救援行动。结合厂区面积大、建筑物多、堆垛多、火灾荷载量大等态势，灭火救援指挥部科学、迅速制定灭火作战方针：按照保护火场主要方向、“先控制、后消灭”原则，下达作战命令。灭火现场分5个战斗段，东西南北各1个，厂区外东侧1个。每个战斗段1台主战车、3台供水车、2～3个水枪阵地进行灭火，控制火势和堵截蔓延；县政府园林绿化车辆、增援大吨位消防水罐车负责为5个战斗段主攻消防力量不间断供水；现场各战斗段设置安全观察哨，时刻关注风向及火势蔓延方向，在夜间等重要时段着重对人员、车辆进入火场情况进行核对；园林绿化车辆、挖掘机等大型机械现场配合灭火作业要求，进行供水、堆垛转移等；战勤保障科对现场指挥部搭建、现场照明、饮食保障、器材维护及油料保障等全程遂行响应。

3月31日11时25分，火势完全扑控，火灾未造成进一步蔓延、无人员伤亡。经火灾现场反复侦察确认后，现场指挥部下达增援力量撤离命令，留守通榆县消防大队看守现场，严防复燃。

（李荣琦）

3月29日，市消防救援支队处置通榆县善能生物质热电联产有限公司秸秆堆垛火灾（于 泉 供图）

森林草原防火

【防火检查】 2021年，白城市未发生重大森林草原火灾。市林草局被吉林省人民政府评为吉林省连续40年无重大森林火灾先进集体。全年全市出动检查组55支，暗访组10支，检查191次，设立检查站（含临时）44个，其中发现火灾隐患问题23个，下发隐患通知书20份，下发立即整改通知书20份，跟踪整改10个。

【防火宣传教育】 2021年，市林草局发放森林防火宣传单14万余份，悬挂横幅1726条，防火旗16120面，竖立宣传碑334块，发送短信21万条，其他宣传物1.2万余个，出动宣传车200余台次，组织宣传队38个，参加宣传人数218人次，设立防火宣传街3条；网络媒体宣传79次。全年开展森林草原防火演练2次；市森林火灾预防中心组织火情报送演练2次。

（李曙光）

【打击森林草原违法用火行为专项行动】 2021年，白城市制定《白城市开展打击森林草原违法用火行为专项行动工作方案》，落实行政首长负责制，明确指导思想、工作目标、工作安排及步骤，成立专项行动督导组，强化各项防范措施。各县（市、区）和各乡（镇、场）均按照要求结合本地实际制定专项治理行动方案。县乡两级都落实党政同责、一岗双责，把野外火源专项治理行动摆上重要议事日程，成立专项行动领导小组，开展“春秋两季野外用火”专项行动和清明节期间开展“清明节禁烧”专项行动，排查整治隐患23处，制止野外违规用火4起。

（王　磊）

卫生应急

【卫生应急处置救援】 2021年，市卫健委成立卫生应急队伍10支。其中，医疗救援队伍6支，传染病防控救援队1支，卫生监督队伍1支，化学职业中毒救治队伍1支，心理干预队伍1支。因新冠疫情防控，各队伍由各单位管理，由市新冠疫情防控指挥部安排相关工作。实施突发公共卫生事件信息报告，执行24小时新冠疫情值班制度，由领导带班，专业技术人员接收新冠疫情信息、协查函和各单位及群众各类咨询等业务。

【应对自然灾害应急预案】 2021年，市卫健委根据白城市、卫生健康系统工作内容制定应对自然灾害应急处置预案。发生自然灾害事件后，对当地灾情和医疗卫生服务需求及能力作出评估，根据灾情、伤情、病情、疫情分级响应。灾区卫生行政部门根据《国家救灾防病信息报告管理规范（试行）》，实行自然灾害卫生应急信息日报告制度。卫生行政部门负责组织专家对灾害对人健康危害程度、伤亡损失情况及发展趋势等进行卫生学评估，研究提出重点开展的救援措施以及医疗卫生人力、物资、外援等需求。各级疾病预防控制机构定期编写灾区传染病疫情与突发公共卫生事件监测报告，对灾区疫情和突发公共卫生事件发生情况进行分析并预测发展趋势。应急预案对自然灾害事件发生后的医疗救援、传染病疫情防控、心理救援、医疗卫生服务等方面做出预案。

【应急救护技能培训】 6月23日，由市卫健委、白城市医学高等专科学校共同主办的“健康中国”全民普及应急救护知识暨白城医高专“天使行”应急救护技能培训启动仪式在市民广场举行。活动现场，白城医高专学校学生表演心肺复苏术，急救中心派出救护人员通过模拟示范、互动、讲解形式，为市民讲解应急救护知识。为市民讲解如何拨打“120”，并为独居老人进行信息登记，开设“120”绿色通道。

（刘　航）

6月23日，在白城市市民广场开展白城市“健康中国”全民普及应急救护知识暨白城医高专“天使行”应急救护技能培训　（刘树全　摄）

县（市、区）概览

洮北区

【概况】 白城市洮北区位于东经122° 50′ 19″～122° 50′ 10″，北纬45° 2′ 4″～45°55′2″。地处吉林省、黑龙江省、内蒙古自治区交界处松嫩平原洮儿河冲积扇上。东、东北与大安市、镇赉县接壤，西、南、西北隔洮儿河与洮南市相望，北与内蒙古自治区科尔沁右翼前旗毗邻。全区辖区面积2578.4平方千米。白城市洮北区人民政府驻白城市青年南大街14号。全区设乡5个、镇6个、街道办事处7个、农场3个（镇南种羊场、保民农场、洮河农场）、经济开发区1个和精品牧业发展区1个。隶属洮北区管辖社区39个，行政村138个，自然屯441个。

【洮北区名片】 洮北区是中共白城市委、市政府所在地，是全市政治、经济、文化交流的中心，是历史形成的区域性商品集散地，也是联合国开发计划署设计的第四条欧亚大陆桥的主要枢纽城市之一。洮北区被评为“全国双拥模范城”、全国“产粮大县”、全国率先基本实现主要农作物生产全程机械化示范县、国家医共体试点县。洮北区风能可开发总量为2280万千瓦。风电并网装机达到384万千瓦，占全省67%。境内日照充足，太阳辐射能量高，年均太阳总辐射约为每平方米5300兆焦耳，年日照时间达2900小时以上，可利用1500～1700小时，适合建设大型光伏电站。建成光伏电站5个，实现并网发电86.5兆瓦，其中华能10兆瓦，中金江鼎15兆瓦，华儒光伏牧草项目15兆瓦，百强光伏扶贫电站20兆瓦，村级光伏扶贫电站26.5兆瓦。

【经济发展】 2021年，全区地区生产总值完成175亿元，比上年增长7%；固定资产投资完成5.2亿元，比上年增长10%；一般公共预算财政收入完成1.75亿元，与2020年基本持平。

【农业】 2021年，洮北区完成高标准农田建设6666.67公顷，实施保护性耕作47200公顷。粮食产量13.5亿千克。规模化养殖场发展到100家。重大动物疫病保持零发生，“无疫区”建设运行工作被评为全省样板。

【工业】 2021年，洮北区规模以上工业总产值突破20亿元，比上年增长9.3%。龙华热电、中兴热力、北方水泥产能充分释放。林成风电装备制造当年建设、当年投产，完成产值2亿元，拉动规模以上工业增长10.9个百分点。

【商贸服务业】 2021年，洮北区新增社会消费品零售总额入库企业5家，社会消费品零售总额完成83亿元，比上

9月23日，洮北区组织洁洁宝等企业在东北亚博览会展出商品。图为区领导参观洮北区展区

（任世东 供图）

年增长5.9%。参加东北亚博览会、丝绸之路国际博览会，洁洁宝、鹏吉米业等企业商品参展。发放消费券近百万元，撬动销售700余万元。开展“网红直播”“第一书记直播代言”，拓宽农产品上行渠道。“放心粮油进社区”模式兴起。

【项目建设】 白城绿电产业示范园区增量配电业务试点许可获得批准。展开园区产业布局和专业园规划设计，推进路、水、网等基础设施建设。开展各类招商活动40余次，洽谈重点项目10个，达成意向投资398亿元，“电价洼地及绿电”磁场效应初步显现。

【城乡建设】 2021年，洮北区完成施工安全临时围挡安装、桥下违建、桥上护栏、人行道板及防撞墙拆除，桥面沥青、伸缩缝、路灯、混凝土拆除，顶升、橡胶支座更换完成25孔等；启动洮北区老旧小区改造项目。配合市住建局完成改造小区各项基础信息普查工作。2021年，完成农村危房改造105户任务。完成公园北区棚户区改造项目，属棚户区改造市场化运作项目，涉征247户，其中，住宅181户、非住宅66户。涉征房屋面积3万平方米，并发布征收补偿方案，与被征收人预签约征收补偿协议200户。

【乡村振兴】 2021年，洮北区开展5轮防返贫排查，动态补齐短板弱项，通过省脱贫攻坚后评估考核验收。投入资金6100余万元，实施示范村基础设施建设、庭院经济补助等16个项目，巩固脱贫成效，衔接乡村振兴。

【生态建设】 2021年，第二轮中央环保督察交办案件有序办结。“生态恢复+清洁能源示范”项目顺利签约。完成“三河”“两湖”“三泡”岸线保护利用规划编制，河湖长制工作获“吉林省突出贡献集体”称号。受污染耕地安全利用项目通过国家和省级评审，到位资金284万元。

【人民生活】 2021年，洮北区承诺11件民生实事全面实施，教育、医疗、养老、文化等保障水平提升。中小学课后服务全面落实，义务教育“双减”成效显著。“互联网+医疗”服务体系全面构建。城乡居民基本养老保险参保率100%。白城市洮北区文化体育活动中心建设项目开工建设。

【疫情防控】 2021年，洮北区织密“人防+物防+技防”防控网，排查3.1万人次、核酸检测6.2万人次、隔离0.94万人次。守好“物防”关口，开展冷链食品专项检查20次，消毒冷链食品636批次300吨。接种新冠肺炎疫苗61.65万剂（次）。

（任世东）

8月6日，洮北区开工建设公铁立交桥维修加固改造项目。图为维修工人在桥上作业 （周绍光 供图）

镇赉县

【概况】 镇赉县地处东经122°47′～124°04′、北纬45°28′～46°18′。位于吉林省西北部，处于吉林省、黑龙江省、内蒙古自治区三省（区）接合部，是松嫩平原和科尔沁草原交融汇聚地带。吉蒙边界线长61.81千米；吉黑边界线长216.7千米。东靠嫩江与黑龙江省杜尔伯特蒙古族自治县、肇源县隔江相望，西连内蒙古自治区科尔沁右翼前旗，北与黑龙江省泰来县、内蒙古自治区扎赉特旗接壤，西南与南分别与白城市、大安市、洮北区为邻。镇赉县辖区面积4718.69平方千米。其中，城区面积（建成）16.86平方千米，占全县面积0.35%。辖乡4个（其中蒙古族乡2个）、镇7个、国有农林牧渔场7个、社区服务中心12个，行政村141个、自然屯438个。

【镇赉县名片】 镇赉县被誉为“国家卫生县城”“国家园林县城”“全国平安县”“全国文化先进县”“全国法制先进县”“全国绿化模范县”“全国粮食生产先进县”“环城国家城市湿地公园”“国家清洁能源消纳示范县”“中国弱碱大米核心产区”“中国白鹤之乡”“中国宜居城镇”。

镇赉县资源丰富，探明石油储量2.7亿吨。原油可开采量1.5亿吨。已探明油砂储量1.04亿吨。天然气总资源量2700亿立方米。可开发风电场400平方千米，可装机容量210万千瓦，属三类风场。有湿地面积20万公顷，是全省最大湿地保留地。莫莫格国家级自然保护区始建于1981年，1994年被国家环保总局列入我国第一批湿地名录，1997年晋升为国家级自然保护区，2002年3月管理体制调整为吉林省林业厅直属事业单位（处级建制），2013年10月加入国际重要湿地名录。保护区面积14.4万公顷，国家AAAA级旅游景区，为我国鹤类种类最多保护区之一。保护区湿地综合评价指标位居全省前列。县城南湖生态园占地面积38公顷，2008年被评为“国家城市湿地公园”。2019年被评为“环城国家城市湿地公园”。

镇赉县耕地面积205788公顷，占全县面积40.6%，农民人均占有耕地近1.1公顷。草原面积4.2万公顷，年产草量6万吨左右。全县苇草面积111.5万公顷，其中，芦苇68万公顷，小叶樟草43.5万公顷，年产芦苇量5万吨。有林地7.02万公顷，森林覆盖率8.7%，林木蓄积量2267325立方米。

境内有“一江三河”流经，水资源丰富。地表水资源蕴藏量107.06亿立方米，地下水资源蕴藏量3.77亿立方米，其中地下水年可开采资源量2.76亿立方米。中国北方没有被污染的河流——嫩江，流经境内111.5千米，流域面积1861平方千米，年过境水量218.3亿立方米。洮儿河、呼尔达河、二龙涛河穿境而过，面积大于100公顷泡塘79处。全县水面面积1.8万公顷，其中可养殖面积1.6万公顷。

野生动物17目50科，鸟类298种，野生兽类4目11科29种，鱼类4目11科52种。全世界有鹤类15种，莫莫格保护区有7种，分别为白鹤、丹顶鹤、白头鹤、沙丘鹤、白枕鹤、灰鹤、蓑羽鹤。

旅游景区：较大旅游景区（点）8处，其中AAAA级旅游景区1处（莫莫格国家级自然保护区），AA级旅游景区1处（哈尔淖景区）。

【经济发展】 2021年，全县实现地区生产总值85.5亿元，按可比价格计算，比上年增长8.1%。其中，第一产业增加值31.4亿元，比上年增长7.0%；第二产业增加值10.2亿元，比上年增长9.2%；第三产业增加值43.9亿元，比上年增长8.8%。人均生产总值达到33157元，比上年增长4.6%。三次产业结构比36.7∶12.0∶51.3。

全年完成全口径财政收入10.4亿元，比上年增长50.5%。其中，地方级财政收入6.3亿元，比上年增长41.8%。全年完成财政支出35.5亿元，比上年下降17.4%。财政支出继续向与民生密切相关的社会保障、就业、教育等方面倾斜。

截至2021年末，第一产业固定资产投资完成额比上年增长80.5%，占总量9.2%；第二产业固定资产投资完成额比上年增长172.03%，占总量23.7%；第三产业固定资产投资完成额比上年增长3.9%，占总量67.1%。全县房地产业商品房销售面积，比上年增长106.5%。

【农业】 2021年，镇赉县农林牧渔总产值实现59.7亿元，按可比价计算比上年增长8.0%。其中，农业产值35.2亿元，畜牧业产值16.9亿元，渔业产值4.2亿元，林业产值1.7亿元，农林牧渔辅助活动产值1.7亿元。实现农林牧渔业增加值32.5亿元，比上年增长6.8%。

2021年，全县农作物总播种面积189494.42公顷，粮食作物播种面积185194.12公顷，其中水稻播种面积85154.11公顷，玉米播种面积86385.76公顷。全县粮食产量12.62千克，其中玉米产量55.46万吨，水稻产量64.86万吨。林业建设继续实施退耕还林、荒山造林等生态建设保护工程。全年造林293公顷。全县畜牧业产值16.9亿元，占农林牧渔业总产值28.3%。全年畜禽出栏：猪8.26万头，牛1.57万头，羊16.95万只，活家禽116.8万只，其中活鸡11.8万只。畜禽产品产量：猪肉8780吨，牛肉2345吨，羊肉1060吨，禽肉2594吨，禽蛋5927吨，生牛奶7.82万吨。畜禽存栏：猪4.99万头，牛6.73万头，羊21.37万只，活家禽78.24万只。依托“吉黑蒙”水产品交易平台，推广稻田综合种养模式，实现养殖、加工、冷链、物流、销售一体化融合发展，特色养殖效果显著。2021年，全县渔业产值4.2亿元，比上年增长105.3%。全县水产品养殖面积33333公顷，比上年增加667公顷。水产品产量26000吨，比上年增长4.0%。全县农业机械总动力114.9万千瓦。

【工业】 2021年，全县规模以上工业企业31家，规模以上工业总产值比上年增长7.4%，规模以上工业增加值比上年增长10.5%。从轻、重工业看，轻工业发展较快，全年轻工业总产值比上年增长28.7%，重工业工业总产值比上年下降6.3%。食品制造业总产值比上年增长53.9%；医药制造业总产值比上年增长29.8%；燃气生产和供应业总产值比上年增长11.6%；非金属矿物制品业总产值比上年增长99.3%。全县规模以上工业总产值中小型和微型企业工业总产值占比88.9%，成为拉动工业经济增长主要动力。全县规模以上非公有工业实现工业总产值占全县规模以上工业总产值比重75.1%。非公有工业成为全县工业生产增长主要增长点。全年建筑业企业完成总产值2.7亿元，比上年增长27.2%。资质等级以上建筑业全年房屋建筑施工面积1.7万平方米，全年竣工产值0.7亿元。

【商贸服务业】 2021年，镇赉县电商交易额7.5亿元。各类市场主体发展到2.7万户，实现“个转企”207户，累计减免税费17.4亿元。开展“万人助万企”“服务企业周”等活动，针对停产半停产企业，实行“一企一策”对接服务，充分释放企业产能。帮助企业解决生产流动资金、产品市场开拓、人力资源保障等问题，落实减税降费政策，助推企业发展。2021年，镇赉县社会消费品零售总额比上年增长9.0%，其中，限额以上社会消费品零售总额比上年增长26.5%。

全年实现外贸进出口总值1899万元，比上年增长58.2%，在进出口总额中，一般贸易出口占主体。

2021年，全年交通运输、仓储和邮政业增加值比上年增长9.4%。全年完成货运周转量43639.7万吨千米，比上

镇赉县招商引资企业飞鹤乳业全封闭生产车间一角，摄于7月13日
（李晓明 供图）

年增长76.3%；完成客运周转量2738.5万人千米，比上年下降61.5%。

截至2021年末，全县公路通车里程2082.7千米，按行政等级分，国道55.5千米，省道193.6千米，县道157.3千米，乡道661.7千米，村道1014.6千米。

2021年，全县邮政机构18处，邮政业务总量857万元，发送国内异地特快专递48008件，邮政储蓄平均余额198126万元，邮政储蓄期末余额204942万元，集邮业务25802枚。

加快乡村生态游、休闲游等特色旅游发展，抓好万宝山国家草原自然公园、乌兰昭少数民族特色村寨、环城国家湿地公园建设，举办哈尔淖冬捕节，打造渔猎游、湿地游、草原游和环城周边游“三线一环”生态旅游线路。深挖白鹤文化主题，开发北方渔岛、湿地观光、蒙古风情等系列网红景区。

截至2021年末，金融机构人民币各项存款余额134.5亿元，比上年增长12.4%。城乡居民储蓄存款余额114.9亿元，比上年增长14.4%。金融机构人民币各项贷款余额117.4亿元，比上年增长8.5%。

【项目建设】 镇赉县实施招商引资“百日攻坚、挂牌招商”行动，优化营商环境，推进重点项目建设，谋划重点产业项目，实施飞鹤（吉林）乳业加工项目、光伏发电应用领跑者基地、食品产业园等亿元以上项目。2021年，全县固定资产投资比上年增长27.6%。

【城乡建设】 2021年，镇赉县坚持“大气、舒朗、清爽”城市风格。打造南湖、西湖、东湖景观轴线，塑造一批城市“新地标”。提升城市照明品质，打造亮化视觉走廊。协同推进老旧小区改造更新，按照“道路打通、区块改造、整体更新”原则，统筹推进路、电、水、气、热、通信、地下管网“七网共建”，建设标准化水冲厕所6个。改造城区“三纵三横”6条路，拓宽双向六车道。整治“停车难”“店外店”“私乱建”等各类顽疾，拆掉重点路段钉子户；整治清理违规广告牌。开展“三资”清理整治“回头看”，壮大村集体经济，完善基础设施和公共服务，谋划支撑乡村发展产业项目，实现乡村快发展。深化“一村一警”三位一体建设，实现村屯警务人员全覆盖。推广运用清单制，推进农村移风易俗，选树先进典型，培育文明乡风、良好家风、淳朴民风，从源头预防减少农村社会矛盾。

【脱贫巩固】 2021年，镇赉县建立“1+4+X”产业扶贫体系，打造分类带动、叠加覆盖“镇赉扶贫模式”，在全省率先实现脱贫摘帽，82个贫困村全部出列，3.6万贫困人口全部清零。获得中共中央、国务院表彰，全国光伏扶贫现场会交流镇赉经验，国务院扶贫办和国家卫健委通报表扬镇赉健康扶贫工作。

【生态建设】 2021年，镇赉县打好“蓝天、碧水、净土”三大保卫战，争创国家生态文明示范县。加强污染防治管理。推进秸秆“五化”利用，综合利用率85%，连续五年空气质量达到国家二级标准。实行秸秆全域禁烧，全量化处置率100%。推进节水型社会建设。推行河（湖）长制，启动嫩江干流二期治理工程，洮儿河、二龙涛河防洪薄弱环节治理工程，莫莫格国考断面水治理工程，完成吉林西部供水二期工程。加强黑土保护利用，开展“黑土粮仓”科技会战，推行“田长制”。持续

镇赉县南湖城市湿地公园，摄于5月26日 （李晓明 供图）

优化生态系统，改善生态环境，推行林（草）长制，继续实施绿化造林、草原生态治理等工程。

【社会事业】 截至2021年末，全县初级中学15所，全年招生1864人，在校学生5575人，毕业生2206人，其中专任教师561人；高级中学2所，当年招生1384人，在校学生4020人，毕业生1255人，其中专任教师259人；中学1所，全年招生100人，在校学生301人，毕业生83人，其中专任教师116人；小学16所，当年招生1490人，在校学生9583人，毕业生1983人，教职工1316人，其中专任教师1111人。学龄儿童入学率100%，小学生升学率100%。

全县有艺术表演团体1个，文化馆1个，博物馆1个，公共图书馆1个。有广播节目3套，数字电视节目21套。

全县有卫生机构23个，其中医院2个，基层医疗卫生机构15个，卫生计生机构6个。卫生健康机构在职职工人数1758人，实际开放床位数804张。

新建乡村文化广场10个，举办农民文化节、市民文化节、大型广场演唱会、大型图片展、农民广场舞大赛等活动，完成送戏下乡24场、演出下乡66场、电影下乡1692场。

【人民生活】 截至2021年末，全县户籍总人口257240人。其中农业人口154920人、非农业人口102320。全年出生人口888人，出生率3.5‰；死亡人口1110人，死亡率4.3‰，人口自然增长率-0.9‰。

2021年，城镇常住居民人均可支配收入27295元，比上年增长7.1%；农村常住居民人均可支配收入13579元，比上年增长11.4%；年末城乡居民人均储蓄存款余额44686元，比上年增加5806元。

养老保险参保人数25550人，比上年减少662人。养老保险基金征缴收入36073万元，比上年增加13503万元。由养老保险统筹基金支付的离退休人员养老金月人均水平2110元。年末参加基本养老保险的离退休人员26550人，比上年增加1046人。年末失业保险参保人数14455人，比上年减少289人，领取失业保险金的失业人员201人，比上年增加32人。领取失业补助金293人。参加城乡居民基本养老保险人数118264人。

截至2021年末，全县参加基本医疗保险人数21.26万人，其中参加基本医疗保险职工人数2.5万人，参加基本医疗保险居民人数18.76万人，全县居民医疗保险参保率97.7%。

全县领取居民最低生活保障29989人，比上年增加1001人，其中城镇低保对象4745人，农村低保对象25244人。各种福利院床位1304张。全县有救助站1个，全年救助68人次。农村敬老养老社会福利服务机构覆盖率100%。

【疫情防控】 2021年，镇赉县启动Ⅰ级响应，第一时间构建协同高效“1+16”疫情防控体系；对全域县乡村屯所有出入口24小时值守管控，实现12.7万户城乡居民包保管控全覆盖，对所有疫区返(来)镇人员实现应转尽转、应隔尽隔、应检尽检；12家商贸企业、2800余个商业网点正常运营，保障市场供应；31家规模以上企业复工复产，“点对点”专车免费输送181名务工人员到浙江绍兴、嘉善等地就业。把握疫情形势变化，建立应急和常态化管控双机制。科学制定应急、救治常态化各项应急预案。建立重点场所、重点人员、重点食品物品等多领域监测预警机制。加大防控能力建设，组建县乡900余人流调队伍，核酸日单检能力1500人次、混检能力1.5万人次、协议第三方检测能力6万人次，可实现5日内全域人员检测。投入2100万元，新建、改建、扩建76个涉疫病房；投入5000万元，新建5000平方米传染病医院。

（鞠成志）

洮南市

【概况】 洮南市位于吉林省西北部，地处东经121°38′～123°20′北纬45°20′～46°01′。东邻大安市，南接通榆县，西与内蒙古自治区突泉县为邻，北与内蒙古自治区科尔沁右翼前旗相连，东北和白城市洮北区接壤。洮南市面积5107平方千米，辖16个乡镇、221个行政村、8个街道办事处。总人口39.5万人，有蒙古族、满族、朝鲜族、回族等24个民族，少数民族人口占总人口8%。2021年，地区生产总值93亿元，固定资产投资21.8亿元，一般预算全口径财政收入73507万元，地方级财政收入52439万元，三产比重为36.2∶7.9∶55.9，城镇居民人均可支配收入26658元，农村居民人均可支配收入14253元，社会消费品零售总额26亿元，粮食总产量12.67亿千克，工业总产值18.1亿元。

【洮南市名片】 洮南市位于吉林省西北部，因坐落洮儿河南岸而得名。有“千年古城，百年府县”之称。洮儿河与蛟流河流经域内，平齐铁路、301国道途经市区。是国家商品粮基地，中国好粮油市；是东北最大的皮革制品生产基地；精纺织面料生产基地；吉林省西部最大的生化、植物药生产基地。洮南香酒、黑水西瓜、福顺辣椒、万宝粉条（丝）为洮南特产。洮南城区有吴俊升恒盛号商业大楼旧址，距今90余年历史，被吉林省人民政府确立为省级文物保护单位。修缮后，辟作洮南市博物馆，成为洮南旅游景点之一。获全国双拥模范城“七连冠”、全省食品药品安全示范市、慢性病综合防控示范区、促进就业工作先进市和软环境建设标兵单位、全省信访积案专项攻坚工作突出贡献集体等称号。

【农业】 2021年，全市农作物总播种面积24.767万公顷。粮食作物23.297

万公顷，占总播种面积94.07%。其中，玉米16.152万公顷、水稻3.853万公顷、高粱1.221万公顷、大豆0.575万公顷、杂粮杂豆1.496万公顷。经济作物面积1.466万公顷，占总播种面积5.92%。其中，花生1.035万公顷、瓜菜0.421万公顷、其他经济作物0.01万公顷。饲料作物0.003万公顷。

2021年，全市以特色乡镇、特色村为重点，在221个行政村发展庭院经济。下发《洮南市2021年庭院经济实施方案》，按照"一村一品""一乡一业"要求，推动庭院经济规模化、特色化、品牌化发展。打造2个"一乡一业"特色乡镇；打造20个"一村一品"特色村。全市发展庭院经济70151户。制定《洮南市2021年农产品质量安全监测方案》，开展果蔬农药残留日常和节假日速测筛查，抽样速测检测样品5377个，定量检测样品300个。于11月4日召开食用农产品承诺合格证培训班，发放76台电子打印设备，食用农产品三类主体合格证开具总张数20张，附带合格证上市农产品33.15吨。开展标准化基地建设工作，洮南圣一金地生物农业有限公司申报安全绿色优质小冰麦标准化示范基地项目，从100公顷试点发展到500公顷。开展洮南市食用农产品"治违禁、控药残、促提升"三年行动。截至2021年末有龙头企业30家。其中，省级龙头企业10家、白城市级龙头企业18家、洮南市本级龙头企业2家。加工产品20个系列百余个品种，加工能力100万吨。被评为2021年度吉林省农业产业化重点龙头企业称号2家；被评为2021年度白城市级农业产业化重点龙头企业称号2家；被评为2021年度白城市级农业产业化联合体1家。2021年，推广测土配方施肥4.233万公顷；水肥一体化技术3.333万公顷；保护性耕作7.333万公顷；秋季深松整地1.867万公顷。截至2021年末，洮南市成立221个农村集体经济组织，947个组。

完成人工造林任务，白城市下达人工造林任务0.203万公顷，洮南市全年完成人工造林面积0.72万公顷。其中，新植林0.162万公顷、历年林地清收还林补植补造0.558万公顷，是下达任务354%；完成村屯绿化美化任务，白城市下达绿化美化村屯任务15个，洮南市绿化美化村屯25个，是下达任务167%；完成绿色通道任务，白城市下达绿色通道任务10千米，洮南完成绿色通道15.6千米，是下达任务156%；完成义务植树任务，建立义务植树基地19处，义务植树近90万株，完成省下达的义务植树指标。

2021年，全市猪、牛、羊、禽分别发展到22.8万余头、6.7万余头、134万余只和285.4万余只；肉、蛋、奶总产量分别2.7万吨、2.4万吨、1.3万吨。渔业和水产方面，遴选农技人员17名，建设6个试验示范基地，推出3个主导品种和综合种养3项技术。推进"稻田综合种养项目"面积1878.36公顷，"池塘标准化健康养殖项目"面积10公顷；"稻田培育大鳞鲃鱼种技术示范项目"面积13.333公顷、"稻田养殖扣蟹技术项目"面积3.333公顷、"北方池塘养殖河蟹技术示范项目"面积13.333公顷。

【工业】 截至2021年末，洮南市规模以上工业企业完成总产值18.1亿元，比上年降低7.9%，工业增加值比上年下降9.6%。25家规模以上工业企业中，18家企业减产运行，比上年同期产值净减2.5亿元；7家企业增量运行，比上年同期产值净增1亿元。

2021年，洮南市纳入全省产业转型升级重点项目9个。其中，新开工项目6个、续建项目3个。截至2021年末，开复工项目5个，1—12月完成投资36.30亿元。

依托"万人助万企"活动，启动实施驻（助）企服务、"服务企业周""市级领导包保重点民营企业"等活动，制定培育计划和包保措施，发挥政策措施叠加效应，创造更优营商环境。

小企升规工作序时推进。年初选定8家拟入规企业进行培育。到企业定期调研指导，破解生产难题，保障企业运行。年末，洮南市杭泰太阳能发电有限公司、中广核新能源（洮南）有限公司、大唐中电（吉林）发电有限公司3家企业完成升规入统的网上申报和现场核查工作。

【商贸服务业】 洮南市全年实现社会消费品零售总额26亿元，比上年增长8.6%，实现对外贸易进出口总额11948万元。比上年下降27.73%。

推进"中国好粮油"行动计划示范工程项目建设。完成项目建设企业2家，2021年4月25日完成项目验收。

推进国家电子商务进农村综合示范项目建设。实施电商脱贫攻坚计划，加快推进电子商务进农村项目建设，年末，建成电子商务运营中心、电商仓储物流中心，17个乡镇运营中心和221个村级服务站，建成市、乡、村三级物流配送体系，运营企业购置37台物流车辆，日派送快递包裹7000余件，达到全市221个行政村全覆盖。

做好粮食和物资储备管理工作。7家国有粮食收储企业超期储存水稻定向销售给医用酒精企业和饲料企业。对国有企业开展库存检查、储粮质量检查、储粮安全等方面检查。市商务局制定《洮南市乡村安全储粮行动实施方案》。确定大通乡惠清村为安全储粮示范村。

【项目建设】 2021年，洮南市投资47亿元，吉林省单体规模最大风电和光伏发电大唐向阳二期工程，风电项目于4月开工建设，12月30日成功并网；光伏项目前期手续办理完成，升压站建设完成，在进行光伏阵列区施工。投资3.74亿元，洮南百强永茂保安100兆瓦风电平价上网项目手续办理完成，建安工程完成。

【城乡建设】 2021年，洮南市完成2020年畜牧家属楼等30个老旧小区改造收尾工程。涉及楼房41栋，受益居民1851户，总面积17.18万平方米。启动2021年五金公司住宅楼等38个老旧小区改造工程，同步完善附属街路功能。涉及居民1941户，建筑43栋，总面积18.8万平方米。年末，35个小区内基础设施均完工，个别小区进行收尾工程施工。

道路优化提升工程。启动建设路（兴安街—东二环）路段优化改造。改造全长2.5千米，宽28米。项目于2021年4月中旬施工，兴安街至光明街路段长0.97千米，红线宽度40米，车行道宽28米，于7月末通车；光明街至泰州街路段长0.7千米，红线宽度40米，车行道宽28米，于9月初通车。泰州街至东二环路段长0.84千米，红线宽度40米，车行道宽28米街路施工。完成荣福路、松辽街、繁荣路3条街路改造任务。道路总长1.59千米，红线宽度15米，车行道宽12米。2021年，实施棚户区改造配套基础设施项目2个，新建和改造道路5条，道路总长1.79千米，工程总投资3722.77万元。

管网改造工程。完成24.02千米雨污分流管线改造。新改建供水、供热管网11.6千米，其中供水管网6.5千米，供热管网5.292千米。结合老旧小区改造同步铺设燃气管网6千米，实现燃气入户1000户以上。燃气管网铺设全部完成，实现燃气入户500户。

城市住房保障。对建成区内棚户区住户动态开展征收补偿工作，完成征收1700户。10月20日，启动D级危房置换工作，设立5个现场办公室，有325户申请置换。加大回迁安置规模，提供回迁安置住房3500套。

加强公共租赁住房管理，市区低保无房家庭住房保障全覆盖。完成建立档案5025户，年末发放租赁补贴4200户，发放资金554.4万元。

推进农村危房改造。对38户农村低收入群体等重点对象实施危房改造。均为原址翻建，验收合格35户，拨付补助资金75.125万元。

建制镇污水处理项目工程。万宝镇、福顺镇污水处理二期建设工程，项目于8月底完工。其中，万宝镇投资753.5万元，福顺镇投资500万元。按照中央环保东北督察局要求，对福顺镇污水处理站进行支网建设，同步将蛟流河乡及大通乡大型企事业单位纳入福顺镇污水收纳系统，项目投资611.66万元，于10月底完工。

农村厕所改造收尾工作。按照《洮南市2016—2018年农村水冲式厕所问题整改工作方案》，由各乡镇作为整改主体，利用三年时间落实所有问题整改工作。2021年整改7183户。指导农户做好化粪池清淘、养护等工作，确保农村厕所建好、管好、运营好。

洮南市启动老旧小区改造工作。图为集中回迁安置、置换的湖畔小区，摄于7月26日

（洮南市融媒体中心　供图）

【乡村振兴】　洮南市把巩固好、拓展好“两不愁三保障”作为做好2021年巩固脱贫和乡村振兴有效衔接的工作重点。在教育保障方面，突出控辍保学，每年春秋两季对脱贫户子女信息进行排查更新。落实“两免一补”资助政策，发放家庭经济困难学生生活补助资金101万元，受益学生2408人次。落实“雨露计划”资助政策，春秋两季补助420人63万元。落实校车免费政策，为401名建档立卡贫困学生减免校车费205970元。293人获得大学生助学贷款，金额247.1万元。投资3700余万元，维修改造32所学校校舍、食堂、操场。2021年，新招聘126名特岗教师均分配到农村学校。在医疗保障方面，落实脱贫人口参保资助政策，重点推动城乡低保对象、特困人员、易致贫返贫等特殊困难群体及时参保，脱贫人口基本医疗保险参保率100%。落实医保报销兜底政策，实行“先诊疗、后付费”一站式结算服务，覆盖脱贫人口1894人次，兜底支出310万元，报销比例90%；门诊慢病就诊44961人次，兜底支出261万元。家庭医生签约服务达到“应签尽签”，健康档案实现“应建尽建”，各级随访记录均及时更新。在住房保障方面。跟踪监测脱贫户、边缘户房屋质量情况、户主居住情况，并划拨专项基金300万元，用于及时化解住房安全风险隐患。推进农村危房排查改造工作，确定的38户农村低收入群体重点对象危房改造，均竣工通过验收，实现入住。在饮水安全管护方面，在全市221个行政村均通自来水基础上，定期开展水质达标检测工作，逐一出具检测报告。在排查过程中解决供水主管道冬季局部冻结问题。

加强防返贫监测帮扶，坚守不发生规模性返贫底线。制发《健全防止返贫动态监测和帮扶机制工作方案》，在常规监测工作基础上，完成4次防返贫监测大排查，对上级推送人员当日进行排查，对重点关注人员定期排查。设立应急帮扶资金池，对易返贫致贫家庭采取“一事一议”方式，将风险消灭在萌芽状态。全市有监测对象75户149人。其中，边缘易致贫户26户50人、脱贫不稳定户36户67人、突发严重困难户13户32人。消除返贫风险20户32人。

2021年，洮南市农村人居环境整治工作先后在全省双周调度会、全省农村人居环境整治工作现场会和白城市农村人居环境整治工作调度会上做典型发言。截至2021年末，全市购置垃圾桶25623个、动用各种车辆机械15400辆，聘用保洁人员832人。清理垃圾5.06万吨、清理畜禽养殖粪污等农业生产废弃0.6万吨，拆除各种废弃建筑物319处。清理农村道路5230千米、清理村内沟渠1197千米、清理公共场所628处。统筹解决农村垃圾出村、转运等难题。

【社会事业】 2021年，全市有各级各类学校147所。其中，教师进修学校1所、职业技术教育中心1所、独立高中2所、九年一贯制学校3所、普通初中12所、中心校级小学23所（含城内小学）、村小学47所、公办幼儿园14所、民办幼儿园43所、特殊教育学校1所。高考重本进线242人、普本进线907人，高考综合指标位居全区前列。职教中心开设医、农、焊接、电商、汽修、机电6个专业，并建有相匹配实训室27个。机电、医学为白城示范专业。对口升学率保持在98%以上。师资水平提升。组织1800人次参加国、省培训，开展五年一周期360学时全员培训，参培率、合格率均100%。通过“特岗”“硕师”“免师”招聘154人。其中，高中6人、义教学校132人、幼儿园16人。

2021年，完成运动会场和篮排球馆改造。启动天恩地局二次扩展建设。完成13个文化广场建设，每个广场硬化面积不少于800平方米，厚度不少于12厘米，配备不少于6件（套）健身器材、安装太阳能照明灯，四周安装围栏。

组织参加国家、省级各类体育比赛，陈明获2021年全国第十四届运动会武术散打第5名，马一茗获2021年全国u系列柔道锦标赛第2名。2021年，在吉林省摔跤锦标赛比赛中获金牌6枚、银牌4枚、铜牌9枚；在吉林省柔道锦标赛中获金牌6枚、银牌5枚、铜牌8枚；在吉林省田径锦标赛中获1500米第4名，800米第5名，3人次进入前8名；在吉林省武术散打比赛中获金牌2枚、银牌1枚、铜牌2枚；在吉林省曲棍球锦标赛中获得团体第7名；吉林省跆拳道锦标赛中获金牌3枚。2021年向上级体育部门输送优秀运动员18名。7月，成立洮南东北文化体育场馆经营管理有限公司。

2021年，全市有医疗卫生机构392家。其中，公立医院3家：市人民医院、第二人民医院和中医医院（白城第三人民医院为白城直属机构）；私立医院2家：华盛医院、仁德医院；基层医疗卫生机构387个：社区卫生服务中心3家、乡镇卫生院18家、诊所（卫生所）137家、门诊部6家、村卫生室218家、专业公共卫生机构3家、卫生监督机构1家、医疗急救单位1家。2021年，洮南市被省卫健委确定为全省乡村医生“计分制”管理工作试点县。

【人民生活】 2021年，洮南市城镇常住居民人均可支配收入26658元，农村常住居民人均可支配收入14253元。城镇新增就业人员2600人，完成全年任务2560人102%；城镇失业人员实现再就业955人，完成全年任务740人129%；援助零就业家庭人员就业21户，实现零就业家庭动态清零，完成目标任务100%；农村劳动转移65817人，完成全年任务61200人107.5%。

调整市城乡低保标准。6月，将城市最低生活保障标准调整为570元/月，农村最低生活保障标准调整为405元/月。城市分散特困标准调整为645元/月，集中特困标准调整为860元/月；农村分散特困标准调整为510元/月，集中特困标准调整为680元/月。照料护理标准按照生活自理能力分3档，具有生活自理能力为148元/月，部分丧失生活自理能力为296元/月，完全丧失生活自理能力为444元/月。全市有城乡低保对象17484户、24119人，发放城乡低保资金10976万元。对农村低保11578户、15830人，发放低保金5410.9万元；对城市低保5906户、8289人，发放低保金5565.1万元。截至2021年末，全市有城乡特困供养人员1943人，发放特困金1822.96万元。开展“解忧暖心传党恩”实践活动，走访低保、特困、重病、重残、老党员、退役军人和烈士遗属541户784人，送去慰问金11.41万元。持续做好残疾人两项补贴工作。截至2021年末，为6702人发放生活补贴659.23万元，为7690人发放护理补贴746.47万元，全年发放1405.70万元。完成8个农村社会福利服务中心和1个农村养老大院农村助浴项目。全年救助受助人员106人次，救助率100%。推进慈善活动开展。“慈善光明行”贫困白内障患者免费救助67人。“慈善救助圆梦大学”活动救助78人，救助资金33.4万元。

落实孤儿和事实无人抚养儿童保障制度。截至2021年末，全市社会散居孤儿26人，事实无人抚养儿童49人。将2名孤儿送入省孤儿学校就读。开展“福彩圆梦•孤儿助学工程”项目，2020—2021学年为2名孤儿发放2万元助学金补助。

截至2021年末，全市企业职工养老保险参保62681人，其中在职参保26351人，完成任务指标100%；年度征缴保费44850万元，完成征缴指标204%；现有享受企业职工养老保险待遇人员36330人，年度发放养老金94933万元，全部按时足额发放。

全市城乡居民养老保险参保191095人，年度征缴保费3024万元；现有享受城乡居民养老保险待遇人员53046人，年度发放养老金7656万元，全部按时足额发放。全市机关事业单位养老保险参保18488人，完成任务指标102%。其中在职参保11298人，年度征缴保费18562万元，征缴职业年金12109

敖牛山杏花　　　　（洮南市融媒体中心　供图）

万元；现有享受机关事业单位养老保险待遇人员7190人，年度发放养老金38486万元，清算机关事业单位养老金支出38258万元，全部按时足额发放。

截至2021年末，全市失业保险参保人员13730人，完成任务指标106%；其中企业职工参保6665人，事业单位职工参保7065人，年度征缴保费1100万元，完成征缴指标168%；发放失业金582人次57万元，为140家企业发放稳岗返还49.42万元，为3家企业发放拓展失业保险结余基金范围政策稳岗返还255.08万元。

工伤保险参保人员23612人，年度征缴保费548万元，年度支出各类工伤保险待遇1010万元。

【疫情防控】 成立由分管副市长任组长新冠肺炎医疗救治领导小组。组建洮南市新冠肺炎医疗救治专家组，制定《洮南市新型冠状病毒感染的肺炎疫情医疗救治工作方案》和《洮南市新型冠状病毒感染的肺炎医疗救治应急预案》。制定《洮南市应对秋冬季新冠肺炎疫情医疗救治工作方案》《洮南市提高核酸检测能力应急预案》《洮南市应对新冠疫情定点医院全院病房腾空应急预案》，下发到各医疗机构贯彻执行。

市人民医院作为定点医院，组建救治专家组，17位专家组成员均为高年资有丰富临床经验医务人员。

推进新冠疫苗接种工作。在全市设置新冠疫苗接种点24个，设置接种工作台81个，年末，接种479350人次。11月6日，开展对3～11岁儿童接种工作。各地开展动态宣传，悬挂条幅、电子大屏1200余个，发放宣传单17万余份，微信发送通知10万余条。

【敖牛山核心景区项目规划】 2021年5月，成立洮南东北旅游发展集团有限公司和吉林洮安东北旅游发展集团有限公司。规划敖牛山核心景区项目。以敖牛山、四海湖、洮南古城“一山一湖一城”为引擎，开发特色旅游IP，推动国内唯一的风主题景区“中国洮南•风灵谷国际旅游度假区”项目建设，配置轻资产旅游摄影元素，打造洮南“风灵谷”国际星空摄影品牌。项目完成启动工作。

（周丽莹）

通榆县

【概况】 通榆县位于吉林省西部，白城市南部，地处东经120°02′～123°30′和北纬44°12′～45°16′，东与松原市乾安县毗邻，东南与松原市长岭县交界，南与内蒙古自治区科尔沁左翼中旗相连，西与内蒙古自治区科尔沁右翼中旗为界，北与洮南市相交，东北与大安市接壤。辖区面积8476平方千米，辖镇8个、乡8个、省级经济开发区1个、国营畜牧场5个、街道3个，村民委员会172个，自然屯622个，总人口348363人。其中，男性174906人，占总人口50.21%；女性173457人，占总人口49.79%。城镇人口111946人，占总人口32.13%；乡村人口236417人，占总人口67.87%。

地区生产总值完成92.3亿元，比上年增长8.4%；规模以上工业总产值完成43.4亿元，比上年增长90.2%；规模以上工业增加值完成19.2亿元，比上年增长117.8%；固定资产投资完成55.7亿元，比上年增长20.6%；社会消费品零售总额完成14.4亿元，比上年增长88.8%。地方级财政收入完成5.53亿元，比上年增长-28.3%；城乡居民人均可支配收入分别为27210元和13659元，比上年分别增长7.6%和11%。

【通榆县名片】 向海国家级自然保护区，被列入《关于特别是作为水禽栖息地的国际重要湿地公约》中“国际重要湿地名录”，被世界野生生物基金会评审为“具有国际意义的A级自然保护区”。被评定为吉林省省级生态旅游示范区，授予“中国丹顶鹤之乡”称号。包拉温都省级保护区的万亩杏树林，兴隆山现存亚洲面积最大的蒙古黄榆林均为具有通榆特色的旅游景观。

【农业】 2021年，通榆县粮食作物播种面积32.66万公顷，社会化服务面积0.42万公顷，高标准农田4.07万公顷，产量超15亿千克，实现粮食生产大丰收。肉牛发展到23.3万头，打造省级肉牛现代农业产业园，“五位一体”养殖模式在全省推广。牧原30万吨饲料加工项目投产达效，20万头肉牛屠宰加工及冷链物流项目和400万头生猪屠宰加工项目加速推进，全县农民合作社、家庭农场分别达到2960家、805家，培育

2021年，向海湿地的白天鹅迁徙停歇数量大幅度增加，单一种群就达上千只，数量之多前所未有。图为10月13日，向海迎来大批南迁“贵宾”白天鹅

（李晓明　供图）

“天意”“吉运”两个国家级重点龙头企业，加快农业产业化步伐。

【工业】　2021年，全县规模以上工业企业发展到25家，累计完成规模以上工业总产值105亿元，增加值增速年均达到70%以上。产值超亿元企业10家。全年实施技改项目9个。天能塔筒序时升规、拉动工业经济快速增长，规模以上工业增加值增速位居白城市第1，经济开发区入驻企业107家，引进各类项目43个，建成区面积600公顷，配套基础设施全面升级，成为全县工业跨越赶超主阵地。

【商贸服务业】　2021年，通榆县出台促消费扩内需工作方案，建立服务业企业培育库，对商业综合体、综合市场、专业市场、机关及学校食堂、电商平台等5类特殊单位进行排查。开展新春年货节等各类促销活动20余次，发放3批次电子消费券，拉动消费增长2250余万元。跟踪服务天意、佳福等4家外贸企业，外贸进出口额超1.45亿元，比上年增长10.5%。全县网商数量2359家，直接带动创业就业4500人，电子商务交易额、网络零售额分别为20亿元和5亿元。打造精品旅游线路9条，向海村获评“全国乡村旅游重点村”，累计接待游客200余万人次，实现旅游收入15.5亿元，旅游产业规模逐年扩大。

【招商引资】　通榆县全年实施500万元以上重点项目50个，总投资236.7亿元，年度计划投资162.1亿元。70万千瓦鲁固直流外送项目落户通榆，吉林省“陆上风光三峡”工程建设启动仪式在通榆县举办。风电、肉牛、生猪等产业项目发展迅速，东方电气（通榆）新能源装备制造、三一风电智能制造产业园（二期）、水发电力装备产业园等重点项目加快建设。加亿年产10万吨风电塔筒制造项目与通榆远景智能风机装备制造项目竣工投产。开展“招商引资年”活动，对接洽谈项目160个，签约项目55个，合同引资额303亿元。

【城乡建设】　2021年，通榆县132个老旧小区改造完工。鹤城佳苑和铁西棚改小区楼房建筑主体完工。团结路、长青路、开通大路等7条道路建成通车。完成5个社区党群服务中心、10座水冲厕所、5个街角游园工程建设。开展“拆违打非”专项行动，拆除“临街封闭子”等违法建筑2423个，完成繁荣大街、育才路、民主路以及风电大路四条街路牌匾立面改造工程，受益商户870家。整治城市噪声、小广告、道路遗撒、静态停车等城市乱象。启动千村示范创建工作，完成18个重点村创建任务。实施农村“厕所革命”提升行动，改造农村户用厕所3000户。推进村庄清洁行动，清理农村道路1402千米、沟渠144千米、公共场所255处、农户庭院2万个。新增农村绿化美化面积230万平方米。双洮、松通两条高速公路通车，南道口、瞻榆道口立交桥竣工，长白公路过境段改造完成，新（改）建农村公路1670千米，硬化村组道路1572千米。

【乡村振兴】　2021年，制定印发《通榆县2021年防止返贫监测预警和动态帮扶工作方案》。累计发放各类政策补助资金1.17亿元。新改造农村危房3563户。开展“三保障”和饮水安全保障摸排整改提升专项行动，加强义务教育保障，完善健康扶贫长效机制，农村饮水安全智慧监控平台投入使用。全县农民合作社、家庭农场分别为2960家、805家。杂粮杂豆产量3.48亿千克，辣椒产量0.15亿千克，打造“天意红”“鹤香”等知名品牌。庭院经济发展总面积0.41万公顷，补助资金4967.3万元，涉及户数28377户，实现庭院经济全覆盖。

【生态建设】　2021年，通榆县开展污染防治攻坚战，彻底解决土壤和水污染问题。霍林河重点段治理、河湖连通等一批重大生态水利工程如期完成。落实河（湖）长制与林（草）长制，清理非法围堤660千米，处理林草违法案件319起，完成草原生态修复治理6万公顷。完成植树造林0.88万公顷，围栏封育草原0.4万公顷，补播优质牧草地和三化草场0.17万公顷，森林覆盖率16.4%。开展河湖“清四乱”“回头看”专项行动、春季“清河行动”。推进“蓝天、碧水、净土”三大保卫战。禁止露天焚烧，实现全年全域“零火点”目标。县城区有效监测空气质量优良天数达标率保持在92%以上。集中式生活饮用水水源（北水厂）93项全指标达标率100%。第二轮中央环保督察转

7月1日，通榆县鹤乡公园建成。图为鹤乡公园正门　　（王春侠 供图）

【鹤乡公园建成开放】 通榆县鹤乡公园于2021年7月1日建成，正式接待市民游客。公园位于通榆县城区东北郊，占地面积12万平方米，是一座集休闲、娱乐、健身、观光于一体市民公园。其设计理念寓自然生态、现代科技与传统文化等诸多要素，划分绿化、水系、人文等24个景观，建有假山凉亭、小桥流水、栽植花草树木，雕塑工艺小品等，风光秀丽，景色宜人，成为通榆市民“网红打卡地”，休闲娱乐的最佳去处。

（王春侠）

办案件65件，办结51件，阶段性办结14件。加强生态环境执法，对重点危险废物排放单位（重点是医疗垃圾）开展检查和抽查540余次，出动人次1100余人次。

【社会事业】 2021年，通榆县推进就业创业，城镇新增就业2205人、失业人员再就业813人、就业困难人员就业491人。改善教学条件，投入资金1900万元，对全县33所中小学及幼儿园进行维修改造，完成职业技术学校宿舍楼、向海学校运动场地建设。提升医疗卫生服务能力，投入资金1.02亿元，建设疾控中心和第一医院急救中心、透析中心、发热门诊。建设乡级健身广场2个、村级文化广场9个，配建农民体育健身工程19个，“六馆一中心”建成并投入使用。城乡低保标准达到省定水平，累计发放城乡低保、临时救助等各类专项资金6740.98万元，困难群众基本生活得到保障。

【疫情防控】 2021年，通榆县常态化疫情防控工作持续做好重点人群排查、管控。其他地区发生疫情后，立即启动预警应对机制，第一时间发布通告，提示涉疫人员主动报告。从卫健、公安、教育等部门单位抽调精干力量，组成疫情排查管控专项工作组，集中向海大酒店办公，及时精准排查涉疫重点人员并严格管控。对返（来）的重点涉疫地区人员、公安大数据推送人员严格摸排，网格化管理，做好信息登记和日常健康监测。按照全市管控措施依法依规落实集中隔离、居家隔离、14天健康监测等管控措施。医疗机构严格执行首诊负责制，没设发热门诊的医疗机构不允许接诊发热病人，有发热患者就诊的转运到设有发热门诊的县第一医院。强化宾馆、洗浴、商场、农贸市场、餐饮等人员密集场所管控，行业部门严格督导，确保落实佩戴口罩、扫码测温等常态化防控措施。福利中心、养老院、看守所等重点部位不得有外来人员进入。按照《通榆县新冠肺炎疫情常态化监测预警工作方案》要求，做好人群和环境监测工作。县疾控中心每周抽取一定数量的农贸市场人员、医疗机构人员、外卖、快递等特定服务行业工作人员进行新冠病毒核酸检测。对发热门诊、预检分诊等重点科室、重点岗位的医务人员每周进行核酸检测。按照《通榆县冷链食品相关新冠病毒监测方案（试行）》，对冷链食品（特别是来自疫情高发国家和地区进口食品）、环境和人员每周进行一次检测。集中隔离点严格按照“三区两通道”标准改造。全县启用隔离点2家，可用房75间。

大安市

【概况】 大安市位于吉林省西北部，地处松嫩平原腹地，东与黑龙江省肇源县隔江相望，西与洮南市、通榆县交壤，南与松原市相邻，北与镇赉县以洮儿河为界。地处东经123°08′45″～124°21′56″，北纬44°57′00″～45°45′51″。大安市面积4879平方千米。辖乡8个（其中蒙古族乡1个）、镇10个、场站10个、街道5个、社区15个、行政村223个、自然屯604个，设有省级经济开发区1个，总人口36.91万人。全市有汉族、回族、藏族、苗族、彝族、壮族等民族24个。有“一江两河”（嫩江、洮儿河、霍林河）等水域面积7.27万公顷，地表水年径流量222亿立方米，水域面积占全省1/7，有大型水库1座，中型水库1座，最大月亮泡水库蓄水11.99亿立方米。地下水储量5.6亿立方米/年。石油、天然气储量丰富。获“全国农作物病虫害绿色防控示范县”“第二次全国污染源普查先进集体”，全省县域唯一“政务服务标准化试点县”，城市信用监测指数排名升至第6、全国第45。全市地区生产总值完成1028449万元；全社会固定资产投资增长41.7%；地方级财政收入完成8.7亿元，增长3.9%，收入规模位列白城县市第1，全省县域第8。

【大安市名片】 嫩江湾湿地是嫩江流经大安形成的天然港湾湿地，是全国原生态系统保存较完整江湾，总面积36.5平方千米（湿地面积15.7平方千米，占总面积43%），是杭州西溪湿地3倍，湿地公园被林业部命名为“国家森林公园”，被授予“大安嫩江湾国家湿地公园”。为国家AAAA级旅游景区、国家水利风景区。

【农业】 2021年，全市粮食产量9.565亿千克。承办吉林·白城“中国农民丰收节”。新建标准化棚膜园区3个、大棚664栋。发展特色农作物1.88万公顷。加大黑土地保护力度，实施保护性耕作9.33万公顷。新认证市级龙头企业2个，新认证绿色食品9个；农产品安全监测辐射面积2万公顷以上。先达食品等3家企业被评选为省级农业产业化联合体。在红岗子乡打造的农村产业融合发展示范园，通过省级专家评审，被直接认定为国家农村产业融合发展示范园区。裕丰现代农业产业园开工建设。注资5000万元，成立支农担保公司。实施“秸秆变肉”暨千万头肉牛工程，率先出台《“十四五”期间肉牛高质量发展实施意见》，获省长韩俊签批；制定并印发《大安市关于金融支持肉牛产业高质量发展的实施意见》，启动红岗子乡、两家子镇两个万头肉牛养殖园区和舍力镇、叉干镇两个标准化万头肉牛养殖项目一期建设前期工作；与皓月集团签订总投资76亿元肉牛产业战略合作协议。灌区退水、龙海灌片等重点水利工程强力推进。新平安镇全域土地整治项目有序开工。

【工业】 2021年，全市实施3000万元以上重点项目60个。舍力风电场三期等27个春季集中开工项目开建，春季集中开工项目数量居白城县市首位。重点实施中广核风电、中能建风电和乡村振兴光伏电站等8个新能源项目，其中总投资超30亿元华能吉鲁风电项目开工建设，当年风电、光伏总装机规模超100万千瓦，位居全省第2。谋划向上争取项目136个，申报一般债券项目28个，到位资金4.29亿元。推行项目服务秘书制，新入统重点项目52个。实施招商引资项目19个，招商引资到位资金18.84亿元。吉林西部（大安）清洁能源化工产业园开展省级化工园区认定和C级评定，清洁能源产业融合孵化园区进行道路基础施工。天能塔筒新建一条年产1.5万吨生产线，实现年产量翻一番。吉电股份30万吨风光制氢合成氨一体化、重通成飞移址新建、天能塔筒扩产至10万吨等在谈项目签约落户。为“一保一金一池”注资1000万元，发放担保贷款1.86亿元，全口径减税5508万元。培育冠麒配售电升规入统，形成新的工业增长点。

【商贸服务业】 2021年，大安市加速推进嫩江湾国家AAAAA级旅游景区创建，通过省级初检，做好迎接国家验收各项准备。牛心套保入选第五批全国林草基地和第一批省级重要湿地名录；机车博览园挑战成功“最大规模的蒸汽机车头展示”吉尼斯世界纪录；嫩江湾、机车博览园入选吉林省30条红色旅游精品线路；“大安·捺钵水乡”被纳入全省十大乡村旅游县域集聚区，被认定为首批“全国休闲农业重点县”。开展9轮消费券促销活动，发放消费券1540万元，拉动消费8818.98万元，杠杆率达5.34。培育嘉锋汽贸城、吉辉远大汽贸、海尔家电等8家商贸企业升规入统；组织大安市企业参加“东博会”“进博会”等国际展会，全年外贸出口额完成1.09亿元，比上年增长31.84%；完成17个乡镇物流分拨中心建设；大安市被列为吉林省县级城市发展便利店品牌化连锁化发展试点县。

【城乡建设】 2021年，大安市改造老旧小区22个；新修改建捺钵南街等3条主次街路；嫩江南街南湖路至滨湖路项目，拆除“春贾楼”及其周边房屋，打通兴华南街、人民西路两条断头路；给排水管网、备用民用天然气管线铺设和集中供热管网改造工程开工建设。农村公路隐患整治工程完成标志基础及部分标志牌安装；国道232、省道210和省道516建设序时推进；珲乌高速南互通竣工；整治农村公路畅返不畅317千米，隐患路段253千米，巩固“四好农村路”建设成果。通过省级卫生城复审。完成环卫职能划转，购置清扫设备24台（套），主次街路机械化清扫率100%。污水处理厂提标改造工程开工建设；嫩江湾游客中心建成完工；实验小学、临江小学、临江幼儿园等7所学校建设任务完成；新建标准化水冲厕所及配套设施8座，城区旱厕全部

嫩江湾景区景点辽皇观鱼台，摄于9月16日　　（嵇　迎　供图）

"灭迹"。新植乔灌木7818株、花卉221万株，巩固"国家园林城市"成果。增设213个5G基站，实现城乡重点区域5G信号连续覆盖。完成农村乱占耕地建房、大棚房、违建别墅清查。

【乡村振兴】 2021年，大安市严格落实"四个不摘"政策，健全完善防返贫监测和帮扶机制，为94个脱贫村继续选派第一书记和驻村工作队员，常态化开展"两不愁、三保障"和安全饮水等巡查排查，各项政策性补贴标准保持稳定，脱贫户年人均纯收入10471元。发展庭院经济826.67公顷；发放扶贫小额贷款2947万元。创建"千村示范"村18个，叉干镇民乐村被评为"2021年中国美丽休闲乡村"。开发辅助性公益岗位2680个，选聘保洁员1652人、护林员1272人。

【生态建设】 2021年，大安市实施秸秆全域禁烧，全面取缔城区燃煤小锅炉，严控成品油产品质量，常态整治散煤市场，加大供热企业超标排放监管力度，城市空气质量保持国家二级标准。27辆新能源公交车投入运营。开展河湖"清四乱"，清理非法围堤5200米、违规建筑物4处。造林0.142万公顷、栽植路边林37.4千米，新植补植沙棘133.33公顷。投资1360万元，启动全省规模最大优质羊草种子基地建设。科学划定"三线一单"。农药化肥使用量持续负增长。城区污水处理系统提标改造；第二水源厂试运行；实现工业废水排放完全达标。办理中央生态环保督察组交办案件，各级环保督察反馈问题按时整改。

【人民生活】 2021年，大安市城镇新增就业2716人，全口径实现劳务输出5.7万人，城镇登记失业率控制在3.22%以内。全市保障城乡低保户18714户、27644人，发放城乡低保金8847万元。保障城乡特困人员1556户、1645人，发放特困供养金1514万元。保障困难残疾人、重度护理残疾人13250人次，发放残疾人"两项补贴"1255万元；全年医保基金支出2.6亿元。"新三馆"主体完工；运动中心正在深化设计；红岗子特殊供养中心、妇幼保健院、市医院传染病房投入使用；革命英烈纪念馆、安广殡仪馆主体完工；安广烈士陵园完成改造。在应对有气象观测记录以来最严重暴雪灾害天气期间，提前组织应急、住建等部门做好各类保障物资储备，暴雪天气来临后启动暴雪冰冻灾害二级响应，明确"边下边清""先清小区后清街路"清扫模式，市政府班子成员带领分管部门连续多日守在市区街路、供电供热等现场，保交通、保电力、保民生，被中央电视台重点关注、连续报道。

【疫情防控】 2021年，大安市成立新冠疫情防控领导小组，组建新冠疫情处置机动队，制定24小时值班制度，制订应急预案、消毒技术方案，组织相关人员参加国家、省举办培训10次。对机关、学校、企事业单位进行新冠防控技术指导、消毒技术培训，培训267人。对学校、街道、乡镇卫生院、村卫生室等相关人员进行新冠肺炎流调技术、消毒技术培训，培训300人。对全市60所中小学校新冠肺炎防控工作进行现场指导。对冷链食品经营、储藏、运输等单位及监管部门消毒工作进行培训和现场指导。开展应急演练3次、实战演练2次、桌面推演1次。全年流调各类人员6768人，核酸检测16376份。储备口罩、隔离衣、防护服、消毒液等应急物资，加强物资管理调配，建立防护用品、检测试剂等防疫物资进货、消耗、库存台账，科学合理调配使用。常态化落实新冠疫情防控措施，健全完善新冠疫情防控体系，重点地区往返大安人员严格执行排查管控；全市18岁以上人群加强免疫接种3.84万剂，完成率36.54%，居白城各县（市、区）首位。

【社会治理】 2021年，大安市完成"互联网+市场监管"智慧云平台一期建设，实现食品药品监管全程数字化、标准化、智慧化，被授予2021年度吉林省放心消费示范试点城市。承办白城地区防洪抢险应急演练，全市"一江两河"平稳度过汛期。开展安全生产领域"八大行动"，推进道路交通、城镇燃气、建筑施工等专项整治，全市安全生产形势保持稳定。实施"八五"普法，开展法治政府建设。开展重复访专项治理"攻坚战"，化解信访积案148件，实现建党百年等重要节点"三个不发生""五个零"工作目标。常态化开展扫黑除恶专项斗争，严厉打击各类违法犯罪活动，坚持教育整顿和百日会战双管齐下，推进平安大安建设。推行"网上办、零见面"服务，企业开办时间压缩至1天；加大鼓励企业入驻信易贷平台力度，推动"个转企"工作长效落实；大安市城市信用体系位列全省第2、全国第6。

（尉淑芳）

人物·荣誉

先进个人

【全国优秀党务工作者许晶宇】 1984年10月出生，2006年6月加入中国共产党，2007年9月参加工作。现任大安市公安局锦华派出所教导员。从警14年来，先后被省公安厅评为“全省优秀人民警察”“巾帼建功”标兵、“全省优秀社区民警”；记个人“一等功”1次；2015年被评为吉林省第二届“我最爱人民警察”；2016年被吉林省委评为“优秀共产党员”，2017年被评为“全国特级优秀人民警察”；2021年，被评为“全国优秀党务工作者”。

2020年新冠肺炎疫情期间，许晶宇第一时间找到市公安局党委，请缨担任数据信息核查组组长。常常“24×7”日夜坚守岗位。针对大安市新冠疫情防控工作实际，探索创出“1+8+1”工作模式，建立工作流程图“挂图作战”，坚持网上网下联动，利用大数据信息系统开展跟踪核查比对，及时发现涉新冠疫情相关信息，确保数据收集核查无死角。许晶宇带领的数据信息核查组因为工作突出，被白城市人民政府评为“抗疫先进个人”，获白城市公安局嘉奖。

从警14年，许晶宇父母年迈，没有时间尽女儿孝道，生病了也没办法照顾；结婚8年，为了工作始终没要孩子，却是居民安全的“贴心人”“守护人”。她手里常年有辖区几十家群众的家门钥匙，手机里存着1000余位居民的电话号码，大家都叫她“许管家”。她曾在社区走访时发现网上逃犯，跟踪牢记地址和体貌特征后紧急上报，于当天深夜和同事一起将其抓捕归案。她的辖区连续10年实现零犯罪、零发案，成为平安辖区。

在工作中，她提炼出的“四三二一工作法”“七招做好防范工作”和“走访工作十个要”以及“四动”“五心”等社区警务工作经验，被白城市公安局推广；她组建社区治安巡逻队，建立警务联勤模式，推动落实“三防”措施、“门前治安三包”责任制，24小时接受群众报警求助；她在辖区每个小区里设立《警民联系栏》，悬挂《民警提示牌》，挨家送去《警民联系卡》，绘制《社区平面图》《楼房装户图》和《实有人口分类登记表》，做到户、人“一口清”。牵头开办社区警务、法律法规服务预约和网上宣传、网上咨询，实现了QQ群、微博、微信随时互动，随时发布“服务类”“提示类”管理服务、预警等防范信息，其主打品牌栏目“光明微直播”在辖区家喻户晓，深得社区群众好评。2015年5月，许晶宇“光明微直播”发布消息，为方便社区内高考、中考学生，开设了特事特办、加急办理身份证“绿色通道”，3～5个工作日即可及时将办好的身份证送到考生手中。这一消息在网上发布后，群众纷纷点赞、热情转载，在社会上引起了强烈反响。许晶宇还借助网络信息平台，与网友、“粉丝”互动交流，主动搜集服务群众、案件线索等警务实战信息。许晶宇搭建的微博、微信平台运行两年来，累计发布、转载党政、治安、安全方面的信息动态800余条、短信1000余条，收到网友私信和评论1400余条，征集到有价值的破案线索40余条，其中重大线索3条，有效预防案件20余起，成功抓获犯罪嫌疑人5名，为群众办好事、实事上百件。2016年，许晶宇以互联网平台为载体，提出“互联网+警务”新理念，成功实践了“互联网+防范”“互联网+管理”“互联网+民生”“互联网+宣传”“互联网+社区”等新型现代警务模式。在她的带动下，全市监控都接入市公安局指挥中心监控系统，为破获各类案件提供关键证据74件。她大力推进网上服务、网上警务室、网上派出所等网上服务窗口，推行在线咨询、远程办理、短信提醒等网上服务新举措，让群众“少跑腿”，让数据“多跑路”，为群众解答问询210余条。

【“全国五一劳动奖章”赵洪彬】 赵洪彬，白城中一精锻股份有限公司设备部机修班组长、共产党员。自参加工作二十几年来，始终工作在生产辅助一线，从事机械制造，设备修理维护相关工作，主持锻造生产线大修工作，制造锻造车间锻造生产线风冷设备，为公司节创大量资金，培养出一大批机修骨干人才。赵洪彬机修技术精湛，头脑灵活，工作中勤于思考，勇于创新，善于打破常规陋习，另辟蹊径，攻克了一个个技术难题。白城中一公司冬季取暖历年来是个大问题，由于采用老旧锅炉供暖方式，供热效果差，浪费能源多，供热成本高，维护难度大。经公司研究决定采用近年来新兴的地源热泵供暖系统，该系统机修人员从未接触过，没有安装调试经验，该系统管线结构复杂，阀门管路多数深埋地下，纷繁密布，安装难度很大。赵洪彬带领班组仔细研究安装图纸并结合施工现场情况，发现如采用常规安装方法，技术成熟但浪费人力物力，又影响施工进度。经过多次实地勘查及现场试验，创新提出“多点齐动，逐步深入，总体连接”装配方案。由于采用新方式方法，节省了人力物力，加快了施工进度，仅用两个多月时间，在进入采暖期之前，全部设备安装完毕并一次试车成功，结束了困扰中一公司多年的冬季供热温度低的问题。

白城中一公司在四川成都东北工业园内成立成都分公司。赵洪彬作为首批机修技师支援成都分公司的机械设备安装工作。他克服工作环境生疏，机修力量不足，高温酷暑，水土不服等不利因素，圆满完成成都工厂设备安装调试任务，受到成都分公司领导的表扬。

2017年开始，白城中一精锻股份有限公司开启洮北经开区新园区建设工作。公司搬迁新园区前期，他提前几个月进入新厂区负责前期筹备建设工作，克服远离市区、天气严寒、停电停水、生活不便等困难，经过一百多天艰苦奋战，为中一公司按计划搬迁新园区打下坚实基础。

【“全国脱贫攻坚先进个人”李浩然】
2016年1月，李浩然受组织选派到镇赉县嘎什根乡立新村担任驻村第一书记，一驻就是五年。驻村期间，他牢记自己的责任和使命，与百姓同吃同住同劳动，着力于“扶贫”“扶志”“扶智”，加强党的基层组织建设，严格落实精准扶贫政策，持续发展扶贫产业项目，全心全意为民办事服务。在他的努力下，2018年，立新村53户101人建档立卡贫困人口全部实现脱贫，群众的生产条件、生活水平、人居环境、精神面貌都得到显著改善。2019年，立新村被吉林省列为“百村引领、千村示范”工程示范村；2020年，被白城市列为乡村振兴建设工程标兵村；“吉林白城·2020年中国农民丰收节”将举办地选在立新村；2020年11月，立新村被中央文明办评为第六届全国文明村。立新村扶贫经验得到了中央、省、市各级媒体的高度关注，曾被中央电视台记者拍成纪录片在《焦点访谈》和《经济信息联播》播出，还以记者“驻村手记”形式在《人民日报》刊发。

为了让贫困群众坚定脱贫信心，激发自力更生、创业致富的热情，李浩然把精神文明建设作为甩掉贫困、激励人心的抓手，通过开展党员志愿活动，组织广场文化活动会演，进行“最美家庭”“最美村民”评选等办法，有效调动了村民争先评优的积极性。加强农村基础设施建设，修道路、建围墙、安路灯、种花草、改饮水、促民生，制定村规民约，对村屯环境卫生实行网格化管理，人居环境得到极大改善。为了彻底拔掉“穷根”，他积极帮助村上谋划脱贫产业，增强村级“造血功能”。通过实施中低产田改造，建设排水泵站，改造水田渠系，落实“柴改电”项目，彻底解决水田排灌问题；发展庭院经济，引导和鼓励农户种植茭白、蒲公英、蔬菜豆类等经济作物，协调帮扶部门为全村农户购买雏鹅，利用庭院空闲区发展庭院养殖；采取“合作社+贫困户”模式，发展大棚瓜菜种植、栽培木耳、养殖肉牛，壮大村集体经济积累，确保贫困群众稳定增收；增设村内公益岗位，帮助有劳动能力的贫困群众实现守家就业，增加务工收入；开展手工编织、科学种养等技能培训，利用农闲季节引导培养“有文化、懂技术、能创业、会经营”的新型农民。2020年，立新村农民人均纯收入达到17000元，比2015年整整翻了一番。

李浩然驻村工作的立新村距离白城市区130千米，因为长期驻村，家里的老人孩子都照顾不上，尤其是小儿子刚刚五个月就送到外地亲戚家寄养，一年也见不到几次，孩子甚至叫他二姨夫。立新村老百姓提起李浩然，无不感动地说：“李书记为我们大家做得太多了，自己的小家也顾不上了”。2020年6月，白城市成立了驻村第一书记协会，李浩然当选为协会第一届会长，他团结组织全体第一书记集中发挥优势，共享资源，抱团取暖，为决胜脱贫攻坚、助力乡村振兴贡献更大的力量。

表 89　2021 年白城市获吉林省优秀党务工作者一览表

姓　名	性　别	单位及职务
吕凤波	男	镇赉县镇赉镇副镇长，架其村党总支书记、村委会主任
张春岩	女	白城市洮北区瑞光街道新村社区党总支书记、居委会主任
孙　明	女	通榆县委组织部常务副部长

续表89

姓　名	性　别	单位及职务
邵广宇	男	大安市安广镇永强村党支部书记、村委会主任
马　驰	女	洮南市永康街道永电社区党委书记、居委会主任
韩博奇	女	白城市委办公室机关党委专职副书记
王秀琴	女	镇赉县成来电气科技有限公司党委书记
陈瑞华	男	洮南市第一中学党支部书记、校长
姜雨竹	女	白城市洮北区委宣传部常务副部长
赵宇亮	男	白城市委组织部干部教育科科长、洮南市东升乡福民村第一书记
付海波（满族）	男	国网洮南市供电公司党委书记、副经理
沈兰洁	女	大安市锦华街道党工委组织委员
陈大忠	男	中国联通白城市分公司党群工作部主任

（资料来源：市委组织部）

表90　2021年白城市获吉林省优秀党员一览表

姓　名	性　别	单位及职务
苏　林	女	白城中心医院门诊办副主任
李国东（蒙古族）	男	镇赉县公安局交巡警大队建平中队中队长
侯晓东	男	通榆县疾病预防控制中心副主任
付玉林	男	洮南市胡力吐蒙古族乡党委委员、政法委员
刘育民	男	白城市医院党委副书记
郭省列	男	大安市直属机关工作委员会副书记
王法严	男	白城市委宣传部文教科科长，镇赉县嘎什根乡创业村第一书记
齐相蚌	男	镇赉县黑鱼泡镇党委书记
吴艳波	女	白城工业园区城南街道草原社区党总支书记、居委会主任
高　航	男	白城市政府党组成员、秘书长，市政府办公室党组书记、主任
刘云峰	男	大安市两家子镇党委委员、宣传委员，同德村第一书记，大安市驻村第一书记协会会长
毕见超	男	通榆县新洋丰农业现代服务有限公司党支部书记
王桂荣	女	白城市洮北区纪委常委、监委委员

（资料来源：市委组织部）

表91　2021年白城市“吉林省五一劳动奖章”获得者一览表

姓　名	单　位
梁　伟	成来电气科技有限公司电控车间装配工段安装工
黄冠军	中国邮政集团有限公司白城市分公司城区分公司三合路营业所支局长
何　奇	吉林敖东洮南药业股份有限公司化验室副主任
刘天才	白城中心医院心血管内科一疗区副主任
张继超	白城华润燃气有限公司总经理
王旭东	白城市财政局教科文科科长

（资料来源：市总工会）

表92　2021年“白城好人”一览表

季　度	类　别	姓　名	工作单位及职务
一	助人为乐类	刘百春	白城市“爱心传递”公益团队负责人
一	助人为乐类	胡凇棋	白城市润禾传媒有限公司运营总监
一	助人为乐类	高凤玲	洮北区长庆街道安居社区居民
一	助人为乐类	王金娇	洮南市富文街道富强社区居民
一	诚实守信类	方克颖	通榆县教育局党委办公室主任
一	敬业奉献类	杜海燕	白城市第二中学教师
一	敬业奉献类	孙洪波	白城市退役军人服务中心八级职员
一	敬业奉献类	徐占宏	白城中一精锻股份有限公司设备动力部副部长
一	敬业奉献类	周　茹	洮北区区委巡察二组组长
一	敬业奉献类	林淑琴	洮北区颐年养老院院长
一	敬业奉献类	孙明华	洮北区劳动人事争议仲裁院院长
一	敬业奉献类	易　利	洮北区青山镇学校学生服务中心主任
一	敬业奉献类	周长春	大安市殡葬管理所所长
一	敬业奉献类	李升莉	大安市财政局办公室主任
一	敬业奉献类	刘静静	大安市委宣传部新时代文明实践服务中心科员
一	敬业奉献类	田　秋	洮南市通畅社区居委会委员
一	敬业奉献类	朱美英	洮南市大通乡长安村党支部书记
一	敬业奉献类	应大川	洮南市万宝镇三发村党支部书记
一	敬业奉献类	李　博	镇赉县公安局城南派出所辅警
一	敬业奉献类	张艳秋	镇赉县蒙古族中学教师
一	敬业奉献类	王登才	镇赉县政协科员
一	敬业奉献类	韩小丹	镇赉县社区党工委组织干事
一	敬业奉献类	李永兵	镇赉东屏粮食收储库副主任
一	敬业奉献类	孙立峰	镇赉县林业和草原局森林火灾预防中心主任
一	敬业奉献类	包春艳	镇赉县第二实验小学校少先大队辅导员
一	敬业奉献类	佟春艳	镇赉县蒙古族中学校教师
一	敬业奉献类	卢松岩	吉林省动物疫病预防控制中心派驻镇赉皓雨生态牧业养殖加工有限公司兽医师
一	敬业奉献类	杨　帆	通榆经济开发区党政办综合科负责人
一	敬业奉献类	郭秀云	通榆县第一小学校教师
一	敬业奉献类	安红芳	通榆县八区街道团结社区副书记
一	敬业奉献类	裴志海	通榆县人民武装部副部长
一	孝老爱亲类	王星懿	大安市人和社区居民
一	孝老爱亲类	胡　波	大安市海坨乡榆树村妇联主席
一	孝老爱亲类	李晓娜	大安市红岗子乡马营子村村民

续表92

季　度	类　别	姓　名	工作单位及职务
二	助人为乐类	陈旭东	国网白城供电公司党委党建部副主任
二	助人为乐类	崔　丹	白城医学高等专科学校教师
二	助人为乐类	李欣欣	白城市瀚海爱心联盟秘书
二	助人为乐类	李　洋	大安市临江街道永兴社区职员
二	助人为乐类	郑丹丹	大安市志愿者联合会财务部负责人
二	助人为乐类	张建勋	大安市第一中学校教师
二	助人为乐类	郭颖华	洮南市万宝乡复盛村监督委员会委员
二	助人为乐类	王国才	镇赉县坦途镇居民
二	助人为乐类	马艳侠	通榆县职业技术学校工会主席
二	诚实守信类	孙殿友	白城市源林物资经销有限公司总经理
二	诚实守信类	吴　磊	洮北区农乐机械种植专业合作社理事长
二	诚实守信类	刘长路	通榆县瞻榆镇义慈小学校教师
二	敬业奉献类	费　娜	白城医学高等专科学校学工部（处）副处长
二	敬业奉献类	张连富	白城市信访局接待科科长
二	敬业奉献类	殷成业	白城市中级人民法院司法警察
二	敬业奉献类	刘天宇	白城市烟草专卖局党建工作科科员
二	敬业奉献类	曹志勇	白城市就业服务局副局长（洮北区东胜乡有利村第一书记）
二	敬业奉献类	孙　磊	白城市人力资源和社会保障局三级主任科员
二	敬业奉献类	胥晓丽	白城医学高等专科学校口腔学院院长
二	敬业奉献类	易　博	洮北区人民政府办公室副主任
二	敬业奉献类	张　程	洮北区退役军人事务局党办科员
二	敬业奉献类	李　丹	洮北区人力资源和社会保障局科员
二	敬业奉献类	赵雨竹	洮北区长庆小学办公室主任
二	敬业奉献类	曹铁鑫	洮北区海明街道办事处民生社区劳动保障站长
二	敬业奉献类	李　辉	洮北区铁路第一小学教师
二	敬业奉献类	陈　鹏	白城市工业园区城南街道办事处东兴社区民政专干
二	敬业奉献类	尹　丹	白城市工业园区城南街道办事处草原社区网格员
二	敬业奉献类	江　华	大安市扶贫开发办公室综合科科员
二	敬业奉献类	胡兆琴	洮南市洮府街道村卫生室村医
二	敬业奉献类	马永刚	洮南市自来水有限责任公司维修队队长
二	敬业奉献类	温　勇	镇赉县政务服务局局长、镇赉县软环境办公室主任
二	敬业奉献类	潘海辉	镇赉县大屯镇卫生院院长
二	敬业奉献类	杨海军	镇赉县税务局信息中心主任
二	敬业奉献类	王胜男	通榆县蒙古族学校教师

续表92

季 度	类 别	姓 名	工作单位及职务
二	敬业奉献类	杨 华	通榆县烟草专卖局（分公司）物流中转站送货员
二	孝老爱亲类	孙 红	洮北区委理论学习室副主任
二	孝老爱亲类	任李晶	洮北区三合乡学校教师
二	孝老爱亲类	张桂红	通榆县农业综合行政执法大队队员
三	助人为乐类	周旭东	白城职业技术学院师范教育系学生
三	助人为乐类	冯丽君	洮北区三合乡学校扶贫主任
三	助人为乐类	邓学文	洮北区平台镇中心校少年宫活动部主任
三	助人为乐类	齐馨悦	通榆县树满街道树满社区居民
三	敬业奉献类	吕 行	白城市消防救援支队防火监督科科长
三	敬业奉献类	尹美伶	白城市第三人民医院精神科医生
三	敬业奉献类	王 梅	洮北区明仁小学教师
三	敬业奉献类	王晓丹	洮北区文化小学教师
三	敬业奉献类	王丽萍	洮北区第三中学教师
三	敬业奉献类	张于济含	洮北区司法局林海司法所所长
三	敬业奉献类	孙嘉敏	洮北区民生中学办公室副主任
三	敬业奉献类	崔培泉	洮北区农机总站副站长
三	敬业奉献类	张丽洁	洮北区金祥乡学校教师
三	敬业奉献类	马守刚	洮北区委组织部农村组织科科员
三	敬业奉献类	徐海龙	洮北区委党校（行政学校）培训科副科长
三	敬业奉献类	吕艳侠	白城工业园区城南街道社会事务办公室负责人
三	敬业奉献类	徐美佳	白城工业园区城南街道办事处顺达社区居委会委员
三	敬业奉献类	林弘扬	白城市消防救援支队经济开发区大队富裕路消防救援站副站长
三	敬业奉献类	穆 静	洮南市团结街道安静社区党委书记、居委会主任
三	敬业奉献类	任明余	白城市消防救援支队洮南大队长白路消防救援站政治指导员
三	敬业奉献类	胡春洋	大安市人民法院安广人民法庭副庭长
三	敬业奉献类	李亚丽	大安市安广镇第一小学校教师
三	敬业奉献类	刘校言	大安市公安局交巡警大队综合中队辅警
三	敬业奉献类	王智广	大安市税务局办公室副主任
三	敬业奉献类	白玮博	镇赉县莫莫格蒙古族乡学校派驻苏克马村驻村第一书记
三	敬业奉献类	冯玉宝	镇赉县疾病预防控制中心副主任
三	敬业奉献类	李 闯	中共镇赉县委办公室常委秘书行政科科长
三	敬业奉献类	刘冬梅	镇赉县蒙古族中学校教师
三	敬业奉献类	白 杨	通榆县公安局政治处民警
三	敬业奉献类	吕佳颖	通榆县开通镇羊井小学校主任兼大队辅导员
三	敬业奉献类	张天琦	中共通榆县委宣传部办公室科员

续表92

季 度	类 别	姓 名	工作单位及职务
三	孝老爱亲类	王丽红	洮北区朝阳小学大队辅导员
三	孝老爱亲类	徐士龙	洮北区国有林总场戈连泡营林区防火护林员
三	孝老爱亲类	丛秀萍	洮南市富文街道富强社区居民
三	孝老爱亲类	李凤艳	通榆县环境卫生管理处一级保洁中队长
三	孝老爱亲类	苏东旭	通榆县鸿兴镇小学校教师
四	助人为乐类	吴婷婷	洮北区实验小学大队辅导员
四	助人为乐类	付海波	国网洮南市供电公司经理党委副书记
四	助人为乐类	耿福林	洮南市万宝镇三发村村民
四	诚实守信类	马领霞	吉林洁洁宝生物科技有限公司董事长
四	诚实守信类	吕 亮	通榆县气象局气象台台长
四	敬业奉献类	崔雪佳	白城市不动产登记中心副主任
四	敬业奉献类	常春玉	洮北区明仁小学副校长
四	敬业奉献类	杜 鹏	洮北区社会保障指导中心服务窗口科员
四	敬业奉献类	刘畅宇	洮北区民生中学教师
四	敬业奉献类	刘 欣	洮北区长庆社区卫生服务中心主任助理
四	敬业奉献类	潘纯素	洮北区政务服务中心副主任、政务服务热线专班负责人
四	敬业奉献类	任海洋	洮北区纪委监委机关党总支负责人
四	敬业奉献类	赵云彬	洮北区瑞光小学校长兼党支部书记
四	敬业奉献类	周 鑫	洮北区明仁小学班主任兼数学学科主任
四	敬业奉献类	朱晓万	洮北区金祥乡学校教师
四	敬业奉献类	张春岩	洮北瑞光街道新村社区党总支书记、居委会主任
四	敬业奉献类	张大亮	洮南市政务服务中心主任
四	敬业奉献类	王佳亮	国网吉林省电力有限公司镇赉县供电公司运维检修部主任
四	敬业奉献类	王宇峰	镇赉县蒙古族中学校副主任
四	敬业奉献类	柴宏哲	镇赉县河湖管理中心主任
四	敬业奉献类	王洁清	白城市文化产业发展服务中心职员
四	敬业奉献类	左朝华	镇赉县大屯镇中心小学校教导主任
四	敬业奉献类	刘雅贤	通榆县实验小学校教师
四	敬业奉献类	曾 哲	中共白城市委讲师团九级职员
四	敬业奉献类	王 革	通榆县第四中学校教师
四	敬业奉献类	杨晓蕊	通榆县树满街道育才社区副主任
四	敬业奉献类	刘金陆	通榆县瞻榆派出所民警
四	敬业奉献类	陈秀峰	通榆县城镇公共事业管理处助理工程师
四	孝老爱亲类	郑焕彬	铁东街道爱民社区居民
四	孝老爱亲类	姚明伟	洮北区草原站站员

（资料来源：市委宣传部）

表 93 截至 2021 年末白城市获个人二等功以上奖励现役军人一览表

县（市、区）	姓 名	部队代号	立功等级	何时因何受奖
洮南市	王海月	原济南军区 71897 部队	二等功	在集团军狙击手比武中，获综合比武第一名
大安市	程亚男	94973 部队	二等功	在军事训练中安全保障飞行满 10 年，成绩突出，表现优异，2020 年度立二等功
镇赉县	于 洋	新疆生产建设兵团军事部	二等功	2020 年，在新疆军区维稳骨干比武中，获军事部第一名

（资料来源：市退役军人事务局）

表 94 截至 2021 年末白城市获个人二等功以上奖励退役军人一览表

县（市、区）	姓 名	部队代号	立功等级	何时因何受奖
通榆县	韩志臣	65931 部队	二等功	2006 年，标兵连队指导员工作突出，连续 3 年受到上级表彰
通榆县	王 刚	81829 部队 65373 部队	二等功	1998 年，参加抗洪抢险救灾，表现突出 1999 年，在陆军第 16 集团军任标兵连连长，表现突出
通榆县	杨士海	吉林省白城军分区	二等功	1998 年，参加抗洪抢险救灾，表现突出
通榆县	王金川	65334 部队	二等功	2004 年，被 16 集团军评为优秀士兵标兵 2006 年，被 16 集团军评为学习成才标兵
通榆县	邢靖杰	65739 部队	二等功	2012 年，工作成绩突出
通榆县	赵明龙	武警辽宁总队	二等功	1996 年，当场击毙持枪抢劫杀人犯
通榆县	温长江	81200 部队	二等功	1989 年，工作表现突出
通榆县	赵金贵	武警通榆县支队	二等功	1993 年，工作成绩突出，被评为优秀标兵
通榆县	杨荣富	65739 部队	二等功	1998 年，参加抗洪抢险救灾，表现突出
通榆县	王国辉	武警邢台支队	二等功	2014 年，在训练比武中获第一名
通榆县	马国亮	78049 部队	二等功	2012 年，工作成绩突出，被评为优秀班长
大安市	张 亨	91811 部队	二等功	2018 年，在“锋刃 -2018”国际狙击手竞赛中，功绩显著，立二等功
大安市	张春林	31694 部队	二等功	2018 年，在陆军“精武 -2018”比武中表现突出、成绩优异，记二等功一次
镇赉县	张 坤	65651 部队	一等功	2020 年，被沈阳军区评为爱军精武标兵

续表94

县（市、区）	姓 名	部队代号	立功等级	何时因何受奖
洮南市	任德生	四野	二等功	参加抗美援朝
洮南市	杜焕英	3705 部队	大功（相当于二等功）	1948 年，因参加辽沈战役，解放锦州战役受奖
洮南市	臧庆海	7311 部队	全国解放纪念章	参加抗美援朝，辽沈战役
洮南市	梁 辉	81540 部队	二等功	1990 年，在沈阳军区参加侦察兵比武受奖
洮南市	常柏林	28 野战医院	二等功	1952 年，在黑龙江省大庆市安达县，因工作积极认真、不怕苦、不怕累受奖
洮南市	蔚智军	65052 部队	二等功	1999 年，在全军开展科技练兵观摩活动中立二等功
洮南市	唐洪权	北京炮 6 师 41 团	二等功	1958 年，在北京炮校修建水库立二等功
洮南市	张 伟	白城军分区	二等功	2010 年 10 月，因销毁民兵弹药工作突出，被吉林省军区记二等功
洮南市	殷振福	五四军一三〇师三十八团	大功（相当于二等功）	1948 年 9 月，在锦州战役中，立大功一次
洮南市	李海洋	78528 部队	二等功	2008 年，在四川汶川地震抗洪抢险中，奋战在抢救受伤群众和人民群众生命财产第一线，立二等功
洮南市	郑兰聪	92510 部队	二等功	2014 年 9 月，代表海军参加全军后勤比武大练兵，获军事体能项目第一名，立二等功
洮南市	陈占军	81356 部队	二等功	1991 年 2 月 26 日，在学习雷锋活动中成绩显著
洮南市	闫国明	81222 部队	二等功	1991 年 2 月 2 日，思想进步，认真履行军人职责
洮南市	王 贵	四野	一等功	1950 年 10 月，工作十分积极、不怕吃苦
洮南市	王 可	长春市消防支队	二等功	2008 年，到四川地震灾区抢险救援，获个人二等功奖励
洮南市	毛振才	辽西军区干部学校	一等功	参加抗美援朝
洮南市	姜小雨	武警北京总队第十四支队第七分队	二等功	2005 年 4 月 19 日，在执勤中功绩突出，立个人二等功
洮南市	范景春	炮兵 506 团	二等功	参加抗美援朝
洮南市	冯宝德	81570 部队	二等功	1991 年，在沈阳军区组织的工程兵专业技术比武中，获“火箭布雷车”瞄准第一名，被旅大警备区授予二等功一次
洮南市	王庆云	81540 部队	二等功	1991 年，在部队组织的高射炮兵专业技术尖子比武竞赛中，获第一名
洮南市	栾志国	95235 部队	二等功	1995 年 8 月 30 日，在全省大比武中获第一名

（资料来源：市退役军人事务局）

先进集体

【"全国先进基层党组织"洮南市永康街道永电社区党委】 永康街道永电社区位于洮南市区南部，辖区面积5.3平方千米，有居民2474户，5488人，辖区党员121名，社区干部7人。永电社区党委积极探索社会管理和治理新方法、新措施，发挥基层党组织和党员干部的先锋模范和领导核心作用，将退休老党员吸纳入社区管理，成立宣传队、巡逻队、文艺队3支队伍，夯实了党在基层社会中的执政基础。243名楼栋长、单元长中，党员比例占30%。优化服务功能。永电社区设置电子显示屏和居民信息系统平台，本着"便民、利民、为民"原则，实行前台窗口服务，后台开放式办公，实行上门服务、延时服务，受理、接待居民2000余人次。主动与辖区单位开展共驻共建活动，构建社区大党委工作机制，利用"机关干部社区工作日"活动，开展政策宣传、志愿服务、环境整治，走访慰问困难家庭41户，参与人数300余人次。精细服务方法。实行"1+4+10"三级网格化服务管理方法，将党建、治安、稳定、民政等工作全部下沉到网格中。在新冠疫情防控工作中，采取网格化管理工作法，累计排查10万余人次，签订无外来人员承诺书1万余份，管控四类人员563人，通过网格化管理解决百姓反映难点问题200余件。深化"1+4"定制式社区服务，"1"是指针对全体居民的"现代式"服务，"4"是指针对4个不同群体的个性化服务。"现代式"服务。依托"7712345"互联网平台，针对辖区全体居民，提供"方便、快捷、优质"的服务。2018年以来，通过上门对接、宣传发动等方式，吸引518户商家、2800余名志愿者加入"便民服务网络平台"，为辖区居民提供生活类服务1000余次、事务类500余次、咨询类600余次、文化类500余次、广告类1500余次。"体贴式"服务。主要针对辖区孤寡老人和高龄老人，提供上门义诊、代理代办、家庭保洁等无偿服务，在80周岁以上老人中开展"长长久久送祝福"活动，在老人生日当天送去九个鸡蛋和挂面，寓意健康长寿，3年来，为186名老人送去生日祝福，开展筑牢服务300余人次，免费义诊700余人次，代理代办78次。"帮扶式"服务。针对辖区困难群体，提供就学资金援助、临时救助和大病医疗救助等服务。开展"金秋助学"6次，解决30名贫困学生就学难问题；开展"圆梦行动"11次，救助贫困家庭13户，临时救助41人，大病医疗救助18人。解决居民上学难、就医难等民生问题。"寻岗式"服务。针对辖区下岗失业、无业和就业困难人员，工作人员千方百计为下岗人员寻找就业岗位，解决就业难题。针对外出务工人员，利用微信公众平台、朋友圈等新载体发布就业政策信息。根据居民需求开展菜单式培训，提供就业培训6次、推荐就业岗位31个。"援助式"服务。主要针对辖区妇女和儿童，提供法律援助、困难帮扶、关心关爱等服务。开展"快乐六一、相伴成长""代理妈妈""寻找最美母亲"等活动，救助贫困儿童5名，弱势妇女12名。培育社区文化。依托新时代文明实践站，推进文化活动阵地建设。建设"社区休闲驿站"项目和廉政文化教育基地，重新装修完善民族民俗馆。2019年以来，组织理论宣讲7次，开展文艺活动6次。社区党委坚持党建带动、多方联动、社会互动，全力推动志愿服务工作。社区拥有环境整治服务队、治安联防巡逻队、文化娱乐服务队、草根宣讲服务队、人民调解服务队5支志愿服务队，开展各类活动18次。在新冠肺炎疫情防控期间，志愿者们积极投身新冠疫情防控一线，为管控人员进行日常消杀、代买代办、垃圾处理、心理疏导等工作。围绕小区治理，社区党委探索了党建引领居民自治自管模式、"社区代管+志愿者服务"模式，开展"居民接待日"活动，协商助力居民参与社区事务、共治共建共享新机制。通过设立党员先锋岗、志愿服务岗，规范文明行为、提升服务效率。2021年以来，为百姓办实事100余件，开展爱路护路、文明祭祀、"小广告清理"等活动9次。

【"全国工人先锋号"白城市公安局特警支队】 白城市公安局特警支队成立于2010年10月，现有民警13人，辅警37人。2010年以来，特警支队先后被中共白城市委、白城市政府授予"青年文明号""全市五一劳动奖状""先进基层党组织""政法系统先进集体"，被共青团吉林省委、吉林省公安厅、吉林省人民检察院等单位联合授予"优秀青少年维权岗"，连续六年被白城市公安局党委授予"先进基层党组织"多次获集体嘉奖，被白城市公安局授予集体三等功，被省总工会授予"工人先锋号"称号，被省公安厅授予集体二等功荣誉称号；民警立个人二等功7人次，三等功29人次。

2012年8月18日早8时许，白城市公安局特警支队接到指挥中心指令：在洮北区丹顶鹤小区排水管线施工工地内发现一枚航空炸弹，体积较大，随时都有爆炸的可能，四周都是居民区，一旦爆炸后果不堪设想。特警支队临危受命，突击队员开展徒手挖掘排弹工作。在处置过程中，特警支队全体队员严格执行指挥部指令，没有一人讲代价、提要求。从发现航弹到成功处置经历30多个小时，"8·18"大型航弹排除任务成功完成。

2013年7月8日凌晨，白城市洮儿河支流新开河上游突降暴雨，造成上万亩田地受淹，查干浩特经济开发区岭下镇及周边5个村屯遭受洪水侵袭，数万名群众受灾。特警支队接上级指令迅速组织救援力量全员参战，累计出动警力500余人次，支队涉水救援近10个小时，解救受灾群众100余人，疏散群众400余人；特警队员担负警卫任务长达72小时，完成抗洪抢险救灾任务。

2017年7月20日13时40分，洮北区东风乡长发村二社猪场附近居民区一平房内发生一挟持人质案件，特警支队接受命令后，立即组织警力赶往现场处置，到达现场后，特警队员立即封控现场，勘验地形。在谈判过程中嫌疑人突然情绪失控，快速转身跑向东侧房间并扬言必须将人质杀死。特警队员果断拔枪向嫌疑人射击，成功解救2名人质。7月20日深夜，副省长、公安厅厅长胡家福发文批示：“对击毙犯罪嫌疑人的民警，要予以立功”。

2020年，支队全体队员牢牢守在新冠疫情防控工作一线，表现出了非凡的战斗力，在白城市火车站“看好门、把好口、管住人”，坚决打赢防疫阻击战。2021年春节期间，支队担负7个高速路口和火车站新冠疫情防控任务，采取“三班制”方式，昼夜坚守防疫执勤一线，主动配合市卫健委等部门，认真完成验码、排查登记和秩序维护等工作。在除夕夜，有20名队员顶风雪、冒严寒，全身心投入防疫输入“前沿关口”。2020年1月31日以来，出动警力2248人次，警车848台次，检查入白乘客31700余人，检查风险区入白乘客2400余人。2021年4月，被中华全国总工会评为“全国工人先锋号”。

【第七届吉林省“人民满意的公务员集体”】 洮南市永康街道办事处。严格落实抓党建主体责任，推进党建街道、数字街道、服务街道建设。实施“书记一号工程”。永康街道位于洮南市郊区，贫困人口较多，街道办事处把解决民生难题作为“书记一号工程”重要内容，党工委书记、社区书记分别认领1个“书记项目”和10件民生实事，按照“四个一批”进行分类解决。政策保障解决一批。针对看病难、就业难、住房难，帮助40余个因病致贫的低保户申请免费医疗救助，开展培训7次，解决就业51人。积极争取置换政策，让45户危房户住上了楼房。帮扶救助解决一批。针对贫困家庭生活难、上学难，组织开展“在职党员圆梦微心愿”“人大代表爱心捐赠”等活动，依托阳光成长驿站、“日行一善”公益项目，组织包保部门、驻街区单位和各类组织，累计结成帮扶对子143个，捐赠资金10万余元，衣物700余件，帮扶66名特殊儿童和贫困学生。整合资源解决一批。针对社区自身资源不足问题，充分利用党建联席会议、社区大党委、机关干部“社区工作日”、党建和服务“四项清单”等机制，解决民生实事45个。上门动员解决一批。对辖区私搭乱建、消防安全、弃管小区卫生环境等问题的治理，都需要群众的支持和配合，办事处工作人员主动上门“刷脸”，面对面与群众交心，引导广大居民提高主人翁意识和自治意识，通过做思想工作，有6个因群众不配合而长期未解决的问题得到了有效整治。

文化引领。投资284万元建设集电子图书室、文艺演播室等为一体的多功能场馆，全天候对辖区居民开放。举办书画展、“永康好人”发布会等文化活动20余场次，参与人数千余人。开设了书画班、刺绣班、摄影班，免费为辖区居民授课，丰富居民的业余生活。打造“永康好人”品牌，举办三季“好人”发布会，从普通群众中选出17位“永康好人”。开展“长长久久送祝福”活动，在年满80周岁老人生日当天为其送去2斤长寿面和9个鸡蛋，寓意长寿长久，好运圆满。两年来，送去祝福300余人次。吸引广大文艺文化爱好者，成立德韵京剧社、秧歌小剧团、民族舞乐队、永康艺术团4支文艺队伍，共有155人，组建了文化志愿者服务队，有志愿者133人。开展“庆七一”“草原之夏”等专场演出。省老年大学书画研究会洮南创作基地和洮南市文联艺术创作基地相继在永康街道挂牌成立，联合举办“翰墨溢彩省市书画联展”20余场次，参与人数3000余人次。开设书画班，邀请专业教师免费为辖区书画爱好者授课，组织辖区第二小学师生300余人参观书画展。2021年“六一”，为辖区贫困儿童、留守儿童举办以“童心童梦同发扬”主题大型儿童户外游戏互动。将永电社区打造成为洮南市廉政文化进社区示范社区，定期组织党员干部认真学习党章、党纪法规，增强党员和干部职工法纪意识，树立法纪观念。通过领导宣讲、老党员老干部宣讲团、多媒体、“7712345”平台等多种形式，开展党纪党规的学习。举办廉政文化展，参观人数1000余人次。

志愿服务。助力脱贫攻坚。2016年，街道注册成立志愿者永康联合会，先后组建“党员志愿者”“手牵手志愿者”“文艺志愿者”“爱心家园志愿者”“洁辉应急抢险志愿者”“汉兰达联盟志愿者”6支服务队，参加志愿服务队员2400余人，定期组织开展扶贫帮困活动。两年来，志愿者捐赠物品2300余件，圆梦微心愿268个，救助贫困家庭460户，发放救助金72135元，协调相关部门硬化道路25860米。开展城市扶业扶困。充分发挥志愿服务组织和志愿者特长优势，定期组织开展就业创业培训，为城市居民提供就业岗位，争取创业扶持资金360万元，实现下岗职工再就业202人；通过阳光成长驿站和吉青家园项目，救助弱势、贫困学生132名，救助资金3万余元；通过“下基层、送温暖”等活动，累计帮扶困难家庭377户，发放慰问金5万余元；组织121名志愿者与84户重度贫困户结成帮扶对子，累计救助金额近5万元。

社区治理。依托“7712345”互联网平台，积极探索创新基层治理的新方式。建立“1+X”便民服务网络，“1”就是以社区党组织为轴心，“X”就是吸引辖区内的商家、志愿者加入。2018年以来，通过上门对接、宣传发动等方式，吸引518户商家、2800余名志愿者加入“便民服务网络平台”，为辖区居民提供生活类、广告类等5大类服务4000余次。建立诚信服务档案，与518户商家分别签订诚信服务协议，保证为辖区居民提供优质服务。同时，在年底对商家服务情况进行问卷调查，对排名后10位的清除“便民服务网络平台”。2021年9月，被省委省政府评为第七届吉林省

"人民满意的公务员集体"。

白城市公安局交巡警支队四大队八中队（阳光广场警务室）。八中队牢固树立"人民公安为人民"的宗旨意识，以解决群众"急难愁盼"问题为导向，大力开展便民服务、打击违法行为、维护交通秩序等工作，得到了人民群众的充分认可。强化应急处突意识，严格落实"1、3、5"分钟快速反应机制，确保第一时间快速反应、第一时间到达现场、第一时间控制局面。全面加大辖区巡逻防控工作，做到"白天见警察、晚上见警灯"，最大限度提升管控力、震慑力。2019年7月的一天，警务室接到指挥中心指令，辖区一小区内发生命案，警务室民警快速出击，不到一分钟便赶到现场，持刀歹徒刚刚走出楼道就被制服，群众拍手称赞："白城的警察就在家门口，打个电话就到，人抓得漂亮，活干得利落！"2020年11月，一名15岁的女学生由于父母双亡、生活不顺心服药轻生，警务室民警根据接警员提供的信息，仅用10分钟就在某商场三楼缓台找到了已经站立不稳的女孩，并及时送医抢救成功。八中队还充分利用城市智能交通系统和交警缉查布控系统，建立"指挥中心—警务室—街面警力"三级联动机制，通过"定点截查、前后堵截、接力狙击"的方式，快速精准整治严重影响群众安全的假、套牌机动车。累计查获假、套牌机动车30余台。

八中队把维护辖区交通秩序作为重点工作，在高峰时段，全员上路指挥交通；在平峰时段，实行网格化管理，多组警力分到辖区管控重点路口路段，确保辖区内交通秩序井然有序。特别是针对交通堵点、乱点，有效解决实际问题。针对辖区内学校较多，上下学发生拥堵的实际情况，实施"一校一策、一预案一勤务"工作模式，重新规划校园周边主干道临时停车区域和泊位，加大警力投入，有效提高路网通行效率。针对警务区内静态停车秩序问题，主动联合城管部门开展专项清整，深入排查辖区"二手车"经营商户50余家、清整登记二手车辆200余台、清理长期占用公共停车位"僵尸车"8台，对利用水泥柱、水桶、反光锥等阻挡物占用公共车位的10家商户进行批评教育、责令整改。与此同时，积极通过线上媒体开展普法宣传、线下发放《倡议书》《一封信》等多种形式，开展"一盔一带""知危险会避险""重细节平安行"等主题性宣传。

针对群众办理业务跑路多、排队长等问题，阳光广场警务室全面开展"一门通办"改革试点工作，将公安机关政务服务由传统的"集中统一批发"转向"街头站点零售"，最大限度实现各项便民业务集中办理，让群众无须再到多地点、多警种办理。以往群众办理补、换领驾驶证、行车证业务和新车6年免检业务，需要前往距离市中心约15千米的车管所，办事耗时长、材料多、成本高，在阳光广场警务室开通"一门通办"综合窗口后，实现就近办、快速办、随时办。阳光广场警务室已将驾驶证补换领、行车证补换领、处理违章、身份证补换领等23项服务群众事项纳入试点警务室"一门通办"综合窗口办理，实现"一窗通办"；创新使用自助受理一体机开展交巡警和户政高频业务24小时自助服务，办事群众可以在一体机上根据语音提示自行操作办理居住证申领、补领，身份证补换领，开具交通违法处罚决定书，驾驶证、行车证补换领，机动车、驾驶员信息查询，变更车辆所有人联络方式等13项高频业务。积极与金融机构合作，派驻工作人员为群众现场代缴罚款，解决部分群众"线上不会缴费""线下没时间跑银行"的诉求和难题。阳光广场警务室累计服务群众3.5万余人次，日均办理业务80余笔，办事时长平均缩短40%，为群众节省办事成本170余万元，工作经验做法被吉林电视台、《吉林日报》《北方法制报》《白城日报》等各类媒体广泛宣传，全国政法队伍教育整顿中央第五督导组下沉督导期间，对此给予充分肯定。2021年9月，被省委省政府评为第七届吉林省"人民满意的公务员集体"。

表95　2021年白城市省级先进集体一览表

奖励称号	单　位	授予部门	时　间
2021年吉林省先进基层党组织	白城市洮北区瑞光街道军民社区党委	中共吉林省委	2021年6月
	大安市安北街道党工委	中共吉林省委	2021年6月
	镇赉县黑鱼泡镇岔台村党支部	中共吉林省委	2021年6月
	吉林梅花氨基酸有限责任公司党委	中共吉林省委	2021年6月
	通榆县委办公室党总支	中共吉林省委	2021年6月
	国家税务总局白城市税务局机关党委	中共吉林省委	2021年6月
	大安市月亮泡镇殿元村党支部	中共吉林省委	2021年6月

续表95

奖励称号	单　位	授予部门	时　间
2021年吉林省先进基层党组织	白城市委组织部党总支	中共吉林省委	2021年6月
	镇赉县镇赉镇团结社区党委	中共吉林省委	2021年6月
	吉林四季盛宝纺织有限公司党委	中共吉林省委	2021年6月
	通榆县边昭镇边昭村党支部	中共吉林省委	2021年6月
	洮南市光明街道光华社区党委	中共吉林省委	2021年6月
	白城市洮北区到保镇学校党支部	中共吉林省委	2021年6月
	飞鹤（镇赉）乳品有限公司党支部	中共吉林省委	2021年6月
	通榆县迎新街道富强社区党委	中共吉林省委	2021年6月
	大安市委办公室党支部	中共吉林省委	2021年6月
	白城市市场监督管理局机关第一党支部	中共吉林省委	2021年6月
	洮南市黑水镇旭日村党支部	中共吉林省委	2021年6月
	镇赉县第二中学党支部	中共吉林省委	2021年6月
	白城查干浩特旅游经济开发区岭下镇四家子村党支部	中共吉林省委	2021年6月
	白城洮北惠民村镇银行党支部	中共吉林省委	2021年6月
2021年吉林省五一劳动奖状	白城市瑞程汽车部件有限公司	吉林省人力资源和社会保障厅、吉林省总工会	2021年4月
	镇赉县交通运输局	吉林省人力资源和社会保障厅、吉林省总工会	2021年4月
2021年吉林省工人先锋号	安费诺金事达电子系统（白城）有限公司生产车间应急班组	吉林省人力资源和社会保障厅、吉林省总工会	2021年4月
	白城医学高等专科学校餐饮中心	吉林省人力资源和社会保障厅、吉林省总工会	2021年4月
	吉林省恒维汽车零部件有限公司生产车间维修班组	吉林省人力资源和社会保障厅、吉林省总工会	2021年4月

（资料来源：市委组织部、市总工会）

2021年白城市领导干部名录

中国共产党白城市委员会

市委书记　庞庆波（2月免）
　　　　　李明伟（2月任）
副 书 记　李洪慈
　　　　　张旗威（8月任）
常　　委　陈　岩（4月免）
　　　　　郑玉辉（4月任，10月免）
　　　　　李立春（10月任）
　　　　　王任刚（4月免）
　　　　　张洪军（6月免）
　　　　　姜　波（6月免）
　　　　　徐　辉（女，10月免）
　　　　　赵志魁（12月不再提名）
　　　　　孙志刚（8月任）
　　　　　李建厂
　　　　　薛智金
　　　　　鲍长山（蒙古族，10月免）
　　　　　李德明（4月任）
　　　　　赵　楠（女，10月任）
　　　　　纪　纲（10月任）
　　　　　高　航（8月任）
秘 书 长　高　航（8月任）
副秘书长　张　宇（兼）

市委办公室（档案局）

主任（局长）　张　宇（11月免）
　　　　　　　裴　成（11月任）
副主任　董　伟
　　　　吕　宁（7月免）
　　　　匡利民（11月任）
保密委员会专职副主任
　　　　张　宇（8月免）
　　　　裴　成（正局级，8月任）
驻市委办纪检监察组组长
　　　　蒋丽影（女）

市委保密委员会办公室（保密局、机要局【密码管理局】）

主任（局长）　于清岩
副主任　王春雨

组织部（市公务员局）

部　长　王任刚（4月免）
　　　　徐　辉（女，4月任，11月免）
　　　　孙志刚（11月任）
常务副部长　孙秀忠（7月免）
　　　　　　赵广顺（7月任）
副部长　梁学明（兼任非公企业和社会组织党工委书记，正局级，7月免）
　　　　于桂涓（女，兼任非公企业和社会组织党工委书记，正局级，11月任）
　　　　刘震宇（12月任）
　　　　潘广明（兼）
　　　　李明辉（女，兼，7月任）
　　　　王　环（女，兼，7月免）
市公务员局局长（兼）
　　　　梁学明（7月免）
非公企业和社会组织党工委专职副书记　代国胜（蒙古族）
驻市委组织部纪检监察组组长
　　　　付贵刚

宣传部（市新闻出版局【市版权局】、市政府新闻办公室、市精神文明建设指导委员会办公室）

部　长　徐　辉（女，9月免）
　　　　薛智金（9月任）
常务副部长　于鸿丽（女）
副部长　高金奎（8月免）
　　　　隋海鹏（11月免）
　　　　韩博奇（女，12月任）
　　　　戈驰川（12月任）
驻市委宣传部纪检监察组组长
　　　　刘玉卓

讲师团

主　任　刘忠元

副主任 王法严（11月任）

统战部（市政府侨务办公室）

部 长 王任刚（4月免）
张旗威（兼，11月任）
常务副部长 徐建成（7月免）
方 萍（女，7月任）
副部长 王和余

政法委员会

书 记 薛智金（1月任，9月免）
孙志刚（9月任，11月免）
赵 楠（女，11月任）
常务副书记 程思文
副书记 楚国君
纪工委书记 王大卫（2017年11月派驻纪检组改革，待分配）
驻市委政法委纪检监察组组长
张启谊

政策研究室

主 任 孟凡平（8月免）
副主任 赵 继

老干部局

局 长 王 环（女，7月免）
李明辉（女，7月任）
副局长 刘亚利（女，9月免）
王永来
赵宇亮（11月任）

党史研究室

主 任 刘 畅（蒙古族，6月免）
闫秀丽（女，6月任）
副主任 蔡晓玉（女）

市直机关党工委

书 记 赵景军（蒙古族）
副书记 刘东辉 张宏斌
纪工委书记 董利民

市委机构编制委员会办公室

主 任 高红岩（女）
副主任 范智勇
郑志文
郑光华

市委网络安全和信息化委员会办公室（市互联网信息办公室）

主 任 孙乃玉（12月免）
副主任 刘 梅（女）

巡察工作办公室

主 任 常立新
副主任 孙德刚（8月免）
王昌剑
第一巡察组
组 长 朱也晶（女，7月任）
副组长 郭文涛
第二巡察组
组 长 朱洪贵
副组长 王明杰
第三巡察组
组 长 张 冰（满族，2月免）
副组长 辛 劲（女，9月免）

信访局

局长、党组书记
高金奎（8月任）
副局长 王天昊（8月免）
武新宇
丁景伦
王维刚（挂职）

市委党校（市行政学院）

校长（兼） 徐 辉（女，8月任，11月免）
孙志刚（11月任）
机关党委书记、常务副校长（副院长）
李福春（4月免）
梁学明（7月任）
副校长（副院长）
韩 威（女）
赵 强
于勇学
齐常赋

白城日报社

社长 王延军（7月免）
隋海鹏（11月任）
总编、副社长
倪小玲（女）
副总编 刘长志 葛柏荣

档案馆

馆 长 王芳原
副馆长 姚士民

党员干部现代远程教育中心

主 任 （暂空）

市网络安全和信息化服务中心（9月更名为市网络安全应急指挥保障中心，机构由副处级调整为正科级）

主 任 刘 梅（女，11月免）

市委办公室信息中心（市委办公室电子政务服务中心）

主 任 （暂空）

统战事务服务中心

主 任 李 贺（7月任）
副主任 闫 政（11月任）

白城市人民代表大会常务委员会

主 任 葛树立
副主任 王 郢
许广山（1月免）
叶静波（女）
何野平（满族）
刘福彪
秘书长 刘福彪
张 宇（11月任）
副秘书长 赵春学（无党派，4月免）
窦来权（民革，11月任）
王玉江（兼）

办 公 室

主 任 王玉江
副主任 杜云发（11月免）
焦 阳（11月任）

法制委员会

主任委员 王春元（6月辞）
副主任委员 王 达（9月任）

监察和司法委员会

主任委员 李跃东（11月任）

经济委员会

代理主任委员
李清华（7月任）

农业与农村委员会

主任委员 张洪波（7月免）
孙利军（12月任）

教育科学文化卫生委员会

主任委员 陈宏伟（12月免）

金　燕（女，满族，12月任）

城乡建设与环境资源保护委员会

主任委员　朱　怀（12月免）
柏惠山（12月任）

民族侨务外事委员会

主任委员　吴　澍（蒙古族，1月免）
张　蕾（女，11月任）

人事代表选举委员会

主任委员　谢志远

研究室

主　任　孙海英（女，11月任）

社会建设委员会

专职副主任委员
孟昭彬（11月免）
朱娜（女，11月任）

法制工作委员会

主　任　王春元（6月免）
副主任　王　达（7月任）

预算工作委员会

主　任　李清华（兼，7月任）
副主任　孙海英（女，11月免）

信访室（副局级）

主　任　张　蕾（女）（女，11月免）

驻市人大机关纪检监察组组长

孙利军（12月免）

常　委

葛树立　王　郢
许广山（1月辞）　叶静波（女）
何野平（满族）　刘福彪
于秋利　于鸿丽（女）
王　军　王玉江
王明华（女）　王春元
谢志远　丛树槐（1月辞）
朱　怀　刘金凤（女）
刘福成　孙秀忠
李书圣（6月辞）　李晓峰
杨晓舟　吴　澍（蒙古族）
汪少成　张洪波
陈修良　孟昭彬
赵春学　赵景军（蒙古族）
耿金增　徐建成
鲁　英　吴　伟（1月补选）
杨　凯（9月辞）　陈宏伟（女）
林淑琴（女）　徐　妍（女）
程思文　雷洪斌
李志成（1月补选）
张悦龙（1月补选，11月辞）

白城市人民政府

市　长　李明伟（3月免）
李洪慈（3月任）
副市长　张洪军（6月免）
张天华（8月免）
吴东文（10月免）
林海峰（2月免）
孙志刚（8月免）
纪　纲（7月任）
陈　锋（2月任）
赵　楠（女，7月任，10月免）
黄秀清（11月任）
沈雪松（11月任）
李子罡（11月任）
常　预（女，11月任）
秘书长　高　航（9月免）
副秘书长　孟凡平（兼，8月任）
刘景利
郭　佳
刘德江
郝志鹏（挂职，1月免）
孙伟光（正局级）
宋力民（蒙古族，正局级，8月任）
王海东（8月任，8月免）
张世鑫（挂职，11月免）
刘新平（女，挂职，1月任）
黄河清（挂职，4月任）
王爱娟（女，挂职，4月任）
蒋堪堪（挂职，5月任）
刘跃波（6月任）

市政府办公室（市政府外事办公室）

主任、党组书记
高　航（8月免）
孟凡平（兼，8月任）
副主任　高延峰
范广伟（满族）
张相阳
驻市政府办纪检监察组组长
张颖娜（女）

机关事务管理局

局长、党组书记
赵　峰
副局长　李彦利（7月免）
李飞军
韩晓冰（7月任）
刘　滨（12月任）

发展和改革委员会（粮食和物资储备局）

党组书记
党组副书记　王振江（兼）
主　任（局长）
李子罡（民革，11月免）
副主任　王振江　张树林
宫玉峰（11月免）
驻市发改委纪检监察组组长
李虹卫

工业和信息化局（中小企业发展局）

局长、党组书记
副局长　李　军
陈景祥
汪润君

应急管理局（11月由煤矿安全生产监督管理局更名为矿山安全生产监督管理局）

局长、党委书记
孙晓东
副局长　宋英林（9月免）
陈喜军
曲国义
林树森（11月任）

白城经济开发区（6月机构重组）

主任、党工委书记

仲伟刚
党工委副书记
副主任、工委委员
董国刚（5月免）
胡长城
李海平
从国政（挂职）
驻市经开区纪检监察组组长
刘沿东

查干浩特旅游经济开发区（6月机构重组由洮北区代管）

主任、党工委书记
谭鸿举（7月免）
副主任　王贵先（满族）
徐殿才（挂职，7月免）

工业园区管委会（6月机构重组重新核定职数）

主任、党工委书记
梁子军（满族）
党工委副书记
副主任　徐海军
赵　兴（挂职）

生态新区建设领导小组办公室（6月机构重组撤销）

主任、党委书记
梁子军（满族，兼）
副主任、党委委员
李继良（待安置）
刘殿忠（待安置）
刘志东（待安置）

人力资源和社会保障局

局长、党组书记
潘广明
副局长　杨贵民
温玉明
刘树森
驻市人社局纪检监察组组长
潘志永

劳动就业服务局

局　长　马　宁

住房和城乡建设局

局长、党组书记
杨国辉（7月免）
王海东（8月任）
副局长　孙乃涛（8月免）
颜　鹰（女）
韦艳军
驻市住建局纪检监察组组长
孙书斌（9月免）

人民防空办公室

主任、党组书记
刘　兵
副主任　张德峰
刘晓莉（女，9月免）
付铭宇（兼，7月任）

住房公积金管理中心

主任、党组书记
赵俊华（11月免）
杨国明（11月任）
副主任　杨国明（11月提拔为主任）
姚风涛

交通运输局

局长、党组书记
李德安
副局长　于铁林（兼，1月免）
齐宝坤
蒋瑛慧（女）
齐永红（女，兼，1月任）

商务局

局长、党组书记
吴茂强
副局长　胡春志　任立新
岳凤库　赵　兴

财政局（3月加挂市政府国有资产监督管理委员会牌子）

局长（主任）、党组书记
林树岩
副局长　胡　波（7月免）
赵怡民
安春广
王裕智（满族，12月任）

非税收入管理局

局　长　于洪斌（11月免）
张　凯（12月任）

农业开发办公室

主　任　张　凯（12月免）

审计局

局长、党组书记
沈雪松（11月免）
副局长　陈桂侠（女）
于长水
刘志新
总审计师　郑国华

供销社

理事会主任、党组书记
张　东（4月更名）
监事会主任　李彦利（7月任）
理事会副主任
李焕臣（4月更名，9月免职）
张连昌（4月免）
纪检组组长　白铁军（满族）（2017年11月派驻纪检组改革待分配）

农业农村局（畜牧业管理局）

局长、党组书记
黄秀清（11月免）
副局长　杜耕民　于洪祥
刘贵宝　刘　波
王　旭

林业和草原局

局长、党组书记
苏永新
副局长　张春雨　高立贤
初广武（11月免）
韩喜东

水利局

局长、党组书记
范　非
副局长　王　宇（4月免）
闫秀丽（女，6月免）
张柏良
尚俊成（7月任）
驻市水利局纪检监察组组长
杨　威（9月免）

科学技术局

局　长、党组书记
段颖越
副局长　邵连春（民建）
温　超

教育局

局长、党组书记
孙永德

副局长　刘洪来（11月免）
张　平
张　明（7月任）
暴　龙（12月任）
市委教育工作委员会书记
孙永德
副书记　刘洪来（11月免）
驻市教育局纪检监察组组长
马宪文
专职督学　艾光洁（女，满族，11月任）

文化广播电视和旅游局（体育局）

局长、党组书记
马　加（7月免）
张　艳（女，8月任）
副局长　左　彦（女，9月免）
周　正
李剑锋
孟繁宏（民革，8月免）

卫生健康委员会（中医药管理局）

主任（局长）、党组书记
王月和（9月免）
张悦龙（9月任）
副主任　陈丽俏（女）
魏广亮（蒙古族）
李宏颖（女，8月免，调出）

退役军人事务局

局长、党组书记
孙海波
副局长　钱孔亮
高国清
王　凯

能源局

局长、党组书记
张晓波
副局长　田秀华（女）
黄河清（挂职，1月任）
白卫东（蒙古族，挂职，11月任）

政务服务和数字化建设管理局（11月由市软环境建设办公室改为市营商环境建设办公室）

局长（主任）、党组书记
张　军

副局长　李晶波（女）
张庆威
赵永恒

市场监督管理局（知识产权局）

局长、党组书记
车晓光
副局长　孟昭东
张海英（女，蒙古族）
孙日光
修　筑（9月免）
陈永波
孙伟东（满族，12月免）
梁宏涛
驻市市场监督管理局纪检监察组组长
李建军（女）

医疗保障局

局长、党组书记
周大成
副局长　杨伟东（3月免）
王忠巨（满族，7月任）
岳　杰（女，12月任）

乡村振兴局（4月机构重组由扶贫办更名为乡村振兴局）

局长、党组书记
张雨石（5月更名）
副主任　王钦锋（5月更名）
李浩然（12月任）

金融工作办公室

主　任　任克南（7月任）
副主任　任克南（7月免）
王　杨

白城广播电视台（1月由党委改为党组）

台长、党组书记
曲满江（1月由原党委书记任党组书记）
副台长　于亚群
郭　志
李洪波

民政局

局长、党组书记
费建伟
副局长　王巨涛
张启发（满族）

民族事务委员会（宗教事务局）

主　任　白铁良（蒙古族，7月免）
闫　煜（7月任）
副主任　于轻舟
王凤舞（回族）

司法局

党组书记　夏　光
局　长　付秀杰（女，民革）
副局长　叶　涛（4月免）
李海鹏（7月免）
王嗣玉
尹光惠（女）
政治部主任　孙　冕

公安局

党委书记、局长
林海峰（2月免）
陈　锋（2月任）
督察长　林海峰（2月免）
陈　锋（2月任）
党委副书记、常务副局长
张宝学（9月免）
齐　军（12月任）
副局长　齐　军（12月任常务副局长）
马　刚
张　森
张大伟
张祝明（挂职）
政治部主任　郭　力
驻市公安局纪检监察组组长
郑伯文

交通巡逻警察支队

支队长　王春发
政　委　王　佐

地方志办公室

主　任　滕　坤（女，11月任）
副主任　滕　坤（女，11月提拔为主任）
王玉梅（女，11月任）

地震局

局长、党组书记
林淑静（女）
副局长

芦苇局（8月由芦苇局更名为畜牧业发展服务中心）

局长、党组书记 李 强

副局长 刁国欢（4月免）

陈福全

老龄工作委员会办公室

主 任 李 玲（女，9月免）

月亮湖水库管理局

局长、党委书记

石洪亮

副局长 高兴国 李云良

莫东波

洮儿河灌区建设管理局

局长、党组书记

宫玉峰（11月任）

副局长 姜喜峰 张景玮

强制隔离戒毒所

所 长 张海征

政 委 王 林

发展研究中心（市政府办公室值班调度服务中心）

主 任 匡利民（11月免）

鞠纬昊（12月任）

科技创新服务中心

主 任 张云飞（无党派）

农业科学院

院长、党委书记

任长忠

副院长 徐环宇 郭来春

何 峰 王开伟

林业科学院

院 长 肖凤祥（满族，11月免）

初广武（11月任）

副院长 孔凡甲

王国柱

马盈慧

农牧机械化研究院

院 长

副院长 赵淑侠（女）

李雪英（女）

从国政

畜牧研究院

院 长 鲁 英

教育学院

党委书记、院长

刘洪来（11月任）

副 院 长 孙秀山

王志强

汪少成

王延中

吉林广播电视大学白城分校

校长、党委书记

胡 德（11月免）

张春峰（11月任）

副校长 李长河（3月免）

王 鹏

刘正伟（6月任）

李文峰（11月任）

白城职业技术学院（白城师范学院分院、白城工业交通学校）（10月重新核定领导职数）

党委书记 王延军（7月任）

院长、党委副书记

杨天茁（11月免）

马冬竹（11月任）

党委专职副书记

白士泉

副院长 刘桐强（7月免）

李秀颀（女）

王永琦（11月免）

曲文福

修君伟（11月任）

张中辉（11月任）

纪委书记

省畜牧业学校

校长、党委书记

于丽娟（女）

副校长 王立文

宋 威（女）

许洪波（11月任）

农民科技教育中心

校 长 徐宝山

白城中心医院（10月重新核定职数）

党委书记 李书圣（8月免）

王月和（9月任）

院 长 李书圣（8月免）

党委专职副书记

副院长 姜 子

李晓东（女）

徐鹏搏（7月免）

石炳华

郑万平（民进，7月任，主持工作）

纪委书记 张 岩（12月任）

白城市传染病医院（10月重新核定职数）

党委书记、院长

赵敦杰（蒙古族）

党委专职副书记

副院长 李祝华（8月免）

冯 峰

王志刚

崔淑云（女，7月任）

纪委书记

洮南神经精神病医院（市第三人民医院）（10月重新核定职数）

党委书记

院 长 张悦龙（9月免）

党委专职副书记

副院长 卜淑华（女）

孙睿航

夏丛峰（无党派）

宋险峰（9月任，主持工作）

纪委书记 （暂空）

水利勘测设计院

院长、党总支书记

王守东（2月免）

公路管理处

处 长 王旭东（7月任）

党委书记

交通运输综合行政执法支队

支队长 李文峰（11月免）

市政府驻北京办事处

主 任 修君伟

市政府驻长春办事处

主 任 王维刚

引嫩入白工程建设管理局

党组书记 姜永平（6月任）

局 长 王景伟（农工党，6月任）

副局长 曲柏臣

王景伟（农工党，6月

提拔为局长）

白沙滩灌溉排涝区管理站

站　长　赵瑞雪

白城市暨洮北区人才交流中心

主　任　李兴明

城市管理行政执法局

局长、党委书记

张　宇（兼，11月免）

副局长　孙乃岩

于晓红（女）

城市管理综合行政执法支队

支队长　张　建

公共资源交易中心

主　任　张永刚

生态文化旅游促进中心

主任、党组书记

夏　赫（女）

副主任　冯　晶（女，12月任）

市场监管综合行政执法支队

支队长　（暂空）

市能源开发服务中心

主　任　（暂空）

中国人民政治协商会议白城市委员会

主　席　张　馨

副主席　陈桂侠（女，不驻会）

翟喜林

符　文

任长忠

杨晓峰

付秀杰（女，1月任）

秘 书 长　杨立忠（1月免）

孙乃玉（12月任）

副秘书长　姜连波（兼）

刘红卉（女，无党派）

办 公 室

主　任　姜连波

副主任　马建平

提案委员会

主　任　王福寅（7月任，12月免）

谢　伟（女，12月任）

经济委员会

主　任　郑连宇

社会和法制委员会

主　任　李　军

教科卫体委员会

主　任　孙伟东（满族，12月任）

文化文史和学习委员会

主　任　张万田

农业和农村委员会

主　任　王福寅（7月免）

专职副主任　高　松（7月任）

港澳台侨委员会

主　任　刘代春（女）

研究室

主　任　刘　畅（蒙古族，6月任）

委员工作委员会

主　任　刘代春（兼，女）

驻市政协机关纪检监察组

组　长　李春育（9月免）

常　委

张　馨	陈桂侠
马靖然	翟喜林
符　文	任长忠
杨晓峰	付秀杰
姜连波	姜连波
刘红卉	万　平
王凤舞	王希程
王和余	王宝民
王金利	王景伟
王长富	付　飞
冯常荣	刘仁利
刘东辉	刘建忠
刘忠民	孙　立
孙学伟	孙殿友
纪　强	闫　标
吴大义	张力恒
张云飞	张守业
张晓梅	张维娟
李　军	李　斌
李子罡	李学明
杜艳秋	时　嘉
杨立成	谷晓飞
邵连春	邵慧群
孟繁宏	郑连宇
郑威风	荀松涛
赵　东	赵　华
赵亚凤	袁　敏
贾维威	郭巧林
高金奎	梁学明
程化玉	谢　伟
释通盖	赫玲河

中国共产党白城市纪律检查委员会

书　记　陈　岩（4月免）

郑玉辉（4月任）

李立春（10月任）

副书记　杨立成（7月免）

王燕来（9月免）

彭大羽（6月免）

于　涛（11月任）

刘广宇（11月任）

李长虹（11月任）

常　委　张春峰（11月免）

朱也晶（女，7月免）

李跃东（11月免）

刘广宇（11月提任副书记）

冯德印

丁浩勇（12月任）

苗占发（12月任）

孙　钢（12月任）

纪　颖（女，11月任）

于　涛（8月任）

白城市监察委员会

主　任　陈　岩（5月免）

郑玉辉（5月任，代）

李立春（12月代）

副主任　杨立成（7月免）

王燕来（9月免）

彭大羽（6月免）

于　涛（11月任）
刘广宇（11月任）
李长虹（11月任）

委　员　纪　颖（女）
冯德印
朱也晶（女，9月免）
刘广宇（11月提任副主任）
徐　鹏（9月免）
丁浩勇（12月任）
赵鹏程（11月任）
周立新（11月任）

办公室
主　任　苗占发

组织部
部　长　李克宇

宣传部
部　长　孙　钢

调研法规室
主　任　（暂空）

信访室
主　任　刘玉文

案件监督管理室
主　任　刘正伟（6月免）

党风政风监督室
主　任　纪　颖（女）

第一监督检查室
主　任　王希君

第二监督检查室
主　任　于　冰

第三监督检查室
主　任　杨镇华

第四监督检查室
主　任　王　准（女）

第五监督检查室
主　任　高　健（8月免）

第六监督检查室
主　任　刘明伟（11月任）

第七审查调查室
主　任　曹忠林

第八审查调查室
主　任　周立新

第九审查调查室
主　任　徐　鹏（6月免）
王红军（11月任）

第十审查调查室
主　任　（暂空）

第十一审查调查室
主　任　张艳军（5月免，调出）

第十二审查调查室
主　任　郭相涛

案件审理室
主　任　丁浩勇

纪检监察干部监督室
主　任　刘冠男（11月任）

民主党派·工商联

中国国民党革命委员会白城市委员会
主任委员　付秀杰（女）
副主任委员　孟繁宏（10月免）
陈海占（10月免）
战　山（10月任）
秘书长　白之飞（10月任）

中国民主建国会白城市委员会
主任委员　翟喜林
副主任委员　王宝民（10月免）
王明华（驻会副主任委员）（10月免去秘书长）
李　斌
荣　光（10月任）
姚　蓝（10月任）
秘书长　田春宇（10月任）

中国农工民主党白城市委员会
主任委员　马靖然（4月免）
王景伟（4月任）
副主任委员　王希程（10月免）
薛力民（驻会副主任委员）
郑威风
狄光海（10月任）
秘书长　吕金凤（女）

白城市工商联合会
党组书记　徐建成（7月免）
王和余（11月任）
主　席　王金利（无党派，11月由会长更名为主席）
常务副主席　王和余（11月任）
副主席　金　燕（女，满族，12月免）
邢凯军（11月免）
王雨生（11月任）
宁　搏（12月任）

群众团体

白城市总工会
主　席（党组书记）
叶静波（女）
常务副主席　杜艳秋（女）
副主席　柏惠山（12月免）
安建光（挂职）
杨贵民（兼）
徐艳茹（兼）
刘余江（兼）
汪润君（兼）
经费审查委员会主任
牛清军

中国共产主义青年团白城市委员会（1月撤销党组）
书　记　徐　妍（女，1月撤销党组，免党组书记）
副书记　赵　东（1月撤销党组，免党组成员）
沈智峰（1月撤销党组，免党组成员）
唐大为（兼）
金　钧（挂职）

白城市妇女联合会
主　席（党组书记）
刘金凤（女）
副主席　谢　伟（女，12月免）
李明辉（女，挂职，7月免）
刘颖锋（女，兼）
周晓慧（女，蒙古族，无党派，兼）
薛　静（女，兼）

白城市文学艺术界联合会
主席、党组书记
乔昭斌

副主席　李明辉（女，7月免）
　韩子龙（11月任）

白城市社会科学联合会

主　席　孙颖慧（女，7月任）

白城市归国华侨联合会

主　席　张守业（无党派）
副主席　王志强（挂职）
　张靖方（兼）
　易冬梅（女，兼）
　吴春丽（女，蒙古族，11月任）

白城市科学技术协会

主　席（党组书记）
　刘福成
副主席　唐世斌

白城市残疾人联合会

理事长、党组书记
　杨喜军
副理事长　于黎明
　滕　坤（女，挂职，11月免）
　陈海英（女）

白城市红十字会

副会长　朱秋大

法学会

专职副主任

白城市中级人民法院

院长、党组书记、机关党委书记
　周文君（1月免）
　鲍贵臣（3月任）
常务副院长、党组副书记
　邓为民
副院长　王雅芳（女）
　张立忠
政治部主任　王　丹（女，7月免）
　刘淑梅（女，12月任）
执行局局长　常明炜
纪检组组长　（暂空）
专职审判委员会委员
　（暂空）
驻市法院纪检监察组组长
　沙洪富

白城市人民检察院

检察长、党组书记
　李　军（4月免）
　焦成千（6月任，代）
副检察长、党组副书记
　程海峰
副检察长　张华林　孙宏剑
　崔　晟
政治部主任　李春德（7月任）
专职检察委员会委员
　卢忠义（7月免）
驻市检察院纪检监察组组长
　吴　冬（女）

县（市、区）

洮北区委

书　记　张　伟（7月任）
　何野平（满族，7月免）
副书记　孙英宇
　何忠安（满族，8月任）
　张　伟（7月免）
常　委　王海军
　虞　勇
　司艳军（蒙古族）
　苗　璐（女，7月任）
　李　敏（8月任）
　邓春鹏
　陈　凯（8月任）
　经可新（8月任）
　白卫东（挂职，11月任）
　方　萍（女，7月免）
　范瑞平（8月免）
　李清华（7月免）

洮北区人大常委会

主　任　王立峰
副主任　张丽明（女）
　孟　力
　王　颖（女，蒙古族，11月任）
　包齐龙（蒙古族，7月免）

洮北区政府

区　长　孙英宇（11月任）
　张　伟（7月免）
副区长　李　敏（8月任）
　邓春鹏（7月任）
　李金刚　李书文
　吴嘉彬（满族）
　王国振（8月任）
　马　宁（女，8月任）
　白卫东（挂职，11月任）
　李清华（7月免）
　苗　璐（女，7月免）
　陈　凯（7月免）
　宫玉峰（挂职，7月免）
　郝亚东（挂职，1月免）

洮北区政协

主　席　段福申
副主席　谷晓飞（女）
　荣　权（11月任）
　徐玉会（7月免）

洮北区纪检委

书　记　王海军

洮北区人民法院

院　长　周建平（11月任）
　王长义（8月免）

洮北区人民检察院

检察长　卢忠义（11月任）
　张跃云（女，7月免）

镇赉县委

书　记　刘振兴（7月任）
　鲍长山（蒙古族，7月免）
副书记　谭鸿举（7月任）
　陈钢（8月任）
　赵　楠（女，7月免）
　宋力民（蒙古族，8月免）
常　委　范立家（8月任）
　郃国文（7月任）
　孙延来
　邱发国
　宋常颖（女）
　刘树军（8月任）
　高　健（8月任）
　左跃龙（8月任）

张　艳（女，8月免）
于　涛（8月免）
裴　成（8月免）

镇赉县人大常委会

主　任　张天君
副主任　唐振友
张敬轩（11月任）
宋志明（蒙古族，11月任）
王继东（11月任）
张胜利（蒙古族，8月免）
姜永平（6月免）

镇赉县政府

县　长　谭鸿举（11月任）
赵　楠（女，7月免）
副县长　范立家（8月任）
郜国文
张国梁
张冬明（女，7月任）
孙宏宇（7月任）
冯晓明（8月任）
李方超（挂职，6月任）
陈　钢（8月免）
张　恒（挂职，4月免）
刘　波（挂职，7月免）

镇赉县政协

主　席　刘振春
副主席　贾维威
张志强（11月任）
赵亚凤（女，11月任）
刘树军（8月免）

镇赉县纪检委

书　记　高　健（8月任）
于　涛（8月免）

镇赉县人民法院

院　长　李占玉（11月任）
周建平（8月免）

镇赉县人民检察院

检察长　李永军（11月任）
张国强（8月免）

洮南市委

书　记　崔彦磊（4月任）
薛智金（1月免）
副书记　高熙礼（7月任）
范瑞平（8月任）
纪　纲（7月免）
常　委　金　锐（8月任）
谢复强（7月任）
赵国财
吴　爽（女，8月任）
徐　鹏（7月任）
吕　宁（7月任）
欧阳传志（4月任）
周元斌（8月任）
董春玲（女，8月免）
赵广顺（7月免）
隋向辉（1月去世）
石文博（8月免）
王　双（7月免）
徐冬良（4月免）

洮南市人大常委会

主　任　于洪友
副主任　王　双（7月任）
于秀辉（女，蒙古族）
韩　红（女，蒙古族）
赵俊杰（蒙古族，11月任）
刘喜军（8月免）

洮南市政府

市　长　高熙礼（7月任）
纪　纲（7月免）
副市长　金　锐（8月任）
赵国财（8月任）
徐铭宇
刘　畅（女，满族，8月任）
赵　云（8月任）
杜　尧（8月任）
刘　洋（9月任）
王爱娟（挂职，4月任）
高熙礼（7月免）
石文博（8月免）
吴　爽（女，8月免）
林继春（7月免）
李飞军（挂职，7月免）

洮南市政协

主　席　石文博（11月任）
赵宏图（8月免）
副主席　张晓梅（女）
李　斌
于　澎（11月任）
蔡景晨（6月免）

洮南市纪检委

书　记　徐　鹏（7月任）
隋向辉（1月去世）

洮南市人民法院

院　长　李光宇（11月任）
石子宪（8月免）

洮南市人民检察院

检察长　胥劲铁（满族，11月任）
张　华（8月免）

通榆县委

书　记　李德明
副书记　王海刚（8月任）
董春玲（女，8月任）
刘振兴（7月免）
王海东（8月免）
常　委　周艳春
李长仁（8月任）
孙乃涛（8月任）
李海鹏（7月任）
李长虹
单景新
李延海
薄尔金（8月任）
沈　玲（女，7月免）
邓利辉（7月免）
何忠安（满族，8月免）

通榆县人大常委会

主　任　沈　玲（女，11月任）
刘凤水（7月免）
副主任　李　和（1月任）
黄秀芬（女）
王瑞群（11月任）
邓　庆（11月任）

通榆县政府

县　长　王海刚（11月任）
刘振兴（7月免）
副县长　周艳春（8月任）
李长仁
孟繁宏（8月任）
李忠良
杨绍安（8月任）
李书彬（8月任）

薛丙娟（女，8月任）
田　进（挂职，5月任）
蔡春喜（挂职，8月任）
何忠安（满族，8月免）
谢复强（7月免）
徐淑梅（女，7月免）
戚英喜（挂职，4月免）
孙乃涛（挂职，8月免）
鄂义强（挂职，7月免）

通榆县政协

主　席　邓利辉（11月任）
于海航（7月免）
副主席　徐英伟（11月任）
刘建华（蒙古族，11月任）
沙　超（女，11月任）
王东秀（7月免）

通榆县纪检委

书　记　李长虹

通榆县人民法院

院　长　王　桦

通榆县人民检察院

检察长　李成东（11月任）
冉志远（2月退休）

大安市委

书　记　杨国辉（7月任）
马维民（7月免）
副书记　王天昊（8月任）
孙剑寒（9月任）
赵彦峰（蒙古族，8月免）
薛丰刚（9月免）
常　委　于啸洋（8月任）
王春东（8月任）
孙德刚（8月任）
王　丹（女，满族，7月任）
白振宇（蒙古族，7月任）
迟艳宏（女，8月任）
万　宇
王　帝（8月任）
闫　煜（7月免）
孙颖慧（女，7月免）
李　贺（7月免）
金　锐（8月免）

大安市人大常委会

主　任　郭庆生
副主任　单景龙
黄　彪
朱永海（11月任）
冯国春（11月任）
王自霞（女，7月免）

大安市政府

市　长　王天昊（11月任）
赵彦峰（蒙古族，8月免）
副市长
白振宇（蒙古族，8月任）
迟艳宏（女）
韩　雷
王敬东
贾海峰（蒙古族，8月任）
齐相蛘（8月任）
郭　赢（8月任）
张苏珺（挂职，5月任）
杨昊谕（11月任）
于啸洋（8月免）
胥怀云（挂职，5月免）
齐宝坤（挂职，7月免）

大安市政协

主　席　张东颖
副主席　满　新　孙　立
李学明
纪检委书记　孙德刚（8月任）
闫　煜（7月免）
法院院长　陈　红（女，11月任）
赵树杰（9月免）
检察院检察长
曹月林

中省直单位

白城市税务局

党委书记、局长
宗学君（8月任）
党委副书记、副局长
张广文
党委委员、副局长
郝亚东（上挂锻炼）
刘　勇（挂职锻炼）
赵德贵
党委委员、纪检组组长
于永军
党委委员、总经济师
刘春梅（女，1月任）
党委委员、总会计师
张连明（1月任）

白城市统计局

党组书记、局长
吕国祥
党组成员、副局长
盛守和
党组成员、副局长
秦晓东
副局长　张力恒
党组成员、纪检组长
王立新（女）

国家统计局白城调查队

党组书记、队长
张　虹（女）
副队长、党组成员
郭延辉
纪检组组长、党组成员
林喜东

白城市气象局

党组书记、局长、一级调研员
曲长波
纪检组组长、党组成员、二级调研员
王成山
党组成员、副局长
段　有
姚耀显（10月任）

白城银保监分局

党委书记、局长
顾　琴
副局长　薛　凯　倪冬哲
纪委书记　苏　强

中国人民银行白城市中心支行

党委书记、行长
王立春

党委委员、副行长

邵会明　李建强

党委委员、纪委书记

冯彦霞

党委委员、工会主任

王振安

中国工商银行白城分行

党委书记、行长

刘红军

党委委员、副行长

刘根锶　赵淳忠

孟　伟（女）

党委委员、纪委书记

牛晓辉（女）

中国农业银行白城分行

党委书记、行长

王廷琦

党委委员、副行长

韩迎春

李黎明（9月任）

史惠敏

崔学东（6月任）

中国银行白城分行

党委书记、行长

张国峰（4月免）

王福林（9月任）

纪委书记　孙敬东（5月免）

赵兴彬（6月任、朝鲜族）

副行长　王　越（女）

马　林

关　巍（5月免）

颜范鹏（11月任）

中国建设银行白城分行

党委书记、行长

薄　海

纪检组组长　金振东

副行长　于曙光　罗士光

邵连柱

中国农业发展银行白城分行

党委书记、行长

袁　锐

党委委员、纪委书记、副行长

蒋英璐

党委委员、副行长

刘忠新　高　亮

吉林银行白城分行

行　长　王大勇

书　记　刘天阳

副行长　刘　冰（女）

高　元（女）

白城农商行

党委书记、董事长

李志成

党委副书记、行长

郭　建

纪委书记、监事长

李春雨

党委委员、副行长

李晓明（5月任）

杜　伟（5月任）

王　勇（10月任）

白城市烟草专卖局（公司）

党组书记、局长（经理）

张　伟

党组成员、副经理

张　林　李靖波

党组成员、副局长

李紫龙

党组成员、纪检组组长

李春祥（10月任）

副调研员　贾　双

中国石油白城分公司

执行董事、党委书记

王　军

经　理　翟复明

副经理　邢良春　田　巍

白城市邮政管理局

局　长　齐永红

副局长　张传伟（11月任）

邢桂英（11月免）

中国邮政白城分公司

党委书记、总经理

卜建国

副总经理、纪委书记

李金才

副总经理、工会主席

包艳涛

副总经理

尚立志（8月任）

中国移动白城分公司

党委书记、总经理

雷洪斌

副总经理、纪委书记、工会主席

于海龙

副总经理　刘野川

韩　雪

中国联通白城分公司

党委书记、总经理

刘伟国

党委委员、派驻纪检组组长

张　健（蒙古族）

党委委员、副总经理、工会主席

李立华

党委委员、副总经理

李旭东

朱海英（女）

中国电信白城分公司

党委书记、总经理

曲　波

纪委书记　王　晔（11月免）

崔　皓（11月任）

副总经理　陈明龙

副总经理、工会主席

梁琼端

政府工作报告

白城市第七届人民代表大会第一次会议

（2022年1月11日）

李洪慈

各位代表：

现在，我代表市政府，向大会报告工作，请予审议。请市政协委员提出意见。

一、过去五年及2021年工作回顾

过去五年，是白城发展极不平凡的五年。面对错综复杂的国际国内形势、繁重艰巨的改革发展任务和突如其来的新冠肺炎疫情冲击，我们高举习近平新时代中国特色社会主义思想伟大旗帜，认真贯彻落实党中央国务院、省委省政府和市委部署，同全市广大干部群众一道，团结拼搏、砥砺奋进，白城振兴发展迈出新步伐，各项事业取得新成就。

——我们持续加强生态建设。河湖连通工程生态效应明显，新增蓄水能力5.5亿立方米，地下水储量增加2.1亿立方米。大力开展国土绿化行动，植树造林133.3万亩，修复草原湿地418万亩，林草覆盖率达到26.6%。荣获全国水生态文明城市、全国绿化模范城市。蓝天、碧水、净土“三大行动”取得明显成效，空气质量优良天数排在全省前列，国省考核断面水质100%达标，土地安全利用率高出国家标准5个百分点，全市环境质量达到近十年最好水平。

——我们尽锐决战脱贫攻坚。创新实施“双带四增”产业扶贫模式，村级光伏电站覆盖384个贫困村、实现收益5.2亿元，庭院经济发展到21.9万亩、带动23.2万户增收，累计实施规模种养、棚膜蔬菜等重点项目2178个。全面落实“两不愁三保障”扶贫政策，危房改造、安全饮水、村卫生室全部达标，贫困学生救助实现全覆盖，“三下沉两提高一兜底”经验全省推广。常态化开展“三帮扶一推动”活动，市县乡三级干部每年驻村一周，面对面帮助群众解决实际问题。如期实现5个县（市、区）全部摘帽、384个贫困村全部退出、14.3万名贫困人口全部脱贫，区域性整体脱贫取得全面胜利。

——我们着力推动经济高质量发展。加快释放新能源优势，建成总投资65亿元、总规模100万千瓦的光伏领跑者基地，实施风电平价上网、鲁固直流风电外送等项目，全市新能源总装机达到780万千瓦，占全省60%以上。引进三一重工、东方电气、远景集团等头部企业，引领新能源装备制造集群式发展。坚持培优做强农产品加工业，建设梅花氨基酸、飞鹤乳业、牧原生猪、吉运肉牛等一批大项目，成为全市农业现代化的重要产业支撑。落实“藏粮于地、藏粮于技”战略，粮食连年喜获丰收，稳定迈上100亿斤台阶。推动服务业转型升级，实施港园物流产业园、嫩江湾5A级景区创建等补短板项目，发展省级现代服务业集聚区3个，建成国家外贸转型基地。

——我们加快城乡环境改造提升。探索实施“海绵城市+老城改造”模式，对38平方千米城区进行全方位、立体式改造提升，荣获全国海绵城市“样板城市”。创新“网格化”精细管理，实施市容环境整治、小区管理包保、文明素质提升等“六大工程”，荣获省级园林城市、国家卫生城市，获得全国文明城市提名。在全省率先明确农村环境卫生“六清”整治内容和标准，圆满完成农村人居环境整治三年攻坚任务，5个县（市、区）全部建立村屯常态化保洁机制，11个村镇荣获“全国文明村镇”称号。

——我们全面深化改革开放。落实407项重点改革任务，易地扶贫搬迁、“智慧医保”等经验受到国家通报表扬。创新“零跑团”、领办代办制，政务服务事项由“最多跑一次”向“一次不用跑”升级。城市信用指数在全国261个地级市排名大幅跃升，最好名次升至第24名。连续三年荣获全省软环境建设“标兵单位”。创造性提出“白齐兴”跨省生态经济合作区战略构想，推动制定《东北地区西部生态经济带发展规划》。长白铁路扩能提速，长安机场通航运营，科铁、嫩双高速竣工通车，实现县县通高速，立体化互联互通交通网络构建成型。

——我们切实增进民生福祉。城镇居民收入增速位居全省前列，农村居民收入增速连续5年全省第一。统筹拿出2000个事业编制，解决大学生就业难、基层用人难问题。40余万群众告别棚户区和农村危房。优化城乡教育布局，建设各级各类学校100余所。“互联网+家庭医生签约服务”模式全省推广。科技、文化、体育等各项社会事业取得长足进步，荣获全国双拥模范城“五连冠”。精准有效防控新冠肺炎疫情，建立健全常态化防控机制。安全生产形势平稳，信访工作在全省靠前，重要节点实现“五零”目标。扫黑除恶专项斗争成果全省领先，探索“交巡合一”“三位一体”等社会治理新举措，平安建设成效显著。白城与全国全省同步实现全面小康，踏上了共同富裕的新征程。

各位代表！

2021年喜迎建党百年，百年恰是风华正茂。我们从党的百年光辉历程中汲取智慧和奋进力量，保持战略定力，全力攻坚克难，推动“十四五”实现良好开局。预计全市地区生产总值增长7%，排在全省中上游；规上工业增加值增长23%、固定资产投资增长20%，均有望继续保持全省第一。

（一）切实加强调度分析，经济运行稳中有进稳中提质。围绕“两确保一率先”目标，出台15项稳增长措施，坚持逐月逐季调度分析，GDP增速在全省位次逐季前移。着力扩增量、控减量、抓重点、保运行，“一企一策”精准帮扶企业，产值超亿元工业企业达到47户，新升规企业15户。统筹推进整地增粮、以水保粮、科技兴粮，加之土壤底墒好、风调雨顺、雨热同期，粮食产量达到111.4亿斤，居全省第三位；增产9.52亿斤，居全省第二位；增幅9.35%，居全省第一位。洮南市进入全省十大产粮大县行列。开展服务业大调研、大培训、大排查，新入库入统企业31户。消费市场持续恢复向好，预计社零额增长8%，进出口总额增长15%。

（二）突出“项目为王”理念，三年攻坚首战告捷。实施项目建设三年攻坚行动，市县“一把手”亲自抓招商、引项目，形成“唯此为大上项目、全力以赴抓投资”的鲜明导向。借助央企助力吉林振兴、全球吉商大会等活动，新签约落地重点项目57个，到位资金增长31%，实际利用外资增长23.3%。完善项目包保、调度、督查等机制，开工建设5000万元以上项目169个，比年初计划多33个，新建项目、产业项目占比均超过50%，梅花三期、中材科技等31个工业项目竣工投产。谋划实施氢制合成氨、甲醇项目，氢能产业发展迈出新步伐。成功争取到全国首批、东北唯一的总投资110亿元、总规模140万千瓦的“光热+风电光伏”示范项目，成为我市“十四五”开局之年落地的第一个超百亿元大项目。

（三）承接“陆上风光三峡”，创新建设绿电产业园区。抢抓“双碳”机遇，全力推进国家级清洁能源基地建设，全市新能源在建及并网装机总量接近1000万千瓦，新争取指标461万千瓦、绿电产业园区单独获批130万千瓦。东方电气、水发集团、凡瑞锻件等一批新能源装备零部件企业集群式落户，三一、远景合计下线风电整机340台（套），产值超过30亿元，形成新能源装机和装备制造协同跟进、整体推进的一体化发展格局。着眼破解电力消纳难题，整合以洮北为中心100千米半径内2300万千瓦风光资源，按照“源网荷储一体化”模式，创新营造低成本用电优势，在全省率先探索建设绿电产业园区，成为新能源领域具有标志性意义的重大改革。制定出台《绿电产业示范园区建设意见》，成立配售电公司，组建能投集团，明确项目入园标准，统筹推动电源端、网端、负荷端实体化运行。投资40亿元的国家电投储能铅碳电池、投资14.7亿元的聚能集团高性能锂电负极材料、投资11.7亿元的中水投高功率负极材料等重点项目落户。深化与远景集团战略合作，谋划建设“零碳产业园区”，在全国率先研究零碳认证指标体系。

（四）坚持全产业链一体化推进，农产品加工业取得新突破。着力打造农业“十大产业集群”，谋划实施重点项目45个。大力发展主粮和杂粮杂豆深加工，梅花建成全球单体规模最大的赖氨酸生产基地，益海嘉里完成扩能改造，好雨、裕丰等6户企业被纳入全省粳稻产业集群。落实“秸秆变肉”暨千万头肉牛工程，在全省率先成立市、县两级畜牧管理机构，出台“肉牛20条”政策措施，良种化繁育、规模化养殖、精深化加工、品牌化打造“四化”做法在全省推广，全市肉牛养殖量突破50万头，增长64%。支持德信公司做大做强，优质肉牛冻精产量占全省40%、全国10%，成为重要的肉牛种源供应基地。开工建设和合、吉运等肉牛屠宰加工项目，填补了产业链空白。全力推动牧原、大北农等龙头企业扩大规模，全市生猪达到239万头，实现翻一番。支持飞鹤全域布局扩能，4万吨奶粉、5万头奶牛养殖基地项目在洮北选址启动，2万吨奶粉、3万头奶牛养殖基地项目在镇赉竣工投产，全市奶牛突破4万头，居全省首位。

（五）巩固拓展脱贫攻坚成果，全面推进乡村振兴实现良好开局。严格落实“四个不摘”要求，实施脱贫攻坚成果巩固、产业就业衔接等“六大衔接工程”。建立行业防返贫排查比对机制，设立防返贫监测“一村一员”专岗，及时消除致贫返贫风险。持续提升“双带四增”模式，光伏扶贫、庭院经济、规模种养等项目发挥了稳定增收的关键作用。农村公益岗总量和增幅、脱贫人口稳定就业人数均居全省第一。投资1320万元，建设“智医助理”平台，覆盖所有乡镇卫生院，提升了基层医疗精准化、规范化水平。开展乡村公益事业建设、村屯环境整治等“十三项专项行动”，完成95个示范村创建任务。在全省率先试点建设“新能源乡村振兴工程”，大安市每村200千瓦的光伏项目并网发电，村集体年均收入7.6万元。贫困地区重大专项普查、“四好农村路”创建获全国先进。启动乡村振兴版“三帮扶一推动”活动，成为全省“深入基层、服务基层、加强基层”的特色品牌。

（六）统筹老城新区协同发展，城

市建管水平明显提升。结合编制国土空间规划，完成城市开发边界划定。启动城市更新行动，改造33个老旧小区基础设施。注重乔灌结合，完善道路、公园、广场绿篱绿廊12千米，顺利通过省级园林城市复查。医教大学城、城市发展亚行项目序时推进，西部城区骨架路网基本形成。扩建城市污水处理厂，日处理能力提高25%。加密老城新区公交班次，16条城乡客运线路实现公交化。修改城市绿化条例，制定城市管理条例。加强便民早市规范管理，新增摊位1000余个。有效应对1981年以来最强暴风雪，采取“机械+人工”和市场化办法，全力保畅通、保安全，中央电视台连续5次作专题报道。深化“城市管理进社区”活动，全省城管执法队伍规范化建设现场会在我市召开。

（七）加大治理保护力度，生态环境质量持续改善。河湖连通达标工程全面完成，洮儿河常态化补水效应彰显，引嫩济洮项目被列入国家“十四五”水安全保障规划，新开河一期百里绿水生态长廊项目成为全省第一批试点，河湖长制工作获全国先进。启动实施第三个“十年绿美白城行动”，全年造林17万亩，治理草原20万亩，修复湿地50万亩，林草长制试点经验在全省推广。更新使用新能源公交车39辆，推广绿色建筑150万平方米。开展生态环境问题集中攻坚行动，督察反馈问题整改、信访案件办理和“绿盾2021”专项整治有序推进。实施秸秆全域禁烧，洮北区垃圾焚烧发电项目竣工运行，空气质量优良天数比例达到96%以上。

（八）聚焦营商环境优化，推动改革向纵深发展。进一步向市本级开发区（园区）赋权，调整市与经开区财政分成比例，洮南、洮北2个开发区晋升为省级开发区。发放“多证合一”营业执照1.9万户，企业开办时间压缩至1个工作日内，新增减税降费2.1亿元。1431项政务服务事项实现“一窗受理、集成服务”。23项公安业务下沉到警务室，形成“10分钟便民服务圈”。推进国有企业厂办大集体、月亮泡管理体制改革，开展通榆县国家级农村宅基地、镇赉县省级农村“三变改革”试点。加强“政银企保担”协同联动，企业和项目贷款分别新增70.2亿元、15.6亿元。

（九）狠抓民生维稳工作，社会大局保持和谐稳定。城镇就业、再就业超额完成年度任务。企事业退休人员养老金、市直单位住房公积金缴存比例稳步提高。医养结合养老机构发展到59家。落实义务教育“双减”政策，小区配套幼儿园治理全面完成，高中教育教学成果丰硕，职业教育扎实推进。医高专“升本”进展顺利，为全省培养“一村一名大学生村医”2000人。结合庆祝建党100周年，广泛开展系列文化活动。制定城四家子城址保护条例，城址保护被列入国家《大遗址保护利用“十四五”专项规划》。加强常态化新冠疫情防控和应急响应，分类强化应急演练，有序推进疫苗接种，建成7个抗疫特别国债项目。成功应对嫩江1998年以来特大洪水，首创“教演结合”实战化演练模式，实现人员无伤亡、堤坝无决口、粮食生产无影响的全面胜利。落实新安全生产法，连续42年无重大森林火灾，食品药品安全形势稳定向好。积极应对极端天气影响，千方百计保障热煤供应，首次提前10天开栓供热。圆满完成建党百年安保维稳任务，市公安局荣获“全国扫黑除恶专项斗争先进集体”，我市荣获首批“全国禁毒示范城市”称号。“双拥”工作持续加强，外事侨务、民族宗教等工作富有成效，残疾人、地方志、妇女儿童等事业全面发展。

（十）持续改进工作作风，政府自身建设不断加强。扎实开展党史学习教育，推动学习教育成果转化为工作成效。落实“作风建设年”和“五化”工作法部署，深入推进政府系统党风廉政建设，强化政治意识、实干担当意识、忧患意识、团结意识、廉洁意识“五种意识”，建立政府班子成员AB角工作补位、市长碰头会议、经济运行调度、重点事项督办、重要事项报告“五项制度”，大力倡导快、严、新、细、实“五种作风”。自觉接受人大、政协监督，人大代表建议、政协委员提案办复率均达到100%。府院联动机制拓展到“一府两院”，第一周期法治政府创建任务圆满完成。

各位代表！

过去五年取得的成绩，是全市上下深入学习贯彻习近平新时代中国特色社会主义思想，全面落实党中央国务院、省委省政府和市委决策部署的结果，是全市广大干部群众精诚团结、合力攻坚的结果。在此，我代表市政府，向全市各族人民，向各民主党派、工商联、人民团体、无党派人士、离退休老同志，向驻白中省直部门和企事业单位、解放军和武警部队官兵、公安司法干警，向所有关心支持白城发展的各界朋友，致以崇高的敬意和衷心的感谢！

五年来，我们在市委的坚强领导下，打赢了很多硬仗大仗，干成了一些大事要事，积累了“五个必须”的宝贵经验，就是必须做到绝对忠诚、必须保持战略定力、必须坚持敢为人先、必须树牢为民情怀、必须强化团结干事。这是五年奋斗积累的宝贵精神财富，也是推动白城发展的不竭动力，我们一定要倍加珍惜、大力弘扬。

同时，我们也清醒地看到，白城发展仍然面临着不少困难和问题。主要表现在：一是经济总量小，综合实力弱，相对落后仍然是最基本市情；二是资源利用效益不高，产业层次低，规上企业数量少，高技术、高附加值的项目不多，工业对经济增长的支撑拉动作用还不够强；三是非税收入占比过高、税收增长乏力和财政刚性支出增加的矛盾十分突出，保基本民生、保工资、保运转的压力持续加大；四是城乡居民收入水平仍然较低，养老、教育、医疗等民生领域还有不少短板，城市困难群体生活保障还需持续加强，基层治理仍然存在薄弱环节；五是高素质专业化干部、高层次创新人才比较匮乏，个别干部工作不务实、遇事不担当，抓落实、解难题的能力还有欠缺，作风问题和腐败现象仍有发生。对此，我们一定坚持问题导向、系统思维，采取务实举措，切实加以解决。

二、未来五年奋斗目标和总体安排

未来五年，是白城的历史上升期、发展提速期、崛起窗口期。落实市第七次党代会部署，全市发展的总体思路是：坚持以习近平新时代中国特色社会主义思想为指导，深入贯彻党的十九大和十九届历次全会精神，统筹推进“五位一体”总体布局，协调推进“四个全面”战略布局，全面落实“一主六双”高质量发展战略，坚持稳中求进工作总基调，统筹发展和安全，用生态价值转换理念统领经济社会发展，坚持生态强市，建设“一城三区”，持续深化改革开放，全力保障改善民生，坚定不移全面从严治党，努力建设新时代生态白城、实力白城、美丽白城、幸福白城。奋斗目标是：主要经济指标增速高于全省平均水平，城乡居民收入与经济增长同步，力争到2026年综合实力跻身全省中游，成为吉林西部重要增长极和关键支撑点。

未来五年，我们要全力建设“一城三区”。围绕把白城打造成为区域中心城、生态经济先导区、乡村振兴创新区、生态文明示范区，抢抓国家推进新时代东北振兴、建设东北地区西部生态经济带等重大机遇，坚定不移走生态优先、绿色发展之路，深入落实“1433”战略要求，推动生态价值转换为经济价值、社会价值，全面建设低碳低成本、宜居宜业的生态强市。

未来五年，我们要始终坚持“三大发展原则”。深度把握白城市情和发展规律，坚持“工业主导、投资拉动”“项目为王”“资源换项目”原则，把抓工业、抓投资作为扩大经济总量、调优产业结构、促进社会就业、招引优秀人才和增加地方税收的根本出路，把招商引资和项目建设摆在唯此为大的突出位置，把特有的资源用好用活用充分，进一步强化白城发展的当期支撑和长远后劲。

未来五年，我们要加快释放“三大资源优势”。立足得天独厚的风光资源优势，推动新能源装机规模化开发和装备制造业集群式发展；立足基础雄厚的农牧资源优势，推动农业种养加一体化、产加销全链条发展；立足特色鲜明的旅游资源优势，推动生态旅游以点连线带面、多业态跨区域融合发展，加快把资源优势转化为产业优势、发展优势。

未来五年，我们要突出抓好“六项重点任务”。

（一）加快产业结构格局性变化。抓住国家实施“双碳”战略、新增可再生能源和原料用能不纳入能源消费总量、能耗“双控”向碳排放总量和强度“双控”转变等政策机遇，坚持新能源开发与消纳同步推进、“绿电”与“绿氢”同步发力，加快建成“陆上风光三峡”和国家级清洁能源基地。抓住国家实施重要农产品保障战略和全省“秸秆变肉”暨千万头肉牛工程等政策机遇，大力实施150万头肉牛、生猪养殖倍增等计划，打造玉米、水稻、肉牛、乳品、生猪等“十大产业集群”，推动农产品加工向食品产业拓展延伸。抓住国家支持全域旅游发展和省里构建西部旅游大环线等政策机遇，加快推动向海、莫莫格、嫩江湾、月亮泡等景区提质升级，打响湿地生态、草原风情、红色文化、历史遗迹特色旅游品牌。统筹发展汽车零部件、医药健康、商贸物流和大数据产业，努力构建多点支撑、多业并举、多元发展新格局。

（二）创新推动乡村全面振兴。大力实施巩固提升、产业振兴、乡村建设、文化兴村、党建引领“五大行动”。提升庭院经济规模化、品牌化、市场化发展水平，推动光伏项目行政村全覆盖，突出主粮加工、肉乳制品加工、杂粮杂豆加工“三条线”，促进规模化种养、就地加工和品牌营销，构建具有白城特色的多元化产业支撑体系。实施“三大增粮行动”，建设粮食安全产业带增产主体区，加快491万亩未利用地综合治理和1000万亩中低产田改造，粮食生产能力达到120亿斤以上，为全省“千亿斤粮”工程贡献力量。以开展“百村示范、千村提升”为引领，争创国家农村人居环境整治先进县、全国文明村镇，打造可复制、可推广的白城特色乡村振兴模式。

（三）着力提升中心城市品质。着眼建设东北地区西部生态经济带区域中心城市，对标中等城市标准，统筹老城新区一体化发展，按照多中心、组团式、网格化理念，高质量编制城市总体规划。实施城市更新行动，加快布局各类功能性设施，提高城市宜居化、便利化水平。充分挖掘人文历史资源，赓续红色血脉，彰显文化特色。坚持国家园林城、卫生城、文明城标准，加强城市精细化建管，实施基础设施改造提升和“城市畅通”工程，打造疏朗通透、干净整洁、文明有序的特色中心城市。

（四）深入推进生态文明建设。按照系统化思维，统筹实施水林草湿“四大生态工程”，筑牢林网成格、草地连片、湿地镶嵌、河湖连通的生态屏障；坚决打好污染防治攻坚战，守好蓝天、碧水、净土，推动生产生活方式绿色转型；构建生态环境、生态保护和修复、生态环境责任“三大制度体系”，完善源头预防、过程控制、损害赔偿、责任追究的生态保护机制，争创国家生态文明建设示范市县和全国“两山”实践创新基地。

（五）全面激发改革开放活力。加快建成绿电产业园区，发挥低成本用电优势和项目集聚优势，打造低碳经济先导区、用电负荷集聚区、电力改革示范区。实施引嫩济洮、引水入城等工程，构建畅通的区域循环水系，破解水资源空间分布不均、与生产力布局不匹配问题。探索资源变资产、资产变资本、资本变资金新路径，解决融资渠道狭窄问题。积极推动土地指标跨省交易，实现粮食增产、财政增收、生态增值多赢目标。创新开发区管理体制，突出项目招商主责主业，发挥经济增长极和项目主战场作用。完善人才招引政策和激励评价机制，鼓励各类人才创新创业创造，为白城高质量发展提供高素质的人才支撑。

（六）更好保障和改善民生。加强普惠性、兜底性、基础性民生建设，着力补齐民生领域短板。千方百计创造就业岗位，多渠道增加居民收入。推进全民参保计划，健全可持续、多层次社会保障体系。繁荣发展文化事业和文化产业，统筹发展各级各类教育，推动城乡公共卫生服务均等化。着力解决“一老一小”问题，加强城镇困难群体救助。深入推进市域社会治理现代化试点，提高防范化解重大风险能力，在实现共同富裕进程中不断满足群众的美好生活需要。

三、2022年重点工作任务

2022年是新一届政府开局之年，也是“十四五”承上启下的重要一年。我们要继续保持攻坚克难、真抓实干的劲头，积极应对需求收缩、供给冲击、预期转弱“三重压力”，坚持稳字当头、稳中求进，继续做好“六稳”“六保”工作，保持经济运行在合理区间，保持社会大局稳定，以优异成绩迎接党的二十大胜利召开。主要预期目标是：地区生产总值增长7%左右，规上工业增加值、固定资产投资分别增长15%左右，地方级财政收入增长5%左右。重点抓好十个方面工作。

（一）继续深入开展项目建设攻坚行动。牢牢扭住“项目为王”不放松，坚持招商引资和项目建设“一把手”工程，实行重点项目清单管理、挂图作战。一是抓好项目谋划。聚焦新能源、新装备、新材料、新农业、新旅游、新电商“六新产业”和新基建、新环境、新生活、新消费“四新设施”，抓住国家适度超前开展基础设施投资机遇，加大项目策划和包装力度，建立高质量的“双百项目储备库”，深度谋划亿元以上招商项目100个、向上争取资金项目100个。二是狠抓招商引资。切实发挥市、县两级7个开发区（园区）的招商引资主战场作用，强化招商力量、完善工作机制，借助德企进吉林、吉日经贸洽谈会等平台，克服困难“走出去”，开展叩门招商、专题招商、以商招商。坚持“5+3”目标不变，每个县（市、区）新上5个、开发区（园区）新上3个亿元以上产业项目。三是加快项目实施。抓实“三早”项目集中开工，全年实施5000万元以上项目160个以上。重点抓好鲁固直流140万千瓦“光热+风电光伏”示范、通榆三一零碳智造产业园、洮北飞鹤奶牛养殖和乳品加工、镇赉年产15万吨柠檬酸等78个新建项目，加快洮南智能风机制造、大安金隆丰100万头生猪养殖等82个续建项目。实行项目建设专项调度和“赛马”机制，适时召开现场会，营造比学赶超的浓厚氛围，确保项目建设实现新突破，投资增速保持全省领先。

（二）全力建好绿电产业园区。坚持“系统谋划、集成布局、整体推进、头部引领、形成闭环”，加快实体化运作，发挥示范引领作用。一是坚持共建共享。按照市县“一盘棋”思路，统筹开发100千米半径内的风光资源，建立洮北区与各县（市）资源使用和收益分配机制，形成市县共建、利益共享工作格局。二是抓好项目示范。坚持电源端与负荷端需求相配套，用好单独争取的130万千瓦指标，同步建设资源开发项目。协同推进配电网和调度中心建设，争取10月底前具备供电调度能力。抓紧推动负荷端国家电投储能铅碳电池、聚能集团高性能锂电负极材料、中水投高功率负极材料等首批示范项目，确保作为全省“三早”项目如期开工。加强与远景集团对接合作，争取“零碳产业园区”年内有实质性突破。加快推进与中车、正泰集团战略合作，争取再落实一批关联性强、带动作用大的产业链项目。三是统筹新能源发展。加快“陆上风光三峡”建设，实施新能源项目590万千瓦以上，力争全市新能源装机达到1500万千瓦，成为名副其实的千万千瓦新能源基地。完善新能源开发利用管理机制，全链条、集群式抓好三一、东方电气、远景等装备制造产业园区建设，积极推动核心零部件落户园区。加快推进大安化工产业园氢制合成氨、甲醇项目，谋划实施镇赉8万吨玻璃微纤维等天然气利用项目。

（三）推动工业经济做大做强。坚持“工业主导、投资拉动”，落实联系服务工业企业制度，扎实开展“助企服务年”活动，力争工业增加值增速排在全省前列。一是抓好重点企业“稳存量”。聚焦50户重点企业稳增长，加强煤电油运全要素保障，着力巩固梅花、飞鹤、三一等产值超亿元企业增长势头。二是推动项目达产“扩增量”。积极创造条件，推动梅花三期、益海嘉里二期、远景风机制造等项目达产达效，推动通榆牧原400万头生猪屠宰、水发电力装备产业园等项目竣工投产。三是盘活减产企业“控减量”。实行减产企业清单化管理，逐一制定包保方案，做到减产企业数量减少、产值稳步回升，力争敖东、安大牧业等企业产值增速实现正增长。四是加快升规转型“提质量”。对成来电气、德信公司、天意辣椒等有上市意愿且成长性强的企业，加强分类指导，加快上市步伐。实施“专精特新”中小企业培育工程，鼓励企业向数字化转型。滚动推进“个转企、小升规”，完成“个转企”400户，新升规15户以上。

（四）探索特色乡村振兴模式。落实“五大行动”，打造乡村振兴“白城样板”。一是抓好粮食增产。围绕建设中西部粮食安全产业带，开展“黑土粮仓”科技会战，抓好1个万亩级核心示范基地、5个千亩级辐射示范基地建设。新建高标准农田40万亩，推广保护性耕作580万亩，粮食播种面积稳定在

1400万亩以上。落实田长制，防止耕地非农化、非粮化。抓好涉粮巡视整改，改进粮食购销管理工作。按照全省工作部署，稳步解决“地趴粮”问题。二是壮大肉牛产业。坚持“四化”举措，落实“肉牛20条”政策，抓好1个万头基地、10个万牛镇（乡）、50个千牛村和2个精深加工基地建设，力争肉牛饲养量突破60万头、规模化养殖良种率达到60%以上。整合涉农资金、用好专项债，以“交钥匙”工程形式，支持肉牛产业发展。加快推进大安皓月肉牛产销一体化项目，确保通榆20万头肉牛屠宰加工、镇赉农牧业产业孵化园投产运营。三是发展特色产业。继续实施新能源乡村振兴工程，大力发展棚膜园区，争创国家农村产业融合发展示范园。拓展梅花、益海嘉里等主粮作物精深加工程度，扩大吉运、牧原、飞鹤等种养加规模，抓好天意辣椒等特色深加工项目。四是加强乡村建设。以13个专项行动为抓手，因地制宜推进乡村整体风貌建设。实施农村人居环境提升工程，开展城管综合执法进乡镇试点和“移风易俗树新风”活动。拓展“智医助理”模式，推进基本公共服务均等化。按照“九有六无”要求，完成84个省级示范村创建任务。

（五）扎实开展服务业补短板行动。全面落实“二十大工程”，推动服务业高质量发展。一是培育高质量市场主体。鼓励扶持欧亚、居然之家、森昊物流、中农批发等企业发展，力争更多企业进入全省限上前300名。加快欧亚影城、源源国际商务综合体等重点项目建设，同步谋划吉西物流园、东北亚小商品城等大项目。坚持一手抓新兴业态培育，一手抓企业入库入统，填补服务业行业空白，形成新的发展增量。二是促进消费稳定增长。推动电商进社区、快递下村屯，构建城乡双向流动新格局。开展好消费券、夜消费等促销活动，加快改变生产性服务业专业化、高端化不够，生活性服务业需求弱、层次低等问题。完善鼓励农民进城购房政策，谋划建设房地产超市，促进房地产业良性循环和健康发展。三是加快发展生态旅游业。统筹嫩江湾、月亮泡水库、月亮泡镇旅游一体开发，启动机车博览园4A级景区创建，建设敖牛山风灵谷度假区，谋划向海景区旅游综合开发项目，完善各项配套服务，形成新的消费增长点。提升姜家甸万亩草原、牛心套堡国家湿地公园等景区设施配套水平和品牌影响力，积极打造乡村旅游特色典型，推动生态旅游“一线多点”整体升级。

（六）加快城市更新和品质提升。坚持生态型城市发展思路，统筹老城新区一体发展，着力提升城市建管科学化、精细化水平。一是统筹谋划城市布局。高质量编制城市总体规划，明确城市发展规模、合理边界和功能定位，从源头上防止“城市病”。二是提升城市承载功能。加快城市更新行动，扎实推进城市棚户区和老旧小区改造。完善“一城一网”建设，提升供热平衡性、可靠性。整体改造提升森林公园，推进炮旅原址置换打造高品质城市公园，满足群众休闲娱乐需要。实施“引水入城”工程，启动新开河一期百里绿水生态长廊项目，谋划建设集生态景观和休闲功能于一体的复合型廊道，为城市增添生机和活力。三是加强城市精细化建管。开展“城市体检”，深化“街（路）长制”。加强城市出入口改造和城区“口袋公园”“小微绿地”建设，推动绿化美化提档升级。全面启动“南互通”工程和“城市畅通”工程，解决好重点路段、重要时段道路拥堵问题。研究组建国有物业公司，分批接管社区代管、弃管小区。坚持“走遍白城”，用“绣花功夫”把城市管理覆盖到角角落落。四是彰显城市文化特色。保护好城市文脉，抓好城四家子遗址、辽金双塔保护工作；修复辽吉省委、辽北省政府旧址，赓续红色血脉；突出军事文化主题，谋划红色文化产业园；坚持清新淡雅的城市主色调，彰显“云飞鹤舞”的城市特色。

（七）系统加强生态保护建设。统筹山水林田湖草沙系统治理，积极创建国家生态文明建设示范市县。一是抓实生态工程。推进引嫩济洮和嫩江干流堤防治理、洮儿河一期治理工程，抓好洮儿河常态补水，谋划河湖连通二期。加强地下水超采治理，深入开展节水行动。开展“十年绿美白城”行动，全面启动百万公顷“林草湿”生态连通工程。二是强化污染防治。落实河湖长制、林草长制。抓好河湖湿地不达标断面整改、燃煤机组和锅炉“大提升中整合小淘汰”等重点工作。加强秸秆“五化”利用和无害化处置，坚决完成秸秆全域禁烧目标任务。一以贯之抓好环保督察整改，防止问题反弹。适时启动编制“双碳”行动方案。三是解决突出问题。倡导全链条生活垃圾分类，探索完善收运处置体系，解决好城市垃圾填埋场异味问题。推动雨污分流和现有污水处理厂达标排放，新建工业污水处理厂，抓好中水回用，促进水资源循环利用。实施东湖综合治理项目，从根本上解决水质不达标、承泄量不足、排放缺少出口等问题。

（八）纵深推进重点领域改革。坚持问题导向、需求导向，蹄疾步稳抓好关键性改革。一是深化“放管服”改革。落实新的减税降费政策。持续开展涉企违规收费专项治理。推进“证照分离”改革，降低企业经营成本。创新事中事后监管方式，探索行政检查执法备案智能改革。拓展城区实体政务大厅和乡村便民服务中心服务功能，实行“一站式服务”“一门式办理”。加强诚信建设，打造优质营商环境“升级版”。二是深化财税金融改革。坚持开源、节流、统筹，开展财税征收专项行动，严控一般性支出。强化经营性国有资产集中统一监管。完善金融风险处置工作机制。促进中小微企业融资增量、扩面、降价，争创国家普惠金融发展示范区。三是深化农村综合改革。加快建立农村产权交易中心，促进土地适度规模经营。抓好农村“三变”

改革，确保完成76个试点村的改革任务。深化国家级农村宅基地制度改革试点，探索盘活闲置住宅和宅基地的有效途径。四是深化开发区改革。推动开发区创新发展，探索逐步剥离社会管理职能，加快回归主责主业。积极推进大安和工业园区2个化工产业园认定工作，支持通榆打造全省新能源产业集群化发展示范区。各开发区要对照全省考评体系，开展“对标先进、争先晋位”活动，切实建成区域经济增长极。

（九）坚定不移兜住兜牢民生底线。坚持以人民为中心，量力而行、尽力而为，让群众在共建共享中增强获得感和幸福感。一是抓好“一老一小”。制定养老服务业发展规划，实施健康养老幸福工程，完善医养康养结合体制机制，探索公建民营、民办公助、“物业服务+养老服务”等新型养老模式，构建“15分钟”社区居家养老服务圈。加快曜阳养老服务中心、日升社区养老服务试点运营。统筹谋划学前教育布局，新改扩建一批幼儿园，新建1～2个示范性托育服务中心。二是加强困难群体帮扶。稳步提升社会救助标准，构建更加完备的救助体系。完善部门联动和快速响应机制，常态化做好“救急难”工作。发挥慈善救助补充作用，开展好“圆梦大学”“慈善义诊进村居”“走进困境儿童”等活动。三是推进各项民生事业。做好高校毕业生、退役军人、城镇困难人员等重点群体就业工作。适时调整退休人员基本养老金和失业、工伤、养老保险待遇标准。加强与师范学院战略合作，全力支持医高专“升本”。深入落实“双减”政策，加强师德师风建设。支持中心医院创建三甲，抓好中医院异地新建。推出一批有白城特色的文化作品，谋划实施县级文体中心提升工程。深化国防动员体制改革，扎实开展“双拥”活动。着力发展妇女儿童、残疾人、地方志、志愿服务等事业，做好外事侨务、民族宗教等工作。

（十）切实加强和创新社会治理。强化源头治理、应急处理，妥善应对各类风险挑战，提高防范化解重大风险能力。一是抓好常态化新冠疫情防控。加强“外防输入、内防反弹”，落实全流程闭环管理。加快推进疫苗接种工作，加强极端情况下应急演练，做好全员核酸检测、居民物资配送等应急准备。二是强化安全生产。全面落实“三管三必须”，创新实施“必查制”，深入开展安全生产专项整治三年行动。健全防灾减灾救灾体系，实施自然灾害防治重点工程，加强应对处置灾害能力建设。强化食品全过程监管，科学配置药品监管资源。三是全力维护稳定。实行领导干部公开接访、定期下访约访，挂牌督办、集中化解一批积案。抓好“雪亮工程”、智能安防小区建设，完善社会治安防控体系，推进扫黑除恶常态化，防范打击各类犯罪。四是建设法治白城。落实全面依法治市要求，开展第二周期法治政府创建活动。积极配合人大做好立法工作。强化府院联动，深化政务公开。推进“八五”普法，加强法治乡村（社区）建设，用法治力量维护社会安定、守护人民安宁。

四、全面加强政府自身建设

面对艰巨繁重的改革发展任务，我们必须用务实、担当打造负责任的政府，用清廉、为民打造人民满意政府，切实担负起推动白城振兴发展的时代重任。

（一）强化政治意识。始终把政治建设摆在首位，深入贯彻习近平新时代中国特色社会主义思想和习近平总书记视察吉林重要讲话重要指示精神，全面落实党的十九届六中全会精神，增强“四个意识”、坚定“四个自信”，坚决拥护“两个确立”、坚决做到“两个维护”。运用好党史学习教育成果，牢记“国之大者”，不折不扣贯彻党中央国务院、省委省政府和市委的决策部署，以强有力的执行确保政令畅通。

（二）强化实干担当意识。始终保持强烈的事业心和责任感，坚持实事求是、务实干事，不图虚名、不务虚功，把确定的大事要事、群众的急事难事，一项一项抓细抓实。坚持“一张蓝图绘到底、一件事情干出头”，构建抓落实的工作闭环，做到有研究、有部署、有调度、有督促、有反馈，推动政府工作全面提速、提质、提效。

（三）强化忧患意识。客观理性看待白城实际，树立居安思危理念，善于从发现问题着手，勇于直面问题，全力破解制约白城发展和群众反映强烈的难题。更好统筹发展和安全，下好先手棋、打好主动仗，时刻警惕“黑天鹅”“灰犀牛”事件，有效防范化解各类风险挑战。

（四）强化团结意识。继承和发扬团结奋斗的好传统，强化“一盘棋”思想，凡事看大局、讲配合，搞好统筹协调，发挥整体优势，形成心往一处想、劲往一处使的生动局面。认真贯彻民主集中制，紧紧依靠集体智慧推动工作。加强政府系统队伍和作风建设，促进干部团结、干群团结，努力营造和谐共事、团结干事、合力成事的浓厚氛围。

（五）强化廉洁意识。落实全面从严治党要求，深入推进政府系统党风廉政建设。树立正确政绩观和权力观，坚持依法行政，自觉接受人大监督、政协监督和社会各方面监督。严格落实中央八项规定精神和廉洁自律各项规定，持续整治不正之风和腐败问题。落实“一岗双责”，做到干净干事，巩固和发展风清气正的良好政治生态。

各位代表！

白城振兴发展的时代重任，历史性地落在我们肩上。让我们更加紧密地团结在以习近平同志为核心的党中央周围，在省委、省政府和市委的坚强领导下，凝心聚力、拼搏进取，全力建设更加美好的白城，以优异成绩迎接党的二十大胜利召开！

文件目录

表96 2021年中共白城市委发文情况一览表

编号	收文日期	文件标题
1	1.12	中共白城市委关于制定白城市国民经济和社会发展第十四个五年规划和二〇三五年远景目标的建议
2	2.7	中共白城市委、白城市人民政府关于印发《2021年全市重点工作任务清单》的通知
3	3.3	中共白城市委关于印发《白城市政法队伍教育整顿实施方案》的通知
4	3.25	中共白城市委办公室印发《中共白城市委常委会议“第一议题”学习制度》《中共白城市委重大决策前专题学习制度》《中共白城市委关于贯彻落实重大决策部署的制度》的通知
5	3.25	中共白城市委关于印发《白城市委常委会2021年工作要点》的通知
6	3.25	中共白城市委 白城市人民政府关于印发《白城市“一城三区”集中攻坚方案》的通知
7	5.7	中共白城市委关于印发《白城市深入开展作风建设的实施方案》的通知
8	5.12	中共白城市委 白城市人民政府印发《关于实现巩固拓展脱贫攻坚成果同乡村振兴有效衔接实施方案》的通知
9	5.12	中共白城市委 白城市人民政府关于全面推进乡村振兴加快农业农村现代化的实施意见
10	5.12	中共白城市委 白城市人民政府关于贯彻落实中央八项规定实施细则精神的具体办法
11	5.26	白城市关于贯彻落实“五个聚焦”“两个更高”要求实施方案
12	6.25	中共白城市委关于印发《〈中国共产党统一战线工作条例〉重点任务分工》的通知
13	8.26	中共白城市委关于印发李明伟同志在市委六届十次全会上的报告和李洪慈同志关于全会《意见》起草情况说明的通知
14	8.26	中共白城市委关于实施生态强市战略加快推进“一城三区”建设的意见
15	9.2	中共白城市委关于印发《法治白城建设实施方案（2020—2025年）》的通知
16	9.2	中共白城市委关于印发《白城市法治社会建设实施方案（2020—2025年）》的通知
17	9.6	中共白城市委关于中国共产党白城市第七次代表大会代表选举工作的通知
18	10.25	中共白城市委印发《白城市关于贯彻落实〈中共中央关于全面加强新时代少先队工作的意见〉的具体举措》的通知
19	11.22	中共白城市委 白城市人民政府印发《关于全面加强黑土地保护的实施方案》
20	12.15	中共白城市委 白城市人民政府关于印发《白城市“一城三区”集中攻坚方案》的通知
21	12.20	中共白城市委关于印发李明伟同志在中国共产党白城市第七次代表大会上的讲话的通知
22	12.20	中共白城市委 白城市人民政府 转发《市委宣传部、市司法局关于开展法治宣传教育的第八个五年规划（2021—2025年）》的通知
23	12.21	中共白城市委关于印发李明伟同志在市委七届一次全会上的讲话的通知

（资料来源：市委办公室）

表 97　2021 年白城市人民政府发文情况一览表

文件号	文件标题	签发领导	拟稿部门	行文日期
1	白城市人民政府关于陈锋同志工作分工的通知	李明伟	办公室	2.3
2	白城市人民政府关于调整市政府部分领导同志工作分工的通知	李明伟	办公室	2.5
3	白城市人民政府关于市政府领导同志工作分工的通知	李洪慈	办公室	3.23
4	白城市人民政府关于印发《白城市国民经济和社会发展第十四个五年规划纲要》的通知	吴东文	市发改委	6.18
5	白城市人民政府关于提请审议《白城市草原生态保护条例（草案）》的议案	孙志刚	市林草局	6.29
6	白城市人民政府关于提请审议《白城市城市管理条例（草案）》的议案	吴东文	市城管局	7.1
7	白城市人民政府关于调整市政府部分领导同志工作分工的通知	李洪慈	办公室	7.26
8	白城市人民政府关于提请审议《白城市城四家子城址保护条例（草案）》的议案	赵楠	市文广旅局	8.20
9	白城市人民政府关于提请设立“白城清洁能源日”的议案	李洪慈	市能源局	8.27
10	白城市人民政府关于印发《白城市国民经济和社会发展第十四个五年规划及2035 年远景目标纲要任务清单》的通知	吴东文	市发改委	9.2
11	白城市人民政府关于市政府领导同志工作分工的通知	李洪慈	办公室	11.15
12	白城市人民政府关于印发《白城市关于推动服务业转型升级高质量发展实施方案》的通知	李子罡	市发改委	11.26
13	白城市人民政府关于印发《白城市“十四五”残疾人保障和发展规划》的通知	常预	市残联	12.22

（资料来源：市政府办公室）

表 98 全市省级以上农业产业化重点龙头企业一览表

序号	企业名称
	市直（8 家）
1	益海嘉里（白城）粮油食品工业有限公司
2	吉林裕丰米业股份有限公司
3	吉林省旺角人家食品有限责任公司
4	白城市隆盛实业科技有限公司
5	白城绿稼源农产品加工有限公司
6	吉林梅花氨基酸有限责任公司
7	白城天福粮油食品有限公司
8	白城绿洲农业集团吉林省健之态生物科技有限公司
	洮北区（8 家）
9	白城市谷丰米业有限责任公司
10	吉林省德泰绿豆产业基地集团有限公司
11	白城市金大地粮食收储有限责任公司
12	白城市鹏吉粮食贸易深加工有限公司
13	吉林麦地多农资连锁超市有限公司
14	吉林省德信生物工程有限公司
15	白城市名香米业有限公司
16	白城市洮源米业有限公司
	镇赉县（15 家）
17	镇赉县正阳物资集团有限公司
18	镇赉金地粮贸有限公司
19	镇赉县龙达畜禽有限责任公司
20	吉林省益健粮食加工有限公司
21	镇赉瑞信达原生态牧业有限公司
22	镇赉县嫩康米业有限责任公司
23	镇赉县大河生态农业有限责任公司
24	飞鹤（镇赉）乳品有限公司
25	镇赉县麒麟王米业有限公司
26	镇赉县程记米业有限责任公司
27	镇赉县王氏禽业发展有限公司
28	镇赉县和合牧业发展有限公司
29	吉林好雨现代农业股份有限公司

续表98

次数	主要内容
30	镇赉县梁氏米业有限公司
31	吉林省华宇兴农供应链管理有限公司
	洮南市（10家）
32	吉林敖东洮南药业股份有限公司
33	吉林省北方吉星农业集团有限公司
34	吉林省沃源食品有限责任公司
35	洮南市吉豆经贸有限公司
36	吉林省吉米娃食品工业有限公司
37	洮南市吉丰粮贸有限责任公司
38	洮南市绿莹牧业有限公司
39	洮南市幸福绿色食品开发有限责任公司
40	金垦现代农业股份有限公司
41	洮南圣一金地生物农业有限公司
	通榆县（9家）
42	通榆县鹤香米业有限责任公司
43	吉林省吉运农牧业股份有限公司
44	通榆县天意农产品经贸有限责任公司
45	吉林维多利农牧业有限公司
46	吉林单氏米业有限责任公司
47	通榆县吉鹤村酒业酿造有限公司
48	通榆县海燕粮贸有限公司
49	吉林通榆牧原农牧有限公司
50	通榆县新洋丰现代农业服务有限公司
	大安市（9家）
51	大安市安大牧业有限责任公司
52	大安市先达食品有限公司
53	大安市亿龙葵花有限公司
54	大安市裕丰粮贸有限公司
55	吉林省彭博农业集团有限公司
56	大安市腾龙粮油米业有限公司
57	大安市丰润粮食收储有限公司
58	大安市信达农业发展有限公司
59	大安市源源牧业有限公司

（资料来源：市农业农村局）

表 99　2012—2021 年白城市国民经济和社会发展总量指标统计表

	单位	2012	2013	2014	2015	2016	2017	2018	2019	2020	2021
一、综合											
年底总人口	万人	200.01	199.09	197.75	196.67	193.46	190.95	189.91	188.50	186.2115	184.5431
从业人员	万人	104.8	105.6	105.29	105.94	100.69	104.07	—	—		101.2543
职工人数	万人	20.79	21.6	21.6	20.8	20.7	20.02	18.13	15.49	12.2833	12.5355
国内生产总值	万元	3760128	4170890	4375714	4393281	4600068	4810588	4903982	4911440	5101783	5488325
第一产业	万元	982881	1047561	1070241	1173878	1143793	1082748	1172931	1241780	1449270	1488065
第二产业	万元	803984	750380	784492	752909	793240	832131	851588	803983	833283	978155
第三产业	万元	1973263	2372949	2520981	2466494	2663035	2895709	2879463	2865677	2819230	3022105
二、固定资产投资											
固定资产投资	万元	4671377	5087600	5871375	6702740	7290400	—	增速 5.1%	增速 -59.57%	增速 8.38%	增速 22.4%
#房地产开发	万元	110806	133494	249480	275879	241223	—	—	增速 -33.9%	增速 -31.1%	增速 -18.6%
农村投资	万元	694326	125200	120000	103300	79400	—	—	—	—	—
三、财政											
一般预算全口径财政收入	万元	486135	555294	638446	613272	641247	651806	715424	689793	620405	639481
其中：地方财政收入	万元	310287	369609	413952	401809	420400	415069	410891	439873	407908	393479
财政支出	万元	1427077	1560377	1829198	2030517	2224702	2563527	2708541	2499874	2803285	2237351
四、农业											
年末耕地总资源	公顷	939542	997482	—	—	—	—	1180938	1451260	—	1420250
农林牧渔业劳动力	万人	68.2	68.98	68.37	69.8	69.2	69.0	—	68.1	67.16	64.533
农林牧渔业总产值	万元	1999000	2170356	2273227	2357875	2230785	1955734	2120884	2265978	2742627	2811539
主要农产品产量											
粮食	万吨	346.9	410.17	416.1	424.0	413.9	460.8	478.9	492.9	509.34	556.922
油料	万吨	28.4	31.2	28.9	22.3	23.1	22.3	17.2	13.4	11.57	11.41
肉类总产量	万吨	11.4	10.8	11.3	11.5	11.3	12.1	11.8	11.7	10.7	16.29
五、工业											
主要工业产品产量											
饮料酒	千升	135000	164397	181088	187467	224175	260183	31651.8	4590.7	2196	669
水泥	吨	1191878	1164971	1187950	916955	1169968	1590000	157819.0	690587.93	278895	1075280
规模以上工业企业总产值	万元	4696176	5689700	6292666	6596518	7362041	—	增速 7.6%	增速 -9.8%	增速 7.4	增速 27.2%
规模以上工业企业利税总额	万元	248837	256267	228623	279128	307953	380886	—	—	—	—
六、交通运输邮电											
公路货物周转量	万吨公里	101509	211826	230521	245651	254301	269928	279171	278390	206322	332117.99

续表99

	单位	2012	2013	2014	2015	2016	2017	2018	2019	2020	2021
公路旅客周转量	万人公里	197013	104775	90507	86705	97184	93552	88474	85502	46050	18255.56
七、贸易											
社会消费品零售总额	万元	1203332.2	1323830.6	1444515	1533862.2	1623276	1642134.9	1631887.1	1674236.8	1436201	1563684
进出口总额	万美元 2018年起为万元	17788	12268.3	13279	12324.3	13175.8	9629.94	68937	77796.55	154701	195058
八、教育卫生											
专任教师数	人	20905	20748	20450	20508	20572	20007	19718	19206	19297	19306
普通高校	人	182	91	1088	173	177	172	246	162	162	163
中等职业中学	人	1628	1345	1350	1185	1067	968	966	867	849	797
普通中学	人	6979	8258	8645	8752	9123	9022	9361	9429	7685	9181
小学	人	10463	9096	8538	8341	7957	7478	7268	6817	8430	6989
在校学生数	人	239897	219141	211815	208855	206153	201991	193701	190539	188247	184993
普通高校	人	1046	892	19651	889	1066	918	2600	1997	2850	3203
中等职业中学	人	8136	8842	7991	7979	6257	7645	7507	7771	7032	7485
普通中学	人	85457	78010	76.16	74377	74195	75573	77830	76658	73587	71397
小学	人	110311	96068	90476	89031	85709	81424	77396	74621	72719	71021
卫生机构数	个	1555	1578	1407	1675	1674	1661	1879	—	1980	1980
卫生技术人员	人	12480	12720	9049	9962	10318	10522	11146	—	14051	13493
执业（助理）医师	人	4317	4365	4290	4557	4633	4687	4978	—	5464	5653
医疗床位数	张	7222	7248	7362	7977	8237	8590	8927	—	—	—
医院	张	4908	4704	4998	5524	5840	—	6562	—	—	—
九、人民生活											
城镇常住居民人均可支配收入	元	20154	19716.92	18150	19820	21090	22461	23539	25631	26668	28428
农村常住居民人均可支配收入	元	6200	6743.28	7312	7751	8387	9024	9908	11216	12205	13510
城乡居民储蓄存款余额	万元	2602260	3076000	3446152	3839214	4210004	7995753.106	5149967.166	6085388.692	7437405	8615980
职工工资总额	万元	502691	600417	678506	790763	879085	938779	905799	881969	761569	853089
职工平均工资	元	26649	27705	30916	39493	42179	46849	49982	57048	62001	67484

（资料来源：市统计局）

表 100　2021 年白城市国民经济主要比例关系统计表

指　　标	2021	
	绝对数	构成（%）
全部从业人员（万人）	101.25	100.0
第一产业	54.91	54.2
第二产业	14.22	14.0
第三产业	32.13	31.7
国内生产总值（亿元）	548.8	100.0
第一产业	148.8	27.1
第二产业	97.8	17.8
第三产业	302.2	55.1
农林牧渔业总产值（亿元）	281.2	8.2
公路运输	—	—
货运量（万吨）	986.28	—
客运量（万人）	270.9	—
社会消费品零售总额（亿元）	156.4	100.0
城镇	—	—
乡村	—	—
地方财政收入占国内生产总值的比重（%）	—	7.2
固定资产投资占国内生产总值的比重（%）	—	25.1

（资料来源：市统计局）

表 101　2002—2021 年白城市地区生产总值（按当年价格计算）统计表

单位：万元

年份	地区生产总值	第一产业	第二产业	其中		第三产业	人均地区生产总值（元）
				工业	建筑业		
2002	799522	332034	178208	96109	82099	289280	3998
2003	840254	402179	136425	55760	80664	301650	4190
2004	948072	376400	200578	110993	89585	371094	4712
2005	1152730	490229	236309	149442	86867	426192	5718
2006	1354618	465360	289945	186801	103144	599313	6706
2007	1698217	531398	430093	284824	145269	736726	8379
2008	2021272	652120	435429	271139	164290	933723	9961
2009	2290049	696196	538234	265901	272334	1055619	11279
2010	2777671	734935	556633	369419	187214	1486103	13689
2011	3381258	881605	761221	506590	254631	1738432	16690
2012	3760128	982881	803984	543259	260725	1973263	19102

续表101

年份	地区生产总值	第一产业	第二产业	其中		第三产业	人均地区生产总值（元）
				工业	建筑业		
2013	4170890	1047561	750380	583389	166991	2372949	21702
2014	4375714	1070241	784492	606739	177753	2520981	23318
2015	4393281	1173878	752909	522313	230596	2466494	23985
2016	4600068	1143793	793240	545632	247608	2663035	25833
2017	4810588	1082748	832131	560177	271955	2895709	27862
2018	4903982	1172739	851588	576751	274837	2879655	29285
2019	4911440	1241780	803983	586508	217475	2865677	30230
2020	5073773	1449322	831697	623215	208482	2792754	32293
2021	5488325	1488065	978155	741576	236579	3022105	35996

（资料来源：市统计局）

表102　2021年白城市各县（市、区）地区生产总值统计表

单位：万元

项目	白城市	洮北区	镇赉县	通榆县	洮南市	大安市
地区生产总值	5488325	1747101	855458	922966	930352	1022449
农林牧渔业	1540069	258314	325003	297496	355895	303362
工业	741576	325760	85359	146294	47254	136909
建筑业	236579	119631	17246	16467	26216	57019
批发和零售业	229606	140207	-37176	13940	70300	42335
交通运输、仓储和邮政业	222348	69014	29987	32739	42380	48228
住宿和餐饮业	61785	34558	7491	3653	7994	8089
金融业	359102	141250	47160	53552	55141	61999
房地产业	412419	143667	73765	42638	71665	80683
其他服务业	1684841	514699	306623	316187	253508	283824
第一产业	1488065	251857	313834	288139	336969	295266
第二产业	978155	445391	102604	162761	73470	193929
第三产业	3022105	1049852	439019	472066	519914	533254
人均地区生产总值（元）	35996	37459	40068	33338	30837	38409

（资料来源：市统计局）

索 引

说 明

1.本索引采用主题分析方法，按主题词汉语拼音顺序排列，首字相同按第二字音序排列，依此类推。

2.索引主题词后面的数字表示内容所在页码，数字后面的字母（a、b、c）表示栏目（即版面的1、2、3栏），通栏主题的数字后面没有字母，表格和图片后后注明表、图。

3.为了便于检索，部分特有名词的双引号去掉。

A

B

C

E

F

J

K

L

M

N

O

P

Q

T

W

X

Y

Z